AF298908

SECONDE PARTIE

PROCÉDURES DIVERSES

LIVRE PREMIER

(Décrété le 22 avril 1806, et promulgué le 2 mai suivant.)

TITRE PREMIER.

des Offres de payement et de la Consignation.

Art. 812.

Tout procès-verbal d'offres désignera 'objet offert, de manière qu'on ne puisse y en substituer un autre; et si ce sont des espèces, il en contiendra l'énumération et la qualité. — C. pr. civ. 352. — C. civ. 1257, 1264.

Exposé des motifs et Rapport, J.G. Obligat., p. 54, n⁰⁸ 3 et 13.

1. Sur le caractère et les effets des offres réelles, V. *Code civil annoté*, art. 1257.
2. Sur les conditions de la validité des offres réelles, V. *Code civil annoté*, art. 1258.
3. La disposition de l'art. 812 relative au procès-verbal d'offres s'applique aux offres de *corps certains*. — J.G. *Obligat.*, 2265.
4. Un procès-verbal d'offres réelles d'effets publics désigne suffisamment l'objet offert, lorsque l'huissier y constate qu'il a exhibé en évidence les *effets publics* tels qu'ils ont été spécifiés par le contrat. — Bruxelles, 16 avr. 1816, J.G. *Obligat.*, 2265, et *Vente publ. d'imm.*, 1217-1⁰.
5. Si les offres consistent en choses fongibles, le procès-verbal en constate le poids ou la mesure, et, s'il est possible, leur valeur comparative. — J.G. *Obligat.*, 2136.
6. Un acte d'offres doit, à peine de nullité, énumérer les espèces offertes. — Besançon, 5 mai 1813, J.G. *Obligat.*, 2134-2⁰.
7. Les juges du fond apprécient souverainement si les offres réelles sont suffisantes. — Req. 15 déc. 1820, J.G. *Cassat.*, 1649-5⁰.
8. ... Et si ces offres sont, ou non, sérieuses. — Civ. r. 18 mai 1829, J.G. *Obligat.*, 2064.

Art. 813.

Le procès-verbal fera mention de la réponse, du refus ou de l'acceptation du créancier, et s'il a signé, refusé ou déclaré ne pouvoir signer. — Tar. 59.

Exposé des motifs et Rapport, J.G. Obligat., p. 54, n⁰ 13.

1. Il doit être fait mention, dans le procès-verbal, de la réponse du créancier, ou de la personne ayant pouvoir du créancier pour recevoir. — J.G. *Obligat.*, 2137.
2. Toutefois, les offres ne sont pas nulles par cela seul qu'elles ne contiennent pas de réponse de la part du créancier. — J.G. *Obligat.*, 2137.
3. La réponse que l'huissier déclare lui avoir été faite dans son procès-verbal d'offres n'est pas authentiquement constatée, et ne fait pas foi jusqu'à inscription de faux, alors que celui à qui les offres ont été faites a refusé de signer sa réponse. — J.G. *Obligat.*, 2138.
4. Ainsi, les procès-verbaux d'offres dressés par les huissiers font foi, jusqu'à inscription de faux, de l'acceptation ou du refus desdites offres; mais les autres reconnaissances ou déclarations insérées dans ces procès-verbaux ne peuvent préjudicier au créancier qui refuse de les signer. — Douai, 31 janv. 1839, J.G. *Obligat.*, 2138, et *Exploit*, 118-3⁰.
5. La loi n'exige pas que le procès-verbal d'offres contienne élection de domicile. — J.G. *Domic. élu*, 101.
6. Copie du procès-verbal d'offres doit être laissée au créancier s'il n'accepte pas les offres. — J.G. *Obligat.*, 2137.
7. A peine de nullité, copie des actes d'offres doit être laissée à chacune des parties ayant un intérêt distinct et séparé; mais cette nullité peut être couverte par l'acceptation postérieure de ces offres, avec réserve seulement du droit de les critiquer comme insuffisantes. — Besançon, 23 déc. 1825, J.G. *Obligat.*, 2137.

Art. 814.

Si le créancier refuse les offres, le débiteur peut, pour se libérer, consigner la somme ou la chose offerte, en observant les formalités prescrites par l'art. 1259 du Code civil. — C. pr. civ. 657, 816.

Exposé des motifs et Rapport, J.G. Obligat., p. 54, n⁰ 13.

. . . .

Art. 815.

La demande qui pourra être intentée, soit en validité, soit en nullité des offres ou de la consignation, sera formée d'après les règles établies pour les demandes principales : si elle est incidente, elle le sera par requête. — C. pr. civ. 49-7⁰, 59 s., 337 s., 1406. — C. civ. 1258. — Tar. 75.

Exposé des motifs et Rapport, J.G. Obligat., p. 54, n⁰ 14.

1. — I. COMPÉTENCE D'ATTRIBUTION. — La demande en validité d'offres réelles d'une somme inférieure à 200 fr. doit être portée devant le tribunal civil et non devant le juge de paix. — Trib. de Ribérac, 30 mars 1852, D.P. 55. 2. 263. — Observ. conf., J.G. *Obligat.*, 2067.
2. ... Tout au moins, il doit en être ainsi lorsqu'une telle demande a été formée pour une somme qui ne dépasse pas 6 fr. 50 cent., sauf à parfaire en cas d'insuffisance, et lorsque le créancier a refusé les offres, sans indiquer la somme qu'il exigeait, le litige étant, en pareil cas, d'une valeur indéterminée. — Bordeaux, 19 juin 1852, D.P. 55 2. 263.
3. Les juges de paix ne peuvent connaître d'une demande en validité d'offres réelles formée comme demande principale. — Trib de Caen, 28 déc. 1870, D.P. 72. 2. 56. — Quest. controv., *ibid.*, note 2.
4. Mais le juge de paix est compétent pour connaître d'une demande en validité d'offres réelles qui n'excèdent pas le taux de sa compétence en dernier ressort et qui n'ont pas eu lieu en exécution de l'un de ses jugements, alors que ces offres ont été faites par voie d'exception à une demande dont il était saisi et qui rentrait dans les limites de sa compétence. — Pau, 7 juin 1862, D.P. 63. 5. 80.
5. Les tribunaux de commerce sont-ils compétents pour statuer sur la validité d'offres réelles ? — V. *suprà*, art. 442, n⁰ 5.
6. — II. COMPÉTENCE TERRITORIALE. — La demande en validité des offres doit être portée au tribunal du lieu où les offres doivent être faites, lorsque la demande est principale. — J.G. *Obligat.*, 2124.
7. Si les offres ont été faites au domicile du créancier, c'est le tribunal de ce domicile qui est compétent pour statuer sur la demande en validité, bien qu'un autre tribunal eût été compétent à raison de la matière. — Poitiers, 9 juin 1843, J.G. *Obligat.*, 2126.
8. L'action en nullité d'offres pour cause d'insuffisance est compétemment portée devant le juge du domicile élu dans l'acte d'offres. — Limoges, 5 janv. 1839, J.G. *Compét. civ. des trib. d'arr.*, 195, et *Arbitr.*, 454.
9. Si, sans qu'il y ait procès engagé entre les parties, les offres ont lieu à raison d'une créance établie par décision d'un tribunal ou d'une cour d'appel, c'est devant ce tribunal ou cette cour que doit être portée la demande en validité ou en nullité des offres. — J.G. *Compét. civ. des trib. d'arr.*, 195.
10. Jugé toutefois que lorsqu'une saisie a été pratiquée en vertu d'un exécutoire de dépens délivré par une cour, le débiteur

saisi ne peut, après avoir consigné la somme demandée, assigner son créancier devant la cour en nullité de la saisie et en validité de la consignation : c'est là une demande principale qui doit être portée devant le tribunal de première instance.— Agen, 26 déc. 1812, J.G. *Obligat.*, 2066.

11. Lorsque les offres réelles sont faites a raison d'une créance constatée par un jugement émané d'un tribunal d'exception, la demande en nullité formée par le créancier doit être soumise au juge du domicile du débiteur. — J.G. *Compét. civ. des trib. d'arr.*, 195.

12. Si la demande n'est qu'accessoire ou incidente, si les offres sont faites en exécution d'un précédent jugement, c'est le tribunal déjà saisi, ou celui de qui est émané ce jugement, qui prononce sur la validité.—J.G. *Obligat.*, 2124.

13. En conséquence, la demande en validité d'offres réelles faites par un débiteur sur lequel on a pratiqué des saisies-arrêts, doit être portée, non devant les juges du domicile du créancier, mais devant le tribunal qui doit statuer sur le mérite des saisies-arrêts. — Paris, 9 flor. an 11, J.G. *Obligat.*, 2124, et *Saisie-arrêt*, 300.

14. L'action en validité d'offres réelles faites depuis le commandement et avant la saisie immobilière, par le débiteur, ne peut être jugée que par le tribunal auquel il appartient de statuer sur la saisie, bien que ces offres aient été faites à un domicile élu dans le commandement, et qu'il y ait une instance en validité de ces offres pendante devant le tribunal du lieu où elles ont été faites. — Bordeaux, 13 juill. 1849, D.P. 52. 2. 61. — V. aussi Req. 10 déc. 1807, J.G. *Obligat.*, 2124-2°.

15. Lorsqu'un individu condamné à payer une somme fait des offres réelles au domicile élu dans un commandement aux fins de saisie-exécution, c'est, non devant le tribunal de ce domicile, mais devant le tribunal qui a rendu le jugement, que doit être portée la demande en validité. — Paris, 15 juin 1814, J.G. *Obligat.*, 2124-3°, et *Domic. élu*, 22. — Douai, 14 janv. 1842, J.G. *Domic. élu*, 22-3°.

16. Le juge de la validité des offres réelles faites par le débiteur est compétent pour fixer la nature et le montant de la créance, alors même qu'un autre tribunal serait saisi de cette dernière question, si ce tribunal a sursis à statuer jusqu'après la décision à intervenir sur la validité et la suffisance des offres. — Req. 22 févr. 1841, J.G. *Obligat.*, 2067-2°.

17. La faculté accordée au débiteur de faire des offres réelles au domicile élu pour le payement emporte celle de signifier au même lieu la demande en validité de ces offres. — Req. 13 janv. 1847, D.P. 47. 1. 285. — Nîmes, 9 déc. 1872, D. P. 73. 5. 340. — V. aussi J.G. *Obligat.*, 2124 et 2125.

18. Jugé, au contraire, que ce n'est qu'au domicile réel qu'on peut signifier l'assignation en validité des offres. — Trib. de Tournay, 4 avr. 1859, D.P. 59. 3. 79.

19. — III. Procédure. — La demande principale en validité ou en nullité d'offres est dispensée du préliminaire de conciliation. — V. art. 49, n°s 112 et s.

20. Lorsque les demandes en validité ou en nullité d'offres sont incidentes, elles doivent être formées, non par exploit, mais par acte d'avoué à avoué : cette requête peut être grossoyée, et il est permis d'y répondre. — J.G. *Obligat.*, 2066.

Art. 816.

Le jugement qui déclarera les offres valables ordonnera, dans le cas où la consignation n'aurait pas encore eu lieu,

que, faute par le créancier d'avoir reçu la somme ou la chose offerte, elle sera consignée ; il prononcera la cessation des intérêts, du jour de la réalisation. — C. civ. 1259.

1. Les intérêts cessent-ils de courir à partir de la signification des offres ou à partir de la consignation? — V. *Code civil annoté*, art. 1259, n°s 19 et s.

2. Sur la consignation préalable à la distribution par contribution, V. *suprà*, art. 657, n°s 5 et s.

3. Sur la consignation par l'acquéreur dans le but de valider l'aliénation à lui faite après une saisie immobilière, V. *suprà*, art. 687 et s.

4. Il peut être stipulé dans le cahier des charges que l'adjudicataire de l'immeuble saisi devra consigner le prix. — V. *suprà*, art. 690, n° 24. — V. aussi art. 777, n°s 3 et s.

5. Sur la consignation nécessaire pour arrêter la revente sur folle enchère, V. *suprà*, art. 738.

6. Sur la consignation du prix opérée par le vendeur ou l'adjudicataire afin d'obtenir la radiation des inscriptions hypothécaires, V. *suprà*, art. 777 et 778.

Art. 817.

La consignation volontaire ou ordonnée sera toujours à la charge des oppositions, s'il en existe, et en les dénonçant au créancier. — C. pr. civ. 557 s.

1. Bien que l'art. 817 impose au débiteur l'obligation de faire la dénonciation sans fixer de délai, s'il tardait trop à la faire, il devrait les intérêts aux créanciers, à titre de dommages-intérêts, jusqu'au moment où il l'aurait faite. — J.G. *Obligat.*, 2251.

2. Si les oppositions des anciens du créancier en faveur duquel a eu lieu la consignation ont précédé celles des créanciers du débiteur, elles doivent être acquittées par préférence à ces dernières, car elles valent acceptation jusqu'à concurrence de leur montant. Si elles ont eu lieu après, elles ne viennent que par concurrence. — J.G. *Obligat.*, 2250.

3. Enfin, si quelques-unes des oppositions des créanciers du créancier étaient antérieures, les autres postérieures, le montant des premières serait prélevé sur celui de la consignation ; ensuite on procéderait comme dans le cas précédent.—J.G. *Obligat.*, 2250.

Art. 818.

Le surplus est réglé par les dispositions du Code civil, relatives aux offres de payement et à la consignation. — C. civ. 1257 à 1264.

Sur les dispositions générales relatives aux offres de payement et à la consignation, V. *Code civil annoté*, art. 1257 à 1264.

Art. 819.

Les propriétaires et principaux locataires de maisons ou biens ruraux, soit qu'il y ait bail, soit qu'il n'y en ait pas, peuvent, un jour après le commandement, et sans permission du juge, faire saisir-gager, pour loyers et fermages échus, les effets et fruits étant dans lesdites maisons ou bâtiments ruraux, et sur les terres.

Ils peuvent même faire saisir-gager à l'instant, en vertu de la permission qu'ils en auront obtenue, sur requête, du président du tribunal de première instance.

Ils peuvent aussi saisir les meubles qui garnissaient la maison ou la ferme, lorsqu'ils ont été déplacés sans leur consentement; et ils conservent sur eux leur privilége, pourvu qu'ils en aient fait la revendication, conformément à l'art. 2102 du Code civil. — C. pr. civ. 551, 583 s., 592 s., 609 s., 626, 636, 661 s., 673. — C. civ. 1709, 1728, 2102. — Tar. 29, 61, 76.

1. La saisie-gagerie est à la fois un acte conservatoire et un acte d'exécution, par lequel le propriétaire ou principal locataire d'une maison ou d'une ferme, fait saisir et vendre, après jugement de validité, les objets garnissant la maison louée ou la ferme, et sur lesquels il a un privilége en vertu de l'art. 2102 c. civ. — J.G. *Saisie-gagerie*, 1.

2. — I. Qui peut former une saisie-gagerie. — La saisie-gagerie ne peut être opérée que par une personne capable. L'incapacité du bailleur entraînerait la nullité de la saisie.— J.G. *Saisie-gagerie*, 7.

3. La nullité du bail pour cause d'incapacité du preneur (d'une femme non autorisée) entraîne la nullité de la saisie-gagerie pratiquée par le propriétaire. — Civ. c. 25 août 1841, J.G. *Saisie-gagerie*, 7, et *Obligat.*, 394.

4. La saisie-gagerie peut être pratiquée par la femme demanderesse en séparation de biens sur les meubles du mari ou de la communauté. — Bourges, 23 messid. an 10, et Limoges, 7 mars 1825, J.G. *Saisie-gagerie*, 25, et *Contr. de mar.*, 1757.

5. La saisie-gagerie ne peut être formée que par le propriétaire *actuel* de l'immeuble ; elle ne peut l'être par l'ancien propriétaire, même pour loyers échus avant son dessaisissement. — Nîmes, 31 janv. 1820, J.G. *Saisie-gagerie*, 4. — Grenoble, 30 janv. 1864, D.P. 65. 2. 131.

6. Il en est ainsi alors même que l'ancien propriétaire se serait réservé vis-à-vis du nouvel acquéreur son privilége à raison de ses loyers sur les meubles du locataire. D'une pareille réserve, il pourrait résulter un droit de préférence sur le prix des meubles, mais non le droit de pratiquer sur ces meubles une saisie-gagerie. — Orléans, 23 nov. 1838, J.G *Saisie-gagerie* 4.

7. Toutefois, un nouveau saisissant pourrait, dans la poursuite, remplacer le premier saisissant qui, à l'époque où la saisie a été pratiquée, avait cessé d'être propriétaire. — J.G. *Saisie-gagerie,* 5.

8. Ainsi, une saisie-gagerie déclarée nulle pour toute autre cause qu'un vice de forme, et notamment parce que, à l'époque où elle a été provoquée, le saisissant n'était plus propriétaire de l'immeuble loué, peut servir de base, en faveur d'un nouveau saisissant, à la vente des objets saisis après un simple procès-verbal de récolement. — Req. 7 juin 1853, D.P. 53. 1. 249.

9. La saisie-gagerie ne peut pas être exercée par les hôteliers, aubergistes, logeurs, etc., sur les effets des voyageurs. — J.G. *Saisie-gagerie,* 26-2°, et *Comp. civ. des trib. de paix,* 205.

10. Un créancier ne peut former une saisie-gagerie, il n'a que la voie de la saisie-exécution. — J.G. *Saisie-gagerie,* 3.

11. — II. Baux a raison desquels on peut former une saisie-gagerie. — Le droit du propriétaire de faire saisir-gager les effets de son locataire, pour loyers et fermages échus, s'applique au bail à cheptel, tout aussi bien qu'au bail à loyer ou au bail à ferme. — Bruxelles, 15 juin 1822, J.G. *Louage à cheptel,* 80. — Liége, 26 mai 1823, J.G. *Saisie-gagerie,* 25-2°.

12. La saisie-gagerie peut être pratiquée par le propriétaire en vertu soit d'un bail écrit, soit même d'un simple bail verbal : dans ces expressions de l'art. 819 : soit qu'il y ait *bail,* soit qu'il n'y en ait pas, le mot *bail* doit être pris dans le sens d'écrit. — J.G. *Saisie-gagerie,* 7.

13. — III. Causes de la saisie-gagerie. — Dans une saisie-gagerie, comme dans toutes poursuites, il n'est permis d'agir que pour les créances liquides et certaines. — Orléans, 10 déc. 1812, J.G. *Saisie-gagerie,* 27.

14. La saisie-gagerie n'est pas nulle dans le cas où elle a été faite pour une somme plus considérable que celle qui était réellement due. — Req. 27 mai 1872, D.P. 73. 1. 14.

15. La saisie-gagerie peut être pratiquée pour *loyers et fermages échus,* il n'y a pas à distinguer si la redevance doit être acquittée par le fermier, en nature ou en argent. — J.G. *Saisie-gagerie,* 8.

16. La portion de fruits que doit le colon partiaire constitue un véritable fermage ; en conséquence, à défaut d'acquittement de cette portion de fruits, le propriétaire peut saisir-gager les fruits et effets mobiliers existants sur la propriété affermée. — Aix, 6 févr. 1822, J.G. *Saisie-gagerie,* 8.

17. La saisie-gagerie ne peut être faite pour *loyers à échoir.* — Bourges, 16 déc. 1837, J.G. *Saisie-Gagerie,* 12.

18. Mais la saisie-gagerie que le propriétaire a le droit de pratiquer sur les meubles qui garnissant la maison louée, lorsqu'ils ont été déplacés sans son consentement, peut être formée pour loyers à échoir. — Nancy, 5 déc. 1837, J.G. *Saisie-gagerie,* 13 et *Saisie-Revendic.,* 17. — Douai, 8 févr. 1854, D.P. 55. 2. 3.

19. Le locateur peut pratiquer une saisie-gagerie sur les meubles du preneur pour sûreté des loyers dont ce dernier, en cas de résiliation du bail par sa faute, est tenu jusqu'à la relocation. — Req. 16 mai 1849, D.P. 49. 1. 130.

20. Lorsqu'une saisie-gagerie a été faite, à la requête d'un propriétaire, sur les meubles d'un locataire pour loyers échus et non payés, et que ce propriétaire a été depuis payé successivement de ces loyers, il a le droit, néanmoins, de faire procéder, sans nouvelle saisie-gagerie, à la vente des meubles, pour se couvrir des loyers échus dans l'intervalle écoulé entre la saisie-gagerie et le moment de la vente. — Paris, 6 avr. 1830, J.G. *Saisie-gagerie,* 14.

21. Dans un premier système, le proprié-

taire peut saisir-gager pour loyers et fermages échus, et, en outre, pour tout ce qui est dû en vertu du bail et doit en être considéré comme un accessoire immédiat. — Besançon, 3 juin 1824, J.G. *Saisie-gagerie,* 9. — V. autor. en ce sens, *ibid.*

22. Ainsi, la saisie-gagerie peut être formée, non pas seulement pour loyers et fermages, mais pour toutes créances résultant du bail, et particulièrement pour le remboursement des avances faites par le propriétaire au colon partiaire. — Lyon, 9 juill. 1860, D.P. 60. 5. 340.

23. D'après une seconde opinion, la saisie-gagerie ne peut s'exercer que pour les loyers et fermages. — Observ. conf. J.G. *Saisie-gagerie,* 9.

24. Ainsi, le propriétaire ne peut saisir-gager pour des dégradations commises par le fermier ou locataire. — Caen, 4 févr. 1839, J.G. *Saisie-gagerie,* 26-1°.

25. ... Ni pour les dommages-intérêts non liquidés, que le propriétaire fait résulter des contraventions opérées par le fermier dans l'exploitation des terres données à bail. — Orléans, 10 déc. 1812, J.G. *Saisie-gagerie,* 26-1°.

26. Le propriétaire qui a affermé un immeuble ne peut, même depuis l'entrée en jouissance du fermier, exercer de saisie-gagerie sur les récoltes échues, si, par un acte sous seing privé, il a promis de vendre le domaine à ce même fermier dans un délai fixé : depuis la promesse de vente, les intérêts du prix de vente sont dus à la place du fermage. — Orléans, 21 mai 1813, J.G. *Saisie-gagerie,* 10.

27. A plus forte raison, le propriétaire d'un bois taillis, qui en a vendu la coupe, ne peut former une saisie-gagerie sur les bois coupés pour obtenir le payement du prix de la vente, s'il n'a pas *mis* l'acquéreur en demeure et s'il n'a pas de titre exécutoire, alors même qu'il se serait fait autoriser par le président du tribunal. — Bourges, 25 mars 1825, J.G. *Saisie-gagerie,* 11.

28. — IV. Biens susceptibles d'être saisis-gagés. — La saisie-gagerie atteint tous les effets et fruits se trouvant dans les maisons et bâtiments ruraux et sur les terres : il importe peu que les objets trouvés dans les bâtiments ou terres affermés appartiennent, ou non, au locataire ou fermier, sauf l'application de l'art. 2102 c. civ. — J.G. *Saisie-gagerie,* 16. — V. *Code civil annoté,* art. 2102, n° 38 et s.

29. Ainsi, peuvent être saisis-gagés : ... les meubles vendus et livrés à un locataire, quoique non payés. — J. G. *Saisie-gagerie,* 16.

30. ... Les animaux donnés à cheptel au fermier, à moins que le bail à cheptel n'ait été notifié au propriétaire (c. civ., art. 1813). — J.G. *Saisie-gagerie,* 16. — V. *Code civil annoté,* art. 2102, n° 34.

31. ... Les meubles loués ou prêtés au locataire. — Paris, 26 mai 1814, J.G. *Saisie-gagerie,* 16, et *Privil. et hyp.,* 260-2°.

32. Mais les objets mobiliers garnissant les lieux loués et appartenant à des tiers ne sont le gage du propriétaire qu'autant que celui-ci a eu de justes motifs pour les considérer comme la chose de son débiteur. Il ne peut pas saisir les objets confiés à un ouvrier son locataire, pour les réparer, ou les matières qu'on lui a données à mettre en œuvre. — J.G. *Saisie-gagerie,* 17. — V. *Code civil annoté,* art. 2102, n° 46 et s., 61 et s.

33. Par exemple, les matières premières remises par des tiers dans des fabriques, usines ou boutiques, pour y être manufacturées ou façonnées, ne peuvent être l'objet d'une saisie-gagerie. — Req. 22 juill. 1823, J.G. *Saisie-gagerie,* 17-1°, et *Privil. et hyp.,* 249.

34. Le bailleur ne peut saisir-gager chez son locataire, maître de pension, les meubles que les pensionnaires y ont apportés pour leur usage, lorsqu'il est de notoriété que ces

meubles sont fournis par les parents des enfants admis dans l'établissement. — Poitiers, 30 juin 1825, J.G. *Saisie-gagerie,* 17-2°, et *Privil.,* 255.

35. Le propriétaire d'un hôtel garni n'a pas le droit de faire saisir-gager les objets mobiliers appartenant à des tiers et apportés dans les lieux loués par son locataire. — Paris, 2 mars 1829, J.G. *Saisie-gagerie,* 17-3°, et *Privil.,* 256.

36. Mais, hors ces cas d'exception, le propriétaire peut saisir gager les meubles garnissant les lieux loués, alors même qu'il lui aurait été donné connaissance que ces objets appartiennent à des tiers, si la notification ne lui en a été faite que postérieurement à l'introduction de ces objets dans la maison louée. — Paris, 26 mai 1814, J.G. *Saisie-gagerie,* 18, et *Privil.,* 260.

37. Les tiers qui revendiqueraient comme leur appartenant des objets qu'ils prétendraient avoir été mal à propos compris dans une saisie-gagerie, devraient suivre les formes tracées par l'art. 608 c. pr. — J.G. *Saisie-gagerie,* 19.

38. Le tiers qui prétendrait faire annuler une saisie-gagerie comme faite *super non domino* et qui a dans sa possession les objets saisis, n'exerce pas une demande en revendication, mais une demande de mainlevée ; il n'est pas tenu, conséquemment, de suivre les formes de l'art. 608. — Metz, 13 juin 1825. J.G. *Saisie-gagerie,* 19.

39. Le privilége du bailleur se conserve par la saisie-gagerie sur tous les meubles et effets garnissant l'objet loué. S'il s'agit d'une usine, ce privilége s'étend non-seulement sur les meubles meublants, mais encore sur tous les objets qui servent à l'exploitation de cette manufacture, et sur les marchandises qui servent à la fabrication. — Orléans, 26 mai 1825, J.G. *Saisie-gagerie,* 20

40. On peut comprendre dans la saisie-gagerie les objets que l'art. 592 déclare insaisissables, excepté le coucher et les vêtements, lorsque ces objets sont saisis pour une des causes énoncées dans l'art. 593, premier alinéa. — J.G. *Saisie-gagerie,* 24. — V. *suprà,* art. 592 et 593.

41. Dans le cas où il y a déplacement des meubles et transport de ces meubles dans une autre maison, le propriétaire des lieux loués peut les revendiquer au moyen de la saisie-gagerie. — J.G. *Saisie-gagerie,* 15. — Conf. Rennes, 7 mars 1816, *ibid.,* et *Privil. et hyp.,* 282.

42. — V. Formalités préalables de la saisie-gagerie. — Les formalités exigées du créancier pour mettre un titre à exécution contre les héritiers de son débiteur ne sont pas applicables à la saisie-gagerie. En conséquence, le propriétaire peut poursuivre une saisie-gagerie contre l'héritier de son locataire sans notifier préalablement le bail à cet héritier. — Bourges, 15 janv. 1814, J.G. *Saisie-gagerie,* 6.

43. On peut saisir-gager sur les héritiers du locataire ou fermier, même pendant les délais pour faire inventaire et délibérer. — Orléans, 20 août 1812, J.G. *Saisie-gagerie,* 6.

44. La saisie-gagerie peut être faite un jour après le commandement, si le propriétaire a un titre exécutoire, et un jour après la sommation, si le propriétaire n'a qu'un bail verbal ou sous signature privée. — J.G. *Saisie-gagerie,* 29.

45. Si la saisie n'a pas été précédée d'un commandement, le saisissant doit faire l'élection de domicile prescrite par l'art 584 dans l'itératif commandement, ou dans le procès-verbal de saisie. — J.G. *Saisie-gagerie,* 33.

46. — VI. Autorisation du juge. — En principe, l'autorisation de saisir-gager à l'instant est accordée par le président du tribunal de première instance. — J.G. *Saisie-gagerie,* 35.

47. Mais elle est donnée par le juge de paix toutes les fois que la cause de la saisie rentre dans les limites de sa compétence, à raison du chiffre des loyers ou fermages. — V. loi 25 mai 1838, art. 10, *suprà*, p. 25.

48. L'ordonnance qui autorise une saisie-gagerie n'est pas susceptible d'appel. — J.G. *Appel civ.*, 412.

49. L'autorisation du juge n'empêcherait pas le propriétaire d'être exposé à des dommages-intérêts, s'il était reconnu que la saisie a été vexatoire. — J.G. *Saisie-gagerie*, 36.

50. Ainsi, la saisie-gagerie pratiquée en vertu d'une autorisation qui a été surprise au président au moyen d'un exposé mensonger, peut être qualifiée de vexatoire, lorsqu'il est établi qu'il n'est dû au saisissant qu'un seul terme que le fermier, jusque-là exact dans l'acquittement des fermages, a offert à l'huissier de payer, et qu'en outre l'importance des récoltes dont la ferme a été trouvée nantie, enlevait tout motif de crainte au créancier. Par suite, en pareil cas, non-seulement la saisie a pu valablement être annulée, mais encore des dommages-intérêts ont pu être accordés à la partie saisie. — Req. 6 janv. 1857, D.P. 57. 1. 148.

51. Suivant un premier système, si la saisie-gagerie est faite seulement en vertu de la permission du juge, elle doit contenir la formalité d'un commandement préalable ; en outre, en tête du procès-verbal de saisie, il doit y avoir itératif commandement. — J.G. *Saisie-gagerie*, 30.

52. Néanmoins l'omission de l'itératif commandement n'entraîne pas la nullité de la saisie-gagerie. — Liége, 26 mai 1823, J.G. *Saisie-gagerie*, 31.

53. D'après une seconde opinion, la permission du juge dispense le créancier, non-seulement d'attendre le délai d'un jour pour pratiquer la saisie, mais en outre de l'obligation de faire précéder cette saisie d'un commandement. — Bordeaux, 2 déc. 1831, J.G. *Saisie-gagerie*, 32, et *Faillite*, 606.

Table sommaire.

Art. 820.

Peuvent les effets des sous-fermiers et sous-locataires, garnissant les lieux par eux occupés, et les fruits des terres qu'ils sous-louent, être saisis-gagés pour les loyers et fermages dus par le locataire ou fermier de qui ils tiennent ; **mais ils obtiendront mainlevée en justifiant qu'ils ont payé sans fraude, et sans qu'ils puissent opposer des payements faits par anticipation. —** Civ. 1717, 1753, 2102-1°.

1. Le propriétaire peut, à défaut de payement de ses loyers ou fermages, faire saisir-gager les meubles et fruits qui se trouvent dans les lieux loués et qui appartiennent au sous-locataire ou au sous-fermier. — J.G. *Saisie-gagerie*, 21. — V. *Code civil annoté*, art. 2102, n°s 30 et s.

2. Il a même le droit, s'il est pourvu d'un titre exécutoire, de faire pratiquer sur ces mêmes objets, soit une saisie-exécution, soit une saisie-brandon. — J.G. *Saisie-gagerie*, 21. — V. *suprà*, art. 583, n° 24 ; art. 626, n°s 34 et s.

3. La saisie-gagerie ne vaut que jusqu'à concurrence des loyers ou fermages dus par le sous-locataire ou sous-fermier, qui est libéré envers le propriétaire, en justifiant de l'acquittement des loyers entre les mains du locataire principal ; il n'est même pas nécessaire que les quittances aient date certaine ; il suffit que les payements ne soient pas suspects de fraude et aient été faits sans anticipation. — J.G. *Saisie-gagerie*, 22. — V. *Code civil annoté*, art. 1328, n°s 59 et s.

4. Dans le cas où le locataire principal, à qui le propriétaire a imposé la condition de ne pouvoir sous-louer que par acte authentique, a sous-loué néanmoins par acte privé, le propriétaire ne peut exercer son privilége sur les effets du sous-locataire que jusqu'à concurrence du prix de la sous-location, s'il n'y a pas eu de collusion à son préjudice, et si d'ailleurs il a reçu directement des mains du sous-locataire le montant des loyers dus par ce dernier. — Req. 2 août 1806, J.G. *Saisie-gagerie*, 22.

5. Sur les droits du propriétaire vis-à-vis des sous-fermiers ou sous-locataires, V., en outre, *Code civil annoté*, art. 1753.

Art. 821.

La saisie-gagerie sera faite en la même forme que la saisie-exécution ; le saisi pourra être constitué gardien ; et s'il y a des fruits, elle sera faite dans la forme établie par le titre IX du livre précédent. — C. pr. civ. 583 s., 596 s., 626 s., 823, 830.

1. — I. Formalités de la saisie-gagerie. — La saisie-gagerie se constate comme la saisie-exécution, et il y est procédé de la même manière. — J.G. *Saisie-gagerie*, 28. — V. *suprà*, art. 595 et s.

2. Ainsi, le saisi peut être constitué gardien ; mais, il ne peut l'être sans l'intervention du saisissant ni malgré sa propre volonté (Quest. controv.). — *Saisie-gagerie*, 37. — V. *suprà*, art. 598.

3. La garde des effets saisis ne saurait être confiée au saisissant. L'établissement du propriétaire comme gardien autorise le saisi à faire annuler la saisie-gagerie. — Paris, 19 mars 1825, J.G. *Saisie-gagerie*, 38.

4. En sens contraire, le saisissant peut être constitué gardien. — Bruxelles, 15 juin 1822, J.G. *Louage à chept.*, 80. — Liége, 26 mai 1823, J.G. *Saisie-gagerie*, 38.

5. Un des témoins de la saisie peut également être constitué gardien. — Bordeaux, 3 avr. 1830, J.G. *Saisie-gagerie*, 38 et 44. — V. *suprà*, art. 598, n° 6.

6. Lorsque la saisie porte sur des récoltes sur pied, la garde ne doit pas être confiée au saisi, mais au garde champêtre. — J.G. *Saisie-gagerie*, 23. — V. *suprà*, art. 828, n°s 2 et s.

7. Il importerait peu que le garde champêtre eût été l'un des témoins de la saisie. Par suite, un procès-verbal de saisie-gagerie de fruits pendants au sol ne serait pas nul, si l'on avait pris pour témoin le garde champêtre de la commune. — Bordeaux, 3 avr. 1830, J.G. *Saisie-gagerie*, 40 et 44.

8. On doit appliquer à la saisie-gagerie toutes les règles de la saisie-exécution sur la responsabilité attachée aux fonctions de gardien, et les voies de contrainte qui peuvent être employées contre lui, ainsi que sur la décharge qu'il a droit de demander. — J.G. *Saisie-gagerie*, 39.

9. En conséquence, le gardien d'une saisie-gagerie peut demander sa décharge avant la vente, ou la cessation des causes de la saisie. — Liége, 26 mai 1823, J.G. *Saisie-gagerie*, 39.

10. Quand la saisie-gagerie porte sur des fruits pendants par racines, elle est soumise aux formalités de la saisie-brandon. — J.G. *Saisie-gagerie*, 41.

11. Toutefois, la saisie-gagerie n'est pas soumise à l'observation de certains délais : ainsi, il n'est pas exigé que cette saisie ne soit faite que dans les six semaines qui précèdent la maturité des fruits. — Bordeaux, 3 avr. 1830, J.G. *Saisie-gagerie*, 41 et 44.

12. En matière de saisie-gagerie, on ne peut procéder à la saisie que dans le temps c'est-à-dire aux heures fixées par la loi. — J.G. *Saisie-gagerie*, 42.

13. Toutefois, la défense portée en l'art. 1037 c. pr. civ. de procéder à une exécution, après les heures qui y sont indiquées, ne fait pas obstacle à ce que la saisie-gagerie commencée au domicile d'un débiteur, avant l'heure légale, soit régulièrement continuée après, surtout s'il n'y a pas opposition de la part de ce débiteur. — Req. 17 déc. 1856, D.P. 57. 1. 200.

14. — II. Référé. — Dans la procédure de la saisie-gagerie, le juge des référés statue sur toutes les difficultés qui peuvent se présenter. — J.G. *Référé*, 160.

15. Par exemple, si le locataire a quitté furtivement les lieux sans payer les loyers, on autorise en référé le propriétaire à vendre les meubles et à en toucher le prix. — J.G. *Référé*, 161.

16. Si un voyageur a disparu d'un hôtel sans payer, on autorise l'hôtelier en référé à vendre par le ministère d'un officier public les objets abandonnés, sauf à en référer de nouveau s'il se trouvait parmi ces effets abandonnés des objets ou des titres et papiers importants. — J.G. *Référé*, 161.

17. En matière de saisie-gagerie, on statue en référé sur les difficultés relatives au payement. — Paris, 2 oct. 1845, 10 mars 1849, J.G. *Référé*, 161.

18. Le président peut également autoriser le propriétaire, dont le privilége s'étend à tout ce qui garnit les lieux, à toucher les loyers des sous-locataires à défaut de payement par le locataire, et même nonobstant les oppositions formées sur le principal locataire. — Paris, 2 mai 1832 ; 4 juill. 1842, J.G. *Référé*, 161.

19. Il autorise aussi en référé le locataire principal à recevoir les loyers des sous-locataires nonobstant les oppositions formées sur le propriétaire. — Paris, 26 nov. 1834, J.G. *Référé*, 161.

20. Mais le juge des référés est incompétent pour arrêter une saisie-gagerie pratiquée par le propriétaire, en accordant un délai, au locataire. — Paris, 29 nov. 1871, D.P. 72. 5. 380.

21. Il y a lieu à référé s'il s'élève des difficultés relativement au choix du saisi comme gardien. — J.G. *Référé*, 160.

22. Enfin, le gardien peut demander sa décharge en référé. — J.G. *Référé*, 160.

Art. 822.

Tout créancier, même sans titre, peut, sans commandement préalable, mais avec permission du président du tribunal de première instance et même du juge de paix, faire saisir les effets trouvés en la commune qu'il habite, appartenant à son débiteur forain. — C. pr. civ. 558, 823. — Tar. 61, 63, 76.

Exposé des motifs et Rapport, J.G. *Saisie-gagerie,* p. 638 et 639.

1. — I. Nature de la saisie foraine. — Suivant un premier système, la saisie foraine a uniquement pour but d'atteindre les individus dont la vie ambulante laisse de l'incertitude sur le lieu de leur domicile presque toujours inconnu, tels que colporteurs, marchands forains, voituriers, enfin, tous ceux qui, par état ou sans état, n'ont point en France de domicile fixe. — J.G. *Saisie foraine,* 3.

2. Suivant un autre système, il faut considérer comme *forain* tout débiteur qui n'a ni domicile ni habitation dans la commune qu'habite son créancier, alors même que ce débiteur aurait dans une autre commune une résidence fixe et un domicile connu. — J.G. *Saisie foraine,* 3.

3. En ce sens, les mots *débiteurs forains* s'appliquent à tout débiteur étranger au pays habité par le créancier, quelles que soient d'ailleurs la profession et la qualité de ce débiteur. — Bruxelles, 7 juill. 1819, J.G. *Saisie foraine,* 3-1°.

4. Ainsi, il faut considérer comme débiteur forain, l'étranger non domicilié en France, et qui n'y possède ni immeuble ni établissement. — Paris, 25 août 1842, J.G. *Saisie foraine,* 3-2° et *Consul,* 37.

5. En tout cas, celui qui, en changeant de domicile, a négligé de faire les déclarations prescrites par l'art. 104 c., ne peut cependant, dans le lieu de sa nouvelle résidence, être considéré comme un débiteur forain. — Pau, 3 juill. 1807, J.G. *Saisie foraine,* 4.

6. La saisie foraine qui serait pratiquée en pareil cas contre une personne ayant sa résidence dans la commune, donnerait lieu à des dommages-intérêts ; mais s'il n'a été donné aucune suite à cette saisie, dont il aurait même été donné mainlevée immédiatement, le saisissant peut être seulement condamné aux frais de l'instance. — Bruxelles, 7 mai 1831, J.G. *Saisie foraine,* 4.

7. — II. Formalités de la saisie foraine. — La saisie foraine peut se faire sans titre, c'est-à-dire sans que la créance soit constatée par écrit, mais la loi exige la permission du juge. — J.G. *Saisie foraine,* 5.

8. La permission est accordée par le président du tribunal civil ou par le juge de paix du lieu où se trouvent les objets qu'on veut saisir. — J.G. *Saisie foraine,* 5.

9. Cette saisie est dispensée de tout commandement. Si le créancier a un titre exécutoire, il peut choisir entre la voie de la saisie-exécution et celle de la saisie foraine. — J.G. *Saisie foraine,* 6.

10. Si les effets du débiteur forain sont dans les mains d'un tiers, il n'est pas nécessaire d'employer la saisie foraine, on peut prendre la voie de la saisie-arrêt, et le créancier, s'il est pourvu d'un titre, même non exécutoire, a le droit de faire pratiquer cette saisie sans permission du juge. — J.G. *Saisie foraine,* 7.

11. Si l'on ignore en quoi consistent les effets du débiteur forain, il faut assigner le tiers saisi en déclaration affirmative, et remplir les formalités de la saisie-arrêt. — J.G. *Saisie foraine,* 7.

12. La saisie foraine peut atteindre non-seulement les marchandises se trouvant accidentellement dans la commune du créan-

cier, mais même toute espèce de meubles.— Bruxelles, 7 juill. 1819, J.G. *Saisie foraine,* 8 et 3.

Art. 823.

Le saisissant sera gardien des effets, s'ils sont en ses mains ; sinon il sera établi un gardien. — C. pr. civ. 596 s., 821.

1. Si les effets sont entre les mains du saisissant, il sera gardien de droit, même malgré lui. — J.G. *Saisie foraine,* 9.

2. Si les objets à saisir sont en la possession du créancier, il peut lui suffire d'énoncer dans la requête qu'il présente à cet effet, les caisses dont il veut empêcher le détournement et de conclure à en être constitué gardien (sans procès-verbal de saisie), jusqu'à ce qu'il ait obtenu jugement de condamnation et autorisation de vendre. — J.G. *Saisie foraine,* 11.

3. Si les effets saisis étaient dans les mains d'un tiers, il y aurait lieu de choisir un autre gardien, mais on pourrait confier la garde au tiers détenteur des effets.— J.G. *Saisie foraine,* 10.

4. Dans aucun cas, la garde de ces effets ne pourrait être confiée au saisi. — J.G. *Saisie foraine,* 12.

Art. 824.

Il ne pourra être procédé à la vente sur les saisies énoncées au présent titre, qu'après qu'elles auront été déclarées valables : le saisi, dans le cas de l'art. 821, le saisissant, dans le cas de l'art. 823, ou le gardien, s'il en a été établi, seront condamnés par corps à la représentation des effets. — C. pr. civ. 126, 603, 613 s., 780 s., 831. — C. civ. 2059 s.

1. — I. Saisie-gagerie. -- 1° *Effets de la saisie.* — La saisie-gagerie a pour but de conserver le droit du propriétaire : elle met les objets saisis sous la main de justice et en ôte la disposition au saisi. — J.G. *Saisie-gagerie,* 43.

2. Le débiteur dont les meubles sont saisis perd la faculté d'en disposer au préjudice du saisissant ; en conséquence, la vente de ses meubles, faite par un locataire postérieurement à la saisie-gagerie, est sans valeur à l'égard du propriétaire, qui peut les faire vendre, et expulser le locataire et son cessionnaire, faute de garnir les lieux de meubles suffisants.— Req. 27 mai 1873, D.P. 73. 1. 335.

3. — 2° *Jugement en matière de saisie-gagerie.* — Un jugement déclarant valable la saisie-gagerie est nécessaire, alors même que le propriétaire aurait un bail exécutoire, dans le cas où, craignant les divertissements des meubles, il aurait procédé sans commandement et en vertu de la permission du juge. — J.G. *Saisie-gagerie,* 43.

4. La demande en validité ou en mainlevée de la saisie-gagerie doit être portée devant le tribunal du domicile de la partie saisie, et non pas devant celui du lieu de la saisie (Quest. controv.). — J.G. *Compét. civ. des trib. d'arr.,* 187, et *Saisie-gagerie,* 48.

5. Lorsque la saisie-gagerie est pratiquée entre les mains d'un tiers, la demande en validité doit être portée devant le juge du domicile du débiteur saisi. — J.G. *Compét. civ. des trib. de paix,* 102.

6. Dans quel cas la demande en validité de saisie-gagerie est-elle de la compétence du juge de paix ? — V. L. 25 mai 1838, art. 3, modifié par la loi du 2 mai 1855, nos 37 et s., *suprà,* p. 10 et 11.

7. Une demande en résiliation de bail ne peut être formée incidemment à une demande en validité de saisie-gagerie.—Bourges, 16 déc. 1837, J.G. *Saisie-gagerie,* 49, et *Incident,* 24-5°.

8. Comment se détermine le degré de juridiction en matière de saisie-gagerie ? — *suprà,* p. 645, nos 722 et s.

9. — 3° *Vente.* — Il n'est pas exigé, à peine de nullité, que le procès-verbal d'une saisie-gagerie, énonce le jour de la vente. — Bordeaux, 3 avr. 1830, J.G. *Saisie-gagerie,* 44.

Contrà : — Rennes, 22 sept. 1810, *ibid.*

10. Dans l'usage, pour arriver à la vente après avoir obtenu le jugement de validité, on fait un nouveau commandement de payer, on dresse un procès-verbal de récolement huit jours avant la vente, et ce procès-verbal indique les jour, lieu et heure de cette vente. — J.G. *Saisie-gagerie,* 45.

11. Il ne peut être procédé à la vente que si la saisie a été déclarée valable, et il faut qu'il y ait un délai de huitaine au moins entre la signification du jugement qui valide la saisie et la vente. — J.G. *Saisie-gagerie,* 46.

12. Lorsqu'une saisie-gagerie a été déclarée valable, la déclaration de faillite du locataire n'empêche pas qu'il soit passé outre à la vente des meubles saisis-gagés.— Paris, 19 oct. 1807, et 27 mai 1835, J.G. *Saisie-gagerie,* 47.

13. — II. Saisie foraine. — Avant de procéder à la vente des effets saisis, la saisie foraine doit être validée par jugement du tribunal. — J.G. *Saisie foraine,* 13.

14. La demande en validité ou en mainlevée d'une saisie sur un débiteur forain doit être portée devant le tribunal du lieu de la saisie et non devant celui du domicile de la partie saisie (Quest. controv.).—J.G. *Compét. civ. des trib. d'arr.,* 187, et *Saisie foraine,* 13.

15. Si le tribunal saisi de la demande en validité n'est pas compétent pour apprécier le fond de la contestation, dans le cas, par exemple, où la saisie foraine aurait été pratiquée par un étranger pour avoir payement d'une obligation commerciale, et où le saisi, également étranger, demanderait à être renvoyé devant ses juges naturels, le tribunal doit, avant de juger la saisie, la maintenir provisoirement et renvoyer les parties devant le juge compétent, pour statuer sur le mérite de l'obligation qui lui sert de base.— Rennes, 28 déc. 1820, J.G. *Saisie foraine,* 14.

16. Le jugement rendu sur la validité de la saisie est en premier ou dernier ressort, suivant que les causes de la saisie excèdent, ou non, le taux du dernier ressort. — V. *suprà,* p. 645, nos 707 et s.

Art. 825.

Seront, au surplus, observées les règles ci-devant prescrites pour la saisie-exécution, la vente et la distribution des deniers. — C. pr. civ. 583 s., 617, 656. — Tar. 61.

....

TITRE III.

De la Saisie-revendication.

———

Art. 826.

Il ne pourra être procédé à aucune saisie-revendication qu'en vertu d'or-

donnance du président du tribunal de première instance rendue sur requête ; et ce, à peine de dommages-intérêts tant contre la partie que contre l'huissier qui aura procédé à la saisie. — C. pr. civ. 71, 132, 558, 608, 727 s., 822, 827 s. — C. civ. 1926, 2102-1°-4°., 2279 s. — C. com. 574 s. — Tar. 77.

Exposé des motifs et Rapport, J.G. *Saisie-revendic.*, p. 660.

1. La saisie-revendication est l'acte par lequel une personne qui prétend un droit de propriété, de possession légale ou de gage sur une chose mobilière possédée par un tiers met cette chose sous la main de justice, jusqu'à ce qu'il ait été statué sur le droit réclamé par le saisissant. — J.G. *Saisie-revendic.*, 1.

2.—I. Qui peut exercer la saisie-revendication.—Ont le droit d'agir par voie de saisie revendication toutes les personnes qui ont intérêt à la conservation de la chose, le propriétaire, le vendeur sans terme, le créancier du propriétaire, le créancier nanti, l'emprunteur, le dépositaire, le locataire, l'usufruitier, — J.G. *Saisie-revendic.*, 6.

3. La saisie-revendication peut être exercée même par celui qui n'a qu'un droit indivis dans l'objet revendiqué. Ainsi, le propriétaire par indivis d'une chose peut, dans le but d'assurer le payement du huitième qu'il doit prélever, pratiquer une saisie-revendication sur la totalité de la chose, sans qu'on puisse prétendre que la saisie-revendication devait être restreinte à la part revenant au propriétaire indivis. — Civ. c. 30 déc. 1835, J.G. *Saisie-revendic.*, 7.

4. Le droit d'exercer la saisie-revendication accordé par la loi au propriétaire s'étend au principal locataire. — J.G. *Saisie-revendic.*, 8.

5. — II. Cas de saisie-revendication. — La revendication est permise dans le cas de perte ou de vol d'un meuble, par les art. 2279 et 2280 c. civ. — J.G. *Saisie-revendic.*, 9. — V. *Code civil annoté*, art. 2279, nos 76 et s., et art. 2280.

6. Le locateur a le droit de revendiquer les meubles qui garnissaient sa maison ou sa ferme, lorsqu'ils ont été déplacés sans son consentement, et il conserve sur eux son privilége, pourvu qu'il ait fait la revendication, lorsqu'il s'agit du mobilier qui garnissait une ferme, dans le délai de quarante jours, et dans celui de quinzaine pour les meubles garnissant une maison. — J.G. *Saisie-revendic.*, 11. — V. *Code civil annoté*, art. 2102, nos 141 et s.

7. La revendication est encore autorisée au profit du vendeur d'un meuble qui n'a pas été payé du prix à l'effet de rentrer dans la possession de la chose qu'il a vendue, à la condition : 1° que la vente ait été faite sans terme ; 2° que la chose soit encore en la possession de l'acheteur ; 3° qu'elle existe dans le même état où elle était lors de la vente ; 4° que la revendication soit exercée dans la huitaine de la livraison. — J.G. *Saisie-revendic.*, 19. — V. *Code civil annoté*, art. 2102, nos 279 et s.

8. ... Et dans le cas de dépôt d'un objet mobilier fait par une personne capable de contracter dans les mains d'une personne incapable. — J.G. *Saisie-revendic.*, 20. — V. *Code civil annoté*, art. 1926.

9. Enfin, la loi autorise la saisie-revendication dans le cas de faillite. Mais la revendication, réglée par le code de procédure, ne s'applique pas en matière de commerce aux marchandises vendues et livrées à un failli ; il faut se conformer, dans ce cas, aux dispositions des art. 574 à 579 c. com. — V. ces art. dans le *Code de commerce annoté*.

10. — III. Ordonnance permettant la saisie-revendication. — La saisie-revendication d'objets mobiliers, soit que le réclamant s'en prétende propriétaire ou possesseur légal, soit qu'à titre de créancier privilégié sur ces objets, il veuille seulement garantir l'exercice de son privilége, ne peut être faite qu'en vertu d'une ordonnance du président du tribunal civil. — J.G. *Saisie-revendic.*, 22 et 23.

11. L'autorisation est donnée par le président du tribunal du lieu de la saisie ; néanmoins, en cas d'urgence, elle peut être accordée par le président de tout autre tribunal que celui de la saisie. — J.G. *Saisie-revendic.*, 24.

12. Non-seulement l'autorisation est exigée à peine de dommages-intérêts contre la partie et contre l'huissier qui aurait procédé à la saisie, mais le défaut d'autorisation serait une cause de nullité. — J.G. *Saisie-revendic.*, 27.

13. N'est pas susceptible d'appel l'ordonnance qui ordonne une saisie-revendication. — J.G. *Appel civ.*, 412.

Art. 827.

Toute requête à fin de saisie-revendication désignera sommairement les effets. — C. pr. civ. 608, 726. — Tar. 77.

Exposé des motifs et Rapport, J.G. *Saisie-revendic.*, p. 660.

1. L'ordonnance du président est rendue sur requête contenant la désignation sommaire des objets revendiqués et l'énonciation des causes de la saisie. — J.G. *Saisie-revendic.*, 25.

2. Cette désignation limite le droit de saisir aux seuls objets mentionnés dans la requête. Ainsi, le saisissant ne serait pas valablement autorisé à pénétrer dans le domicile d'un citoyen en vertu de la permission générale, accordée par le président, de saisir les objets déplacés d'une maison louée ou d'une ferme, partout et en quelques mains qu'ils se trouvent. — J.G. *Saisie-revendic.*, 25.

Art. 828.

Le juge pourra permettre la saisie-revendication, même les jours de fête légale. — C. pr. civ. 8, 63, 781, 808, 1037.

Exposé des motifs et Rapport, J.G. *Saisie-revendic.*, p. 660.

Dans le cas où l'on demande au juge la permission d'opérer la saisie-revendication un jour de fête légale, la requête doit mentionner les motifs d'urgence. — J.G. *Saisie-revendic.*, 26.

Art. 829.

Si celui chez lequel sont les effets qu'on veut revendiquer refuse les portes ou s'oppose à la saisie, il en sera référé au juge ; et cependant il sera sursis à la saisie, sauf au requérant à établir garnison aux portes. — C. pr. civ. 587, 806 s. — Tar. 62.

Exposé des motifs et Rapport, J.G. *Saisie-revendic.*, p. 660.

1. Le détenteur présumé des effets revendiqués a le droit de faire surseoir à la saisie en se pourvoyant en référé devant le président du tribunal. — J.G. *Saisie-revendic.*, 31.

2. Si ce détenteur refuse les portes, ou s'il s'oppose de fait à la saisie, l'huissier ne peut passer outre, même en se faisant assister d'un officier municipal ; l'huissier doit, en pareil cas, assigner en référé la personne chez laquelle la saisie doit se pratiquer, à l'effet d'obtenir une autorisation spéciale de passer outre, sauf à établir gardien aux portes pour empêcher le détournement des effets. — J.G. *Saisie-revendic.*, 31.

3. Sur la nouvelle ordonnance obtenue en référé, si le détenteur présumé des effets persiste à refuser l'ouverture des portes ou s'oppose de fait à la saisie, l'huissier procède comme en matière de saisie-exécution, avec l'assistance de l'un des fonctionnaires désignés en l'art. 587 c. pr. civ., et, au besoin, avec celle de la force armée. — J.G. *Saisie-revendic.*, 31.

4. Du reste, cette mesure n'est jamais autorisée par le juge qu'aux risques et périls du saisissant ; l'ordonnance que ce dernier aurait surprise à la religion du magistrat ne le mettrait pas à l'abri des dommages-intérêts auxquels pourrait donner lieu une perquisition reconnue plus tard injuste et vexatoire. — J.G. *Saisie-revendic.*, 31.

5. Quoique le référé soit de droit, même un jour de fête légale, il faut insérer dans l'ordonnance la réserve, en cas de difficultés, d'en référer préalablement sur le procès-verbal, et imposer l'obligation de former la demande en validité dans les vingt-quatre heures. — J.G. *Saisie-revendic.*, 34.

6. L'assignation en référé doit être donnée dans le procès-verbal de saisie (tarif. art. 62). L'ordonnance du juge est rendue et portée sur le procès-verbal. — J.G. *Saisie-revendic.*, 34. et *Référé*, 162.

7. Mais le président est incompétent pour statuer sur la revendication des meubles saisis ; en conséquence, est nulle une ordonnance de référé qui, sur une revendication de meubles saisis, ordonne qu'il sera passé outre à la vente. — Liège, 13 juill. 1824 ; Aix, 1er févr. 1831, J.G. *Référé*, 162.

8. De même, le juge des référés statue sur des questions de propriété hors de sa compétence, lorsque, nonobstant l'existence d'une action en revendication d'objets saisis, il ordonne la continuation des poursuites de saisie, jusqu'à la vente inclusivement. — Paris, 11 févr. 1847, D.P. 47. 4. 413.

Art. 830.

La saisie-revendication sera faite en la même forme que la saisie-exécution, si ce n'est que celui chez qui elle est faite pourra être constitué gardien. — C. pr. civ. 583, 586 s., 598, 688, 806 s., 821.

Exposé des motifs et Rapport, J.G. *Saisie-revendic.*, p. 660.

1. La saisie-revendication doit être constatée par un procès-verbal contenant les mêmes énonciations et les mêmes formalités qu'au cas de saisie-exécution. — J.G. *Saisie-revendic.*, 32.

2. Spécialement, le défaut d'indication du domicile réel du saisissant, dans la copie du procès-verbal de saisie-revendication laissée au saisi, entraîne la nullité de la saisie. — Poitiers, 21 mai 1834, J.G. *Saisie-revendic.*, 32.

3. Celui chez qui la saisie est faite peut être constitué gardien. Mais on établit un autre gardien s'il y a lieu de craindre l'insolvabilité ou la fraude, par exemple si des meubles ont été enlevés furtivement. — J.G. *Saisie-revendic.*, 33.

Art. 831.

La demande en validité de la saisie sera portée devant le tribunal du domicile de celui sur qui elle est faite ; et si elle est connexe à une instance déjà pendante, elle le sera au tribunal saisi de cette instance. — C. pr. civ. 49-7°, 171, 824.

Exposé des motifs et Rapport, J.G. *Saisie-revendic.*, p. 660.

1. La demande en validité d'une saisie-revendication doit être portée devant le tribunal du domicile de celui contre qui la saisie est faite, bien que celui entre les mains de qui elle est faite prétende avoir droit aux objets saisis. — Paris, 21 nov. 1853, D.P. 55. 2. 311. — Observ. conf., J.G. *Saisie-revendic.*, 36.

2. Il en est surtout ainsi dans le cas où la saisie-revendication n'est que la suite d'une saisie-exécution pendante devant le tribunal. — Même arrêt.

3. Jugé toutefois que c'est le tribunal dans l'arrondissement duquel la saisie est pratiquée qui doit prononcer sur les contestations relatives à la propriété des objets saisis. — Nancy, 18 janv. 1833, J.G. *Saisie-revendic.*, 35, et *Appel civ.*, 1086.

4. Si le saisi prenait l'initiative, et demandait la mainlevée, il pourrait saisir le tribunal de son propre domicile, comme dans le cas de l'art. 567 c. pr. — J.G. *Compét. civ. des trib. d'arr.*, 185.

5. La demande en validité est formée, si elle est principale, par le procès-verbal de saisie ou par un exploit séparé; si elle est incidente, par un simple acte. — J.G. *Saisie-revendic.*, 37.

TITRE IV.

De la Surenchère sur aliénation volontaire.

Art. 832.

« **Les notifications et réquisitions prescrites par les art. 2183 et 2185 du Code civil seront faites par un huissier commis à cet effet, sur simple requête, par le président du tribunal de première instance de l'arrondissement où elles auront lieu ; elles contiendront constitution d'avoué près le tribunal où la surenchère et l'ordre devront être portés.**

« **L'acte de réquisition de mise aux enchères contiendra, avec l'offre et l'indication de la caution, assignation à trois jours devant le tribunal, pour la réception de cette caution, à laquelle il sera procédé comme en matière sommaire. Cette assignation sera notifiée au domicile de l'avoué constitué ; il sera donné copie, en même temps, de l'acte de soumission de la caution et du dépôt au greffe des titres qui constatent sa solvabilité.**

« **Dans le cas où le surenchérisseur** donnerait un nantissement en argent ou en rente sur l'État, à défaut de caution, conformément à l'art. 2041 du Code civil, il fera notifier avec son assignation copie de l'acte constatant la réalisation de ce nantissement.**

« **Si la caution est rejetée, la surenchère sera déclarée nulle et l'acquéreur maintenu, à moins qu'il n'ait été fait d'autres surenchères par d'autres créanciers** » (L. 2 juin 1841). — C. pr. civ. 404 s., 517 s., 708 s., 838, 953, 1030. — C. civ. 2040, 2183 s., 2185, 2192. — Tar. nouv., 4, 8.

Exposé des motifs et Rapport, J.G. *Surench.*, p. 600 et s., nᵒˢ 4, 6, 11.

1. — I. Par qui doit être faite la notification de la surenchère. — La réquisition de surenchère doit être signifiée par un huissier commis à cet effet sur simple requête par le président du tribunal de première instance. — J.G. *Surench.*, 109.

2. C'est le président du tribunal du domicile de l'avoué constitué par l'acquéreur, et non celui du domicile réel de l'acquéreur, qui doit commettre l'huissier pour cette signification. — J.G. *Surench.*, 110.

3. En l'absence du président, l'huissier peut être commis par un des juges du tribunal. — J.G. *Surench.*, 112.

4. ... Et notamment par le vice-président, dont la juridiction en ces matières égale celle du président. — Toulouse, 13 juill. 1827, J.G. *Jugem.*, 724-1°

5. L'ordonnance du juge, étant rendue sur requête, n'a pas besoin d'être revêtue de la signature du greffier. — Même arrêt, J.G. *Surench.*, 112.

6. La surenchère qui n'aurait pas été signifiée par un huissier commis serait nulle (V. art. 838). — J.G. *Surench.*, 111.

7. Aucune disposition n'exige que la signification soit faite par un huissier-audiencier. — Lyon, 30 mai 1822, sous Req. 18 nov. 1824, J.G. *Surench.*, 113, et *Jugem. par déf.*, 137-2°.

8. — II. A qui est faite la notification de la surenchère. — 1° *Acquéreur.* — La notification de l'acte de surenchère doit être faite au domicile de l'avoué constitué par l'acquéreur dans la signification de l'extrait de son acte de vente. — J.G. *Surench.*, 98.

9. Cette notification est nulle si elle est faite au domicile réel de l'acquéreur (c. pr. art. 838, § 3). — J.G. *Surench.*, 101.

10. Par exemple, il y a nullité de la surenchère lorsque l'acte de réquisition, avec assignation à trois jours, a été notifié seulement au domicile réel de l'acquereur, alors même qu'une signification aurait été réitérée au domicile de l'avoué, entre la notification irrégulière et l'expiration du délai de trois jours, mais plus de quarante jours après la notification du contrat de vente. — Paris, 6 mai 1844, J.G. *Surench.*, 101.

11. Dans le cas où la surenchère est formée par un créancier inscrit avant la notification de son titre par l'acquéreur. cette surenchère, ainsi que l'assignation prescrite par l'art. 832, sont valablement signifiées au domicile réel de ce dernier : on soutiendrait à tort qu'elle ne peut être notifiée qu'au domicile élu. — Rennes, 6 août 1849, D.P. 51. 2. 136. — Limoges, 20 févr. 1858, D.P. 58. 2. 125.

12. S'il y a plusieurs acquéreurs, la circonstance qu'ils auraient constitué le même avoué n'autoriserait pas le créancier surenchérisseur à leur signifier l'acte de surenchère conjointement et par une seule copie. — J.G. *Surench.*, 102.

13. Ainsi, le créancier inscrit qui veut surenchérir doit, dans le cas où il existe plusieurs adjudicataires, qui tous ont constitué le même avoué, notifier sa réquisition à chacun d'eux par exploit séparé. bien que cette notification doive leur être faite au domicile de cet avoué. — Rennes, 6 août 1849, D.P. 52. 2. 68.

14. Il en doit être ainsi, dans le cas même où ces adjudicataires auraient notifié leur titre au créancier inscrit par un seul et même acte. — Même arrêt.

15. La nullité d'une telle signification n'est pas couverte par la comparution des parties au jour indiqué dans l'acte de notification, alors surtout que les parties ne se présentent que pour demander cette nullité. — Même arrêt.

16. - 2° *Vendeur.* — Les significations à faire au vendeur ne peuvent être faites qu'à la personne du vendeur ou à son domicile réel, conformément au droit commun. — J.G. *Surench.*, 99.

17. Et même aucune nullité ne résulterait de ce que le surenchérisseur n'aurait pas signifié l'acte de surenchère au domicile véritable du vendeur, si cette signification avait eu lieu au domicile indiqué dans l'acte de vente. — J.G. *Surench.*, 100.

18. Ainsi, une réquisition de surenchère est valablement signifiée au vendeur, à son domicile indiqué dans l'acte de vente, bien qu'il ait changé de domicile depuis cet acte, si ce changement n'a été déclaré qu'après la notification de l'acte de vente aux créanciers surenchérisseurs. — Paris, 18 juill. 1819, J.G. *Surench.*, 100, et *Exploit*, 221.

19. — 3° *Personnes incapables.* — Si les personnes à qui la surenchère doit être notifiée sont incapables, on doit suivre à leur égard les règles générales relatives aux notifications d'exploits. — J.G. *Surench.*, 104. — V. *supra*, art. 61, nᵒˢ 263 et s.

20. Ainsi, quand il s'agit d'une femme mariée, la notification doit être faite non-seulement à la femme, mais encore au mari. — J.G. *Surench.*, 104.

21. La notification de la surenchère au mari et à la femme séparés de biens doit être faite par exploits séparés, bien qu'ils soient conjointement acquéreurs, qu'ils se soient obligés solidairement, et qu'ils aient, par un seul et même exploit, notifié leur contrat aux créanciers inscrits. — Civ. c. 12 mars 1810, Ch. réun. c., 14 août 1813, J.G. *Surench.*, 104-1°.

22. La nullité d'une surenchère, résultant de ce que la signification n'aurait pas été faite au mari de l'une des parties qui poursuit la vente, ne peut être couverte par une signification particulière, faite au mari, après les délais utiles. — Civ. c. 15 mars 1837, J.G. *Surench.*, 104-2°.

23. Toutefois, le surenchérisseur n'est pas obligé de signifier une copie de son acte de surenchère à chacun des époux vendeurs, séparés de biens, lorsque, ni dans la vente, ni dans la transcription, ni dans la notification de la vente ni dans aucun autre acte, il n'a été fait mention que les époux vendeurs étaient séparés de biens, alors surtout que le mari était seul propriétaire des objets vendus, et que sa femme n'était intervenue au contrat que pour la garantie. — Req. 23 mars 1814, J.G. *Surench.*, 105.

24. Dans les cas de minorité, interdiction, vacance de succession, la surenchère doit être signifiée aux parties intéressées en la personne des tuteurs et curateurs. — J.G. *Surench.*, 106.

25. — 4° *Changement d'état.* — Le changement d'état ou de qualité survenu depuis l'acte de vente dans la personne de ceux à qui la loi prescrit de signifier la surenchère, du vendeur par exemple, doit être réputé légalement connu du créancier surenchérisseur, alors même que ce changement d'état ne lui a pas été notifié. — J.G. *Surench.*, 107.

26. Ainsi, est nulle la notification faite aux enfants du vendeur décédé, lorsque ceux-ci avaient, antérieurement, renoncé à la succession de leur père, et fait nommer un curateur à cette succession vacante; le créancier surenchérisseur prétendrait en vain, qu'ignorant la renonciation des héritiers du vendeur, il était habile à leur faire la notification comme à ses représentants naturels. — Bourges, 13 août 1829, J.G. *Surench.*, 107.

27. Suivant un autre arrêt, le créancier surenchérisseur peut signifier la surenchère à la personne du vendeur, indiquée dans l'acte de notification aux créanciers faite par l'acquéreur, en vertu de l'art. 2183 c. civ., bien que le vendeur ait été, depuis la notification du contrat de vente, mais avant la surenchère, mis en état d'interdiction légale par arrêt de cour d'assises qui l'avait condamné par contumace à vingt années de travaux forcés, et que l'exécution par effigie ait eu lieu vingt-deux jours avant la signification de la surenchère, si ce changement d'état n'a pas été légalement signifié au surenchérisseur. — Paris, 24 déc. 1833, J.G. *Surench.*, 107. — V. observ. contr., *ibid.*

28. — III. Présentation d'une caution. — 1° *Assignation.* — La réquisition de surenchère doit, à peine de nullité, contenir l'indication d'une caution et l'assignation à trois jours pour la réception de cette caution (c. pr. art. 838, § 3). — Turin, 2 mars 1811, J.G. *Surench.*, 115-1°, et *Privil. et hyp.*, 2110. — Agen, 17 août 1816, J.G. *Surench.*, 116-2°.

29. L'assignation donnée à trois jours est valable bien qu'un délai de plus de trois jours doive s'écouler entre celui de l'assignation et celui de la plus prochaine audience. — J.G. *Surench.*, 116.

30. L'assignation à jour fixe est également valable bien qu'elle soit donnée à un délai plus éloigné, alors surtout que le tribunal ne tenant pas d'audience dans les trois jours, l'ajournement indique l'audience la plus prochaine. — Civ. r. 30 mai 1826, J.G. *Surench.*, 116.

31. L'assignation n'est même pas nulle bien qu'elle ait été donnée à un délai plus long que celui fixé par la loi, sauf à l'acquéreur assigné à poursuivre l'audience à l'expiration du délai légal. — Besançon, 4 mars 1853, D.P. 55. 5. 428, et sur pourvoi, Req. 16 nov. 1853, D.P. 54. 1. 399.

32. Mais le surenchérisseur ne peut pas donner assignation pour une audience plus rapprochée. — J.G. *Surench.*, 116.

33. L'assignation pour la réception de la caution peut être valablement donnée devant la chambre des vacations. — Paris, 23 mars 1839, sous Civ. r. 1er juill. 1840, J.G. *Surench.*, 117 et 166.

34. Cependant, l'assignation pour réception de caution, donnée le 22 septembre, non pas à trois jours, devant la chambre des vacations, mais à trois jours francs après vacations, est valable, le défendeur assigné dans les termes ordinaires étant toujours maître d'abréger le délai de comparution et de donner avenir pour plaider en vacations. — Arrêt précité du 23 mars 1839.

35. Dans tous les cas, cette caution doit être reçue, à peine de nullité, même en temps de vacations, par le tribunal et non par le juge des référés. — Riom, 10 déc. 1808, J.G. *Surench.*, 118.

36. L'assignation est soumise, du reste, à toutes les règles des ajournements. Ainsi, elle doit contenir une constitution d'avoué et non pas seulement une simple élection de domicile par le surenchérisseur chez un avoué. — J.G. *Surench.*, 119.

37. Néanmoins la nullité qui résulterait de cette omission est couverte vis-à-vis de l'acquéreur par cela seul que celui-ci a fait signifier chez l'avoué du surenchérisseur la constitution de son propre avoué. — Bourges, 25 août 1808, J.G. *Surench.*, 119.

38. — 2° *Justification de la solvabilité de la caution.* — Le surenchérisseur n'est pas tenu, lors de la présentation de la caution, de déposer au greffe les documents tendant à établir la solvabilité de celle-ci. — Grenoble, 22 juin 1819, J.G. *Surench.*, 146-1°. — Lyon, 5 mai 1835, *ibid.* — Paris, 27 déc. 1839, *ibid.*

39. C'est seulement lorsqu'une contestation s'élève à l'audience sur l'admission de la caution qu'il peut y avoir lieu de faire ordonner le dépôt ou la communication des titres constatant sa solvabilité. — Arrêt précité du 22 juin 1819.

40. Il n'est pas exigé, à peine de nullité, que le surenchérisseur justifie, avant l'expiration du délai de l'assignation, de tous les titres établissant la solvabilité de la caution. — Paris, 2 juill. 1830, 25 mai 1837, J.G. *Surench.*, 146-3°.

41. Tant que les choses sont entières, le surenchérisseur peut être admis à établir la solvabilité de la caution par lui présentée. — Bordeaux, 7 avr. 1834, J.G. *Surench.*, 146-4°.

42. Ainsi, tant que le tribunal n'a pas statué sur l'admissibilité de la caution offerte par le créancier qui a notifié dans le délai voulu l'acte de surenchère, celui-ci est recevable à compléter, même après l'expiration du délai, les éléments de sa solvabilité. — Civ. c. 31 mai 1831, et sur renvoi, Limoges, 14 juill. 1833, J.G. *Surench.*, 146-5°. — Paris, 6 avr. 1835, *ibid.* — Douai, 20 mars 1851, D.P. 52. 2. 137. — V. aussi Bourges, 5 mars 1845, D.P. 45. 2. 46.

43. ... Par exemple, à rapporter la renonciation aux hypothèques qui grèvent les biens présentés. — Arrêt précité du 20 mars 1851.

44. Peu importe, à cet égard, que les plaidoiries soient déjà commencées. — Paris, 27 déc. 1839, J.G. *Surench.*, 146-5°.

45. Suivant une autre opinion, dans le cas où les titres ont été déposés conformément à l'art. 832, c. pr. et où il y a lieu de suppléer à leur insuffisance pour constater la solvabilité de la caution, les preuves de cette solvabilité peuvent être complétées à l'audience. Mais il n'en serait autrement si aucun titre n'avait été déposé. — J.G. *Surench.*, 147.

46. Le dépôt des titres qui constatent la solvabilité de la caution, doit être fait dans les quarante jours fixés par l'art. 2185, c. civ. pour l'intégralité des sommes à raison desquelles la caution est engagée : un dépôt partiel ne pourrait pas être complété après ce délai. — Civ. r. 29 août 1835, D.P. 55. 1. 369.

47. ... Alors que, d'ailleurs, la nullité de la surenchère se trouvait déjà demandée à l'époque du dépôt complémentaire. — Besançon, 1er févr. 1853, D.P. 55. 1. 369.

48. La solvabilité de la caution doit être établie au jour indiqué pour sa réception, et on ne pourrait pas l'établir en appel. — Rouen, 2 mai 1828, J.G. *Surench.*, 147 et 132.

Table sommaire.

Art. 833.

« Lorsqu'une surenchère aura été notifiée avec assignation dans les termes de l'art. 832 ci-dessus, chacun des créanciers inscrits aura le droit de se faire subroger à la poursuite, si le surenchérisseur ou le nouveau propriétaire ne donne pas suite à l'action dans le mois de la surenchère.

« La subrogation sera demandée par simple requête en intervention, et signifiée par acte d'avoué à avoué.

« Le même droit de subrogation reste ouvert au profit des créanciers inscrits, lorsque, dans le cours de la poursuite, il y a collusion, fraude ou négligence de la part du poursuivant.

« Dans tous les cas ci-dessus, la subrogation aura lieu aux risques et périls du surenchérisseur, sa caution continuant à être obligée » (L. 2 juin 1841). — C. pr. civ. 339 s., 721 s., 730-1°, 776.

Exposé des motifs et Rapport, J.G. *Surench.*, p. 600 et s., n°s 2, et s., 5, 12.

1. — I. Subrogation a la poursuite. — La requête à fin de subrogation doit être signifiée au vendeur, s'il est représenté par un avoué dans l'instance, tout aussi bien qu'à l'acquéreur et au poursuivant. — J.G. *Surench.*, 242.

2. Ce n'est pas une action nouvelle, c'est l'action du surenchérisseur que le subrogé doit poursuivre; aussi la caution du surenchérisseur continue d'être obligée nonobstant la subrogation, et c'est aux risques de ce dernier que se poursuit l'adjudication. — J.G. *Surench.*, 243.

3. Par suite, le créancier subrogé au surenchérisseur n'est pas tenu de fournir lui-même une nouvelle caution. — Lyon, 17 févr. 1840, J.G. *Surench.*, 243.

4. Si la surenchère était nulle, soit à raison de l'insuffisance de la caution, soit pour tout autre motif que l'inobservation des délais de poursuite, il n'y aurait pas lieu d'accorder la subrogation. — J.G. *Surench.*, 244.

5. Ainsi, un créancier ne peut pas se faire subroger à la surenchère faite par un autre créancier, déclarée nulle par jugement passé en force de chose jugée, en formant tierce-opposition à ce jugement, alors d'ailleurs que les délais de la surenchère sont expirés. — Req. 18 mars 1809, J.G. *Surench.*, 244-1°.

6. Lorsqu'un créancier surenchérisseur, après avoir négligé de produire, dans les trois jours, les titres justificatifs de la solvabilité de la caution qu'il a offerte, néglige encore, après ce délai, de répondre aux sommations à lui faites de signifier ces mêmes titres, et qu'il a fait également défaut à l'audience où a été portée la demande en nullité de l'enchère, la cour peut prononcer la nullité de la surenchère, dans le cas même où, sur leur tierce-opposition à ce jugement, le débiteur principal et un créancier hypothécaire offriraient de réaliser la caution : ceux-ci prétendraient en vain que le défaut de réalisation de la caution, par le surenchérisseur, à qui on n'impute pas de collusion, doit être assimilé à un désistement, lequel ne peut pas nuire aux autres créanciers. — Civ. r. 22 juill. 1828, J.G. *Surench.*, 244-2°.

7. — 2° Désistement. — Le créancier qui

« formé une surenchère sur aliénation volontaire peut s'en désister avec le consentement des autres créanciers hypothécaires, même après le jugement qui l'a validée. — Alger, 7 nov. 1853, D.P. 55. 2. 320.

8. Mais le désistement d'une surenchère formée par un créancier inscrit, n'est pas subordonné, même après le jugement qui a validé cette surenchère, à l'acceptation de l'acquéreur. — Req. 24 avr. 1855, D.P. 55. 1. 202.

Art. 834.

Les créanciers qui, ayant une hypothèque aux termes des articles 2123, 2127 et 2128 du Code civil, n'auront pas fait inscrire leurs titres antérieurement aux aliénations qui seront faites à l'avenir des immeubles hypothéqués, ne seront reçus à requérir la mise aux enchères, conformément aux dispositions du chapitre 8, titre 18 du livre 3 du Code civil, qu'en justifiant de l'inscription qu'ils auront prise depuis l'acte translatif de propriété, et au plus tard dans la quinzaine de la transcription de cet acte.

Il en sera de même à l'égard des créanciers ayant privilége sur des immeubles, sans préjudice des autres droits résultant au vendeur et aux héritiers, des art. 2108 et 2109 du Code civil.

Art. 835.

Dans le cas de l'article précédent, le nouveau propriétaire n'est pas tenu de faire aux créanciers dont l'inscription n'est pas antérieure à la transcription de l'acte, les significations prescrites par les articles 2183 et 2184 du Code civil; et, dans tous les cas, faute par les créanciers d'avoir requis la mise aux enchères dans le délai et les formes prescrits, le nouveau propriétaire n'est tenu que du payement du prix, conformément à l'article 2186 du Code civil.

Les art. 834 et 835 ont été abrogés par l'art. 6 de la loi du 23 mars 1855.— V. *Code civil annoté*, t. 2, p. 1138.

Art. 836.

Pour parvenir à la revente surenchère prévue par l'art. 2187 du Code civil, le poursuivant fera imprimer des placards qui contiendront,

« 1° La date et la nature de l'acte d'aliénation sur lequel la surenchère a été faite, le nom du notaire qui l'aura reçu ou de toute autre autorité appelée à sa confection ;

« 2° Le prix énoncé dans l'acte, s'il s'agit d'une vente, ou l'évaluation donnée aux immeubles dans la notification aux créanciers inscrits, s'il s'agit d'un échange ou d'une donation ;

« 3° Le montant de la surenchère;

« 4° Les noms, professions, domi-

ciles du précédent propriétaire, de l'acquéreur ou donataire, du surenchérisseur, ainsi que du créancier qui lui est subrogé dans le cas de l'art. 833 ;

« 5° L'indication sommaire de la nature et de la situation des biens aliénés ;

« 6° Le nom et la demeure de l'avoué constitué pour le poursuivant ;

« 7° L'indication du tribunal où la surenchère se poursuit, ainsi que des jour, lieu et heure de l'adjudication.

« Ces placards seront apposés, quinze jours au moins et trente jours au plus avant l'adjudication, à la porte du domicile de l'ancien propriétaire et aux lieux désignés dans l'art. 699 du présent Code.

« Dans le même délai, l'insertion des énonciations qui précèdent sera faite dans le journal désigné en exécution de l'art. 696, et le tout sera constaté comme il est dit dans les art. 698 et 699 » (L. 2 juin 1841).

Exposé des motifs et Rapport, J.G. *Surench.*, p. 600 et s., n°s 1, 7 et 13.

1. L'art. 699, auquel se réfère, pour l'apposition des placards, l'art. 836, ne peut, en matière de surenchère, s'appliquer à la lettre. C'est à l'*acquéreur* qu'il faut appliquer toutes les dispositions de l'art. 699 où il est question du *saisi*. — J.G. *Surench.*, 235.

2. Une apposition de placards au domicile de l'acquéreur ne serait pas nécessaire si c'était l'acquéreur lui-même qui poursuivait l'adjudication. — J.G. *Surench.*, 236.

3. L'apposition des placards est constatée comme au cas de vente par expropriation ; il suffit que l'huissier chargé de l'apposition des affiches et placards déclare avoir annexé à son procès-verbal d'affiches un exemplaire du placard affiché: la loi n'exige pas un procès-verbal d'annexe. — Orléans, 28 août 1810, J.G. *Surench.*, 237.

4. Il ne peut y avoir lieu, en matière de surenchère, au supplément de publicité autorisé, en cas de saisie immobilière, par les art. 697 et 700 c. pr. civ. ; si le créancier poursuivant la surenchère veut donner à la vente une publicité extraordinaire, il ne peut le faire qu'à ses frais. — J.G. *Surench.*, 238.

5. Suivant une autre opinion, en matière de vente par suite de surenchère sur aliénation volontaire, comme au cas de vente par suite de saisie, il ne faut négliger aucun moyen de publicité dans l'intérêt des créanciers. Si le juge croit utile la publication de l'art. 700, il doit l'autoriser. — J.G. *Frais et dép.*, 758.

Art. 837.

« Quinze jours au moins et trente jours au plus avant l'adjudication, sommation sera faite à l'ancien et au nouveau propriétaire d'assister à cette adjudication, au lieu, jour et heure indiqués. Pareille sommation sera faite au créancier surenchérisseur, si c'est le nouveau propriétaire ou un autre créancier subrogé qui poursuit.

« Dans le même délai, l'acte d'aliénation sera déposé au greffe et tiendra lieu de minute d'enchère.

« Le prix porté dans l'acte ou la valeur déclarée et le montant de la

surenchère tiendront lieu d'enchère » (L. 2 juin 1841). — C. pr. civ. 690.

Exposé des motifs et Rapport, J.G. *Surench.*, p. 601, n° 7.

1.—I. Dépôt au greffe de l'acte d'aliénation. — L'acte d'aliénation doit, dans le délai fixé par l'art. 837, être déposé au greffe pour servir de minute d'enchère, et cela à peine de nullité. Par suite, le poursuivant doit faire sommation à l'acquéreur de déposer ce titre au greffe. — J.G. *Surench.*, 231.

2. Dans le cas où l'acquéreur refuserait d'obéir à cette sommation, si l'acte d'aliénation est un titre authentique, le poursuivant a qualité pour en demander une expédition à l'officier public dépositaire de la minute, il lève cette expédition aux frais de l'acquéreur. — J.G. *Surench.*, 231. — Conf. (motifs) Trib. d'Angoulême, 3 mars 1845, D.P. 46. 1. 89.

3. Si l'acte d'aliénation est un acte sous seing privé, le poursuivant doit requérir une expédition de la transcription faite au bureau des hypothèques, et le dépôt au greffe de cette expédition suffit pour remplir le but de la loi. — J.G. *Surench.*, 231.

4. Faute par l'acquéreur d'effectuer le dépôt de l'acte d'aliénation, on pourrait faire annuler la notification et le poursuivre comme le tiers détenteur qui ne fait pas purger. — J.G. *Surench.*, 231.

5. Les art. 728 et 729 c. pr. civ. s'appliquent en matière de surenchère sur aliénation volontaire: ainsi la nullité commise dans une poursuite de surenchère n'annule que les procédures postérieures à l'acte entaché de nullité, et non celles qui l'ont précédé ; spécialement, la nullité résultant de ce que l'acte de dépôt de l'acte d'acquisition a été tardivement fait n'atteint pas les actes de procédure qui ont précédé le dépôt. — Req. 18 mars 1846, D.P. 46. 1. 89.

6. Les dépens de la procédure de surenchère annulée à défaut de dépôt de l'acte d'aliénation dans le délai déterminé par l'art. 837, peuvent être mis pour partie à la charge de l'acquéreur qui s'est refusé à faire ce dépôt, bien qu'il y eût été condamné par le jugement qui a ordonné le dépôt.—Trib. d'Angoulême, 3 mars 1845, D.P. 46. 1. 89.

7. — II. Dépôt d'un cahier des charges. — Le surenchérisseur peut déposer, en outre du titre d'aliénation, un cahier des charges explicatif. — J.G. *Surench.*, 232.

8. Le droit de contester les clauses de ce cahier des charges et même d'en proposer de nouvelles, appartiendrait également au vendeur et à l'acquéreur, parties intéressées dans la poursuite. — J.G. *Surench.*, 232.

9. Ainsi, le vendeur peut être partie dans l'instance sur la surenchère et proposer l'insertion dans le cahier des charges d'une clause quelconque, sauf aux juges à la rejeter ou à l'accueillir.— Grenoble, 7 avr. 1824, J.G. *Surench.*, 232.

10. Mais ces nouvelles clauses doivent avoir pour but d'expliquer et non de changer les conditions du contrat; on ne devrait pas admettre un cahier des charges qui imposerait des charges nouvelles ou contrarierait et éteindrait celles qui résultent du contrat. — J.G. *Surench.*, 232.

11. Cependant, en cas de revente par suite de surenchère, le premier acquéreur peut faire insérer, dans une clause du cahier des charges, que l'acquéreur nouveau sera tenu de payer, outre le prix, la plus-value des améliorations et reconstructions faites depuis la première vente. — Paris, 10 mars 1808, J.G. *Surench.*, 233.

Art. 838.

« Le surenchérisseur, même au cas de subrogation à la poursuite, sera déclaré adjudicataire si, au jour fixé pour l'adjudication, il ne se présente pas d'autre enchérisseur.

« Sont applicables au cas de surenchère les art. 701, 702, 705, 706, 707, 711, 712, 713, 717, 731, 732, 733 du présent Code, ainsi que les art. 734 et s., relatifs à la folle enchère.

« Les formalités prescrites par les art. 705 et 706, 832, 836 et 837, seront observées à peine de nullité.

« Les nullités devront être proposées, à peine de déchéance, savoir : celles qui concerneront la déclaration de surenchère et l'assignation, avant le jugement qui doit statuer sur la réception de la caution ; celles qui seront relatives aux formalités de la mise en vente, trois jours au moins avant l'adjudication, il sera statué sur les premières par le jugement de réception de la caution, et sur les autres avant l'adjudication, et, autant que possible, par le jugement même de cette adjudication.

« Aucun jugement ou arrêt par défaut en matière de surenchère sur aliénation volontaire ne sera susceptible d'opposition.

« Les jugements qui statueront sur les nullités antérieures à la réception de la caution, ou sur la réception même de cette caution, et ceux qui prononceront sur la demande en subrogation intentée pour collusion ou fraude, seront seuls susceptibles d'être attaqués par la voie de l'appel.

« L'adjudication par suite de surenchère sur aliénation volontaire ne pourra être frappée d'aucune autre surenchère » (L. 2 juin 1841).

« Les effets de l'adjudication à la suite de surenchère sur aliénation volontaire seront réglés, à l'égard du vendeur et de l'adjudicataire, par les dispositions de l'art. 717 ci-dessus. Néanmoins, après le jugement d'adjudication par suite de surenchère, la purge des hypothèques légales, si elle n'a pas eu lieu, se fait comme au cas d'aliénation volontaire, et les droits des créanciers à hypothèques légales sont régis par le dernier alinéa de l'article 772 » (L. 21 mai 1858). — C. pr. civ. 517 s., 692, 728 s., 739, 772, 833, 965, 973, 1029.

Loi 2 juin 1841 : Exposé des motifs et Rapport, J.G. *Surench.*, p. 600 et s., n°s 3, 8 et s., 15 et s.
Loi 21 mai 1858 · Rapport, D.P. 58, 4. 52, n° 63.

1. — I. DEMANDE EN RÉSOLUTION DE LA VENTE. — Si, pendant le cours de la procédure suivie pour parvenir à la revente de l'immeuble surenchéri, il survenait une action en résolution formée par un précédent vendeur, celui-ci serait tenu, à peine de déchéance, de notifier sa demande au greffe du tribunal où se poursuit la vente et de faire statuer sur cette demande avant l'adjudication. — J.G. *Surench.*, 239.

2. Mais le vendeur primitif non payé qui, sur la revente faite à un tiers, a requis la mise

aux enchères de l'immeuble, ne peut, tant qu'il ne s'est pas désisté de cette réquisition, demander la résolution de la vente primitive ; les deux actions ne peuvent être exercées cumulativement, et l'arrêt qui le décide ainsi ne saurait être cassé sous prétexte que, par la demande en résolution, il y a eu désistement tacite de la mise aux enchères. — Req. 26 avr. 1831, J.G. *Surench.*, 240.

3. — II. NULLITÉS DE LA PROCÉDURE DE SURENCHÈRE. — La déchéance du droit de proposer les nullités résultant de l'inobservation des art. 705, 706, 832, 836 et 837, ne peut résulter que de l'expiration du délai de la loi ; par exemple, la nullité résultant de la tardiveté de la surenchère ne pourrait être repoussée par le motif qu'elle n'aurait pas été proposée avant toute défense au fond. — Bourges, 13 août 1829, J.G. *Surench.*, 246 et 107.

4. Mais on ne serait plus recevable à proposer cette nullité après le jugement qui doit statuer sur la réception de la caution. — J.G. *Surench.*, 246.

5. Ainsi, les moyens de nullité contre la déclaration de surenchère devant, à peine de déchéance, être proposés avant le jugement à intervenir sur la réception de la caution, ne peuvent être invoqués pour la première fois en appel, lors même que ce jugement a été rendu par défaut. — Req. 3 avr. 1854, D.P. 54. 1. 197.

6. Les jugements qui prononcent, non sur des nullités, mais sur des questions qui intéressent le fond du droit, sont susceptibles, d'après le droit commun, d'un double degré de juridiction. — J.G. *Surench.*, 250.

7. L'art. 838 qui autorise exceptionnellement l'appel des jugements statuant sur les nullités antérieures à la réception de la caution, n'a point entendu restreindre le bénéfice de cette disposition au cas de simples nullités de forme : il s'applique aussi aux jugements rendus sur les nullités touchant au fond ; spécialement, est susceptible d'appel le jugement qui prononce sur la nullité résultant de ce que la surenchère aurait porté sur une partie du prix qui ne devait pas y être soumise. — Besançon, 5 mai 1853, D.P. 56. 2. 242.

8. D'après les art. 731 et 732, auxquels renvoie l'art. 838, le délai d'appel n'est que de dix jours comme en matière de saisie immobilière. — J.G. *Surench.*, 247. — Conf. avant la loi de 1841, Paris, 20 août 1840, *ibid.*

9. Et cet appel doit être interjeté suivant les formes spéciales prescrites en matière de saisie immobilière par les art. 731 et 732 précités — J.G. *Surench.*, 247.

10. La demande formée, dans le cours d'une instance en validité de surenchère, à fin de nullité de la vente frappée de surenchère et par suite, d'annulation de la surenchère elle-même, constitue un incident de cette instance ; en conséquence, l'appel du jugement intervenu doit, à peine de nullité, être signifié au domicile de l'avoué, et notifié au greffier du tribunal, conformément aux art. 73 et 838 c. pr. — Req. 24 mai 1859, D.P. 59. 1. 376.

11. Toutefois, il n'y a nécessité, au cas d'appel, de se conformer aux dispositions des art. 731 et 732 c. pr., que lorsque la question à juger est une question de procédure inhérente aux formes et aux conditions de la surenchère. Par suite, l'appel est avec raison formé suivant les règles ordinaires, toutes les fois qu'il s'agit d'une difficulté soulevée et d'une décision rendue sur le fond même du droit. — Nîmes, 19 mai 1858, D.P. 58. 2. 208.

12. Le jugement de validité de surenchère rendu sur dispositif rédigé par l'avoué du surenchérisseur, peut être frappé d'appel par l'adjudicataire qui, ayant adhéré à ce dispositif, s'est borné à s'en rapporter à la prudence du juge. — Req. 10 mai 1853, D.P. 53. 1. 165.

13. Décidé néanmoins que l'acquéreur qui,

en première instance, n'a proposé aucun moyen de nullité contre la surenchère formée sur son prix d'acquisition, et qui spécialement s'est borné à s'en rapporter à justice, n'est pas recevable à demander la nullité de cette surenchère sur l'appel par lui interjeté du jugement qui l'a déclarée valable. — Caen, 3 déc. 1851, D.P. 54. 5. 734.

14. Quand il s'agit de décider si un jugement qui statue en matière de surenchère est ou non rendu en dernier ressort, il y a lieu d'appliquer les règles ordinaires. — J.G. *Surench.*, 249. — V. loi 11 avr. 1838, art 1er, n°s 185, 248, 949 et s., *suprà*, p. 628 et s.

15. L'art. 153 c. pr., relatif au défaut profit-joint ne s'applique pas en matière de surenchère sur aliénation volontaire. — Bourges, 6 août 1853 (deux arrêts), D.P. 54. 2. 98 et 5. 462.

16. Lorsque les contestations élevées contre la validité d'une surenchère n'ont pas sensiblement augmenté les frais, le tribunal peut, au lieu de mettre les frais de ces contestations à la charge de la partie qui succombe, décider qu'ils seront, comme frais extraordinaires, prélevés sur le montant de l'adjudication définitive. — Pau, 16 févr. 1866, D.P. 66. 2. 107.

17. — III. ADJUDICATION APRÈS SURENCHÈRE. — L'adjudication doit avoir lieu au jour indiqué, sans que le tribunal puisse, comme en matière de saisie immobilière, accorder de sursis. — J.G. *Surench.*, 251.

18. Mais si, par l'effet de quelque incident, l'adjudication ne pouvait avoir lieu au jour indiqué, et qu'il devint nécessaire de renouveler les affiches et insertions, par exemple dans le cas où, pendant le cours de la poursuite, il serait formé une demande en résolution, ou bien dans le cas où l'on demanderait la nullité de la vente qui a fait l'objet de la surenchère, il y aurait lieu de surseoir aux poursuites jusqu'à ce que le sort de l'immeuble fût fixé. — J.G. *Surench.*, 252. — V. toutefois Req. 2 juin 1807, *ibid.*

19. L'adjudication se fait devant le tribunal de la situation, même au cas où l'aliénation qui a fait l'objet de la surenchère aurait eu lieu dans le ressort d'un autre tribunal : il y est procédé suivant les formes indiquées aux art. 705, 706 et 707 c. pr. — J.G. *Surench.*, 253.

20. L'immeuble est adjugé au surenchérisseur, même au cas de subrogation, si personne ne couvre sa mise à prix ; mais en cas de survenance de nouvelles enchères, le surenchérisseur se trouve dégagé de toute obligation. — J.G. *Surench.*, 254.

21. Il faudrait considérer comme nulle une adjudication qui, par l'effet d'une erreur quelconque, serait prononcée au profit d'un autre que le dernier enchérisseur. — J.G. *Surench.*, 255.

22. Lorsque deux enchérisseurs ont fait simultanément la dernière enchère, et que l'immeuble a été adjugé à l'un d'eux, seul entendu par le notaire commis pour la réception des enchères, le procès-verbal et l'adjudication sont nuls, comme entachés d'une erreur. — Douai, 2 avr. 1838, J.G. *Surench.*, 255.

23. Bien que le droit de surenchérir soit personnel aux créanciers, celui d'entre eux qui s'est rendu adjudicataire d'un immeuble, peut néanmoins faire une déclaration de command en faveur d'une autre personne. — Paris, 12 frim. an 14, J.G. *Surench.*, 256.

24. L'art. 711 ayant été déclaré applicable à la surenchère sur aliénation volontaire, sans aucune distinction entre les deux paragraphes dont il se compose, il en résulte que les membres du tribunal devant lequel se poursuit la vente ne peuvent devenir adjudicataires dans les surenchères du dixième, lors même qu'ils seraient créanciers inscrits. — Rapport sur une pétition à la Chambre des pairs, 4 mars 1846, D.P. 46. 3. 59. — Rapport sur la même pétition à la Chambre des députés, 8 mai 1847, D.P. 47. 3. 109.

25. Le jugement d'adjudication, étant plutôt un procès-verbal judiciaire qu'un véritable jugement, n'est pas susceptible d'appel. Au cas où l'adjudication serait viciée de quelque nullité, ce serait par action principale que cette nullité devrait être demandée. — J.G. *Surench.*, 257. — V. toutefois Req. 23 déc. 1806, *ibid.*

26. — IV. EFFETS DE L'ADJUDICATION APRÈS SURENCHÈRE. — L'adjudication après surenchère sur aliénation volontaire, alors qu'elle est tranchée au profit d'un autre que l'acquéreur primitif, opère de plein droit la résolution du premier contrat de vente. — Elle éteint par conséquent les hypothèques que cet acquéreur aurait pu consentir sur l'immeuble depuis son acquisition. Mais les baux consentis de bonne foi par l'acquéreur évincé doivent être maintenus, alors surtout qu'ils n'excèdent point la durée des baux ordinaires. — J.G. *Vente publ. d'imm.*, 2144.

27. Par l'effet de l'adjudication après surenchère, l'adjudicataire est tenu des intérêts du prix, nonobstant le silence à cet égard du cahier des charges, et bien que, par l'acte de vente primitif, l'acquéreur ait été expressément dispensé pendant un temps déterminé du payement de ces intérêts. — V. *Code civil annoté*, art. 2186, n° 66.

28. Le droit de propriété de l'adjudicataire sur surenchère, ne commençant qu'à partir de l'adjudication, cet adjudicataire ne doit, à moins de stipulation contraire dans le cahier des charges, les intérêts du prix de son adjudication qu'à partir du jour où a eu lieu l'adjudication sur surenchère, et non à partir de la date de la vente ou adjudication primitive. — Req. 14 août 1833 ; Paris, 15 juill. 1837, J.G. *Vente publ. d'imm.*, 2148. — Paris, 3 août 1844, D.P. 52. 5. 520.

29. Jugé toutefois, en matière de surenchère sur saisie immobilière que le nouvel adjudicataire doit les intérêts de son prix, non du jour de son adjudication, mais du jour où le premier adjudicataire devait les intérêts du sien, sauf à se faire rendre compte par ce dernier des fruits perçus. — Paris, 1er juill. 1832, D.P. 32. 2. 235-236. — V. aussi Paris, 11 janv. 1816, J.G. *Ordre entre créanc.*, 523-2° et 1192-1°. — Observ. contr., J.G. *Vente publ. d'imm.*, 2148.

30. En cas de revente d'un immeuble sur surenchère, le premier acquéreur, quoique soumis par son contrat au payemens des intérêts courus depuis la vente jusqu'à l'adjudication après surenchère, n'est pas néanmoins tenu de payer ces intérêts, s'il avait été stipulé qu'il n'entrerait en jouissance qu'après un délai déterminé, et s'il n'a, par suite, touché aucuns fruits ni revenus de l'immeuble vendu : dans ce cas, le payement des intérêts est une véritable augmentation du prix, qui retombe à la charge de l'adjudicataire surenchérisseur. — Montpellier, 31 juill. 1827, J.G. *Vente publ. d'imm.*, 2150.

31. L'acquéreur évincé par suite de surenchère n'est tenu de restituer aux créanciers du vendeur que les fruits produits par l'immeuble vendu, et ne peut être condamné à payer les intérêts de son prix, comme représentant légalement ces fruits. — Civ. c. 10 avr. 1848, D.P. 48. 1. 160.

32. L'adjudicataire sur surenchère, par suite d'aliénation volontaire, a seul droit aux fruits que l'acquéreur primitif a perçus par anticipation ; ici ne s'applique pas l'art. 682 c. pr. civ. — Douai, 29 avr. 1846, D.P. 47. 2. 63.

33. C'est ainsi à cet adjudicataire seul, et non aux créanciers inscrits, qu'appartient l'indemnité résultant des dégradations commises par le précédent acquéreur. — Douai, 9 juin 1841, D.P. 47. 2. 64. — Douai, 29 avr. 1846, D.P. 47. 2. 63.

34. L'adjudicataire sur surenchère après aliénation volontaire peut-il se faire colloquer dans l'ordre, pour les frais de notification qu'il a remboursés à l'acquéreur dépossédé ? — V. *suprà*, art. 774, n° 5 et s.

35. Relativement aux autres effets de l'ad-

judication après surenchère sur aliénation volontaire, V. *Code civil annoté*, art. 2188 et suiv.

Table sommaire.

Adjudication après surenchère 17 s.; effets) 26 s.; (où elle a lieu) 19.	Défense au fond 3.	Jugement par défaut 3.
Adjudication nulle 21.	Dégradations 33.	Nullité (procédure, surench.) 3 s.
Affiches 18.	Degré de juridiction 6, 14.	Ordre (collocation) 34.
Appel (délai) 8 s.; (demande nouvelle) 5; (formes, règles ordinaires) 11; (formes, saisie immobilière) 9; (jugement d'adjudication) 25.	Délai de dix jours (appel) 8 s.	Saisie immobilière 8 s.
Avoué (surenchérisseur) 12.	Délai légal (expiration) 3.	Signification à domicile 10.
Caution (réception) 4 s.	Désistement tacite 2.	Soumission à justice 12 s.
Créancier inscrit 33.	Enchères simultanées 22.	Subrogation 20.
Déclaration de command 23.	Erreur 21.	Surenchère (adjudication postérieure) 17 s.; (procédure, nullité) 3 s.
Défaut-profit-joint 15.	Frais (surenchère, incident) 16.	Surenchère tardive 3
	Fruits 30 s.	Sursis 17 s.
	Fruits perçus 29.	Tribunal (membre) 24.
	Fruits perçus par anticipation 32.	Tribunal de la situation 19.
	Greffe 1.	Vente (résolution, demande) 1 s.
	Hypothèque (extinction) 26.	
	Incident 10.	
	Insertion. V. Affiche.	
	Intérêts 27 s.	
	Jour indiqué 17.	

TITRE V.

Des voies à prendre pour avoir expédition ou copie d'un acte, ou pour le faire réformer.

Art. 839.

Le notaire ou autre dépositaire qui refusera de délivrer expédition ou copie d'un acte aux parties intéressées en nom direct, héritiers ou ayants droit, y sera condamné, et par corps, sur assignation à bref délai, donnée en vertu de permission du président du tribunal de première instance, sans préliminaire de conciliation. — C. pr. civ. 49-7°, 72, 76, 126, 806, 843 s.—C. civ. 1334. — Tar. 29, 78.

Exposé des motifs et Rapport, J.G. Obligat., p. 54 et 55, n°⁵ 4 et 18.

1. — I. ACTES NOTARIÉS. — Lorsqu'il s'agit d'un acte parfait et enregistré, le droit d'en demander une *expédition*, et non une seconde grosse, appartient aux parties intéressées. — J.G. *Obligat.*, 4432. — V. loi 25 vent. an 11, art. 23, n°⁵ 4 et suiv., *Code civil annoté*, t. 2, p. 47.

2. Les tiers qui veulent avoir copie ou communication d'un acte doivent employer la voie du compulsoire. — J.G. *Obligat.*, 4411.

3. Sur le point de savoir quelles sont les parties intéressées à prendre connaissance d'un acte notarié, V. L. 25 vent. an 11, art. 23, n°⁵ 9 et s., *Code civil annoté*, t. 2, p. 47.

4. Un particulier ne peut pas, sous prétexte d'indigence, réclamer le concours du ministère public pour faciliter la recherche, dans les études des notaires, des actes dont il réclamant peut avoir besoin pour faire la preuve qu'une succession s'est ouverte à son profit pendant sa minorité. Le ministère public ne peut agir d'office; c'est seulement au cas de difficulté de la part de ces officiers ministériels qu'il y a lieu de se pour-

voir devant les tribunaux. — Décis. min. just., 26 nov. 1835. J.G. *Compuls.*, 54.

5. Avant d'assigner le notaire, il est au moins prudent de le mettre en demeure (Quest. controv.]. — J.G. *Obligat.*, 4433.

6. La demande d'une expédition d'acte notarié, en cas de refus du notaire, doit être portée devant le tribunal de la résidence du notaire. — J.G. *Obligat.*, 4432 et *Notaire*, 337.

7. L'art. 839, qui attribue compétence au tribunal civil pour connaître du refus fait par les notaires ou autres dépositaires publics de délivrer des copies ou expéditions d'actes aux parties intéressées, ne s'applique pas au cas de refus, par un notaire, de laisser faire des épreuves photographiques d'un testament déposé en son étude. — Bordeaux, 17 janv. 1869, D.P. 69. 2. 245. — V. *infrà*, art. 843, n° 3.

8. Le notaire peut, suivant les circonstances, être condamné aux dommages-intérêts envers la partie ; il est en outre passible d'une amende de 20 fr. et de suspension pendant trois mois en cas de récidive. — (L. 25 vent. an 11, art. 23 ; 16 juin 1824, art. 10). — J.G. *Obligat.*, 4434. — V. aussi *infrà*, art. 843, n° 2.

9. — II. ACTES DU POUVOIR EXÉCUTIF. — Les actes du pouvoir exécutif ne constituent pas des titres dont il soit permis de requérir une expédition, dans les termes de l'art. 839 c. pr. — Civ. r. 20 juill. 1847, D.P. 47. 1. 263.

10. — III. ACTES DU GREFFE. — V. *infrà*, art. 853.

Art. 840.

L'affaire sera jugée sommairement, et le jugement exécuté nonobstant opposition ou appel. — C. pr. civ. 135, 404, 463, 847 s.

Exposé des motifs et Rapport, J.G. Obligat., p. 55, n° 19.

Le jugement rendu sur la demande formée contre le notaire qui refuse de délivrer copie ou expédition à une partie intéressée est toujours susceptible d'appel. — J.G. *Obligat.*, 4433.

Art. 841.

La partie qui voudra obtenir copie d'un acte non enregistré ou même resté imparfait présentera sa requête au président du tribunal de première instance, sauf l'exécution des lois et règlements relatifs à l'enregistrement. — Tar. 29, 78.

Exposé des motifs et Rapport, J.G. Obligat., p. 54 et 55, n°⁵ 4 et 20.

1. — I. ACTE IMPARFAIT. — Un acte imparfait est celui dans lequel n'ont pas été observées toutes les formalités prescrites. Tel est l'acte que toutes les parties n'ont pas signé, celui qui n'est pas signé de l'officier public ou des témoins, celui qui émane d'un officier public incompétent, l'acte sous seing privé synallagmatique non fait double. — J.G. *Obligat.*, 4412.— V. *Code annoté de l'enregistrement.*

2. Un notaire ne peut, dans aucun cas, supprimer un acte imparfait. Il ne pourrait non plus lui donner la perfection qui lui manque des que l'est survenu une difficulté entre les parties. — J.G. *Obligat.*, 4413.

3. La partie qui veut obtenir copie d'un acte resté imparfait doit présenter requête au président du tribunal de première instance. Elle pourrait aussi demander un extrait de l'acte. — J.G. *Obligat.*, 4414.

4. Mais le notaire ne pourrait, *de plano*, et de sa seule autorité, délivrer la copie demandée, surtout si l'acte imparfait a, de plus, été déclaré nul comme frauduleux. — Civ. c. 15 mars 1836, J.G. *Obligat.*, 4414 et 4296.

5. La partie qui présente au président sa requête dans laquelle elle expose les raisons qu'elle a d'obtenir copie de l'acte, n'a pas besoin d'appeler l'autre partie. — J.G. *Obligat.*, 4414.

6. — **II.** ACTES NON ENREGISTRÉS. — L'art. 841 prescrit les mêmes formes que celles qui viennent d'être indiquées pour obtenir délivrance de la copie d'un acte non enregistré, sauf l'exécution des lois et règlements relatifs à l'enregistrement. — J.G. *Obligat.*, 4416.

7. Si la partie qui demande expédition de l'acte non enregistré, a les moyens de payer les droits, le notaire peut la contraindre à en faire l'avance, sauf recours contre la partie directement débitrice. — J.G. *Obligat.*, 4416.

8. Il n'y a pas lieu de recourir à cette procédure, pour obtenir copie d'un acte notarié et parfait, non enregistré dans le délai : il suffit au notaire de faire enregistrer l'acte et d'en payer les droits, et l'amende ou le double droit pour pouvoir en délivrer expédition. On ne pourrait appliquer l'art. 841 qu'au cas où le notaire refuserait de faire enregistrer, refus qui l'exposerait aux contraintes de la régie. — J.G. *Obligat.*, 4416.

Art. 842.

La délivrance sera faite, s'il y a lieu, en exécution de l'ordonnance mise ensuite de la requête ; et il en sera fait mention au bas de la copie délivrée.

1. Quand le notaire consent à délivrer la copie, on doit lui remettre la requête et l'ordonnance, afin qu'il les annexe au procès-verbal dressé pour constater la délivrance. — J.G. *Obligat.*, 4415.

2. Il n'est pas nécessaire de signifier l'ordonnance au notaire, il suffit de la lui remettre. Le notaire conserve cette pièce pour en justifier au besoin. — J.G. *Référé*, 117.

Art. 843.

En cas de refus de la part du notaire ou dépositaire, il en sera référé au président du tribunal de première instance. — C. pr. civ. 806. — C. civ. 1334 s.

Exposé des motifs et Rapport, J.G. *Obligat.*, p. 54 et 55, nᵒˢ 2 et 18.

1. Si le notaire refuse d'obtempérer à l'ordonnance du président, le référé doit être introduit, non par le notaire, mais par la partie qui a demandé l'expédition. — J.G. *Obligat.*, 4415.

2. Le notaire peut être condamné aux dépens ; mais, pour obtenir cette condamnation, il faut l'assigner devant le tribunal. — J.G. *Obligat.*, 4415.

3. En cas de refus par un notaire de laisser faire des épreuves photographiques d'un testament olographe déposé dans son étude, le président du tribunal est seul compétent pour statuer sur ce refus, par voie de requête, puis en référé, lorsqu'il y a recours contre son ordonnance. — Bordeaux, 7 janv. 1869. D.P. 69, 2, 245.

Art. 844.

La partie qui voudra se faire délivrer une seconde grosse, soit d'une minute d'acte, soit par forme d'ampliation sur une grosse déposée, présentera, à cet effet, requête au président du tribunal de première instance : en vertu de l'ordonnance qui interviendra, elle fera sommation au notaire pour faire la délivrance à jour et heure indiqués, et aux parties intéressées pour y être présentes ; mention sera faite de cette ordonnance au bas de la seconde grosse, ainsi que de la somme pour laquelle on pourra exécuter, si la créance est acquittée ou cédée en partie. — C. pr. civ. 850, 854. — Tar. 29, 78.

Exposé des motifs et Rapport, J.G. *Obligat.*, p. 54 et 55, nᵒˢ 4 et 19.

1. Pour que les formalités de l'art. 844 soient obligatoires, il faut nécessairement qu'une première grosse ait été déjà délivrée. Lorsqu'une expédition non revêtue de la formule exécutoire a été remise par le notaire à la partie, l'addition de la formule exécutoire à cette expédition n'a pas besoin d'être précédée de l'accomplissement de ces formalités. — Agen, 31 mai 1837, J.G. *Obligat.*, 4417.

2. Mais lors même qu'une première grosse a été délivrée sans être revêtue des formes exigées lors de sa confection pour qu'elle eût force exécutoire, le notaire n'en peut délivrer une seconde sans l'observation des formalités prescrites par l'art. 844 c. pr.; autrement, cette seconde grosse ne peut servir de base à aucun acte d'exécution. — Metz, 6 févr. 1819 ; Req. 23 août 1826, J.G. *Obligat.*, 4420.

3. C'est au président du tribunal de l'arrondissement où réside le notaire dépositaire de la minute, et non à celui du défendeur que doit être présentée la requête. — J.G. *Obligat.*, 4418.

Contrà : — Pau, 31 août 1837, J.G. *Référé*, 29.

4. La requête se fait par le ministère d'un avoué ; elle expose les motifs de la demande. — J.G. *Obligat.*, 4419.

5. Cette demande ne peut être écartée par des présomptions de payement non établies par la loi. — Civ. c. 20 mars 1826, J.G. *Obligat.*, 4419 et 4350.

6. En vertu des ordonnances du président, la partie fait sommation au notaire pour faire la délivrance aux jour et heure indiqués et aux parties intéressées pour y être présentes. — J.G. *Obligat.*, 4421.

7. Le président peut indiquer l'huissier qui fait la sommation dont l'original n'a pas besoin d'être visé par le notaire (Quest. controv.). — J.G. *Obligat.*, 4421.

8. Si, postérieurement à l'ordonnance, le débiteur consent à la délivrance, la seconde grosse est délivrée par le notaire sans autres formalités que celles qui constatent la délivrance. — J.G. *Obligat.*, 4421.

9. Il n'y a pas de délai pour la sommation au notaire ; le demandeur peut donc n'indiquer que celui de vingt-quatre heures. Le délai doit être augmenté, si les parties intéressées sont éloignées, d'un jour par 5 myriamèt. de distance. — J.G. *Obligat.*, 4422.

10. Quand les parties ne se présentent pas chez le notaire au jour et à l'heure indiqués, le notaire donne défaut contre elles et délivre la grosse en leur absence. Ce défaut peut être donné après une heure d'attente ; mais d'ordinaire, on attend trois heures. — J.G. *Obligat.*, 4422.

11. La seconde grosse doit porter mention de l'ordonnance, ainsi que de la somme pour laquelle on pourra exécuter, si la créance est acquittée ou cédée en partie. — J.G. *Obligat.*, 4426.

12. Il n'est pas nécessaire de faire mention, sur la minute, de la délivrance d'une seconde grosse ; mais il doit y être fait mention de la délivrance de l'ordonnance ou du jugement, et des exploits de sommation ou signification. — J.G. *Obligat.*, 4426.

13. La délivrance de la seconde grosse, opérée volontairement ou par ordre de justice, est constatée par un procès-verbal du notaire, qui contient l'analyse des procédures par suite desquelles la seconde grosse est délivrée. — J.G. *Obligat.*, 4427.

14. Ce procès-verbal doit être dressé dans la forme des actes notariés : le notaire, possesseur de la minute, doit donc être assisté de l'un de ses collègues ou de deux témoins. — J.G. *Obligat.*, 4427.

15. Le procès-verbal est rédigé à la suite de la minute ; mais il doit être fait sur feuille séparée. — J.G. *Obligat.*, 4427.

16. Le procès-verbal se fait ordinairement en minute ; s'il était délivré en brevet, le notaire devrait annexer à la minute de l'acte dont il délivre la grosse, l'ordonnance et les originaux des exploits, afin de prouver que les solennités requises ont été accomplies : il n'y a dispense de ces formalités que pour les secondes grosses anciennes.—J.G. *Obligat.*, 4427.

17. Les frais sont à la charge de celui qui obtient une seconde grosse (Ord. 30 août 1815, art. 4.). — J.G. *Obligat.*, 4428.

18. Le notaire dépositaire de l'acte qui a délivré une première grosse au créancier, peut se refuser d'en délivrer une seconde au cessionnaire de la créance, tant qu'il n'est pas payé des frais de la minute de cet acte. — Paris, 28 nov. 1834, J.G. *Obligat.*, 4428.

19. Les formalités prescrites pour obtenir une seconde grosse s'appliquent aux grosses subséquentes, ainsi qu'à la délivrance des grosses par ampliation. — J.G. *Obligat.*, 4429.

20. Quand on demande la délivrance, par ampliation, d'une grosse déposée, on peut s'adresser au président du tribunal dans l'arrondissement duquel le dépôt a été fait, pourvu que le dépôt n'ait pas eu lieu frauduleusement dans un lieu éloigné du domicile des parties. — J.G. *Obligat.*, 4429.

21. Les secondes grosses ou les ampliations demandées dans l'intérêt de l'Etat ne s'obtiennent qu'au moyen des mêmes formalités. Toutefois, la demande se fait sur simple mémoire, sans avoué, suivant les règles de procédure concernant les affaires de la régie (L. 27 vent. an 9, art. 17). — Avis cons. d'Et. 12 mai 1807; Instr. génér. 4 juill. 1809, J.G. *Obligat.*, 4430.

22. L'autorité judiciaire est seule compétente pour ordonner la délivrance d'une seconde grosse emportant créance en faveur d'un vendeur contre un tiers, alors même que, d'après ce titre, l'Etat serait constitué débiteur ; mais elle ne l'est pas pour connaître de la demande en payement de cette créance, lorsqu'elle est dirigée contre le domaine en qualité de détenteur des biens déclarés nationaux sur lesquels elle frappe (L. 16 juin 1793). — Cons. d'Et. 4 mars 1819, J.G. *Obligat.*, 4431.

23. Relativement à la délivrance des secondes grosses et ampliations, V. L. 25 vent. an 11, art. 26, *Code civil annoté*, t. 2, p. 49.

Art. 845.

En cas de contestation, les parties se pourvoiront en référé. — C. pr. civ. 806, 852.

Exposé des motifs et Rapport, J.G. *Obligat.*, p. 55, nᵒ 19.

1. Lorsque, pour l'obtention d'une seconde grosse d'un acte dans lequel son auteur a été partie contractante, l'héritier s'est fait autoriser par le président du tribunal, il n'est pas tenu, sur le refus du notaire de délivrer la grosse, fondé sur une opposition formée entre ses mains, de l'assigner à bref délai, conformément à l'art. 839 c. pr. Le président saisi par voie de référé de cette opposition doit en donner mainlevée, alors qu'elle n'est pas fondée sur le défaut de qualité du réclamant, et qu'elle n'a pour base qu'un fait qui ne peut être réfuté ou détruit par l'héritier qu'à l'aide du titre dont la grosse lui est refusée. — Toulouse, 20 mars 1838, J.G. *Obligat.,* 4423.

2. Lorsque les parties se sont pourvues en référé, la délivrance ne peut avoir lieu que sur la signification, au notaire, de l'ordonnance de référé ou du jugement. — J.G. *Obligat.,* 4423.

3. Si le juge du référé ordonne que le notaire délivrera la grosse, le créancier doit faire signifier copie du jugement au notaire, avec certificat attestant qu'il n'est survenu ni opposition, ni appel, et avec sommation de lui faire la délivrance, à laquelle il est dès lors inutile d'appeler le débiteur. — J.G. *Obligat.,* 4425.

4. S'il y a renvoi à l'audience, le juge doit procéder sommairement, quoique la demande en délivrance doive, en tant que demande indéterminée, être soumise aux deux degrés de juridiction. — Bordeaux, 20 janv. 1831, J.G. *Obligat.,* 4424, et *Degré de jurid.,* 406-9°.

Art. 846.

Celui qui, dans le cours d'une instance, voudra se faire délivrer expédition ou extrait d'un acte dans lequel il n'aura pas été partie, se pourvoira ainsi qu'il va être réglé. — C. pr. civ. 847, 853.

Exposé des motifs et Rapport, J.G. *Obligat.,* p. 54 et 55, n°ˢ 4 et 20.

1. Le *compulsoire* proprement dit est la voie prise par un tiers, dans le cours d'une instance, pour se faire délivrer, par un notaire ou un autre dépositaire public, expédition ou copie d'un acte dans lequel ce tiers n'a pas été partie, mais dont il est intéressé à prendre communication. On appelle aussi compulsoire le procès-verbal que l'officier public ou le notaire rédige dans cette circonstance. — J.G. *Compuls.,* 1, 2.

2. — I. Actes qui peuvent faire l'objet d'un compulsoire. — La voie du compulsoire n'est ouverte que pour les actes reçus par des officiers publics et existants dans des dépôts publics. — Rennes, 21 juin 1811, J.G. *Compuls.,* 5 et 9-1°.

3. — 1° *Actes authentiques.* — Lorsque les énonciations d'un acte notarié renferment la preuve d'obligations ou de faits allégués par un tiers, et, par exemple, la preuve de l'existence d'un bail verbal, les juges peuvent ordonner un compulsoire, à l'effet de faire délivrer à ce tiers par le notaire rédacteur de l'acte un extrait relatif à la clause contenant la preuve dont il s'agit. — Paris, 20 mai 1858, D.P. 59. 2. 39.

4. Toutefois, le compulsoire de l'inventaire dressé après le décès d'un prétendu débiteur ne peut pas être autorisé à l'effet d'y trouver la preuve que la créance résultait d'un acte privé énoncé en cet inventaire. — Trib. de la Seine, 31 janv. 1838, J.G. *Compuls.,* 19.

5. Il n'y a pas lieu d'admettre une demande en compulsoire qui tendrait à mettre en question la chose jugée. — Paris, 5 mai 1825, J.G. *Compuls.,* 27, et *Interrog. sur faits et art.,* 33.

6. Un compulsoire ne pourrait être ordonné relativement à des actes étrangers à l'objet litigieux. — Rennes, 27 juill. 1809, J.G. *Compuls.,* 27.

7. Un compulsoire ne peut être ordonné que relativement à certains actes déterminés : la vérification de la totalité des minutes d'un notaire n'est permise qu'autant qu'il s'agit d'action publique. — Grenoble, 2 mars 1850, D.P. 52. 2. 118–119.

8. Les textes qui permettent ou prescrivent, dans certains cas, la communication générale des minutes d'un notaire ne peuvent être étendus, par voie d'analogie, à d'autres cas ; spécialement, cette communication ne peut être ordonnée à l'appui d'une demande en réduction du prix d'un office et à l'effet de constater la nature, l'importance, l'utilité et la légitimité des actes reçus, et la légitimité des honoraires perçus par le vendeur. — Req. 28 janv. 1874, D.P. 74. 1. 100-101.

9. Les tribunaux ne peuvent ni autoriser ni ordonner la communication générale des minutes d'un notaire en faveur d'un intérêt privé (L. 25 vent. an 11, art. 23). — Civ. c. 19 janv. 1870, D.P. 70. 1. 220, et sur renvoi, Agen, 16 avr. 1872, D.P. 72. 2. 152.

10. ... Alors surtout qu'il s'agit de suppléer à l'absence d'une comptabilité régulière que le précédent notaire et son clerc ont eu le tort de ne pas tenir. — Mêmes arrêts.

11. ... Et bien que le précédent notaire demande seulement la communication des notes écrites en marge ou au pied des actes, afin de constater le payement des frais et honoraires par lui reçus pour le compte d'un tiers. — Arrêt précité du 16 avr. 1872.

12. — 2° *Actes en brevet ; Actes sous seing privé.* — Si un acte *en brevet* se trouvait entre les mains d'un particulier, le compulsoire ne pourrait pas être ordonne. — J.G. *Compuls.,* 14.

13. Mais si les actes en brevet sont encore entre les mains d'un notaire ou s'ils sont dans un dépôt public, le compulsoire peut être ordonné. — J.G. *Compuls.,* 14.

14. Il n'y a pas lieu à autoriser une partie, par exemple une fabrique, à compulser les *actes de famille* d'un débiteur, à l'effet de prouver les reconnaissances, faites successivement dans ces actes, de l'existence d'une rente que le débiteur soutient être prescrite. — Rouen, 13 juin 1827, J.G. *Compuls.,* 9-2°, et *Culte,* 554.

15. La voie du compulsoire est inapplicable aux livres et registres des particuliers qui ne sont ni notaires, ni dépositaires publics. — Rennes, 21 juin 1811, J.G. *Compuls.,* 5 et 9-1°.

16. Quand un acte *sous seing privé* a été remis par l'une ou l'autre des parties à un notaire ou à tout autre dépositaire public, pour être rangé parmi ses minutes, il peut devenir l'objet d'un compulsoire. — J.G. *Compuls.,* 11.

17. Toutefois, si, en déposant une pièce cachetée chez un notaire, les parties conviennent qu'elles ne pourront en demander l'ouverture que dans le cas où elles justifieraient que l'une des conditions sous lesquelles le dépôt a eu lieu s'est réalisée, tant que cette justification préalable n'est pas faite, il n'est pas permis à l'un des déposants de requérir expédition de l'acte secret pour y puiser des preuves de l'autre et malgré lui. Par suite, les héritiers institués, non réservataires, ne peuvent pas eux-mêmes, hors des conditions du dépôt, se pourvoir à fin de compulsoire ; leur droit se borne à se faire délivrer expédition de l'acte de dépôt. — Req. 2 mai 1838, J.G. *Compuls.,* 12.

18. Un acte sous seing privé ne peut être l'objet d'un compulsoire lorsqu'il a été simplement confié à un tiers, à titre de dépôt, ce tiers fût-il notaire ou dépositaire public, lorsque l'acte ne doit pas figurer au nombre de ses minutes. — J.G. *Compuls.,* 13.

19. Il n'existe que deux exceptions au principe de l'inviolabilité du secret des actes sous seing privé : ... 1° en matière correc-tionnelle ou criminelle, lorsque les pièces et papiers du prévenu peuvent conduire à la manifestation de la vérité, on procède à leur recherche par voie de perquisition à domicile. — V. *Code d'instr. crim. annoté,* art. 36.

20. ... 2° En matière de commerce, dans le cours d'une contestation, le juge peut ordonner, en certains cas et même d'office, la représentation des livres d'un négociant. — V. *Code de commerce annoté,* art. 14, 15 et 496.

21. Sur le compulsoire consistant dans la vérification des registres d'un commerçant qui demande son admission au passif d'une faillite, V. *Code de commerce annoté,* art. 496.

22. — II. Qui peut demander un compulsoire. — Tout demandeur ou défendeur qui n'a pas été partie dans l'acte est fondé à réclamer un compulsoire. — J.G. *Compuls.,* 23.

23. Mais la demande à fin de compulsoire ne doit pas être l'objet d'une action principale ; elle ne peut être formée qu'incidemment à une instance déjà liée. — Paris, 4 juill. 1809, J.G. *Compuls.,* 25-1°.

24. En conséquence, un tiers qui n'a pas figuré dans un acte est sans droit et sans qualité pour en demander le compulsoire, lorsqu'il n'est pas en instance avec l'une des parties signataires de l'acte. — Paris, 8 févr. 1810, J.G. *Compuls.,* 25-2°. — Quest. controv. *ibid.*

25. Le compulsoire doit être refusé à celui qui se prétend héritier sans justifier son titre, alors surtout que les conclusions n'indiquent pas avec précision les actes qu'il prétend rechercher et compulser. — Req. 28 janv. 1835, J.G. *Compuls.,* 28.

26. Il n'y a pas lieu d'autoriser un compulsoire, lorsque les actes sont étrangers à la partie contre laquelle il est requis. — Bourges, 24 mars 1841, J.G. *Compuls.,* 27.

27. — III. Pouvoirs du juge. — L'autorisation de compulser les actes d'un notaire pour y puiser, en cas d'inexistence reconnue des actes de l'état civil, les preuves de la filiation du demandeur, ne peut être rejetée sur le seul prétexte qu'il resterait encore à prouver des degrés intermédiaires, alors surtout qu'il est dit dans la demande que les actes à rechercher ou à compulser pourraient contenir des mentions utiles à la preuve de ces degrés de parenté. — Civ. c. 10 juin 1833, J.G. *Compuls.,* 30, et *Actes de l'état civil,* 132.

28. La partie qui, tandis que son adversaire lui oppose une expédition de l'acte litigieux différente de celle dont elle est nantie elle-même, déclare toutefois par acte signifié qu'elle consent à être jugée sur l'expédition de son adversaire et qu'elle renonce au bénéfice du jugement qui ordonne un compulsoire, peut rétracter ce consentement en cause d'appel ; ou tout au moins les principes du contrat judiciaire ne s'opposent pas à ce que les juges d'appel ordonnent, avant faire droit, un compulsoire, à l'effet de rechercher la vérité et d'éclairer leur religion. — Req. 10 août 1840, J.G. *Compuls.,* 31.

Art. 847.

La demande à fin de compulsoire sera formée par requête d'avoué à avoué : elle sera portée à l'audience sur un simple acte, et jugée sommairement sans aucune procédure. — C. pr. civ. 404 s. — Tar. 75.

Exposé des motifs et Rapport, J.G. *Obligat.,* p. 55, n° 20.

1. La requête d'avoué à avoué contenant demande à fin de compulsoire doit être présentée au juge. — Colmar, 28 mai 1808, J.G *Compuls.,* 33. — V. observ., *ibid.*

2. Il n'est pas toujours indispensable d'indiquer aux juges et la date du titre, et le nom de l'officier qui l'a reçu. Il suffit de préciser la nature de l'acte, et de rapporter des preuves ou tout au moins des présomptions de son existence.—Paris, 1er mars 1809, J.G. *Compuls.*, 29.

3. Mais il y aurait lieu de rejeter une demande en communication d'actes qu'on n'indiquerait que d'une manière vague et dépourvue de toute précision — (Arg.) Req. 28 janv. 1835, J.G. *Notaire*, 333, et *Compuls.*, 28.

4. Suivant un arrêt, la demande doit être poursuivie contre toutes les personnes intéressées à l'acte, qu'elles soient ou non parties dans l'instance. — Colmar, 28 mai 1808, J.G. *Compuls.*, 34. — Observ. contr., *ibid.*

5. L'avoué du défendeur au compulsoire a le droit de répondre à la requête. Mais le nombre des rôles de la requête en réponse ne doit pas excéder le nombre fixé pour la requête en demande, c'est-à-dire six rôles (Tarif, art. 75). — J.G. *Compuls.*, 75.

6. La cause est portée à l'audience sur un simple *avenir*; et même les avoués des parties peuvent se présenter volontairement, sans avenir. Elle est jugée sommairement, c'est-à-dire sans procédure, à bref délai. — J.G. *Compuls.*, 36.

7. Les conclusions qui tendent à un compulsoire sont recevables en tout état de cause, c'est-à-dire quand bien même il aurait été conclu au fond de part et d'autre. — Rennes, 6 janv. 1814, J.G. *Compuls.*, 26.

8. Le tribunal pourrait même ordonner *d'office* un compulsoire. — Même arrêt.

9. Mais cette mesure ne doit être prise qu'autant qu'elle peut amener un résultat utile à la solution du litige, c'est-à-dire qu'autant que les faits qui la nécessitent sont de la nature de ceux à raison desquels la loi autorise une enquête, pertinents, concluants et admissibles. — J.G. *Compuls.*, 26.

Art. 848.

Le jugement sera exécutoire, nonobstant appel ou opposition. — C. pr. civ. 135, 840.

Exposé des motifs et Rapport, J.G. *Obligat.*, p. 55 n° 20.

1. Le jugement est exécutoire, nonobstant appel ou opposition, à l'égard des parties litigantes, mais non à l'égard du notaire ou du dépositaire public auquel sont encore dus les frais et déboursés de la minute de l'acte. — J.G. *Compuls.*, 37. — V. *infrà*, art. 851.

2. Le jugement qui ordonne le compulsoire ne doit pas être signifié aux parties qui ont figuré dans l'acte, mais sont restées en dehors du procès [Quest. controv.]. — J.G. *Compuls.*, 38.

3. Il n'est pas indispensable de signifier le jugement au dépositaire : il suffit de lui justifier de son existence. — J.G. *Compuls.*, 39.

4. La signification du jugement contient sommation aux parties de paraître chez le dépositaire, à jour et heure indiqués, pour assister au compulsoire, et au dépositaire de représenter la pièce aux jour et heure indiqués. — J.G. *Compuls.*, 40.

Art. 849.

Les procès-verbaux de compulsoire ou collation seront dressés et l'expédition ou copie délivrée par le notaire ou dépositaire, à moins que le tribunal qui l'aura ordonnée n'ait commis un de ses membres, ou tout autre juge du tribunal de première instance, ou un

autre notaire. — C. pr. civ. 1035, 1040.

Exposé des motifs et Rapport, J.G. *Obligat.*, p. 55, n° 20.

1. D'après l'art. 24 de la loi du 25 vent. an 11 (V. *Code civil annoté*, t. 2, p. 48), dans le cas où, par suite de refus du notaire ou de toute autre manière, un compulsoire est ordonné par la justice, le procès-verbal est dressé par le notaire dépositaire de l'acte, ou par un juge commis, ou par un autre notaire. Le rédacteur du procès-verbal y insère les observations et réquisitions des parties. — J.G. *Compuls.*, 3 et 32.

2. Alors même que les parties, au lieu de se pourvoir, conformément aux art. 846 et s., se bornent à représenter au notaire l'ordonnance du président du tribunal dont il est question dans l'art. 23 de la loi du 25 vent. an 11, le notaire doit obéir à la justice. — Rouen, 13 mars 1826, J.G. *Compuls.*, 53 et 23.

3. Relativement à la fixation du jour et de l'heure des opérations, il faut distinguer le cas où le jugement a commis un juge en conformité de l'art. 849, et celui où il a simplement commis, soit le notaire supplémentaire, soit tout autre. Dans le premier cas, c'est le juge qui indique les jour et heure par une ordonnance mise au bas de la requête qui lui est présentée, à moins que le jugement ne contienne ces indications; sinon, c'est le demandeur qui y pourvoit. — J.G. *Compuls.*, 41.

4. Le juge commis peut modifier par une seconde ordonnance celle qu'il a précédemment rendue pour régler la forme du compulsoire, s'il s'aperçoit que cette forme est contraire au texte du jugement qui l'ordonne. — Amiens, 9 mai 1821, J.G. *Compuls.*, 42.

5. Lorsque le compulsoire doit se faire par un juge, il y est procédé, non pas en l'étude du notaire, mais au lieu où siège le tribunal, ou à l'hôtel du juge, selon qu'il est indiqué par l'ordonnance. Le notaire possesseur de la minute est tenu d'en faire rapport au lieu où le juge procède. — J.G. *Compuls.*, 43.

6. Au contraire, si le commissaire au compulsoire est un notaire, et si le dépositaire de la pièce est également un notaire, comme ce dernier ne peut être contraint de déplacer ses minutes, le commissaire et les parties se transportent chez lui. — J.G. *Compuls.*, 43.

Art. 850.

Dans tous les cas, les parties pourront assister au procès-verbal, et y insérer tels dires qu'elles aviseront. — Tar. 92.

Exposé des motifs et Rapport, J.G. *Obligat.*, p. 55, n° 20.

1. Quand il y a un juge commis, les parties qui veulent user du droit d'assister au procès-verbal, et d'y insérer tels dires qu'elles jugent convenables, doivent être assistées de leurs avoués. Mais dans le cas contraire, la présence de l'avoué est facultative. — J.G. *Compuls.*, 44.

2. En cas de défaut du défendeur, on n'en procède pas moins dans les formes ordinaires. Mais on sursoit pendant une heure au moins après l'échéance de l'heure fixée pour la comparution, et il en est fait mention dans le procès-verbal. — J.G. *Compuls.*, 44.

Art. 851.

Si les frais et débourses de la minute de l'acte sont dus au dépositaire,

il pourra refuser l'expédition tant qu'il ne sera pas payé desdits frais, outre ceux d'expédition. — C. civ. 2101-1°, 2102-2°.

Exposé des motifs et Rapport, J.G. *Obligat.*, p. 55, n° 20.

1. Le droit du dépositaire de s'opposer au compulsoire et de refuser expédition, tant qu'il n'est pas payé de ses frais, s'exerce non-seulement à l'égard des personnes qui ont passé l'acte, mais encore vis-à-vis des tiers. — J.G. *Compuls.*, 50. — Conf. Paris, 28 nov. 1834, J.G. *Obligat.*, 4428. — Décis. garde des sceaux, 15 nov. 1844, D.P. 45. 3. 101.

2. Alors même que le tiers ne demanderait qu'un simple extrait, le droit du dépositaire n'en serait pas moins entier; c'est à la totalité de ses frais qu'il a droit, et non à une quote-part. — J.G. *Compuls.*, 51.

3. En dehors du cas où des frais sont dus au dépositaire, celui-ci ne peut refuser l'expédition, et, s'il persistait dans son refus, l'art. 839 lui serait applicable. — J.G. *Compuls.*, 52.

Art. 852.

Les parties pourront collationner l'expédition ou copie à la minute, dont lecture sera faite par le dépositaire : si elles prétendent qu'elles ne sont pas conformes, il en sera référé à jour indiqué par le procès-verbal, au président du tribunal, lequel fera la collation ; à cet effet, le dépositaire sera tenu d'apporter la minute.

Les frais du procès-verbal, ainsi que ceux du transport du dépositaire, seront avancés par le requérant. — — C. pr. civ. 301, 319. — Tar. 168.

Exposé des motifs et Rapport, J.G. *Obligat.*, p. 55, n° 20.

1. Le notaire qui procède au compulsoire est assisté d'un collègue ou de témoins pour la rédaction du procès-verbal. Le juge-commissaire est assisté du greffier du tribunal qui écrit sous sa dictée.—J.G. *Compuls.*, 45.

2. Le procès-verbal contient la description exacte des minutes, grosses, annexes et actes quelconques compulsés, ainsi que des registres: il constate le nombre des renvois, parafes, blancs, lacunes et signatures, le défaut de parafes ou d'approbation sur ce qui en aurait été susceptible, tout ce qui paraît défectueux, surchargé, interligné, gratté ou altéré, enfin la couverture, le nombre de feuillets, l'état et le résultat des registres, et le manque ou le nombre des signatures à la fin. — J.G. *Compuls.*, 47.

3. On mentionne la collation et la date de la délivrance sur les expéditions, les actes, les autres pièces, avec déclaration que la collation a eu lieu sur la minute, ou l'original, en vertu de la commission ou du jugement de compulsoire. — J.G. *Compuls.*, 47.

4. Le procès-verbal de compulsoire est dressé en minute, ou sur brevet. Dans ce dernier cas, la grosse du jugement qui a ordonné le compulsoire y demeure annexée, et l'expédition de la pièce compulsée est insérée en procès-verbal. S'il est fait sur brevet, le notaire appose au bas du procès-verbal, sinon au bas de l'expédition, le reçu de ses frais et honoraires, de sorte que le montant puisse en être compris dans les dépens auxquels l'une des parties sera condamnée. — J.G. *Compuls.*, 48.

5. Les frais du procès-verbal de compul-

soire et ceux du transport par le dépositaire, dans le cas où ce n'est pas le notaire qui compulse, sont avancés par le requérant. — J.G. *Compuls.*, 49.

6. Si les parties prétendent que la copie ou l'expédition de la pièce compulsée n'est pas conforme à la minute, il en est référé au président du tribunal. — J.G. *Compuls.*, 45.

7. Le référé n'est introduit devant le président qu'autant qu'il n'y a pas de juge-commissaire et que les parties ont été purement et simplement renvoyées devant le notaire. sauf aux parties à faire mentionner dans le procès-verbal leurs réquisitions et moyens. — J.G. *Compuls.*, 46.

Art. 853.

Les greffiers et dépositaires des registres publics en délivreront, sans ordonnance de justice, expédition, copie ou extrait à tous requérants, à la charge de leurs droits, à peine de dépens, dommages et intérêts. — C. civ. 45.

Exposé des motifs et Rapports, J.G. *Obligat.*, p. 54, nᵒˢ 4.

1. — I. Jugements et actes dont l'expédition peut être délivrée. — Bien que les informations criminelles écrites ne fassent pas partie des registres publics dans le sens de l'art. 853 c. pr. civ., il peut cependant en être délivré copie aux tiers qui justifieraient d'un intérêt évident, actuel et grave. — Aix, 15 déc. 1840, J.G. *Obligat.*, 4438.

2. Mais la qualité de mari de la personne contre laquelle l'information a été suivie et la condamnation prononcée, n'a pas pour effet, en l'absence de motif exprimé, de faire supposer au requérant un intérêt suffisant pour obtenir copie. — Même arrêt.

3. La permission de prendre copie d'une information criminelle ne peut être donnée que dans le cas où l'information criminelle a été suivie d'une *condamnation*. — J.G. *Obligat.*, 4438.

4. Ainsi, un tribunal civil ne pourrait, même pour obtenir des éléments de preuve à l'occasion d'un procès civil ordonner la communication des pièces du procès au greffe par suite d'une procédure criminelle dans laquelle il a été déclaré n'y avoir lieu à suivre quant à présent. — Civ. c. 17 juin 1834, J.G. *Compuls.*, 10.

5. Il n'y a pas lieu, devant la cour de cassation, d'ordonner l'apport au greffe d'un acte existant dans le greffe d'un autre tribunal, la partie qui a intérêt à s'en servir étant toujours en droit de s'en faire délivrer expédition, sauf, en cas de refus, à se pourvoir par les voies ordinaires. — Req. 23 nov. 1829, J.G. *Compuls.*, 16.

6. — II. Délivrance des expéditions par les greffiers. — Le droit de délivrer des expéditions appartient aux greffiers, non-seulement à l'égard des actes du greffe et des jugements mais encore à l'égard des actes notariés dont les minutes existent au greffe (L. 25 vent. an 11, art. 60). C'est ce qui arrive en matière de partage d'objets mobiliers (art. 977 et s. c. pr. civ.). — J.G. *Greffe*, 62.

7. Les greffiers peuvent encore délivrer des extraits de mercuriales et des extraits de registres de l'état civil. — J.G. *Greffe*, 62.

8. Les lettres patentes portant dispense pour cause d'âge ou de parenté, à l'effet de contracter mariage, doivent être remises aux parties après leur *transcription* sur le registre du greffe, avec mention de la transcription au dos de cette inscription. Cette pièce ne sert donc pas de minute, mais le greffier en peut délivrer expédition d'après la transcription. — Circ. min. just. 11 mars 1822 et 28 avr. 1832, J.G. *Greffe*, 64.

9. Lorsqu'en matière de vérification d'écritures ou de faux incident, un jugement ordonne le déplacement des minutes d'un greffe, le greffier dépositaire les remplace provisoirement par une expédition ou copie collationnée, sur laquelle il peut délivrer expédition. Il peut aussi délivrer les expéditions des pièces de comparaison qui se trouvent déposées au greffe. — V. *suprà*, art. 203, 236 et 245.

10. Les greffiers n'ont pas le droit et ne peuvent pas être tenus, sur la demande des parties intéressées, de ne délivrer que des extraits ou expéditions partielles des actes lorsqu'il s'agit d'une grosse ; mais ils le peuvent lorsqu'il s'agit d'une expédition pure et simple. — J.G. *Greffe*, 66. — V. *infra*, art. 983.

11. Cependant, un greffier ne peut être forcé, tant que le tribunal ne l'a pas autorisé, de délivrer à des tiers expédition d'un arrêt de cour d'appel, par lequel un magistrat a été suspendu de ses fonctions. — Aix, 11 janv. 1825, J.G. *Greffe*, 69.

12. En dehors de cette exception au principe, exception concernant uniquement les actes de pure discipline, le refus ne serait fondé que si les frais et déboursés n'étaient pas payés. — J.G. *Greffe*, 69.

13. Il est défendu de délivrer expédition d'un acte avant qu'il ait été signé, et ce, sous les peines du faux (c. pr. civ. art. 139), ou avant l'acquit des droits de greffe, et ce, sous peine de restitution du droit particulier à l'acte et de 100 fr. d'amende (L. 21 vent. an 7, art. 1), ou avant la consignation de l'amende de 500 fr. contre le greffier, bien qu'avant la découverte de la contravention il y ait eu consignation. — J.G. *Greffe*, 70.

14. Il est encore défendu de délivrer aucune copie ou expédition des pièces prétendues fausses, à moins d'une autorisation particulière (c. pr. civ. art. 245). — Il en est de même à l'égard des actes non enregistrés ou restés imparfaits. — J.G. *Greffe*, 71.

15. Il doit être fait mention, dans toutes les expéditions, sous peine d'une amende de 10 fr. par contravention, de l'acquittement, des droits d'enregistrement et de greffe, et ce, au moyen de la transcription littérale de la quittance de ces droits (L. 22 frim. an 7, art. 44, 45). — J.G. *Greffe*, 72. — V. *Code de l'Enregistrement annoté.*

16. Les greffiers ne doivent délivrer aucune expédition ou copie susceptible d'être taxée par rôle, ni aucun extrait sans l'avoir soumis au ministère public, qui doit en prendre note sur un registre tenu au parquet, et qui doit, en outre, viser les expéditions (Décr. 24 févr. 1806, art. 5). — Circ. 30 déc. 1812, J.G. *Greffe*, 81.

17. Les expéditions doivent contenir, savoir : en matière civile, celles délivrées par les greffiers des tribunaux de première instance, de commerce et des cours d'appel, vingt lignes à la page et huit à dix syllabes à la ligne, compensation faite des unes avec les autres (L. 21 vent. an 7, art. 6) ; celles délivrées par les greffiers des justices de paix, vingt lignes à la page et dix syllabes à la ligne (Tarif 16 févr. 1807, art. 9). — J.G. *Greffe*, 82. — V. *Code annoté de l'Enregistrement.*

18. En général, toute expédition, grosse, copie ou extrait, demandés par les parties, est soumise au timbre (L. 28 avr. 1816, art. 63, tit. 7). Il en est de même, lorsqu'elles sont demandées par les parties, des expéditions de décrets portant nomination d'avocats à la cour de cassation, de greffiers, de notaires, avoués, huissiers, agents de change, courtiers et commissaires-priseurs (L. 21 avr. 1832, art. 34). — J.G. *Greffe*, 83. — V. *Code de l'Enregistrement annoté.*

19. Aucune loi n'exige l'apposition du sceau du tribunal sur les expéditions revêtues de la formule exécutoire, ni l'obligation quand on veut se servir d'une expédi-tion hors du ressort du tribunal, de faire légaliser la signature du greffier. Cependant l'usage du sceau et des légalisations existe généralement. — J.G. *Greffe*, 83.

20. Les expéditions n'étant que des copies de titres peuvent, dans le cas où elles renferment des nullités, être combattues par la représentation de la minute. — J.G. *Greffe*, 83.

21. Ces expéditions ne sont pas revêtues de la formule exécutoire ; les parties elles-mêmes ne pourraient obtenir une seconde grosse qu'en vertu d'une ordonnance du président. — J.G. *Compuls.*, 18. — V. art. 854.

22. — III. Procédure en cas de refus du greffier. — En cas de refus des greffiers ou autres dépositaire des registres publics, la marche à suivre pour les contraindre est celle que prescrivent les art. 839 et 840, et non pas celle du compulsoire. — Colmar, 14 juin 1814, J.G. *Compuls.*, 15.

23. Ainsi, le greffier est assigné à bref délai, et sans préliminaire de conciliation. L'affaire est jugée sommairement, et le jugement exécuté nonobstant opposition ou appel. — J.G. *Greffier*, 74.

Art. 854.

Une seconde expédition exécutoire d'un jugement ne sera délivrée à la même partie qu'en vertu d'ordonnance du président du tribunal où il aura été rendu.

Seront observées les formalités prescrites pour la délivrance des secondes grosses des actes devant notaires. — C. pr. civ. 844 s. — Tar. 78.

1. Lorsque la grosse d'un jugement, présentant des différences notables avec la minute, a été produite en instance d'appel et a servi de base à un arrêt confirmatif, cet arrêt étant devenu le seul titre des parties, le tribunal ne peut prescrire, soit la rectification de la grosse délivrée, soit la délivrance d'une deuxième grosse ; c'est à la cour d'appel seule qu'il appartient de déclarer si les erreurs signalées dans la grosse ont exercé quelque influence sur sa décision, et d'ordonner les modifications qui seraient jugées nécessaires. — Paris, 14 avr. 1852, D.P. 54. 5. 455.

2. Le créancier qui réclame une seconde grosse du jugement portant condamnation à son profit n'est pas obligé de prouver l'accident par lequel la première grosse a été égarée ; c'est, au contraire, au débiteur à démontrer l'inutilité de la délivrance d'une seconde grosse en rapportant la preuve du payement effectué depuis le jugement. — Bordeaux, 31 août 1864, D.P. 65. 2. 187.

3. Cette preuve ne peut être faite au moyen de présomptions; ce cas n'étant pas de ceux à l'égard desquels la règle prohibitive de la preuve testimoniale reçoit exception, alors d'ailleurs qu'aucun fait de fraude n'est articulé. — Même arrêt.

4. Le président du tribunal *civil* de première instance est seul investi du droit d'autoriser la délivrance des secondes grosses, même à l'égard des jugements rendus par les tribunaux d'exception. — J.G. *Jugem.*, 386.

5. Ainsi, le président du tribunal civil est exclusivement compétent pour autoriser la délivrance d'une seconde grosse d'un jugement rendu par le juge de paix. — Trib. de Bourges, 18 mars 1847, D.P. 47. 3. 111.

6. ... Ou d'un jugement du tribunal de commerce. — Civ. r. 11 août 1847, D.P. 47, 1. 307.

7. Les tribunaux de commerce ne sont point compétents pour ordonner cette délivrance. — Colmar, 10 nov. 1833, J.G. *Jugem.*, 386-2°.

8. Le greffier qui délivre une seconde grosse, sans y être légalement autorisé par l'ordonnance du président, n'encourt pas la peine de la destitution ; l'art. 26 de la loi du 25 vent. an 11, qui prononce cette peine contre le notaire à raison du même fait n'est pas applicable aux greffiers. — J.G. *Greffe*, 76.

Art. 855.

Celui qui voudra faire ordonner la rectification d'un acte de l'état civil présentera requête au président du tribunal de première instance. — C. pr. civ. 856 s. — C. civ. 99 s.

Exposé des motifs et Rapport, J.G. Obligat., p. 54 et 55 n° 5 et 16.

1. Sur la détermination des personnes qui peuvent former une demande en rectification des actes de l'état civil. V. *Code civil annoté*, art. 99, n°s 51 et s.

2. Dans le cas où le demandeur en rectification dirige immédiatement son action contre une partie intéressée à la contester, la demande doit être introduite par un exploit et non par une simple requête. — J.G. *Acte de l'état civil*, 455.

3. Lorsque la demande intéresse d'autres parties que le demandeur ; lorsque, par exemple, il est question pour lui de se faire reconnaître membre d'une famille, il est indispensable de mettre en cause les personnes dont il prétend être fils, frère, neveu, etc. : dans un tel cas, la demande doit s'introduire par exploit, d'après les règles ordinaires de la procédure. — J.G. *Acte de l'état civil*, 456.

4. De même, lorsque la rectification dépend du résultat d'une procédure criminelle sur une suppression d'état, ou lorsqu'elle n'est demandée qu'accessoirement à une action qui a pour objet principal une question d'état, cette rectification ne peut être poursuivie par voie de simple requête. — J.G. *Acte de l'état civil*, 456.

5. Ainsi, l'enfant né pendant le mariage de sa mère, et inscrit sur les registres de l'étatcivil comme né de père inconnu, ne peut obtenir, sur simple requête, la rectification de son acte de naissance ; une pareille rectification ne doit être ordonnée qu'après que les parties qui peuvent avoir intérêt à la contester ont été entendues. — Bordeaux, 11 juin 1828, J.G. *Acte de l'état civil*, 457.

6. Jugé cependant qu'une demande en rectification n'est pas non recevable pour n'avoir pas été dirigée contre la personne dont on demande à faire rectifier l'acte de naissance ; il suffit de présenter requête au tribunal, lequel ordonne la mise en cause des personnes qu'il juge convenable d'appeler dans l'instance. — Besançon, 12 juill. 1811, J.G. *Acte de l'état civil*, 458.

7. Lorsque la demande en rectification se fonde sur la négation de faits que l'officier de l'état civil a constatés *de visu et auditu*, la rectification ne peut être ordonnée qu'à la suite d'une inscription de faux. — J.G. *Acte de l'état civil*, 472. — V. *Code civil annoté*, art. 45, n°s 27 et s.

8. La demande tendant simultanément à faire suppléer par le tribunal au refus du maire de recevoir un acte de l'état civil, et à faire condamner le maire à des dommages-intérêts à raison de ce refus, doit être introduite par voie d'action ordinaire : il n'y a pas lieu, en pareil cas, de suivre les formes spéciales prescrites pour le cas de rectification d'un acte de l'état civil déjà existant. — Pau, 16 mai 1853, D.P. 54. 5. 13.

Art. 856.

Il y sera statué sur rapport, et sur les conclusions du ministère public. Les juges ordonneront, s'ils l'estiment convenable, que les parties intéressées seront appelées, et que le conseil de famille sera préalablement convoqué.

S'il y a lieu d'appeler les parties intéressées, la demande sera formée par exploit, sans préliminaire de conciliation.

Elle le sera par acte d'avoué, si les parties sont en instance. — C. pr. civ. 49, 83 s., 882 s. — C. civ. 406 s. — Tar. 29, 71.

Exposé des motifs et Rapport, J.G. Obligat., p. 54 et 55, n°s 5 et 16.

1. Dans le cas où un enfant naturel a formé une demande à l'effet d'obtenir que, sur son acte de naissance, au nom de sa mère sous lequel il a été inscrit, soit substitué un autre nom qu'il prétend être celui de son père, le tribunal peut ordonner la mise en cause des parties intéressées ; mais c'est là une simple faculté, dont la loi abandonne l'usage discrétionnaire aux magistrats. — Agen, 27 nov. 1866, D.P. 66. 2. 235.

2. Le tribunal peut ordonner la convocation du conseil de famille, même lorsque toutes les parties sont majeures. — J.G. *Acte de l'état civil*, 454.

3. S'il y a lieu à une enquête, c'est le juge de paix du lieu qui doit être commis, pour éviter des frais. — Circ. min. just. 4 nov. 1814, J.G. *Acte de l'état civil*, 459.

4. Les demandes en rectification d'actes de l'état civil doivent être portées à l'audience lorsque les parties intéressées ont été appelées par exploit, ou que la rectification est demandée incidemment à une action principale. — J.G. *Acte de l'état civil*, 461.

5. Mais si la rectification n'est point poursuivie contradictoirement, et que le demandeur y figure seul, le jugement doit être rendu en la chambre du conseil. — J.G. *Acte de l'état civil*, 461.

6. Les frais des jugements de rectification doivent être supportés par la partie qui a demandé la rectification, ou par celle qui a succombé si l'instance est contradictoire. L'officier de l'état civil ne les supporte qu'autant qu'il s'est rendu coupable d'une faute inexcusable. — J.G. *Acte de l'état civil*, 469.

7. Dans les cas où le ministère public agit d'office en rectification, les frais sont à la charge de l'Etat, sauf recours contre qui de droit (Décr. 18 juin 1811, ch. 2, tit. 2.) — J.G. *Acte de l'état civil*, 470.

Art. 857.

Aucune rectification, aucun changement, ne pourront être faits sur l'acte ; mais les jugements de rectification seront inscrits sur les registres par l'officier de l'état civil, aussitôt qu'ils lui auront été remis : mention en sera faite en marge de l'acte réformé ; et l'acte ne sera plus délivré qu'avec les rectifications ordonnées, à peine de tous dommages-intérêts contre l'officier qui l'aurait délivré. — C. civ. 49, 99, 101.

Exposé des motifs et Rapport, J.G. Obligat., p. 54 et 55, n°s 5 et 17.

Art. 858.

Dans le cas où il n'y aurait d'autre partie que le demandeur en rectification, et où il croirait avoir à se plaindre du jugement, il pourra, dans les trois mois depuis la date de ce jugement, se pourvoir à la cour d'appel, en présentant au président une requête, sur laquelle sera indiqué un jour auquel il sera statué à l'audience sur les conclusions du ministère public. — C. pr. civ. 83 s., 112, 443, 1033. — C. civ. 54. — Tar. 150.

1. Les jugements portant rectification des actes de l'état civil sont susceptibles d'appel. — Rennes, 21 mai 1845, D.P. 45. 4. 31.

2. Le délai de l'appel est de deux mois, conformément à la règle générale de l'art. 443. — J.G. *Acte de l'état civil*, 463.

3. Si le demandeur en rectification est seul en cause, le délai de l'appel court à partir de la date du jugement. — J.G. *Acte de l'état civil*, 443.

4. Dans le cas où d'autres parties que le demandeur en rectification ont figuré dans l'instance, le délai court de la signification du jugement, s'il est contradictoire, et du jour où l'opposition n'est plus recevable s'il est par défaut. — J.G. *Acte de l'état civil*, 463.

5. Dans le cas où le *ministère public* a le droit d'interjeter appel d'une décision rendue sur une demande en rectification, le délai court contre lui du jour du jugement. — V. *Code civil annoté*, art. 99, n°s 97 et s.

6. Sur l'appel, après la requête présentée au président, on ne nomme pas de rapporteur ; au jour indiqué, l'appelant expose ses griefs, le ministère public conclut, et l'arrêt est prononcé. — J.G. *Acte de l'état civil*, 464.

7. Les personnes qui ont été parties dans un arrêt de rectification peuvent l'attaquer par la voie de la *requête civile* et de la *cassation*, qu'il y ait deux parties en cause, ou qu'il n'y en ait qu'une. — J.G. *Acte de l'état civil*, 465.

8. Celles qui n'y ont pas été parties peuvent se borner, si l'on veut exécuter le jugement contre elles, à opposer l'art. 100 c. civ. — J.G. *Acte de l'état civil*, 465. — V. *Code civil annoté*, art. 100, n°s 4 et s.

9. Mais si ces personnes voulaient faire réformer le jugement de rectification, elles ne pourraient employer que la voie de la tierce-opposition, dans le cas où elles auraient dû être appelées. — J.G. *Acte de l'état civil*, 465.

TITRE VI

De quelques dispositions relatives à l'envoi en possession des biens d'un absent.

Art. 859.

Dans le cas prévu par l'art. 112 du Code civil, et pour y faire statuer, il sera présenté requête au président du tribunal. Sur cette requête, à laquelle seront joints les pièces et documents, le président commettra un juge pour faire le rapport au jour indiqué ; et le jugement sera prononcé après avoir entendu le procureur de la République. — C. pr. civ. 83 s., 111. — C. civ. 114. — Tar. 78.

1. La partie intéressée qui provoque la déclaration d'absence doit présenter requête au président du tribunal civil; elle est tenue de joindre à cette requête les pièces et documents qui établissent la disparition et fixent la date des dernières nouvelles.—J.G. *Absence*, 185.

2. A titre de documents, on peut présenter, par exemple, une déclaration de parents ou voisins, un procès-verbal d'apposition ou levée des scellés, un certificat du commissaire de police du quartier. — J.G. *Absence*, 58.

3. A défaut de ces pièces, on pourrait y suppléer par un acte de notoriété, contenant une déclaration de la disparition, donnée par quatre témoins appelés d'office par le juge de paix du lieu du dernier domicile de l'absent (arg. art. 155 c. civ.). — J.G. *Absence*, 58.

4. Sur la requête ainsi appuyée de pièces justificatives, le président du tribunal commet un juge pour faire le rapport au jour indiqué; enfin, le ministère public est entendu et le jugement est prononcé. — J.G. *Absence*, 59.

5. Toutefois, si le tribunal n'était pas suffisamment éclairé par le rapport ou s'il jugeait à propos de consulter la famille de l'absent, il pourrait ordonner que, sur la communication de la requête et des pièces, la famille donnera son avis devant le juge de paix. — J.G. *Absence*, 59. — V. aussi *Code civil annoté*, art. 112.

Art. 860.

Il sera procédé de même dans le cas où il s'agirait de l'envoi en possession provisoire autorisé par l'art. **120** du Code civil. — Tar. 78.

Sur l'instance et le jugement d'envoi en possession provisoire, V. *suprà*, art. 859, et *Code civil annoté*, art. 120, nᵒˢ 43 et s.

TITRE VII.

Autorisation de la femme mariée.

Art. 861.

La femme qui voudra se faire autoriser à la poursuite de ses droits, après avoir fait une sommation à son mari, et sur le refus par lui fait, présentera requête au président, qui rendra ordonnance portant permission de citer le mari, à jour indiqué, à la chambre du conseil, pour déduire les causes de son refus. — C. pr. civ. 461, 875. — C. civ. 215, 218 s., 1427, 1535, 1538, 1555 s., 1576. — Tar. 29, 78.

1. L'art. 168 c. pr. civ. a modifié l'art. 219 c. civ., et, par conséquent, il est applicable non-seulement à la demande d'autorisation de plaider, mais encore à la demande d'autorisation de contracter (Quest. controv.). — J.G. *Mariage*, 883.

2. Lorsqu'il s'agit pour la femme d'intenter une action contre son mari lui-même, les formes à suivre sont les mêmes que lorsque l'action est dirigée contre un étranger. — J.G. *Mariage*, 904.

3. — I. Sᴏᴍᴍᴀᴛɪᴏɴ ᴀᴜ ᴍᴀʀɪ ᴅ'ᴀᴄᴄᴏʀᴅᴇʀ ꜱᴏɴ ᴀᴜᴛᴏʀɪꜱᴀᴛɪᴏɴ. — 1° *Femme demanderesse ou intervenante.* — A. *Mari capable.* — Lorsque le mari, présent et capable de donner l'autorisation, la refuse, la femme doit faire constater son refus par une *sommation*; et ce n'est qu'autant qu'il répond négativement ou ne répond pas à cette sommation qu'elle peut s'adresser à la justice. — J.G. *Mariage*, 884. — Conf. Aix, 9 janv. 1810, *ibid.*, et *Contr. de mar.*, 3326.

4. Il en est ainsi, même lorsque, en dehors des cas prévus par l'art. 216 c. civ. et les art. 865 et 875 c. pr. civ., la femme agit contre son mari. — Paris, 11 août 1849, D.P. 52. 2. 77.

5. Spécialement, cette formalité est indispensable lorsque la femme veut se porter partie civile dans l'instance engagée sur la plainte en adultère qu'elle aurait déposée contre lui en réponse à une poursuite de même nature que celui-ci aurait dirigée contre elle. — Même arrêt.

6. La sommation que la femme est tenue de faire au mari qui refuse son autorisation, doit être faite par acte spécial; la citation en la chambre du conseil ne suffirait pas. — Même arrêt.

7. Cette sommation est une formalité d'ordre public dont la femme ne peut être dispensée, même pour des motifs d'urgence; ... et la comparution du mari en chambre du conseil ne couvre pas la nullité résultant de l'absence de cette sommation. — Même arrêt.

8. La femme ne peut, au commencement des plaidoiries, demander une autorisation de justice sans avoir rempli les formalités prescrites par l'art. 861 c. pr. civ. — Rennes, 24 nov. 1819, J.G. *Mariage*, 891-1°, et *Exploit*, 73-2°.

9. Et l'autorisation du mari, postérieure au jugement, ne saurait valider la procédure qui l'a précédée. — Rennes, 24 nov. 1819, J.G. *Exploit*, 73-2°.

10. Les juges ne peuvent *incidemment* autoriser la femme demanderesse contre un tiers à ester en justice, alors même qu'elle aurait appelé son mari dans l'instance; il est indispensable que le refus du mari soit constaté préalablement et que les formes prescrites par les art. 861 et s. c. pr. civ. soient remplies. — Paris, 26 mai 1840, J.G. *Mariage*, 891-3°.

11. Jugé toutefois...que n'est pas nulle une demande qui ne serait pas accompagnée de la sommation au mari de comparaître en chambre du conseil. Il suffit que cette formalité ait été remplie préalablement au jugement, et, dans le cas d'omission, le tribunal ou la cour devraient ordonner d'office la comparution du mari. — Orléans, 19 mai 1849, D.P. 49. 2. 127.

12. ... Que, même quand la femme mariée est demanderesse, le tribunal saisi de sa demande, sans être celui du domicile du mari, est compétent pour accorder incidemment à la femme, à défaut du mari qui ne comparaît pas quoique assigné, l'autorisation d'ester en justice; il suffit alors que cette autorisation soit donnée par une disposition particulière du jugement qui intervient, préalablement à la décision sur le fond. — Civ. c. 5 août 1840, J.G. *Mariage*, 891-2° et 901.

13. ... Qu'il n'est pas nécessaire, pour que la femme obtienne l'autorisation de la justice, qu'elle ait fait constater préalablement par une sommation le refus du mari, lorsqu'il résulte suffisamment des circonstances que le mari refuse l'autorisation. — Rennes, 13 févr. 1818, J.G. *Mariage*, 884.

14. En tout cas, lorsque le mari a autorisé sa femme à agir en première instance, et que sur l'appel formé par la femme, le mari a révoqué cette autorisation, cette révocation survenue devant la cour, après que la cause était en état, ne soumet pas l'adversaire de la femme à requérir du mari son autorisation conformément aux art. 861 et s. c. pr. civ.: il suffit que l'autorisation de plaider soit directement requise et obtenue de la cour. — Civ. r. 3 févr. 1847, D.P. 47. 1. 61.

15. Après la sommation signifiée, il convient de laisser au mari pour donner l'autorisation un délai dont la durée est abandonnée à l'appréciation des magistrats. — J.G. *Mariage*, 885.

16. Dans la sommation comme dans la requête, la femme doit exposer sommairement l'affaire dont il s'agit et les motifs pour lesquels l'autorisation est demandée. — J.G. *Mariage*, 886.

17. L'ordonnance qui permet à la femme d'assigner son mari pour être autorisée à ester en justice n'est pas susceptible d'appel. — J.G. *Jugem.*, 711-11°.

18. — B. *Mari incapable.* — Lorsque le mari ne peut matériellement ou légalement consentir, il n'y a pas lieu de lui faire sommation. — J.G. *Mariage*, 888.

19. Par exemple, si le mari est mineur, il n'y a pas lieu de lui faire une sommation mais, le mari doit être appelé dans la chambre du conseil pour donner son avis sur la demande de la femme. — J.G. *Mariage*, 889.

20. Suivant une autre opinion, le mari mineur ne doit pas nécessairement être appelé, mais, le tribunal peut l'entendre officieusement, s'il le juge utile et convenable. — J.G. *Mariage*, 889.

21. — 2° *Femme défenderesse.* — Le mode d'autorisation réglé par l'art. 861. c. pr. ne doit être suivi que lorsque la femme est demanderesse ou intervenante, lorsqu'elle est défenderesse, c'est au demandeur à provoquer l'autorisation, et pour cela il suffit que le mari soit assigné conjointement avec sa femme. — Orléans, 5 mai 1849, D.P. 49. 2. 161. — Observ. conf., J.G. *Mariage*, 828 et 905. — V. *Code civil annoté*, art. 218, nᵒˢ 8 et s.

22. C'est le demandeur lui-même qui doit assigner le mari pour autoriser sa femme, il ne pourrait pas assigner la femme en la requérant de se faire autoriser. — J.G. *Mariage*, 906.

23. La femme séparée de biens lorsqu'elle est, à l'occasion des immeubles qui lui ont été vendus par son mari, l'objet d'une saisie immobilière dénoncée à son mari et à elle, et lorsque, pour la faire tomber, elle fait un dire sur le cahier des charges, est une véritable défenderesse et n'a pas besoin d'assigner son mari à l'effet de l'autoriser: ce dernier, par le fait de la dénonciation de la saisie, a été mis en demeure d'autoriser sa femme, et s'il fait défaut, c'est au tribunal à accorder l'autorisation d'office. — Orléans, 5 mai 1849, D.P 49. 2. 161.

24. La femme, lorsqu'elle est défenderesse, peut, en l'absence ou sur le refus de son mari de l'autoriser, être autorisée soit par le jugement, soit par l'arrêt qui statue au fond sur la demande; il n'est pas besoin que cette autorisation soit préalable à l'instruction. — Req. 16 janv. 1838, J.G. *Mariage*, 907-2°, et *Disp. entre vifs*, 187-3°.

25. ... Surtout lorsqu'il s'agit d'une autorisation donnée à la femme d'un incapable pour défendre à la demande en interdiction formée contre elle. — Rennes, 17 déc. 1840, J.G. *Mariage*, 907-1° et 874-2°.

26. L'autorisation d'ester en jugement donnée dans le cours d'une instance par les juges à une femme est suffisante dans le cas où les actes déjà faits ne constituent que des errements d'instruction simplement préparatoires, et non susceptibles de faire préjudice à cette femme qui, d'ailleurs, était mise en cause avec son mari, lequel a toujours fait défaut. — Civ. r. 17 déc. 1834, J.G. *Mariage*, 907-3°.

27. ... Et même dans le cas où le seul fait de la contestation de la demande devrait faire en courir à la femme l'application d'une clause pénale de laquelle résulterait la privation de partie d'une succession devant entrer dans ses biens dotaux. — Même arrêt.

28. Le demandeur qui plaide en appel contre une femme non autorisée peut assigner directement le mari en autorisation devant la cour saisie de la demande principale. — Bordeaux, 4 avr. 1849 et 3 mars 1851, D.P. 52. 2. 43.

29. Les formes de procédure indiquées par les art. 219 c. civ., 861 et 862 c. pr., pour le cas où le mari refuse d'autoriser sa femme à ester en justice, sont inapplicables aux demandes dirigées conjointement contre la femme et le mari; le mari se trouvant alors en cause, est mis par cela même en demeure de s'exprimer sur l'autorisation que sa femme réclame de lui, et, à son défaut, cette autorisation peut être conférée directement par le juge. — Req. 10 mars 1858, D.P. 58. 1. 347.

30. Ainsi, lorsqu'en pareille hypothèse, la femme ne paraît pas suffisamment autorisée par son mari à prendre des conclusions qui seraient de nature à compromettre les intérêts des deux époux cointéressés, l'autorisation est régulièrement réclamée par la femme, dans ces mêmes conclusions, où elle demande que son mari présent l'autorise, sinon que cette autorisation lui soit accordée par la décision à intervenir. — Civ. c. 4 avr. 1855, D.P. 55. 1. 159.

31. — II. Tribunal compétent pour accorder l'autorisation. — Le *tribunal civil* a seul le droit d'autoriser la femme qui veut intenter des actions ou passer des actes, quand l'autorisation forme l'objet d'une *demande principale*. — Civ. c. 17 août 1813, J.G. *Mariage*, 905-5°.

32. Mais lorsque la femme est défenderesse et que son mari fait défaut, l'autorisation doit être accordée par le juge saisi de la contestation: ainsi, en pareil cas, le *tribunal de commerce* est compétent pour donner l'autorisation — Colmar, 31 juill. 1810, J.G. *Mariage*, 905-4°, et 870-1°. — Bruxelles, 26 août 1811, *ibid.*, 793. — Civ. c. 17 août 1813, *ibid.*, 905-5°.

33. Mais le *juge de paix* ne peut autoriser une femme qui comparaît en conciliation devant lui, ni à plaider, ni à compromettre sur l'action exercée contre elle. — Montpellier, 17 juill. 1827, J.G. *Mariage*, 905.

34. Le *juge du référé* est incompétent pour autoriser la femme contre la volonté du mari, à vendre partie de son mobilier et à transporter le surplus dans un domicile qu'elle a choisi. — Paris, 19 oct. 1836, J.G. *Mariage*, 890.

35. Dans le cas où l'autorisation est demandée à l'effet d'ester en justice, le tribunal compétent pour statuer sur cette demande n'est pas celui qui doit connaître du litige, mais bien le tribunal du domicile du mari. — J.G. *Mariage*, 887.

36. Ainsi, la demande en autorisation maritale formée par une femme contre son mari pour l'habiliter à se porter reconventionnellement demanderesse dans une instance dirigée contre elle, doit être engagée, non devant le tribunal saisi de cette instance, mais par voie d'action principale, devant le tribunal du domicile du mari. — Paris, 24 avr. 1843, J.G. *Mariage*, 887-1°.

37. La femme séparée de corps qui, n'ayant pu obtenir de son mari une autorisation dont elle a besoin, prend le parti de demander cette autorisation à la justice, peut citer le mari devant le tribunal de son propre domicile à l'effet d'y exposer les motifs de son refus; elle n'est point obligée de porter sa demande devant le tribunal du domicile du mari. — Paris, 28 mai 1864, D.P. 64. 2. 185.

38. Décidé même que c'est au tribunal de son propre domicile, et non point au tribunal du domicile de son mari, que doit s'adresser la femme séparée de corps et de biens pour obtenir l'autorisation qui lui est refusée par le mari. — Paris, 19 déc. 1865, D.P. 66. 2. 45. — Rouen, 31 mai 1870, D.P. 71. 2. 106.

39. Lorsque le mari n'a ni domicile ni résidence connus en France, la demande d'autorisation nécessaire à la femme pour ester en justice doit être portée devant le tribunal compétent pour connaître de la contestation. — Besançon, 20 mai 1864, D.P. 64. 5. 23.

40. Dans le cas où l'autorisation d'ester en justice n'ayant été donnée ni par le mari ni par le juge de son domicile est provoquée par la partie adverse, c'est au juge saisi de la contestation à conférer incidemment cette autorisation. — Civ. c. 18 août 1857, D.P. 57. 1. 333.

41. La cour, saisie de l'appel interjeté par une femme mariée, est compétente pour autoriser cette femme à procéder sur son appel, en cas notamment d'incapacité du mari. — Req. 2 août 1853, D.P. 54. 1. 353.

42. De même, l'autorisation dont une femme mariée a besoin pour appeler d'un jugement ne peut être donnée par la juridiction qui doit statuer sur l'appel: la demande en autorisation ne peut être valablement portée devant le tribunal qui a rendu le jugement attaqué. — Besançon, 20 mai 1864, D.P. 64. 5. 23. — Observ. conf., J.G. *Mariage*, 902.

43. Décidé, au contraire, que la femme qui veut interjeter appel d'un jugement rendu contre elle, doit, dans le cas de refus d'autorisation du mari, se pourvoir, non devant la cour saisie de la cause en appel, mais devant le tribunal du domicile commun, et dans les formes prescrites par les art. 861 et s., c. pr. civ., alors même que le jugement attaqué émanerait de ce tribunal. — Lyon, 7 janv. 1848, D.P. 52. 2. 43. — Bordeaux, 4 avr. 1849, *ibid.* — Bordeaux, 3 mars 1851, *ibid.* — Aix, 13 mars 1862, D.P. 62. 2. 194.

44. Il n'en est pas de même de la partie qui ne figure dans une instance que comme codemanderesse d'une femme mariée: cette partie est sans qualité pour assigner le mari en autorisation. — Arrêt précité du 4 avr. 1849.

45. La femme mariée doit demander l'autorisation de se pourvoir en cassation contre un arrêt qui a prononcé la séparation de corps à son préjudice, au tribunal civil du domicile de son mari. — Req. 27 mai 1846, D.P. 53. 1. 345. — Observ. contr., J.G. *Mariage*, 903.

Table sommaire.

Art. 862.

Le mari entendu, ou faute par lui de se présenter, il sera rendu, sur les conclusions du ministère public, jugement qui statuera sur la demande de la femme. — C. pr. civ. 83, 112, 149.

1. — I. Jugement statuant sur la demande d'autorisation. — Lorsque après avoir vainement sommé son mari de l'autoriser, la femme s'est adressée à la justice, il ne doit être rendu de décision sur sa demande qu'après que le mari a déduit les causes de son refus, ou qu'il ne s'est pas présenté. — Aix, 9 janv. 1810, J.G. *Mariage*, 892, et *Contr. de mar.*, 3326.

2. En cette matière, le ministère des avoués et des avocats n'est pas obligatoire, mais il n'est point interdit aux parties d'y recourir. — J.G. *Mariage*, 892.

3. Ainsi, le mari cité devant la chambre du conseil pour s'expliquer sur les causes de son refus d'autoriser sa femme, peut faire entendre un avocat. — Pau, 30 juin 1837, J.G. *Mariage*, 892-1°. — Civ. r. 21 janv. 1846, D.P. 46. 1. 10.

4. Il peut également faire exposer ces causes par le ministère d'un avoué. — Même arrêt du 21 janv. 1846.

5. Suivant un premier système, c'est à l'audience publique, et non devant la chambre du conseil, que, dans les demandes à fin d'autorisation soit pour ester en justice, soit pour contracter, formées par les femmes mariées contre leurs maris, le ministère public doit être entendu et le jugement prononcé. — Req. 23 août 1826, J.G. *Mariage*, 900-1°. — Nîmes, 9 janv. 1828, J.G. *Jugem.*, 181. — Orléans, 19 mai 1849, D.P. 49. 2. 127. — Poitiers, 18 avr. 1830, D.P. 50. 2. 117. — Civ. c. 5 juin 1850, D.P. 50. 1. 161. — Req. 10 févr. 1851, D.P. 51. 1. 43. — Riom, 20 août 1851, D.P. 54. 5. 58. — Civ. c. 4 mai 1863, D.P. 63. 1. 186. — Lyon, 16 déc. 1871, D.P. 72. 2. 120.

6. Les art. 861 et 862 c. pr. civ., qui veulent que l'instance ait lieu en chambre du conseil, ne s'appliquent qu'aux débats qui précèdent ce jugement. — Mêmes arrêts.

7. La nullité du jugement d'autorisation qui, au lieu d'être prononcé en audience publique, l'a été dans la chambre du conseil, entraîne, lorsqu'il s'agit d'une autorisation d'ester en justice, la nullité de l'arrêt intervenu dans l'instance où la femme a figuré en vertu d'une semblable autorisation. — Civ. c. 4 mai 1863, D.P. 63. 1. 186.

8. Suivant un autre système, l'instruction et, par suite, les plaidoiries sur l'action en autorisation d'ester en justice, formée par une femme contre son mari, doivent être secrètes. — Civ. r. 21 janv. 1846, D.P. 46. 1. 10. — Orléans, 19 mai 1849, D.P. 49. 2. 127. — Observ. conf., J.G. *Mariage*, 894.

9. En conséquence, c'est dans la chambre du conseil, et non à l'audience publique, que le ministère public doit donner ses conclusions. — Req. 1er mars 1858, D.P. 58. 1. 321.

10. Et le jugement qui, au refus du mari, autorise une femme à exercer ses droits en justice, est valablement rendu dans la chambre du conseil. — Riom, 29 janv. 1829, J.G. *Mariage*, 894-3°. — Bordeaux, 27 févr. 1854, *ibid.*, 894-1°.

11. — II. Appel. — La demande de la femme à l'effet d'obtenir de la justice, sur le refus du mari, l'autorisation de plaider, est soumise à la règle des deux degrés de juridiction. — Lyon, 7 janv. 1848, Bordeaux, 4 avr. 1849 et 3 mars 1851, D.P. 52. 2. 43-44.

12. Et l'appel de la décision rendue en première instance sur une semblable demande peut être interjeté par le mari aussi bien que par la femme. — Arrêt précité du 7 janv. 1848.

13. Lorsque le jugement n'est pas rendu avec le mari, la femme, pour appeler, doit adresser une simple requête à la cour, qui statuera sur les conclusions du ministère public. — J.G. *Mariage*, 899.

14. Suivant un premier système, la disposition qui, en cas de refus du mari d'autoriser sa femme, oblige celle-ci de citer son mari à la chambre du conseil du tribunal, pour déduire les causes de son refus, n'est pas prescrite en appel; dès lors, si, sur l'appel interjeté par le mari du jugement rendu après citation en la chambre du conseil, les débats ont eu lieu devant la cour, en audience publique, il ne saurait résulter de là un moyen de nullité de l'arrêt.—Req. 23 août 1826, J.G. *Mariage*, 900-1°.

15. Et même une demande formée par une femme contre son mari, en autorisation de vendre un de ses propres, doit être jugée devant la cour, non dans la chambre du conseil, comme en première instance, mais en audience publique. — Nîmes, 18 janv. 1830, J.G. *Mariage*, 900-2°.

16. Suivant un autre système, l'instruction et les plaidoiries sur l'action en autorisation d'ester en justice, formée par une femme contre son mari, doivent être secrètes devant la juridiction d'appel comme en première instance. — Civ. r. 21 janv. 1846, D.P. 46. 1. 10. — Orléans, 19 mai 1849, D.P. 49. 2. 127.— Observ. conf., J.G. *Mariage*, 894.

17. Par suite, le mari qui refuse d'autoriser sa femme à contracter est dans l'obligation de déduire les motifs de son refus, aussi bien devant la chambre du conseil de la cour d'appel que devant la chambre du conseil du tribunal de première instance. — Paris, 5 déc. 1840, J.G. *Mariage*, 900-3°. — Orléans, 19 mai 1849, D.P. 49. 2. 127.

Art. 863.

Dans le cas de l'absence présumée du mari, ou lorsqu'elle aura été déclarée, la femme qui voudra se faire autoriser à la poursuite de ses droits présentera également requête au président du tribunal, qui ordonnera la communication au ministère public, et commettra un juge pour faire son rapport à jour indiqué. — C. pr. civ. 83, 95, 111, s. — C. civ. 115, 119, 124, 222. — Tar. 78.

1. Dans le cas d'absence du mari, la femme doit joindre à sa requête, soit le jugement qui a déclaré l'absence, soit celui qui a ordonné l'enquête, soit un acte de notoriété, s'il n'y a pas encore eu de jugement. — J.G. *Mariage*, 888.

2. Il n'y a pas de sommation à adresser au mari présumé ou déclaré absent. — J.G. *Mariage*, 888.

3. Les plaidoiries des avocats, les conclusions du ministère public, le rapport du juge commis dans les cas prévus par les art. 863 et 864, et le prononcé du jugement, doivent avoir lieu non à l'audience publique, mais dans la chambre du conseil (Quest. controv.). — J.G. *Mariage*, 893.

4. Pendant la durée de la guerre contre l'Allemagne, dans les cas d'urgence reconnus par la justice, le décret des 14 déc. 1870-20 janv. 1871, en cas d'impossibilité dûment constatée, d'obtenir l'autorisation maritale, par suite de la guerre, permettait à la femme, de se pourvoir de l'autorisation de justice, conformément à l'art. 863 c. pr. civ., et si elle était éloignée de son domicile sans communication possible, elle pouvait s'adresser au président du tribunal du lieu de sa résidence. — D.P. 71. 4. 11.

Art. 864.

La femme de l'interdit se fera autoriser en la forme prescrite par l'article

précédent; elle joindra à sa requête le jugement d'interdiction. — C. civ. 222, 224, 489, 501. — Tar. 78.

1. Le tribunal saisi d'une demande dirigée contre la femme d'un interdit peut, incidemment et sans requête préalable, accorder à la femme l'autorisation de procéder. — Trib. de la Seine, 30 déc. 1827, J.G. *Mariage*, 905-1°.

2. Si le mari n'est pas interdit, mais seulement pourvu d'un conseil judiciaire, la femme doit joindre à sa requête le jugement qui nomme ce conseil, et si, sans qu'il y ait eu de jugement, le mari a été placé dans un établissement d'aliénés, un certificat constatant son placement. — J.G. *Mariage*, 888.

3. La même marche doit être suivie dans le cas où le mari a été frappé d'une peine afflictive ou infamante; la femme doit joindre à sa requête l'arrêt de condamnation. — J.G. *Mariage*, 888.

4. Dans ces différents cas, il n'est pas nécessaire d'adresser une sommation au mari. — J.G. *Mariage*, 888.

TITRE VIII.

Des Séparations de biens.

Art. 865.

Aucune demande en séparation de biens ne pourra être formée sans une autorisation préalable, que le président du tribunal devra donner sur la requête qui lui sera présentée à cet effet. Pourra néanmoins le président, avant de donner l'autorisation, faire les observations qui lui paraîtront convenables. — C. pr. civ. 49-7°, 866, 875. — C. civ. 311, 1443, 1563. — C. com. 65. — Tar. 77.

1. — I. Autorisation du président. — La requête tendant à obtenir du président du tribunal civil l'autorisation de former une demande en séparation de biens est rédigée par l'avoué de la femme. — J.G. *Contr. de mar.*, 1718.

2. Lorsque la requête est soumise au président il faut que la femme soit présente, pour que ce magistrat puisse lui faire les observations qu'il juge convenables. — J.G. *Contr. de mar.*, 1718.

3. Jugé toutefois qu'il n'est pas nécessaire, à peine de nullité, que la femme présente elle-même la requête à fin d'autorisation. — Bruxelles, 7 mars 1832, J.G. *Contr. de mar.*, 1718.

4. Le président peut d'ailleurs différer de répondre à la requête, jusqu'à ce que la femme ait entendu ses conseils et ses représentations. — J.G. *Contr. de mar.*, 1718.

5. Mais l'autorisation ne peut être refusée à la femme. — Rennes, 24 août 1814, J.G. *Mariage*, 895 — Lyon, 22 mars 1836, J.G. *Contr. de mar.*, 1719.

6. Elle est accordée par une ordonnance inscrite au bas de la requête. Aucun procès-verbal ne doit être dressé, soit de la présentation de la requête, soit de la comparution de la femme, soit enfin des observations du président. — J.G. *Contr. de mar.*, 1720.

7. La femme peut demander sa séparation de biens, sans requérir l'autorisation maritale : il suffit qu'elle obtienne l'autorisation

du juge, et cette autorisation, donnée au début de l'instance, habilite la femme devant tous les degrés de juridiction. — Civ. r. 15 juill. 1867, D.P. 67. 1. 321.

8. Ainsi, la femme autorisée à agir en première instance peut interjeter appel, se pourvoir en cassation, former une requête civile, sans autorisation nouvelle. — J.G. *Contr. de mar.*, 1721.

9. La demande formée sans l'autorisation du président est nulle, ainsi que la procédure qui l'a suivie. — J.G. *Contr. de mar.*, 1721.

10. L'autorisation obtenue par une femme de poursuivre sa séparation de biens ne peut, après l'annulation de la demande pour défaut de publicité, servir de base à une seconde demande en séparation de biens. — Nîmes, 21 mars 1848, D.P. 48. 2. 184.

11. — II. Assignation du mari. — L'assignation du mari devant le tribunal doit être précédée de la signification de la requête et de l'ordonnance, par un seul et même exploit. — J.G. *Contr. de mar.*, 1723.

12. Lorsque le mari est en faillite, il faut mettre en cause les syndics, sans quoi le jugement ne serait pas exécutoire contre la masse des créanciers. — Angers, 11 mars 1842, J.G. *Contr. de mar.*, 1724.

13. Mais il ne suffirait pas, en pareil cas, d'intenter la demande en séparation contre les syndics. — J.G. *Contr. de mar.*, 1724.

14. La demande en séparation régulièrement intentée contre un mari qui, depuis, est tombé en faillite, ne peut pas être continuée sans que les syndics soient mis en cause. — Bourges, 24 mai 1826, J.G. *Contr. de mar.*, 1725 et 1901.

15. — III. Compétence. — Le tribunal compétent pour connaître d'une séparation de biens est nécessairement le tribunal du domicile du mari. — Civ. c. 18 nov. 1835, J.G. *Contr. de mar.*, 1714, et *Compét. civ. des trib. d'arr.*, 28.

16. Si la demande en séparation de biens a été portée devant un tribunal autre que celui du domicile du mari, les créanciers de ce dernier, qu'ils résident ou non dans le ressort du tribunal où la demande a été portée, ont le droit d'intervenir dans l'instance pour opposer l'exception d'incompétence, alors même que le mari a acquiescé expressément ou tacitement à la juridiction du tribunal incompétemment saisi. — Même arrêt, J.G. *Contr. de mar.*, 1715.

17. Le créancier qui intervient dans une instance en séparation de biens peut proposer un déclinatoire, sans qu'on puisse écarter son exception par le motif qu'aux termes de l'art. 340 c. pr. civ., l'intervention ne peut retarder le jugement de la cause principale. — Même arrêt.

18. Un tribunal qui s'est déclaré incompétent pour connaître d'une demande en séparation de corps entre étrangers, peut se déclarer compétent pour connaître entre les mêmes parties d'une demande en séparation de biens. — Paris, 30 mai 1826, J.G. *Contr. de mar.*, 1717, et *Chose jugée*, 137.— V. *Code civil annoté*, art. 14, n°° 271 et s.

Art. 866.

Le greffier du tribunal inscrira, sans délai, dans un tableau placé à cet effet dans l'auditoire, un extrait de la demande en séparation, lequel contiendra,

1° La date de la demande ;

2° Les noms, prénoms, profession et demeure des époux ;

3° Les noms et demeure de l'avoué constitué, qui sera tenu de remettre, à cet effet, ledit extrait au greffier, dans

les trois jours de la demande. — C. pr. civ. 867 s.

1. La même publicité doit être donnée à la demande en séparation de biens, quel que soit le régime sous lequel les époux sont mariés, que le mari soit ou non commerçant. — J.G. *Contr. de mar.*, 1733. — V. aussi *Code de commerce annoté*, art. 65.

2. S'il n'existe pas dans l'auditoire du tribunal un cadre ou tableau disposé pour recevoir l'extrait de la demande, l'apposition de l'extrait contre un mur de l'auditoire dans un endroit destiné à cet usage satisfait au vœu de la loi. — Turin, 4 janv. 1811, J.G. *Contr. de mar.*, 1734.

3. Il suffirait même que l'extrait fût affiché à la porte de l'auditoire, si tel était l'usage. — J.G. *Contr. de mar.*, 1734.

Art. 867.

Pareil extrait sera inséré dans des tableaux placés, à cet effet, dans l'auditoire du tribunal de commerce, dans les chambres d'avoués de première instance et dans celles de notaires, le tout dans les lieux où il y en a : lesdites insertions seront certifiées par les greffiers et par les secrétaires des chambres. — C. pr. civ. 868 s. — Tar. 92.

1. La loi ne fixant pas le délai dans lequel l'extrait doit être remis au greffe du tribunal de commerce, aux chambres de notaires ou d'avoués, il est prudent de se conformer au délai de trois jours fixé pour la remise au greffe du tribunal civil. Mais ce délai n'est pas fatal. Les tribunaux ont toute latitude pour apprécier le temps qui a été nécessaire à raison des distances. — J.G. *Contr. de mar.*, 1735.

2. La nécessité de la publicité au tribunal de commerce ou à la chambre des notaires existe toutes les fois qu'il y a un tribunal ou une chambre de cette espèce, non pas dans la ville, mais dans le ressort du tribunal civil de l'arrondissement où est domicilié le mari. — J.G. *Contr. de mar.*, 1735.

3. Les avoués ont qualité pour faire et signer les extraits à publier. — Circ. min. 19 oct. 1828, J.G. *Contr. de mar.*, 1736.

4. Pour constater la publicité de la demande en séparation, l'avoué fait faire autant d'extraits qu'il est nécessaire pour l'affiche, plus un, qui reste dans les mains de l'avoué, et au bas duquel chaque greffier des tribunaux civil et de commerce, et les secrétaires des chambres des avoués et des notaires, certifient avoir reçu un extrait conforme et l'avoir affiché au tableau ; on fait ensuite enregistrer cet extrait. Ainsi, nul besoin de procès-verbal de dépôt au greffe ; les récépissés y suppléent. — Même circ., J.G. *Contr. de mar.*, 1736.

Art. 868.

Le même extrait sera inséré, à la poursuite de la femme, dans l'un des journaux qui s'impriment dans le lieu où siège le tribunal ; et s'il n'y en a pas, dans l'un de ceux établis dans le département, s'il y en a.

Ladite insertion sera justifiée ainsi qu'il est dit au titre *de la Saisie immobilière*, art. 696. — Tar. 92.

L'ancien art. 868 renvoyait à l'art. 683 c. pr. civ. mais, par suite des modifications

apportées au titre de la Saisie immobilière, cet art. 683 a été remplacé par les art. 696 et 698. L'édition officielle de 1841, rectifiant le renvoi de l'ancien art. 868, a renvoyé par erreur à l'art. 696 : c'est l'art. 698 qu'il aurait dû mentionner. — J.G. *Contr. de mar.*, 1737.

Art. 869.

Il ne pourra être, sauf les actes conservatoires, prononcé, sur la demande en séparation, aucun jugement qu'un mois après l'observation des formalités ci-dessus prescrites, et qui seront observées à peine de nullité, laquelle pourra être opposée par le mari ou par ses créanciers. — C. pr. civ. 125, 871, 1029, 1033. — C. civ. 1447.

1. — I. Délai du jugement. — Aucun jugement, même interlocutoire ou préparatoire, ne peut être valablement rendu avant le délai d'un mois depuis l'accomplissement des formalités de publicité. — J.G. *Contr. de mar.*, 1740.

2. Le délai ne commence à courir que lorsque la demande est régulièrement formée et publiée. Il ne court pas tant que les syndics du mari tombé en faillite n'ont pas été mis en cause, et tant que la dernière formalité de publicité n'a pas été remplie. Le jour où cette dernière formalité est remplie ne doit même pas compter dans le délai. — Angers, 11 mars 1842, J.G. *Contr. de mar.*, 1741 et 1724.

3. Le délai d'un mois doit être calculé de quantième à quantième, en prenant pour base le calendrier grégorien. Il ne saurait être augmenté à raison de la distance du domicile des créanciers du mari. — J.G. *Contr. de mar.*, 1742.

4. — II. Nullités. — La nullité prononcée par l'art. 869 s'applique à l'inobservation du délai de trois jours dans lequel l'extrait de la demande doit être remis au greffier (c. pr. 866) ; on prétendrait en vain qu'un délai n'est pas une formalité. — J.G. *Contr. de mar.*, 1738.

5. La nullité résultant du défaut de publicité ne peut être invoquée que par le mari ou les créanciers, et c'est la femme ne peut pas s'en prévaloir. — J.G. *Contr. de mar.*, 1739.

6. Cette nullité peut être couverte par une ratification. Ainsi, le mari qui interjette appel, mais par des moyens tirés du fond, ne peut plus se prévaloir, pour faire annuler le jugement, de ce que la demande en séparation n'a pas été insérée dans les journaux conformément à l'art. 868. — Riom, 9 juin 1809, J.G. *Contr. de mar.*, 1739.

7. Il en serait de même si le mari avait exécuté un jugement définitif ou préparatoire. — J.G. *Contr. de mar.*, 1739.

8. — III. Mesures conservatoires. — Pendant l'instance en séparation de biens, la femme peut requérir des mesures conservatoires. — J.G. *Contr. de mar.*, 1750.

9. Elle peut demander notamment l'apposition des scellés et l'inventaire. — Paris, 4 niv. an 12, J.G. *Contr. de mar.*, 1753. — Bruxelles, 8 mai 1807 et 11 août 1808 ; Paris, 20 avr. 1811, J.G. *Séparat. de corps*, 159. — Bruxelles, 13 août 1812, *ibid.*, 161.

10. La femme, demanderesse en séparation de biens, peut non-seulement requérir l'apposition des scellés et l'inventaire des effets de la communauté, mais encore faire tous actes conservatoires de ses droits, et notamment former des *saisies-arrêts* entre les mains des débiteurs de son mari. — Req. 14 mars 1855, D.P. 55. 1. 235. — V. aussi Paris, 29 niv. an 11, J.G. *Contr. de mar*, 1754. — Rennes, 22 juill. 1814, *ibid.*, 1755.

11. Spécialement, la saisie-arrêt pratiquée sur les fermages de ses immeubles par une femme commune, demanderesse en sépara-

tion de biens contre son mari, et avant que cette séparation soit prononcée, doit, si elle paraît fondée sur des moyens sérieux et plausibles, par exemple, si le mari n'offre aucune solvabilité, être maintenue, mais seulement quant aux fermages non encore échus à l'époque de la demande. — Caen, 16 mars 1825, J.G. *Contr. de mar.*, 1754.

12. La demande en mainlevée de l'opposition formée par la femme sur les capitaux provenant de sa dot, ou pour sûreté de ces capitaux, n'est pas de la compétence du juge des référés ; c'est la matière d'une action principale. — Paris, 29 niv. an 11, J.G. *Contr. de mar.*, 1756 et 1754. — Poitiers, 18 janv. 1825, et *Référé*, 24.

13. La *saisie-gagerie* peut être pratiquée directement sur les meubles du mari ou de la communauté. — J.G. *Contr. de mar.*, 1757.

14. Spécialement, la femme, demanderesse en séparation de biens, peut faire pratiquer une saisie-gagerie sur les meubles et effets garnissant le domicile marital. — Bourges, 23 mess. an 10; Limoges, 7 mars 1823, J.G. *Contr. de mar.*, 1757.

15. La femme peut faire ordonner par justice le *séquestre* des biens de la communauté (Quest. controv.). — J.G. *Contr. de mar.*, 1759.

16. Le *dépôt à la Caisse des consignations* peut être ordonné relativement aux deniers comptants détenus par le mari pour la communauté. — Metz, 23 juin 1819, J.G. *Contr ue mar.*, 1760, et *Séparat. de corps*, 177.

17. La mesure conservatoire ne doit pas porter sur tous les revenus de la femme, mais sur la portion seulement que ne paraît pas nécessaire aux besoins du ménage. C'est ce qui a été jugé sur la demande en saisie-arrêt des fermages de biens propres de la femme. — Caen, 16 mars 1825, J.G. *Contr. de mar.*, 1762 et 1754.

18. La saisie-arrêt et le séquestre ne doivent, dans tous les cas, frapper que sur les revenus non encore échus à l'époque de la demande. Les revenus antérieurs sont définitivement acquis au mari. — Même arrêt, J.G. *Contr. de mar.*, 1763.

19. La femme commune qui a formé une demande en séparation de biens peut réclamer une collocation éventuelle sur les biens de son mari tombé en déconfiture. — V. *Code civil annoté*, art. 2195, n° 45.

20. La femme commune peut également, avant la séparation de biens, se faire colloquer, pour la conservation de ses droits, dans un ordre ouvert sur les biens de son mari. — V. *Code civil annoté*, art. 2195, n° 18.

21. — IV. Pension alimentaire et provision. — La femme qui demande sa séparation de biens n'a pas le droit de demander une pension alimentaire durant le procès. Cependant, si la femme avait de justes motifs de quitter le domicile conjugal, elle pourrait faire condamner le mari à lui payer durant le procès une pension alimentaire. Dans tous les cas, elle a droit à une provision destinée à faire face aux frais du procès. — J.G. *Contr. de mar.*, 1749.

22. La provision demandée par la femme pour faire face aux frais d'instance en séparation de biens, doit être assimilée à une créance alimentaire et prise avec privilége sur les biens du mari, à moins que la femme n'ait des paraphernaux dont elle ait conservé la jouissance exclusive. — Trib. de Caen, 8 août 1849, D.P. 50. 5. 421.

Art. 870.

L'aveu du mari ne fera pas preuve, lors même qu'il n'y aurait pas de créanciers. — C. pr. civ. 307. — C. civ. 1443, 1447. — C. com. 65.

1. — I. Preuves. — Les aveux du mari sur les causes de la séparation ne font pas preuve des faits allégués par la femme, alors même que des créanciers du mari, présents dans l'instance, confirment ses aveux. — J.G. *Contr. de mar.*, 1744.

2. La femme doit prouver les faits sur lesquels repose sa demande, soit par les dettes du mari, soit par des actes d'exécution mobilière ou immobilière contre ce dernier, soit par témoins. Mais lorsque les pièces produites justifient la demande, la preuve testimoniale n'est pas nécessaire. — Req., 6 janv. 1808, J.G. *Contr. de mar.*, 1745.

3. Le péril de la dot peut être suffisamment constaté, soit par la preuve littérale toute seule, soit uniquement par la preuve testimoniale. — J.G. *Contr. de mar.*, 1745.

4. — II. Communication au ministère public. — La demande en séparation de biens doit être communiquée au ministère public. — J.G. *Contr. de mar.*, 1746.

5. Le défaut de communication au ministère public, permet à la femme, mais à elle seulement, d'attaquer, par voie de requête civile, le jugement rendu, si ce jugement est contraire à ses conclusions. — J.G. *Contr., de mar.*, 1747.

6. — III. Désistement. — La femme a besoin de l'autorisation maritale pour se désister de sa demande en séparation de biens ; et le mari peut refuser d'accepter un désistement de la procédure qui n'éteindrait pas l'action elle-même, c'est-à-dire le droit de demander la séparation. — J.G. *Contr. de mar.*, 1748.

7. La femme, avec la simple autorisation de son mari, peut renoncer valablement au droit de demander sa séparation pour les faits accomplis. Mais elle conserve le droit de demander sa séparation de biens pour des faits ultérieurs. — J.G. *Contr. de mar.*, 1748.

Art. 871.

Les créanciers du mari pourront, jusqu'au jugement définitif, sommer l'avoué de la femme, par acte d'avoué à avoué, de leur communiquer la demande en séparation et les pièces justificatives, même intervenir pour la conservation de leurs droits, sans préliminaire de conciliation. — C. pr. civ. 49, 189, 339 s., 873. — C. civ. 1166, 1447. — Com. 65. — Tar. 70, 75.

1. Les créanciers du mari ont le droit d'obtenir communication de la demande en séparation de biens et des pièces à l'appui sans intervenir dans l'instance ; s'ils veulent intervenir, leur intervention ne peut être écartée sous prétexte que la cause est en état, tant que le jugement définitif n'est pas rendu. — Civ. c. 18 nov. 1835, J.G. *Contr., de mar.*, 1728 et *Compét. civ. des trib. d'arr.*, 28.

2. Les créanciers interviennent en signifiant par acte d'avoué à avoué les conclusions qu'ils prennent en forme de requête ; ces conclusions peuvent être grossoyées et la femme peut y répondre par des conclusions motivées et grossoyées. — J.G. *Contr. de mar.*, 1729.

3. L'intervention est recevable de la part d'un tiers, qui n'est pas créancier actuel, mais à qui la séparation, quoique demandée sans fraude, peut éventuellement causer un préjudice. — Req., 27 juin 1810, J.G. *Contr. de mar.*, 1874 et 1730.

4. Ainsi, l'acquéreur d'un fonds dotal peut intervenir dans l'instance en séparation de biens, même formée sans fraude, dont l'effet serait de donner à la femme le droit de faire révoquer l'aliénation de la dot. — Req. 27 juin 1810, J.G. *Contr. de mar.*, 1730.

5. Mais l'enfant donataire par contrat de mariage d'une somme à prendre dans la succession du dernier mourant de ses père et mère, auteurs de la donation, n'est pas admis à intervenir, en sa qualité de donataire, dans l'instance en séparation de biens engagée par la donatrice contre son mari : la séparation de biens n'entraînant en elle-même aucune aliénation à titre gratuit, l'enfant ne peut prétendre que son droit de donataire serait menacé par instance en séparation. — Civ. r. 21 mai 1867, D.P. 67. 1. 206.

6. Les créanciers du mari ne peuvent s'opposer à la séparation de biens qu'en prouvant que la dot ou les reprises de la femme ne sont pas réellement en péril. — Besançon, 26 avr. 1806, J.G. *Contr. de mar.*, 1731 et 1877.

7. Et l'un des créanciers assigné personnellement sur une instance en séparation, ne peut se prévaloir de la nullité des assignations données à d'autres créanciers qui n'en excipent point. — Même arrêt.

8. Les créanciers peuvent intervenir également dans la liquidation qui suit le jugement. — Metz, 1er avr. 1819, J.G. *Contr. de mar.*, 1878.

9. Cette intervention ne doit pas rester à leurs frais. — Même arrêt, J.G. *Contr. de mar.*, 1879.

10. Les créanciers ont le droit d'intervenir, sans le préliminaire de conciliation. — J.G. *Contr. de mar.*, 1880.

11. Les créanciers peuvent, après le jugement de séparation de biens comme durant l'instance, se prévaloir de l'art. 871, pour obtenir la communication des pièces justificatives des demandes de la femme. — Grenoble, 29 déc. 1817, J.G. *Contr. de mar.*, 1907.

12. L'exception par laquelle une femme séparée de biens repousse, lors de la liquidation de ses droits, l'intervention d'individus qui se prétendent ses créanciers, est un incident à juger par le tribunal qui a prononcé la séparation de biens et qui est encore saisi de l'instance en liquidation. — Civ. c. 5 janv. 1825, J.G. *Contr. de mar.*, 1881, et *Interv.*, 130.

Art. 872.

Le jugement de séparation sera lu publiquement, l'audience tenante, au tribunal de commerce du lieu, s'il y en a : extrait de ce jugement, contenant la date, la désignation du tribunal où il a été rendu, les noms, prénoms, profession et demeure des époux, sera inséré sur un tableau à ce destiné et exposé pendant un an dans l'auditoire des tribunaux de première instance et de commerce du domicile du mari, même lorsqu'il ne sera pas négociant ; et s'il n'y a pas de tribunal de commerce, dans la principale salle de la maison commune du domicile du mari. Pareil extrait sera inséré au tableau exposé en la chambre des avoués et notaires, s'il y en a. La femme ne pourra commencer l'exécution du jugement que du jour où les formalités ci-dessus auront été remplies, sans que néanmoins il soit nécessaire d'attendre l'expiration du susdit délai d'un an.

Le tout sans préjudice des dispositions portées en l'art. 1445 du Code civil. — C. pr. civ. 880. — C. civ. 1443. 1445. — C. com. 65, 67. — Tar. 92.

1. — I. Jugement de séparation de biens. — Le jugement qui déclare les époux séparés de biens ordonne la restitution de la dot ou des propres conservés en nature et liquide s'il peut les reprises de la femme ; si cette opération est trop compliquée, il renvoie les époux devant un notaire choisi par les parties ou nommé d'office et commet un juge pour les contestations s'il y a lieu. Le notaire dresse un procès-verbal des prétentions des parties, si elles ne s'accordent pas, et les renvoie devant le juge-commissaire. — J.G. *Contr. de mar.*, 1764.

2. Le juge qui prononce la séparation de biens ne peut statuer sur les frais de la liquidation à intervenir des reprises de la femme, ni sur ceux de l'homologation de cette même liquidation. — Douai, 8 août 1856, D.P. 57. 2. 66.

3. Une séparation de biens ne peut pas être prononcée par la chambre des vacations du tribunal. — J.G. *Contr. de mar.*, 1766.

4. Le pourvoi en cassation du mari contre le jugement qui prononce la séparation de biens, n'est point suspensif : la femme a la faculté de poursuivre immédiatement les droits qui en dérivent. — Bruxelles, 16 mars 1825, J.G. *Contr. de mar.*, 1767 et 2001.

5. — II. Publicité du jugement de séparation de biens. — Le jugement de séparation, modifiant la capacité des époux, doit, dans l'intérêt des tiers, être publié à peine de nullité de l'exécution (C. civ. 1445.) — J.G. *Contr, de mar.*, 1768.

6. L'intervention d'un officier ministériel n'est exigée ni pour la publication du jugement qui prononce la séparation de biens entre époux, ni pour celle de l'acte portant rétablissement de la communauté. — Tr. de la Seine, 30 juill. 1856, D.P. 57. 3. 27.

7. L'art. 92 du tarif qui parle de l'insertion de l'extrait d'un jugement prononçant une séparation de biens, dans un journal, n'ajoute rien aux dispositions de l'art. 872 c. pr. relatives à la validité de ces séparations, et cette insertion n'est pas exigée à peine de nullité. — Bordeaux, 30 juill. 1833, J.G. *Contr. de mar.*, 1784.

8. Lorsque le jugement est confirmé sur l'appel, il n'est pas nécessaire de renouveler les publications qui ont été déjà faites. — J.G. *Contr. de mar.*, 1787.

9. L'art. 872 c. pr., ne parlant que de la séparation de biens, et non du rétablissement de la communauté, laisse ce rétablissement sous l'empire exclusif de l'art. 1445. — Civ. c. 17 juin 1839, J.G. *Contr. de mar.*, 2082. *Contrà :* — Rouen, 6 nov. 1835, *ibid.*

10. — 1° *Lecture au tribunal de commerce.* — Le jugement de séparation de biens doit être lu publiquement à l'audience du tribunal de commerce siégeant dans la commune où le mari a son domicile. Lorsqu'il n'y a pas de tribunal dans cette commune, le défaut de lecture n'entraîne pas la nullité de la décision, alors même qu'il existe un tribunal de commerce dans l'arrondissement. — Montpellier, 11 juill. 1826, J.G. *Contr. de mar.*, 1774.

11. Jugé, au contraire, qu'il suffit qu'il existe un tribunal de commerce dans l'arrondissement pour que le jugement doive, à peine de nullité, être lu à l'audience de ce tribunal, quoiqu'il n'en existe pas dans le lieu du domicile de l'époux. — Toulouse, 18 juin 1835, J.G. *Contr. de mar.*, 1774. — Observ. conf., *ibid.*

12. La lecture publique à l'audience est attestée par un certificat du greffier. La loi n'exige pas que le tribunal de commerce en donne acte, ni qu'il en soit dressé procès-verbal. — J.G. *Contr. de mar.*, 1775.

13. Dans le cas où les juges du tribunal civil remplissent les fonctions du tribunal de commerce, l'art. 872, § 1, n'est pas applicable. — Trib. d'Orange, 8 sept. 1851, D.P. 51. 5. 484.

14. — 2° *Affiche dans l'auditoire des tribunaux civils et de commerce.* — En prescrivant l'affiche du jugement de séparation de biens dans l'auditoire des tribunaux de

première instance et de commerce du domicile du mari, et à défaut du tribunal de commerce, dans la principale salle de la maison commune, l'art. 872 a entendu parler du tribunal de commerce existant soit dans le lieu même du domicile du mari, soit dans l'arrondissement. Il suffit, en conséquence, s'il y a un tribunal de commerce dans l'arrondissement du domicile du mari, que le jugement soit affiché dans l'auditoire de ce tribunal, sans qu'il soit besoin de l'afficher à la maison commune. — Rennes, 14 janv. 1850, D.P. 51. 5. 481. — Caen, 2 déc. 1851, D.P. 54. 2. 189. — Observ. conf., J.G. *Contr. de mar.*, 1776.

15. Jugé toutefois que l'on doit se contenter de l'affiche à la mairie, quand le mari est domicilié dans l'arrondissement du tribunal de commerce, mais non dans la ville même où siège ce tribunal. — Montpellier, 11 juill. 1826, J.G. *Contr. de mar.*, 1774 et 1777. — Montpellier, 18 mars 1831, *ibid.*, 1777. — Toulouse, 18 juin 1835, *ibid.*, 1774.

16. L'extrait du jugement de séparation de biens doit être affiché non-seulement dans l'auditoire du tribunal civil, mais encore dans la salle principale de la maison commune, toutes les fois qu'il n'existe pas de tribunal spécial de commerce dans l'arrondissement, bien que le tribunal civil en remplisse les fonctions. — Amiens, 21 déc. 1825; Limoges, 2 août 1837; Angers, 10 août 1839, J.G. *Contr. de mar.*, 1777. — Civ. c. 17 mars 1852, D.P. 52. 1. 113, et, sur renvoi; Lyon, 23 févr. 1854, D.P. 55. 2. 44.

17. Jugé, au contraire qu'il suffit de l'affiche dans l'audience du tribunal civil, et qu'il n'en est pas besoin dans la salle de la maison commune, lorsque dans la ville même qu'habite le mari, le tribunal civil remplit les fonctions du tribunal de commerce. — Toulouse, 23 août 1827, J.G. *Contr. de mar.*, 1778 et 782. — Bruxelles, 26 juin 1828, J.G. *Contr. de mar.*, 1778.

18. Les lecture et affiches du jugement de séparation de biens, quand le mari a changé de domicile dans l'intervalle de la demande au jugement n'en doivent pas moins se faire au tribunal qui a prononcé la séparation; on pourrait, pour prévenir toute difficulté, faire les lecture et affiches tant au lieu où le jugement a été rendu, qu'au nouveau domicile du mari. — J.G. *Contr. de mar.*, 1782.

19. L'affiche dans l'auditoire du tribunal de commerce est ordonnée, à peine de nullité, même pour les non-commerçants. — Caen, 15 juill. 1828, J.G. *Contr. de mar.* 1779.

20. — 3° *Affiche aux chambres des avoués et notaires.* — Doit être inséré au tableau exposé en la chambre des avoués et notaires de l'arrondissement un extrait du jugement pareil à celui qui doit être inséré dans l'auditoire des tribunaux. — J.G. *Contr. de mar.*, 1780.

21. Mais les art. 872 c. pr. et 67 c. com. ne doivent recevoir leur application que dans le cas où ces chambres ont un local spécial pour leur réunion et dans lequel il existe un tableau destiné à recevoir ces insertions. — Colmar, 10 juin 1834, J.G. *Contr. de mar.*, 1781, et *Commerçant*, 273.

22. Dans les villes où les chambres de notaires et d'avoués n'ont pas de tableaux destinés à recevoir les insertions en matière de séparation de biens, il suffit qu'un extrait de la demande et du jugement ait été remis, dans le délai légal, aux présidents des chambres d'avoués et de notaires. — Rennes, 29 mars 1870, D.P. 72. 5. 400-401.

23. Les jugements de séparation de biens peuvent, avant l'enregistrement, être affichés par extraits. — Trib. d'Avignon, 22 déc. 1846, D.P. 47. 4. 225.

24. Toutefois, les extraits des jugements de séparations de biens, que les avoués font et signent pour être apposés dans la chambre de discipline, doivent être enregistrés avant d'être remis aux secrétaires des chambres. — J.G. *Contr. de mar.*, 1783.

25. — III. NULLITÉ RÉSULTANT DU DÉFAUT DE PUBLICITÉ DU JUGEMENT. — L'inobservation des formalités prescrites par l'art. 872 c. pr., pour la publication du jugement de séparation de biens, emporte nullité de l'exécution. — Amiens, 21 déc. 1825, J.G. *Contr. de mar.*, 1786 et 1777. — Caen, 15 juill. 1828, *ibid.*, 1779. — Limoges, 2 août 1837; Angers, 10 août 1839, *ibid.*, 1777. — Civ. c. 17 mars 1852, D.P. 52. 1. 113, et sur renvoi, Lyon, 23 févr. 1854, D.P. 55. 2. 44.

26. Ainsi, l'achat, par une femme, des meubles de son mari, après un jugement de séparation de biens qui n'a point été lu à l'audience du tribunal de commerce, ni inséré au tableau, ne peut être opposé aux créanciers du mari, encore que les époux fussent mariés sous le régime exclusif de communauté. — Paris, 18 mars 1814, J.G. *Contr. de mar.*, 1788.

27. L'accomplissement des formalités de publicité doit avoir lieu dans la quinzaine du jugement, à peine de nullité des actes d'exécution et du jugement lui-même. — Caen, 16 janv. 1846, D.P. 54. 5. 686. — Conf., J.G. *Contr. de mar.*, 1785.

28. Mais cette nullité ne peut être invoquée par les créanciers du mari postérieurs à l'exécution effective de la séparation. — Req. 1er juill. 1863, D.P. 64. 1. 66.

29. Un tel droit n'appartient qu'aux créanciers du mari dont les titres ont acquis, conformément à l'art. 1328, une date certaine antérieure à cette exécution. — Même arrêt.

30. La nullité résultant du défaut de publicité est d'ordre public, et peut être proposée pour la première fois en appel. — Toulouse, 7 févr. 1831, J.G. *Contr. de mar.*, 1787 et 1864.

31. La nullité d'une liquidation entre époux, résultant du défaut d'affiche du jugement de leur séparation, dans l'auditoire du tribunal de commerce, peut être proposée par les tiers opposants, même après avoir fait valoir leurs moyens, au fond, contre le jugement de séparation : ici ne s'applique pas l'art. 173 c. pr. — Caen, 15 juill. 1828, J.G. *Contr. de mar.*, 1789 et 1779.

32. Relativement à la nullité qui résulte du défaut d'affiche dans l'auditoire du tribunal de commerce, l'acquiescement du mari ne rendrait pas ses créanciers non recevables à faire valoir cette nullité. — Même arrêt.

33. — IV. PUBLICITÉ DU JUGEMENT DE SÉPARATION DE CORPS. — Tout jugement qui prononce une séparation de corps entre mari et femme, dont l'un est commerçant, est soumis aux formalités de l'art. 872 c. pr. — V. *Code de commerce annoté*, art. 66.

34. Quant à la séparation de biens résultant de la séparation de corps, suivant un arrêt, elle doit être publiée dans les formes prescrites par les art. 1445 c. civ. et 872 c. pr. pour être opposable aux tiers; en conséquence, le défaut de publicité du jugement de séparation de corps rend la femme non recevable à critiquer les ventes d'immeubles de la communauté, faites postérieurement par le mari à des tiers de bonne foi. — Req. 14 mars 1837, J.G. *Contr. de mar.*, 1792.

35. Jugé, au contraire, que si les séparations de biens poursuivies directement doivent être rendues publiques au moyen de la lecture des jugements à l'audience, cette formalité n'est plus nécessaire quand la séparation de biens n'est qu'une conséquence légale de la séparation de corps. — Trib. d'Orange, 8 sept. 1851, D.P. 51. 5. 483.

Table sommaire.

Art. 873.

Si les formalités prescrites au présent titre ont été observées, les créanciers du mari ne seront plus reçus, après l'expiration du délai dont il s'agit dans l'article précédent, à se pourvoir par tierce-opposition contre le jugement de séparation. — C. pr. civ. 474 s. — C. civ. 1167, 1447. — C. com. 65, 67.

1. — I. DÉLAI DU RECOURS LORSQUE LES FORMALITÉS ONT ÉTÉ OBSERVÉES. — Lorsque les formalités prescrites par le code de procédure ont été observées, les créanciers ont un an pour se pourvoir par tierce-opposition contre le jugement de séparation de biens : passé ce délai, ils n'y sont plus recevables. — J.G. *Contr. de mar.*, 1887.

2. Ainsi, la nullité résultant de ce que, dans une instance en séparation de biens, formée contre un mari depuis tombé en faillite, les syndics de la faillite n'ont pas été appelés au jugement, ne peut plus être opposée après le délai d'un an, alors qu'elle est proposée par un seul créancier, et non par les syndics de la faillite. — Bourges, 24 mai 1826, J.G. *Contr. de mar.*, 1901.

3. Les créanciers ne seraient pas recevables, après le délai d'un an, à contester la séparation, alors même qu'ils allégueraient qu'ils n'ont connu que plus tard la fraude concertée entre les époux. — J.G. *Contr. de mar.*, 1888.

4. Suivant une opinion, lorsque le jugement qui prononce la séparation de biens a statué, en même temps, sur la liquidation des reprises de la femme, il n'est plus attaquable par les créanciers après le délai d'un an, même sur le chef des reprises. — Civ. r. 4 déc. 1815; Dijon, 6 août 1817; Riom, 20 déc. 1817, J.G. *Contr. de mar.*, 1889.

5. Suivant une autre opinion, en pareil cas, les créanciers ont trente ans pour attaquer la liquidation par voie de tierce-opposition. — Grenoble, 6 juin 1817, J.G. *Contr. de mar.*, 1890. — Grenoble, 11 févr. 1819, *ibid.*, 1897. — Grenoble, 21 mars 1827 et 3 juill. 1828, *ibid.*, 1890. — Toulouse, 7 déc. 1832, J.G. *Tierce-oppos.*, 228, et *Saisie-arrêt*, 316. — Civ. r. 28 août 1833, J.G. *Contr. de mar.*, 1890. — Paris, 25 avr. 1835, *ibid.*, 1891. — Civ. r. 11 nov. 1835, *ibid.*, 1890. — Limoges, 26 janv. 1836, *ibid.*, — Aix, 7 déc. 1837, *ibid.*, 1893. — Poitiers, 18 juin 1838, *ibid.*, 1890.

6. A plus forte raison la liquidation serait-elle attaquable pendant trente ans par les créanciers, si elle n'était pas contenue dans le jugement même qui prononce la séparation, mais établie par un acte postérieur et distinct, ... soit un nouveau jugement. — Req. 26 mars 1833; Bordeaux, 20 juin 1835, J.G. *Contr. de mar.*, 1891.

7. ... Soit un acte notarié. — Rouen, 12 mars 1817; Paris, 25 avr. 1835, J.G. *Contr. de mar.*, 1891.

8. De même, les créanciers pourraient, après le délai d'un an, attaquer la liquidation si elle résultait d'un acte fait entre les époux avant le jugement, et que le jugement ne contînt aucune approbation ni mention de cet acte. — Req. 26 juill. 1827, J.G. *Contr. de mar.*, 1892 et 1805.

9. Les personnes qui ont intérêt à contester la séparation de biens et spécialement les tiers acquéreurs du mari, troublés par l'hypothèque légale de la femme, peuvent, pendant trente ans, comme les autres créanciers du mari, attaquer le jugement dans la partie du dispositif qui concerne les reprises de la femme. — Aix, 7 déc. 1837, J.G. *Contr. de mar.*, 1893.

10. Le délai d'un an accordé aux créanciers pour attaquer le jugement, en ce qui concerne la séparation, n'est pas opposable aux *tiers acquéreurs* de biens du mari, grevés de l'hypothèque légale de la femme et menacés d'éviction par ses poursuites. — Agen, 19 août 1824 et 20 août 1824, J.G. *Contr. de mar.*, 1894.

11. Toutefois, un arrêt a déclaré non recevable, après un an, la tierce-opposition de l'acquéreur, menacé d'éviction par l'action hypothécaire de la femme, et bien que l'acquéreur contestât le jugement de séparation sur le chef des reprises.— Dijon, 6 août 1817, J.G. *Contr. de mar.*, 1894 et 1889.

12. Les tiers détenteurs des immeubles d'un mari, poursuivis par la femme en vertu du jugement qui la déclare séparée de biens, peuvent attaquer ce jugement pendant trente ans, à partir du jour où il leur est opposé, à moins qu'ils n'aient figuré dans un ordre où ils ont laissé colloquer la femme pour ses créances. — Grenoble, 28 nov. 1832, J.G. *Contr. de mar.*, 1895.

13. Le délai annal de la tierce-opposition établi par l'art. 873 c. pr. civ. ne court pas dans le cas où le jugement a été rendu par un tribunal *incompétent*. — Civ. c. 18 nov. 1835, J.G. *Tierce-oppos.*, 228, et *Compét. civ. des trib. d'arr.*, 28.

14. La disposition de l'art. 873, qui limite à une année le délai pendant lequel les créanciers du mari peuvent former tierce-opposition au jugement de séparation de biens n'est que la conséquence de la séparation de corps. — Paris, 21 janv. 1858, D.P. 58. 2. 53. — V. toutefois observ. *ibid.*, note 1.

15. En tout cas, la déchéance édictée par cet article ne saurait atteindre les créanciers qui attaquent, non la séparation de biens, mais un acte accessoire de la liquidation des reprises de la femme. — Même arrêt.

16. — II. Délai dans le cas où les formalités n'ont pas été observées. — Si la séparation de biens est irrégulière dans la forme, l'art. 873 c. pr. civ. est inapplicable. — J.G. *Contr. de mar.*, 1896.

17. Ainsi, l'action des créanciers du mari en nullité du jugement de séparation de biens, pour défaut de publicité ou d'exécution dudit jugement, n'est pas limitée au délai d'un an fixé par l'art. 873 c. pr. civ. — Grenoble, 6 juin 1817; Req. 13 août 1818; Grenoble, 11 févr. 1852, J.G. *Contr. de mar.*, 1897. — Caen, 16 janv. 1846, D.P. 54. 5. 686. — Req. 18 févr. 1852, D.P. 52. 1. 241.

18. Mais quel est le délai de cette action? — Suivant un système, les créanciers sont recevables en tout temps à se pourvoir contre le jugement de séparation et à le faire rétracter. — J.G. *Contr. de mar.*, 1896.

19. Suivant un autre système, les créanciers doivent se pourvoir dans le délai de dix ans, conformément à l'art. 1304. Seulement on appliquera la maxime *Quæ temporalia sunt ad agendum*, etc., si la demande en nullité est formée par voie d'exception. — J.G. *Contr. de mar.*, 1897.

20. Jugé, au contraire, que l'action du créancier, dans l'hypothèse, n'est pas soumise au délai de dix ans de l'art. 1304, C.civ. — Caen, 18 janvier 1854, D.P. 54. 5. 686.

21. Suivant un troisième système, l'action des créanciers pour faire déclarer nulle la séparation irrégulièrement prononcée dure trente ans. — J.G. *Contr. de mar.*, 1897.

22. Enfin, suivant un quatrième système, il faut distinguer : si l'irrégularité porte sur des formalités postérieures au jugement, la nullité a lieu de plein droit et le jugement est non avenu ; par conséquent, les créanciers sont fondés en tout temps à prétendre que la séparation n'existe pas, et cela sans recourir à la voie de la tierce-opposition. S'il s'agit, au contraire, de l'inobservation de formalités antérieures au jugement, les créanciers ne peuvent faire tomber le jugement qu'en l'attaquant par tierce-opposition, et le délai, dans ce cas, est de trente ans. — J.G. *Contr. de mar.*, 1896.

23. Il a été jugé, à l'égard d'un jugement de séparation de biens *tardivement exécuté*, que, pour exciper de l'art. 1444 c. civ., il n'y a ni tierce opposition à former, ni délai à observer, l'opposition ne pouvant avoir lieu qu'au moment où l'on veut agir en vertu de la séparation annulée. — Bourges, 15 févr. 1823, J.G. *Contr. de mar.*, 1897. — V. *Code civil annoté*, art. 1444, nos 97 et suiv.

Art. 874.

La renonciation de la femme à la communauté sera faite au greffe du tribunal saisi de la demande en séparation. — C. pr. civ. 997. — C. civ. 1453, 1457. — C. com. 65, 67. — Tar. 94.

Sur la renonciation de la femme à la communauté, V. *Code civil annoté*, art. 1457.

TITRE IX.

De la Séparation de corps et du Divorce.

Art. 875.

L'époux qui voudra se pourvoir en séparation de corps sera tenu de présenter au président du tribunal de son domicile, requête contenant sommairement les faits ; il y joindra les pièces à l'appui, s'il y en a. — C. pr. civ. 865. — C. civ. 236, 306 s., 311. — Tar. 79.

Exposé des motifs et Rapport, J.G. *Sépar. de corps*, p. 899.

1. — I. Tribunal compétent en matière de séparation de corps. — C'est devant le juge du domicile du tribunal du mari que doit être portée la demande en séparation de corps. — J.G. *Sépar. de corps*, 90.

2. Le mari qui, peu de jours avant l'introduction de la demande en séparation de corps, change de domicile, oblige par là sa femme à intenter sa demande devant le tribunal du nouveau domicile qu'il a choisi. — Colmar, 12 déc. 1816, J.G. *Sépar. de corps*, 90 et 229.

3. Mais un mari ne peut demander son renvoi devant le nouveau domicile qu'il a choisi, si ce changement n'a eu lieu que par dol et dans le but de distraire sa femme de ses juges naturels. — Req. 27 juill. 1825, J.G. *Sépar. de corps*, 91-1°.

4. La demande en séparation de corps formée par une femme contre son mari est valablement intentée devant le tribunal du lieu qu'il a quitté, mais où il continue d'avoir une maison, un domestique, et où il exerce ses droits de citoyen, bien qu'il soit allé demeurer dans une autre ville. — Req. 26 juin 1792, J.G. *Sépar. de corps*, 91-2°.

5. Le domicile du mari, au jour où la requête en séparation de corps est présentée au président du tribunal et répondue par une ordonnance, fixe la compétence de ce tribunal, qui doit être réputé saisi de la demande. — Amiens, 30 avr. 1836, J.G. *Sépar. de corps*, 91-3°.

6. L'instance est liée par la requête contenant l'exposé des faits adressée au président, suivie de la comparution des parties devant ce magistrat, et de son ordonnance autorisant la femme à quitter le domicile conjugal ; par suite, si le mari vient à changer de domicile avant que la femme se soit pourvue devant le tribunal, il ne peut demander le renvoi de la cause devant les juges de son nouveau domicile, bien que, dans l'intervalle, ils eussent été saisis, par le mari, d'une demande en réintégration du domicile conjugal. — Req. 27 juill. 1825, J.G. *Sépar. de corps*, 91-4°.

7. Il importe peu que, lors de la comparution des époux, le président se soit borné à prononcer un simple ajournement. — Paris, 7 août 1835, J.G. *Sépar. de corps*, 91-5°.

8. L'époux qui a comparu, sans faire de réserves devant le président de tribunal du lieu où l'autre époux s'est dit domicilié dans sa requête, n'est plus admissible à proposer le déclinatoire. — Metz, 21 nov. 1833, J.G. *Sépar. de corps*, 94.

9. Il suffit que le mari soit, en vertu de l'ordonnance du président qui l'autorise, assigné devant le tribunal par sa femme demanderesse en séparation de corps, pour que ce tribunal doive être réputé saisi de la demande, bien que la cause ne lui soit pas encore distribuée, et pour qu'en conséquence il lui appartienne de statuer sur la demande en rapport de l'ordonnance formée devant lui, cette demande n'étant qu'un incident de l'instance principale. — Paris, 2 août 1841, D.P. 49. 2. 45, note 1.

10. Alors même que les faits sur lesquels un des époux se fonde pour demander la séparation de corps ont donné lieu à une action publique devant la juridiction criminelle, l'autre époux ne peut demander la séparation de corps devant cette juridiction : l'art. 3 c. instruct. crim. n'est pas applicable ici (Quest. controv.). — J.G. *Sépar. de corps*, 95.

11. — II. Requête énonçant les faits a l'appui de la demande de séparation. — La requête présentée au président par le demandeur en séparation peut être complétée, quant au détail des faits, par des actes postérieurs signifiés dans le cours de l'instance. — Douai, 9 avr. 1825 ; Bruxelles, 18 avr. 1835, J.G. *Sépar. de corps*, 100-1°.

12. Par exemple, les parties peuvent, dans le cours d'un procès en séparation de corps, présenter une seconde requête, qui ne contient que le développement des faits énoncés dans la requête introductive de l'instance. — Paris, 28 juill. 1809, J.G. *Sépar. de corps*, 100-2°.—Trib. de la Seine, 31 août 1830, *ibid.*, 103-1°.

13. Les juges apprécient souverainement la question de savoir si les faits sur lesquels se trouve basée une demande en séparation de corps sont suffisamment détaillés dans la demande. — Req. 2 mars 1808, J.G. *Sépar. de corps*, 101-1°.

14. Ainsi, des faits ont pu être suffisamment détaillés dans la demande en séparation, quoiqu'on se soit borné à dire qu'ils se sont passés en telle ou telle année, sans indiquer ni le jour ni le mois. — Même arrêt.

15. En tout cas, l'époux contre lequel la séparation de corps est demandée, ne peut se prévaloir pour la première fois en appel de ce que les faits articulés dans la requête, ne seraient pas suffisamment énoncés. — Rennes, 24 nov. 1820, J.G. *Sépar. de corps*, 102.

16. L'époux demandeur en séparation peut, postérieurement à la requête, et dans le cours du procès, articuler d'autres faits que ceux énoncés dans la requête. — Trib. de la Seine, 31 août 1830, J.G. *Sépar. de corps*, 103. — V. *infrà*, art. 879, n°s 8 et s.

17. ... Et, par exemple, de nouveaux faits survenus pendant l'instance. — Paris, 7 août 1810, J.G. *Sépar. de corps*, 103-4° et 25.

18. ... Et même des faits antérieurs à la demande. — Poitiers (ou Limoges), 15 janv. 1817, J.G. *Sépar. de corps*, 103-6°.

19. Ainsi, il peut articuler, dans son assignation et dans le cours du procès, quoiqu'il n'en ait point parlé dans sa requête, des faits de diffamation qui lui étaient inconnus à cette époque ou qui sont postérieurs à cette requête. — Besançon, 9 avr. 1808, J.G. *Sépar. de corps*, 103-3° et 24.

20. Le tribunal peut admettre la preuve de faits autres que ceux articulés dans la requête, alors que le défendeur a tout le temps nécessaire pour y répondre. — Nancy, 8 mars 1832, J.G. *Sépar. de corps*, 103-2°.

21. Quant à l'articulation de faits postérieurs au jugement qui ordonne l'enquête, et à l'articulation de faits nouveaux en appel, V. *infrà*, art. 879, n°s 70 et s.

Art. 876.

La requête sera répondue d'une ordonnance portant que les parties comparaîtront devant le président au jour qui sera indiqué par ladite ordonnance. — C. pr. civ. 119, 877 s. — C. civ. 238. — Tar. 29.

Exposé des motifs et Rapport, J.G. *Sépar. de corps*, p. 899.

1. N'est pas susceptible d'appel, l'ordonnance du président rendue sur la requête de l'époux demandeur en séparation de corps, qui ordonne que la comparution des parties pour le préliminaire de conciliation aura lieu à la résidence de la femme et donne commission rogatoire à cet effet au président du tribunal de cette résidence, cette ordonnance étant un acte de juridiction gracieuse. — Paris, 22 févr. 1861, D.P. 62. 2. 90-91.

2. L'ordonnance qui, en matière de séparation de corps, fixe le jour auquel les époux devront se présenter en conciliation devant le président, ne constitue pas un acte de juridiction, et ne peut, dès lors, être attaquée devant la cour de cassation, comme ayant, par exemple, été rendue par un juge suppléant et non par le président, alors d'ailleurs que la comparution des époux a eu lieu devant le président, et que les mesures provisoires prescrites en pareille matière sont émanées de ce magistrat. — Req. 19 févr. 1861, D.P. 61. 1. 431.

Art. 877.

Les parties seront tenues de comparaître en personne, sans pouvoir se faire assister d'avoués ni de conseils. — C. civ. 238.

Exposé des motifs et Rapport, J.G. *Sépar. de corps*, p. 899.

1. — I. Tentative de conciliation. — Les demandes en séparation de corps sont dispensées du préliminaire de conciliation de-vant le juge de paix. — J.G. *Sépar. de corps*, 96.

2. Mais les parties sont soumises à la comparution personnelle devant le président du tribunal civil. — J.G. *Sépar. de corps*, 96.

3. Toutefois, cette formalité est inutile lorsque la demande en séparation est formée par le tuteur d'un *interdit*. — J.G. *Sépar. de corps*, 97.

4. ... Ou lorsque la demande en séparation de corps est fondée sur la condamnation de l'un des époux à une peine infamante. — Colmar, 15 juill. 1846, D.P. 47. 2. 38. — Observ. conf., J.G. *Sépar. de corps*, 98. — V. aussi *Code civil annoté*, art. 261.

5. Il en est ainsi alors même qu'au temps où la demande est formée, l'époux condamné a subi sa peine. — Même arrêt.

6. ... Ou lorsque sa peine est prescrite. — Paris, 6 août 1840, J.G. *Sépar. de corps*, 98-2° et 82.

7. ... Ou lorsqu'elle a été commuée en une peine correctionnelle et que la demande en séparation n'a été formée que postérieurement à la commutation. — Paris, 19 août 1847, D.P. 47. 4. 436.

8. Mais le préliminaire de conciliation est nécessaire lorsque l'époux condamné a été réhabilité. — J.G. *Sépar. de corps*, 99.

9. Le préliminaire de conciliation devant le président est-il applicable à la demande en séparation de corps formée reconventionnellement par l'époux défendeur à une demande principale ayant le même objet? — V. art. 879, n°s 49 et s.

10. — II. Délai de la citation. — La citation à comparaître devant le président pour une tentative de conciliation entre époux, sur une demande en séparation de corps, n'est pas soumise au délai fixé par l'art. 51 c. pr. civ. pour les tentatives de conciliation en matière ordinaire ; spécialement, la citation donnée à un intervalle d'un jour franc a pu être considérée comme donnant au défendeur un délai suffisant ; dès lors, le président, sur la preuve que ledit défendeur a été touché par la citation, a pu, faute de comparution de sa part, donner défaut contre lui et statuer dans les termes de l'art. 878 c. pr. civ. — Amiens, 19 juin 1872, D.P. 72. 2. 160.

11. — III. Comparution personnelle. — Si l'époux défendeur était dans l'impossibilité de se déplacer, le magistrat se transporterait dans son domicile sur le certificat de deux médecins, par application de l'art. 236 c. civ. — J.G. *Sépar. de corps*, 108. — V. toutefois D.P. 70. 2. 2, note.

12. Le président, dans le cas où l'époux demandeur ne comparaît pas au jour indiqué, n'est pas tenu de le débouter des fins de sa requête, ni dessaisi du pouvoir de statuer, et peut d'office fixer un nouveau jour pour la comparution des époux. — Bourges, 6 janv. 1873, D.P. 73. 2. 207.

13. Il n'est pas nécessaire, à peine de nullité, que la sommation donnée à l'époux défendeur de se présenter devant le président au jour indiqué par lui pour la nouvelle comparution des parties, contienne copie de la mention de remise apposée au bas de la première ordonnance ; il suffit qu'elle en fasse clairement connaître la disposition. — Bourges, 6 janv. 1873, D.P. 73. 2. 207.

14. Le défaut de comparution de l'époux défendeur devant le président n'entraîne pas, lorsque la sommation de comparaître lui est parvenue, la nullité de l'instance pour omission du préliminaire de conciliation devant le président. — Orléans, 10 juin 1853, D.P. 53. 2. 151. — Observ. conf., J.G. *Sépar. de corps*, 109.

15. A plus forte raison en est-il ainsi lorsqu'il est détenu pour dettes en pays étranger. — Req. 28 mai 1828, J.G. *Sépar. de corps*, 109.

16. — IV. Irrégularités de la tentative de conciliation. — Si la formalité du préliminaire de conciliation se trouvait entachée de quelques irrégularités, ce serait devant le juge de la demande qu'il conviendrait de s'en prévaloir. — Paris, 22 févr. 1861, D.P. 62. 2. 90-91.

17. La tentative de conciliation entre les époux, en matière de séparation de corps, étant d'ordre public, la nullité de la procédure, tirée du défaut ou de l'irrégularité de cette tentative de conciliation, peut être proposée pour la première fois, en appel, par une partie qui, en première instance, a conclu et plaidé au fond. — Bourges, 6 janv. 1873, D.P. 73. 2. 207.

18. Mais la nullité de la sommation faite au mari de comparaître devant le président pour se concilier sur la demande en séparation de corps que sa femme veut former contre lui, se trouve couverte si le mari, sur l'opposition par lui formée à l'ordonnance qui a autorisé la demanderesse à engager l'instance, s'est borné à critiquer au fond cette ordonnance. — Orléans, 10 juin 1853, D.P. 53. 2. 151.

Art. 878.

Le président fera aux deux époux les représentations qu'il croira propres à opérer un rapprochement ; s'il ne peut y parvenir, il rendra, ensuite de la première ordonnance, une seconde portant qu'attendu qu'il n'a pu concilier les parties, il les renvoie à se pourvoir, sans citation préalable, au bureau de conciliation ; il autorisera par la même ordonnance la femme à procéder sur la demande, et à se retirer provisoirement dans telle maison dont les parties seront convenues, ou qu'il indiquera d'office ; il ordonnera que les effets à l'usage journalier de la femme lui seront remis. Les demandes en provision seront portées à l'audience. — C. pr. civ. 49. 861. — C. civ. 209, 259, 268.

Exposé des motifs et Rapport, J.G. *Sépar. de corps*, p. 899.

1. — I. Sursis ordonné par le président. — Le président qui ne peut parvenir à concilier les époux n'est pas obligé de renvoyer immédiatement le demandeur en séparation de corps devant le tribunal, pour y former sa demande ; s'il pense que la comparution des époux à différentes reprises pourrait amener une réconciliation, il peut ordonner plusieurs comparutions. — J.G. *Sépar. de corps*, 112.

2. Mais un sursis, à un délai éloigné (*six mois*), ne peut être considéré comme une simple remise de cause, et par suite est illégal. — Paris, 15 juill. 1844, D.P. 49. 2. 43.

3. De même, le président du tribunal devant lequel a lieu la comparution des époux ne peut, lorsqu'il n'y a pas eu conciliation, refuser le permis d'assigner en se fondant sur le peu de gravité des griefs de séparation, et décider qu'il ne sera donné suite à cette demande qu'après un délai éloigné, et notamment un délai de six mois, avec nouvelle tentative de conciliation : il a seulement le droit d'ordonner un sursis de quelques jours à l'autorisation jusqu'à un nouvel essai de conciliation, sans rendre aucune décision. — Paris, 26 mai 1869, D.P. 69. 2. 247.

4. Décidé toutefois que le président peut surseoir à rendre son ordonnance en renvoyant les parties à comparaître à l'expiration d'un délai de *trois mois*. — Paris, 20 mai 1844, D.P. 49. 2. 44. — Mais V. observ. D.P. 69. 2. 247, note 1.

5. Est susceptible d'appel, l'ordonnance du président en matière de séparation de corps, qui, ne pouvant concilier les époux, les ajourne à un certain délai. — Paris, 15 juill. 1844, D.P. 49. 2. 45.

6. De même il peut être interjeté appel de l'ordonnance qui refuse le permis d'assigner en se fondant sur le peu de gravité des griefs de séparation et ajourne à six mois. — Paris, 26 mai 1869, D.P. 69. 2. 247.

7. Si le sursis était prononcé verbalement, le demandeur pourrait invoquer les art. 505 et suiv. c. pr. et prendre le président à partie. — J.G. *Sépar. de corps,* 113.

8. — II. Ordonnance portant permission d'assigner. — Le président du tribunal qui, en cas de demande en séparation de corps, n'a pu concilier les parties, doit se borner à constater la non-conciliation : il ne peut dresser procès-verbal de ce qui se dit ou se passe devant lui. — Paris, 9 mars 1838, J.G. *Sépar. de corps,* 107 et 260-2°.

9. Ce n'est qu'après que les époux ont comparu devant lui, et que le président a fait ses efforts pour les concilier, qu'il peut autoriser la femme demanderesse à se pourvoir en séparation de corps et à se retirer dans le domicile par lui indiqué; si, pour cause de maladie ou autrement, le mari a été empêché de comparaître, le président ne peut pas accorder cette autorisation. — Pau, 18 janv. 1830, J.G. *Sépar. de corps,* 108.

10. Dans son ordonnance, le président doit énoncer expressément l'autorisation qu'il accorde à la femme de poursuivre sa séparation : il ne suffirait pas qu'il l'eût autorisée à se retirer dans une maison tierce pendant l'instance et à retirer les effets à son usage personnel du domicile conjugal, renvoyant les parties à se pourvoir à défaut de conciliation. — Orléans, 20 janv. 1809, J.G. *Sépar. de corps,* 228.

11. En matière de séparation de corps, l'autorisation donnée par le président conformément à l'art. 878 c. pr. suffit pour autoriser la femme à poursuivre l'instance, sans l'autorisation du mari. — V. *Code civil annoté,* art. 306, n°° 1° et suiv.

12. L'autorisa juge s'étend à tous les incidents de l'instance et permet même à la femme d'interjeter appel sans nouvelle autorisation. — V. *Code civil annoté,* art. 306, n°° 15 et suiv.

13. — III. Résidence provisoire de la femme. — 1° *Pouvoirs du président.* — C'est le président et non le tribunal qui a compétence pour fixer la résidence provisoire de la femme. — J.G. *Sépar. de corps,* 135.

14. Jugé toutefois que le tribunal devant lequel l'époux défendeur a demandé le rapport de l'ordonnance du président (V. *infrà,* n°° 22 et s.) est compétent pour prononcer sur cette question de domicile qui n'est qu'un incident de l'instance en séparation de corps, et qu'il ne peut se refuser à statuer à cet égard, bien qu'il ne soit pas encore saisi de la demande principale. — Paris, 2 août 1841, D.P. 49. 2. 45, note.

15. La femme qui se propose de demander sa séparation de corps ne peut être autorisée par le tribunal à avoir provisoirement une habitation séparée de celle de son mari, qu'autant qu'elle a déjà présenté au président la requête prescrite par l'art. 875 c. pr. — Bastia, 21 mai 1856, D.P. 57. 2. 14.

16. L'ordonnance du président qui assigne à la femme défenderesse à une demande en séparation de corps une résidence distincte du domicile de son mari, conserve son effet, quoiqu'il n'ait pas été donné suite à cette demande, tant que l'instance n'a pas été déclarée périmée. — Req. 7 avr. 1862, D.P. 63. 1. 199. — V. toutefois Req. 19 août 1862, D.P. 63. 1. 129.

17. Sur la question de savoir si le président peut assigner à la femme pour résidence provisoire le domicile conjugal et lui permettre d'en expulser le mari, V. *Code civil annoté,* art. 268, n°° 15 et s.

18. La femme autorisée par l'ordonnance du président à agir en séparation de corps est recevable à demander subsidiairement sa réintégration au domicile conjugal sans autre autorisation. — Paris, 31 mars 1873, D.P. 73. 2. 121.

19. L'ordonnance du président qui indique à la femme demanderesse en séparation de corps une résidence provisoire pendant l'instance, ne fait pas obstacle, même dans le cas où elle a été exécutée, à ce qu'ultérieurement le tribunal, déterminé par les circonstances, autorise la femme à résider dans un autre lieu. — Douai, 6 avr. 1853, D.P. 56. 2. 145.

20. Lorsque le tribunal est saisi de l'instance en séparation de corps, il a seul le droit, à l'exclusion du président, de statuer sur le changement de résidence réclamé par la femme. — Dijon, 20 déc. 1871, D.P. 72. 5. 402.

21. ... Et sur le changement de résidence de la femme, réclamé par le mari. — Angers, 17 juill. 1873, D.P. 74. 5. 444.

22. — 2° *Recours contre la décision du président relative à la résidence de la femme.* — L'ordonnance du président qui fixe provisoirement un domicile à la femme ne peut être attaquée devant le tribunal par voie d'opposition. — Trib. de Muret, 7 janv. 1842, J.G. *Sépar. de corps,* 144. — V. toutefois Rouen, 2 août 1841, D.P. 49. 2. 45, note. — Trib. de la Seine, 27 janv. 1843, *ibid.*

23. Mais lorsque l'ordonnance du président a été rendue par défaut contre le mari dûment appelé, puis maintenue sur son opposition par le tribunal, le mari est recevable à attaquer par appel le jugement de débouté. — Orléans, 10 juin 1853, D.P. 53. 2. 151.

24. Est susceptible d'appel l'ordonnance du président qui autorise la femme à former sa demande en séparation de corps et lui assigne une résidence provisoire, cette ordonnance constituant un véritable jugement sur litige. — Pau, 18 janv. 1830, J.G. *Jugem.,* 25, 1°. — Limoges, 21 mai 1845, D.P. 49. 2. 45. — Douai, 3 avr. 1852, 53. 2. 151. — Bordeaux, 12 déc. 185/ *Sépar. de corps,* 97. — Colmar, 23 mai 1860, D.P. 60. 2. 200. — Dijon, 20 déc. 1871, D.P. 72. 5. 402.

25. Et il en est surtout ainsi lorsque cette ordonnance autorise la femme à rester au domicile conjugal et enjoint au mari d'en déguerpir pendant l'instance. — Arrêt précité du 23 mai 1860. — V. aussi Paris, 21 janv. 1857, D.P. 57. 2. 194, et Paris, 19 mai 1874, D.P. 76. 2. 27.

26. Spécialement, l'ordonnance peut être frappée d'appel lorsqu'elle assigne à la femme un domicile provisoire autre que celui réclamé par elle, et rejette, par exemple, la demande que faisait la femme de rester dans la maison où se trouvait établi le domicile conjugal, en en expulsant son mari. — Req. 15 févr. 1859, D.P. 59. 1. 201.

27. En sens contraire, l'ordonnance du président contenant autorisation de poursuivre une demande en séparation de corps, en prescrivant les mesures simplement préparatoires qui sont la conséquence de cette autorisation, ne peut être attaquée par appel. — Rennes, 14 mai 1851, D.P. 52. 5. 26.

28. Ainsi, ne sont pas susceptibles d'appel, ... l'ordonnance du président qui autorise la femme demanderesse en séparation de corps à engager l'instance et désigne la résidence dans laquelle elle devra se retirer pendant le procès. — Dijon, 22 août 1856, D.P. 56. 2. 206.

29. ... Et même l'ordonnance du président qui autorise la femme à demeurer provisoirement au domicile conjugal et à en expulser le mari. — Paris, 2 août 1841, D.P. 49. 2. 45, note 1. — Rouen, 3 mai 1847, D.P. 47. 2. 46. — Paris, 19 nov. 1856, D.P. 57. 2. 193.

30. L'appel n'est pas recevable, lors même que le défendeur, valablement assigné du reste, n'aurait pas comparu. — Rennes, 14 mai 1851, D.P. 52. 5. 26.

31. En tout cas, s'il était etabli que la désignation de la résidence provisoire de la femme avait été faite du consentement du mari, ce dernier serait non recevable à interjeter appel de l'ordonnance sur le motif que les circonstances auraient changé depuis. — Dijon, 22 août 1856, D.P. 56. 2. 206.

32. Pareillement, le mari est non recevable à se pourvoir contre l'ordonnance qui a autorisé la femme à se retirer chez ses parents, bien qu'ils soient domiciliés en pays étranger, lorsqu'il a exécuté cette ordonnance en remettant à la femme les effets à l'usage de celle-ci, conformément à la même décision. — Colmar, 31 mai 1811, J.G. *Sépar. de corps,* 139.

33. — IV. Remise des effets a l'usage de la femme. — En autorisant la femme à se retirer provisoirement du domicile conjugal, le président doit ordonner que les effets à son usage journalier lui seront remis. — J.G. *Sépar. de corps,* 145.

34. Le président est investi d'un pouvoir discrétionnaire pour décider, suivant les circonstances, en quoi consistent ces effets. Il serait utile que l'ordonnance du président en contînt l'énumération. — J.G. *Sépar. de corps,* 145.

35. Le président qui assigne à la femme un domicile provisoire, peut ordonner des mesures qui, sans préjudicier au principal, ne sont que la conséquence de la fixation de la résidence de la femme dans un lieu autre que celui de sa demeure habituelle ; ainsi, il peut autoriser la femme à emporter dans la résidence qui lui est fixée, partie de son mobilier personnel, à son choix ; faire apposer les scellés sur les pièces de la maison où il lui conviendrait de renfermer une autre portion de ce mobilier, et faire dresser un état descriptif de celui laissé à la disposition du mari. — Req. 15 févr. 1859, D.P. 59. 1. 201.

36. Le même droit appartient à la cour saisie de l'appel de l'ordonnance du président portant désignation de cette résidence. — Même arrêt.

37. Dans le cas où le mari se refuserait à remettre à sa femme ou à son mandataire régulièrement constitué les objets désignés par l'ordonnance, elle a le droit de les faire saisir par l'huissier chargé de l'exécution. — J.G. *Sépar. de corps,* 146.

38. Si les effets désignés dans l'ordonnance ne peuvent être trouvés, la femme peut assigner son mari à bref délai devant le tribunal, et, en vertu du jugement qui accueille ses conclusions, saisir les biens du mari. — J.G. *Sépar. de corps,* 146.

39. — V. Demandes de provision. — En principe, les demandes de provision ne peuvent être jugées que par le tribunal. — J.G. *Sépar. de corps,* 153.

40. Le tribunal peut, pour tenir lieu de pension alimentaire à la femme demanderesse en séparation de corps, l'autoriser à reprendre la gestion d'un fonds de commerce apporté par elle en mariage et dont l'exploitation s'est continuée dans le domicile conjugal, ainsi qu'à occuper seule, à l'exclusion du mari, les locaux servant à l'habitation commune. — Bordeaux, 27 mai 1872, D.P. 73. 2. 84.

41. Cette autorisation peut être accordée à la femme sous la seule condition de faire un inventaire préalable, sans qu'elle soit astreinte à fournir caution ni à obtenir l'autorisation de son mari pour faire les achats et contracter les engagements relatifs à son commerce. — Même arrêt.

42. Sur la provision alimentaire et *ad litem* qui peut être accordée à la femme, pendant l'instance en séparation de corps, V. *Code civil annoté,* art. 268, n°° 25 et s., et art. 269.

43. — VI. Mesures conservatoires. — Sur la garde des enfants durant l'instance en séparation de corps, V. *Code civil annoté*, art. 267, et *infrà*, nos 49 et s.

44. Sur l'apposition des scellés, — l'inventaire, — la saisie-arrêt, — le séquestre, — et la consignation, requis par la femme pendant l'instance en séparation de corps, V. *Code civil annoté*, art. 270.

45. L'ordonnance du président qui, en matière de demande en séparation de corps, prescrit les mesures conservatoires mentionnées en l'art. 878 c. pr., est susceptible d'appel lorsque, à l'occasion de ces mesures, le président a eu à statuer sur des contestations élevées entre les époux. — Req. 15 févr. 1859, D.P. 59. 1. 201. — Aix, 13 janv. 1873, D.P. 73. 5. 341.

46. Mais cette ordonnance n'est pas susceptible d'appel lorsque aucune contestation n'a été élevée devant le président; en conséquence, est non recevable l'appel du mari qui a fait défaut à l'ordonnance, alors même qu'il le fonde sur l'incompétence du président. — Aix, 13 janv. 1873, D.P. 73. 5. 341.

47. — VII. Compétence du juge des référés. — Le juge des référés est compétent pour ordonner, pendant l'instance en séparation de corps, toutes les mesures provisoires et urgentes ne faisant point préjudice au principal, alors même qu'elles sont sollicitées par le mari défendeur à la demande en séparation. — Orléans, 1er mai 1869, D.P. 69. 2. 166. — Paris, 4 août 1871, D.P. 73. 2. 21.

48. Si la femme, en quittant le domicile conjugal, emmène ses enfants, emporte des valeurs, le mari peut se pourvoir en référé pour faire ramener ses enfants, rechercher les valeurs enlevées, et opérer les recherches même chez un tiers. — J.G. *Référé*, 134.

49. Le président statue également en référé sur la remise et la garde provisoire des enfants, mais à la charge d'appel. — Paris, 5 janv. 1848, J.G. *Référé*, 134.

50. Il peut notamment remettre au père la garde de l'enfant abandonné par la mère, à laquelle il avait été confié par un jugement. — Arrêt précité du 4 août 1871.

51. De même, il peut prendre les mesures nouvelles que nécessite, à l'égard des enfants, la non-présence de la femme au lieu de résidence que le même magistrat lui avait fixé. — Orléans, 1er mai 1869, D.P. 2. 166.

52. Il peut encore ... prescrire la levée des scellés apposés à la requête de la femme. — Arrêt précité du 4 août 1871.

53. ... Nommer un séquestre chargé de toucher des mains des tiers-saisis les sommes dues au mari. — Même arrêt.

54. ... Autoriser la remise au mari d'une provision sur les sommes touchées par le séquestre. — Même arrêt.

55. Le président en référé peut autoriser la femme à changer de résidence, à la charge par elle de notifier à son époux ce changement. — J.G. *Référé*, 134. — V. aussi Orléans, 1er mai 1869, D.P. 69. 2. 166. — Dijon, 20 déc. 1871, D.P. 72. 5. 402.

56. ... Mais seulement au cas d'urgence. — Arrêt précité du 20 déc. 1871.

57. Un juge de référé excède ses pouvoirs quand, sur la demande d'une femme demanderesse en séparation de corps, il ordonne le séquestre des récoltes pendantes par racines sur les propres biens de cette femme. — Liège, 13 janv. 1809, J.G. *Sépar. de corps*, 178, et *Référé*, 134.

58. Le juge des référés est incompétent pour statuer sur les demandes en provision et en pension formées par la femme demanderesse en séparation de corps. — J.G. *Référé*, 133.

59. Mais, le jugement rendu, le président peut statuer sur les difficultés relatives à l'exécution. — Paris, 23 juin 1828, J.G. *Référé*, 133.

60. Et même, en cas d'urgence, les demandes en provision peuvent être portées devant le juge des référés. — J.G. *Sépar. de corps*, 153.

Table sommaire.

Art. 879.

La cause sera instruite dans les formes établies pour les autres demandes, et jugée sur les conclusions du ministère public. — C. pr. civ. 83, 112. — C. civ. 307.

Exposé des motifs et Rapport, J.G. *Sépar. de corps*, p. 899.

1. — I. Instruction de la demande en séparation de corps. — Le demandeur en séparation doit faire signifier à son adversaire l'ordonnance rendue par le président, et, dans l'exploit énonçant cette signification, il doit l'assigner devant le tribunal. — J.G. *Sépar. de corps*, 114.

2. Lorsque l'ordonnance contient une disposition relative aux effets à l'usage de la femme, on peut, par le même exploit, faire commandement au mari de les remettre. — J.G. *Sépar. de corps*, 114.

3. La preuve des faits articulés à l'appui d'une demande en séparation de corps ne doit pas nécessairement être l'objet d'une enquête, et les juges peuvent notamment la faire résulter des documents du procès. — Req. 6 juin 1853, D.P. 53. 1. 244. — Req. 29 avr. 1862, D.P. 62. 1. 516. — V. aussi *Code civil annoté*, art. 306, nos 32 et s.

4. — II. Enquête. — En principe, les règles édictées par les art. 252 et s. sont applicables à l'enquête ordonnée dans une instance en séparation de corps. — J.G. *Sépar. de corps*, 239. — V. *suprà*, art. 252 et s.

5. L'ordonnance qui statue sur la demande en nomination d'un juge-commissaire pour procéder à l'enquête est nulle, en matière de séparation de corps, s'il n'y a pas eu communication au ministère public. — Grenoble, 20 août 1825, J.G. *Enquête*, 93.

6. Les tribunaux, avant d'ordonner la preuve des faits qui servent de base à la demande, doivent vérifier s'ils sont assez graves, pertinents, vraisemblables, et s'ils ont été légalement articulés. — Nimes, 14 mars 1842, J.G. *Sépar. de corps*, 240-1°. — V. *suprà*, art. 253, nos 3 et s., et *Code civil annoté*, art. 1348, nos 208 et s.

7. Ainsi, les juges d'une demande en séparation de corps intentée par la femme ont un pouvoir discrétionnaire pour décider, d'après les circonstances de la cause, si des faits de sévices et d'adultère allégués par la femme ont un caractère de vérité et de vraisemblance suffisant pour en rendre la preuve admissible. — Req. 17 déc. 1839, J.G. *Sépar. de corps*, 240-2°.

8. Les faits qui n'étaient point connus du demandeur en séparation au moment où il a présenté sa requête peuvent être articulés après le jugement qui ordonne l'enquête, surtout lorsqu'ils servent à apprécier ceux qui font l'objet de la première articulation (V. *suprà*, art. 875, nos 16 et s.); les juges peuvent, dans ce cas, en ordonner la preuve par enquête supplémentaire. — Paris, 25 mai 1837, J.G. *Sépar. de corps*, 103-5° et 61-1°. — V. *suprà*, art. 252, nos 25 et s.

9. La preuve des faits antérieurs à la réconciliation des deux époux peut être ordonnée en même temps que celle des faits nouveaux, et conséquemment avant que ces faits soient établis, mais sous la réserve d'une fin de non-recevoir. — Bordeaux, 24 janv. 1826, J.G. *Sépar. de corps*, 240-5°.

10. L'époux défendeur à la demande en séparation ne peut faire déclarer la demande en séparation non recevable par le motif qu'on n'aurait articulé dans la requête que des faits antérieurs à une réconciliation avouée, lorsque l'époux défendeur s'est présenté à l'enquête, a fait interpeller les témoins, et proposé des moyens de nullité contre certaines dispositions. — Rennes, 7 août 1820, J.G. *Sépar. de corps*, 106.

11. La femme contre laquelle une demande en séparation de corps est formée, n'est ni recevable, ni fondée à se plaindre d'avoir été assignée à l'enquête sans augmentation des délais à raison des distances, si elle a déclaré, avant cette assignation, que son domicile était dans le même lieu que celui de son mari, et si, d'ailleurs, il n'est pas justifié qu'elle ait eu, postérieurement, un domicile plus éloigné. — Req. 12 juin 1838, J.G. *Sépar. de corps*, 242-2°.

12. La femme est, par là même, mal fondée à critiquer l'enquête, sous le prétexte qu'elle n'y a pas concouru et n'a pas été représentée par son avoué, la nullité de l'enquête ne pouvant résulter que d'un défaut ou d'un vice de mise en demeure. — Même arrêt.

13. Le jugement qui autorise une femme demanderesse en séparation de corps à faire une enquête, et condamne son mari à lui payer une pension et à lui fournir une provision, contient deux décisions distinctes, dont la femme est recevable à poursuivre séparément l'exécution. En conséquence, la signification faite pour arriver à l'obtention du payement de la provision ne fait pas courir les délais de l'enquête si des réserves ont été faites à cet égard. — Paris, 22 juill. 1852, D.P. 53. 2. 8.

14. Lorsqu'une partie admise à faire une enquête à l'appui de sa demande en séparation de corps, s'aperçoit que l'on n'a pas donné à son adversaire le délai voulu pour y être présent, elle peut, si elle se trouve dans le terme fixé pour la confection de l'enquête, demander, sans faire entendre de témoins, une prorogation afin de se mettre en règle et d'échapper à la nullité. — Liège, 30 juill. 1818, J.G. *Enquête*, 368-4°. — V. *suprà*, art. 279.

15. Les délais de l'enquête, à laquelle le demandeur en séparation de corps a été autorisé à faire procéder, ne peuvent être prorogés que par décision du tribunal. — Amiens, 14 déc. 1852, D.P. 54. 2. 9.

16. Le désistement de la signification d'un jugement admettant une femme demanderesse en séparation de corps à faire enquête, fondé sur ce que cette signification avait été faite par un huissier parent de la femme au degré prohibé, a pu avoir lieu malgré le refus du mari d'accepter ce désistement; par suite, le délai pour commencer l'enquête n'a commencé à courir qu'à partir de la seconde signification du jugement. — Req. 28 juin 1810, J.G. *Sépar. de corps*, 242-1°.

17. L'omission, dans les citations données aux témoins, des prénoms de ces témoins, n'entraine pas la nullité de leurs dépositions.

— Paris, 11 avr. 1812, J.G. *Sépar. de corps,* 242-4°.

18. L'enquête, par suite d'une demande en séparation de corps, ne peut être faite sommairement et à l'audience, à peine de nullité. — Colmar, 22 avr. 1807, J.G. *Sépar. de corps,* 243.

19. L'art. 253 c. civ., suivant lequel, en matière de divorce, les dépositions des témoins étaient reçues par le tribunal siégeant à huis clos, n'est pas applicable à la séparation de corps. — J.G. *Sépar. de corps,* 243.

20. Les témoins entendus dans l'enquête peuvent l'être de nouveau dans la contre-enquête. — Trib. de la Seine, 18 nov. 1830, J.G. *Sépar. de corps,* 248 et 255-4°.

21. Quant aux reproches qui peuvent être proposés contre les témoins, V. *Code civil annoté,* art. 251, et *supra,* art. 282 et s.

22. Bien que des reproches proposés contre les témoins lors de leur audition aient été consignés au procès-verbal du juge-commissaire, il est nécessaire que ces reproches soient proposés de nouveau dans des conclusions pour que le juge soit tenu d'y statuer. — Bruxelles, 5 juill. 1809, J.G. *Sépar. de corps,* 251, et *Enquête,* 74. — V. *supra,* art. 282 et 289.

23. Le président d'un tribunal de première instance ne peut être appelé en témoignage pour déposer sur des aveux qu'aurait faits l'un des époux dans sa comparution devant lui par suite d'une demande en séparation de corps ; en conséquence, une partie ne peut fonder une récusation contre ce magistrat sur l'intention où elle est de l'appeler en témoignage. — Amiens, 30 mars 1822, J.G. *Enquête,* 262.

24. L'époux demandeur ou défendeur en séparation de corps ne peut, une fois rendu le jugement qui ordonne l'enquête, obtenir l'autorisation de faire entendre d'autres témoins que ceux énoncés dans le jugement. — Paris, 18 mai 1810, J.G. *Sépar. de corps,* 252.

25. Le défendeur ne peut prouver dans sa contre-enquête des faits récriminatoires qu'il n'a pas articulés lors du jugement qui a ordonné l'enquête. — Bruxelles, 27 flor. an 13, J.G. *Sépar. de corps,* 254-1° et 194-8°. — Bruxelles, 27 févr. 1833, *ibid.,* 254-3°.

26. Lorsque l'enquête a été ordonnée sur la question unique de savoir si des propos diffamatoires ont été ou non tenus par le mari, celui-ci ne peut faire interroger les témoins sur le point de savoir si ces propos avaient été justifiés par les désordres de la femme. — Bruxelles, 20 frim. an 14 ; Poitiers, 21 janv. 1808, J.G. *Sépar. de corps,* 253.

27. Lorsque l'époux défendeur s'est borné à nier les excès, sévices et injures sur lesquels la demande est fondée, il ne peut, lors de l'enquête faite par le demandeur, adresser aux témoins des questions tendant à établir que les excès, sévices ou injures ont été provoqués par des faits de nature à en atténuer la gravité, sauf à administrer ultérieurement cette preuve s'il y est admis. — Bruxelles, 4 mars 1830, J.G. *Sépar. de corps,* 254-2°.

28. L'époux défendeur à une demande en séparation de corps ne peut, dans sa contre-enquête, faire des interpellations aux témoins sur l'inconduite de son adversaire, s'il n'a pas au préalable articulé à cet égard des faits dont il ait été admis à faire la preuve. — Bruxelles, 27 févr. 1833, J.G. *Sépar. de corps,* 254-3°.

29. Jugé, contrairement aux décisions qui précèdent, ... que lors de l'enquête tendant à établir les excès, sévices et injures graves sur lesquels une femme fonde une demande en séparation de corps, le mari est recevable à prouver que ces excès ont été provoqués par l'inconduite de la femme, quoiqu'il n'ait pas parlé de cette inconduite avant le jugement interlocutoire, et que le jugement ne l'admette pas à en faire preuve. — Toulouse, 9 janv. 1824, J.G. *Sépar. de corps,* 255-1° et 198-3°.

30. ... Que le mari, défendeur en séparation de corps, est admis à prouver, dans la contre-enquête, que les injures alléguées par sa femme à l'appui de sa demande ont été provoquées par les faits d'adultère, et par les dérèglements de celle-ci, lors même qu'il n'aurait point articulé ces faits à l'audience, et qu'il n'aurait pas été expressément admis à les établir par témoins. — Paris, 15 mars 1841, J.G. *Sépar. de corps,* 255-3°, et *Enquête,* 191.

31. ... Que les faits qui font l'objet de la contre-enquête peuvent être prouvés, bien qu'ils n'aient pas été articulés lors du jugement qui a admis la preuve offerte par la demanderesse : l'appréciation des interpellations qui rentrent dans l'objet de la contre-enquête est laissée à la prudence du juge-commissaire. — Trib. de la Seine, 18 nov. 1830, J.G. *Sépar. de corps,* 255-4°.

32. ... Que, lorsque le défendeur articule des faits de provocation, la faculté de faire la preuve de ces faits est comprise de plein droit dans la disposition du jugement qui l'admet d'une manière générale à la preuve contraire. — Bruxelles, 5 juill. 1809, J.G. *Sépar. de corps,* 255-2°, et *Enquête,* 74.

33. Le juge qui procède à la contre-enquête peut refuser d'adresser aux témoins produits par l'époux défendeur des questions portant sur des faits qui ne sont pas de nature à détruire ou à atténuer les griefs de l'époux demandeur, mais seulement à faire suspecter d'une manière générale la moralité de celui-ci. — Paris, 23 juin 1855, D.P. 57. 2. 33.

34. Les juges ont la faculté de former leur conviction d'après les faits constatés par l'enquête, bien qu'ils ne soient pas énoncés dans le jugement qui l'a ordonnée, alors, surtout, que la partie à laquelle ils sont contraires ne s'est pas opposée à l'audition des témoins sur ces faits. — Req. 7 mars 1838, J.G. *Sépar. de corps,* 257 et 274-2°.

35. Lorsque le demandeur en séparation de corps n'a point fait procéder à l'enquête à laquelle il avait été autorisé, les juges peuvent ordonner une nouvelle enquête d'office, et c'est alors seulement à la diligence des parties que l'enquête doit s'accomplir. — Amiens, 14 déc. 1852, D.P. 54. 2. 9.

36. L'art. 293, d'après lequel une enquête déclarée nulle par la faute de l'avoué ou de l'huissier ne peut être recommencée, s'applique en matière de séparation de corps. — Douai, 13 mars 1869, D.P. 69. 2. 106. — Rouen, 11 août 1871, D.P. 72. 5. 175.

37. Mais cet article laisse aux juges le droit d'ordonner d'office la preuve des faits sur lesquels il leur paraît nécessaire de s'éclairer, et, par conséquent, la faculté de prescrire une nouvelle enquête, après annulation de celle faite à la requête de la partie. — Nancy, 30 déc. 1860, D.P. 61. 5. 183. — Douai, 13 mars 1869, D.P. 69. 2. 106. — Rouen, 11 août 1871, D.P. 72. 5. 175. *Contrà :* — Bourges, 30 mai 1831 et 20 nov. 1838, J.G. *Enquête,* 69-2° et 127.

38. Quoiqu'une première enquête ordonnée dans une instance en séparation de corps, ait été annulée, le demandeur, s'il articule des faits postérieurs à cette annulation, peut être admis à faire une seconde enquête. — Poitiers, 12 févr. 1829, J.G. *Enquête,* 38.

39. Lorsqu'il résulte d'un arrêt intervenu après enquête, en matière de séparation de corps, que le motif déterminant de la cour d'appel a été tiré d'un fait qui avait été articulé par le demandeur et compris dans l'interlocutoire ordonné, on chercherait en vain à se faire un moyen de cassation contre cet arrêt de ce qu'il a refusé de déclarer irrecevables certains autres faits, relevés dans les enquêtes, sans qu'ils fussent mentionnés dans le jugement d'appointement. — Req. 14 janv. 1839, J.G. *Enquête,* 52-3°.

40. — III. Demande reconventionnelle en séparation de corps. — L'époux défendeur peut demander reconventionnellement la séparation de corps. — Bourges, 24 mars 1840, J.G. *Sépar. de corps,* 116-4°. — Bordeaux, 4 juill. 1843, *ibid.,* 116-2°. — Rennes, 12 févr. 1844, *ibid.,* 116-3°. — Paris, 22 et 24 juin 1844 *ibid.,* 116-2°.

41. Jugé même que la demande en séparation de corps est valablement formée par la femme dans les conclusions incidentes et additionnelles à une instance *en séparation de biens.* — Paris, 6 août 1840, J.G. *Sépar. de corps,* 117 et 82. — Mais V. observ., *ibid.*

42. Mais l'époux défendeur à une demande en séparation de corps n'est pas recevable, après l'enquête et la contre-enquête, à former une demande reconventionnelle aux mêmes fins, fondée uniquement sur les dépositions de la contre-enquête ; cette contre-enquête n'ayant pas subi à ce point de vue l'épreuve de la contradiction, on ne saurait y puiser une preuve juridique et suffisante à l'appui de la demande reconventionnelle sans porter atteinte aux droits de la défense. — Bordeaux, 23 janv. 1866, D.P. 66. 5. 423.

43. Suivant une première opinion, une demande reconventionnelle en séparation de corps peut être formée pour la première fois en appel. — Nancy, 16 déc. 1859, D.P. 60. 5. 351. — Aix, 11 août 1875, D.P. 76. 2. 134-135.

44. Suivant un autre système, l'époux défendeur à une demande en séparation de corps ne peut, pour la première fois en appel, former reconventionnellement une demande de même nature. — Toulouse, 11 mai 1813, J.G. *Sépar. de corps,* 298-1°. — Angers, 16 mai 1840, *ibid.,* 298-2° — Paris, 29 août 1851, D.P. 53. 5. 153. — Paris, 10 janv. 1852, D.P. 52. 5. 198.

45. De même, lorsque, après un jugement définitif sur une demande en séparation de biens, le mari intente une action en séparation de corps, il n'est pas recevable à prétendre que cette action constitue une demande reconventionnelle à la première, et doit être jugée par la cour saisie seulement de l'appel sur la séparation de biens. — Req. 26 mars 1828, J.G. *Sépar. de corps,* 118, et *Demande nouv.,* 256.

46. Si une femme plaidant en séparation de corps, et ayant obtenu contre son mari une provision alimentaire, a fait pratiquer à la charge de celui-ci, des saisies, et commencé une expropriation, le mari ne peut, sur l'appel du jugement qui a adjugé la provision, demander pour la première fois la nullité des actes d'exécution susdits. — Bruxelles, 5 févr. 1834, J.G. *Demande nouv.,* 185-2°.

47. Une demande en séparation de corps peut être considérée comme une défense à la demande principale en réintégration du domicile conjugal ; par suite, elle peut être formée pour la première fois par la femme devant la cour saisie de l'appel interjeté contre le jugement qui, sur la demande du mari, avait ordonné la réintégration. — Nancy, 21 janv. 1858, D.P. 58. 2. 103.

48. Décidé, au contraire, que la femme actionnée par son mari en réintégration du domicile conjugal, ne peut demander pour la première fois en appel à être autorisée à avoir provisoirement une habitation séparée de celle de son mari, elle ne peut, non plus, demander qu'il lui soit fixé un délai dans lequel elle devra se pourvoir en séparation de corps. — Bastia, 21 mai 1856, D.P. 57. 2. 14.

49. Une controverse s'est élevée sur le point de savoir s'il y avait lieu de procéder à la tentative de conciliation prescrite par l'art. 875 au cas de demande reconventionnelle. Dans un premier système, ce préliminaire de conciliation est d'ordre public, et doit, dès lors, être observé aussi bien lorsque la demande est formée reconventionnellement, et même pour la première fois en appel, que lorsqu'elle a été introduite par action principale. — Civ. c. 4 mai 1859, D.P. 69. 1. 228.

50. Ainsi, la demande reconventionnelle en séparation de corps formée par une femme suivant acte d'avoué, et sur l'appel du jugement qui l'a condamnée à réintégrer dans le domicile conjugal, est non recevable si elle n'a pas été précédée de la tentative de conciliation prescrite par l'art. 875 c. pr. civ. — Même arrêt.

51. De même, la demande en séparation de corps formée reconventionnellement par l'époux défendeur à une demande principale ayant le même objet doit être, comme cette demande elle-même, soumise au préliminaire de conciliation devant le président du tribunal. — Rennes, 26 déc. 1820, J.G. *Sépar. de corps*, 119. — Paris, 10 mars 1864, D.P. 64. 2. 60. — Bordeaux, 11 juill. 1864, D.P. 64. 2. 228. — Colmar, 24 nov. 1864, D.P. 65. 2. 13. — Trib. du Puy, 17 mars 1871, D.P. 74. 5, 443.

52. Et la fin de non-recevoir résultant, contre cette demande reconventionnelle, de ce qu'elle n'a pas été précédée du préliminaire de conciliation, est d'ordre public et, par conséquent, peut être proposée en tout état de cause, même suppléée d'office par le juge. — Paris, 10 mars 1864, D.P. 64. 2. 60.

53. Suivant une autre opinion, les demandes en séparation de corps, soumises par les art. 875 et suiv. c. pr. civ. à une forme spéciale de conciliation, sont, après l'accomplissement des formalités prescrites par ces articles, soumises aux règles ordinaires du code de procédure. — Req. 10 déc. 1872, D.P. 74. 1. 80.

54. En conséquence, la demande en séparation de corps formée reconventionnellement par l'époux défendeur à une demande ayant le même objet n'est pas soumise au préliminaire de conciliation devant le président du tribunal. — Orléans, 2 août 1821, J.G. *Sépar. de corps*, 116-1°. — Bourges, 24 mars 1840, *ibid.*, 116-4°. — Bordeaux, 4 juill. 1843, *ibid.*, 116-2°. — Paris, 22 et 24 juin 1844, *ibid.* — Nancy, 16 déc. 1859, D.P. 60. 5. 351. — Pau, 19 avr. 1864, D.P. 64. 2. 226. — Orléans, 29 juill. 1864, D.P. 64. 2. 228. — Agen, 30 nov. 1864, D.P. 65. 2. 12. — Paris, 13 janv. 1865, D.P. 65. 2. 8. — Bordeaux, 23 août 1865, D.P. 66. 2. 91. — Aix, 4 déc. 1865, *ibid.* — Bourges, 13 mars 1872, D.P. 72. 5. 401. — Paris, 14 mars 1872, *ibid.* — Req. 10 déc. 1872, D.P. 74. 1. 80. — Req. 2 déc. 1873, D.P. 74. 1. 433. — Aix, 11 août 1875, D.P. 76. 2. 134-135.

55. Peu importe que les faits sur lesquels l'époux défendeur fonde sa demande reconventionnelle soient antérieurs à l'essai de conciliation sur l'action principale et qu'il n'ait point articulé ces faits lors de sa comparution devant le président. — Rennes, 12 févr. 1844, J.G. *Sépar. de corps*, 116-3°.

56. La demande reconventionnelle peut être formée, comme toute autre demande incidente, par simples conclusions signifiées dans le cours de l'instance. — Arrêts précités des 19 avr., 29 juill., 30 nov. 1864, 13 janv., 23 août et 4 déc. 1865, 2 déc. 1873.

57. L'arrêt qui décide que l'essai de conciliation n'est pas un préliminaire nécessaire de la demande reconventionnelle en séparation de corps formée par l'époux défendeur, bien qu'il implique que cet essai a été tenté sur la demande principale, n'a pas l'autorité de la chose jugée sur la question de savoir si cette première tentative a réellement et régulièrement eu lieu. — Bourges, 6 janv. 1873, D.P. 73. 2. 207.

58. — IV. Jugement. — La loi ne prescrit pas de délai fatal dans lequel le jugement de séparation de corps doive nécessairement être rendu. — J.G. *Sépar. de corps*, 265.

59. Le ministère public doit donner ses conclusions dans les procès en séparation de corps. — J.G. *Sépar. de corps*, 271, et *Min. publ.*, 205.

60. En matière de séparation de corps, motivée sur des violences, sévices et outrages, le huis clos peut être ordonné pour la discussion et les débats. — Req. 21 janv. 1812, J.G. *Sépar. de corps*, 271 et 319.

61. Lorsque l'affaire est en état, peut-il être sursis à la prononciation du jugement ? — V. *Code civil annoté*, art. 260.

62. Le jugement qui prononce la séparation de corps ne peut être considéré comme l'exécution d'un jugement qui a rejeté les moyens de nullité proposés contre l'enquête ; en conséquence, il a pu être valablement rendu avant la signification de ce dernier jugement sans qu'il y ait violation de l'art. 147. — Req. 12 juin 1838, J.G. *Sépar. de corps*, 270.

63. L'arrêt qui rejette l'offre de prouver des faits d'adultère articulés à l'appui d'une demande en séparation de corps motive suffisamment cette disposition, lorsqu'il se fonde sur ce que les imputations du mari à cet égard sont calomnieuses et le résultat d'une malheureuse préoccupation. — Req. 23 nov. 1841, J.G. *Sépar. de corps*, 274-1°, et 233-5°.

64. Il n'y a défaut ni de motifs, ni de dispositif dans l'arrêt qui, après avoir apprécié une fin de non-recevoir fondée sur une réconciliation, puis examiné les faits postérieurs à cette réconciliation, pour vérifier s'ils ne la rendent pas inadmissible, déclare la demanderesse purement et simplement non recevable, sans la débouter de sa demande. — Req. 7 mars 1838, J.G. *Sépar. de corps*, 274-2°.

65. Lorsqu'une demande en séparation de corps est fondée sur la diffamation que le demandeur fait résulter de plusieurs faits, il n'est pas nécessaire que la décision rendue sur la demande exprime des motifs spéciaux pour chaque fait en particulier ; il suffit que les motifs par lesquels elle repousse la diffamation s'appliquent également à toutes les imputations dont elle se compose. — Même arrêt.

66. Les frais auxquels la femme qui a succombé dans une demande en séparation de corps, formée avec l'autorisation du juge, a été condamnée, n'obligent pas le mari. — V. *Code civil annoté*, art. 1426, n°s 15 et s.

67. — V. Appel. — L'appel des jugements rendus sur les demandes en séparation de corps doit être jugé en audience ordinaire, et non en audience solennelle. — V. Décr. 30 mars 1808, art. 22 et Ordon. 16 mai 1835, *suprà*, p. 689 à 691, et notamment *ibid.*, n°s 14, 47 et 62.

68. La demande en séparation de corps, lorsque, durant l'instance d'appel engagée par son recours, le demandeur a été frappé d'une maladie mentale qui a nécessité son placement dans un établissement d'aliénés, peut régulièrement être reprise par un mandataire spécial, nommé conformément à l'art. 33 de la loi du 30 juin 1838. Il n'est pas nécessaire que l'aliéné soit représenté par un curateur nommé conformément à l'art. 38 de la même loi, ni par un tuteur désigné par le tribunal après prononciation de l'interdiction. — Paris, 24 avr. 1872, D.P. 72, 2. 181.

69. La mort de l'un des époux, survenue avant qu'une décision irrévocable ait statué sur l'action en séparation de corps, anéantit l'instance entière, et, spécialement, le jugement frappé d'appel. — V. *Code civil annoté*, art. 306, n°s 111 et s.

70. L'époux demandeur en séparation de corps peut être admis, en appel, à faire la preuve de faits nouvellement articulés et à l'égard desquels il avait gardé le silence en première instance. — Rennes, 19 mai 1812; Bastia, 9 déc. 1840, J.G. *Sépar. de corps*, 302. — Observ. conf., J.G. *Enquête*, 39. — V. aussi art. 464, n° 434.

71. Ainsi, le moyen tiré de ce que le mari a entretenu une concubine dans la maison conjugale, peut être présenté pour la pre-

mière fois en appel. — Lyon, 6 févr. 1833, J.G. *Sépar. de corps*, 299 et 71.

72. De même, le moyen tiré de l'adultère peut être, sans appel incident, proposé par l'époux intimé devant la cour, quoique le tribunal n'ait prononcé la séparation que pour injure grave. — Chambéry, 4 mai 1872, D.P. 73. 2. 129.

73. L'époux demandeur peut, sur l'appel, être admis à la preuve de faits autres que ceux articulés dans sa requête de première instance, alors surtout que ces faits n'étaient pas encore connus au moment de la demande. — Metz, 8 juill. 1824, J.G. *Sépar. de corps*, 104-1°.

74. La femme demanderesse en séparation de corps peut, sur l'appel par elle interjeté du jugement qui refusait de l'admettre à la preuve des faits par elle avancés, développer ceux qu'elle avait articulés, et en ajouter de nouveaux, même antérieurs à sa requête en séparation. — Bordeaux, 29 déc. 1829, J.G. *Sépar. de corps*, 104-2°.

75. Au moins en est-il ainsi lorsque aucune enquête n'a encore été ordonnée en première instance. — Nancy, 30 août 1831, J.G. *Sépar. de corps*, 301-1° et 233-3°.

76. Jugé, toutefois, ... que l'époux demandeur ne peut, en appel, par des conclusions prises à l'audience, articuler de nouveaux faits à l'appui de sa demande. — Rouen, 12 janv. 1842, J.G. *Sépar. de corps*, 105.

77. ... Que l'époux demandeur qui, dans une première enquête, n'a point administré la preuve complète des faits propres à démontrer les excès, sévices et injures graves dont il se plaint, ne peut, en appel, être admis à faire preuve d'autres faits antérieurs à son action. — Paris, 23 avr. 1806, J.G. *Sépar. de corps*, 302.

78. ... Que le mari n'est pas recevable à prouver par témoins, devant la cour d'appel, les faits qui se trouvent contraires aux griefs vérifiés contre lui par l'enquête principale faite par les premiers juges, lorsqu'il a négligé de faire la contre-enquête à laquelle il avait été autorisé. — Angers, 16 mai 1840, J.G. *Sépar. de corps*, 303 et 298-2°.

79. En tout cas, le juge d'appel peut refuser la preuve de faits même pertinents, mais articulés pour la première fois en appel, s'il résulte de leur omission devant les premiers juges et des circonstances de la cause qu'ils sont invraisemblables, et si les juges sont convaincus qu'ils ne produiraient aucun résultat utile pour la justice. — Limoges, 21 nov. 1826, J.G. *Sépar. de corps*, 306.

80. L'époux demandeur en séparation de corps peut invoquer, à l'appui de sa demande, des faits *postérieurs* au jugement, frappé d'appel, qui a ordonné la preuve des faits articulés en première instance : ce n'est pas là une demande nouvelle, proscrite par l'art. 464 c. pr. civ. — Poitiers, 18 févr. 1825, J.G. *Sépar. de corps*, 305-2°. — Req. 15 juin 1836, *ibid.*, 305-1° et 206. — Bastia, 9 déc. 1840, *ibid.* — Req. 3 avr. 1865, D.P. 65. 1. 386.

81. Spécialement, l'épouse demanderesse en séparation de corps peut invoquer la condamnation de son conjoint à une peine infamante survenue postérieurement à l'appel interjeté par elle du jugement qui a repoussé sa demande. — Paris, 24 avr. 1872, D.P. 72. 2. 172.

82. De même, on est recevable à prouver, en appel, des faits de sévices ou d'injures postérieurs au jugement. — Dijon, 11 févr. 1819, J.G. *Sépar. de corps*, 305-3° et 289.

Table sommaire.

Conclusions inci-dentes 41.
Concubine (entre-tien , domicile conjugal) 71.
Contre - enquête 20, 25, 28, 30, 78.
Décès (époux) 69.
Délai (augmenta-tion, distance) 11.
Demande nouvelle 43 s., 48, 60 s.
Demande recon-ventionnelle (for-mes) 56 ; (sépar. de corps 40 s.
Diffamation 65.
Dispositif (défaut) 64.
Disposition d'offi-ce 35, 37, 52.
Divorce 19.
Domicile conjugal (réintégration. demande) 47 s.
Enquête 3 s.
Enquête nulle (tante , avoué , huissier) 36 s.
Enquête sommai-re (audience) 18.
Enquête supplé-mentaire 8.
Excès. V. Sévi-ces.
Exploit 1 s.
Faits postérieurs (jugement, appel) 80.
Fin de non-rece-voir 39, 52.

Frais et dépens (séparation de corps) 66.
Habitation sépa-rée (femme) 48,
Huis clos 19, 60.
Huissier 16.
Imputations ca-lomnieuses (ma-ri) 63.
Incident 41, 56.
Inconduite (fem-me mariée) 29.
Injures 27, 29, 72, 77, 82.
Juge-commiss. 5.
Jugement (sépa-ration de corps) 58 s.
Jugement interlo-cutoire 29, 39.
Mandataire spé-cial (aliéné) 68.
Ministère public 59 ; (communica-tion) 5.
Motifs (défaut) 64.
Moyen nouveau 70 s.
Omission (pré-noms, témoins) 17.
Ordre public 49, 52.
Outrages 60.
Parenté (degré prohibé) 16.
Peine infamante 81.
Pension alimen-taire 13.
Pouvoir du juge 6 s.

Pouvoir du juge-commissaire 11.
Preuve (sépara-tion de corps) 3.
Preuve testimo-niale 78.
Procès-verbal (ju-ge - commissaire) 22.
Propos diffama-toires 28.
Prorogation (dé-lais, enquête) 14.
Provision alimen-taire 13, 48.
Provocation 28, 32.
Réconciliation 64.
Reproches (té-moins) 21 s.
Requête 8, 10.
Saisie 46.
Séparation de biens 41, 45.
Séparation de corps (demande, instruction) 1 s.; (demande recon-ventionnelle) 40 s.
Sévices 27, 29, 60, 77, 82.
Signification (or-donnance, sépa-ration de corps) 1 s.
Sursis (jugement, prononciation) 61.
Témoins (inter-pellation) 10.
Violence 60.

Art. 880.

Extrait du jugement qui prononcera la séparation sera inséré aux tableaux exposés tant dans l'auditoire des tri-bunaux que dans les chambres d'avoués et notaires, ainsi qu'il est dit art. 872. — C. pr. civ. 872 s. — C. civ. 311. — C. com. 66. — Tar. 92.

Exposé des motifs et Rapport, J.G. *Sépar. de corps,* p. 899.

1. Les art. 866 et s. c. pr. civ., qui exigent que la demande en séparation de biens soit rendue publique ne sont pas applicables à la demande en séparation de corps. — J.G. *Sépar. de corps,* 115.
2. Sur la publication du jugement de sé-paration de corps, V. *suprà,* art. 872, n°s 33 et s.

Art. 881.

A l'égard du divorce, il sera pro-cédé comme il est prescrit au Code civil. — C. civ. 229 s., 234 s.

Le divorce a été aboli par la loi du 8 mai 1816.— V. *Code civil annoté,* t. 1, p. 198.

TITRE X.

Des Avis de parents.

———

Art. 882.

Lorsque la nomination d'un tuteur n'aura pas été faite en sa présence,

elle lui sera notifiée, à la diligence du membre de l'assemblée qui aura été désigné par elle ; ladite notification sera faite dans les trois jours de la dé-libération, outre un jour par trois myriamètres (1) de distance entre le lieu où s'est tenue l'assemblée et le domicile du tuteur. — C. pr. civ. 895, 968, 1033. — C. civ. 406 s., 438 s.

Exposé des motifs et Rapport, J.G. *Minorité,* p. 77.

1. La notification prescrite par l'art. 882 doit avoir lieu, alors même que le tuteur nommé, appelé à faire partie du conseil de famille, a été représenté par un mandataire. — J.G. *Minorité,* 744.
2. Le membre désigné par l'assemblée qui ne procéderait pas à la notification prescrite par l'art. 882 dans les délais impartis par la loi, s'exposerait à une action en dommages-intérêts, si sa négligence avait occasionné quelque préjudice au mineur.—J.G. *Minorité,* 743.

Art. 883.

Toutes les fois que les délibérations du conseil de famille ne seront pas unanimes, l'avis de chacun des mem-bres qui le composent sera mentionné dans le procès-verbal.
Les tuteur, subrogé tuteur ou cura-teur, même les membres de l'assemblée, pourront se pourvoir contre la délibé-ration ; ils formeront leur demande contre les membres qui auront été d'avis de la délibération, sans qu'il soit nécessaire d'appeler en concilia-tion. — C. pr. civ. 49-7°, 888. — C. civ. 405, 415. — Tar. 29.

Exposé des motifs et Rapport, J.G. *Minorité,* p. 77.

1. — I. Mention de l'avis des membres du conseil de famille. — Il n'y a nécessité de mentionner, dans le procès-verbal, l'avis de chacun des membres du conseil que dans le cas d'une délibération sujette à l'homologa-tion de la justice ; ainsi, l'on peut s'en dis-penser dans le cas où la délibération a pour objet la nomination d'un tuteur. — Metz, 16 févr. 1812, J.G. *Minorité,* 242, et *Inter-dict.,* 158. — V. *infrà,* art. 892, n°s 30 et s.
2. Cette obligation d'énoncer l'avis de chacun des membres du conseil dans le pro-cès-verbal n'emporte pas la nécessité d'y in-sérer également les *motifs.* — Civ. c. 17 nov. 1813, J.G. *Minorité,* 243 et 238.
3. Ainsi, lorsqu'il s'agit de savoir si la tutelle sera conservée à la mère qui se remarie, le conseil est dispensé de motiver son avis. — Civ. c. 17 nov. 1813, J.G. *Mino-rité,* 238. — V. aussi *Code civil annoté,* art. 507, n° 2.
4. Jugé toutefois que si, aux termes de l'art. 883, l'avis de chacun des membres du conseil de famille, dans le cas de dissidence, doit être mentionné au procès-verbal, cela ne peut s'entendre que des motifs ; qu'en conséquence, toutes les fois que les délibéra-tions du conseil de famille, touchant les biens ou la personne du mineur, et notamment son mariage, ne sont pas unanimes, l'avis de chacun des membres, ainsi que ses motifs, doivent être consignés dans le procès-verbal. — Bourges, 8 juin 1813, J.G. *Minorité,* 243.

5. Du reste, toute délibération du conseil de famille qui prononce l'exclusion ou la des-titution du tuteur doit être motivée. — V. *Code civil annoté,* art. 447.
6. — II. Délibérations susceptibles de recours. — 1° *Délibérations non soumises à l'homologation du tribunal.* — Lorsque le président d'un tribunal, jugeant en référé, a demandé préalablement l'avis d'un conseil de famille sur la question de savoir si une mineure doit être retirée de pension, l'opinion manifestée par le conseil n'est pas de la na-ture des délibérations dont un membre dis-sident puisse arrêter l'exécution par son opposition. — Paris, 22 mars 1824, J.G. *Minorité,* 248.
7. Suivant un premier système, la dispo-sition d'après laquelle toute délibération du conseil de famille, non prise à l'unanimité, peut être attaquée devant les tribunaux par le tuteur, par le curateur et par chacun des membres de ce conseil qui ont exprimé un avis contraire, est applicable aux délibéra-tions non soumises à l'homologation du tri-bunal aussi bien qu'à celles qui y sont assujetties. — Toulouse, 22 févr. 1854, D.P 54. 2. 239. — Colmar, 19 nov. 1857, D.P. 59 2. 36.
8. Et il n'y a pas davantage lieu de dis-tinguer entre les délibérations qui règlent les intérêts matériels du mineur et celles qui, prononçant, par exemple, l'émancipation du mineur, touchent à sa capacité. — Arrêt précité du 22 févr. 1854.
9. De même, si la délibération du conseil de famille appelé, à défaut d'ascendant, à régler les conventions civiles du mariage d'un mineur, n'est pas unanime, elle peut, bien que non sujette à l'homologation, être attaquée devant les tribunaux par les mem-bres de la minorité. — Paris, 24 avr. 1837 J.G. *Minorité,* 250-3°.
10. De même sont attaquables les délibé-rations du conseil de famille qui ont pour objet de régler les intérêts moraux et reli-gieux des mineurs. — Colmar, 19 nov. 1857 D.P. 59. 2. 36.
11. D'après un second système, les seules délibérations du conseil de famille qui puis-sent être attaquées au fond sont celles qui sont soumises à l'homologation du tribunal. — (Motifs) Grenoble, 18 janv. 1854, D.P. 56. 2. 55.
12. — 2° *Délibérations nommant ou desti-tuant un tuteur.* — Suivant une première opinion, la délibération d'un conseil de fa-mille qui nomme un tuteur n'est pas sou-veraine ; le choix de la personne du tuteur peut être déféré aux tribunaux, par les parents opposants, dont le recours est rece-vable en ce cas, comme dans tous ceux où le conseil de famille n'est pas unanimement du même avis. — Dijon, 14 mai 1862, D.P. 62. 2. 121. — Observ. conf., J.G. *Minorité* 247.
13. Cette délibération peut être attaquée par ceux contre l'avis desquels elle a été rendue, bien qu'elle ne soit pas susceptible d'être homologuée. — Angers, 6 août 1819, J.G. *Minorité,* 247.
14. Ainsi, la délibération du conseil de famille décidant à la majorité que la tutelle ne sera pas conservée à la mère tutrice qui veut se remarier, est susceptible d'un recours devant les tribunaux... soit de la part de la mère qui veut se faire maintenir dans la tutelle. — Agen, 24 déc. 1860, D.P. 61. 2. 20. — Trib. d'Arbois, 4 juill. 1868, D.P. 69. 3. 7. — Rouen, 25 nov. 1868, D.P. 69. 2 76.
15. ... Soit de la part des membres dissi-dents du conseil de famille. — Mêmes juge-ment et arrêt des 4 juill. et 25 nov. 1868.
16. Il en est ainsi surtout lorsque, dans le conseil de famille, une dissidence s'est pro-duite entre les branches paternelle et mater-nelle, et que la décision sur la question du maintien de la tutelle s'est trouvée par suite abandonnée à l'appréciation du juge de paix — Même jugement du 4 juill. 1868.

---

(1) Cinq myriamètres (art. 1033, modifié par la loi du 3 mai 1862).

17. Les délibérations du conseil de famille qui nomment un tuteur, peuvent être attaquées au fond, et non point seulement pour vice de forme par les membres de ce conseil. — Nancy, 3 avr. 1857, D.P. 57. 2. 175.

18. Suivant une autre opinion, l'art. 883 c. pr. ne s'applique pas aux délibérations qui ont pour objet de nommer un tuteur. — Paris, 6 oct. 1814, J.G. *Minorité*, 247 et 241.

19. Du moins, la délibération du conseil de famille qui nomme un tuteur ne peut être déférée aux tribunaux, que dans le cas d'irrégularité dans la forme ou de contravention aux lois relatives à l'indignité ou à l'incapacité de la personne élue. — Civ. c. 27 nov. 1816, et sur renvoi Orléans, 9 août 1817, J.G. *Interdict.*, 164.

20. En conséquence, une délibération du conseil de famille, régulière dans la forme, qui nomme un tuteur, contre lequel on n'allègue aucune cause d'incapacité ou d'exclusion, ne peut être attaquée sous prétexte qu'elle n'a pas été prise à l'unanimité des voix. — Même arrêt précité du 6 oct. 1814.

21. De même, la nomination du tuteur, quand elle est le résultat d'une délibération régulière et qu'elle ne soulève aucune question d'exclusion légale, n'est pas susceptible d'être soumise à la révision du tribunal, notamment par la mère qui, ayant perdu la tutelle légale par suite de convol, croirait pouvoir critiquer le choix fait par le conseil de famille. — Montpellier, 13 juin 1866, D.P. 68. 2. 162.

22. De même encore, la délibération qui en cas de convol de la mère tutrice, retire la tutelle légale à celle-ci, et nomme un autre tuteur à ses enfants, n'est pas susceptible d'être attaquée au fond, mais seulement pour vices de forme. — Grenoble, 18 janv. 1854, D.P. 56. 2. 55.

23. Dans les cas où la délibération du conseil de famille nommant un tuteur peut être attaquée, le tribunal, ne pouvant pas lui-même nommer un tuteur, doit se borner à maintenir ou à annuler la délibération, sauf aux parties à retourner devant le conseil de famille. — Civ. c. 27 nov. 1816, et sur renvoi, Orléans, 9 août 1817, J.G. *Minorité*, 156, et *Interdict.*, 164. — Observ. conf., J.G. *Minorité*, 247.

24. — III. Causes pour lesquelles la délibération peut être attaquée. — Les délibérations des conseils de famille peuvent être attaquées en la forme, si l'irrégularité révèle une intention frauduleuse, ou si elle cause un préjudice réel ou possible au mineur, ou enfin si elle consiste dans l'omission d'une formalité essentielle à la composition du conseil de famille. — J.G. *Minorité*, 246.

25. Tel est le cas où le juge de paix n'a pas été appelé à présider le conseil, et le cas où le conseil n'a pas été composé du nombre de parents ou amis exigé par la loi. — J.G. *Minorité*, 246.

26. En l'absence de vices de forme, les délibérations peuvent être attaquées au fond, si elles sont contraires aux intérêts du mineur. — J.G. *Minorité*, 246.

27. — IV. Qui peut attaquer les délibérations du conseil de famille. — L'annulation de la composition d'un conseil de famille pour cause d'irrégularité provenant de ce que le juge de paix n'aurait pas appelé les parents ou alliés les plus proches dans chaque ligne, ne peut être demandée que par les membres qui ont concouru à la délibération, ou par ceux qui auraient dû y être appelés. — Dijon, 13 janv. 1858, D.P. 60. 2. 179.

28. Quoique prise à l'unanimité, une délibération peut être attaquée dans l'intérêt du mineur, de la part des parents, qui, pouvant être appelés au conseil de famille, ne l'ont point été. — Colmar, 14 févr. 1840, J.G. *Minorité*, 252.

29. Les dispositions de l'art. 883 sont applicables aux délibérations du conseil de famille, relatives au *mariage* du mineur, dans le cas prévu par l'art. 168 c. civ.; ainsi les membres du conseil, qui, dans ce cas, n'ont pas été de l'avis de la majorité, peuvent former un recours contre la délibération. — Bruxelles, 3 févr. 1827, J.G. *Minorité*, 250-1°.

30. La délibération d'un conseil de famille peut être attaquée non-seulement par ceux de ses membres qui ne l'ont pas approuvée, mais encore par ceux qui l'ont votée (Quest. controv.). — J.G. *Minorité*, 251.

31. Ainsi, un membre qui a concouru à une délibération du conseil de famille illégalement composé, quoique sans protestation ni réserve, est recevable à demander la nullité de la délibération de ce conseil. — Liége, 4 janv. 1811, J.G. *Minorité*, 251-1° et 171. — Dijon, 15 févr. 1812, *ibid.*, 251-2° et 174-1°.

32. La nullité des délibérations peut être demandée, même par le parent qui y a acquiescé. — Colmar 27 avr. 1813, J.G. *Minorité*, 251-3° et 190. — Angers, 29 mars 1821, *ibid.*, 196.

33. Les délibérations peuvent être attaquées par tous ceux dont elles lèsent les droits, par exemple par le *tuteur* exclu ou destitué. — J.G. *Minorité*, 219.

34. Mais la mère tutrice qui a indiqué elle-même les parents et amis dont le conseil de famille a été composé n'est pas recevable à critiquer la composition de ce conseil, sous prétexte que des amis ont été appelés, alors qu'il y avait des parents dans le périmètre légal, ou que les personnes appelées à défaut de parents n'avaient pas la qualité d'amis. — Req. 3 mars 1856, D.P. 56. 1. 290.

35. Les *tiers* sont sans qualité pour provoquer la nullité des délibérations des conseils de famille, en matière de tutelle: ces délibérations, intervenues dans l'intérêt exclusif du mineur, ne peuvent être attaquées que par le mineur lui-même. — Riom, 10 juill. 1846, D.P. 46. 2. 180.

36. Spécialement, la nullité de la délibération contenant nomination d'un subrogé tuteur, ne peut être demandée, sous prétexte de l'incompétence du *juge* de paix qui a présidé le conseil, par les tiers intéressés à faire tomber les actes de ce subrogé tuteur. — Même arrêt.

37. Cependant la nullité de la délibération autorisant le tuteur à intenter une action immobilière, peut être proposée par le défendeur à cette action. — Bruxelles, 26 juill. 1831, J.G. *Minorité*, 253-1°. — V. *infrà*, art. 886, n° 9.

38. Ce recours est recevable, lors même que le membre du conseil de famille qui le forme n'est point parent du mineur qui demande à contracter mariage et qu'il n'a été appelé que comme ami, à défaut de parents. — Même arrêt.

39. Le *ministère public* n'a pas qualité pour requérir d'office la nullité d'une délibération d'un conseil de famille portant nomination d'un tuteur. — Orléans, 23 févr. 1837, J.G. *Minorité*, 254.

40. Il ne peut pas non plus interjeter appel, même des jugements homologuant des délibérations de conseil de famille relatives aux intérêts du mineur. — Civ. c. 26 août 1807, J.G. *Minorité*, 254, et *Min. publ.*, 144-1°.

41. Les tribunaux n'ont pas davantage le droit de prononcer *d'office*, la nullité de la délibération d'un conseil de famille qui nomme un tuteur. — Orléans, 23 févr. 1837, J.G. *Minorité*, 254.

42. — V. Contre qui le recours doit être dirigé. — La demande formée contre la délibération doit être dirigée contre les membres qui ont été d'avis de cette délibération. — J.G. *Minorité*, 255.

43. Même dans le cas où l'attaque dirigée contre la délibération repose sur une nullité de forme, l'action doit être exercée seulement contre ceux qui l'ont votée. — J.G. *Minorité*, 256.

44. La demande en nullité d'une délibération de conseil de famille ne peut être dirigée contre le juge de paix qui a présidé l'assemblée, qu'avec l'autorisation qu'il est nécessaire d'obtenir pour mettre en cause un fonctionnaire de l'ordre judiciaire. — Civ. c. 29 juill. 1812, J.G. *Minorité*, 257.

45. Lorsque le tuteur se pourvoit par action principale contre la délibération qui l'exclut ou le destitue, doit-il diriger son action contre le subrogé tuteur conformément à l'art. 448 c. civ., ou contre les membres du conseil de famille, conformément à l'art. 883 c. pr.? — V. *Code civil annoté*, art. 448, n°s 24 et s.

46. — VI. Forme du recours. — Les délibérations des conseils de famille doivent être attaquées, non par appel, mais par action principale en nullité. — Rennes, 31 août 1818, J.G. *Minorité*, 258-1° et 260.

47. Ainsi, pour faire prononcer la nullité d'une délibération du conseil de famille, il est inutile d'appeler du jugement qui l'a homologuée; il suffit d'en demander directement la nullité, ainsi que celle de l'acte qui en a été la suite. — Aix, 3 févr. 1832, J.G. *Minorité*, 258-2° et 180.

48. C'est aux tribunaux d'arrondissement et non aux juges de paix, qu'il appartient de statuer sur les contestations relatives aux délibérations des conseils de famille. — Angers, 6 août 1819, J.G. *Minorité*, 745 et 59-2°.

49. Ainsi, un tribunal de première instance peut connaître de l'action à fin d'annulation des délibérations d'un conseil de famille tenues devant un juge de paix incompétent. — Rennes, 31 août 1818, J.G. *Minorité*, 260.

50. Pour introduire régulièrement une demande, ou une opposition, contre une délibération prise en vertu de l'art. 883 c. pr., l'opposant doit signifier une copie de la délibération aux membres sur l'avis desquels elle a été prise, avec assignation devant le tribunal civil dans l'arrondissement duquel l'assemblée a été tenue. — J.G. *Minorité*, 745.

51. Le mineur émancipé ne doit pas être nécessairement mis en cause dans une instance ouverte sur l'action en nullité, pour incompétence ou vice de forme, de la délibération du conseil de famille qui lui nomme un curateur. — Metz, 31 mai 1870, D.P. 70. 2. 194.

52. Les juges peuvent condamner le membre du conseil qui succombe aux dépens ou les passer en frais d'administration (Quest. controv.). — J.G. *Minorité*, 746.

53. Le subrogé tuteur qui succombe sur la réclamation du tuteur exclu ou destitué est nécessairement condamné aux dépens; mais il a son recours contre les membres qui ont voté la délibération. — J.G. *Minorité*, 747.

54. Les dépens peuvent être compensés en cas de difficultés relatives à une délibération de conseil de famille. — Rennes, 31 août 1818, J.G. *Minorité*, 262 et 260.

Table sommaire.

famille) 6 s.; (délibération, conseil de famille, contre qui il doit être dirigé) 42 s.; (délibération, conseil de famille, forme) 46 s. | Subrogé tuteur 36, 45.
Tiers 35 s.
Tuteur 33; (destitution) 5; (destitution, délibération, conseil de famille) 12 s.; | (exclusion) 6; (nomination) 1; (nomination, délibération, conseil de famille) 12 s.
Vice de forme 17, 19, 22, 43, 51.

Art. 884.

La cause sera jugée sommairement. — C. pr. civ. 404 s., 463, 543.

· ·

Art. 885.

Dans tous les cas où il s'agit d'une délibération sujette à homologation, une expédition de la délibération sera présentée au président, lequel, par ordonnance au bas de ladite délibération, ordonnera la communication au ministère public, et commettra un juge pour en faire le rapport à jour indiqué. — C. pr. civ. 83, 954. — C. civ. 458, 467. — Tar. 78.

1. La procédure tracée par les art. 885 et 886 c. pr., pour l'homologation des délibérations des conseils de famille, s'applique au cas où ces délibérations concernent l'intérêt du mineur, ses biens, sa personne, mais non lorsque le débat, étranger au mineur, s'agite entre le tuteur et le subrogé tuteur ou les membres du conseil de famille. — Montpellier, 3 déc. 1841, J.G. *Minorité*, 273.
2. Dans ce dernier cas, la cause doit être instruite et jugée dans les formes ordinaires ; et à supposer que, d'après les art. 885 c. pr. et s., l'action par forme de requête et l'examen en la chambre du conseil aient dû être suivis, les parties seraient sans intérêt pour se plaindre de ce qu'on y aurait substitué celle de l'ajournement et de la plaidoirie contradictoire à l'audience. — Même arrêt.
3. En tout cas, la nullité tirée de l'irrégularité de cette procédure, en admettant qu'il en existe une irrégularité, est couverte, si elle n'a pas été présentée avant toute défense ou exception. — Même arrêt.

Art. 886.

Le procureur de la République donnera ses conclusions au bas de ladite ordonnance ; la minute du jugement d'homologation sera mise à la suite desdites conclusions, sur le même cahier. — C. civ. 448, 457 s., 483.

1. L'homologation doit être donnée en audience publique, dans tous les cas où la loi n'a pas décidé formellement le contraire. — Douai, 1er août 1838, J.G. *Minorité*, 274 et 550-2°.
2. Mais, soit que l'homologation s'obtienne en chambre du conseil, ou qu'elle ait lieu en audience publique, le ministère des avoués est nécessaire. — J.G. *Minorité*, 274.
3. Les tribunaux ont le droit de refuser l'homologation d'une délibération d'un conseil de famille ; mais ils ne pourraient pas, de leur seule autorité, changer ou modifier les conditions réglées par le conseil. — J.G. *Minorité*, 543.
4. Ainsi le tribunal, à l'homologation duquel est soumise la délibération autorisant la vente de biens de mineurs, ne peut ordonner d'office que la vente sera faite sous des conditions que la délibération n'a pas prévues. — Colmar, 11 avr. 1822, J.G. *Minorité*, 543-1°.
5. Et le conseil de famille peut former tierce-opposition au jugement qui modifie ainsi sa délibération, alors même que le tuteur y a été partie. — Même arrêt.
6. Le conseil de famille pourrait même appeler de ce jugement, comme portant préjudice au mineur, malgré le silence du tuteur et sans intimer celui-ci. — Même arrêt.
7. De même, les tribunaux, saisis d'une demande en homologation de l'avis de parents exigé par la loi pour l'aliénation ou l'affectation hypothécaire des immeubles d'un mineur ou d'un interdit, ne peuvent ordonner d'office des mesures non indiquées dans cet avis de parents ; le jugement qui, sur la demande en homologation d'un avis de parents autorisant l'aliénation de divers immeubles d'un interdit, pour le payement de ses dettes, ordonne la vente d'immeubles autres que ceux désignés dans cet avis, réduit le chiffre de dettes qui y est indiqué, et prescrit d'office un emprunt, afin de diminuer l'étendue de l'aliénation à faire, est entaché d'excès de pouvoir et frappé de nullité. — Civ. c. 9 févr. 1863, D.P. 63. 1. 85.
8. De même, le pouvoir conféré par la loi aux tribunaux de déterminer, lorsqu'ils homologuent l'avis des parents, la mise à prix des immeubles à vendre et les conditions de la vente, ne les autorise pas à ordonner d'office la vente d'immeubles que, sur la proposition du tuteur, la majorité du conseil de famille a jugé opportun de conserver. — Civ. c. 17 déc. 1867, D.P. 67. 1. 482.
9. Les jugements d'homologation des délibérations des conseils de famille constituent de simples actes de surveillance judiciaire, qui ne donnent pas à ces délibérations le caractère de la chose jugée. ... Par suite, les parties avec lesquelles le mineur est en instance peuvent critiquer la délibération portant nomination du tuteur ou du curateur qui représente ce mineur, quoique cette délibération ait été homologuée. — Req. 17 déc. 1849, D.P. 50. 1. 77. — Observ. conf., J.G. *Minorité*, 264. — V *suprà*, art. 883, n° 37.
10. Et le tribunal, saisi de l'instance où figure le tuteur ou curateur dont la nomination est attaquée, a compétence pour apprécier la validité de cette nomination, quoique le conseil de famille de qui elle émane se trouve dans le ressort d'un autre tribunal. — Aix, 8 déc. 1848, J.G. *Minorité*, 264.
11. L'homologation de la délibération du conseil de famille, qui a statué sur des contestations élevées entre le tuteur et le subrogé tuteur à l'occasion d'une reddition de compte, ne peut en couvrir les vices. — Turin, 5 mai 1810, J.G. *Minorité*, 275 et 198.

Art. 887.

Si le tuteur, ou autre chargé de poursuivre l'homologation, ne le fait dans le délai fixé par la délibération, ou, à défaut de fixation, dans le délai de quinzaine, un des membres de l'assemblée pourra poursuivre l'homologation contre le tuteur, et aux frais de celui-ci, sans répétition. — C. pr. civ. 132, 1029.

1. La disposition de l'art. 887 s'applique aux délibérations qui ne sont pas attaquées, mais qui doivent être nécessairement l'objet d'une homologation, par exemple dans le cas des art. 457 et 458 c. civ. — J.G. *Minorité*, 749.
2. En cas de négligence du membre désigné, toute personne intéressée peut poursuivre l'homologation. — J.G. *Minorité*, 269.
3. Notamment, lorsqu'il s'agit de poursuivre l'homologation de la délibération qui a destitué un tuteur, tout parent peut agir, si le subrogé tuteur néglige de le faire. — Orléans, 18 prair. an 12. J.G. *Minorité* 269.
4. Le délai de quinzaine, après lequel tout parent peut poursuivre l'homologation de la délibération, lorsque celui qui en était chargé néglige de le faire, n'est pas susceptible de l'application de l'article 1033 c. pr., relatif à l'augmentation du délai, à raison de la distance du domicile de ce parent au lieu où siège le tribunal. — J.G. *Minorité* 272 et 749.
5. La personne qui poursuit l'homologation en cas de négligence du membre qui en était chargé doit assigner ce dernier, qui, s'il n'est pas assigné, peut faire opposition. — J.G. *Minorité*, 270.
6. Le tribunal statue sur l'homologation, non dans la chambre du conseil, mais en audience publique. — J.G. *Minorité*, 750.

Art. 888.

Ceux des membres de l'assemblée qui croiront devoir s'opposer à l'homologation, le déclareront, par acte extrajudiciaire, à celui qui est chargé de la poursuivre ; et s'ils n'ont pas été appelés, ils pourront former opposition au jugement. — C. pr. civ. 883, 889. — Tar. 29.

1. Ceux des membres du conseil de famille qui ne se sont pas opposés à l'homologation par acte extrajudiciaire, ou qui, après l'avoir fait, n'ont pas comparu quoiqu'ils aient été appelés dans l'instance d'homologation, ne peuvent pas former opposition au jugement qui homologue l'avis des parents. — J.G. *Minorité*, 268.
2. Mais une cour peut admettre la tierce-opposition d'une partie qui n'a pas été appelée à l'homologation d'une délibération du conseil de famille portant un préjudice réel à ses droits. — Rennes, 31 août 1818, J.G. *Minorité*, 271 et 260.
3. Ceux qui n'ont pas été appelés a un jugement d'homologation doivent être assimilés, quant aux délais de l'opposition, à des tiers opposants ordinaires, avec cette seule différence qu'ils ne sont passibles d'aucune amende, si les choses sont encore entières. — J.G. *Minorité*, 267.

Art. 889.

Les jugements rendus sur délibération du conseil de famille seront sujets à l'appel. — C. pr. civ. 443, — C. civ. 448.

1. Les membres du conseil de famille, et spécialement le subrogé tuteur, ont le droit d'interjeter appel du jugement qui a homologué une délibération du conseil, alors même qu'ils ne s'étaient pas opposés à cette homologation. — Rennes, 4 avr. 1870, D.P. 72. 5. 454. — Observ. conf., J.G. *Minorité*, 268.
2. La mère privée de la tutelle ne peut invoquer, pour la première fois en appel, un vice de forme dans la convocation du conseil de famille. — Aix, 24 août 1809, J.G. *Minorité*, 261 et 203.
3. Mais il en serait autrement si son appel se fondait sur l'intérêt du mineur, si, par exemple, le conseil de famille avait été composé exclusivement d'amis, lorsqu'il existe des frères germains à la distance voulue. — J.G. *Minorité*, 261.

TITRE XI.

De l'Interdiction.

Art. 890.

Dans toute poursuite d'interdiction, les faits d'imbécillité, de démence ou de fureur, seront énoncés en la requête présentée au président du tribunal; on y joindra les pièces justificatives, et l'on indiquera les témoins. — C. pr. civ. 49-1°, 252. — C. civ. 489 s., 493. — Tar. civ. 79. — Tar. crim. 117 s.

Exposé des motifs et Rapport, J.G. *Interdic.*, p. 11, n°° 50 et 53.

1. La demande en interdiction est dispensée du préliminaire de conciliation. — J.G. *Interdict.*, 63.

2. Elle peut, dès la presentation de la requête exigée par l'art. 890, être jointe pour cause de connexité à une demande en mainlevée d'opposition à mariage précédemment formée. — Req. 23 mai 1860, D.P. 60. 1. 350. — V. *Code civil annoté*, art. 174, n°° 20 et s.

3. Le subrogé tuteur qui, dans l'intérêt des mineurs, forme contre leur père une demande en nomination de conseil judiciaire, a qualité pour procéder directement et en son propre nom, en vertu de la mission à lui conférée par la loi; par suite, il n'est pas nécessaire, à peine de nullité, que l'exploit d'ajournement, qui contient cette demande, indique les noms et domicile des mineurs. — Req. 20 janv. 1875, D.P. 76. 1. 28-29.

4. — MODE DE PRÉSENTATION DE LA REQUÊTE. — L'articulation des faits et l'indication des témoins dans la requête à présenter pour la prononciation de l'interdiction ou du conseil judiciaire, sont prescrites à peine de déchéance. — Rennes, 16 août 1838, J.G. *Interdict.*, 64 et 313-1°.

5. Mais les faits d'imbécillité, de démence ou de fureur, servant de base à une demande d'interdiction, ont pu être considérés, par le juge, comme suffisamment articulés dans la requête, quoiqu'ils ne s'y trouvent pas énumérés avec détail, sans qu'une telle décision, qui repose sur une appréciation souveraine de l'acte, soit soumise au contrôle de la Cour de cassation. — Req. 2 août 1860, D.P. 60. 1. 495.

6. En outre, il n'est pas nécessaire que la requête indique les noms de témoins à faire entendre sur les faits articulés, lorsque ces faits peuvent être prouvés autrement que par témoins, et notamment par l'interrogatoire de la personne dont l'interdiction est poursuivie. — Même arrêt.

7. De même, le défaut de jonction de pièces à la requête n'est pas une cause de nullité, alors que la partie poursuivante n'a pas argumenté d'actes qu'elle aurait annoncé avoir à sa disposition. — Rennes, 6 janv. 1814, J.G. *Interdict.*, 65-2°.

8. Décidé, d'ailleurs, que les prescriptions des art. 493 c. civ. et 890 c. pr. civ. ne sont pas édictées à peine de nullité. — Même arrêt.

9. ... Que, notamment, le défaut d'indication de témoins à faire entendre n'est pas une cause de nullité en matière de demande en nomination d'un conseil judiciaire. — Agen, 18 févr. 1841, J.G. *Interdict.*, 65-3°.

10. La même omission a été considérée comme n'emportant pas nullité dans une affaire jugée avant la promulgation du code de procédure civile. — Colmar, 2 prair. an 13, J.G. *Interdict.*, 65-1°.

11. En tout cas, la nullité est relative;

par suite, l'interdit ou le prodigue peut seul se prévaloir de l'omission des formalités préalables, prescrites par l'art. 890; quant aux tiers, ils ne peuvent se plaindre que du défaut de publicité du jugement portant interdiction ou nomination du conseil judiciaire. — Civ. r. 27 avr. 1842, J.G. *Interdict.*, 65-4°. — V. aussi Besançon, 26 févr. 1810, *ibid.*, 92.

Art. 891.

Le président du tribunal ordonnera la communication de la requête au ministère public, et commettra un juge pour faire rapport à jour indiqué. — C. pr. civ. 83, 885, 892 s. — C. civ. 515.

Exposé des motifs et Rapport, J.G. *Interdict.*, p. 11, n° 53.

1. — I. COMMUNICATION AU MINISTÈRE PUBLIC. — La communication à l'officier du ministère public emporte-t-elle obligation pour ce magistrat d'assister à l'enquête? — V. *infrà*, art. 893, n° 17.

2. Le ministère public doit donner ses conclusions, soit en première instance, soit en appel, préalablement à toute décision en matière d'interdiction ou de dation d'un conseil judiciaire. — V. *Code civil annoté*, art. 515.

3. Mais cette mesure étant prescrite plutôt dans l'intérêt de l'interdit que dans l'intérêt des tiers, la personne qui a traité avec l'interdit ne peut, pour faire déclarer non valable le jugement d'interdiction, argumenter du défaut de conclusions du ministère public. — Rennes, 16 déc. 1833, sous Civ. r. 27 avr. 1842, J.G. *Interdict.*, 120 et 65-4°.

4. — II. RAPPORT. — Le conseiller nommé rapporteur dans une instance d'interdiction conserve le droit de faire le rapport de l'affaire, bien qu'il ait cessé de faire partie d'une chambre civile. — Civ. r. 7 mai 1873, D.P. 73. 1. 243.

5. Il peut même être commis pour procéder à l'interrogatoire de la personne dont l'interdiction est demandée. — Même arrêt.

6. Mais il n'est pas indispensable que le conseiller rapporteur, chargé de procéder à cet interrogatoire, concoure à l'arrêt qui statue définitivement sur la demande d'interdiction. — Même arrêt.

Art. 892.

Sur le rapport du juge et les conclusions du procureur de la République, le tribunal ordonnera que le conseil de famille, formé selon le mode déterminé par le Code civil, section IV du chapitre II, au titre *de la Minorité*, *de la Tutelle et de l'Émancipation*, donnera son avis sur l'état de la personne dont l'interdiction est demandée. — C. pr. civ. 883 s. — C. civ. 406 s., 494 s. — Tar. 92.

Exposé des motifs et Rapport, J.G. *Interdict.*, p. 11, n° 53.

1. Le présent article reprend, en les complétant, les dispositions de l'art. 494 c. civ. — J.G. *Interdict.*, 66.

2. — I. NÉCESSITÉ DE L'AVIS PRÉALABLE. — Les juges, appréciant d'une manière souveraine les faits articulés à l'appui de la requête, peuvent et doivent s'ils les trouvent non pertinents et non concluants, écarter la demande en interdiction, sans ordonner ni plus ample informé, ni la convocation du

conseil de famille, alors surtout qu'elle est formée au soutien d'une opposition à un mariage, opposition qui doit toujours être jugée avec célérité, qu'elle émane de collatéraux ou d'ascendants. — Req. 6 janv. 1829, J.G. *Interdict.*, 68. — V. anal., en matière de mainlevée d'interdiction, *infrà*, art. 896, n° 10.

3. Décidé de même, qu'en l'absence d'une définition par la loi des conditions caractéristiques de l'état d'imbécillité, de démence ou de fureur, la plus grande latitude est laissée aux tribunaux pour apprécier, suivant les circonstances particulières de chaque cause, la pertinence des faits articulés à l'appui de la demande, et pour décider s'il convient ou non d'en ordonner la preuve; que par suite, ils ont pu, en vertu de ce pouvoir d'appréciation, se fonder sur le caractère du défendeur; la situation des parties et les particularités de la cause pour rejeter la demande de réunion du conseil de famille et de l'interrogatoire du défendeur. — Civ. r. 17 janv. 1876, D.P. 76. 1. 151. 152. — V. *Code civil annoté*, art. 489, n°° 28 et s., et *infrà*, n° 8.

4. L'obligation de prendre l'avis préalable du conseil de famille n'existerait pas non plus, si l'interdiction était poursuivie par le ministère public pour cause de fureur. — J.G. *Interdict.*, 69.

5. Il appartient au tribunal d'apprécier sur la requête et d'après la notoriété publique s'il doit ou non ordonner et la convocation et l'interrogatoire par le même jugement; si un doute se produit sur le caractère des faits, il y a lieu de rendre deux jugements séparés (Quest. controv.). — J.G. *Frais et dép.*, 799.

6. Le jugement de la chambre du conseil qui ordonne la convocation du conseil de famille et l'interrogatoire de la personne dont l'interdiction est poursuivie, est susceptible d'opposition de la part du défendeur à l'interdiction. — Caen, 30 janv. 1873, D.P. 76. 2. 42-44. — Paris, 19 juin. 1875, D.P. 76. 2. 42. — V. *suprà*, art. 157, n°° 29 et s., et *infrà*, art. 893, n° 10.

7. D'ailleurs, lorsque le tribunal reconnaît que les faits énoncés dans la requête sont d'une telle nature que, s'ils étaient complétement établis, ils pourraient entraîner l'interdiction ou la dation d'un conseil judiciaire, le jugement dont il s'agit préjuge le fond, ce qui légitime l'opposition de la partie poursuivie. — Douai, 11 mars 1864, D.P. 76. 2. 42. note.

8. Et la cour saisie de l'appel du jugement qui a déclaré cette opposition non recevable, peut, dans le cas où la cause est disposée à recevoir une décision définitive, évoquer le fond et écarter la demande en interdiction, si les faits articulés ne lui paraissent pas concluants. — Arrêts précités des 30 janv. 1873 et 19 juin 1875.

9. — II. COMPOSITION DU CONSEIL DE FAMILLE. — Les membres appelés à composer le conseil de famille chargé de donner son avis (sur la demande en nomination d'un conseil judiciaire dans l'espèce), peuvent être convoqués par le demandeur, et il n'est pas nécessaire qu'ils le soient à la requête du juge de paix. — Paris, 4 août 1849, D.P. 50. 2. 190

10. Le tuteur d'un mineur dont l'interdiction est demandée peut et doit faire partie du conseil de famille, alors même qu'il n'est pas le père de ce mineur. — J.G. *Interdict.*, 77.

11. Sur l'exclusion des parents qui ont provoqué l'interdiction, V. *Code civil annoté*, art. 495, n°° 1 et s.

12. Sur l'admission de l'époux, de l'épouse et des enfants, V. le même art., n°° 9 et s.

13. Il a été jugé que l'admission de la femme de celui dont l'interdiction est provoquée étant purement facultative, il ne peut résulter aucune irrégularité de son défaut d'assistance aux délibérations, alors surtout qu'aucune demande n'avait été faite à ce sujet. — Nancy, 21 nov. 1844, J.G. *Interdict.*

76. — Conf. *Code civil annoté,* art. 495, n⁰ˢ 9 et 10.

14. Quant à celui qui, à défaut de parents, a été appelé à titre d'ami, à faire partie du conseil de famille chargé de donner son avis sur la nomination d'un administrateur provisoire à une personne placée dans une maison d'aliénés, il n'a pas pour cela le droit de faire partie du conseil de famille ultérieurement convoqué pour donner son avis sur l'interdiction et sur l'organisation de la tutelle ; dès lors il est non recevable, pour défaut de qualité, à critiquer la composition et les délibérations de ce conseil. — Caen, 30 déc. 1857, D.P. 58. 2. 147.

15. Le juge de paix n'est pas tenu, et même il n'a pas le droit d'appeler pour *compléter* le conseil, les personnes qui lui auraient été désignées par le défendeur à la demande en interdiction. — Bordeaux, 17 janv. 1860, D.P. 60. 2. 95.

16. La contravention aux dispositions du code civil sur la composition du conseil de famille, n'est pas frappée d'une nullité absolue. — V. *Code civil annoté,* art. 407, n⁰ˢ 13 et suiv.

17. En ce sens, il a été jugé que, en matière d'interdiction, est régulière la composition du conseil de famille auquel ont été appelés les plus proches parents ou alliés pris dans la commune où la réunion a lieu, bien qu'ils aient déclaré n'avoir jamais eu de rapports avec le défendeur à l'interdiction ou avoir cessé depuis longtemps tout rapport avec lui, alors d'ailleurs qu'il n'est articulé aucun fait de collusion entre eux et la partie poursuivante. — Bordeaux, 17 janv. 1860, D.P. 60. 2. 95.

18. De même, n'est pas irrégulièrement composé en cette même matière, le conseil de famille à la réunion duquel n'a pas été convoquée l'aïeule maternelle, si elle ne pouvait apporter un concours utile à raison de son grand âge et de ses infirmités. — Civ. r. 7 mai 1873, D.P. 73. 1. 243.

19. Mais sur les effets de la contravention à la prohibition d'admettre au conseil de famille les parents par qui l'interdiction est provoquée, V. *Code civil annoté,* art. 495, n⁰ˢ 5 et suiv.

20. — III. Délibération du conseil et formation de l'avis. — Il n'est pas nécessaire, à peine de nullité, que le conseil, de famille, appelé par la loi à donner son avis sur l'état de la personne à interdire, se réunisse sous la présidence du juge de paix : ce conseil peut délibérer valablement devant le président du tribunal. — Paris, 15 mai 1813, J.G. *Interdict.,* 80. — Observ. conf., *ibid.*

21. Il n'est pas exigé non plus pour la validité de la délibération du conseil de famille relative à l'interdiction, que le juge de paix qui doit présider l'assemblée ait été délégué par le tribunal. — Metz, 29 déc. 1818, J.G. *Minorité,* 168.

22. Dans le cas spécial où il y a lieu de nommer un tuteur à un interdit qui a changé de domicile depuis l'interdiction, le conseil de famille doit être présidé par le juge de paix de l'ancien domicile de l'interdit. — Req. 30 avr. 1834, J.G. *Minorité,* 209.

23. Le conseil de famille a le droit, pour s'éclairer, d'appeler soit le demandeur, soit le défendeur à l'interdiction, pour leur demander des renseignements ou explications. — J.G. *Interdict.,* 78.

24. Mais il n'est pas exigé, à peine de nullité, que celui dont l'interdiction est demandée soit appelé devant le conseil. — Aix, 19 mars 1835, J.G. *Interdict.,* 78.

25. L'avoué du poursuivant peut aussi être appelé dans le sein du conseil de famille pour y donner les explications qui pourraient lui être demandées. — J.G. *Interdict.,* 79.

26. La délibération du conseil de famille, n'est qu'un simple avis que le conseil est appelé à émettre sur l'état de la personne dont l'interdiction est demandée. Par suite, est

nulle la délibération par laquelle le conseil de famille, au lieu de se borner à donner son avis sur l'état de la personne à interdire, a prononcé directement l'interdiction. — Montpellier, 18 mess. an 13, J.G. *Interdict.,* 81 et 71.

27. Mais ce conseil n'excède pas les bornes de sa mission, et, dès lors, sa délibération n'est pas nulle, lorsqu'il se borne à déclarer « qu'il y a lieu de poursuivre l'interdiction. » — Req. 5 avr. 1864, D.P. 65. 1. 84.

28. Les membres du conseil de famille peuvent, d'ailleurs, se contenter d'émettre leur opinion sur l'état de l'individu dont l'interdiction est provoquée, sans déclarer s'il y a ou non lieu à l'interdiction. — Paris, 28 févr. 1814, J.G. *Interdict.,* 81.

29. Les membres d'un conseil de famille appelés à donner leur avis sur l'état mental d'une personne contre laquelle est formée une demande en interdiction ou en dation du conseil judiciaire, ne sont tenus de rendre compte que du résultat de leurs connaissances personnelles. — Caen, 20 juill. 1842, J.G. *Minorité,* 242.

30. En matière d'interdiction, un avis de parents, dans lequel l'opinion du juge de paix et de chaque membre n'est pas indiquée, est irrégulier. — Caen, 28 juin 1827, J.G. *Minorité,* 242, et *Interdict.,* 84-2°. — V. *suprà,* art. 883, n⁰ˢ 1 et s.

31. En cas de dissidence d'opinions entre les membres du conseil de famille, il n'est pas besoin que la délibération fasse mention de l'opinion individuelle de chacun de ceux qui ont concouru à cette délibération. — Req. 2 août 1860, D.P. 60. 1. 495.

32. En tout cas, cette mention n'est assujettie à aucune forme particulière, et résulte suffisamment, par exemple, des mots *je proteste* ajoutés à la suite de la signature de ceux qui ont exprimé une opinion contraire à celle de la majorité du conseil de famille. — Même arrêt.

33. — IV. Recours contre l'avis du conseil de famille. — Les tribunaux ne sont pas *liés* par l'avis du conseil de famille ; en conséquence, ils peuvent, à l'encontre de cet avis, admettre ou repousser la demande en interdiction. — J.G. *Interdict.,* 82. — V. Besançon, 4 pluv. an 13, *ibid.,* 24-4°.

34. Par suite encore, aucun recours ne peut être admis contre cette délibération ; il n'existe pas, d'ailleurs, de juridiction devant laquelle ce recours pourrait être porté. — J.G. *Interdict.,* 83.

35. Toutefois, la nullité de la délibération peut être demandée devant le tribunal, par qui de droit, pour cause d'irrégularité. — J.G. *Interdict.,* 84.

36. Et cette délibération étant, non un simple acte de procédure, mais une formalité substantielle, il s'ensuit que la nullité de cet acte ne peut être couverte par l'acquiescement des parties. — Lyon, 14 juill. 1853, D.P. 54. 2. 33.

37. Spécialement, elle peut être proposée par le défendeur à l'interdiction, même après qu'il a été interrogé. — Caen, 28 juin 1827, J.G. *Interdict.,* 84.

38. ... Encore bien qu'il ait défendu sans réserve à la demande en nomination d'un administrateur provisoire ; ici ne s'applique pas l'art. 173 c. pr. civ. — Colmar, 14 juill. 1836, J.G. *Interdict.,* 84.

39. ... Et même aussi pour la première fois en appel. — Req. 24 févr. 1825, J.G. *Interdict.,* 84, et *Minorité,* 189-3°.

40. Seulement, en pareil cas, la poursuite n'est pas nulle ; il y a lieu seulement d'ordonner la convocation d'un nouveau conseil de famille. — Montpellier, 18 mess. an 13, J.G. *Interdict.,* 85 et 71. — Caen, 28 juin 1827, *ibid.,* 85 et 84-2°. — V. aussi *Code civil annoté,* art. 494, n° 8.

41. Sur les personnes qui ont qualité pour attaquer la délibération du conseil de famille. V. *suprà,* art. 883, n⁰ˢ 27 et s.

42. La réclamation des parents non ap-

pelés au conseil de famille peut être déclarée non recevable, s'ils ont des intérêts opposés à ceux de l'interdit, qui peuvent faire prévoir qu'il y aura litige entre eux. — Dijon, 13 janv. 1858, D.P. 60. 2. 179.

Table sommaire.

Acquiescement 36.	(avis, recours) 33 s.; (composition) 9 s.; (délibération) 20 s.; (délibération nulle) 26, 35; (délibération, qui peut l'attaquer) 41; (opinions dissidentes) 31.	Interrogatoire 5 s.
Administrateur provisoire 14, 38.		Juge de paix 15, 20 s.
Aïeule maternelle 18.		Mariage (opposition) 2.
Aliéné 14.		Mineur 10.
Ami 14.		Ministère public 4.
Appel 39.		Notoriété publique 5.
Avis (conseil de famille, formation) 20 s.	Conseil judiciaire (dation) 7, 9, 29.	Opposition (jugement, chambre du conseil) 6; (mariage) 2.
Avis préalable (conseil de famille, nécessité) 2 s.	Démence 3. Enfant 12.	Pouvoir du juge 2 s.
Avoué (poursuivant) 25.	Epoux 12 s. Evocation 8. Femme 12 s.	Protestation 32.
Collusion 17.	Fureur 3 s.	Recours (avis, conseil de famille 33 s.
Connaissance personnelle 29.	Imbécillité 3. Intérêt contraire 42.	
Conseil de famille		Tuteur 10.

La requête et l'avis du conseil de famille seront signifiés au défendeur avant qu'il soit procédé à son interrogatoire.

Si l'interrogatoire et les pièces produites sont insuffisants, et si les faits peuvent être justifiés par témoins, le tribunal ordonnera, s'il y a lieu, l'enquête, qui se fera en la forme ordinaire.

Il pourra ordonner, si les créanciers l'exigent, que l'enquête sera faite hors de la présence du défendeur ; mais, dans ce cas, son conseil pourra le représenter. — C. pr. civ. 252 s. — C. civ. 496.

Exposé des motifs et Rapport, J.G. *Interdict,* p. 11, n⁰ˢ 51 et 54.

1. Sur l'interrogatoire du défendeur à la demande d'interdiction, V. *Code civil annoté,* art. 496, n⁰ˢ 2 et s.

2. Sur la production de pièces à l'appui de la requête, V. *suprà,* art. 890, n° 7.

3. — I. Signification préalable a l'interrogatoire. — Le défaut d'énonciation, dans les qualités de l'arrêt rendu sur une demande d'interdiction, de la signification au défendeur, avant son interrogatoire, de la requête introductive d'instance et de l'avis du conseil de famille, ne suffit pas pour établir que cette signification n'a pas eu lieu, et n'entraîne pas, dès lors, la nullité de la décision intervenue, surtout quand l'irrégularité est relevée pour la première fois devant la Cour de cassation. — Req. 3 févr. 1868, D.P. 68. 1. 390.

4. Au surplus, cette signification n'ayant été ordonnée que dans l'intérêt de l'interdit, et n'étant pas d'ailleurs prescrite par la loi à peine de nullité, un tiers ne pourrait pas demander la nullité de la procédure sur le motif que cette formalité n'aurait pas été observée. — Besançon, 26 févr. 1840, J.G. *Interdict.,* 98 et 92.

5. Si le défendeur ne peut être assigné avant que le tribunal ait vérifié la pertinence des faits articulés et reçu l'avis du conseil de famille, il a néanmoins le droit de se présenter, si bon lui semble, dès le début de l'instance, et d'entrer dès lors en cause pour défendre à la poursuite dirigée contre lui. — Civ. r. 17 janv. 1876, D.P. 76. 1. 151-152.

6. — II. ENQUÊTE. — Cette mesure est facultative, au moins dans le cas où de prime abord la poursuite paraît, au juge, manquer de fondement sérieux. Ainsi, la nullité d'un arrêt rejetant une demande d'interdiction ne peut être proposée pour le seul motif d'omission de la formalité de l'enquête, alors, d'ailleurs, que les parties ne l'avaient pas réclamée. — Req. 5 juill. 1837, J.G. *Interdict.*, 99 et 24-3°.

7. Mais lorsque l'enquête est réclamée pour l'utilité de sa défense par celui dont l'interdiction est poursuivie, les juges doivent avoir égard à une telle demande et ne peuvent, par suite, pour passer outre à la prononciation de l'interdiction, se déclarer suffisamment éclairés, soit par les faits avancés par le demandeur, soit par l'avis du conseil de famille et l'interrogatoire prescrit par les art. 496 c. civ. et 893 c. pr. civ. — Toulouse, 13 juill. 1814, J.G. *Interdict.*, 100.

8. L'enquête peut toujours, au surplus, être ordonnée d'office. Décidé même que, bien que les juges d'appel puissent seulement prononcer sur les demandes formées en première instance, un arrêt a pu cependant, en matière d'interdiction, ordonner, pour la première fois, une information sur la vie et les mœurs de celui dont l'interdiction est poursuivie, encore bien qu'elle n'ait été demandée par aucune des parties. — Req. 17 frim. an 4, J.G. *Interdict.*, 140.

9. Le jugement qui ordonne l'enquête est un jugement de pure instruction, auquel le défendeur en interdiction n'a pas besoin d'être appelé. — Aix, 19 mars 1835, J.G. *Interdict.*. 101.

10. ... Et, par suite, ce jugement n'est pas susceptible d'opposition. — Même arrêt. — V. *suprà*, 892, n°s 6 et s.

11. Ce même jugement peut être rendu en chambre du conseil, la publicité n'étant prescrite que pour le jugement qui statue définitivement. — Poitiers, 4 juin 1860, D.P. 60. 5. 205.

12. Quoique celui dont l'interdiction a été provoquée ait déjà subi un interrogatoire, la preuve de faits nouveaux non articulés dans la requête peut encore être admise. — Agen, 3 juill. 1827, J.G. *Interdict.*, 104.

13. Cette solution, qui est conforme à la règle générale des art. 252 et s. c. pr., s'induit, d'ailleurs, de ce qu'aucune disposition du code en matière d'interdiction n'enlève la faculté d'articuler de nouveaux faits dans le cours du procès. — Bruxelles, 29 déc. 1838, J.G. *Interdict.*, 104 et 96.

14. De ce que l'enquête doit avoir lieu dans les formes ordinaires, il résulte que le demandeur est tenu de faire signifier au défendeur les noms et professions des témoins à produire (c. pr. 261). — J.G. *Interdict.*, 103. *Contra*, avant le code de procéd. : — Colmar. 2 prair. an 13, *ibid.*

15. Les membres du conseil de famille qui ont donné leur avis sur une demande en interdiction ou en nomination de conseil judiciaire, peuvent déposer comme témoins sur les faits de démence ou de prodigalité : ici ne s'applique pas l'exclusion prononcée par l'art. 283 c. civ. — Bruxelles, 15 mai 1807, J.G. *Interdict.*, 106 et 263.

16. L'enquête peut avoir lieu hors la présence du défendeur : c'est aux juges à apprécier les circonstances. — J.G. *Interdict.*, 102.

17. Le *ministère public* n'est pas tenu d'assister à l'enquête. — J.G. *Interdict.*, 105.

18. — III. DÉCISION SUR LA DEMANDE D'INTERDICTION. — Même dans le cas où la partie dont l'interdiction est demandée se trouve traduite devant le tribunal civil par le ministère public, à la suite d'une décision de la juridiction criminelle, passée en force de chose jugée, qui a acquitté cette partie d'une accusation de crime, en se fondant sur ce qu'elle était habituellement en état de démence et de fureur, le juge saisi de la demande a pu, en se fondant sur une instruc-tion criminelle et notamment sur un avis contraire du conseil de famille, décider qu'il n'y a pas lieu de prononcer l'interdiction. — Bastia, 2 mai 1827, J.G. *Interdict.*, 24.

19. L'arrêt qui, dans une poursuite en interdiction, déclare les faits articulés non admissibles, en se fondant, non sur un interrogatoire officieux subi par le défendeur dans la chambre du conseil du tribunal, avant la convocation du conseil de famille, mais sur ce motif, qu'en les supposant prouvés, il n'en résulterait nullement que le défendeur fût dans un état d'imbécillité, de démence ou de fureur, répond suffisamment au grief tiré contre le jugement de ce que le tribunal, en procédant audit interrogatoire, avait irrégulièrement procédé. — Civ. r. 17 janv. 1876, D.P. 76. 1. 151-152.

Art. 894.

L'appel interjeté par celui dont l'interdiction aura été prononcée sera dirigé contre le provoquant.

L'appel interjeté par le provoquant, ou par un des membres de l'assemblée, le sera contre celui dont l'interdiction aura été provoquée.

En cas de nomination de conseil, l'appel de celui auquel il aura été donné sera dirigé contre le provoquant. — C. pr. civ. 443 s. — C. civ. 500, 513.

Exposé des motifs et Rapport, J.G. *Interdict.*, p. 11, n°s 51 et 55.

1. — I. OPPOSITION. — De ce que l'art. 894, comme l'art. 500 c. civ., ne parle que de l'appel, il ne suit pas que, dans le cas où le défendeur a fait défaut, il soit, par exception à la règle générale, non recevable à se pourvoir par la voie de l'opposition (Quest. controv.). — J.G. *Interdict.*, 134.

2. Quant aux actes qui doivent être réputés constituer l'exécution du jugement par défaut qui aurait prononcé l'interdiction, V. *suprà*, art. 159, n°s 120 et s.

3. — II. APPEL. — L'appel doit être interjeté dans le délai ordinaire, et il ne peut l'être, conformément à la règle générale, que par ceux qui étaient parties dans l'instance. — J.G. *Interdict.*, 137.

4. L'individu dont l'interdiction est prononcée ne peut ni acquiescer au jugement, ni, par suite, se désister de l'appel qu'il aurait interjeté. — J.G. *Interdict.*, 144. — V. *suprà*, art. 402, n°s 19 et s.; *Appendice* au titre 23, *Acquiescement*, n°s 154 et s., p. 525. — V. aussi *infrà*, art. 896, n° 16.

5. Il en est de même à l'égard du jugement de nomination d'un conseil judiciaire. — V. *Appendice* au titre 23, *Acquiescement*, n° 158, *suprà*, p. 525.

6. Jugé toutefois que si le désistement de l'opposition au jugement d'interdiction (rendu par défaut dans l'espèce) n'empêche pas de reprendre une voie de recours à laquelle on n'a pu renoncer, il n'en anéantit pas moins l'opposition primitivement formée, en sorte que, s'il n'y a pas renouvellement de cette opposition avant l'expiration du délai, le jugement passe en force de chose jugée. — Req. 12 janv. 1875, D.P. 76. 1. 217. — V. *Code civil annoté*, 492, n°s 19 et s.

7. La poursuite en interdiction ne pouvant être l'objet d'une transaction ou d'un compromis, la circonstance que la partie poursuivante aurait fait signifier sans aucune réserve le jugement intervenu, bien que cette décision se borne à la dation d'un conseil judiciaire au défendeur à la demande d'interdiction, ne la rend pas non recevable à en interjeter appel. — Lyon, 24 juill. 1872, D.P. 72. 2. 191.

8. Pareillement, la poursuite en interdiction peut être reprise par le demandeur, malgré son désistement. — Lyon, 14 juill. 1853, D.P. 54. 2. 33.

9. Et même, ce désistement ne dispense pas les magistrats de vérifier la situation qui leur a été soumise. — Nancy, 15 juin 1865, D.P. 66. 2. 142.

10. En sens contraire, la femme qui demande à être autorisée, en vertu d'un jugement d'interdiction prononcé contre son mari, à convoquer un nouveau conseil de famille, parce qu'un premier l'aurait été illégalement, est censée, par cette demande, acquiescer au jugement d'interdiction, et dès lors elle est non recevable à l'attaquer par la voie de l'appel. — Rennes, 27 déc. 1830, J.G. *Interdict.*, 145 et 165.

11. L'administrateur provisoire nommé à un aliéné est sans qualité pour attaquer, soit par la voie de l'appel, soit par celle de la tierce-opposition, le jugement qui a prononcé l'interdiction. — Caen, 30 déc. 1857, D.P. 58. 2. 147.

Sur la représentation de l'aliéné par un mandataire spécial, V. L. 30 juin 1838, art. 33, *Code civil annoté, Appendice* à l'art. 497, t. 1er, p. 331.

12. Il en est de même de celui qui, à défaut de parents, a été appelé à titre d'ami à faire partie du conseil de famille chargé de donner son avis sur la nomination de cet administrateur provisoire. — Même arrêt.

13. Mais le donataire reçu intervenant dans l'instance en interdiction dirigée contre le donateur, peut appeler du jugement qui prononce l'interdiction. — Bordeaux, 2 avr. 1833, J.G. *Interdict.*, 141.

14. L'appel du jugement d'interdiction est-il suspensif? — V. *Code civil annoté*, art. 502, n°s 4 et s.

15. Les causes d'interdiction sont-elles du nombre de celles qui, sur l'appel, doivent être jugées en audience solennelle? — V. Décr. 30 mars 1808, art. 22, n°s 18, 21, 49, 64, *suprà*, p. 690 et s.

16. — III. TIERCE-OPPOSITION. — Cette voie est-elle ouverte contre les jugements d'interdiction? dans quels cas et à quelles conditions? — V. *suprà*, art. 474, n°s 42 et s., 76 et s., 90, 161 et s.

17. — IV. RECOURS EN CASSATION. — L'arrêt de la cour d'appel, soit qu'il admette, soit qu'il refuse l'interdiction, peut être frappé d'un recours en cassation, selon les cas, s'il présente une violation des formes prescrites ou de la loi. — J.G. *Interdict.*, 154.

Art. 895.

S'il n'y a pas d'appel du jugement d'interdiction, ou s'il est confirmé sur l'appel, il sera pourvu à la nomination d'un tuteur et d'un subrogé tuteur à l'interdit, suivant les règles prescrites au titre *des Avis de parents*.

L'administrateur provisoire nommé en exécution de l'art. 497 du Code civil cessera ses fonctions, et rendra compte au tuteur, s'il ne l'est pas lui-même. — C. pr. civ. 527 s., 882 s. — C. civ. 405 s., 420 s., 427 s., 505.

Exposé des motifs et Rapports, J.G. *Interdict.*, p. 11, n°s 51 et 55.

1. — I. ORGANISATION DE LA TUTELLE DE L'INTERDIT. — Décidé qu'un jugement ne pouvant être mis à exécution qu'après qu'il a été signifié à partie, un conseil de famille n'a pu régulièrement et valablement nommer un tuteur à la personne interdite, avant que celle-ci eût reçu la signification du jugement qui prononce son interdiction. — Civ. c. 13 avr. 1807, J.G. *Interdict.*, 154.

2. Toutefois, cette nullité peut être couverte à certains égards par le défaut de réclamation de l'intéressé. Ainsi, la nomination d'un tuteur à un interdit avant la signification du jugement prononçant l'interdiction, n'est pas une cause de nullité de la vente des biens de ce dernier, si cette signification a précédé le jugement qui a autorisé la vente des biens de l'interdit, alors surtout que l'administration du tuteur s'est prolongée pendant dix années sans réclamation par l'interdit, et que l'interdiction a été provoquée par le ministère public. — Req. 24 déc. 1838, J.G. *Interdict.*, 154 et 126-2°.

3. Quand la nomination du tuteur ou du subrogé tuteur a été faite avant l'expiration du délai d'appel, le tuteur et subrogé tuteur prématurément nommés doivent, si l'appel vient à être interjeté, faire place à l'administrateur provisoire, qui reprend de nouveau sa gestion jusqu'à la décision de la cour. — J.G. *Interdict.*, 155.

4. Toutefois, en principe, les contestations élevées relativement à la nomination du tuteur d'un interdit laissent néanmoins à ce tuteur, aussi longtemps que ladite nomination subsiste, qualité pour défendre aux actions formées contre l'interdit, et on demanderait en vain qu'il fût sursis à toutes demandes, tant que la nomination du tuteur est contestée. — Aix, 5 mars 1842, J.G. *Interdict.*, 156 et 174.

5. Il n'est pas besoin de nommer un tuteur à l'interdit, lorsque l'interdiction est prononcée contre un mineur, puisqu'il en est déjà pourvu, sauf, si la démence persiste, à procéder à une nomination nouvelle à l'époque de sa majorité. — J.G. *Interdict.*, 157.

6. C'est au conseil de famille qu'appartient le droit de nommer le tuteur et le subrogé tuteur, conformément aux art. 405 et s. c. civ., 882 et s. c. pr. civ. Par suite, une cour d'appel, après avoir annulé une nomination de tuteur, n'a pu pourvoir elle-même à la tutelle. — Civ. c. 27 nov. 1816, et sur renvoi, Orléans, 9 août 1817, J.G. *Interdict.*, 160 et 164.

7. La délibération d'un conseil de famille, portant nomination d'un tuteur à un interdit, n'a pas besoin, pour devenir exécutoire, d'être soumise à l'homologation du tribunal. — Metz, 24 brum. an 13, J.G. *Interdict.*, 160 et 166.

8. Ceux des parents qui ont provoqué l'interdiction, bien qu'exclus du conseil de famille (c. civ. 495), ne sont pas pour cela incapables d'être nommés à la tutelle de l'interdit. — Metz, 24 brum. an 13, J.G. *Interdict.*, 166.

9. Les *enfants* de l'interdit peuvent également être appelés à la tutelle de leur père (Arg. art. 508 c. civ.). — J.G. *Interdict.*, 167.

10. La *mère* de l'interdit peut être nommée tutrice. Cela a été admis implicitement dans une espèce où la nomination de la mère à la tutelle de sa fille interdite n'a été attaquée qu'en tant que faisant grief aux droits prétendus du mari qui revendiquait cette tutelle nonobstant la séparation de corps. — Dijon, 18 mars 1857, sous Req. 25 nov. 1857, D.P. 58. 1. 299.

11. La femme de l'interdit peut-elle refuser la tutelle ? — V. *Code civil annoté*, art. 507, n°⁸ 5 et s.

12. La femme commune en biens d'un interdit qui, malgré sa demande, n'a pas été appelée au conseil de famille convoqué pour nommer un tuteur à son mari, a qualité pour se pourvoir contre la délibération à laquelle elle n'a point assisté : l'art. 883 c. pr. civ., aux termes duquel la femme est non recevable à se pourvoir contre la délibération d'une assemblée dont elle n'a point fait partie, est inapplicable à ce cas. — Dijon, 15 févr. 1866, D.P. 66. 2. 63.

13. Et, dans ce cas, la demande d'annulation du choix du tuteur ne doit pas être in-

tentée conformément aux prescriptions de l'art. 446 c. civ., qui détermine les formes suivant lesquelles la destitution du tuteur doit être poursuivie, mais d'après les règles ordinaires. — Même arrêt.

14. — II. Reddition des comptes de l'administrateur provisoire. — L'administrateur provisoire ne peut être assimilé au tuteur : par suite, ni cet administrateur, ni celui qu'il s'est subrogé en qualité de mandataire, ne peuvent être condamnés à rendre leur compte dans la forme des comptes de tutelle ; ils ne doivent ce compte que conformément aux règles du mandat. — Civ. c. 16 févr. 1842, J.G. *Interdict.*, 116.

15. Par suite, également, la femme d'un interdit qui, avant l'interdiction, a touché des sommes appartenant à celui-ci, n'est pas tenue de rendre un compte détaillé, comme serait obligé de le rendre un tuteur. — Bordeaux, 14 juin 1853, J.G. *Interdict.*, 116.

16. L'administrateur est responsable de sa gestion ; mais cette responsabilité ne peut aller jusqu'à entraîner hypothèque légale sur ses biens, comme cela a lieu pour le tuteur. — V. *Code civil annoté*, art. 2121, n°⁸ 104.

Art. 896.

La demande en mainlevée d'interdiction sera instruite et jugée dans la même forme que l'interdiction. — C. pr. civ. 890. — C. civ. 494, 512.

Exposé des motifs et Rapport, J.G. *Interdict.* p. 11, n°⁸ 55 et 56.

1. — I. Mainlevée de l'interdiction. — Le code civil contenait déjà une disposition semblable à celle du présent article, V. *Code civil annoté*, art. 512, n°⁸ 1 et s.

2. Et cette disposition est étendue à la mainlevée de la défense de procéder à certains actes sans l'assistance d'un conseil judiciaire. — V. *Code civil annoté*, art. 514, n°⁸ 46 et s.

3. L'interdit est recevable à former la demande de mainlevée. — V. *Code civil annoté*, art. 512, n° 2.

4. La même solution est admise en ce qui concerne le prodigue. — V. *Code civil annoté*, art. 514, n° 46.

5. L'interdit qui veut obtenir mainlevée de son interdiction n'est pas tenu d'appeler en cause son tuteur, le conseil de famille et le ministère public étant les seuls contradicteurs à une pareille demande reconnus par la loi ; dès lors, le tuteur n'a pas qualité pour former tierce-opposition au jugement de mainlevée. — Civ. c. 12 févr. 1816, J.G. *Interdict.*, 240. — Observ. conf., *ibid.*

6. En sens contraire, l'interdit ne peut demander la mainlevée de son interdiction qu'à la charge d'appeler son tuteur en cause. — Riom, 2 déc. 1830, J.G. *Interdict.*, 239.

7. La demande en mainlevée doit être portée devant le tribunal du domicile de l'interdit (Quest. controv.). — J.G. *Interdict.*, 243.

8. Pour le cas où l'interdit a changé de domicile depuis le jugement d'interdiction, V. *Code civil annoté*, art. 514, n° 48.

9. Pour l'introduction et l'instruction de la demande en mainlevée, il faut : une requête au président, la communication au ministère public, la nomination d'un rapporteur, l'avis du conseil de famille, un interrogatoire et une enquête, si les juges l'estiment nécessaire ; le jugement doit être public et rendu sur les conclusions du ministère public. — J.G. *Interdict.*, 238. — V. *supra*, art. 890, 891 et 892, et art. 498 et 515 c. civ.

10. La demande en mainlevée peut être rejetée sans convocation préalable du conseil de famille, au cas, par exemple, de non-pertinence des faits articulés dans la requête

à l'appui de cette demande. — Civ. r. 13 janv. 1864, D.P. 64. 1. 86. — Conf. *Code civil annoté*, art. 512, n° 6. — V. aussi anal. *suprà*, art. 892, n°⁸ 2 et s.

11. L'instance en mainlevée d'interdiction s'éteint par le décès de l'interdit qui réclame ou pour lequel on réclame le recouvrement de la capacité civile. — Montpellier, 7 janv. 1851, D.P. 54. 2. 7.

12. Les membres du conseil de famille qui avaient émis un avis défavorable peuvent former opposition au jugement de mainlevée par acte extrajudiciaire, signifié au poursuivant, qui doit alors les appeler pour faire rendre le jugement avec eux; sinon ils peuvent y former opposition. — J.G. *Interdict.*, 238.

13. Mais le même droit ne saurait être reconnu au tuteur et au subrogé tuteur de l'interdit (V. *suprà*, n° 5), sauf le cas d'un mandat spécial donné par le conseil de famille (V. *infrà*, n° 17) ; il n'y a pas lieu de faire ici application de l'art. 883. — J.G. *Interdict.*, 241 ; *Appel civ.*, 493.

14. Le jugement qui prononce la mainlevée de l'interdiction est, comme celui qui prononce cette interdiction, susceptible d'appel de la part de ceux qui figuraient dans l'instance comme parties. — J.G. *Interdict.*, 244 ; *Appel civ.*, 492.

15. Ainsi, le tuteur de l'interdit a qualité pour interjeter appel du jugement qui prononce la mainlevée de l'interdiction, lorsqu'il en a reçu la mission spéciale du conseil de famille, encore bien qu'il se trouverait avoir été nommé durant l'instance en remplacement d'un précédent tuteur destitué, auquel la décision de destitution n'aurait pas été notifiée, si d'ailleurs celui-ci n'élève dans l'instance aucune réclamation contre sa destitution. — Req. 14 juin 1842, J.G. *Interdict.*, 244.

16. L'acquiescement du tuteur de l'interdit au jugement qui relève ce dernier de son interdiction, ne rend pas l'appel de ce jugement non recevable, le consentement des parties dans une matière d'ordre public étant sans effet. — Req. 14 juin 1842, J.G. *Interdict.*, 245 et 244-1°. — V. anal. *suprà*, art. 894, n° 4.

17. La circonstance que la mainlevée a été accordée conformément aux conclusions du ministère public ne fait pas, non plus, obstacle à ce que le conseil de famille interjette appel du jugement, notamment par l'organe du tuteur. — Req. 14 juin 1842, J.G. *Interdict.*, 244.

18. D'ailleurs, le ministère public lui-même a le droit d'interjeter appel d'un jugement qui, conformément à ses conclusions, a donné mainlevée d'une interdiction qu'il avait lui-même provoquée. — Poitiers, 5 août 1831, J.G. *Interdict.*, 244.

19. L'interdit ne peut reprendre l'exercice de ses droits qu'après le jugement. Si la mainlevée n'est accordée que sur l'appel et par un arrêt infirmatif, ce n'est également qu'à partir de cet arrêt que l'interdiction cesse de produire ses effets. — J.G. *Interdict.*, 246. — V. *Code civil annoté*, art. 512, n° 1.

20. Dans le cas où l'interdit vient à décéder durant l'instance engagée sur l'appel d'un jugement qui a prononcé cette mainlevée, la cour, dessaisie par le décès, ne peut prononcer ni sur les effets à attribuer au jugement, ni sur la valeur des actes faits postérieurement par l'ex-interdit. — Montpellier, 7 janv. 1851, D.P. 54. 2. 7.

Art. 897.

Le jugement qui prononcera défenses de plaider, transiger, emprunter, recevoir un capital mobilier, en donner décharge, aliéner ou hypothéquer sans assistance de conseil, sera affiché dans la forme prescrite par l'art. 501 du Code civil. — C. civ. 499, 513. — Tar. 92.

Exposé des motifs et Rapport, J.G. *Interdict.*, p. 11, n° 56.

1. — Publicité du jugement de dation d'un conseil judiciaire. — Il a été jugé, sous l'ancienne législation qui faisait de la prodigalité une cause d'interdiction, qu'une sentence d'interdiction pour une telle cause, rendue sur simple requête de l'interdit, sans conclusions du ministère public, n'a pas rendu cet interdit incapable de traiter avec des tiers, alors qu'elle n'a pas été rendue publique dans les formes légales. — Paris, 11 therm. an 12, J.G. *Interdict.*, 283.

2. Il a été décidé aussi que l'arrêt qui, en donnant mainlevée d'une interdiction prononcée sous l'empire des lois anciennes pour cause de prodigalité, nomme en même temps un conseil judiciaire au prodigue, doit être rendu public, conformément aux art. 501 c. civ. et 897 c. pr. — Rennes, 14 juin 1819, J.G. *Interdict.*, 313 et lois 241.

TITRE XII

Du Bénéfice de cession.

Art. 898.

Les débiteurs qui seront dans le cas de réclamer la cession judiciaire accordée par l'art. 1268 du Code civil seront tenus, à cet effet, de déposer au greffe du tribunal où la demande sera portée, leur bilan, leurs livres, s'ils en ont, et leurs titres actifs. — C. pr. civ. 800-3°. — C. civ. 1265, 1945. — C. com. 541. — Tar. 92.

Exposé des motifs et Rapport, J.G. *Obligat.*, p. 54 55, n°° 7 et 23.

1. Par suite de l'abolition de la contrainte par corps en matière civile et commerciale, en vertu de la loi du 22 juill. 1867 (D.P. 67. 4. 75), la cession de biens judiciaire n'a plus lieu que dans des cas exceptionnels. — V. *Code civil annoté*, art. 1268 et s.

2. Le dépôt, au greffe du tribunal, du bilan, des livres et des titres actifs est fait par le ministère d'un avoué. — J.G. *Obligat.*, 2319.

3. Le débiteur qui ne remettrait pas les titres actifs qu'il a en sa possession ne pourrait être admis au bénéfice de cession. — Toulouse, 30 avr. 1821, J.G. *Obligat.*, 2319 et 2328.

4. Le dépôt ne peut être exigé lorsque, relativement aux livres, le débiteur a déclaré : — 1° qu'ayant cessé tout commerce depuis sa faillite, qui remonte à plus de dix années, il n'a pas cru devoir conserver les livres qu'il avait tenus, et qui avaient été reconnus en bon état ; — 2° que, relativement aux titres, il n'en existe pas, tout l'actif ayant été employé au payement du premier dividende dû en vertu d'un concordat. — Toulouse, 30 avr. 1821, J.G. *Obligat.*, 2320 et 2328.

5. D'ailleurs, la circonstance que le débiteur n'a pas tenu de livres, et que son bilan renferme des omissions, n'est pas suffisante pour le faire exclure du bénéfice de cession, lorsque ce débiteur est un ouvrier

presque illettré, qu'aucun fait de fraude n'est allégué contre lui, et que tout, au contraire, tend à prouver sa bonne foi. — Angers, 21 nov. 1817, J.G. *Obligat.*, 2321.

6. La demande d'admission au bénéfice de cession est valablement formée, quoique le débiteur n'ait déposé au greffe du tribunal saisi de cette demande qu'une partie de ses titres, si les autres titres actifs et passifs, avaient été antérieurement déposés au greffe d'un autre tribunal. — (Arg.) Aix, 13 ayr. 1807, J.G. *Obligat.*, 2322.

7. Les titres déposés qui sont susceptibles d'être mis à exécution doivent être délivrés aux créanciers ; une fois la cession admise, c'est à eux seuls qu'il appartient de poursuivre les débiteurs de leur débiteur. — J.G. *Obligat.*, 2323. — V. aussi Req. 18 vend. an 12., *ibid.*

8. Est susceptible d'appel le jugement ordonnant le dépôt au greffe des livres-journaux et lettres missives d'un négociant étranger, domicilié en France, qui demande à être admis au bénéfice de cession de biens, et accorde à ce dernier un sauf-conduit à l'effet de se présenter en personne et répondre aux interpellations qui lui seront faites.—Trèves, 24 févr. 1808, J.G. *Obligat.*, 2324 et 2307.

Art. 899.

Le débiteur se pourvoira devant le tribunal de son domicile. — C. com. 59, 61.

Exposé des motifs et Rapport, J.G. *Obligat.*, p. 55, n° 23.

1. Le débiteur qui veut se faire admettre au bénéfice de la cession de biens n'est pas obligé de se pourvoir préalablement par requête en permis d'assigner ; il peut, à cet effet, intenter une action contre ses créanciers.— Grenoble, 11 juill. 1829, J.G. *Obligat.*, 2326.

2. C'est seulement lorsque le débiteur veut assigner à bref délai pour demander la suspension des poursuites dirigées contre lui, qu'il doit présenter requête au président. — J.G. *Obligat.*, 2326.

Art. 900.

La demande sera communiquée au ministère public ; elle ne suspendra l'effet d'aucune poursuite, sauf aux juges à ordonner, parties appelées, qu'il sera sursis provisoirement. — C. pr. civ. 83 s.

Exposé des motifs et Rapport, J.G. *Obligat.*, p. 54 et 55, n° 7 et 23.

L'instance relative à une demande en cession de biens est ordinaire et non sommaire ; elle doit être jugée à la première audience, sans remise ni tour de rôle. — Paris, 27 nov. 1828, J.G. *Obligat.*, 2330.

Art. 901.

Le débiteur admis au bénéfice de cession sera tenu de réitérer sa cession en personne, et non par procureur, ses créanciers appelés, à l'audience du tribunal de commerce de son domicile ; et s'il n'y en a pas, à la maison commune, un jour de séance : la déclaration du débiteur sera constatée, dans ce dernier cas, par procès-verbal de l'huissier, qui sera signé par le maire.

— C. pr. civ. 1039.—C. civ. 1270.— C. com. 635. — Tar. 64.

Exposé des motifs et Rapport, J.G. *Obligat.*, p. 54 et 55, n°° 8 et 24.

1. Ce n'est qu'après avoir préalablement appelé ses créanciers, que le débiteur peut être admis au bénéfice de cession ; en conséquence, est nul le jugement qui a admis cette cession sur requête non signifiée à ses créanciers. — Colmar, 24 nov. 1807, J.G. *Obligat.*, 2328.

2. Suivant un autre système, le tribunal civil saisi d'office de la demande de cession de biens doit en apprécier le mérite, et il n'est nécessaire d'appeler les créanciers que lorsque le débiteur fait réellement la cession de biens à l'audience du tribunal de commerce, ou à la maison commune. — Toulouse, 30 avr. 1821, J.G. *Obligat.*, 2328.

3. En tout cas, il n'est pas nécessaire, à peine de nullité, que la demande en admission au bénéfice de cession de biens soit formée contre tous les créanciers ; elle peut ne l'être que contre partie d'entre eux, sauf, à ceux qui ne seraient pas appelés, le droit de tierce-opposition contre le jugement par lequel la cession de biens est admise. — Grenoble, 11 juill. 1829, J.G. *Obligat.*, 2329 et 2326.

4. Si le débiteur admis à la cession de biens ne l'a pas réitérée en personne, conformément à l'art. 901 c. pr. civ., il conserve l'administration de ses biens ; et dans tous les cas, alors même qu'il aurait réitéré sa cession, il pourrait, dans l'intérêt de ses créanciers, faire des actes conservatoires. — Lyon, 8 déc. 1824, J.G. *Obligat.*, 2332-1°.

5. Un débiteur détenu, qui est admis à faire cession de biens, ne peut être mis en liberté qu'après avoir réitéré sa cession devant le tribunal de commerce. — Toulouse, 30 avr. 1821, J.G. *Obligat.*, 2332-2° et 2328.— V. *infrà*, art. 902.

6. Lorque après un jugement par lequel un débiteur est admis au bénéfice de cession, celui-ci fait sommer ses créanciers d'assister à la réitération de la cession, et obtient un jugement par défaut contre eux, qui lui donne acte de cette réitération, les créanciers qui, aussitôt après la prononciation de ce second jugement, font des protestations et se réservent d'interjeter appel du premier, sont recevables dans cet appel. — Nîmes, 10 janv. 1811, J.G. *Obligat.*, 2333 et 2295-1°.

7. Mais le créancier qui a assisté, sans faire aucune observation quelconque, aux convocations des créanciers devant le tribunal, ayant pour objet d'y régler tout ce qui est relatif à l'administration de la masse, est non recevable à interjeter appel du jugement d'admission. — Bruxelles, 14 juin 1828, J.G. *Obligat.*, 2334.

Art. 902.

Si le débiteur est détenu, le jugement qui l'admettra au bénéfice de cession ordonnera son extraction, avec les précautions, en tel cas requises et accoutumées, à l'effet de faire sa déclaration conformément à l'article précédent.—C. pr. civ. 800-3°, 901. — C. civ. 1270. — Tar. 65.

1. Si le débiteur est détenu, le jugement ordonne que le débiteur sera mis sous la garde d'un huissier, pour être conduit au lieu où il doit réitérer sa déclaration, et n'être mis en liberté qu'après avoir rempli cette formalité. Le tout est constaté par procès-verbal de l'huissier. — J.G. *Obligat.*, 2335.

2. Mais un jugement ne peut être annulé par cela seul que le tribunal, en admettant au bénéfice de cession de biens un débiteur

Incarcéré, n'a pas ordonne son extraction de la maison d'arrêt pour qu'il fit sa déclaration conformément à l'art. 901 c. pr. civ. — Colmar, 17 janv. 1812, J.G. *Obligat.*, 2336.

Art. 903.

Les nom, prénoms, profession et demeure du débiteur, seront insérés dans un tableau public à ce destiné, placé dans l'auditoire du tribunal de commerce de son domicile, ou du tribunal de première instance qui en fait les fonctions, et dans le lieu des séances de la maison commune. — C. pr. civ. 867, 872. — Tar. 92.

Exposé des motifs et Rapport, J.G. *Obligat.*, p. 54 et 55, nᵒˢ 9 et 14.

Art. 904.

Le jugement qui admettra au bénéfice de cession, vaudra pouvoir aux créanciers, à l'effet de faire vendre les biens meubles et immeubles du débiteur; et il sera procédé à cette vente dans les formes prescrites pour les héritiers sous bénéfice d'inventaire. — C. pr. civ. 617, 945, 953, 987. — C. civ. 1269.

Exposé des motifs et Rapport, J.G. *Obligat.*, p. 55, nᵒˢ 25.

1. Il n'y a pas lieu à transcription du jugement qui admet un débiteur au bénéfice

de la cession de biens. — J.G. *Transcript. hypoth.*, 357.

2. Le débiteur restant, malgré la cession, propriétaire des biens abandonnés, c'est contre lui que la vente des biens doit être poursuivie. — Bruxelles, 25 mai 1822, J.G. *Vente publ. d'imm.*, 278.

3. Les créanciers ne sont pas tenus de faire nommer un curateur aux biens abandonnés, et le débiteur n'est pas recevable à se plaindre que cette formalité n'a pas été remplie. — Bordeaux, 1ᵉʳ juin 1816, J.G. *Obligat.*, 2345 et 2344. — Bruxelles, 25 mai 1822, précité. — Conf. J.G. *Obligat.*, 2345.

4. Un débiteur admis à faire cession de biens, ne doit pas nécessairement être appelé pour assister aux opérations préliminaires de la vente de ses biens; il est sans qualité pour les critiquer. — Bourges, 3 mai 1822, J.G. *Obligat.*, 2346.

5. Les formalités de la vente sont les mêmes que celles prescrites aux héritiers bénéficiaires. En conséquence, la vente des biens d'un débiteur qui a obtenu la cession judiciaire, est nulle si elle n'a été accompagnée des formalités prescrites par l'art. 904 c. pr. civ. — Metz, 30 mars 1833, J.G. *Obligat.*, 2343, et *Faill.*, 76.

6. Jugé néanmoins que, lorsqu'un créancier, poursuivant la vente des biens de son débiteur admis au bénéfice de cession, a laissé passer le jour indiqué pour l'adjudication sans y faire procéder, loin d'être tenu de recourir au tribunal pour faire fixer un autre jour, il peut le déterminer lui-même, en se conformant à l'art. 694, § 2, c. pr. civ. — Bordeaux, 1ᵉʳ juin 1816, J.G. *Obligat.*, 2344.

7. La surenchère du sixième est admissible sur l'adjudication faite après cession de biens (Quest. controv.). — J.G. *Surench.*, 283.

Art. 905.

Ne pourront être admis au bénéfice de cession, les étrangers, les stellionataires, les banqueroutiers frauduleux, les personnes condamnées pour cause de vol ou d'escroquerie, ni les personnes comptables, tuteurs, administrateurs et dépositaires. — C. civ. 1268, 1945, 2059. — C. com. 541, 591, 612. — C. pén. 379, 401 s., 405.

Exposé des motifs et Rapport, J.G. *Obligat.*, p. 54 et 55, nᵒˢ 11 et 22.

Sur les personnes incapables de faire cession de biens, V. *Code civil annoté*, art. 1270, nᵒˢ 1 à 24.

Art. 906.

Il n'est au surplus rien préjugé, par les dispositions du présent titre, à l'égard du commerce, aux usages duquel il n'est, quant à présent, rien innové. — C. com. 539, 541.

Exposé des motifs et Rapport, J.G. *Obligat.*, p. 54, nᵒ 12.

Aucun débiteur commerçant n'est recevable à demander son admission au bénéfice de cession de biens. — V. *Code de commerce annoté*, art. 541.

LIVRE II

Procédures relatives à l'ouverture d'une succession.

(Décrété le 28 avr. 1806, et promulgué le 8 mai suivant.)

TITRE PREMIER.

De l'Apposition des scellés après décès.

Art. 907.

Lorsqu'il y aura lieu à l'apposition des scellés après décès, elle sera faite par les juges de paix, et, à leur défaut, par leurs suppléants. — C. pr. civ. 135-1ᵒ, 591, 912, 924 s., 928. — C. civ. 270, 451, 601, 769, 810, 819, 1031, 1034. — C. com. 455 s. — C. pén. 249 s.

Exposé des motifs et Rapport, J.G. *Scellés et invent.* p. 706, nᵒˢ 1 et suiv.

1. — I. Cas dans lesquels il y a lieu d'apposer des scellés. — Les scellés doivent être apposés : 1ᵒ Après le décès d'une personne

dont tous les héritiers ne sont pas présents et majeurs (c. civ. art. 819). — J.G. *Scellés et invent.*, 15.

2. ... 2ᵒ Après le décès des officiers supérieurs de l'armée et de l'intendance. — V. *infrà*, art. 911, nᵒˢ 12 et s.

3. ... 3ᵒ Après le décès d'un notaire ou autre possesseur de minutes. — V. *infrà*, art. 911, nᵒ 10.

4. ... 4ᵒ En cas de décès du titulaire d'une cure. — V. *infrà*, art. 911, nᵒ 15.

5. ... 5ᵒ En cas d'absence. — Toutes les fois qu'un absent est appelé à une succession, les scellés doivent être apposés sur les biens meubles dépendant de cette hérédité. — J.G. *Scellés et invent.*, 19.

6. En dehors de ce cas, le ministère public seul aurait le droit de faire apposer les scellés sur les meubles de l'individu qui a disparu de son domicile (Arg. art. 114, c. civ.). — J.G. *Scellés et invent.*, 19.

7. Quant aux créanciers ils peuvent, si leurs créances contre l'absent sont échues, agir contre lui par voie d'action ou d'exécution; et si leurs créances ne sont pas exigibles, ils peuvent seulement appeler la sollicitude du ministère public sur les mesures

conservatoires qui leur semblent conformes à leurs intérêts. — J.G. *Scellés et invent.*, 19.

8. On ne peut apposer les scellés sur les papiers d'un individu sous prétexte qu'il est absent et que celui qui requiert l'apposition a intérêt à revendiquer des titres se trouvant dans ces papiers. — Paris, 7 déc. 1809, J.G. *Scellés et invent.*, 19.

9. ... 6ᵒ Après une demande en interdiction, s'il n'y a personne auprès du défendeur à cette demande pour veiller sur lui, et pourvu que les causes de l'interdiction soient manifestes. — J.G. *Scellés et invent.*, 20.

10. L'administrateur, pendant l'instance en interdiction, n'a pas le droit de faire apposer les scellés. — J.G. *Scellés et invent.*, 20.

11. ... 7ᵒ Lorsque, dans une saisie de meubles pratiquée en l'absence du débiteur, il se trouve des papiers. — V. *suprà*, art. 591.

12. ... 8ᵒ En cas de faillite. — V. *Code de commerce annoté*, art. 455 et s., 468 et s., 470 et s.

13. ... 9ᵒ En cas de demande en séparation de corps. — V. *Code civil annoté*, art. 270.

14. ... 10° En cas de demande en séparation de biens. — V. art. 869.

15. — II. PAR QUI LES SCELLÉS DOIVENT ÊTRE APPOSÉS. — Le scellé ne doit être apposé que par le juge de paix ou par ses suppléants. L'opération commencée par le juge de paix peut être continuée par son suppléant. — J.G. *Scellés et invent.*, 63.

16. En cas d'empêchement légitime du juge et de ses suppléants, le tribunal de première instance dans l'arrondissement duquel est située la justice de paix, renvoie les parties devant le juge de paix le plus voisin (Loi 16 vent. an 12, art. 1er.) — J.G. *Scellés et invent.*, 63.

17. Jugé toutefois qu'en cas d'absence du juge de paix et de ses suppléants, il n'est pas nécessaire de recourir au tribunal entier, et que le président peut seul désigner un juge de paix voisin pour procéder à l'apposition des scellés, sans qu'il soit nécessaire d'appeler les parties intéressées. — Bourges, 16 mai 1842, J.G. *Scellés et invent.*, 63 et 46.

18. Dans toutes les opérations qui se réfèrent à l'apposition où à la levée des scellés, le juge de paix doit être assisté de son greffier. — J.G. *Scellés et invent.*, 65.

19. Lorsque l'apposition des scellés se rattache à une instance pendante devant un tribunal de première instance, un des juges peut être délégué pour y procéder. — J.G. *Scellés et invent.*, 64. — V. aussi Bruxelles, 12 flor. an 12, *ibid.*

20. En matière de saisie-exécution, les scellés placés sur les papiers du saisi, dans le cas prévu par l'art. 591 c. pr., sont apposés par l'officier public qui accompagne l'huissier. — J.G. *Scellés et invent.*, 66.

21. Dans les pays étrangers, les consuls sont chargés d'apposer les scellés sur les biens des Français décédés dans les pays où ils exercent leurs fonctions. — J.G. *Scellés et invent.*, 66.

Art. 908.

Les juges de paix et leurs suppléants se serviront d'un sceau particulier, qui restera entre leurs mains, et dont l'empreinte sera déposée au greffe du tribunal de première instance.

Exposé des motifs et Rapport, J.G. *Scellés et invent.*, p. 707, n° 18.

Art. 909.

L'apposition des scellés pourra être requise,

1° Par tous ceux qui prétendront droit dans la succession ou dans la communauté ;

2° Par tous créanciers fondés en titre exécutoire, ou autorisés par une permission, soit du président du tribunal de première instance, soit du juge de paix du canton où le scellé doit être apposé;

3° Et en cas d'absence, soit du conjoint, soit des héritiers, ou de l'un d'eux, par les personnes qui demeuraient avec le défunt, et par ses serviteurs et domestiques. — C. pr. civ. 930. — C. civ. 819 s., 1166. — Tar. 16, 78, 94.

Exposé des motifs et Rapport, J.G. *Scellés et invent.*, p. 706, n° 3.

1. - I. APPOSITION DES SCELLÉS REQUISE PAR LES SUCCESSIBLES. — L'apposition des scellés sur les meubles du défunt peut être requise par les héritiers légitimes, c'est-à-dire les enfants et descendants du défunt, ses ascendants et ses parents collatéraux. — J.G. *Scellés et invent.*, 29. — V. *Code civil annoté*, art. 1442, n° 47.

2. Pour requérir une apposition de scellés après décès, il faut justifier de titres ou d'une possession d'état qui puisse au moins faire présumer que le requérant a droit à la succession du défunt. — Rouen, 10 avr. 1837, J.G. *Scellés et invent.*, 29.

3. Mais il suffit d'un titre apparent et, par exemple, d'un testament olographe alors même que l'écriture en serait déniée. — Caen, 30 juin 1824, J.G. *Scellés et invent.*, 29, et *Dispos. entre vifs*, 2769.

4. Un individu ne peut interdire à son successible réservataire, de faire apposer les scellés à son décès, contre le gré de ses cohéritiers ; cette prohibition serait au contraire licite, si elle était imposée à des successibles non réservataires, tels que des collatéraux. — Nancy, 24 janv. 1846, D.P. 46. 2. 119. — Observ. conf., J.G. *Scellés et invent.*, 30.

5. L'héritier légitime non réservataire peut requérir l'apposition des scellés, à titre de mesure conservatoire, contre un *légataire universel*, n'ayant pas non plus droit à une réserve. — Douai, 28 mai 1845, D.P. 49. 2. 26.

6. L'héritier non réservataire peut encore requérir l'apposition des scellés à l'encontre d'un légataire universel, alors même que ce légataire, à défaut d'héritiers réservataires, a la saisine des biens. — Amiens, 7 mai 1806, J.G. *Dispos. entre vifs*, 3625. — Bruxelles, 28 nov. 1810, et 9 mars 1811, J.G. *Scellés et invent.*, 31. — Bruxelles, 19 nov. 1812, J.G. *Dispos. entre vifs*, 3734. Douai, 20 déc. 1847, D.P. 49. 2. 35. — Nîmes, 26 déc. 1847, *ibid.*

7. ... Surtout lorsque le testament est seulement en la forme olographe, et que le légataire n'a pas encore été envoyé en possession par ordonnance du président du tribunal. — Nîmes, 22 déc. 1810, J.G. *Scellés et invent.*, 31.

8. Jugé toutefois que l'héritier non réservataire, auquel on oppose un testament qui l'exclut de la succession, ne peut requérir l'apposition des scellés et la confection d'un inventaire lorsqu'il n'attaque point ce testament et se borne à faire de simples réserves. — Bruxelles, 12 nov. 1829, J.G. *Scellés et invent.*, 32-1°.

9. ... Que le légataire universel a le droit d'empêcher l'apposition des scellés requise par les héritiers collatéraux, s'il a été institué par un testament authentique. — Trib. de la Seine, 19 mess. an 11, J.G. *Scellés et invent.*, 32-2°.

10. L'apposition des scellés peut être écartée par le juge, si cette mesure lui paraît inutile, comme si, par exemple, avant qu'elle ait été ordonnée, le légataire universel a obtenu l'envoi en possession des biens. — Nîmes, 26 déc. 1847, D.P. 49. 2. 35. — V. aussi Bordeaux, 15 déc. 1828, J.G. *Scellés et invent.*, 32-2°.

11. L'héritier qui allègue qu'il pourrait exister un testament révocatoire, est suffisamment satisfait par l'offre de l'héritier institué de laisser inventorier tous les titres et papiers du défunt. — Bruxelles, 12 nov. 1829, J.G. *Scellés et invent.*, 32.

12. Dans tous les cas, c'est aux héritiers du sang à faire l'avance des frais de scellés, lesquels restent à leur charge si le testament est maintenu. — Bruxelles, 9 mars 1811, J.G. *Scellés et invent.*, 33 et 31. — Douai, 28 mai 1845, D.P. 49. 2. 26. — Douai, 20 déc. 1847, D.P. 49. 2. 35. — Nîmes, 26 déc. 1847, *ibid.*

13. Les héritiers au degré successible peuvent faire apposer les scellés et requérir l'inventaire, lorsque le défunt n'a institué que des légataires à *titre universel* d'une portion des immeubles. — Bruxelles, 6 mai 1813, *Scellés et invent.*, 34.

14. Lorsqu'une succession est échue à une *femme mariée*, si les époux sont mariés sous un régime qui donne au mari l'administration des biens de la femme, les deux époux ont l'un et l'autre la faculté de faire cette réquisition. — J.G. *Scellés et invent.*, 35.

15. Mais si la femme est *séparée de biens*, elle seule a le droit de requérir l'apposition des scellés. En pareil cas, le mari est sans qualité pour faire apposer les scellés et requérir l'inventaire d'une succession échue à sa femme. — Dijon, 15 févr. 1844, J.G. *Scellés et invent.*, 35, et *Contr. de mar.*, 1987.

16. Le droit de requérir l'apposition des scellés appartient aussi à l'*enfant naturel* ou à ses héritiers lorsqu'il est décédé. — J.G. *Scellés et invent.* 36.

17. Mais l'*enfant adultérin* n'a pas ce droit : ce ne pourrait être qu'en qualité de créancier qu'il pourrait réclamer le droit de faire apposer les scellés. — J.G. *Scellés et invent.*, 36.

18. L'apposition des scellés peut être requise... par le *donataire* et le *légataire* universels ou à titre universel. — J.G. *Scellés et invent.*, 37.

19. ... Par le donataire et le légataire *particuliers*. — Bruxelles, 26 avril 1817, J.G. *Scellés et invent.*, 38, et *Disp. entre vifs*, 3863. — V. toutefois Bruxelles, 12 nov. 1829, J.G. *Scellés et invent.*, 33.

20. ... Par l'*exécuteur testamentaire*. — J.G. *Scellés et invent.*, 40.

21. ... Et par le conjoint survivant, soit qu'il prétende à la communauté, soit qu'à défaut d'héritiers du sang il prétende à la succession, soit même qu'il n'ait que des créances à faire valoir contre l'hérédité. — J.G. *Scellés et invent.*, 41.

22. Si, au contraire, le conjoint n'avait aucun de ces droits à exercer, les héritiers légitimes saisis de tous les biens du défunt, pourraient s'opposer à l'apposition des scellés. — *Scellés et invent.*, 41.

23. Mais la faculté de requérir l'apposition des scellés n'appartient pas aux héritiers de la femme mariée avec exclusion de communauté, lorsque les objets qu'elle s'est constitués en dot ont été estimés au contrat et garantis par hypothèque spéciale sur les biens du mari et lorsque, d'ailleurs, les héritiers n'allèguent ni ne justifient que leur auteur ait acquis depuis des objets mobiliers déposés au domicile conjugal. — Bourges, 26 oct. 1839, J.G. *Scellés et invent.*, 42.

24. Néanmoins, si les scellés ont été apposés, les héritiers peuvent être autorisés à assister à leur levée pour s'assurer qu'il n'existe pas de papiers de famille dont la conservation leur importerait. — Même arrêt.

25. A défaut d'héritiers du sang et de conjoint survivant, l'*administration des Domaines* qui, au nom de l'Etat, prétend droit à une succession, a l'obligation de faire apposer les scellés. — J.G. *Scellés et invent.*, 43.

26. — II. APPOSITION DES SCELLÉS REQUISE PAR LES CRÉANCIERS. — Il suffit qu'un créancier de la succession ait une *apparence* de droit pour qu'il puisse faire apposer les scellés sur tous les objets qui sont trouvés au domicile du défunt. — Rouen, 31 août 1839, J.G. *Scellés et invent.*, 44.

27. Par suite, le président du tribunal civil, et, en cas d'urgence, le juge de paix, peuvent accorder à tout individu produisant un titre de créance ayant une apparence suffisamment sérieuse, la permission de requérir l'apposition des scellés. — Req. 23 juill. 1872, D.P. 73. 1. 355.

28. Spécialement, le président aurait le droit de conférer une permission de cette nature à celui qui, se prétendant créancier par suite d'un quasi-contrat, d'un délit, d'un quasi-délit, invoquerait à l'appui de sa prétention des documents et des circonstances propres à en faire présumer le bien fondé. — Même arrêt.

29. Il n'y a pas à distinguer entre les créances exigibles et celles qui ne le sont pas. — J.G. *Scellés et invent.*, 45.

30. Ainsi, un créancier, quoique sa créance ne soit pas encore échue, peut requérir l'apposition des scellés sur les biens mobiliers de son débiteur qui se trouvent hors du domicile, alors surtout que ses héritiers usent les délais pour faire inventaire et délibérer, sans prendre de mesures pour prévenir la détérioration des biens de la succession ; par exemple, le vendeur à terme de bois à couper peut s'opposer à ce que la coupe soit continuée, tant que l'héritier de l'acheteur n'aura pas pris qualité. — Besançon, 9 févr. 1827, J.G. *Scellés et invent.*, 45.

31. Mais le président peut refuser à un créancier dont la créance n'est pas liquide, la permission d'apposer les scellés au domicile de son débiteur décédé. — Paris, 28 avr. 1825, J.G. *Scellés et invent.*, 45.

32. Les créanciers personnels d'un héritier pouvant exercer les droits de leur débiteur, ont, aussi bien que les créanciers de la succession, le droit de requérir l'apposition des scellés. — Bourges, 16 mai 1842, J.G. *Scellés et invent.*, 46. — Observ. et autor. conf., *ibid.*

33. Jugé, au contraire, que le créancier personnel d'un héritier ne peut requérir l'apposition des scellés sur les titres et effets de la succession. — Caen, 12 mai 1845, D.P. 46. 2. 9. — V. autor. en ce sens, J.G. *Scellés et invent.*, 46.

34. Celui qui prétend avoir un droit de propriété ou de gage sur une créance, ou un titre resté entre les mains d'une personne décédée, peut être autorisé à faire faire des perquisitions dans les papiers du défunt, et à se faire remettre le titre qu'il réclame. — Caen, 18 juill. 1838, J.G. *Succession*, 1648.

35. Mais un créancier n'a point le droit de faire rechercher dans les papiers du défunt les titres qui sont de nature à établir sa créance contre sa succession. — Même arrêt, et autre de la même cour et de la même date, J.G. *Succession*, 1649.

36. — III. Apposition des scellés requise par les personnes demeurant avec le défunt. — Dans le cas d'absence ou de non-présence, soit du conjoint, soit des héritiers ou de l'un d'eux, l'apposition des scellés peut être requise par les personnes qui demeuraient avec le défunt, et par ses serviteurs et domestiques. — J.G. *Scellés et invent.*, 49.

37. — IV. Pouvoirs du juge. — Les juges du fait apprécient souverainement les circonstances et documents invoqués à l'appui d'une demande à l'effet d'obtenir permission de requérir l'apposition des scellés. — Req. 23 juill. 1872, D.P. 73. 1. 355.

Table sommaire.

Art. 910.

Les prétendants droit et les créanciers mineurs émancipés pourront requérir l'apposition des scellés sans l'assistance de leur curateur S'ils sont mineurs non émancipés, et s'ils n'ont pas de tuteur, ou s'il est absent, elle pourra être requise par un de leurs parents. — C. pr. civ. 929. — C. civ. 405 s., 481.

Un mineur non émancipé, qui est d'ailleurs dans l'un des cas spécifiés par l'art. 909 c. pr. civ., peut requérir en son nom personnel l'apposition des scellés. — J.G. *Scellés et invent.*, 48.

Art. 911.

Le scellé sera apposé, soit à la diligence du ministère public, soit sur la déclaration du maire ou adjoint de la commune, et même d'office par le juge de paix,
1° Si le mineur est sans tuteur, et que le scellé ne soit pas requis par un parent;
2° Si le conjoint, ou si les héritiers ou l'un d'eux, sont absents ;
3° Si le défunt était dépositaire public; auquel cas le scellé ne sera apposé que pour raison de ce dépôt et sur les objets qui le composent. — C. pr. civ. 83 s., 112, 914-4°, 929. — Tar. 94.

Exposé des motifs et Rapport, J.G. *Scellés et invent.*, p. 706, n° 3.

1. — I. Apposition des scellés en cas d'absence ou de minorité. — L'apposition des scellés est obligatoire lorsque tous les héritiers ne sont pas présents. Les mots *non présents* s'appliquent à toute personne qui est à une telle distance du lieu du décès, qu'il faut un temps assez long pour l'en instruire et obtenir sa réponse (c. civ. 819). — J.G. *Success.*, 1640.

2. Mais on considérerait comme présents ceux qui demeureraient à une distance assez proche et ceux qui seraient représentés par des mandataires ; il n'y aurait pas lieu, dans ce cas, d'apposer les scellés. — J.G. *Success.*, 1640.

3. Lorsqu'il y a des *mineurs* parmi les héritiers, le juge de paix ne doit pas, d'office, apposer les scellés, si ces mineurs sont pourvus de tuteurs et que ceux-ci n'en requièrent pas l'apposition. — Lettre min. just. 5 nov. 1808, J.G. *Scellés et invent.*, 15.

4. Il en est ainsi, en cas de tutelle légale, alors même qu'il n'y aurait pas de subrogé tuteur nommé, et que le tuteur serait lui-même mineur, soit en cas de tutelle testamentaire, à moins, pour ce dernier cas, que le tuteur ne soit absent ou frappé d'une incapacité ignorée du testateur. — J.G. *Scellés et invent.*, 15.

5. Mais il en est autrement si le tuteur est absent. — J.G. *Success.*, 1641.

6. Lorsque le mineur est dépourvu de tuteur, le juge de paix ne doit pas s'arrêter devant l'offre des parents de faire nommer un tuteur dans un délai très-court. — J.G. *Scellés et invent.*, 15.

7. Si le mineur est émancipé, l'apposition des scellés est facultative : il n'y a pas lieu à l'apposition d'office, alors même que le mineur serait privé de son curateur. — J.G.

Scellés et invent., 15. — Conf. Grenoble, 5 avr. 1863, D.P. 63. 2. 181.

8. Le défaut d'apposition des scellés n'entraînerait pas la nullité de toutes les opérations du partage, de l'inventaire et de la vente, mais donnerait seulement plus de poids aux plaintes de l'absent ou du mineur, aux présomptions de recel ou de divertissement. — J.G. *Success.*, 1644.

9. L'absent et les mineurs n'ont aucun recours à exercer contre le juge de paix ou le procureur de la République, qui n'ont pas provoqué l'apposition des scellés en leur faveur. — Bruxelles, 20 mars 1810, J.G. *Scellés et invent.*, 50.

10. — II. Apposition des scellés après décès de dépositaires publics, fonctionnaires, etc. — Relativement à l'apposition des scellés, après décès d'un *notaire* ou d'un autre possesseur des minutes, sur les minutes et répertoires, V. L. 25 vent. an 11, art. 61, *Code civil annoté*, t. 2, p. 53.

11. Les *huissiers* ne sont pas des dépositaires publics ou des détenteurs de minutes; par suite, dans le cas de décès d'un huissier, il n'y a pas lieu pour le juge de paix d'apposer d'office les scellés sur les papiers qui se trouvent dans l'étude du défunt. — Ord. prés. trib. du Havre, 10 juill. 1870, D.P. 71. 3. 91.

12. Les scellés doivent être apposés après le décès d'un officier général ou officier supérieur de toute arme, d'un commissaire-ordonnateur, inspecteur aux revues, officier de santé en chef, retirés ou en activité de service, sur les papiers, cartes, plans et mémoires militaires autres que ceux dont le décédé est l'auteur. — Arr. 13 niv. an 10 ; Instr min. 8 mars 1823, J.G. *Scellés et invent.*, 16.

13. Au cas de décès d'un individu qui, par la nature de fonctions accidentelles anciennement exercées par lui, telles que celles de membre du Directoire, a pu être dépositaire de secrets ou de titres appartenant à l'Etat, le Gouvernement a titre apparent suffisant pour requérir l'apposition des scellés sur les papiers du défunt, à l'effet de rechercher si, parmi ces papiers, il ne s'en trouve pas qui appartiennent à l'Etat. — Paris, 8 mai 1829, J.G. *Scellés et invent.*, 16.

14. De même, le Gouvernement peut faire apposer les scellés sur les papiers d'un ancien fonctionnaire public, longtemps après son décès entre les mains de ses héritiers, lorsqu'il est d'ailleurs à présumer que parmi ces papiers figurent des titres appartenant à l'Etat. — Gand, 22 déc. 1834, J.G. *Scellés et invent.*, 16.

15. En cas de décès du titulaire d'une cure, le juge de paix est tenu d'apposer les scellés d'office, sans autres frais que le coût du papier timbré (Décr. 2 nov. 1813, art. 16 à 19). — J.G. *Scellés et invent.*, 18.

16. En matière criminelle, l'administration peut, afin d'assurer le recouvrement des frais dans l'intérêt de l'Etat, requérir l'apposition des scellés sur les biens des individus mis en accusation (Décis. min. just. 21 flor. an 8 ; Circ. admin. Enregistr. 7 fruct. an 8). — J.G. *Scellés et invent.*, 27.

17. — III. Apposition des scellés après décès d'un étranger. — En cas de décès d'un étranger en France, le juge de paix ne pourrait apposer les scellés sur les meubles du défunt qu'autant qu'il en serait requis par un Français, héritier, donataire ou légataire. — J.G. *Scellés et invent.*, 51.

18. Le droit d'apposer les scellés, après le décès en France d'un Espagnol, appartient exclusivement au consul de sa nation, si la réquisition d'un Français, créancier, héritier ou légataire du défunt, n'oblige pas l'autorité française à intervenir dans cette opération ; en conséquence, le juge de paix ne peut d'office apposer les scellés au domicile de l'étranger où déjà ils l'ont été par le consul de la nation de ce dernier. — Paris, 26 sept. 1839, J.G. *Scellés et invent.*, 51.

19. En cas de décès d'un Portugais en

France, et alors que des intérêts portugais sont seuls en jeu, c'est au consul de Portugal seul qu'il appartient d'apposer les scellés et de prendre l'administration des biens de la succession. — Paris, 21 août 1852, D.P. 54. 5. 683.

Art. 912.

Le scellé ne pourra être apposé que par le juge de paix des lieux ou par ses suppléants. — C. pr. civ. 907, 911.

Exposé des motifs et Rapport, J.G. *Scellés et invent.*, p. 707, n° 19.

Lorsque l'apposition des scellés doit avoir lieu hors du ressort dans lequel la succession est ouverte, il faut s'adresser, pour la faire ordonner en cas de contestation, au président du tribunal de l'arrondissement dans lequel se trouvent les effets à mettre sous les scellés, et non à celui du lieu où la succession s'est ouverte, conformément à l'art. 554 c. pr. civ. —J.G. *Scellés et invent.*, 15.

Art. 913.

Si le scellé n'a pas été apposé avant l'inhumation, le juge constatera, par son procès-verbal, le moment où il a été requis de l'apposer, et les causes qui ont retardé soit la réquisition soit l'apposition. — C. pr. civ. 914.

Exposé des motifs et Rapport, J.G. *Scellés et invent.*, p. 706, n° 4.

1.—I. A QUEL MOMENT DOIVENT ÊTRE APPOSÉS LES SCELLÉS. — L'apposition des scellés en cas de décès a lieu ordinairement avant que le corps soit enlevé. — J.G. *Scellés et invent.*, 60.

2. L'apposition des scellés ne pourrait pas avoir lieu du vivant d'une personne sur ses effets mobiliers sans autres motifs que l'imminence de sa mort, à moins que cette apposition soit requise par le mourant lui-même. — J.G. *Scellés et invent.*, 61.

3. — II. EN QUELS LIEUX ET SUR QUELS OBJETS SONT APPOSÉS LES SCELLÉS. — Les scellés peuvent être apposés sur tous les effets garnissant la maison où demeurait le défunt, bien que cette maison paraisse appartenir à un tiers qui l'habitait également, et que des actes sous seing privé par lui produits semblent établir que le défunt en occupait seulement une partie à titre de bail; il en est surtout ainsi quand les titres de propriété sont attaqués comme frauduleux, par des motifs qui semblent sérieux. — Rouen, 9 janv. 1841, J.G. *Scellés et invent.*, 56.

4. Les scellés peuvent être apposés non-seulement dans la dernière demeure du défunt ou dans ses diverses habitations, mais encore dans une maison étrangère, lorsqu'il y a de fortes présomptions qu'elle renferme des meubles appartenant à la succession. — Besançon, 9 févr. 1827, J.G. *Scellés et invent.*, 53 et 45. — Bourges, 17 janv. 1831, *ibid.*, 53.

5. La présomption existe surtout dans le cas où il y a peu de temps que le défunt a cessé d'habiter cette maison. — Même arrêt du 17 janv. 1831.

6. De même, les scellés peuvent être apposés partout où il apparaît que se trouvent des valeurs ou papiers pouvant constituer l'actif de la succession, et spécialement au domicile d'un des cohéritiers qui a été associé avec le défunt. — Paris, 15 mars 1872, D.P. 73. 5. 413.

7. Jugé, toutefois, qu'une apposition de scellés est nulle lorsqu'elle est faite chez le gendre du défunt, bien qu'il soit constant que ce gendre a emporté chez lui, quelque temps avant le décès de son beau-père, des meubles qui appartenaient à ce dernier.—Amiens, 6 déc. 1811, J.G. *Scellés et invent.*, 54.

8. En cas de difficulté, on peut se pourvoir devant le président en *référé*. — J.G. *Scellés et invent.*, 54.

9. Ainsi, les scellés peuvent être apposés, lorsque le juge des référés en reconnaît l'opportunité, même en la demeure d'un tiers qu'on sait être détenteur de valeurs appartenant au défunt, alors surtout que ce tiers est momentanément absent de chez lui. Mais il y a lieu, dans ce cas, si le tiers en fait la demande, de procéder sans retard à la levée des scellés, et, au besoin, de commettre un notaire pour dresser inventaire et recevoir le dépôt des titres, pièces et valeurs appartenant au défunt.—Douai, 30 déc. 1857, D.P. 59. 2. 23.

10. Lorsque des héritiers demandent l'apposition des scellés chez un de leurs cohéritiers qui a été associé avec le défunt, le juge des référés peut procéder lui-même au choix des papiers pour restituer au cohéritier ceux qui lui sont personnels, et livrer à l'examen des parties, pour être au besoin inventoriés, ceux qui dépendent de la succession. — Paris, 15 mars 1872, D.P. 73. 5. 413.

11. Si, par suite de l'apposition des scellés chez un tiers, il y a dommage causé, celui qui a injustement requis cette apposition en est responsable. — J.G. *Scellés et invent.*, 54.

12. Mais celui qui requiert le juge de paix d'apposer les scellés sur le mobilier dépendant de la succession du père commun, ne doit pas de dommages-intérêts à une personne (à son frère, par exemple) qui demeurerait dans la maison commune, parce que, faute de désignation, les scellés ont été en même temps apposés sur les propres effets de celui-ci. — Rennes, 24 nov. 1817, J.G. *Scellés et invent.*, 55.

13. Les scellés doivent être apposés sur tous les effets mobiliers de la personne dont ils ont pour objet de conserver les biens, et même, autant que possible, sur les immeubles par destination. Pour les animaux et les instruments employés à la culture, il suffit d'en faire l'énonciation dans le procès-verbal. — J.G. *Scellés et invent.*, 57.

14. La disposition d'un acte de société qui prohibe l'apposition des scellés sur les livres, registres et meubles sociaux, ne peut enlever à l'autorité judiciaire le droit de prescrire, sur la demande d'une personne intéressée, qui accuse un des gérants de faute, de négligence ou de fraude, une mesure susceptible d'empêcher la dilapidation de l'actif social.— Paris, 23 janv. 1866, D.P. 66. 2. 28.

15. Dans les cas d'apposition des scellés sur les effets et papiers des comptables de l'administration des douanes, les registres de recette et autres ne sont pas renfermés sous les scellés. Ces registres sont seulement arrêtés et parafés par le juge, qui les remet au préposé chargé de la recette par *intérim*, lequel en demeure garant comme dépositaire de justice, et il en est fait mention dans le procès-verbal d'apposition de scellés (Décr. 6 août 1791, tit. 13, art. 21). — J.G. *Scellés et invent.*, 59.

Art. 914.

Le procès-verbal d'apposition contiendra,

1° La date des an, mois, jour et heure;

2° Les motifs de l'apposition;

3° Les noms, profession et demeure du requérant, s'il y en a, et son élection de domicile dans la commune où le scellé est apposé, s'il n'y demeure;

4° S'il n'y a pas de partie requérante, le procès-verbal énoncera que le scellé a été apposé d'office ou sur le réquisitoire ou sur la déclaration de l'un des fonctionnaires dénommés dans l'art. 911;

5° L'ordonnance qui permet le scellé, s'il en a été rendu;

6° Les comparutions et dires des parties;

7° La désignation des lieux, bureaux, coffres, armoires, sur les ouvertures desquels le scellé a été apposé;

8° Une description sommaire des effets qui ne sont pas mis sous les scellés;

9° Le serment, lors de la clôture de l'apposition, par ceux qui demeurent dans le lieu, qu'ils n'ont rien détourné, vu ni su qu'il ait été rien détourné directement ni indirectement;

10° L'établissement du gardien présenté, s'il a les qualités requises; sauf, s'il ne les a pas, ou s'il n'en est pas présenté, à en établir un d'office par le juge de paix. — C. pr. civ. 596, 924, 943-8°. — C. civ. 792, 801, 1357, 1460, 1477. — Tar. 26.

1. Le juge de paix, assisté de son greffier, doit apposer les scellés sur les meubles, les portes et les fenêtres, si cette précaution est utile. — J.G. *Scellés et invent.*, 70.

2. Mais il n'est pas nécessaire, à peine de nullité, que le juge de paix applique lui-même les bandes de papier et la cire, lorsqu'il appose les scellés; le greffier peut faire cette opération: il suffit que le juge de paix préside à l'apposition. — Civ. r. 17 mars 1812; Metz, 6 juin 1821, J.G. *Scellés et invent.*, 70.

3. Il n'est pas non plus nécessaire que le procès-verbal d'apposition des scellés soit rédigé à l'instant même. — Mêmes arrêts.

4. Le procès-verbal doit indiquer l'heure du commencement et celle de la fin de chaque séance. Si l'opération est interrompue, il doit en être fait mention dans l'acte, ainsi que du jour et de l'heure où l'opération devra être continuée. Les parties et les fonctionnaires présents doivent signer sur-le-champ pour constater l'interruption. — Décr. 10 brum. an 14, J.G. *Scellés et invent.*, 69.

5. Le serment prêté lors de la clôture de l'apposition par ceux qui demeurent dans le lieu, qu'ils n'ont rien détourné, vu ou su qu'il ait été rien détourné directement ou indirectement, ne met point obstacle à ce que les ayants droit puissent plus tard rapporter la preuve de la soustraction. — Turin, 7 févr. 1807, J.G. *Scellés et invent.*, 67.

6. Les omissions ou erreurs que contient le procès-verbal d'apposition des scellés dans lequel se trouvent décrits les effets de la communauté, ne sauraient avoir contre la femme, qui d'ailleurs a résisté à cette apposition, les mêmes conséquences que si elles se trouvaient dans un inventaire fait à sa requête, et auquel un pareil procès-verbal ne peut être assimilé. — Rennes, 22 déc. 1847, D.P. 49. 2. 110.

7. Le gardien doit réunir les qualités exigées de tout dépositaire judiciaire. — J.G. *Scellés et invent.*, 68.

8. Toutefois, une femme peut être constituée gardienne, pourvu qu'il ne s'agisse pas d'effets mobiliers appartenant à l'Etat.—Décr. 6 vend. an 3, J.G. *Scellés et invent.*, 68.

9. Les règles particulières pour l'apposition et la levée des scellés après le décès des militaires, sont contenues dans l'instruction du 13 nov. 1809, confirmée par celle du 8 mars 1823, et dans une autre instruction du ministre de la guerre, du 13 févr. 1848, — J.G. *Organis. milit.*, 525 et suiv.

Art. 915.

Les clefs des serrures sur lesquelles le scellé a été apposé resteront, jusqu'à sa levée, entre les mains du greffier de la justice de paix, lequel fera mention, sur le procès-verbal, de la remise qui lui en aura été faite ; et ne pourront le juge ni le greffier aller, jusqu'à la levée, dans la maison où est le scellé, à peine d'interdiction, à moins qu'ils n'en soient requis, ou que leur transport n'ait été précédé d'une ordonnance motivée.

L'ordonnance motivée qui permet au juge et au greffier d'aller, avant la levée, dans la maison où sont posés les scellés, peut émaner du juge de paix lui-même, lorsque l'urgence est telle, qu'il n'est pas possible d'attendre. S'il en est autrement, ce magistrat doit s'adresser au président du tribunal, après avoir fait appeler les parties intéressées lorsque les circonstances le permettent. — J.G. *Scellés et invent.*, 84.

Art. 916.

Si, lors de l'apposition, il est trouvé un testament ou autres papiers cachetés, le juge de paix en constatera la forme extérieure, le sceau et la suscription, s'il y en a, parafera l'enveloppe avec les parties présentes, si elles le savent ou le peuvent, et indiquera les jour et heure où le paquet sera par lui présenté au président du tribunal de première instance : il fera mention du tout sur son procès-verbal, lequel sera signé des parties, sinon mention sera faite de leur refus. — C. pr. civ. 914, 917 s., 920. — C. civ. 970, 976, 1007. — Tar. 94.

Exposé des motifs et Rapport, J.G. *Scellés et invent.*, p. 706. nᵒ 5.

Si le juge de paix trouve un testament dans un lieu qui n'est pas celui de l'ouverture de la succession, il doit, non pas l'envoyer au greffe du tribunal de l'arrondissement où la succession s'est ouverte, mais le présenter immédiatement au président du ressort. C'est à ce magistrat à voir s'il lui paraît sage et conforme aux intérêts des héritiers d'ordonner le dépôt du testament chez un notaire de l'arrondissement où la succession s'est ouverte (Quest. controv.). — J.G. *Scellés et invent.*, 79, et *Référé*, 127.

Art. 917.

Sur la réquisition de toute partie intéressée, le juge de paix fera, avant l'apposition du scellé, la perquisition du testament dont l'existence sera annoncée; et, s'il le trouve, il procédera ainsi qu'il est dit ci-dessus. — C. pr. civ. 916, 920.

Le juge de paix ne peut, hors les cas prévus par l'art. 911 c. pr. civ., rien faire dans les appositions et les levées de scellés après décès, que sur la réquisition de la partie intéressée. Par exemple, il ne lui est pas permis de chercher, de lui-même, à connaître le contenu des papiers cachetés ; les perquisitions pour la découverte d'un testament ne peuvent même avoir lieu que sur la réquisition de l'une des parties intéressées. — Aix, 28 juill. 1830, J.G. *Scellés et invent.*, 80.

Art. 918.

Aux jour et heure indiqués, sans qu'il soit besoin d'aucune assignation, les paquets trouvés cachetés seront présentés par le juge de paix au président du tribunal de première instance, lequel en fera l'ouverture, en constatera l'état, et en ordonnera le dépôt si le contenu concerne la succession. — C. pr. civ. 916, 920. — C. civ. 1007. — Tar. 94.

....

Art. 919.

Si les paquets cachetés paraissent, par leur suscription, ou par quelque autre preuve écrite, appartenir à des tiers, le président du tribunal ordonnera que ces tiers seront appelés dans un délai qu'il fixera, pour qu'ils puissent assister à l'ouverture : il la fera au jour indiqué, en leur présence, ou à leur défaut ; et si les paquets sont étrangers à la succession, il les leur remettra sans en faire connaître le contenu, ou les cachettera de nouveau pour leur être remis à leur première réquisition. — C. pr. civ. 939.

Exposé des motifs et Rapport, J.G. *Scellés et invent.*, p. 706, nᵒ 5.

....

Art. 920.

Si un testament est trouvé ouvert, le juge de paix en constatera l'état, et observera ce qui est prescrit en l'art. 916.

....

Art. 921.

Si les portes sont fermées, s'il se rencontre des obstacles à l'apposition des scellés, s'il s'élève, soit avant, soit pendant le scellé, des difficultés, il y sera statué en référé par le président du tribunal. A cet effet, il sera sursis, et établi par le juge de paix garnison extérieure, même intérieure, si le cas y échoit ; et il en référera sur-le-champ au président du tribunal.

Pourra néanmoins le juge de paix, s'il y a péril dans le retard, statuer par provision, sauf à en référer ensuite au président du tribunal. — C. pr. civ. 587, 806 s., 829, 922.

Exposé des motifs et Rapport, J.G. *Scellés et invent.*, p. 706, nᵒ 6.

1. Toutes les fois qu'une prétention quelconque, de la part de l'une des parties, met obstacle à l'apposition, le juge de paix doit se retirer devant le président du tribunal pour lui soumettre la difficulté ; et il ne doit prononcer lui-même que lorsque l'urgence ne permet aucun retard. — J.G. *Scellés et invent.*, 74.

2. Tant que l'apposition des scellés sur tous les biens d'une succession n'est point terminée, le président du tribunal seul connaît des difficultés relatives aux biens qui sont déjà sous scellés, aussi bien que de celles concernant les biens qui n'y sont point encore. — Bruxelles, 26 janv. 1832, J.G. *Scellés et invent.*, 75.

3. Le président compétent pour connaître des difficultés qui s'élèvent en matière d'apposition de scellés est celui du lieu de l'apposition, et non celui du tribunal devant lequel s'est ouverte la succession. — J.G. *Référé*, 125.

4. Les présidents des tribunaux civils ne sont pas compétents pour décider, en état de référé, si la partie a, ou non, le droit de faire apposer les scellés dans un lieu déterminé. — Bruxelles, 22 sept. 1817, J.G. *Référé*, 129.

5. Lorsque avant ou pendant le scellé il s'élève des difficultés que le juge de paix a renvoyées pour qu'il y soit statué en référé, il n'est pas nécessaire que les parties, présentes au moment où le renvoi est ordonné, soient intimées à l'effet de comparaître devant le juge du référé. — Orléans, 4 juin 1823, J.G. *Référé*, 125.

6. Suivant un autre arrêt, lorsque le juge de paix renvoie en référé devant le président du tribunal de première instance, sur la protestation des parties, il faut, à peine de nullité de l'ordonnance, que les parties soient régulièrement appelées. — Douai, 23 mars 1825, J.G. *Scellés et invent.*, 76.

7. Le président du tribunal de première instance à qui est attribuée, lorsqu'il juge en référé, la connaissance des difficultés qui peuvent s'élever dans le cours des opérations d'apposition et de levée des scellés, a le droit de renvoyer le jugement de ces difficultés à l'audience du tribunal. — Req. 6 mars 1834, J.G. *Référé*, 129.

8. Des conclusions, relatives à l'annulation d'un testament, incidemment prises dans une cause de référé pour opposition à la levée des scellés, ne pouvant faire l'objet que d'une action principale, le tribunal qui refuse de statuer sur ces conclusions ne commet point un déni de justice. — Même arrêt.

Art. 922.

Dans tous les cas où il sera référé par le juge de paix au président du tribunal, soit en matière de scellé, soit en autre matière, ce qui sera fait et ordonné sera constaté sur le procès-verbal dressé par le juge de paix; le président signera ses ordonnances sur ledit procès-verbal. — C. pr. civ 135-2ᵒ, 809, 811, 914 s. — Tar. 94.

Exposé des motifs et Rapport, J.G. *Scellés et invent.*, p. 706, nᵒ 6.

1. Tous les référés, durant l'opération, s'introduisent sur le procès-verbal; les ordonnances du président sont inscrites sur le procès-verbal et signées de lui. Un procès-verbal séparé serait considéré comme frustratoire. — J.G. *Référé*, 126.

2. Dans les référés dont le président est saisi par suite des incidents élevés dans le cours des opérations, le juge de paix conserve son caractère de magistrat et ne doit point être considéré comme partie ; en conséquence, est nulle une ordonnance de référé dans laquelle on fait conclure le juge de paix qui, sur une apposition de scellés, a été obligé de se présenter en référé. — Bruxelles, 28 mars 1810, J.G. *Scellés et invent.*, 82 et 25.

3. Décidé cependant qu'un juge de paix peut appeler en son nom personnel d'une ordonnance de référé portant qu'il y a lieu de lever des scellés sans description. — Bruxelles, 16 mars 1821, J.G. *Scellés et invent.*, 83 et 136. — Observ. contr., *ibid.*, 83.

Art. 923.

Lorsque l'inventaire sera parachevé, les scellés ne pourront être apposés, à moins que l'inventaire ne soit attaqué, et qu'il ne soit ainsi ordonné par le président du tribunal.

Si l'apposition des scellés est requise pendant le cours de l'inventaire, les scellés ne seront apposés que sur les objets non inventoriés. — C. pr. civ. 941 s.

Exposé des motifs et Rapport, J.G. *Scellés et invent.*, p. 706, n° 7.

1. Le créancier porteur d'un titre exécutoire contre le défunt peut faire apposer les scellés sur les biens mobiliers de la succession tant que ces biens n'ont pas été inventoriés ; mais, cette formalité remplie, il ne le peut plus, à moins que l'inventaire ne soit attaqué et que l'apposition des scellés soit autorisée par le président. — J.G. *Jugem.*, 514.

2. Un inventaire imparfait dressé par un notaire après le décès d'un individu, mais sans la participation des héritiers présomptifs, ne peut pas arrêter l'apposition des scellés. — Bruxelles, 28 mars 1810, J.G. *Scellés et invent.*, 25.

3. Toutefois, lorsque quatre cohéritiers majeurs, après avoir procédé eux-mêmes à l'inventaire et à l'estimation des biens de la succession à laquelle ils sont appelés, ont dressé du tout un procès-verbal en double minute, ils doivent être considérés comme ayant renoncé, par cet acte, au droit d'exiger plus tard l'apposition des scellés et la confection d'un inventaire, alors même que le procès-verbal n'aurait pas été signé par les parties. — Req. 28 nov. 1809, J.G. *Scellés et invent.*, 25.

4. Lorsque les scellés ont été levés par suite de décharge, de la part des légataires, des legs à eux faits par le défunt, il ne peut plus être procédé à une nouvelle apposition, fût-il même allégué que la délivrance n'a pas été complète. — Orléans, 20 août 1853, D.P. 53. 2. 213.

Art. 924.

S'il n'y a aucun effet mobilier le juge de paix dressera un procès-verbal de carence.

S'il y a des effets mobiliers, qui soient nécessaires à l'usage des personnes qui restent dans la maison, ou sur lesquels le scellé ne puisse être mis, le juge de paix fera un procès-verbal contenant description sommaire desdits effets. — C. pr. civ. 914-8°, 588, 627, 675.

Exposé des motifs et Rapport, J.G. *Scellés et invent.*, p. 707, n°ˢ 21 et suiv.

....

Art. 925.

Dans les communes où la population est de vingt mille âmes et au-dessus, il sera tenu au greffe du tribunal de première instance, un registre d'ordre pour les scellés, sur lequel seront inscrits, d'après la déclaration que les juges de paix de l'arrondissement seront tenus d'y faire parvenir dans les vingt-quatre heures de l'apposition, 1° les noms et demeures des personnes sur les effets desquelles le scellé aura été apposé, 2° le nom et la demeure du juge qui a fait l'apposition, 3° le jour où elle a été faite. — Tar. 17.

Exposé des motifs et Rapport, J.G. *Scellés et invent.*, p. 707, n° 20.

....

TITRE II.

Des Oppositions aux Scellés.

———

Art. 926.

Les oppositions aux scellés pourront être faites, soit par une déclaration sur le procès-verbal de scellés, soit par exploit signifié au greffier du juge de paix. — C. pr. civ. 68, 912, 931 s., 1039. — C. civ. 821. — Tar. 18, 20, 21.

Exposé des motifs et Rapport, J.G. *Scellés et invent.*, p. 706, n° 8.

1. — I. FORMES DE L'OPPOSITION A LA LEVÉE DES SCELLÉS. — Il s'agit uniquement, dans le présent titre, des oppositions à la levée des scellés. Quant aux oppositions qui tendent à empêcher l'apposition des scellés, elles rentrent dans les difficultés prévues par l'art. 921 c. pr. civ., et qui doivent être vidées en référé par le président du tribunal de première instance. — J.G. *Scellés et invent.*, 85.

2. L'opposition à scellés peut être faite, soit par une déclaration sur le procès-verbal de scellés, soit par exploit signifié au greffier du juge de paix, et elle est signée par ce greffier. — J.G. *Scellés et invent.*, 87, et *Greffier*, 89.

3. L'opposition à scellés faite par déclaration sur le procès-verbal de scellés n'a pas besoin d'être notifiée à tous les héritiers. — Req. 9 (et non 2) juill. 1838, J.G. *Scellés et invent.*, 87 et 93.

4. — II. QUI PEUT FORMER OPPOSITION A LA LEVÉE DES SCELLÉS. — Les personnes qui peuvent former opposition à la levée des scellés sont celles qui ont intérêt à assister à cette opération et que, cependant, on n'est pas tenu d'y appeler. Ainsi, les prétendants droit à la succession qui ne sont pas connus, les créanciers du défunt, peuvent s'opposer à ce que les scellés soient levés sans qu'il leur en soit donné connaissance. — J.G. *Scellés et invent.*, 86.

5. L'individu qui, sans être le créancier direct du défunt, ni son héritier, a cependant contre lui un droit à exercer, est recevable à former opposition à la levée des scellés. — Paris, 5 therm. an. 12, J.G. *Scellés et invent.*, 86.

6. Le droit de former opposition à la levée des scellés est accordé par l'art. 821 c. civ. à tous les créanciers indistinctement et sans exception ; on ne pourrait donc refuser ce droit à un créancier, par le motif que sa créance serait assurée par l'opulence avérée de la succession, et par une inscription hypothécaire suffisante. — C. cass. de Belgique, 9 déc. 1841, J.G. *Scellés et invent.*, 86.

7. Il n'est pas nécessaire pour l'opposition que les créanciers aient titre exécutoire ou permission du juge. Toutefois, si les titres des créanciers ne sont pas sincères ou légitimes, ils peuvent être condamnés aux dépens, et, s'il y a lieu, à des dommages-intérêts. — J.G. *Success.*, 1645.

8. Les créanciers personnels de l'héritier ont le droit de former opposition à la levée des scellés déjà apposés. — Nancy, 9 janv. 1817, J.G. *Scellés et invent.*, 46. — Douai, 26 mars 1824, *ibid.*, 130.

9. — III. EFFETS DE L'OPPOSITION A LA LEVÉE DES SCELLÉS. — L'opposition à la levée des scellés formée à la requête du créancier de l'un des héritiers, par déclaration sur le procès-verbal des scellés a toute la force et les effets d'une opposition à partage dans le sens de l'art. 882 c. civ. — Arrêts précités de Nancy, 9 janv. 1817, Douai, 26 mars 1824. — Req. 9 (et non 2) juill. 1838, J.G. *Scellés et invent.*, 93.

10. Un acte d'opposition à scellés est interruptif de prescription. — Civ. r. 11 déc. 1833, J.G. *Scellés et invent.*, 92, et *Prescript. civ.*, 520.

Art. 927.

Toutes oppositions à scellés contiendront, à peine de nullité, outre les formalités communes à tout exploit,

1° Election de domicile dans la commune ou dans l'arrondissement de la justice de paix où le scellé est apposé, si l'opposant n'y demeure pas ;

2° L'énonciation précise de la cause de l'opposition. — C. pr. civ. 61 s.

1. Le juge de paix ne peut statuer sur le mérite des oppositions ; il ne peut, par suite, refuser de les recevoir, lors même qu'elles ne lui paraîtraient pas fondées. — J.G. *Scellés et invent.*, 91.

2. Le juge des référés est compétent pour statuer sur une opposition à la levée des scellés apposés sur les meubles d'une succession. — Req. 28 juin 1852, D.P. 52.1.283. — Observ. conf., J.G. *Référé*, 128.

3. Lorsque le président du tribunal, dans une affaire d'opposition à la levée des scellés, renvoie le référé à l'audience, toutes choses demeurant en l'état, il ne s'ensuit pas que le tribunal ne puisse, sans porter atteinte à l'ordonnance du président, maintenir les défendeurs dans la possession provisoire des objets de la succession. — Req. 6 mars 1834, J.G. *Référé*, 128-2°.

4. L'acte d'appel de la décision qui a statué sur une demande en mainlevée de scellés est valablement signifié au domicile élu dans l'opposition à la levée des scellés. — Bourges, 24 août 1808, J.G. *Scellés et invent.*, 88, et *Domic. élu*, 27.

TITRE III.

De la Levée du Scellé.

Art. 928.

Le scellé ne pourra être levé et l'inventaire fait que trois jours après l'inhumation, s'il a été apposé auparavant, et trois jours après l'apposition, si elle a été faite depuis l'inhumation, à peine de nullité des procès-verbaux de levée de scellés et inventaire, et des dommages-intérêts contre ceux qui les auront faits et requis : le tout, à moins que, pour des causes urgentes et dont il sera fait mention dans son ordonnance, il n'en soit autrement ordonné par le président du tribunal de première instance. Dans ce cas, si les parties qui ont droit d'assister à la levée ne sont pas présentes, il sera appelé pour elles, tant à la levée qu'à l'inventaire, un notaire nommé d'office par le président. — C. pr. civ. 135, 806, 936, 940. — C. com. 479. — Tar. 77.

Exposé des motifs et Rapport, J.G. *Scellés et invent.*, p. 706, n° 9.

1. — I. Délai dans lequel les scellés peuvent être levés. — Dans le cas où un cadavre, après une première sépulture, a été exhumé pour être transporté dans un pays lointain, et se trouve encore déposé dans la maison mortuaire, les opérations de levée de scellés et inventaire ne peuvent avoir lieu avant la deuxième inhumation. — Trib. de la Seine, 30 sept. 1835, J.G. *Scellés et invent.*, 95.

2. Le président du tribunal de première instance peut permettre que la levée des scellés et l'inventaire aient lieu avant l'expiration du délai de trois jours, par exemple, dans le cas où, par un motif quelconque, il y a nécessité de déplacer les objets mis sous les scellés. — J.G. *Scellés et invent.*, 96.

3. ... Ou lorsqu'il est nécessaire de lever les scellés pour rendre les lieux libres, en raison du congé donné au locataire avant son décès, ou s'il est urgent de rechercher un testament. — J.G. *Référé*, 129.

4. Dans le cas d'urgence et lorsqu'il y a lieu d'abréger le délai, les parties doivent commencer par faire un dire sur le procès-verbal d'apposition des scellés, puis, se pourvoir en référé devant le président : il n'y a pas lieu de présenter une requête au président (Quest. controv.). — J.G. *Scellés et invent.*, 97.

5. L'art. 924, relatif à l'apposition des scellés, ne doit pas être appliqué lorsqu'il s'agit de les lever ; par exemple, si, pendant la levée des scellés, il survient des oppositions, le juge de paix, quoiqu'il n'y ait pas urgence, n'est pas obligé de surseoir, et il ne saurait y avoir nullité à raison de ce qu'il n'aurait pas été référé au président du tribunal. — Req. 17 avr. 1828, J.G. *Scellés et invent.*, 148 et 120. — Quest. controv., *ibid.*, 148 et 149.

6. — II. Compétence. — Il n'appartient pas au juge du référé d'ordonner la levée des scellés apposés sur les meubles d'un débiteur en vertu du jugement déclaratif de sa faillite. — Lyon, 26 août 1853, D.P. 55. 2. 318.

7. Ce n'est pas au consul d'Espagne, mais au juge de paix français qu'il appartient de procéder à la levée des scellés de la suc-

cession, située en France, d'un Espagnol mort en Espagne, laissant un exécuteur testamentaire et des héritiers légitimes, tous majeurs et présents au lieu de l'ouverture de la succession (Convent. consul., 7 janv. 1862, art. 20). — Paris, 1er mars 1872, D.P. 72. 2. 235.

8. Les difficultés sur le droit de provoquer la levée des scellés sont soumises au tribunal de première instance du lieu où les scellés ont été apposés. — Bruxelles, 21 juill. 1812, J.G. *Scellés et invent.*, 150, et *Compét. comm.*, 398.

9. Il en est de même des difficultés relatives à la question de savoir si les scellés doivent être levés avec ou sans description. — Paris, 8 mai 1811, J.G. *Scellés et invent.*, 150, et *Compét. civ.*, 142.

10. Dans le cas d'une levée de scellés opérée dans un lieu autre que celui de l'ouverture de la succession, s'il y a eu urgence, on devrait se pourvoir en référé devant le président du tribunal du lieu de l'apposition. Mais lorsque la difficulté ne requiert pas une décision immédiate, on doit saisir le tribunal du lieu de l'ouverture de la succession. — J.G. *Scellés et invent.*, 150.

11. — III. Procédure. — Une contestation à l'occasion de la levée des scellés, entre les prétendants droit à la succession, sur leur qualité d'héritiers, n'est pas soumise à l'épreuve de la conciliation, alors surtout que le juge de paix a renvoyé les parties devant le tribunal civil. — Bruxelles, 18 mai 1807, J.G. *Scellés et invent.*, 152 et 114.

12. Un tribunal peut, sur la requête d'une partie, ordonner, en la chambre du conseil, la levée des scellés, sans que l'autre partie ait été appelée, alors surtout que cette dernière est chargée de la vérification d'un testament dont elle a méconnu l'écriture. — Bruxelles, 20 juill. 1815, J.G. *Scellés et invent.*, 151. — Observ. contr., *ibid.*

Art. 929.

Si les héritiers ou quelques-uns d'eux sont mineurs non émancipés, il ne sera pas procédé à la levée des scellés, qu'ils n'aient été ou préalablement pourvus de tuteurs, ou émancipés. — C. pr. civ. 882 s., 911. — C. civ. 405 s., 476 s., 509.

1. Si l'héritier mineur a été émancipé depuis l'apposition, la levée des scellés peut être requise par cet héritier, assisté de son curateur. — Grenoble, 5 avr. 1863, D.P. 63. 2. 181.

2. S'il y a parmi les héritiers des mineurs émancipés qui n'aient pas de curateur, on doit leur en faire nommer un. — J.G. *Scellés et invent.*, 104.

3. De même, il y aurait lieu de faire nommer un tuteur ou curateur aux simples opposants qui, pourvus de tuteurs ou de curateur au temps de l'opposition, en seraient dépourvus au moment de la sommation. — J.G. *Scellés et invent.*, 104.

Art. 930.

Tous ceux qui ont droit de faire apposer les scellés pourront en requérir la levée, excepté ceux qui ne les ont fait apposer qu'en exécution de l'art. 909, n° 3 ci-dessus. — C. pr. civ. 910 s., 940 — C. com. 479.

1. La levée des scellés peut être requise par tous ceux qui ont droit de les faire apposer, à l'exception des personnes qui de-

meuraient avec le défunt et de ses serviteurs et domestiques. — *Scellés et invent.*, 98.

2. La femme séparée de biens par contrat de mariage ou par justice, peut se faire autoriser en référé à faire lever les scellés et à prendre les hardes et objets à son usage par récolement sur le contrat de mariage ou l'acte de liquidation. — J.G. *Référé*, 132.

3. Il suffit que le droit d'un individu à une succession ne soit pas dénué de fondement, quoiqu'il soit susceptible d'être contesté, pour que cet individu ait qualité pour requérir la levée des scellés avec description et inventaire. — Bordeaux, 4 janv. 1851, D.P 51. 2. 52.

4. Toutefois, la déclaration faite par deux époux, mais contraire à l'acte de naissance et à la possession d'état d'un enfant, que cet enfant est né de leur mariage et qu'ils le tiennent pour légitime, ne suffit pas pour établir une présomption de légitimité, en vertu de laquelle, après le décès de la femme, le mari, comme tuteur de l'enfant, aurait le droit de procéder à la levée des scellés et à la confection de l'inventaire. — Paris, 23 mai 1873, D.P. 73. 2. 161.

5. Celui qui a en sa faveur un titre *apparent* l'investissant de l'entière hérédité, doit, en cas de concours avec des héritiers non réservataires, avoir un droit de préférence sur ceux-ci pour faire lever les scellés. — J.G. *Scellés et invent.*, 100.

6. Ainsi, la veuve, donataire universelle par contrat de mariage et légataire universelle, a le droit de faire procéder à la levée des scellés et à l'inventaire, de préférence aux héritiers légitimes, bien que ceux-ci aient formé une double demande en nullité du mariage et en nullité du testament. — Paris, 7 déc. 1829, J.G. *Scellés et invent.* 100.

7. Dans le cas où la levée des scellés apposés sur les meubles d'une succession est requise par deux prétendants à cette succession, le juge des référés, saisi du débat, doit accorder la préférence à la partie dont le droit est le plus apparent. — Req. 28 juin 1852, D.P. 52. 1. 283-284.

8. Ainsi, lorsque la succession d'un individu décédé en France sans laisser ni parents au degré successible, ni enfants naturels, ni conjoint survivant, est réclamée par l'État, en vertu de l'art. 768 c. civ., et en même temps, sous prétexte que cet individu serait étranger, par le consul de la nation à laquelle il appartiendrait, le juge des référés peut, en attribuant l'avantage du droit apparent à l'administration française, décider qu'elle a seule qualité, à l'exclusion du consul, pour requérir, en cas pareil, la levée des scellés. — Même arrêt.

9. Le droit reconnu par l'art. 1031 c. civ., à l'exécuteur testamentaire, de requérir l'apposition des scellés et de faire l'inventaire, n'enlève pas à l'héritier le droit de requérir la confection de cet inventaire ; et même, lorsqu'il y a contestation sur le point de savoir à la requête de qui, de l'héritier ou de l'exécuteur testamentaire, la levée des scellés et l'inventaire doivent être faits, on peut procéder à ces deux actes à la requête de l'héritier. — Bruxelles, 9 août 1808, J.G. *Scellés et invent.*, 101, et *Disp. entre vifs*, 4071.

10. Le mari dont la femme réside hors du domicile conjugal, par suite de la demande en séparation de corps intentée contre lui, a le droit de faire lever les scellés sur une succession échue en son épouse, en se fondant sur ce que, sous les scellés, se trouvent les titres nécessaires à l'administration de cette succession. — Angers, 16 juill. 1817, J.G. *Scellés et invent.*, 102 et *Sépar. de corps*, 163.

11. Lorsque les scellés ont été apposés par suite de la disparition d'une personne, à la requête du ministère public ou d'office, ils ne peuvent être levés qu'à la requête des héritiers présomptifs qui auraient fait déclarer l'absence et obtenu l'envoi en possession provisoire. Seulement, les héritiers présomptifs de l'absent doivent faire faire la description ou l'inventaire des biens composant la succession, en présence du ministère public ou d'un juge de paix requis par lui. Si l'absent reparaît, les scellés peuvent être levés sans description. — J.G. *Scellés et invent.*, 103.

12. Pendant l'instance en interdiction, l'administrateur a le droit de demander la levée des scellés.—J.G. *Scellés et invent.*, 20.

Art. 931.

Les formalités pour parvenir à la levée des scellés seront,

1° Une réquisition à cet effet consignée sur le procès-verbal du juge de paix;

2° Une ordonnance du juge, indicative des jour et heure où la levée sera faite;

3° Une sommation d'assister à cette levée, faite au conjoint survivant, aux présomptifs héritiers, à l'exécuteur testamentaire, aux légataires universels et à titre universel, s'ils sont connus, et aux opposants.

Il ne sera pas besoin d'appeler les intéressés demeurant hors de la distance de cinq myriamètres; mais on appellera pour eux, à la levée et à l'inventaire, un notaire nommé d'office par le président du tribunal de première instance.

Les opposants seront appelés aux domiciles par eux élus. — C. pr. civ. 927, 936, 942, 947. — C. civ. 113, 724, 1003 s., 1010 s., 1025 s. — Tar. 77, 94.

1. — I. Formalités pour parvenir a la levée des scellés. — La personne qui demande la levée des scellés doit présenter une réquisition consignée sur le procès-verbal du juge de paix, afin d'inviter ce magistrat à fixer les jour et heure où il lèvera les scellés. — *Scellés et invent.*, 103.

2. Le requérant doit, en outre, faire ordonner par le juge que son greffier sera tenu de lui délivrer l'extrait des oppositions, indiquant les noms et le domicile réel ou élu des opposants. Mais dans le cas où l'ordonnance du juge de paix ne contiendrait pas cette injonction, le greffier n'en devrait pas moins délivrer l'extrait. — J.G. *Scellés et invent.*, 105.

3. Si les scellés avaient été apposés en divers lieux, il faudrait indiquer dans l'ordonnance du juge le lieu par lequel le juge doit commencer l'opération. — J.G. *Scellés et invent.*, 106.

4. Dans la sommation d'assister à la levée des scellés, les opposants sont appelés aux domiciles par eux élus, ou à leur propre demeure si elle est établie dans l'arrondissement de la justice de paix où les scellés sont apposés. — J.G. *Scellés et invent.*, 107.

5. — II. Nomination d'un notaire chargé de représenter les absents. — Lorsqu'on a appelé, pour représenter les intéressés demeurant hors de la distance de 5 myriamètres, un notaire nommé d'office par le président du tribunal de première instance, ce notaire a qualité pour les représenter dans tous les incidents élevés au cours de l'inventaire. — Colmar, 11 nov. 1831, J.G. *Scellés et invent.*, 108, et *Absent*, 135.

6. Lorsqu'un notaire est nommé pour représenter les non-présents demeurant à plus de 5 myriamètres, il doit aussi représenter les non-présents demeurant à une moindre distance. — J.G. *Scellés et invent.*, 119.

7. Si tous les non-présents sont domiciliés dans la distance de 5 myriamètres, il n'y a pas lieu à la nomination d'un notaire; ils doivent s'imputer d'avoir fait défaut. — Req. 17 avr. 1828, J.G. *Scellés et invent.*, 119 et 120.

8. Cependant, il ne résulte pas nullité des opérations de la levée des scellés, de ce qu'un notaire aurait été appelé pour représenter et aurait représenté une partie défaillante dans ses opérations et malgré l'opposition de celle-ci; cette mesure surabondante pourrait seulement donner lieu à un reproche de frais frustratoires.— Même arrêt.

9. Bien qu'un notaire ait représenté dans une levée de scellés ou un inventaire des personnes domiciliées dans le rayon de 5 myriamètres, cet acte ne peut être déclaré nul, si, d'ailleurs, il était très-difficile de découvrir leur domicile. — Caen, 24 déc. 1839, J.G. *Scellés et invent.*, 121. — V. observ., *ibid.*

10. Il n'y a pas lieu de nommer un notaire pour les opposants domiciliés hors de la distance déterminée par l'art. 931; ils sont censés présents par l'élection de domicile que doit contenir leur opposition. — J.G. *Scellés et invent.*, 118.

11. Lorsque, en cas d'urgence, il est procédé, avant l'expiration des trois jours fixés par la loi, à la levée des scellés, il n'y a pas lieu non plus de faire nommer un notaire pour représenter les parties qui ont droit d'assister à la levée des scellés et à l'inventaire qu'autant que ces parties sont connues : il ne doit point en être nommé pour représenter celles qui pourraient se présenter ultérieurement. — Rouen, 28 déc. 1843, J.G. *Scellés et invent.*, 123. — V. *suprà*, art. 928.

12. L'impossibilité temporaire (par suite, notamment, de l'investissement, en temps de guerre, de la ville où la succession s'est ouverte) de faire à des intéressés domiciliés à moins de 5 myriamètres la sommation de se présenter à la levée des scellés, n'autorise pas à passer outre en faisant représenter ceux-ci par un notaire, alors surtout qu'il n'y a pas urgence et qu'il est suffisamment pourvu au nécessaire par la nomination d'un administrateur. — Paris, 13 déc. 1870, D.P. 71. 2. 242.

13. Les *présumés absents* doivent également être représentés par un notaire. — V. *Code civil annoté*, art. 113.

14. Mais on n'est pas tenu d'appeler ni de faire représenter ceux des héritiers présomptifs qui seraient absents, et dont l'existence ne serait pas reconnue (c. civ. 136), sauf le cas où ceux-ci seraient des militaires; il faudrait alors les faire représenter à l'inventaire et au partage, à moins qu'on ne fît déclarer l'absence ou le décès (L. 11 vent. an 2). — J.G. *Scellés et invent.*, 122.

15. Si un aliéné non interdit placé dans un établissement d'aliénés et ayant le droit d'assister à un inventaire n'avait ni administrateur provisoire ni curateur (L. 30 juin 1838, art. 38), il conviendrait de le faire représenter par un notaire que nommerait le président. — J.G. *Scellés et invent.*, 125.

16. Les non-présents, appelés ou non, ne sauraient être représentés par le même notaire qui représente les présumés absents ; mais un seul notaire suffit pour chacune de ces classes de personnes, quel qu'en soit le nombre. — J.G. *Scellés et invent.*, 124.

Art. 932.

Le conjoint, l'exécuteur testamentaire, les héritiers, les légataires universels, et ceux à titre universel,

pourront assister à toutes les vacations de la levée du scellé et de l'inventaire, en personne ou par un mandataire.

Les opposants ne pourront assister, soit en personne, soit par un mandataire, qu'à la première vacation : ils seront tenus de se faire représenter, aux vacations suivantes, par un seul mandataire pour tous, dont ils conviendront ; sinon il sera nommé d'office par le juge.

Si, parmi ces mandataires, se trouvent des avoués du tribunal de première instance du ressort, ils justifieront de leurs pouvoirs par la représentation du titre de leur partie ; et l'avoué plus ancien, suivant l'ordre du tableau, des créanciers fondés en titres authentiques, assistera de droit pour tous les opposants : si aucun des créanciers n'est fondé en titre authentique, l'avoué le plus ancien des opposants fondés en titre privé assistera. L'ancienneté sera définitivement réglée à la première vacation. — C. pr. civ. 529, 536, 934. — Tar. 16, 94.

Exposé des motifs et Rapport, J.G. *Scellés et invent.*, p. 706, n° 9.

1. Les personnes en présence desquelles la levée des scellés doit avoir lieu sont : ... le *conjoint* survivant, quoiqu'il ne soit ni commun en biens, ni donataire, ni légataire, ni créancier, et lors même qu'il serait séparé de corps. — J.G. *Scellés et invent.*, 109.

2. ... Les *héritiers présomptifs*, qui ont en leur faveur un titre apparent, une possession d'état. — J.G. *Scellés et invent.*, 110.

3. Un inconnu ne saurait être admis à la levée des scellés et à l'inventaire, par cela seul qu'il se prétendrait héritier. — Civ. r. 25 nov. 1818, J.G. *Degré de jurid.*, 563-1°. — Rouen, 10 avr. 1837, J.G. *Scellés et invent.*, 110 et 29.

4. Mais un titre apparent, quoique contesté, suffit pour donner ce droit. — Paris, 7 déc. 1829, J.G. *Scellés et invent.*, 110 et 100. — V. aussi Paris, 6 août 1811, *ibid.*, 110.

5. L'*enfant naturel* reconnu doit également être appelé à la levée des scellés et à l'inventaire. — J.G. *Scellés et invent.*, 111.

6. L'héritier qui a fait *cession* d'une partie de ses droits successifs n'en conserve pas moins le droit d'assister à la levée des scellés pour le maintien du surplus de ses droits. — Douai, 23 mars 1825, J.G. *Scellés et invent.*, 112 et 76.

7. Sont également admis à assister à la levée des scellés : ... l'exécuteur testamentaire. — J.G. *Scellés et invent.*, 113.

8. ... Les donataires ou légataires universels, ou à titre universel, soit en propriété, soit en usufruit, bien qu'ils n'aient pas été envoyés en possession, surtout lorsqu'il n'y a ni faute ni négligence à leur imputer à cet égard. — J.G. *Scellés et invent.*, 114.

9. Mais la possibilité de l'existence d'un testament en faveur de parents exclus par de plus proches, ne peut les autoriser à assister à la levée des scellés. — Bruxelles, 18 mai 1807, J.G. *Scellés et invent.*, 114.

10. Les légataires particuliers n'ont pas le droit d'être présents soit à la levée des scellés, soit à l'inventaire, à moins qu'ils n'aient formé opposition à la levée des scellés. — J.G. *Scellés et invent.*, 114.

11. Doivent être appelés à la levée des scellés les opposants, c'est-à-dire les créanciers ou les légataires particuliers qui ont formé opposition à la levée des scellés. — G. J.*Scellés et invent.*, 115.

12. Les créanciers qui ont formé opposition doivent être assignés aux domiciles par eux élus. Si des créanciers ayant requis l'inventaire avaient vu donner la préférence à des héritiers ou au survivant des époux, leur demande devrait être considérée comme une opposition. — J.G. *Scellés et invent.*, 115.

13. Le mandataire qui doit représenter tous les opposants à la seconde et suivante vacation, doit, dans le cas où les opposants ne sont pas d'accord, être nommé d'office par le président du tribunal, et non par le juge de paix (Quest. controv.). — J.G. *Scellés et invent.*, 127.

14. Un huissier peut être nommé mandataire pour représenter les opposants dans les opérations de la levée des scellés et de l'inventaire. — J.G. *Scellés et invent.*, 128.

15. Si les avoués représentaient des créanciers chirographaires et des créanciers sans titre, ce serait l'avoué le plus ancien des opposants fondés en titre qui deviendrait le mandataire commun. — J.G. *Scellés et invent.*, 129.

16. En cas de concurrence entre les mandataires de créanciers, soit authentiques, soit chirographaires, soit sans titre, le juge choisit celui qu'il estime le plus capable. — J.G. *Scellés et invent.*, 129.

17. Quand il y a concours d'avoués et de mandataires pris dans une autre classe de personnes, l'avoué le plus ancien devient de droit mandataire commun, et ses vacations sont à la charge de la succession. — J.G. *Scellés et invent.*, 129.

18. La partie qui ne s'est point opposée à ce que des individus assistent à la levée des scellés ne peut, sous le prétexte qu'ils sont sans qualité, se faire postérieurement un grief de leur présence à l'opération. — Douai, 23 mars 1825, J.G. *Scellés et invent.*, 132 et 76.

Art. 933.

Si l'un des opposants avait des intérêts différents de ceux des autres, ou des intérêts contraires, il pourra assister en personne ou par un mandataire particulier, à ses frais. — Tar. 94.

Exposé des motifs et Rapport, J.G. *Scellés et invent.* p. 705, n° 9

....

Art. 934.

Les opposants pour la conservation des droits de leur débiteur ne pourront assister à la première vacation, ni concourir au choix d'un mandataire commun pour les autres vacations. — C. pr. civ. 775, 932. — C. civ. 1166 s. — Tar. 16, 94.

Exposé des motifs et Rapport, J.G. *Scellés et invent.*, p. 705, n° 9.

Le créancier personnel d'un héritier qui fait opposition à la levée des scellés n'a pas, à raison de cette opposition, le droit d'assister à la levée des scellés et à l'inventaire. — Douai, 26 mars 1824, J.G. *Scellés et invent.*, 130.

Art. 935.

Le conjoint commun en biens, les héritiers, l'exécuteur testamentaire et les légataires universels ou à titre universel, pourront convenir du choix d'un ou deux notaires, ou d'un ou deux commissaires-priseurs ou experts ; s'ils n'en conviennent pas, il sera procédé, suivant la nature des objets, par un ou deux notaires, commissaires-priseurs ou experts, nommés d'office par le président du tribunal de première instance. Les experts prêteront serment devant le juge de paix. — C. pr. civ. 305 s. — Tar. 16.

Exposé des motifs et Rapport, J.G. *Scellés et invent.*, p. 705, n° 10.

1. L'héritier bénéficiaire, tout aussi bien que les héritiers purs et simples, a le droit de choisir le notaire qui doit procéder à l'inventaire ; et il n'est nullement nécessaire que cet officier soit désigné d'office par le tribunal. — Turin, 14 août 1809, J.G. *Scellés et invent.*, 186.

2. Mais le droit de choisir les notaires, commissaires-priseurs et experts n'appartient point aux *coassociés* du défunt. — Besançon, 7 juin 1809, J.G. *Scellés et invent.*, 247.

3. ... Ni à ses *créanciers*, à moins que l'inventaire n'ait lieu à leur seule requête. — J.G. *Scellés et invent.*, 247.

4. Alors même qu'un testateur a déclaré qu'il entendait que l'inventaire et le partage de sa succession fussent faits par le notaire, les héritiers ou légataires peuvent en choisir un autre. — J.G. *Notaire*, 360, et *Scellés et invent.*, 192.

5. ... A moins que le testateur n'ait imposé cette obligation à ses héritiers sous une clause pénale. — J.G. *Scellés et invent.*, 192.

6. S'il y a dissidence entre l'exécuteur testamentaire, les héritiers légitimes et les légataires universels, relativement à la désignation du notaire, le choix doit être fixé, non par les divers motifs de préférence qu'on peut invoquer, mais par une nomination faite d'office par le président du tribunal. — Bordeaux, 13 avr. 1835, J.G. *Notaire*, 361. — Conf. J.G. *Scellés et invent.*, 182.

7. S'il y a dissentiment entre la veuve commune en biens et les héritiers du mari sur le choix du notaire qui devra procéder à l'inventaire des scellés, le président n'est pas dans la nécessité de désigner le notaire choisi par la veuve ; il peut nommer les deux notaires proposés par les deux parties. — Colmar, 11 nov. 1831, J.G. *Scellés et invent.*, 182-2°. — Conf. Caen, 12 juin 1854, D.P. 55. 5. 265. — V. aussi sur ce point le règlement de la chambre des notaires de Paris du 27 avr. 1847, art. 34 et suiv., D.P. 47. 3. 189.

8. Jugé toutefois... que l'héritier légitime doit avoir la préférence sur l'exécuteur testamentaire dans le choix du notaire chargé de faire l'inventaire. — Orléans, 27 nov. 1857, D.P. 61. 5. 471.

9. ... Que l'époux survivant, étant le premier dans l'ordre de ceux qui ont droit de requérir l'inventaire de la communauté, est fondé à exiger que cet inventaire soit rédigé par son notaire, alors d'ailleurs que, d'après l'usage du ressort, c'est à ce notaire qu'appartient la garde de la minute (c. civ. 942 ; c. pr. civ. 235). — Ord. du prés. du trib. de Versailles, 6 déc. 1865, D.P. 66. 3. 22.

10. ... Le survivant des époux qui a fait apposer les scellés sur les biens de la communauté, et, en outre, sur les biens non encore inventoriés composant une succession échue pour partie à l'époux décédé, est fondé à réclamer que le notaire appelé par lui, soit admis à dresser l'inventaire de préférence au notaire présenté par les cohéritiers de l'époux décédé, quand même celui-ci aurait pour lui l'ancienneté, et alors surtout qu'il doit en résulter une diminution de frais. — Paris, 19 mars 1850, D.P. 53. 2. 9.

— Conf. Paris, 5 oct. 1808, J.G. *Scellés et invent.*, 184, et *Contr. de mar.*, 2178. — V. observ., J.G. *Scellés et invent.*, 184.

11. Ce n'est pas seulement lorsqu'il y a dissentiment entre les héritiers d'une part et le conjoint survivant, l'exécuteur testamentaire et les légataires d'autre part, que le choix du notaire doit être fait d'office par le président, c'est encore lorsqu'il y a désaccord entre les héritiers. — J.G. *Scellés et invent.*, 188.

12. Du reste, le notaire ne doit être nommé d'office par le juge qu'autant que les parties ne peuvent s'accorder. — Bruxelles, 6 sept. 1822, J.G. *Scellés et invent.*, 186.

13. Mais l'accord qui a existé dans un arrondissement entre les parties, relativement au choix des notaires, à l'occasion d'un inventaire ne les lierait point dans un autre arrondissement où se trouveraient des meubles de la même hérédité, surtout si ce dernier arrondissement était celui du domicile du défunt. — Paris, 15 avr. 1833, J.G. *Scellés et invent.*, 187.

14. Le notaire commis par justice à la liquidation des reprises de la femme, après séparation de biens, est commis par cela seul aux opérations de l'inventaire, à l'exclusion du notaire plus ancien proposé par l'une des parties. — Paris, 3 oct. 1839, J.G. *Scellés et invent.*, 185.

15. La demande en nomination d'un notaire pour procéder à l'inventaire d'une succession doit être portée devant le président du tribunal de l'ouverture de cette succession, et non devant le tribunal entier. — Orléans, 19 mai 1808, J.G. *Scellés et invent.*, 248.

16. Si les scellés n'ont pas été apposés, la partie la plus diligente doit former cette demande dans la forme ordinaire, par simple citation devant le président. — J.G. *Scellés et invent.*, 191.

17. Quand il y a eu apposition de scellés, le juge de paix doit en référer sur le procès-verbal de la levée, et c'est sur ce procès-verbal que le président fait la nomination qui donne lieu à la contestation. Cette manière de procéder doit être préférée à l'introduction du référé par citation. — J.G. *Scellés et invent.*, 191.

18. Le président appelé à désigner un notaire pour procéder à l'inventaire est libre dans son choix : la loi ne soumet son droit à aucune restriction. Cependant il doit, en général, choisir le notaire parmi ceux qui sont présentés par les parties, et sa préférence doit être déterminée par la qualité et le degré d'intérêt des ayants droit ; mais cette règle n'a rien d'absolu. — J.G. *Scellés et invent.*, 182 ; *Success.*, 728.

19. Le président peut aussi consulter les règlements de la chambre du ressort, où, généralement, le droit de préférence est donné à l'ancienneté. — J.G. *Notaire*, 361.

20. Est susceptible d'appel l'ordonnance du président qui, en présence d'une contradiction existant entre l'héritier légitime et l'héritier testamentaire, désigne le notaire qui procédera à l'inventaire. — Orléans, 27 nov. 1857, D.P. 61. 5. 471.

Art. 936.

Le procès-verbal de levée contiendra : 1° la date ; 2° les nom, profession, demeure et élection de domicile du requérant ; 3° énonciation de l'ordonnance délivrée pour la levée ; 4° énonciation de la sommation prescrite par l'art. 931, ci-dessus ; 5° les comparutions et dires des parties ; 6° la nomination des notaires, commissaires-priseurs et experts qui doivent opérer ; 7° la reconnaissance des scellés s'ils sont sains et entiers; s'ils ne le sont pas, l'état des altérations, sauf à se pourvoir ainsi qu'il appartiendra pour raison desdites altérations; 8° les réquisitions à fin de perquisitions, et toutes autres demandes sur lesquelles il y aura lieu de statuer. — C. pr. civ. 914, 917, 930 s., 937 s. — C. pén. 249 s.

Si les scellés ne sont pas sains et entiers, le juge de paix doit constater le corps du délit, interpeller le gardien qu'il a nommé et prendre tous les renseignements pour en découvrir l'auteur, afin d'éclairer les juges chargés de l'application des dispositions pénales ; et il doit en donner avis au procureurde la République en lui transmettant la partie de son procès-verbal qui le constate. — J.G. *Scellés et invent.*, 134.

Art. 937.

Les scellés seront levés successivement, et au fur et à mesure de la confection de l'inventaire : ils seront réapposés à la fin de chaque vacation. — C. pr. civ. 941 s. — C. com. 480. — Tar. 16, 94.

1. La levée des scellés peut être partielle, lorsqu'il s'agit de remettre des titres appartenant à des tiers, et d'extraire les effets à courte échéance ou les livres du failli mis sous les scellés (c. com. 471). — J.G. *Scellés et invent.*, 141.
2. Lors même que les objets compris sous le scellé ont été inventoriés, le juge de paix doit continuer d'assister à l'inventaire.—J.G. *Scellés et invent.*, 241. — V. cependant Aix, 28 juill. 1830, *ibid.*, 80.

Art. 938.

On pourra réunir les objets de même nature, pour être inventoriés successivement suivant leur ordre ; ils seront, dans ce cas, replacés sous les scellés.

Art. 939.

S'il est trouvé des objets et papiers étrangers à la succession et réclamés par des tiers, ils seront remis à qui il appartiendra ; s'ils ne peuvent être remis à l'instant, et qu'il soit nécessaire d'en faire la description, elle sera faite sur le procès-verbal des scellés, et non sur l'inventaire. — C. pr. civ. 914, 919, 943.

1. La remise des objets et des papiers étrangers à la succession ne peut avoir lieu qu'autant qu'elle est réclamée par des tiers. — Aix, 28 juill. 1830, J.G. *Scellés et invent.*, 145 et 80.
2. Ainsi, lorsque, après le décès d'un ancien notaire, on trouve, lors de la levée des scellés, des papiers étrangers à la succession mais non réclamés par les tiers auxquels ils appartiennent, le juge de paix ne peut ordonner, d'office, pour le cas où ces papiers seraient réclamés, qu'il en soit fait un état descriptif; ces papiers peuvent, du consen-

tement des ayants droit à la succession, rester sous le scellé particulier qui y a été apposé. — Paris, 8 sept. 1825, J.G. *Scellés et invent.*, 146.

Art. 940.

Si la cause de l'apposition des scellés cesse avant qu'ils soient levés, ou pendant le cours de leur levée, ils seront levés sans description. — C. pr. civ. 907 s., 928 s. — Tar. 94.

1. La levée des scellés peut être pure et simple lorsque toutes les parties sont d'accord et majeures ; elle est à charge de description et d'inventaire dans tous les cas où cette précaution est prescrite par la loi ou requise par l'une des parties, et toutes les fois qu'il y a des mineurs. — J.G. *Scellés et invent.*, 135.
2. Toutefois, il n'est pas exigé que la levée des scellés apposés par le juge de paix sur les effets d'une succession à laquelle un mineur est intéressé, soit faite avec description, si personne ne le requiert; ce juge ne peut, contre le vœu du tuteur, ni faire des perquisitions, ni examiner les papiers, ni assister à l'inventaire dressé par le tuteur et le subrogé tuteur , conformément à l'art. 451 c. civ. En pareil cas, s'il assiste à l'inventaire, ce n'est que pour vérifier l'intégrité des scellés et les réapposer sur les effets non encore inventoriés : dès que les scellés ne sont plus nécessaires ou qu'ils doivent être levés sans description, le juge doit se retirer. — Aix, 28 juill. 1830, J.G. *Scellés et invent.*, 136 et 80.
3. Pareillement, il y a lieu de lever sans description des scellés apposés sur une succession échue à un mineur, lorsque, depuis, ce mineur a été pourvu d'un tuteur et d'un subrogé tuteur. — Bruxelles, 16 mars 1821, J.G. *Scellés et invent.*, 136.
4. Jugé toutefois que les scellés ne peuvent être levés sans description, si parmi les héritiers se trouve un mineur, fût-il même émancipé et assisté de son père, agissant comme son curateur. — Metz, 18 mars 1852, D.P. 53. 2. 14.
5. Un héritier ne peut pas faire lever, sans description, des scellés apposés sur les effets de la succession, à la requête d'un individu qui prétend avoir des droits en vertu d'un titre contesté. — Paris, 1er déc. 1808, J.G. *Scellés et invent.*, 139.
6. Le légataire de la totalité des meubles du défunt et de l'usufruit de ses immeubles, ne peut demander la levée des scellés à l'encontre des héritiers légitimes du testateur que sous la condition de faire l'inventaire des meubles et l'état estimatif des immeubles. — Rennes, 12 déc. 1810, J.G. *Scellés et invent.*, 140.

TITRE IV.

De l'Inventaire.

Art. 941.

L'inventaire peut être requis par ceux qui ont droit de requérir la levée du scellé. — C. pr. civ. 909 s., 930, 942. — Tar. 168.

Exposé des motifs et Rapport, J.G. *Scellés et invent.*, p. 707, n** 13.

1. — I. Cas dans lesquels il y a lieu de faire inventaire. — Les scellés ne sont gé-

néralement apposés que pour assurer l'exactitude de l'inventaire ; par suite, les cas dans lesquels un inventaire doit être dressé, sont les mêmes que ceux où il y a lieu d'apposer les scellés. — J.G. *Scellés et invent.*, 161. — V. *suprà*, art. 907.
2. Les envoyés en possession provisoire des biens d'un absent ou l'époux de cet absent qui a opté pour la continuation de la communauté doivent faire procéder à l'inventaire de son mobilier. — V. *Code civil annoté*, art. 126.
3. Le *tuteur* d'un mineur ou d'un interdit doit faire procéder à l'inventaire, dans les dix jours qui suivent celui de sa nomination dûment connue de lui. — V. *Code civil annoté*, art. 451 et 509.
4. L'usufruitier ne peut entrer en jouissance qu'après avoir fait dresser en présence du propriétaire un inventaire des meubles sujets à l'usufruit. — V. *Code civil annoté*, art. 600.
5. La déclaration d'un héritier qu'il n'entend prendre cette qualité que sous bénéfice d'inventaire, n'a d'effet qu'autant qu'elle est précédée ou suivie d'un inventaire des biens de l'hérédité. — V. *Code civil annoté*, art. 794.
6. Le curateur à une succession vacante en doit faire, avant tout, constater l'état par un inventaire. — V. *Code civil annoté*, art. 813, et *infrà*, art. 1000.
7. L'exécuteur testamentaire doit faire l'inventaire des biens de la succession. — V. *Code civil annoté*, art. 1031.
8. Après le décès de celui qui a disposé à la charge de restitution, il doit être procédé à l'inventaire de tous les biens et effets composant sa succession. — V. *Code civil annoté*, art. 1058, et *infrà*, n° 26.
9. Lorsqu'une succession échue à l'un des époux est en partie mobilière et en partie immobilière, la portion contributoire du mobilier dans les dettes doit être réglée par l'inventaire auquel le mari est tenu de faire procéder. — V. *Code civil annoté*, art. 1414 et 1415.
10. Le défaut d'inventaire après la mort de l'un des époux fait perdre à l'époux survivant la jouissance des revenus de ses enfants. — V. *Code civil annoté*, art. 1442.
11. Le défaut d'inventaire fait perdre à la femme le droit de renoncer à la communauté. — V. *Code civil annoté*, art. 1456, 1459.
12. Si le mobilier des époux mariés sous le régime de la communauté réduite aux acquêts n'a pas été constaté par un inventaire, il est réputé acquêt. — V. *Code civil annoté*, art. 1499.
13. Lorsque les époux ont exclu de leur communauté tout leur mobilier présent ou futur, le mobilier qui échoit à chacun d'eux durant le mariage doit être constaté par un inventaire. — *Code civil annoté*, art. 1504.
14. Lorsque les époux ont stipulé qu'ils payeraient séparément leurs dettes personnelles, si le mobilier apporté par les époux n'a pas été constaté par un inventaire ou état authentique antérieur au mariage, les créanciers de l'un et de l'autre des époux peuvent poursuivre leur payement sur le mobilier non inventorié comme sur tous les autres biens de la communauté ; et les créanciers ont le même droit sur le mobilier échu aux époux pendant la communauté, s'il n'a pas été constaté par un inventaire. — V. *Code civil annoté*, art. 1510.
15. Lorsque les époux se marient sans communauté, si, dans le mobilier apporté en dot par la femme ou qui lui échoit pendant le mariage, il y a des choses dont on ne peut faire usage sans les consommer, il en doit être joint un état estimatif au contrat de mariage; ou il doit en être fait inventaire lors de l'échéance. — V. *Code civil annoté*, art. 1532.
16. Dans les trois jours de leur nomination les syndics doivent procéder à l'inventaire des biens du failli. — V. *Code de commerce annoté*, art. 479.
17. La veuve, les héritiers et autres successibles ont pour faire inventaire, un délai

de trois mois du jour de l'ouverture de la succession ou de la dissolution de la communauté. — V. *suprà*, art. 174.

18. Sur les délais dans lesquels doit être fait l'inventaire après décès, V. *suprà*, art. 928.

19. — II. Personnes qui peuvent requérir la confection d'un inventaire. — L'inventaire ne doit avoir lieu que sur la réquisition des parties intéressées même lorsque des héritiers présomptifs sont mineurs sans tuteurs, ou absents. Les notaires qui, seuls, peuvent procéder aux inventaires n'ont, à cet égard, aucun droit d'initiative. — J.G. *Scellés et invent.*, 196. — V. *suprà*, art. 909.

20. Si plusieurs parties requièrent l'inventaire, il doit être fait au nom de celle qui se trouve la première indiquée dans l'art. 909. Ainsi, l'inventaire a lieu à la requête des prétendants droit (par exemple des héritiers du survivant des époux communs en biens), de préférence aux créanciers. — J.G. *Scellés et invent.*, 197.

21. Le droit de requérir l'inventaire n'appartient pas à l'époux survivant, s'il n'était pas commun en biens, et s'il n'a pas de répétition à exercer contre la succession ; cet époux peut seulement demander que l'inventaire soit fait en sa présence, pour empêcher qu'on n'y comprenne ses propres biens. Mais, s'il a des répétitions à exercer, il peut requérir l'inventaire comme créancier, pourvu qu'il ait un titre exécutoire ou une permission du juge. — J.G. *Scellés et invent.*, 197.

22. L'inventaire (après décès) peut être requis par tous ceux qui prétendent droit dans la succession ou la communauté, par tous créanciers fondés en titre exécutoire, ou autorisés par le président du tribunal ou le juge de paix de canton où le scellé est apposé. Il ne faut pas, pour l'ordonner, examiner le fondement des droits des parties, mais bien l'intérêt qu'elles ont à leur conservation. — Bruxelles, 26 avr. 1828, J.G. *Scellés et invent.*, 198.

23. Il suffit que le droit d'un individu à une succession ne soit pas dénué de fondement pour qu'il puisse requérir l'inventaire. — V. *suprà*, art. 930, n° 3.

24. Mais les légataires particuliers des immeubles du défunt ne peuvent requérir l'inventaire des meubles, lors même que l'héritier institué est spécialement chargé du payement de toutes les dettes, si sa solvabilité est incontestable. — Bruxelles, 12 nov. 1829, J.G. *Scellés et invent.*, 38 et 33.

25. Si l'inventaire est demandé par tous les prétendants droit, par exemple par l'héritier et par le survivant des époux communs en biens, il doit être fait à la requête de l'un et de l'autre conjointement. De même, l'inventaire doit être fait cumulativement à la requête de l'exécuteur testamentaire et de l'héritier, si tous deux le demandent. — J.G. *Scellés et invent.*, 199.

26. Après le décès de celui qui a disposé à la charge de restitution, il est procédé à l'inventaire à la requête du grevé de restitution, ou, à son défaut, à la requête du tuteur nommé pour l'exécution, ou, à défaut de celui-ci, à la requête des personnes désignées en l'art. 1057. — V. *Code civil annoté*, art. 1059 et s.

27. En cas de succession dévolue à des successeurs irréguliers, l'inventaire a lieu à la requête de ceux-ci, poursuite et diligence de l'administrateur des domaines. — J.G. *Scellés et invent.*, 200.

28. En cas d'absence, il a lieu à la requête des envoyés en possession, ou du conjoint qui a opté pour la continuation de la communauté, quand même les scellés auraient été apposés d'office ou à la requête du ministère public. — J.G. *Scellés et invent.*, 200.

29. Le mari, dans le cas de communauté de biens, peut requérir, sans le concours et sans la procuration de sa femme, les inventaires dans lesquels celle-ci est intéressée.

La femme mariée ne peut le requérir qu'avec l'autorisation de son mari. — J.G. *Scellés et invent.*, 200.

30. Lorsque les époux sont mariés sous la clause de séparation de biens, ou sous le régime dotal, sans que la femme se soit constitué en dot les successions qui pourraient lui échoir, celle-ci doit comparaître elle-même à l'inventaire, avec le concours ou l'autorisation de son mari ; ou du moins il faut, pour que ce dernier puisse la représenter, qu'il soit muni de sa procuration. — J.G. *Scellés et invent.*, 131.

31. S'il y a des héritiers mineurs ou interdits, il ne peut être procédé à l'inventaire qu'après qu'ils ont été émancipés ou pourvus de tuteurs. — J.G. *Scellés et invent.*, 200.

32. — III. Compétence. — Une demande ayant pour objet de faire ordonner l'inventaire des biens dépendant de la succession d'un étranger et situés en France, est de la compétence des tribunaux français, bien que la succession se soit ouverte en pays étranger et que la liquidation des droits des cohéritiers appartienne à un tribunal étranger. — Paris, 12 août 1840, J.G. *Scellés et invent.*, 289. — V. *Code civil annoté*, art. 14, nos 274 et s.; L. 14 juill. 1819, art. 1er, nos 25 et s., t. 1er, p. 538.

Table sommaire.

Absent 2, 19, 28.	Etat estimatif 15.	Mineur 3, 19., 31.
Acquêt de communauté 12.	Etranger 32.	Mineur émancipé 31.
Autorisation maritale 29.	Exécuteur testamentaire 7, 25.	Permission du juge 21.
Communauté (continuation) 2, 28 ; (renonciation) 11.	Failli 16.	Scellés 1 ; (apposition d'office) 28.
Communauté d'acquêts 12.	Femme mariée 29.	Séparation de biens 30.
Compétence 32.	Héritier bénéficiaire 5.	Substitution 26.
Curateur (succession vacante) 6.	Interdit 3, 31.	Successeur irrégulier 27.
Délais (invent.) 18.	Inventaire (dans quel cas il a lieu) 1 s.; (personne pouvant requérir la confection) 19 s.	Succession vacante (curateur) 6.
Dot 30.	Légataire particulier (imm.) 24.	Syndic 16.
Epoux 10 s.	Mari 29.	Titre exécut. 21 s.
Epoux survivant 20 s.		Tuteur 3, 26, 31.
		Usufruit 4.

Art. 942.

Il doit être fait en présence, 1° du conjoint survivant, 2° des héritiers présomptifs, 3° de l'exécuteur testamentaire si le testament est connu, 4° des donataires et légataires universels ou à titre universel, soit en propriété, soit en usufruit, ou eux dûment appelés, s'ils demeurent dans la distance de 5 myriamètres : s'ils demeurent au delà, il sera appelé pour tous les absents, un seul notaire, nommé par le président du tribunal de première instance, pour représenter les parties appelées et défaillantes. — C. pr. civ. 931-3°, 936, 947. — C. civ. 113.

1. — I. Personnes qui doivent ou peuvent assister à l'inventaire. — Les personnes qui doivent être appelées ou qui peuvent assister à l'inventaire sont exactement celles qui doivent être appelées ou qui peuvent assister à la levée des scellés. — J.G. *Scellés et invent.*, 201. — V. *suprà*, art. 931.

2. Le légataire universel qui s'est porté héritier bénéficiaire est tenu, à peine de déchéance, d'appeler à l'inventaire non-seulement les héritiers à réserve, mais encore les collatéraux ; et cette déchéance peut être invoquée contre lui par un légataire qui avait renoncé à sa qualité d'héritier. — Req. 18 juill. 1821, J.G. *Success.*, 730.

3. Jugé, au contraire, que l'héritier institué contractuellement qui se trouve investi de la totalité de la succession de l'instituant, et qui accepte sous bénéfice d'inventaire, peut, sans encourir la déchéance de ce bénéfice, se dispenser d'appeler, soit à cet inventaire, soit à la vente du mobilier, les héritiers naturels, autres que les réservataires, qui n'ont aucun droit héréditaire à faire valoir et qui ne contestent pas l'institution. — Civ. c. 16 avr. 1839, J.G. *Success,*, 730.

4. Lorsqu'il s'agit de biens *substitués*, il faut appeler à l'inventaire le tuteur nommé pour l'exécution. — V. *Code civil annoté*, art. 1059 et s.

5. L'inventaire par suite de déclaration d'*absence* doit être fait en présence du procureur de la République ou du juge de paix par lui requis. — V. *Code civil annoté*, art. 126.

6. Le nu-propriétaire doit être appelé à l'inventaire fait par l'*usufruitier*. — *Code civil annoté*, art. 600.

7. Lorsqu'il y a des héritiers *mineurs* ou *interdits*, l'inventaire doit être fait en présence du subrogé tuteur. — V. *Code civil annoté*, art. 451.

8. L'inventaire des biens du mari est nul lorsque des enfants mineurs y ont été représentés par sa veuve, leur tutrice, en l'absence du subrogé tuteur. — Bourges, 1er juill. 1816, J.G. *Scellés et invent.*, 205.

9. L'inventaire ne peut être fait en présence des héritiers mineurs émancipés, avant qu'ils soient pourvus de curateurs. — J.G. *Scellés et invent.*, 206.

10. Un héritier ne peut assister, contre le vœu du tuteur, à l'inventaire, dressé par celui-ci et le subrogé tuteur, d'une succession dans laquelle un mineur est intéressé. — Aix, 28 juill. 1830, J.G. *Scellés et invent.*, 208 et 80.

11. Les *créanciers* ne sont point compris dans l'énumération des personnes dont l'art. 942 c. pr. civ. ordonne de provoquer la présence ; mais il est prudent d'y appeler les créanciers qui ont fait opposition aux scellés. — J.G. *Success.*, 729.

12. Le créancier d'un mari absent, dont la femme est appelée à recueillir, comme héritière, dans une succession, une part qui lui est propre, n'a pas le droit d'assister à l'inventaire, même à ses frais. — Paris, 19 août 1853, D.P. 54. 5. 449.

13. Le créancier d'une succession bénéficiaire, en admettant qu'il ait le droit d'assister à l'inventaire de cette succession, ne peut exiger la communication des titres, papiers et documents inventoriés que dans la limite de son intérêt à les connaître, intérêt dont les juges sont appréciateurs souverains. — Req. 16 nov. 1864, D.P. 65. 1. 177.

14. Et, dans le cas où la communication est demandée par un créancier, non de la succession bénéficiaire à laquelle s'applique l'inventaire, mais d'une autre succession également bénéficiaire que le défunt avait recueillie de son vivant, cette communication ne doit porter que sur les pièces inventoriées se rattachant à la succession débitrice, dont le défunt n'avait pas encore rendu compte au moment de son décès. — Même arrêt.

15. La déclaration du 27 mai 1690 et l'arrêt de règlement du 20 janv. 1779, qui interdisaient aux cohéritiers ou autres de se porter fort dans les inventaires pour des héritiers qui ne comparaissaient pas, ne sont plus en vigueur. — J.G. *Scellés et invent.*, 212.

16. — II. Comparution par mandataire. — En général, on peut se faire représenter à un inventaire auquel on a droit d'assister ; cette règle est applicable même à l'exécuteur testamentaire. — J.G. *Scellés et invent.*, 209.

17. Elle l'est également aux tuteurs, subrogés tuteurs et curateurs (Quest. controv.); mais le tuteur et le subrogé tuteur doivent avoir chacun un fondé de pouvoir particulier. — J.G. *Scellés et invent.*, 209.

18. On peut d'ailleurs constituer un mandataire par un dire sur le procès-verbal, par exemple à la clôture d'une vacation. — J.G. *Scellés et invent.*, 210.

19. Le tuteur, le subrogé tuteur, l'exécuteur testamentaire peuvent être représentés par un notaire, aussi bien que les parties qui sont personnellement intéressées à l'inventaire. — J.G. *Scellés et invent.*, 211.

Art. 943.

Outre les formalités communes à tous les actes devant notaires, l'inventaire contiendra,

1° Les noms, professions et demeures des requérants, des comparants, des défaillants et des absents, s'ils sont connus, du notaire appelé pour les représenter, des commissaires-priseurs et experts ; et mention de l'ordonnance qui commet le notaire pour les absents et défaillants ;

2° L'indication des lieux où l'inventaire est fait;

3° La description et estimation des effets, laquelle sera faite à juste valeur et sans crue ;

4° La désignation des qualités, poids et titre de l'argenterie;

5° La désignation des espèces en numéraire ;

6° Les papiers seront cotés par première et dernière ; ils seront parafés de la main d'un des notaires ; s'il y a des livres et registres de commerce, l'état en sera constaté, les feuillets en seront pareillement cotés et parafés s'ils ne le sont ; s'il y a des blancs dans les pages écrites, ils seront bâtonnés ;

7° La déclaration des titres actifs et passifs ;

8° La mention du serment prêté, lors de la clôture de l'inventaire, par ceux qui ont été en possession des objets avant l'inventaire ou qui ont habité la maison dans laquelle sont lesdits objets, qu'ils n'en ont détourné, vu détourner ni su qu'il en ait été détourné aucun ;

9° La remise des effets et papiers, s'il y a lieu, entre les mains de la personne dont on conviendra, ou qui à défaut, sera nommée par le président du tribunal. — C. pr. civ. 588 s., 914, 936.

1. — I. Inventaire par les notaires. — La confection des inventaires, à l'ouverture des successions appartient aux notaires, à l'exclusion des greffiers (L. 6 mars 1791, art. 10). — Civ. c. 5 frim. an 8, J.G. *Scellés et invent.*, 181.

2. Mais, dans la pratique, le greffier de justice de paix est chargé de faire une estimation des meubles détaillée et sommaire. — J.G. *Scellés et invent.*, 143.

3. La prisée faite par un greffier de justice de paix, conformément à l'art. 453 c. civ., des meubles appartenant à un pupille, ne constitue pas un inventaire, ni par suite une

usurpation des fonctions notariales. — Req. 7 juin 1850, D.P. 50. 1. 323.

4. Les inventaires des successions tombées en déshérence qui doivent être recueillies par l'État, doivent également être dressés par les notaires.—J.G. *Scellés et invent.*, 193.

5. Un notaire ne peut être judiciairement nommé à l'effet de recevoir un inventaire par commune renommée, le droit d'entendre des témoins appartenant exclusivement aux tribunaux. — Douai, 1er juin 1847, D.P. 47. 4. 339.

6. Ce n'est pas au consul d'Espagne, mais à un notaire français, qu'il appartient de procéder à l'inventaire de la succession, située en France, d'un Espagnol mort en Espagne, laissant un exécuteur testamentaire et des héritiers légitimes, tous majeurs et présents au lieu de l'ouverture de la succession (Convent. consul. 7 janv. 1862, art. 20). — Paris, 1er mars 1872, D.P. 72. 2. 235.

7. Mais le droit de faire inventaire, après le décès en France d'un Espagnol, appartient exclusivement au consul de sa nation, si la réquisition d'un Français, créancier, héritier ou légataire du défunt, n'oblige pas l'autorité française à intervenir dans cette opération. — Paris, 26 sept. 1839, J.G. *Scellés et invent.*, 51.

8. Dans le cas de faillite, l'inventaire est fait par les syndics, avec l'assistance du juge de paix, sans toutefois qu'il y ait exclusion absolue à l'égard des notaires. — V. *Code de commerce annoté*, art. 479 et 480.

9. Sur le choix des notaires en matière d'inventaire, V. *supra*, art. 935.

10. — II. Acte notarié. L'inventaire doit être fait dans la forme d'un acte notarié. — J.G. *Scellés et invent.*, 223.

11. Un inventaire sous seing privé n'aurait l'effet d'empêcher... ni l'apposition d'office des scellés, dans les cas prévus par la loi. — Bruxelles, 28 mars 1810, J.G. *Scellés et invent.*, 223 et 25.

12. ... Ni la nécessité d'un nouvel inventaire notarié. — J.G. *Scellés et invent.*, 223.

13. Toutefois, un inventaire sous seing privé fait foi contre la partie intéressée, quoiqu'elle ne l'ait pas signé, si elle en a reconnu l'exactitude. — Req. 1er juill. 1828, J.G. *Scellés et invent.*, 224, et *Contr. de mar.*, 2179.

14. L'inventaire prescrit à un usufruitier peut être dressé amiablement et sous seing privé. — *Code civil annoté*, art. 600, n° 12 et s.

15. L'inventaire doit contenir les formalités communes à tous les actes devant notaires. Il doit en rester minute (L. 25 vent. an 11, art. 20). — J.G. *Scellés et invent.*, 228.

16. La minute de l'inventaire appartient au plus ancien par ordre de réception des notaires qui ont droit d'y concourir. — V. *Code civil annoté*, loi 25 vent. an 11, art. 20, n° 101, 105 et s.

17. Un inventaire fait foi entre les parties de ses énonciations, qui, par suite, ne peuvent être détruites par des présomptions résultant de faits et circonstances. — Civ. 2 déc. 1835; Nancy, 26 août 1843, J.G. *Scellés et invent.*, 227.

18. — III. Contenu de l'inventaire. — 1° *Intitulé de l'inventaire.* — L'intitulé de l'inventaire qui, conformément à l'art. 943-1° doit contenir les noms, professions et demeures des requérants, etc., est un acte particulier, séparé du reste de l'inventaire, signé par toutes les parties et par tous les officiers ministériels. Il établit non-seulement la qualité, mais aussi la quotité des droits des héritiers dans la succession. — J.G. *Scellés et invent.*, 234.

19. Les procurations des héritiers doivent être annexées non au procès-verbal de levée des scellés, mais à l'inventaire dressé par le notaire, sauf au juge de paix à en faire mention dans son procès-verbal. — Circ. min. 28 avr. 1832, J.G. *Scellés et invent.*, 235.

20. Au contraire, c'est au procès-verbal du juge de paix, et non à la minute de l'inventaire (excepté quand il y a eu apposition des scellés), que doit être annexée l'ordonnance qui a commis un notaire pour représenter des absents. — J.G. *Scellés et invent.*, 235.

21. On peut suppléer, par des *actes de notoriété*, au défaut ou à l'insuffisance de l'intitulé d'inventaire, pour établir la qualité et les droits des appelés à la succession.—J.G. *Acte de notor.*, 20.

22. Les actes de notoriété peuvent servir aussi à compléter ou à rectifier les énonciations de l'inventaire. Sur les cas dans lesquels les actes de notoriété sont utiles ou nécessaires et sur les énonciations qu'ils doivent contenir, V. J.G. *Acte de notor.*, 20 à 33.

23. — 2° *Description du mobilier.* — L'inventaire doit contenir la description et estimation des effets, laquelle est faite à juste valeur et sans crue. — J.G. *Scellés et invent.*, 242.

24. Sur la question de savoir quels sont les officiers publics compétents pour faire l'estimation des objets mobiliers, V. *infrà*, n° 43 et s.

25. L'inventaire doit comprendre non-seulement les biens meubles par leur nature ou par la détermination de la loi, mais aussi les biens immeubles ; toutefois, les meubles corporels seuls doivent, en outre de leur indication, être estimés. — J.G. *Scellés et invent.*, 213.

26. Il n'est pas nécessaire que l'acte contienne la description des immeubles de la succession. — Pau, 5 mars 1833, J.G. *Success.*, 719. — Conf., J.G. *Minorité*, 449.

27. Jugé toutefois qu'un héritier peut exiger la description des immeubles, s'il n'existe pas de titre de propriété. — Gênes, 1er oct. 1811, J.G. *Scellés et invent.*, 214.

28. En tout cas, il y a lieu d'inventorier les immeubles par destination et les immeubles par l'objet auquel ils s'appliquent — J.G. *Scellés et invent.*, 214.

29. Lorsque, par suite de la cohabitation de l'époux survivant avec ses enfants, il y a eu confusion du mobilier inventorié, au décès de l'autre époux, avec le mobilier nouveau acquis par le survivant, on doit, au décès de ce dernier laissant des enfants dont l'un est mineur, dresser un inventaire de tout le mobilier trouvé dans la maison, et non se borner à un simple récolement des effets compris dans le premier inventaire, et cela, quoique l'époux dernier décédé eût déclaré que la moitié seule du mobilier laissé dans sa maison lui appartenait, et que le surplus appartenait à ceux de ses enfants qui étaient majeurs.— Poitiers, 13 juin 1828, J.G. *Scellés et invent.*, 215.

30. Les *lettres missives* ne doivent pas être comprises dans l'inventaire. — V. *Code civil annoté*, art. 270, n° 22 et s.

31. Au contraire, doivent être compris dans l'inventaire : ... les *manuscrits*; mais il n'est pas nécessaire de les estimer. — J.G. *Scellés et invent.*, 217.

32. ... Les *offices* à l'égard desquels la loi de 1816 a consacré le droit de présentation, mais il n'est pas d'usage d'en faire une estimation. — J.G. *Scellés et invent.*, 217, et *Office*, 389.

33. ... Les *fonds de commerce* dont on fait, en général, une estimation. — J.G. *Scellés et invent.*, 217.

34. Les *fruits pendants par racines*, sur les propres des époux et sur les conquêts, ne doivent être compris dans l'inventaire que quand il est dressé dans les six semaines qui précèdent l'époque ordinaire de la maturité des fruits ; autrement on n'y comprend que les semences et labours. —J.G. *Scellés et invent.*, 217.

35. On peut ne pas comprendre dans l'inventaire les meubles formant l'objet d'un préciput ou d'un legs de corps certain, pourvu que le préciput ou le legs ne soit pas contesté, qu'il soit certain que la réserve n'est point entamée, et qu'il n'y ait point de créanciers. — J.G. *Scellés et invent.*, 218.

36. L'inventaire contient encore la désignation des espèces en numéraire. Les billets de banque ou de caisse publique sont compris dans l'inventaire comme l'argent comptant : on les désigne sans les coter. — J.G. *Scellés et invent.*, 252.

37. Il contient enfin la désignation des qualités, poids et titre de l'argenterie, désignation qui ne dispense pas de la prisée. — J.G. *Scellés et invent.*, 251.

38. La description des objets inventoriés doit avoir pour effet de les faire reconnaître ultérieurement, de telle sorte qu'on ne puisse les détourner sans que la fraude soit facile à constater. — J.G. *Scellés et invent.*, 243.

39. L'omission de certains effets dans l'inventaire n'en entraînerait pas la nullité; il suffirait de faire ordonner le rapport de ces objets. — *Scellés et invent.*, 220.

40. Ainsi, l'omission volontaire et motivée d'une énumération détaillée et nominative des créances composant l'actif de la communauté n'est pas une cause de nullité de l'inventaire; la veuve d'un commerçant a donc pu valablement refuser de désigner par leurs noms tous les débiteurs de son mari, et se borner à désigner en masse, et par un seul chiffre, un certain nombre de créances; cette désignation sommaire n'est point une cause de nullité de l'inventaire lorsque, d'une part, le subrogé tuteur y a consenti, et que, d'autre part, le notaire constate que le chiffre des créances ainsi indiquées en bloc a été justifié par le dépouillement du livre-journal. — Nancy, 26 août 1843, J.G. *Scellés et invent.*, 220.

41. A supposer que le défaut de spécialité dans la désignation des créances fût une cause de nullité de l'inventaire, la veuve qui a provoqué ce mode de procéder serait non recevable à s'en prévaloir pour faire annuler l'acte : par suite, si elle vient à tomber en faillite, les syndics de sa faillite ne sont pas non plus recevables à proposer ce moyen de nullité. — Même arrêt.

42. S'il n'y a aucun effet mobilier, le juge de paix doit dresser un procès-verbal de carence. C'est à l'aide de ce procès-verbal qu'il faut suppléer à l'inventaire dans les cas où la loi l'exige. — Paris, 24 déc. 1833, J.G. *Scellés et invent.*, 173, et *Success.*, 726.

43. — 3° *Estimation des meubles.* — Dans les lieux où sont établis des commissaires-priseurs, c'est à eux qu'appartient exclusivement le droit de faire les prisées. — Dans les autres localités, ce droit est exercé concurremment par les officiers ministériels, notaires, greffiers ou huissiers (l. 27 vent. an 9, art. 1 ; L. 28 avril 1816, art. 89). — J.G. *Scellés et invent.*, 244.

44. Ainsi, dans les lieux où il n'y a pas de commissaire-priseur, les notaires et les greffiers ont qualité pour estimer les valeurs mobilières qu'ils inventorient. — Grenoble, 5 déc. 1839, J.G. *Vente publ. de meubles*, 43-2°. — Trib. de Rethel, 5 févr. 1836, *ibid*, 64. — Observ. conf., *ibid*, 57.

45. Un notaire peut être appelé en qualité d'expert, même lorsque l'inventaire a lieu hors de la circonscription dans laquelle il a le droit d'exercer ses fonctions. — Douai, 26 août 1835, J.G. *Vente publ. de meubles*, 57-2°.

46. Suivant un premier système, le droit exclusif de prisée et estimation des objets attribuée aux officiers publics chargés des ventes ne concerne que les objets mobiliers mis aux enchères et ne doit pas s'étendre aux estimations faites après décès, dans un inventaire. — J.G. *Vente publ. de meubles*, 61.

47. Ainsi, de simples particuliers peuvent, sans violation du privilége des notaires, greffiers et huissiers, dans les limites des art. 453 c. civ. et 935 c. pr., procéder aux prisées d'objets mobiliers, serment préalablement prêté. — Rennes, 14 janv. 1835; Nîmes,

22 févr. 1837, J.G. *Vente publ. de meubles*, 61. — Grenoble, 5 déc., 1839, *ibid.*, 43-2°. — V. aussi Douai, 26 août 1835, *ibid.*, 57-2°.

48. Dans une autre opinion, on fait une distinction : dans le cas prévu par l'art. 935, il ne peut pas y avoir concours entre les commissaires-priseurs et les experts ; ceux-ci ne doivent intervenir dans les inventaires que pour remplir une mission bornée aux objets pour l'estimation desquels il faut des connaissances spéciales que n'ont pas les commissaires-priseurs. Mais il en est autrement dans le cas prévu par l'art. 453 c. civ. —J.G. Bruxelles, 2 mai 1839; *Vente publ. de meubles*, 62.

49. Suivant une troisième opinion, en matière de prisée et de vente publique des objets mobiliers, les fonctions conférées aux commissaires-priseurs, notaires, huissiers et greffiers ne peuvent être exercées par aucune autre personne. — J.G. *Vente publ. de meubles*, 63.

50. Ainsi, partout où des commissaires-priseurs n'ont pas le droit exclusif de faire les prisées des meubles après décès, ce droit appartient aux notaires, greffiers et huissiers, à l'exclusion de tout particulier ; si donc le notaire, qui a fait un inventaire, se croit hors d'état de procéder à la prisée du mobilier par lui décrit, on ne peut appeler à le remplacer qu'un des officiers ministériels indiqués par la loi. — Orléans, 24 nov. 1819, J.G. *Vente publ. de meubles*, 63, et *Expert*, 60. — Trib. Bourges, 3 juin 1832; Bourges, 8 juin 1832; Trib. d'Angers, 10 sept. 1834; trib. de Bourbon-Vendée, 6 avril 1835, J.G. *Vente publ. de meubles*, 63.

51. Et cette décision est applicable dans le cas prévu par l'art. 453 c. civ. — Trib. de Lorient, 18 déc. 1834, J.G. *Vente publ. de meubles*, 63.

52. Mais l'officier public, chargé de la prisée, peut se faire assister par des experts et gens de l'art, quand il s'agit d'objets dont l'estimation exige des connaissances spéciales. Ainsi, les notaires ont le droit de se faire assister d'un expert pour la prisée, spécialement lorsque la prisée a lieu dans le cas prévu par l'art. 453 c. civ.—Trib. de Rethel, 5 févr. 1836, J.G. *Ventes publ. de meubles*, 64-1°. — Conf. Motifs, Bourges, 8 juin 1832, *ibid.*, 63. — Orléans, 22 août 1837, *ibid.*, 64-2°.

53. Spécialement, le notaire chargé d'un inventaire peut, du consentement des parties intéressées, appeler un marchand de meubles, pour donner son avis sur quelques-uns des objets mobiliers à estimer et à inventorier, sans que les huissiers du lieu puissent voir dans l'intervention de ce tiers un empiétement sur leur droit de procéder aux prisées de meubles, dans les inventaires. — Civ. r. 19 déc. 1838, J.G. *Vente publ. de meubles*, 64-2°.

54. On pourrait même appeler une *femme* pour estimer le mobilier, et l'on ne saurait critiquer la prisée que cette femme aurait faite après serment. —J.G. *Scellés et invent.*, 246.

55. Lorsqu'il n'y a point eu d'apposition de scellés, les experts doivent prêter serment entre les mains du notaire. — J.G. *Scellés et invent.*, 249.

56. Suivant une autre opinion, les experts doivent prêter serment devant le juge de paix, alors même que les scellés n'auraient pas été apposés. — J.G. *Scellés et invent.*, 249.

57. Lorsque la prisée est faite par un notaire ou autre officier déjà assermenté, il n'a pas besoin de prêter le serment exigé par l'art. 453 c. civ. — J.G. *Scellés et invent.*, 250.

58. — 4° *Classement des papiers.* — Dans le cas d'un inventaire fait après le décès d'un avoué (ou autre officier ministériel), il n'est pas nécessaire de coter et parafer les pièces des différentes procédures qui se trouvent dans l'étude : il suffit que chaque procédure soit inventoriée par liasse,

et que le nombre des pièces soit constaté sur le dossier de chacune de ces liasses. — J.G. *Scellés et invent.*, 253.

59. Il devrait en être de même à l'égard d'un inventaire fait après le décès d'un avocat ou d'un agent d'affaires. — J.G. *Scellés et invent.*, 253.

60. Ainsi, dans l'inventaire concernant la succession d'un individu qui fait profession de recevoir des pensions et qui a laissé une masse considérable de papiers, il suffit de coter les décharges remontant à une année, et de dresser un état sommaire des pièces plus anciennes. — Paris, 5 oct. 1842, J.G. *Scellés et invent.*, 253.

61. Le juge peut décider, en ce qui concerne les titres et papiers, que, outre les formalités exigées par l'art. 943, § 6, c. pr., les actes seront seulement désignés d'une manière claire et succincte, par la mention de leur date, de leur objet principal, et des personnes qui y sont parties, sans analyse ni transcription de leurs diverses clauses. — Limoges, 25 août 1860, D.P. 61. 2. 28.

62. Si des titres, valeurs ou papiers sont déposés chez un notaire, un banquier, un syndic, on introduit un référé pour les mettre sous les scellés et les comprendre dans l'inventaire. — J.G. *Référé*, 120.

63. Le président peut dispenser de coter et parafer les valeurs au porteur, mais à la condition expresse par le notaire de les déposer immédiatement à la Banque de France, et le récépissé sera seul inventorié. — Lett min., J.G. *Référé*, 120.

64. A Paris, les notaires déposent les titres dans une caisse publique, et le récépissé qui en est donné est mentionné dans l'inventaire. — J.G. *Scellés et invent.*, 253.

65. Jugé même que les titres au porteur et notamment les actions de chemin de fer, trouvés dans une succession dont il est fait inventaire, ne sont pas soumis à la formalité de la cote et du parafe exigée par l'art. 943 c. pr. civ. — Paris, 25 janv. 1839, D.P. 60. 5. 209. — Civ. r. 15 avr. 1861, D.P. 61. 1. 230. — Douai, 17 janv. 1870, D.P. 74. 5. 299.

66. Si un notaire, au lieu de se pourvoir en référé devant le président du tribunal conformément à l'art. 944 c. pr. civ., cote et parafe des titres de cette nature, il ne commet pas une faute de nature à motiver une condamnation en dommages-intérêts, alors surtout que les intéressés ont acquiescé à cette mesure. — Arrêt précité du 17 janv. 1870.

67. Les héritiers d'un associé et surtout d'un associé commanditaire n'ont pas le droit d'exiger que l'inventaire comprenne les livres et papiers de la société dont il était membre. — Rennes, 27 févr. 1823, J.G. *Scellés et invent.*, 255.

68. De cette seule circonstance qu'un livre représenté comme grand-livre d'une maison de commerce n'est pas coté et parafé par le notaire qui a fait l'inventaire des papiers, il ne suit pas qu'il y ait recélé de ce grand-livre, surtout si l'opération, dans son ensemble, prouve la négligence du notaire et non la fraude des parties. — Rennes, 7 févr. 1815, J.G. *Scellés et invent.*, 256.

69. S'il se trouve un papier cacheté, il est remis au président du tribunal dans le ressort duquel la succession est ouverte. — V. *Code civil annoté*, art. 1007.

70. — 5° *Déclaration des titres actifs et passifs.* — L'inventaire doit contenir, non point la déclaration de chaque acte servant à établir un droit, mais la déclaration des créances et dettes dont on n'a pas d'actes ou dont les actes sont en des mains étrangères déclaration à laquelle il faut ajouter celle de la cause d'où proviennent ces créances ou dettes, et qui doit comprendre les droits de toute nature ouverts au profit de la succession. — J.G. *Scellés et invent.*, 258.

71. Ainsi, cette déclaration des titres actifs et passifs s'entend seulement des déclarations qui ont pour objet, soit de suppléer les titres et papiers manquants, soit de compléter les indications d'actif et de passif résultant des pièces déjà inventoriées. — Limoges, 25 août 1860, D.P. 61. 2. 28.

72. Le successible donataire est tenu de déclarer, s'il en est requis, en quoi consistent les dons qui lui ont été faits par le défunt. — Gênes, 1er oct. 1811, J.G. *Scellés et invent.*, 258 et 214.

73. L'inventaire n'est pas nul parce qu'il ne contient pas la déclaration détaillée des titres actifs et passifs, quand cette omission n'est pas le résultat de la fraude. — Caen, 18 août 1838, J.G. *Scellés et invent.*, 259, et *Dispos. entre vifs*, 385. — V. *suprà*, n° 40.

74. Cette déclaration ne peut faire preuve au profit des tiers, surtout lorsqu'il résulte des circonstances de la cause qu'elle est erronée. — Paris, 23 juill. 1835, J.G. *Scellés et invent.*, 260. — V. aussi Req. 19 janv. 1841, J.G. *Contr. de mar.*, 1607.

75. Jugé toutefois que l'inventaire signé par le tuteur fait preuve contre lui de ses énonciations, qu'il défunt a donné la saisine du toutes les valeurs qui y sont portées, s'il ne prouve pas que l'énonciation est le résultat d'une erreur. — Nancy, 28 mai 1839, J.G. *Scellés et invent.*, 261.

76. Pareillement, le silence gardé par un fils majeur présent à l'inventaire dressé après le décès de l'un de ses père et mère, au sujet de la déclaration par laquelle le survivant fixe le chiffre de la somme dont la communauté est débitrice envers ce fils, a pu être regardé comme une preuve qu'il ne lui était pas dû autre chose, alors d'ailleurs que celui-ci a depuis reconnu que le chiffre total des dettes de la communauté était le même que celui porté à l'inventaire. — Req. 9 août 1842, J.G. *Scellés et invent.*, 262.

77. Et si, après la déclaration du survivant, le fils s'est borné à dire que sa créance était plus forte et qu'il se réservait de la faire établir par arbitres, on doit entendre cette réserve en ce sens qu'il ne s'agissait que d'une faible différence entre la somme déclarée et celle prétendue. — Bourges, 15 juill. 1840, J.G. *Scellés et invent.*, 262.

78. Dans tous les cas, ces déclarations ne font point preuve contre les tiers indiqués comme débiteurs. Ainsi, la déclaration d'une dette de communauté, faite par la veuve, ne forme pas, même contre les héritiers du mari, un commencement de preuve. Il en serait de même de la reconnaissance que l'un des héritiers ferait d'une dette du défunt. — J.G. *Scellés et invent.*, 263. — V. *Code civil annoté*, art. 450, n°s 54 et s.

79. — IV. PRESTATION DE SERMENT PAR CEUX QUI ONT ÉTÉ EN POSSESSION DES OBJETS. — Le serment doit être prêté lors de la clôture de l'inventaire. Mais il n'y aurait pas nullité si la prestation de serment était mentionnée au commencement. — J.G. *Scellés et invent.*, 265.

80. Au contraire, il y aurait nullité si le serment était prêté dès le commencement de l'opération et n'était pas renouvelé lors de la clôture. — J.G. *Scellés et invent.*, 266.

81. Décidé toutefois, qu'à supposer que le serment prêté au commencement d'un inventaire dût être prêté de nouveau lors de la clôture, le défaut de réitération de ce serment n'a pu être opposé, alors que les parties, renvoyées par le notaire à se pourvoir en référé sur cette difficulté, n'y ont donné aucune suite, et que la partie qu'on voulait assujettir à la réitération du serment est depuis décédée. — Req. 23 févr. 1836, J.G. *Scellés et invent.*, 266.

82. Le serment doit être prêté même par la veuve commune en biens qui, conformément à l'art. 1456 c. civ., a affirmé la sincérité de l'inventaire. — J.G. *Scellés et invent.*, 267.

83. Mais il n'y a pas lieu d'exiger le serment des personnes de la maison, lorsque ce serment a déjà été reçu lors de la clôture des scellés. — J.G. *Scellés et invent.*, 268.

84. Le serment est toujours reçu par le notaire, même quand les scellés ont été apposés. — J.G. *Scellés et invent.*, 269.

85. — V. REMISE DES EFFETS ET PAPIERS. — Ce n'est qu'autant que les parties ne peuvent s'accorder sur le choix de la personne à laquelle doivent être remis les effets et papiers que cette nomination est faite d'office par le président. — Bruxelles, 6 sept. 1822, J.G. *Scellés et invent.*, 270 et 186.

86. Les deniers comptants peuvent être déposés à la Caisse des dépôts et consignations (Ord. 3 juill. 1816, art. 2). Le récépissé délivré par la caisse doit être inventorié avec les autres papiers de la succession. — J.G. *Scellés et invent.*, 271.

87. La remise faite à l'un des ayants droit des titres et papiers n'est qu'une mesure provisoire prise dans l'intérêt commun, et elle ne peut lui conférer aucun droit particulier. — Paris, 9 avr. 1828, J.G. *Scellés et invent.*, 272, et *Success.*, 1857.

88. Lorsqu'il y a un exécuteur testamentaire à qui le défunt a donné la saisine du mobilier, on doit lui en confier la garde, à moins toutefois que l'héritier ne fasse cesser la saisine. — V. *Code civil annoté*, art. 1026 et 1027.

89. Dans tous les cas, on peut refuser de confier à l'exécuteur testamentaire les titres des immeubles. Et les créanciers du défunt ont même la faculté d'empêcher la remise des effets et papiers à l'exécuteur testamentaire. — J.G. *Scellés et invent.*, 273.

90. — VI. SANCTION DES RÈGLES RELATIVES AUX FORMALITÉS DES INVENTAIRES. — Parmi les formalités prescrites par la loi, il n'y a que celles qui tiennent à la validité de l'inventaire en tant qu'acte public ou à son essence, qui puissent être regardées comme exigées à peine de nullité. — J.G. *Scellés et invent.*, 230.

91. Jugé même que les irrégularités commises dans une intention frauduleuse doivent seules entraîner la nullité de l'inventaire. — Caen, 24 déc. 1839, J.G. *Scellés et invent.*, 230.

92. Les majeurs ne peuvent se prévaloir de l'inobservation des formalités de justice prescrites pour les partages et les inventaires dans lesquels des majeurs et des mineurs sont intéressés. — Colmar, 28 nov. 1816, J.G. *Scellés et invent.*, 232.

Table sommaire.

Acquiescement 66. Acte notarié 10 s. Acte de notoriété 21 s. Acte public 90. Acte privé 11. Agent d'affaires 59 s. Arbitre 77. Argent comptant 36. Argenterie 37. Avocat 59. Avoué 58. Banque de France 63. Banquier 62. Billet de banque 36. Caisse des consignations 86. Commencement de preuve 78. Commerçant (veuve) 40 s. Commissaire-priseur 43 s. Communauté 76. Consul 6. Créance (désignation, omission) 40. Déclaration erronée 74. Domicile (requérant) 18. Donataire 72.	Époux survivant 29. Espagnol 6. Espèces métalliques 36. Estimation (mobilier) 24. Exécuteur testamentaire 6, 88 s. Expert 45, 48, 52. Faillite 8; (syndic) 41. Femme 54. Fonds de commerce 33. Force probante (inventaire) 17. Fruits pendants par racines 34 s. Greffier 1 s., 43 s.; (justice de paix) 2 s. Huissier 43. Immeuble par destination 28. Intitulé (inventaire) 18 s. Inventaire (acte notarié) 10 s.; (commune renommée) 5; (contenu) 18 s.; (formalités, règles, sanction) 90 s.; (intitulé) 18 s.; (mobilier, description) 23 s.; (mobilier, estimation) 43 s.;	(notaire) 1 s.; (succession en déshérence) 4. Irrégularité frauduleuse 91. Labours 34. Legs (corps certain) 35. Lettre missive 30. Livre journal 40. Manuscrit 31. Mesure provisoire 87. Meuble (détermination de la loi) 25. Meuble corporel 25. Minute (inventaire) 15 s. Mobilier (description) 23 s. Nom (requérant) 18. Notaire 1 s., 43 s.; (choix) 9. Office 32. Papier (classement) 58 s. Papier cacheté 69. Partage 92. Préciput 35. Présomptions 17. Prisée (greffier, justice de paix) 3. Procès-verbal (levée, scellés) 19 s. Procès-verbal de carence 42.	Procuration (héritier, annexe) 19. Profession (requérant) 18. Récépissé (caisse des consignations) 86. Récolement (effets mobiliers) 29. Reconnaissance (dette) 78. Référé 62, 66. Remise (effets, papiers) 85 s. Scellés (apposition d'office) 11. Semence 34. Serment 54 s.; (prestation) 79 s. Société commerciale 67. Subrogé tuteur 40. Syndic (faillite) 41. Titres 61 s.; (déclaration) 76 s. Titre au porteur 65 s. Usufruitier 14. Valeurs 62 s.

Art. 944.

Si, lors de l'inventaire, il s'élève des difficultés, ou s'il est formé des réquisitions pour l'administration de la communauté ou de la succession, ou pour autres objets, et qu'il n'y soit déféré par les autres parties, les notaires délaisseront les parties à se pourvoir en référé devant le président du tribunal de première instance; ils pourront en référer eux-mêmes, s'ils résident dans le canton ou siége le tribunal : dans ce cas, le président mettra son ordonnance sur la minute du procès-verbal. — C. pr. civ. 806 s. — Tar. 168.

Exposé des motifs et Rapport, J.G. *Scellés et invent.*, p. 706, n° 11.

1. — I. CONTESTATIONS RELATIVES A L'INVENTAIRE. — Ce n'est que lorsqu'il s'agit d'inventaires faits sans apposition préalable des scellés, que les réquisitions des parties doivent être inscrites dans l'inventaire, et que les notaires peuvent introduire eux-mêmes le référé. Quand les scellés ont été apposés, c'est dans le procès-verbal de levée que doivent être mentionnées ces réquisitions, ainsi que l'ordonnance du juge, et c'est alors le juge de paix seul qui doit introduire le référé. — J.G. *Scellés et invent.*, 284, et *Référé*, 119.

2. Lorsqu'il y a eu apposition de scellés et que, par conséquent, le référé est introduit par le juge de paix, le notaire doit se borner à constater que sur les contestations qui se sont élevées, le juge de paix a renvoyé les parties devant le président. — J.G. *Scellés et invent.*, 284.

3. Si, au contraire, il n'y a pas eu de scellés, le notaire doit, avant d'introduire le référé, énoncer dans son procès-verbal l'objet de la contestation et les moyens principaux invoqués par les parties. — J.G. *Scellés et invent.*, 284.

4. Lors même que les intéressés défèrent aux réquisitions qui sont faites, le référé devient nécessaire, si l'héritier ou le conjoint survivant veulent, sans perdre le droit de renoncer dans la suite à la succession ou communauté, être autorisés à faire des actes excédant les limites d'une administration provisoire. — J.G. *Scellés et invent.*, 285.

5. Il y a lieu de se pourvoir devant le président en référé pour obtenir qu'il soit fait une distribution de deniers, entre les créanciers du défunt, avant qu'il ait été procédé à l'inventaire. — Paris, 11 fruct. an 13, J.G. *Référé*, 121-3° et 123.

6. Le juge des référés est valablement saisi d'une demande à fin d'inventaire d'une succession à laquelle le demandeur prétend avoir droit. — Bordeaux, 25 juin 1867, D.P. 67. 5. 360.

7. Le renvoi des parties devant le juge ne doit être prononcé que s'il s'agit de difficultés portant sur la confection même de l'inventaire; mais il n'y a lieu qu'à constater les difficultés dans l'inventaire ou le procès-verbal de scellés, sans renvoi devant la justice, lorsqu'il s'agit de contestations sur tous autres points qui doivent être nécessairement réservés au juge du fond. — J.G. *Scellés et invent.*, 284.

8. Par exemple, la demande formée après l'apposition des scellés, et tendant à la nomination d'un administrateur, ne peut être introduite par voie de référé ; cette demande est de la compétence du tribunal civil, et est soumise aux règles ordinaires des actions civiles. — Req. règl. de juges, 27 avr. 1825, J.G. *Référé,* 121-2°.

9. Lorsque les parties sont délaissées à se pourvoir en référé, on procède dans la forme ordinaire. Quand les notaires en réfèrent eux-mêmes, ils se présentent seuls devant le président, lui communiquent la minute de l'inventaire, sur laquelle le président met son ordonnance, à la suite de la vacation, sans autre formalité ni procès-verbal. — J.G. *Scellés et invent.,* 286.

10. Le ministère des avoués peut être admis, mais n'est pas de rigueur dans le référé ; les parties ont le droit de se présenter seules devant le juge du référé. —J.G. *Scellés et invent.,* 288.

11. — II. Frais d'inventaire. — Les frais d'inventaire sont à la charge de la succession (c. civ. 810) ou de la communauté (c. civ. 1482). —J.G. *Scellés et invent.,* 277. — V. *Code civil annoté,* art. 1482, nᵒˢ 6 et s.

12. Il en est ainsi, bien que dans le cas d'une succession échue à des majeurs, un seul d'entre eux ait exigé qu'on apposât les scellés et qu'on fît inventaire. — Caen, 22 févr. 1820, J.G. *Scellés et invent.,* 277.

13. L'héritier réservataire ne peut rejeter les frais d'inventaire sur le légataire de la quotité disponible, sous prétexte que ces frais entament sa réserve. — Paris, 1ᵉʳ août 1811, J.G. *Scellés et invent.,* 278, et *Disp. entre vifs,* 1156.

14. Mais celui qui a requis l'inventaire comme héritier doit en supporter les frais, s'il est ensuite reconnu qu'il a faussement pris la qualité d'héritier, qualité qui ne lui appartenait pas. — J.G. *Scellés et invent.,* 279.

15. Jugé même, que les héritiers naturels d'une personne qui a institué des légataires universels, ont pu être condamnés aux frais de l'inventaire fait après le décès du testateur, lorsqu'il est déclaré, en fait, que ces frais ont été occasionnés par les héritiers, bien que l'un des légataires universels fût *mineur,* et qu'à cause de la minorité, il y eût *nécessité* de faire un inventaire. — Civ. c. 17 janv. 1832, J.G. *Frais et dép.,* 830. — Mais V. observ., J.G. *Scellés et invent.,* 279.

16. En cas de renonciation de la femme à la communauté, le mari supporte entièrement les frais de l'inventaire (c. civ. 1494.) — J.G. *Scellés et invent.,* 280.

17. Les frais d'inventaire, à titre de frais faits dans l'intérêt général, sont avancés par le requérant, qui en est remboursé par privilège sur le prix des biens inventoriés (c. civ. art. 810, 2101-1°, 2104, 2105-1°).—J.G. *Scellés et invent.,* 280. — V. aussi J.G. *Absence,* 42.

18. Dans les frais d'inventaire doivent être compris : 1° ceux des sommations signifiées aux intéressés, pour les mettre en demeure d'assister à l'opération ; 2° les honoraires et les déboursés des notaires, rédacteurs de l'acte, dans lesquels doit entrer le coût des expéditions quand elles sont demandées, ainsi qu'un droit pour le dépouillement de l'inventaire, ayant pour objet l'acquit des droits de mutation ; 3° les honoraires des notaires nommés pour représenter les absents ; 4° les vacations de l'avoué chargé de représenter les opposants ; 5° les vacations des commissaires-priseurs et des experts employés pour la prisée des objets inventoriés ; 6° enfin, ceux des référés que nécessitent les difficultés qui s'élèvent durant l'inventaire. — J.G. *Scellés et invent.,* 275.

19. V. au surplus, en ce qui concerne les divers frais de l'inventaire, l'*Appendice* au c. pr. civ., *Tarifs des frais et dépens.*

TITRE V.

De la Vente du Mobilier.

—

Art. 945.

Lorsque la vente des meubles dépendants d'une succession aura lieu en exécution de l'art. 826 du Code civil, cette vente sera faite dans les formes prescrites au titre *des Saisies-exécutions.* — C. pr. civ. 617, 949 s., 989, 1000. — C. civ. 452, 796, 806, 815, 826.

1. Lorsque la vente des meubles dépendant d'une succession a lieu conformément à l'art. 826 c. civ., c'est-à-dire dans le cas où il y a des créanciers saisissants ou opposants, ou lorsque la majorité des créanciers juge cette vente nécessaire, on doit suivre les formalités prescrites pour les ventes après saisie-exécution, et notamment les art. 617 et s. c. pr. — J.G. *Vente publ. de meubles,* 18 et 72.

2. La vente du mobilier dépendant d'une succession, à la requête des parties *mineures,* doit aussi avoir lieu dans les formes et avec les garanties prescrites au titre des *Saisies-exécutions.* — Civ. r. 19 juin 1872, D.P. 72. 1. 305.

3. Spécialement, il en est ainsi de la vente du mobilier dépendant d'une succession à la requête de la veuve commune en biens encore mineure, assistée de son curateur en présence du curateur au ventre agissant dans l'intérêt de l'enfant à naître. — Même arrêt.

4. ... Alors surtout que la vente a été autorisée par le président du tribunal sans qu'il en résultât attribution de qualité, soit pour la veuve, soit pour l'enfant à naître. — Même arrêt.

5. En conséquence, cette vente doit être faite au comptant, conformément aux dispositions des art. 624 et 625 c. pr. civ. — Même arrêt.

6. Et l'officier public qui a procédé à la vente est responsable du payement du prix des adjudications, nonobstant la clause du cahier des charges qui accordait aux adjudicataires un terme pour payer leur prix. — Même arrêt.

7. ... Même envers la veuve mineure émancipée qui a fait procéder à la vente avec l'assistance de son curateur. — Même arrêt.

8. ... Et alors même que la vente a été faite par un notaire, l'art. 625 c. pr. civ. s'appliquant à tous officiers publics qui procèdent régulièrement aux ventes de meubles réglées par les dispositions du titre des *Saisies-exécutions* au code de procédure civile. — Même arrêt.

Art. 946.

Il y sera procédé sur la réquisition de l'une des parties intéressées, en vertu de l'ordonnance du président du tribunal de première instance, et par un officier public. — C. pr. civ. 910, 986, 989. — Tar. 77.

Les notaires, huissiers et greffiers ont concurremment le droit de procéder aux ventes par autorité de justice de meubles dépendant d'une succession. — V. *infrà, Appendice* au présent titre, p. 1187, nᵒˢ 31 et s.

Art. 947.

On appellera les parties ayant droit d'assister à l'inventaire, et qui demeureront ou auront élu domicile dans la distance de cinq myriamètres : l'acte sera signifié au domicile élu. — C. pr. civ. 931, 942, 950. — Tar. 29.

1. L'art. 947 est applicable non-seulement dans le cas de vente par suite de l'ouverture d'une succession, mais encore lorsqu'il s'agit de communauté, d'absence, de faillite ou de substitution (c. civ. 126, 1059 ; c. com. 487). — J.G. *Vente publ. de meubles,* 76.

2. Cependant l'inobservation de cette formalité ne ferait point annuler la vente ; elle pourrait seulement donner lieu à des dommages-intérêts suivant les circonstances. — J.G. *Vente publ. de meubles,* 77.

3. Ainsi, lorsque dans le compte d'une succession les héritiers comprennent des grains qui ont été vendus par eux, en l'absence du conjoint survivant, la valeur de ces grains peut être fixée par les tribunaux d'après les mercuriales de l'époque et comprise dans les comptes d'après cette base, sans que le conjoint puisse en demander le rejet pour nullité de la vente faite hors sa présence. — Req. 9 déc. 1819, J.G. *Vente publ. de meubles,* 77.

4. Il est également nécessaire d'appeler les opposants pour assister à la vente (Ouest, controv.). — J.G. *Vente publ. de meubles,* 78.

Art. 948.

S'il s'élève des difficultés, il pourra être statué provisoirement en référé par le président du tribunal de première instance. — C. pr. civ. 806.

1. Les difficultés qui peuvent s'élever à raison d'une vente de meubles doivent être portées devant le président du tribunal du lieu où l'on procède à la vente, et non devant le président du tribunal du lieu de l'ouverture de la succession. — J.G. *Vente publ. de meubles,* 79.

2. Le président est compétent pour statuer sur les difficultés élevées au moment de la clôture d'un procès-verbal de vente mobilière, par exemple pour la nomination d'un administrateur à une communauté de biens. — Rennes, 25 août 1814, J.G. *Référé,* 164.

Art. 949.

La vente se fera dans le lieu où sont les effets, s'il n'en est autrement ordonné. — C. pr. civ. 617, 620 s.

La disposition de l'art. 949 contient une dérogation à l'art. 617 c. pr. civ., relatif à la saisie-exécution. — J.G. *Vente publ. de meubles,* 75.

Art. 950.

La vente sera faite tant en absence que présence, sans appeler personne pour les non-comparants. —C. pr. civ. 947, 951.

1. Il y a lieu au récolement des objets vendus, lorsque tous les objets mobiliers constatés dans un inventaire après décès n'ont pas été compris dans la vente. Ce récolement se fait en confrontant le procès-verbal de vente avec celui d'inventaire. — J.G. *Vente publ. de meubles*, 101.

2. La vente est faite au plus offrant : cependant la vaisselle d'argent ne peut être vendue au-dessous de sa valeur réelle, ni les bagues et joyaux au-dessous de l'estimation faite par les gens de l'art. (c. pr. 621). — J.G. *Vente publ. de meubles*, 80.

3. La surenchère n'est pas admise en matière de ventes publiques de meubles. — Civ. c. 18 mars 1857, D.P. 57. 1. 121.

4. En supposant que cette surenchère puisse résulter de conventions spéciales ou d'un contrat judiciaire, ce contrat judiciaire ne résulterait pas de ce que la vente a été ordonnée par un jugement du tribunal, comme lorsqu'il s'agit d'immeubles (c. pr. 987), au lieu de l'être par une simple ordonnance du président, formalité suffisante à l'égard des meubles (c. pr. 946), et de ce que cette vente a été accomplie avec les formalités de la vente des immeubles. — Même arrêt.

Art. 951.

Le procès-verbal fera mention de la présence ou de l'absence du requérant. — C. pr. civ. 950.

....

Art. 952.

Si toutes les parties sont majeures, présentes et d'accord, et qu'il n'y ait aucun tiers intéressé, elles ne seront obligées à aucune des formalités ci-dessus. — C. pr. civ. 953, 985.

Dans cette dénomination de *tiers intéressés* il faut surtout comprendre les créanciers saisissants ou opposants, qui ont spécialement intérêt à faire élever par des enchères le prix des meubles. — J.G. *Success.*, 1690.

APPENDICE AU TITRE V

De la vente du mobilier.

———

I. VENTE PUBLIQUE DE MEUBLES.

II. VENTE PUBLIQUE DE RÉCOLTES.

———

I. VENTE PUBLIQUE DE MEUBLES.

DIVISION.

§ 1. *Caractère; Objets des ventes publiques de meubles; Cas dans lesquels elles ont lieu* (n° 1).
§ 2. *Par qui sont faites les ventes publiques de meubles* (n° 17).
§ 3. *Formalités des ventes publiques de meubles* (n° 89).

§ 1er. — *Caractère; Objets des ventes publiques de meubles; Cas dans lesquels elles ont lieu.*

1. — I. CARACTÈRE DES VENTES PUBLIQUES DE MEUBLES. — On désigne particulièrement sous le nom de ventes publiques de meubles les ventes de meubles à l'encan. — J.G. *Vente publ. de meubles*, 1.

2. La *publicité* et les *enchères* sont les deux caractères qui distinguent les ventes publiques de meubles. Si l'une de ces deux conditions manque, la vente n'est plus qu'une vente ordinaire, et les principes concernant les ventes publiques cessent de lui être applicables. — J.G. *Vente publ. de meubles*, 10.

3. — II. OBJETS SUSCEPTIBLES DE VENTE PUBLIQUE. — Peuvent en général être vendues aux enchères publiques toutes les choses réputées meubles par la loi. Il faut en excepter cependant celles dont la vente et le débit ont été interdits par des lois spéciales, ou n'ont été autorisés qu'avec certaines restrictions. — J.G. *Vente publ. de meubles*, 11.

4. Ainsi ne peuvent être l'objet des ventes dont il s'agit : 1° les armes et munitions de guerre; 2° les armes prohibées; 3° les comestibles nuisibles à la santé; 4° les substances vénéneuses; 5° les choses dont le gouvernement se réserve exclusivement la fabrication et la vente, soit dans des vues fiscales, soit pour des raisons de haute police; 6° les choses prohibées par les lois de douanes; 7° les livres condamnés ou supprimés par décisions passées en force de chose jugée (Instr. garde des sceaux, 23 déc. 1823); 8° les livres notoirement immoraux et ceux dont le titre ne serait pas visible (même instr.); 9° et généralement toutes les choses réputées hors du commerce. — J.G. *Vente publ. de meubles*, 11. — V. *Code civil annoté*, art. 1598, n°s 67 et s.

5. Avant de faire une vente de livres, les officiers publics sont tenus d'en donner avis soit aux inspecteurs de la librairie, soit au procureur de la République. — Lettres proc. du roi près le trib. de la Seine, 23 déc. 1824 et 26 nov. 1831, J.G. *Vente publ. de meubles*, 12.

6. La mise aux enchères de *marchandises neuves* ne peut avoir lieu que dans certains cas et sous certaines conditions qui ont été déterminés par une législation particulière. — V. *Code de commerce annoté, appendice.*

7. La vente aux enchères des objets mobiliers et corporels servant à l'exploitation d'un fonds de commerce, et qui en sont réputés l'accessoire, doit être faite en même temps que celle de ce fonds de commerce, objet incorporel par sa nature. — Civ. r. 23 mars 1836, J.G. *Vente publ. de meubles*, 14 et 33-2°.

8. En principe, les meubles incorporels peuvent être l'objet d'une vente aux enchères. — J.G. *Vente publ. de meubles*, 15.

9. Mais un office ministériel ne peut pas être vendu aux enchères publiques. — Amiens, 24 avr. 1845, D.P. 45. 2. 107.

10. — III. DANS QUELS CAS ONT LIEU LES VENTES PUBLIQUES DE MEUBLES. — La vente publique de meubles aux enchères est *volontaire* ou *forcée:* elle est forcée dans les cas où la loi prescrit impérativement la voie des enchères. — J.G. *Vente publ. de meubles*, 16.

11. Ainsi il y a lieu de vendre publiquement et aux enchères les objets mobiliers mis sous la main de justice par suite de saisie-exécution. — V. *suprà*, art. 617.

12. Il en est de même du mobilier d'une succession dans les cas prévus par les art. 796, 826, 1062 c. civ., 952, 986, 989, 1000 c. pr. civ. — J.G. *Vente publ. de meubles*, 18.

13. Il y a encore nécessité de vendre dans les mêmes formes les meubles qui appartiennent aux mineurs et incapables ou qui peuvent leur advenir par toute autre voie que celle de succession. En pareil cas, il faut se conformer, pour la vente, aux dispositions de l'art. 452 c. civ. — J.G. *Vente publ. de meubles*, 21.

14. Il y a également nécessité de vendre aux enchères publiques les meubles dépendant d'une communauté dans les mêmes cas que les meubles qui font partie d'une succession (c. civ. 1476) : ou encore lorsque la femme qui a accepté la communauté ne veut pas être tenue des dettes et charges au delà de son émolument (c. civ. 1483). — J.G. *Vente publ. de meubles*, 29.

15. Il y a lieu encore à vente publique : 1° lorsque l'usufruitier ne trouve pas de caution (c. civ. 602, 603); 2° en cas de déclaration d'absence (c. civ. 126); 3° lorsqu'il s'agit de la vente des meubles et effets d'un failli (c. com. 486); 4° de la vente des objets mobiliers abandonnés et non réclamés par leurs propriétaires; 5° des effets mobiliers déposés dans les greffes des tribunaux, des prisons, des conseils de guerre et des tribunaux maritimes (L. 11 germ. an 4; Ord. 9 juin 1831). — J.G. *Vente publ. de meubles*, 20.

16. Enfin, doivent être vendus aux enchères par le ministère d'un officier public : 1° les meubles appartenant aux fabriques et aux hospices; 2° les nantissements déposés aux monts-de-piété et qui n'ont pas été retirés dans les délais prescrits. — Instruct. règlem. 8 therm. an 13, J.G. *Vente publ. de meubles*, 22.

§ 2. — *Par qui sont faites les ventes publiques de meubles.*

17. La loi du 22 pluv. an 7 porte que les meubles, effets, marchandises, bois, fruits, récoltes et autres objets mobiliers ne peuvent être vendus publiquement et par enchères qu'en présence et par le ministère d'officiers publics ayant qualité pour y procéder. Ces officiers publics sont principalement les commissaires-priseurs, les notaires, les huissiers, les greffiers et les courtiers de commerce. — J.G. *Vente publ. de meubles*, 23.

18. — I. COMMISSAIRES-PRISEURS. — Les commissaires-priseurs ont, à Paris, le droit exclusif de procéder aux ventes publiques de meubles (L. 27 vent. an 9). Ailleurs, le droit exclusif ne leur appartient qu'au lieu de leur établissement; hors de là, ils n'ont que la concurrence avec les notaires, greffiers et huissiers (L. 28 avr. 1816, art. 89; Ord. 26 juin 1816). — J.G. *Commiss.-priseur*, 7 et 20.

19. Dans les lieux pour lesquels il n'est point établi de commissaires-priseurs exclusivement chargés de faire les prisées et ventes publiques de meubles et effets mobiliers, les huissiers, tant ordinaires qu'audienciers, continuent de procéder, concurremment avec les notaires et les greffiers, à ces prisées et ventes publiques, en se conformant aux lois et règlements qui y sont relatifs (L. 26 juill. 1790, 17 sept. 1793, 22 pluv. an 7; Décr. 14 juin 1813, art. 37; L. 25 juin 1841, art. 3 et s.). — J.G. *Vente publ. de meubles*, 24.

20. Dans les villes où il existe plusieurs administrations municipales, le privilége exclusif des commissaires-priseurs s'exerce non-seulement dans la circonscription de la mairie centrale, mais dans celles des mairies adjacentes qui ne forment avec la ville proprement dite qu'une même agglomération d'édifices et de population. — J.G. *Vente publ. de meubles*, 25, et *Commiss.-priseur*, 20.

21. Mais les commissaires-priseurs n'ont pas le droit exclusif de procéder aux ventes de meubles dans les communes limitrophes du chef-lieu, dans le cas même où ces communes relèveraient de la justice de paix de l'un des cantons urbains : les huissiers jouissent d'un droit de concurrence avec eux dans ces communes. — Trib. de Grenoble, 10 juin 1846, D.P. 46. 4. 513. — V. aussi Rouen, 17 mai 1817; Angers, 28 janv. 1841, J.G. *Commiss.-priseur*, 20.

22. Les commissaires-priseurs n'ont pas le droit de vendre les objets mobiliers qui se trouvent hors de leur résidence, et dont l'enlèvement ne peut se faire que par des tiers. — Trib. de Schélestadt, 21 mars 1838, J.G. *Vente publ. de meubles*, 41.

23. — II. COURTIERS DE COMMERCE. — Les courtiers de commerce ont seuls le droit de faire les ventes aux enchères de marchandises en gros dans les cas déterminés par les décrets des 22 nov. 1811, 17 avr. 1812, la loi du 15 mai 1818, les ord. des 1er juill. et 9 avr. 1819 (L. 25 juin 1841), et par la loi du

28 mai 1858, lorsqu'il s'agit de ventes volontaires.—J.G. *Vente publ. de meubles,* 47 et 80.

24. Depuis que toute personne est libre d'exercer la profession de courtier, les ventes publiques de marchandises en gros ne peuvent être confiées qu'à un courtier porté sur une liste dressée par le tribunal de commerce, ou, à défaut de liste, désigné sur la requête des parties intéressées, par le président du tribunal de commerce. — L. 18-24 juill. 1866, art. 4, D.P. 66. 4. 118.

25. Les courtiers de commerce entrent en concurrence, pour la vente aux enchères des marchandises en détail après faillite, avec les commissaires-priseurs, huissiers, notaires et greffiers de justice de paix (L. 25 juin 1841, art. 4). — J.G. *Vente publ. de marchand. neuves,* 84. — V. *Code de commerce annoté,* art. 78 et s.

26. Mais les commissaires-priseurs ont seuls, et à l'exclusion des courtiers de commerce, le droit de procéder aux ventes publiques de marchandises, lorsque ces ventes ont lieu par autorité de justice. — Req. 18 juin 1850, D.P. 50. 1. 187. — Bordeaux, 28 juillet 1857, D.P. 57. 1. 198.

27. Spécialement c'est aux commissaires-priseurs qu'il appartient exclusivement de vendre aux enchères publiques des marchandises remises en gage et dont le tribunal a ordonné la vente. — Mêmes arrêts.

28. Ici ne s'applique pas l'art. 3 du décret du 17 avr. 1812, édicté seulement en vue d'une consignation proprement dite, et non d'un simple nantissement. — Arrêt précité du 28 juillet 1857.

29. Les courtiers de commerce ne peuvent être chargés par un tribunal, en vue, par exemple, de la liquidation d'une faillite, de faire, au préjudice des commissaires-priseurs, des ventes hors de la place pour laquelle ils sont institués, bien que ce soit dans une place voisine et située dans le même ressort judiciaire. — Paris, 30 janv. 1852, D.P. 53. 2. 42.

30. Une telle mission donnée à un courtier par la justice ne le mettrait pas à l'abri d'une demande en dommages-intérêts de la part des commissaires-priseurs, s'il venait à procéder à la vente malgré leur opposition. — Même arrêt.

31. — III. Notaires, huissiers et greffiers. — Le droit des notaires, greffiers et huissiers, de procéder aux ventes de meubles, a été consacré par les lois des 26 juill. 1790 et 17 sept. 1793. — J.G. *Vente publ. de meubles,* 26.

32. Ainsi, les *greffiers de justice de paix* ont le droit de procéder à une vente de meubles aux enchères. — Rouen, 20 mars 1807, J.G. *Vente publ. de meubles,* 28. — Bordeaux, 6 août 1835, *ibid.,* 43-1°.

33. Dans les localités non pourvues de commissaire-priseur, les *greffiers des tribunaux civils ou de commerce* ont, aussi bien que les greffiers de justice de paix, le droit de procéder, concurremment avec les notaires et les huissiers, aux ventes publiques de meubles et effets mobiliers (L. 21-26 juill. 1790, art. 6). — Rouen, 20 mars 1807, J.G. *Vente publ. de meubles,* 27 et 28. — Trib. de Bayeux, 24 août 1860, D.P. 61. 3. 16. — Observ. conf., J.G. *Vente publ. de meubles,* 27. — Quest. controv., *ibid.*

34. Mais ce droit n'appartient pas aux *greffiers des tribunaux de police* établis en vertu de l'art. 168 c. inst. crim. — Décis. min. just. 8 janv. 1812, J.G. *Vente publ. de meubles,* 29.

35. Les *commis greffiers* assermentés des justices de paix n'ont point qualité pour procéder, comme suppléant les greffiers, aux ventes publiques des objets mobiliers, concurremment avec les notaires et les huissiers, dans les villes où il n'existe pas de commissaires-priseurs. — Civ. c. 8 déc. 1846, D.P. 47. 1. 34.

Contrà :—Montpellier, 11 sept. 1843, D.P. 4x 2. 28.

36. A plus forte raison en serait-il de même d'un commis greffier non assermenté. — J.G. *Vente publ. de meubles,* 30.

37. Un *notaire* chargé d'une vente ne peut se faire suppléer par son clerc dans les opérations de cette vente ; il peut être suspendu de ses fonctions pour s'être fait représenter par son clerc dans une vente de meubles. — Trib. de Louhans, 18 août 1843, J.G. *Vente publ. de meubles,* 31.

38. La vente publique d'un moulin à vent qui, à raison des circonstances, doit être réputé constituer une chose mobilière (V. *Code civil annoté,* art. 531), a pu être faite par le ministère d'officiers publics ayant capacité pour la vente des meubles, et notamment par le ministère d'huissier : elle ne rentre pas dans les attributions exclusives des notaires. — Civ. r. 19 avr. 1864, D.P. 64. 1. 178.

39. Les mots *meubles* ou *effets mobiliers,* employés par la loi de 1816 et autres lois spéciales, qui ont fixé les attributions respectives des divers officiers publics chargés de de procéder à des ventes de meubles aux enchères, ne s'appliquent qu'à des objets matériels susceptibles d'être livrés manuellement à l'acheteur ; ainsi les meubles fictifs consistant en meubles incorporels, tels que rentes, créances, fonds ou achalandage de commerce, brevet d'invention, etc., ne peuvent être vendus publiquement aux enchères que par l'entremise des notaires. — J.G. *Vente publ. de meubles,* 33.

40. Les notaires ont également le privilège de la vente publique aux enchères des actions dans les compagnies de finance, de commerce et d'industrie, des droits d'usufruit même de choses mobilières, des parts héréditaires tant dans les meubles que dans les immeubles, en un mot de tout ce qui n'est meuble que par la détermination de la loi.—J.G. *Vente publ. de meubles,* 33.

41. Spécialement, ils peuvent, même dans les lieux où il y a des commissaires-priseurs, procéder à l'adjudication aux enchères d'un brevet d'invention, de la cession d'un droit au bail, de l'achalandage d'un fonds de commerce, et en général de tout objet incorporel. — Paris, 4 déc. 1823, sous rej. 15 févr. 1826, J.G. *Vente publ. de meubles,* 33-1° et 35-2°.

42. Les commissaires-priseurs ne peuvent vendre aux enchères, soit un établissement de voitures publiques, soit un pensionnat ; ce droit appartient exclusivement aux notaires. — Paris, 26 mai 1832, et sur pourvoi, Civ. r. 23 mars 1836, J.G. *Vente publ. de meubles,* 33-2°.

43. ... Et les notaires ont également attaquer l'ordonnance de référé qui commet un commissaire-priseur pour procéder à la vente du matériel et de l'achalandage d'un fonds de commerce. — Paris, 26 mai 1832 et 15 juin 1833, J.G. *Vente publ. de meubles,* 45 et 33-2°.

44. Il en est ainsi surtout lorsque la vente contient des stipulations sur le mode de payement, des garanties, etc. — J.G. *Vente publ. de meubles,* 33-2°. — V. *infrà,* n°⁵ 57 et s.

45. En cas de vente de fonds de commerce, les notaires peuvent, même indépendamment de l'achalandage, vendre, à l'exclusion des commissaires-priseurs, les objets mobiliers, les marchandises ou ustensiles considérés comme accessoires. — J.G. *Vente publ. de meubles,* 34.

46. Ainsi, un notaire a qualité, même dans les localités où sont établis des commissaires-priseurs, pour procéder, sans le concours de ces derniers, à l'adjudication par enchères de l'achalandage d'un fonds de commerce, des outils et ustensiles, et autres objets affectés au commerce, sous la stipulation de termes de payement, d'hypothèque, de cautionnement et de la participation au bail des lieux. — Colmar, 30 janv. 1827, J.G. *Vente publ. de meubles,* 34-1°.

47. Les effets mobiliers appartenant à des

mineurs peuvent, dans les lieux où il existe des commissaires-priseurs, être vendus aux enchères par des notaires, surtout lorsqu'ils sont confondus avec des objets corporels et incorporels, dont la vente est reconnue avoir été faite simultanément ; ainsi c'est à tort que les commissaires-priseurs prétendraient avoir le droit de vendre au moins exclusivement les meubles corporels. — Paris, 4 déc. 1823, J.G. *Vente publ. de meubles,* 34-2° et 35-2°. — Paris, 26 mai 1832, et sur pourvoi, Civ. r. 23 mars 1836, *ibid.,* 33-2°. — Paris, 15 juin 1833, *ibid.,* 34-2°.

48. Spécialement, en cas de saisie du matériel d'une manufacture exploitée en vertu d'un brevet d'invention, si les commissaires-priseurs réclament le privilége exclusif de vendre les objets saisis, et reconnaissent que la vente de l'achalandage, du brevet d'invention, du droit au bail, objets non saisis, appartient aux notaires, l'arrêt qui juge, d'après cet aveu, que les notaires ont le droit exclusif de vente pour l'achalandage, brevet, etc., qui sont des droits incorporels, et déclare que la vente du matériel de la manufacture doit, comme accessoire, leur appartenir également, cet arrêt ne viole aucune loi en décidant que les objets saisis étant accessoire des objets non saisis, les notaires peuvent en faire la vente. — Civ. r. 15 févr. 1826, J.G. *Vente publ. de meubles,* 35-2°.

49. Cependant, s'il est des cas où les marchandises et ustensiles sont l'accessoire du fonds, il en est d'autres où l'importance de ces objets est telle par rapport à la valeur du fonds, que c'est le fonds lui-même qui peut être considéré comme accessoire. C'est là une question d'appréciation qu'il appartient aux tribunaux de décider suivant les circonstances. — Civ. r. 23 mars 1836, J.G. *Vente publ. de meubles,* 35-1° et 33.

50. Le droit exclusif de négocier les effets publics et autres susceptibles d'être cotés à la Bourse continue-t-il d'appartenir aux agents de change lorsque la vente de semblables actions est demandée en justice ? — La vente ne peut-elle pas être faite par le ministère d'un notaire ? — V. *Code de commerce annoté,* art. 76.

51. Les huissiers n'ont pas le droit de procéder, à l'exclusion des notaires et des greffiers, aux ventes de meubles faites par autorité de justice et spécialement de meubles dépendant d'une succession. — J.G. *Vente publ. de meubles,* 42.

52. Ainsi, les notaires et les greffiers ont le droit de procéder concurremment avec les huissiers, aux ventes judiciaires d'objets mobiliers. — Grenoble, 5 déc. 1839, J.G. *Vente publ. de meubles,* 43-2°.

53. Ce n'est qu'à défaut de commissaires-priseurs que le juge-commissaire d'une faillite peut désigner un huissier pour procéder à la vente des meubles et marchandises du failli. — Civ. c. 5 janv. 1846, D.P. 46. 1. 65.

54. Les greffiers, notaires ou huissiers qui dans les localités où il n'existe pas de commissaires-priseurs, procèdent à des prisées et à des ventes de meubles dépendant, notamment, d'une succession, ne peuvent exiger les droits établis par la loi du 18 juin 1843 en faveur des commissaires-priseurs. — Trib. de Tours, 1er juill. 1852, D.P. 52. 3. 45.

55. Les contestations qui s'élèvent sur le point de savoir si telle ou telle catégorie d'officiers ministériels a qualité pour procéder à une vente publique de meubles touchent à l'ordre public, puisqu'elles concernent le règlement des attributions d'officiers ministériels, et appartiennent exclusivement à la juridiction civile. Un tribunal de commerce ne pourrait donc connaître de ces questions. — J.G. *Vente publ. de meubles,* 46.

56. Spécialement, le tribunal de commerce est incompétent pour connaître de l'opposition des commissaires-priseurs à ce qu'il soit procédé à la vente publique des marchandises de la faillite par l'huissier que le syndic a choisi avec l'autorisation du juge-commissaire. — Angers, 11 avr. 1845, D.P. 45. 2. 108.

57. — IV. Ventes publiques a terme. — Suivant une première opinion, les commissaires-priseurs et par suite, les greffiers et huissiers, dans les lieux où il n'y a pas de commissaires-priseurs, sont investis du droit de procéder aux ventes publiques d'effets mobiliers, non-seulement quand ces ventes sont faites au comptant, mais encore quand elles ont lieu avec stipulation de termes de payement : les ventes à termes ne sont pas dans les attributions exclusives des notaires (L. 27 vent. an 9, art. 1 et 2; 28 avr. 1816, art. 89). — Civ. r. 8 mars 1837, J.G. *Vente publ. de meubles*, 38-1°. — Req. 6 août 1861, D.P. 61. 1. 409. — Observ. conf., J.G. *Vente publ. de meubles*, 37 et 38.

58. Ils peuvent même accorder des termes de payements en dehors de leurs procès-verbaux et à leurs risques et périls. — Paris, 5 juill. 1845, D.P. 45. 2. 176.

59. Cette solution ne peut être contestée surtout depuis la loi du 23 juin 1841 sur les ventes de marchandises neuves et la loi du 5 juin 1851 sur celles des fruits et récoltes pendants par racines.—Trib. de Baume-les-Dames, 30 juin 1853, D.P. 53. 3. 68. — Trib. de Vervins, 3 mars 1859, D.P. 59. 3. 77.

60. Jugé encore ... que les huissiers, investis par le décret du 14 juin 1813 du droit de procéder aux prisées et ventes publiques de meubles et effets mobiliers, concurremment avec les notaires et les greffiers, dans les lieux où il n'existe pas de commissaires-priseurs, ont le droit de faire non-seulement des ventes au comptant, mais aussi des ventes à terme, avec constatation des conditions accessoires de la vente, et notamment, d'une stipulation de cautionnement : ce droit n'appartient pas exclusivement aux notaires. — Civ. r. 19 avr. 1864, D.P. 64. 1. 178.

61. ... Que dans les localités où il n'y a pas de commissaire-priseur, les huissiers ont concurremment avec les notaires et les greffiers, le droit de procéder aux ventes publiques de meubles, même quand il y a stipulation d'un terme pour le payement ou d'autres conditions de vente et, par suite, les procès-verbaux dressés par eux font pleinement foi, comme actes authentiques, des déclarations faites par les parties relativement aux conditions de la vente. — Trib. de Pont-Lévêque, 12 févr. 1867, D.P. 67. 3. 56.

62. Jugé toutefois, que si les ventes à terme rentrent dans les attributions des commissaires-priseurs, les procès-verbaux de ces officiers ministériels ne font foi du fait des ventes qu'ils constatent et des déclarations qui s'y rattachent, notamment quant à la libération des acheteurs, que lorsqu'il s'agit des ventes au comptant : ils sont sans force probante relativement aux ventes à terme qui y sont énoncées et aux obligations de payement que les acheteurs auraient contractées pour l'avenir à propos de ces ventes, surtout, lorsqu'il est constaté, en fait, que les registres produits étaient mal tenus. — Req. 13 mars 1867, D.P. 67. 1. 175.

63. D'après une autre opinion, il a été jugé, mais dans des espèces sur lesquelles les lois du 25 juin 1841 et 5 juin 1851 ne pouvaient exercer d'influence, que les notaires ont seuls le droit d'insérer dans les procès-verbaux de ventes volontaires de meubles des stipulations de terme ou autres. — Paris, 26 mai 1832, J.G. *Vente publ. de meubles*, 33-2°. — Colmar, 27 mai 1837, *ibid.*, 37-2°. — Trib. de paix de Namur (Belgique), 12 févr. 1854, D.P. 54. 3. 69.

64. De même, les commissaires-priseurs ne peuvent vendre qu'au comptant, et non à terme. — Colmar, 30 janv. 1827, J.G. *Vente publ. de meubles*, 37-1° et 34.

65. D'ailleurs, en admettant que les notaires jouissent, à l'exclusion des commissaires-priseurs, du droit de procéder aux ventes mobilières avec stipulation de terme ou de toute autre convention, ce n'est qu'autant que ces stipulations ne sont pas imagi-

nées dans le seul but d'exclure le droit d'attribution des commissaires-priseurs. — Paris, 5 juill. 1845, D.P. 45. 2. 176.

66. Dans le cas où un commissaire-priseur a effectué une vente de meubles en stipulant un terme pour le payement, les parties seules sont recevables à s'en plaindre. Un notaire ne peut avoir ce droit, sous prétexte qu'on a porté atteinte à ses attributions. — Paris, 26 avr. 1830, J.G. *Vente publ. de meubles*, 39.

67. — V. Règles communes aux divers officiers publics. — Les attributions respectives des officiers chargés des ventes publiques de meubles, ne sont pas limitées aux ventes forcées; elles comprennent également les ventes volontaires, ainsi que la prisée et estimation des objets mobiliers. — J.G. *Vente publ. de meubles*, 56.

68. Le caractère public d'une personne ne suffit pas, du reste, pour lui donner le droit de procéder à une vente publique aux enchères ou à faire la prisée et estimation d'objets mobiliers dans un acte public, si cette faculté ne lui est pas attribuée par une loi spéciale. — Décis. min. fin. 2 oct. 1811, J.G. *Vente publ. de meubles*, 58.

69. Les ventes publiques de meubles aux enchères ne peuvent être faites que par les officiers publics désignés par la loi. Tout particulier qui y procède lui-même, se rend coupable de contravention et passible d'une amende de 50 fr. à 1,000 fr. (L. 22 pluv. an 7, art. 7). — J.G. *Vente publ. de meubles*, 59.

70. Le propriétaire d'un bois, qui a vendu lui-même aux enchères le produit de ses coupes à des marchands, doit être déclaré en contravention à la loi du 22 pluv. an 7, pour n'avoir pas employé le ministère d'un officier public, si la réunion des marchands enchérisseurs (tenue dans une auberge, par exemple) présentait, quel qu'ait été d'ailleurs, le mode de convocation, les caractères d'une réunion publique. — Trib. de Vouziers, 14 juill. 1859, D.P. 60. 3. 15.

71. La publicité d'une vente aux enchères, faite dans un lieu dont les portes étaient fermées, résulte suffisamment de ce que la vente a été annoncée par lettres et affiches ; de ce qu'un grand nombre de marchands composaient la réunion, et, d'ailleurs, de la circonstance que les portes s'ouvraient à tous ceux qui venaient assister aux enchères ; du moins l'arrêt qui le juge ainsi échappe à la censure de la Cour suprême. — Civ. r. 17 juill. 1827, J.G. *Vente publ. d'imm.*, 2074-2°, et *Enregistr.*, 5747.

72. Mais le fait par un propriétaire d'avoir convoqué chez lui des individus se livrant à un certain commerce (des marchands de bois), et d'avoir vendu une coupe à celui de ces marchands qui lui offrait le prix le plus élevé, sans qu'il y ait eu ni affiche, ni cahier des charges, ni criée, ne constitue pas une vente publique aux enchères, ni, par suite, une immixtion dans les fonctions de notaire. — Amiens, 30 janv. 1850, D.P. 51. 5. 542.

73. L'amende portée par l'art. 7 de la loi du 22 pluv. an 7, ne s'applique qu'au propriétaire des objets vendus, et non au tiers non intéressé qui a concouru ou aidé à la vente. — Trib. d'Autun, 3 mai 1853, D.P. 53. 3. 31.

74. L'autorité municipale doit veiller à ce que des ventes aux enchères publiques ne soient pas pratiquées par des individus sans titre officiel. — Elle doit pareillement s'opposer à ce qu'il soit fait des distributions de boissons ou de comestibles dans aucune partie du local où s'effectue une vente aux enchères publiques par le ministère d'un notaire ou de tout autre officier ministériel. — Circ. proc. du roi de Saint-Dié, 17 nov. 1845, D.P. 46. 3. 121.

75. Les officiers ministériels, en procédant à des ventes publiques de meubles, peuvent se faire aider par qui bon leur semble, sans que les aides soient passibles d'une amende. — Civ. c. 23 fruct. an 7, J.G. *Vente publ. de meubles*, 60-1°.

76. Le propriétaire d'effets mobiliers qui, lors de la vente publique de ces effets, les a mis en vente, a crié et reçu les enchères, n'est pas censé s'être immiscé dans les operations des commissaires-priseurs, dans le sens de l'art. 2 de la loi du 27 vent. an 9, avoir encouru la peine d'amende, alors qu'un commissaire-priseur, présent à la vente, a adjugé les effets et dressé procès-verbal. Il importerait même peu, dans ce cas, qu'il eût quelquefois prononcé lui-même le mot *adjugé*. — Bourges, 7 janv. 1830, J.G. *Vente publ. de meubles*, 60-2°.

77. Les officiers chargés des ventes publiques de meubles ont-ils le privilége exclusif d'en faire la prisée et l'estimation? — V. *suprà*, art. 943, n°ˢ 46 et s.

78. — VI. Ventes administratives. — Les objets mobiliers qui sont la propriété de l'Etat ou des communes sont vendus, par voie administrative et aux termes de lois spéciales, par le ministère de certains fonctionnaires ou employés de l'administration. — J.G. *Vente publ. de meubles*, 48.

79. La loi du 2 niv. an 4 et l'arrêté du 23 niv. an 6, d'après lesquels les employés de la régie de l'enregistrement et des domaines sont autorisés à procéder à la vente, aux enchères publiques, des objets mobiliers appartenant à l'Etat, n'ont pas été abrogés par les lois qui ont établi les commissaires-priseurs. — Civ. c. 7 mai 1832, et sur renvoi, Orléans, 20 juin 1833, J.G. *Vente publ. de meubles*, 48.

80. Les préposés de la régie des domaines sont également chargés de procéder à la vente des objets mobiliers inutiles aux services de la guerre et provenant des administrations militaires, tels que denrées d'approvisionnement, effets hors de service, bois et ustensiles provenant des arsenaux, etc. — Circ. 30 therm. an 10 et 30 avr. 1806, J.G. *Vente publ. de meubles*, 49.

81. Plusieurs lois et ordonnances concernant la vente des effets mobiliers déposés dans les greffes des tribunaux civils ou criminels, donnent aux préposés de l'administration des domaines le droit de procéder à la vente publique aux enchères de ces effets. — V. L. 11 germ. an 4 ; Ordonn. 23 janv. 1821 ; Ordonn. 22 févr. 1829 ; Ordonn. 9 juin 1831 ; Instruct. générale, 1ᵉʳ déc. 1835, J.G. *Vente publ. de meubles*, 9 et 49.

82. Les ventes du mobilier des départements ou arrondissements et des papiers et registres provenant des archives départementales sont faites par les préfets ou leurs délégués, mais les préposés des domaines doivent y concourir. — Instruct. gén. 9 mars 1825 et 29 oct. 1839, J.G. *Vente publ. de meubles*, 50.

83. Aux termes d'un arrêté du 13 prair. an 10, et d'une instr. gén. du 12 therm. an 10, les ventes d'effets mobiliers et objets d'approvisionnement de la marine qui ont lieu dans les ports et arsenaux, sont faites devant les officiers d'administration de la marine; là où il n'existe point d'administration de la marine, elles sont passées devant les receveurs de l'enregistrement. — J.G. *Vente publ. de meubles*, 51.

84. Les effets des militaires décédés dans les prisons et les hôpitaux, ou qui se sont évadés, sont vendus par l'intendance militaire. — Décis. min. guerre, 2 mai 1808, J.G. *Vente publ. de meubles*, 54.

85. Les régisseurs des octrois municipaux peuvent procéder eux-mêmes aux ventes d'objets saisis par leurs préposés, et d'une valeur moindre de 200 fr., pourvu qu'il y ait eu des procès-verbaux réguliers. — Décis. min. fin. 15 nov. 1808, J.G. *Vente publ. de meubles*, 53.

86. Les maires ou adjoints peuvent procéder à la vente du mobilier communal. — Décis. min. fin. 10 germ. et 17 frim. an 7; instr. régl. 25 avr. 1820, n° 927, J.G. *Vente publ. de meubles*, 54.

87. ... Et à la vente des objets mobiliers

appartenant aux hospices et aux fabriques. — Décis. min. 13 déc. 1808, J.G. *Vente publ. de meubles.*, 54.

88. Quant aux ventes par adjudication aux enchères des coupes de bois provenant des forêts de l'Etat, elles sont faites devant un bureau composé du préfet ou sous-préfet et de plusieurs autres fonctionnaires administratifs. — J.G. *Forêts.*, 1013.

§ 3. — *Formalités des ventes publiques de meubles.*

89. — I. Publicité. — Lorsque des majeurs ayant la libre disposition de leurs biens vendent leurs meubles par la voie des enchères, il leur appartient de régler les conditions de publicité qui devront accompagner la vente ; il suffit qu'il y soit procédé par le ministère d'un des officiers ayant qualité à cet effet. — J.G. *Vente publ. de meubles*, 72.

90. Mais dans le cas où la vente aux enchères est exigée par la loi, on doit suivre les formes de publicité tracées par le code de procédure en matière de vente sur *saisie-exécution* [c. pr. civ., 945]. — J.G. *Vente publ. de meubles*, 72.

91. Les affiches de ventes volontaires de meubles sont soumises à l'autorisation préalable exigée par un arrêté municipal. — Civ. c. 28 déc. 1855, D.P. 56. 1. 208.

92. Les commissaires-priseurs, seuls investis du droit de procéder aux ventes publiques de meubles dans le chef-lieu de leur établissement, ont seuls aussi, à l'exclusion des huissiers, le droit de rédiger et de préparer les placards. — Req. 23 juin 1852, D.P. 54. 1. 360.

93. Le procès-verbal d'apposition des placards doit être dressé, dans tous les cas, par un huissier ; mais le notaire ou greffier chargé de la vente peut, sans empiéter sur les attributions des huissiers, constater par un acte de dépôt la remise à lui faite des placards revêtus du visa du maire. — J.G. *Vente publ. de meubles*, 73.

94. Les ventes publiques de meubles, volontaires ou forcées, doivent, sous peine d'amende, être précédées d'une déclaration préalable au bureau de l'enregistrement. — V. *Code de l'enregistrement annoté*, L. 22 pluv. an 7, art. 7.

95. Une vente volontaire peut avoir lieu publiquement un dimanche, sans contravention à la loi du 18 nov. 1814. — J.G. *Vente publ. de meubles*, 74.

96. — II. Procès-verbal de vente. — Dans tous les cas où il est procédé par un officier public à une vente aux enchères, cet officier en dresse procès-verbal. Les énonciations que doit contenir le procès-verbal d'une vente de meubles, qu'elle soit judiciaire ou amiable, sont réglées par la loi du 22 pluv. an 7, par les instructions de l'Enregistrement et par les principes ordinaires sur les actes d'adjudication. — J.G. *Vente publ. de meubles*, 81.

97. En tête du procès-verbal on transcrit la copie de la déclaration préalable. Si la vente a lieu par suite d'inventaire, il en est fait mention au procès-verbal avec indication de la date de l'inventaire, du nom du notaire qui y a procédé et de la quittance de l'enregistrement (L. 22 pluv. an 7, art. 5). La contravention à ces dispositions est passible d'amende. — J.G. *Vente publ. de meubles*, 81.

98. Les commissaires-priseurs et autres officiers publics qui procèdent aux ventes mobilières doivent comprendre dans leurs procès-verbaux tous les articles exposés en vente, même ceux qui auraient été retirés par les propriétaires ou héritiers pour le prix de l'enchère et de la prisée (Arrêt du cons. 13 nov. 1778 ; Ord. 1er mai 1816). — J.G. *Vente publ. de meubles*, 82.

99. Si la vente comprend des ouvrages de librairie, le procès-verbal doit en contenir le détail exact et nominatif. — Lett. proc. du roi près le trib. de la Seine, 23

déc. 1824 et 26 nov. 1831, J.G. *Vente publ. de meubles*, 82.

100. L'officier public chargé de procéder à une vente publique de meubles qui omet de mentionner dans son procès-verbal ceux des articles mis en vente qui n'ont pas été adjugés, contrevient à l'ordonnance du 1er mai 1816, laquelle a force de loi ; et il ne peut être excusé par le motif qu'il existe un usage contraire. — Trib. de Valenciennes, 26 juill. 1855, D.P. 56. 3. 22.

101. Chaque objet adjugé est porté de suite au procès-verbal ; le prix en toutes lettres est tiré hors ligne ; et lorsque les divers articles d'un procès-verbal de vente de meubles ne contiennent pas, conformément à l'art. 5 de la loi de pluviôse an 7, le prix en toutes lettres des objets adjugés, il est dû une amende pour chaque article où cette énonciation fait défaut. — Déc. min. fin. 16 janv. 1835, J.G. *Vente publ. de meubles*, 82.

102. On ne doit pas porter en bloc, sous un même article, plusieurs objets adjugés, lors même qu'ils le seraient au profit d'une même personne. — J.G. *Vente publ. de meubles*, 83.

103. Mais l'irrégularité résultant de ce que dans un procès-verbal de vente de meubles aux enchères, les objets adjugés à un même individu ont été portés en un seul article au lieu d'être mentionnés séparément ne peut donner lieu, contre l'officier ministériel qui l'a commise, à aucune amende. — Trib. de Mirecourt, 8 août 1854, D.P. 54. 3. 71.

104. Chaque séance est close et signée par l'officier public et par deux témoins. Il faut que les deux témoins sachent signer et soient domiciliés dans la commune où se fait la vente. — J.G. *Vente publ. de meubles*, 84.

105. Les ventes mobilières étant toujours, à moins de stipulation contraire, réputées faites au comptant, il n'est pas nécessaire qu'elles mentionnent si le prix a été payé ou non. — J.G. *Vente publ. de meubles*, 85.

106. Lorsque en marge d'un procès-verbal d'adjudication d'objets mobiliers vendus aux enchères, le notaire désigne les noms des acheteurs, soit en toutes lettres, soit par abréviation ; qu'il mentionne la libération par le mot *payé* ou la lettre P, ces indications ne doivent pas être considérées comme de véritables renvois soumis aux mêmes formes que le corps de l'acte : ce ne sont que de simples annotations personnelles au notaire. — Colmar, 28 juill. 1827, J.G. *Vente publ. de meubles*, 85 et 87.

107. Les ratures d'articles ne constituent pas non plus par elles-mêmes des contraventions ; il faudrait, pour établir l'infraction, prouver que les articles rayés ont été adjugés. — Délib. 23 oct. 1824, J.G. *Vente publ. de meubles*, 86.

108. Hors le cas de vente sur saisie-exécution, prévu par l'art. 625 c. pr. civ., les notaires ne sont pas tenus d'indiquer, dans les procès-verbaux de ventes publiques de meubles, les noms et demeures des adjudicataires. — Solut. de la Régie, 29 déc. 1831, J.G. *Vente publ. de meubles*, 87. — Colmar, 28 juill. 1827, *ibid.*

109. Un notaire chargé d'une vente publique de meubles, que la vente soit amiable ou non, n'est pas tenu de se conformer, en ce qui concerne les adjudicataires, aux dispositions de l'art. 13 de la loi du 25 vent. an 11, qui exige la mention des prénoms et qualités des parties. — Décis. de la Rég. 29 déc. 1831, J.G. *Vente publ. de meubles*, 88.

110. Il n'est pas non plus nécessaire, même au cas où la vente se fait par le ministère d'un notaire, que les adjudicataires signent le procès-verbal d'adjudication. — J.G. *Vente publ. de meubles*, 89.

111. Ainsi, en matière de vente de meubles aux enchères par le ministère d'un notaire, la signature du procès-verbal par cet officier ministériel suffit, qu'il s'agisse d'une vente à terme ou d'une vente au comptant,

pour lier l'adjudicataire. — Trib. de St-Omer, 4 sept. 1853, D.P. 54. 3. 38.

112. ... Et le défaut de signature de ce procès-verbal par l'adjudicataire a seulement pour effet d'empêcher qu'on puisse agir contre lui par voie d'exécution. — Même jugem.

113. La vente publique (par exemple, d'actions industrielles) faite en bloc et pour un seul prix au profit de plusieurs adjudicataires conjointement, forme, sous le rapport des conditions et des charges, un tout indivisible non susceptible d'exécution partielle (c. civ. 1218, 1222). En conséquence, chacun des adjudicataires est tenu de cette exécution pour la totalité, bien que la solidarité n'ait pas été stipulée. — Besançon, 2 févr. 1855, D.P. 56. 2. 67.

114. Les contraventions aux dispositions concernant les procès-verbaux de ventes de meubles se poursuivent et se jugent comme en matière d'enregistrement. — V. *Code de l'enregistrement annoté.*

115. — III. Payement et recouvrement du prix de vente. — L'adjudication est faite au plus offrant, et en payant comptant, à moins que les parties n'aient accordé un terme. Faute de payement, il est procédé sur-le-champ à la folle enchère. — J.G. *Vente publ. de meubles*, 92.

116. Bien que les objets enlevés par l'adjudicataire soient censés payés, cette présomption n'exclut pas la preuve contraire, s'il s'agit d'une somme qui n'excède pas 150 fr. Mais les annotations mises en marge du procès-verbal par l'officier qui a procédé à la vente, ne peuvent fonder aucune action ou exception pour exiger de l'adjudicataire le payement des objets par lui enlevés. — J.G. *Vente publ. de meubles*, 92.

117. Tout officier public qui a procédé à la vente a qualité pour poursuivre en justice le recouvrement du prix de la vente. Ainsi, lorsque les greffiers ont procédé aux prisées et ventes de biens meubles, il est dans leurs attributions de recevoir les deniers provenant desdites ventes, et ils ont qualité pour se pourvoir en justice contre les adjudicataires en retard de payer. — Bruxelles, 22 févr. 1814, J.G. *Vente publ. de meubles*, 94.

118. L'officier qui a procédé à la vente est personnellement responsable du prix, s'il a fait crédit de son propre chef, et en ce cas, il n'a contre l'adjudicataire que la voie d'une assignation pour obtenir jugement. — J.G. *Vente publ. de meubles*, 94.

119. Toutefois, cette responsabilité cesse quand le vendeur a accordé un délai pour payer. — J.G. *Vente publ. de meubles*, 94.

120. Mais, dans tous les cas, l'officier public est responsable envers les acheteurs de la livraison des objets vendus. — J.G. *Vente publ. de meubles*, 94.

121. — IV. Versement du prix. Opposition. — Lorsqu'il n'y a pas d'opposition, le produit net de la vente est remis à celui qui a qualité pour le recevoir et qui en donne décharge. Les quittances de vente de meubles doivent être faites à la suite du procès-verbal et dans la forme authentique. — Avis cons. d'Et. 21 oct. 1809, J.G. *Vente publ. de meubles*, 95.

122. Les commissaires-priseurs doivent rendre compte aussitôt après la vente. — J.G. *Vente publ. de meubles*, 96.

123. Ce compte est rendu à la personne qui avait le droit de le requérir, en présence, le cas échéant, de ceux que la loi y appelle. — J.G. *Vente publ. de meubles*, 96.

124. La reddition du compte se fait par un procès-verbal dressé avec le concours des parties, ou par la clôture même du procès-verbal ou par un acte notarié. — Avis cons. d'Et. 21 oct. 1809, délib. 7 déc. 1809 et 16 mars 1830, J.G. *Vente publ. de meubles*, 96, et *Enregist.*, 2953.

125. Le commissaire-priseur est libéré, s'il justifie que ses frais de vente et ses diverses dépenses ont entièrement absorbé le montant de la vente ; il s'opère alors une compensation. — J.G. *Vente publ. de meubles*, 96.

126. A l'égard des *oppositions* qui peuvent être formées sur le prix de la vente, V. *suprà*, art. 609 et s.

127. En cas d'opposition, l'officier chargé de la vente doit déposer le montant du prix à la Caisse des dépôts et consignations. — V. *suprà*, art. 657, n°s 5 et s.

128. Mais cette disposition ne fait pas obstacle à ce qu'un particulier qui veut vendre son mobilier aux enchères, devant un notaire, touche lui-même directement le prix de la vente des divers acquéreurs; le notaire ne peut se refuser à procéder à une telle vente, sous le prétexte que c'est à lui qu'il appartient de recevoir les sommes provenant des ventes. — Req. 26 juill. 1827, J.G. *Vente publ. de meubles*, 97.

129. Tout officier public qui a procédé à une vente est tenu de déclarer, au pied de la minute du procès-verbal, en le présentant à l'enregistrement, et de certifier, par sa signature, qu'il y a ou qu'il n'y a pas d'opposition, et qu'il a ou n'a pas connaissance d'opposition aux opérations qui ont précédé la vente (Ord. 3 juill. 1816, art. 7). Cette disposition s'applique à l'officier qui ne reçoit pas le prix, comme à celui qui le reçoit. — Décis. min. just.; Circ. proc. gén. de Paris, 1er juin 1822, J.G. *Vente publ. de meubles*, 98.

130. Les receveurs doivent donc exiger, dans tous les cas, que la déclaration dont il s'agit soit faite au bas du procès-verbal présenté; dans le cas de refus ou de déclaration inexacte, les receveurs en réfèrent au procureur de la République, qui exerce, s'il y a lieu, les voies de répression autorisées par la loi (ord. 2 juill. 1817, art. 1). — Inst. gén., 13 août 1817, J.G. *Vente publ. de meubles*, 99.

131. La remise du produit de la vente aux ayants droit ou le versement à la Caisse des consignations, est opérée sous la déduction des frais de la vente d'après la taxe faite par le juge sur la minute du procès-verbal, qui doit être relatée dans les expéditions. — V. *suprà*, art. 657.

132. — V. Obligations particulières de l'officier public. — Les procès-verbaux des ventes de meubles doivent être conservés en minute par les divers officiers publics chargés de procéder à ces ventes. — Décis. min. de la just., 8 févr. 1830, J.G. *Vente publ. de meubles*, 102.

133. Ces officiers sont, en outre, tenus d'inscrire à leur répertoire non-seulement chaque vacation des procès-verbaux de vente, mais encore les procès-verbaux constatant qu'une vente n'a pu être faite. — J.G. *Vente publ. de meubles*, 102.

134. L'officier public qui procède à la vente ne peut se rendre adjudicataire pour son propre compte. — V. *suprà*, art. 625, n° 8, et relativement aux huissiers, la disposition spéciale du décret du 14 juin 1813, art. 38, J.G. *Huissier*, p. 158, note.

135. Aux termes de l'art. 2 de la loi du 12 nov. 1808, tout dépositaire de deniers provenant du chef des redevables et affectés au privilège du Trésor public est tenu, sur la demande qui lui en sera faite, de payer en l'acquit des redevables et sur le montant des fonds qui sont entre ses mains et jusqu'à due concurrence les contributions dues par ces derniers. — V. *Code civil annoté*, tome 2, p. 1121.

Table sommaire.

II. Vente publique de récoltes.

5 juin 1851. — *Loi sur les ventes publiques volontaires de fruits et de récoltes pendants par racines et des coupes de bois taillis.* — D.P. 51. 4. 85.

Art. 1. Les ventes publiques volontaires, soit à terme, soit au comptant, de fruits et récoltes pendants par racines, et des coupes de bois taillis, seront faites en concurrence et au choix des parties, par les notaires, commissaires-priseurs, huissiers et greffiers de justice de paix, même dans le lieu de la résidence des commissaires-priseurs.

1. On appelle ventes publiques de récoltes les ventes aux enchères de toute espèce de fruits sur pied, comme grains, foins, coupes de bois. — J.G. *Vente publ. de récoltes*, 1.

2. La disposition de l'art. 1 de la loi du 5 juin 1851 est exclusivement applicable aux ventes *volontaires*, les ventes *judiciaires* demeurant soumises au code de procédure et aux lois spéciales qui les régissent. — J.G. *Vente publ. de récoltes*, 14.

3. Quel que soit l'officier ministériel qui préside à la vente volontaire de fruits et récoltes, cette vente peut avoir lieu soit au comptant, soit à terme. — *Vente publ. de récoltes*, 15.

4. L'adjudication d'herbes excrues sur des pièces de terre dépendant, par exemple, d'une succession, constitue, lorsqu'elle a eu lieu à titre de vente, une vente mobilière que les huissiers peuvent faire concurremment avec les notaires, alors même que ces herbes devraient être enlevées, non pas immédiatement par le fauchage, mais, dans un temps plus ou moins prolongé, par la dépaissance : on objecterait vainement qu'il s'agit là d'une adjudication de jouissance rentrant, à raison de son caractère immobilier, dans les attributions exclusives des notaires (c. civ. 520, 1709 et 1774.) — Civ. r. 13 déc. 1858, D.P. 59. 1. 22.

5. De même ne sont pas dans les attributions exclusives des notaires les ventes publiques de matériaux à extraire des mines et carrières et de bâtiments à démolir : ces ventes doivent être considérées comme des ventes mobilières et soumises aux règles qui régissent ces sortes de ventes. — Rouen, 18 févr. 1826; Amiens, 19 févr. 1829, J.G. *Vente publ. de récoltes*, 16 et 7-3°.

Contrà : — Civ. c. 10 déc. 1828 ; Paris, 3 avril 1832; Ch. réun. c., 8 juin 1831, *ibid.*, 9-7°.

6. En matière de vente de bois, la concurrence des divers officiers énumérés par la loi de 1851 n'existe que pour les coupes de *bois taillis.* — J.G. *Vente publ. de récoltes*, 17.

7. Mais les notaires ont seuls, à l'exclusion notamment des huissiers, le droit de procéder à la vente publique aux enchères des bois de *haute futaie.* — Trib. de Rouen, 26 janv. 1852, D.P. 52. 5. 561. — Trib. de Troyes, 16 mars 1853, D.P. 54. 3. 7. — Caen, 16 janv. 1854, D.P. 55. 2. 212.

8. Les greffiers des tribunaux de commerce n'ont point qualité pour procéder aux ventes énumérées dans la loi de 1851 qui ne parle que des greffiers de justice de paix. — J.G. *Vente publ. de récoltes*, 18.

9. Dans les ventes de récoltes, la loi ne met entre les divers officiers qu'elle désigne d'autres causes de préférence que le choix des parties. — J.G. *Vente publ. de récoltes*, 19.

10. La loi de 1851 n'a rien innové quant à la forme des ventes de récoltes. Il doit donc être procédé à ces ventes après affiches et publications, et suivant les formalités tracées par le code de procédure au titre de la *Saisie-brandon* (c. pr. civ. 629 et s.), et au titre des *Saisies-exécutions* (c. pr. civ. 583 et s.). — J.G. *Vente publ. de récoltes*, 20.

11. Ces ventes sont de plus assujetties à la déclaration préalable au bureau de l'Enregistrement prescrite par la loi du 22 pluv. an 7, et à toutes les formalités et conditions prescrites aux officiers publics pour les ventes de meubles en général. — J.G. *Vente publ. de récoltes*, 20.

TITRE VI.

De la vente des biens immeubles appartenant à des mineurs (L. du 2 juin 1841) (1).

Art. 953.

La vente des immeubles appartenant à des mineurs ne pourra être ordonnée

(1) Tableau des anciens articles du titre 6, avec renvoi aux articles de la loi du 2 juin 1841.

Ancien art. 953. — art. 953 nouv.
— 954. — — 953a ouv.

que d'après un avis de parents énonçant la nature des biens et leur valeur approximative.

Cet avis ne sera pas nécessaire si les biens appartiennent en même temps à des majeurs, et si la vente est poursuivie par eux. Il sera procédé alors conformément au titre *des Partages et licitations.* — (Anc. art. 953, 954.) — C. pr. civ. 882 s., 966 s. — C. civ. 405 s., 457 s.

Rapports, J.G. **Vente publ. d'imm.**, p. 571 et 579, nᵒˢ 65 et s., 151.

1. Les formalités prescrites pour l'aliénation d'immeubles appartenant à un mineur doivent être observées même pour les aliénations consenties comme condition d'une donation faite à ce mineur et dans l'acte de donation.—Civ. c. 25 mars 1861, D.P. 61. 1. 202.
2. Si la vente est poursuivie par un tuteur, bien qu'il y ait indivision entre des mineurs et des majeurs, l'avis du conseil de famille doit être exigé. — J.G. **Vente publ. d'imm.**, 1970.
3. Mais la réalisation, par acte notarié, d'une vente d'immeubles consentie par un majeur sous cette clause de réalisation, n'est pas soumise, à l'égard des héritiers mineurs du vendeur, aux formalités prescrites pour l'aliénation des immeubles appartenant à des mineurs. — Req. 8 mars 1852, D.P. 52. 1. 73.
4. L'avis du conseil de famille doit nonseulement énoncer la nature des biens et leur valeur approximative, mais encore constater la nécessité de l'aliénation, l'insuffisance des ressources mobilières, et indiquer les biens qu'il est le plus utile de vendre, ainsi que les conditions de la vente. — J.G. **Vente publ. d'imm.**, 1968. — V. *Code civil annoté,* art. 457.
5. L'inobservation des formalités prescrites pour l'aliénation des biens des mineurs entraîne-t-elle par elle-même la nullité de la vente ? — V. *Code civil annoté,* art. 1305, nᵒˢ 18 et s.

Art. 954.

Lorsque le tribunal homologuera cet avis, il déclarera, par le même jugement, que la vente aura lieu soit devant l'un des juges du tribunal à l'audience des criées, soit devant un notaire à cet effet commis.

Si les immeubles sont situés dans plusieurs arrondissements, le tribunal pourra commettre un notaire dans chacun de ces arrondissements, et même donner commission rogatoire à chacun des tribunaux de la situation de ces biens. — C. pr. civ. 743, 746, 957 s., 969, 1035. — C. civ. 457 s. — Tar. nouv. 9, 14.

Rapports, J.G. **Vente publ. d'imm.**, p. 571 et 579, nᵒˢ 69 et s., 152.

1. — I. Homologation de l'avis de parents. — Le tribunal auquel doit être déférée la de-

<table>
<tr><td>Ancien art. 955.</td><td>— art. 955 nouv.</td></tr>
<tr><td>—   956.</td><td>— — 956 nouv.</td></tr>
<tr><td>—   957.</td><td>— — 956 nouv.</td></tr>
<tr><td>—   958.</td><td>— — 957 nouv.</td></tr>
<tr><td>—   959.</td><td>— — 958 nouv.</td></tr>
<tr><td>—   960.</td><td>— — 958 nouv.</td></tr>
<tr><td>—   961.</td><td>— — 959 nouv.</td></tr>
<tr><td>—   962.</td><td>— — 960 nouv.</td></tr>
<tr><td>—   963.</td><td>— — 959, 960 nouv.</td></tr>
<tr><td>—   964.</td><td>— — 963 nouv.</td></tr>
<tr><td>—   965.</td><td>— — 964 nouv.</td></tr>
</table>

mande en homologation de l'avis de parents n'est pas le tribunal de la situation des immeubles dont on poursuit la vente, mais bien le tribunal du domicile du mineur. — J.G. **Vente publ. d'imm.**, 1971.
2. Les formalités à remplir sont celles qui doivent être observées pour l'homologation des avis de parents en général. — V. *suprà,* art. 882 et s.
3. Spécialement, c'est au moyen d'une requête que doit être présentée au tribunal la demande à fin d'homologation. — J.G. **Vente publ. d'imm.**, 1972.
4. Le tribunal saisi de la demande a le droit de l'admettre ou de la rejeter, suivant qu'elle lui paraît bien ou mal fondée. — J.G. **Vente publ. d'imm.**, 1973.
5. Est susceptible d'appel le jugement qui statue sur la demande d'homologation de l'avis de parents tendant à la vente d'immeubles d'un mineur. — J.G. *Appel civ.*, 330.
6. — II. Renvoi de la vente devant un juge ou un notaire. — Lorsqu'il s'agit de biens de mineurs, le tribunal peut, suivant les circonstances, ordonner la vente, soit devant un juge commis à cet effet, soit devant un notaire. — Colmar, 21 déc. 1821, J.G. **Vente publ. d'imm.**, 1988-3°.
7. La loi qui veut que les ventes judiciaires aient lieu, soit devant un membre du tribunal, soit devant un notaire commis, ne confère point aux tribunaux l'attribution spéciale de ces ventes ; ils doivent, en se prononçant sur le mode de vente, consulter l'intérêt et surtout le vœu des familles et des créanciers des mineurs. — Nancy, 25 juill. 1817 ; Paris, 24 févr. 1824 ; Poitiers, 2 juin 1825 ; Bordeaux, 28 juin 1838, J.G. **Vente publ. d'imm.**, 1988-1°.
8. Lorsqu'il y a doute sur le lieu où doit se faire la vente d'immeubles appartenant à des mineurs, c'est l'intérêt des mineurs qui doit décider si cette vente aura lieu à l'audience des criées ou devant un notaire. — Lyon, 5 janv. 1831 ; Caen, 31 déc. 1833, J.G. **Vente publ. d'imm.**, 1988-2°.
9. Il est de l'intérêt des mineurs dont les immeubles sont vendus judiciairement, que la vente ait lieu dans l'endroit le plus central de la situation, dans celui où doit se réunir le plus grand nombre d'enchérisseurs, et par suite, devant notaire si ces circonstances se trouvent réunies. — Rouen, 15 mai 1820, J.G. **Vente publ. d'imm.**, 1989-1°.
10. C'est un notaire, et non un juge, qui doit être commis pour procéder à une vente d'immeubles appartenant à des mineurs, lorsque l'intérêt des parties l'exige et que toutes se réunissent pour ce mode de vente. — Paris, 25 juin 1825, 14 oct. 1829, J.G. **Vente publ. d'imm.**, 1989-2°.
11. ... Ou lorsque le conseil de famille reconnaît l'utilité de ce mode de vente. — Paris, 31 janv. 1826, J.G. **Vente publ. d'imm.**, 1989-2°.
12. ... Ou lorsque les parties le demandent, et que ce mode paraît plutôt favorable que contraire à leurs intérêts. — Paris, 19 juill. 1831, J.G. **Vente publ. d'imm.**, 1989-3°.
13. Lorsqu'il peut être utile que les prétendants à l'adjudication aient la facilité de visiter l'immeuble qui en fait l'objet au moment même de la vente, et que le peu d'importance de plusieurs des lots ne permet pas d'espérer qu'ils seront favorablement vendus devant le tribunal, ce dernier doit, non point retenir l'adjudication, mais commettre un notaire pour y procéder sur le lieu même de la situation des biens. — Amiens, 25 juill. 1840, J.G. **Vente publ. d'imm.**, 1989-4°.
14. C'est au tribunal qu'il appartient d'apprécier l'intérêt des mineurs ; il peut donc ordonner que la vente des immeubles leur appartenant se fera devant un des juges, bien que le conseil de famille ait émis l'avis qu'il serait de l'intérêt du mineur que cette vente eût lieu devant un notaire. — Nîmes, 29 déc. 1827, J.G. **Vente publ. d'imm.**, 1990.
15. Mais le tribunal ne peut, lorsque tous

les intéressés sont d'accord pour en demander le renvoi devant un notaire, décider que la vente aura lieu devant un membre du tribunal, sans donner de motifs qui justifient sa décision. — Grenoble, 23 déc. 1858, D.P. 60. 5. 415.
16. Il ne suffirait pas au tribunal de dire d'une manière vague que le renvoi devant l'un de ses membres présente plus d'avantages à cause de l'importance des immeubles à vendre, et sans faire connaître ce qui a formé sa conviction à cet égard. — Même arrêt.
17. Le tribunal est libre dans le choix du notaire qu'il doit commettre pour procéder à la licitation d'un bien de mineur : il n'est pas tenu de déférer au choix des parties. — Nancy, 20 févr. 1846, D.P. 46. 2. 118.
18. Lorsque les immeubles sont situés dans plusieurs arrondissements, le tribunal n'est pas tenu, pour l'adjudication des biens situés hors de son ressort, de renvoyer les parties devant un autre tribunal : il peut demeurer saisi de l'aliénation tout entière. — J.G. **Vente publ. d'imm.**, 1991.
19. Le jugement qui décide que la vente d'immeubles appartenant à des mineurs aura lieu devant un juge du siège, et non devant un notaire, est susceptible d'appel. — Grenoble, 22 nov. 1858, D.P. 60. 5. 415.
20. Il en est de même de la décision par laquelle le tribunal a fait choix d'un notaire autre que celui qui était présenté par les parties. — Nancy, 20 févr. 1846, D.P. 46. 2. 118.
21. Si le jugement qui décide que la vente aura lieu devant le juge du siège a été rendu sur requête et sans contradiction, c'est de la même manière que l'appel doit être formé. — Arrêt précité du 22 nov. 1858.
22. Les avoués de première instance ont le droit exclusif de remplir les formalités préalables à toutes les ventes judiciaires d'immeubles devant le tribunal ou renvoyées devant notaire, lors même que ce renvoi a eu lieu par un arrêt infirmatif, sans que les avoués d'appel puissent prétendre qu'il leur appartient de suivre l'exécution de l'arrêt. — Besançon, 13 févr. 1873, D.P. 73. 2. 75.
23. L'avoué d'appel qui a élevé cette prétention devant la cour peut être condamné, non-seulement aux frais de l'incident, mais encore à des dommages-intérêts envers la partie au préjudice de laquelle l'adjudication a été retardée. — Même arrêt.

Art. 955.

Le jugement qui ordonnera la vente déterminera la mise à prix de chacun des immeubles à vendre et les conditions de la vente. Cette mise à prix sera réglée, soit d'après l'avis des parents, soit d'après les titres de propriété, soit d'après les baux authentiques ou sous seing privé ayant date certaine et, à défaut de baux, d'après le rôle de la contribution foncière.

Néanmoins le tribunal pourra, suivant les circonstances, faire procéder à l'estimation totale ou partielle des immeubles.

Cette estimation aura lieu, selon l'importance et la nature des biens, par un ou trois experts que le tribunal commettra à cet effet. — (Ancien art. 955.) — C. pr. civ. 302 s., 997. — Tar. nouv. 15.

Rapports, J.G. **Vente publ. d'imm.**, p. 571 et 579, nᵒˢ 69 et s., 148.

1. Le tribunal pourrait fixer la mise à prix d'après d'autres bases d'évaluation que celles indiquées dans l'art. 955. — J.G. *Vente publ. d'imm.*, 1975.

2. Le tribunal peut nommer des experts pour faire procéder à l'estimation, mais l'expertise ne saurait avoir lieu dans l'unique but de contrôler l'avis du conseil de famille. — J.G. *Vente publ. d'imm.*, 1974.

Art. 956.

Si l'estimation a été ordonnée, l'expert ou les experts, après avoir prêté serment, soit devant le président du tribunal, soit devant un juge de paix commis par lui, rédigeront leur rapport, qui indiquera sommairement les bases de l'estimation, sans entrer dans le détail descriptif des biens à vendre.

La minute du rapport sera déposée au greffe du tribunal. Il n'en sera pas délivré d'expédition. — (Ancien art. 956, 957.) — C. pr. civ. 307, 315, 318 s., 971. — Tar. nouv. 9.

Rapports, J.G. *Vente publ. d'imm.*, p. 571, 579, 583 et s., n°° 71, 153, 185, 194.

1. Les bases de l'estimation sont notamment le revenu des immeubles vendus, déduction faite des charges dont ils sont grevés, la nature des terrains, la situation de la propriété, les facilités ou les chances d'amélioration, enfin tout ce qui tend à justifier l'estimation des experts. — J.G. *Vente publ. d'imm.*, 1979.

2. En cas de divergence entre les opinions des experts, chacun d'eux doit exprimer et motiver son avis séparément ; seulement, ils doivent se conformer à l'art. 318 c. pr., suivant lequel les experts doivent indiquer les motifs de leurs opinions diverses, sans faire connaître quel a été l'avis personnel de chacun d'eux. — J.G. *Vente publ. d'imm.*, 1980.

3. Il n'est pas nécessaire que le procès-verbal des experts contienne l'estimation détaillée de chacun des immeubles faisant l'objet de la vente. Ainsi, pour la vente d'un domaine, il suffit que les experts fassent connaître la valeur totale de la propriété ; du moins, le défaut d'évaluation des diverses pièces dont ce domaine se compose ne peut entraîner la nullité de la vente. — Aix, 23 janv. 1836, J.G. *Vente publ. d'imm.*, 1981.

4. La minute du rapport doit être déposée au greffe par l'un des experts en personne ou par un fondé de procuration. — J.G. *Vente publ. d'imm.*, 1982.

5. Ce dépôt doit être effectué au greffe du tribunal qui a ordonné l'expertise. — J.G. *Vente publ. d'imm.*, 1983.

6. Il doit être dressé un acte de dépôt du rapport des experts. — J.G. *Vente publ. d'imm.*, 1984.

7. Il n'est pas délivré expédition du rapport. Les parties et leurs conseils peuvent prendre communication de la minute au greffe. et, si cela est nécessaire, la faire apporter à l'audience. — J.G. *Vente publ. d'imm.*, 1985.

8. Un nouveau jugement est indispensable après l'expertise, puisque ce n'est qu'après le rapport que le tribunal peut fixer la mise à prix, dont l'indication doit se trouver dans le jugement qui ordonne la vente. — J.G. *Vente publ. d'imm.*, 1986.

9. Le tribunal n'est pas lié par l'avis des experts. — J.G. *Vente publ. d'imm.*, 1987.

10. Mais le tribunal ne peut ordonner d'office que la vente sera faite sous des conditions que la délibération du conseil de famille n'a pas prévues. — Colmar, 11 avr. 1822, J.G. *Vente publ. d'imm.*, 1987, et *Minorité*, 543.

Art. 957.

Les enchères seront ouvertes sur un cahier des charges déposé par l'avoué au greffe du tribunal, ou dressé par le notaire commis, et déposé dans son étude, si la vente doit avoir lieu devant notaire.

Ce cahier contiendra :

1° L'énonciation du jugement qui a autorisé la vente ;

2° Celle des titres qui établissent la propriété ;

3° L'indication de la nature ainsi que de la situation des biens à vendre, celle des corps d'héritage, de leur contenance approximative et de deux des tenants et aboutissants ;

4° L'énonciation du prix auquel les enchères seront ouvertes, et les conditions de la vente. — (Anc. art. 958.) — C. pr. civ. 675, 690, 743, 958. — C. civ. 459, 1686.

Rapports, J.G. *Vente publ. d'imm.*, p. 571, 579 et s., n°° 71, 154, 156 et s.

1. — I. Conditions insérées au cahier des charges. — D'autres conditions que celles fixées par le jugement qui permet la vente peuvent être insérées au cahier des charges. — J.G. *Vente publ. d'imm.*, 2018.

2. Jugé cependant que l'obligation de fournir au vendeur une grosse du procès-verbal d'adjudication de biens de mineurs ne peut être imposée à l'adjudicataire par le cahier des charges, qu'autant qu'elle a figuré parmi les conditions soumises à l'appréciation du tribunal lors de la fixation de la mise à prix, alors d'ailleurs qu'il n'est pas établi que cette grosse soit nécessaire au vendeur et qu'il en eût fait la demande. — Civ. c. 5 juill. 1853, D.P. 53. 1. 213. — Mais V. observ., J.G. *Vente publ. d'imm.*, 2019.

3. Les intéressés peuvent insérer au cahier des charges les clauses qu'ils jugent convenables, pourvu que ces clauses ne soient contraires ni aux lois ni aux bonnes mœurs, et qu'elles ne lèsent point les mineurs qui sont parties dans l'instance. — J.G. *Vente publ. d'imm.*, 2022. — V. *infrà*, art. 972, n°° 6 et s.

4. La loi n'exige pas que le cahier des charges soit approuvé par le tribunal ; mais, la vente devant être faite sous la surveillance d'un juge ou d'un notaire, ceux-ci peuvent rejeter les charges qui n'auraient pas pour but l'avantage ou l'intérêt du mineur. — J.G. *Vente publ. d'imm.*, 2021.

5. Le ministère public a même qualité pour demander d'office la rectification des clauses du cahier des charges qu'il croirait pouvoir être préjudiciables au mineur. — Orléans, 9 févr. 1827, J.G. *Vente publ. d'imm.*, 2021.

6. Si le cahier des charges n'est pas contredit, il fait la loi de toutes les parties intéressées à la poursuite de la vente, et cette règle est tellement absolue, que les créanciers inscrits non-présents ni appelés à la vente peuvent se prévaloir des clauses du cahier des charges. — Civ. r. 2 nov. 1807, J.G. *Vente publ. d'imm.*, 2026 et 1754-1°.

7. — II. Dépôt du cahier des charges. — Ce n'est que dans le cas où la vente doit avoir lieu devant un juge que le cahier des charges doit être déposé au greffe du tribunal où doit se faire la vente. — J.G. *Vente publ. d'imm.*, 2027.

8. Dans le cas de dépôt du cahier des charges, le notaire commis doit en dresser acte. — Corse, 16 nov. 1812, J.G. *Vente publ. d'imm.*, 2028.

9. Mais si le cahier des charges est, à la demande de la partie poursuivante, rédigé par son avoué, celui-ci ne peut en faire le dépôt au notaire commis sans un pouvoir spécial de sa partie. — Trib. de la Seine, 27 nov. 1815, J.G. *Vente publ. d'imm.*, 2029.

10. Si le dépôt du cahier des charges est fait sans représentation du pouvoir spécial, il faut le faire approuver par un diré de la partie poursuivante. — J.G. *Vente publ. d'imm.*, 2029.

Art. 958.

Après le dépôt du cahier des charges, il sera rédigé et imprimé des placards qui contiendront,

1° L'énonciation du jugement qui aura autorisé la vente ;

2° Les noms, professions et domiciles du mineur, de son tuteur et de son subrogé tuteur ;

3° La désignation des biens, telle qu'elle a été insérée dans le cahier des charges ;

4° Le prix auquel seront ouvertes les enchères sur chacun des biens à vendre ;

5° Les jour, lieu et heure de l'adjudication, ainsi que l'indication, soit du notaire et de sa demeure, soit du tribunal devant lequel l'adjudication aura lieu, et, dans tous les cas, de l'avoué du vendeur. — (Anc. art. 959, 960.) — C. pr. civ. 699 s., 743, 836, 955, 964. — C. civ. 459.

Rapports, J.G. *Vente publ. d'imm.*, p. 571, n° 72.

1. Lorsque la vente doit avoir lieu devant un juge, c'est l'avoué qui doit dresser le placard et l'original de l'insertion. — J.G. *Vente publ. d'imm.*, 2041.

2. Dans le cas où une vente d'immeubles est renvoyée devant notaire, l'avoué poursuivant conserve le droit exclusif de dresser les placards et de faire l'insertion dans les journaux ; le notaire ne peut, même sur la demande des parties, faire ces actes. — Civ. c. 18 nov. 1844, D.P. 45. 1. 12. — Observ. conf., J.G. *Vente publ. d'imm.*, 2041.

3. Les placards doivent être imprimés et non manuscrits. — J.G. *Vente publ. d'imm.*, 2044.

Art. 959.

Les placards seront affichés quinze jours au moins, trente jours au plus avant l'adjudication aux lieux désignés dans l'art. 699, et, en outre, à la porte du notaire qui procédera à la vente ; ce dont il sera justifié conformément au même article. — (Anc. art. 961, 963.) — C. pr. civ. 743 s., 960.

Rapport, J.G. *Vente publ. d'imm.*, p. 571, 579, n°° 72, 149.

1. Le délai de quinze jours au moins avant l'adjudication dans lequel doivent être affichés les placards est franc, en ce sens qu'il ne comprend ni le jour de l'apposition des placards ni celui de l'adjudication. — Douai, 21 juin 1849, D.P. 50. 2. 138. — Observ. conf., J.G. *Vente publ. d'imm.*, 2040.

2. Mais l'observation de ce délai n'est pas prescrite à peine de nullité. — [Arg. Même arrêt.

3. Pour l'apposition des placards, l'art. 959 renvoie à l'art. 699; mais cet article ne peut-être appliqué à la lettre. Dans une vente de biens de mineurs, il n'y a pas de saisi, en conséquence, toutes les appositions de placards qui, dans l'art. 699 sont déterminées par le domicile du saisi doivent être supprimées: il ne faut faire que celles indiquées par les autres dispositions de cet article. — J.G. *Vente publ. d'imm.*, 2046.

4. L'indication de contenance faite sur l'affiche ne lie point les vendeurs; c'est le cahier des charges qui doit être consulté à cet égard, et qui fait seul titre obligatoire; spécialement, il n'y a pas lieu à supplément ou diminution de prix, pour erreur de mesure, parce que la contenance de l'immeuble vendu est inférieure de plus du quart à la contenance annoncée dans les affiches, alors surtout qu'il s'agit d'une maison avec cour, enclose de murs, que le cahier des charges est muet à l'égard de la contenance, et que les affiches alléguées sont l'œuvre d'une seule des parties en cause. — Paris, 29 févr. 1840, J.G. *Vente publ. d'imm.*, 2043.

Art. 960.

Copie de ces placards sera insérée, dans le même délai, au journal indiqué par l'art. 696, et dans celui qui aura été désigné pour l'arrondissement où se poursuit la vente, si ce n'est pas l'arrondissement de la situation des biens.

Il en sera justifié conformément à l'art. 698. — (Anc. art. 962, 963.) — C. pr. civ. 743, 961.

Rapport, J.G. *Vente publ. d'imm.*, p. 571, n° 72.

1. Le défaut d'insertion de l'annonce de la vente des biens des mineurs, dans un journal de l'arrondissement ou du département, rend nulle cette vente, bien qu'il n'existe pas de feuilles d'annonces dans l'arrondissement et que toutes les autres formalités aient été observées. — Riom, 31 mai 1830, J.G. *Vente publ. d'imm.*, 2051-2°.

2. S'il n'y avait pas de journal dans le lieu où siége le tribunal ni dans le département, le notaire fera prudemment d'annexer un certificat qui le constate, et qui sera délivré par le procureur de la République. Lorsque la vente a lieu devant un juge, c'est à l'avoué à se faire délivrer ce certificat. — J.G. *Vente publ. d'imm.*, 2052.

3. Le décret du 15 janv. 1853 [D.P. 53. 4. 2], qui enlève au président de la chambre des avoués pour le transporter au receveur de l'enregistrement du ressort, la mission de délivrer le certificat de vérification nécessaire pour l'admission en taxe du timbre des placards autorisés par les art. 699 et 700, s'applique non-seulement aux affiches ou placards en matière de vente sur saisie immobilière mais encore aux placards relatifs à toutes ventes judiciaires de biens immeubles, ainsi qu'aux adjudications par suite de surenchère et de folle enchère. — Décis. min. 10 mai 1853, D.P. 54. 3. 21. — Instr. de la Régie 16 juin 1853, D.P. 54. 3. 21.

Art. 961.

Selon la nature et l'importance des biens, il pourra être donné à la vente une plus grande publicité, conformément aux art. 697 et 700.

Rapport, J.G. *Vente publ. d'imm.*, p. 571, 579, n° 72, 149.

On ne doit passer en taxe que la quantité d'affiches nécessaire pour assurer la publicité de la vente. — J.G. *Vente publ. d'imm.*, 2047.

Art. 962.

Le subrogé tuteur du mineur sera appelé à la vente, ainsi que le prescrit l'art. 459 c. civ.; à cet effet, le jour, le lieu et l'heure de l'adjudication lui seront notifiés un mois d'avance, avec avertissement qu'il y sera procédé tant en son absence qu'en sa présence. — C. pr. civ. 743, 958-2°. — Tar. nouv. 3.

Rapport, J.G. *Vente publ. d'imm.*, p. 571, 579, n° 72, 149.

1. On doit notifier au subrogé tuteur seulement le jour, le lieu et l'heure de l'adjudication. Si on lui donnait copie du cahier des charges et des actes de la procédure, ce serait des frais frustratoires. — J.G. *Frais et dép.* 864.

2. La vente des immeubles d'un mineur est valable quoique le subrogé tuteur n'y ait pas assisté, si, d'ailleurs, il y a été appelé. — J.G. *Vente publ. d'imm.*, 2034 et 2079.

3. Mais cette vente est nulle lorsque le subrogé tuteur n'a pas été sommé d'y assister. — J.G. *Vente publ. d'imm.*, 2034.

4. Ni l'absence de la signature du subrogé tuteur dans un acte de vente des biens du mineur, autorisée par justice et faite en présence de notaires et de la tutrice, ni l'absence de la mention de son refus de signer ou de sa déclaration de ne le savoir ne sont une cause de nullité de la vente, alors, surtout, que la vente a été fidèlement exécutée de la part de toutes les parties pendant vingt-cinq ans, et n'est attaquée que par l'un des mineurs sur neuf. — Bourges, 23 mars 1830, J.G. *Vente publ. d'imm.*, 2112.

5. Le subrogé tuteur doit seul être sommé d'assister à la vente. Le poursuivant n'est pas tenu de signifier pareille sommation aux *colicitants*. — J.G. *Vente publ. d'imm.*, 2037.

Art. 963.

Si, au jour indiqué pour l'adjudication, les enchères ne s'élèvent pas à la mise à prix, le tribunal pourra ordonner, sur simple requête en la chambre du conseil, que les biens seront adjugés au-dessous de l'estimation; l'adjudication sera remise à un délai fixé par le jugement, et qui ne pourra être moindre de quinzaine.

Cette adjudication sera encore indiquée par des placards et des insertions dans les journaux, comme il est dit ci-dessus, huit jours au moins avant l'adjudication. — (Anc. art. 964.) — C. pr. civ. 704, 737, 832, 959 s., 973, 988. — C. pén. 412. — Tar. nouv. 9.

Rapport, J.G. *Vente publ. d'imm.*, p. 571, 579, n° 73, 155.

1. Le tribunal, lorsqu'il permet que les biens soient adjugés au-dessous de l'estimation, n'est pas obligé de déterminer une limite; il pourrait autoriser la vente à tout prix, s'il le croyait utile pour éviter au mineur de nouvelles lenteurs et d'autres frais de procédure, d'insertions et d'affiches. — J.G. *Vente publ. d'imm.*, 2094.

2. Le tribunal pourrait refuser l'autorisation de vendre au-dessous de l'estimation, s'il pensait que le défaut d'enchérissement tient à des causes accidentelles et exceptionnelles (Quest. controv.). — J.G. *Vente publ. d'imm.*, 2096.

3. Pour ordonner la vente au-dessous de l'estimation, le tribunal n'est pas obligé de prendre l'avis du conseil de famille. — J.G. *Vente publ. d'imm.*, 2097.

4. La vente, dans le cas où elle aurait eu lieu au-dessous de l'estimation sans l'autorisation du tribunal, serait nulle; et cette nullité devrait être demandée par action principale. — J.G. *Vente publ. d'imm.*, 2098.

5. Suivant une autre opinion, il faudrait, dans ce cas, se pourvoir par appel contre le jugement d'adjudication si l'avoué n'a pas approuvé l'adjudication, et par la voie du désaveu si l'avoué l'a approuvée — J.G. *Vente publ. d'imm.*, 2104.

6. Le délai nouvellement fixé pour l'adjudication doit être franc. — J.G. *Vente publ. d'imm.*, 2104.

7. L'art. 963 c. pr. civ. ne s'en réfère aux ventes forcées que pour les formalités; en conséquence, bien que les enchères sur une vente volontaire de biens de mineurs dépassent le prix d'estimation, le renvoi de l'adjudication, sur la demande du tuteur, peut être accordé, si les juges ont la conviction que les biens seraient adjugés au-dessous de leur valeur. — Lyon, 21 juill. 1838, J.G. *Vente publ. d'imm.*, 2095. — Observ. conf. *ibid.*

8. L'art. 963 est-il applicable en cas de revente sur folle enchère? — V. art. 964, n°° 66 et s.

Art. 964.

Sont déclarés communs au présent titre, les art. **701, 705, 706, 707, 711, 712, 713, 733, 734, 735, 736, 737, 738, 739, 740, 741 et 742.**

Néanmoins, si les enchères sont reçues par un notaire, elles pourront être faites par toutes personnes sans ministère d'avoué.

Dans le cas de vente devant notaire, s'il y a lieu à folle enchère, la poursuite sera portée devant le tribunal. Le certificat constatant que l'adjudicataire n'a pas justifié de l'acquit des conditions sera délivré par le notaire. Le procès-verbal d'adjudication sera déposé au greffe, pour servir d'enchère. — (Anc. art. 965.) — C. pr. civ. 838, 973, 988.

Rapports, J.G. *Vente publ. d'imm.*, p. 572, 579, 585 et s., n° 74, 156, 186, 193.

1. — I. Par qui l'adjudication peut être requise et en présence de qui elle a lieu. — C'est au poursuivant qu'appartient le droit de requérir l'ouverture des enchères. Mais s'il ne se présentait pas, ou s'il gardait le silence au jour fixé pour l'adjudication, les autres parties auraient le droit d'y conclure à sa place. — J.G. *Vente publ. d'imm.*, 2077.

2. La présence de tous les intéressés n'est pas indispensable pour la validité de l'adjudication; il suffit que les formalités prescrites par la loi pour sa régularité aient été accomplies. Le juge ou le notaire doit se borner à constater l'absence des parties. — J.G. *Vente publ. d'imm.*, 2078.

3. Lorsqu'il n'y a point d'opposition d'intérêts entre le tuteur et les mineurs, le tuteur et le subrogé tuteur peuvent être assistés du même avoué lors de l'adjudication. — Poitiers, 27 avr. 1826, J.G. *Vente publ. d'imm.*, 2080.

4. — II. Publicité de la vente. — La vente doit être publique, mais la publicité exigée pour la vente de biens de mineurs est suffisamment remplie lorsqu'on y procède dans l'étude d'un notaire. — Turin, 27 fruct. an 13, J.G. *Vente publ. d'imm.*, 2074, et *Minor.*, 544.

5. Un juge-commissaire ne peut faire une adjudication hors de l'audience. — J.G. *Vente publ. d'imm.*, 2073.

6. — III. Réception des enchères.—Le fonctionnaire commis par le tribunal a seul le droit de recevoir les enchères et de prononcer l'adjudication. Aussi la délibération de la chambre de discipline des notaires portant injonction à un notaire d'appeler l'un de ses confrères à une vente d'immeubles pour laquelle ce notaire a été commis seul et à l'exclusion de ce dernier, et de partager avec lui ses honoraires, est nulle pour excès de pouvoirs. — Civ. c. 23 avr. 1856, D.P. 56. 1. 213.

7. Le notaire commis, devant observer dans les actes qu'il rédige les formalités prescrites par la loi du notariat, ne peut procéder qu'avec le concours d'un second notaire ou de deux témoins (Quest. controv.). — J.G. *Vente publ. d'imm.*, 2072.

8. Devant le tribunal, les enchères doivent se produire par le ministère des avoués. Devant un notaire, elles peuvent être faites par toute personne sans ministère d'avoué. — J.G. *Vente publ. d'imm.*, 2090.

9. Cependant, les parties pourraient insérer dans le cahier des charges que les enchères ne seront reçues que par l'entremise d'avoués. — J.G. *Vente publ. d'imm.*, 2087.

10. L'enchère reçue par un notaire est obligatoire de la même manière que celles reçues par un juge : il n'est pas nécessaire qu'elle soit signée pour lier l'enchérisseur. — J.G. *Vente publ. d'imm.*, 2093.

11. Le dernier enchérisseur ne devient adjudicataire définitif qu'après la prononciation de l'adjudication par le juge et non par le seul fait de l'extinction des trois bougies. — Lyon, 21 juill. 1838, J.G. *Vente publ. d'imm.*, 2105 et 2095. — V. aussi Douai, 2 avr. 1838, J.G. *Surench.*, 255.

12. Les dispositions de la loi relative à la vente judiciaire des biens de mineur ne sont pas toutes applicables au cas où la vente a lieu devant notaires, et les formes suivies pour une telle vente sont à l'abri de toute critique, lorsqu'elles ont amené la plus grande publicité, et pour l'immeuble vendu le prix le plus élevé. — Douai, 1er août 1838, J.G. *Vente publ. d'imm.*, 2076, et *Minor.*, 551.

13. Une adjudication sur enchères, qui a eu lieu un autre jour que celui annoncé d'abord, et, par exemple, le 25 au lieu du 26, n'est pas nulle, si ce changement a été annoncé par des affiches et insertions régulièrement faites. — Req. 22 août 1831, J.G. *Vente publ. d'imm.*, 2069.

14. — IV. Qui peut se rendre adjudicataire. — Les règles de capacité pour se porter adjudicataire sont les mêmes que lorsqu'il s'agit d'expropriation forcée. — J.G. *Vente publ. d'imm.*, 2081. — V. *suprà*, art. 711.

15. Ainsi, les membres des tribunaux doivent être exclus de la faculté d'enchérir, soit que la vente ait lieu devant un juge, soit qu'elle ait été renvoyée devant un notaire. — J.G. *Vente publ. d'imm.*, 2081. — V. en ce sens Rapport à la Chambre des députés, 8 mai 1847, D.P. 47. 3. 109, et en sens contraire, Rapport à la Chambre des pairs, 4 mars 1846, D.P. 46. 3. 58.

16. La disposition qui défend aux avoués de se rendre adjudicataires pour les membres du tribunal où se poursuit la vente sur saisie immobilière est applicable aux ventes volontaires sur licitation des biens de mineurs. — Liége, 17 oct. 1822, J. G. *Vente publ. d'imm.*, 2082.

17. Quant à l'incapacité du tuteur de se rendre adjudicataire des biens de son pupille, V. *Code civil annoté*, art. 1596.

18. Si c'est un notaire qui procède à la vente, toute personne non incapable ni notoirement insolvable peut enchérir. — J.G. *Vente publ. d'imm.*, 2087.

19. Le notaire qui a été chargé de vendre un immeuble aux enchères publiques n'est pas responsable de l'insolvabilité de l'adjudicataire, lorsqu'il a pris les précautions consacrées par la pratique du notariat pour écarter un adjudicataire insolvable et garantir les droits du vendeur. — Paris, 30 nov. 1863, D.P 64. 2. 67.

20. Dans le cas où l'enchère a été reçue par l'intermédiaire d'un avoué, cet avoué est solidairement responsable, avec l'adjudicataire, des dommages-intérêts auxquels peuvent avoir droit les vendeurs ou leurs créanciers à raison de l'insolvabilité de l'adjudicataire. — J.G. *Vente publ. d'imm.*, 2087.

21. Néanmoins, si l'état de l'adjudicataire n'était pas tel que la simple vue de cet état dût suffire pour prouver son insolvabilité, l'avoué ne pourrait être passible d'aucuns dommages-intérêts. — Caen, 1er févr. 1828, J.G. *Vente publ. d'imm.*, 2087 et 1638.

22. L'adjudicataire d'un immeuble n'est pas tenu d'établir sa solvabilité ; c'est à celui qui demande la nullité de l'adjudication comme ayant été faite au profit d'une personne notoirement insolvable, à fournir la preuve de son allégation. — Aix, 25 nov. 1836, J.G. *Vente publ. d'imm.*, 2086.

23. — V. Déclaration de command. — La déclaration de command doit être faite dans les trois jours de l'adjudication. —J.G. *Vente publ. d'imm.*, 2107. — V. *suprà*, art. 707.

24. Jugé toutefois, avant la loi de 1841, que l'art. 709 (ancien) qui accorde à l'avoué dernier enchérisseur un délai de trois jours pour déclarer l'adjudicataire, ne s'applique qu'au cas d'une vente judiciaire poursuivie devant les tribunaux où le ministère des avoués est obligé et nullement à celui d'une adjudication volontaire devant notaire : dans ce dernier cas, l'avoué enchérisseur qui s'est réservé d'élire command, doit faire sa déclaration dans les vingt-quatre heures. — Civ. r. 13 mars 1838, J.G. *Vente publ. d'imm.*, 2107. — Mais V. observ., *ibid*.

25. — VI. Procès-verbal d'adjudication. — Le procès-verbal d'adjudication doit être dans la forme des actes notariés. Mais ce procès-verbal n'a pas besoin, pour la validité de l'adjudication, d'être signé de l'adjudicataire. — J.G. *Vente publ. d'imm.*, 2110. — Conf. Rouen, 27 août 1838, *ibid*.

26. Lorsque, dans une vente d'immeubles devant notaire, le procès-verbal d'adjudication est rédigé à la suite du cahier des charges et ne forme avec lui qu'un même acte, si l'adjudicataire, après avoir mis sa signature au bas de l'adjudication, ne signe pas également les renvois qui sont portés en marge du cahier des charges, ces renvois, quoique parafés par le notaire et les témoins, sont nuls à son égard. — Caen, 9 janv. 1827, J.G. *Vente publ. d'imm.*, 2111.

27. Le notaire doit annexer à ses procès-verbaux les pièces justificatives des annonces et publications voulues par la loi. Les avoués n'ont pas le droit de conserver ces pièces, lors même que les formalités ont été remplies par eux. — J.G. *Vente publ. d'imm.*, 2113.

28. L'ordonnance ou le procès-verbal d'adjudication ne doit être délivré à l'adjudicataire qu'à la charge par lui de rapporter la preuve qu'il a satisfait aux conditions du cahier des charges qui doivent être exécutées avant cette délivrance (Art. 713). — J.G. *Vente publ. d'imm.*, 2114.

29. — VII. Incidents. — Les dispositions des art. 718 et s., relatifs aux incidents de la saisie immobilière, ne sont pas, dans leur généralité, applicables aux ventes volontaires. — J.G. *Vente publ. d'imm.*, 2058. — Conf. Civ. c. 13 janv. 1841, *ibid.*, 2059 et 2067.

30. Les parties peuvent jusqu'à l'adjudication déférer au tribunal les contestations qui s'élèvent dans le cours de la procédure. — J.G. *Vente publ. d'imm.*, 2060.

31. Quant à la forme des incidents, on doit suivre l'art. 973. aux termes duquel, s'il s'élève des difficultés sur le cahier des charges, elles doivent être vidées à l'audience et sur un simple acte d'avoué à avoué. — J.G. *Vente publ. d'imm.*, 2062.

32. En cas de demande en *distraction* formée incidemment à la vente en justice de biens de mineurs, le délai d'appel du jugement rendu sur cette demande est celui de l'art. 443, et non celui de l'art. 731 c. pr. (ancien 730). — Civ. c. 13 janv. 1841, et sur renvoi, Orléans, 7 mai 1842, J.G. *Vente publ. d'imm.*, 2067.

33. ... Alors même que le demandeur en distraction a introduit sa demande dans la forme tracée par les art. 727 et 728 c. pr. (ancien) et qu'il a fait juger en première instance que cette forme était régulière. — Même arrêt.

34. — VIII. Recours contre l'adjudication. — Dans le cas où la vente a eu lieu devant le tribunal, le jugement d'adjudication n'est pas susceptible d'être attaqué par voie d'appel : l'action principale est seule recevable. — J.G. *Vente publ. d'imm.*, 2118. — V. aussi Req. 6 févr. 1822, *ibid*.

35. Il en est de même à l'égard du procès-verbal d'adjudication dressé par un notaire commis ; la demande en nullité de ce procès-verbal doit être portée, par action principale, devant le tribunal a commis le notaire, et non directement en appel. — Paris, 27 août 1831, J.G. *Vente publ. d'imm.*, 2119.

36. Les seules causes pour lesquelles il peut y avoir lieu d'attaquer la vente des immeubles de mineurs sont les irrégularités provenant de l'inobservation des formes prescrites par la loi. — J.G. *Vente publ. d'imm.*, 2120. — V. *Code civil annoté*, art. 1305, nos 15 et suiv.

37. Lorsque les formalités prescrites par la loi dans l'intérêt des mineurs n'ont pas été remplies, ils peuvent seuls se plaindre de leur inaccomplissement, à l'exclusion des majeurs qui ont figuré dans la procédure irrégulière. — J.G. *Vente publ. d'imm.*, 2121. — V. aussi *Code civil annoté*, art. 1125.

38. L'adjudicataire n'est pas recevable à demander la nullité des procédures qui ont précédé son adjudication ; il doit s'imputer de ne s'être pas assuré d'avance de leur validité. — Orléans, 7 févr. 1811, J.G. *Vente publ. d'imm.*, 2124. — V. toutefois observ. *ibid*.

39. — IX. Obligations et droits de l'adjudicataire. — 1° *Obligations de l'adjudicataire.* — Lorsque dans le cahier des charges il a été stipulé que l'adjudicataire paierait dans un délai déterminé, à peine de revente sur folle enchère, le prix à un tiers chargé de le distribuer entre les créanciers inscrits, l'adjudicataire ne peut plus se prévaloir, pour effectuer sa libération, des formalités prescrites par la loi pour la purge des hypothèques. — Toulouse, 27 juill. 1818, J.G. *Vente publ. d'imm.*, 2130-1°.

40. L'adjudicataire auquel le cahier des charges impose l'obligation de remplir les formalités de la purge des hypothèques dans le délai de la loi, après lequel il sera tenu de payer son prix d'adjudication, peut, s'il ne se conforme pas à cette condition et laisse passer un long espace de temps, par exemple trois années, sans remplir aucune formalité, être contraint de payer son prix avant leur accomplissement et sans nouveau délai. — Bordeaux, 12 mai 1827, J.G. *Vente publ. d'imm.*, 2130-2°, et *Vente*, 1138.

41. Si la vente est entachée d'irrégularités de nature à faire craindre une éviction, l'adjudicataire a la faculté de retarder son payement. — J.G. *Vente publ. d'imm.*, 2124.

42. Toutefois, l'irrégularité d'une vente, par devant un notaire commis, de biens appartenant à des mineurs et à des majeurs, résultant de ce que l'apposition des placards n'a pas été faite par le ministère d'un huissier, ne peut autoriser l'adjudicataire à suspendre le payement de son prix, lorsque, en vue de cette irrégularité qui était connue, il a été stipulé dans le cahier des charges 1° que les majeurs se portaient fort de faire ratifier la vente par les mineurs; et 2° que l'adjudicataire ne pourrait se prévaloir d'aucune irrégularité, soit pour suspendre le payement de son prix, soit pour faire annuler la vente. — Req. 5 févr. 1840, J.G. *Vente publ. d'imm.*, 2130-3°.

43. L'individu qui s'est rendu adjudicataire des biens d'un mineur, avec les formalités prescrites par la loi, n'est point obligé de surveiller l'emploi de son prix, qui est uniquement à la charge du tuteur, bien que la clôture d'enchère porte que le tuteur fera emploi du prix en appelant l'adjudicataire. — Paris, 22 germ. an 10, J.G. *Vente publ. d'imm.*, 2131, et *Minor.*, 548.

44. L'adjudicataire doit les intérêts à partir du jour de l'adjudication, quoiqu'il n'ait été envoyé en possession que postérieurement à ce jour, si d'ailleurs il a reçu le droit de poursuivre la rentrée des fruits et revenus depuis cette époque. — Civ. c. 6 févr. 1833, J.G. *Vente publ. d'imm.*, 2135, et *Enreg.*, 2400-1°.

45. En cas de renvoi de l'adjudication à un jour postérieur à celui fixé par le cahier des charges, s'il arrive que les clauses qui, dans celui-ci, fixaient un point de départ séparé pour l'entrée en jouissance de l'acquéreur et le payement des intérêts du prix, présentent, par suite du changement des dates, une ambiguïté que le vendeur a à s'imputer de n'avoir pas fait disparaître par un dire inséré au cahier des charges, il y a lieu de fixer, conformément au droit commun, l'entrée en jouissance et le point de départ des intérêts du prix au jour de l'adjudication. — Trib. de Lyon, 24 janv. 1863, D.P. 63. 3. 86.

46. Dans les ventes d'immeubles appartenant à des mineurs, l'adjudicataire ne doit pas supporter les frais d'actes de poursuites qui ne figurent pas dans la taxe dont le montant a été annoncé avant l'ouverture des enchères. — Civ. c. 5 juill. 1833, D.P. 53. 1. 213.

47. Il en est ainsi notamment des frais supplémentaires d'affiches et de criée faits sans que ce supplément de publicité ait été autorisé. — Même arrêt.

48. — 2° *Droits de l'adjudicataire.* — L'adjudicataire ne peut exiger du vendeur d'autres titres que ceux que celui-ci a, d'avance et par le cahier de charges, déclaré pouvoir et vouloir lui donner. — Paris, 27 mai 1808, J.G. *Vente publ. d'imm.*, 2137.

49. L'art. 1619 c. civ. doit être appliqué aux ventes sur publications judiciaires; en conséquence, l'adjudicataire a droit à une diminution du prix quand il y a déficit dans la contenance annoncée, si ce déficit excède un vingtième. — Paris, 18 juill. 1836, J.G. *Vente publ. d'imm.*, 2138.

50. Mais lorsqu'il a été stipulé dans le cahier des charges que le déficit de contenance ne pourrait donner lieu à aucune diminution de prix, cette clause doit recevoir son exécution. — Req. 18 nov. 1828, J.G. *Vente publ. d'imm.*, 2139, et *Vente*, 740-2°.

51. Ainsi, l'adjudicataire d'un lot, dont la contenance est moindre d'un tiers que celle indiquée par les affiches, n'est pas en droit de prétendre une diminution sur le prix de son adjudication, lorsqu'une clause expresse du cahier des charges porte que chaque adjudicataire prendra les biens compris dans les lots qui lui seront adjugés dans l'état où ils se trouveront, sans aucune garantie de mesure; vainement on prétendrait que cette clause ne doit être entendue que du cas où la différence entre la contenance réelle et celle annoncée est au-dessous du vingtième. — Paris, 10 févr. 1819 J.G. *Vente publ. d'imm.*, 2139-2°.

52. La clause d'un jugement d'adjudication portant que « les adjudicataires ne pourront prétendre à aucune indemnité ou diminution de prix, pour raison de l'inexactitude qui existerait dans la désignation et le détail de l'immeuble vendu », a pu être déclarée déroger non-seulement à l'art. 1602 c. civ., qui veut que toute clause obscure d'un contrat de vente s'interprète contre le vendeur, mais encore à l'obligation de garantie prévue par l'art. 1626, sans que cette interprétation soit susceptible de donner ouverture à cassation ; une telle clause a pu être déclarée s'étendre non-seulement au défaut de contenance ou d'exactitude dans la description des biens vendus, mais encore au cas de distraction de partie d'un étage, laquelle partie appartient à un tiers. — Req. 26 nov. 1833, J.G. *Vente publ. d'imm.*, 2139-3°.

53. Lorsqu'il a été énoncé au cahier des charges que les vendeurs ne seraient tenus à aucune garantie ou diminution de prix, alors même que le défaut de contenance serait de plus d'un vingtième, l'adjudicataire doit subir la loi du contrat, alors surtout qu'il s'agit d'un immeuble de peu d'étendue et dont il était facile d'apprécier la contenance. — Paris, 15 févr. 1843, J.G. *Vente publ. d'imm.*, 2139-4°.

54. Lorsque, dans le cahier des charges il a été formellement exprimé que le plus ou le moins de contenance ne pourrait donner lieu à aucun recours, de part ni d'autre, cette clause interdit toute action à l'adjudicataire à raison du déficit de contenance, s'il n'y a point eu fraude de la part des vendeurs. — Metz, 21 déc. 1825, J.G. *Vente publ. d'imm.*, 2139-5°.

55. Cependant, bien que le cahier des charges interdise toute action contre les vendeurs, à raison de la contenance des biens vendus en plusieurs lots, celui des adjudicataires qui n'a pas la contenance indiquée pour son lot, peut demander, par la mesure de ce qui lui manque, le délaissement d'un excédant de contenance dont jouit un autre adjudicataire. — Paris, 4 mai 1823, J.G. *Vente publ. d'imm.*, 2140.

56. L'adjudicataire d'un immeuble vendu aux enchères ne peut demander une indemnité pour le motif que les actes indicatifs de la vente annonçaient un revenu plus considérable que celui qui existait en effet, surtout si sa demande n'est formée qu'après la dénonciation du jugement d'adjudication aux créanciers inscrits, l'offre faite à ceux-ci de payer son prix, et après une jouissance de plus d'un an. — Paris, 5 mai 1810, J.G. *Vente publ. d'imm.*, 2141.

57. — X. Effets de l'adjudication relativement au tiers. — Dans les ventes judiciaires de biens de mineurs, l'adjudication ne purge pas les hypothèques dont l'immeuble adjugé peut être grevé. — V. *Code civil annoté*, art. 2183, n°° 32 et s.

58. La rescision pour lésion n'a pas lieu dans toutes les ventes qui, d'après la loi, ne peuvent être faites que d'autorité de justice. — V. *Code civil annoté*, art. 1684.

59. L'adjudication prononcée dans la vente publique des immeubles d'un mineur n'a point pour effet, comme l'adjudication prononcée dans une vente sur saisie immobilière, de purger les actions résolutoires qui n'auraient point été de la part des anciens propriétaires ou créanciers auxquels elles appartiennent, l'objet d'une demande notifiée au greffe avant l'adjudication. — Orléans, 13 mai 1851, D.P. 52. 2. 176.

60. — XI. Revente sur folle enchère. — Les ventes judiciaires d'immeubles appartenant à des mineurs peuvent donner lieu à une revente sur folle enchère. — Civ. c. 12 mars 1833, J.G. *Vente publ. d'imm.*, 2181 et 1853-2°. — V. toutefois, art. 973, n°° 41 et s.

61. Ainsi, on peut poursuivre la vente, par voie de folle enchère, d'un bien vendu par adjudication par-devant le tribunal, en vertu d'un jugement qui permettait cette vente, et sans qu'il y ait eu saisie immobilière, lorsque l'adjudication a eu lieu sous la condition que l'acquéreur payerait, à peine d'être contraint par folle enchère, le prix d'après l'ordre qui serait dressé, et sur les bordereaux qui seraient délivrés par le greffier, et lorsqu'il n'a pas été satisfait à ces conditions, bien que l'adjudicataire aurait été autorisé par jugement à revendre pour payer avec le prix, les créanciers inscrits. — Liège, 8 mars 1820, J.G. *Vente publ. d'imm.*, 2186-1°.

62. Lorsque, dans le cahier des charges, on a inséré la clause que le surplus du prix, déduction faite des retenues de droit, serait payé dans les six mois de l'adjudication, sans que l'adjudicataire puisse se prévaloir du défaut des formalités de droit pour retarder le payement, et que l'adjudicataire ne satisfait pas à cette clause, ou ne prend aucune mesure pour l'exécuter, il y a lieu à revente sur folle enchère, bien qu'il soit survenu sur les biens vendus un grand nombre d'inscriptions dont les expropriés ne rapportent pas la mainlevée. — Req. 25 nov. 1824, J.G. *Vente publ. d'imm.*, 2186-2°.

63. Mais il a été jugé que, si toutes les créances exigibles au moment de la clôture de l'ordre ont été acquittées par l'adjudicataire, le créancier colloqué pour une créance qui n'est devenue exigible que longtemps après, ne peut pas, à défaut de payement, poursuivre la revente sur folle enchère, au préjudice surtout des droits des tiers auxquels l'adjudicataire a revendu tout ou partie des immeubles par lui acquis. — Paris, 2 janv. 1816, J.G. *Vente publ. d'imm.*, 2187.

64. Lorsque, dans une adjudication, il est stipulé, au profit du vendeur, le droit de revendre sur folle enchère, faute de payement, si l'acquéreur s'est libéré par des offres et une consignation validées par jugement, l'avoué poursuivant la première vente, encore qu'il n'ait pas été partie dans ce jugement, ne peut poursuivre la folle enchère à raison des frais de procédure ou de poursuite non payés, dont il a obtenu la distraction, et pour lesquels il n'aurait pris aucune inscription. — Paris, 22 mai 1833, J.G. *Vente publ. d'imm.*, 2187-3°.

65. Les art. 733 à 740, relatifs à la folle enchère après adjudication sur saisie immobilière, sont applicables au cas d'adjudication d'immeubles appartenant à des mineurs. — J.G. *Vente publ. d'imm.*, 2178.

66. La revente sur folle enchère est une suite de l'enchère principale ; en conséquence, la mise à prix de l'enchère sert de base à la folle enchère, et, s'il s'agit de biens de mineurs, l'adjudication sur folle enchère ne peut, sans autorisation spéciale de la justice, avoir lieu pour un prix inférieur à l'estimation qui a fixé la mise à prix lors de la première enchère. — Paris, 1er vent. an 12, J.G. *Vente publ. d'imm.*, 2204. — Observ. conf., *ibid.*, 2203.

67. Jugé toutefois que l'art. 963 qui exige, dans les adjudications de biens de mineurs, lorsque les enchères ne se sont pas élevées au prix de l'estimation, que le tribunal se prononce sur le renvoi de l'adjudication et demande un nouvel avis du conseil de famille, n'est pas applicable en cas de revente de ces immeubles par suite de folle enchère ; l'adjudication sur folle enchère peut, par conséquent, avoir lieu pour un prix au-dessous de celui de l'estimation originaire. — Grenoble, 18 mars 1834, J.G. *Vente publ. d'imm.*, 2203 et 1882.

Table sommaire.

Art. 965.

Dans les huit jours qui suivront l'adjudication, toute personne pourra faire une surenchère du sixième, en se conformant aux formalités et délais réglés par les art. 708, 709 et 710 ci-dessus.
Lorsqu'une seconde adjudication aura eu lieu après la surenchère ci-dessus, aucune autre surenchère des mêmes biens ne pourra être reçue. — C. pr. civ. 832, 838, 973, 988.

Rapports, J.G. *Vente publ. d'imm.*, p. 572, 579 et s., 583 et s., n°° 75 et s., 158, 160, 186, 195.

1. La disposition de l'art. 1033, modifiée par la loi du 3 mai 1862, qui veut que le délai soit prorogé au lendemain lorsque le dernier jour du délai est un jour férié, est-elle applicable au délai de huit jours dans lequel doit être déclarée la surenchère du sixième? — V. *infrà*, art. 1033.

2. Lorsque la vente de biens de mineurs a été ordonnée par un tribunal autre que celui dans l'arrondissement duquel ces biens sont situés, et renvoyée devant un notaire de l'arrondissement de la situation, la surenchère doit être faite, non au greffe du tribunal qui a ordonné l'adjudication, mais au greffe du tribunal de la résidence du notaire commis. — Grenoble, 10 juill. 1874, D.P. 75. 2. 32.-33.

3. La surenchère d'un sixième, faite à la suite d'une adjudication sur licitation, ne saurait être invalidée à raison d'un traité intervenu entre le surenchérisseur et quelques-uns des colicitants, et par lequel ces derniers, pour le cas où la surenchère ne serait pas couverte, se sont obligés à rembourser au surenchérisseur la moitié de la surenchère et des frais. Par suite, l'adjudicataire surenchéri n'est pas fondé à former opposition devant le tribunal à la validation de la surenchère. — Req. 3 févr. 1874, D.P. 74. 1. 448.

4. Dans le cas où il y a eu adjudication après surenchère du sixième, les créanciers inscrits n'ont plus le droit de former une surenchère du dixième dans les conditions de l'art. 2185 c. civ.: ils ne peuvent donc plus requérir la mise de l'immeuble aux enchères en remplissant les formalités prescrites par cet article. — V. *Code civil annoté*, art. 2185, n°° 29 et s.

Contrà, mais avant la loi de 1841 : — Paris, 19 mars 1836, J.G. *Surench.*, 29 et 418.

TITRE VII

Des Partages et Licitations.

Art. 966.

Dans les cas des art. 823 et 838 du Code civil, lorsque le partage doit être fait en justice, la partie la plus diligente se pourvoira. — C. civ. 465, 815, 817, 822 s., 882 s., 1314, 1467, 1672, 1686, 1872, 2205.

Rapports, J.G. *Vente publ. d'imm.*, p. 571, n° 77.

1. La demande en partage d'une succession dans laquelle des mineurs sont intéressés, doit être formée par voie d'instance ordinaire, et non pour plus d'économie dans les frais, par simple requête. — Rouen, 2 janv. 1841, J.G. *Success.*, 1650. — Liége, 12 janv. 1853, D.P. 55. 2. 250. — Observ. conf., J.G. *Success.*, 1650 et 1651.
Contrà : — Rouen, 21 févr. 1837, J.G. *Success.*, 1651.

2. Les parties qui ont le même intérêt doivent se faire représenter par le même avoué. — J.G. *Success.*, 1659.

3. Il n'est pas nécessaire que la demande contienne l'énonciation de la nature de l'héritage, sa situation ou au moins deux des tenants et aboutissants; l'art. 64 ne s'applique pas aux demandes en partage. — Orléans, 16 déc. 1842, J.G. *Success.*, 1660.

4. Un mineur qui se trouve au nombre des héritiers de son tuteur décédé ne peut, après avoir formé contre ses cohéritiers une demande en partage, intenter contre eux une action directe en reddition de compte, action de laquelle il est lui-même tenu en qualité d'héritier; il doit former cette dernière action incidemment à la demande en partage, et les cohéritiers sont fondés à demander, devant la cour, que le mineur soit renvoyé à se pourvoir dans l'instance en partage, bien qu'ils n'aient pas opposé cette exception en première instance. — Lyon, 2 avr. 1830, J.G. *Success.*, 1662, et *Except.*, 174.

5. Les tiers détenteurs d'immeubles dépendant d'une succession encore indivise ne peuvent être actionnés en partage de ces immeubles hors la présence des héritiers, et alors, par conséquent, que ces héritiers, leurs représentants, n'ont été ni présents, ni appelés dans l'instance. — Civ. c. 12 déc 1860, D.P. 61. 1. 13.

Art. 967.

Entre deux demandeurs, la poursuite appartiendra à celui qui aura fait viser le premier l'original de son exploit par le greffier du tribunal : ce visa sera daté du jour et de l'heure. — C. pr. civ. 1039. — Tar. 78, 90.

Rapports, J.G. *Vente publ. d'imm.*, p. 571, n° 77.

1. En cas de concours entre plusieurs copartageants, la poursuite appartient à celle des parties qui la première a fait viser par le greffier l'original de son exploit d'assignation, et non à celle qui la première a assigné ou demandé la permission d'assigner. — Paris, 9 mai 1837; Bordeaux, 23 mai 1841, J.G. *Success.*, 1652. — Civ. c. 28 févr. 1849, D.P. 49. 1. 119.

2. A défaut, par l'un et l'autre demandeur, d'avoir fait viser leur exploit, l'antériorité de la poursuite se règle par la date de ces exploits eux-mêmes. — Arrêt précité du 28 févr. 1849.

3. Le visa apposé sur l'exploit de citation en *conciliation*, lorsque cette citation est suivie dans le mois de la demande en justice, sert à déterminer la priorité de la poursuite en partage. Dans ce cas, la citation en conciliation s'identifie avec cette demande même et produit les mêmes conséquences. — Orléans, 22 nov. 1862, D.P. 63. 2. 11. — Observ. conf., D.P. 73. 1. 105, note.

4. Jugé, au contraire, que lorsque, de deux demandeurs en partage, l'un a cité son adversaire en conciliation, tandis que l'autre a procédé par assignation à jour fixe en vertu d'une ordonnance du président du tribunal, la priorité de la poursuite appartient au second, bien que le premier ait fait viser l'original de sa citation en conciliation avant que le second ait fait viser l'original de son exploit d'ajournement. — Req. 4 mars 1873, D.P. 73. 1. 105.

5. C'est l'original de l'exploit qui doit être visé. Il ne suffirait pas de faire viser,... soit la requête adressée au président du tribunal pour obtenir l'autorisation d'assigner à bref délai. — Civ. c. 28 févr. 1849, D.P. 49. 1. 119.

6. ... Soit la pièce destinée à devenir l'original de l'exploit d'ajournement non encore signifié. — J.G. *Success.*, 1655.

7. Le visa obtenu le dimanche de la complaisance du greffier n'aurait pas la priorité sur le visa obtenu le lundi. — J.G. *Success.*, 1656.

8. Entre plusieurs avoués ayant obtenu le visa les mêmes jour et heure, la préférence est réglée par la chambre des avoués, qui se détermine en faveur de la partie ayant le plus grand intérêt, ou, si les intérêts sont les mêmes, en faveur soit de l'avoué le plus ancien, soit de l'avoué de l'aîné des héritiers. — J.G. *Success.*, 1656.

9. La priorité de poursuite accordée à celui des demandeurs qui le premier a fait viser au greffe l'original de son exploit, n'est point soumise à la condition que tous les ayants droit auront été en même temps appelés dans l'instance par cet exploit. — Limoges, 3 déc. 1861, D.P. 62. 2. 14.

10. Le demandeur en partage qui n'a pas fait viser son exploit par le greffier du tribunal, mais sur la demande duquel un jugement a été déjà rendu, conserve la poursuite de l'instance, bien que l'un des cohéritiers ait formé depuis ce jugement une autre demande en partage plus ample et dont l'exploit a été revêtu du visa du greffier : à ce cas ne s'applique pas l'art. 967 c. pr. civ. — Bordeaux, 27 juill. 1854, D.P. 55. 2. 187.

11. Lorsqu'un arrêt a ordonné que la vente sur licitation d'un immeuble se ferait à la requête de la partie la plus diligente, la poursuite de licitation doit être attribuée à celui des intéressés dont l'avoué de première instance s'est mis le premier en mesure de faire dresser et déposer le cahier des charges en l'étude du notaire commis. L'autre partie ne peut pas invoquer, comme constituant un droit de priorité en sa faveur, les actes émanés de son avoué d'appel, lorsqu'un arrêt antérieur a décidé que les avoués d'appel n'avaient pas qualité pour procéder à la licitation. — Civ. r. 5 janv. 1875, D.P. 75. 1. 128.

12. Lorsque les deux demandeurs sont un héritier et un créancier d'un autre héritier, la demande de l'héritier doit prévaloir sur celle du créancier, alors même que celle-ci aurait été visée la première. — Bordeaux, 3 août 1849, J.G. *Success.*, 1657. — V. observ., *ibid*.

Art. 968.

Le tuteur spécial et particulier qui doit être donné à chaque mineur ayant des intérêts opposés sera nommé suivant les règles contenues au titre des

Avis de parents. — C. pr. civ. 882
s. — C. civ. 406 s., 838 s.

Rapports, J.G. *Vente publ. d'imm.*, p. 572 et 580,
n** 77 et 161.

1. Sur la nomination d'un tuteur spécial
aux mineurs, V. *Code civil annoté*, art. 838,
n°s 4 et suiv.
2. Sur les formalités relatives aux avis
de parents, V. *suprà*, art. 882 et s.

Art. 969.

« Le jugement qui prononcera sur la
demande en partage commettra, s'il y
a lieu, un juge, conformément à l'art.
823 du Code civil, et en même temps
un notaire.

« Si, dans le cours des opérations,
le juge ou le notaire est empêché, le
président du tribunal pourvoira au remplacement par une ordonnance sur requête, laquelle ne sera susceptible ni
d'opposition ni d'appel » (L. 2 juin
1841). — C. pr. civ. 954 s., 1035. —
Tar. 3, 10.

Rapports, J.G. *Vente publ. d'imm.*, ɪ. 572, 580,
n** 77, 162.

1. — I. Nomination d'un juge-commissaire.
— La nomination d'un juge-commissaire
pour procéder à un partage judiciaire est
toujours facultative. — Civ. r. 17 juin 1873,
D.P. 73. 1. 475. — V. aussi Req. 19 nov.
1851, D.P. 51. 1. 315.
2. La cour qui, en ordonnant le partage,
n'a pas nommé de juge-commissaire, peut,
par un arrêt ultérieur, en désigner un et lui
conférer des pouvoirs qui ne soient pas contraires aux dispositions de son premier arrêt. — Arrêt précité du 17 juin 1873. — V.
suprà, art. 472, n°s 120 et s.
3. La cour d'appel qui ne croit pas nécessaire la commission d'un juge, peut nommer directement l'expert chargé de procéder
à la formation des lots en cas de désaccord
entre les parties. — Civ. r. 17 juin 1873,
D.P. 73. 1. 475.
4. En sens contraire, aucune liquidation
ne peut avoir lieu, en matière de succession,
sans l'assistance d'un juge-commissaire. —
Nancy, 11 janv. 1840, J.G. *Success.*, 1681.
5. Quand le juge-commissaire, d'abord
nommé, vient à être empêché par un motif
quelconque, il faut, avant de continuer, en
faire nommer un autre. — Même arrêt.
6. — II. Renvoi devant notaire. — Le
renvoi devant notaire est obligatoire; le juge
ne peut se dispenser de renvoyer devant
notaire, pour les comptes et liquidations des
partages judiciaires. — Nîmes, 4 févr. 1806,
J.G. *Success.*, 1742. — Req. 19 juill. 1838,
ibid. — V. toutefois
Req. 26 avr. 1808, *ibid.*, et *Adopt.*, 68.
7. Ainsi, dans le partage d'une succession
intéressant des mineurs, il y a lieu à renvoi
devant notaire pour les comptes et liquidation, bien qu'il ait été procédé déjà par un
expert à l'estimation des biens; cette estimation ne suffit pas pour dispenser le tribunal de renvoyer devant notaire.—Bordeaux,
3 juill. 1834, J.G. *Success.*, 1743.
8. De même, lorsqu'il y a des mineurs
parmi les copartageants, le renvoi devant
notaire est obligatoire, et l'officier public
doit dresser procès-verbal des contredits;
néanmoins les parties, qu'elles se soient ou
non présentées devant notaire, peuvent formuler leurs contestations, même à l'audience
et jusqu'à la clôture des débats, sans qu'on
puisse opposer comme fin de non-recevoir la

clôture du procès-verbal du notaire, leurs
contestations tardives ne les exposant qu'à
une condamnation aux dépens. — Besançon,
1er avr. 1863, D.P. 63. 2. 93.
9. Mais, lorsque toutes les parties sont
majeures, celle qui a conclu à ce que le tribunal fît la liquidation de ses droits n'est
point recevable à se plaindre de ce que le
tribunal n'a pas ordonné le renvoi devant
notaire. — Bordeaux, 1er juill. 1841, J.G.
Success., 1746.
10. Aucun texte de loi n'autorise le défendeur à une action en partage à repousser
cette action en faisant ordonner préalablement le renvoi des parties devant un notaire.
— Req. 4 mars 1873, D.P. 73. 1. 105.
11. Le notaire est nommé par les parties,
ou par le tribunal si elles ne s'accordent pas
sur le choix. — J.G. *Success.*, 1741.
12. Le notaire peut être nommé par le
tribunal dans le même jugement qui commet
un juge et qui ordonne l'expertise. — J.G.
Success., 1749.
13. La liquidation et le partage d'une succession ne sont pas dans les attributions du
juge-commissaire, mais dans celles du notaire commis ; spécialement, dans un partage
qui intéresse des mineurs, des interdits ou
des absents, le tribunal ne peut, scindant les
opérations de la formation et du tirage des
lots, renvoyer devant un notaire pour une
partie des biens, les meubles par exemple,
et devant un juge-commissaire pour l'autre
partie, ou les immeubles. — Paris, 17 août
1810, J.G. *Success.*, 1744.
14. Toutefois, s'il n'existe aucune contestation entre les copartageants d'une succession, le juge-commissaire désigné par le tribunal a droit, bien qu'il y ait des mineurs
intéressés au partage, de ne pas renvoyer
les parties devant un notaire pour procéder
aux compte et liquidation de ce partage, et
de fixer lui-même ce qui revient à chacune
d'elles dans la succession. Dans un tel cas,
l'adjudicataire sur licitation d'un immeuble
de cette succession ne peut, sous le prétexte
que le partage ainsi opéré est nul, refuser de
payer son prix aux héritiers, suivant la part
qui leur a été attribuée dans la liquidation.
— Bordeaux, 5 mars 1836, J.G. *Success.*,
1744.
15. Le tribunal peut toujours, avant
comme après le rapport du notaire, prononcer sur les difficultés qui lui sont soumises
par les conclusions des parties, à mesure
qu'elles se présentent, alors même que l'objet
de ces conclusions rentrerait dans les opérations du partage confiées au notaire. — Req.
25 juill. 1838, J.G. *Success.*, 1746.—V. observ.,
ibid.
16. Le renvoi devant un notaire serait
inutile si les difficultés à juger étaient survenues après le partage. Par exemple, si
des jugements et transactions étant intervenus entre cohéritiers pour un partage, la
liquidation du compte des sommes respectivement réclamées nécessite un recours devant les tribunaux, les juges peuvent statuer
sans renvoi préalable devant experts ou devant notaire, bien qu'il se trouve des mineurs
en cause.— Req. 21 août 1834, J.G. *Success.*,
1747.
17. De même, la contestation qui a pour
objet la *validité* d'un partage consommé ne
nécessite pas le renvoi préalable devant un
notaire ; le juge saisi peut statuer directement sur la contestation. — Civ. r. 23 août
1869, D.P. 69. 1 469.
18. Le mandat de procéder aux opérations
d'un partage, donné à un notaire désigné
par le tribunal sur le choix de tous les héritiers, ne peut être révoqué que par le tribunal ou par la réunion des héritiers ; en conséquence, les adjudications faites devant ce
notaire ne peuvent être annulées par le motif
que quelques-uns des héritiers auraient
protesté, en se retirant, contre la continuation des opérations. — Req. 30 avr. 1855,
D.P. 55. 1. 164.

19. Il en est ainsi, alors même que, parmi
ces héritiers, avait figuré l'héritier qui demandait le partage et poursuivait la vente
sur licitation. — Même arrêt.
20. Si le notaire commis déclare qu'il ne
peut établir les bases du partage, parce que
les titres sont insuffisants ou incomplets, il
n'y a pas lieu pour le tribunal de statuer sans
autre préalable sur les bases du partage : il
doit nommer un autre notaire en remplacement. — Req. 19 juill. 1838, J.G. *Success.*,
1745.
21. L'ordonnance par laquelle le président
du tribunal, sur la demande de l'un des
héritiers, remplace le notaire chargé par jugement de la liquidation d'une succession,
n'est susceptible ni d'appel, ni d'opposition,
ni de tierce-opposition de la part de ce notaire, qui peut seulement se pourvoir par
les voies légales en réparation du dommage
pouvant résulter pour lui des motifs exposés
à l'effet d'obtenir son remplacement. — Bordeaux, 13 juill. 1864, D.P. 64. 2. 199.
22. En admettant d'ailleurs qu'il eût le
droit de former opposition à cette ordonnance, le notaire ne pourrait, dans aucun
cas, porter cette opposition devant le président du tribunal jugeant en matière de référé. — Même arrêt.
23. Le juge du référé, indûment saisi
d'une telle opposition, doit se borner à déclarer qu'il n'y avait lieu à référé ; il ne peut
recevoir la tierce-opposition et en donner
acte. — Même arrêt.

Art. 970.

« En prononçant sur cette demande,
le tribunal ordonnera par le même jugement le partage, s'il peut avoir lieu,
ou la vente par licitation, qui sera faite
devant un membre du tribunal ou devant un notaire, conformément à l'art.
954.

« Le tribunal pourra, soit qu'il ordonne le partage, soit qu'il ordonne la
licitation, déclarer qu'il y sera immédiatement procédé sans expertise préalable, même lorsqu'il y aura des mineurs en cause ; dans le cas de licitation, le tribunal déterminera la mise à
prix, conformément à l'art. 955 » (L.
2 juin 1841). — C. pr. civ. 977 s. —
C. civ. 1686 s.

Rapports, J.G. *Vente publ. d'imm.*, p. 572 et 580,
n** 78, 163.

1.—I. Vente par licitation devant un juge
ou un notaire. — La vente par licitation
peut être ordonnée devant un notaire, lors
même que tous les héritiers ne sont pas
majeurs. — J.G. *Success.*, 1738.
2. En admettant soit un juge, soit un notaire, pour procéder à une adjudication
d'immeubles indivis entre des majeurs et
des mineurs, le tribunal qui ordonne cette
vente doit consulter exclusivement l'intérêt
des parties. — Poitiers, 26 mai 1825, J.G.
Vente publ. d'imm., 1998-1°. — Paris, 31
juill. 1826, *ibid.*, 1998-2°. — V. *infrà*, art.
987, n°s 8 et s.
3. Ainsi, un tribunal peut ordonner qu'il
sera procédé devant lui, et non devant un
notaire, à la vente d'un fonds de commerce
dépendant d'une communauté dissoute,
lorsque l'intérêt des parties lui paraît l'exiger. — Paris, 28 juin 1860, D.P. 61. 5. 525.
4. Le tribunal doit consulter le plus grand
intérêt des parties, et les chances probables
d'obtenir le prix le plus élevé ; spécialement,
lorsqu'il s'agit de plusieurs pièces de terre
d'une très-faible contenance, évaluées à une

somme peu importante, et dont la vente doit se faire en détail, il y a plus d'avantage qu'elle ait lieu à la proximité des habitants de la localité, qui se déplaceraient difficilement pour des propriétés d'une valeur minime; dans ce cas, la vente devant notaire doit être préférée à la vente devant le tribunal. — Nancy, 15 mars 1845 et 3 avr. 1845, J.G. *Vente publ. d'imm.*, 1998-4°.

5. Il convient de charger de préférence de la vente des immeubles le notaire qui a déjà procédé à l'inventaire et à la vente du mobilier; il convient également de le charger de la liquidation, s'il se trouve détenteur d'une partie des pièces nécessaires pour l'établir. — Mêmes arrêts.

6. Dans une licitation entre majeurs et mineurs, le tribunal peut, ordonner que les biens seront vendus à l'audience des criées, malgré la demande formée par les majeurs, et non contredite par les mineurs, afin que la vente ait lieu devant notaire. — Bordeaux, 3 août 1838, J.G. *Vente publ. d'imm.*, 1999.

7. Lorsque des héritiers majeurs provoquent la vente d'immeubles indivis avec des mineurs, si la vente peut être faite indifféremment, ou devant un juge à ce commis, ou devant un notaire, les enchères ne peuvent jamais être reçues par le tribunal même. — Rouen, 3 prair. an 12, J.G. *Vente publ. d'imm.*, 2001.

8. La vente d'immeubles indivis entre majeurs et mineurs ne doit point nécessairement se faire au lieu de la situation. Elle peut être faite ailleurs, si tous les héritiers y ont intérêt, à cause d'une plus grande concurrence d'enchérisseurs. — Même arrêt, J.G. *Vente publ. d'imm.*, 2002.

9. Les parties, si elles sont toutes majeures, peuvent consentir que la licitation soit faite devant un notaire, sur le choix duquel elles s'accordent. — J.G. *Vente publ. d'imm.*, 2000. — V. *Code civil annoté*, art. 827.

10. Dans une instance sur une action en partage, les parties majeures peuvent également convenir que les immeubles à partager seront licités devant le tribunal. — Bordeaux, 1er juin 1832, J.G. *Vente publ. d'imm.*, 1994-1°.

11. Mais la déclaration consignée au procès-verbal des experts chargés d'estimer des biens sur lesquels il y a instance en partage, et portant que toutes les parties ont consenti à ce que ces biens fussent vendus en justice, n'est pas obligatoire pour celle d'entre elles qui n'a pas signé le procès-verbal. — Même arrêt.

12. Un cohéritier n'est pas recevable à s'opposer à la vente des immeubles de la succession, sous prétexte qu'il ne s'est pas refusé à leur partage, lorsque cette vente était nécessaire pour l'acquittement des dettes, et qu'il a adhéré à ce qu'elle se fît par-devant notaire; peu importe qu'elle ait eu lieu en justice, si elle n'a pas été faite ainsi sur les réclamations du cohéritier opposant. — Req. 21 mai 1816, J.G. *Vente publ. d'imm.*, 1994-3°.

13. Des arbitres ayant mission de procéder au partage des biens sociaux ne contreviennent pas aux art. 970 et s. c. pr. civ., d'après lesquels la licitation doit être faite en justice, et n'excèdent pas les bornes de leur compétence, lorsque, sans opérer le partage effectif des immeubles de la société qu'ils ont déclarés inpartageables, ils se bornent à en ordonner la licitation devant le tribunal civil. — Req. 31 juill. 1832, J.G. *Vente publ. d'imm.*, 1994-4°, et *Arbitr.*, 201.

14. Le jugement qui, en statuant sur la demande, ordonne le partage, s'il peut avoir lieu, ou la vente par licitation, est susceptible d'appel. — J.G. *Appel civ.*, 333.

15. Lorsque deux notaires ont été nommés conjointement pour procéder à une vente par licitation, cette vente est nulle s'il y a été procédé par un seul des notaires, même avec l'adjonction de deux témoins. — Dou[ai], 10 août 1850, D.P. 55. 2. 485.

16. — II. EXPERTISE. — L'expertise n'est jamais obligatoire, soit que le tribunal ordonne le partage, soit qu'il ordonne la licitation. — J.G. *Success.*, 1695.

17. ... Même lorsque parmi les copartageants il y a des mineurs. — J.G. *Minor.*, 520.

18. Le juge peut déterminer lui-même la valeur des immeubles à partager dans une succession sans ordonner l'expertise, alors surtout qu'il existe une ancienne expertise qui avait fixé cette valeur. — Req. 22 mars 1826, J.G. *Success.*, 1698-1°.

19. Il peut également, sans ordonner une expertise, et alors qu'il a eu sous les yeux des documents suffisants, estimer lui-même la valeur d'un immeuble qu'un des copartageants doit rapporter à la masse. — Req. 22 mars 1822, J.G. *Success.*, 1696-2°.

20. Enfin, il peut, d'après les mêmes documents et sans expertise, décider que les biens peuvent être commodément divisés. — Req. 12 avr. 1831, J.G. *Success.*, 1696-3°, et *Disp. entre vifs*, 4456-1°.

Art. 971.

« Lorsque le tribunal ordonnera l'expertise, il pourra commettre un ou trois experts, qui prêteront serment comme il est dit en l'art. 956.

« Les nominations et rapports d'experts seront faits suivant les formalités prescrites au titre *des Rapports d'experts.*

« Les rapports d'experts présenteront sommairement les bases de l'estimation sans entrer dans le détail descriptif des biens à partager ou à liciter.

« Le poursuivant demandera l'entérinement du rapport par un simple acte de conclusions d'avoué à avoué » (L. 2 juin 1841). — C. pr. civ. 302 s., 978, 1034 s.

Rapports, J.G. *Vente publ. d'imm.*, p. 572, 580, nos 78, 163.

1. — I. NOMINATION DES EXPERTS. — S'il y a des héritiers mineurs ou interdits, les experts doivent toujours être nommés par le tribunal, et non par les parties intéressées. — Douai, 12 mai 1827, J.G. *Success.*, 1709. — Quest. controv., *ibid.*

2. L'adhésion du tuteur pour le mineur, au choix fait par les autres parties majeures, ne suffirait pas pour dispenser de la nomination des experts par le tribunal. — J.G. *Success.*, 1711.

3. Mais la désignation d'office peut porter sur des experts que les parties auraient indiqués. — Poitiers, 19 août 1806, J.G. *Success.*, 1710.

4. Une nouvelle prestation de serment n'est pas exigée de l'expert lorsque la formation des lots n'est que la suite d'une mission à lui confiée antérieurement et pour laquelle il a prêté serment. — Civ. r. 17 juin 1873, D.P. 73. 1. 475.

5. — II. MISSION DES EXPERTS. — La mission des experts est d'abord l'estimation des biens. Dans leur procès-verbal, ils doivent non-seulement indiquer le prix ou la valeur des biens, mais, en outre, présenter les *bases de leur estimation*, c'est-à-dire les baux existants, la nature et la situation des biens, l'espèce de leurs productions et leur prix ordinaire dans la localité. — J.G. *Success.*, 1697.

6. Les bases de l'estimation doivent être présentées sommairement, sans le détail descriptif des biens à partager. — J.G. *Success.*, 1698.

7. Les estimations par experts ne doivent jamais se faire en bloc; il faut qu'elles soient basées sur les produits, dont on doit expliquer avec détail la quotité. — Grenoble, 19 janv. 1827, J.G. *Success.*, 1698.

8. Lorsque, dans l'estimation d'un bois non aménagé, les experts ont fixé d'abord la valeur du sol, en la calculant sur le produit d'un aménagement de quinze ans, une telle estimation portant à la fois sur le sol et sur la superficie, ils font un double emploi, s'ils ajoutent à cette estimation la valeur des arbres actuellement sur pied. — Caen, 16 mars 1839, J.G. *Success.*, 1699.

9. Néanmoins, lorsque les bois faisant partie d'une succession ne sont pas exploités chaque année par coupes égales, les cohéritiers doivent se tenir respectivement compte des intérêts à 5. p. 100, mais sans intérêts d'intérêts, à raison de l'anticipation ou du retard des coupes à faire, en prenant pour base le produit moyen des coupes divisées en parties égales. — Même arrêt.

10. Les experts doivent indiquer si les immeubles sont commodément partageables. — V. *infrà*, art. 974.

11. Les experts sont-ils chargés de la formation des lots? — V. *infrà*, art. 975.

12. — III. RAPPORT DES EXPERTS. — La convention par laquelle les parties se sont engagées à ne pas attaquer le rapport des experts nommés par le tribunal n'enlève pas à cet acte son caractère de rapport; ainsi, le tribunal est régulièrement saisi par la voie d'une demande en homologation des difficultés élevées sur l'exécution de ce rapport. — Req. 21 févr. 1843, J.G. *Success.*, 1716.

13. Des cohéritiers qui ont consenti à ce qu'il fût fait une masse des biens de deux successions, et conclu à l'homologation du rapport des experts qui avaient opéré d'après ce mode, sont non recevables à demander la nullité du partage fait d'après ce mode, et, par suite, la division des biens qui ont été confondus : il y a dans ce cas contrat judiciaire. — Req. 12 janv. (et non 20 févr.) 1836, J.G. *Success.*, 1717, et *Contrat judic.*, 16-2°.

Art. 972.

« On se conformera, pour la vente, aux formalités prescrites dans le titre *de la Vente des biens immeubles appartenant à des mineurs*, en ajoutant dans le cahier des charges :

« Les noms, demeure et profession du poursuivant, les noms et demeure de son avoué;

« Les noms, demeures et professions des colicitants et de leurs avoués » (L. 2 juin 1841). — C. pr. civ. 953 s., 957 s., 973. — C. civ. 102.

Rapports, J.G. *Vente publ. d'imm.*, p. 572, 580, nos 78, 164.

1. — I. CAHIER DES CHARGES. — En matière de vente d'immeubles sur licitation, est nulle la clause du cahier des charges qui assujettit l'adjudicataire à l'obligation de faire lever et signifier à ses frais le jugement d'adjudication dans un certain délai, ou, à défaut, de supporter la levée d'une nouvelle grosse au profit des colicitants. — Trib. de Sancerre 28 juin 1854, D.P. 55. 1. 236.

2. En tout cas, l'avoué qui, en exécution de cette clause, a levé ce jugement d'adjudication et l'a signifié aux divers colicitants sans mandat de l'adjudicataire, doit en supporter les frais. — Req. 28 mars 1855, D.P. 55. 1. 236.

3. Les intéressés peuvent insérer au cahier des charges les clauses qu'ils jugent convenables, pourvu qu'elles ne soient contraires ni aux lois, ni aux bonnes mœurs et qu'elles ne lèsent point les mineurs qui sont parties dans l'instance. — J.G. *Vente publ. d'imm.*, 2022.

4. Lorsqu'une licitation entre majeurs a été renvoyée par justice devant un notaire, l'un des colicitants ne peut s'opposer à l'insertion, dans le cahier d'enchères, d'une clause tendant à imposer à l'adjudicataire l'obligation de fournir une hypothèque sur un immeuble situé dans le ressort de la cour d'appel, pour le payement du prix et des charges de son acquisition, le tout indépendamment du privilége réservé aux vendeurs. — Civ. r. 5 mars 1828, J.G. *Vente publ. d'imm.*, 2022.

5. De ce que, dans le cahier des charges d'une licitation entre majeurs, il est dit qu'en cas de consentement unanime des colicitants, le prix restera entre les mains de l'adjudicataire qui en payera l'intérêt jusqu'à la liquidation, il ne saurait résulter que l'un des colicitants ait le droit de s'opposer à l'insertion de cette clause, et d'exiger que le prix sera consigné, cette consignation pouvant, dans tous les cas, être exigée par lui après l'adjudication ; il en serait de même de la clause ordonnant que les intérêts du prix seront remis à un notaire pour en faire la répartition. — Même arrêt.

6. Lorsque des mineurs sont intéressés dans la licitation d'un immeuble, les tribunaux ont le pouvoir de rectifier une clause du cahier des charges qui contiendrait un mode de libération préjudiciable aux intérêts des mineurs. — Paris, 13 févr. 1836, J.G. *Vente publ. d'imm.*, 2023-1° et 2025.

7. Dans la vente d'immeubles indivis appartenant à des majeurs et à des mineurs, les juges peuvent faire insérer dans le cahier des charges la clause que le prix revenant aux mineurs restera placé jusqu'à leur majorité entre les mains des acquéreurs, au taux de 5 p. 100, nonobstant la réclamation d'un des copropriétaires. — Bruxelles, 22 juill. 1830, J.G. *Vente publ. d'imm.*, 2023-2°. — Mais V. observ., *ibid.*

8. Du reste, le copropriétaire majeur d'immeubles indivis avec des mineurs, peut, lors de la licitation, exiger que sa portion du prix lui soit payée comptant, bien que dans l'intérêt des mineurs il fût plus avantageux d'accorder un délai pour le payement de ce prix. — Riom, 13 déc. 1814, J.G. *Vente publ. d'imm.*, 2024-1°.

9. Le demandeur en licitation d'un immeuble impartageable qu'il a acquis par indivis moyennant le service d'une rente viagère, peut obtenir, suivant les circonstances (dont l'appréciation est abandonnée aux juges du fond), contre ses coacquéreurs, même faillis ou mineurs, le maintien dans le cahier des charges d'une clause portan que l'adjudicataire restera nanti de tou' .a partie du prix, sous la condition qu'il servira la rente entièrement jusqu'au décès du crédi-rentier, époque à laquelle il demeurera libéré du prix affecté au service de cette rente. — Req. 28 uin 1836, J.G. *Vente publ. d'imm.*, 2024-2°.

10. Dans le cas d'une licitation provoquée par le copropriétaire d'un immeuble indivis avec des mineurs, le subrogé tuteur a qualité pour s'opposer à la suppression d'une clause du cahier des charges demandée par la tutrice, ayant pour objet le mode et l'époque du payement de la portion du prix revenant aux mineurs. — Paris, 13 févr. 1836, J.G. *Vente publ. d'imm.*, 2025.

11. Il peut aussi, nonobstant l'opposition du tuteur, stipuler dans le cahier des charges que la portion du prix afférente à une mineure restera en crédit entre les mains des acquéreurs jusqu'à la majorité, l'émancipation ou le mariage de ladite mineure. — Nancy, 13 déc. 1838, J.G. *Vente publ. d'imm.*, 2025, et *Minor.*, 303-1°, et sur pourvoi, Req. 20 juin 1843, J.G. *Minor.*, 403-3°.

12. Dans le cas où une clause du cahier des charges dressé pour parvenir à une licitation a réservé aux colicitants la faculté de modifier ce cahier jusqu'à l'adjudication, quelques-uns d'entre eux ont pu proposer des changements par exploit signifié au notaire rédacteur du cahier des charges, la veille même du jour fixé pour l'adjudication, sans qu'il ait été besoin de notifier cette demande aux autres colicitants. — Douai, 10 août 1850, D.P. 55. 2. 185.

13. — II. PUBLICATIONS. — Dans une licitation, toutes les appositions de placards qui, dans l'art. 699, sont déterminées par le domicile du saisi, doivent être supprimées ; il ne faut faire que celles indiquées par les autres dispositions de cet article. — J.G. *Vente publ. d'imm.*, 2046. — V. *suprà*, art. 699, n°° 1 et s.

14. Le notaire devant lequel se poursuit une vente par licitation ne peut être considéré comme ayant anticipé sur les attributions des huissiers, lorsqu'il s'est borné à constater par un acte de dépôt la remise qui lui a été faite des placards revêtus du visa du maire ; un tel acte n'a nullement le caractère d'un procès-verbal d'apposition de placards. — Req. 27 nov. 1834, J.G. *Vente publ. d'imm.*, 2051-1°.

15. Les membres d'un tribunal ne peuvent, conformément à l'art. 711 c. pr. civ., se rendre adjudicataires des immeubles dont la vente se poursuit devant ce tribunal en cas de licitation. — Rapport sur pétition à la Ch. des pairs, 4 mars 1846, D.P. 46. 3. 58. — Rapport à la Ch. des députés, 8 mai 1847, D.P. 47. 3. 109.

Art. 973.

« Dans la huitaine du dépôt du cahier des charges au greffe ou chez le notaire, sommation sera faite, par un simple acte, aux colicitants, en l'étude de leurs avoués, d'en prendre communication.

« S'il s'élève des difficultés sur le cahier des charges, elles seront vidées à l'audience, sans aucune requête, et sur un simple acte d'avoué à avoué.

« Le jugement qui interviendra ne pourra être attaqué que par la voie de l'appel, dans les formes et délais prescrits par les art. **731** et **732** du présent code.

« Tout autre jugement sur les difficultés relatives aux formalités postérieures à la sommation de prendre communication du cahier des charges ne pourra être attaqué ni par opposition, ni par appel.

« Si, au jour indiqué pour l'adjudication, les enchères ne couvrent pas la mise à prix, il sera procédé comme il est dit en l'art. 963.

« Dans les huit jours de l'adjudication, toute personne pourra surenchérir d'un sixième du prix principal, en se conformant aux conditions et aux formalités prescrites par les art. 708, 709 et 710. Cette surenchère produira le même effet que dans les ventes de biens de mineurs » (L. 2 juin 1841). — C. pr. civ. 958 s., 965, 977. — C. civ. 822 s. — Tar. 10.

Rapports, J.G. *Vente publ. d'imm.*, p. 572 et 580, n°° 79 et s.,165.

1. — I. SOMMATION DE PRENDRE COMMUNICATION DU CAHIER DES CHARGES. — Cette sommation doit être faite aux colicitants en l'étude de leurs avoués, par un simple acte, dans la huitaine du dépôt du cahier des charges au greffe ou chez le notaire. — J.G. *Vente publ. d'imm.*, 2030.

2. S'il y a des créanciers qui doivent être présents à la vente, on se borne à les appeler par une sommation afin de prendre connaissance du cahier des charges. Leur non-comparution est constatée par le notaire, qui annexe à son procès-verbal l'original de la sommation. — J.G. *Vente publ. d'imm.*, 2031.

3. Le jugement qui ordonne une vente sur licitation, et fixe, pour qu'il y soit procédé, un jour autre que celui auquel concluait l'un des colicitants, ne peut être exécuté qu'après sommation faite en personne à ce dernier d'être présent à l'adjudication. — Civ. c. 22 juin 1859, D.P. 59. 1. 256.

4. Tout intéressé peut prendre connaissance du cahier des charges aussitôt qu'il est déposé. Même avant l'apposition des affiches annonçant la vente, le notaire commis, peut communiquer le cahier des charges à d'autres que ceux qui y figurent (Quest. controv.). — J.G. *Vente publ. d'imm.*, 2032.

5. — II. INCIDENTS DE LA LICITATION. — Si, après avoir commencé les poursuites sur licitation, l'héritier néglige de les mettre à fin, les créanciers inscrits peuvent se faire *subroger*. — Bourges, 15 janv. 1833, sous Req. 23 juill. 1833, J.G. *Vente publ. d'imm.*, 2057, et *Success.*, 860.

6. Lorsque, devant un juge commis à une licitation, une demande en *distraction* d'un des immeubles licités est formée, il doit renvoyer, à cet égard, les parties devant le tribunal ; l'adjudication qu'il prononcerait de l'objet revendiqué serait nulle, quoiqu'il ne l'eût faite que comme provisoire et sans rien préjuger sur le fond de la demande. — Bourges, 26 févr. 1825, J.G. *Vente publ. d'imm.*, 2061.

7. Les parties intéressées peuvent faire des dires tendant à augmenter, diminuer ou rectifier le cahier des charges. Ces dires sont consignés à la suite du cahier ; s'ils donnent naissance à des contestations, le notaire renvoie à l'audience ; il peut recevoir les désistements et les mettre à la suite du procès-verbal, ainsi que les arrangements que les parties pourraient conclure. — J.G. *Vente publ. d'imm.*, 2063.

8. Le simple acte prescrit en cas d'incident, pour appeler les intéressés à l'audience, doit faire connaître l'objet de la contestation et le moyen principal sur lequel est fondée la prétention du contestant. — J.G. *Vente publ. d'imm.*, 2064.

9. Les dérogations aux règles générales de l'appel écrites dans l'art. 973, s'appliquent uniquement à l'appel des jugements rendus sur les difficultés relatives au cahier des charges et à celui des jugements concernant les formalités postérieures à la sommation de prendre communication du cahier des charges. — J.G. *Vente publ. d'imm.*, 2067.

10. Pour les jugements rendus sur les autres incidents, l'appel doit être interjeté dans les délais ordinaires. — J.G. *Vente publ. d'imm.*, 2067. — V. *suprà*, art. 731.

11. L'art. 732 c. pr. civ., d'après lequel l'appel du jugement rendu, en matière de partage et de licitation, sur les difficultés relatives au cahier des charges, doit être signifié tant à l'avoué de l'intimé qu'au greffier du tribunal de qui émane ce jugement, s'applique aussi bien au cas où la licitation est renvoyée devant notaire qu'à celui où elle a lieu devant l'un des membres du tribunal. — Douai, 11 févr. 1846, D.P. 46. 4. 679.

12. — III. RÉDUCTION DE LA MISE A PRIX. — L'autorisation du tribunal est nécessaire pour abaisser la mise à prix, lorsqu'il s'agit de licitation entre majeurs et mineurs. — J.G. *Vente publ. d'imm.*, 2099.

13. En matière de licitations et partages

judiciaires, la réduction de la mise à prix ne peut être demandée que par voie de conclusions signifiées, et accordée que par jugement contradictoire et non par jugement sur requête, même lorsqu'il y a accord entre les parties. — Montpellier, 12 nov. 1851, D.P. 53. 2. 225. — Orléans, 15 juin 1852, D.P. 53. 5. 339. — Paris, 25 juill. 1853, D.P. 53. 2. 234.

14. Décidé pareillement qu'en matière de vente sur licitation, la demande en réduction de la mise à prix doit être formée par acte d'avoué à avoué et jugée contradictoirement en audience publique ; on prétendrait à tort que cette réduction doit être demandée par voie de requête et accordée par un jugement rendu en la chambre du conseil, comme l'art. 963 c. pr. civ. le décide pour les ventes de biens des mineurs (Ord. 10 oct. 1841, art. 9 et 10). — Caen, 28 août 1855, D.P. 56, 2. 247.

15. Le jugement qui, après avoir prononcé la nullité d'une licitation d'immeubles indivis avec un failli, sur la demande du copropriétaire des immeubles licités, ordonne une nouvelle adjudication avec baisse de mise à prix, ne peut être frappé d'appel, quant à ce chef, que vis-à-vis des syndics de la faillite qui ont poursuivi la licitation, et non dans une instance à fin de restitution de fruits engagée par le même propriétaire contre l'adjudicataire évincé. — Riom, 17 déc. 1861, D.P. 63. 1. 359.

16. L'autorisation du tribunal pour abaisser la mise à prix n'est plus nécessaire lorsqu'il s'agit d'une licitation entre majeurs et que l'abaissement est requis par les colicitants, à l'exception du poursuivant, dont l'avoué a déclaré s'en rapporter à justice. — Paris, 20 juin 1833, J.G. *Vente publ. d'imm.*, 2101.

17. En matière de vente sur licitation, renvoyée devant notaire, si, au jour indiqué pour l'adjudication, il ne se présente pas d'enchérisseurs, le notaire peut, à la réquisition du poursuivant, remettre la vente à un jour ultérieur : il n'y a pas nécessité de recourir au tribunal pour faire fixer un nouveau jour et une nouvelle mise à prix, les art. 963 et 973 c. pr. civ. qui prescrivent ce recours au tribunal, quand il n'y a pas eu d'enchérisseurs, n'ayant rien d'impératif. — Req. 19 juill. 1858, D.P. 59. 1. 13.

18. Le notaire peut, de l'avis des colicitants, refuser l'offre d'un enchérisseur qui ne veut pas donner caution et qui est insolvable. — J.G. *Vente publ. d'imm.*, 2087.

19. — IV. EFFETS DE L'ADJUDICATION SUR LICITATION. — L'héritier ou communiste est censé avoir succédé seul et immédiatement à tous les immeubles à lui échus sur licitation. — V. *Code civil annoté*, art. 883, n°° 1 et s., 74 et s.

20. Ainsi, l'acquéreur d'une portion d'immeuble indivis, qui se rend adjudicataire par licitation de la totalité de cet immeuble, l'acquiert libre des hypothèques créées par ses colicitants. — Bourges, 31 août 1814, J.G. *Vente publ. d'imm.*, 2128.

21. Bien que l'adjudicataire de l'immeuble licité soit l'un des colicitants, il n'en est pas moins tenu de fournir la caution imposée par le cahier des charges, alors d'ailleurs qu'il n'a fait aucune réserve avant l'adjudication touchant cette clause qui était connue de lui ; il se fonderait en vain sur les art. 883 et 1872 c. civ., pour prétendre que, bien que générale, la clause doit être restreinte aux étrangers. — Req. 9 mai 1834, J.G. *Vente publ. d'imm.*, 2132.

22. La licitation, quand elle est tranchée au profit de l'un des colicitants, a les effets d'un partage, et par suite ne peut donner lieu à l'*action résolutoire* du vendeur. — V. *Code civil annoté*, art. 883, n°° 35 et s.

23. Mais l'adjudication sur licitation prononcée au profit d'un étranger a tous les caractères d'une vente ordinaire ; en conséquence, elle est susceptible de l'action réso-

lutoire pour défaut de payement du prix. — Bourges, 31 juill. 1852, D.P. 56. 2. 4.

24. ... Et c'est à tort qu'on prétendrait qu'en pareil cas, l'adjudicataire en retard de payer son prix ne peut être poursuivi que par la voie de la folle enchère. — Même arrêt.

25. Spécialement, le colicitant qui n'a pas reçu de l'adjudicataire la part lui revenant peut faire prononcer la résolution pour sa part. — Nîmes, 2 août 1838, J.G. *Vente publ. d'imm.*, 2174.

26. La *rescision pour lésion* est-elle applicable aux ventes sur licitation ? — V. *Code civil annoté*, art. 1684, n°° 3 et s.

27. Celui qui, en se rendant adjudicataire sur licitation, a connu les causes de nullité de l'adjudication tranchée à son profit, n'a, dans le cas où cette nullité vient à être prononcée sur la demande de quelques-uns des colicitants, aucun recours en garantie contre ceux d'entre eux qui ont requis l'adjudication. — Douai, 10 août 1850, D.P. 55. 2. 185.

28. La clause d'un cahier des charges portant que les contestations relatives à l'adjudication seront soumises au tribunal devant lequel elle est poursuivie, peut être invoquée par l'adjudicataire appelé en garantie devant un tribunal, par un des colicitants qui a acquis un des immeubles licités, en remploi de sa part du prix d'adjudication. — Paris, 26 nov. 1855, D.P. 55. 5. 470. — V. toutefois observ. J.G. *Vente publ. d'imm.*, 2133.

29. — V. RECOURS CONTRE L'ADJUDICATION. — Les ordonnances d'adjudication rendues sur licitation ne peuvent être attaquées que par action principale devant le tribunal qui a autorisé la vente, et non par appel. — Req. 6 févr. 1822, J.G. *Vente publ. d'imm.*, 2118.

Contrà, mais avant la loi du 2 juin 1841 : — Toulouse, 16 mars 1833, J.G. *Vente publ. d'imm.*, 2117.

30. L'appel est inadmissible contre le procès-verbal d'adjudication dressé par un notaire commis. Ainsi, le notaire commis par un tribunal à une adjudication n'étant investi d'aucune attribution de juridiction, la demande en nullité d'une pareille adjudication doit être portée par action principale devant le tribunal qui a commis le notaire. — Paris, 27 août 1831, J.G. *Vente publ. d'imm.*, 2119.

31. L'acquiescement élève une fin de non-recevoir contre toute action ayant pour but l'annulation de l'adjudication. — J.G. *Vente publ. d'imm.*, 2122.

32. Ainsi, une vente sur licitation, entre majeurs, faite devant notaire, ne peut être déclarée nulle sur la demande de l'un des licitants qui n'y a d'ailleurs pas formé opposition, sous prétexte qu'il n'a été ni présent ni appelé à l'adjudication, alors qu'il a lui-même poursuivi la licitation devant le tribunal et participé au dépôt du cahier des charges chez le notaire ; en un tel cas, le notaire a dû être réputé avoir mandat pour faire tous les actes nécessaires à l'effet de consommer la licitation. — Req. 24 mars 1830, J.G. *Vente publ. d'imm.*, 2122.

33. Les colicitants qui ont consenti à ce qu'une vente sur licitation portât sur des biens autres que ceux désignés au cahier des charges et dans les placards publiés, sont non recevables à critiquer cette vente sous prétexte du défaut de publications nouvelles applicables aux biens ajoutés. — Req. 4 avr. 1855, D.P. 55. 1. 260.

34. Jugé cependant que, lorsque les formalités voulues par la loi ont été omises dans une licitation entre cohéritiers, ils peuvent en exciper contre l'adjudicataire, bien qu'ils ne les aient pas proposées le jour de l'adjudication. — Req. 9 févr. 1809, J.G. *Vente publ. d'imm.*, 2123.

35. — VI. SURENCHÈRE. — La faculté de former la surenchère du sixième appartient aussi bien aux colicitants eux-mêmes qu'aux étrangers à la licitation. — Civ. r. 15 juin 1846, D.P. 46. 1. 333. — Paris, 24 nov. 1855,

D.P. 56. 2. 245. — Conf. Aix, 30 janv. 1835, J.G. *Surench.*, 299 et 21.

36. La surenchère en matière de licitation d'immeubles appartenant à des mineurs, peut être valablement faite ou par le tuteur ou par le colicitant majeur : il n'y a pas lieu d'assimiler ces personnes à la partie saisie, à laquelle la loi interdit la faculté de surenchérir. — Rouen, 4 mars 1836, J.G. *Surench.*, 299.

37. L'adjudicataire d'un immeuble vendu sur licitation ne peut, en cas d'éviction par suite de surenchère, exercer aucune action en garantie contre les cohéritiers, bien que la surenchère eût été faite par l'un d'eux. — Aix, 30 janv. 1835, J.G. *Surench.*, 300 et 21.

38. En cas de licitation, un insolvable, quand même il serait un des colicitants, ne peut surenchérir. — Colmar, 2 déc. 1815, J.G. *Surench.*, 306-2° et 278.

39. L'appel en matière de surenchère sur licitation est soumis aux formes et aux délais déterminés par les art. 731 et 732 c. pr., et, par suite, est valablement signifié à l'avoué. — Req. 10 mai 1853, D.P. 53. 1. 165.

40. — VII. FOLLE ENCHÈRE. — 1° *Dans quels cas elle a lieu.* — La licitation dans laquelle les étrangers sont admis à enchérir donne lieu à folle enchère au cas de non-payement du prix. — J.G. *Vente publ. d'imm.*, 2182.

41. Mais l'adjudication sur licitation entre cohéritiers n'a pas pour l'héritier adjudicataire le caractère d'une vente donnant lieu à folle enchère. — V. *Code civil annoté*, art. 883, n°° 48 et s.

42. De même, le copropriétaire devenu, par l'effet d'une licitation opérée en justice, propriétaire exclusif d'un immeuble indivis, ne peut en être exproprié par voie de folle enchère, si l'emploi de cette mesure n'a pas été formellement stipulé dans le cahier des charges pour le cas de non-payement : il ne suffit pas que le privilège du vendeur et la résolution de la vente aient été réservés pour ce cas. — Nancy, 13 déc. 1859, D.P. 60. 2. 168.

43. La stipulation du cahier des charges d'une vente sur licitation qu'il sera procédé à la revente sur folle enchère si l'adjudicataire ne paye pas son prix aux époques fixées, n'a rien d'illicite ; par suite, elle est valable même à l'égard des licitants. — Bordeaux, 8 mai 1848, D.P. 51. 2. 142.

44. En tout cas, l'un de ceux-ci, en se portant adjudicataire, est censé l'avoir ratifiée, bien qu'il n'en ait pas autorisé l'insertion au cahier des charges. — Même arrêt.

45. La circonstance que ce colicitant aurait revendu partie des objets adjugés et que ses colicitants auraient accepté la délégation du prix faite à leur profit, ne met pas obstacle à la poursuite sur folle enchère pour la portion non vendue. — Même arrêt.

46. — 2° *Par qui la revente sur folle enchère peut être poursuivie.* — Le droit de poursuivre la revente sur folle enchère, d'immeubles adjugés sur licitation n'est pas exclusivement attaché à la personne des colicitants ; il peut être cédé par ceux-ci à un tiers et exercé par le *cessionnaire* contre l'adjudicataire. — Bordeaux, 25 juill. 1838, J.G. *Vente publ. d'imm.*, 2190. — Observ. conf., *ibid.*

47. Jugé en sens contraire que le cessionnaire du prix ou d'une partie du prix d'un immeuble vendu judiciairement, n'a pas qualité pour poursuivre la résolution de la vente ou la folle enchère. Le droit de poursuivre la folle enchère n'appartient qu'à l'ancien propriétaire ; le cessionnaire doit agir contre l'adjudicataire par tous les autres moyens indiqués par la loi. — Paris, 31 juill. 1816, J.G. *Vente publ. d'imm.*, 2191.

48. En tout cas, les *créanciers inscrits* sur un immeuble vendu par licitation ont, comme le vendeur lui-même, le droit de poursuivre contre l'adjudicataire ou ses ayants cause la revente sur folle enchèr s'ils ne sont pas payés du montant de le sottocation, alors surtout que ce droit a été réservé dans le cahier des charges. — Paris, 12 mars 1823, J.G. *Vente publ. d'imm.*, 2192.

49. De même, lorsque, sur une poursuite en licitation d'un immeuble entre les créanciers d'un copropriétaire, et l'autre copropriétaire, l'un des créanciers du premier a demandé à être subrogé au poursuivant et a été débouté, si, après l'adjudication, il y a une poursuite de folle enchère, le même créancier peut demander sa subrogation et l'obtenir, sans qu'il y ait violation de la chose jugée par la première décision. — Req. 8 juill. 1828, J.G. *Vente publ. d'imm.*, 2193.

50. La revente sur folle enchère d'un immeuble adjugé par suite de licitation devant notaire, peut être provoquée par le *notaire* à défaut de payement de ses frais, lorsque le cahier des charges porte que les frais de l'adjudication seront à la charge de l'adjudicataire, et qu'à défaut d'exécuter les clauses et conditions de l'adjudication, les vendeurs pourront faire revendre les biens par folle enchère, dans les termes de la loi. — Req. 19 juill. 1858, D.P. 59. 1. 13.

51. — 3° *Compétence en matière de folle enchère.* — La folle enchère, après vente sur licitation, doit être poursuivie devant le tribunal qui a prononcé l'adjudication, et non devant celui de la situation de l'immeuble. — Paris, 28 sept. 1825, J.G. *Vente publ. d'imm.*, 2198.

52. La convention entre colicitants majeurs, insérée dans le cahier des charges, qu'en cas de revente sur folle enchère, cette revente sera portée devant un notaire désigné, est valable, les art. 742 et 743 c. pr. civ. ne s'appliquant qu'à la vente sur saisie immobilière. — Bordeaux, 8 mai 1848, D.P. 51. 2. 142.

53. — 4° *Formes de la revente sur folle enchère.* — Lorsque, dans le cahier des charges d'une vente d'immeubles sur licitation, il a été stipulé que l'adjudicataire serait tenu de payer son prix à qui par justice serait ordonné, il n'est pas besoin d'une mise en demeure pour procéder à la revente sur folle enchère, faute par l'adjudicataire, d'avoir rempli cette obligation. — Req. 4 janv. 1825, J.G. *Vente publ. d'imm.*, 2201.

54. La mise à prix d'un immeuble revendu sur folle enchère après licitation, peut être déterminée par le poursuivant sans le consentement et la participation de ses colicitants. — Orléans, 23 avr. 1850, D.P. 51. 2. 74.

55. Pendant le cours de la procédure de folle enchère, le poursuivant peut faire nommer un gardien, dans le but de s'opposer au détournement des meubles compris dans une vente sur licitation. — Paris, 16 févr. 1816, J.G. *Vente publ. d'imm.*, 2205 et 1854.

56. — 5° *Moyens de nullité.* — En cas de folle enchère après licitation, comme au cas où elle a lieu sur saisie immobilière, les moyens de nullité qui tiennent au fond du droit et non à la forme, sont recevables, quoique proposés trois jours avant l'adjudication. — Orléans, 23 avr. 1850, D.P. 51. 2. 74.

57. Le moyen de nullité contre une poursuite de revente sur folle enchère, fondé sur ce que l'adjudication déjà effectuée étant la suite d'une demande en partage, qui n'est pas, par sa nature même, susceptible d'être résolue par la folle enchère, est proposable jusqu'à l'adjudication. — Bordeaux, 22 mars 1834, J.G. *Vente publ. d'imm.*, 2202-2° et 2195.

58. L'adjudicataire sur licitation est non recevable à proposer en appel, soit des moyens de nullité, soit des réclamations incidentes, lorsque, poursuivi sur folle enchère, il n'a pas fait valoir ces moyens ou réclamations, ni avant, ni lors du jugement d'adjudication; l'arrêt qui, sans examiner le fond, a déclaré l'appel non recevable, n'a pas violé l'art. 464 c. pr. civ., mais s'est, au contraire, conformé aux art. 735, 736 et 745,

applicables à la folle enchère sur licitation. —Req. 11 déc. 1828, J.G. *Vente publ. d'imm.*, 2206.

59. — 6° *Voies de recours.* — L'acceptation de la déclaration de command, faite au nom d'enfants mineurs par leur mère et tutrice légale, a pour effet de leur conférer la qualité d'adjudicataires, tant que la nullité n'en a pas été prononcée. En conséquence, lorsque la revente de l'immeuble sur folle enchère est poursuivie par des enfants d'un premier lit, les mineurs adjudicataires, enfants du second lit, ne sont pas valablement représentés dans cette instance par l'avoué qui occupe pour leurs adversaires, ni par leur mère, quand la folle enchère a été poursuivie contre elle seule, qu'elle n'a figuré dans l'instance qu'en son nom personnel et n'y a pas pris de conclusions en qualité de tutrice. — Civ. c. 16 déc. 1874, D.P. 75. 1. 131.

60. Par suite, leur tuteur et curateur *ad hoc* est recevable à former en leur nom tierce-opposition, tant contre le jugement d'adjudication sur folle enchère que contre le jugement qui a rejeté les moyens de nullité présentés par la mère. — Civ. c. 16 déc. 1874, D.P. 75. 1. 131.

61. — 7° *Effets de la revente sur folle enchère.* — Lorsqu'un immeuble adjugé, sur licitation, à l'un des copropriétaires, est revendu à sa folle enchère, ce copropriétaire est tenu de la différence entre son prix et celui de la revente sur folle enchère, bien que la revente soit faite à l'autre colicitant. — Civ. c. 17 déc. 1833, J.G. *Vente publ. d'imm.*, 2209.

62. L'adjudicataire sur folle enchère doit supporter, outre les frais de surenchère, ceux dont il profite et qui ont été faits à l'occasion de la première adjudication, tels que frais de licitation, droits de transcription, de greffe et droits proportionnels correspondant à son prix d'adjudication. — Paris, 12 juill. 1813, J.G. *Vente publ. d'imm.*, 2212.

63. La revente sur folle enchère intervenue à la suite d'une licitation tranchée au profit de l'un des colicitants, anéantissant dans son principe l'adjudication primitive, a pour effet de restreindre les hypothèques qui, dans le temps intermédiaire, avaient frappé, du chef de ce colicitant, les immeubles licités, à la portion de ces immeubles lui afférant pour sa part héréditaire. — Dijon, 7 mars 1855, D.P. 55. 2. 127.

Table sommaire.

Art. 974.

Lorsque la situation des immeubles aura exigé plusieurs expertises distinctes, et que chaque immeuble aura été déclaré impartageable, il n'y aura cependant pas lieu à licitation, s'il résulte du rapprochement des rapports que la totalité des immeubles peut se partager commodément. — C. civ. 827 s., 832 s.

1. En général, les experts doivent indiquer dans leur procès-verbal si l'immeuble peut être commodément divisé, alors même que, par sa nature, l'immeuble paraîtrait évidemment divisible : telle serait une pièce de bois composée de tel nombre d'hectares. —Paris, 19 janv. 1808, J.G. *Success.*, 1700-1°.

2. Toutefois, le procès-verbal des experts qui ont estimé un immeuble indivis avec des mineurs, n'est pas nul, non plus que l'adjudication judiciaire qui en a été faite, bien qu'il n'ait pas fait mention s'il pouvait être partagé commodément, alors que l'impossibilité en avait été reconnue par l'auteur dont les mineurs exercent les droits. — Req. 27 janv. 1830, J.G. *Success.*, 1700-2°.

3. Dans quels cas les immeubles sont-ils commodément partageables, ou au contraire doivent-ils être licités? — V. *Code civil annoté*, art. 827.

Art. 975.

« Si la demande en partage n'a pour objet que la division d'un ou plusieurs immeubles sur lesquels les droits des intéressés soient déjà liquidés, les experts, en procédant à l'estimation, composeront les lots ainsi qu'il est prescrit par l'art. 466 c. civ.; et, après que leur rapport aura été entériné, les lots seront tirés au sort, soit devant le juge-commissaire, soit devant le notaire déjà commis par le tribunal, aux termes de l'art. 969 (L. 2 juin 1841). — C. pr. civ. 978. — C. civ. 828.

Rapports, J.G. *Vente publ. d'imm.*, p. 572, 580, n° 80, 165.

1. — I. FORMATION DES LOTS. — L'art. 975 c. pr. a eu pour effet de limiter l'application de l'art. 466 c. civ., qui, relativement au partage intéressant des mineurs, dispose que les experts « procéderont à la division des héritages et à la formation des lots qui seront tirés au sort ». Les experts n'ont plus cette mission, que dans le seul cas prévu à l'art. 975 : « La division d'un ou de plusieurs immeubles sur lesquels les droits des intéressés sont déjà liquidés ». —J.G. *Success.*, 1708.

2. Jugé cependant, pour un partage intéressant des mineurs, que les experts peuvent composer des lots d'attribution, selon l'art. 466 c. civ., bien qu'il s'agisse, non d'un objet isolé, mais de deux successions à partager, et lorsque d'ailleurs les droits des copartageants sont liquidés. — Riom, 14 août 1829. J.G *Success.*, 1708. — Observ. contr., *ibid.*

3. Les experts préparent le partage, présentent les données d'évaluation et de division pour la formation des lots; mais, en principe, ils n'ont pas mission de composer eux-mêmes les lots, et d'opérer le partage.— J.G. *Success.*, 1703.

4. Ainsi le tribunal n'a pu donner aux experts la mission de procéder de suite au partage en lots égaux d'après l'état que leur donneraient les parties. -- Nîmes, 4 févr. 1806, J.G. *Success.*, 1704-1°.

5. De même, dans un partage d'immeubles dépendant d'une succession entre majeurs, et lorsque les droits des intéressés ne sont point liquidés, le tribunal ne peut, en renvoyant devant des experts pour la formation de la masse générale, ordonner qu'il sera, par les mêmes experts, procédé aux prélèvements à faire et à la composition des lots. — Montpellier, 5 août 1811, J.G. *Success.*, 1704-2°.

6. A plus forte raison, le pouvoir des experts ne va pas jusqu'à faire des lots d'attribution, lorsque d'ailleurs ils ne tiennent pas expressément cette mission du jugement qui les a nommés. — Nîmes, 4 févr. 1806; Besançon, 20 juin 1818; Riom, 17 juin 1829, J.G. *Success.*, 1704-3°.

7. Mais les héritiers présents et majeurs peuvent valablement conférer aux experts le droit de procéder par lots d'attribution, lorsque toutes les difficultés relatives à la consistance des biens et au droit de chaque intéressé ont été résolues par des jugements passés en force de chose jugée, et qu'il ne s'agit plus que d'une simple opération divisoire; il n'y a pas lieu dans ce cas d'assujettir les experts aux formalités des arbitrages.—Req. 21 févr. 1843, J.G. *Success.*, 1707.

8. Il en est ainsi, bien que l'un des cohéritiers soit une femme mariée sous le régime dotal, si la question de dotalité des biens qui doivent lui revenir dans la succession ne peut être nullement préjugée par le travail des experts. — Même arrêt.

9. Dans ce cas, la femme peut renoncer au droit d'attaquer le partage à faire par les experts, auxquels le tribunal a confié la mission de faire une simple opération divisoire d'après les bases posées par un précédent jugement; et, par conséquent, elle ne peut plus engager aucune question de dotalité. — Même arrêt, J.G. *Success.*, 1719.

10. Une femme veuve obligée de rapporter certains biens à la succession de son mari, est censée renoncer à la faculté qui lui a été déférée par un jugement de reprendre lesdits biens en nature, en en payant le prix, si elle a autorisé les experts à opérer le partage d'après une consistance de biens qui comprenaient ceux à l'égard desquels le droit d'option lui avait été conféré. — Req. 21 févr. 1843, J.G. *Success.*, 1718.

11. Pour éviter autant que possible, les soultes ou retours, il peut être enjoint aux experts de compenser l'inégalité de valeur des lots, par une plus grande étendue superficielle.—Paris, 19 janv. (ou févr.) 1808, J.G. *Success.*, 1702.

12. Les opérations de la liquidation doivent être faites par devant notaire avant la formation des lots par les experts. — Dijon, 10 août 1837, J.G. *Success.*, 1704-4°. — V. *infrà*, art. 977, n°ˢ 1 et s.

13. Dans le cas d'un partage entre héritiers majeurs, il est permis aux juges de confier à des experts le soin de réunir, dans l'intérêt commun des copartageants, les éléments propres à bien fixer la consistance de la masse de la succession, sauf le droit des parties de contester ensuite les opérations des experts. — Req. 23 avril 1839, J.G. *Success.*, 1705.

14. Les experts, nommés par le tribunal pour procéder aux opérations d'un partage, ne peuvent être chargés du soin de vérifier une généalogie, à l'effet de déterminer le degré de parenté de l'une des parties. — Montpellier, 16 nov. 1842, J.G. *Success.*, 1706.

15. — II. Tirage au sort des lots. — Le tirage au sort se fait, soit devant le juge-commissaire, soit devant le notaire déjà commis par le tribunal. — J.G. *Success.*, 1848.

16. Toutefois, de ce que les lots entre cohéritiers ont été tirés au sort devant le tribunal, au lieu de l'être devant le juge-commissaire ou devant un notaire, il ne s'ensuit pas que le partage doive être annulé, lorsque d'ailleurs ce moyen n'a pas été présenté devant les premiers juges. — Req. 18 déc. 1811, J.G. *Success.*, 1848.

Art. 976.

« Dans les autres cas, et notamment lorsque le tribunal aura ordonné le partage sans faire procéder à un rapport d'experts, le poursuivant fera sommer les copartageants de comparaître, au jour indiqué, devant le notaire commis, à l'effet de procéder aux compte, rapport, formation de masse, prélèvements, composition des lots et fournissements, ainsi qu'il est ordonné par le Code civil, art. 828.

« Il en sera de même après qu'il aura été procédé à la licitation, si le prix de l'adjudication doit être confondu avec d'autres objets dans une masse commune de partage pour former la balance entre les divers lots » (L. 2 juin 1841). — C. pr. civ. 969 s. — Tar. 3.

Rapports, J.G. *Vente publ. d'imm.*, p. 572, 580, n°ˢ 80, 166.

1. La sommation de comparaître devant le notaire, est valablement donnée par acte d'avoué à avoué. En conséquence, il n'y a pas lieu de refuser l'homologation du procès-verbal, par le motif que des parties n'auraient point été sommées de comparaître par exploit à personne ou domicile. — Toulouse, 20 mars 1840, J.G. *Success.*, 1751.

2. En ce qui concerne les diverses opérations mentionnées par le présent article, V. *Code civil annoté*, art. 828, n°ˢ 2 et suiv.

Art. 977.

Le notaire commis procédera seul et sans l'assistance d'un second notaire ou de témoins : si les parties se font assister auprès de lui d'un conseil, les honoraires de ce conseil n'entreront point dans les frais de partage, et seront à leur charge.

Au cas de l'art. 837 du Code civil, le notaire rédigera en un procès-verbal séparé les difficultés et dires des parties : ce procès-verbal sera, par lui, remis au greffe, et y sera retenu.

Si le juge-commissaire renvoie les parties à l'audience, l'indication du jour où elles devront comparaître leur tiendra lieu d'ajournement.

Il ne sera fait aucune sommation pour comparaître soit devant le juge, soit à l'audience. — C. pr. civ. 970, 972 s. 981. — Tar. 92, 168.

1. — I. Opérations du notaire.—La loi du 21 juin 1843 sur la forme des actes notariés n'a pas abrogé la disposition de l'art. 977 c. pr. civ., qui, dans le cas de partage et de licitation, permet au notaire de procéder seul, sans l'assistance d'un second notaire ou de témoins. — J.G. *Obligat.*, 3272.

2. Le travail de la liquidation peut même être fait par le notaire seul, sans le concours des parties : l'action de procéder devant le notaire consiste uniquement pour les parties dans la production des pièces et documents nécessaires pour établir la liquidation, sauf à critiquer ensuite l'acte de liquidation, si elles le jugent convenable, sur le procès-verbal ouvert à cet effet devant le notaire. Dès lors, un notaire a pu refuser d'insérer dans le procès-verbal de la liquidation le plan dressé pour base de l'opération par l'un des successibles, lorsque, d'ailleurs, il a offert de porter ce plan sur le procès-verbal séparé, prescrit pour les difficultés et dires des parties. — Amiens, 21 déc. 1830, J.G. *Success.*, 1753.

3. L'assistance des avoués n'est pas nécessaire, et si, pendant l'instance, l'avoué de l'une des parties a cessé ses fonctions, le notaire a pu valablement continuer ses opérations, sans assigner la partie en constitution de nouvel avoué. — Riom, 14 janv. 1842, J.G. *Success.*, 1754 et 1825.

4. Les époux séparés de biens doivent produire leurs comptes devant les notaires commis par justice pour liquider leur communauté, sauf à se pourvoir, en cas de contestation, devant le tribunal compétent.— Req. 11 nov. 1874, D.P. 75. 1. 220-221.

5. Le notaire rédacteur d'un état de liquidation qui n'est pas encore devenu définitif par l'acceptation de toutes les parties ou par l'homologation du tribunal, a le droit de l'annuler et de le remplacer par un nouvel acte destiné à réparer les erreurs ou les omissions commises dans le premier. En conséquence, les parties peuvent demander la rectification de ce dernier acte; mais elles ne sont pas fondées à requérir l'homologation du projet primitif. — Angers, 8 avr. 1870, D.P. 72. 2. 75.

6. Au surplus, relativement à la composition de la masse et à la liquidation, V. *Code civil annoté*, art. 828, n°ˢ 46 et suiv.

7. — II. Jugement des contestations. — Au cas où des contestations s'élèvent pendant les opérations qui lui sont confiées, le notaire dresse procès-verbal des difficultés et des dires respectifs des parties. Ce procès-verbal doit être fait par acte séparé et remis au greffe où il est retenu. — J.G. *Success.*, 1752.

8. Le procès-verbal ne doit être ni levé ni signifié; la minute déposée au greffe suffit pour permettre au juge-commissaire de faire son rapport, et au tribunal de statuer en connaissance de cause; on ne doit pas reproduire dans des requêtes ou des conclusions motivées les contestations consignées sur ce procès-verbal. — Orléans, 28 mars 1843, D.P. 45. 4. 385.

9. Le notaire renvoie, pour les contestations dont il a dressé procès-verbal, devant le juge-commissaire. — J.G. *Success.*, 1682.

10. Une sommation de comparaître n'est pas nécessaire pour faire fixer contradictoirement avec les parties le jour du rapport et mettre ces parties en demeure de déposer les pièces qu'elles jugent utile de produire. Ainsi, le coût de l'acte resterait à la charge de la partie qui l'aurait fait faire.—J.G. *Frais*, 851.

11. Le juge ne rend aucune décision. Sa mission est seulement d'entendre les parties, de chercher à les concilier; s'il n'y parvient pas, il fait à l'audience un rapport sur lequel statue le tribunal. — J.G. *Success.*, 1683.

12. Le rapport du juge-commissaire, dans les cas où il doit avoir lieu, aux termes de l'art. 823 c. civ., n'est pas prescrit à peine de nullité. — Civ. r. 5 août 1868, D.P. 68. 4. 407.

13. D'ailleurs, l'omission de cette formalité serait couverte par le silence des parties qui ont conclu et plaidé au fond sans protestation ni réserves. — Même arrêt.

14. Ainsi, cette irrégularité n'est pas opposable comme moyen de cassation, par les parties qui n'ont élevé, pendant le procès aucune réclamation à cet égard. — Req. 7 mars 1843, J.G. *Success.*, 1684.

15. Le juge commis à un partage peut en recevoir les actes en son hôtel, du consentement de toutes les parties comparantes et majeures. — Orléans, 16 août 1809, J.G. *Success.*, 1686.

16. L'absence du greffier pour signer les actes n'est pas une cause de nullité. — J.G. *Success.*, 1687.

Art. 978.

Lorsque la masse du partage, les rapports et prélèvements à faire par chacune des parties intéressées, auront été établis par le notaire, suivant les art. 829, 830 et 831 du Code civil, les lots seront faits par l'un des cohéritiers, s'ils sont tous majeurs, s'ils s'accordent sur le choix, et si celui qu'ils auront choisi accepte la commission : dans le cas contraire, le notaire, sans qu'il soit besoin d'aucune autre procédure, renverra les parties devant le juge-commissaire, et celui-ci nommera un expert. — C. pr. civ. 302, 975 s. — C. civ. 834 s. — Tar. 168.

1. Les juges ne doivent point procéder eux-mêmes à la formation des lots. — Toulouse, 18 janv. 1832, J.G. *Success.*, 1836. — Conf., *ibid.*, 1815.

2. Néanmoins, lorsqu'un projet de partage et une formation de lots, arrêtés par des experts, ne peuvent plus être mis à exécution, une cour a pu, à l'aide du travail des experts, procéder, sur la demande de toutes les parties, au règlement définitif du partage et à la formation des lots, sans être tenue d'ordonner préalablement une seconde expertise. — Civ. r. 30 mai 1836, J.G. *Success.*, 1815.

3. S'il y a des mineurs parmi les copartageants, le tribunal, lors même qu'il aurait, conformément à l'art. 970c. pr. civ., dispensé de l'expertise relative à l'opportunité du partage en nature ou de la licitation, n'en est pas moins tenu de confier la formation des lots à un expert. — Caen, 30 janv. 1843, J.G. *Success.*, 1816. — Trib. de Caen, 29 avr. 1844, *ibid.* — Observ. conf., *ibid.* — Quest. controv.

4. L'expert chargé de former les lots ne doit point nécessairement être choisi parmi ceux qui, en vertu de l'art. 824 c. civ., ont estimé les biens, et décidé si les immeubles étaient susceptibles de partage. — J.G. *Success.*, 1814.

5. Le juge ne doit nommer qu'un expert. Mais les cohéritiers majeurs, présents et capables, pourraient changer à leur gré ce mode d'expertise. — J.G. *Success.*, 1813.

Art. 979.

Le cohéritier choisi par les parties, ou l'expert nommé pour la formation des lots, en établira la composition par un rapport qui sera reçu et rédigé par le notaire à la suite des opérations précédentes. — C. pr. civ. 978, 980 s.

Art. 980.

Lorsque les lots auront été fixés, et que les contestations sur leur formation, s'il y en a eu, auront été jugées, le

poursuivant fera sommer les copartageants à l'effet de se trouver, à jour indiqué, en l'étude du notaire, pour assister à la clôture de son procès-verbal, en entendre lecture, et le signer avec lui, s'ils le peuvent et le veulent. — C. Civ. 822, 835. — Tar. 29.

1. Si les parties ne se présentent pas ou refusent de signer le procès-verbal, il est passé outre ; et le notaire doit seulement constater le défaut de comparution, avec le refus de signer ou les causes de ce refus. — J.G. *Success.*, 1756.

2. Spécialement, quand l'une des parties refuse de signer après sommation de comparaître, le notaire ne doit pas se borner à dresser acte des dires et prétentions des autres parties ; il doit donner défaut contre la partie non comparante, et procéder régulièrement comme si elle était présente. — Nancy, 14 mars 1835, J.G. *Success.*, 1756.

3. Le procès-verbal de liquidation et partage dressé par le notaire doit être inscrit sur son répertoire, bien que le notaire ait été autorisé à le dresser hors de la présence des parties (L. 22 frim. an 7, art. 49 ; 25 vent. an 11, art. 29 et 30). — Trib. d'Evreux, 6 févr. 1841, J.G. *Success.*, 1760, et *Enregistr.*, 2573.

4. Il n'est pas nécessaire de porter le jugement d'homologation à la suite de l'expédition du procès-verbal dressé par le notaire. — Riom, 23 avr. 1834, J.G. *Success.*, 1822 et 1758.

5. Il doit être gardé minute des actes de partage. — Décis. min. just. 30 janv. 1812, J.G. *Obligat.*, 3692.

6. Il n'est pas nécessaire que l'expédition du procès-verbal de partage soit déposée au greffe. — Paris, 8 janv. 1814, Riom, 23 avr. 1834, J.G. *Success.*, 1758.

7. Par suite, les expéditions des partages dressés par des notaires sont rendues par le greffier après l'homologation. — J.G. *Success.*, 1758.

Art. 981.

Le notaire remettra l'expédition du procès-verbal de partage à la partie la plus diligente pour en poursuivre l'homologation par le tribunal : sur le rapport du juge-commissaire, le tribunal homologuera le partage, s'il y a lieu, les parties présentes, ou appelées si toutes n'ont pas comparu à la clôture du procès-verbal, et sur les conclusions du procureur de la République, dans le cas où la qualité des parties requerra son ministère. — C. pr. civ. 83 s. — C. civ. 838.

1. — I. Hᴏᴍᴏʟᴏɢᴀᴛɪᴏɴ ᴅᴜ ᴘᴀʀᴛᴀɢᴇ. — La liquidation d'une succession opérée par le notaire commis, et dans laquelle un mineur est intéressé, n'est point sujette à l'homologation du tribunal, lorsque, ayant pour objet, non la formation des lots, mais seulement la division entre les héritiers, d'après leurs parts naturelles, soit du prix de vente des immeubles, soit des créances de la succession, elle est approuvée par toutes les parties majeures, ainsi que par le tuteur du mineur. — Trib. de Metz, 26 janv. 1830, J.G. *Success.*, 1833. — Observ. conf., *ibid.*

2. La demande en homologation d'un partage fait en justice, dans le cas, par exemple, où il y a des mineurs parmi les cohéritiers, peut être formée, soit par une requête collective, soit par voie d'assignation, sauf au tribunal, lorsque ce dernier mode est em-

ployé, à rejeter toutes significations frustratoires. — Paris, 16 janv. 1855, D.P. 55. 2. 154. — Observ., J.G. *Success.*, 1824.

3. Lorsque l'une des parties s'est fait représenter par un avoué qui a donné sa démission pendant les opérations du partage, et qu'elle n'a pas assisté elle-même à la clôture du procès-verbal, l'homologation n'a pu en être poursuivie en justice sans assignation en constitution de nouvel avoué. — Riom, 14 janv. 1842, J.G. *Success.*, 1825.

4. Quand les parties sont d'accord, et qu'elles ont toutes signé le procès-verbal de partage, l'homologation peut être demandée par une requête collective. — J.G. *Success.*, 1826.

5. Les parties qui ont signé le procès-verbal doivent être appelées à comparaître devant le tribunal, surtout si le procès-verbal est contesté par une des parties. — J.G. *Success.*, 1819. — V. toutefois Riom, 14 janv. 1842, *ibid.*, 1825.

6. La signature des parties sur le procès-verbal du notaire n'emporte pas approbation, et ne les rend pas non recevables à le contester. — J.G. *Success.*, 1820.

7. A plus forte raison, le fait seul de la comparution devant notaire ne constitue pas une fin de non-recevoir contre la partie qui n'a pas signé le procès-verbal et qui a fait ses réserves. — Paris, 12 avr. 1834, J.G. *Success.*, 1820.

8. De même, la partie qui n'a pas comparu est recevable dans ses contestations. Ainsi, de ce qu'un copartageant ne s'est pas présenté, après plusieurs sommations, devant le notaire, il ne résulte pas qu'il soit non recevable à contester son travail, lors de la poursuite en homologation, s'il justifie des causes qui l'ont empêché d'élever des contestations sur le procès-verbal de liquidation. — Paris, 20 févr. 1832, J.G. *Success.*, 1821-1°.

9. L'héritier représenté à l'ouverture du procès-verbal, dressé par le notaire commis au partage est recevable à contester ce procès-verbal à raison de ce qu'il n'aurait pas assisté ou été représenté à la clôture. — Paris, 22 déc. 1838, J.G. *Success.*, 1821-2° et 1831.

10. L'audience doit être poursuivie sans assignation, sur un simple avenir. — J.G. *Success.*, 1823.

11. La demande en homologation d'un partage fait en justice, dans le cas, par exemple, où il y a des mineurs parmi les cohéritiers, doit être jugée en *audience publique*, et non en la chambre du conseil, bien qu'il ne s'élève aucune contestation. — Paris, 16 janv. 1855, D.P. 55. 2. 154.

12. Le tribunal appelé à statuer sur l'homologation d'une liquidation peut l'annuler en entier, sans se renfermer dans les conclusions des parties. — Bordeaux, 15 janv. 1835, J.G. *Success.*, 1828.

13. En tout cas, les conclusions par lesquelles une partie demande la rectification d'une liquidation dans tous les points qui lui font grief, et indique ensuite trois chefs particuliers de cette liquidation, autorisent les juges à annuler non-seulement les dispositions désignées, mais l'opération tout entière. — Même arrêt, J.G. *Success.*, 1829.

14. Le tribunal devant lequel a été portée l'action en homologation d'un partage opéré devant notaire, ne peut être saisi, incidemment à cette demande, de la réclamation formée par l'un des cohéritiers, du payement d'une créance qui n'a pas été l'objet d'un chef spécial de demande sur le procès-verbal du notaire. — Civ. r. 12 janv. 1853, D.P. 53. 1. 21. — V. observ., J.G. *Success.*, 1830.

15. — II. Rᴇᴄᴏᴜʀs ᴄᴏɴᴛʀᴇ ʟᴇ ᴊᴜɢᴇᴍᴇɴᴛ ᴅ'ʜᴏᴍᴏʟᴏɢᴀᴛɪᴏɴ. — Le jugement qui homologue soit un partage de succession, soit un projet de liquidation déterminant le mode d'après lequel le partage devra être effectué, constitue une décision judiciaire susceptible d'acquérir l'autorité de la chose jugée, lorsque le partage ou le projet de liquidation ainsi homologués ont eu lieu d'après des bases acceptées par les parties intéressées dans les conclusions sur lesquelles est intervenu ce jugement. — Req. 28 mars 1866, D.P. 66. 1. 494. — Civ. c. 9 avr. 1866, D.P. 66. 1. 495.

16. Ainsi, lorsqu'un partage judiciaire a été opéré conformément aux conclusions de l'un des copartageants, et avec soumission à justice de la part des autres, d'après les bases fixées par un partage d'ascendant préexistant qui attribuait à ce copartageant tous les immeubles et aux autres les biens mobiliers, le jugement qui homologue ce partage judiciaire apporte l'obstacle de la chose jugée à ce que la nullité soit prononcée pour illégale composition des lots dans le partage d'ascendant en exécution duquel il a eu lieu. — Arrêt précité du 28 mars 1866.

17. Ainsi encore, lorsque dans le procès-verbal de liquidation d'une succession, le notaire liquidateur a fait son travail de manière que la veuve du défunt soit d'abord payée de l'intégralité de ses reprises, puis, jusqu'à concurrence du restant de l'hérédité, d'une rente viagère que son mari lui avait donnée par son contrat de mariage, sous la garantie de la mère du donateur, celle-ci ne peut, après l'homologation de ce travail, intervenue sur les conclusions de toutes les parties, soutenir que les deux créances dont il s'agit ne doivent être payées qu'au marc le franc, et qu'en conséquence son cautionnement doit être limité à la portion de la rente par elle garantie qui resterait encore due par suite de la réduction commune à ces deux créances. — Arrêt précité du 9 avr. 1866.

18. Le jugement homologatif est réputé contradictoire du moment où toutes les parties ont été appelées ; dès lors, il n'est pas susceptible d'opposition, mais seulement d'appel. — Paris, 22 déc. 1838, J.G. *Success.*, 1831. — Paris, 26 mars 1857, D.P. 57. 2. 188.

19. Ainsi, l'instance en liquidation est liée contradictoirement entre toutes les parties lorsque, l'une d'elles n'ayant pas comparu sur l'assignation qui lui avait été donnée, il est intervenu un jugement de défaut-profit-joint, et qu'après réassignation, conformément à l'art. 153 c. pr., un nouveau jugement a ordonné la liquidation. — Paris, 13 déc. 1861, D.P. 62. 2. 53. — Civ. c. 7 juill. 1869, D.P. 69. 1. 348.

20. Le jugement d'homologation d'un partage est également réputé contradictoire, nonobstant le défaut de conclure, s'il a été rendu dans les conditions indiquées par les art. 837 c. civ., 977 et 981 c. pr. — Req. 24 juin 1874, D. P. 75. 1. 85-86.

21. Il en est ainsi dans le cas où l'instance en liquidation et partage a été liée contradictoirement par un jugement de défaut-profit-joint suivi de réassignation et par un jugement contradictoire ordonnant le partage, bien que l'avoué d'un des copartageants ait donné sa démission depuis ce dernier jugement, si ce copartageant a été assigné en reprise d'instance et constitution de nouvel avoué, et qu'un jugement par défaut ait déclaré l'instance reprise, si enfin le procès-verbal de liquidation du notaire a été notifié à ce copartageant, qui a été appelé, conformément à l'art. 981 c. pr., devant le tribunal, à fin d'homologation. — Req. 24 juin 1874, D.P. 75. 1. 85-86.

22. Le jugement qui homologue la liquidation d'une communauté ou succession est réputé contradictoire, et n'est susceptible ni d'opposition ni de tierce-opposition de la part des parties qui n'ont comparu ni devant le notaire ni devant le tribunal, bien que dûment appelées, si l'instance en partage avait été liée contradictoirement avec elles. — Paris, 13 déc. 1861, D.P. 62. 2. 53. — Paris, 6 mars 1862, *ibid.* — Civ. c. 7 juill. 1869. D.P. 69. 1.348.

23. Les jugements qui statuent sur les difficultés de liquidation et sur la demande d'homologation ne sont pas susceptibles d'op-

position de la part des parties qui n'ont pas comparu soit devant le notaire, soit seulement devant le tribunal ; par conséquent, il suffit que ces parties aient été régulièrement appelées pour que ces jugements soient à leur égard réputés contradictoires. — Paris, 25 juin 1838, J.G. *Jugem. par déf.*, 41-3°.

24. Jugé toutefois que le jugement qui statue sur l'homologation d'un partage ne peut être réputé contradictoire, lorsque l'un des copartageants n'a pas assisté au procès-verbal du notaire commis, qu'il n'a point été appelé devant le juge-commissaire, et que ce magistrat n'a pas fait de rapport ; en conséquence, ce jugement est susceptible d'opposition. — Chambéry, 2 févr. 1870, D.P. 71. 2. 71.

25. En tout cas, l'héritier qui n'a pas contesté devant les premiers juges les opérations de liquidation, compte et partage, est recevable à interjeter appel du jugement homologatif. — Paris, 15 juin 1837, J.G. *Appel civ.*, 261. — Paris, 22 déc. 1838 ; 23 juill. 1840, J.G. *Success.*, 1831.

Art. 982.

Le jugement d'homologation ordonnera le tirage des lots, soit devant le juge-commissaire, soit devant le notaire, lequel en fera la délivrance aussitôt après le tirage. — C. pr. civ. 834, 842. — Tar. 92.

1. Le tirage au sort peut être demandé par tout copartageant. Le légataire à titre universel et l'enfant naturel ont le droit de venir à partage, et, par suite, d'invoquer le principe d'égalité établi par la loi au profit de tous les copartageants. — J.G. *Success.*, 1846.

2. Le tribunal ne peut pas, en homologuant le rapport de l'expert, procéder immédiatement et séance tenante au tirage des lots, si les parties n'y consentent. — Limoges, 17 déc. 1859, D.P. 60. 2. 213.

3. Lorsque toutes les parties sont majeures, le tirage des lots devant un notaire peut être ordonné sans homologation préalable du lotissement et du partage. — Civ. r. 17 juin 1873, D.P. 73. 1. 475.

Art. 983.

Soit le greffier, soit le notaire, seront tenus de délivrer tels extraits, en tout ou en partie, du procès-verbal de partage que les parties intéressées requerront. — C. pr. civ. 839 s.

Les greffiers peuvent, sans attendre la réquisition des parties, délivrer à celles-ci des extraits des procès-verbaux de partage notariés, homologués par jugement, et les contraindre à en payer le coût, bien qu'elles refusent d'accepter ces extraits comme leur étant inutiles. — Trib. de Dunkerque, 8 nov. 1844, D.P. 45. 3. 110. — Observ. contr., J.G. *Success.*, 1759.

Art. 984.

Les formalités ci-dessus seront suivies dans les licitations et partages tendant à faire cesser l'indivision, lorsque des mineurs ou autres personnes non jouissant de leurs droits civils y auront intérêt. — C. civ. 819, 838, 1686 s.

Art. 985.

Au surplus, lorsque tous les copropriétaires ou cohéritiers seront majeurs, jouissant de leurs droits civils, présents ou dûment représentés, ils pourront s'abstenir des voies judiciaires, ou les abandonner en tout état de cause, et s'accorder pour procéder de telle manière qu'ils aviseront. — C. pr. civ. 952. — C. civ. 819.

L'individu nommé devant le juge de paix par des parties majeures pour procéder à l'amiable, en qualité d'expert, au partage d'une succession, peut, pour le règlement de ses vacations, suivre la marche tracée par l'art. 319 c. pr. civ., et déposer son rapport au greffe du tribunal où l'instance en partage devait être poursuivie, et se faire délivrer, par le président, un exécutoire du montant de la taxe ; en conséquence, les poursuites, par voie de commandement et de saisie-arrêt, faites en vertu de cet exécutoire par un notaire ainsi nommé expert, sont régulières et valables. — Req. 17 avr. 1838, J.G. *Success.*, 1713, et *Expert*, 27. — Observ. conf., J.G. *Success.*, 1714.

TITRE VIII.

Du Bénéfice d'inventaire.

Art. 986.

Si l'héritier veut, avant de prendre qualité, et conformément au code civil, se faire autoriser à procéder à la vente d'effets mobiliers dépendants de la succession, il présentera, à cet effet, requête au président du tribunal de première instance dans le ressort duquel la succession est ouverte.

La vente en sera faite par un officier public, après les affiches et publications ci-dessus prescrites pour la vente du mobilier. — C. pr. civ. 174, 617 s., 945 s., 1000. — C. civ. 796, 805. — Tar. 77.

1. L'héritier habile à succéder ne doit avoir recours à l'autorisation du président pour la vente du mobilier que lorsqu'il n'a pas encore pris qualité ; mais du moment qu'il a déclaré se porter héritier sous bénéfice d'inventaire, l'autorisation lui devient inutile, et serait, par conséquent, un acte frustratoire. — J.G. *Frais et dép.*, 870.

2. Les ventes publiques aux l'encan de meubles dépendant d'une succession bénéficiaire peuvent être faites par les greffiers de justice de paix, concurremment avec les huissiers et notaires, dans les lieux où il n'existe pas de commissaires-priseurs. — Bordeaux, 6 août 1835, J.G. *Vente publ. de meubles*, 43-1°.

3. Malgré le privilége des agents de change en matière de négociation des effets publics, la vente aux enchères d'actions, dépendant d'une succession bénéficiaire, peut être faite par le ministère d'un notaire. — Civ. c. 7 déc. 1853, D.P. 54. 1. 128. — Quest. controv., *ibid.*, note 1-2. — V. *Code de commerce annoté*, art. 76.

Art. 987.

« S'il y a lieu à vendre des immeubles dépendant de la succession, l'héritier bénéficiaire présentera au président du tribunal de première instance du lieu de l'ouverture de la succession une requête dans laquelle ces immeubles seront désignés sommairement. Cette requête sera communiquée au ministère public; sur ses conclusions et le rapport du juge nommé à cet effet, il sera rendu jugement qui autorisera la vente et fixera la mise à prix, ou qui ordonnera préalablement que les immeubles seront vus et estimés par un expert nommé d'office.

« Dans ce dernier cas, le rapport de l'expert sera entériné sur requête par le tribunal, et sur les conclusions du ministère public le tribunal ordonnera la vente » (L. 2 juin 1841). — C. pr. civ. 83, 112, 209, 302, 955 s., 991. — C. civ. 806. — C. pén. 412.

Rapport, J.G. *Vente publ. d'imm.,* p. 572, 580, nos 81, 167.

1. — I. Vente d'immeubles dépendant d'une succession bénéficiaire. — La requête doit être présentée au président du tribunal du lieu de la succession. — J.G. *Success.*, 842.

2. S'il s'agit de biens situés en France et qui dépendent d'une succession ouverte en pays étranger, l'héritier bénéficiaire doit adresser sa requête au président du tribunal du lieu de la situation ; et s'ils sont situés dans divers arrondissements, on suit pour la compétence la règle de l'art. 2210 c. civ. — J.G. *Success.*, 842.

3. La requête est *collective*, s'il y a plusieurs héritiers bénéficiaires et qu'ils soient d'accord. En cas de désaccord, celui qui désire la vente assigne ceux qui ne la veulent pas. — J.G. *Success.*, 843.

4. Le jugement qui autorise la vente et fixe la mise à prix, doit être rendu en *audience publique* et sur le rapport d'un juge commis. Si l'héritier est mineur, le jugement d'autorisation doit être précédé d'un avis de parents (c. pr. 953, 954). — J.G. *Success.*, 844.

5. Lorsqu'une expertise a été ordonnée, le rapport de l'expert est entériné sur requête, par le tribunal, même dans le cas où l'héritier bénéficiaire est un mineur. — J.G. *Success.*, 845.

6. — II. Renvoi de la vente devant un juge ou un notaire. — Le tribunal, ordonnant la vente déclare par le même jugement qu'elle aura lieu, soit devant un juge à l'audience des criées, soit devant un notaire commis. — J.G. *Success.*, 848.

7. En principe, le tribunal n'est pas nécessairement lié par la demande des parties ; et dans le cas même où elles sont d'accord, le choix entre ces deux modes de vente appartient au tribunal. — J.G. *Success.*, 848.

8. Mais pour le mode de vente à choisir et pour la désignation du fonctionnaire qui doit procéder à l'adjudication, les tribunaux doivent se déterminer uniquement par l'intérêt des parties. — Caen, 27 août 1827, J.G. *Vente publ. d'imm.*, 1998-3°. — Paris, 14 oct. 1829, J.G. *Success.*, 848. — Nancy, 4 janv. et 22 mars 1831, 13 mars 1832, J.G. *Vente publ. d'imm.*, 2003-1°. — Bordeaux, 26 nov. 1834, J.G. *Success.*, 848. — V. *supra*, art. 970, nos 2 et s.

9. Ainsi, c'est un notaire, et non un juge qui doit être commis pour procéder à la vente judiciaire des immeubles dépendant d'une succession bénéficiaire, quand ce mode offre des chances plus avantageuses aux parties.— Douai, 29 nov. 1827, J.G. *Vente publ. d'imm.*, 2003-2°. — Paris, 29 août 1845, D.P. 45. 4. 256.

10. ... Notamment, lorsque tous les héritiers demandent ce renvoi dans l'intérêt de la succession. — Bordeaux, 26 nov. 1834, J.G. *Vente publ. d'imm.*, 2004-1°. — V. aussi Bordeaux, 29 sept. 1835, *ibid.*, 2004-2°.

11. ... Alors, surtout, que les immeubles sont de peu d'importance et que leur éloignement du chef-lieu donne lieu de craindre qu'il n'y ait pas un concours suffisant d'enchérisseurs. — Riom, 7 janv. 1856, D.P. 56. 2. 73.

12. ... Et aussi lorsqu'il s'agit de biens susceptibles d'être divisés en plusieurs lots, et lorsqu'il est indispensable d'apporter, dans cette division, toutes les combinaisons que peuvent nécessiter les convenances des prétendants, et une connaissance plus spéciale de leurs projets, et, au besoin, de procéder, sur place, à l'adjudication. — Nancy, 15 juin 1844, J.G. *Vente publ. d'imm.*, 2003-3°.

Art. 988.

« Il sera procédé à la vente, dans chacun des cas ci-dessus prévus, suivant les formalités prescrites au titre *de la Vente des biens immeubles appartenant à des mineurs.*

« Sont déclarés communs au présent titre, les art. **701, 702, 705, 706, 707, 711, 712, 713, 733, 734, 735, 736, 737, 738, 739, 740, 741, 742,** les deux derniers paragraphes de l'art. **964** et l'art. **965** du présent code.

« L'héritier bénéficiaire sera réputé héritier pur et simple, s'il a vendu des immeubles sans se conformer aux règles prescrites par le présent titre » (L. 2 juin 1841). — C. pr. civ. 953. — C. civ. 778, 796, 800 s., 806.

Rapports, J.G. *Vente publ. d'imm.*, p. 572, 580, 584, nos 81, 167, 195.

1. — I. Adjudication des immeubles d'une succession bénéficiaire. — Bien que l'art. 988 ne déclare pas commun à la vente des immeubles d'une succession bénéficiaire l'art. 963, qui permet au tribunal d'ordonner, sur simple requête et en la chambre du conseil, que les biens seront adjugés au-dessous de l'estimation, lorsqu'au jour indiqué pour l'adjudication il ne s'est point présenté d'enchérisseur, le tribunal n'en a pas moins ce pouvoir. — J.G. *Success.*, 846.

2. L'art. 988 renvoyant à l'art. 711, sans faire de distinction entre les deux paragraphes dont cet article se compose, il en résulte que les membres d'un tribunal ne peuvent se rendre adjudicataires des immeubles dont la vente se poursuit devant ce tribunal, en cas de vente de biens dépendant d'une succession bénéficiaire. — Rapport sur une pétition à la Ch. des pairs, 4 mars 1846, D.P. 46. 3. 58. — Rapport à la Ch. des dép., 8 mai 1847, D.P. 47. 3. 109.

3. L'héritier bénéficiaire, poursuivant la vente des biens qui dépendent de la succession, ne peut attaquer cette vente, comme faite au-dessous du prix de l'estimation, lorsque son avoué a assisté à l'adjudication, y a consenti, et a reçu les frais dus par les acquéreurs. — Rennes, 7 juin 1820, J.G. *Success.*, 847.

4. En cas de vente judiciaire d'immeubles dépendant d'une succession bénéficiaire, pour prévenir des poursuites d'expropriation forcée, la clause du cahier des charges qui oblige les adjudicataires à payer leur prix dans un bref délai et au lieu de l'ouverture de l'ordre, est obligatoire même pour le créancier du défunt qui a stipulé, sans faculté d'anticipation, une époque et un lieu de payement différents,... sauf à ce créancier à réclamer, s'il y a lieu, des dommages-intérêts pour inexécution des conventions passées avec lui. — Req. 2 févr. 1853, D.P. 53. 1. 220.

5. L'adjudicataire a le droit de consigner son prix : l'héritier bénéficiaire ne peut pas s'opposer à cette consignation, par le motif que l'art. 806 c. civ. l'oblige à déléguer le prix des immeubles aux créanciers qui se sont fait connaître.—J.G. *Vente publ. d'imm.*, 2134.

6. — II. Surenchère. — En cas de surenchère sur des immeubles vendus, par-devant un notaire commis, par un héritier bénéficiaire, l'acte de surenchère doit être déposé au greffe du tribunal, et non chez le notaire commis; du moins le dépôt de cet acte au greffe n'est pas une nullité. — Turin, 8 sept. 1809, J.G. *Surench.*, 336-1°.

7. — III. Folle enchère. — Le cohéritier même bénéficiaire, qui s'est rendu adjudicataire des immeubles indivis de la succession, étant censé avoir succédé seul à la totalité de ces immeubles, n'est pas soumis à la revente sur folle enchère pour inexécution des conditions insérées au cahier des charges, bien que ce cahier porte textuellement que, faute de satisfaire aux conditions y insérées, l'adjudicataire y sera contraint par la voie de la folle enchère. — Bordeaux, 22 mars 1834, J.G. *Vente publ. d'imm.*, 2195. — Observ. conf., J.G. *Success.*, 2103.

8. Jugé, au contraire, que l'héritier bénéficiaire qui s'est rendu adjudicataire de l'un des immeubles de la succession est soumis à la poursuite sur folle enchère, s'il ne paye point son prix d'adjudication, sans pouvoir invoquer le bénéfice de l'art. 883 c. civ., surtout si cette poursuite a été expressément réservée dans le cahier des charges : l'héritier bénéficiaire soutiendrait en vain que sa qualité d'héritier absorbe celle d'adjudicataire, et rend inapplicable contre lui les règles ordinaires de la revente sur folle enchère. — Paris, 31 août 1843, J.G. *Vente publ. d'imm.*, 2194. — Conf., Req. 27 mai 1835, J.G. *Success.*, 2126.

9. En tout cas, les héritiers bénéficiaires d'une succession que l'adjudicataire d'un immeuble en dépendant n'a pas payés, n'ont point droit d'en poursuivre la vente sur folle enchère contre un second adjudicataire sur poursuite exercée par un des créanciers personnels du premier, alors qu'ils n'ont formé aucune opposition à cette adjudication. — Req. 14 août 1832, J.G. *Vente publ. d'imm.*, 2196.

10. Lorsque, dans le cahier des charges dressé par l'administrateur d'une succession bénéficiaire, pour parvenir à la revente sur folle enchère d'un immeuble de cette succession adjugé à sa requête, il a été dit qu'à défaut d'enchérisseur, le poursuivant ne sera pas forcément adjudicataire, mais qu'il aura le droit de se faire adjuger l'immeuble moyennant la mise à prix, afin de le faire mettre dans la succession, cette clause doit produire effet. — Paris, 30 avr. 1853, D.P. 54. 5. 728. — V. toutefois observ., J.G. *Vente publ. d'imm.*, 2214.

11. La disposition suivant laquelle l'adjudicataire est tenu de la différence entre son prix et celui de la revente sur folle enchère, est applicable au cas de la vente d'une succession bénéficiaire faite devant notaire. — Rouen, 26 mai 1826, J.G. *Vente publ d'imm.*, 2210.

12. D'ailleurs, l'adjudicataire des biens d'une succession, qui est en retard de payer son prix, peut être exproprié ; il n'est pas nécessaire de provoquer la revente par voie de folle enchère. — Bruxelles, 5 janv. 1822, J.G. *Vente publ. d'imm.*, 2188 et 1840-4°.

13. En cas de concours de deux poursuites ayant pour but de faire vendre un immeuble dépendant d'une succession bénéficiaire, l'une par voie de folle enchère, à la diligence des créanciers inscrits sur cet immeuble, l'autre par voie de vente sur publications volontaires, à la requête de l'héritier bénéficiaire, si ce second mode de vente a eu lieu en vertu d'une autorisation du tribunal, accordée malgré l'opposition des créanciers, ceux-ci ne peuvent plus, en présence de cette réalisation de leur gage, ni reprendre leur poursuite de folle enchère, ni en intenter une nouvelle, sous prétexte, par exemple, de l'inopportunité de la vente, à laquelle il a été procédé. — Req. 23 nov. 1853, D.P. 54. 1. 390.

Art. 989.

S'il y a lieu à faire procéder à la vente du mobilier et des rentes dépendant de la succession, la vente sera faite suivant les formes prescrites pour la vente de ces sortes de biens, à peine contre l'héritier bénéficiaire d'être réputé héritier pur et simple. — C. pr. civ. 643 s., 945. — C. civ. 796, 805 s.

Art. 990.

Le prix de la vente du mobilier sera distribué par contribution entre les créanciers opposants, suivant les formalités indiquées au titre *de la Distribution par contribution.* — C. pr civ. 656 s. — C. civ. 808 s.

1. Sur la distribution du prix aux créanciers opposants, V. *Code civil annoté*, art. 808.
2. Sur les formalités de la distribution par contribution, V. *suprà*, art. 656 et suiv.

Art. 991.

Le prix de la vente des immeubles sera distribué suivant l'ordre des privilèges et hypothèques. — C. pr. civ. 749 s., 773. — C. civ. 806, 2166.

1. Sur la délégation du prix des immeubles aux créanciers hypothécaires, V. *Code civil annoté*, art. 806, nᵒˢ 34 et suiv.
2. Sur les formalités de la procédure d'ordre, V. *suprà*, art. 749 et suiv.

Art. 992.

Le créancier ou autre partie intéressée qui voudra obliger l'héritier bénéficiaire à donner caution, lui fera faire sommation, à cet effet, par acte extrajudiciaire signifié à personne ou domicile. — C. pr. civ. 517 s. — C. civ. 807, 2040 s. — Tar. 29.

Sur l'obligation pour l'héritier bénéficiaire de donner caution, V. *Code civil annoté*, art. 807.

Art. 993.

Dans les trois jours de cette sommation, outre un jour par trois myriamètres (1) de distance entre le domicile de l'héritier et la commune où siège le tribunal, il sera tenu de présenter caution au greffe du tribunal de l'ouverture de la succession, dans la forme prescrite pour les réceptions de caution. — C. pr. civ. 518, 1033. — C. civ. 807.

Sur la forme des réceptions de caution, V. *suprà*, art. 518 et suiv.

Art. 994.

S'il s'élève des difficultés relativement à la réception de la caution, les créanciers provoquants seront représentés par l'avoué le plus ancien. — C. pr. civ. 520 s., 653, 661, 667, 719.

Art. 995.

Seront observées, pour la reddition du compte du bénéfice d'inventaire, les formes prescrites au titre *des Redditions de comptes.* — C. pr. civ. 527 s. — C. civ. 803, 809.

1. Sur le compte de bénéfice d'inventaire, V. *Code civil annoté*, art. 803, nᵒˢ 53 et suiv.
2. Sur la procédure des redditions de comptes, V. *suprà*, art. 527 et s.

Art. 996.

Les actions à intenter par l'héritier bénéficiaire contre la succession seront intentées contre les autres héritiers ; et s'il n'y en a pas, ou qu'elles soient intentées par tous, elles le seront contre un curateur au bénéfice d'inventaire, nommé en la même forme que le curateur à la succession vacante. — C. pr. civ. 998 s. — C. civ. 802, 812, 2258. — Tar. 77.

Sur les actions personnelles de l'héritier bénéficiaire contre la succession, V. *Code civil annoté*, art. 802, nᵒˢ 65 et s.

TITRE IX.

De la renonciation à la communauté, de la vente des immeubles dotaux et de la renonciation à la succession (L. 2 juin 1841).

Art. 997.

Les renonciations à communauté ou à succession seront faites au greffe du

(1) Cinq myriam. (art. 1033, modifié par la loi du 3 mai 1862).

tribunal dans l'arrondissement duquel la dissolution de la communauté ou l'ouverture de la succession se sera opérée, sur le registre prescrit par l'art. 784 c. civ., et en conformité de l'art. 1457 du même code, sans qu'il soit besoin d'autre formalité.

Lorsqu'il y aura lieu de vendre des immeubles dotaux dans les cas prévus par l'art. 1558 c. civ., la vente sera préalablement autorisée sur requête, par jugement rendu en audience publique.

Seront, au surplus, applicables le art. 955, 956 et s. du titre *de la Vente des biens immeubles appartenant à des mineurs* — C. pr. civ. 874. — C. civ 1453, 1461, 1463, 1466. — Tar. 91.

Rapports, J.G. *Vente publ. d'imm.*, p. 572 et 580, nᵒˢ 82 et 169.

1. Pour les cas dans lesquels l'aliénation des immeubles dotaux est permise et les formalités à observer pour la vente publique de ces immeubles, V. *Code civil annoté*, art. 1558.
2. Par dérogation à l'art. 1558 c. civ., la vente d'un immeuble dotal ne doit plus être précédée que d'une seule affiche. — J.G. *Vente publ. d'imm.*, 2056.
3. Les tribunaux devant lesquels est poursuivie la vente d'un bien dotal peuvent, en l'absence d'une disposition de loi qui les y autorise, renvoyer, s'il y a intérêt, la vente de tout ou partie de ces biens devant notaire. — Rapport à la Ch. des Pairs, 4 mar 1846, D.P. 46. 3. 58.

TITRE X.

Du Curateur à une succession vacante

Art. 998.

Lorsqu'après l'expiration des délais pour faire inventaire et pour délibérer, il ne se présente personne qui réclame une succession, qu'il n'y a pas d'héritier connu, ou que les héritiers connus y ont renoncé, cette succession est réputée vacante ; elle est pourvue d'un curateur, conformément à l'art. 812 du Code civil. — C. civ. 539, 723, 2258. — Tar. 77.

1. Le ministère public doit requérir, à défaut de parties intéressées, la nomination de curateurs aux successions vacantes, et agir, mais par voie de réquisition seulement, dans tous les cas où ces successions sont intéressées. — Circul. 3 juill. 1806, 21 avr. 1818 et 15 nov. 1823, J.G. *Minist. publ.*, 208.
2. En ce qui concerne la nomination de ce curateur, V. aussi *Code civil annoté*, art. 811 et 812.

Art. 999.

En cas de concurrence entre deux ou plusieurs curateurs, le premier nommé sera préféré sans qu'il soit besoin de jugement. — C. pr. civ. 967.

Art. 1000.

Le curateur est tenu, avant tout, de faire constater l'état de la succession par un inventaire, si fait n'a été, et de faire vendre les meubles suivant les formalités prescrites aux titres de *l'Inventaire* **et de** *la Vente du mobilier.*— C. pr. civ. 941 s., 945 s. — C. civ. 813 s.

Sur l'obligation pour le curateur de faire nventaire, V. *Code civil annoté,* art. 813.

Art. 1001.

Il ne pourra être procédé à la vente des immeubles et rentes que suivant les formes qui ont été prescrites au titre *du Bénéfice d'inventaire.* — C. pr. civ. 986 s., 989. — C. civ. 805, 813. — Tar. 128.

1. Le tribunal devant lequel est poursuivie la vente d'immeubles dépendant d'une succession vacante ne peut, lorsque tous les intéressés sont d'accord pour en demander le renvoi devant un notaire, décider qu'elle aura lieu devant un membre du tribunal, sans donner des motifs qui justifient sa décision. — Grenoble, 21 juin 1859, D.P. 60. 5. 415.

2. Il ne suffirait pas au tribunal de dire d'une manière vague que le renvoi devant l'un de ses membres présente plus d'avantages à cause de l'importance des immeubles à vendre, et sans faire connaître ce qui a formé sa conviction à cet égard. — Même arrêt.

Art. 1002.

Les formalités prescrites pour l'héritier bénéficiaire s'appliqueront également au mode d'administration et au compte à rendre par le curateur à la succession vacante. — C. pr. civ. 986. — C. civ. 803, 814.

Sur les pouvoirs d'administration du curateur à une succession vacante, V. *Code civil annoté,* art. 814.

LIVRE III

(Décrété le 29 avril 1806, et promulgué le 9 mai suivant.

TITRE UNIQUE.

Des arbitrages.

Art. 1003.

Toutes personnes peuvent compromettre sur les droits dont elles ont la libre disposition. — C. civ. 128, 217, 499, 513, 1124, 1449, 1538, 1554, 1576, 1989, 2044 s. — Com. 51. 63.

Exposé des motifs et Rapport, J.G. *Arbitr.,* p. 374 et s. n°° 4 et 45.

DIVISION.

§ 1. — *Caractère de l'arbitrage* (n° 1).
§ 2. — *Différentes espèces d'arbitrage* (n° 17).
§ 3. — *Personnes qui peuvent compromettre* (n° 23).

§ 1. — *Caractère de l'arbitrage.*

1. L'arbitrage est une juridiction instituée pour une affaire particulière; les arbitres font office de juges, ils se livrent à des actes d'instruction, leur décision est obligatoire pour les parties, et l'exécution peut en être poursuivie contre celle qui a succombé. — J.G. *Arbitr.,* 45.

2. L'arbitrage ne doit pas être confondu avec l'expertise. Les experts, simples donneurs d'avis, ont pour mission d'éclairer le tribunal, qui peut n'avoir aucun égard à leurs opinions. Les arbitres, au contraire, sont de véritables juges dont la décision, lorsqu'elle est revêtue de l'ordonnance d'exécution délivrée par le président du tribunal, a toute l'autorité d'un jugement. — J.G. *Arbitr.,* 45.

3. Quoique la qualité d'experts ait été donnée, dans un compromis, à des individus auxquels les parties s'en remettent pour faire une estimation, et quoique celles-ci les aient dispensés du serment, qui n'est imposé qu'aux experts, cependant, s'il est évident, par la nature de la mission, que les parties ont entendu constituer un arbitrage, la décision rendue par les individus nommés pour faire l'estimation est un jugement arbitral et non un simple rapport d'experts. — Lyon, 5 juin 1813, J.G. *Arbitr.,* 46 et 758. — Lyon, 24 août 1826, *ibid.,* 46.

4. La clause d'un bail portant qu'en cas de contestations, elles seront soumises à des experts qui jugeront, en dernier ressort, sans appel et sans pourvoi en cassation, doit être interprétée en ce sens que les parties ont entendu se soumettre à des arbitres et non à des experts proprement dits.—Amiens, 15 juin 1824, J.G. *Arbitr.,* 47.

5. De même, il suffit que, dans le procès-verbal d'un bureau de paix, à l'occasion de la lésion dans une vente, les parties aient énoncé l'intention de nommer des arbitres, pour que les tribunaux aient pu juger qu'il y avait eu compromis, bien que le procès-verbal porte en plusieurs passages le mot *experts* et qu'il résulte quelque incertitude sur l'intention de nommer des arbitres ou des experts. — Req. 12 vend. an 11, J.G. *Arbitr.,* 372.

6. Les individus nommés pour déterminer le prix d'une vente, aux termes de l'art. 1592 c. civ., doivent-ils être considérés comme arbitres ou comme experts? — V. *Code civil annoté,* art. 1592, n°° 26 et s.

7. Lorsqu'il a été stipulé dans un marché relatif à l'entreprise générale du travail dans les ateliers d'une maison de détention, qu'à la fin de l'entreprise il serait procédé par expert à l'estimation du mobilier alors en service, afin d'en apprécier la plus-value ou la moins-value, l'expertise à laquelle il est procédé en vertu de cette clause n'a pas le caractère d'un arbitrage. — Cons. d'Ét. 20 janv. 1853, D.P. 53. 3. 38.

8. Il en est autrement du pouvoir que deux parties, en dissidence sur la valeur de travaux faits par l'une pour le compte de l'autre, donnent à des experts, d'estimer ces travaux, avec convention de payer le montant de l'estimation. — Req. 30 janv. 1855, D.P. 55. 1. 57.

9. Doit-on considérer comme un arbitrage le fait par des parties de remettre à un tiers un blanc-seing avec faculté de le remplir en consentant une transaction? — V. *infrà,* art. 1005, n°° 9 et s.

10. Le renvoi des parties par le tribunal devant un tiers pour se concilier, si faire se peut, ne constitue pas un arbitrage, et ce tiers n'est point un arbitre. — J.G. *Arbitr.,* 52.

11. Doit être considéré comme un arbitre et non comme un expert celui à qui est imposée l'obligation de consulter une tierce personne avant de rendre sa décision; par suite, il doit, après avoir consulté celle-ci, se borner lui-même à donner son avis, qui, en cas de litige, est soumis aux tribunaux. — Bordeaux, 9 janv. 1832, J.G. *Arbitr.,* 54. — V. toutefois observ., *ibid,* 53 et 54.

12. Il y aurait atteinte à l'indépendance que le juge doit avoir, si l'arbitre s'adjoignait de lui-même une tierce personne, non-seulement pour le seconder dans les opérations de l'arbitrage, mais encore pour prendre part à la décision. — Liége, 22 juill. 1831, J.G. *Arbitr.,* 54 et 870.

13. Pour qu'il y ait lieu à arbitrage, une contestation doit exister entre les parties: l'arbitre est celui qui a reçu des parties le droit de juger une contestation née ou à naître. — Bordeaux, 9 janv.1832, J.G. *Arbitr.,* 55 et 54.

14. Mais il suffit que des droits soient contestés, bien qu'ils soient certains, pour qu'il y ait lieu à compromis, et par suite à arbitrage. — Req. 17 janv. 1809, J.G. *Arbitr.,* 56 et 282.

15. La seule indivision a été considérée comme pouvant être l'objet d'un arbitrage. — Req. 18 fév. 1835, J.G. *Arbitr.,* 56 et 817.

16. Ainsi, le pouvoir conféré à des arbitres de déterminer en dernier ressort, et sans appel, la valeur d'objets à échanger et les soultes à payer, constitue un arbitrage et doit en subir les règles. — Req. 10 nov. 1829, J.G. *Arbitr.,* 55.

§ 2. — *Différentes espèces d'arbitrages.*

17. L'*arbitrage volontaire* est celui qui est établi par la seule volonté des parties et que nul ne peut leur imposer malgré elles. — J.G. *Arbitr.*, 58.

18. L'arbitrage volontaire peut, au gré des parties, être substitué, en tout état de cause, à la juridiction des tribunaux, pourvu que le débat soit de nature à faire l'objet de conventions privées. — J.G. *Arbitr.*, 60.

19. Sur l'*amiable composition*, V. *infrà*, art. 1019.

20. L'*arbitrage forcé*, organisé par les art. 51 à 63 c. com., pour juger les contestations entre associés, a été supprimé par la loi du 17 juill. 1856. — V. *Code de commerce annoté*, art. 51.

21. A l'égard des arbitres-rapporteurs que les tribunaux de commerce peuvent nommer pour l'examen de comptes, pièces et registres, et qui ont pour mission de concilier les parties, si faire se peut, sinon de donner leur avis, V. *suprà*, art. 429 à 431.

22. Le contrat d'assurance maritime peut contenir la soumission des parties à des arbitres, en cas de contestation. — V. *Code de commerce annoté*, art. 332.

§ 3. — *Personnes qui peuvent compromettre.*

23. Nul ne peut compromettre s'il n'a la libre disposition des droits sur lesquels sont appelés à statuer les arbitres. — J.G. *Arbitr.*, 219.

24. — I. MINEURS. — Les mineurs *non émancipés* sont incapables de s'obliger par compromis. — J.G. *Arbitr.*, 221 et 226.

25. Le mineur émancipé peut compromettre, mais seulement sur les droits dont il a la libre disposition. — J.G. *Arbitr.*, 224.

26. Le mineur émancipé qui fait le commerce a le droit de compromettre. — J.G. *Arbitr.*, 225.

27. — II. ADMINISTRATEUR LÉGAL. — Un père administrateur légal peut compromettre sur les revenus et fermages échus des biens de ses enfants, revenus auxquels il a droit en sa qualité d'administrateur. — Aix, 27 avr. 1839, J.G. *Arbitr.*, 243 et 244.

28. A l'égard des fruits non échus ou non perçus, il ne pourrait en faire l'objet d'un compromis, que sous la condition des charges qui grèvent l'usufruit légal. — J.G. *Arbitr.*, 243.

29. Le compromis fait par une veuve, jouissant de l'usufruit légal des biens de ses enfants ne peut porter sur des revenus ou fermages qui étaient échus au décès de son mari et qui faisaient dès lors partie de la fortune des enfants mineurs. — Aix, 27 avr. 1839, J.G. *Arbitr.*, 244.

30. — III. TUTEUR. — Le tuteur ne peut pas consentir un compromis relatif, soit à des immeubles du mineur. — J.G. *Arbitr.*, 246.

31. ... Soit même à des biens mobiliers de ce mineur. — Bourges, 18 déc. 1840, J.G. *Arbitr.*, 246.

32. Cependant un arrêt a déclaré valable le compromis passé, même sans autorisation du conseil de famille, par une mère tutrice de ses enfants, tant en son nom qu'en celui des mineurs, sur un objet mobilier, par exemple, sur l'indemnité à laquelle la mère et ses enfants ont droit comme locataires d'une ferme qu'ils sont obligés d'abandonner. — Turin, 19 vent. an 11, J.G. *Arbitr.*, 247.

33. La circonstance que le subrogé tuteur se joindrait au tuteur, pour consentir un compromis relativement aux biens du mineur ne rendrait pas ce compromis valable. — J.G. *Arbitr.*, 251.

34. Jugé toutefois qu'au cas de sentence arbitrale rendue sur le compromis passé entre un tuteur et le subrogé tuteur, sur la question de savoir si un acte du tuteur, une vente des biens de son pupille, a lésé les intérêts de ce dernier, cette sentence a pu être maintenue et le subrogé tuteur être déclaré sans droit pour l'attaquer, s'il est reconnu que, par cet acte, les intérêts des mi-

neurs n'ont pas été lésés. — Req. 23 août 1815, J.G. *Arbitr.*, 251.

35. Le tuteur ne peut, avant la reddition d'un compte détaillé au mineur devenu majeur, compromettre avec lui sur tout ou partie de ce compte (c. civ. 472). — J.G. *Arbitr.*, 249.

36. Un mineur devenu majeur peut demander la nullité de l'acte par lequel son tuteur, même autorisé de la famille, a compromis sur ses droits mobiliers, en renonçant à la voie d'appel contre la sentence arbitrale, sans qu'il soit obligé de prouver qu'il a été lésé. — Civ. c. 4 fruct. an 12, J.G. *Arbitr.*, 248. — Observ. conf., *ibid.*, 222.

37. Mais une fois que la sentence arbitrale a été rendue, la lésion doit être prouvée pour que la nullité de cette sentence, puisse être admise. — J.G. *Arbitr.*, 222.

38. Le majeur qui a passé un compromis avec un mineur ou avec son tuteur, se portant fort pour celui-ci, n'a pas qualité pour en demander la nullité. — Poitiers, 22 juill. 1819, J.G. *Arbitr.*, 292. — Rennes, 6 juill. 1820, J.G. *Oblig.*, 2989-3°. — Paris, 6 juill. 1827, J.G. *Arbitr.*, 292. — Nîmes, 17 nov. 1828, *ibid.* — Riom, 26 nov. 1828, *ibid.* — Toulouse, 18 août 1837, *ibid.* — Grenoble, 6 juin 1839, *ibid.* — Bruxelles, 25 janv. 1843, J.G. *Arbitre*, 602. — Civ. c. 14 févr. 1849, D.P. 49. 1. 42. — Lyon, 3 juill. 1850, D.P. 51. 2. 134. — Aix, 17 nov. 1870, D.P. 72. 5. 28. — Observ. conf., J.G. *Arbitr.*, 291.

39. Spécialement, le majeur n'est pas recevable à proposer la nullité tirée de la minorité, alors que d'autres parties qui avaient le même intérêt que le mineur, ou lorsque son tuteur se sont portés fort pour lui, et que la partie qui attaque le compromis a accepté cette garantie. — Req. 1er mai 1811; Riom, 18 mars 1822; Pau, 18 juill. 1834, J.G. *Arbitr.*, 293.

40. ... Ou alors que le majeur n'a fait aucune réclamation devant les arbitres au sujet de la minorité des enfants de sa partie adverse qui était décédée. — Req., 21 niv. an 11, J.G. *Arbitr.*, 294.

41. Lorsqu'un compromis a été passé entre deux majeurs, il ne peut être annulé, même avant tout jugement, sous le prétexte qu'un mineur a un intérêt éventuel à la contestation, si ce mineur, qui n'a point paru au compromis, n'élève aucune réclamation. — Req. 29 janv. 1812, J.G. *Arbitr.*, 295.

42. ... Ou bien si, depuis la sentence rendue au profit du mineur, les parties ont, tant en première instance qu'en appel, pris des conclusions sur le fond, et discuté les objets en réclamation, sans se prévaloir de la nullité. — Req., 26 août 1812, J.G. *Arbitr.*, 296.

43. On doit appliquer la même règle, quoique le majeur ait ignoré l'état de minorité. — J.G. *Arbitr.*, 297.

44. Mais si un compromis ayant été passé par l'auteur du mineur, la sentence était rendue après le décès de cet auteur, le mineur en faveur de qui cette sentence a été rendue, ne peut se prévaloir, à l'encontre du majeur qui en demande la nullité, de la disposition de l'art. 1125 c. civ. — Montpellier, 15 janv. 1816, J.G. *Arbitr.*, 298 et 597.

45. Dans le cas où une sentence arbitrale est contraire au mineur, le tuteur, peut, avec l'autorisation du conseil de famille, la faire annuler. Si un jugement passé en force de chose jugée rejette la demande, le mineur est obligé, en vertu de ce jugement, non en vertu de la sentence. — J.G. *Arbitr.*, 298.

46. Si le tuteur n'a pas attaqué la sentence, ou même l'a exécutée, le mineur peut en demander la nullité; mais tant qu'il ne forme pas cette demande, la sentence lui est opposable. — J.G. *Arbitr.*, 298.

47. — IV. INTERDITS ET PRODIGUES. — L'interdit est incapable de compromettre. — J.G. *Arbitr.*, 227.

48. Mais le majeur qui a compromis avec l'interdit ou avec son tuteur ne peut pas se

prévaloir de l'incapacité de l'interdit (c. cil. 1125). — J.G. *Arbitr.*, 291.

49. L'individu qui n'est pourvu que d'un conseil judiciaire peut compromettre sur les biens dont il a le droit de disposer librement (Quest. controv.). — J.G. *Arbitr.*, 227.

50. — V. FEMMES MARIÉES. — Sous quelque régime qu'elles soient mariées, si elles n'ont pas l'autorisation spéciale de leur mari, ou, à défaut, celle de la justice, les femmes sont incapables de compromettre. — J.G. *Arbitre*, 228.

51. Un mari pourvu d'un conseil judiciaire peut, avec l'assistance de ce conseil autoriser sa femme à consentir un compromis... Et il suffit que le conseil ait assisté le mari, pour la première fois, lors de la prorogation de ce compromis. — Riom, 27 avr. 1847, D.P. 47. 2. 160.

52. Si la femme n'était entrée en puissance de mari que depuis le compromis, le changement d'état ne mettrait pas fin au compromis. — J.G. *Arbitr.*, 237.

53. Sur le compromis passe par la femme séparée de biens, V. *Code civil annoté*, art. 1449, nos 17 et s.

54. Sur le point de savoir si la femme mariée sous le régime dotal peut compromettre relativement à ses biens dotaux, V. *Code civil annoté*, art. 1554, nos 110 et s., art. 1557, nos 43 et s.

55. Sur la validité des compromis passés par la femme mariée sous le régime dotal, relativement à ses biens paraphernaux, V. *Code civil annoté*, art. 1576, nos 7 et s.

56. Sur les compromis passés par une femme mariée, marchande publique, V. *Code de commerce annoté*, art. 5.

57. Une femme peut compromettre sur les revenus de la communauté par elle acceptée. — Paris, 3 juin 1808, J.G. *Arbitr.*, 230 et 257.

58. Sur les compromis passés par le mari, chef de la communauté de biens existant entre les époux, V. *Code civil annoté*, art. 1428, n° 18.

59. Sur les compromis passés par le mari, relativement aux biens dotaux, V. *Code civil annoté*, art. 1554, nos 18 et s.

60. Un compromis dans lequel a figuré une femme mariée non autorisée, est valable entre les autres parties, et doit recevoir son exécution, quoiqu'il soit annulable à l'égard de cette femme, s'il n'est point établi que la validité du compromis ait été, dans l'intention des contractants, subordonnée à son maintien vis-à-vis de tous, ni que ce compromis eût un objet indivisible. — Civ. r. 3 mars 1863, D.P. 63. 1. 225.

61. Ainsi, sont non recevables à se prévaloir de la nullité ceux qui ont compromis avec une femme mariée, ... soit que la nullité résultât de ce que le mari avait stipulé au compromis pour elle, quoiqu'elle ne lui eût donné aucun mandat à cet effet. — Toulouse, 8 mai 1820, J.G. *Arbitr.*, 299. *Contrà :* — Toulouse, 4 janv. 1817, *ibid.*, 239.

62. ... Soit que la nullité résultât de ce qu'il avait été compromis par la femme sur son fonds dotal. — Toulouse, 3 juin 1828, J.G. *Arbitr.*, 299 et 1182. — Nîmes, 17 nov. 1828, *ibid.*, 292. — Toulouse, 5 mars 1829, *ibid.*, 299. — Bordeaux, 22 mai 1832, *ibid.*, 242. — Req. 29 janv. 1838, *ibid.*, 239.

63. Cependant, une cour a vu une nullité absolue, proposable par l'adversaire de la femme aussi bien que par celle-ci, dans l'absence de communication au ministère public. — Grenoble, 25 avr. 1831, J.G. *Arbitr.*, 299.

64. La nullité du compromis souscrit par le mari relativement aux biens dotaux n'est pas couverte par la ratification postérieure de la femme. — Req. 29 janv. 1838, J.G. *Arbitr.*, 239, et *Contr. de mar.*, 3472.

65. Mais cette nullité est couverte par la ratification et l'exécution volontaire donnée par la femme depuis la dissolution du mariage. — Req. 31 déc. 1822, J.G. *Arbitr.*, 322, et *Mariage*, 783-4°.

66. — VI. ABSENTS. — Le curateur d'un absent est incapable de compromettre sur les droits de cet absent. — J.G. *Absent*, 96 ; *Arbitr.*, 252.

67. La personne capable qui a compromis avec le curateur d'un absent peut se prévaloir de la nullité résultant de l'incapacité du curateur aussi bien que l'absent lui-même. — Req. 5 oct. 1808, J.G. *Arbitr.*, 300 et 252. — Quest. controv., *ibid.*

68. Les parents d'un absent, envoyés en possession provisoire de ses biens, ne peuvent soumettre à l'arbitrage les contestations relatives aux droits immobiliers ou même mobiliers de cet absent (Quest. controv.). — J.G. *Arbitr.*, 252.

69. Mais l'héritier envoyé en possession n'est pas fondé, non plus que l'autre partie, à demander la nullité pour défaut de pouvoir, du compromis qu'il a passé ; cette faculté se restreint à l'absent. — J.G. *Arbitr.*, 254.

70. — VII. HÉRITIER BÉNÉFICIAIRE. — L'héritier bénéficiaire a capacité pour compromettre ; mais il ne peut le faire qu'en perdant sa qualité d'administrateur et en devenant héritier pur et simple. — J.G. *Arbitr.*, 255.

71. Spécialement, le bénéficiaire qui a compromis, par amiable composition, sur un solde de compte concernant l'hérédité, est mal fondé à demander la nullité du jugement arbitral sous le prétexte qu'il n'aurait pas eu capacité pour compromettre. — Req. 20 juill. 1814, J.G. *Arbitr.*, 255.

72. Le bénéficiaire compromet valablement sur les comptes que lui doivent les fermiers ou régisseurs de la succession, sans que ni lui ni ses créanciers soient fondés à faire annuler la sentence arbitrale comme rendue sur compromis passé par un individu qui n'avait pas qualité pour compromettre. — Paris, 3 juin 1808, J.G. *Arbitr.*, 257.

73. Il n'y a pas à tenir compte de ce que le bénéficiaire a pris ou non la qualité d'héritier dans les actes ; du moment où il a consenti un compromis, il devient héritier pur et simple. — J.G. *Arbitr.*, 256.

74. D'après une autre opinion, le bénéficiaire ne devient pas héritier pur et simple par cela seul qu'il a compromis, si, dans cet acte, il a formellement déclaré n'agir qu'en sa qualité d'administrateur. — J.G. *Arbitr.*, 258.

75. — VIII. MANDATAIRE. — Un mandataire ne peut compromettre s'il n'est porteur d'un pouvoir spécial du mandant ; un mandat général à l'effet d'administrer et même d'aliéner, et, par exemple, le mandat de pourvoir à tout, donné par l'union des créanciers à des syndics, serait insuffisant pour autoriser ceux-ci à compromettre. — Riom, 16 janv. 1815, J.G. *Arbitr.*, 259 et 266.

76. La parenté n'est pas un titre qui autorise un individu à passer un compromis pour son parent. Ainsi, un fils ne peut compromettre pour son père sans mandat exprès de ce dernier, et le vice de la nomination de l'arbitre n'est pas couvert par la comparution du père devant cet arbitre. — Toulouse, 29 avr. 1820, J.G. *Arbitr.*, 275.

77. La nullité d'un compromis résultant de ce qu'il n'est signé que par un parent de l'une des parties, sans mandat exprès, peut être demandée par l'autre partie. — Même arrêt. — V. observ., J.G. *Arbitr.*, 300.

78. En matière de compromis, il importe de restreindre le mandat dans ses termes rigoureux : ainsi, lorsqu'en vertu d'un compromis souscrit par un mandataire, autorisé par ses mandants à faire tout arrangement amiable devant un conciliateur, il a été rendu un jugement arbitral, ce jugement n'est pas obligatoire pour ces derniers. — Turin, 7 févr. 1810, J.G. *Arbitr.*, 261.

79. Le pouvoir de transiger ne renferme pas celui de compromettre ; en conséquence, le mandataire est incapable de consentir un compromis, bien qu'il ait reçu le pouvoir de transiger. — Nîmes, 27 août 1806, sous Req. 15 févr. 1808, J.G. *Arbitr.*, 264.

80. Spécialement, le pouvoir de transiger donné par un mari à sa femme ne renferme pas le pouvoir de proroger un compromis. — Civ. c. 18 août 1819, J.G. *Arbitr.*, 262 et 271.

81. La même règle a été jugée applicable à l'autorisation de transiger donnée par le mari à sa femme, encore qu'il soit dit que la femme pourra transiger même par médiation d'arbitres. — Aix, 6 mai 1812, J.G. *Arbitr.*, 263.

82. Cependant, le compromis passé en vertu d'un mandat qui ne portait que le pouvoir de transiger, et non celui de compromettre, est valable, s'il résulte de lettres écrites au mandataire par le mandant que celui-ci a autorisé le premier à compromettre. — Req. 15 févr. 1808, J.G. *Arbitr.*, 264.

83. Dans ces circonstances, si le compromis a été passé de bonne foi entre le mandataire et des tiers, depuis la faillite du mandant, et dans l'ignorance de cette faillite, il est valable. — Req. 15 févr. 1808, J.G. *Arbitr.*, 260 et 264.

84. Et si, par suite du compromis et toujours dans l'ignorance de la faillite, les arbitres rendent leur sentence, les créanciers du failli ne sont pas recevables à l'attaquer par la voie de la tierce-opposition. — Même arrêt.

85. Le mandataire lui-même, qui a souscrit le compromis, ne pourrait convenir d'une prorogation sans pouvoir nouveau ; mais, si le mandat contenait quelques expressions desquelles on pût induire qu'on a entendu donner le droit de proroger le compromis, le mandataire souscrirait valablement cette prorogation. — J.G. *Arbitr.*, 265.

86. Le mandat donné à des syndics par une union de créanciers dans un traité portant nomination d'arbitres, sans fixation de délai, ne confère point aux syndics le pouvoir de nommer de **nouveaux** arbitres en cas de décès ou de **déport de ceux** nommés, et de proroger le délai. — Riom, 16 janv. 1815, J.G. *Arbitr.*, 266.

87. Celui qui s'est **rendu** acquéreur, tant en son nom qu'au nom d'une tierce personne, sans avoir reçu de mandat écrit de cette personne, peut compromettre également sans mandat, relativement à la totalité de l'objet de l'acquisition, si ladite acquisition n'a pas encore été ratifiée par cette personne. — Req. 14 mai 1829, J.G. *Arbitr.*, 267 et 325.

88. Le compromis passé en vertu d'une procuration qui ne contient pas de pouvoir spécial à cet effet doit être annulé sur la demande des parties adverses, bien qu'il soit produit une lettre du mandant contenant adhésion à tout ce qui a été fait, si cette lettre, portant une date antérieure à la demande, n'a été enregistrée que depuis. — Riom, 30 déc 1814, J.G. *Arbitr.*, 268.

89. Le mandant qui prétend n'avoir pas donné pouvoir de nommer des amiables compositeurs couvre cette nullité en procédant devant eux. — Turin, 7 févr. 1810, J.G. *Arbitr.*, 260 et 261. — Besançon, 18 déc. 1811, *ibid.*, 898.

90. Pareillement, de ce qu'une partie, au nom de laquelle il a été compromis sans mandat de sa part, a assisté aux opérations des arbitres, il suit qu'il y a eu ratification en ce qui la concerne ; et la partie adverse, qui n'a jamais réclamé jusqu'au jugement, est non recevable à se prévaloir de la nullité résultant du défaut de mandat. — Toulouse, 8 mai 1820, J.G. *Arbitr.*, 269 et 299.

91. Les avocats, avoués, agréés, huissiers, ont besoin d'un pouvoir spécial pour obliger leurs clients par compromis. — J.G. *Arbitr.*, 270.

92. Mais l'avoué peut, sans mandat spécial, sommer l'adversaire de son client de venir devant le tribunal à l'effet de convenir d'arbitres ; en conséquence, c'est par exploit à la partie et non par simple acte, que les parties doivent être sommées de convenir d'arbitres. — Toulouse, 11 janv. 1840, J.G. *Arbitr.*, 270.

93. — IX. ASSOCIÉ. — L'associé gérant ne peut compromettre sur les intérêts de la société, s'il n'a un mandat spécial. — J.G. *Arbitr.*, 271.

94. La prorogation d'un compromis, consentie par un associé en matière commerciale, en son nom personnel et comme se portant fort pour un de ses associés, n'oblige pas les autres coassociés dont il n'est pas fait mention dans l'acte. — Civ. c. 18 août 1819, J.G. *Arbitr.*, 271. — V. aussi Civ. c 8 août 1825, *ibid.*, 1328.

95. Le compromis consenti par un associé obligé solidairement avec ses coassociés ne vaut que quant à son intérêt ; il ne préjudicie pas aux autres associés. — J.G. *Arbitr.*, 272.

96. La nullité résultant du défaut de lien de la part de quelques associés qui ont compromis, peut être invoquée par la partie qu à souscrit le compromis, aussi bien que par les associés qui n'y ont pas pris part. — Civ. c. 18 août 1819, J.G. *Arbitr.*, 300-2° et 271.

97. Mais lorsque la nullité d'un jugement arbitral qui condamne un individu à payer une somme à une société pour indemnité d'un navire capturé, est demandée par cet individu, sur le fondement que plusieurs des associés n'ont pas pris part au compromis, cette nullité doit être restreinte à ces derniers ; le compromis n'est pas nul à l'égard des associés et de la partie qui y ont figuré. — Même arrêt.

98. — X. LIQUIDATEUR. — Un *liquidateur* n'est qu'un simple mandataire, qui ne peut consentir un compromis, alors même qu'il a eu auparavant la qualité d'associé. — Civ. c. 15 janv. 1812, J.G. *Arbitr.*, 273.

99. Jugé toutefois que, dans les usages du commerce, les liquidateurs des maisons commerciales sont réputés avoir reçu de leurs commettants un pouvoir suffisant pour compromettre. — Rennes, 21 mars 1831, J.G. *Arbitr.*, 273.

100. — XI. INDIVISAIRE. — Une partie ne peut pas demander la nullité du compromis qu'elle a librement consenti sur la propriété d'un terrain, sous le prétexte que l'autre contractant était propriétaire indivis et par moitié, avec une commune, du terrain litigieux, lorsque cette commune n'a point été partie dans la contestation, et n'élève aucune réclamation. — Req. 24 août 1829, J.G. *Arbitr.*, 274 et 422.

101. — XII. CRÉANCIER. — Un créancier est sans qualité pour compromettre au nom de son débiteur, soit dans le cas où, en vertu de l'art. 1166 c. civ., il est autorisé à exercer les actions de ce dernier, soit dans celui où il aurait reçu de ses cocréanciers le droit de surveiller et d'administrer leurs intérêts respectifs. — J.G. *Arbitr.*, 276.

102. La sentence rendue sur un compromis passé par celui qui a une créance solidaire ne vaut que pour la part qui lui appartient dans la créance et ne préjudicie point aux autres créanciers. — J.G. *Arbitr.*, 276.

103. L'indivisibilité n'empêche pas un créancier de s'obliger par compromis ; mais les effets de cet acte se restreignent à ce qui le concerne. — J.G. *Arbitr.*, 276.

104. — XIII. CÉDANT ; CESSIONNAIRE. — Le compromis passé avec une partie qui se trouve sans intérêt par la cession qu'elle a faite de ses droits à un tiers, et qu'elle a laissé ignorer à son adversaire, est nul, à moins que cette partie ne doive, d'après les circonstances, être considérée comme prête-nom. — J.G. *Arbitr.*, 277.

105. — XIV. FAILLITE ; CESSION DE BIENS. — Celui qui a fait cession de biens et le failli ne peuvent consentir un compromis. — J.G. *Arbitr.*, 278.

106. Les créanciers de celui qui a fait cession de biens ne peuvent pas non plus compromettre, à moins que la cession ne **soit**

volontaire et qu'elle ne contienne abandon irrévocable à leur profit. — J.G. *Arbitr.*, 278.

107. Les syndics de faillite ne peuvent compromettre sur les intérêts du failli. — Civ. r. 6 avr. 1818, J.G. *Arbitr.*, 283 et 104.

108. Mais lorsque les syndics définitifs d'une société tombée en faillite réclament contre un tiers l'exécution d'un acte passé entre lui et la société faillie, acte par lequel il a été convenu que toutes les difficultés seraient jugées par des arbitres, on doit, si le tiers requiert l'exécution de cette clause, renvoyer la cause devant les arbitres. — Req. 6 févr. 1827, J.G. *Arbitr.*, 284.

109. — XV. PERSONNES MORALES. — La faculté de compromettre est interdite aux universalités ou collections d'individus, telles que communes, établissements publics, administrations de l'Etat, etc., qui ne peuvent agir que par l'entremise de leurs représentants, et dont les intérêts exigent la surveillance du ministère public. — J.G. *Arbitr.*, 220.

110. En pareil cas, la nullité du compromis est d'ordre public : toutes les parties peuvent invoquer cette nullité, même après la sentence. — J.G. *Arbitr.*, 291.

111. Ainsi, lorsque le maire d'une commune, les administrateurs d'un établissement public passent un compromis sans y avoir été légalement autorisés, la sentence arbitrale est nulle, lors même qu'elle prononce en leur faveur et que le défaut d'autorisation n'a point été opposé devant les arbitres. — J.G. *Arbitr.*, 291. — Conf. Bordeaux, 22 mai 1832, *ibid.*, 242.

Table sommaire.

Art. 1004.

On ne peut compromettre sur les dons et legs d'aliments, logement et vêtements ; sur les séparations d'entre mari et femme, divorces, questions d'état, ni sur aucune des contestations qui seraient sujettes à communication au ministère public. — C. pr. civ. 83, 581 s. — C. civ. 306, 467, 610, 1015, 1443, 1989.

Exposé des motifs et Rapport, J.G. *Arbitr.*, p. 374 et s., nᵒˢ 5 et 16.

1. En principe, toute matière est susceptible de compromis; les divers cas énumérés par l'art. 1004 c. pr. ne sont que des exceptions à cette règle de droit commun. — J.G. *Arbitr.*, 302.

2. — I. DONS ET LEGS D'ALIMENTS. — La disposition qui défend le compromis sur les dons et legs d'aliments ne concerne que les libéralités faites à titre d'aliments par des personnes non soumises à la dette alimentaire; elle ne concerne ni les aliments adjugés par justice, lesquels ne sont ni donnés, ni légués, dans le sens de l'art. 1004, ni les aliments dont la prestation a été amiablement réglée entre le créancier et le débiteur qui les doit en vertu de sa qualité ou de la loi. — J.G. *Mariage*, 709, et *Arbitr.*, 313.

3. Par exemple, le débat qui s'élève entre un père et son fils sur la quotité de cette pension ou sur son mode de prestation peut faire l'objet d'un compromis. — J.G. *Arbitr.*, 319.

4. L'art. 1004 c. pr. n'entend parler que des dons qui sont l'effet d'une pure libéralité, et ne s'étend pas, sans une déclaration expresse, à des dons faits par contrat synallagmatique et à titre onéreux, encore que ces dons contractuels aient pour objet les choses qui pourraient être laissées à titre d'aliments. — Besançon, 18 mars 1828, J.G. *Arbitr.*, 314 et 1337.

5. Le litige né au sujet d'une stipulation contractuelle par laquelle des époux s'étaient obligés à nourrir gratuitement leurs fille et gendre, peut être l'objet d'un compromis. — Req. 7 févr. 1826, J.G. *Arbitr.*, 315.

6. De même, une veuve peut passer compromis sur les joyaux, le douaire et le droit d'habitation à elle assurés par son contrat de mariage, et sur les habits de deuil qui lui sont dus par la succession de son mari. — Besançon, 18 mars 1828, J.G. *Arbitr.*, 316 et 1337.

7. Les arrérages à échoir d'une rente alimentaire ne peuvent faire la matière d'un compromis. — J.G. *Arbitr.*, 317.

8. Mais le compromis sur les arrérages échus d'un don ou legs d'aliments est valable, que le créancier ait été ou non obligé d'emprunter pour vivre. — J.G. *Arbitr.*, 317.

9. On ne peut pas compromettre sur les dons et legs de droits d'usage et d'habitation, si, dans l'intention expresse du testateur, comme dans la réalité des choses, le droit d'usage ou d'habitation devait servir à titre de logement au gratifié. — J.G. *Arbitr.*, 318.

10. — II. QUESTIONS D'ÉTAT. — On ne peut pas compromettre sur les questions d'état, c'est-à-dire sur la condition d'une personne en tant qu'elle est enfant légitime, naturel ou adoptif de tel père ou de telle mère, mariée ou non mariée, vivante ou morte, etc. — J.G. *Arbitr.*, 303.

11. Ainsi, il y a nullité, ... soit lorsque les parties donnent à des arbitres le droit de prononcer *principalement* sur leur état. — J.G. *Arbitr.*, 304.

12. ... Soit lorsque les arbitres, sans y être autorisés par le compromis, statuent sur l'état des parties. — J.G. *Arbitr.*, 304.

13. ... Soit lorsque, à l'occasion d'un litige d'intérêt privé dont la solution dépend d'une question d'état, les parties donnent aux arbitres le droit de décider cette question uniquement pour arriver à la solution du litige et sans que le jugement des arbitres doive exercer aucune influence sur leur état respectif. — J.G. *Arbitr.*, 304.

14. Spécialement, lorsque des arbitres, avant de prononcer sur des droits successifs litigieux, ont été chargés par compromis de statuer, et ont statué en effet sur l'existence ou la non-existence d'un mariage, le compromis et le jugements sont nuls, et la renonciation à l'opposition doit être réputée non avenue. — Bastia, 22 mars 1831, J.G. *Arbitr.*, 305.

15. Mais il en serait autrement dans le cas où les arbitres auraient été chargés, comme amiables compositeurs, de juger un débat se restreignant à un intérêt purement civil, sans aucune influence sur la question d'état, et où, dans les motifs de leur jugement, ils auraient argumenté de la qualité qui, dans leur intention, devait être attribuée aux parties. — J.G. *Arbitr.*, 305.

16. Est valable le compromis sur le point de savoir si un enfant est né viable ou non, et si, en conséquence, il a survécu ou non à sa mère. Ce n'est point là une véritable question d'état, laquelle ne s'entend que de l'état civil des personnes. — Bruxelles, 26 févr. 1807, J.G. *Arbitr.*, 307. — Quest. controv. *ibid.*

17. Il a été jugé qu'on ne peut assimiler à une question d'état : ni une question de généalogie à l'effet de déférer une succession à l'un des contendants. — Civ. r. 12 mess. an 4, J.G. *Arbitr.*, 310-1°.

18. ... Ni la question de savoir si une partie est habile à succéder à une personne, et si elle doit être préférée à d'autres prétendants droit dans la même succession. — Civ. c. 26 pluv. an 3, J.G. *Arbitr.*, 310 2°. — Mais V. observ. *ibid.*

19. ... Ni la question de savoir si, en raison de sa fréquentation avec une fille devenue mère, un individu doit payer des dommages-intérêts à celle-ci, et être tenu d'entretenir l'enfant auquel elle a donné le jour. — Civ. r. 2 fruct. an 3, J.G. *Arbitr.*, 311, et *Patern.*, 427-5°.

20. On ne peut pas compromettre sur les *séparations de corps* ni sur les *séparations de biens*. — J.G. *Arbitr.*, 312.

21. Ainsi, une séparation de biens n'a pu être prononcée par des arbitres; un créancier est recevable à attaquer la séparation qui serait ainsi prononcée. — Paris, 24 avr. 1813, J.G. *Arbitr.*, 312.

22. — III. CONTESTATIONS COMMUNICABLES AU MINISTÈRE PUBLIC. — On ne peut compromettre sur aucune des contestations sujettes à communication au ministère public, notamment sur les contestations concernant l'ordre public. — J.G. *Arbitr.*, 320. — V. *suprà*, art. 83.

23. La requête civile doit être communiquée au ministère public; on ne peut donc pas compromettre sur une requête civile; cependant l'art. 1010 suppose le contraire. Pour résoudre cette antinomie, il faut faire une distinction. Les arbitres ne peuvent être saisis de la question de savoir si un arrêt doit être réformé pour omission d'une formalité substantielle à peine de nullité; mais ils peuvent être investis du point de savoir si une partie a usé de dol envers son adversaire, si sa défense a été complète, si les formalités établies comme garantie de ses droits ont été observées, et si, par suite, le jugement ou l'arrêt doit être regardé comme non avenu entre les parties. — J.G. *Arbitr.*, 320.

24. Ne peuvent faire l'objet d'un compromis : les contestations relatives à une assurance sur fret à faire, cette assurance étant frappée d'une nullité d'ordre public; ... et la nullité n'est point couverte par le jugement du tribunal de commerce qui a nommé les arbitres, si la question de la validité du compromis n'a point été soumise au tribunal. — Civ. c. 9 janv. 1854, D.P. 54. 1. 69.

25. La question de savoir si les frais et honoraires de certains actes notariés doivent ou non figurer dans un compte entre un notaire et ses clients est susceptible de compromis. — Orléans, 28 janv. 1852, D.P. 55. 2. 45.

26. Des créanciers entre lesquels il a été convenu qu'il serait procédé à un ordre amiable peuvent compromettre sur la difficulté que cet ordre peut faire naître, sans que l'un deux ait ensuite le droit de demander la nullité du compromis, comme portant sur un objet qui aurait dû être judiciairement réglé. — Lyon, 26 avr. 1826, J.G. *Arbitr.*, 323 et 717.

27. Lorsque, sur une contestation relative à un objet affecté aux besoins du public, comme une construction élevée sur un chemin communal, les parties ont consenti à faire un compromis, les parties sont présumées n'avoir entendu compromettre que sur leurs intérêts privés et personnels, et non sur une matière où l'arbitrage était prohibé. — Req. 12 nov. 1811, J.G. *Arbitr.*, 324.

28. De même, on peut compromettre sur une dérivation d'eau, alors que le compromis se restreint à l'intérêt des parties.—Req. 29 janv. 1812, J.G. *Arbitr.*, 324 et 295.

29. On peut compromettre sur les difficultés relatives à l'exécution d'un acte administratif toutes les fois que ces difficultés ne concernent que l'intérêt personnel des parties. — Req. 17 janv. 1811, J.G. *Arbitr.*, 325.

30. En matière de mines, lorsque aucune expertise n'a été ordonnée, il a pu être passé, entre le concessionnaire et son voisin, un compromis sur leurs intérêts purement privés, et, par exemple, sur l'indemnité réclamée par le voisin, par suite du dommage qu'il prétend résulter pour lui de l'exploitation des mines. — Req. 14 mai 1829, J.G. *Arbitr.*, 326, et *Mines*, 601.

31. Le compromis peut porter sur les conséquences d'un délit, c'est-à-dire sur les intérêts civils des parties. Ainsi, l'on peut compromettre sur la liquidation d'une société ayant eu la contrebande pour objet. — Req. 11 juin 1807, J.G. *Arbitr.*, 326 et 484.

32. Mais le compromis entre un agent de change et son client, sur des difficultés relatives à des opérations ayant le caractère de jeux de bourse, est nul : on objecterait vainement qu'il est permis de transiger, et, par conséquent, de compromettre sur l'intérêt civil résultant d'un délit, cette faculté n'existant qu'entre l'auteur du délit et sa victime, et non entre les coauteurs de ce délit. — Req. 7 nov. 1865, D.P. 66. 1. 204.

33. Le compromis sur la contestation relative à une amende convenue entre des individus exerçant la même industrie, et, par exemple, entre les armateurs de navires pour la pêche de la morue, amende sanctionnée par un règlement d'administration publique, est valable. — Rennes, 26 nov. 1835, J.G. *Arbitr.*, 326 et 407.

34. La dot des femmes est regardée comme intéressant l'ordre public; elle échappe par là même à la faculté de compromettre, que la dot soit mobilière ou immobilière. — J.G. *Arbitr.*, 321. — V. art. 1003, n°° 54 et s.

35. — IV. CESSION D'OFFICE. — Les traités de cession d'office doivent être considérés comme intéressant l'ordre public; les contestations qui en naissent et qui portent sur les conditions de la cession ne peuvent être soumises à des arbitres. — J.G. *Office*, 191.

36. Les parties pourraient encore moins convenir par avance que les difficultés qui surviendraient à l'occasion du traité seront soumises à l'arbitrage d'un tiers. — Décis.

min. 16 mars 1839; 9 mai 1840, J.G. *Office*, 192.

37. Ainsi, ne peuvent pas faire l'objet d'un compromis : la fixation du prix de vente d'un office (Motifs). — Civ. c. 30 juill. 1850, D.P. 50. 1. 216-217.

38. ... La question de savoir si l'ancien titulaire d'un office a le droit d'exiger de son successeur la communication des minutes. — Req. 12 janv. 1841, J.G. *Arbitr.*, 323, et *Office*, 183.

39. ... Une contre-lettre ayant pour but de dissimuler le prix de vente d'un office, en ce sens, du moins, que l'opposition en nullité formée à l'ordonnance d'*exequatur* et fondée sur le vice d'une telle stipulation, doit être accueillie. — Lyon, 24 août 1849, D.P. 50. 2. 36.

40. Mais les contestations qui, en matière de cession d'office, portent sur un intérêt purement privé, peuvent faire l'objet d'un compromis. — Req. 24 mai 1859, D.P. 59. 1. 375. — Conf. J.G. *Office*, 191.

41. Ainsi, dans le cas où le traité de cession est resté inexécuté, faute de présentation du cessionnaire au gouvernement, la question de savoir à laquelle des deux parties doit être imputée cette inexécution, et la fixation des dommages-intérêts encourus, peut être soumise à des arbitres, un tel débat, complétement étranger à l'exercice du droit de présentation, restant soumis aux règles du droit commun. — Même arrêt.

Table sommaire.

Acte administratif (exécution) 29.	Contre-lettre 39.	Joyaux 6.
Acte notarié 25.	Délit 31 s.	Legs d'aliments 2.
Aliments 2 s.	Deuil (habit) 6.	Mariage 14.
Amende 33.	Dol 23.	Mine (exploitation) 30.
Arrérages à échoir (rente alimentaire) 7.	Dommages-intérêts 19, 41.	Ministère public (communication) 22 s.
Arrérages échus 8.	Don d'aliments 2 s.	Minute (communication) 38.
Armateur 33.	Don contractuel 4.	Notaire 25.
Assurance maritime 24.	Dot 34.	Ordonnance d'exéquatur 39.
Bourse. V. Jeu de Bourse.	Douaire 6.	Ordre public 22, 24, 34 s.
Cession d'office 35 s.	Droit d'habitation 6, 9.	Pêche 33.
Chemin communal 27.	Droit successif litigieux 14.	Question d'Etat 10 s.
Communication (ministère public) 22 s.	Eau (dérivation) 28.	Règlement d'administration publique 33.
Contrat synallagmatique 4.	Enfant adoptif 10.	Requête civile 23.
Contrat à titre onéreux 4.	Enfant naturel 10.	Séparation de biens 20 s.
Contrebande 31.	Enfant né viable 16.	Séparation de corps 20.
	Fret à faire 24.	Usage 9.
	Généalogie 17.	
	Intérêts civils (parties) 31.	
	Intérêt privé 13.	
	Jeu de Bourse 32.	

Art. 1005.

Le compromis pourra être fait par procès-verbal devant les arbitres choisis, ou par acte devant notaire, ou sous signature privée. — C. pr. civ. 54. — C. civ. 1317 s., 1989. — C. com. 53.

Exposé des motifs et Rapport, J.G. *Arbitr.*, p. 375, n° 17.

DIVISION

§ 1er. — *Caractères du compromis* (n° 1).
§ 2. — *Conditions essentielles du compromis* (n° 15).
§ 3. — *Formes du compromis* (n° 21).

---

§ 1er. — *Caractères du compromis.*

1. Un compromis, c'est-à-dire une convention préliminaire fixant les limites des pouvoirs des arbitres, est une condition de l'arbitrage, exigée à peine de nullité (c. pr. 1028). — J.G. *Arbitr.*, 367.

2. Le compromis est la seule chose essen-

tielle à consulter pour décider si les arbitres ont jugé sans pouvoir ou compétemment. — Req. 18 janv. 1842, J.G. *Arbitr.*, 367 et 471.

3. Le compromis est *général*, s'il y est dit: « pour terminer nos affaires en controverse »; il est *particulier* ou *spécial* s'il ne porte que sur un objet, ou s'il n'existe qu'une controverse quoiqu'il soit conçu d'une manière générale. — J.G. *Arbitr.*, 368.

4. Le compromis diffère de la *transaction* en ce que dans le compromis les parties s'en remettent à des arbitres, tandis que dans la transaction elles sont leurs propres juges. — J.G. *Arbitr.*, 369.

5. La clause d'une transaction portant qu'en cas de contestation sur l'exécution de l'acte, les parties essayeront de se concilier par arbitres qu'elles choisiront, n'a pas la valeur d'un compromis. — Req. 4 avr. 1855, D.P. 55. 1. 400.

6. La prorogation de juridiction du juge de paix, alors même qu'elle désigne les objets du litige, ne saurait être assimilée à un compromis (c. pr. 7). — J.G. *Arbitr.*, 370.

7. Mais le jugement qui, du consentement des parties, déclare que leurs débats seront jugés par des amiables compositeurs, constitue un compromis valable. — Bourges, 24 mai 1837, J.G. *Arbitr.*, 371 et 1028.

8. L'écrit portant «bon pour compromis», et signé par les parties, confère aux pouvoirs suffisants aux arbitres auxquels il a été remis, alors que les parties reconnaissent avoir fait choix de ces arbitres et leur avoir désigné les objets en litige. — Riom, 4 mai 1861, D.P. 61. 2. 129.

9. Peut-on compromettre en remettant à des tiers des blancs seings que ceux-ci rempliront d'une transaction? Il faut distinguer. S'il est expliqué, dans un acte séparé, que les parties ont remis des blancs seings à des arbitres, par elles nommés, à l'effet de les remplir par la décision qu'ils rendront sur le litige déterminé dans cet acte, entendant que leur jugement ait tout l'effet d'une décision irrévocable, il y a là un compromis véritable, avec pouvoir pour les arbitres de juger comme amiables compositeurs, dispensés de toutes formes, même de la signature du jugement et de son dépôt. — J.G. *Arbitr.*, 373.

10. Ainsi, la remise faite à un tiers, constitué, par compromis, amiable compositeur, d'un blanc seing sur lequel la sentence devra être écrite en forme de convention, n'imprime pas à la décision intervenue le caractère d'une transaction rédigée par ce tiers, en vertu d'un mandat, mais laisse à l'arbitre son caractère de juge, et à sa décision celui d'une sentence arbitrale, laquelle est, dès lors, susceptible d'être annulée, si elle a prononcé hors des termes du compromis ou sur des choses non demandées. — Req. 29 déc. 1862, D.P. 63. 1. 164.

11. Mais la simple remise de blancs seings ne saurait tenir lieu de compromis; en conséquence, on ne peut regarder comme un arbitrage la convention ou transaction que, en vertu du mandat dont ils sont investis, les porteurs des blancs seings ont écrite au-dessus. — J.G. *Arbitr.*, 376.

12. Par exemple, si, au lieu de passer un compromis, les parties fournissent, de part et d'autre, à des tierces personnes, des blancs seings que celles-ci devront remplir d'une transaction, cette transaction est soumise aux principes établis au tit. 15, liv. 3, c. civ., et ne peut être attaquée que dans les cas mentionnés par l'art. 2052 de ce code. — Rennes, 28 avr. 1818, J.G. *Arbitr.*, 373.

13. Une transaction souscrite par un mandataire à l'effet de transiger ne peut être réputée sentence arbitrale sous le prétexte que le blanc seing de cet acte aurait été confié au juge de paix saisi de l'instance. — Req. 27 fév. 1816, J.G. *Arbitr.*, 51. — Observ. conf., *ibid.*, 50.

14. En tout cas, la partie qui a confié un blanc seing peut se le faire remettre ou le révoquer, tant que la transaction n'a pas été consommée, alors même que ce serait en vertu d'une convention écrite que ces blancs seings auraient été livrés. — J.G. *Arbitr.*, 374.

§ 2. — *Conditions essentielles du compromis.*

15. Le compromis, étant un véritable contrat, en produit les effets et est soumis aux règles des contrats en général. — J.G. *Arbitr.*, 375. — V. *infrà*, art. 1008, nos 1 et s.

16. Il exige dès lors le consentement, la capacité de s'obliger, une cause licite; il doit être exempt de violence, de dol ou d'erreur. — J.G. *Arbitr.*, 376.

17. Le compromis doit être annulé pour défaut de cause, s'il n'existe pas une contestation réelle entre les parties. — Turin, 4 août 1806, J.G. *Arbitr.*, 376 et 414.

18. De même, s'il y a eu dol de la part de l'une des parties contractantes, l'annulation du compromis entraîne l'annulation de la sentence arbitrale. — Req. 3 fév. 1807, *Arbitr.*, 376.

19. Mais l'ignorance de la loi qui garantissait les droits sur lesquels on a compromis ne peut être une cause de nullité de la compromission. — Req. 17 janv. 1809, J.G. *Arbitr.*, 377 et 282.

20. Il peut être compromis par un seul et même acte sur deux procès différents, l'un en première instance, l'autre en appel. — Toulouse, 3 juin 1828, J.G. *Arbitr.*, 383 et 1182.

§ 3. — *Formes du compromis.*

21. — I. Acte écrit. — L'écriture est de l'essence du compromis, en ce sens que le compromis qui n'a pas été rédigé par écrit est nul s'il n'existe aucune trace écrite de la volonté des parties. — J.G. *Arbitr.*, 388.

22. A plus forte raison, la convention verbale de passer acte du compromis ne remplit pas le vœu de la loi. — Bruxelles, 28 mars 1821, J.G. *Arbitr.*, 388.

23. De même, la sentence rendue, sans qu'il apparaisse d'aucun compromis rédigé d'avance, serait nulle, alors même que cette sentence énoncerait avec précision les termes, les conditions du compromis. Toutefois si l'intérêt du litige était inférieur à 150 fr., ou si l'on prouvait que la perte ou la destruction du compromis doit être attribuée à un cas fortuit, son existence pourrait être prouvée par témoins. — J.G. *Arbitr.*, 389.

24. Le compromis serait encore valablement constaté, bien que non rédigé par écrit, si les arbitres énonçaient en tête de la sentence les pouvoirs qu'ils ont reçus des parties à l'effet de régler tel différend et si les parties soucrivaient cet acte avec eux. — J.G. *Arbitr.*, 389.

25. Ainsi, l'allégation que des arbitres ont été illégalement nommés doit être rejetée alors que les parties ont signé elles-mêmes la sentence des arbitres. — Req., 14 pluv. an 9, J.G. *Arbitr.*, 389.

26. Une partie peut être liée par un compromis qu'elle n'a point signé, si elle l'a approuvé. — V. *infrà*, art. 1008, nos 2 et s.

27. C'est aux formes de la loi en vigueur au momemt où le compromis est passé que les parties ont entendu se référer; l'acte, dans lequel il serait stipulé que les arbitres observeraient les formes prescrites par une loi abrogée, ne serait pas valable, à moins qu'elles n'aient pris soin d'y insérer les dispositions auxquelles elles veulent que les arbitres soient assujettis. — J.G. *Arbitr.*, 391.

28. Si le compromis est passé à l'étranger, on peut convenir que les formes d'arbitrage qui y sont usitées seront suivies, et, dans le silence de l'acte, on est même censé s'être soumis à ces formes. — (Arg.) Paris, 19 mars 1830, J.G. *Arbitr.*, 392 et 572.

29. Le compromis doit être enregistré avant le jugement (L. 13 brum. an 7, art.

12, 17; 22 frim. an 7), art. 7. — J.G. *Arbitr.*, 393. — V. *Code annoté de l'enregistrement.*

30. Mais un jugement arbitral n'est pas nul pour avoir été rendu à la suite de prorogation de compromis non enregistré. — Florence, 3 juin 1811, J.G. *Arbitr.*, 393 et 412.

31. Le compromis serait également valable, quoiqu'il n'eût pas été écrit sur papier timbré. — J.G. *Arbitr.*, 393.

32. L'enregistrement ne peut pas dispenser de la représentation du compromis. — J.G. *Arbitr.*, 421.

33. La preuve de l'existence d'un compromis a pu être déclarée résulter soit de l'enregistrement de cet acte, soit de sa transcription dans le jugement arbitral, soit de la présence des parties et de leurs conclusions devant les arbitres. — Req. 3 janv. 1821, J.G. *Arbitr.*, 421.

34. — II. Procès-verbal devant les arbitres choisis. — La loi autorise les parties à nommer leurs arbitres par procès-verbal devant ces mêmes arbitres; mais ce procès-verbal doit être signé par les parties, ou par un mandataire muni d'un pouvoir spécial. — J.G. *Arbitr.*, 395.

35. L'absence de cette signature entraînerait la nullité du procès-verbal, même dans le cas où les arbitres auraient déclaré que l'une des parties n'a pas su ou pu signer (Quest. controv.). — J.G. *Arbitr.*, 395.

36. La partie qui a signé le procès-verbal dans la séance où a été rédigé le préambule du jugement arbitral n'est pas fondée à prétendre que ce procès-verbal et, par suite, la sentence intervenue, sont nuls à défaut de signature de sa part. — Req. 19 prair. an 3, J.G. *Arbitr.*, 396.

37. Le procès-verbal rédigé devant les arbitres choisis ne serait valable, bien qu'il n'ait pas été fait en autant de *doubles originaux* qu'il existe de parties ayant un intérêt distinct dans le débat. — J.G. *Arbitr.*, 398.

38. — III. Acte notarié. — Un compromis rédigé par un notaire qui ne l'a pas signé vaut comme acte sous seing privé, quoiqu'il non fait double, s'il est signé par toutes les parties. — Paris, 28 août 1841, J.G. *Arbitr.*, 400. — V. *Code civil annoté*, art. 1318, nos 27 et suiv.

39. La circonstance que le notaire qui a reçu le compromis est compris au nombre des arbitres par les parties ne rend pas nul le compromis. — Toulouse, 17 juill. 1826; Lyon, 9 févr. 1836, J.G. *Arbitr.*, 401.— Toulouse, 18 août 1837, *ibid.*, 292. — Observ. contr., *ibid.*, 401.

40. — IV. Acte sous signature privée. — Le compromis peut être établi par acte sous signature privée, et même à l'aide de correspondance, pourvu que le lien soit réciproque, et que la signature ne soit pas déniée; par exemple, bien qu'un mandataire ne soit porteur que d'un pouvoir à l'effet de transiger, cependant le mandat de compromettre peut résulter de lettres à lui écrites par son mandant. — Req. 15 févr. 1808, J.G. *Arbitr.*, 402 et 264.

41. — 1° *Double écrit.* — Le compromis est un contrat synallagmatique soumis à la formalité du double écrit, exigée par l'art. 1325 c. civ.— Turin, 12 messid. an 13; Rennes, 27 déc. 1822, J.G. *Arbitr.*, 403, et *Obligat.*, 4015.

42. Suivant un autre système, un seul original, déposé entre les mains des arbitres ou d'un tiers désigné, serait valable. — J.G. *Arbitr.*, 404.

43. Lorsque les parties veulent que l'acte qu'elles souscrivent soit rédigé en un seul original destiné à rester entre les mains d'un tiers, et, par exemple, lorsque, souscrivant un compromis, elles déclarent qu'il a été fait en simple minute, du consentement des parties, pour rester entre les mains des arbitres, la nullité est couverte, si l'intention des parties a été accomplie, et notamment si les arbitres ont déposé au greffe du tribunal ce compromis en même temps que leur sen-

tence. — Nancy, 14 juin 1845, J.G. *Arbitr.*, 407-1°.

44. Lorsqu'un compromis entre divers coïntéressés, et, par exemple, entre des armateurs pour la pêche de la morue, a été inséré dans un règlement d'administration publique, arrêté contradictoirement avec un agent de l'autorité, ce compromis est obligatoire, quoiqu'il n'ait pas été fait en autant d'originaux qu'il y avait de parties intéressées; de nouveaux coïntéressés sont liés par le compromis, s'ils s'y sont soumis par acte fait double avec l'agent administratif qui y avait présidé. — Rennes, 26 nov. 1835, J.G. *Arbitr.*, 407-2°.

45. Le compromis, quoique fait seulement en double original, est obligatoire, tant contre le principal obligé que contre sa caution solidaire. La caution n'est pas fondée à prétendre qu'il faut que l'obligation ou le compromis aient été passés en triple original, bien qu'elle ait de plus hypothéqué ses biens. — Turin, 4 août 1806, J.G. *Arbitr.*, 414. — V. *Code civil annoté*, art. 1325, nos 91 et suiv.

46. Lorsque, dans un compromis fait sous seing privé et à double original, les noms des anciens arbitres, dont la mission a pris fin, ayant été effacés, de nouveaux arbitres leur ont été substitués par une apostille à la fin de l'acte, après les mots *fait double* et la signature des parties, la mention du *fait double* n'est pas exigée de nouveau pour ce renvoi; par suite, son omission ne saurait entraîner la nullité du compromis, surtout quand l'un des originaux se trouve entre les mains de l'une des parties, sans rature, et avec la mention expresse qu'il a été fait double. — Grenoble, 1er juin 1831, J.G. *Arbitr.*, 416. — Mais V. observ., *ibid.*

47. L'exécution du compromis couvre la nullité résultant de l'inobservation de l'art. 1325 c. civ.—V. *infrà*, art. 1028, nos 121 et s.

48. — 2° *Signature.* — Le compromis sous seing privé doit être signé par les parties ou par leur fondé de pouvoir. — J.G. *Arbitr.*, 417.

49. La signature des parties ne serait pas suppléée par les mentions que les arbitres pourraient consigner soit dans leur procès-verbal, soit dans leur sentence. — J.G. *Arbitr.*, 418.

50. Ainsi, la preuve de la ratification d'un compromis, nul à raison du défaut de signature d'une des parties pour laquelle un des signataires s'est porté fort, ne peut pas résulter des constatations de la sentence relatives à la comparution de cette partie devant l'arbitre et à la remise qu'elle lui a faite des pièces dont elle était nantie. — Bordeaux, 4 mars 1869, D.P. 71. 2. 110.

51. Le compromis doit porter la signature de chaque partie ou de son fondé de pouvoir, même de celles qui ont un intérêt identique. Par suite, le compromis signé par un associé sans pouvoir spécial de ses coassociés n'oblige pas ceux-ci. — Civ. c. 8 août 1825, J.G. *Arbitr.*, 419 et 1328.

52. Toutefois, le défaut de signature du compromis de la part de l'un des associés n'est pas une cause de nullité du jugement arbitral, alors que cet associé a participé à la nomination des arbitres, et que surtout il était partie au jugement qui, sur la demande de toutes les parties, a prorogé le délai de l'arbitrage. — Req. 5 juill. 1832, J.G. *Arbitr.*, 420 et 1094. — V. observ. contr., *ibid.*, 420.

53. — 3° *Date.* — L'acte qui constate le compromis doit être daté, mais non à peine de nullité. — J.G. *Arbitr.*, 422.

54. Lorsque le compromis n'est pas daté, il y a lieu de déterminer cette date par l'époque de la remise aux arbitres de l'écrit qui le constate. — Riom, 4 mai 1861, D.P. 61. 2. 129. — V. aussi J.G. *Arbitr.*, 422.

55. Une décision arbitrale, qui porte une date antérieure à celle du compromis, n'est pas nulle, s'il résulte des faits que la date du compromis est antérieure à la sentence, et contient une **erreur** matérielle qui a pu être facilement rectifiée. C'est seulement à l'égard des tiers que le compromis n'a de date certaine que du jour où il a été enregistré, et non entre les parties, leurs héritiers ou ayants cause. — Req. 24 août 1829, J.G. *Arbitr.*, 422.

56. — V. Procès-verbal de conciliation. — Un compromis peut être inséré dans le *procès-verbal de conciliation* dressé par le juge de paix. — Grenoble, 17 janv. 1822; Bordeaux, 5 févr. 1830; Toulouse, 25 juin 1831, J.G. *Arbitr.*, 426 et 427. — Bordeaux, 13 juill. 1830, *ibid.*, 474.

57. En conséquence, le compromis qu'un juge de paix énonce dans son procès-verbal de conciliation avoir été convenu entre les parties, ne peut être annulé par le motif qu'il n'est pas signé des parties. — Toulouse, 4 janv. 1817, J.G. *Arbitr.*, 427-1° et 239.

58. ... Et qu'elles n'ont pas été requises de le signer, alors surtout que, requises déjà de signer leur comparution devant le juge de paix, elles n'ont pu satisfaire à cette sommation, parce qu'elles ne savaient pas signer. — Toulouse, 4 déc. 1811, J.G. *Arbitr.*, 427-1°.

59. De même, il n'est pas nécessaire pour la validité d'un compromis entre cohéritiers, inséré dans un procès-verbal de conciliation, que ce compromis soit signé par les parties ou qu'il exprime la cause du défaut de signature; il suffit que le procès-verbal du juge de paix soit signé par celui-ci et par le greffier. — Toulouse, 25 juin 1831, J.G. *Arbitr.*, 427-3°.

60. Il suffit que, même dans le cas où le procès-verbal de conciliation non signé par les parties et constatant leur compromis, nomme les arbitres juges en dernier ressort, les parties aient exécuté ce compromis en présentant leurs défenses devant les arbitres, pour qu'elles soient non recevables à en demander la nullité. — Req. 11 févr. 1824, J.G. *Arbitr.*, 428-1° et 862.

61. Le compromis inséré dans un procès-verbal de conciliation est valable, quoique quelques-unes des parties intéressées au partage dont les difficultés ont donné lieu au compromis n'aient pas été présentes au bureau de paix, si les copartageants présents se sont portés fort pour les absents, et rapportent la ratification de ces derniers. — Toulouse, 25 juin 1831, J.G. *Arbitr.*, 430 et 427.

62. Mais la mention dans le procès-verbal de non-conciliation que « les parties sont convenues de faire juger leurs différends par des arbitres », a pu être déclarée ne point offrir les caractères d'un compromis. — Req. 21 août 1833, J.G. *Arbitr.*, 429.

63. Bien que le juge de paix soit nommé l'un des arbitres dans le procès-verbal de conciliation, la partie qui a exécuté le compromis en comparaissant devant les arbitres doit être réputée l'avoir exécuté, et s'est rendue non recevable à en demander la nullité. — Grenoble, 17 janv. 1822, J.G. *Arbitr.*, 428-2°.

64. Le juge de paix, *saisi, comme juge,* d'une affaire de sa compétence peut également dresser procès-verbal d'un compromis entre les parties. — Bordeaux, 5 févr. 1830, J.G. *Arbitr.*, 427-2°, et *Obligat.*, 4877-3°. — Agen, 28 févr. 1867, D.P. 67. 2. 160.

65. Et ce compromis est valable, bien qu'il n'ait pas été signé par les parties, alors surtout qu'elles l'ont exécuté en comparaissant devant l'arbitre. — Agen, 28 févr. 1867, D.P. 67. 2. 160.

Table sommaire.

Acte notarié 38 s. — Acte privé 40 s — Agent administratif 44. — Amiable compositeur 7, 9. — Appel 20. — Armateur 44. — Associé 51 s. — Blanc seing 9 s. — Bon pour compromis 8. — Capacité 16. — Cause (défaut) 17. — Cause licite 16. — Caution solidaire 45. — Compromis (approbation) 26; (caractères) 1 s.; (conditions essentielles) 15 s.; (exécution) 47, 65; (formes) 21 s.; (signature) 48 s. — Compromis général 3. — Compromis particulier 2. — Contrat 15 s.

Convention verbale 22. — Date (compromis) 53 s. — Date certaine 55. — Dépôt (greffe) 43. — Destruction (compromis) 23. — Dol 16, 18. — Double original 37, 41 s.; (mention) 46. — Écrit 21 s. — Enregistr. 29 s. — Erreur 16. — Étranger 28. — Exécution (compromis) 47, 65. — Fondé de pouvoirs 48, 51. — Greffier (justice de paix) 59. — Héritier 55, 59. — Hypothèque 45. — Intérêt identique 51. — Juge de paix 6, 13, 56 s. — Lettre missive 40. — Mention (double original, renvoi) 46. — Papier timbré 31. — Partage 61. — Pêche de la morue 44. — Perte (compromis) 23. — Porte-fort 50. — Procès-verbal (arbitres choisis) 34 s.; (conciliation) 56 s. — Prorogation (compromis) 30; (juridiction, juge de paix) 6. — Règlement d'administration publique 44. — Renvoi (acte, mention) 46. — Signature (compromis) 25 s.; 48 s. — Tiers 55. — Transaction 12 s., 4 s. — Violence 16.

Art. 1006.

Le compromis désignera les objets en litige et les noms des arbitres, à peine de nullité. — C. pr. civ. 1027-2°, 1028-5°, 1029.

Exposé des motifs et Rapport, J.G *Arbitr.*, p. 375, n° 18.

DIVISION.

Sect. 1. — Désignation du litige; Étendue du compromis (n° 1).

Sect. 2. — Désignation des arbitres (n° 55).

§ 1. — *Personnes qui peuvent être nommées arbitres* (n° 55).

§ 2. — *Nomination, nombre, remplacement des arbitres; Acceptation par les arbitres de leur nomination* (n° 100).

Sect. 3. — Clause compromissoire (n° 125).

Sect. 1re. — Désignation du litige; Etendue du compromis.

1. — I. Désignation de l'objet du litige. — Le compromis doit contenir la désignation de la nature du litige; mais il n'est pas nécessaire qu'il contienne le détail de tous les points litigieux. — J.G. *Arbitr.*, 432.

2. Ainsi, la désignation a été jugée suffisante... lorsque le compromis donne aux arbitres le pouvoir de prononcer sur toutes les difficultés élevées ou qui pourraient s'élever sur l'exécution de tel contrat et de tels jugements dont il indique la date, mais sans spécifier quelles sont ces difficultés. — Turin, 4 avr. 1808, J.G. *Arbitr.*, 435.

3. ... Lorsque le compromis porte que les parties soumettent aux arbitres un procès intenté devant tel tribunal. — Rennes, 13 déc. 1809, J.G. *Arbitr.*, 436.

4. ... Lorsque le compromis déclare que les parties s'en rapportent aux écritures par elles respectivement signifiées lors du procès qu'elles veulent terminer par la voie de l'arbitrage, écritures dans lesquelles les objets en litige sont nommément exprimés. — Req. 29 janv. 1812, J.G. *Arbitr.*, 437 et 295.

5. ... Lorsque les parties chargent les experts qui avaient été nommés pour visiter les lieux, de juger leurs contestations, comme amiables compositeurs, tant sur le procès qui a donné lieu à la visite des lieux que sur tous les autres procès qui se sont élevés dans le cours de l'examen desdits lieux. — Req. 27 févr. 1823, J.G. *Arbitr.*, 438 et 1025.

6. ... Lorsque le compromis porte que l'intention des parties est d'éviter un procès relativement à leurs propriétés limitrophes et notamment à une île, alors surtout que les parties présentes ont elles-mêmes montré aux arbitres l'objet litigieux. — Req. 31 oct. 1811, J.G. *Arbitr.*, 439.

7. ... Lorsque les parties déclarent soumettre aux arbitres les contestations élevées entre elles, et qui sont expliquées dans les écrits du procès, auquel elles mettent fin par la voie de l'arbitrage. — Bordeaux, 23 mai 1832, J.G. *Arbitr.*, 440 et 242.

8. ... Lorsque le compromis porte que les parties désirent terminer définitivement leurs différends, tant en ce qui concerne la communauté qui a existé entre elles qu'en ce qui touche les difficultés résultant de leurs affaires commerciales et civiles. — Bruxelles, 3 janv. 1829, J.G. *Arbitr.*, 441.

9. ... Ou lorsque les parties déclarent que l'objet du compromis est de régler toutes leurs opérations de banque, depuis telle époque jusqu'à telle autre. — Req. 29 nov. 1831, J.G. *Arbitr.*, 441.

10. ... Lorsqu'elles déclarent soumettre aux arbitres toutes les difficultés qui peuvent exister entre elles à l'occasion d'un compte né de la liquidation de diverses successions. — Lyon, 3 juill. 1850, D.P. 51. 2. 134.

11. ... Lorsque des arbitres ont été nommés amiables compositeurs, avec clause qu'ils ne prendront pour base de leur décision que des actes non suspects des parties, mais sans désignation des actes prétendus suspects; dans ce cas, la sentence ne peut être critiquée sous le prétexte qu'elle est basée sur des actes suspects. — Req. 20 juill. 1814, J.G. *Arbitr.*, 442 et 255.

12. ... Lorsque les parties sont convenues de s'en rapporter à des arbitres, afin de régler définitivement leurs prétentions respectives, lesquelles seront présentées par état signé d'elles aux arbitres qu'elles ont désignés, alors que cet état a été remis aux arbitres. En tout cas, la signature d'une prorogation du compromis, après cette remise et la discussion devant les arbitres, couvrirait la nullité. — Bourges, 14 juill. 1830, J.G. *Arbitr.*, 443.

13. ... Lorsqu'il est énoncé dans le compromis qu'une personne qui y est désignée jugera les difficultés sérieuses de droit qui pourront s'élever au sujet des opérations confiées aux autres arbitres. — Req. 2 mai 1853, D.P. 53, 1. 149-150.

14. ... Lorsque l'arbitre est chargé de statuer sur la contestation relative à un objet déterminé et, par exemple, relative à « l'étang des Vosges ». — Req. 11 févr. 1823, D.P. 47. 4. 20, et J.G. *Arbitr.*, 1249.

15. Le compromis nul, en ce qu'il ne désigne pas suffisamment quelques-uns des objets en litige, doit être annulé pour le tout, s'il résulte de la généralité de ses termes et de ses dispositions que les parties ont entendu qu'il ne fût point scindé. — Besançon, 7 juill. 1854, D.P. 55. 2. 142.

16. L'art. 1006 est inapplicable à la stipulation d'un contrat portant que les contestations relatives à son exécution seront jugées en dernier ressort par un tribunal de première instance. — V. L. 11 avr. 1838, art. 1er, nos 1064 et s., *suprà,* p. 656.

17. — II. Étendue du compromis. — Lorsque le compromis autorise les arbitres à statuer sur toutes les difficultés nées et à naître entre les parties, il ne saurait y avoir nullité de leur sentence, en ce qu'ils auraient statué sur des difficultés non spécifiées. — Bourges, 8 déc. 1819, J.G. *Arbitr.*, 446 et 1120.

18. Lorsque les parties sont convenues d'une manière générale que les contestations sur l'exécution d'un bail seraient décidées par des arbitres, en s'interdisant tout recours aux tribunaux, et en s'en rapportant entièrement à ces arbitres et en renonçant à tous moyens évasifs de l'observation de cette condition, sans laquelle le traité n'aurait pas eu lieu, les arbitres ont dû connaître d'une demande en rentrée en possession formée par les bailleurs, et les tribunaux n'ont pu s'en attribuer la connaissance, sous le prétexte que cette demande était urgente. — Civ. c. 2 sept. 1812, J.G. *Arbitr.*, 445.

19. Les *accessoires* et les *dépendances* naturelles de l'objet du litige indiqué dans le compromis doivent être réputés compris dans l'arbitrage. — J.G. *Arbitr.*, 464 et 465.

20. Mais pour que les accessoires soient compris dans la convention compromissoire, il faut que ces accessoires soient de telle nature qu'ils fassent en quelque sorte partie intégrante de l'objet principal de l'arbitrage. — J.G. *Arbitr.*, 465.

21. Lorsque l'accessoire n'a pas un caractère aussi marqué, on doit regarder plus facilement comme compris dans la clause de compromission l'accessoire qui est né depuis qu'elle a été formée, que celui qui a précédé cette convention. — J.G. *Arbitr.*, 465.

22. La question de savoir si une demande d'intérêts ou de dommages-intérêts doit être réputée l'accessoire de la demande principale, et, à ce titre, être comprise dans la mission des arbitres, dépend des circonstances. — J.G. *Arbitr.*, 466.

23. Par exemple, si, depuis qu'il a été compromis sur la demande en revendication d'un immeuble avec restitution des fruits pour indue jouissance, il est commis sur cet immeuble des dégradations qui donnent lieu à des conclusions en dommages-intérêts, la compétence des arbitres s'étend à ces conclusions. — J.G. *Arbitr.*, 466.

24. De même, si, une dette étant déniée, les arbitres reconnaissent qu'elle existe à la charge de la partie qui l'a déniée, ils peuvent condamner celle-ci à en payer les intérêts à partir du jour où elle a pris naissance, et pourvu d'ailleurs que les intérêts résultent de la nature même de la dette. — J.G. *Arbitr.*, 466.

25. Ainsi, les arbitres peuvent accorder à une partie les intérêts d'une somme demandée, quoique le compromis ait gardé le silence à cet égard, pourvu qu'il y ait des conclusions prises sur ce chef. — Rennes, 24 août 1816, J.G. *Arbitr.*, 978.

26. Mais si, au lieu de dénier la dette, on se borne à prétendre que le porteur du titre n'est pas propriétaire, ou que le titre n'est pas encore arrivé à échéance, le compromis qui se formerait sur ces points ne donnerait pas le droit d'accorder les intérêts échus à partir de la création du titre ou de toute autre époque. — J.G. *Arbitr.*, 466.

27. Le droit de statuer sur le point de savoir si un associé a versé sa mise de fonds emporte celui de le condamner à des dommages-intérêts envers ses coassociés, et au payement d'intérêts. — Req. 22 mars 1814, J.G. *Arbitr.*, 466-2° et 455.

28. Le compromis par lequel des parties soumettent à des arbitres, sans le spécifier, le règlement de relations commerciales engagées entre elles par suite des pouvoirs que l'une d'elles avait conférés à l'autre pour la fondation et la gestion d'une maison de commerce, comprend les conséquences dommageables qu'a pu produire la révocation de ces pouvoirs. — Req. 28 juill. 1852, D.P. 52. 1. 236.

29. La stipulation d'un traité qui autorise des arbitres à statuer sur toutes les difficultés auxquelles l'exécution du traité pourrait donner lieu, a pu être déclarée leur avoir conféré le pouvoir de statuer sur la demande en dommages-intérêts, pour inexécution de ce traité par l'une des parties. — Req. 8 mai 1833, J.G. *Arbitr.*, 467 et 1150.

30. Et de ce qu'un traité ou un compromis a stipulé une clause pénale ou des dommages-intérêts pour l'inexécution de certaines clauses, il ne suit pas que des dommages-intérêts ne puissent être accordés et fixés par des arbitres pour inexécution d'autres clauses du même traité. — Même arrêt.

31. Charger des arbitres d'examiner s'il y a lieu de dissoudre une société existante entre les parties compromettantes, et de prononcer sur les conséquences de cette dissolution, c'est les investir du droit d'examiner s'il y a lieu ou non d'accorder à l'une d'elles le dédit ou clause pénale stipulé dans l'acte social, contre celle qui demanderait ou occasionnerait la dissolution de la société. — Req. 18 janv. 1842 J.G. *Arbitr.*, 471.

32. Des arbitres nommés pour terminer une instance en partage de succession sont compétents, même dans le silence du compromis, pour tout ce qui peut en faire atteindre le but, et, dès lors, pour recevoir tous aveux, toutes options des parties, et leur en donner acte et pour statuer sur la validité ou la non-validité d'un acte de vente, par exemple. — Nîmes, 13 janv. 1834 J.G. *Arbitr.*, 472.

33. Dans un compromis entre un frère et une sœur, par lequel les arbitres sont autorisés à fixer le mode le plus avantageux du partage de successions, suivant la nature des biens, ceux-ci ont pu être considérés comme investis du droit de confondre les deux successions en une seule masse et d'opérer le partage sur le tout, nonobstant une disposition de la coutume sous l'empire de laquelle ces successions étaient ouvertes. — Req., 10 juin 1807, J.G. *Arbitr.*, 482.

34. Le compromis, sur le point de savoir par quelle loi la succession du père commun doit être régie, comprend le pouvoir de déterminer les effets du droit légitimaire des enfants. — Bruxelles, 28 mars 1815, J.G. *Arbitr.*, 470.

35. Lorsque, sur un compromis ayant pour objet un droit de passage, les parties débattent devant des arbitres la question de propriété de l'objet pour lequel le passage est réclamé, les arbitres prononcent, sans excéder leurs pouvoirs, et sur le passage, et sur la propriété. — Aix, 3 janv. 1817, J.G. *Arbitr.*, 473.

36. Lorsque, sur une demande au possessoire, le défendeur répond qu'il est propriétaire de l'objet litigieux, et que, sur les débats ainsi engagés, les parties nomment un arbitre pour prononcer sur tous les points qui peuvent les diviser, l'arbitre se trouve autorisé à statuer tant sur le pétitoire que sur le possessoire. — Bordeaux, 13 juill. 1830, J.G. *Arbitr.*, 474.

37. Des arbitres chargés d'estimer, à la fin d'un bail, l'indemnité dont le locateur (d'un établissement industriel) est tenu envers son locataire, à raison des travaux que celui-ci a faits sur l'immeuble, ont pu être considérés comme ayant pouvoir de comprendre dans les objets à retenir par le locateur moyennant cette indemnité, un terrain appartenant au locataire, et sur lequel se trouvait une partie des travaux. — Req. 8 janv. 1845, D.P. 45. 1. 84.

38. De même, des arbitres chargés de statuer sur la résolution d'une vente ont pu être déclarés autorisés à statuer sur les payements faits à des créanciers par suite de cette vente. — Req. 16 juin 1812, J.G. *Arbitr.*, 475 et 1119.

39. Mais le compromis sur le mode d'exécution d'un acte ne s'applique pas à la résiliation de cet acte. — Paris, 29 nov. 1808, J.G. *Arbitr.*, 475.

40. De même, le pouvoir de statuer sur l'exécution d'un acte ne donne point aux arbitres le droit de connaître de son existence ni de sa validité. — Civ. r. 2 déc. 1839, J.G. *Arbitr.*, 989 et 479.

41. De même, le compromis sur contestation relative à l'exécution d'un traité ne s'étend pas à la demande en nullité de ce traité. — Req., 2 mai 1832, J.G. *Arbitr.*, 478.

42. De même, dans le cas où un traité porte qu'en cas de difficultés, on s'en référera à des arbitres, la question de savoir si ce traité lie personnellement les parties qui y ont figuré ne peut être jugée par les arbitres : il doit être statué préalablement sur cette question par les tribunaux ordinaires. — Metz, 29 déc. 1815, J.G. *Arbitr.*, 379.

43. Jugé toutefois que des arbitres auxquels a été déférée la connaissance, non seulement des difficultés sur l'application, l'exécution ou l'inexécution d'un acte, mais encore sur tout ce qui pourra s'y rapporter, sont compétents pour statuer sur la validité ou l'invalidité de la convention. — Paris, 18 mai 1833, J.G. *Arbitr.*, 463 et 987.

44. La stipulation que des arbitres connaîtront de toutes les difficultés sur choses non prévues ou mal expliquées dans un traité n'est pas applicable au cas de demande en réduction du prix ou résolution du traité. — Paris, 9 janv. 1838, J.G. *Arbitr.*, 477.

45. En matière d'assurances, les arbitres, nommés par les parties, sont compétents pour juger tout ce qui concerne l'exécution de la police : ils ne le sont pas pour statuer sur la validité ou la nullité de la police elle-même. — J.G. *Assur. terr.*, 303.

46. Ainsi, la juridiction arbitrale stipulée par les statuts d'une société d'assurance mutuelle, portant que, « s'il survient quelque contestation entre la compagnie et l'un ou plusieurs des assurés, elle sera jugée par des arbitres, » ne s'étend pas au cas où il s'agit d'une contestation qui entraînerait, si elle était fondée, la nullité du contrat d'assurance. — Civ. r. 3 août 1836, J.G. *Assur. terr.*, 303 et *Arbitr.*, 198.

47. En pareil cas, les tribunaux doivent statuer sur la contestation, sans être tenus de renvoyer devant les arbitres, alors surtout que cette contestation s'est élevée incidemment à plusieurs demandes en validité de saisies-arrêts, formées par les créanciers de l'assuré, sur des sommes qui lui étaient dues par la société d'assurance. — Même arrêt.

48. La clause d'une police d'assurance contre l'incendie, qui réserve à des arbitres la connaissance de toute contestation « sur l'exécution de la présente police », ne peut être considérée comme attributive de juridiction aux arbitres pour juger, soit la question d'existence de la police, soit la question de savoir si elle a été résiliée faute de payement de la prime à l'échéance, en vertu d'une autre stipulation du même contrat. La clause doit être entendue en ce sens que les arbitres ne sont appelés à statuer que sur les questions relatives à l'exécution d'une police non contestée ou reconnue valable. — Civ. r. 2 déc. 1839, J.G. *Arbitr.*, 479.

49. Mais la juridiction arbitrale stipulée par les statuts d'une société d'assurance mutuelle s'étend au cas où il s'agit d'une action en résolution de l'acte de société fondée, non sur une nullité intrinsèque résultant d'un vice inhérent au contrat, mais sur une infraction commise par un associé à l'une des clauses du contrat qui interdit, à peine de nullité, à l'assuré de faire assurer les mêmes biens par d'autres compagnies. — Paris, 13 févr. 1839, J.G. *Arbitr.*, 480 et 198.

50. Le contrat de société d'assurance mutuelle contre l'incendie, portant que les contestations entre associés seraient déférées à des arbitres, a pu être interprété en ce sens, que la juridiction arbitrale devait être limitée aux seules contestations relatives aux sinistres, mais que toute autre contestation, et par exemple une demande en payement de primes formée par la société contre l'un de ses membres, devait demeurer soumise à la juridiction ordinaire. — Civ. r. 9 juill. 1845, D.P. 45. 1. 313.

51. Le compromis sur une contestation portée devant un tribunal et sur tout ce qui pourrait survenir autorise les arbitres à statuer sur les demandes en rectification d'erreur. — Besançon, 24 déc. 1812, J.G. *Arbitr.*, 481.

52. De même la clause de l'acte social portant que les contestations qui pourraient s'élever entre les associés seront soumises à des arbitres jugeant en dernier ressort a pu être réputée s'appliquer tant aux difficultés survenues après la dissolution de la société qu'à celles qui auraient pu naître dans le cours de cette société. — Req. 16 mars 1840, J.G. *Arbitr.*, 481.

53. Si, parmi les faits mentionnés dans le compromis, il s'en trouvait qui eussent le caractère de délit, les arbitres n'en doivent pas moins les apprécier. Ainsi, le compromis par lequel deux individus soumettent à des arbitres leurs différends sur le point de savoir s'il y a eu association entre eux pour le commerce de riz, de blé et d'huile, autorise les arbitres à prononcer même sur les faits de commerce entachés de contrebande. — Req., 11 juin 1807, J.G. *Arbitr.*, 484.

54. Mais dans le cas où, le compromis portant sur le point de savoir s'il appartient à une partie d'exécuter un fait qu'on soutient être à sa charge d'après une convention, ce fait non encore consommé serait illicite, les arbitres ne devraient pas en ordonner l'exécution. — J.G. *Arbitr.*, 484.

Sect. 2. — Désignation des arbitres.

§ 1er.— *Personnes qui peuvent être nommées arbitres.*

55. En général, toutes personnes peuvent être choisies pour arbitres par les parties, à moins que, par l'effet de quelques incapacités ou infirmités, elles ne puissent en exercer les fonctions. — J.G. *Arbitr.*, 328.

56. — I. Capacité nécessaire pour être arbitre. — Il n'est pas nécessaire, pour être arbitre, d'avoir la jouissance des droits politiques ni de remplir les conditions requises pour être juge (Quest. controv.). — J.G. *Arbitr.*, 329.

57. Mais il faut être majeur, mâle et jouissant de ses droits civils, pour pouvoir être investi de cette mission. — J.G. *Arbitr.*, 329.

58. — 1° *Mineur.* — Le mineur, quelle que soit sa capacité, ne peut pas être choisi pour arbitre. — J.G. *Arbitr.*, 330.

59. Le mineur émancipé ne peut même pas être arbitre (Quest. controv.). — J.G. *Arbitr.*, 331.

60. Toutefois, un arbitrage, quoique émanant d'un mineur, ne pourrait être attaqué, s'il y avait erreur commune sur l'âge de ce mineur, ou si, par exécution volontaire, les parties avaient couvert la nullité dont la sentence était atteinte. — J.G. *Arbitr.*, 330.

61. — 2° *Femme.* — Une femme ne peut pas être arbitre (Quest. controv.). — J.G. *Arbitr.*, 332.

62. — 3° *Interdit-prodigue.* — L'interdit judiciairement ne peut être arbitre, non plus que l'individu atteint de folie. — J.G. *Arbitr.*, 333.

63. Il en est de même de l'individu pourvu d'un conseil judiciaire (Quest. controv.). — J.G. *Arbitr.*, 333.

64. ... Et de l'individu frappé d'interdiction légale. — J.G. *Arbitr.*, 336.

65. — 4° *Sourds-muets ; aveugles.* — En général, on ne doit pas nommer arbitre les sourds-muets, ni même les sourds ou les aveugles, bien que ces personnes sachent lire ou écrire (Quest. controv.). — J.G. *Arbitr.*, 334.

66. — 5° *Failli.* — Un failli, même non réhabilité, peut être arbitre. — Rennes, 25 juin 1810, J.G. *Arbitr.*, 337. — Quest. controv. *ibid.*

67. — 6° *Religieux ou prêtre.* — Les religieux ou prêtres peuvent être choisis pour arbitres. — J.G. *Arbitr.*, 338.

68. — 7° *Détenu pour dette ; serviteur.* — Les débiteurs détenus pour dettes, les serviteurs à gages, peuvent aussi être arbitres. — J.G. *Arbitr.*, 339.

69. — 8° *Étranger.* — Un étranger peut-il être choisi pour arbitre ? — V. *Code civil annoté*, art. 11, n°° 73 et s.

70. — 9° *Avocat et officier ministériel.* — L'avocat d'une partie peut être choisi pour arbitre, pourvu que l'autre partie n'ait pas ignoré leurs rapports. — J.G. *Arbitr.*, 345.

71. Mais est nul, comme étant le fruit de la surprise et de la fraude, le jugement rendu par deux arbitres, dont l'un était l'avoué et l'autre l'huissier de l'une des parties, alors que cette qualité n'avait pas été connue de la partie adverse. — Colmar, 31 juill. 1811, J.G. *Arbitr.*, 347.

72. En tout cas, un avocat choisi pour arbitre ne peut être récusé, sur le motif qu'il a rédigé des actes de procédure dans l'affaire qui doit être soumise au tribunal arbitral, lorsque ces actes sont étrangers au fond de la contestation. — Douai, 29 avr. 1819, J.G. *Arbitr.*, 346.

73. — 10° *Magistrat.* — Bien que les magistrats doivent s'abstenir autant que possible d'accepter les fonctions d'arbitres, ils peuvent cependant accepter des arbitrages à charge pour eux de ne pas recevoir de salaire. — J.G. *Arbitr.*, 350, et les arrêts qui suivent.

74. Ainsi, un juge peut être choisi pour arbitre, même dans une contestation portée devant le tribunal dont il fait partie. — Trèves, 24 juin 1812, J.G. *Arbitr.*, 351. — Req. 30 juill. 1856, D.P. 56. 1. 405.

75. ... Et quoique ce juge ait procédé comme juge-commissaire à une vérification ou à une expertise ordonnée par un jugement d'avant faire droit. — Arrêt précité du 30 juill. 1856.

76. Est valable une sentence arbitrale rendue par un juge du tribunal des parties, et que celles-ci avaient nommé amiable compositeur et seul juge en dernier ressort de leur différend. — Agen, 5 janv. 1825, J.G. *Arbitr.*, 350 et 354.

77. Un juge du tribunal de commerce peut être choisi pour arbitre par les parties, dans une contestation de la compétence du tribunal dont il est membre. — Civ. r. 3 mars 1863, D.P. 63. 1. 225. — V. aussi Bruxelles, 16 avr. 1831, J.G. *Arbitr.*, 352.

78. Mais un tribunal en corps ne peut accepter la mission d'arbitre amiable compositeur, jugeant par forme transactionnelle et en dernier ressort, sur un procès dont il est saisi. — Civ. r. 30 août 1813, J.G. *Arbitr.*, 356.

79. Un tribunal ne pouvant accepter la mission de statuer comme arbitre sur une contestation dont il lui appartient de connaître comme juge, le compromis qui confère un tel pouvoir aux présidents et juges composant ce tribunal est nul comme contraire à l'ordre public et aux lois, et le président ne peut revêtir de l'ordonnance d'*exequatur* la sentence rendue sur ce compromis et à laquelle, d'ailleurs, il a concouru comme arbitre. — Paris, 2 févr. 1861, D.P. 62. 2. 47-48.

80. Les membres du *ministère public* peuvent être choisis comme arbitres. — Req. 25 avr. 1854, D.P. 54. 1. 250.

81. Le *juge de paix* devant lequel les parties comparaissent pour se concilier peut être désigné par elles comme arbitre de leur différend en dernier ressort. — Colmar, 21 déc. 1843, J.G. *Arbitr.*, 355. — Paris, 14 mai 1829, *ibid.*, 1187. — Quest. controv., *ibid.*, 355.

82. — 11° *Personne illettrée.* — Une personne totalement illettrée, c'est-à-dire ne sachant ni lire, ni écrire, ni signer, ne peut pas être choisie pour arbitre.—J.G. *Arbitr.*, 357.

83. Jugé, néanmoins, qu'on peut choisir pour arbitre un individu ne sachant pas écrire. — Grenoble, 21 mai 1832, J.G. *Arbitr.*, 357 et 358.

84. ... Ou ne sachant pas signer. — Orléans, 14 mars 1822, J.G. *Arbitr.*, 357.

85. Du reste, si l'impuissance de signer ou d'écrire n'était qu'accidentelle, l'arbitre pourrait concourir au jugement.—Grenoble, 21 mai 1832, J.G. *Arbitr.*, 358.

86. Celui qui ne sait pas signer est capable d'être arbitre départiteur, la signature des autres arbitres, avec mention de la cause qui empêche le surarbitre de signer, suffisant pour valider la sentence arbitrale.—Grenoble, 18 mai 1842, J.G. *Arbitr.*, 358. — V. aussi Req. 5 juill. 1832, *ibid.*, 1094.

87. — 12° *Personne ignorante du droit.* — Un arbitre choisi par les parties ne peut pas être déclaré incapable, à raison de son ignorance du droit ou pour défaut de connaissances propres au jugement de l'affaire. — J.G. *Arbitr.*, 363.

88. — 13° *Personne ignorant la langue des parties.* — Il est nécessaire que l'arbitre connaisse la langue des parties, s'il doit juger sur défense verbale ; mais cela n'est pas exigé si le jugement a lieu sur instruction écrite, quoiqu'il n'entende pas la langue dans laquelle les pièces sont écrites : l'arbitre rend alors une décision préparatoire par laquelle il ordonne la nomination d'un interprète. Mais il faut une autorisation expresse des parties dans un cas comme dans l'autre. — J.G. *Arbitr.*, 359.

89. Si la langue de l'arbitre n'est pas celle du tribunal, il peut dicter à un tiers la sentence ; mais il faut qu'il y soit autorisé par les parties. — J.G. *Arbitr.*, 359.

90. Si la sentence est écrite dans la langue de l'arbitre, on doit la faire traduire avant de la revêtir de l'ordonnance d'*exequatur*. — J.G. *Arbitr.*, 359.

91. — 14° *Personne domiciliée hors du ressort du tribunal.* — Des personnes domiciliées hors du ressort du tribunal peuvent être choisies pour arbitres. — J.G. *Arbitr.*, 360.

92. — 15° *Personne ayant un intérêt personnel ou des relations d'affaires ou de parenté.* — Nul ne peut être arbitre dans sa propre cause. — J.G. *Arbitr.*, 341.

93. En conséquence, l'assuré qui a signé avec ses assureurs un compromis portant nomination d'arbitres, à raison de contestations relatives à un règlement d'avaries, peut exciper de la nullité de ce compromis, et, par suite, de celle de la décision arbitrale, lorsque l'un des arbitres est au nombre des assureurs intéressés dans la contestation, si, lors de la signature du compromis, l'assuré ignorait cette circonstance : en pareil cas, la nullité du compromis est indivisible et entraîne la nullité totale du jugement arbitral. — Trib. com. de Marseille, 12 août 1829, J.G. *Arbitr.*, 342.

94. On ne doit pas admettre non plus qu'un père puisse être arbitre dans la cause de son fils, ni un fils dans la cause de son père, si ce n'est dans le cas où ces rapports de parenté sont bien connus des parties. — J.G. *Arbitr.*, 343.

95. Jugé même qu'une partie est fondée à s'opposer à la nomination pour arbitre d'un allié de son adversaire au degré prohibé par l'art. 275 c. pr. civ. — Bruxelles, 15 mars 1833, J.G. *Arbitr.*, 343 et 556.

96. — 16° *Personne déjà nommée.* — On peut choisir pour arbitre la personne que l'une des parties avait déjà nommée, les parties ayant la faculté de ne désigner qu'un seul arbitre. — J.G. *Arbitr.*, 348.

97. Lorsque les parties choisissent un tiers arbitre après le partage, elles peuvent désigner l'un des arbitres déjà nommés, dont elles connaissent l'opinion. — J.G. *Arbitr.*, 348.

98. Mais si la désignation du tiers arbitre a été faite dans le compromis ou avant que l'opinion de l'arbitre eût été parfaitement connue, cette nomination serait nulle.—J.G. *Arbitr.*, 348.

99. Il en serait de même si la désignation comme tiers arbitre d'un arbitre déjà nommé était faite soit par les arbitres en vertu du droit qui leur aurait été donné par le compromis, soit par le tribunal, soit par le président. — J.G. *Arbitr.*, 348.

§ 2. — *Nomination, nombre, remplacement des arbitres; acceptation par les arbitres de leur nomination.*

100. — I. Nomination des arbitres. — La nomination des arbitres ne peut être faite que par les parties elles-mêmes. — J.G. *Arbitr.*, 524.

101. C'est par le compromis, ou par l'acte qui en tient lieu, que les arbitres sont nommés. — J.G. *Arbitr.*, 525.

102. L'arbitre indiqué par une partie n'est investi de cette qualité que par l'acceptation ou le consentement de l'autre partie. — (Motif) Bruxelles, 15 mars 1833, J.G. *Arbitr.*, 556.

103. En principe, la désignation des arbitres par leurs noms est prescrite, à peine de nullité du compromis. — J.G. *Arbitr.*, 486.

104. Cependant la désignation des arbitres par leurs *qualités* serait suffisante. Par exemple, si deux frères en contestation choisissent pour arbitre leur *frère unique*, si les parties nomment le *maire de leur ville*, le *président du tribunal de commerce*, ou toute autre personne, désignée par sa fonction, la désignation est valable. — J.G. *Arbitr.*, 486.

105. En un tel cas, la personne désignée ne peut être remplacée par une autre; par exemple, si, dans le compromis, il a été convenu que l'un des arbitres serait le bâtonnier de l'ordre du barreau, on ne pourra, en cas d'empêchement ou de refus de celui-ci, prendre dans l'ordre du tableau l'avocat qui vient immédiatement, contre le gré des parties. — J.G. *Arbitr.*, 486.

106. ... Ni, à plus forte raison, un avoué. — Rennes, 13 mars 1823, J.G. *Arbitr.*, 486.

107. De même, lorsqu'il a été convenu que les différends seraient décidés par des arbitres pris dans une classe de commerçants désignée, par exemple parmi les banquiers, l'un d'eux ne peut choisir le sien dans une autre classe. — Paris, 6 août 1810, J.G. *Arbitr.*, 487.

108. On doit considérer comme une désination suffisante du nom des arbitres la nomination, comme arbitre, d'un *être moral ou collectif*, tel qu'une compagnie, et, par exemple, une chambre de notaires. — Paris, 14 janv. 1843, D.P. 46. 1. 381, et J.G. *Arbitr.*, 489.

109. Décidé, cependant, que la clause compromissoire, par laquelle il est stipulé que les difficultés relatives à la cession d'un office d'avoué, est nulle. — (Motifs) Civ. c. 30 juill. 1850, D.P. 50. 1. 216-217. — V. aussi jugem. du trib. de la Seine, sous Paris, 9 janv. 1838, J.G. *Arbitr.*, 477.

110. En tout cas, les parties ne pourraient pas valablement soumettre leurs différends à des arbitres qui seraient choisis parmi les *fabricants de drap de telle ville.* — Req. 12 avr. 1821, J.G. *Arbitr.*, 450.

111. Lorsque, dans un traité entre un acteur et un directeur de théâtre, les parties ont déclaré qu'en cas de difficultés, elles seraient « soumises à la décision de l'autorité supérieure », ce traité est nul comme ne contenant pas une désignation suffisante de l'autorité à laquelle les parties ont entendu conférer la qualité d'arbitre. — J.G. *Arbitr.* 493.

112. La nomination est faite suivant les lois suisses si l'on s'est soumis à ces lois par un compromis passé en Suisse. — **Paris**, 19 mars 1830, J.G. *Arbitr.*, 552 et 572. — V. *infrà*, art. 1008, n° 5.

113. La nomination des arbitres **est faite** par les tribunaux, sur le refus des parties, en matière d'assurances maritimes. — V. *Code de commerce annoté*, art. 332.

114. A défaut d'entente entre les arbitres, le *tiers arbitre* est nommé par le président du tribunal. — V. *infrà*, art. 1017.

115. — II. Nombre des arbitres. — Les parties peuvent convenir de tel nombre d'arbitres qu'elles jugent à propos : il est néanmoins prudent qu'elles les prennent en nombre impair pour éviter les difficultés et les lenteurs de la nomination du tiers arbitre. — J.G. *Arbitr.*, 535.

116. Les vices qui peuvent exister dans la composition d'un tribunal arbitral, en ce que, par exemple, des arbitres nouveaux y ont été adjoints en dehors des cas prévus, sont susceptibles d'être couverts par l'adhésion des parties à ce mode de composition du tribunal, lors de la comparution devant les arbitres, ou par leur silence devant la cour saisie de l'appel de la sentence arbitrale. — Req. 7 janv. 1857, D.P. 57. 1, 151.

117. — III. Remplacement des arbitres. — C'est aux parties qu'il appartient de pourvoir au remplacement des arbitres qui ne peuvent pas remplir leur mission. — J.G. *Arbitr.*, 541.

118. Lorsqu'il a été convenu qu'en cas d'absence, de maladie ou de mort de l'un ou de plusieurs des arbitres nommés par les parties, le remplacement sera fait par les arbitres restants, si un premier remplacement a déjà été fait, et qu'ensuite il y ait lieu à un nouveau, il peut être fait non-seulement par ceux des arbitres restants primitivement nommés par les parties, mais encore par ceux des arbitres restants qui ont été choisis pour le premier remplacement. — Req. 22 vent. an 12, J.G. *Arbitr.*, 541 et 381.

119. Si les premiers arbitres n'acceptent pas leur mission, la nomination de nouveaux arbitres par le juge de paix, auquel les parties sont convenues de s'en rapporter, ne peut avoir lieu, sur la poursuite de l'une d'elles, qu'en présence de l'autre partie dûment appelée. — Req. 10 nov. 1829, J.G. *Arbitr.*, 542 et 55.

120. Les premiers arbitres qui, par une cause quelconque, n'ont pu mettre à fin l'arbitrage, peuvent être nommés de nouveau pour remplir les fonctions d'arbitres. — J.G. *Arbitr.*, 544. — V. Req. 14 juin 1831, *ibid.*

121. — IV. Acceptation par les arbitres de leur nomination. — Il est nécessaire que l'arbitre ait accepté la mission qui lui est départie, pour qu'il puisse être contraint de la remplir, et tenu des dommages-intérêts dans le cas où il ne le ferait point. — J.G. *Arbitr.*, 560.

122. L'acceptation peut être virtuelle ou implicite : ainsi, l'acceptation des arbitres résulte suffisamment de l'accomplissement de leur mission. — Civ. c. 4 prair. an 3, J.G. *Arbitr.*, 560.

123. L'acceptation du tiers arbitre résulte également du premier acte qu'il fait après sa nomination. — Nîmes, 30 janv. 1812, J.G. *Arbitr.*, 561 et 807.

124. Il n'est pas nécessaire qu'un procès-verbal distinct mentionne l'acceptation des arbitres. Cette acceptation peut résulter de ce que, désignés par le traité, ils se sont réunis et ont entendu les parties qui se sont présentées devant eux. — Req. 17 mai 1836, J.G. *Arbitr.*, 562 et 448.

Sect. 3. — Clause compromissoire.

125. — I. Validité de la clause compromissoire. — Suivant une première opinion, la clause compromissoire, c'est-à-dire la clause portant qu'en cas de contestations sur l'exécution de l'acte ou du traité qui la contient, elles seront soumises à des arbitres, est valable. — Rennes, 21 juin 1810; Bruxelles, 12 févr. 1821; Amiens, 5 août 1823, J.G. *Arbitr.*, 454. — Amiens, 15 juin 1824, *ibid.* 47. — Trib. de la Seine, 31 juill. 1828, *ibid.*, 716. — Colmar, 24 août 1835, *ibid.*, 454. — Aix, 5 mai 1840, J.G. *Acte de comm.*, 251. — Bourges, 31 mars 1841, J.G. *Arbitr.*, 454. — Colmar, 21 juin 1841, *ibid.*, 581. — Paris, 28 août 1841, *ibid.*, 400. — Observ. et autor. conf., *ibid.*, 454.

126. Ainsi, la clause de l'acte d'engagement intervenue entre l'administration d'un théâtre et un artiste, portant que toutes contestations qui pourront survenir entre l'administration et cet artiste, pour quelque cause que ce soit, seront jugées en dernier ressort et sans appel par le conseil judiciaire du théâtre, détermine suffisamment l'objet du litige et les arbitres qui doivent en connaître, alors surtout que ce conseil est composé au moment du litige comme il l'était à l'époque du compromis. — Paris, 7 mars 1843, J.G. *Arbitr.*, 447.

127. De même, il suffit que, dans l'acte de transmission d'un office d'avoué, il soit convenu que les contestations qui pourront s'élever entres les parties, relativement à cette vente, seront soumises à la chambre des avoués, jugeant comme tribunal arbitral, pour que cette chambre soit régulièrement saisie, par la comparution des parties en personne et par leurs conclusions respectives, des contestations élevées entre elles sur l'exécution du traité de transmission, sans qu'il soit nécessaire qu'un procès-verbal distinct et séparé de la sentence arbitrale mentionne l'acceptation et le nom des arbitres, ainsi que l'objet du litige. — Req. 17 mai 1836, J.G. *Arbitr.*, 448.

128. De même, le compromis portant nomination d'arbitres à l'effet de connaître des difficultés qui pourraient s'élever sur l'exécution d'un traité relatif à un office de notaire entre les compromissaires, désigne suffisamment l'objet du compromis. — Paris, 18 mai 1833, sous Civ. c. 2 août 1842, J.G. *Arbitr.*, 449 et 987.

129. De même, lorsque les parties sont convenues, dans un contrat commercial, de soumettre à des arbitres les contestations auxquelles ce contrat pourrait donner lieu, le tribunal de commerce devant lequel de telles contestations sont portées, doit, si le défendeur le requiert, ordonner l'exécution de cette convention et renvoyer les parties devant arbitres, alors même que le défendeur, après avoir réclamé ce renvoi, a pris ensuite des conclusions subsidiaires au fond, s'il l'a fait sans se départir de ses premières conclusions à fin de renvoi devant les arbitres. — Rennes, 27 sept. 1817, J. G. *Compét. comm.*, 27.

130. Mais les parties peuvent renoncer à se prévaloir de la convention, et elles sont censées avoir fait cette renonciation, lorsque, sur l'assignation donnée par l'une d'elles à l'autre devant le tribunal de commerce, à fin d'exécution de la transaction commerciale intervenue entre elles, il a été rendu contradictoirement, sans que le défendeur proposât le déclinatoire, un jugement interlocutoire passé en force de chose jugée; en un tel cas, le tribunal ne peut, par un jugement ultérieur, ordonner le renvoi de l'affaire devant arbitres. — Rennes, 8 févr. 1827, J.G. *Compét. comm.*, 27, et *Arbitr.*, 570.

131. Suivant une autre opinion, la clause compromissoire est nulle, à défaut de désignation du nom des arbitres et de l'objet du litige. — Req. 12 avr. 1821, J.G. *Arbitr.*, 450. — Limoges, 5 janv. 1839, *ibid.*, 454. — Nîmes, 16 mars 1842; Paris, 9 janv. 1843; 31 janv. 1843; Civ. r. 10 juill. 1843; Douai, 30 août 1843; Metz, 31 août 1843; Grenoble, 14 nov. 1843; Rouen, 4 déc. 1843; Civ. r. 21 févr. 1844; Caen, 20 avr. 1844, *ibid.*, — Civ. c. 2 déc. 1844, D.P. 45. 1. 40. — Agen, 17 déc. 1844, D.P. 45. 4. 27-28. — Colmar, 28 nov. 1849, D.P. 52. 2. 201. — Bordeaux, 28 août 1851, D.P. 53. 5. 22. — Paris, 23 juill. 1852, D.P. 54. 2. 102.

132. Est nulle, par exemple, ... soit la clause par laquelle les parties se soumettraient à la décision d'arbitres choisis dans un lieu déterminé sur les contestations à naître de leur convention. — Limoges, 24 nov. 1832, J.G. *Arbitr.*, 451.

133. ... Soit le bail d'un bail par laquelle les parties déclarent soumettre à des arbitres les contestations qui pourraient naître de l'exécution de leur traité. — Req. 12 avr. 1821, J.G. *Arbitr.*, 450.

134. ... Soit la stipulation qui attribue à la chambre de discipline des huissiers la connaissance des difficultés que pourrait faire naître la cession d'un office d'huissier. — Paris, 9 janv. 1838, J.G. *Arbitr.*, 453 et 477.

135. Il y a nullité, à défaut de désignation du litige, bien que la promesse nomme un arbitre unique amiable compositeur, à l'effet de statuer sur les difficultés à naître. — Lyon, 4 mars 1840, J.G. *Arbitr.*, 452 et 100.

136. Bien qu'une clause compromissoire ait été stipulée dans un acte de société qualifiée par les parties de société civile, il a pu cependant être décidé que le tribunal arbitral n'a été constitué que par le compromis ultérieur contenant désignation des arbitres, s'il est établi qu'il ne l'eût point été régulièrement en vertu de la clause compromissoire ; en conséquence, la décision rendue par les arbitres, dans ce cas, est une décision en premier ressort si, dans le compromis qui a constitué le tribunal arbitral, le pouvoir de juger en dernier ressort résultant de la clause du pacte social, n'a pas été renouvelé. — Civ. r. 20 nov. 1854, D.P. 55. 1. 233.

137. L'art. 1006 c. pr., qui exige, pour la validité de l'arbitrage volontaire, que l'objet du litige soit désigné dans le compromis, s'applique aux sociétés de secours mutuels. Ainsi, la clause des statuts d'une société de secours mutuels portant que toute réclamation faite par un sociétaire devra être déférée au conseil de surveillance, seul investi du droit de statuer, est nulle, comme constitutive d'un arbitrage volontaire, sans désignation de l'objet du litige. — Civ. c. 23 mai 1860, D.P. 60. 1. 243.

138. Mais la nullité de la clause compromissoire n'est pas d'ordre public ; dès lors, elle n'est pas opposable par la partie qui a provoqué elle-même l'exécution de cette clause. — Civ. c. 28 janv. 1846, D.P. 46. 1. 245-246.

139. Ainsi, elle ne peut plus être invoquée lorsque les parties ont comparu devant les arbitres nommés par elles, et que les objets litigieux ont été désignés à ce moment d'une manière précise. — Paris, 18 mars 1873, D.P. 74. 2. 137.

140. Elle est d'ailleurs réparée par la nomination faite depuis, dans un nouveau compromis, des arbitres qui ont statué sur la contestation. — Bordeaux, 20 mai 1845, D.P. 49. 5. 17.

141. ... Ou par un acte ultérieur, qui détermine d'une manière précise la difficulté à juger. — Grenoble, 10 juin 1844, D.P. 45. 2. 25.

142. Mais la preuve de la ratification d'un compromis nul, faute de désignation suffisante de l'objet du litige, ne peut résulter que d'un fait propre aux parties, et non de la simple mention de leur consentement insérée par les arbitres dans la sentence. — Besançon, 7 juill. 1854, D.P. 55. 2. 142.

143. — II. Clause compromissoire stipulée dans les contrats d'assurances. — La clause compromissoire stipulée dans une police d'*assurances maritimes*, sans désignation du nom des arbitres ni de l'objet du litige est valable, l'art. 332 c. com. ayant dérogé, quant à la nécessité de ces désignations, à la disposition de l'art. 1006 c. pr. — Req. 27 nov. 1860, D.P. 61. 1. 494.

144. Et il en est ainsi, même depuis la suppression de l'arbitrage forcé par la loi du 17 juill. 1856, la validité de la clause compromissoire, en matière d'assurances maritimes, découlant, non d'une assimilation à établir entre l'arbitrage constitué en pareille matière et l'arbitrage forcé, mais de la nature *sui generis* de cet arbitrage. — Même arrêt.

145. De même, en cas de soumission à l'arbitrage dans une police d'assurances maritimes, la clause compromissoire est valable, encore que les stipulants aient déclaré que, dans la police, qu'en cas de contestations, ils seraient jugés conformément aux art. 1006 et s. c. pr. — Paris, 7 août 1852, D.P. 54. 2. 101.

146. Bien que la clause ordinaire des polices d'*assurances terrestres* portant que toute contestation sera soumise à des arbitres n'indique pas la question à juger et le nom des arbitres, elle fixe la compétence, et oblige les parties qui l'ont souscrite à compromettre s'il s'élève un différend sur l'exécution des articles du contrat d'assurance. — Trib. de Sainte-Menehould, 25 nov. 1834 ; Colmar, 13 févr. 1835, J.G. *Assur. terr.*, 301.

147. En stipulant dans un contrat d'assurances que la nomination des arbitres sera faite par le président du tribunal de l'arrondissement, les parties ne peuvent avoir entendu désigner que le président du tribunal du lieu de l'incendie. C'est, à moins de stipulation contraire, au même tribunal qu'elles sont censées avoir voulu soumettre le règlement du sinistre. — Bruxelles, 26 juill. 1843, J.G. *Arbitr.*, 548.

148. Si malgré la clause compromissoire de la police, une partie est assignée devant les tribunaux ordinaires, elle doit proposer le déclinatoire avant toute autre exception. — J.G. *Assur. terr.*, 302.

149. Les compagnies d'assurance ne pourraient opposer la clause concernant l'arbitrage à des tiers avec qui elles se trouvent en procès. Par exemple, si un locataire assuré contre les risques locatifs est poursuivi par le propriétaire et appelle la compagnie en garantie, celle-ci n'a pas le droit de demander le renvoi devant des arbitres. — J.G. *Assur. terr.*, 304.

Table sommaire.

Art. 1007.

Le compromis sera valable, encore qu'il ne fixe pas le délai ; et, en ce cas, la mission des arbitres ne durera que trois mois, du jour du compromis. — C. pr. civ. 1012, 1018, 1028, 1033. — C. com. 54.

Exposé des motifs et Rapport, J.G. *Arbitr.*, p. 374, n° 3.

1. — I. Délai du compromis. — Le délai légal de l'arbitrage est de trois mois ; mais la convention peut l'étendre ou le restreindre, sans que pour cela le délai change de nature : le délai conventionnel n'est pas moins rigoureux que le délai légal. — V. J.G. *Arbitr.*, 686. — V. *infrà*, art. 1012, n°s 17 et s.

2. La clause qui dispense les arbitres d'observer les formes judiciaires, et qui accorde à leur sentence l'effet d'une transaction, ne les dispense pas de rendre jugement dans le délai convenu. — Rennes, 21 juin 1816, J.G. *Arbitr.*. 689.

3. C'est ordinairement dans le compromis que le délai est indiqué ; mais il peut être arrêté par les parties dans un acte distinct. Les parties pourraient aussi modifier par une convention ultérieure le délai qu'elles ont primitivement indiqué. — J.G. *Arbitr.*, 689.

4. S'il y avait erreur dans l'indication du délai, cette erreur pourrait être rectifiée à l'aide des énonciations que contient le compromis ou qui se trouvent soit dans le procès-verbal des arbitres, soit dans les conclusions des parties. — J.G. *Arbitr.*, 689.

5. Si les parties déclarent que la durée de la mission des arbitres, non déterminée par le compromis, a été fixée par elles à six mois, il y a lieu d'accepter cette déclaration, de préférence à celle des arbitres affirmant qu'aucun délai ne leur avait été fixé, ce qui limiterait la durée de leur mission à trois mois. — Riom, 4 mai 1861, D.P. 61. 2. 129.

6. Lorsqu'un compromis ne détermine pas le délai dans lequel les arbitres devront prononcer, et qu'il n'a pas été prorogé, il n'a qu'une durée de trois mois ; les tribunaux ne peuvent étendre ce délai au delà, sous le prétexte que, d'après l'objet du compromis, lequel embrasserait une liquidation qui devrait durer plusieurs années, il a été dans l'intention des parties de proroger ce délai jusqu'à la fin de l'opération. — Civ. c. 21 févr. 1825 ; 25 juill. 1827, J.G. *Arbitr.*, 690.

7. Lorsque les parties ont autorisé les arbitres à proroger le délai, sans néanmoins indiquer le terme de cette prorogation, ceux-ci peuvent le fixer au delà de trois mois (Quest. controv.). — J.G. *Arbitr.*, 707.

8. Dans le cas où les arbitres ont reçu pouvoir de statuer dans le délai « qu'ils jugeraient convenable, mais le plus tôt possible », et où les parties ont comparu volontairement l'une et l'autre devant les arbitres après le délai de trois mois, la sentence rendue après ce délai est valable. — Paris, 20 août 1828, J.G. *Arbitr.*, 708. — V. toutefois observ., *ibid.*

9. Un compromis passé dans les dix jours qui ont précédé la faillite de l'une des parties, est-il valable? — V. *Code de commerce annoté*, art. 446 c. com.

10. — II. Point de départ du délai. — C'est à partir du compromis et non à dater de l'acceptation que court le délai. — Req. 10 nov. 1829, J.G. *Arbitr.*, 712, 713 et 55.

11. Même dans le cas où, par suite du refus des arbitres choisis par les parties, celles-ci en auraient nommé d'autres sans rien changer à leurs conventions compromissoires, c'est le compromis qui serait toujours pris pour point de départ, quoique, pour procéder au remplacement des premiers arbitres, elles aient dû nécessairement perdre un certain temps. — Req. 10 nov. 1829, J.G. *Arbitr.*, 714 et 55.

12. Cependant, si ce remplacement n'avait été opéré que peu de temps avant l'expiration du délai, les juges pourraient voir dans cette nomination un complément du compromis, et, ne tenant aucun compte du délai fixé dans le premier acte, ne s'attacher qu'à la date renfermée dans l'acte de nomination. — J.G. *Arbitr.*, 714.

13. Jugé contrairement aux décisions qui précédent que le délai de trois mois ne peut courir qu'à dater de la remise des pièces faite par les parties aux arbitres. — Turin, 8 mars 1811, J.G. *Arbitr.*, 715.

14. Lorsque le compromis porte que les arbitres devront statuer dans les trois mois *de leur acceptation par écrit* et que cette acceptation n'a pas été constatée par écrit, c'est à partir du compromis et non de l'acceptation des arbitres dont la date est ainsi restée incertaine, que court le délai ; en conséquence, la sentence rendue plus de trois mois après la date du compromis est nulle. — Pau, 3 juill. 1833, J.G. *Arbitr.*, 713.

15. Lorsqu'il est dit dans un compromis que le délai ne courra qu'à partir de la sommation qui sera faite à l'arbitre, cette clause ne s'applique point au cas où l'arbitre a accepté sa mission sur la demande et en présence des parties ou a fait des actes d'instruction ; en conséquence, le délai du compromis peut courir sans que cette sommation ait été faite. — Riom, 4 mai 1861, D.P. 61. 2. 129.

16. Au cas de clause compromissoire et en admettant la validité de cette clause (V. *suprà*, art. 1006, n°° 125 et s.), le délai ne court qu'à dater... soit de la comparution des parties devant les arbitres. — Trib. de la Seine, 31 juill. 1828; Dijon, 30 déc. 1838, J.G *Arbitr.*, 716.

17. ... Soit du jour où les parties ont volontairement exécuté cette clause en remettant le litige entre les mains des arbitres. — Paris, 18 mars 1873, D.P. 74. 2. 137.

18. ... Soit de l'époque où sont nées les difficultés ; et la seule expiration de trois mois à partir du compromis ne rend pas cet acte caduc. — Lyon, 26 avr. 1826, J.G. *Arbitr.*, 717.

19. ... Soit à partir du jugement qui constate le choix fait par les parties de leurs arbitres, détermine les points de contestation et fixe le délai dans lequel le jugement arbitral doit être prononcé. — (Motifs) Bruxelles, 5 juill. 1837, J.G. *Arbitr.*, 739.

20. — III. Computation du délai. — Le jour de la date du compromis ne fait pas partie du délai de trois mois dans lequel il doit être statué sur ce compromis. — Agen, 8 nov. 1830, J.G. *Arbitr.*, 710 et 579. — Paris, 16 mars 1849, D.P. 49. 2. 118.

21. Dans le délai de trois mois, on ne compte pas les trois jours accordés pour le dépôt de la sentence ; par suite, la sentence signée et datée du 4 août, dernier jour fixé par le compromis, doit être réputée avoir été rendue dans le délai, quoiqu'elle n'ait été enregistrée et déposée que le 8 du même mois. — Req. 15 janv. 1812, J.G. *Arbitr.*,

---

711. — Conf. Riom, 4 mars 1816, *ibid.*, 692, et 1154.

22. Jugé au contraire que le dépôt de la sentence doit avoir lieu dans le délai du compromis à peine de nullité. — Bruxelles, 1er mai 1830, J.G. *Arbitr.*, 692.

23. — IV. Prorogation du délai. — La prorogation du délai ne peut être consentie que par les individus ayant capacité pour compromettre. — J.G. *Arbitr.*, 722.

24. C'est des parties qu'émane le droit de proroger le délai de l'arbitrage, à moins que les parties n'y aient fait exception, en confiant, par exemple, aux arbitres le droit d'étendre ou de prolonger le délai, mais les arbitres doivent user de ce droit dans le délai : après l'expiration du délai, leurs pouvoirs ayant pris fin, la prorogation qu'ils ordonneraient serait sans valeur. — J.G. *Arbitr.*, 724.

25. Les arbitres ne peuvent pas user plusieurs fois de la faculté de proroger que les parties leur ont conférée ; en cas d'insuffisance d'une première prorogation, c'est aux parties de voir s'il leur convient d'en accorder une seconde. — J.G. *Arbitr.*, 725.

26. Les pouvoirs des arbitres se trouvent prorogés par la nomination d'un tiers arbitre, pendant tout le délai que durent les pouvoirs de celui-ci, avec lequel ils sont obligés de conférer. — Lyon, 14 juill. 1828, J.G. *Arbitr.*, 732 et 1328. — Toulouse, 22 févr. 1839, *ibid.*, 807.

27. Par suite, le jugement provisionnel que ces arbitres rendent après le délai à eux fixé, mais avant l'expiration de celui qu'ils ont fixé eux-mêmes au sur-arbitre, doit être réputé rendu dans le délai légal. — Mais V. 17 mars 1824, J.G. *Arbitr.*, 732. — Mais V. observ. *ibid.*

28. Donner à des arbitres le pouvoir de juger « sans surannation », c'est les autoriser à proroger le délai de l'arbitrage. — Poitiers, 22 juill. 1819, J.G. *Arbitr.*, 733 et 292.

29. — V. Formes de la prorogation. — 1° *Prorogation émanant des parties.* — La prorogation peut être faite dans les mêmes formes que le compromis : lorsqu'elle a lieu par acte sous seing privé, elle doit être faite en autant d'originaux qu'il y a d'intérêts distincts. — Bourges, 14 juill. 1830, J.G. *Arbitr.*, 411 et 443. — Observ. conf., *ibid.*, 735.

30. Cependant, lorsqu'une première prorogation de compromis a été faite en double, et que, sur l'une des copies restée entre les mains des arbitres, est souscrite une nouvelle prorogation non faite double, il ne résulte pas de cette absence de double écrit, dans la seconde prorogation, une nullité. — Florence, 3 juin 1811, J.G. *Arbitr.*, 412. — Mais V. observ., *ibid.*

31. En admettant que l'acte de prorogation d'un compromis doive, à peine de nullité, être fait double, cette nullité serait couverte par l'exécution que les parties auraient donnée à cet acte, en comparaissant devant les arbitres après la prorogation, soit pour y proposer leur défense, soit pour entendre la lecture du jugement. — Req., 7 févr. 1826, J.G. *Arbitr.*, 413 et 315. — Toulouse, 6 août 1827, *ibid.*, 1175. — Bourges, 14 juill. 1830, *ibid.*, 741 et 443. — Grenoble, 7 déc. 1834, J.G. *Obligat.*, 4060-5°.

32. Il n'est pas nécessaire qu'un acte exprès de prorogation soit rédigé ; tout écrit ayant pour objet de faire connaître l'intention des parties et signé d'elles, ferait preuve suffisante de la prorogation. — J.G. *Arbitr.*, 736.

33. Spécialement, la prorogation peut être contenue dans un acte autre que celui par lequel les arbitres sont nommés. — (Arg.) Florence, 13 janv. 1810, J.G. *Arbitr.*, 737 et 892.

34. La prorogation des délais légaux en matière d'arbitrage peut être prouvée par des lettres portant la signature des parties et établissant avec certitude des agissements de nature à ne laisser aucun doute sur leur

---

volonté de proroger les pouvoirs des arbitres. — Lyon, 13 févr., 1874, D.P. 75. 2. 109.

35. La prorogation du délai du compromis peut être *tacite* et résulter de faits ; mais, il faut que ces faits soient constatés par écrit et tels qu'ils opèrent un lien de droit réciproque entre les parties. — Civ. c. 2 mai 1827, J.G. *Arbitr.*, 737 et 739. — Req. 1er déc. 1857, D.P. 58. 1. 29-30.

36. Et ces faits et circonstances, telles que la comparution volontaire des parties devant les arbitres après le délai du compromis, et la remise entre leurs mains des pièces, notes et documents nécessaires à l'accomplissement de leur mission, doivent être considérés comme constatés par écrit, s'ils sont relatés dans la sentence arbitrale. — Arrêt précité du 1er déc. 1857. — Conf. Rennes, 11 déc. 1848, D.P. 51. 5. 28.

37. Pareillement, la sentence rendue après le délai du compromis ne peut être attaquée ni par la partie qui n'a point protesté, lors de cette sentence, contre la prorogation tacite de ce délai. — Paris, 11 nov. 1845, D.P. 46. 4. 18.

38. ... Ni par la partie qui, depuis l'expiration de ce délai, a volontairement comparu devant les arbitres. — Montpellier, 19 janv. 1844, D.P. 47. 2 118. — Grenoble, 29 janv. 1846, D.P. 47. 2. 117-118. — V. aussi Req, 17 janv. 1826, J.G. *Arbitr.*, 740-3°.

39. Mais il a été jugé... que lorsque la loi a déterminé de quelles manières des arbitres pouvaient être nommés, et par conséquent prorogés, il est impossible d'en admettre d'autres qui s'établiraient par de simples présomptions, telles, par exemple, que la prorogation tacite ou implicite.—Aix. 28 mai 1823, J.G. *Arbitr.*, 738. — V. aussi Bourges, 19 févr. 1825, *ibid*, 738 et 1323.

40. ... Qu'en conséquence aucune prorogation ne saurait être induite ... ni de la comparution des parties, ni des conclusions par elles prises, ni des défenses produites devant les arbitres. — Même arrêt.

41. ... Ni de ce qu'il serait dit dans le jugement que, le jour même de sa date, toutes parties requirent les arbitres de procéder, les assistèrent et firent la montrée des lieux. — Toulouse, 7 juin 1810, J.G. *Arbitr.*, 738-1°.

42. En tout cas, est nul, le jugement rendu par les arbitres après l'expiration du délai, bien que, depuis cette expiration et avant le jugement, il ait été produit aux arbitres des défenses ou remontrances écrites par l'une des parties, et que l'autre ait continué de laisser ses pièces entre leurs mains : en admettant que les défenses écrites de la première constituent un écrit suffisant pour opérer prorogation en ce qui la concerne, il n'en est pas de même à l'égard de la seconde, du fait d'avoir laissé ses pièces entre les mains des arbitres. — Civ. c. 2 mai 1827, J.G. *Arbitr.*, 739-1°.

43. La prorogation du délai ne saurait résulter non plus ni de la simple dispense donnée aux arbitres d'observer les formes et délais de la procédure, ni des seules énonciations de la sentence arbitrale attaquée, ni de faits uniquement personnels à l'une des parties, ni de faits non constatés par écrit, et qui n'opéreraient pas entre les parties un lien de droit. — Orléans, 11 mai 1852, D.P. 55. 2. 260.

44. Ainsi, le fait par l'une des parties de n'avoir pas protesté, depuis le jour de l'expiration du délai légal de l'arbitrage, jusqu'au jour où la sentence a été rendue, ne constitue pas une prorogation tacite du délai. — Civ. c. 19 avr. 1848, D.P. 48. 1. 89.

45. De même, la prorogation du délai ne résulte pas des actes faits devant les arbitres par une seule partie ; et, à supposer qu'on puisse l'induire de ces actes, elle ne saurait être étendue au delà du délai légal de trois mois ; si, depuis que ce délai est expiré, aucune production n'a été faite par les parties, le compromis a pris fin. — Bruxelles, 5 juill. 1837, J.G. *Arbitr.*, 739-2°.

46. La durée des pouvoirs des arbitres, ou leur prolongation, peut être établie par l'*aveu* de la partie. Et cet aveu ne peut être rétracté devant la Cour de cassation, même pour erreur de fait résultant notamment de ce que, dans les conclusions à fin d'opposition à l'ordonnance d'*exequatur*, l'avoué de la partie opposante aurait, par erreur, énoncé le délai contesté. — Req. 9 juin 1868, D.P. 69. 1. 85.

47. Une partie qui a poursuivi l'ordonnance d'*exequatur* d'un jugement arbitral, rendu après l'expiration du délai, ne peut plus en demander la nullité (Quest. controv.). — J.G. *Arbitr.*, 741.

48. — 2° *Prorogation émanant des arbitres.* — Si les arbitres légalement constitués peuvent, du consentement des parties, proroger leurs pouvoirs ou consentir un nouvel arbitrage sous la forme d'une sentence, c'est à la condition expresse que l'assentiment des intéressés sera constaté par leur signature au bas de la sentence. — Lyon, 13 févr. 1874, D.P. 75. 2. 109.

Table sommaire.

Acceptation par écrit 14.	computation) 20 s.; (compromis, point de départ) 10 s.; (compromis, prorogation) 23 s.; (compromis, prorogation, formes) 29 s.	Intérêt distinct 29.
Acte distinct (compromis) 3.		Jugement provisionnel 27.
Acte exprès (prorogation) 32.		Lettre missive 34.
Aveu 46; (rétractation) 46.		Ordonnance d'exequatur 46 s.
Clause compromissoire 16.	Dispense (formes judiciaires) 2 s.; (formes, procédure) 43.	Présomption 39.
Comparution volontaire 8, 16, 36 s.		Procès-verbal (arbitres) 4.
Compromis (délai) 1 s.	Double original 29 s.	Prorogation (délai, compromis) 7., 23 s.; (formes) 29 s.
Compromis complémentaire 12.	Écrit 14, 32.	Prorogation tacite 35.
Computation (délai, compromis) 20 s.	Erreur (délai, indication) 4.	Remise des pièces 13.
Conclusions 4.	Erreur de fait 46.	Remplacement arbitre) 11 s.
Date 12, 14.	Exécution volontaire (clause compromissoire) 17.	Signature 48.
Défense écrite 42.	Faillite 9.	Sommation (arbitre) 15.
Délai (compromis) 1 s.; (compromis,	Formes (prorogation) 29 s.	Tiers arbitre 26 s.
		Transaction 2.

Art. 1008.

Pendant le délai de l'arbitrage, les arbitres ne pourront être révoqués que du consentement unanime des parties. — C. pr. civ. 1014. — C. civ. 1134.

Exposé des motifs et Rapport, J.G. *Arbitr.*, p. 374, n° 3.

1. — I. EFFETS DU COMPROMIS. — Le compromis est un contrat, et, comme tel, il est irrévocable. — J.G. *Arbitr.*, 676. — V. *suprà*, art. 1005, n°° 15 et s.

2. Le compromis oblige ceux qui l'ont signé, et, même, à défaut de signature, ceux qui l'ont approuvé soit expressément, soit implicitement, en remettant, par exemple, leurs pièces aux arbitres. — J.G. *Arbitr.*, 566.

3. Ainsi, lorsque des créanciers ont, par compromis, chargé un syndic de faire entre eux la distribution des biens à eux abandonnés par leur débiteur commun, un de ces créanciers n'est pas recevable à prétendre qu'il n'est pas obligé par ce compromis, qu'il n'a point signé, s'il a remis ses pièces aux arbitres pour l'apurement de son compte. — Req. 22 déc. 1812, J.G. *Arbitr.*, 566-1°.

4. L'effet du compromis est de lier les parties et leurs héritiers ou ayants cause, soit quant à l'exécution de l'acte, soit quant à l'attribution du dernier ressort, soit, enfin, quant aux lois et usage, sous l'empire desquels elles ont entendu contracter. — J.G. *Arbitr.*, 572.

5. Par exemple, celui qui a consenti, par

compromis, à être jugé en Suisse par des arbitres suisses, est censé s'être soumis aux lois et usages établis en Suisse en matière d'arbitrage, et, notamment, aux règles relatives à la nomination d'arbitres, dans les cas où cette nomination est nécessaire. — Paris, 19 mars 1830, J.G. *Arbitr.*, 572-1°.

6. Les étrangers qui passent un compromis en France doivent être réputés avoir renoncé à la juridiction de leur pays. — Req. 27 germ. an 13, J.G. *Arbitr.*, 572-2°.

7. Le compromis produit la litispendance, et empêche qu'on ne puisse porter devant les tribunaux une contestation dont les arbitres se trouvent saisis. — J.G. *Arbitr.*, 573. — Conf. Paris, 14 janv. 1843, *ibid.*, 573-3°.

8. Lorsqu'il y a compromis valable, on ne peut recourir aux tribunaux ordinaires sous le prétexte d'urgence. — Civ. c. 2 sept. 1812, J.G. *Arbitr.*, 573-2° et 445.

9. De même, il n'y a pas lieu de statuer sur un pourvoi en cassation, tant qu'il n'est pas établi que les parties ont révoqué les pouvoirs des arbitres, ou qu'elles ont renoncé à l'arbitrage auquel elles avaient soumis l'instance en cassation. — 22 flor. an 2, J.G. *Arbitr.*, 573-1°.

10. Jugé cependant que le compromis n'empêche pas l'appel du jugement sur lequel il est intervenu, si l'une des arbitres refuse la mission à lui conférée. — Civ. c. 2 déc. 1817, J.G. *Arbitr.*, 573 et 613.

11. Le compromis suspend le délai de l'appel pendant tout le temps de l'arbitrage, lorsqu'il intervient sur un jugement en premier ressort. — Riom, 4 août 1818, J.G. *Arbitr.*, 574, et *Appel civ.*, 1033.

12. Le compromis a-t-il pour effet d'empêcher la péremption de courir? — V. *suprà*, art. 399, n°° 228 et s.

13. Un compromis est indivisible, bien qu'il porte sur divers objets; nul pour l'un de ces objets, il ne peut valoir pour l'autre. — Montpellier, 27 juill. 1825, J.G. *Arbitr.*, 576-1° et 239.

14. Ainsi, il suffit qu'une cause soit communicable au ministère public, en ce qu'il y a un mineur parmi les parties, pour que le compromis doive être annulé en totalité. — Grenoble, 25 avr. 1831, J.G. *Arbitr.*, 576 et 299. — Aix, 27 avr. 1839, *ibid.*, 244.

15. — II. RENONCIATION AU COMPROMIS. — La renonciation à un compromis peut être implicite et virtuelle. Ainsi, elle résulte ... de ce que l'un des compromettants a assigné son adversaire commerçant devant le tribunal de commerce. — Rennes, 8 févr. 1827, J.G. *Arbitr.*, 570-1°.

16. ... De ce qu'appelé devant le tribunal de commerce, l'un des compromettants a consenti à la nomination d'arbitres rapporteurs et a procédé volontairement devant eux. — Req. 7 mai 1833, J.G. *Arbitr.*, 570-2°.

17. ... Ou de ce qu'il a déclaré s'en rapporter à justice. — Bourges, 4 juin 1839, J.G. *Arbitr.*, 570-3°.

18. Jugé toutefois que la renonciation au compromis doit être expresse. — Rennes, 22 août 1810, J.G. *Arbitr.*, 569.

19. — III. RÉVOCATION DES ARBITRES. — La révocation des arbitres nommés par les parties ne peut avoir lieu que de leur commun accord. — Paris, 13 avr. 1810, J.G. *Arbitr.*, 676 et 295.

20. Mais la révocation peut être expresse ou tacite. Elle est expresse lorsque les parties déclarent aux arbitres leur volonté par acte judiciaire ou extrajudiciaire signé d'elles. — J.G. *Arbitr.*, 680.

21. ... Ou même par lettre missive. — Civ. c. 23 pluv. an 12, J.G. *Arbitr.*, 680.

22. Elle est tacite lorsqu'il a été fait par les parties un acte duquel leur intention de révoquer les arbitres s'induit virtuellement : par exemple, si elles défèrent le débat à d'autres arbitres ou aux tribunaux, ou bien si elles transigent. — Req. 24 avr. 1834, J.G. *Arbitr.*, 680, et *Compét. civ. des trib. d'arr.*, 219.

23. ... Ou si elles comparaissent devant le bureau de paix pour se concilier relativement au procès qu'elles ont mis en arbitrage. — Bruxelles, 4 fruct. an 12, J.G. *Arbitr.*, 680 et 632.

24. L'une des parties pourrait même valablement se réserver dans le compromis le droit de révoquer les arbitres tant qu'ils n'auraient pas rendu leur sentence. — J.G. *Arbitr.*, 976.

25. La révocation faite d'un commun accord après que le jugement a été rendu par les arbitres est nulle, si la sentence était connue des parties, ... à moins que la révocation ne puisse être interprétée en ce sens que les parties ont eu l'intention de renoncer à la décision arbitrale et de remettre les choses dans l'état où elles étaient avant le compromis, question de fait qui rentre dans le domaine de l'appréciation discrétionnaire des tribunaux. — J.G. *Arbitr.*, 681.

26. Si la sentence était ignorée des parties, on doit appliquer la règle posée par l'art. 2056 c. civ. qui, dans un tel cas, déclare la transaction nulle (Quest. controv.). — J.G. *Arbitr.*, 681.

27. Est également nulle la sentence rendue par les arbitres après que les parties les ont révoqués. — J.G. *Arbitr.*, 681.

Art. 1009.

Les parties et les arbitres suivront, dans la procédure, les délais et les formes établis pour les tribunaux, si les parties n'en sont autrement convenues. — C. pr. civ. 1027, 1033. — C. civ. 1134.

Exposé des motifs et Rapport, J.G. *Arbitr.*, p. 374 et 375, n°° 7 et 19.

1. — I. FORMES DE LA PROCÉDURE. — Lorsqu'il n'est intervenu entre les parties aucune convention dispensant les arbitres de suivre les formes ordinaires de la procédure (V. *infrà*, n°° 19 et s.), les arbitres sont obligés de se conformer à ces règles et de les concilier avec la nature propre de l'arbitrage. — J.G. *Arbitr.*, 895.

2. Si l'affaire est de la compétence du tribunal civil, les arbitres doivent suivre la procédure propre à ce tribunal; de même, ils doivent se conformer à celle des tribunaux de commerce, des juges de paix, si l'affaire est de nature à tomber dans les attributions de ceux-ci. — J.G. *Arbitr.*, 895.

3. Suivant une autre opinion, les arbitres chargés de juger une affaire de la compétence du tribunal de commerce n'en sont pas moins astreints à la procédure des tribunaux civils. — J.G. *Arbitr.*, 895.

4. Il importe de remarquer que l'observation des formes ordinaires de la procédure ne peut pas être exigée rigoureusement. Pour tout ce qui concerne la procédure de l'instance proprement dite, les règles ordinaires sont inapplicables : ce n'est que relativement aux actes d'instruction, moyens de preuve, par exemple, pour les enquêtes, instruction par écrit, interrogatoire sur faits et articles, rapport d'experts qu'il y a lieu de suivre les règles du code de procédure. — Gênes, 15 févr. 1811, J.G. *Arbitr.*, 895 et 410. — Orléans, 2 août 1817, *ibid.*, 897.

5. Ainsi, il est inutile de suivre les formes de l'art. 61, relative aux *exploits d'ajournement* : il suffit aux parties de se présenter devant les arbitres et d'effectuer leurs productions conformément à l'art. 1016. — J.G. *Arbitr.*, 895. — V. aussi Besançon, 31 août 1820, *ibid.*, 898 et 913.

6. Toutefois, si une partie, mécontente de la direction donnée à l'arbitrage, refusait de se présenter devant les arbitres et de faire ses productions, il y aurait lieu de lui adresser une citation ou une sommation de produire. — J.G. *Arbitr.*, 898.

7. La signification de *défenses écrites* n'est pas absolument exigée en matière d'arbitrage. — J.G. *Arbit.*, 895. — V. *infrà*, art. 1016, n° 7.

8. Le ministère des *avoués* n'est point nécessaire devant les arbitres. — Turin, 7 févr. 1810, J.G. *Arbitr.*, 896 et 261.

9. On n'admet pas non plus, dans l'arbitrage, l'intervention du *ministère public.* — J.G. *Arbitr.*, 896.—V. Req. 25 févr. 1808, *ibid.*

10. Dans les *enquêtes* ordonnées par arbitres, la nomination d'un juge-commissaire n'est pas exigée. — J.G. *Arbitr.*, 895.

11. N'est pas non plus applicable la disposition qui fait courir le délai de l'enquête de la signification à avoué.—J.G. *Arbitr.*, 895.

12. Toutefois, en ce qui touche l'assignation et l'audition des témoins, la prohibition d'entendre telles ou telles personnes, la proposition des reproches, les arbitres doivent observer les dispositions du code de procédure. — J.G. *Arbitr.*, 895.

13. Pour échapper aux nullités pouvant résulter de l'inobservation de ces formalités, il suffit de faire signer le procès-verbal par les parties ou plutôt de faire approuver par elles toute procédure qui ne paraîtrait point offrir une exécution rigoureuse de la loi. Cette approbation doit être exigée à la fin de chacune des séances qui a été précédée de quelque acte d'instruction, ou dans laquelle il s'est élevé quelque incident. — J.G. *Arbit.*, 895.

14. Au cas de *dénégation d'écriture* pendant le cours de leurs opérations, les arbitres devraient observer la procédure indiquée par l'art. 14 c. proc. — J.G. *Vérific. d'écrit.*, 38.

15. Ce n'est que devant les tribunaux civils ordinaires que l'*intervention* peut être formée par requête. Devant les arbitres, il faut nécessairement procéder par exploit, signifié à personne et non au domicile élu. — J.G. *Interv.*, 112.

16. Est nulle la sentence rendue par les arbitres le jour même de leur constitution, sous prétexte d'urgence, alors que le défendeur fait défaut, et une telle nullité est d'ordre public. — Paris, 15 févr. 1851, D.P. 51. 2. 78.

17. Les conclusions des parties doivent être insérées dans la sentence arbitrale. — V. *infrà*, art. 1016, nos 38 et s.

18. Une sentence arbitrale est régulièrement rendue, au point de vue de la liberté de la défense d'une partie, quand cette partie, ouïe par les arbitres, a déclaré ne prendre devant eux aucunes conclusions, sauf réserve de ses droits contre l'acte de leur nomination. — Civ. r. 9 mars 1875, D.P. 76. 1. 101-102.

19. — II. DISPENSE DES FORMES DE LA PROCÉDURE. — La convention qui dispense l'arbitre de l'observation des formes de la procédure, doit, en général, être expresse. Néanmoins, elle peut être virtuelle et s'induire des stipulations du compromis. — J.G. *Arbitr.*, 899.

20. Ainsi, les arbitres nommés par les parties *amiables compositeurs* sont par cela même dispensés de suivre les formalités ordinaires. — V. *infrà*, art. 1019, nos 39 et s.

21. Les arbitres nommés par le ministre pour décider, conformément à un intérêt public, un litige pendant entre deux personnes privées ne sont pas des juges, et, comme tels, ne sont assujettis à observer, à peine de nullité, aucune forme spéciale de procédure. — Paris, 23 janv. 1874, D.P. 76. 1. 101-102.

22. D'après un arrêt, la dispense ou l'affranchissement des formes de la procédure ne résulte pas de la renonciation par les parties à l'appel, au recours en cassation, en un mot de l'institution de juges souverains du procès. — Paris, 4 déc. 1828, J.G. *Arbitr.*, 92 et 93.

Art. 1010.

Les parties pourront, lors et depuis le compromis, renoncer à l'appel.

Lorsque l'arbitrage sera sur appel ou sur requête civile le jugement arbitral sera définitif et sans appel. — C. pr. civ. 1023 s., 1028. — C. com. 52, 63.

Exposé des motifs et Rapport, J.G. *Arbitr.*, p. 374 et 375, nos 8 et 19.

1. — I. RENONCIATION A L'APPEL. — Sur la question de savoir quelles sentences arbitrales sont susceptibles d'appel, V. *infrà*, art. 1023.

2. La renonciation à l'appel doit émaner de toutes les parties en cause. — J.G. *Arbitr.*, 1268.

3. Par la clause de renonciation à l'appel, les parties obligent leurs héritiers majeurs. — J.G. *Arbitr.*, 1269.

4. La renonciation des parties à l'appel peut être *expresse* ou *tacite*; mais le doute doit toujours s'interpréter en faveur de la réserve du droit d'appel. — J.G. *Arbitr.*, 1270.

5. La renonciation résulte de ce que les parties ont renoncé à toutes voies devant les tribunaux, ou de ce que les arbitres sont constitués juges en dernier ressort. — J.G. *Arbitr.*, 1270-1°.

6. Elle résulte encore de ce que les parties ont déclaré « qu'on s'en rapporterait de part et d'autre à la décision des arbitres sans recourir à la voie des tribunaux ». — Bruxelles, 26 févr. 1834, J.G. *Arbitr.*, 1270-3°.

7. Lorsque les parties ont, par leurs conclusions, demandé acte de leur déclaration tendant à être jugées par des arbitres en dernier ressort, s'il arrive que le jugement, après avoir rappelé cette intention des parties d'être jugées en dernier ressort, se borne à énoncer, dans le dispositif, qu'elles ont investi les arbitres du droit de prononcer *en définitive*, on doit voir dans ces dernières expressions une inadvertance échappée au rédacteur du jugement, et déclarer la sentence arbitrale en dernier ressort. — Req. 22 août 1831, J.G. *Arbitr.*, 1271, et *Jugem.*, 333-13°.

8. Quoique le compromis par lequel les parties ont nommé un tiers arbitre ne reproduise pas la renonciation à tout recours contre sa décision, laquelle renonciation se trouvait dans le premier compromis, la décision de ce tiers-arbitre ne cesse pas d'être en dernier ressort. — Paris, 19 juin 1850, D.P. 51. 2. 180.

9. Mais on ne peut induire une renonciation à l'appel ... ni de la stipulation d'une peine contre la partie qui appellerait de la sentence; seulement, la partie qui interjette appel doit payer la peine. — J.G. *Arbitr.*, 1271.

10. ... Ni de ce que les parties ont donné aux arbitres pouvoir d'estimer les biens, fixer les distractions, etc., promettant réciproquement d'adhérer à tout ce qu'ils décideraient. — Civ. c. 14 mess. an 2, J.G. *Arbitr.*, 1271.

11. ... Ni de ce que, dans le compromis, il a été promis d'acquiescer à la sentence. — Req. 8 nov. 1809, J.G. *Arbitr.*, 1271 et 1257. — Mais V. observ. *ibid.*, 1271.

12. La renonciation au droit d'appel, stipulée dans un compromis, peut être soumise à certaines conditions, relatives, notamment, au mode de constitution et de délibération du tribunal arbitral. — Civ. r. 2 août 1853, D.P. 54. 5. 36.

13. La renonciation à l'appel peut avoir lieu verbalement; il suffit qu'elle soit constatée par la sentence. — Nîmes, 13 avr. 1853, D.P. 56. 2. 78.

14. La renonciation à l'appel après le jugement rendu est valable, soit qu'on ignore, soit qu'on connaisse le jugement. — J.G. *Arbitr.*, 1278.

15. Mais s'il était établi qu'il y a eu dol ou fraude, la renonciation à l'appel pourrait être annulée. — (Arg.) Req. 3 févr. 1807, J.G. *Arbitr.*, 1278 et 376.

16. Il suffit qu'une sentence arbitrale, rendue avec renonciation de la part des parties d'en appeler, ait ordonné le rétablissement d'un chemin changé par un particulier à défaut par lui d'en avoir obtenu l'autorisation administrative, pour que cette sentence doive être exécutée, bien qu'après le refus de l'administration d'accorder cette autorisation, fondé sur ce que ce chemin était privé et non public, les tribunaux aient, au contraire, déclaré qu'il fallait garder le nouveau chemin, parce que l'ancien était d'une conservation difficile à cause des eaux, et que la sentence n'avait statué que dans la croyance que le chemin était public. — Req. 9 févr. 1826, J.G. *Arbitr.*, 1276.

17. La renonciation à l'appel peut être tenue par les parties comme non avenue, sans qu'il soit besoin de stipulation expresse : un acte, une démarche desquels il résulte que les parties n'entendent pas donner suite à cette renonciation, sont suffisants pour l'anéantir. — J.G. *Arbitr.*, 1277. — Conf. Bruxelles, 4 mars 1817, *ibid.*, 1277-1° et 1273.

18. L'appel est recevable si les arbitres ont été nommés, non en vertu de l'acte qui créait le dernier ressort, mais, après le décès de l'un des compromettants, avec ses héritiers, et par nouveau compromis dans lequel il n'y a pas eu renonciation à l'appel. — Req. 16 mars 1836, J.G. *Arbitr.*, 1277-2° et 603.

19. Des associés qui, par compromis, ont déclaré soumettre leurs contestations à des arbitres négociants, dont la décision serait sans appel, ont pu ensuite déroger à cette convention relativement au mode de nomination et à la qualité des arbitres, sans que de ce changement il résulte nécessairement une dérogation quant à l'étendue de leurs pouvoirs et à l'autorité de leur décision. — Bordeaux, 13 févr. 1834, J.G. *Arbitr.*, 1277-3°.

20. Suivant un premier système, la nomination d'amiables compositeurs emporte, par elle-même, renonciation à l'appel de la sentence à intervenir. — Rennes, 10 févr. 1813; Agen, 8 déc. 1815; Nancy, 26 déc. 1825; Colmar, 28 août 1826; Limoges, 3 avr. 1835; Bourges, 24 mai 1837; Paris, 3 déc. 1841; Bastia, 10 mars 1841; Nîmes, 27 avr. 1841; Grenoble, 12 févr. 1842; Orléans, 9 mai 1843, J.G. *Arbitr.*, 1028. — Paris, 25 août 1847, D.P. 49. 2. 60. — Caen, 26 mars 1849, D.P. 49. 2. 177.

21. ... Alors surtout que, en outre, les arbitres sont dispensés de suivre les formes judiciaires. — Bastia, 10 mars 1841; Nîmes, 27 avr. 1841, J.G. *Arbitr.*, 1029 et 1028.

22. ... Et qu'il est déclaré par les parties qu'elles en passeront par leur décision. — Nîmes, 9 janv. 1813, J.G. *Arbitr.*, 1029.

23. Mais il en serait autrement si le compromis qui nomme des amiables compositeurs contenait la réserve expresse d'appeler de leur sentence. — Grenoble, 23 juin 1820; Aix, 12 août 1836, J.G. *Arbitr.*, 1030.

24. Jugé, au contraire, que la réserve de l'appel est tellement contraire à l'essence de l'amiable composition qu'elle est inopérante et doit être réputée non avenue. — Grenoble, 19 janv. 1835, J.G. *Arbitr.*, 1030.

25. Suivant un autre système, la nomination d'amiables compositeurs n'emporte pas renonciation à l'appel. — Metz, 22 juin 1818; Toulouse, 5 mars 1825; Bordeaux 13 janv. 1827; Rouen, 22 avr. 1834, J.G. *Arbitr.*, 1029. — Bordeaux, 20 mai 1845, D.P. 49. 5. 10.

26. Le juge du second degré est seulement investi du droit d'apprécier si le premier juge s'est ou non conformé au mandat qu'il avait reçu. — Toulouse, 15 juill. 1848, D.P. 49. 2. 60-61.

27. — II. Effets de la renonciation a l'appel. — Par la renonciation à l'appel, le jugement arbitral est censé rendu en dernier ressort; cette renonciation ôte aux parties le droit d'attaquer la sentence arbitrale par voie d'opposition à l'ordonnance d'*exequatur*, motivée sur ce que les arbitres auraient mal interprété la loi ou les conventions des parties : leur sentence ne peut être réputée avoir été rendue hors des termes du compromis. — Grenoble, 10 juin 1844, D.P. 45. 2. 25. — Observ. conf., J.G. *Arbitr.*, 1272.

28. Les parties renonçantes sont forcloses du droit de faire valoir des moyens de nullité tirés du fond du procès, et notamment les irrégularités commises par les arbitres, telles que celles résultant, soit de ce qu'étant divisés, ils n'ont pas rédigé d'acte de partage conformément à l'art. 1017 c. pr. civ. — Paris, 20 juin 1817, J.G. *Arbitr.*, 1272-1°.

29. ... Soit de ce que le tiers arbitre a excédé ses pouvoirs en ne se conformant pas à l'avis de l'un des arbitres et même pour incapacité, en ce qu'il a jugé avec un seul arbitre, après le déport de l'autre arbitre, déport postérieur à la rédaction de l'avis distinct de celui-ci, mais antérieur à la sentence du tiers arbitre. — Req. 12 août 1834, J.G. *Arbitr.*, 1272-1° et 1326.

30. Les parties renonçantes ne peuvent faire valoir les contraventions énumérées dans l'art. 1028, et tirées, par exemple, de ce que la sentence n'a pas été rendue par tous les arbitres que les parties ont nommés. — Paris, 9 mai 1833, J.G. *Arbitr.*, 1272-2°.

31. ... Ou encore l'inobservation devant les arbitres des formes établies pour les tribunaux s'il n'est point d'ailleurs prouvé que les parties aient été absolument privées des moyens de se défendre. — Civ. r. 18 janv. 1870, D.P. 70. 1. 8.

32. Cependant, il est des cas où l'on peut interjeter appel d'une sentence arbitrale, bien qu'on ait renoncé d'avance à ce droit. Ainsi, l'appel d'une sentence arbitrale est toujours recevable pour vice fondé sur l'ordre public, par exemple, pour excès de pouvoir résultant de ce que les arbitres ont statué sans avoir donné aux parties le délai convenu pour présenter leur défense. — Paris, 15 févr. 1851, D.P. 51. 2. 78.

33. ... Ou, en cas de récusation de l'un des arbitres, et alors que l'appel est joint à celui du jugement qui a statué sur la récusation. — Caen, 8 juill. 1846, D.P. 47. 2. 2.

34. ... Ou dans le cas où les arbitres ont excédé leur compétence. — Orléans, 11 mai 1852, D.P. 55. 2. 260.

35. Décidé pareillement que la renonciation à l'appel de la sentence à rendre par des arbitres, ne s'étend pas au cas où la sentence intervenue est attaquée pour excès de pouvoir, incompétence ou violation des formes constitutives de l'arbitrage. — Req. 7 janv. 1857, D.P. 57. 1. 406.

36. Mais si le moyen tiré de l'incompétence est mal fondé ou n'est pas recevable, il doit être rejeté, et il n'est pas permis à l'appelant de proposer, à la faveur de ce moyen d'incompétence, des griefs tirés du fond ou protégés par la chose jugée, et non proposables en appel à cause de la renonciation. — Rennes, 7 janv. 1839, J.G. *Arbitr.*, 1272. — Caen, 19 mars 1839, *ibid.*, 1327.

37. La renonciation à l'appel ne doit atteindre que les incidents qui sont placés dans les attribution des arbitres, et non ceux qui doivent être jugés par les tribunaux et qui, par là même, sont en dehors des prévisions du compromis. — J.G. *Arbitr.*, 1279.

38. Ainsi, lorsque, dans une contestation pendante devant des arbitres investis du pouvoir de juger sans appel, il survient un incident qui, par sa nature, doit être porté devant un tribunal de commerce, ce tribunal ne peut statuer en dernier ressort sur cet in-cident. — Civ. c. 22 fruct. an 13, J.G. *Arbitr.*, 1279-1° et 1213.

39. Lorsqu'il y a eu compromis sur une instance possessoire soumise au juge de paix, le jugement qui intervient sur l'opposition à l'ordonnance d'exécution de la sentence arbitrale est susceptible d'appel, quoique, d'après la nature de la cause, le tribunal qui a prononcé sur l'opposition eût été juge en dernier ressort de la contestation sur laquelle les arbitres ont prononcé, si elle lui eût été soumise. — Grenoble, 13 juill. 1825, J.G. *Arbitr.*, 1279-2°.

40. — III. Arbitrage sur appel ou sur requête civile. — Lorsque l'arbitrage est sur appel ou sur requête civile, le jugement arbitral est définitif et sans appel. — J.G. *Arbitr.*, 1297.

41. On ne peut même pas convenir, dans un compromis sur appel ou sur requête civile, que le jugement arbitral sera sujet à l'appel. — J.G. *Arbitr.*, 1297.

42. La nullité d'une semblable stipulation ne s'étend pas uniquement à la condition relative à l'appel, mais au compromis dans son ensemble (Quest. controv.). — J.G. *Arbitr.*, 1297.

43. Toutefois, il en serait autrement si la partie qui a obtenu le jugement avait renoncé à s'en prévaloir, et s'il était exprimé que la renonciation remettrait les parties au point où elles étaient avant le jugement. — J.G. *Arbitr.*, 1297.

Art. 1011.

Les actes de l'instruction, et les procès-verbaux du ministère des arbitres, seront faits par tous les arbitres, si le compromis ne les autorise à commettre l'un d'eux. — C. pr. civ. 1009, 1027.

1. — I. Lieu ou se réunissent les arbitres. — Il est d'usage que les séances se tiennent chez le plus âgé des arbitres. — J.G. *Arbitr.*, 946. — V. *infrà*, art. 1016, n° 19.

2. Cette règle est générale et s'applique même dans le cas où un avocat fait partie des arbitres. — Trib. de com. de la Seine, 27 mars 1834, J.G. *Arbitr.*, 946.

3. — II. Actes d'instruction. — On peut régler le mode d'instruction devant les arbitres, et notamment déterminer à quel nombre les arbitres rendront valablement leur sentence. — J.G. *Arbitr.*, 903.

4. Les actes d'instruction et les procès-verbaux du ministère des arbitres ne seraient pas valablement faits par un seul, à moins qu'il n'y fût autorisé par le compromis. — J.G. *Arbitr.*, 904.

5. En principe, les arbitres ne peuvent déléguer leurs pouvoirs. — J.G. *Arbitr.*, 925.

6. Cependant ils peuvent, après avoir posé les bases des comptes respectifs que se doivent les parties, les renvoyer devant un notaire pour régler arithmétiquement les calculs qui en résultent, et fixer le débet de l'une des parties envers l'autre ; dans ce cas, il n'y a pas lieu d'attaquer la sentence, bien que les délais du compromis soient expirés lorsque le notaire a terminé son travail. — Req. 26 juin 1833, J.G. *Arbitr.*, 925.

7. Les arbitres peuvent aussi déléguer l'un d'eux pour faire une visite de lieux. — Paris, 21 août 1824, J.G. *Arbitr.*, 926 et 741.

8. Les arbitres peuvent ordonner toutes les mesures préparatoires ou autres qu'ils croient utiles pour l'instruction du procès. — J.G. *Arbitr.*, 990.

9. Ils peuvent refuser d'ordonner une expertise, si les faits allégués ne leur paraissent ni assez graves ni assez vraisemblables, sans que ce refus puisse donner lieu à une critique devant la Cour de cassation. — Req. 13 avr. 1809, J.G. *Arbitr.*, 990.

10. Les arbitres peuvent faire dresser par un tiers, expert en comptabilité commerciale, un compte courant qu'ils ont pris pour base de leur décision et qu'ils ont annexé à leur sentence. — Rennes, 6 janv. 1844, J.G. *Arbitr.*, 992 et 1025.

11. Ils peuvent ... ordonner la comparution des parties en personne. — J.G. *Arbitr.*, 913.

12. ... Procéder à une vérification d'écritures. — J.G. *Arbitr.*, 918.

13. Les arbitres peuvent, par le jugement arbitral, nommer un expert qu'ils chargent de visiter les lieux et de constater les réparations à faire par l'une des parties, pourvu qu'ils n'imposent point à celle-ci l'obligation d'adhérer au rapport, ce qui constituerait l'expert un véritable juge. — Turin, 4 avr. 1808, J.G. *Arbitr.*, 914 et 435.

14. Lorsque les arbitres croient devoir recourir à une enquête, ou à une expertise, ils doivent, avant d'exécuter le jugement préparatoire par lequel ils ordonnent cette mesure, le faire rendre exécutoire par le président du tribunal. — J.G. *Arbitr.*, 913.

15. Mais ils entendent les témoins, reçoivent le serment des experts, sans avoir besoin de recourir aux tribunaux, excepté dans les cas où les uns et les autres refuseraient de comparaître devant les arbitres. — J.G. *Arbitr.*, 913.

Quant à la procédure à suivre, V. *supra*, art. 1009, n°s 1 et s.

16. Les arbitres peuvent recevoir le serment des témoins, à moins que ce serment ne doive, aux termes de la sentence des arbitres, être prêté dans le temps où leurs pouvoirs seront expirés. — J.G. *Arbitr.*, 916.

17. Ils peuvent décerner des commissions rogatoires à un juge, conformément à l'art. 1035 c. pr. (Quest. controv.). — J.G. *Arbitr.*, 920.

18. Des arbitres peuvent recevoir un serment décisoire, et ordonner un serment supplétoire; mais il faut que ce serment soit prêté avant l'expiration de leurs pouvoirs. — J.G. *Arbitr.*, 921 et 1199.

19. C'est le tribunal arbitral tout entier qui doit recevoir ce serment : il y a nullité s'il a été reçu par le tiers arbitre seul. — Nancy, 13 déc. 1832, sous Req, 3 juill. 1834, J.G. *Arbitr.*, 926.

20. Si le serment qu'une sentence arbitrale impose à une partie ne peut être prêté devant les arbitres avant le délai du compromis, et sans qu'il y ait dol ni fraude de la part de cette partie, elle peut être admise à le prêter devant les tribunaux ordinaires. — Pau, 24 avril 1823, J.G. *Arbitr.*, 921 et 785. — Req. 3 juill. 1834, *ibid.*, 926.

21. En tout cas, les arbitres peuvent recevoir le serment supplétoire qu'ils ont ordonné, même avant que leur sentence ait été revêtue de l'ordonnance d'exécution. — Paris, 14 mai 1825, J.G. *Arbitr.*, 922.

22. Mais les arbitres ne peuvent pas procéder à la réception d'une caution par eux ordonnée (Quest. controv.) — J.G. *Arbitr.*, 1199.

23. Cependant, les arbitres qui ordonnent qu'il sera fourni caution par la partie qu'ils condamnent peuvent apprécier la solvabilité de cette caution, s'ils sont encore dans le délai, et s'ils se sont réservé le droit de faire cette appréciation (Quest. controv.). — J.G. *Arbitr.*, 1004.

Art. 1012.

Le compromis finit, 1° par le décès, refus, déport ou empêchement d'un des arbitres, s'il n'y a clause qu'il sera passé outre, ou que le remplacement sera au choix des parties ou au choix de l'arbitre ou des arbitres restants ; 2° par l'expiration du délai stipulé, ou de celui de trois mois s'il n'en a pas été réglé ; 3° par le partage, si les arbitres n'ont pas le pouvoir de prendre un tiers arbitre. — C. pr. civ. 118, 1007, 1014, 1017, 1028. — C. civ. 1134. — C. com. 54, 55, 59 s.

Exposé des motifs et Rapport, J.G. *Arbitrage*, p. 274 et suiv., nos 9 et 23.

1. — I. Décès de l'un des arbitres. — Le décès d'un des arbitres qui met fin au compromis atteint pareillement les jugements partiels que les arbitres peuvent avoir rendu, lorsque le compromis porte qu'il sera statué par un seul et même jugement sur les points soumis à l'arbitrage. — J.G. *Arbitr.*, 589.

2. Si cette clause n'a pas été stipulée, et si les différents points de la contestation sont susceptibles de décisions partielles, ceux qui ont été arrêtés définitivement avant le décès de l'un des arbitres sont irrévocablement jugés. — J.G. *Arbitr.*, 589. — V. Bruxelles, 30 mai 1810, *ibid.*, 588.

3. Lorsque, après un partage d'arbitres, un sur-arbitre a été nommé, et qu'avant que celui-ci ait prononcé, l'un des arbitres décède, si un autre arbitre a été nommé pour remplacer l'arbitre décédé, le sur-arbitre ne peut prononcer avant que l'affaire ait été de nouveau débattue devant tous les arbitres, et qu'après jugement et partage de ceux-ci. — Paris, 14 janv. 1808, J.G. *Arbitr.*, 591 et 592.

4. — II. Refus des arbitres. — Le refus qui met fin à l'arbitrage est le fait soit de ne point se charger de la mission d'arbitre, soit après qu'on l'a acceptée de refuser de l'accomplir. — J.G. *Arbitr.*, 606.

5. Nul n'est forcé d'être arbitre. — J.G. *Arbitr.*, 608. — V. toutefois, Bruxelles, 22 août 1810, *ibid.*

6. Le refus peut être exprès ou tacite : il est exprès, si l'arbitre déclare qu'il ne veut ou ne peut accepter la mission d'arbitre ; il est tacite, si cet arbitre refuse de répondre à la nomination qui lui est notifiée, ou de se présenter sur les lieux, ou s'il fait quelque acte duquel résulte clairement son intention de ne plus continuer la mission qu'il avait acceptée. — J.G. *Arbitr.*, 609.

7. Le refus de l'un des arbitres de se présenter pour procéder et, à plus forte raison, pour délibérer avec les deux autres, rend nulle la décision de ceux-ci. Ainsi, dans le cas où les opérations étant commencées, un arbitre refuse de les continuer, le jugement des deux autres doit être annulé.. — Agen, 8 janv. 1812, J.G. *Arbitr.*, 611.

8. Mais il en serait autrement si la majorité était autorisée à statuer en l'absence de l'un des arbitres. — J.G. *Arbitr.*, 611.

9. Si l'on a nommé deux arbitres et pour le cas de discord, un tiers arbitre qui jugera

sans être tenu de se réunir à l'avis de l'un des arbitres, le refus que fait l'un des arbitres de constater le discord n'empêche pas que le tiers arbitre juge sur le seul avis de l'arbitre non refusant. — Req., 18 mai 1814, J.G. *Arbitr.*, 612 et 758.

10. Le compromis finit à compter du jour du refus de l'un des arbitres, alors même que ce refus n'aurait pas été connu de l'une des parties. En conséquence, est recevable l'appel que l'une des parties interjette du jugement sur lequel le compromis a été fondé, encore que le refus n'ait pas été notifié à la partie adverse. — Civ. c. 24 déc. 1817, J.G. *Arbitr.*, 613.

11. De ce que le refus de l'arbitre met fin au compromis, il suit qu'un compromis désignant deux arbitres, après le refus d'un arbitre unique, primitivement choisi, n'est point la continuation du premier, surtout lorsque les seconds arbitres ont reçu la mission de statuer sur des difficultés qui n'avaient pas été soumises au premier. — Riom, 4 mai 1861, D.P. 61. 2. 129.

12. Sur le refus, de la part d'un ou de plusieurs arbitres, de signer le jugement arbitral, V. *infrà*, art. 1016, nos 62 et s.

13. — III. Déport et empêchement des arbitres. — Le *déport* est la démission qu'un arbitre donne de ses fonctions. — J.G. *Arbitr.*, 615. — V. *infrà*, art. 1014, nos 1 et s.

14. L'*empêchement*, qui est assimilé au déport, est toute cause qui empêche un arbitre de remplir la mission qu'il a acceptée, et pour laquelle il pourrait être récusé. L'empêchement diffère du déport en ce qu'il tient davantage aux circonstances fortuites et indépendantes de la volonté de l'arbitre. — J.G. *Arbitr.*, 615.

15. Il peut être convenu qu'en cas de décès, déport ou refus des arbitres, le compromis ne prendra pas fin, c'est-à-dire que les arbitres jugeront seuls ou après remplacement de l'arbitre décédé, refusant ou déporté. — J.G. *Arbitr.*, 583.

16. Dans cette dernière hypothèse, les parties, en cas de désaccord, doivent s'adresser, à l'effet de pourvoir au remplacement, non pas aux arbitres restants, bien qu'il leur soit accordé le pouvoir de nommer un tiers arbitre, ni au président du tribunal, mais au tribunal même (Quest. controv.). — J.G. *Arbitr.*, 583.

17. — IV. Expiration du délai du compromis. — L'expiration du délai met fin au compromis. Ainsi, la sentence rendue après ce délai est atteinte de nullité, s'il n'y a une prorogation expresse ou virtuelle du consentement des parties. — Req. 26 déc. 1855, D.P. 56. 1. 354. — Conf. J.G. *Arbitr.*, 692.

18. ... Et la nullité de cette sentence emporte nullité du compromis lui-même. — Même arrêt.

19. Le compromis prend fin par expiration du délai de trois mois, si l'un des arbitres n'a pas déposé son rapport dans le délai, alors même que l'autre aurait fait le dépôt dans le délai légal. — Bruxelles, 1er mai 1830, J.G. *Arbitr.*, 692.—V. *suprà*, art. 1007, nos 21 et s.

20. Si, avant le remplacement d'arbitres déportés, le délai du compromis expire, l'arbitrage cesse, nonobstant la prorogation du délai qui serait faite par l'arbitre restant, bien que les arbitres aient la faculté de proroger la durée du compromis.—Civ. r. 6 nov. 1809, J.G. *Arbitr.*, 695.

21. Les arbitres ne peuvent pas, après l'expiration du délai, interpréter ou expliquer leur sentence sur la demande d'une partie : il faudrait l'adhésion des deux parties pour que les pouvoirs des arbitres qui ont pris fin pussent leur être rendus. — J.G. *Arbitr.*, 399.

22. Mais, nonobstant l'expiration du délai, un arbitre peut réparer les erreurs que contient le jugement qu'il a rendu en dernier ressort, sur renvoi qui lui est fait, à cette fin, de l'affaire par la cour d'appel. — Bor-

deaux, 13 juill. 1826, J.G. *Arbitr.*, 700 et 48. — V. aussi Req. 18 nov. 1818, *ibid.*, 701 et 1133.

23. Seulement, comme la cour d'appel est sans action sur les arbitres, la décision par laquelle cette cour leur prescrirait d'expliquer la sentence qu'ils ont rendue, serait dépourvue de toute sanction si les arbitres refusaient de l'exécuter. — J.G. *Arbitr.*, 700.

24. Au cas d'expiration du compromis sans qu'il ait été statué par les arbitres, ceux-ci doivent être remboursés des frais qu'ils ont exposés dans l'intérêt commun des parties. — Riom, 4 mai 1861, D.P. 61. 2. 129.

25. — V. Autres causes mettant fin au compromis. — Le compromis prend encore fin... par la *récusation* d'un arbitre. — J.G. *Arbitr.*, 643.—V. *infrà*, art. 1014, nos 23 et s.

26. ... Par l'effet de la convention des parties, lorsqu'elles *révoquent* les arbitres d'un commun accord. — V. *suprà*, art. 1008, nos 19 et s.

27. ... Et, en outre, soit par l'extinction de l'obligation que les parties ont mise en arbitrage, soit par la remise qui serait faite de cette obligation, soit par la confusion, soit par la transaction sur ce qui a fait l'objet du compromis, soit enfin par la perte de la chose. — J.G. *Arbitr.*, 578.

28. La *cession de biens* judiciaire ne met pas fin au compromis. — J.G. *Arbitr.*, 579.

29. ... Même dans le cas où, parmi les créanciers, il se trouverait des mineurs. — J.G. *Arbitr.*, 579.

30. A plus forte raison, la *cession* faite, par l'une des parties à un tiers, de la créance ou de la chose objet du compromis, n'y met-elle pas fin. — Agen, 8 nov. 1830, J.G. *Arbitr.*, 579.

31. La *faillite* ne fait pas davantage cesser le compromis. — Paris, 31 mai 1842, J.G. *Arbitr.*, 580. — Paris, 18 mars 1873, D.P. 74. 2. 137. — V. aussi Colmar, 21 juin 1841, *ibid.*, 581. — V. *infrà*, art. 1016. n° 2.

32. Et en pareil cas, les arbitres peuvent statuer sans que le syndic ait été mis en cause, si l'affaire était en état lors de la déclaration de faillite, et alors surtout qu'ils ont été dispensés de suivre les formes de droit. — Arrêt précité du 18 mars 1873.

33. Sur le *partage* des arbitres, V. *infrà*, art. 1017.

34. — VI. Conséquences de la fin du compromis. — Les actes d'instruction contenant quelque aveu des parties périssent avec le compromis, si celui-ci a pris fin (Quest. controv.). — J.G. *Arbitr.*, 955.

35. Il en est de même de l'aveu contenu dans le compromis, à moins que les parties n'aient eu l'intention d'attribuer à cet aveu un effet irrévocable. — J.G. *Arbitr.*, 577.

36. Jugé toutefois, sans distinction, que l'aveu contenu dans un compromis nul, à défaut par les arbitres d'avoir rempli leur mission, n'en reste pas moins valable. — Bordeaux, 10 déc. 1841, J.G. *Arbitr.*, 577. — V. observ., *ibid.*

37. Les décisions d'instruction et interlocutoires que les arbitres, dont les pouvoirs ont pris fin avec le compromis, peuvent avoir rendues, sont atteintes de péremption.—J.G. *Arbitr.*, 956.

Table sommaire.

Art. 1013.

Le décès, lorsque tous les héritiers sont majeurs, ne mettra pas fin au compromis : le délai pour instruire et juger sera suspendu pendant celui pour faire inventaire et délibérer. — C. pr. civ. 1007. — C. civ. 795 s., 1122, 1456 s.

1. Le compromis est opposable aux créanciers des parties, qu'elles soient ou non tombées en faillite, à leurs cessionnaires, comme à leurs héritiers *majeurs* et à tous leurs ayants cause. — J.G. *Arbitr.*, 571. — Conf. Bordeaux, 4 avr. 1829, *ibid.*, et *Appel civ.*, 594.

2. Le compromis se continue, en cas de décès de l'une des parties, avec ses héritiers majeurs ; mais le délai est suspendu pendant le délai accordé à ceux-ci pour faire inventaire et délibérer. — J.G. *Arbitr.*, 697.

3. Cette suspension du délai a lieu de plein droit, quoique le décès n'ait pas été notifié à la partie adverse ; l'art. 344 c. pr. est inapplicable ; dès lors, le jugement rendu dans le délai pour faire inventaire et délibérer devrait être annulé comme s'il avait été rendu sur compromis expiré. — J.G. *Arbitr.*, 697.

4. Mais s'il y a des héritiers mineurs, le décès des parties ou de l'une d'elles met fin au compromis. — J.G. *Arbitr.*, 584.

5. Le compromis prend fin par le décès de l'une des parties laissant un héritier mineur, quoique ce décès n'ait pas été notifié, si, au moment où il a eu lieu, les arbitres n'avaient ni accepté l'arbitrage, ni encore fait aucun acte qui pût en tenir lieu. — Montpellier, 15 janv. 1816, J.G. *Arbitr.*, 597.

6. Mais la circonstance que, durant l'arbitrage, l'un des compromettants est décédé laissant des enfants mineurs, n'autorise pas l'autre partie à demander la nullité du jugement rendu avant que le décès ait été connu des arbitres et à une époque où la cause était en état. — Poitiers, 22 juill. 1819, J.G. *Arbitr.*, 599 et 292.

7. Le compromis serait obligatoire pour les héritiers mineurs, si les compromettants l'avaient ainsi stipulé ; l'art. 1013 ne s'applique pas à ce cas (Quest. controv.). — J.G. *Arbitr.*, 604.

8. Le compromis ne prend pas fin par le décès d'une des parties, lorsqu'elle laisse un héritier bénéficiaire (Quest. controv.). — J.G. *Arbitr.*, 604.

9. ... Ni même lorsqu'elle laisse pour héritier un interdit ou une femme mariée sous le régime dotal. (Quest. controv.). — J.G. *Arbitr.*, 604.

10. Le droit d'opposer la cessation des pouvoirs des arbitres, par l'effet du décès de l'une des parties appartenant aux héritiers seulement, ne peut être invoqué par un enfant naturel. — Paris, 10 nov. 1835, J.G. *Arbitr.*, 596 et 602.

11. En admettant la validité de la clause compromissoire, cette clause est éteinte par le décès de l'une des parties laissant des héritiers mineurs. — Req. 28 janv. 1839, J.G. *Arbitr.*, 598.

Art. 1014.

Les arbitres ne pourront se déporter, si leurs opérations sont commencées : ils ne pourront être récusés si ce n'est pour cause survenue depuis le compromis. — C. pr. civ. 44 s., 197, 308 s., 378 s., 430. — C. civ. 1012.

Exposé des motifs et Rapport, J.G. *Arbitr.*, p. 374 et s., n°s 3 et 22.

1. — I. Déport des arbitres. — Le déport est la renonciation à la fonction que l'arbitre a acceptée ; il peut être fondé sur des causes légitimes, et n'annonce nullement que l'arbitre n'ait pas eu la volonté de remplir son mandat. Le déport diffère du refus en ce que le refus peut avoir lieu avant toute acceptation des fonctions d'arbitre, et que s'il intervient après l'acceptation, il suppose de la part de l'arbitre un oubli des devoirs qui lui sont imposés. — J.G. *Arbitr.*, 617.

2. On ne peut considérer comme un déport, ... soit le refus de signer que fait un arbitre après qu'il a pris part à toutes les opérations des arbitres, lorsqu'il ne s'agit plus que de rédiger le jugement. — Bruxelles, 3 janv. 1829, J.G. *Arbitr.*, 618.

3. ... Soit le refus qu'il fait de rédiger son avis par écrit après qu'il a conféré avec les arbitres et le tiers arbitre — Nimes, 20 mars 1839, J.G. *Arbitr.*, 619 et 783.

4. Mais le fait d'un arbitre de se retirer avant toute délibération, déclarant s'en rapporter au jugement, à la décision de ses coarbitres, constitue un déport. — J.G. *Arbitr.*, 620.

5. En général, l'arbitre ne peut se déporter s'il n'a pas une cause légitime pour le faire. — J.G. *Arbitr.*, 621.

6. Les causes légitimes de déport sont toutes celles pour lesquelles des arbitres peuvent être récusés. — J.G. *Arbitr.*, 622.

7. Le déport serait justifié, si le compromis était vicieux et nul, si l'arbitre était atteint de quelque maladie ou de quelque incommodité qui le mît hors d'état de remplir ses fonctions. — J.G. *Arbitr.*, 622.

8. ... Si ses propres affaires demandaient instamment tous ses soins. — J.G. *Arbitr.*, 622.

9. ... S'il avait accepté, depuis le compromis, un emploi public qui réclame tous ses moments. — J.G. *Arbitr.*, 622.

10. Un arbitre peut encore se démettre, lorsque les fonctions publiques qu'il remplit ont reçu, depuis l'acceptation de l'arbitrage, un accroissement tel qu'il se trouve dans l'impossibilité absolue de continuer sa mission arbitrale. — Rennes, 26 juill. 1841, J.G. *Arbitr.*, 624.

11. La circonstance que l'avis distinct rédigé par l'un des arbitres divisés a été communiqué par son coarbitre à l'une des parties peut, dans certains cas, être une cause de déport. — Rouen, 4 janv. 1820, J.G. *Arbitr.*, 626 et 628.

12. La loi qui permet la récusation pour cause survenue depuis le compromis, autorise le déport pour cette même cause. — Rouen, 4 janv. 1820, J.G. *Arbitr.*, 628.

13. Le déport de l'arbitre peut avoir lieu, tant que les opérations ne sont point commencées. — J.G. *Arbitr.*, 616.

14. Par opérations commencées, on entend le premier acte par lequel les arbitres se sont livrés à une instruction quelconque, le premier procès-verbal qu'ils ont rédigé, et qui a été signé par les parties, dans lequel ils ont mentionné le dépôt des pièces, des conclusions qu'elles leur ont remises. — J.G. *Arbitr.*, 629.

15. Pour que les opérations puissent être réputées commencées, il n'est pas exigé que l'opinion des arbitres ait été définitivement arrêtée. — Rouen, 4 janv. 1820, J.G. *Arbitr.*, 629 et 628.

16. Lorsqu'un tribunal arbitral a délibéré sur les questions qui lui sont soumises, que la majorité des opinions s'est formée, et qu'il ne reste plus qu'à rédiger la sentence, la décision ainsi arrêtée appartient aux parties, et il ne peut dépendre de l'arbitre dissident de détruire ce résultat en se déportant : dans ce cas la sentence rédigée par la majorité, conformément à la délibération prise en commun, doit être maintenue. — Paris, 20 nov. 1863, D.P. 63. 2. 222.

17. Le déport doit être déclaré tardif quand il n'a été déclaré que postérieurement à une sentence portant déclaration de partage, encore qu'il fût antérieur à la rédaction des avis motivés de chacun des arbitres partagés. Par suite, il y a lieu nonobstant un tel déport, à recourir au tiers arbitre. — Req. 5. févr. 1855, D.P. 55. 1. 358.

18. La clause d'un compromis portant qu'en cas de retraite ou de refus de l'un des arbitres pour une cause quelconque, il sera procédé à son remplacement, ne donne pas aux arbitres le droit de se déporter après les opérations commencées. — Paris, 8 mai 1824, J.G. *Arbitr.*, 630).

19. Le déport est exprès ou tacite. Il est implicite de la part de l'arbitre qui accepte de l'une des parties une procuration à l'effet de citer l'autre partie en conciliation devant le juge de paix sur les difficultés qui font l'objet du compromis. En conséquence, l'autre partie est fondée à demander la nullité du jugement rendu par les arbitres après sa comparution devant le bureau de paix où il n'y a pas eu conciliation. — Bruxelles, 4 fruct. an 12, J.G. *Arbitr.*, 632.

20. Dans un arbitrage passé à l'étranger, on doit, en cas de déport de l'un des arbitres, se conformer, pour le remplacement, aux lois du pays. — Paris, 19 mars 1830, J.G. *Arbitr.*, 634 et 572.

21. L'arbitre qui se déporte illégalement ne peut être contraint de remplir sa mission ; mais il est passible de dommages-intérêts. — J.G. *Arbitr.*, 635.

22. Lorsque les motifs du déport sont contestés, les arbitres sont incompétents pour prononcer sur l'incident, à moins que ce pouvoir ne leur ait été déféré. — J.G. *Arbitr.*, 636.

23. — II. Récusation des arbitres. — 1° *Causes de récusation.* — D'après l'art. 1014, on ne peut invoquer contre les arbitres que les causes de récusation survenues depuis le compromis. Cependant cette règle souffre exception dans le cas où les causes antérieures au compromis n'ont été connues des parties que depuis (Quest. controv.). — J.G. *Arbitr.*, 651.

24. Les causes pour lesquelles les arbitres peuvent être récusés sont les mêmes que celles indiquées par l'art. 378 c. pr. civ. pour la récusation des juges. — Metz, 8 déc. 1818 ; Paris, 31 déc. 1825, J.G. *Arbitr.*, 645. — Req. 8 févr. 1832, *ibid.*, 649. — Pau, 19 avr. 1871, D.P. 73. 2. 73.

25. Leur récusation n'est susceptible d'être prononcée pour aucun autre motif (Quest. controv.). — J.G. *Arbitr.*, 646.

26 Un arbitre peut être récusé pour avoir bu et mangé avec les parties. — Civ. c. 16 déc. 1828, J.G. *Arbitr.*, 647-1° et 752.

27. Toutefois, les arbitres ne sont pas récusables pour avoir, pendant l'accomplissement de leur mandat, bu et mangé, tantôt avec l'une des parties, tantôt avec les deux, alors que ces frais de nourriture, d'ailleurs insignifiants, n'ont jamais été payés par elles. — Pau, 19 avr. 1871, D.P. 73. 2. 73.

28. L'*inimitié capitale* est une cause de récusation d'un arbitre. — Bourges, 3 déc. 1813, J.G. *Récusat.*, 56, et *Arbitr.*, 647.

29. Un arbitre peut être récusé pour avoir donné un *conseil* dans la cause qu'il doit décider. — Bourges, 6 prair. an 9, J.G. *Arbitr.*, 647-2°.

30. ... Mais non pour avoir manifesté son opinion avant que la cause eût été soumise à son examen. — Civ. c. 12 juin 1809, J.G. *Récusat.*, 27-2°. — Montpellier, 1er juin 1829, J.G. *Arbitr.*, 647-2°.

31. On ne peut invoquer, à titre de moyen de récusation, contre un arbitre-juge, le fait d'avoir déjà connu d'un différend, qu'autant que les difficultés qui, sur un ou plusieurs points, divisent les parties en cause, sont identiquement celles sur lesquelles, en ce qui concerne ces mêmes points ou l'un d'eux, cet arbitre a déjà statué entre elles. — Paris, 16 mai 1874, D.P. 75. 2. 4.

32. Par suite, il n'y a pas lieu à récusation dès que, entre le litige à la solution duquel a concouru un arbitre et le litige ultérieurement porté devant lui et ses coarbitres, il y a disparité, soit quant aux parties contestantes, soit quant aux qualités en lesquelles elles procèdent, soit quant aux causes sur lesquelles les demandes sont basées, soit enfin quant à l'objet de chacune de ces demandes. — Même arrêt.

33. D'après un arrêt, la *négligence* des arbitres est un cas de récusation. — Bruxelles, 1er mai 1830, J.G. *Arbitr.*, 692. — Mais V. observ. contr., *ibid.*, 648.

34. L'arbitre qui était créancier de l'une des parties, avant le compromis, ne peut être récusé, par cela que, depuis le compromis, il est devenu créancier pour une autre cause : l'accroissement de sa créance n'est pas un motif de récusation. — Metz, 12 mai 1818, J.G. *Arbitr.*, 654-1º et 668.

35. On ne peut récuser un arbitre parce qu'il est devenu, depuis le compromis, débiteur de l'une des parties. — Besançon, 30 déc. 1814, J.G. *Arbitr.*, 654-2º. — Observ. contr., *ibid.*

36. — 2º *Délai de la récusation.* — Quant au délai de la récusation, il y a lieu d'appliquer l'art. 382 c. pr. civ.; par suite, des arbitres peuvent être récusés même après avoir déclaré le partage, et jusqu'au jugement du tiers arbitre avec lequel ils doivent délibérer. — Civ. c. 16 déc. 1828, J.G. *Arbitr.*, 656 et 752.

37. Toutefois, il ne suffit pas que les faits de récusation soient postérieurs à la nomination pour qu'ils puissent être toujours proposés ; une production, une défense, un acte quelconque, annonçant l'intention de renoncer à se prévaloir de ce moyen, doivent le faire rejeter. — J.G. *Arbitr.*, 657. — Conf. Orléans, 28 déc. 1820, *ibid.*

38. Mais pour qu'une telle exception s'élève contre le récusant, il est indispensable qu'au moment où il a fait l'un de ces actes, les faits de récusation aient été parfaitement connus de lui. — J.G. *Arbitr.*, 657.

39. Le délai court, pour les faits antérieurs à la nomination, du jour où ils ont été connus, et pour les faits postérieurs, du jour où ils sont découverts et jusqu'au moment où il a été fait un acte indiquant que la partie a entendu renoncer à les proposer. — J.G. *Arbitr.*, 659.

40. — 3º *Formes de la récusation.* — Suivant un système, la récusation doit être signifiée aux arbitres eux-mêmes, par un huissier, ou par un notaire ; l'original peut être visé par l'arbitre ou à son défaut, par le procureur de la République près le tribunal de son domicile (arg. c. pr. civ. 1039). — Observ. conf., J.G. *Arbitr.*, 660.

41. Et même une simple réserve, indiquant les motifs, mentionnée dans le procès-verbal des arbitres, serait suffisante, sauf à la partie à citer l'arbitre récusé devant le tribunal qui devra apprécier le mérite de la récusation. — J.G. *Arbitr.*, 660.

42. Suivant un autre système, la notification doit être faite par l'intermédiaire du greffier du tribunal dont le président revêt la sentence arbitrale de l'ordonnance d'*exequatur*. — J.G. *Arbitr.*, 660.

43. En ce sens, la récusation d'un arbitre peut être faite par acte déposé au greffe du tribunal. — Bourges, 3 déc. 1813, J.G. *Arbitr.*, 661-1º et 647.

44. Suivant une troisième opinion, la récusation des arbitres doit, à peine de nullité, être faite dans les formes prescrites par les art. 384 et s. c. pr. civ. — Pau, 19 avr. 1871, D.P. 73. 2. 73.

45. L'acte de récusation doit être signé de la partie ou de son fondé de pouvoir, à peine de nullité de l'exploit. — Montpellier, 26 juin 1834, J.G. *Arbitr.*, 662. — V. toutefois observ. *ibid.*

46. Ainsi, est nulle la récusation faite par un simple acte d'huissier et non revêtue de la signature de la partie. — Pau, 19 avr. 1871, D.P. 73. 2. 73.

47. L'acte de récusation doit contenir les motifs qui y donnent lieu ; mais, dans l'appréciation de l'exécution de cette formalité, une grande latitude est laissée aux tribunaux. — J.G. *Arbitr.*, 663.

48. Toutefois, il ne suffirait pas de l'allégation d'un reproche vague de partialité, ni d'une protestation contre toutes décisions que les arbitres pourront rendre. — Civ. r. 12 vend. an 5; Req. 6 nov. 1821, J.G. *Arbitr.*, 663.

49. De même, la protestation faite par une partie devant des arbitres, dont l'objet est de leur faire connaître que les conventions sur lesquelles ils sont appelés à statuer ne constituent pas une société de commerce, n'oblige pas les arbitres de suspendre le cours de leurs opérations, sous le prétexte que ce serait là une récusation de leurs pouvoirs, sur laquelle il ne leur serait pas permis de statuer. — Req. 8 mai 1833, J.G. *Arbitr.*, 664 et 1150.

50. L'offre de preuve des faits sur lesquels une récusation contre des arbitres est fondée, a pu être rejetée s'il n'est produit, à l'appui, aucun commencement de preuve par écrit. — Req. 8 févr. 1832, J.G. *Arbitr.*, 665 et 649.

51. — 4º *Tribunal compétent pour juger la récusation.* — Les arbitres ne sont pas juges de la récusation de l'un d'eux. — Civ. c. 1er juin 1812; Paris, 17 mai 1813, J.G. *Arbitr.*, 666. — Metz, 12 mai 1818, *ibid.*, 668. — Req. 28 juill. 1818, *ibid.*, 986. — Toulouse, 23 mai 1832, *ibid.*, 1339. — Civ. r. 1er févr. 1837, *ibid.*, 669. — Pau, 19 avr. 1871, D.P. 73. 2. 73.

52. L'autorisation des parties n'investirait même pas les arbitres du droit de statuer sur leur propre récusation (Quest. controv.). — J.G. *Arbitr.*, 666.

53. La demande en récusation, en matière de commerce, comme en matière civile, doit être portée devant le tribunal civil. — Metz, 12 mai 1818; Civ. c. 26 mars 1838, J.G. *Arbitr.*, 668. — Pau, 19 avr. 1871, D.P. 73. 2. 73.

54. Le tribunal compétent pour prononcer sur la récusation est non pas celui du lieu où la cause eût été portée s'il n'y avait pas eu d'arbitrage, mais bien le tribunal du domicile des arbitres, c'est-à-dire du lieu où l'arbitrage est constitué. — J.G. *Arbitr.*, 667.

55. Quant à l'arbitre récusé qui demande des dommages-intérêts, il doit s'adresser au tribunal du domicile de la partie récusante, si l'action est formée par demande principale. — J.G. *Arbitr.*, 667.

56. — 5º *Procédure et jugement sur la récusation.* — L'action en récusation doit être intentée contre les arbitres d'une manière directe et principale, et ne peut être jugée qu'en leur présence. — Pau, 19 avr. 1871, D.P. 73. 2. 73.

57. Mais il n'est pas nécessaire que toutes les parties qui ont souscrit le compromis soient mises en cause dans l'instance sur la récusation. Ainsi, la récusation formée contre un arbitre doit être jugée sans la mise en cause de la partie étrangère à la demande en récusation. — Orléans, 28 déc. 1820, J.G. *Arbitr.*, 670. — Quest. controv., *ibid.*

58. L'adversaire du récusant, qui a été partie au jugement de récusation, peut en interjeter appel. — Req. 28 févr. 1838, J.G. *Arbitr.*, 671 et 661.

59. La partie qui a présenté des motifs de récusation contre un arbitre ne doit pas être intimée sur l'appel du jugement qui a admis la récusation; par suite, elle est non recevable

à attaquer, par tierce-opposition, l'arrêt qui infirme le jugement de récusation. — Req. 28 févr. 1838, J.G. *Arbitr.*, 661-3º.

60. Le tribunal a un pouvoir discrétionnaire pour rejeter de prime abord, même en présence des preuves offertes, les moyens de récusation qui ne lui paraissent pas fondés. — Pau, 19 avr. 1871, D.P. 73. 2. 73.

61. L'amende établie contre le plaideur déclaré non recevable dans la récusation qu'il a poursuivie contre un juge, doit être prononcée s'il s'agit d'une récusation contre un arbitre. — J.G. *Arbitr.*, 675. — V. toutefois Orléans, 21 mai 1818, *ibid.*

62. Mais l'auteur d'une récusation écartée principalement par fins de non-recevoir n'est point passible de l'amende. — Pau, 19 avr. 1871, D.P. 73. 2. 73.

63. Les arbitres qui ont été l'objet d'une récusation injurieuse ont droit à des dommages-intérêts. — Même arrêt.

64. — 6º *Effets de la récusation.* — Lorsqu'une récusation est faite, les arbitres doivent surseoir à juger jusqu'à ce qu'il ait été statué sur cette récusation, encore qu'elle soit postérieure à la clôture du procès-verbal par lequel ils déclarent leur mission remplie, mais antérieure à la mise au net et à la signature du jugement. — Civ. r. 7 juin 1808, J.G. *Arbitr.*, 669 et 1066.

65. Le jugement arbitral rendu avant que la récusation proposée dans le délai ne soit jugée, est nul. — Civ. c. 16 fruct. an 5, J.G. *Arbitr.*, 672.

66. La récusation d'un arbitre est réputée connue de celui-ci à dater du jugement de soit communiqué. Par suite, la sentence à laquelle a concouru cet arbitre, postérieurement à ce jugement, est nulle. — Caen 8 juill. 1846, D.P. 47. 2. 2.

67. Et, en admettant que, par des motifs d'urgence, l'arbitre récusé ait dû concourir au jugement de l'affaire, cette sentence tombe en présence du jugement qui admet la récusation proposée. — Même arrêt.

68. La récusation signifiée à un arbitre n'empêche pas les arbitres de passer au jugement de la cause qu'autant qu'il y est donné suite et qu'il a été statué, alors surtout que la partie récusante a conféré depuis avec l'arbitre récusé, et que les causes de la récusation sont antérieures à la nomination des arbitres par les parties. — Agen, 10 juill. 1833, J.G. *Arbitr.*, 669.

69. De même, la sentence rendue par des arbitres récusés n'est pas nulle par cela seul qu'ils auraient cru devoir passer outre, alors surtout qu'aucune suite n'a été donnée à la récusation. — Pau, 19 avr. 1871, D.P. 73. 2. 73.

70. Mais l'auteur de la récusation conserve la faculté de poursuivre, même après le prononcé de la sentence, la validité de la récusation, et par suite la nullité de la sentence. — Même arrêt.

71. S'il y a urgence, il n'est pas interdit aux arbitres de passer outre au jugement du fond, surtout lorsque les causes de récusation ne sont pas postérieures au compromis, sauf aux parties à faire juger la *récusation* par les tribunaux, et annuler au fond, s'il y a lieu, le jugement arbitral. — Civ. r. 1er févr. 1837, J.G. *Arbitr.*, 669.

72. Spécialement, des arbitres ont pu nonobstant la récusation exercée contre eux, et sans examiner les motifs de récusation passer outre au jugement du fond, en prenant en considération le temps écoulé depuis la requête introductive, la comparution des parties devant les arbitres, sans protestation, et la nécessité de mettre un terme aux contestations des parties. — Même arrêt.

73. En cas de récusation des arbitres, ils sont libres de suspendre leurs opérations ou de passer outre au jugement; s'ils optent pour le sursis jusqu'à la décision à intervenir sur l'action en récusation, le délai est suspendu pendant la durée de ce sursis. — Caen, 4 juin 1845, D.P. 46. 4. 18.

74. Les jugements des arbitres récusés, rendus pendant le temps de l'appel du jugement qui avait rejeté la récusation, ne sont point nuls, si le jugement dont est appel est exécutoire par provision, et si surtout il n'a pas été formé de demande pour en arrêter l'exécution provisoire. — Req. 12 juill. 1821, J.G. *Arbitr.*, 673.

Table sommaire.

Acte de récusation 45 s.; (motifs) 47.	Dépôt au greffe 43.	Récusation (arbitre) 6; (arbitres, cause) 23 s.; (délai) 36 s.; (effets) 64 s.; (formes) 40 s.; (juge) 24; (jugement) 56 s.; (procédure) 56 s.; (tribunal compétent) 51 s.
Amende 61 s.	Dommages-intérêts 21, 55, 63.	
Appel 58 s.	Étranger 20.	
Avis motivé (arbitre) 17.	Exécution provisoire (jugement) 74.	
Commencement de preuve 50.	Fonction publique 9 s.	
Commerce 53.	Huissier 40, 46.	
Compétence 51 s.	Incident 22.	Rédaction par écrit (avis) 3.
Conciliation (citation) 19.	Inimitié capitale 28.	Refus (arbitre) 1 s.
Conseil 29.	Négligence (arbitre) 33.	Repas 26 s.
Créancier 34.	Notaire 40.	Signature 46; (refus) 2.
Débiteur 35.	Opérations commencées (arbitres) 14 s.	Signification 40.
Défense 37.		Société commerciale 49.
Demande principale 55.	Ordonnance d'*exequatur* 42.	Soumission à justice 4.
Déport (arbitre) 1 s.; (cause légitime) 5 s.; (motifs contestés) 22.	Pouvoir du juge 60.	Sursis 64, 73.
Déport exprès 19.	Preuve (offre) 50.	Tierce-opposition 59.
Déport illégal 21.	Procureur de la République 40.	Tiers arbitre 36.
Déport tacite 19.		Urgence 71.
Déport tardif 17.	Production 37.	Visa 40.

Art. 1015.

S'il est formé inscription de faux, même purement civile, ou s'il s'élève quelque incident criminel, les arbitres délaisseront les parties à se pourvoir, et les délais de l'arbitrage continueront à courir du jour du jugement de l'incident. — C. pr. civ. 214, 427, 1007, 1013. — C. instr. crim. 448.

Exposé des motifs et Rapport, J.G. *Arbitr.*, p. 374, n° 6.

1. — I. Inscription de faux. — Dès qu'une inscription de faux est formulée, la juridiction des arbitres est suspendue jusqu'après la décision des tribunaux sur cet incident. — J.G. *Arbitr.*, 949.

2. L'art. 1015 comprend le faux incident civil comme le faux criminel; il n'y aurait donc pas moins lieu au sursis, quoique, par le décès de l'auteur du faux, l'inscrivant ne puisse prétendre qu'à des dommages-intérêts. — J.G. *Arbitr.*, 949.

3. L'inscription de faux est admissible contre un livre de caisse produit devant les arbitres. — Montpellier, 16 juill. 1830, J.G. *Arbitr.*, 953.

4. Il ne suffit pas d'une simple allégation ou menace de s'inscrire en faux, il faut, pour que les arbitres soient tenus de se dessaisir, une inscription de faux réelle, c'est-à-dire déclarée au greffe du tribunal qui doit rendre l'ordonnance d'*exequatur*. — J.G. *Arbitr.*, 949. — V. supra, art. 214, n°s 157 et s.

5. L'art. 1015 ne s'applique pas au cas où il n'existe qu'une réserve conditionnelle de la part de l'une des parties de se pourvoir par inscription de faux. — Req. 18 juin 1816, J.G. *Arbitr.*, 949 et 1290.

6. Toutefois, il n'est pas indispensable que l'inscription soit formulée au greffe pour que les arbitres soient tenus de surseoir. La partie à qui les arbitres auraient donné acte de sa déclaration faite devant eux de s'inscrire en faux contre une pièce produite, devrait obtenir qu'il fût sursis au jugement jusqu'à ce qu'elle ait eu le temps de formuler régu-

lièrement son inscription. — J.G. *Arbitr.*, 949.

7. Les arbitres devant lesquels est produite une pièce arguée de faux doivent surseoir à leurs opérations, bien que la déclaration par laquelle il y aurait inscription de faux soit irrégulière en ce qu'elle a été reçue par un notaire. — Req. 24 mai 1814, J.G. *Arbitr.*, 950.

8. Si les arbitres écartent du procès la pièce comme tardivement produite, l'inscription n'ayant plus d'objet, ils peuvent rendre leur sentence et ne sont point obligés de surseoir. — J.G. *Arbitr.*, 949.

9. L'acte d'avoué à avoué par lequel, suivant l'art. 215 c. pr., la partie qui présente la pièce contestée est mise en demeure de la retirer ou de s'en servir, est valablement remplacé par une sommation faite à la personne; l'inscription doit être notifiée tant au défendeur qu'aux arbitres pour que ceux-ci soient obligés de surseoir; les arbitres doivent se borner à constater dans leur procès-verbal l'empêchement survenu à leurs opérations. — J.G. *Arbitr.*, 950.

10. Le jugement qui statue sur l'incident doit être notifié aux arbitres à fin de reprise de l'instance arbitrale, et c'est de ce moment que recommence à courir le délai fixé par le compromis. — J.G. *Arbitr.*, 950.

11. Si des arbitres ont sursis à statuer, par suite d'une inscription de faux irrégulièrement formée devant eux, le juge civil peut enjoindre aux arbitres de procéder tant que l'inscription n'a pas été formée régulièrement. — Req. 24 mai 1814, J.G. *Arbitr.*, 951 et 950. — Mais V. observ., *ibid.*, 951.

12. — II. Incidents suspendant le délai de l'arbitrage. — Le délai de l'arbitrage est suspendu toutes les fois qu'il s'élève un incident qui dépasse la compétence des arbitres, jusqu'à ce que cet incident soit jugé par les tribunaux; et il ne peut reprendre son cours qu'à dater d'une assignation nouvelle devant les arbitres. — J.G. *Arbitr.*, 697, 1079.

13. Dans le cas où l'une des parties a, par des incidents mal fondés, empêché les arbitres de prononcer dans le délai du compromis, le délai a été suspendu pendant le temps nécessaire pour la solution de l'incident; en conséquence, cette partie n'est pas recevable à prétendre que les pouvoirs des arbitres étaient expirés. — Metz, 12 mai 1818, J.G. *Arbitr.*, 697 et 668.

14. Le délai est aussi suspendu quand il y a appel d'un interlocutoire, jusqu'à ce que cet appel soit jugé. Mais le jugement préparatoire ou interlocutoire ordonné par les arbitres n'emporte par lui-même ni suspension, ni prorogation. — J.G. *Arbitr.*, 697.

15. S'il est présenté incidemment devant les arbitres une question d'état dont la solution soit indispensable pour le jugement de la contestation qui leur est déférée, ils doivent pareillement déclarer le sursis jusqu'à ce qu'elle ait été jugée. — J.G. *Arbitr.*, 697.

16. Le droit d'évocation établi par l'art. 473 est inapplicable en matière d'arbitrage. Ainsi, lorsqu'un incident a forcé les arbitres de surseoir et qu'on est en instance d'appel sur l'incident, les juges saisis de cet appel et qui infirment le jugement qui leur est déféré ne peuvent évoquer le fond, et dessaisir les arbitres. — J.G. *Arbitr.*, 1280.

Art. 1016.

Chacune des parties sera tenue de produire ses défenses et pièces, quinzaine au moins avant l'expiration du délai du compromis ; et seront tenus les arbitres de juger sur ce qui aura été produit.

Le jugement sera signé par chacun des arbitres ; et dans le cas où il y au-

rait plus de deux arbitres, si la minorité refusait de le signer, les autres arbitres en feraient mention, et le jugement aura le même effet que s'il avait été signé par chacun des arbitres.

Un jugement arbitral ne sera, dans aucun cas, sujet à l'opposition. — C. pr. civ. 116, 1007, 1020 s., 1028. — C. com. 56 s.

1. — I. Production des défenses et pièces. — Le délai de quinze jours pour faire les productions n'est pas établi à peine de déchéance. Les parties peuvent produire tant que la sentence n'est pas rendue. — J.G. *Arbitr.*, 928.

2. L'art. 344 c. pr. civ., relatif aux causes en état, s'applique à l'arbitrage lorsqu'il n'y a pas dispense des formes de procédure. Ainsi, lorsque la cause n'est en état, le jugement ne peut être différé par le changement d'état résultant de la mise en faillite de l'une des parties. — Paris, 31 mai 1842, J.G. *Arbitr.*, 928 et 580. — V. *suprà*, art. 1012 n° 31.

3. Toutefois, la sentence arbitrale ne peut pas être rendue avant l'expiration des délais accordés pour la production, bien que la partie en retard ait été assignée. — J.G. *Arbitr.*, 929. — Conf. Civ. c. 5 germ. an 5, *ibid.*

4. C'est du jugement *définitif* que l'art. 1016 entend parler : les arbitres pourraient, sur simple assignation, rendre un jugement préparatoire ou interlocutoire avant le délai fixé par cet article. — J.G. *Arbitr.*, 929.

5. Mais, après cette époque, les arbitres jugent valablement sur ce qui a été produit ; et même, si les parties ont fait toutes leurs productions avant la quinzaine, ils peuvent rendre leur sentence. — J.G. *Arbitr.*, 929.

6. Lorsque les parties n'ont pas produit avant la dernière quinzaine, les arbitres peuvent, sans encourir le reproche de s'être déportés, refuser d'entendre les parties et de juger la contestation, s'ils estiment que l'affaire soit d'une telle complication qu'ils manquent du temps nécessaire pour la juger — J.G. *Arbitr.*, 929.

7. Les défenses des parties doivent être respectivement signifiées, et l'acte de produit des mémoires et pièces doit être dénoncé aux parties adverses, à moins que les parties ne se présentent devant les arbitres pour y plaider contradictoirement, ou que les arbitres n'aient été dispensés des formes ordinaires. — J.G. *Arbitr.*, 931.

8. Il n'est pas nécessaire que les arbitres avant de rendre leur sentence, fassent sommation à l'une des parties de produire ses pièces, si elles ont été retirées après avoir été produites. — Req. 1er juill. 1812, J.G. *Arbitr.*, 932 et 824.

9. Les arbitres ne sont pas obligés, à peine de nullité, de viser toutes les pièces. — Colmar, 14 prair. an 11, J.G. *Arbitr.*, 937 et 835.

10. La déclaration des arbitres sur l'époque de la remise des pièces doit faire pleine foi. — Turin, 8 mars 1811, J.G. *Arbitr.*, 938 et 715.

11. De même, la déclaration faite, dans leur sentence, qu'ils ont vu les mémoires, pièces et notes produits par les parties, fait foi jusqu'à inscription de faux ; en conséquence, l'une d'elles n'est pas recevable à prétendre que la sentence a été rendue sans qu'elle ait été entendue. — Besançon, 18 déc. 1811, J.G. *Arbitr.*, 938 et 894.

12. A dater du moment de sa production aux arbitres, une pièce devient commune à toutes les parties ; elle ne peut plus être retirée par celui qui l'a produite, sans le consentement de l'autre. — Paris, 3 vent. an 10 Besançon, 12 avr. 1815, J.G. *Arbitr.*, 939.

13. La communication des pièces peut être donnée aux parties, soit en présence des arbitres réunis, soit sur un récépissé que remet au dossier celui qui veut prendre communication dans le délai fixé par les arbitres. — J.G. *Arbitr.*, 940.

14. Cependant, s'il s'agissait d'originaux, d'actes importants, la communication ne devrait être autorisée qu'avec des précautions propres à garantir tous les intérêts. — J.G. *Arbitr.*, 940.

15. Les arbitres n'ont aucun caractère public. Les pièces ne leur sont remises qu'à titre de dépôt, et ils ne peuvent les retenir jusqu'à payement de leurs avances et de leurs honoraires. — Paris, 8 nov. 1839, J.G. *Arbitr.*, 941. — Agen, 27 août 1845, D.P. 49. 2. 199. — Riom, 4 mai 1861, D.P. 61. 2. 129. — Observ. conf. J.G *Arbitr.*, 1356. *Contrà :* — Bordeaux, 22 déc. 1836, J.G. *Arbitr.*, 1352.

16. En cas de rétention illégale des pièces à eux remises, les arbitres peuvent être condamnés à des dommages-intérêts. — Arrêts précités des 8 nov. 1839 et 27 août 1845.

17. Et, dans ce cas, l'action intentée contre les arbitres même amiables compositeurs, doit être dirigée contre eux par la voie ordinaire et non par celle de prise à partie. — Même arrêt du 27 août 1845.

18. Au reste, les arbitres en sont crus sur leur simple déclaration d'avoir restitué aux parties les pièces produites devant eux. — Lyon, 23 fév. 1842, J.G. *Arbitr.*, 943.

19. Les pièces restent, pendant l'instruction, chez le plus âgé des arbitres. C'est le plus jeune qui est chargé de faire le rapport, ou de dresser procès-verbal des séances. — J.G. *Arbitr.*, 947.

20. — II. Délibération du jugement arbitral. — Tous les arbitres doivent participer à la délibération comme ils ont dû prendre part à l'instruction. — J.G. *Arbitr.*, 1076.

21. Ainsi, il y a nullité dans le cas où, sur trois arbitres, l'un d'eux n'a pas concouru au jugement. — Req. 12 mars 1823, J.G. *Arbitr.*, 1078.

22. De même, dans le cas où trois arbitres ont été nommés pour procéder ensemble à une estimation, la sentence rendue par deux arbitres en l'absence ou sur le refus du troisième, et sans que celui-ci ait été remplacé, est nulle. — Civ. c. 2 sept. 1811, J.G. *Arbitr.*, 1078. — V. aussi Agen, 8 janv. 1812, *ibid.*, et 611.

23. ... A moins qu'une délibération n'ait déjà eu lieu, au moins sur les chefs principaux, ou qu'au nombre des arbitres ne se trouve un tiers arbitre chargé de juger sans être tenu de se réunir aux arbitres divisés. — Req. 18 mai 1814, J.G. *Arbitr.*, 1078 et 758. — V. *infrà*, art. 1018, n° 28.

24. Jugé toutefois que, lorsque l'arbitre de l'une des parties remet aux deux autres arbitres un mémoire en faveur de cette partie et en sa présence, en déclarant qu'il ne se mêlera plus de l'affaire, et que ses coarbitres pourront décider sans lui, ceux-ci sont autorisés à juger en son absence, et leur sentence ainsi rendue est valable. — Metz, 20 nov. 1821, J.G. *Arbitr.*, 1082. — Mais V. observ. *ibid.*

25. La stipulation dans un compromis portant que si l'un des arbitres ne se réunit pas aux deux autres, ceux-ci auront le droit de prononcer seuls, doit être entendue en ce sens que, si l'un des arbitres ne paraît pas, les deux arbitres présents doivent dresser procès-verbal de ce défaut de comparution et ordonner que la partie qui a nommé le défaillant sera sommée de le faire comparaître : faute de quoi, il sera procédé d'office à son remplacement. — Colmar, 7 mars 1849, D.P. 50. 2. 52-53.

26. Dans le cas où un arbitre refuserait de délibérer jusqu'à ce qu'il eût été statué par les juges ordinaires sur un incident que l'une des parties aurait soulevé, le jugement arbitral serait nul si les deux autres arbitres s'étaient bornés à lui faire une sommation de se joindre à eux et avaient passé outre au jugement. — J.G. *Arbitr.*, 1079.

27. Dans un tel cas, les arbitres doivent surseoir jusqu'au jugement de l'incident, sous toutes réserves de leur compétence au fond : il suffit qu'un incident soit soulevé par les parties pour que le sursis, s'il est accordé par les arbitres, soit suspensif du délai de l'arbitrage. — J.G. *Arbitr.*, 1079.

28. Ce qui constitue le jugement arbitral, c'est la délibération, et non la signature ou la rédaction. — Req. 30 mars 1841, J.G. *Arbitr.*, 1081 et 1122.

29. Lorsqu'un arbitre, sans émettre son avis sur le fond de la contestation, juge qu'il y a lieu d'ordonner une instruction préalable, les autres arbitres, s'ils se croient suffisamment éclairés, peuvent rendre une décision définitive : peu importe que le premier n'ait pas donné son avis sur le fond ; il suffit qu'il ait donné un avis quelconque sur la contestation. — Metz, 12 mai 1819, J.G. *Arbitr.*, 1081-1° et 843.

30. Le jugement arbitral est rendu à la majorité des voix ; s'il y a trois arbitres, deux forment le jugement. — J.G. *Arbitr.*, 1083.

31. Quoiqu'il ait été nommé deux arbitres pour deux parties qui avaient un même intérêt, chaque arbitre a sa voix individuelle: les deux arbitres qui représentent les deux parties, ayant le même intérêt, forment le jugement contre le troisième arbitre dissident qui représente l'autre intérêt. — Civ. r. 23 nov. 1824; Toulouse, 9 août 1833, 1er mars 1834, J.G. *Arbitr.*, 1083. — Lyon, 21 mars 1838, *ibid.*, 84.

32. Dans le cas où les intérêts divers peuvent amener plus de deux opinions, les arbitres ne sont pas obligés comme les juges ordinaires de se réduire à deux opinions (c. pr. 117): la loi n'exige pas autre chose des arbitres que de faire connaître leurs avis (Quest. controv.). — J.G. *Arbitr.*, 770.

33. Il n'est pas nécessaire que les arbitres déclarent qu'ils se forment en tribunal pour que leur décision ait le caractère de jugement ; ils le font par cela même qu'ils statuent sur le débat qui leur est déféré. — Civ. r. 14 fruct. an 3, J.G. *Arbitr.*, 1085.

34. — III. Formes du jugement arbitral. — Les jugements des arbitres sont assujettis aux mêmes formes que ceux des tribunaux. Ainsi, ils doivent renfermer les noms, qualités et demeures des parties, aussi bien que ceux des arbitres, les conclusions, l'exposé sommaire des points de fait et de droit, les motifs et le dispositif, la date et le lieu où ils sont rendus, en un mot, les énonciations prescrites par l'art. 141 c. pr. — J.G. *Arbitr.*, 1048.

35. Toutefois la disposition de l'art. 141 doit être interprétée à l'égard des arbitres avec moins de rigueur que devant la justice ordinaire. — J.G. *Arbitr.*, 1049.

36. Il n'est pas nécessaire à peine de nullité que le jugement arbitral contienne la mention de l'accomplissement des formalités substantielles. — J.G. *Arbitr.*, 1073.

37. Ainsi, le jugement n'est pas nul en ce qu'il ne mentionne pas l'acte de prorogation du compromis, si d'ailleurs cette prorogation a été connue des arbitres. — Florence, 3 juin 1811, J.G. *Arbitr.*, 1073 et 412.

38. — 1° *Conclusions.* — La sentence arbitrale qui ne contient ni conclusions des parties, ni point de fait et de droit, est nulle. — Besançon, 11 mars 1844, D.P. 45. 4. 331. — V. observ. J.G. *Arbitr.*, 1050.

39. Mais il suffit que l'on puisse se rendre compte de la teneur des conclusions des parties et même en avoir l'équipollent, soit explicitement, soit implicitement : les arbitres ne sont pas astreints à insérer ces conclusions dans une partie déterminée de la sentence arbitrale. — Nancy, 17 févr. 1845, J.G. *Jugem.*, 293.

40. Il suffit, par exemple, que les arbitres déclarent dans leur jugement que ces conclusions ont été annexées à la minute dudit jugement, alors même que les conclusions dont il s'agit tiennent lieu de compromis, et déterminent seules les objets en litige entre les parties. — Req., 29 mars 1832, J.G. *Arbitr.*, 1050-2° et 1154.

41. Lorsque les arbitres ont été dispensés, par le compromis, de suivre les formes de la procédure, leur sentence n'est pas nulle en ce qu'elle ne contient pas les conclusions des parties. — Bordeaux, 22 mai 1832, J.G. *Arbitr.*, 1050-1°, et 242. — Nancy, 14 juin 1845, *ibid.*, 1049.

42. — 2° *Motifs.* — Les sentences arbitrales doivent être motivées, à peine de nullité. — J.G. *Arbitr.*, 1051. — Besançon, 11 juill. 1844, D.P. 45. 4. 351.

43. Mais des arbitres peuvent, au lieu d'établir eux-mêmes le compte et donner les motifs de leur décision, se référer à un jugement précédemment intervenu par défaut entre les parties, qui avait arrêté ce compte, et se borner à en ordonner l'exécution, surtout si la partie contre laquelle ce jugement avait été rendu n'a fait aucune production devant les arbitres. — Bourges, 4 août 1831, J.G. *Arbitr.*, 1053.

44. Les parties peuvent dispenser les arbitres de motiver leur sentence ; cette dispense résulte virtuellement de l'institution d'arbitres amiables compositeurs affranchis de l'observation de toutes les formes de procédure. — Bruxelles, 3 janv. 1829, J.G. *Arbitr.*, 1054 et 618.

45. — 3° *Dispositif.* — L'absence de dispositif dans une sentence arbitrale serait une cause de nullité. — J.G. *Arbitr.*, 1055.

46. Mais il n'y a pas absence de dispositif si le tiers arbitre a adjugé les conclusions du demandeur, la condamnation du défendeur s'y trouvant implicitement comprise. — Bordeaux, 30 déc. 1841, J.G. *Arbitr.*, 1055.

47. Il n'est pas nécessaire que la sentence contienne une condamnation expresse. Ainsi, l'acte par lequel des arbitres, en matière de société, après avoir entendu les parties et reçu leurs pièces, arrêtent le reliquat du compte social à une certaine somme, et qu'ils terminent par ces mots : « fait, jugé et terminé en présence des parties », un tel acte ne cesse pas d'avoir le caractère de jugement par cela qu'il ne porterait pas expressément de condamnation. — Colmar, 24 juill. 1810, J.G. *Arbitr.*, 1055.

48. De même, constitue un jugement la sentence qui, sans prononcer de condamnation directe entre deux associés, se borne à déclarer que les parties ont des droits éventuels et réciproques, et que tels biens devront entrer dans la masse commune à partager. — Colmar, 16 avril 1818, J.G. *Arbitr.*, 1056, et *Privil. et hyp.*, 1587-5°.

49. Le dispositif serait irrégulier s'il statuait d'une manière indéterminée. — J.G. *Arbitr.*, 1057.

50. Mais la condamnation pourrait être conditionnelle. — J.G. *Arbitr.*, 1057.

51. L'emploi, dans le dispositif, d'une expression impropre ne suffit pas pour vicier un jugement. Ainsi, de ce qu'un jugement contient l'injonction d'y acquiescer, il ne résulte pas qu'il y ait ouverture à cassation. — Civ. r. 7 therm. an 10, J.G. *Arbitr.*, 1058, et 1275.

52. — 4° *Ecriture.* — En principe, les sentences arbitrales doivent être écrites en langue française. — J.G. *Arbitr.*, 1060.

53. Néanmoins, un jugement arbitral n'est pas nul, par ce qu'il a été rédigé en langue espagnole; et il a pu être revêtu de l'ordonnance d'exécution lorsqu'il a été déposé au greffe, avec une traduction française, par un interprète juré. — Pau, 19 juin 1828, J.G. *Arbitr.*, 1060 et 1306.

54. Les arbitres peuvent rendre leur jugement en forme de lettre missive, pourvu que tous les éléments essentiels d'un jugement s'y trouvent renfermés. — J.G. *Arbitr.*, 1060.

55. — 5° *Prononciation.* — Il n'est pas nécessaire que la sentence des arbitres soit prononcée en présence des parties. — Paris, 12 juin, 1806, J.G. *Arbitr.*, 1059. — Observ. conf. *ibid.* — Quest. controv., *ibid*

56. — 6° *Signature du jugement arbitral.* — Le code de procédure est muet sur l'époque où il est nécessaire que la signature soit apposée à la sentence. Mais il est prudent de le faire avant l'expiration du pouvoir des arbitres. — J.G. *Arbitr.*, 1058.

57. Dans le cas où les arbitres ont tenu une assemblée dans laquelle ils ont arrêté de se réunir de nouveau, afin de bien se fixer sur les droits des parties et de prononcer sur ces droits, il n'y a pas jugement si l'un des arbitres ne se présente pas au jour convenu et n'a pas signé la décision arrêtée par les deux autres. — Agen, 8 janv. 1812, J.G. *Arbitr.*, 1093 et 611.

58. Quand la sentence arbitrale a été définitivement résolue avant l'expiration des pouvoirs, le fait que les arbitres n'auraient signé qu'après les délais n'entraînerait pas la nullité de cette décision. — J.G. *Arbitr.*, 1088.

59. Ainsi, échappe à la censure de la Cour de cassation, l'arrêt qui valide une sentence arbitrale qui n'a été signée par l'arbitre qu'après les délais du compromis, en se fondant sur ce que cette sentence a été lue et prononcée aux parties avant l'expiration de ce délai. — Req. 6 juill. 1841, J.G. *Arbitr.*, 693. — Conf. Req. 5 févr. 1855, D.P. 55. 1. 358. — Civ. r. 7 mai 1873, D.P. 73. 1. 244.

60. La délibération et le procès-verbal qui en constate le résultat, constituant seuls la sentence, alors surtout que les arbitres ont été nommés amiables compositeurs, il s'ensuit que l'un des arbitres dissidents a pu ne rédiger et signer son avis distinct et motivé qu'après l'expiration du compromis, si la délibération commune des arbitres et la déclaration de partage qui en a été la suite ont eu lieu, et ont été constatées par procès-verbal dans le délai du compromis. — Arrêt précité du 5 févr. 1855.

61. Si, après que les arbitres ont délibéré et au moment d'arrêter leur sentence, l'un d'eux se retire sous prétexte d'indisposition, disant qu'il signera le lendemain, le refus qu'il fait depuis de signer n'empêche pas que la sentence signée par les autres ne constitue un jugement valable. — Bruxelles, 3 janv. 1829, J.G. *Arbitr.*, 1093-2° et 618.

62. Le refus par la minorité des arbitres de signer la décision arrêtée, doit être constaté dans la sentence signée par la majorité. — J.G. *Arbitr.*, 1091-1°.

63. Il y a nullité si, sur quatre arbitres nommés, l'un d'eux ne signe pas la sentence, et s'il n'est pas fait mention de son refus de signer. — Paris, 9 mai 1833, J.G. *Arbitr.*, 1091-2° et 1272.

64. Un jugement arbitral est également nul, s'il a été clos et signé par trois arbitres seulement en l'absence du quatrième, alors même que des délibérations auraient eu lieu précédemment de la part de tous les arbitres. — Req. 4 mai 1809, J.G. *Arbitr.*, 1092. — V. observ., *ibid.*

65. Mais lorsqu'il est constaté, que le procès-verbal des arbitres, que le jugement a été rendu par tous, et lorsque, en outre, ce jugement a été lu aux parties, il ne peut être annulé sur la demande de l'une d'elles, sous le prétexte que les deux arbitres par elle nommés n'ont pas signé. — Civ. c. 8 vend. an 8, J.G. *Arbitr.*, 1093.

66. Dans le cas où trois arbitres. amiables compositeurs, s'étant réunis pour délibérer, après avoir entendu les moyens et conclusions des parties, deux d'entre eux déclarent leur opinion dans le même sens, l'acte qui constate cette déclaration constitue un véritable jugement arbitral, alors même qu'il

contiendrait renvoi à un autre jour, mais seulement pour rédiger et signer la sentence. Dès lors, cet acte n'a pas besoin d'être revêtu de la signature de tous les arbitres ; il suffit, si l'arbitre dissident ne veut pas signer, que l'acte mentionne ce refus et porte la signature des arbitres qui sont tombés d'accord ; et de ce que l'arbitre dissident n'a pas assisté à la séance à laquelle la rédaction et la signature de la sentence avaient été remises. il ne résulte pas de nullité. — Civ. r. 6 juill. 1840, J.G. *Arbitr.*, 1081-2°.

67. Le refus de signature n'est pas astreint à une expression sacramentelle. Ainsi. le fait par un arbitre d'avoir protesté contre le jugement arbitral par une clause particulière qu'il a signée, et de la divergence de son opinion avec celle des deux autres arbitres, ne peut être regardé comme un refus de signer, nécessitant une mention de la part de la majorité. — Req. 14 avr. 1819, J.G. *Arbitr.*, 1089.

68. Le défaut de signature d'un jugement arbitral, par l'un des arbitres, n'en entraine pas la nullité, alors que les autres arbitres ont eu soin de constater que ce défaut de signature a été causé par une infirmité ou paralysie survenue à la main. — Req. 5 juill. 1832, J.G. *Arbitr.*, 1094.

69. Mais l'absence de la signature de l'un des arbitres entraine la nullité de la sentence, lorsque ce fait n'y est pas expliqué, et cela, alors même que la sentence porterait que tous ont concouru à sa prononciation. — Pau, 20 déc. 1852, D.P 53. 2. 86.

70. La mention, dans une sentence arbitrale, qu'elle a été signée par la majorité des arbitres ayant délibéré conformément à la loi, ne peut être attaquée que par la voie d'inscription de faux ; l'authenticité n'en saurait être atteinte par le seul effet de la protestation de l'un des arbitres portant, notamment, que la délibération n'a pas eu lieu en commun. — Req. 5 juill. 1832, J.G. *Arbitr.*, 1094 et 1095. — Req. 7 janv. 1857, D.P. 57. 1. 406. — V. aussi Paris, 11 nov. 1845, D.P. 46. 4. 18.

71. La nullité résultant du défaut de signature n'a pas lieu de plein droit ; le jugement doit être attaqué dans le délai légal. — (Arg.) Colmar, 23 janv. 1817, J.G. *Arbitr.*, 1096 et 1136.

72. — 7° *Date.* — La sentence des arbitres existe à partir de la date que les arbitres lui ont donnée, et non pas seulement du jour de son dépôt au greffe. — Bordeaux, 13 juill. 1830, J.G. *Arbitr.*, 1065-1° et 474. — V. supra, art. 1007, n°° 21 et s.; infrà, art. 1022, n°° 13 et s.

73. La date d'une sentence n'est pas celle du procès-verbal des séances, dans lequel des arbitres déclarent que l'objet de leur mission est rempli ; c'est celle du jour où cette sentence a été rédigée et signée par les arbitres. — Civ. r. 7 juin 1808, J.G. *Arbitr.*, 1066. — Conf. ibid., 1117.

74. La date du jugement est celle que lui ont donnée les arbitres, et non celle de l'enregistrement opéré dans le délai de la loi. — Turin, 8 mars 1811, J.G. *Arbitr.*, 1067-2° et 715.

75. La date n'est pas essentiellement nécessaire pour la validité de la sentence, pourvu que le compromis qui l'a précédée en ait une qui soit certaine, et qu'il soit d'ailleurs constaté, conformément à l'art. 1328 c. civ., que les arbitres n'ont pas jugé après le délai. — J.G. *Arbitr.*, 1066.

76. La lecture du jugement, faite par les arbitres aux parties, lui fait acquérir une date certaine, quoiqu'il n'ait pas encore été signé. — (Arg.) Civ. c. 8 vend. an 8, J.G. *Arbitr.*, 1067-1° et 1093. — V. supra, n°° 65 et s.

77. Un jugement d'arbitres peut être rendu un jour férié. — Req. 21 nov. 1827, J.G. *Arbitr.*, 1068.

78. — 8° *Indication du lieu.* — L'indication, dans la sentence, du lieu où elle a été

rendue, n'est pas prescrite à peine de nullité. — J.G. *Arbitr.*, 1071.

79. ... Alors surtout que cette omission est suppléée par les circonstances. — Douai, 12 janv. 1820, J.G. *Arbitr.*, 1073 et 1176.

80. De ces circonstances que le jugement ne forme qu'un seul contexte avec le compromis, que ce compromis contient l'indication de la demeure de l'arbitre devant lequel les parties ont comparu, que le jugement porte qu'il a été prononcé à l'instant même aux parties, il résulte indication suffisante que la décision a suivi immédiatement le compromis, et qu'elle a été rendue dans la demeure de l'arbitre ; par suite, le président du tribunal de l'arrondissement où demeurait l'arbitre est compétent pour donner à la sentence arbitrale la forme exécutoire. — Nancy, 28 mai 1833, J.G. *Arbitr.*, 1071-2° et 1147.

81. Il importe de remarquer que le jugement peut être rendu ailleurs que dans le lieu où les arbitres ont tenu leurs séances. — Paris, 9 janv. 1834, J.G. *Arbitr.*, 1071 et 827.

82. — IV. Caractères du jugement arbitral. — La sentence des arbitres, lorsqu'elle a été régulièrement rendue, a le caractère d'un jugement. — J.G. *Arbitr.*, 1033.

83. Mais le rapport des *experts* nommés par des arbitres ne saurait avoir le caractère d'un jugement arbitral, alors même que ceux-ci auraient déclaré dans leur sentence que ce rapport serait exécutoire sans remise. — Req. 17 janv. 1831, J.G. *Arbitr.*, 1033, et *Jugem.*, 579-1°.

84. L'acte qualifié *jugement arbitral* n'est soumis aux formalités du jugement qu'autant qu'il émane véritablement d'une ou plusieurs personnes investies du caractère d'arbitre. Ces formes sont inapplicables notamment à la délibération d'une chambre de discipline qui prononce sur une plainte portée contre un notaire, une telle délibération constituant un simple avis.... Et il en est ainsi, bien que les parties, par suite d'un compromis, soient convenues de s'en remettre définitivement à l'arbitrage de la chambre, si la délibération ne fait nullement mention du compromis, et si d'ailleurs elle n'a été ni déposée ni rendue exécutoire. — Civ. c. 6 janv. 1846, D.P. 46. 1. 381.

85. Mais la clause d'un compromis qui porte que si des questions sérieuses de droit s'élèvent entre les parties, elles seront jugées par un avocat nommé dans ce compromis, ayant pour effet de constituer arbitre l'avocat ainsi désigné, les décisions qu'il rend ont le caractère d'un jugement, et doivent être signées par lui. — Req. 2 mai 1853, D.P. 53. 1. 149-150.

86. La sentence arbitrale, tant qu'elle n'a pas été revêtue de l'ordonnance d'exécution, ne constitue qu'un acte privé. — J.G. *Arbitr.*, 1034. — V. infrà, art. 1021.

87. Suivant un premier système, s'il y a plusieurs chefs de contestation, ils doivent être tous jugés par les arbitres : le jugement serait nul si quelques chefs restaient indécis. — J.G. *Arbitr.*, 1035. — V. en ce sens Rennes, 14 avr. 1812, *ibid.*, à Bastia, 22 mars 1831, *ibid.*, 305.

88. Et, pareillement, la nullité qui affecte un chef de la sentence s'étend à tous les autres. — Paris, 2 juill. 1835, J.G. *Arbitr.*, 1035 et 1339. — Aix, 27 avr. 1839, *ibid.*, 244. — V. autor. en ce sens, J.G. *Arbitr.*, 1300.

89. Ainsi, nulle pour avoir statué sur une question d'état ou sur une question communicable au ministère public, la sentence doit être annulée aussi dans la partie qui prononce sur des droits successifs contestés. — Bastia, 22 mars 1831, J.G. *Arbitr.*, 1035 et 305.

90. De même, des arbitres rendent un jugement nul pour le tout, dans le cas où, astreints à suivre les règles du droit, ils ont, en statuant sur une contestation élevée au sujet d'un bail et par le même jugement, déclaré que les loyers seraient compensés avec des créances non liquidées. — Gênes, 2 juill. 1810, J.G. *Arbitr.*, 1035.

91. Suivant une autre opinion, les divers chefs de décisions contenues dans une sentence arbitrale sont considérés comme autant de jugements distincts, alors que ces chefs sont indépendants les uns des autres. — Orléans, 28 janv. 1852, D.P. 55. 2. 45. — Orléans, 11 mai 1852, D.P. 55. 2. 260. — Montpellier, 3 janv. 1857, D.P. 59. 2. 6. — Observ. conf., J.G. *Arbitr.*, 1036.

92. En conséquence, d'une part, le jugement arbitral est valable, quoique certains chefs de contestations soient restés indécis; spécialement, de ce qu'un arbitre chargé de prononcer sur une action de réintégrande et sur une question de propriété n'a statué que sur la première, et à laissé la seconde indécise, il n'en résulte pas un moyen de nullité contre la sentence arbitrale, alors d'ailleurs que c'est par la faute des parties, de produire les titres justificatifs de leurs droits, que la question de propriété n'a pas été résolue. — Agen, 5 janv. 1825, J.G. *Arbitr.*, 1043 et 350.

93. ... Et, d'autre part, la nullité d'un des chefs n'entraîne pas la nullité du reste de la sentence. — Arrêts précités des 28 janv. et 11 mai 1852. 3 janv. 1857. — Observ. conf., J.G. *Arbitr.*, 1300.

94. ... Alors même que ce chef serait annulé pour l'une des causes qui, aux termes de l'art. 1028, enlèvent à la sentence le caractère de jugement arbitral. — Req. 28 juill. 1852, D.P. 52. 1. 236.

95. Ainsi, la sentence arbitrale, qui comprend des décisions distinctes sur des objets dont les uns sont dans les termes et les autres hors des termes du compromis, doit être maintenue à l'égard des premiers. — Metz, 16 déc. 1814, J.G. *Arbitr.*, 1037. — Req. 28 juill. 1852, D.P. 52. 1. 236.

96. De même, de ce qu'une sentence arbitrale est annulée sur le chef où les arbitres ont excédé leurs pouvoirs en prononçant un *ultra petita*, il ne s'ensuit pas que la sentence entière doive être infirmée, alors que la disposition annulée est sans connexité avec les autres chefs de la sentence. — Paris, 26 janv. 1839, J.G. *Arbitr.*, 1040. — Conf. Paris, 11 avr. 1825, *ibid.*, 1043. — Req. 28 juill. 1852, D.P. 52. 1. 236.

97. Les chefs régulièrement jugés ne sont pas viciés en ce que le jugement serait nul sur un autre chef, par exemple pour avoir taxé les honoraires des arbitres ou condamné les parties à les payer. — Paris, 17 juill. 1838, J.G. *Arbitr.*, 1041. — Rennes, 6 janv. 1844, *ibid.*, 1025.

98. Enfin, de ce qu'une sentence est nulle pour les biens dotaux, elle ne l'est pas pour les biens étrangers à la dotalité. — Grenoble, 24 avr. 1818, J.G. *Arbitr.*, 1042 et 322.

99. Le compromis par lequel des arbitres sont chargés de fixer l'indemnité due par les héritiers d'un associé, à raison de l'augmentation de produits résultant de l'établissement, par l'autre associé, d'une machine dans la fabrication exploitée en société, ne porte pas sur un objet indivisible. En conséquence, la nullité du compromis à l'égard de l'un de ces héritiers ne peut être opposée par les autres héritiers. — Civ. r. 21 juill. 1852, D.P. 52. 1. 194.

100. Mais la nullité de l'un des chefs d'une sentence arbitrale entraîne celle de la sentence entière, lorsque toutes les dispositions de cette sentence sont *indivisibles*. — Req. 29 déc. 1862, D.P. 63. 1. 164. — Observ. conf., J.G. *Arbitr.*, 1036, 1300.

101. S'il a été stipulé dans le compromis que les arbitres seront tenus de statuer sur *toutes* les contestations, sur *tous* les chefs du litige par un seul jugement, ils doivent se conformer à cette loi de leur mandat. — J.G. *Arbitr.*, 1044.

102. Il ne faut pas confondre la clause du compromis qui donne aux arbitres *le pouvoir* de statuer par un seul et même jugement sur tous les points contestés, avec celle qui leur en impose l'obligation. Dans le second cas c'est une règle impérieuse à laquelle les arbitres sont astreints, tandis que, dans le premier, c'est une simple faculté qu'on leur donne. — J.G. *Arbitr.*, 1043.

103. Ainsi, quoique les arbitres aient reçu des parties *le pouvoir* de terminer par un seul et même jugement toutes les contestations énoncées dans le compromis, ils n'excèdent pas leurs pouvoirs lorsqu'en jugeant définitivement quelques-uns des points litigieux, ils rendent une décision interlocutoire sur les autres, et, par exemple, ordonnent une expertise. — Req. 11 févr. 1806, J.G. *Arbitr.*, 1045.

104. De même, des amiables compositeurs peuvent juger définitivement une partie du litige et rendre des décisions interlocutoires sur l'autre, quoiqu'il soit dit dans le compromis qu'ils rendront sur le tout une décision définitive, si ce n'est pas dans la vue de leur imposer l'obligation de statuer d'une manière définitive sur tous les chefs que ces expressions y ont été insérées, et bien qu'ils renvoient le jugement sur les chefs réservés à une époque placée hors du délai du compromis. — Civ. r. 6 nov. 1815, J.G. *Arbitr.*, 1046. — V. toutefois observ., *ibid.*

105. La nullité d'un jugement arbitral entraîne celle des jugements et actes d'instruction antérieurs, ainsi que du compromis lui-même. — Colmar, 7 mars 1849, D.P. 50. 2. 52-53.

106. — V. Jugement rendu par défaut. — Une sentence arbitrale peut être valablement rendue par forclusion après le délai donné pour la production des pièces : il n'est pas nécessaire qu'elle intervienne le dernier jour du délai. — J.G. *Arbitr.*, 1103.

107. Aucune sentence arbitrale rendue par défaut n'est sujette à l'opposition.—J.G. *Arbitr.*, 1101.

108. Même avant le dépôt du jugement arbitral, la partie qui n'a pas comparu ne peut pas former opposition devant les arbitres. — J.G. *Arbitr.*, 1102.

109. Mais on peut former opposition à l'ordonnance d'*exequatur*. — V. *infrà*, art. 1028,

110. ... Et au jugement ou arrêt par défaut qui interviendrait sur l'appel, sur la requête civile, ou sur l'opposition à l'ordonnance d'exécution. — J.G. *Arbitr.*, 1102.

Table sommaire.

Art. 1017.

En cas de partage, les arbitres autorisés à nommer un tiers seront tenus de le faire par la décision qui prononce le partage : s'ils ne peuvent en convenir, ils le déclareront sur le procès-verbal, et le tiers sera nommé par le président du tribunal qui doit ordonner l'exécution de la décision arbitrale.

Il sera, à cet effet, présenté requête par la partie la plus diligente.

Dans les deux cas, les arbitres divisés seront tenus de rédiger leur avis distinct et motivé, soit dans le même procès-verbal, soit dans des procès-verbaux séparés. — C. pr. civ. 1005, 1007, 1011 s., 1020. — C. com. 60. — Tar. 77.

Exposé des motifs et Rapport, J.G. *Arbitrage*, p. 375, nº 19.

1. — I. PARTAGE DES ARBITRES. — 1° *Dans quels cas il y a partage.* — Le partage des arbitres est le désaccord qui s'est manifesté entre eux sur l'ensemble ou sur une partie des chefs de la contestation à l'égard desquels ils sont divisés d'opinion. Le partage doit être distingué des avis distincts et motivés que les arbitres sont tenus de rédiger. — J.G. *Arbitr.*, 749.

2. Si l'un des arbitres refuse de déclarer le partage ou s'il s'exprime de manière à ne pas émettre un avis proprement dit, il y a refus de remplir la mission d'arbitre et non partage. — J.G. *Arbitr.*, 757.

3. Ainsi, il n'y a point partage... lorsque l'un des deux arbitres amiables compositeurs a émis son avis, et que l'autre s'est borné à dire qu'il ne pouvait en avoir aucun dans l'affaire; par suite, il n'y a pas lieu à nommer un tiers arbitre, et le jugement que rend celui-ci en adoptant l'opinion de l'arbitre qui avait rédigé son avis est nul. — Poitiers, 13 mai 1818, J.G. *Arbitr.*, 757-1°.

4. ... Lorsque l'un des arbitres ayant rédigé son avis, l'autre s'est borné à déclarer, devant le tiers arbitre, que, dans l'état de choses, son avis était que les parties devaient proroger le délai du compromis, pour s'arranger ensuite; en conséquence, il y a lieu d'annuler le jugement du tiers arbitre, bien que les uns et les autres aient été nommés amiables compositeurs, et dispensés de toutes les formes tracées par le code de procédure. — Toulouse, 5 mars 1829, J.G. *Arbitr.*, 757-2°.

5. ... Lorsque, de deux arbitres, l'un a rédigé son avis et l'autre a déclaré n'avoir rédigé qu'une simple note et n'avoir pas encore fixé son opinion. — Bourges, 21 nov. 1837, J.G. *Arbitr.*, 757-3°.

6. Toutefois, le refus de déclarer le partage ne mettrait pas fin au compromis, et ne ferait pas cesser le pouvoir du tiers arbitre, dans le cas où ce dernier serait autorisé à prononcer sans avoir nul égard à l'avis des arbitres. — J.G. *Arbitr.*, 758.

7. Ainsi, lorsque, pour fixer le prix d'une vente, les parties ont nommé deux arbitres et, en cas de discord, un tiers arbitre qui pourra prononcer sans être tenu de se réunir à l'avis de l'un des arbitres, le refus que fait l'un des arbitres, après les opérations commencées, de constater, par un procès-verbal, le discord qui existe entre lui et l'autre arbitre, ne met pas obstacle à ce que le tiers arbitre, sur le seul procès-verbal dressé par l'arbitre non refusant, fixe valablement le prix de la vente. — Req. 18 mai 1814, J.G. *Arbitr.*, 758.

8. Si la division n'existe qu'entre une majorité et une minorité d'arbitres, il n'y a plus partage, mais jugement ; dès lors, il est inutile de procéder au choix d'un arbitre. Tel est le cas où deux ou trois arbitres ont un avis contraire à celui d'un troisième ou quatrième arbitre. — Civ. r. 23 nov. 1824 ; Toulouse, 9 août 1833, 1er mars 1834, J.G. *Arbitr.*, 759 et 1083. — Lyon, 21 mars 1838, *ibid.*, 84.

9. Mais, il y a partage dans le cas où trois arbitres étant nommés, ces trois arbitres adoptent trois opinions différentes (Quest. controv.)—J.G. *Arbitr.*, 760.—V. *suprà*, art. 118. n°s 1 et s.

10. Il n'est pas nécessaire, pour qu'il y ait entre des arbitres partage véritable, que le discord se soit manifesté successivement sur chaque chef particulier de la contestation, si le chef à l'occasion duquel le discord se produit comprend les autres, et est de nature à les préjuger. — Req. 10 févr. 1835, J.G. *Arbitr.*, 761.

11. De même, il suffit que, sur une question complexe, embrassant l'instruction et le fond, par exemple, celle qui donne lieu à juger s'il y a instruction suffisante et, en cas d'affirmative, à statuer sur le fond, l'un des arbitres ait déclaré qu'il n'y a pas instruction suffisante et se soit abstenu de juger le fond, et que l'autre arbitre ait déclaré le contraire et ait jugé le fond, pour qu'il y ait partage sur les deux points, et que le tiers arbitre nommé par eux ait pu lui-même statuer sur le fond, en adoptant l'avis de l'arbitre qui s'était prononcé à cet égard. — Civ. r. 23 mai 1837, J.G. *Arbitr.*, 762 et 767.

12. — 2° *Acte déclaratif du partage.* — Toute manifestation, toute expression propre à faire connaître le dissentiment existant entre les arbitres, doit être admise comme déclarative du partage. Ainsi, la remise faite par les arbitres au tiers arbitre de conclusions signées de ceux-là est suffisante. — Turin, 11 janv. 1806, J.G. *Arbitr.*, 754 et 846.

13. Mais, le partage ne résulte pas suffisamment de la nomination, par les arbitres divisés, d'un tiers arbitre. — J.G. *Arbitr.*, 763.

14. Cependant lorsque, sur le partage, les arbitres ont appelé le tiers arbitre, que l'un des arbitres, sommé, après qu'il a eu plusieurs fois conféré avec l'autre arbitre et le tiers arbitre, de rédiger son avis, s'y est refusé, et que, sur ce refus, le tiers arbitre s'est réuni à l'avis de l'autre arbitre, le partage est suffisamment constaté. — Nîmes, 20 mars 1839, J.G. *Arbitr.*, 764 et 783.

15. De ce que des arbitres, au lieu de déclarer partage sur un point, le laissent à la décision du tiers arbitre, il n'y a pas nullité si les parties, dans un compromis, ont formellement approuvé ce mode de procéder. — Colmar, 29 mai 1813, J.G. *Arbitr.*, 765 et 899.

16. Et si les parties ont choisi elles-mêmes le tiers arbitre, elles sont réputées avoir renoncé à se prévaloir du défaut de déclaration de partage de la part des arbitres. — Pau, 24 avr. 1823, J.G. *Arbitr.*, 765 et 785.

17. Le refus de l'un des arbitres de signer le procès-verbal ne suffit point pour caractériser un partage, s'il n'existe de sa part une manifestation quelconque d'opinion signée ou écrite de lui. — J.G. *Arbitr.*, 755.

18. C'est dans le procès-verbal ou dans des avis distincts que le partage doit être manifesté ; en conséquence, il ne suffirait pas que les arbitres, après avoir nommé un tiers arbitre, se bornent à déclarer verbalement à celui-ci qu'ils sont partagés d'opinions. — J.G. *Arbitr.*, 756. — V. toutefois, *infrà*, n° 42.

19. La déclaration de partage doit émaner des arbitres eux-mêmes ; par suite la mention du partage faite par le tiers arbitre dans son procès-verbal serait insuffisante, si cet acte n'était pas signé par les arbitres.—J.G. *Arbitr.*, 756.

20. Le concours de tous les arbitres dans un même procès-verbal, ou dans des procès-verbaux séparés, n'est pas indispensable ; mais pour constater l'existence du discord entre les arbitres, il faut du moins que ce discord résulte des faits ou de quelque acte de procédure : le procès-verbal isolé de l'un des arbitres ne suffirait pas pour le constater. — Toulouse, 11 janv. 1833, J.G. *Arbitr.*, 766.

21. Le partage doit être déclaré dans le délai accordé aux arbitres par les parties ou par la loi. — J.G. *Arbitr.*, 751.

22. L'acte par lequel les parties déclarent leur partage d'opinions constitue un jugement véritable. — J.G. *Arbitr.*, 771. — V. toutefois Civ. r. 19 pluv. an 5, *ibid.*

23. La décision déclarative de partage doit être datée. Le défaut de date dans les avis des arbitres partagés entraîne la nullité de la sentence arbitrale rendue par le tiers arbitre, bien que l'acte par lequel ils ont déclaré leur partage, mais sans motiver leurs avis, lesquels ne l'ont été que plus tard, soit daté dans le délai qui leur était fixé. La date de ces avis, pas plus que celle de toute autre décision des arbitres, ne peut être prouvée par témoins ni par présomptions ; elle doit l'être par l'acte lui-même. — Paris, 16 août 1832, J.G. *Arbitr.*, 768.

24. Toutefois, le défaut de date serait sans influence si le tiers arbitre a rendu sa sentence avant l'expiration du délai du compromis, ou si le procès-verbal non daté a été enregistré dans ce délai, ou, enfin, si cette date avait été constatée dans un acte authentique passé dans le même temps. — C. civ. 1328, J.G. *Arbitr.*, 768.

25. Mais le décès de l'un des arbitres ne pourrait servir à suppléer la date ; car ce décès met fin au compromis. — J.G. *Arbitr.*, 768.

26. Au surplus, on ne peut se prévaloir du défaut de date de l'acte déclaratif de partage, alors qu'il y a eu nomination du tiers arbitre dans le délai et conférence entre lui et les arbitres divisés. — Req. 21 janv. 1840, J.G. *Arbitr.*, 768.

27. Suivant une première opinion, le jugement déclaratif de partage doit être notifié aux parties, et il doit être rendu exécutoire comme le serait le jugement au fond lui-même. Cette notification est nécessaire soit lorsque les parties se sont réservé le droit de nommer le tiers départiteur, soit lorsqu'il doit être nommé par les arbitres, par le président du tribunal, ou par un tiers. — J.G. *Arbitr.*, 767.

28. Suivant une autre opinion, le jugement déclaratif de partage ne doit être signifié aux parties que dans le cas où le tiers arbitre doit être nommé par le tribunal, par les parties, ou par un tiers. — J.G. *Arbitr.*, 767.

29. Cependant, si le compromis contenait une dispense à cet égard, ou si les parties avaient acquiescé au jugement qui a déclaré le partage et nommé un tiers arbitre, la signification serait inutile. —J.G. *Arbitr.*, 767.

30. Ainsi, il suffit que, sur la simple représentation d'un jugement qui déclare le partage et nomme un tiers arbitre, celui-ci ait accepté sa mission et que les arbitres se soient volontairement réunis à lui pour conférer sur les questions qui les avaient partagés, pour qu'il n'y ait pas eu nécessité de signifier aux parties l'acte déclaratif de partage, ni de le faire revêtir de l'ordonnance d'exécution. — Civ. r. 23 mai 1837, J.G. *Arbitr.*, 767.

31. — 3° *Effets du partage.* — Le partage met fin au compromis lorsque les arbitres ne sont pas autorisés à nommer le tiers arbitre, même dans le cas où l'arbitrage était institué en vertu d'une clause compromissoire. — Trib. de Paris, 8 juill. 1836, J.G. *Arbitr.*, 750.

32. Mais cette règle n'est pas exclusive du droit pour les parties de nommer elles-mêmes le tiers arbitre, quand elles n'ont pas donné ce pouvoir aux arbitres : ce ne serait qu'autant qu'elles ne s'entendraient pas pour le choix du tiers arbitre que le compromis prendrait fin. — J.G. *Arbitr.*, 794.

33. Le partage met fin au pouvoir des arbitres en ce sens qu'ils ne peuvent plus s'occuper de la contestation autrement qu'avec le concours du tiers arbitre.—Paris, 11 avr. 1825, J.G. *Arbitr.*, 752.

34. Un jugement déclaratif de partage, et portant nomination d'un tiers arbitre, laisse en suspens tous les droits des parties, et ne peut, dès lors, donner lieu, à l'égard de l'une d'elles, à aucun acte d'exécution. — Civ. r. 23 mai 1837, J.G. *Arbitr.*, 752 et 767.

35. Le partage d'opinions déclaré sur un chef ne remet pas en question ceux sur lesquels les arbitres étaient tombés d'accord.— Paris, 27 janv. 1836, J.G. *Arbitr.*, 1153. — V. observ. *ibid.*, 769.

36. — II. Tiers arbitre. — La mission du tiers arbitre consiste à vider le partage des arbitres par l'adoption de l'un ou l'autre avis, ou à juger conjointement avec les arbitres divisés, qu'ils aient ou non rédigé chacun leur avis. — J.G. *Arbitr.*, 747.

37. Le tiers arbitre doit réunir les mêmes conditions d'aptitude que les arbitres : tous ceux qui peuvent être arbitres peuvent être choisis pour tiers arbitres ; les mêmes règles sur la récusation leur sont applicables ; il peut être nommé plusieurs tiers arbitres. — J.G. *Arbitr.*, 786.

38. En général, il peut être nommé plusieurs tiers arbitres ; mais les arbitres autorisés par le compromis à choisir un tiers arbitre excéderaient leurs pouvoirs s'ils en nommaient plusieurs ; quant aux parties, elles doivent les prendre en nombre impair, afin de prévenir un nouveau partage. — J.G. *Arbitr.*, 786.

39. Ce n'est qu'autant qu'il y a partage des arbitres qu'il y a lieu à la mission du tiers arbitre ; toute demande en nomination qu'on pourrait faire jusqu'au moment où le partage est déclaré, serait prématurée. — J.G. *Arbitr.*, 793.

40. Les arbitres divisés n'ont pas le droit de substituer l'avis de jurisconsultes à la décision d'un tiers arbitre. Si donc les arbitres, au lieu de nommer un tiers arbitre dans le cas où cette faculté leur est attribuée s'en rapportaient à l'avis de deux ou plusieurs jurisconsultes, sur la difficulté qui les divise, l'avis de ceux-ci ne serait pas obligatoire pour celle des parties qui n'y aurait pas consenti. — Civ. c. 17 prair. an 5, J.G. *Arbitr.*, 880.

41. Quoique le partage des arbitres doive précéder d'ordinaire la nomination du tiers arbitre, cependant les parties peuvent le nommer dans le compromis même et l'adjoindre aux arbitres, soit pour les départager à mesure que des difficultés viennent à surgir, soit même pour coopérer avec eux au jugement. — J.G. *Arbitr.*, 793.

42. Il a été jugé... que le partage peut exister indépendamment de tout acte qui le constate, et le tiers arbitre peut être nommé sans rédaction préalable d'avis des arbitres divisés. — Grenoble, 1er juin 1831, J.G. *Arbitr.*, 793.

43. ...Que la nomination d'un tiers arbitre n'est pas entachée de nullité pour n'avoir pas été précédée de la rédaction d'un procès-verbal constatant le désaccord des arbitres. — Lyon, 13 févr. 1874, D.P. 75. 2. 109. — Mais V. *suprà*, n°s 18 et s.

44. — 1° *Par qui est nommé le tiers arbitre.* — Lorsque les arbitres, autorisés à choisir le tiers arbitre, ne s'entendent pas sur ce choix, la nomination est faite par le président du tribunal. Mais cela est sans préjudice du droit des parties qui, lorsqu'elles sont du même avis sur ce point, peuvent désigner elles-mêmes le tiers arbitre. — J.G. *Arbitr.*, 794.

45. Si les arbitres à qui le pouvoir de désigner le tiers arbitre a été conféré, ne s'entendent pas, ils ne peuvent pas confier ce droit à un tiers (Quest. controv.). — J.G. *Arbitr.*, 799.

46. Dans le cas où les compromettants se seraient bornés à dire que s'il y a partage, on nommera un tiers arbitre, c'est aux arbitres et non aux parties qu'appartient le droit de faire cette désignation. — J.G. *Arbitr.*, 798.

47. Lorsque les parties donnent aux arbitres le droit de nommer un tiers arbitre, il n'est pas nécessaire que la désignation de ce tiers soit faite par le compromis. — Besançon, 24 déc. 1812, J.G. *Arbitr.*, 796.

48. Le concours de tous les arbitres est de rigueur pour la nomination d'un tiers arbitre; elle serait nulle si elle était faite par un seul arbitre. — Toulouse, 11 janv. 1833, J.G. *Arbitr.* 797 et 766.

49. Lorsque la nomination est faite par les arbitres autorisés à cet effet, s'il arrive que, par décès, récusation ou autre cause, le tiers arbitre ne puisse remplir sa mission, les arbitres n'ont plus le droit de faire une désignation nouvelle. — J.G. *Arbitr.*, 795. — Conf. Paris, 22 mai 1826, *ibid.*

50. Les parties peuvent charger une tierce personne autre que les arbitres de désigner le tiers arbitre. — Caen, 19 nov. 1836, J.G. 798.

51. Mais si cette tierce personne refusait de faire la désignation, l'une des parties ne pourrait pas s'adresser soit aux arbitres, soit au président du tribunal. — J.G. *Arbitr.*, 798.

52. Suivant un arrêt, la personne que les parties ont chargée de désigner le tiers arbitre peut, à son tour, charger une autre personne de cette désignation, conformément au droit que donne au mandataire l'art. 1994 c. civ., sauf à répondre des faits de celui qu'elle s'est substitué. — Caen, 19 nov. 1836, J.G. *Arbitr.* 799 et 798. —. Observ. contr., *ibid.*, 799.

53. La convention portant que le tiers arbitre sera nommé par le président du tribunal civil ou du tribunal de commerce est valable. — Paris, 6 août 1829, J.G. *Arbitr.*, 799.

54. Mais le droit de déférer la nomination du tiers arbitre au président du tribunal n'appartient pas aux arbitres discordants. — Bruxelles, 3 avr. 1839, J.G. *Arbitr.*, 799 et 741.

55. Si la désignation faite par le président était infirmée, la désignation du tiers arbitre ne serait faite ni par le premier président de la cour, ni par celui de la chambre qui aurait rendu l'arrêt, mais par la cour. — J.G. *Arbitr.*, 800.

56. — 2° *Formes de la nomination du tiers arbitre.* — Les arbitres lorsqu'ils sont autorisés à désigner le tiers arbitre, doivent le faire par la décision qui prononce le partage; et s'ils ne peuvent en convenir, ils doivent le déclarer sur le procès-verbal. — J.G. *Arbitr.*, 802.

57. Cette désignation peut également être faite par les parties dans les formes employées pour la nomination des arbitres. — J.G. *Arbitr.*, 802.

58. Toutefois, cette forme n'est point prescrite à peine de nullité, et la nomination pourrait être constatée seulement dans le procès-verbal du tiers arbitre, pourvu qu'elle fût signée par les arbitres ou les parties, ou qu'elle fût accompagnée d'actes susceptibles de remplacer cette signature. — J.G. *Arbitr.*, 802.

59. La nomination d'un tiers arbitre peut être constatée par les arbitres eux-mêmes; ainsi, lorsque des arbitres divisés d'opinion ont constaté dans leur jugement qu'ayant fait part de leur dissentiment aux parties, celles-ci ont nommé un tiers arbitre, il résulte de là une constatation valable de la nomination du tiers arbitre. — Grenoble, 13 juill. 1825, J.G. *Arbitr.*, 397-1° et 1279. — Mais V. observ., *ibid.*

60. Lorsque les arbitres à qui il a été donné pouvoir de nommer un tiers arbitre, ne pouvant s'accorder sur ce tiers arbitre, en ont nommé un par la voie du sort, au lieu de s'adresser au président du tribunal, cette nomination est nulle. — Aix, 2 août 1826, J.G. *Arbitr.*, 803.

61. Mais l'irrégularité dans la nomination du tiers arbitre est couverte par la comparution volontaire des parties avec les arbitres sur les lieux contentieux. — Req. 17 janv. 1826, J.G. *Arbitr.*, 804 et 740.

62. Lorsque les parties ont comparu devant le tiers arbitre et les arbitres partagés, ont discuté leurs droits en leur présence et requis le tiers de prononcer, elles sont non recevables à invoquer les irrégularités qui auraient précédé la désignation du tiers arbitre. — Nimes, 20 mars 1839, J.G. *Arbitr.*, 832-2° et 783.

63. — III. Avis distinct et motivé des arbitres. — Si les arbitres ne sont pas autorisés à nommer le tiers arbitre, il suffira qu'ils se bornent à déclarer qu'il y a partage entre eux : la rédaction d'avis distincts soit dans le procès-verbal, soit par acte séparé, est superflue, à moins que les parties ne soient dans l'intention de nommer elles-mêmes le tiers arbitre (V. *suprà*, n° 57). — J.G. *Arbitr.*, 756.

64. Mais si les arbitres sont autorisés à désigner le tiers arbitre, il doit y avoir non-seulement déclaration de partage, mais encore rédaction d'avis distincts. — J.G. *Arbitr.*, 756.

65. Les arbitres peuvent rédiger leurs avis distincts et motivés soit dans un même procès-verbal, soit dans des procès-verbaux séparés. — Agen, 10 août 1811, J.G. *Arbitr.*, 772 et 1312.

66. Les parties peuvent dispenser les arbitres de rédiger un procès-verbal contenant leurs avis distincts. — J.G. *Arbitr.*, 775.

67. Par exemple, chacun des arbitres ne serait pas obligé de rédiger un avis distinct et motivé, si les parties avaient investi le tiers arbitre du droit de juger sans être tenu de se réunir à l'avis de l'un des arbitres. — Req. 18 mai 1814, J.G. *Arbitr.*, 774 et 758.

68. Mais si le compromis, en cas de dissidence des arbitres, les dispense de rédiger leurs avis distincts et motivés, cela ne doit s'entendre que des points sur lesquels il y avait eu dissidence, et non des points sur lesquels s'étant trouvés d'accord, il y a eu de leur part jugement définitif. — Agen, 6 déc. 1844, D.P. 45. 2. 74.

69. La dispense ne saurait résulter, pour les arbitres, de ce qu'ils ont été investis du caractère de bons et amiables compositeurs ayant pouvoir de juger sans être tenus d'observer aucune des formalités prescrites par la loi. — Pau, 24 avr. 1823, J.G. *Arbitr.*, 775 et 785.

70. Suivant une première opinion, les parties sont réputées avoir renoncé à se prévaloir du défaut de rédaction de ce procès-verbal, lorsque, sur la connaissance que les arbitres leur ont donnée de leur dissentiment, elles ont elles-mêmes nommé le tiers arbitre. — Pau, 24 avr. 1823, J.G. *Arbitr.*, 785. — Mais V. observ., *ibid.*, 776.

71. Suivant une autre opinion, la désignation du tiers arbitre faite par les parties constatant virtuellement le partage, ne dispense pas les arbitres de rédiger leurs avis. C'est seulement dans le cas de l'art. 1018, c'est-à-dire lorsque les arbitres et tiers arbitre ont été mis en présence et ont conféré entre eux, ou qu'ils ont pris part au jugement, que le défaut de rédaction d'avis séparé ne peut plus être proposé comme cause de nullité de la sentence du tiers arbitre. — J.G. *Arbitr.*, 776.

72. La disposition de l'art. 1017, qui exige que les arbitres divisés rédigent leur avis distinct et motivé, n'est pas prescrite à peine de nullité : il suffit qu'il soit constant que les arbitres ont été divisés, que le tiers a connu leur opinion et qu'il en a conféré avec eux. — Agen, 20 janv. 1832, J.G *Arbitr.*, 773 et 1025. — Nimes, 20 mars 1839, *ibid.*, 780 et 783. — Req. 21 janv. 1840, *ibid.*, 768. — Rennes, 21 août 1845, D.P. 51. 5. 32. — Paris, 20 juin 1849, D.P. 51. 2. 162. — Mais V. observ., J.G. *Arbitr.*, 773.

73. Spécialement, on ne peut se prévaloir du défaut de rédaction d'un avis distinct et motivé ... lorsqu'il résulte de la sentence du tiers arbitre, signée par lui et par les deux arbitres, qu'il a conféré avec ceux-ci. — Bordeaux, 9 mars 1830, J.G. *Arbitr.*, 781. — Conf. Rennes, 13 déc. 1809, *ibid.*, 785.

74. ... Lorsque l'opinion des arbitres est constatée d'une manière authentique, qu'elle a été connue du tiers arbitre et qu'il a adopté, dans son jugement, l'une des opinions émises. — Agen, 10 juill. 1833, J.G. *Arbitr.*, 779 et 869.

75. ... Lorsque, par suite des conférences avec les arbitres, dont un avait seul rédigé son avis, le tiers arbitre a adopté cet avis : peu importe que l'autre arbitre ait cessé de paraître à la conférence. — Civ. c. 5 déc. 1810; Req. 30 déc. 1834, J.G. *Arbitr.*, 782.

76: ... Ou lorsque sommé, après qu'il a eu conféré, de rédiger son avis, il ne l'a pas fait. — J.G. *Arbitr.*, 782 et 761.

77. ... Lorsqu'il y a eu conférences, visites de lieux de la part des arbitres et du tiers arbitre réunis, discussion des parties en leur présence, et qu'enfin les arbitres ont été nommés amiables compositeurs. — Nimes, 20 mars 1839, J.G. *Arbitr.*, 783.

78. ... Lorsqu'il y a eu conférence à laquelle les parties ont assisté. — Bordeaux, 20 avr. 1839, J.G. *Arbitr.*, 784.

79. ... Lorsque non-seulement ils ont conféré avec le tiers arbitre, mais que même ils ont concouru au jugement qui a été rendu en commun. — Pau, 24 avr. 1823, J.G. *Arbitr.*, 785.

80. ... Et à l'unanimité. — Grenoble, 1er juin 1831, J.G. *Arbitr.*, 785 et 793.

81. Décidé de même au cas où l'un des arbitres divisés a refusé soit de motiver son avis, sous prétexte que ses pouvoirs étaient expirés. — Paris, 19 juin 1850, D.P. 51. 2. 180. — Req. 30 juill. 1850, D.P. 50. 1. 248.

82. ... Soit même de se présenter devant le tiers arbitre pour conférer avec lui. — Req. 5 févr. 1855, D.P. 55. 1. 358.

Table sommaire.

Art. 1018.

Le tiers arbitre sera tenu de juger dans le mois du jour de son acceptation, à moins que ce délai n'ait été prolongé par l'acte de la nomination : il ne pourra prononcer qu'après avoir conféré avec les arbitres divisés, qui seront sommés de se réunir à cet effet.

Si tous les arbitres ne se réunissent pas, le tiers arbitre prononcera seul; et néanmoins il sera tenu de se conformer à l'un des avis des autres arbitres. — C. pr. civ. 1007, 1011, 1017, 1028. — C. civ. 1134. — Tar. 29.

1. — I. Délai dans lequel le tiers arbitre doit juger. — Quel que soit le délai accordé aux arbitres pour rendre leur sentence, il expire dès qu'ils ont constaté leur dissidence. Il s'ouvre alors un nouveau délai pour le tiers arbitre, dont la durée, si elle n'est pas fixée par le compromis, est celle de l'art. 1018 c. pr. — Agen, 6 déc. 1844, D.P. 45. 2. 74.

2. La nomination d'un tiers arbitre, faite par les arbitres, a pour effet de proroger les pouvoirs de ceux-ci, pour tout le temps accordé au tiers arbitre. — Req. 17 mars 1824, J.G. *Arbitr.*, 752 et 732. — Toulouse, 22 févr. 1839, *ibid.*, 807.

3. Ainsi, les pouvoirs des arbitres qui ont déclaré partage, durent jusqu'à l'expiration des pouvoirs du tiers arbitre avec lequel ils sont tenus de conférer, quoique le délai du compromis ait pris fin à leur égard. — Civ. c. 16 déc. 1828, J.G. *Arbitr.*, 752. — Req. 26 févr. 1856, D.P. 56. 1. 145.

4. Le délai d'un mois accordé au tiers arbitre pour se prononcer sur les questions qui divisent les arbitres, ne profite à ces derniers, malgré l'expiration du terme fixé à leur égard par le compromis, qu'autant que le tiers arbitre dépasse lui-même ce terme en usant du délai dont il s'agit : si, au contraire, le tiers arbitre rend sa décision avant l'expiration de ce délai les pouvoirs des premiers arbitres ne sont point prorogés. — Pau, 12 nov. 1857, D.F. 58. 2. 59.

5. Le délai d'un mois dans lequel le tiers arbitre doit juger, court, non pas du jour de sa nomination, mais du jour de son acceptation. — J.G. *Arbitr.*, 807. — V. *suprà*, art. 1007, nos 10 et s.

6. Quoique le tiers arbitre ait été nommé d'avance par les parties, dans la prévision du désaccord des arbitres, ce n'est toujours qu'à dater de son acceptation que le délai prend cours, et non à partir de l'acte des parties ou de la sentence des arbitres divisés qui le nomment. Et, à défaut d'acte qui fixe l'époque de cette acceptation, elle doit être présumée n'avoir eu lieu que le jour où il a rendu la sentence. — Toulouse, 22 févr. 1839, J.G. *Arbitr.*, 807.

7. Le délai d'un mois dans lequel le tiers arbitre nommé par les arbitres partagés doit rendre sa sentence, court à partir de son acceptation, même *implicite*, de cette nomination, résultant, par exemple, d'une démarche de lieux par lui faite avec les premiers arbitres, bien que ceux-ci n'eussent pas encore en ce moment dressé de procès-verbal de leur désaccord, la preuve de ce désaccord résultant suffisamment du fait même de la nomination du tiers arbitre. — Grenoble, 25 mai 1855, D.P. 56. 2. 134.

8. Ainsi, quoique nommé en même temps que les premiers arbitres par le compromis, le tiers arbitre n'est astreint à donner sa décision que dans le mois, à compter du jour où les deux premiers arbitres lui ont remis le procès-verbal ou les procès-verbaux qui constatent qu'ils ont été partagés d'opinions. — Orleans, 14 avr. 1810, J.G. *Arbitr.*, 807.

9. ... Ou du premier acte qu'il a fait par suite de sa nomination. — Nimes, 30 janv. 1812, J.G. *Arbitr.*, 807.

10. Quand le tiers arbitre est nommé en même temps que les arbitres ou pendant le cours des opérations des arbitres avec le pouvoir de prendre immédiatement part aux opérations de ceux-ci, le délai accordé au tiers arbitre se confond dans celui des arbitres, à moins que, désigné seulement vers la fin du délai fixé à ces derniers, il ait été dans l'intention des parties d'accorder au tiers arbitre un délai indépendant de celui conféré aux arbitres et ne prenant cours qu'à dater de l'expiration de ce dernier délai. — J.G. *Arbitr.*, 808.

11. Mais s'il a été nommé seulement par l'acte de déclaration de partage ou avec la mission de n'agir qu'autant que cette déclaration aura lieu, le tiers arbitre ne peut invoquer que le délai d'un mois, dans lequel il doit se renfermer strictement, mais qu'il doit avoir tout entier et qui ne saurait être confondu, à moins de conventions contraires, dans celui qui a été accordé aux arbitres. — J.G. *Arbitr.*, 808.

12. Jugé que si les arbitres ont deux mois pour rendre leur sentence, le tiers arbitre doit avoir un mois en sus pour remplir sa mission : c'est à tort qu'on prétendrait qu'il doit juger dans le délai de deux mois accordé aux arbitres. — Riom, 8 juin 1809, J.G. *Arbitr.*, 808-1° et 240.

13. Le tiers arbitre doit rendre sa sentence dans le mois qui lui est imparti, à peine de nullité. — Nimes, 30 janv. 1812, J.G. *Arbitr.*, 808-2° et 807. — Agen, 6 déc. 1844, D.P. 45. 2. 74.—Grenoble, 15 mai 1855, D.P. 56. 2. 134.

14 ... Alors même que ce délai devrait expirer avant celui accordé aux premiers arbitres, dans lequel il ne doit pas se confondre. — Grenoble, 25 mai 1855, D.P. 56. 2. 134.

15. Jugé néanmoins que la sentence du tiers arbitre n'est pas nulle pour avoir été rendue après le délai d'un mois, si elle l'a été avant l'expiration du délai de trois mois accordé aux arbitres par l'art. 1007.—Rouen, 21 déc. 1808, J.G. *Arbitr.*, 809. — Mais V. observ. *ibid.*

16 La nullité de la décision du tiers arbitre qui n'a prononcé qu'après l'expiration du mois à dater de son acceptation entraine celle de la décision des deux arbitres divisés bien que ceux-ci aient jugé dans le délai utile. — Nimes, 30 janv. 1812, J.G. *Arbitr.*, 696, 813 et 807.

17 Le délai d'un mois dans lequel le tiers arbitre doit se prononcer, peut être étendu ou restreint par les parties. — J.G. *Arbitr.*, 810.

18. Dans un acte de prorogation du délai dans lequel le tiers arbitre devait juger, la clause portant que les parties renoncent à se prevaloir de l'art. 1018 c. p. doit s'entendre en ce sens, que la renonciation se rapporte au premier délai et non au délai nouveau, dans lequel le tiers arbitre doit juger à peine de nullité. — Rennes, 21 juin 1816, J.G. *Arbitr.*, 731-1° et 689.

19. Lorsque les parties, qui ont déclaré vouloir proroger le délai légal dans lequel un tiers arbitre est tenu de juger, le fixent au contraire, et par erreur, à une époque plus rapprochée, s'il arrive que le tiers arbitre ne prononce qu'après le délai fixé dans l'acte de la prétendue prorogation, le jugement arbitral n'est pas nul. — Nancy, 13 déc. 1832, sous Req. 3 juill. 1834, J.G. *Arbitr.*, 734-2° et 926.

20. Lorsque ce sont les arbitres qui, en vertu du pouvoir qu'ils en ont reçu, nomment le tiers arbitre, ils ne peuvent pas donner au tiers arbitre un délai plus étendu que celui qui leur a été accordé à eux-mêmes; la partie qui serait en état de prouver que cette attribution de délai lui cause un préjudice sérieux, serait fondée, en cas de résistance de son adversaire à demander au tribunal une autre fixation de délai. — J.G. *Arbitr.*, 811.

21. Jugé toutefois que les arbitres en nommant le tiers arbitre, quel que soit le délai qui leur ait été attribué pour rendre leur sentence, peuvent en accorder un plus étendu au tiers arbitre. — Toulouse, 22 févr. 1839, J.G. *Arbitr.*, 811 et 807.

22. Si les arbitres ou le juge peuvent étendre le délai d'un mois accordé au tiers arbitre, il ne leur est pas permis de le restreindre (Quest. controv.). — J.G. *Arbitr.*, 806 et 810.

23. — II. Conférence des arbitres avec le tiers arbitre. — La conférence dont le législateur a entendu parler comprend à la fois la discussion et la délibération : le tiers arbitre ne juge pas seul, les arbitres concourent à la décision, et tous réunis forment un tribunal unique. — J.G. *Arbitr.*, 838.

24. L'obligation pour les arbitres et le tiers arbitre de conférer ensemble est une obligation essentielle : le tiers arbitre qui s'en affranchirait, sans y être expressément autorisé par les parties, commettrait une nullité. — J.G. *Arbitr.*, 815. — V. *suprà*, art. 1016, nos 20 et s.; *infrà*, art. 1028, n° 36.

25 Décidé même que cette obligation est d'ordre public. — (Motifs) Civ. c. 21 juin 1831, J.G. *Arbitr.*, 816 et 1339.

26. Jugé cependant que la conférence n'est pas de l'essence de l'arbitrage : elle a été considérée par le législateur plutôt comme une mesure de convenance et d'utilité que comme une mesure de nécessité absolue, et cela est si vrai que la loi a dispensé le tiers arbitre de cette conférence quand les deux premiers arbitres ne se réunissent pas, soit pour cause de maladie, soit pour cause d'absence, soit pour tout autre motif. — Bruxelles, 1er mars 1843, et sur pourvoi, C. cass. de Belgique, 10 févr. 1844, J.G. *Arbitr.*, 816 et 888.

27. A plus forte raison le tiers arbitre peut-il prononcer seul, quand, par le décés de l'un des premiers arbitres, la réunion des trois arbitres est devenue impossible. — Mêmes arrêts.

28. En tout cas, il est permis aux parties de deroger à la disposition de l'art. 1018 c. pr. civ. et de dispenser les arbitres de cette conférence. — Paris, 10 août 1809, J.G. *Arbitr.*, 817-1°.

29. La dispense de conférer peut être virtuelle; elle résulte de ce que les arbitres et le tiers arbitre avaient été nommes amiables compositeurs et dispensés de toute espèce de formes : au moins, dans ce cas, le défaut de conférence ne saurait produire la nullité de la sentence. — Req. 31 déc. 1816, 18 févr. 1835, J.G. *Arbitr.*, 817-2°.

30. La clause d'un compromis, portant que le tiers arbitre prononcera sur le vu des opinions écrites des deux arbitres et sur les pièces produites par les parties, qui dérogent, à cet egard, à toutes les lois à ce contraires, doit être entendue en ce sens qu'il est défendu au tiers arbitre de conférer oralement avec les arbitres; en consequence, le jugement rendu, dans ce cas, par le tiers arbitre ne peut être critiqué, sous le prétexte qu'il n'aurait pas conféré avec les arbitres. — Paris, 10 août 1809, J.G. *Arbitr.*, 818 et 817.

31. Lorsque le tiers arbitre doit conférer avec les arbitres divisés, ceux-ci conviennent du jour; à défaut et en cas de refus de se rendre à la conférence, ils sont sommés par la partie la plus diligente de se réunir au tiers arbitre. — J.G. *Arbitr.*, 820.

32. La sommation doit être faite dans la forme ordinaire des exploits ; elle n'est pas légale si elle fixe la réunion à un délai trop court, et, par exemple, à moins de vingt-quatre heures. — Req. 4 avr. 1838, J.G. *Arbitr.*, 828 et 822.

33. S'il n'a pas été rédigé d'avis par les arbitres ou par l'un des arbitres, le concours de ces derniers ou de l'arbitre qui n'a pas rédigé d'avis est indispensable ; une sommation de se réunir ne suffirait pas (Quest. controv.). — J.G. *Arbitr.*, 820.

34. Mais si chaque arbitre a rédigé son avis, une sommation de se réunir est suffisante. — J.G. *Arbitr.*, 820.

35. Dès que la sommation a été faite aux arbitres d'une manière légale, le tiers arbitre peut juger sur leurs avis respectifs sans conférer avec eux, s'ils ne se rendent pas à la conférence. — J.G. *Arbitr.*, 826.

36. Le défaut de conférence n'est pas une cause de nullité, alors que les arbitres ont été sommés de se réunir au tiers arbitre. — Bourges, 15 juill. 1817, J.G. *Arbitr.*, 824.

37. ... Ou qu'il est constaté dans la sentence du tiers arbitre qu'il a eu des conférences avec eux, et qu'il les a depuis attendus inutilement, quoiqu'il les eût avertis. — Req. 1er juill. 1812, J.G. *Arbitr.*, 824.

38. Le tiers arbitre peut juger, malgré l'absence d'un des arbitres, bien qu'il ait su que cet arbitre était en voyage et qu'il lui était dès lors impossible de satisfaire à la sommation de se rendre, avec l'autre arbitre, chez le tiers arbitre, si d'ailleurs il l'a sommé à son domicile de se réunir à l'autre arbitre. Et la décision du tiers arbitre n'est pas nulle bien qu'il ait conféré avec l'autre arbitre présent. — Paris, 9 janv. 1834, J.G. *Arbitr.*, 827.

39. Mais s'il n'y a pas eu de conférences ni de sommation à l'effet de conférer faite aux arbitres partagés, il y a nullité de la décision du tiers arbitre.—Paris, 1er juill. 1812, J.G. *Arbitr.*, 825.

40. La sommation peut être suppléée du consentement des arbitres et du tiers arbitre ; ainsi, l'absence de sommation n'est point une cause de nullité, lorsque la sentence constate que le tiers arbitre a conféré plusieurs fois avec les autres arbitres, en présence ou hors la présence des parties. Nimes, 20 mars 1839, J.G. *Arbitr.*, 826 et 783.

41. Pour que la sentence rendue par le tiers arbitre soit valable, il faut que ce tiers arbitre se soit préalablement réuni aux premiers arbitres, ou que ceux-ci aient été régulièrement sommés à cet effet ; il ne suffit pas que le tiers arbitre ait successivement conféré avec chacun des arbitres partagés.— Req. 4 avr. 1838, J.G. *Arbitr.*, 822.— Quest. controv., *ibid.*

42. Lorsque, après qu'un tiers arbitre a conféré avec les arbitres, les parties se rendent chez lui, non à l'effet d'y débattre leurs intérêts, mais pour s'y arranger entre elles, il n'est pas nécessaire que ce tiers confère de nouveau avec les arbitres. — Req. 11 févr. 1824, J.G. *Arbitr.*, 823 et 862.

43. Les prescriptions de la loi relatives à la conférence sont suffisamment remplies dans le cas où, lors de la réunion des arbitres divisés au tiers arbitre, les premiers se sont bornés à déclarer qu'ils se référaient respectivement à leurs avis écrits et motivés. — Civ. c. 4 déc. 1839, J.G. *Arbitr.*, 831.

44. Il est nécessaire que les arbitres divisés expliquent eux-mêmes les motifs de leurs avis au tiers arbitre, cette explication ne peut lui être transmise par interprète s'il ignore la langue française.— Civ. c. 7 flor. an 5, J.G. *Arbitr.*, 821 et 340.

45. — III. Pouvoirs du tiers arbitre. — Le tiers arbitre juge avec les mêmes pouvoirs que les arbitres, à moins qu'une restriction ne se trouve insérée par les parties dans l'acte qui l'a nommé. — J.G. *Arbitr.*, 868.

46. Jugé toutefois que, la stipulation, dans un acte de société, que les débats qui pourraient s'élever entre les associés seraient vidés par des arbitres *qu'ils choisiraient* et dont la décision serait en dernier ressort doit être interprétée en ce sens, que le dernier ressort ne doit être attribué qu'à la décision des arbitres choisis par les parties, et non à celle du tiers arbitre nommé par le tribunal. — Douai, 27 juill. 1837, J.G. *Arbitr.*, 868 et 214.

47. La transaction rédigée par deux arbitres, non comme arbitres, mais en vertu de procurations spéciales, est nulle, si le tiers arbitre nommé par les mêmes juges y a concouru, sans avoir reçu aucun pouvoir à l'effet de transiger. — Rennes, 27 mars 1821, J.G. *Arbitr.*, 869 et 108.

48. Des arbitres qui, par suite de la renonciation des parties à l'arbitrage, ont été chargés par les parties de régler leurs comptes par voie de transaction, ne peuvent, à peine de nullité de la transaction, prendre et adopter l'avis du tiers arbitre qui avait été nommé pour les départager. — Req. 12 juin 1822, J.G. *Arbitr.*, 872, et *Mandat*, 113-1°.

49. Les arbitres, investis du droit de choisir le tiers arbitre ne pourraient lui imposer des limites que le compromis n'a pas établies pour eux. — J.G. *Arbitr.*, 868.

50. En général, la mission du tiers arbitre ne s'étend pas aux chefs de la demande à l'égard desquels les arbitres sont d'accord. Ceux-là sont définitivement réglés. — J.G. *Arbitr.*, 873.

51. En conséquence, il ne peut coopérer au jugement d'aucune question autre que celle sur laquelle il y a partage, à peine de nullité. — J.G. *Arbitr.*, 875. — Conf. Civ. c. 16 mess. an 13 et 17 term. an 5, *ibid.*

52. Bien que les arbitres aient été autorisés à s'adjoindre un tiers pour opérer en commun avec lui, celui-ci n'en est pas moins un tiers arbitre, dont les pouvoirs sont limités aux points sur lesquels la dissidence a éclaté entre les premiers arbitres. — Agen, 6 déc. 1844, D.P. 45. 2. 74.

53. Lorsque la décision du tiers arbitre, comprenant à la fois et les points sur lesquels les arbitres ont été divisés et ceux sur lesquels ils étaient unanimement d'accord est nulle, cette nullité doit, s'il a été dans l'intention des parties que l'affaire ne fût pas scindée, atteindre même les chefs à l'égard desquels il n'y avait pas dissentiment entre les arbitres.—Req. 16 juin 1840, J.G. *Arbitr.*, 866 et 1197.

54. Mais si le tiers arbitre nommé pour vider le partage de deux arbitres sur un point qui les divisait, concourt à toutes les opérations de l'arbitrage, il n'y a pas nullité, alors qu'il l'a fait sur l'invitation des parties et des autres arbitres. — Grenoble, 15 déc. 1835, J.G. *Arbitr.*, 879.

55. Les arbitres, autorisés à nommer un tiers arbitre, ne peuvent pas, sans l'autorisation formelle des parties, le faire concourir à leurs délibérations dès le principe, et avant qu'il y ait partage. — Rennes, 7 avr. 1810, J.G. *Arbitr.*, 878.

56. Le jugement rendu, avant déclaration de partage, par un arbitre et le tiers arbitre, sans le concours de l'autre arbitre, est nul. — La Haye, 16 oct. 1818, J.G. *Arbitr.*, 876-2°.

57. Une fois nommé, le tiers arbitre a une mission propre qui ne peut être paralysée par le refus d'un arbitre de rédiger son avis, notamment lorsqu'il est nommé avec pouvoir de juger, sans être tenu de se réunir à l'avis de l'un des arbitres. — Req. 18 mai 1814, J.G. *Arbitr.*, 877 et 758.

58. Le tiers arbitre qui a été nommé uniquement pour départager les arbitres sur un point préliminaire et avant tout jugement au fond, ne peut point, s'il y a partage sur le fond, vider ce partage sans nomination nouvelle. — J.G. *Arbitr.*, 881.

59. Le tiers arbitre peut ordonner les mesures d'instruction qu'il juge utiles pour remplir sa mission. — Bruxelles, 27 déc. 1837, J.G. *Arbitr.*, 882.

60. Il n'est pas tenu d'entendre les parties. — Paris, 20 juin 1849, D.P. 51. 2. 162.

61. Le tiers arbitre nommé par les arbitres en vertu des pouvoirs à eux conférés, dès le moment du partage, qualité pour constater les faits relatifs à l'exercice de sa mission, et pour leur imprimer un caractère légal de certitude. — Agen, 10 juill. 1833, J.G. *Arbitr.*, 883 et 669.

62. Le pouvoir du tiers arbitre prend fin par le décès de l'un des arbitres, si le décès a précédé toute conférence des arbitres et du tiers arbitre. — J.G. *Arbitr.*, 887.

63. Toutefois dans une espèce où aucune conférence n'avait eu lieu avant le décès de l'un des arbitres, et où, après ce décès, le tiers arbitre avait conféré avec l'autre arbitre, et avait de plus entendu les parties, il a été jugé qu'il résultait de cette défense des parties une reconnaissance de la juridiction du tiers arbitre qui les rendait mal fondées à critiquer la décision par laquelle le tiers arbitre s'était conformé à l'avis de l'arbitre décédé. — C. cass. de Belg., 10 févr. 1844, J.G. *Arbitr.*, 839.

64. Dans le cas où il y a eu conférence antérieure au décès, si cette conférence a amené une modification dans les avis que les arbitres avaient exprimés, l'arbitrage ne doit pas être continué. Mais la solution contraire devrait être admise si la conférence n'avait rien changé aux avis des arbitres, si l'instruction était en état, et s'il ne restait au tiers arbitre qu'à se prononcer entre l'un ou l'autre avis. — J.G. *Arbitr.*, 887.

65. La comparution volontaire des parties devant le tiers arbitre, sans protestation, les rend non recevables à attaquer ses opérations comme irrégulières. — Montpellier, 27 nov. 1811, J.G. *Arbitr.*, 889 et 844.

66. — IV. Décision du tiers arbitre. — 1° *Cas où il y a eu conférence ou délibération.* — Lorsqu'il y a eu simple conférence entre les arbitres et le tiers arbitre, si l'un des arbitres refuse de délibérer en commun, le tiers arbitre ne doit qu'adopter l'avis de l'un des arbitres. — J.G. *Arbitr.*, 839.

67. En conséquence, si, dans un tel cas, il émet une opinion différente de celle de l'un et de l'autre des arbitres divisés, sa sentence doit être annulée. — Montpellier, 31 mai 1824, J.G. *Arbitr.*, 889 et 819. — V. *infrà*, art. 1028, n°s 36 et s.

68. Cependant, lorsqu'il y a eu conférence entre les arbitres et le tiers arbitre, celui-ci peut modifier ou plutôt développer les conséquences de l'avis des arbitres qu'il déclare adopter. — Bordeaux, 25 janv. 1831, J.G. *Arbitr.*, 839. — Mais V. depuis., *ibid.*

69. Lorsqu'il y a eu conférence suivie de délibération en commun, c'est-à-dire suivie de l'émission orale de l'opinion de chacun des arbitres sur les divers chefs de la contestation, les arbitres peuvent modifier leur première opinion, ou même l'abandonner tout à fait. — J.G. *Arbitr.*, 848. — Conf. Grenoble, 31 juill. 1830, *ibid.*, 849-1°.

70. Si un arbitre modifie, lors de la délibération, l'opinion qu'il avait émise à l'époque du partage, le tiers arbitre peut adopter cette opinion ainsi modifiée. — Bruxelles, 26 oct. 1824, J.G. *Arbitr.*, 849-1°. — Lyon, 14 juill. 1828, *ibid.*, 1328. — Grenoble, 31 juill. 1830, *ibid.*, 849-1°. — Montpellier, 19 mai 1845, D.P. 45. 4. 30.

71. Le tiers arbitre cesse d'être tenu de se ranger à l'avis de l'un des arbitres partagés, lorsque ceux-ci se sont réunis à lui pour délibérer en commun ; rien ne s'oppose, dans ce cas, à ce que la décision résultant de cette délibération soit différente de l'avis de chacun des arbitres. — Paris, 21 avr. 1855, D.P. 55. 2. 106.

72. Le tiers arbitre peut amener les arbitres à accepter son avis particulier. —

Caen, 24 déc. 1846, D.P. 47. 4. 22. — Paris, 20 juin 1849, D.P. 51. 2. 162.

73. Lorsque, après partage d'opinions dé-claré par deux arbitres, les parties ont, par un second compromis, nommé un tiers ar-bitre auquel elles ont enjoint de conférer avec les arbitres divisés, elles doivent être répu-tées avoir maintenu les pouvoirs de ceux-ci, et même les avoir autorisés à modifier leurs opinions... Et cela bien que le délai soit alors expiré, si d'ailleurs le tiers arbitre était encore dans le délai à lui imparti. — Paris, 19 juin 1850, D.P. 51. 2. 180.

74. Un autre système refuse à l'arbitre la faculté de changer, modifier ou rétracter son avis ; la conférence n'a pas pour objet d'a-mener une telle modification, mais seulement d'instruire mieux le tiers arbitre, par l'expli-cation orale des raisons qui ont motivé le partage.—J.G. *Arbitr.*, 848.—Conf. Metz, 12 mai 1819, *ibid.*, 843. — Grenoble, 31 juill. 1830, *ibid.*, 849.

75. En ce sens, la sentence du tiers arbitre est nulle, si l'un des deux arbitres divisés d'opinion, et qui ont rédigé séparément leur procès-verbal, a modifié ensuite son avis, lequel a été adopté par le tiers arbitre, une décision arbitrale ne pouvant, pas plus que tout autre jugement, être réformée par celui qui l'a rendue. — Grenoble, 12 août 1826, J.G. *Arbitr.*, 848. — Conf. Metz, 12 mai 1819, *ibid.*, 843. — Grenoble, 31 juill. 1830, *ibid.*, 849.

76. Lorsqu'il y a conférence entre le tiers arbitre et les arbitres divisés, il n'est pas né-cessaire que le jugement soit rendu à la ma-jorité des voix (Quest. controv.). — J.G. *Ar-bitr.*, 842.

77. Ainsi, le tiers arbitre, après avoir con-féré avec les arbitres divisés, peut statuer seul ; et lorsqu'il adopte l'avis de l'un de ces derniers, sa décision ne peut être annu-lée sous prétexte que le jugement n'a pas été délibéré et rendu en commun. — Paris, 15 nov. 1814 ; Metz, 12 mai 1819, J.G. *Ar-bitr.*, 843-1°.

78. De la mention contenue dans la sen-tence d'un tiers arbitre qu'il a conféré avec les arbitres divisés, et de la signature de ceux-ci, mise à la suite de leur jugement, il résulte suffisamment, soit que ce tiers ar-bitre a conféré avec les arbitres, soit qu'il n'a commis aucun excès de pouvoirs en adop-tant une solution autre que celle contenue dans les avis des arbitres. — Colmar, 29 mai 1813, J.G. *Arbitr.*, 843-2° et 899.

79. De même, l'absence des arbitres n'em-pêche pas le tiers arbitre de rendre son ju-gement, si d'ailleurs il a conféré avec eux et les a inutilement invités à se réunir à lui. — Montpellier, 27 nov. 1811, J.G. *Arbitr.*, 844.

80. Le tiers arbitre peut juger avec un seul des arbitres, si l'autre arbitre present refuse de signer. — Turin, 11 janv. 1806, J.G. *Arbitr.*, 846.

81. Il est permis aussi aux arbitres et au tiers arbitre de juger en commun, et le juge-ment qu'ils rendent à l'unanimité est valable. — Rennes, 11 juill. 1812, J.G. *Arbitr.*, 847. — Grenoble, 1er juin 1831, *ibid.*, 793.

82. Si, quatre ou cinq arbitres étant nom-més, chacun d'eux a un avis différent, le tiers arbitre qui adopte l'avis de l'un des arbitres fait le jugement, nonobstant l'oppo-sition qui résulte des trois ou quatre autres voix (Quest. controv.). — J.G. *Arbitr.*, 858.

83. — 2° *Cas où les arbitres ne sont pas réunis.* — Dans ce cas, le tiers arbitre pro-nonce seul ; mais il doit se conformer à l'un des avis des arbitres. Sa mission se borne à adopter, sans y apporter de changements et sans y ajouter, l'avis de l'un des arbitres par-tagés. — Bruxelles, 4 mars 1840, J.G. *Ar-bitr.*, 850 et 852.

84. Ainsi, il ne peut adopter partie de l'opinion de l'un des arbitres et partie de l'opinion de l'autre : par exemple, lorsque de deux arbitres, l'un est d'avis qu'un pas-sage est dû avec charrues et charrettes, et l'autre qu'il n'est dû passage qu'à pied, le tiers arbitre ne peut décider que le passage aura lieu à pied et à cheval. — Caen, 9 juin 1837, J.G. *Arbitr.*, 853.

85. Il ne peut statuer sur les conclusions nouvelles prises devant lui. — Req. 17 nov. 1836, J.G. *Arbitr.*, 851.

86. Il ne peut, en adoptant l'avis de l'un des arbitres, y ajouter l'exécution provisoire, nonobstant appel. — Bruxelles, 4 mars 1840, J.G. *Arbitr.*, 852.

87. Le tiers arbitre ne peut, en adoptant l'opinion de l'un des arbitres, par laquelle notamment des actionnaires sont déclarés *mal fondés* à demander la communication des registres de la société dont les comptes ont été approuvés par l'assemblée générale des actionnaires, déclarer, de plus, cette de-mande *non recevable*, jusqu'à ce que, par exemple, les demandeurs aient mis en de-meure l'assemblée générale de se prononcer sur l'action qu'ils se proposent de former. — Paris, 26 août 1850, D.P. 50. 2. 130.

88. Mais le tiers arbitre n'est pas tenu de se servir des mêmes expressions que l'arbitre dont il a adopté l'avis ; il suffit qu'il y ait identité dans les dispositions de la sentence. — J.G. *Arbitr.*, 859. — Conf. Paris, 19 nov. 1817, *ibid.*

89. Si la modification que le tiers arbitre fait subir à l'avis qu'il adopte est dans l'in-térêt de la partie qui succombe, celle-ci est non recevable, à défaut d'intérêt, à prétendre que le tiers arbitre n'a pu diviser l'opinion de l'un des arbitres. — Req. 29 mars 1827, J.G. *Arbitr.*, 854 et 845. — Paris, 5 déc. 1831, *ibid.*, 854.

90. La partie qui gagne son procès n'est pas recevable à se plaindre de ce que, sur l'un des chefs qu'il adopte, le tiers arbitre a fixé à la partie adverse un terme de payement plus rapproché. — Limoges, 15 juill. 1840, J.G. *Arbitr.*, 855 et 863.

91. Lorsqu'un des arbitres est d'avis que l'une des parties doit être condamnée à une partie des dépens, et que l'autre arbitre pense que cette partie doit être condamnée à la to-talité des dépens et, en outre, à des dom-mages-intérêts, si le tiers arbitre nommé condamne la même partie à la totalité des dépens, mais sans dommages-intérêts, cette condamnation, qui n'est qu'une modification de l'avis de l'un des arbitres, ne peut être critiquée par la partie condamnée : cette partie est sans intérêt pour s'en plaindre. — Req. 11 févr. 1824, J.G. *Arbitr.*, 856 et 862. — V. toutefois Paris, 2 déc. 1829, *ibid.*, 857.

92. Lorsque la contestation comprend *plusieurs chefs* de demande, le tiers arbitre peut adopter sur un chef l'avis d'un arbitre, et sur un autre chef l'avis de l'autre arbitre. — Req. 17 nov. 1830, J.G. *Arbitr.*, 863 et 1175. — Paris, 5 déc. 1831, *ibid.*, et 817.

93. De même, il peut adopter l'avis de l'un des arbitres sur deux points, et celui de l'autre arbitre sur deux autres points. — Req. 11 févr. 1824, J.G. *Arbitr.*, 862. — Observ. conf., *ibid.*, 861.

94. En conséquence, le tiers arbitre chargé d'établir les trois éléments d'une créance, capital, intérêts et termes de payement, a pu valablement fixer le premier et le troisième élément d'après l'opinion de l'un des arbitres, et le second d'après celle de l'autre arbitre. — Limoges, 15 juill. 1840, J.G. *Arbitr.*, 863.

95. Il lui est même loisible, au moins en matière de compte, de prendre de chaque opinion ce qui lui semble devoir former le fondement de sa décision. — Req. 18 juin 1823, J.G. *Arbitr.*, 865.—Req. 3 juill. 1834, *ibid.*, 926.

96. En conséquence, le tiers arbitre qui, ayant à prononcer sur un règlement de compte, statue d'abord particulièrement sur les divers points ou articles du compte sur lesquels les arbitres sont discordants, et déclare ensuite qu'il se croit obligé, par les termes de la loi, d'adopter, comme il adopte en effet, dans son ensemble, le reliquat fixé par l'un des arbitres, quoique ce reliquat ne se trouve pas en harmonie avec ses opéra-tions sur chacun des articles, interprète faussement l'art. 1018 c. pr. civ. — Civ. c. 1er août 1825, J.G. *Arbitr.*, 865.

97. Le tiers arbitre pourrait relever des erreurs de fait ou de calcul dans l'avis qu'il adopte, si une simple addition des résultats admis par l'un des arbitres mettait cette erreur à découvert.—Req. 28 janv. 1835, J.G. *Arbitr.*, 867.

98. — V. FORMES DU JUGEMENT. — Ce n'est qu'au cas où la délibération a été commune entre les arbitres et les tiers arbitres que la sentence doit se conformer à l'art. 141 c. pr. civ. Il importe aussi que le tiers arbitre fasse mention des phases que la conférence a su-bies, en tant du moins qu'il en est résulté une modification des opinions des arbitres. — J.G. *Arbitr.*, 890.

99. Le tiers arbitre, lorsqu'il déclare se conformer à l'avis de l'un des arbitres, satis-fait virtuellement à l'art. 141 c. pr. civ. Ainsi, en déclarant se ranger à l'avis de l'un des deux arbitres, il motive suffisam ment son opinion, si d'ailleurs l'avis qu'il adopte a été motivé par le premier arbitre. — Rouen, 26 nov. 1828, J.G. *Arbitr.*, 891 et 1177.

100. Il en est de même lorsqu'il adopte l'avis d'un arbitre dans lequel les points de droit et de fait sont exprimés. — Bruxelles, 27 déc. 1837, J.G. *Arbitr.*, 891 et 882.

101. Il n'est pas tenu non plus de rappe-ler les conclusions des parties. — Lyon, 14 juill. 1828, J.G. *Arbitr.*, 891 et 1328.

102. Enfin, il n'est pas nécessaire non plus que sa sentence contienne en entier l'opinion de l'arbitre. — Bourges, 15 juill. 1817, J.G. *Arbitr.*, 891 et 824.

103. Jugé même que l'omission par le tiers arbitre de déclarer dans son jugement qu'il se réunit à l'avis de l'un des deux ar-bitres n'entraîne pas la nullité de la sentence. — Agen, 20 janv. 1832, J.G. *Arbitr.*, 860 et 1025.

104. Le jugement du tiers arbitre doit mentionner la formalité de la conférence, à peine de nullité. — Civ. c. 21 juin 1831, J.G. *Arbitr.*, 829 et 1339.

105. Toutefois, le défaut de mention dans le jugement des formalités prescrites par la loi peut être suppléé par d'autres actes. — J.G. *Arbitr.*, 829.

106. Décidé même que le défaut de men-tion, dans une sentence de tiers arbitre, d'une formalité à laquelle il s'est conformé (la conférence avec les arbitres divisés), est valablement réparé par une déclaration émanée spontanément de lui, plusieurs jours après le prononcé de son jugement. — Nimes, 13 nov. 1832, sous Req. 18 févr. 1835, J.G. *Arbitr.*, 829-1° et 817.
Contrà : — Rennes, 13 déc. 1809 et observ. *ibid.*, 829-1°.

107. La sentence du tiers arbitre, bien que signée par lui seul, suffit pour faire foi du fait par lui constaté, que les arbitres se sont spontanément réunis à lui, et qu'il a conféré avec eux. — Civ. r. 23 mai 1837, J.G. *Arbitr.*, 884 et 767. — V. *infrà*, art. 1022, nos 1 et s.

108. Cette sentence ne peut être contre-dite par un acte extrajudiciaire, donné par un arbitre longtemps après le dépôt du juge-ment ; c'était à cet arbitre à contredire, dans une forme légale, en rédigeant et en dépo-sant, à l'époque même du jugement, un pro-cès-verbal contraire. — Rennes, 13 déc. 1809, J.G. *Arbitr.*, 885.

109. Il suffit que la sentence rendue par un tiers arbitre, signée de lui et de l'un des arbitres, constate : 1° qu'il y a eu partage entre les arbitres ; 2° que ceux-ci ont nommé un tiers arbitre ; 3° qu'il y a eu conférence entre les arbitres et le tiers arbitre, 4° que l'autre arbitre a refusé de signer, pour que ces énonciations doivent être tenues pour vraies, et pour qu'on ne puisse demander la nullité de la sentence à défaut d'accomplissement de ces diverses formalités. — Req. 3 janv. 1826, J.G. *Arbitr.*, 886. — V. toutefois observ. *ibid.*

110. Il y a présomption que les arbitres ont conféré avec le tiers arbitre, lorsque, dans la sentence déclarative de discord, les arbitres ont déclaré donner tel développement à leur opinion, afin de mettre par là le tiers arbitre mieux à même de l'apprécier.— Toulouse, 22 févr. 1839, J.G. *Arbitr.*, 807. — Mais V. observ. *ibid.*, 830.

111. Lorsque le compromis dispense le tiers arbitre de conférer, la sentence du tiers arbitre n'est pas nulle, à raison de ce qu'elle ne mentionne pas qu'il a conféré avec les arbitres divisés. — Toulouse, 22 févr. 1839, J.G. *Arbitr.*, 829-2° et 807.

112. Lorsque les arbitres ont été dispensés de toutes les formes de procédure, une citation expresse à l'effet de conférer n'est pas nécessaire; et il suffit que le tiers arbitre constate dans sa sentence qu'il a inutilement invité les arbitres à se réunir à lui, pour que ce fait doive être tenu pour constant, quoique la sommation ne soit pas représentée. — Florence, 13 janv. 1810, J.G. *Arbitr.*, 892.

113. L'obligation de la signature s'applique au tiers arbitre comme aux arbitres. Ainsi, il est nécessaire que le tiers arbitre appelé pour départager deux arbitres signe le jugement arbitral; il ne suffirait pas que son avis sur chaque chef fût mentionné par les arbitres partagés qui ont seuls signé la sentence.— Paris, 17 févr. 1808, J.G. *Arbitr.*, 1007.

114. La sentence est valable, quoique signée seulement par l'un des arbitres et le tiers arbitre, si elle énonce que ce dernier a entendu les deux arbitres et que celui dont il n'a pas adopté l'avis s'est retiré au moment de la signature. — Montpellier, 30 avr. 1811, J.G. *Arbitr.*, 1098.

115. Le tiers qu'un arbitre s'est adjoint pour le seconder n'est pas un tiers arbitre dans le sens de la loi. Par suite, le jugement auquel ce tiers a concouru, et qu'il a signé avec l'arbitre, est nul. — Liége, 22 juill. 1831, J.G. *Arbitr.*, 870.

116. L'annulation de la décision d'un tiers arbitre entraîne celle des arbitres divisés d'opinion; et il y a lieu de procéder à un nouvel arbitrage. — Montpellier, 31 mai 1824, J.G. *Arbitr.*, 871 et 819.

Table sommaire.

Art. 1019.

Les arbitres et tiers arbitres décideront d'après les règles du droit, à moins que le compromis ne leur donne pouvoir de prononcer comme amiables compositeurs.

Exposé des motifs et Rapport, J.G. *Arbitr.*, p. 374 et s., n°s 7, 19, 24 et 25.

DIVISION.

§ 1. — *Pouvoirs et compétence des arbitres; Mesures d'instruction ou d'exécution* (n° 1).
§ 2. — *Amiables compositeurs* (n° 31).
§ 3. — *Honoraires et dépens en matière d'arbitrage* (n° 61).

§ 1er. — *Pouvoirs et compétence des arbitres; Mesures d'instruction ou d'exécution.*

1. — I. POUVOIRS ET COMPÉTENCE DES ARBITRES. — Les arbitres sont de véritables juges, relativement à la contestation qui leur est déférée. — J.G. *Arbitr.*, 958.

2. Le compromis trace la limite de leurs pouvoirs. — J.G. *Arbitr.*, 972. — V. *supra*, art. 1006.

3. Cependant, les arbitres peuvent prononcer sur des questions non énoncées dans le compromis, lorsqu'elles sont un accessoire, une suite nécessaire de celles qui y sont prévues. — J.G. *Arbitr.*, 978. — V. *supra*, art. 1006, n°s 19 et s.

4. Les pouvoirs des arbitres prennent fin par toutes les causes qui font cesser le compromis. — J.G. *Arbitr.*, 973. — V. *supra*, art. 1012 et s.

5. Les pouvoirs des arbitres s'arrêtent devant les matières d'ordre public et devant les questions d'état, engagées même d'une manière incidente. — J.G. *Arbitr.*, 977. — V. *supra*, art. 1004.

6. Il est permis aux arbitres d'interpréter les conclusions des parties et les termes du compromis. — J.G. *Arbitr.*, 981.

7. Mais leur interprétation peut être réformée par les juges d'appel ou par les juges saisis de l'action en nullité; elle peut l'être aussi par la Cour de cassation. — J.G. *Arbitr.*, 981. — V. *infra*, art. 1028.

8. Les arbitres peuvent statuer sur leur propre compétence : ils ne sont pas obligés de renvoyer aux tribunaux les contestations qui s'élèvent devant eux relativement à l'étendue des pouvoirs qui leur ont été confiés. — Req. 28 juill. 1818, J.G. *Arbitr.*, 986-1°.— V. aussi Paris, 28 janv. 1826, *ibid.*, 986-2°.—
Contra : — Paris, 25 mars et 13 déc. 1808; Turin, 25 janv. 1813, J.G. *Arbitr.*, 984.

9. Ils sont également compétents pour statuer sur les difficultés relatives au mode de leurs délibérations. — Lyon, 21 mars 1838, J.G. *Arbitr.*, 1010 et 84.

10. Mais ils sont incompétents pour statuer sur la légalité de leur nomination, et, spécialement, pour connaître de la demande en nullité, pour dol, du compromis qui les a nommés. — Civ. c. 2 août 1842, J.G. *Arbitr.*, 987.—V. aussi Paris, 25 mars 1814, *ibid.*, 557.

11. Ils ne peuvent non plus statuer sur leur récusation ni sur celle de l'un d'eux. — V. *supra*, art. 1014, n°s 51 et s..

12. Ils ne peuvent connaître, ni de l'excès de pouvoir reproché à une première décision qu'ils ont rendue. — Bruxelles, 8 fruct. an 10, J.G. *Arbitr.*, 1013.

13. ... Ni de la validité de l'appel interjeté de la sentence qui a rejeté l'exception d'incompétence élevée contre leur juridiction, bien qu'ils aient été nommés juges souverains. — Civ. c. 2 août 1842, J.G. *Arbitr.*, 1015 et 987.

14. ... Ni procéder à l'arbitrage, nonobstant l'appel du jugement de nomination. — Paris 25 mars 1814, J.G. *Arbitr.*, 1015 et 557.

15. Ils sont compétents pour déclarer quels sont les chefs du procès qui ont été irrévocablement jugés par des arbitres précédents. Mais ils n'ont pas le pouvoir de juger de nouveau les chefs distincts qui l'ont été déjà par les premiers arbitres. — J.G. *Arbitr.*, 1017.

16. Les arbitres peuvent statuer sur les *incidents* et *exceptions*, lorsque l'incident naît de l'affaire même qui est soumise aux arbitres, ou s'y rattache nécessairement. — J.G. *Arbitr.*, 995.

17. Ainsi, des arbitres peuvent statuer sur une contestation incidente, par exemple celle de savoir si l'une des parties n'a pas contrevenu à une clause pénale stipulée contre celui qui, par sa faute, mettrait obstacle à l'exécution du compromis. — Civ. c. 12 juill. 1809, J.G. *Arbitr.*, 996.

18. Mais il ne leur est pas permis de juger les incidents qui ne sont pas une conséquence rigoureuse de cette demande, par exemple les incidents qui mettent en question la validité du compromis, ou qui porteraient sur des objets sujets à communication au ministère public, ou ceux qui ne rentrent pas essentiellement dans les termes du compromis, comme les demandes en garantie ou en intervention, les demandes reconventionnelles, toutes celles enfin qui ne sont pas une conséquence forcée et nécessaire du compromis. — J.G. *Arbitr.*, 995. — V, aussi *ibid.*, 469, 913.

19. Les arbitres connaissent des exceptions relatives à la *compensation* et à la *prescription*. — J.G. *Arbitr.*, 913.

20. Mais si la créance opposée en compensation est plus considérable que celle qui a fait l'objet de la demande, l'arbitre ne peut pas prononcer une condamnation pour le surplus. — J.G. *Arbitr.*, 913.

21. Les arbitres peuvent interpréter leur sentence, s'ils sont encore dans le délai. — V. *supra*, art. 1012, n° 21.

22. — II. MESURES D'INSTRUCTION. — Sur les actes d'instruction qui peuvent être faits par les arbitres, V. *supra*, art. 1011, n°s 3 et s.

23. — III. MESURES D'EXÉCUTION. — Les pouvoirs des arbitres sont limités par les conclusions des parties en ce qui concerne les mesures qui peuvent être prises pour assurer l'exécution du jugement arbitral. — J.G. *Arbitr.*, 1012. — V. art. 1021, n°s 63 et s.

24. Les arbitres ne peuvent, dans les causes dont ils sont saisis, ordonner la suppression d'écrits. — (Arg.) Paris, 23 juin 1825, J.G. *Arbitr.*, 1006, et *Presse-outr.*, 1272.

25. ... Ni ordonner la publication dans les journaux et l'affichage de leurs jugements. — Paris, 26 janv. 1839, J.G. *Arbitr.*, 1040. — Observ. contr., *ibid.*, 1006.

26. Mais ils peuvent accorder des délais de grâce. — J.G. *Arbitr.*, 983.

27. Des arbitres chargés d'opérer définitivement le partage d'une succession, en accordant une provision à des cohéritiers qui la demandent, peuvent d'office en accorder une également à ceux qui n'en demandent pas, mais qui ne contestent pas la demande de leurs cohéritiers, alors que cette provision fixée d'office est inférieure au montant de l'appréciation que les arbitres déclarent avoir déjà faite des droits des cohéritiers auxquels ils l'accordent. — Req. 30 juin 1841, J.G. *Arbitr.*, 1013.

28. Dès qu'ils ont rendu leur sentence définitive, les arbitres ne peuvent procéder à une mesure qu'ils auraient ordonnée avant que leurs pouvoirs eussent pris fin ; mais, s'ils n'ont arrêté les comptes des parties que sauf erreur de calcul et d'une manière qui n'est pas définitive, le règlement amiable fait sous leur médiation entre les parties ne les dessaisit pas des contestations qui peuvent s'élever sur les erreurs de compte ou omissions. — Req. 1er avr. 1807, J.G. *Arbitr.*, 1014.

29. Les arbitres peuvent, quand la loi le permet, ordonner l'exécution provisoire de leur sentence. — V. *infrà*, art. 1024.

30. Ils ne peuvent prononcer des amendes ni des peines ; mais il en serait autrement à l'égard d'une peine compromissoire ou d'une clause pénale. — J.G. *Arbitr.*, 1005. — V. *suprà*, art. 1006, nos 27, 29 et s.

§ 2. — *Amiables compositeurs.*

31. Les amiables compositeurs sont les arbitres qui ont pouvoir de juger sans formalité judiciaire, de tempérer la rigueur de la loi et d'écouter l'équité naturelle. — J.G. *Arbitr.*, 1019. — V. *infrà*, n° 39.

32. — I. DÉSIGNATION DES AMIABLES COMPOSITEURS. — La qualité d'amiable compositeur doit être formellement stipulée ; et quoique cette locution ne soit pas sacramentelle, il faut néanmoins que les équivalents soient d'une telle valeur qu'ils comprennent tout ce que révèle cette expression. — J.G. *Arbitr.*, 1020.

33. Cette attribution a été déclarée résulter ... soit de ce que le compromis a donné aux arbitres la faculté de traiter et transiger. — Req. 31 oct. 1811, J.G. *Arbitr.*, 1020 et 439.

34. ... Soit de ce qu'en matière de société, ils ont été chargés de liquider définitivement toutes créances entre associés et avec les tiers, et dispensés en outre de toutes formalités de procédure, avec stipulation que leur jugement fera la loi des parties. — Civ. r. 29 nov. 1837, J.G. *Arbitr.*, 1020.

35. Mais cette qualité ne résulte ... ni de ce que les arbitres ont été chargés de juger souverainement et de ce qu'il y a eu rénonciation à l'appel et au pourvoi en cassation. — Paris, 4 déc. 1828, J.G. *Arbitr.*, 1020 et 93.

36. ... Ni de ce qu'ils ont été dispensés de toutes les formes et délais de droit. — Montpellier, 27 août 1824, J.G. *Arbitr.*, 1020 et 98.

37. Il appartient souverainement aux tribunaux de juger si la qualité d'amiable compositeur résulte des termes du compromis. — Req. 11 juin 1811, J.G. *Arbitr.*, 1021. — Observ. contr., *ibid.*

38. La qualité d'amiable compositeur ne peut être conférée à un tribunal tout entier. — V. *suprà*, art. 1006, nos 78 et s.

39. — II. POUVOIRS DES AMIABLES COMPOSITEURS. — Les amiables compositeurs sont dispensés d'observer les règles du droit ; il leur est permis de juger d'après la seule impulsion de leur conscience et les règles de l'équité. — J.G. *Arbitr.*, 1025. — Conf. Orléans, 14 mars 1822, *ibid.*

40. Ils peuvent rejeter la possession trentenaire et la prescription, opposées par l'une des parties. — Req. 31 oct. 1811, J.G. *Arbitr.*, 1025-1°.

41. Chargés de faire un partage entre des cohéritiers dont quelques-uns sont mineurs, ils peuvent faire ce partage par attribution au lieu du tirage au sort des lots, renvoyer la licitation des immeubles jusqu'à la majorité des mineurs, et enfin confier exclusivement jusque-là la régie de ces biens à des majeurs. — Bordeaux, 29 janv. 1827, J.G. *Arbitr.*, 1025-2°.

42. Ils peuvent également, dans le but de faire cesser toute indivision entre les associés, attribuer à l'un d'eux exclusivement les créances douteuses de la société, moyennant une certaine somme, et cela en déchargeant les autres coassociés de toute garantie. — Civ. r. 29 nov. 1837, J.G. *Arbitr.*, 1025-3° et 1020.

43. Chargés de prononcer sur tous les différends élevés entre les parties, ils peuvent, s'il y a lieu, ordonner des compensations entre elles sans excéder leur mandat. — Req. 27 févr. 1823, J.G. *Arbitr.*, 1025-4°.

44. Ils peuvent de même prescrire aux parties tout ce que, par voie de transaction, celles-ci auraient pu faire. — Angers, 1er juin 1822, J.G. *Arbitr.*, 1025-4°.

45. Chargés par les acquéreurs de terrains communaux de procéder à la délimitation du lot de chacun, par application du plan cadastral, mais avec faculté de s'aider de tous autres documents, ils ne sortent pas des termes du compromis et n'empiètent pas sur les attributions de l'autorité administrative, en rejetant comme inexactes les délimitations communales indiquées au plan cadastral, et en jugeant la contestation qui leur était soumise, avec le secours d'une autre délimitation. — Req. 19 août 1842, J.G. *Arbitr.*, 1025-5°.

46. Ils peuvent se dispenser de se conformer ponctuellement, dans le règlement d'un compte, à la disposition de l'art. 540 c. pr. civ., relative à la fixation distincte de la recette et de la dépense. — Rennes, 6 janv. 1844, J.G. *Arbitr.*, 1025-6°.

47. Ils peuvent juger contrairement à des actes administratifs, mais en restreignant leur décision à l'intérêt individuel des parties. — Req. 19 août 1842, J.G. *Arbitr.*, 977 et 1025-5°.

48. Les amiables compositeurs sont affranchis de toutes les formalités et obligations des arbitres. — Agen, 20 janv. 1832, J.G. *Arbitr.*, 1025-7°.

49. Ils ne sont pas astreints à suivre les formes de procédure. — Besançon, 18 déc. 1811, J.G. *Arbitr.*, 1026 et 898. — Req. 11 févr. 1823, *ibid.*, 1026. — Orléans, 11 avr. 1866, D.P. 66. 2. 101, et les arrêts qui suivent.

Contrà : — Limoges, 17 févr. 1823, J.G. *Arbitr.*, 1026.

50. Les arbitres amiables compositeurs peuvent notamment, hors la présence des parties, entendre quelques personnes à titre de renseignements et faire procéder à un arpentage par un géomètre, alors d'ailleurs que les parties ont comparu devant eux et ont été entendues dans leurs explications. — Orléans, 11 avr. 1866, D.P. 66. 2. 101.

51. Il n'est pas exigé, pour la validité d'une sentence arbitrale, que les parties soumettent des conclusions écrites aux arbitres, alors d'ailleurs que le compromis précise l'objet de la contestation principale et donne pouvoir aux arbitres de statuer, comme amiables compositeurs, sur toutes les difficultés qui se rattachent à cette contestation et qui sont surabondamment détaillées dans le procès-verbal par lequel les arbitres se sont constitués. — Paris, 21 avr. 1855, D.P. 56. 2. 106.

52. Ils sont dispensés ... de faire signer par les parties les conclusions qu'ils énoncent dans leur procès-verbal avoir été prises par elles. — Trib. de la Seine, 31 juill. 1828, J.G. *Arbitr.*, 1026-1° et 716.

53. ... De mentionner dans leur jugement les conclusions des parties. — Bordeaux, 22 mai 1832, J.G. *Arbitr.*, 1026-2° et 242.

54. ... De suivre les règles de la procédure relatives aux enquêtes ; sans ordonner une enquête, ils peuvent entendre d'office des témoins. — Bordeaux, 28 nov. 1835, J.G. *Arbitr.*, 1026-4°. — Paris, 18 nov. 1840, *ibid.*, 1026-3°.

55. ... De motiver leurs sentences. — Bordeaux, 28 nov. 1835, J.G. *Arbitr.*, 1026-4°.

56. Et même, lorsque le compromis porte que les arbitres observeront les délais et les formes ordinaires, et que cependant les parties se sont engagées à présenter elles-mêmes leurs moyens et ont autorisé les arbitres à juger comme amiables compositeurs, l'obligation d'observer les formes et délais ne doit avoir lieu que pour le cas où il

s'agit d'une instruction par écrit, d'une enquête, ou d'autres procédures semblables. En conséquence, la sentence est valable, quoiqu'il n'y ait eu ni ajournement, ni constitution d'avoué, ni défenses signifiées dans les délais légaux, alors d'ailleurs que les parties ont concouru simultanément à l'instruction de l'arbitrage. — Req. 12 févr. 1812, J.G. *Arbitr.*, 901 et 410.

57. Toutefois, les arbitres amiables compositeurs ne peuvent juger après les délais que les parties ou la loi ont établis. — Nîmes, 30 janv. 1812, J.G. *Arbitr.*, 1025 et 807. — V. aussi Req. 12 févr. 1812, *ibid.*, 410.

58. Les arbitres amiables compositeurs peuvent écrire une transaction au-dessus de blancs seings que les parties leur ont confiés, pourvu que l'objet que les arbitres ont dû placer au-dessus du blanc seing des parties eût été déterminé de telle manière que l'excès de pouvoir n'eût pas été possible (Quest. controv.). — J.G. *Arbitr.*, 980.

59. Une sentence arbitrale rendue par des arbitres nommés amiables compositeurs, est-elle susceptible d'appel ? — V. *suprà*, art. 1010, nos 20 et s.

60. L'opposition en nullité est admise contre les sentences d'arbitres amiables compositeurs (Quest. controv.). — J.G. *Arbitr.*, 1334. — V. *infrà*, art. 1028, nos 20 et s.

§ 3. — *Honoraires et dépens en matière d'arbitrage.*

61. — I. HONORAIRES DES ARBITRES. — Les arbitres ont droit à des honoraires. — Bordeaux, 14 janv. 1826, J.G. *Arbitr.*, 1350 et 1354. — Civ. r. 21 juin 1848, D.P. 48. 1. 104.

62. Par suite, lorsque des honoraires ont été promis à des arbitres, celle des parties qui en a fait l'avance a pu être légalement autorisée à se rembourser sur l'autre de ce qui excède sa part contributive. — Arrêt précité du 21 juin 1848.

63. Mais un juge choisi pour arbitre n'a pas droit à des honoraires (c. pr. 378). — Req. 30 juill. 1856, D.P. 56. 1. 405.

64. Ainsi, un juge de paix, qui accepte le titre d'arbitre dans une contestation portée devant lui, n'a pas droit à des honoraires. — Paris, 14 mai 1829, J.G. *Arbitr.*, 1350 et 1187. — Civ. c. 26 mai 1852, D.P. 52. 1. 152.

65. Toutefois la stipulation d'honoraires dans le compromis, au profit d'un juge nommé arbitre, doit seulement être réputée non avenue : elle n'entraîne pas la nullité du compromis. — Req. 30 juill. 1856, D.P. 56. 1. 405.

66. Il n'est point dû d'honoraires aux arbitres qui ont laissé expirer le délai du compromis sans statuer sur l'objet du litige. — Riom, 4 mai 1861, D.P. 61. 2. 129.

67. ... Alors surtout que c'est par la faute des arbitres que la sentence n'a pu être rendue dans le délai ou qu'elle a été annulée. — J.G. *Arbitr.*, 1350.

68. Décidé toutefois que, de ce qu'une sentence arbitrale a été atteinte de nullité à raison de ce que les arbitres l'ont rendue après l'expiration de leurs pouvoirs, ils ne doivent pas moins, s'ils sont de bonne foi, obtenir des honoraires. — Agen, 6 déc. 1844, D.P. 45. 2. 74.

69. Les parties qui ont constitué un tribunal arbitral sont solidairement tenues au payement des honoraires des arbitres, et celle des deux qui les a avancés en totalité a son recours contre l'autre. — Bourges, 2 mars 1814 ; Bordeaux, 6 août 1825, et 14 janv. 1826, J.G. *Arbitr.*, 1354. — Bordeaux, 22 déc. 1836, *ibid.*, 1352. — Trib. de la Seine, 5 févr. 1851, D.P. 53. 2. 78.

70. Les arbitres ont droit d'exiger des parties le payement de leurs *avances*, même par action solidaire. — Civ. c. 17 nov. 1830, J.G. *Arbitr.*, 1353 et 1351. — Besançon, 24 juin 1844, D.P. 45. 4. 305. — Mais V. observ. J.G. *Arbitr.*, 1365.

71. Mais ils ne peuvent pas retenir les

pièces jusqu'au payement de leurs honoraires. — V. *suprà*, art. 1016, n° 15 et s.

72. Suivant une première opinion, aucune loi n'interdit aux arbitres, alors surtout qu'une clause du compromis les a chargés de statuer sur les dépens, de déterminer le chiffre de leurs honoraires, sauf aux parties à recourir au juge compétent, s'il y a lieu, pour en faire prononcer la réduction. — Orléans, 28 janv. 1852, D.P. 55. 2. 45. — V. aussi Bordeaux, 22 déc. 1836, J.G. *Arbitr.*, 1357 et 1352.

73. Par suite, il n'y a pas lieu à cassation contre un arrêt qui valide une pareille fixation d'honoraires, en réservant au réclamant tous ses droits à cet égard. — Req. 18 janv. 1808, J.G. *Arbitr.*, 1357.

74. La partie condamnée peut faire taxer les honoraires des arbitres, bien que ceux-ci en aient fait la liquidation dans leur sentence. — Grenoble, 15 déc. 1835, J.G. *Arbitr.*, 1357 et 879.

75. Et la partie qui croit avoir à se plaindre de la fixation d'honoraires, faite par des arbitres, doit former opposition à la taxe, et non pas en interjeter appel (Décr. 6 févr. 1807, art. 5 et 6). — Bourges, 30 juin 1820, J.G. *Arbitr.*, 1358-1° et 1259.

76. Suivant une autre opinion, les arbitres statuent hors des termes du compromis en fixant eux-mêmes leurs honoraires et en condamnant les parties à les payer, bien que celles-ci aient conclu devant eux à la condamnation aux dépens. — Rennes, 6 janv. 1844, J.G. *Arbitr.*, 1357-1° et 1025. — Conf. Paris, 18 mars 1873, D.P. 74. 2. 137.

77. Et même ils ne peuvent taxer leurs vacations, bien que le compromis les autorise à statuer sur les frais, cette clause ne devant s'entendre que des frais de procédure. — Caen, 9 juin 1837, J.G. *Arbitr.*, 1357-2° et 853.

78. Le président peut même refuser d'apposer l'ordonnance d'exécution à un jugement contenant une taxe d'honoraires excessifs. — Paris, 14 mai 1829, J.G. *Arbitr.*, 1357-3° et 1185.

79. Quelle que soit l'opinion adoptée dans la controverse qui précède, c'est devant le tribunal du domicile de la partie à laquelle les arbitres croient devoir s'adresser, qu'ils doivent porter leur action : ils ne peuvent agir par voie de commandement. — Bordeaux, 14 janv. 1826, J.G. *Arbitr.*, 1358 et 1354.

80. — II. FRAIS ET DÉPENS. — En l'absence de toute convention, la partie qui succombe doit être condamnée aux dépens, quoique le compromis soit muet sur ce point. — Grenoble, 15 déc. 1835, J.G. *Arbitr.*, 1061 et 879.

81. En pratique, les frais de l'arbitrage se partagent par moitié, et s'il est expressément convenu entre les parties que ces frais seront partagés en commun, les arbitres ne pourront les mettre à la charge d'une seule partie. — J.G. *Arbitr.*, 1061.

82. Cependant il a été jugé, malgré une clause pareille, que les frais devaient être mis exclusivement à la charge de celle des parties qui, par des incidents, avait donné lieu à des frais plus considérables que ceux d'un arbitrage ordinaire. — Req. 24 févr. 1835, J.G. *Arbitr.*, 1061, et Assur. terr., 305.

83. Il est également d'usage de payer les frais de l'arbitrage avant que la sentence ait été revêtue de la formule exécutoire ; un tel payement ne constitue pas un acquiescement. — Rennes, 26 mai 1824, J.G. *Arbitr.*, 1355 et 1311.

84. Les arbitres peuvent taxer ou liquider eux-mêmes les dépens dans leur sentence, afin d'éviter aux parties les frais d'une taxe séparée. — J.G. *Arbitr.*, 1062.

85. Dans le cas où les arbitres auraient omis la taxe dans leur sentence, elle serait faite par le président qui, conformément à l'art. 1020 c. pr. civ., rendrait le jugement arbitral exécutoire. — J.G. *Arbitr.*, 1062.

86. Suivant un autre système, si le délai de l'arbitrage n'était pas expiré, les arbitres pourraient encore procéder à la taxe. — J.G. *Arbitr.*, 1062.

87. La taxe est faite par tous les arbitres, à moins que le compromis ne les autorise à commettre l'un d'eux à cet effet. — J.G. *Arbitr.*, 1063.

88. Lorsqu'une sentence intervenue sur procès condamne l'une des parties aux dépens faits devant le tribunal, l'un des juges de ce tribunal est compétent pour taxer lesdits dépens ; en tout cas, ce ne serait pas là une cause de nullité de la sentence arbitrale. — Bordeaux, 22 mai 1832, J.G. *Arbitr.*, 1063 et 242.

Table sommaire.

Accessoire 3. — Acquiescement 83. — Acte administratif 47. — Affichage (jugement) 25. — Ajournement 56. — Amende 30. — Amiable compositeur 31 s.; (désignation) 32 s.; (pouvoir) 39 s. — Appel 7, 13 s., 59, 75 ; (renonciation) 35. — Arbitre (faute) 67. — Arbitre commis 87. — Arpentage 50. — Associé 34. — Autorité administrative 45. — Avances (arbitres) 69 s. — Avoué (constitution) 56. — Biens communaux 45. — Blanc seing 58. — Cadastre 45. — Cassation 73; (pourvoi, renonciation) 35. — Chefs distincts 15. — Chose jugée 15. — Clause pénale 17, 30. — Commandement 79. — Communication (ministère public) 18. — Comparution volontaire (parties) 50. — Compensation 19 s., 43. — Compétence (arbitre) 1 s.; (arbitre, exception) 13. — Compromis 2 s. — Compte (règlement) 46. — Conclusions 52 s.; (interprétation) 6; (mention) 52 s.

Délai (arbitrage) 57, 86. — Délai de grâce 26. — Demande reconventionnelle 18. — Dispense (forme de procéder) 34, 36, 49. — Disposition d'office (arbitre) 27. — Dol 10. — Ecrits (suppression) 24. — Enquête 54, 55. — Equipollent 32. — Equité 31, 39. — Erreur de calcul 28. — Erreur de compte 28. — Exception 13, 16. — Excès de pouvoir 12, 58. — Exécution (jugement, arbitres) 23 s. — Exécution provisoire (jugement, arbitres) 29. — Formule exécutoire 82. — Frais et dépens (arbitrage) 80 s. — Garantie 18, 42. — Géomètre 50. — Héritier 41. — Honoraires (arbitres) 61 s.; (réduction) 72 s. — Incident 5, 16 s., 82. — Indivision 42. — Instruction (jugement, arbitre) 22. — Instruction par écrit 56. — Interprétation 6; (jugement, arbitre) 21. — Intervention 18. — Journal (publication) 25. — Juge, 63, 65. — Juge de paix 64. — Mesure d'exécution 23 s.

Mesure d'instruction 22. — Mineur 41. — Ministère public 18. — Motifs (dispense) 55. — Nomination (arbitre, légalité) 10. — Omission 28, 85. — Opposition 60 ; (taxe) 75. — Ordre public 5. — Partage (succession) 27, 41. — Peine compromissoire 30. — Possession trentenaire 40. — Pouvoir (arbitre) 1 s. — Pouvoir du juge 37. — Prescription 19, 40. — Provision 27. — Publication (journaux) 25. — Question d'état 5. — Récusation (arbitre) 11. — Réduction (honoraires) 72. — Règlement amiable 28. — Rétention (pièces) 71. — Signature (dispense) 52. — Société 34. — Solidarité 69 s. — Suppression (écrits) 24. — Taxe (frais et dépens, omission) 85'; (honoraires) 78; (honoraires, opposition) 75. — Taxe séparée (frais et dépens) 84. — Témoin 54. — Termes sacramentels 32. — Transaction 33, 44, 58. — Tribunal 38, 79.

Art. 1020.

Le jugement arbitral sera rendu exécutoire par une ordonnance du président du tribunal de première instance dans le ressort duquel il a été rendu : à cet effet, la minute du jugement sera déposée dans les trois jours, par l'un des arbitres, au greffe du tribunal.

S'il avait été compromis sur l'appel d'un jugement, la décision arbitrale sera déposée au greffe de la cour d'appel, et l'ordonnance rendue par le président de cette cour.

Les poursuites pour les frais du dépôt et les droits d'enregistrement ne pourront être faites que contre les parties. — C. proc. civ. 130 s., 545, 1016 s., 1028. — C. civ. 2123. — C. com. 61. — Tar. 91.

Exposé des motifs et Rapport, J.G. *Arbitr.*, p. 875, n° 27.

1. — I. DÉPÔT DE LA SENTENCE AU GREFFE. — 1° *Par qui le dépôt peut être fait.* — Le dépôt peut être fait par l'un des arbitres ; mais il n'y aurait pas nullité de la sentence, si ce dépôt avait été opéré par un tiers. — Paris, 28 mai 1810, J.G. *Arbitr.*, 1147 et 1120. — Turin, 1er mai 1812, *ibid.*, 1147. — Quest. controv., *ibid.*

2. Spécialement, le dépôt peut être fait par un avoué. — Colmar, 18 juin 1814, J.G. *Arbitr.*, 1147.

3. Seulement, la circonstance que le dépôt du jugement est fait par un tiers peut donner lieu au refus du greffier de le recevoir et du président de le revêtir de l'ordonnance d'exécution, s'ils conçoivent des doutes sur la vérité des signatures et la sincérité du jugement. — Nancy, 28 mai 1833, J.G. *Arbitr.*, 1147.

4. En dispensant les arbitres de faire le dépôt de la sentence, les parties ne sont pas censées avoir renoncé au droit de la déposer elles-mêmes, et de la faire rendre exécutoire en cas d'inexécution de la condamnation qu'elle renferme. Dans ce cas, la partie qui réclame le dépôt doit suivre la marche tracée par l'art. 1020; elle n'est pas recevable à faire assigner son adversaire à l'effet de faire ordonner contre lui le dépôt. — Bourges, 11 mars 1840, J.G. *Arbitr.*, 1148.

5. En pareil cas, le dépôt, à supposer que la justice puisse l'ordonner, doit être demandé par exploit devant le tribunal du lieu où la sentence a été rendue, et non devant le tribunal du défendeur. — Même arrêt.

6. — 2° *Quel doit être l'objet du dépôt.* — C'est le jugement arbitral qui doit être déposé, c'est-à-dire l'acte qui prononce sur tout ou partie des conclusions des parties. Mais les jugements sur incidents rendus dans le cours de l'instruction ne se trouvent point au nombre des actes dont le dépôt est prescrit par la loi. — Paris, 20 déc. 1831, J.G. *Arbitr.*, 1150. — V. toutefois observ., *ibid.*

7. En tout cas, bien que les arbitres aient refusé de faire sur la demande d'une partie le dépôt au greffe d'une sentence statuant sur des incidents, pour y être revêtue de l'ordonnance d'exécution, cependant, si cette sentence a déjà été l'objet, de la part de cette partie, d'un appel qui a été rejeté, elle est non recevable, à défaut d'intérêt, à se prévaloir devant la Cour de cassation de cette prétendue irrégularité contre la sentence définitive. — Req. 8 mai 1833, J.G. *Arbitr.*, 1150.

8. Le dépôt au greffe des conclusions des parties n'est pas nécessaire, alors que la sentence arbitrale contient elle-même l'énonciation de ces conclusions. — Req. 17 mai 1836, J.G. *Arbitr.*, 1151-1° et 448. — Mais V. observ., *ibid.*, 1151.

9. Le tiers arbitre n'est pas tenu, à peine de nullité, de déposer au greffe, avec sa sentence, les procès-verbaux contenant les avis distincts des arbitres dissidents. — Req. 30 mars 1841, J.G. *Arbitr.*, 1151-2° et 1122.

10. Une sentence n'est pas nulle en ce que le compte courant qui lui sert de base n'a point été déposé au greffe en même temps que la sentence, alors que celle-ci contient le reliquat du compte, et que, d'ailleurs, les arbitres ont été dispensés de suivre les formes de procédure. — Rennes, 6 janv. 1844, J.G. *Arbitr.*, 1151-3° et 1025.

11. Si un jugement régulièrement rendu n'est pas nul à raison de ce qu'un jugement sur un incident ou de ce qu'une pièce essentielle, comme la signification de la sentence, n'a pas été déposé, il n'est pas permis de soustraire ces documents à la discussion des parties et à leur examen ; les juges sont, en cas de conflit, appréciateurs de la légalité de la demande de dépôt ou de communication de ces éléments. — J.G. *Arbitr.*, 1152.

12. L'obligation du dépôt ne s'étend pas à une sentence qui se borne à rejeter un déclinatoire; il suffit que cette sentence soit déposée avec la décision au fond. — Paris, 18 mai 1833, J.G. *Arbitr.*, 1153-3° et 987.

13. Il en est de même de la sentence arbitrale qui ordonne de plaider au fond, ou qui accorde une remise, alors, d'ailleurs, que cette sentence a été lue aux parties, qui s'y sont conformées. — Civ. r. 18 mars 1846, D.P. 47. 4. 21.

14. Il suffit que des arbitres, sans avoir égard aux divers points de contestation sur lesquels ils se déclarent partagés, prononcent définitivement sur les chefs à l'égard desquels ils sont tombés d'accord, pour que leur sentence puisse être déposée et rendue exécutoire, sans qu'il soit nécessaire d'attendre la décision du tiers arbitre sur les points qui ont donné lieu à partage. — Paris, 27 janv. 1836, J.G. *Arbitr.*, 1153-1°.

15. — 3° *A quel moment doit avoir lieu le dépôt.* — Un jugement arbitral n'est pas nul quoiqu'il n'ait été déposé qu'après le délai de trois jours de sa date et même après le délai du compromis. — Paris, 11 juill. 1809, J.G. *Arbitr.*, 1154 et 1119. — Colmar, 18 juin 1814, *ibid.*, 1147. — Riom, 4 mars 1816, *ibid.*, 1154. — Bourges, 15 juill. 1817, *ibid.*, 824. — Bourges, 8 déc. 1819, *ibid.*, 1120. — Lyon, 5 juill. 1820; Req. 25 juill. 1821, *ibid.*, 1154. — Metz, 20 nov. 1821, *ibid.*, 1082. — Lyon, 29 juill. 1824, *ibid.*, 1154. — Grenoble, 1er juin 1831, *ibid.*, 793. — Req. 29 mars 1832, *ibid.*, 1154. — Nancy, 13 déc. 1832, *ibid.*, 926. — Paris, 18 mai 1833, *ibid.*, 987. — Nancy, 28 mai 1833, *ibid.*, 1147.

16. Les trois jours pour le dépôt sont hors du délai du compromis. — V. *suprà*, art. 1007, n°s 21 et s.

17. Le dépôt peut avoir lieu avant l'enregistrement. — Circul. minist. 28 oct. 1808; Civ. c. 3 août 1813, J.G. *Arbitr.*, 1156 et 1069.

18. Le greffier ne peut donc se refuser à recevoir le dépôt du jugement arbitral sous prétexte du défaut d'enregistrement. Il ne peut pas exiger que l'arbitre fasse l'avance de ces frais et de ceux de l'acte de dépôt; le greffier a seulement un recours contre les parties à l'occasion de ces frais. — J.G. *Frais et dép.*, 880.

19. — 4° *A quel greffe doit avoir lieu le dépôt.* — En matière civile, et même en matière commerciale, la sentence doit être déposée au greffe du tribunal de première instance. — Colmar, 26 janv. 1829, J.G. *Arbitr.*, 1157.

20. Le dépôt d'une sentence arbitrale au greffe du tribunal civil, à l'effet de la faire rendre exécutoire par le président de ce tribunal, couvre la nullité résultant de ce que la même sentence avait été d'abord déposée au greffe du tribunal de commerce, et revêtue incompétemment de l'ordonnance d'*exequatur* par le président de ce dernier tribunal. — Civ. r. 3 mars 1863, D.P. 63. 1. 225.

21. Le dépôt ne peut non pas plus être fait au greffe de la justice de paix lorsqu'il a été compromis sur un litige de la compétence du juge de paix. — J.G. *Arbitr.*, 1160.

22. Dans le cas où il a été compromis par un seul acte sur une affaire qui était portée en appel devant la cour et sur une autre affaire susceptible d'être jugée par le tribunal de première instance, suivant un premier système, il faut faire deux originaux de la sentence et les déposer, l'un au greffe de première instance, l'autre au greffe d'appel, afin que chaque président y appose son ordonnance en ce qui le concerne. — J.G. *Arbitr.*, 1158. — V. aussi *infrà*, art. 1021, n°s 26 et s.

23. Suivant une autre opinion, la sentence doit être déposée uniquement au greffe de la cour d'appel. — Req. 26 juin 1833, J.G. *Arbitr.*, 1158 et 925.

24. D'après un autre arrêt, la minute peut être déposée successivement au greffe du tribunal de première instance et au greffe d'appel. — Toulouse, 3 juin 1828, J.G. *Arbitr.*, 1158 et 1182.

25. Suivant d'autres arrêts, c'est uniquement au greffe du tribunal, que le dépôt doit être effectué. — Grenoble, 4 août 1834, J.G. *Arbitr.*, 1158 et 1182. — Req. 28 janv. 1835, *ibid.*, 867.

26. Jugé même que le dépôt doit être fait au tribunal, lorsque le compromis, tout en portant sur la même affaire qui a été l'objet d'un appel, soumet aux arbitres des questions qui n'ont pas été soulevées devant le tribunal. — Metz, 22 déc. 1818, J.G. *Arbitr.*, 1158.

27. D'après une dernière opinion, il faut faire une distinction : si les arbitres ont eu soin de rendre une double sentence, au moins de distinguer les objets déjà jugés en première instance, mais remis en question sur l'appel, de ceux qui n'ont pas encore été débattus, il faut déposer la sentence aux deux greffes mais simultanément ; si au contraire les arbitres étaient amiables compositeurs, et s'ils ont confondu dans leur décision les divers intérêts qu'ils étaient appelés à juger, il suffit de faire le dépôt au greffe du tribunal. — J.G. *Arbitr.*, 1158.

28. La sentence doit être déposée au greffe du tribunal dans le ressort duquel a été rendue la sentence et où les arbitres ont leur domicile. — J.G. *Arbitr.*, 1161.

29. Décidé cependant que la sentence peut être déposée par le tiers arbitre dans un greffe autre que celui où elle a été signée et datée, si c'est celui où l'arbitrage a été constitué. — Paris, 9 janv. 1834, J.G. *Arbitr.*, 1161 et 827.

30. Le dépôt fait au domicile des arbitres n'y crée pas juridiction pour les autres points du litige restés indécis. — J.G. *Arbitr.*, 1161. — V. toutefois Paris, 14 juill. 1809, *ibid.*, 1241.

31. Ainsi, de ce que des arbitres, choisis dans le ressort d'une cour, autre que celle dans le ressort de laquelle la contestation était pendante, ont déposé leur sentence au greffe de la cour de leur ressort, dont le président a rendu l'ordonnance d'exécution, il n'en résulte pas que les contestations élevées entre les parties sur des points laissés indécis par la décision arbitrale aient dû être portées nécessairement devant cette dernière cour ; elles ont pu l'être dans le ressort du tribunal originairement saisi. — Bordeaux, 30 nov. 1825, J.G. *Arbitr.*, 1183-2°.

32. Du moins, l'incompétence qui en résulterait serait tardive si elle n'était proposée, pour la première fois, qu'en appel. — Civ. r. 3 mars 1830, J.G. *Arbitr.*, 1183-2°.

33. — 5° *Frais du dépôt.* — Les arbitres ne peuvent refuser de déposer leur sentence sous prétexte que les frais du dépôt n'ont pas été consignés par les parties. — Agen, 27 août 1845, D.P. 49. 2. 199-200.

34. Ils peuvent être condamnés à des dommages-intérêts pour chaque jour de retard. — Même arrêt.

35. — 6° *Communication de la sentence.* — Les parties ont le droit d'exiger la communication de la sentence déposée au greffe avant qu'elle soit revêtue de l'ordonnance d'exécution. — Bruxelles, 18 avril 1816, J.G. *Arbitr.*, 1162, et *Expert*, 345.

36. Le ministère public a le droit d'exiger la communication des sentences arbitrales, dès qu'elles ont été déposées au greffe. — J.G. *Arbitr.*, 1195.

37. — II. Ordonnance d'exécution. — Sur l'ordonnance d'*exequatur* de la sentence arbitrale, V. art. 1021.

Table sommaire.

Appel 7, 22 s.	Avoué 2.	tral) 35 s.; (pièce) 11.
Assignation 4.	Cassat. (moyen) 7.	
Avis distinct (arbitre) 9.	Communication (jugement arbitral) 35 s.; (pièce) 11.	Compte (reliquat) 10.
Compte courant 10.	s.; (jugement arbitral, à quel greffe) 19 s.; (jugement arbitral, à quel moment) 15 s.	Incident 6 s.
Conclusions (énonciation) 8.		Intérêt nul 7.
Cour d'appel 22 s., 31.		Justice de paix 21
Date (jugement arbitral) 29.	Dépôt simultané 27.	Matière civile 19
Déclinatoire (rejet) 12.	Dépôt successif 24.	Matière commerciale 19.
Délai (compromis) 15 s.	Dispense (dépôt, greffe) 4; (forme, procédure) 10.	Ministère public 36.
Demande nouvelle 32.	Domicile (arbitres) 28, 30.	Minute 24.
Dépôt au greffe (jugement arbitral, frais) 33 s.; (jugement arbitral, objet) 6 s.; (jugement arbitral, par qui) 1	Double original 22.	Ordonnance d'exécution 3, 37.
	Enregistrement 17 s.	Plaidoirie au fond 13.
	Exploit 5.	Refus (greffier) 3.
	Frais (dépôt au greffe) 33.	Signature (jugement arbitral) 29.
		Tiers 1.
		Tribunal civil 19 s.
		Tribunal de commerce 20.

Art. 1021.

Les jugements arbitraux, même ceux préparatoires, ne pourront être exécutés qu'après l'ordonnance qui sera accordée, à cet effet, par le président du tribunal, au bas ou en marge de la minute, sans qu'il soit besoin d'en communiquer au ministère public; et sera ladite ordonnance expédiée en suite de l'expédition de la décision.

La connaissance de l'exécution du jugement appartient au tribunal qui a rendu l'ordonnance. — C. pr. civ. 442, 472, 545. — C. civ. 2123. — C. com. 61.

1. — I. Ordonnance d'exécution. — L'ordonnance d'*exequatur* est l'acte par lequel le président du tribunal civil ou le premier président d'une cour ordonne l'exécution d'un jugement arbitral. — J.G. *Arbitr.*, 1163.

2. L'ordonnance d'exécution a pour objet de donner aux jugements des arbitres la force exécutoire qui leur manque, et il n'est pas permis aux parties d'en affranchir soit les arbitres soit elles-mêmes, lorsqu'elles veulent mettre la sentence à exécution : la dispense de toute espèce de formes de procédure stipulée dans le compromis ne pourrait donc avoir un semblable effet. — J.G. *Arbitr.*, 1164 et 1194.

3. L'ordonnance d'exécution est nécessaire, ... soit pour prendre hypothèque. — Req. 25 prair. an 11, J.G. *Arbitr.*, 1164 et 1139.

4. ... Soit pour autoriser des poursuites : ainsi une sentence arbitrale qui n'a été ni déposée au greffe du tribunal civil ni rendue exécutoire par une ordonnance du président de ce tribunal, ne constitue pas, par cela seul que, du consentement de toutes les parties, le dépôt en a été fait chez un notaire, un titre exécutoire en vertu duquel une saisie immobilière puisse être faite. — Riom, 21 nov. 1855, D.P. 5. 29.

5. ... Soit pour attaquer la sentence et pour donner cours à la prescription de l'action en nullité. — Nîmes, 25 juill. 1842, J.G. *Arbitr.*, 1164 et 1145.

6. ... Soit pour que la signification de la sentence fasse courir le délai du pourvoi en cassation. — Civ. r. 23 mess. an 8, J.G. *Arbitr.*, 1164.

7. Mais, quoique non revêtue de l'ordonnance d'exécution, la sentence n'en a pas moins le caractère d'un jugement, susceptible, par conséquent, d'être attaqué par appel. — Aix, 22 mai 1828, J.G. *Arbitr.*, 1164.

8. ... Ou par pourvoi en cassation. — Civ. r. 23 mess. an 8, J.G. *Arbitr.*, 1164. — Quest. controv., *ibid.*

9. Une sentence arbitrale non revêtue de l'ordonnance d'*exequatur*, mais dont l'exis-

...ence est certaine, peut être opposée, par voie d'exception, à une action engageant de nouveau la contestation vidée par cette sentence. — Riom, 27 avr. 1847, D.P. 47. 2. 160.

10. Une sentence arbitrale peut être présentée à la transcription avant d'avoir été revêtue de la formule d'*exequatur*. — J.G. *Transcript. hypoth.*, 362.

11. L'ordonnance d'exécution est de rigueur pour toutes les sentences arbitrales qui sont susceptibles d'être exécutées, mais non pour celles qui ne doivent pas être suivies d'exécution ni de signification, comme par exemple, le procès-verbal qui établit que les deux arbitres n'ont pu s'accorder. — Orléans, 2 août 1817, J.G. *Arbitr.*, 1166.

12. L'ordonnance d'*exequatur* est accordée au bas ou en marge de la minute; elle fait corps avec la sentence arbitrale qu'elle rend exécutoire. — J.G. *Arbitr.*, 1167.

13. Toutefois, pour qu'une sentence arbitrale soit exécutoire, il n'est pas nécessaire que l'ordonnance d'*exequatur* soit apposée au pied ou à la marge de la sentence; il suffit qu'elle intervienne à la suite d'une requête présentée à l'effet de l'obtenir. — Poitiers, 21 mars 1827, J.G. *Arbitr.*, 1167.

14. Il n'est pas exigé, à peine de nullité, que l'ordonnance d'exécution rendue à la suite des jugements arbitraux soit revêtue de signature du greffier : la signature du président est suffisante. — Toulouse, 30 avr. 1824, J.G. *Arbitr.*, 1168 et 235. — Rennes, 21 mars 1831, *ibid.*, 273. — Bourges, 4 août 1831, *ibid.*, 1053. — Limoges, 14 juin 1832; Bastia, 2 août 1832, *ibid.*, 1168. — Paris, 18 mai 1833, *ibid.*, 987. — Req. 26 juill. 1842, *ibid.*, 1168.

15. Il suffit qu'il soit établi que le greffier assistait le président. — Paris, 17 avr. 1847, D.P. 47. 4. 21. — Montpellier, 3 janv. 1857, D.P. 59. 2. 6.

16. Et à cet égard on doit considérer comme impliquant nécessairement une présentation de la sentence par le greffier et son assistance à la reddition de l'ordonnance, la circonstance que cette ordonnance a été délivrée par le président le jour même du dépôt de la sentence au greffe. — Arrêt précité du 3 janv. 1857.

17. Une sentence arbitrale ne peut être revêtue de l'ordonnance d'*exequatur* avant l'enregistrement. — Circul. minist. du 28 oct. 1808; Civ. c. 3 août 1813, J.G. *Arbitr.*, 1170 et 1069.

18. Lorsqu'un président a rendu une première ordonnance portant homologation d'une sentence arbitrale, il ne peut en rendre une seconde par laquelle il ordonne l'exécution de la première : c'est au tribunal entier à délibérer sur ce point. — Nîmes, 28 brum. an 11, J.G. *Arbitr.*, 1171.

19. — II. PAR QUI EST RENDUE L'ORDONNANCE D'EXÉCUTION. — L'ordonnance d'*exequatur* émane tantôt du président du tribunal civil, tantôt du premier président de la cour, suivant qu'elle est apposée à une sentence rendue sur un débat qui aurait dû être jugé en première instance ou en appel. — J.G. *Arbitr.*, 1163.

20. Les conseils de préfecture n'ont pas le droit d'homologuer les sentences arbitrales rendues sur des questions de propriété entre deux sections d'une même commune; ces décisions ne sont sujettes qu'à l'ordonnance d'exécution émanée du président du tribunal de première instance. — Cons. d'Ét. 26 déc. 1830, J.G. *Arbitr.*, 1165.

21. Le président du tribunal civil est exclusivement compétent pour homologuer la sentence rendue par des arbitres, encore qu'il s'agisse de contestations entre commerçants et en matière de commerce. — Riom, 26 janv. 1810; Rennes, 9 mars 1810; Paris, 6 mars 1811, J.G. *Arbitr.*, 1177. — Bastia, 10 mars 1846, D.P. 46. 2. 73.

22. Jugé même, avant la suppression de l'arbitrage forcé qu'il importait peu que la juridiction des arbitres eût été saisie par le tribunal de commerce sur la demande des parties, si d'ailleurs l'instance n'avait pas pour objet une contestation entre associés. —Rennes, 4 juill. 1811, J.G. *Arbitr.*, 1177.—Bordeaux, 4 mars 1828, *ibid.*, 135. — Civ. c. 14 juin 1831, *ibid.*, 1177. — Colmar, 3 déc. 1840, *ibid.*

23. C'est par le premier président de la cour dans le ressort de laquelle une sentence a été rendue sur l'instance d'appel, que l'ordonnance d'exécution doit être rendue. — Nîmes, 25 juill. 1842, J.G. *Arbitr.*, 1181-1°.— Conf. Orléans, 10 déc. 1817, *ibid.*

24. De ce que, sur l'appel, les parties ont transigé sur certains points et mis en arbitrage les autres points du litige sur lesquels elles n'ont pu s'accorder, il n'y a pas moins compromis sur l'appel ; par suite, l'ordonnance d'*exequatur* doit être apposée à la sentence par le président de la cour, et non par celui du tribunal de première instance.— Req. 2 déc. 1828, J.G. *Arbitr.*, 1182-2°.

25. Mais l'ordonnance doit être rendue par le président du tribunal de première instance, dans le cas où la partie au profit de laquelle il a été statué par le jugement frappé d'appel, a, dans le compromis, renoncé au bénéfice de cette décision.—Req. 17 juill. 1817, J.G. *Arbitr.*, 1181-2°.

26. Lorsqu'il a été compromis à la fois sur l'appel d'un jugement et sur d'autres points de contestation qui n'ont pas été soumis aux juges de première instance, c'est au premier président de la cour d'appel qu'il appartient de rendre l'ordonnance d'*exequatur*. — Orléans, 28 janv. 1852, D.P. 55. 2. 45. — V. *suprà*, art. 1020, n°° 22 et s.

27. Suivant un autre arrêt, lorsque, sur compromis portant sur deux procès différents, l'un en première instance, l'autre en cour d'appel, il a été rendu un jugement arbitral, l'ordonnance d'*exequatur* a pu être apposée sur la minute successivement par les présidents des deux degrés de juridiction, sans qu'ils excédassent leurs pouvoirs; il importerait peu aussi que l'ordonnance du président de la cour n'eût été apposée qu'après la demande en nullité de la sentence. — Toulouse, 3 juin 1828, J.G. *Arbitr.*, 1182-3°.

28. Jugé, d'un autre côté, ... que s'il a été compromis sur des contestations soumises, l'une au tribunal de première instance et l'autre à la cour, ce n'est point le président de cette cour, mais bien celui du tribunal de première instance, qui doit rendre l'ordonnance d'*exequatur*.—Grenoble, 4 août 1834, J.G. *Arbitr.*, 1182-4°.

29. ... Que de ce que, parmi les chefs sur lesquels il a été compromis, l'un peu important, est l'objet d'un appel, tandis que quelques autres ont simplement donné lieu à des jugements non attaqués, et les plus graves n'ont encore été l'objet d'aucun débat, il ne résulte pas que la sentence ait dû être rendue exécutoire par le président de la cour; elle a pu l'être par le président du tribunal de première instance. — Req. 28 janv. 1835, J.G. *Arbitr.*, 1182-5° et 867.

30. ... Que la sentence arbitrale rendue sur compromis relatif à des contestations, les unes encore soumises au tribunal de première instance, les autres déjà portées en appel, doit être revêtue de l'ordonnance d'*exequatur* par le président de celle des juridictions saisies de la cause que les parties ont eu principalement en vue de terminer par l'arbitrage. — Limoges, 2 juill. 1840, J.G. *Arbitr.*, 1182-6°.

31. C'est le président qui rend l'ordonnance d'*exequatur*. Mais il n'y aurait pas nullité si elle était émanée du tribunal entier. — Req. 11 prair. an 8, J.G. *Arbitr.*, 1173.

32. En cas d'empêchement, le président peut être remplacé par un juge; mais l'empêchement doit être mentionné dans l'ordonnance d'exécution, à peine de nullité; et cette nullité peut être proposée en tout état de cause. — Poitiers, 9 mars 1830, J.G. *Arbitr.*, 1174 et 1190. — V. observ. *ibid.*, 1174.

33. C'est le président du tribunal du domicile de l'arbitre, et au greffe duquel la sentence a été déposée, qui doit accorder l'ordonnance d'exécution de la sentence. — Nancy, 28 mai 1833, J.G. *Arbitr.*, 1165 et 1147.

34. L'ordonnance ne peut être délivrée par le président du tribunal devant lequel la contestation aurait été portée s'il n'y avait pas eu d'arbitrage. — J.G. *Arbitr.*, 1175.

35. Rendue par le président de tout autre tribunal que celui dans le ressort duquel la sentence aurait dû être déposée, l'ordonnance serait irrégulière et devrait être annulée. — Civ. c. 26 janv. 1824; Req. 17 nov. 1830, J.G. *Arbitr.*, 1175.

36. Jugé toutefois que l'art. 1020 c. pr. civ., en ordonnant que le jugement arbitral sera rendu exécutoire par le président du tribunal dans le ressort duquel il a été rendu, ne prescrit pas cette forme à peine de nullité. — Douai, 12 janv. 1820, J.G. *Arbitr.*, 1176.

37. La nullité n'est point d'ailleurs absolue; elle n'est que personnelle et peut être couverte par la volonté ou le silence des parties, ... soit en ce qu'elles se sont bornées à discuter les moyens du fond. — Req. 17 nov. 1830, J.G. *Arbitr.*, 1180-1° et 1175.

38. ... Soit en ce qu'elles ne l'ont pas proposée en première instance. — Montpellier, 22 juill. 1836, J.G. *Arbitr.*, 1180-1°.

39. Il en serait de même de l'incompétence résultant de ce que l'ordonnance aurait été délivrée par le président d'une cour, alors qu'elle aurait dû l'être par le président du tribunal.— J.G. *Arbitr.*, 1180.

40. Mais la nullité tirée de ce que l'ordonnance d'exécution aurait été délivrée par le président du tribunal de première instance, alors qu'elle aurait dû être rendue par le président du tribunal d'appel, est absolue et ne peut pas être couverte. — J.G. *Arbitr.*, 1180. — Conf. Nîmes, 25 juill. 1842, *ibid.*, 1181-1°.

41. Pareillement, si l'ordonnance émane du président d'un tribunal incompétent à raison de la matière, pour connaître de l'objet de la contestation, si, par exemple, il a été rendu, par le président du tribunal de commerce, une ordonnance qui n'aurait dû émaner que du président du tribunal de première instance, la nullité est d'ordre public et proposable pour la première fois en appel. — J.G. *Arbitr.*, 1180. — Conf. Riom, 26 janv. 1810, *ibid.*, et 1177.

Contrà : — Req. 18 mai 1824, J.G. *Droit mar.*, 2069.

42. ... Et même en cassation. — Civ. c. 14 juin 1831, J.G. *Arbitr.*, 1177.

Contrà : — Req. 26 janv. 1813, *ibid.*, 1180.

43. — III. POUVOIR DU JUGE. — L'ordonnance d'exécution est une formalité de rigueur que le président du tribunal ne peut refuser. — (Motifs) Req. 17 mai 1808, J.G. *Arbitr.*, 1186 et 1191. — V. aussi Paris, 31 déc. 1825, *ibid.*, 1186.

44. Le président du tribunal n'a pas le pouvoir d'apprécier l'acte qualifié sentence arbitrale, et il ne peut refuser l'ordonnance d'*exequatur* qu'autant que l'acte n'aurait pas le caractère extérieur d'une sentence arbitrale ou qu'il contiendrait des dispositions contraires à l'ordre public. — Paris, 24 juin 1851, D.P. 54. 5. 41. — V. aussi Paris, 2 févr. 1861, D.P. 62. 2. 48. — Observ. conf. J.G. *Arbitr.*, 1185. — Quest. controv., *ibid.*

45. Le président a le droit de refuser son ordonnance d'*exequatur* si, d'après l'examen que son devoir lui prescrit de faire, il lui paraît qu'il y a eu contrainte morale de la part d'un juge de paix pour amener les parties à consentir un arbitrage dans lequel le juge aurait été nommé arbitre, et se serait alloué des honoraires excessifs. — Paris, 14 mai 1829, J.G. *Arbitr.*, 1187. — Observ. contr., *ibid.*

46. — IV. RECOURS CONTRE L'ORDONNANCE D'EXÉCUTION. — On peut former opposition à l'ordonnance d'exécution lorsqu'on veut se pourvoir en nullité contre la sentence arbitrale. — V. *infrà*, art. 1028.

47. On peut aussi se pourvoir par opposition pour faire annuler, non pas la sentence arbitrale, mais l'ordonnance d'exécution elle-même. Cette opposition, qui diffère essentiellement de la précédente, peut être formée lorsque, sans critiquer la sentence, on veut faire rapporter l'ordonnance comme irrégulière ou comme incompétemment rendue; dans ce cas, il n'y a pas lieu de recourir à l'appel (Quest. controv.). — J.G. *Arbitr.*, 1099 et 1188.

48. Ainsi, c'est par voie d'opposition et non par appel qu'on doit attaquer l'ordonnance, ... soit pour vice de forme. — Poitiers, 9 mars 1830, J.G. *Arbitr.*, 1190.

49. ... Soit pour incompétence. — Douai, 15 mai 1833, J.G. *Arbitr.*, 1188. — Orléans, 27 mars 1844, *ibid.*, et 1323. — Conf. Poitiers, 7 mai 1833, *ibid.*, 1188 et 1294. — Pau, 22 juill. 1837, *ibid.*, 1296.

50. ... Et, par exemple, pour incompétence résultant de ce que l'ordonnance a été rendue par le président du tribunal de commerce.— Bourges, 20 mars 1830, J.G. *Arbitr.*, 1190.

51. Dans ce cas, le tribunal n'a pas à annuler l'acte qualifié jugement arbitral; il n'a qu'à prononcer la nullité de l'ordonnance. — J.G. *Arbitr.*, 1188.

52. L'opposition doit être portée devant le tribunal du juge qui a rendu l'ordonnance. — Arrêt précité du 20 mars 1830.

53. Ainsi, un tribunal de commerce est compétent pour connaître de l'opposition formée à l'ordonnance d'*exequatur* apposée irrégulièrement, par le président de ce tribunal, au pied d'un acte qualifié jugement arbitral. — Rennes, 8 août 1826, J.G. *Arbitr.*, 1177.

54. Jugé, au contraire, que c'est par voie d'appel et non par opposition que l'on doit se pourvoir contre l'ordonnance d'*exequatur* incompétemment rendue par le président du tribunal de commerce. — Bastia, 10 mars 1846, D.P. 46. 2. 75. — V. *infrà*, n° 57.

55. Mais si le président a refusé d'apposer l'ordonnance d'exécution, sa décision constitue un véritable jugement et, dès lors, ne peut être attaquée que par la voie de l'appel, et non par celle de l'opposition. — Rennes, 13 mai 1813, J.G. *Arbitr.*, 1189-1°. — Paris, 24 juin 1851, D.P. 54. 5. 41. — V. aussi Paris, 31 déc. 1825, J.G. *Arbitr.*, 1186. — Observ. conf., *ibid.*, 1188.

56. ... Surtout si l'ordonnance de refus est motivée. — Paris, 14 mai 1829, J.G. *Arbitr.*, 1189-1° et 1187.

57. De même, la décision par laquelle le président accorde ou refuse l'ordonnance d'*exequatur* à une sentence arbitrale, peut être attaquée par voie d'appel comme contraire à l'ordre public ou aux lois. — Paris, 2 févr. 1861, D.P. 62. 2. 47-48.

58. Jugé même que, soit que le président refuse, soit qu'il rende son ordonnance d'*exequatur*, sa décision est susceptible d'appel: hors des cas prévus par l'art. 1028, aucun autre moyen de l'attaquer n'est possible. — Paris, 2 févr. 1861, D.P. 62. 2. 47-48.

59. La cour qui réforme sur l'appel une ordonnance contenant refus d'homologuer une sentence, peut donner elle-même cette homologation et statuer sur le fond. — Req. 17 mai 1808, J.G. *Arbitr.*, 1191.

60. La nullité d'une ordonnance d'exécution ne peut être proposée pour la première fois en appel, ... soit pour défaut de signature. — Toulouse, 30 avr. 1824, J.G. *Arbitr.*, 1169 et 235.

61. ... Soit pour tout autre vice de forme. — Poitiers 21 mars 1827, J.G. *Arbitr.*, 1169 et 1167.

62. Le *recours en cassation* n'est pas permis contre les ordonnances d'exécution. — Req. 24 frim. an 11, J.G. *Arbitr.*, 1192 et 1344.

63. — V. Exécution du jugement arbitral. — L'ordonnance d'*exequatur* est le préliminaire obligé de toute exécution des jugements, soit préparatoires, soit définitifs; mais, cette formalité une fois remplie, l'exécution suit les règles prescrites pour les jugements en général. — J.G. *Arbitr.*, 1193.

64. On ne peut procéder à une saisie immobilière en vertu d'une sentence arbitrale qui n'est pas revêtue de l'intitulé des lois et du mandement d'exécution, bien qu'elle ait été suivie d'une ordonnance d'*exequatur*. — Colmar, 11 mars 1835, J.G. *Jugem.*, 410-2°, et *Vente publ. d'imm.*, 228-2°.

65. Lorsque les dispositions des jugements, des arbitres nécessitent des actes d'exécution qu'ils ne peuvent plus faire à raison de l'expiration de leurs pouvoirs, ces actes peuvent être faits par les tribunaux ordinaires. — Req. 3 juill. 1834, J.G. *Arbitr.*, 926 et 927.

66. Lorsqu'un jugement a été rendu souverainement et en dernier ressort par des arbitres amiables compositeurs, les tribunaux sont compétents pour connaître des difficultés sur le mode d'exécution de la sentence arbitrale et sur l'interprétation de cette sentence. — Orléans, 25 févr. 1814, J.G. *Arbitr.*, 1201-4°.

67. La connaissance de l'exécution du jugement arbitral appartient au tribunal qui a rendu l'ordonnance. — J.G. *Arbitr.*, 1193.

68. Le tribunal civil est seul compétent pour connaître de la nullité d'une saisie faite en vertu d'un jugement arbitral. — Rennes, 13 déc. 1809, J.G. *Arbitr.*, 1201-3°.

69. Le président du tribunal de première instance ne peut connaître en référé de l'exécution d'un jugement dont il y a appel. — Paris, 5 oct. 1815, J.G. *Arbitr.*, 1201-5° et 1313.

70. Les délais pour l'exécution de la sentence arbitrale ne courent que du jour de la signification dûment constatée. — Bordeaux, 30 nov. 1825, J.G. *Arbitr.*, 1200 et 1183.

71. Au moins, l'exception d'incompétence qui résulterait de là serait tardive, si elle n'était proposée, pour la première fois, qu'en appel. — Même arrêt.

72. L'exécution d'une sentence peut être suspendue par l'appel. — J.G. *Arbitr.*, 1202.

73. ... Et par l'opposition à l'ordonnance d'*exequatur*. — Rome, 5 oct. 1810, J.G. *Arbitr.* 1202. — Trib. Seine, 12 sept. 1827, J.G. *Jugem.*, 425.

74. ... Au moins quand l'opposition a pour objet d'obtenir la nullité de la sentence par application de l'art. 1028 c. pr. civ. — Paris, 1er juin 1831, J.G. *Arbitr.*, 1202.

75. ... Et alors même que, dans l'acte par lequel elle est formée, elle n'est pas accompagnée de la demande en nullité du jugement.—Bruxelles, 4 mai 1809, *Arbitr.*, 1202.

76. Les sentences arbitrales rendues par *défaut* sont soumises à la *péremption*, en cas d'inexécution dans les six mois de leur obtention. — J.G. *Arbitr.*, 1201.

77. Sur l'exécution provisoire des jugements arbitraux, V. *infrà*, art. 1024.

78. — VI. Sentences arbitrales rendues à l'étranger. — Les sentences arbitrales rendues dans un pays étranger avec lequel il existe un traité de réciprocité ont force de chose jugée en France. — J.G. *Chose jugée*, 26.

79. Ainsi, quand la sentence est rendue par des arbitres d'une nation dont les jugements, comme ceux rendus par les tribunaux suisses, sont, d'après les traités, exécutoires en France, il suffit qu'elle soit rendue suivant la forme exécutoire établie dans ce pays: l'exécution peut en être poursuivie en France de la même manière que pour les autres jugements. — Paris, 19 mars 1830, J.G. *Arbitr.*, 1196 et 572.

80. Si le jugement arbitral émane d'individus appartenant à une nationalité dont les actes judiciaires sont soumis en France aux dispositions des art. 121, ordon. de 1629, et 2123 c. civ., 546 c. pr. civ., une distinction doit être faite. Lorsque le jugement est rendu par des arbitres volontaires contre un étranger au profit d'un Français, il peut être mis à exécution en France dès qu'il a été revêtu de la forme exécutoire ou *pareatis* par un juge français. — Paris, 16 déc. 1809, J.G. *Droit civ.*, 428, et *Arbitr.*, 1196. — V. *suprà*, art. 546, n°s 25 et s.

81. ... Pourvu que cette sentence ne contienne aucune disposition contraire à ce qui est d'ordre public en France.—Paris, 7 janv. 1833, J.G. *Droit civ.*, 428-2°.

82. En pareil cas, quoique la sentence ne soit point revêtue de l'ordonnance d'*exequatur* du juge étranger, elle ne cesse pas de pouvoir être exécutée en France: la formule exécutoire que nos tribunaux doivent y apposer, couvre toute irrégularité qui pourrait être puisée dans cette circonstance. — J.G. *Arbitr.*, 1196.

83. Mais lorsqu'il s'agit d'une sentence rendue en pays étranger par des arbitres étrangers en faveur d'un étranger contre un Français, le Français est fondé à demander que l'affaire soit de nouveau examinée par les juges de France. — Req. 16 juin 1840, J.G. *Arbitr.*, 1197.

84. Peu importe, à cet égard, que les arbitres ou des tiers arbitres, au lieu d'avoir été choisis par les parties, aient été nommés par les tribunaux étrangers.—J.G. *Arbitr.*, 1198. — V. arrêt précité du 16 juin 1840.

85. Des juges de référé peuvent décider que des poursuites exercées en France contre un Français, en vertu d'une sentence arbitrale rendue à l'étranger et revêtue de l'ordonnance d'*exequatur* par un juge français, seront suspendues jusqu'après la décision de la question de savoir si de telles sentences ont force de chose jugée en France. — Civ. r. 31 juill. 1815, J.G. *Arbitr.*, 1197.

86. — VII. Enregistrement. — L'enregistrement n'est point une formalité essentielle de la sentence: son omission ne saurait en entraîner la nullité. — J.G. *Arbitr.*, 1069.

87. Un extrait d'enregistrement, relatant une sentence arbitrale, ne suffit pas pour en prouver l'existence: il importe peu que les arbitres déclarent qu'ils l'ont déposée au greffe: il faut en représenter la minute ou une expédition. — Besançon, 1er août 1809, J.G. *Arbitr.*, 1070. — V. le *Code de l'Enregistrement annoté*.

Table sommaire.

Sentence arbitrale 46 s.; (exécution) 63 s.	Sentence arbitrale par défaut 76.	Transaction 24.
Sentence arbitrale à l'étranger 78 s.	Signature (défaut) 60; (greffier) 14; (président) 14.	Transcription 10.
Sentence arbitrale contre un étranger 80 s.	Signification (sentence arbitrale) 70.	Tribunal 31.
Sentence arbitrale contre un Français 83 s.	Titre exécutoire 4.	Tribunal civil 18, 68.
	Traité diplomatique 78.	Tribunal de commerce 22, 41, 50, 53 s.
		Tribunal suisse 79.
		Vice de forme 48, 61.

Art. 1022.

Les jugements arbitraux ne pourront, en aucun cas, être opposés à des tiers. — C. pr. civ. 474 s. — C. civ. 1165 s., 1351.

1. — I. Foi due au jugement arbitral. — Suivant un premier système, lorsque la sentence est affectée de l'un des vices qui en entraînent la nullité ; si, par exemple, il résulte de son texte qu'elle a été rendue hors des termes ou après les délais du compromis : si le compromis n'a pas été fait en autant d'originaux qu'il y a de parties ; s'il est dépourvu des formes prescrites par l'art. 1005 à peine de nullité, les arbitres sont sans pouvoir pour rendre leurs déclarations authentiques. Il ne suffit donc point qu'ils affirment l'existence de faits qui couvriraient la nullité ; ils ne seront crus que lorsque l'aveu de toutes les parties ou des preuves irrésistibles viendront confirmer leurs dires. — J.G. *Arbitr.*, 1112.

2. Mais dès que le compromis est valable et non dénié, toutes les constatations des arbitres, non seulement pour la forme extérieure des jugements, mais encore pour les faits attribués aux parties, font foi contre celles-ci. — J.G. *Arbitr.*, 1112.

3. En ce sens, foi est due jusqu'à inscription de faux aux constatations de la sentence des arbitres et aux mentions qu'elle renferme touchant ce qui s'est passé devant eux. — Besançon, 30 déc. 1814, J.G. *Arbitr.*, 654. — Rennes, 28 avril 1817, *ibid.*, 1113. — Paris, 17 juin 1836, *ibid.*, 1081. — Nîmes, 20 mars 1839, *ibid.*, 783.

4. Ainsi, la sentence arbitrale fait foi ... soit de l'époque de la remise des pièces. — Turin, 8 mars 1811, J.G. *Arbitr.*, 1114 et 715.

5. ... Soit de la lecture faite par les arbitres des mémoires, pièces et notes des parties et à l'audition de celles-ci. — Besançon, 18 déc. 1811, J.G. *Arbitr.*, 1114 et 898.

6. ... Soit des conventions et acquiescement des parties. — Paris, 24 déc. 1823, J.G. *Arbitr.*, 1114, et *Acquiesc.*, 799.

7. Un second système fait une autre distinction. En ce qui touche les formes du jugement et les éléments qui le constituent, c'est aux arbitres qu'il appartient de les établir et par suite de donner à ce jugement un caractère de certitude qui ne peut disparaître que devant l'inscription de faux. Mais il en est autrement en ce qui concerne les dispositions du jugement qui touchent aux pouvoirs des arbitres ou des conventions des parties. Les pouvoirs des arbitres ont des limites légales qu'il n'est pas permis à ces derniers d'étendre à leur gré. Quant aux conventions des parties, elles doivent être attestées par la signature de celles-ci, la loi n'ayant pas investi les arbitres du droit de leur donner un caractère authentique par l'effet seul de leur déclaration. — J.G. *Arbitr.*, 1112.

8. En ce sens, le privilége reconnu aux arbitres d'être crus jusqu'à inscription de faux sur les faits qui se passent devant eux n'existe qu'autant que la constatation a lieu dans le délai de l'arbitrage sur les faits du compromis, mais ils ne peuvent constater, seuls et sans le fait direct des parties, rien...

de ce qui tendrait à constituer leurs pouvoirs, à les étendre ou à proroger les délais de l'arbitrage. — Aix, 28 mai 1823, J.G. *Arbitr.*, 1112 et 738.

9. Ainsi, la sentence ne fait pas preuve suffisante des conclusions nouvelles qu'elle relate et qui ne sont pas signées des parties ; en ce qui touche ces conclusions, elle doit être réputée rendue hors des termes du compromis. — Grenoble, 26 juin 1817, J.G. *Arbitr.*, 1115-4°.

10. Par suite, il n'est pas besoin de prendre la voie d'inscription de faux contre les énonciations d'un jugement arbitral, à l'effet d'en obtenir la nullité comme ayant statué sur chose non demandée ou contrairement aux conclusions. — Nîmes, 30 germ. an 13, J.G. *Arbitr.*, 1115-3° et 1214.

11. Le dire de l'arbitre nommé irrégulièrement ne peut faire foi jusqu'à inscription de faux. — Toulouse, 29 avr. 1820, J.G. *Arbitr.*, 1115-1°, et 275.

12. Sur la foi due au jugement rendu par le tiers arbitre, V. aussi art. 1016, n° 10 et s.; art. 1017, n° 73 et s.; art. 1018, n° 107.

13. — II. Foi a la date du jugement arbitral. — La sentence date du jour où les arbitres l'ont signée. — V. *suprà*, art. 1016, n° 72 et s.

14. La sentence fait foi de sa date jusqu'à inscription de faux, pourvu que cette sentence contienne une date qui la place dans le délai conventionnel ou légal du compromis et qu'elle ait été déposée dans les délais légaux au greffe du tribunal. — J.G. *Arbitr.*, 1116.

15. Toutefois, le dépôt n'est pas le seul moyen d'établir que la sentence a été datée dans le délai ; cette formalité serait efficacement remplacée soit par l'enregistrement, soit par l'insertion de la sentence dans un acte public, tel qu'inventaire, signification à partie, etc. — J.G. *Arbitr.*, 1116.

16. Décidé même qu'une sentence arbitrale fait foi de sa date quoiqu'elle n'ait été *déposée* que plus de trois jours après cette date, et que le délai du compromis soit expiré au moment où ce dépôt a eu lieu. — Riom, 4 mars 1816, J.G. *Arbitr.*, 1120 et 1154. — Lyon, 5 juill. 1820, *ibid.* — Grenoble, 7 déc. 1824, *ibid.*, 1120. — V. aussi Bordeaux, 13 juill. 1830, *ibid.*, 474.

Contrà : — Montpellier, 20 mai 1811, J.G. *Arbitr.*, 1120.

17. ... Spécialement, quoique, datée du dernier jour du délai, elle n'ait été déposée et enregistrée que le 8. — Req. 15 janv. 1812, J.G. *Arbitr.*, 1120 et 711. — V. aussi Paris, 12 juin 1806 et 28 mai 1810 ; Civ. r. 31 mai 1809, *ibid.*, 1120.

18. ... Et alors même qu'elle n'a pas été déposée. — Req. 30 mars 1841, J.G. *Arbitr.*, 1120 et 1122.

19. Ou, enfin, quoique la date apposée par les arbitres à leur jugement soit antérieure à la connaissance que ceux-ci ont donnée de ce jugement aux parties. — Bourges, 8 déc. 1819, J.G. *Arbitr.*, 1120.

20. Une sentence arbitrale fait foi jusqu'à inscription de faux, touchant la date que les arbitres lui ont donnée, quoiqu'elle n'ait été enregistrée qu'après l'expiration du délai du compromis. — Paris, 11 juill. 1809 ; Req. 16 juin 1812 ; Toulouse, 9 déc. 1814, J.G. *Arbitr.*, 1119. — Besançon, 30 déc. 1814, *ibid.*, 654. — Toulouse, 17 avr. 1815, *ibid.*, 1119. — Riom, 4 mars 1816, *ibid.*, 1154. — Bourges, 15 juill. 1817, *ibid.*, 824. — Grenoble, 31 août 1818, *ibid.*, 1119. — Douai, 12 janv. 1820, *ibid.*, 1176. — Lyon, 5 juill. 1820, J.G. *Arbitr.*, 1120 et 1154. — Lyon, 20 août 1828, *ibid.*, 1121. — Req. 30 mars 1841, *ibid.*, 1120 et 1122.

21. La signature des arbitres suffit entre les parties, pour faire foi de la date de la sentence. — Req. 15 janv. 1812, J.G. *Arbitr.*, 1065-2° et 711.

22. Le jugement de partage fait foi de la date qui lui est donnée conformément à la mention du procès-verbal, quoique l'un des arbitres (amiables compositeurs) n'ait rédigé

son avis que deux jours après l'expiration du délai du compromis. — Req. 30 mars 1841, J.G. *Arbitr.*, 1122.

23. La date d'un jugement arbitral se trouve authentiquement fixée par ce jugement même, en ce sens que la régie est fondée à réclamer les droits sur un partage de succession qu'il contient, bien que, par un acte postérieur et extrajudiciaire, les arbitres aient déclaré que leur opération n'a point été terminée. — Req. 1er niv. an 9, J.G. *Arbitr.*, 1118.

24. — III. Effets du jugement arbitral entre les parties. — Les jugements arbitraux ont pour effet de rendre civile une créance qui était commerciale et de rendre justiciable du tribunal civil la demande d'intérêts de cette créance sur laquelle les arbitres n'ont pas prononcé. — Rennes, 13 mars 1816, J.G. *Arbitr.*, 1137.

25. La *compensation* résultant d'une sentence arbitrale s'opère de plein droit sans que cette sentence ait été signifiée et exécutée, surtout lorsqu'elle a été rendue en dernier ressort ; et le défaut d'exécution de cette sentence pendant plus de trente ans ne peut donner lieu à invoquer la prescription de la créance compensée, qui a cessé d'exister par le fait même de la compensation, jusqu'à concurrence du montant de l'autre créance. — Rennes, 1er avr. 1841, J.G. *Arbitr.*, 1138.

26. Les jugements d'arbitres confèrent une *hypothèque* générale, à la condition qu'ils aient été revêtus de l'ordonnance d'exécution. — J.G. *Arbitr.*, 1139.

27. La sentence arbitrale produit les effets de la *chose jugée* quand elle n'a pas été attaquée dans les délais voulus par la loi. — J.G. *Arbitr.*, 1123. — Conf. Colmar, 23 janv. 1817, *ibid.*, 1136-4°.

28. ... Ou lorsqu'elle a été acquiescée par les parties. — Civ. c. 17 avr. 1810, J.G. *Arbitr.*, 1123 et 1211.

29. ... Ou lorsqu'elle a été volontairement exécutée par les parties, bien qu'elle n'ait été ni enregistrée ni déposée au greffe, ni revêtue de l'ordonnance d'*exequatur*. — Bourges, 21 déc. 1838, J.G. *Arbitr.*, 1124.

30. Jugé toutefois qu'une sentence arbitrale n'est susceptible d'acquérir l'autorité de la chose jugée qu'autant qu'elle a été rendue exécutoire par ordonnance du président du tribunal de première instance. En conséquence, cette sentence peut toujours être attaquée par voie d'action directe, alors, notamment, qu'elle est produite dans une instance engagée devant un tribunal civil entre les parties qui y ont figuré. — Req. 6 mars 1865, D.P. 65. 1. 249.

31. Et l'action est recevable, quoique la sentence ait été, de la part de celui qui l'exerce, l'objet de certains actes d'exécution, s'il est établi que cette exécution a eu lieu sans connaissance de cause. — Même arrêt.

32. Lorsque, sur une demande portée devant arbitres, à fin de résiliation d'une vente, avec dommages-intérêts, ces arbitres, d'accord pour maintenir la vente, se sont divisés sur la quotité et le mode de fixation des dommages-intérêts, la sentence du tiers arbitre qui, conformément à l'avis de l'un des arbitres, condamne l'acheteur, à titre de dommages-intérêts, au payement de son prix, sans égard aux termes stipulés lors de la vente, n'est pas contraire au chef de la première sentence qui maintient le traité, et ne peut, dès lors, être attaquée pour violation de la chose jugée. — Req. 9 juin 1868, D.P. 69. 1. 85.

33. L'autorité de la chose jugée est également attachée aux sentences des *amiables compositeurs*. — Civ. c. 21 juin 1852, D.P. 53. 1. 109.

34. L'individu contre lequel une obligation a été reconnue exister par un jugement arbitral en dernier ressort, n'est plus admissible à déférer le *serment décisoire* à son adversaire sur la réalité de cette obligation. — Turin, 5 avr. 1809, J.G. *Arbitr.*, 1136-1°.

35. De ce qu'une sentence arbitrale n'a

prononcé des condamnations au profit de l'une des parties qu'à la charge par elle d'affirmer, sous serment, la sincérité de sa créance, si le serment a été irrégulièrement prêté, il n'en faut pas conclure que l'irrégularité de cette prestation doive anéantir la sentence qui l'avait ordonnée : l'opposition autorisée par l'art. 1028 c. pr. ne peut pas avoir lieu dans ce cas. — Req. 3 juill. 1834, J.G. *Arbitr.*, 1136-2° et 926.

36. Lorsque, dans un compte soumis à des arbitres (dont les parties ont promis d'accepter la décision et de l'exécuter), une pièce a fait l'objet de leur examen et est entrée dans les éléments de leur jugement, il y a chose jugée sur ce point. — Civ. c. 17 avr. 1810, J.G. *Arbitr.*, 1125 et 1211.

37. Toutefois, il n'y a pas violation de la chose jugée dans l'arrêt qui reconnaît qu'un jugement arbitral ordonnant une reddition de compte est inexécutable par suite des éléments constitutifs du compte, et prononce sur les contestations des parties sans attendre que le compte ait été rendu.— Req. 29 mars 1827, J.G. *Arbitr.*, 1128 et 845.

38. Si des arbitres nouveaux ont été nommés, ils doivent se borner à statuer sur les points non jugés ou omis par les premiers arbitres, et il ne leur est permis... ni de remettre en question les points décidés par ceux-ci. — Bruxelles, 30 mai 1810, J.G. *Arbitr.*, 1126 et 588.

39. ... Ni de refaire ou rectifier une liquidation que les premiers arbitres ont arrêtée. — Bordeaux, 27 juill. 1829, J.G. *Arbitr.*, 1126.

40. La sentence arbitrale est tellement protégée par l'effet de la chose jugée qu'il n'est pas permis à une cour d'appel de l'annuler, même pour une disposition contraire à l'ordre public, par exemple si elle prononçait illégalement la contrainte par corps. — Civ. c. 5 nov. 1811, J.G. *Arbitr.*, 1127 et 997.

41. De même, lorsqu'une sentence arbitrale a acquis l'autorité de la chose jugée, un arrêt a pu, sans excès de pouvoir, la prendre pour base de sa décision, alors même qu'on prétendrait que cette sentence a été prononcée hors des termes du compromis. — Req. 9 oct. 1810, J.G. *Arbitr.*, 1129.

42. Mais la chose jugée ne peut résulter que d'une sentence rendue par des arbitres ayant pouvoir de juger ; en conséquence, l'acte par lequel un arbitre prononce après avoir été révoqué, n'ayant pas le caractère d'un jugement, ne peut produire la chose jugée. — Req. 17 mars 1806, J.G. *Arbitr.*, 1124 et 1065.

43. Sur la chose jugée par une sentence arbitrale, V. aussi *Code civil annoté*, art. 1351, n°ˢ 418, 445, 487, 537, 632, 977, 984 et 1062.

44. Les arbitres, dès qu'ils ont rendu leur sentence, ne peuvent ni la modifier, ni l'interpréter ; une fois que la décision a été prononcée, ils ne peuvent plus se réunir, et, par jugement nouveau, détruire l'effet de leur première décision, quoiqu'elle n'ait pas encore été rendue exécutoire. — Civ. c. 24 prair. an 5, J.G. *Arbitr.*, 1126.

45. Cependant, les arbitres peuvent toujours modifier les jugements d'instruction ou préparatoires, tels qu'un interrogatoire. — Paris, 23 juill. 1810, J.G. *Arbitr.*, 1132.

46. La même exception s'applique aux jugements interlocutoires. — J. G. *Arbitr.*, 1132.

47. La nullité de la sentence rendue par les arbitres, après le délai, ne détruit pas l'effet de la sentence rendue au fond dans le délai. — Req. 13 janv. 1825, J.G. *Arbitr.*, 1132 et 1335.

48. Ce n'est pas devant les arbitres, mais devant le tribunal que les rectifications d'erreurs commises dans un jugement arbitral doivent être portées, la sentence ayant mis fin aux pouvoirs des arbitres.— J.G. *Arbitr.*, 1133.

49. Ainsi, bien qu'une sentence arbitrale, qui a la force de chose jugée, ne puisse être attaquée, cependant les erreurs matérielles ou de calcul, les doubles emplois et les omissions qu'elle contient, peuvent être réparés par les tribunaux. — Req. 8 avr. 1818, J.G. *Arbitr.*, 1134-1°.

50. Lorsqu'un jugement d'arbitres n'est nullement attaqué en la forme, et qu'il est parfaitement régulier, il n'y a pas lieu d'en prononcer la nullité, et de renvoyer les parties devant de nouveaux arbitres, lors même qu'il contiendrait des erreurs faisant grief à l'appelant ; dans ce cas, c'est à la cour à redresser elle-même ces erreurs, après s'être éclairée, si elle le juge nécessaire, par un rapport d'experts. — Nancy, 27 mai 1845, J.G. *Arbitr.*, 1134-2°.

51. — IV. Effets du jugement arbitral a l'égard des tiers. — Les jugements arbitraux ne peuvent, en aucun cas, être opposés à des tiers. — J.G. *Arbitr.*, 1140.

52. Ces jugements ne sont pas davantage opposables soit au codébiteur même solidaire de la partie condamnée, soit à sa caution. — J.G. *Arbitr.*, 1140.

53. Le partage opéré par un jugement arbitral ne peut être opposé par l'un des copartageants auquel un immeuble indivis a été attribué, à l'effet d'obtenir contre un créancier de son copartageant la radiation d'une hypothèque inscrite sur l'immeuble, sous le prétexte qu'un acte de partage n'est pas attributif, mais déclaratif de propriété. — Req. 23 mars 1825, J.G. *Arbitr.*, 1141, et *Société*, 1064.

54. La sentence arbitrale intervenue entre un créancier et son débiteur n'est pas opposable au cessionnaire de la créance qui a, antérieurement à cette sentence, signifié au débiteur la cession faite à son profit, quand même le compromis qui a abouti à cette sentence serait antérieur à la cession. — Req. 15 janv. 1873, D.P. 73. 1. 210. — V. observ. contr., *ibid.*, note.

55. Le dire d'un arbitre ne peut pas servir de commencement de preuve par écrit, à l'effet de prouver la simulation d'un acte. — Civ. c. 23 août 1813, J.G. *Arbitr.*, 1115-2°, et *Enregistr.*, 2495.

56. Dans le cas où il a été pris hypothèque en vertu d'un jugement arbitral revêtu d'ordonnance d'exécution, ce jugement est opposable aux tiers ; mais c'est comme représentants des droits de celui contre lequel il a été rendu, que ces tiers subissent les effets de la sentence. — J.G. *Arbitr.*, 1041.

57. Un jugement arbitral peut aussi devenir un juste titre dans le sens des art. 2265 et suiv., c. civ. et être opposable aux tiers. — J.G. *Arbitr.*, 1041.

58. Les tiers n'ont pas qualité pour exercer l'action en nullité ouverte par l'art. 1028 c. proc. — Aix, 3 janv. 1817, J.G. *Arbitr.*, 1142 et 473.

59. Les tiers sont également non recevables à attaquer la sentence arbitrale par la voie de la tierce-opposition. — Même arrêt. — Observ. conf., J.G. *Arbitr.*, 1105.

60. Si, par suite du compromis et dans l'ignorance de la faillite de l'une des parties, les arbitres rendent leur sentence, les créanciers du failli ne sont pas recevables à l'attaquer par la voie de la tierce-opposition. — Req. 15 févr. 1808, J.G. *Arbitr.*, 1108 et 264. — V. *suprà*, art. 1012, n°ˢ 31 et s.

61. Si la sentence arbitrale a été confirmée sur appel, les tiers sont recevables à se pourvoir par la tierce-opposition contre l'arrêt ou le jugement confirmatif, mais non contre la sentence des arbitres. — J.G. *Arbitr.*, 1107.

Table sommaire.

Acquiescement 6, 28.
Acte d'exécution 31.
Acte extrajudiciaire 23.
Amiable compositeur 33.
Caution 52.
Chose jugée 27 s.
Commencement de preuve 55.
Compensation 25.
Compte 36 ; (reddition) 37.
Conclusions nouvelles 9.
Contrainte par corps 40.
Convention (parties) 6 s.
Cour d'appel 40.
Créance commerciale 24.
Créancier 54.
Date (sentence arbitrale) 13 s.
Débiteur solidaire 52.
Déclaration authentique (arbitre) 1.
Délai (sentence arbitrale) 1, 47.
Dépôt au greffe 16 s.
Dernier ressort 25.
Dire (arbitre) 11, 55.
Dommages-intérêts 32.
Double emploi 49.
Double original 1.
Enregistrement 20.
Erreur (rectification) 48.
Erreur de calcul 49.
Erreur matér. 49.
Exécution volontaire 29.
Faillite (ignorance) 60.
Force probante (sentence arbitrale) 1 s.
Forme extérieure (sentence arbitrale) 2.
Hypothèque générale 25.
Immeuble indivis 53.
Inscription de faux 3, 7 s., 14.
Inscription hypothécaire 53.
Intérêts 24.
Interprétation (sentence arbitrale) 44.
Interrogatoire 45.
Jugement d'instruction 45.
Jugement interlocutoire 46.
Jugement préparatoire 45.
Juste titre 57.
Lecture (mémoire) 5.
Liquidation 39.
Modification (sentence arbitrale) 44.
Nullité (action) 58.
Omission 49.
Opposition 35.
Ordonnance d'exécution 26, 29.
Ordre public 40.
Partage 22.
Partage immobilier 53.
Pouvoirs (arbitres) 7.
Prescription 25.
Prorogation (délai, compromis 8.
Radiation (inscription hypothécaire) 53.
Remise des pièces 4.
Révocation (arbitre) 42.
Sentence arbitrale (date) 13 s.; effets entre les parties) 24 s.; (effets, tiers) 51 s.; (forme extérieure) 2.
Serment (prestation irrégulière) 35.
Serment décisoire 34 s.
Signature (arbitre) 21.
Simulation (acte) 55.
Tierce-opposition 59 s.
Tiers 51 s.
Tribunal civil 24, 48 s.
Vente (résiliation 32.

Art. 1023.

L'appel des jugements arbitraux sera porté, savoir : devant les tribunaux de première instance, pour les matières qui, s'il n'y eût point eu d'arbitrage, eussent été, soit en premier, soit en dernier ressort, de la compétence des juges de paix ; et devant les cours d'appel, pour les matières qui eussent été, soit en premier soit en dernier ressort, de la compétence des tribunaux de première instance. — C. pr. civ. 1010, 1026, 1028.

1. — I. Sentences arbitrales susceptibles d'appel. — Les sentences arbitrales sont susceptibles d'appel, quelque faible que soit l'intérêt du litige, et alors même la contestation aurait dû être jugée en dernier ressort par le tribunal compétent pour en connaître — J.G. *Arbitr.*, 1294.
Contrà : — Poitiers, 7 mai 1833, *ibid.*

2. Les arbitres ne peuvent, à plus forte raison, juger qu'à charge d'appel une contestation relative à une entreprise de travaux adjugée pour un prix annuel inférieur au taux du dernier ressort, mais dont le prix total, eu égard à la durée de l'adjudication, dépasse cette somme. — Bordeaux, 30 déc. 1841, J.G. *Arbitr.*, 1295.

3. Bien plus, le jugement qui statue sur l'action en nullité dirigée contre la sentence arbitrale, est, comme ceux qui statuent sur une question de compétence, sujet à appel. — Paris, 10 juin 1812, J.G. *Arbitr.*, 1295. — Conf. Nîmes, 17 nov. 1828, J.G. *Degr. de juvid.*, 406-1°.

4. Il ne peut être interjeté appel de la sentence sur le chef qui taxe les frais ou honoraires. — V. *suprà*, art. 1019, n° 73.

5. En général, il y a lieu de former appel contre la décision arbitrale, lorsqu'on ne reproche à cette décision que d'avoir mal jugé au fond, ou d'avoir mal observé, dans l'instruction dont les arbitres étaient chargés, certaines règles de procédure quoique les parties en eussent réclamé l'observation. — J.G. *Arbitr.*, 1259.

6. Mais lorsque la sentence est atteinte de l'une des nullités énoncées dans l'art. 1028, c'est par voie d'opposition à l'ordonnance d'*exequatur* que cette sentence doit être attaquée. Cette voie de recours est-elle exclusive de l'appel? — V. *infrà*, art. 1028, n°* 3 et s.

2. Les parties peuvent, lors et depuis le compromis, renoncer à l'appel. — V. *suprà*, art. 1010, n°* 1 et s.

8. — II. Formes et délais de l'appel. — Les formes de l'appel sont celles établies par le droit commun. La partie appelante doit conclure à la réformation de la sentence; il ne suffirait pas qu'elle se bornât à demander son renvoi devant de nouveaux arbitres. — Rennes, 16 mars 1814, J.G. *Arbitr.*, 1258.

9. Il peut être formé *appel incident* comme dans les cas ordinaires; et cet appel peut être signifié par acte d'avoué à avoué. — J.G. *Arbitr.*, 1266.

10. L'appel d'un jugement d'arbitres doit être interjeté dans le délai de deux mois à dater de la signification, conformément à l'art. 443 c. pr. — J.G. *Arbitr.*, 1265.

11. L'appel ne peut être interjeté avant l'expiration des huit jours, dont parle l'art. 449, et c'est du jour où la sentence a été rendue que court ce délai, et non à dater seulement de la signification de l'ordonnance d'*exequatur*. — Req. 31 août 1815, J.G. *Arbitr.*, 1265, et *Appel civ.*, 841.

12. — III. Juridiction compétente pour statuer sur l'appel. — L'appel d'un jugement arbitral doit être porté devant le tribunal ou la cour au greffe desquels la sentence est déposée. Si donc la partie qui a obtenu gain de cause est domiciliée dans un autre ressort, c'est devant le tribunal dont le président a rendu la sentence exécutoire qu'elle doit être intimée et non devant le juge de son domicile. — J.G. *Arbitr.*, 1260.

13. Lorsque la sentence arbitrale a été rendue sur une contestation qui aurait été de la compétence d'un conseil de prud'hommes, c'est devant le tribunal de commerce, et non devant le tribunal civil que l'appel de la sentence doit être interjeté (Décr. 11 juin 1809, art. 27). — J.G. *Arbitr.*, 1262.

14. Il est loisible aux parties de convenir pour le jugement sur appel d'une autre cour que celle du domicile des parties ou dont le président a rendu l'ordonnance exécutoire. Les parties peuvent stipuler que l'appel sera porté à tel tribunal qu'elles jugent convenable de choisir, pourvu toutefois qu'il soit compétent, à raison de la matière et du montant du litige, comme juge d'appel. — J.G. *Arbitr.*, 1263. — Conf. Turin, 9 juill. 1808, *ibid.*

15. En conséquence, la cour, à laquelle des parties ont attribué, par compromis, la connaissance de l'appel d'une sentence à intervenir entre elles dans un autre ressort où elles sont domiciliées, peut, nonobstant les conclusions du ministère public et celles de l'une des parties, retenir la connaissance de cet appel, pour lequel, d'ailleurs, elle ne serait incompétente que *ratione loci*, et non *ratione materiæ*. — Lyon, 17 mai 1833, J.G. *Arbitr.*, 1263, et *Compét. civ. trib. d'arr.*, 290.

Art. 1024.

Les règles sur l'exécution provisoire des jugements des tribunaux sont applicables aux jugements arbitraux. — C. pr. civ. 135 s., 155, 457 s., 554, 806.

1. Les arbitres peuvent ordonner l'exécution provisoire, même d'office, dans les cas où la loi dit qu'elle aura lieu de plein droit. — J.G. *Arbitr.*, 1203.

2. Jugé même, en matière d'assurances, que les sentences arbitrales sont susceptibles d'exécution provisoire nonobstant appel, quoique cette exécution provisoire n'ait pas

été ordonnée par la sentence. — Rouen, 3 nov. 1807, J.G. *Arbitr.*, 1204.

3. L'exécution provisoire ne serait pas suspendue par l'opposition à l'ordonnance d'*exequatur*. — Paris, 14 nov. 1825, J.G. *Arbitr.*, 1204.

4. Mais des juges ne peuvent, en statuant sur la simple question de validité d'une sentence arbitrale, ordonner l'exécution provisoire, sans caution, de leur jugement. — Paris, 26 mai 1814, J.G. *Arbitr.*, 1205 et 1043.

Art. 1025.

Si l'appel est rejeté, l'appelant sera condamné à la même amende que s'il s'agissait d'un jugement des tribunaux ordinaires. — C. pr. civ. 471, 1010, 1023.

....

Art. 1026.

La requête civile pourra être prise contre les jugements arbitraux, dans les délais, formes et cas ci-devant désignés pour les jugements des tribunaux ordinaires.

Elle sera portée devant le tribunal qui eût été compétent pour connaître de l'appel. — C. pr. civ. 480, 1028.

1. — I. Causes de requête civile. — En principe, la requête civile est recevable contre une sentence arbitrale pour toutes les causes autres que les deux cas exceptés par l'art. 1027. — J.G. *Arbitr.*, 1285.

2. Toutefois, l'*ultra petita* que l'art. 480 c. pr. civ. admet comme ouverture de requête civile, fournirait seulement un cas d'opposition en nullité pour décision rendue hors des termes du compromis, conformément à l'art. 1028 c. pr. civ., 1°. — J.G. *Arbitr.*, 1285. — V. *infrà*, art. 1028, n°* 39 et s.

3. L'omission de statuer sur les conclusions des parties ne donne lieu qu'à la requête civile. — Agen, 10 août 1811, J.G. *Arbitr.*, 1286 et 1312. — Toulouse, 3 juin 1828, *ibid.*, 1182-3°. — Quest. controv. *ibid.*, 1286.

4. Elle ne pourrait être assimilée au fait d'avoir jugé hors des termes du compromis qu'autant que ce chef serait indivisiblement lié à ceux qui sont compris dans la sentence — (Arg.) Req. 30 déc. 1834, J.G. *Arbitr.*, 1286 et 1038.

5. Pareillement, la sentence des arbitres qui se sont tenus en deçà du compromis, et ont omis de statuer sur un chef des conclusions, ne peut pas être attaquée par voie d'action en nullité, mais seulement par voie de requête civile. — Besançon, 16 mai 1870, D.P. 72. 2. 76.

6. La décision des arbitres nommés par les parties pour fixer l'indemnité due à un exproprié constitue une véritable sentence arbitrale, alors surtout qu'elle a été déposée au greffe du tribunal civil, à la diligence des parties, et revêtue de l'ordonnance d'*exequatur*. En conséquence, la partie qui prétend que cette décision a été déterminée par le dol personnel de son adversaire doit se pourvoir par la voie de la requête civile dans le délai légal. — Toulouse, 15 févr. 1867, D.P. 67. 2. 53, et sur pourvoi, Civ. r. 22 juin 1869, D.P. 69. 1. 472.

7. Et elle est non recevable à exercer une action en dommages-intérêts contre le tiers qui aurait concouru à la fraude de son adversaire, avant d'avoir attaqué par la voie légale la sentence arbitrale. — Mêmes arrêts.

8. Suivant une opinion, lorsque les parties n'ont pas été entendues ni mises en de-

meure de se défendre, nul recours n'est ouvert à la partie, s'il y a eu renonciation à l'appel. — J.G. *Arbitr.*, 1314.

9. Mais cette opinion ne saurait être admise que dans l'hypothèse où c'est par sa négligence qu'une partie n'a pas été défendue; si cette partie a réclamé le droit de se défendre et d'effectuer ses productions, alors qu'elle se trouvait encore dans le délai, et que le compromis ne désignait que d'une manière générale les objets du litige, la voie de la requête civile est ouverte. — J.G. *Arbitr.*, 1314.

10. — II. Juridiction compétente pour statuer sur la requête civile. — La requête civile doit toujours être portée devant les magistrats qui auraient connu de l'appel s'il n'y avait point eu d'arbitrage. — J.G. *Arbitr.*, 1283 et 1289.

11. Dans les termes où elle est admise, la requête civile est gouvernée par les dispositions des art. 480 et suiv. c. pr. civ. Le tribunal chargé de statuer sur la requête civile doit, conformément à l'art. 502 c. pr. civ., connaître du rescisoire comme du rescindant; il a compétence pour statuer au fond. — J.G. *Arbitr.*, 1289.

12. Suivant un autre système, on doit porter l'action devant le tribunal arbitral lui-même, si ses fonctions n'ont pas encore cessé. — J.G. *Arbitr.*, 1289. \

13. — III. Renonciation a la requête civile. — On peut valablement renoncer à la requête civile en matière d'arbitrage. — Req. 18 juin 1816, J.G. *Arbitr.*, 1290.

14. Est valable, de la part des parties qui nomment des arbitres amiables compositeurs, la renonciation à toutes les voies de recours, même à la requête civile. — Besançon, 16 mai 1870, D.P. 72. 2. 76.

15. Lorsque les arbitres se sont tenus en deçà du compromis et ont omis de statuer sur un chef de conclusions, la requête civile n'est pas recevable contre cette sentence si le compromis contient la renonciation des parties à se pourvoir par voie de requête civile. — Même arrêt.

16. Toutefois, en cas de dol et de fraude, la renonciation à la requête civile est nulle. — Colmar, 26 mai 1833, J.G. *Arbitr.*, 1290.

17. Mais si la prévision du cas de dol ou de tout autre qui toucherait à l'ordre public se trouvait expressément mentionnée dans le compromis la sentence échapperait nécessairement à la nullité. — J.G. *Arbitr.*, 1290.

18. La renonciation doit être interprétée dans un sens restrictif: ainsi n'emporte pas renonciation à la requête civile, ... soit la renonciation à l'appel et au pourvoi en cassation. — Req. 26 août 1807, J.G. *Arbitr.*, 1291 et 1290.

19. ... Soit la renonciation à tous les moyens judiciaires d'appel. — Colmar, 26 mai 1833, J.G. *Arbitr.*, 1291 et 1290.

20. Au contraire, la clause autorisant les arbitres à prononcer en dernier ressort et *sans recours à aucun tribunal*, doit être expliquée en ce sens que les parties avaient voulu renoncer même à la requête civile. — Paris, 3 vent. an 13, J.G. *Arbitr.*, 1291.

21. S'il est convenu que la sentence aura l'effet d'une transaction sur procès, elle échappe à la requête civile à laquelle les parties sont alors réputées avoir renoncé. — Req. 15 therm. an 11, J.G. *Arbitr.*, 1287. — Mais V. observ. contr., *ibid.*

Art. 1027.

Ne pourront cependant être proposés pour ouvertures,

1° L'inobservation des formes ordinaires, si les parties n'en étaient autrement convenues, ainsi qu'il est dit en l'art. 1009;

2° Le moyen résultant de ce qu'il aura été prononcé sur choses non demandées, sauf à se pourvoir en nullité, suivant l'article ci-après. — C. pr. civ. 480.

1. La rédaction vicieuse de l'art. 1027 a donné lieu à plusieurs interprétations. Suivant un système, l'inobservation des formes de procéder ne donne pas ouverture à requête civile, si les parties ne sont pas convenues dans le compromis que les arbitres seraient dispensés de suivre ces formes. Il n'y a lieu dans ce cas qu'à demander la nullité de l'acte qualifié jugement. — J.G. *Arbitr.*, 1288.

2. Suivant un autre système, si, d'après le compromis, les arbitres sont dispensés de suivre les règles ordinaires, nul grief ne peut leur être imputé à raison de cette inobservation ; s'ils n'en sont pas dispensés, il n'y a point lieu à requête civile, mais à demande en nullité, conformément à l'art. 1028. — J.G. *Arbitr.*, 1288.

3. Dans une troisième opinion, l'article ne signifie rien autre chose, sinon qu'il n'y a pas lieu à requête civile si les arbitres ont été dispensés des formes, mais que cette voie pourra être prise si aucune dispense n'a eu lieu, et s'il y a violation de formes entraînant nullité. — Observ. conf. J.G. *Arbitr.*, 1288.

4. Jugé enfin que l'inobservation des formes ne donne pas ouverture à requête civile, ni ouverture à opposition en nullité, mais seulement à appel. — Nîmes, 22 juill. 1833, J.G. *Arbitr.*, 1288 et 1313.

Art. 1028.

Il ne sera besoin de se pourvoir par appel ni requête civile dans les cas suivants :

1° Si le jugement a été rendu sans compromis, ou hors des termes du compromis ;

2° S'il l'a été sur compromis nul ou expiré ;

3° S'il n'a été rendu que par quelques arbitres non autorisés à juger en l'absence des autres ;

4° S'il l'a été par un tiers sans en avoir conféré avec les arbitres partagés ;

5° Enfin, s'il a été prononcé sur choses non demandées.

Dans tous ces cas, les parties se pourvoiront par opposition à l'ordonnance d'exécution, devant le tribunal qui l'aura rendue, et demanderont la nullité de l'acte qualifié jugement arbitral.

Il ne pourra y avoir recours en cassation que contre les jugements des tribunaux, rendus soit sur requête civile, soit sur appel d'un jugement arbitral. — C. pr. civ. 1006, 1012, 1018, 1026-1029.

Exposé des motifs et Rapport, J.G. *Arbitr.*, p. 376, n° 28.

Sect. 1re. — Opposition a l'ordonnance d'exécution.

§ 1er. — *Caractères de cette opposition.*

1. L'opposition à l'ordonnance d'exécution dont parle l'art. 1028 diffère essentiellement de celle qui s'attaque à l'ordonnance du juge elle-même, à l'effet de faire réformer cette ordonnance (V. *suprà*, art. 1021, n°s 47 et s.) : ici, l'opposition a pour objet spécial de faire annuler la sentence arbitrale. — J.G. *Arbitr.*, 1299.

2. Les divers cas qu'énumère l'art. 1028 supposent que les arbitres ont jugé sans pouvoir, ou hors des attributions qui leur ont été conférées : leur décision, dans ces hypothèses, est indûment qualifiée de jugement et ne saurait dès lors être opposée aux parties. C'est pour cette raison que la loi dispense les parties des voies de recours ordinaires contre les jugements et leur accorde une action en nullité par voie d'opposition à l'ordonnance. — J.G. *Arbitr.*, 1299.

3. Toutefois, l'action en nullité de l'art. 1028 n'est pas exclusive des autres voies de recours. Il est facultatif aux parties d'attaquer la sentence par appel, par requête civile ou par opposition à l'ordonnance : cela résulte de ces mots de l'art. 1028 : « Il ne sera besoin. » — J.G. *Arbitr.*, 1302.

4. Ainsi, les moyens de nullité contre les sentences arbitrales peuvent être indifféremment proposés par la voie d'appel ou la voie d'opposition. — Rennes, 27 févr. 1817, J.G. *Arbitr.*, 1241-3°.

5. Jugé au contraire que les diverses causes d'opposition énumérées dans l'art 1028 ne peuvent pas servir de base à un appel dirigé contre la sentence arbitrale : ainsi, lorsque les parties demandent la nullité d'une sentence arbitrale en se fondant sur l'un des moyens énoncés en l'art. 1028, ce n'est que par opposition à l'ordonnance d'*exequatur* qu'elles peuvent agir, et nullement par appel. — Nîmes, 9 nov. 1849, D.P. 52. 2. 180.

6. ... Spécialement, qu'on ne peut appeler de la sentence qui statue après les délais du compromis. — Agen, 15 août 1809 ; Orléans, 20 juin 1817, J.G. *Arbitr.*, 1259 2°. — V. *infrà*, n°s 32 et s.

7. En tout cas, les voies de recours n'étant pas toujours faciles à reconnaître, les parties peuvent prendre à la fois les diverses voies que la loi autorise. — J.G. *Arbitr.*, 1242.

8. En conséquence, une partie peut, tout en formant opposition à l'ordonnance d'exécution, interjeter appel pour le cas où l'opposition ne serait pas admise. — Rennes, 24 août 1816, J.G. *Arbitr.*, 1242.

9. Mais les deux voies de recours ne peuvent être poursuivies à la fois : celle qui est formée en second lieu ne doit l'être que d'une manière subsidiaire, sous réserve, et comme mesure conservatoire : on ne doit être admis à lui donner suite qu'autant qu'on a déclaré renoncer à la première ou que celle-ci a été repoussée par fin de non-recevoir ou par rejet, pourvu que ce rejet n'implique pas virtuellement la condamnation du moyen d'opposition. — J.G. *Arbitr.*, 1302.

10. Les parties qui ont joint, dans un acte d'appel, les moyens du fond et ceux de nullité, se sont rendues non recevables à demander qu'il soit sursis à l'appel jusqu'à ce que le jugement soit rendu sur les moyens de nullité par le juge compétent. — Rennes, 27 févr. 1817, J.G. *Arbitr.*, 1264.

11. En définitive, lorsqu'il y a doute sur le point de savoir si les moyens à faire valoir rentrent dans les termes de l'art. 1028, il est mieux de prendre d'abord la voie de l'appel, laquelle est soumise à une déchéance, tandis que l'opposition en nullité n'y est point exposée (V. *infrà*, n° 61). — J.G. *Arbitr.*, 1264. — V. aussi Civ. r. 27 mai 1818, *ibid.*, 1339.

12. La nullité de la sentence par l'une des causes exprimées en l'art. 1028 s'étend-elle à tous les chefs, c'est-à-dire même à ceux qui sont dans les termes du compromis ? — V. *suprà*, art. 1016, n°s 87 et s.

13. L'action en nullité de l'art. 1028 appartient aux parties seulement, et non aux tiers. — V. *suprà*, art. 1022, n° 58.

§ 2. — *Moyens d'opposition à l'ordonnance d'exécution.*

14. — I. Jugement rendu sans compromis ou hors des termes du compromis. — Des arbitres sont dits avoir jugé sans compromis, lorsqu'il n'a existé aucun compromis, soit écrit dans les formes légales, soit résultant de conclusions ou d'actes qui en tiennent lieu ; et l'on assimile à l'inexistence du compromis le cas où il ne peut être représenté. — J.G. *Arbitr.*, 1303.

15. Le sens des mots *hors des termes du compromis* semble plus difficile à déterminer, en présence surtout du cinquième alinéa de l'art. 1028 qui accorde aussi l'opposition en nullité dans le cas où il a été prononcé sur *choses non demandées*. Des controverses se sont élevées pour concilier les alinéas 1 et 5. Quelle que soit la solution adoptée, il est certain que le législateur a voulu que la sentence se renfermât strictement dans les limites du compromis, et qu'il a proscrit, sous quelque couleur qu'il puisse se déguiser, tout excès de pouvoir que les arbitres se seraient permis, toute invasion dans les questions qui ne leur auraient point été soumises. — J.G. *Arbitr.*, 1304.

16. L'expression « hors des termes du compromis » ne s'entend que du cas où les arbitres se seraient écartés du mandat consigné dans le compromis ; elle ne s'entend pas de celui où les arbitres ont négligé l'observation des formes ordinaires, soit dans l'instruction, soit dans le jugement ; par exemple, elle ne s'applique pas au cas où l'une des parties n'aurait pas été mise à portée de proposer ses moyens de défense, ni au cas où les formes voulues dans la rédaction des jugements n'auraient pas été observées. — Pau, 19 juin 1828, J.G. *Arbitr.*, 1305 et 1306.

17. Ainsi, une sentence est rendue hors des termes du compromis, lorsque les arbitres chargés seulement de régler les termes de payement de diverses créances, ont reconnu la signature du débiteur et l'ont condamné solidairement avec sa femme au payement de ces créances. — Colmar, 31 juill. 1811, J.G. *Arbitr.*, 1305 et 347.

18. Mais, il n'y a pas décision hors des termes du compromis dans le sens de l'art. 1028, à raison de ce que les arbitres appelés à statuer sur un partage de succession y ont compris une propriété qui n'en devait pas faire partie, alors qu'il a été fait réserve de ses droits au profit de la partie qui se prétend propriétaire de l'immeuble. — Req. 3 août 1821, J.G. *Arbitr.*, 1305.

19. Les arbitres, chargés de prononcer sur tous les différends des parties sans réserve, ne statuent pas hors des termes du compromis et sur choses non demandées lorsqu'ils condamnent l'un des plaideurs à des dommages-intérêts, à titre de sanction pénale, pour le cas où il enfreindrait une interdiction prononcée par la sentence. — Req. 11 févr. 1873, D.P. 73. 1. 243.

20. Les arbitres *amiables compositeurs* ne peuvent statuer en dehors des termes mêmes du compromis. — Civ. c. 21 juin 1852, D.P. 53. 1. 109. — Observ. conf., J.G. *Arbitr.*, 1025.

21. Spécialement, est nulle la sentence

par eux rendue sur un chef de contestation tranché par une sentence antérieure passée en force de chose jugée, sans qu'aucun compromis nouveau ait remis en question ce qui avait été ainsi souverainement décidé. — Civ. c. 21 juin 1852, D.P. 53. 1. 109.

22. Le pouvoir donné à un arbitre amiable compositeur, par des associés (en participation), de prononcer, contre celui d'entre eux qui manquerait à ses engagements, l'exclusion de la société emportant privation de tout droit aux bénéfices ultérieurs, n'entraîne pas celui de juger si l'associé dont l'exclusion est poursuivie a effectivement manqué à ses engagements, lorsqu'il y a contestation à cet égard, et qu'il a été stipulé que toutes contestations qui pourraient naître entre les parties seraient soumises à des arbitres à nommer : le débat doit être jugé par ces arbitres, sauf à l'arbitre amiable compositeur à décider ensuite si la faute ou la négligence qui aurait été constatée par le tribunal arbitral serait de nature à entraîner l'exclusion demandée. — Liége, 10 févr. 1852, D.P. 54. 5. 39-40.

23. Jugé, toutefois, que la sentence arbitrale n'est pas susceptible d'être attaquée pour avoir statué sur choses non demandées et en dehors des termes du compromis, alors que ce compromis a constitué les arbitres amiables compositeurs juges souverains des contestations existant entre les parties. — Aix, 17 nov. 1870, D.P. 72. 5. 28.

24. Jugé que la question de savoir si une sentence est nulle comme rendue hors des termes du compromis, présente une interprétation d'actes qui la met à l'abri de la censure de la Cour de cassation. — Req. 23 juin 1819, J.G. *Arbitr.* 1305 et 1335. — V. *Appendice* au livre 4, *Pourvoi en cassation*, nos 1140 et suiv., *suprà*, p. 821.

25. Ainsi, échappe à la censure de la Cour de cassation le jugement qui reconnaît que les arbitres se sont renfermés dans les limites que cet acte attribuait à leur mission. —Civ. r. 31 déc. 1834, J.G. *Arbitr.*, 982-2o et 241.

26. Jugé toutefois que la Cour de cassation a le droit d'apprécier, d'après l'état des conclusions des parties produites devant elles, si une cour a eu raison de considérer ces conclusions comme attribuant à des arbitres le droit de statuer comme ils l'ont fait, et s'ils n'ont pas commis l'*ultrà petita* qui est reproché à leur sentence. — Req. 24 mars 1840, J.G. *Arbitr.*, 982 et 1334.

27. — II. JUGEMENT SUR COMPROMIS NUL OU EXPIRÉ. — Une sentence intervient sur un compromis *nul* lorsque les formes légales n'ont pas été observées, lorsque le compromis a une cause illicite, ou lorsqu'il y a incapacité des arbitres ou des parties, comme si, par exemple, une femme mariée a compromis sans autorisation. — Montpellier, 17 juill. 1827, J.G. *Arbitr.*, 1306 et 905-5o.

28. ...... Ou lorsqu'un mandataire n'a pas eu le droit de compromettre pour le mandant. —Besançon, 18 déc. 1811, J.G. *Arbitr.*, 1306 et 898.

29. L'opposition à l'ordonnance d'*exequatur*, formée dans le cas où le jugement arbitral a été rendu sur compromis nul, est applicable non-seulement aux nullités de forme, mais aussi à celles qui portent sur l'objet même du compromis, alors surtout que le compromis a pour objet une convention contraire à l'ordre public. — Civ. c. 9 janv. 1854, D.P. 54. 1. 69.

30. Ainsi, la nullité d'un compromis intervenu sur une contestation non susceptible d'arbitrage, peut être demandée par voie d'opposition à l'ordonnance d'*exequatur*, lorsque la voie de l'appel est fermée aux parties par une disposition du compromis investissant les arbitres du pouvoir de statuer sans appel. — Req. 7 nov. 1865, D.P. 66. 1. 204.

31. Et la nullité peut être prononcée, quoique l'objet du litige ait reçu une qualifica-tion autorisant l'arbitrage, soit dans le compromis (cette qualification laissant subsister le caractère des faits), ... soit même dans la sentence arbitrale, les arbitres, fussent-ils autorisés à statuer sans appel, n'étant pas juges souverains de leur compétence. — Même arrêt.

32. La sentence intervient sur compromis *expiré* lorsque, au moment où les arbitres ont reçu une caution ou ont statué au fond, le compromis avait pris fin par expiration du délai légal ou conventionnel. — Agen, 15 août 1809, Orléans, 20 juin 1817, J.G. *Arbitr.*, 1306 et 1250. — Req. 13 janv. 1825, *ibid.*, 1336.

33. Si, bien qu'expiré, le délai a été prorogé, même tacitement, la sentence n'est pas rendue sur compromis expiré. Ainsi, dans un cas où les parties étaient convenues, après l'expiration du délai, de se trouver à un jour déterminé chez leur arbitre qui, à l'avenir, n'aurait qu'à leur écrire, le juge a vu là une prorogation indéfinie du délai. — Colmar, 4 avr. 1841, J.G. *Arbitr.*, 1306.

34. Le motif pris de ce que les arbitres ont accordé à une partie, pour faire une justification, et, par exemple, pour présenter un compte, un délai plus long que celui qui leur a été accordé, n'est pas un moyen de nullité rentrant dans l'art. 1028 c. pr. civ. — Aix, 31 mai 1833, J.G. *Arbitr.*, 1306-2o et 1323.

35. — III. JUGEMENT RENDU PAR QUELQUES ARBITRES SEULEMENT. — Comme c'est par leur signature que la participation des arbitres à la sentence se prouve, le moyen de nullité pris de ce que tous n'ont pas signé, doit être proposé par la voie de l'opposition. — Orléans, 14 mars 1822, J.G. *Arbitr.*, 1307.

36. — IV. JUGEMENT RENDU PAR LE TIERS ARBITRE SEUL. — L'opposition est recevable contre le jugement, s'il a été rendu par un tiers arbitre sans en avoir conféré avec les arbitres partagés. — J.G. *Arbitr.*, 1308. — V. *suprà*, art. 1018, nos 23 et s., 104 et s.

37. Si le tiers arbitre ne se conforme pas à l'avis de l'un des arbitres divisés, il y a ouverture à l'action en nullité, soit que, suivant une opinion, l'on considère la décision comme rendue hors des termes du compromis, soit que, d'après une autre opinion, le tiers arbitre soit réputé, en ce cas, juger seul la contestation. — J.G. *Arbitr.*, 1309. — V. *suprà*, art. 1018, nos 83 et s.

38. Au surplus, l'omission par le tiers arbitre de se conformer à l'un des avis ne constitue pas une incompétence. —Limoges, 14 févr. 1835, J.G. *Arbitr.*, 1309.

39. — V. JUGEMENT STATUANT SUR CHOSES NON DEMANDÉES. — Il a été statué sur chose non demandée... lorsqu'au lieu de se prononcer sur une renonciation à succession, objet du compromis, les arbitres ont réglé la situation d'une femme que l'on disait avoir été payée pour cette renonciation. — Rennes, 26 mai 1824, J.G. *Arbitr.*, 1311-1o. — V. aussi *suprà*, no 15.

40. ... Lorsque les arbitres ont autorisé d'office la publication dans les journaux et l'affiche de la sentence. — Paris, 26 janv. 1839, J.G. *Arbitr.*, 1311-2o et 1040. — V. toutefois, *ibid.*, 1013.

41. ... Lorsqu'ils ont prononcé la solidarité des dépens, alors que les parties se sont bornées à conclure à une condamnation de payement pure et simple, et qu'aucun texte de loi n'astreignait d'ailleurs les arbitres à prononcer cette solidarité. — Orléans, 28 janv. 1852, D.P. 55. 2. 45.

42. Mais il n'y a pas lieu à opposition lorsque les arbitres saisis par l'une des parties d'une demande en dommages-intérêts motivée sur la révocation de ses pouvoirs et sur la forme malveillante de cette révocation, ont écarté les circonstances invoquées pour caractériser moralement la révocation, et n'ont accordé les dommages-intérêts réclamés qu'à raison du préjudice matériel par eux constaté, les arbitres ne pouvant, en cas pa-reil, encourir le reproche d'avoir statué sur choses non demandées. — Req. 28 juill. 1852, D.P. 52. 1. 236.

43. Les arbitres nommés en vertu d'un compromis qui leur donne pouvoir de résoudre toutes les difficultés relatives au règlement d'un compte, ont pleins pouvoirs pour établir ce compte de la manière la plus conforme à l'équité et à la convention des parties; lors donc que l'une des parties ne demandait pas d'intérêts et se refusait à en tenir compte à l'autre partie, les arbitres peuvent établir le compte d'une manière différente et mettre, réciproquement, les intérêts à la charge des deux parties ; dans ce cas, leur décision n'est pas nulle par ce motif qu'en allouant des intérêts à la partie qui n'en réclamait pas, ils auraient statué sur des choses non demandées. — Req. 21 nov. 1871, D.P. 72. 1. 70.

44. En pareil cas, le tribunal saisi d'une demande en nullité de la sentence ne doit pas s'ingérer dans la connaissance du fond, par exemple, rechercher si les arbitres ont ou non apprécié les titres qui leur étaient soumis. — Besançon, 16 mai 1870, D.P. 72. 2. 76.

45. On peut prouver, sans prendre la voie de l'inscription de faux, que telles choses énoncées dans le jugement arbitral comme ayant été demandées, ne l'ont pas été effectivement, et, par exemple, qu'il n'a pas été conclu à la nullité d'une donation, mais que seulement des réserves ont été faites sur ce point. — Nîmes, 30 germ. an 13, J.G. *Arbitr.*, 1311 et 1214.

46. Le vice résultant de ce qu'il a été statué sur chose non demandée ne peut être invoqué par celui dans l'intérêt duquel la disposition a eu lieu. — Lyon, 14 juill. 1828, J.G. *Arbitr.*, 1311 et 1328.

47. — VI. MOYENS DE NULLITÉ NON PRÉVUS PAR L'ART. 1028. — L'opposition à l'ordonnance d'*exequatur* d'une sentence arbitrale ne peut être formée que pour une des causes énumérées dans l'art. 1028 c. pr. civ. — Rouen, 24 mai 1810, J.G. *Arbitr.*, 1312 et 666. — Agen, 10 août 1811, *ibid.*, 1312. — Toulouse, 16 août 1822, *ibid.* — Toulouse, 3 juin 1828, *ibid.*, 1182-3o. — Paris, 20 nov. 1838, *ibid.*, 1334. — Nîmes, 9 nov. 1849, D.P. 52. 2. 180. — Aix, 17 nov. 1870, D.P. 72. 5. 28-29. — Observ. conf., J.G. *Arbitr.*, 1312.

48. ... Et cette règle s'applique à l'ordonnance d'*exequatur* de la sentence d'arbitres amiables compositeurs et dispensés de suivre les règles de la procédure. — Pau, 19 avr. 1871, D.P. 73. 2. 73.

49. Ainsi, l'absence de désignation des objets en litige ne donne pas lieu à cette opposition. — Aix, 17 nov. 1870, D.P. 72. 5. 28.

50. Le fait par des arbitres de s'être tenus en deçà de leur mandat, et par exemple, s'il s'agissait du partage d'une succession, de ne s'être point occupés du mobilier et de n'avoir point apuré la situation définitive, ne donne pas lieu à opposition. — Nîmes, 9 nov. 1849, D.P. 52. 2. 180.

51. L'opposition à l'ordonnance d'exécution en nullité de la sentence arbitrale n'est pas admise : ... pour mal jugé ou pour une erreur dont cette sentence serait affectée. — Paris, 5 oct. 1815, J.G. *Arbitr.*, 1313-1o.

52. ... Pour omission de l'un des chefs portés au compromis, ou pour omission du procès-verbal constatant le partage. —Agen, 10 août 1811, J.G. *Arbitr.*, 1313-2o et 1312.

53. ... Pour inobservation des formes prescrites pour la validité du jugement arbitral. — Toulouse, 26 juill. 1809, 24 déc. 1814; Nîmes, 22 juill. 1833, J.G. *Arbitr.*, 1313-3o.

54. ... Et, par exemple, en ce que le jugement n'a pas de dispositif. — Bruxelles, 6 juin 1832, J.G. *Arbitr.*, 1313-3o et 1259.

55. ... Ou en ce qu'il n'est pas motivé. — Req. 8 janv. 1845, D.P. 45. 1. 84.

56. ... Ou en ce que les arbitres auraient mal interprété la loi ou les conventions des parties. — Grenoble, 10 juin 1844, D.P.

45. 2. 25. — Conf. Pau, 19 avr. 1873, D.P. 73. 2. 73.

57. ... Ou en ce que, la cause étant instruite, les arbitres ont statué immédiatement avant l'expiration du délai de l'art. 1016. — Req. 11 févr. 1823, J.G. *Arbitr.,* 1314 et 1249.

58. ... Ou en ce que le serment ordonné par les arbitres a été prêté irrégulièrement. — Req. 3 juill. 1834, J.G. *Arbitr.,* 1314 et 926.

59. ... Ou en ce que des arbitres ont condamné l'une des parties à payer le reliquat d'un compte sans qu'il lui ait été communiqué, et sans qu'elle ait été sommée de le discuter. — Req. 17 oct. 1810, J.G. *Arbitr.,* 1314.

60. L'opposition n'est pas recevable à raison du fait des arbitres d'avoir statué sur des pièces par eux retirées des mains d'un tiers, sans avoir appelé les parties à formuler leurs prétentions et défenses, alors que leur sentence devait être acceptée telle qu'elle serait. — Pau, 19 avr. 1873, D.P. 73. 2. 73.

§ 3. — *Délai et formes de l'opposition; Compétence; Appel.*

61. — I. Délai de l'opposition. — La loi n'a pas fixé le délai de l'opposition dont parle l'art. 1028; et il n'y a pas lieu de lui appliquer le délai porté en l'art. 162 c. pr. Si donc des poursuites tendant à exécution sont dirigées en vertu d'une décision d'arbitres, la partie poursuivie n'est point tenue de former opposition lors de l'exécution sur les procès-verbaux de saisie, ou lors de toute autre exécution. — J.G. *Arbitr.,* 1316.

62. En conséquence, une partie condamnée par un jugement arbitral est recevable à former opposition à l'ordonnance d'*exequatur,* même huit jours après cette ordonnance. — Turin, 7 févr. 1810, J.G. *Arbitr.,* 1317-1° et 261. — Civ. c. 1er juin 1812, *ibid.,* 666. — Paris, 17 mai 1813, *ibid.*

63. Tant qu'un acquiescement formel, une exécution volontaire consentie ne pourront lui être opposés, cette partie est recevable à prendre la voie d'opposition ouverte par l'art. 1028, c'est-à-dire que son action dure trente années. — J.G. *Arbitr.,* 1316 et 1299.

64. On peut former opposition à l'ordonnance d'*exequatur* apposée à une sentence par laquelle un arbitre se déclare compétent, sans être obligé d'attendre qu'il ait statué au fond. — Bruxelles, 3 avr. 1830, J.G. *Arbitr.,* 1317-2°.

65. — II. Formes de l'opposition. — L'opposition introduite en vertu de l'art. 1028 est formée par action principale ; elle ne serait pas régulièrement faite par acte d'avoué à avoué. — Rennes, 13 mai 1812, J.G. *Arbitr.,* 1319.

66. Il n'est pas exigé que tous les moyens d'opposition soient présentés simultanément, à peine de déchéance. — J.G. *Arbitr.,* 1301.

67. Toutefois, quand l'opposition à une ordonnance d'*exequatur* d'un jugement arbitral fondée sur ce que les arbitres n'auraient pas prononcé dans le délai prescrit, a été rejetée par un arrêt inattaquable, une autre opposition, tirée de ce que cette même ordonnance aurait dû être délivrée par le président du tribunal de première instance, au lieu de l'être par celui de la cour, ne peut être admise sans violer la chose jugée. — Civ. c. 29 janv. 1821, J.G. *Arbitr.,* 1305-1°. — V. *Code civil annoté,* art. 1351, nos 352 et s.

68. Si l'opposition a lieu avant l'exécution, on assigne pour faire ordonner qu'attendu que la sentence arbitrale est nulle pour tel motif, on y sera reçu opposant, et qu'elle sera déclarée nulle. — J.G. *Arbitr.,* 1319.

69. Si elle a lieu lors de l'*exécution,* elle se forme par déclaration sur l'acte d'exécution, conformément à l'art. 162 c. pr., sauf à assigner ensuite, pour être reçu opposant. — J.G. *Arbitr.,* 1319.

70. Cette opposition doit être réitérée avec constitution d'avoué, par requête, dans la huitaine. Cependant, il n'y aurait pas nullité si cette déclaration avait lieu après ce délai. — Rennes, 11 janv. 1809, J.G. *Arbitr.,* 1319.

71. L'exploit d'opposition à une sentence doit être motivé : il doit contenir l'objet de la demande. L'exploit contient un motif suffisant lorsque l'opposition est fondée simplement sur ce qu'il a été prononcé sur chose non demandée. — Rennes, 26 mai 1824, J.G. *Arbitr.,* 1319 et 1311.

72. L'opposition ne cesse pas d'être recevable quoiqu'on ait déclaré attaquer la sentence arbitrale au lieu d'attaquer l'ordonnance d'*exequatur.* — Rome, 5 oct. 1810, J.G. *Arbitr.,* 1320 et 1202.

73. La partie qui, dans son exploit introductif d'instance, s'est bornée à conclure à la nullité d'une sentence arbitrale, comme ayant été rendue hors des termes du compromis, est recevable à demander, par des conclusions prises à l'audience, la nullité pour cause d'incompétence, de l'ordonnance d'*exequatur* mise à la suite de cette sentence. — Orléans, 27 mars 1844, J.G. *Arbitr.,* 1320 et 1323.

74. L'audition du ministère public ne serait nécessaire qu'autant qu'il y aurait des mineurs dans l'instance en nullité. — J.G. *Arbitr.,* 1318.

75. — III. Juridiction compétente pour statuer sur l'opposition. — L'opposition à l'ordonnance d'exécution doit être formée devant le tribunal qui a rendu l'ordonnance. — J.G. *Arbitr.,* 1321.

76. La contestation relative à l'opposition à l'ordonnance d'exécution d'une sentence arbitrale, motivée sur ce qu'il a été statué sur choses non demandées, n'est pas de la compétence de la chambre des vacations. — Trib. de la Seine, 27 sept. 1843, D.P. 45. 4. 517.

77. Lorsqu'une sentence arbitrale est attaquée par voie d'opposition à l'ordonnance d'*exequatur* pour cause de nullité du compromis, les juges ne peuvent considérer la nullité du compromis comme l'objet de l'action et la nullité de la sentence comme l'exception, pour en conclure que le juge de la validité de la sentence soit le juge du compromis. — Civ. c. 23 août 1841, J.G. *Arbitr.,* 1322-2°.

78. C'est aux tribunaux et non à l'administration qu'il appartient de prononcer sur la nullité d'une sentence d'arbitres rendue, par exemple, entre deux sections de commune. — Cons. d'Et, 26 déc. 1830, J.G. *Arbitr.,* 1144 et 1165.

79. — IV. Appel. — La partie qui a interjeté appel du jugement rendu sur la demande en nullité de la sentence arbitrale, dans les termes de l'art. 1028, ne peut devant la cour appeler des jugements arbitraux eux-mêmes : ces dernières conclusions renferment un non-sens. — Colmar, 7 mars 1849, D.P. 50.-2. 52-53.

80. De même, la cour d'appel, saisie par suite de l'opposition à l'ordonnance d'*exequatur,* n'est point compétente pour statuer sur des conclusions additionnelles relatives au fond de la sentence, dont elle ne peut connaître. — Lyon, 3 juill. 1850, D.P. 51. 2. 134.

Sect. 2. — Pourvoi en cassation.

81. On ne peut se pourvoir en cassation contre les jugements des arbitres. — Req. 20 mars 1817. J.G. *Arbitr.,* 1343.

82. Peu importerait que, rendue en dernier ressort, la sentence n'ait pu être l'objet d'un compromis, en ce que la contestation concernerait des mineurs ; l'opposition en nullité est seule admise dans ce cas. — Req. 18 déc. 1810, J.G. *Arbitr.,* 1343.

83. ... Ou qu'elle eût été rendue en dernier ressort par suite de renonciation à l'appel. — Req. 14 août 1810, 5 août 1813 et 29 janv. 1818, J.G. *Arbitr.,* 1343.

84. Il importerait peu que la sentence fût affectée de l'une des infractions indiquées dans l'art. 1028 c. pr. civ., et, par exemple, eût été rendue sur compromis nul ou expiré. — Req. 7 mai 1811, J.G. *Arbitr.,* 1343.

85. Le pourvoi n'est pas recevable contre une ordonnance d'*exequatur* apposée par le président d'un tribunal sur un jugement arbitral qui n'a pas été attaqué devant ce tribunal. — Req. 24 frim. an 11, J.G. *Arbitr.,* 1344.

86. L'arrêt qui déclare une sentence arbitrale nulle pour excès de pouvoir, ne peut être annulé par la Cour de cassation sous le prétexte de l'irrévocabilité des sentences arbitrales. — Req. 3 févr. 1808, J.G. *Arbitr.,* 1345.

87. La disposition de l'arrêt confirmatif d'une sentence arbitrale, qui comprend dans la liquidation des dépens une somme d'honoraires pour les arbitres, n'a l'autorité de la chose jugée ni au profit de ces arbitres, ni contre eux, lorsqu'ils n'y ont pas été parties, et, dès lors, elle ne peut être, à leur égard, l'objet d'un pourvoi en cassation. — Civ. r. 29 août 1859, D.P. 60. 1. 385.

88. Le moyen tiré de ce qu'un arrêt n'a pas déclaré d'office non recevable l'appel dirigé contre une sentence rendue sur compromis contenant renonciation à l'appel, n'est pas proposable devant la Cour de cassation. — Req. 19 juin 1827, J.G. *Arbitr.,* 1345.

89. L'interprétation par les arbitres du compromis et des conclusions des parties ne présente point, y eût-il mal jugé, une ouverture à cassation. — Req. 13 avr. 1809, J.G. *Arbitr.,* 982-1° et 990.

90. Spécialement, ne pourrait être déférée à la Cour de cassation l'interprétation d'une clause du compromis relative au délai de l'exigibilité des condamnations à intervenir. — Req. 3 févr. 1808, J.G. *Arbitr.,* 1345.

Sect. 3. — Fins de non-recevoir contre les voies de recours dont les sentences arbitrales sont susceptibles.

91. — I. Renonciation aux voies de recours. — La renonciation à toutes les voies de recours contre un jugement arbitral est valable, mais elle doit être entendue en ce sens que la sentence contre laquelle on renonce à se pourvoir aura les caractères d'un véritable jugement, ou qu'en tout cas, les nullités dont elle sera affectée seront de la classe de celles que les parties peuvent et sont présumées couvrir par leur renonciation anticipée ; en renonçant aux voies de recours, on n'a entendu abdiquer que les droits dont on avait la libre disposition, c'est-à-dire renoncer à la faculté de réclamer contre le mal jugé au fond ou contre l'inobservation des formes dont les arbitres peuvent être dispensés. — J.G. *Arbitr.,* 1244. — Conf. Paris, 27 mars 1841, *ibid.,* 1244 et 1331. — V. *infrà,* nos 99 et s.

92. La renonciation doit, pour être valable, porter sur un objet susceptible de devenir la matière d'un compromis ; celle qui interviendrait sur une question d'état serait nulle comme le compromis lui-même. — Bastia, 22 mars 1831, J.G. *Arbitr.,* 1245 et 305.

93. Elle ne lierait pas non plus la partie qui l'aurait faite, s'il y avait *dol* commis par son adversaire ou par les arbitres. Ainsi, bien qu'il soit attesté dans le jugement arbitral que l'une des parties a reconnu sa dette, cette partie peut demander la nullité du compromis, et par suite du jugement arbitral, s'il y a eu dol, tant de la part des parties que des arbitres et cela, quoique les arbitres aient reçu le pouvoir de statuer en dernier ressort. — Turin, 4 août 1806, J.G. *Arbitr.,* 1245 et 414.

94. — 1° *Renonciation à l'appel.* — Sur cette renonciation, V. *suprà,* art. 1010.

95. — 2° *Renonciation à la requête civile.* — V. *suprà,* art. 1026 nos 13 et s.

96. — 3° *Renonciation à l'opposition en nullité.* — Dans un premier système, il peut être valablement stipulé d'avance dans le compromis que le jugement arbitral à intervenir ne sera pas attaqué par la voie de l'opposition, dans les cas prévus par l'art. 1028 c. pr. civ. — Besançon, 18 mars 1828, J.G. *Arbitr.*, 1337. — Conf. Grenoble, 13 juill. 1824, *ibid.*, 567.

97. Il en est ainsi notamment dans le cas où les arbitres ont été nommés amiables compositeurs. — Req. 31 déc. 1816, J.G. *Arbitr.*, 1337 et 817.

98. Il y a aussi renonciation licite à l'opposition dans le cas où les parties ont donné aux arbitres le droit de juger souverainement en dernier ressort, renonçant au droit de récuser les arbitres avant et après le jugement, renonçant au surplus à tout recours en cassation. — Montpellier, 8 juill. 1828, J.G. *Arbitr.*, 1339.

99. Suivant une autre opinion, la renonciation anticipée à l'opposition est atteinte d'une nullité d'ordre public, et ne fait pas obstacle à ce que les parties soient recevables à attaquer, par opposition à l'ordonnance d'exécution, le jugement arbitral contrevenu à l'art. 1028 c. pr. civ. — Rennes, 7 juill. 1818, J.G. *Arbitr.*, 1338. — Pau, 3 juill. 1833, *ibid.*, 713. — Pau, 26 mars 1836, *ibid.*, 234. — Colmar, 7 mars 1849 D.P. 50. 2. 52-53. — Besançon, 7 juill. 1854, D.P. 55. 2. 142.

100. ... Surtout en matière de question d'état. — Bastia, 22 mars 1831, J.G. *Arbitr.*, 1338 et 305.

101. ... Ou alors que l'une des parties n'avait pas capacité pour consentir cette renonciation, l'objet du compromis étant dotal. — Pau, 26 mars 1836, J.G. *Arbitr.*, 1338 et 234.

102. En conséquence, les tribunaux ont admis, malgré la renonciation anticipée, l'opposition fondée ...soit sur ce que le tiers arbitre n'a pas conféré avec les arbitres. — Civ. c. 21 juin 1831, J.G. *Arbitr.*, 1339.

103. ... Soit sur ce que les arbitres ont statué sur leur propre récusation. — Toulouse, 23 mai 1832, J.G. *Arbitr.*, 1339.

104. ... Soit sur ce que la sentence n'a pas été rendue en présence de tous les arbitres. — Grenoble, 14 août 1834, J.G. *Arbitr.*, 1339.

105. ... Soit sur ce qu'il a été statué sur chose non demandée. — Paris, 2 juill. 1835, J.G. *Arbitr.*, 1339.

106. Lorsque, par le compromis, il a été renoncé à l'appel, que, néanmoins, l'une des parties a appelé de la décision arbitrale, et que son appel a été déclaré périmé par un arrêt passé en force de chose jugée, cette partie est encore recevable à attaquer le jugement arbitral par voie de nullité. — Civ. c. 27 mai 1818, J.G. *Arbitr.*, 1339.

107. L'opposition en nullité a encore été admise quoiqu'il y ait eu renonciation à attaquer le jugement par appel et autres voies de recours. — Toulouse, 23 mai 1832, J.G. *Arbitr.*, 1340 et 1339.

108. ... Ou par appel, cassation et requête civile. — Bruxelles, 1er mars 1843, J.G. *Arbitr.*, 1340 et 888.

109. ... Ou lorsque les parties, après avoir donné aux arbitres les pouvoirs d'amiables compositeurs, ont promis d'exécuter ponctuellement leur sentence, quelle qu'elle soit, renonçant à toutes les voies d'appel, de recours en cassation, même de simple opposition, et s'obligeant à tenir ladite sentence pour irrévocablement rendue en dernier ressort. — Besançon, 18 mars 1828, J.G. *Arbitr.*, 1340 et 1337.

110. — II. *Défaut d'intérêt ou de qualité.* — La première condition pour être admis à attaquer une sentence arbitrale, c'est d'avoir intérêt à le faire. Ainsi, une partie n'est pas recevable, à défaut d'intérêt, à attaquer un jugement arbitral comme ayant prononcé sur chose non demandée, sous le prétexte que la somme qu'elle réclamait à titre d'indemnité ne lui a été adjugée qu'à titre d'appointement, alors que c'est dans son unique intérêt que cette allocation a eu lieu. — Lyon, 14 juill. 1828, J.G. *Arbitr.*, 1247 et 1248.

111. Une mère tutrice, aux droits de laquelle la sentence rendue contre ses enfants mineurs porte atteinte, a qualité pour intervenir dans l'instance en nullité de cette sentence, et proposer des moyens qui lui sont personnels. — Civ. r. 27 mai 1818, J.G. *Arbitr.*, 1247 et 1339.

112. Les nullités qui résultent du défaut de qualité des parties sont proposables en tout état de cause et par toutes les parties, à moins que, par un privilège particulier, il ne soit donné qu'à l'une des parties de les faire valoir. Tel est le cas de l'art. 1125 c. civ. — J.G. *Arbitr.*, 1248.

113. — III. *Ratification.* — Les nullités pour inobservation des formes sont proposables par toutes les parties mais elles se couvrent par leur ratification *expresse.* — J.G. *Arbitr.*, 1248.

114. Ainsi, la sentence arbitrale rendue sur un compromis passé entre deux individus étrangers à la contestation sur laquelle ce compromis intervient, mais qui se portent fort pour les parties intéressées, ne peut être annulée par cela seul que l'une des parties n'aurait ratifié le compromis que postérieurement à la sentence : cette ratification a un effet rétroactif. — Req. 18 mars 1829, J.G. *Arbitr.*, 1251-1°.

115. Les nullités sont encore couvertes par l'*exécution* du compromis qui est une ratification *tacite.* — J.G. *Arbitr.*, 408, 1248

116. Ainsi, la sentence échappe à toute voie de recours, lorsqu'il y a eu remise par les parties du compromis à l'arbitre. — Req. 11 févr. 1823, J.G. *Arbitr.*, 1250 et 1249. — Pau, 19 juin 1828, *ibid.*, 1306. — Aix, 6 mars 1829, *ibid.*, 1327. — V. *infrà*, n° 124.

117. Il en est de même des dires et de la comparution volontaire devant les arbitres ou sur les lieux. — Besançon, 18 déc. 1811, J.G. *Arbitr.*, 1250 et 898. — Req. 17 janv. 1826, *ibid.*, 740. — Paris, 14 janv. 1843, *ibid.*, 1250.

118. ... Quoique, par exemple, il ait été compromis pour la femme par son mari sans mandat. — Toulouse, 8 mai 1820, J.G. *Arbitr.*, 1250 et 299.

119. Spécialement, la signature de la femme, mise au bas d'un mémoire d'instruction produit par son mari devant les arbitres chargés de prononcer sur une contestation relative à un bien paraphernal et relatant toutes les conclusions précédemment prises, constitue de la part de la femme une ratification du compromis consenti par son mari. — Req. 6 oct. 1808, J.G. *Arbitr.*, 397-2°.

120. Jugé toutefois que le vice de la nomination d'arbitres par un individu sans pouvoir n'est pas couvert par la comparution de la partie elle-même devant les arbitres. — Toulouse, 29 avr. 1820, J.G. *Arbitr.*, 1250 et 275.

121. Une sentence échappe à toutes voies de recours, en ce que le compromis n'aurait pas été fait double, si les parties ont comparu devant les arbitres et ont proposé leurs défenses. — Req. 12 févr. 1812 ; Civ. c. 15 févr. 1814, J.G. *Arbitr.*, 1249-1° et 410. — Req. 11 févr. 1823, *ibid.*, 1249-1°. — Req. 7 févr. 1826, *ibid.*, 315. — Bordeaux, 22 mai 1832, J.G. *Obligat.*, 4060-4°. — Rennes, 26 nov. 1835, J.G. *Arbitr.*, 407.

122. ... Ou si elles ont exécuté la sentence. — Grenoble, 7 déc. 1824, J.G. *Arbitr.*, 1249-1° et 1120. — Req. 1er mars 1830, *ibid.*, 1306.

123. Lorsqu'un compromis n'a pas été fait double, l'exécution de cet acte ne couvre pas seulement le vice résultant du défaut de mention du nombre des originaux, mais encore celui qui résulte de ce qu'en réalité le compromis n'a pas été fait double. — Req. 12 févr. 1812; Civ. c. 15 févr. 1814, J.G. *Arbitr.*, 410.

124. L'exécution d'un compromis peut consister dans la remise de cet acte non fait double entre les mains des arbitres, du consentement et du fait même de chacune des parties. — Bordeaux, 22 mai 1832, J.G. *Obligat.*, 4060-4°. — Nancy, 14 juin 1845, J.G. *Arbitr.*, 403. — V. *suprà*, art. 1005, n°s 42 et s.

125. Jugé, toutefois, que la nullité résultant de ce qu'un compromis n'a pas été fait double n'est pas couverte par les dires et comparutions des parties devant les arbitres, alors que ces dires et comparutions ne sont attestés que par ces arbitres ainsi irrégulièrement nommés. — Trèves, 15 nov. 1811, J.G. *Arbitr.*, 409.

126. La sentence est également inattaquable à défaut de capacité du notaire rédacteur du compromis, qui y était nommé arbitre, si les parties ont comparu volontairement devant les arbitres. — Civ. r. 25 mars 1829. J.G. *Arbitr.*, 1249-2°.

127. L'opposition n'est plus recevable lorsqu'il y a eu des actes d'exécution spécifiés dans l'art. 159 c. pr. civ., et, par exemple, saisie-exécution d'objets mobiliers appartenant à la partie condamnée par la sentence. — Paris, 19 mars 1842, J.G. *Arbitr.*, 1251-2°.

128. — IV. Acquiescement. — L'acquiescement rend non recevables les voies de recours contre les sentences des arbitres et cet acquiescement peut provenir du payement des frais. — Nîmes, 21 nov. 1840, J.G. *Arbitr.*, 1252-1° et 1025. — V. *Appendice* au tit. 23, part. 1re, liv. 2, *Acquiescement*, n°s 467 et s., *suprà*, p. 533.

129. ... Mais non du payement des honoraires des arbitres. — Rennes, 26 mai 1824, J.G. *Arbitr.*, 1252-1° et 1311.

130. L'acquiescement résulte encore ... de la plaidoirie au fond et des défenses fournies par les parties après un jugement arbitral qui rejette un déclinatoire. — Metz, 12 mai 1818, J.G. *Arbitr.*, 1252-2° et 668.

131. ... De l'exécution par toutes les parties d'un jugement interlocutoire, bien que ce jugement n'ait pas encore été revêtu de l'ordonnance d'exécution. — Aix, 15 juin 1808, J.G. *Arbitr.*, 1252-3°.

132. Mais celui qui, après avoir obtenu l'annulation d'une ordonnance d'*exequatur* délivrée par le président du tribunal de commerce, comme incompétemment rendue, a demandé le dépôt de la sentence arbitrale au greffe du tribunal civil, n'est pas réputé avoir acquiescé à cette sentence, le dépôt étant un préliminaire nécessaire pour pouvoir saisir le tribunal de la demande en nullité. — Req. 27 août 1835, J.G. *Arbitr.*, 1252.

133. Pour qu'une fin de non-recevoir résulte de l'acquiescement, il faut qu'il soit donné avec l'intention d'exécuter la sentence, ce qui n'a pas lieu si elle n'est énoncée dans aucun des actes constitutifs de l'acquiescement, et s'il n'est pas établi que, lorsqu'ils ont été passés, la sentence fût connue de l'exécutant. — Civ. r. 20 févr. 1826, J.G. *Arbitr.*, 1252.

Table sommaire.

DISPOSITIONS GÉNÉRALES

Art. 1029.

Aucune des nullités, amendes et déchéances prononcées dans le présent Code, n'est comminatoire.—C. pr. civ. 10, 15. 56, 61, 64, 65, 66, 67, 68, 69, 70, 147, 156, 173, 191, 213, 237, 260 s., 269, 271, 276, 278, 280, 344, 357, 360, 366, 374, 390, 397 s., 444, 456, 471, 479, 480, 503, 511, 514, 516, 608, 655, 664, 707, 709, 711, 715, 728, 739, 743, 794, 838, 869, 873, 1006, 1030, 1039.

1. Si aucune des déchéances prononcées dans le code de procédure civile n'est comminatoire, il ne suit pas de là que les juges doivent la prononcer dans le cas où la loi ne la prononce pas. — Req. 2 févr. 1826, J.G. *Délai*, 58, et *Faux incid.*, 153-2°.

2. En matière de délai, les mots *au plus tard* n'ont pas été considérés comme emportant déchéance du délai. — Ch. réun. c. 21 mars 1835, J.G. *Délai*, 59, et *Impôts indir.*, 493.

3. Quand la loi circonscrit dans un délai déterminé, à peine de déchéance, l'exercice d'un droit, c'est une prescription qu'elle établit au profit de celui contre lequel ce droit peut être exercé. — Caen, 1er févr. 1842, J.G. *Délai*, 61.

4. On peut renoncer à une déchéance acquise dans les matières d'intérêt privé; mais il n'en est pas de même pour les matières touchant à l'ordre public. — J.G. *Délai*, 62.

5. Même dans les cas où la renonciation à une déchéance est permise, cette déchéance peut être proposée en tout état de cause. — Limoges, 5 juin 1823, J.G. *Délai*, 62, et *Ordre.* 716-3°.

6. Mais on ne pourrait renoncer d'avance à se prévaloir d'une déchéance qui ne serait point encore acquise. — J.G. *Délai*, 62.

7. Lorsqu'il s'agit de formalités à remplir dans des greffes ou bureaux publics dont les heures d'ouverture ou de fermeture sont fixées par des règlements, la formalité peut encore être accomplie, même après la fermeture du bureau ; tant que la dernière heure du délai n'est pas arrivée, la partie serait

fondée à faire constater par huissier qu'elle a fait tout ce qui était en elle pour remplir l'obligation qui lui était imposée (Quest. controv.). — J.G. *Délai*, 66. — V. *suprà*, art. 754, n°s 5 et s.; art. 755, n°s 181 et s.; Décr. 30 mars 1808, art. 90, *suprà*, p. 239; *Appendice au livre 4, 1re partie, Pourvoi en cassation*, n°s 375 et s., *suprà*, p. 799. — V. aussi art. 967, n° 7.

8. Pour apprécier le caractère de la déchéance qui résulte de l'expiration du délai, il faut distinguer les délais qui sont accordés par la loi, ceux qui sont stipulés par les parties et ceux qui sont fixés par le juge. Ce n'est qu'à l'égard des délais établis par la loi que la déchéance est fatale et qu'aucun relief n'est permis au juge, si ce n'est dans le cas où la loi l'a autorisé. — J.G. *Délai*, 63.

9. La déchéance résultant de l'expiration du délai fixé pour l'exercice d'une action est encourue, bien que la tardiveté de l'action soit imputable à la négligence d'un tiers qui, chargé en temps utile de la former, n'a point agi parce qu'il se trouvait en même temps chargé des intérêts du défendeur, s'il n'est point établi qu'il y ait eu concert dolosif avec ce dernier. — Civ. c. 10 déc. 1855, D.P. 56. 1. 59.

10. La déchéance est encourue, alors même que le fait d'un litisconsort a empêché l'accomplissement de la formalité, à moins toutefois qu'il ne s'agisse d'une matière indivisible ou solidaire. — J.G. *Délai*, 67.

11. Les effets de la déchéance s'étendent aux actes qui sont la suite de celui qui est maintenu à défaut de recours dans le délai. — J.G. *Délai*, 67.

12. Les délais fixés par le juge, même sous des peines pécuniaires, ne sont que comminatoires. — V. *Code civil annoté*, art. 1351, n°s 1022 et s.

13. Le temps accordé à celui qui est condamné, pour satisfaire au jugement, est aussi accordé à ses héritiers et autres successeurs, au moins pour ce qui reste de temps non encore écoulé. — J.G. *Délai*, 69.

14. Enfin, relativement aux délais stipulés par les parties, leur expiration ne saurait en général constituer une déchéance. C'est en vain qu'elles y auraient attaché la perte d'un droit : la stipulation ne les lierait que suivant les principes des obligations. Il pourrait résulter de l'expiration des délais la perte d'un droit ou l'application d'une clause pénale; mais il faudrait que les parties se fussent expliquées bien formellement sur ce point pour que la clause pénale fût déclarée encourue. — J.G. *Délai*, 70. — V. *Code civil annoté*, art. 1230.

Art. 1030.

Aucun exploit ou acte de procédure ne pourra être déclaré nul, si la nullité n'en est pas formellement prononcée par la loi.

Dans les cas où la loi n'aurait pas prononcé la nullité, l'officier ministériel pourra, soit pour omission, soit pour contravention, être condamné à une amende, qui ne sera pas moindre de cinq francs et n'excédera pas cent francs. — C. pr. civ. 1029.

1. Il y a deux espèces de nullités : les nullités d'exploit proprement dites et les nullités du fond. Les nullités de procédure proprement dites, c'est-à-dire celles résultant de l'omission d'une formalité de délai prescrite par la loi, doivent être demandées pour être prononcées, et elles peuvent se couvrir si elles n'ont été proposées avant toute défense ou exception. — J.G. *Exploit* 395. — V. *suprà*, art. 173.

2. Les nullités du fond sont celles qui sont fondées sur un moyen de droit ou une considération d'ordre public. Telle est l'assignation donnée devant un tribunal incompétent *ratione materiæ*, ou sans qu'il y ait eu préliminaire de conciliation, ou par une personne non revêtue du caractère d'huissier, ou par un huissier hors du ressort du tribunal auquel il est attaché. Toutes ces nullités doivent être prononcées d'office, quoique la loi ne les prononce pas formellement. — J.G. *Exploit.*, 395; *Nullité*, 35.

3. Ainsi, l'omission des formalités substantielles d'un acte emporte nullité, bien que la loi ne l'ait pas exprimé. — Paris, 19 mars 1825, J.G. *Nullité*, 16, et *Saisie-gagerie*, 38.

4. L'infraction aux formalités prescrites à peine de nullité, ne peut être tolérée, sous prétexte que la partie intéressée ne justifie pas en avoir éprouvé un préjudice. — Ren-

nés, 22 nov. 1823, J.G. *Nullité*, 34, et *Exploit*, 181-1°. — Conf. J.G. *Nullité*, 35.

5. Jugé toutefois que l'omission, dans la copie de l'exploit, des noms, demeure et immatricule de l'huissier, n'est pas une cause de nullité de l'appel, lorsqu'elle n'a occasionné aucun préjudice à l'intimé et qu'il a comparu sur l'assignation. — Colmar, 23 janv. 1818, J.G. *Nullité*, 35, et *Exploit*, 146.

6. Il ne suffit pas d'articuler d'une manière vague et générale qu'un exploit est nul ; on doit préciser cette nullité dans la demande : autrement le moyen ne pourrait être présenté devant la cour de cassation. — J.G. *Exploit*, 396.

7. L'omission des formalités non prescrites à peine de nullité ne peut donner lieu, selon la disposition finale de l'art. 1030, qu'à une amende contre l'officier ministériel. — J.G. *Exploit*, 398.

8. Ainsi, l'emploi de papier libre au lieu de papier timbré pour un exploit (signification de jugement ou d'arrêt) n'est pas une cause de nullité de cet exploit, et ne peut donner lieu qu'à une amende. — Civ. r. 12 mars 1839, J.G. *Exploit*, 398-1°, et *Cassat.*, 1148-3°.

9. La règle qui ne permet pas d'établir des nullités par induction ou par analogie s'applique même au cas où la loi aurait disposé qu'une assignation serait donnée dans la huitaine au plus tard ; en un tel cas, si la déchéance n'est pas prononcée formellement, il n'est pas permis de la suppléer. — Cr. c. 31 janv. 1834, J.G. *Exploit*, 398-2°, et *Impôts indir.*, 493.

Art. 1031.

Les procédures et les actes nuls ou frustratoires, et les actes qui auront donné lieu à une condamnation d'amende, seront à la charge des officiers ministériels qui les auront faits, lesquels, suivant l'exigence des cas, seront en outre passibles de dommages et intérêts de la partie, et pourront même être suspendus de leurs fonctions. — Décr. 30 mars 1808, art. 102. — C. pr. civ. 63, 66, 71, 81, 82, 102, 105, 132, 152, 191, 281, 293, 338, 360, 465, 529, 531, 562, 609, 624, 667, 707, 711, 799. — C. civ. 1149, 1382. — C. instr. cr. 415.

1. — I. ACTES NULS. — Un acte de procédure ne peut être considéré comme nul par la faute de l'avoué et les frais ne peuvent en être mis à sa charge que si la nullité en est formellement prononcée par un texte de loi. — J.G. *Avoué*, 240. — V. *suprà*, art. 1030.

2. Sur la responsabilité civile des avoués à raison des nullités par eux commises, et sur les dommages-intérêts auxquels ils peuvent être condamnés envers les parties, V. *Code civil annoté*, art. 1383, n°s 325 et s.

3. Si un exploit est déclaré nul par le fait de l'huissier, il peut être condamné aux frais de l'exploit et de la procédure annulée, et même à des dommages-intérêts. — V. *suprà*, art. 71.

4. — II. ACTES FRUSTRATOIRES. — 1° *Actes devant être considérés comme frustratoires.* — Un acte ne doit pas être considéré comme frustratoire, par cela seul qu'il n'est pas indiqué par le Code, par exemple, l'assignation en déclaration de jugement commun, le procès-verbal de carence, etc. — J.G. *Frais et dép.*, 898.

5. Il ne suffit pas, non plus, qu'un acte soit inutile pour qu'il puisse être considéré comme frustratoire dans le sens de la loi, et qu'il y ait lieu, par suite, de le mettre à la charge de l'avoué. Les requêtes ou défenses, signifiées par les avoués, quoiqu'elles ne soient généralement d'aucune utilité, ne sont pas toujours frustratoires. — J.G. *Avoué*, 241.

6. Le point de savoir si des frais sont frustratoires, est apprécié souverainement par les juges du fond. — Civ. r. 19 août 1835, J.G. *Avoué*, 242-4°. — Req. 31 mai 1858, D.P. 58. 1. 407-408.

7. Pareillement, les décisions qui mettent à la charge des officiers ministériels, comme frais frustratoires les frais des procédures qu'ils ont faites, ont un caractère disciplinaire qui les met à l'abri du contrôle de la Cour de cassation. — Req. 28 févr. 1855, D.P. 55. 1. 460.

8. Spécialement, l'avoué qui, après avoir adressé à son client un état de frais comprenant des frais taxés et des dépenses non taxées, a poursuivi ce client en justice, malgré l'offre que celui-ci lui avait faite des frais taxés, et sans au préalable fournir à ce client les documents nécessaires pour établir la légitimité des autres sommes réclamées a pu être condamné aux dépens, bien qu'il n'ait point succombé. — Même arrêt.

9. Les frais du préliminaire de conciliation ne peuvent être passés en taxes frustratoires dans les cas où la loi dispense de ce préliminaire. — J.G. *Frais et dép.*, 900-2°.

10. On doit regarder comme frustratoires ... les frais d'une opposition à l'ordonnance du président, qui permet d'assigner à bref délai, lorsque déjà une première opposition ayant le même objet a été rejetée par le tribunal dans la même cause. — Rennes, 13 janv. 1831, J.G. *Avoué*, 242-2°, et *Délai*, 118.

11. ... Les frais résultant, soit de copies de pièces d'une longueur démesurée en tête d'un exploit d'ajournement, alors que l'intérêt du procès était minime, et que l'avoué pouvait se borner à notifier un extrait de ces pièces ;... soit de la levée et signification d'un jugement obtenu contre les débiteurs, alors que l'avoué était prévenu que ces derniers étaient dans l'intention de déférer amiablement aux condamnations prononcées contre eux, et que, d'ailleurs, ses clients l'avaient engagé à suspendre toute exécution ;... soit de commandements devenus inutiles par les bonnes dispositions bien connues des débiteurs. — Req. 26 déc. 1837, J.G. *Avoué*, 242-3°.

12. Des qualités de jugement, devenues irrévocables entre les parties plaidantes, quant aux points de fait et de droit, après le règlement qui en a été fait, ou l'expiration des délais de l'opposition, ne conservent pas le même caractère vis-à-vis de l'avoué rédacteur qui réclame les frais de ces qualités : les juges taxateurs peuvent les réduire si elles leur paraissent trop étendues, ou contenir des détails oiseux. — Même arrêt, J.G. *Frais et dép.*, 900.

13. Les frais faits dans une instance en partage de succession entre un grand nombre d'héritiers, peuvent être déclarés frustratoires, et mis à la charge de l'avoué, lorsque les juges déclarent que c'est inutilement pour les parties, et seulement pour grossir ses émoluments, que cet officier ministériel a fait dix-sept dossiers au lieu d'un seul. — Civ. r. 19 août 1835, J.G. *Avoué*, 242-4°.

14. Les avoués de première instance qui, connaissant l'existence d'un héritier, ont poursuivi la liquidation et le partage de la succession entre d'autres héritiers, sans l'y appeler, peuvent, d'office, être déclarés responsables et personnellement condamnés aux frais de leur procédure frustratoire, en y comprenant les frais d'appel ; cette responsabilité pèse aussi bien contre ceux qui ont agi en demandant que contre ceux qui ont agi en défendant et s'en sont rapportés à justice. — Angers, 29 juill. 1843, J.G. *Frais et dép.*, 900-3°, et *Success.*, 1582.

15. Le coût des assignations à une enquête et de la taxe ne doit point être accordé, si les dépositions ont été rejetées du procès, mais le coût de l'expédition de l'enquête doit être accordé en entier, alors même que quelques dépositions auraient été rejetées, parce qu'il est nécessaire que le procès-verbal soit notifié en entier pour connaître les nullités de l'enquête. — Rouen, 29 nov. 1828, J.G. *Frais et dép.*, 417.

16. L'avoué qui a fait des frais au nom de ses clients, dont il était chargé de poursuivre les débiteurs, ne peut pas les répéter contre eux à titre de remboursement d'avances faites en exécution de son mandat, alors que ces frais ont été déclarés frustratoires, faits dans son propre intérêt et contre celui de ses clients. — Paris, 5 mai 1826, J.G. *Avoué*, 243. — Req. 26 déc. 1827, *ibid.*, 242-3°.

17. Les significations de conclusions faites en plus d'une copie à un même avoué, représentant plusieurs parties, mais qui ont toutes le même intérêt, sont frustratoires et par conséquent ne doivent pas être passées en taxe. — Poitiers, 27 juill. 1842, J.G. *Frais et dép.*, 900-4° et 221-2°.

18. On doit regarder comme frustratoires, et par suite comme devant être mis à la charge des avoués : les frais occasionnés dans un ordre par la présence des avoués de chacun des créanciers, lorsque tous auraient dû être représentés par un seul avoué, aux termes de l'art. 760 c. pr. — Colmar, 3 févr. 1825, J.G. *Avoué*, 242-1°.

19. La signification des jugements ne peut être faite qu'à la partie qui a succombé, et contre laquelle il y a lieu d'en poursuivre l'exécution ; en conséquence, on doit considérer comme frustratoires les significations faites aux intervenants qui ont fait cause commune avec la partie qui a obtenu gain de cause, bien qu'une partie des dépens ait été laissée en commun à la charge de cette partie et des intervenants, mais sans solidarité. — Rennes, 3 déc. 1810, J.G. *Frais et dép.*, 355. — V. observ., *ibid.*

20. Une signification de jugement faite à une partie qui n'est frappée par ce jugement d'aucune condamnation, et qui n'aurait point le droit d'en interjeter appel, doit être déclarée frustratoire et rester à la charge de l'officier ministériel duquel elle émane. — Civ. c. 18 juin 1856, D.P. 56. 1. 253.

21. Ainsi, lorsque, durant une instance, plusieurs des parties ont cédé leurs droits par des actes régulièrement notifiés aux parties adverses, et que, du consentement commun, elles ont cessé de figurer dans cette instance reprise, à partir du transport, au nom du seul cessionnaire, les significations à elles faites du jugement intervenu, qui ne prononce contre elles aucune condamnation, doivent être rejetées de la taxe comme ayant un caractère frustratoire. — Même arrêt.

22. Et il n'importe en cas pareil, soit que les cédants n'aient point conclu expressément à leur mise hors de cause, soit même qu'ils aient continué à figurer aux qualités du jugement, s'ils y ont été désignés en leurs qualités de cédants, et non à titre de parties au procès. — Même arrêt.

23. Doivent être considérés comme frustratoires et non admissibles en taxe, les frais d'une signification de jugement à un tiers étranger à l'instance, alors même que ce tiers devrait être informé de ses dispositions pour s'y conformer, la loi ayant établi pour ce cas un mode moins coûteux de porter le jugement à sa connaissance. — Riom, 10 août 1858, D.P. 58. 5. 200.

24. La contre-dénonciation de jugement est frustratoire si, en signifiant le jugement, la partie n'a pas fait des réserves pour l'attaquer. — J.G. *Frais et dép.*, 356 et 357.

25. La signification des jugements préparatoires faite à la partie, serait frustratoire. Ainsi, un avoué ne peut réclamer l'admission en taxe de la signification qu'il a faite d'un jugement qui, ne portant aucune condamnation, n'a fait que nommer des experts ; il en est de même du jugement qui, sur la

rapport des experts, ordonne la licitation; et il en doit être ainsi, à plus forte raison, lorsque les jugements ont été consentis par les parties. — Req. 25 févr. 1834, J.G. *Frais et dép.*, 358.

26. Si l'avoué a occupé dans l'instance pour plusieurs parties collectivement, une seule copie du jugement ou de l'arrêt suffit ; les autres copies devraient être rejetées de la taxe. — J.G. *Frais et dép.*, 360.

27. Mais la signification du jugement qu'un avoué, occupant à la fois pour deux des parties litigantes, s'est faite à lui-même, doit lui être passée en taxe, lorsque ces deux parties, bien que d'accord pour concourir au même but, se sont cependant divisées dans leurs moyens de défense; le jugement a dû être signifié à la partie dont les moyens n'ont pas été adoptés, et préalablement à l'avoué. — Nancy, 6 janv. 1843, J.G. *Frais et dép.*, 360.

28. Et cette signification à l'avoué doit être faite en autant de copies qu'il y a de parties. — Même arrêt.

29. Lorsque la loi exige que la signification d'un jugement soit faite à l'avoué seulement, la signification à la partie est frustratoire.— V. *suprà*, art. 762, n° 68.

30. Des officiers publics peuvent-ils consentir pour leurs clients à ce que les significations aient lieu à un domicile déterminé et élu, ou à ce qu'elles soient faites régulièrement par une seule copie? Une distinction doit être faite entre le cas où le consentement émane d'un huissier et celui où il émane d'un avoué, le consentement émané d'un huissier est valable jusqu'à désaveu; en conséquence, malgré la possibilité de ce désaveu, les significations doivent, à peine de rejet de la taxe, être faites conformément au consentement donné. — Rouen, 11 févr. 1839, J.G. *Frais*, 362, et *Domic. élu*, 104-2°.

31. De même, lorsque dans un exploit (un acte d'appel) contenant une élection de domicile, des parties ont déclaré se contenter, pour toutes significations à faire dans le cours de l'instance, d'une seule copie remise au domicile élu, cette déclaration (d'ailleurs valablement faite par l'huissier sans pouvoir spécial) est obligatoire pour la partie adverse; les significations faites par elle au domicile réel ne doivent pas entrer en taxe, alors même que l'une des parties serait venue à décéder : cette circonstance n'autorise pas à signifier au domicile des héritiers. — Rouen, 19 mai 1842, J.G. *Frais et dép.*, 362.

32. Si au contraire le consentement a été donné par l'avoué de la cause, sans un pouvoir spécial, il n'est pas valable. Ainsi, un avoué qui occupe pour plusieurs parties, dans une instance, ne peut pas, sans mandat spécial consentir que le jugement ou l'arrêt rendu contre ses clients soit signifié pour tous à un seul domicile désigné; par suite, les frais des significations qui ont été faites au domicile réel de chaque partie, nonobstant celle qui avait eu lieu au domicile désigné, doivent entrer en taxe. — Rouen, 14 août 1843, J.G. *Frais et dép.*, 362.

33. L'action en payement d'une somme, formée en vertu d'une reconnaissance, n'est pas frustratoire, bien que le demandeur soit déjà porteur d'un jugement qui a reconnu la dette, où cet acte est frappé de prescription. — Bordeaux, 24 août 1831, J.G. *Frais et dép.*, 903.

34. De même, celui qui ayant un titre paré, procède contre son débiteur par action, au lieu d'agir par voie d'exécution, ne doit pas supporter comme frustratoires les frais auxquels cette action a donné lieu, lorsqu'il ne l'a exercée que par suite des exceptions employées contre lui par son débiteur. — Req. 13 déc. 1831, J.G. *Frais et dép.*, 903.

35. L'avoué qui, après avoir obtenu la distraction des dépens adjugés au mari, a dirigé contre la femme des poursuites de saisie immobilière, pour obtenir le payement de ces dépens, encourt les peines portées par les art. 1030 et 1031 c. pr. et notamment la suspension de ses fonctions.—Paris, 1er août 1820, J.G. *Contr. de mar.*, 2442. — V. aussi *Code civil annoté*, art. 1383, n° 285.

36. Les frais d'une procédure inutile doivent être laissés à la charge de l'avoué, alors même qu'il l'a engagée à la prière et sur les instances de son client. — Bordeaux, 22 août 1871, D.P. 72. 2. 214.

37. Ainsi un arrêt a pu déclarer frustratoires les frais faits par un avoué, en ce qu'il a actionné les tiers détenteurs de l'immeuble hypothéqué par action principale, malgré les dispositions formelles de l'art. 2169 c. civ.; il importerait peu qu'il en eût reçu l'ordre de son client.—Colmar, 13 janv. 1821, J.G. *Frais et dép.*, 901.

38. Jugé cependant que l'avoué est responsable des frais d'une opposition frustratoire, *à moins qu'il n'y ait été autorisé par son client*. — Rennes, 13 janv. 1831, J.G. *Frais et dép.*, 901 et *Délai*, 118.

39. Les frais frustratoires faits par un officier ministériel doivent rester à sa charge alors même que les juges constateraient qu'il a pu se tromper de bonne foi sur le caractère frustratoire de ces frais : ici ne s'applique pas le pouvoir facultatif reconnu aux juges en matière de condamnation à des dommages-intérêts ou à des peines disciplinaires, pour erreur ou faute commise par des officiers ministériels. — Civ. c. 10 nov. 1858, D.P. 58. 1. 463-464.

40. Et doivent être considérés comme frustratoires les frais des significations aux créanciers en cause, d'un jugement d'adjudication après conversion des poursuites de saisie immobilière en vente sur publications volontaires, et des jugements qui l'ont précédé : on objecterait vainement que ces significations étaient nécessaires pour faire courir les délais de l'appel, les actes de juridiction volontaire n'étant pas sujets à l'appel. — Même arrêt.

41. En conséquence, les frais dont il s'agit ne peuvent être alloués à l'avoué qui a fait ces significations, même en vertu du cahier de charges, et dans l'opinion erronée qu'un jugement d'adjudication sur publications volontaires doit être signifié à toutes les parties en cause, par extension des règles applicables aux ventes de biens de mineurs. — Même arrêt.

42. Toutefois, il suffit qu'il y ait controverse sur la question de savoir si la signification préalable à avoué de l'arrêt rendu sur l'appel d'un jugement d'ordre est nécessaire, pour que l'avoué de la partie gagnante ne puisse encourir le reproche de l'avoir fait faire, et pour qu'elle lui soit dès lors passée en taxe. — Orléans, 19 juin 1855, D.P. 56. 2. 120.

43. Le tribunal n'est pas tenu, en rejetant des frais comme frustratoires, de réserver d'office le recours qui pourrait appartenir à l'officier ministériel contre son client en vertu des principes du mandat. — Req. 8 mars 1848, D.P. 48. 1. 76.

44. Un arrêt peut, sans excès de pouvoir, mettre tous les frais d'une procédure frustratoire à la charge de l'avoué, et en décharger ainsi toutes les parties, même celles qui ne se plaindraient pas, si l'arrêt réserve en même temps à l'avoué son recours contre les parties qui l'auraient autorisé à procéder comme il a fait. — Civ. r. 19 août 1835, J.G. *Avoué*, 242-4°.

45. Si les juges peuvent mettre des dépens à la charge d'un avoué, ils ne peuvent pas, après les avoir taxés, lui faire supporter les frais de la saisie-exécution faite par un huissier sous prétexte que ces frais seraient considérables et que l'avoué aurait dirigé les poursuites ; ils ne peuvent pas non plus le condamner à payer le prix des objets mobiliers saisis et vendus, en se fondant sur ce que les frais auraient doublé le prix de la vente. — Bourges, 15 févr. 1815, J.G. *Avoué*, 288.

46. L'acquiescement à un jugement en rend-il frustratoire la levée et la signification? — V. *suprà*, p. 545, n°s 868 et suiv.

47. — 2° *Compétence et procédure*. — C'est le tribunal ou la cour où les frais frustratoires ont été faits, qui les mettent à la charge de l'officier ministériel lorsqu'ils se produisent accessoirement à l'instance. En toute autre occasion, ce dernier aurait le droit de réclamer pour sa défense les deux degrés de juridiction. — J.G. *Défense*, 186.

48. Quand des frais sont déclarés frustratoires par un tribunal, ce tribunal, qu'il soit saisi en première instance ou sur appel, peut, en mettant les frais à la charge de l'avoué, le condamner aussi à une peine disciplinaire, sans que celui-ci ait à se plaindre d'avoir été privé d'un degré de juridiction. — Civ. r. 19 août 1835, J.G. *Avoué*, 292 et 242-4°.

49. Un officier ministériel ne pourrait pas être appelé par une partie, devant la Cour de cassation, en déclaration d'arrêt commun ; cette partie doit s'adresser aux tribunaux ordinaires. — Civ. r. 6 nov. 1820, J.G. *Défense*, 186, et *Cassat.*, 1139.

50. Les frais des actes nuls ou frustratoires peuvent être mis à la charge des officiers ministériels sans qu'il soit nécessaire de les appeler dans l'instance. — Rennes, 11 avr. 1835, J.G. *Défense*, 185-1°.

51. Ainsi, l'avoué est non recevable à se pourvoir en cassation contre l'arrêt qui déclare frustratoires les frais faits par lui, sans qu'il ait été ni appelé ni entendu. — Req. 7 mars 1831, J.G. *Avoué*, 244-1°.

52. L'avoué qui, dans un procès qu'il dirige lui-même, dans son intérêt et dans celui de ses confrères, mais sous le nom de personnes interposées, a été condamné personnellement aux frais, ne peut se faire un moyen de ce qu'il aurait été condamné sans avoir été entendu; il doit être réputé avoir été entendu personnellement et individuellement, et, comme avoué, il a pu être déclaré passible des frais de la procédure frustratoire par lui faite. — Req. 22 mai 1832, J.G. *Avoué*, 244-2°.

53. Le droit de faire réduire les frais réclamés par un avoué peut être exercé par le client de cet avoué, sans qu'il soit besoin d'un désaveu préalable. — Req. 26 déc. 1837, J.G. *Frais et dép.*, 902, et *Avoué*, 242-3°.

54. — III. RESPONSABILITÉ DES AVOUÉS EN CAS DE CONSEILS FRAUDULEUX. — Un avoué peut être condamné aux dépens, comme responsable d'un conseil donné insidieusement et de mauvaise foi ; les frais qui ont été faits alors sont véritablement des frais frustratoires. — (Motifs) Civ. c. 13 juill. 1824, J.G. *Avoué*, 245. — V. observ., *ibid.* — V. aussi *Code civil annoté*, art. 1383, n°s 284 et suiv.

55. Il y a lieu de condamner aux frais frustratoires par lui faits l'avoué qui, étant le conseil de toutes les parties, a, dans un esprit de chicane et de mauvaise foi, conseillé une poursuite en saisie immobilière contre trois acquéreurs pour le recouvrement d'une modique créance solidaire, et rédigé de sa main les conclusions d'audience de toutes les parties. — Req. 25 févr. 1834, J.G. *Avoué*, 245, et *Privil. et hyp.*, 977.

56. Doit être condamné aux frais et même suspendu de ses fonctions, un avoué qui avait conseillé et dirigé une saisie, pour les dépens seulement, sur les immeubles d'une femme, au nom du mari et pendant que la communauté existait encore. — Paris, 1er août 1820, J.G. *Avoué*, 245, et *Contr. de mar.*, 2441.

57. De même, si un procès, quoique intenté et soutenu par des individus en leur nom personnel, n'a été que de concert avec un avoué, dont ils sont les représentants interposés, et dans l'intérêt exclusif de ce dernier ou de sa compagnie, en ce que, par exemple, il s'agit uniquement de déterminer les droits des avoués contre les huissiers, l'avoué a pu être condamné personnellement aux dépens. — Req. 22 mai 1832, J.G. *Avoué*, 245 et 244.

58. En cas pareil, dire qu'un avoué est condamné aux dépens, par ce que c'est dans son intérêt unique, d'après ses conseils, que le procès est soutenu par des prête-noms, c'est motiver suffisamment, et même explicitement, le rejet du moyen pris de ce qu'il aurait été condamné sans avoir été entendu. — Même arrêt.

Table sommaire.

Accessoire 47.	Déclaration (jugement commun 4.	anciens 18, 42.
Acquiescement 46.	Déclaration d'arrêt commun 49.	Partage de succession 13.
Acte frustratoire 4 s.	Degré de juridiction 48.	Peine disciplinaire 48.
Acte inutile 5.	Délai (appel) 10.	Personne interposée 52, 57.
Acte nul 1 s., 50.	Désaveu 53.	Pouvoir du juge 6, 39.
Assignation (enquête) 15.	Dette (reconnaissance) 33.	Prête-nom 58.
Assignation à bref délai 10.	Discipline 7, 39.	Procédure 47 s.
Avances (avoué, remboursement) 16.	Disposition d'office 14.	Procédure inutile 36.
Avoué 8, 11 s., 25 s.; (faute) 1; (responsabilité, conseils, frauduleux) 54 s.; (suspension, fonctions) 85.	Domicile élu 31.	Procès-verbal de créance 4.
Cahier des charges 41.	Dommages - intérêts 2 s., 39.	Qualité (jugement) 12.
Cession 21.	Enquête 15.	Recours réservé 43 s.
Communauté de biens 56.	Femme mariée 56.	Responsabilité civile (avoué) 2.
Compétence 47 s.	Frais et dépens 8; (distraction) 35; (réduction) 53; (taxe) 45.	Saisie - exécution 33.
Conciliation (préliminaire) 9.	Frais frustratoires 37 s.	Saisie immobilière 35, 55 s.
Conclusions signifiées 17.	Huissier 30 s.; (faute) 3.	Signification (jugement) 11, 27 s.
Conseils frauduleux 54 s.	Intervenant 19.	Signification à avoué 28 s., 42.
Contre dénonciation 24.	Mineur 41.	Signification à partie 29.
Copie de pièces 11.	Mise hors de cause 22.	Solidarité 29.
	Officier public 30.	Titre paré 34.
	Opposition (ordonnance, président) 10.	Vente sur publications volontaires 40 s.
	Ordre entre créanciers.	

Art. 1032.

Les communes et les établissements publics seront tenus, pour former une demande en justice, de se conformer aux lois administratives. — C. pr. civ. 49, 69, 336.

Loi 18 juill. 1837, art. 19, 20, 49 s.

1. Les préfets ont seuls qualité pour intenter les actions domaniales au nom de l'État. — V. *suprà*, art. 69, et suiv.

2. Le conseil général statue définitivement sur les actions à intenter ou à soutenir au nom du département, sauf les cas d'urgence dans lesquels la commission départementale peut statuer. — Le préfet intente les actions en vertu de la décision du conseil général, et il peut, sur l'avis conforme de la commission départementale, défendre à toute action intentée contre le département. — En cas de litige entre l'État et le département, l'action est intentée ou soutenue, au nom du département, par un membre de la commission départementale désigné par elle. — L. 10 août 1871, art. 46-15° et 54, D.P. 71. 4. 126 et suiv.

3. Le maire ne peut, au nom de la commune, intenter aucune action, autre que les actions possessoires, sans avoir obtenu l'autorisation préalable du conseil de préfecture. — L. 22 juill. 1837, art. 49 et suiv., J.G. *Commune*, 1518 et suiv.

4. L'autorisation préalable du conseil de préfecture est également exigée : pour les actions intentées par les hospices. — Arrêté du 7 messid. an 9, art. 11, 12 et 13, J.G. *Hospices*, p. 63, et *Organis. admin.*, 454. — L. 7 août 1851, art. 10, D.P. 51. 4. 154.

5. .... Pour les actions intentées par les bureaux de bienfaisance. — L. 18 juill. 1837, art. 21-5°, J.G. *Secours publics*, 403 et suiv.

6. ..... Pour les actions intentées par les fabriques. — Décr. 30 déc. 1809, art. 77, J.G. *Culte*, p. 704, et nos 617 et suiv.

7. ..... Pour les actions intentées par les évêchés, cures, chapitres cathédraux et collégiaux, les menses épiscopales et les séminaires. — Décr. 6 nov. 1813, art. 14, 29, 51, 53, 70, J.G. *Culte*, p. 709, et nos 497, 501, 504, 507, et *Organis. admin.*, 459 et 460.

8. ... Pour les actions intentées par les congrégations religieuses. — Décr. 18 févr. 1809, art. 14 ; Décr. 26 déc. 1810 ; Avis du comité de législation, 21 mai 1841, J.G. *Organis. admin.*, 457.

9. ... Enfin, pour les actions intentées par les consistoires. — Ord. 23 mai 1834, J.G. *Organ. admin.*, 458, et *Culte*, 722.

Art. 1033.

« Le jour de la signification et celui de l'échéance ne sont point comptés dans le délai général fixé pour les ajournements, les citations, sommations et autres actes faits à personne ou domicile.

« Ce délai sera augmenté d'un jour à raison de cinq myriamètres de distance.

« Il en sera de même dans tous les cas prévus, en matière civile et commerciale, lorsqu'en vertu des lois, décrets ou ordonnances, il y a lieu d'augmenter un délai à raison des distances.

« Les fractions de moins de quatre myriamètres ne seront pas comptées ; les fractions de quatre myriamètres et au-dessus augmenteront le délai d'un jour entier.

« Si le dernier jour du délai est un jour férié, le délai sera prorogé au lendemain » (L. 3 mai 1862).

Exposé des motifs, D.P. 62. 4. 44, nos 22 à 26; Rapport, D.P. 62. 4. 46, note 7.

1. — I. COMPUTATION DES DÉLAIS. — Les mois sont comptés suivant le calendrier grégorien. — L. 2 juin 1862, art. 9, D.P. 62. 4. 47.

2. Le délai par mois se compte de quantième à quantième. — J.G. *Délai*, 17 et 24.

3. Dans les délais fixés par jours, on ne compte pas date pour date, mais jour par jour, en tenant compte du trente et unième jour dans les mois de trente et un jours, et des jours qui manquent au mois de février. — J.G. *Délai*, 24.

4. Sur le point de savoir comment se calculent les délais en matière d'enquêtes, V. *suprà*, art. 257, nos 50 et s.

5. En ce qui concerne le délai accordé ou fixé par des jugements, ou délai de grâce, V. *Code civil annoté*, art. 1244, et *suprà*, art. 122 et s.

6. En ce qui concerne les suspensions de délais établies pendant la guerre de 1870-1871, V. Décr. des 9-14 sept. 1870, D.P. 70. 4. 87. — Décr. des 3-5 oct. 1870, D.P. 70. 4. 95, — et L. 26 mai-1er juin 1871, D.P. 71. 1. 144, rapportés dans le *Code civil annoté*, t. 2, p. 1215.

7. — II. JOURS TERMES. — Les *jours termes* sont le jour qui sert de point de départ à un délai et celui où ce délai échoit : le premier est désigné par les mots *dies à quo*, et le second, par les mots *dies ad quem*. — J.G. *Délai*, 22.

8. — 1° *Point de départ du délai ou jour à quo*. — En règle générale, le jour à partir duquel court un délai ne doit pas être compté dans le délai lui-même, à moins que le législateur n'en ait disposé autrement. — Rouen, 12 déc. 1862, D.P. 63. 2. 183. — Civ. c. 20 janv. 1863, D.P. 63. 1. 12, et sur renvoi, Nancy, 20 mai 1863, D.P. 63. 2. 184. — Observ. conf., J.G. *Délai*, 25.

9. De ce que le jour de départ à *quo* n'est pas, en général, compté dans le délai, il ne résulte pas que les actes qui doivent être accomplis dans un certain délai ne puissent être faits ce jour-là. — J.G. *Délai*, 28.

10. Lorsque le point de départ de l'application d'une disposition de loi est indiqué par ces mots : *à compter de tel jour*, cette désignation doit être considérée comme exclusive du jour à *quo*. — Caen, 19 févr. 1825, J.G. *Délai*, 29, et *Privil et hyp.*, 1647. — Bordeaux, 23 janv. 1826, J.G. *Contr. de mar.*, 2511. — Nancy, 16 juin 1830, J.G. *Droits polit.*, 225-1°. — C. cass. de Belgique, 10 mai 1852, D.P. 53. 5. 149. — Toulouse, 28 janv. 1853, D.P. 53. 2. 58.

11. Ainsi, les mots *à dater de ce jour*, qui suivent la fixation d'un terme, sont exclusifs du jour où le terme a été fixé pour le point de départ. — Besançon, 20 mars 1809, J.G. *Délai*, 29.

12. La règle qui exclut le jour à *quo* est si favorable que les tribunaux ont cru devoir la maintenir nonobstant l'emploi des mots *dans*, *en*, etc., employés par le législateur. C'est en ce sens qu'on a interprété les mots *dans les vingt jours* de l'art. 1975 c. civ. — Rouen, 3 déc. 1821, J.G. *Délai*, 30, et *Rente viagère*, 56.

13. Toutefois, une interprétation contraire pourrait résulter, soit de la nature même de la disposition édictée par le législateur, soit de l'usage ou de l'intention des parties. — J.G. *Délai*, 32.

14. Ainsi, la loi qui dit que les époux sont en communauté du jour de leur mariage doit être entendue en ce sens que la communauté commence le jour même et à l'instant du mariage. — V. *Code civil annoté*, art. 1399, nos 8 et s.

15. — 2° *Jour d'échéance* ou *Dies ad quem*. — Le jour de l'échéance appartient entier au délai. Le débiteur peut se libérer pendant toute sa durée. — J.G. *Délai*, 38.

16. Mais il en est autrement lorsque le délai est franc. — V. les numéros qui suivent.

17. — 3° *Délai franc*. — Un délai est franc lorsqu'on n'y comprend aucun des jours termes. — J.G. *Délai*, 22.

18. L'art. 1033 qui, pour certains actes, porte que le jour de la signification et celui de l'échéance ne seront pas comptés, s'applique aux délais accordés à ceux auxquels les significations et citations sont notifiées, et non aux délais prescrits sous peine de déchéance pour exercer des droits ou des actions. — Civ. r. 18 nov. 1846, D.P. 46. 1. 349.

19. La disposition de l'art. 1033 sur la franchise du délai est applicable toutes les fois qu'une signification à personne ou domicile est le point de départ du délai dans lequel un acte doit être consommé. — J.G. *Délai*, 40 et 42.

20. Ainsi, sont francs : 1° le délai de citation en conciliation (c. pr. civ. 51); 2° le délai des ajournements devant les tribunaux de paix, de première instance, de commerce et les cours d'appel (c. pr. civ. 5, 72, 416, 456); 3° le délai pour appeler en garantie (c. pr. civ. 175), pour obtenir la connaissance d'un écrit (art. 193), pour l'assignation de témoins et de la partie adverse, en matière d'enquête (art. 260, 261, 408); 4° le délai après lequel l'avoué doit rétablir les pièces communiquées (art. 190); 5° le délai qui doit s'écouler entre le commandement et la saisie-exécution (art. 583); 6° le délai des insertions dans les journaux en matière de saisie immobilière (art. 696, 699, 704); 7° et celui dans lequel doivent être faits les dires qui précèdent la publication du cahier des charges.— J.G. *Délai*, 40.

21. Le délai qui doit s'écouler entre la sommation d'exécuter un acte ou un jugement, et le jour fixé pour l'exécution, est, dans le silence de la loi, d'au moins vingt-quatre heures, le jour de la sommation et celui de l'exécution devant être écartés en matière de computation de délai. Ainsi, la sommation faite à un colicitant d'être présent à l'adjudication sur licitation est nulle, si elle ne lui a été signifiée que la veille du jour de l'adjudication. — Civ. c. 22 juin 1859, D.P. 59. 1. 256.

22. La règle générale pour la computation des délais établis par l'art. 1033 c. pr. civ. doit être appliquée aux délais fixés par les lois spéciales qui ne contiennent aucune disposition contraire, et, par exemple, au délai du recours en cassation contre la décision du jury en matière d'expropriation publique, fixé à quinze jours par l'art. 42 des lois des 7 juill. 1833 et 3 mai 1841. — Civ. r. 11 janv. 1836, J.G. *Exropr. publ.*, 287 et 314.

23. L'art. 1033 ne s'applique pas aux actes à l'égard desquels aucun délai n'a été fixé par la loi; par exemple, il n'est pas besoin d'observer entre la sommation d'être présent à une consignation d'offres réelles et la consignation elle-même, le délai d'un jour franc. — Caen, 6 mars 1848, D.P. 49. 2. 32.

24. Il n'est pas applicable davantage aux cas où la loi prescrit de faire un acte dans un délai déterminé : alors le délai n'est pas franc et le jour de l'échéance y est compris ; par conséquent, l'acte fait le lendemain de ce jour est tardif. — Bordeaux, 15 juill. 1864, D.P. 65. 2. 118, et sur pourvoi, Req. 4 déc. 1865, D.P. 66. 1. 106. — Observ. conf., J.G. *Délai*, 49.

25. Il en est ainsi, spécialement, ... pour le délai de huitaine dans lequel doit être dénoncée une saisie-arrêt. — V. *suprà*, art. 563, n° 14.

26. ... Pour le délai de trois jours accordé pour recuser des experts. — V. *suprà*, art. 309, n° 1.

27. ... Pour le délai de trois jours accordé pour faire déclaration de command. — V. *suprà*, art. 707, n° 6.

28. ... Pour le délai de dix jours accordés pour interjeter appel des jugements rendus en matière de saisie immobilière.—V. *suprà*, art. 731, n°° 57 et s.

29. ... Pour le délai de deux mois dans lequel la requête civile doit être formée. — V. *suprà*, art. 483, n°° 4 et s.

30. Il en est de même à l'égard des quarante jours accordés par l'art. 2185 c. civ. pour la notification d'une surenchère sur vente volontaire ; des huit jours accordés par le nouvel art. 708 pour surenchérir sur une vente par expropriation forcée ; des trois jours pour notifier cette surenchère (c. pr. civ. 709). — J.G. *Délai*, 50.

31. Le délai de huitaine, dans lequel une partie ayant avoué peut relever un défaut ou réitérer une opposition, est-il franc ? — V. *suprà*, art. 157, n°° 156 et s.

32. Le délai fixé par l'art. 755 c. pr. civ. comprend-il le jour *ad quem* ? — V. *suprà*, art. 755, n°° 179 et s.

33. Le délai accordé par l'art. 582 c. com. est-il un délai franc ? — V. *Code de commerce annoté*, art. 582.

34. Dans le délai fixé pour le renouvellement des inscriptions hypothécaires, doit-on compter le premier et le dernier jour du terme ? — V. *Code civil annoté*, art. 2154, n°° 23 et s.

35. La franchise de délai établie par l'art. 1033 ne s'applique qu'aux exploits proprement dits ; mais elle est étrangère aux mesures prescrites par un jugement. — J.G. *Exploit*, 44.

36. Ainsi, elle ne s'applique pas aux délais accordés par les juges, à moins que le

jugement ne s'en soit expliqué; spécialement, si un jugement contradictoire, prononcé le 7 août, accorde à une partie un délai de quinzaine du jour de la prononciation, sous peine de déchéance, pour faire une option, le jour de la prononciation et celui de l'échéance doivent être compris dans le délai : l'option est donc tardivement faite le 23, et le jugement qui déclare l'option valable viole la chose jugée. — Civ. c. 9 févr. 1825, J.G. *Exploit*, 544.

37. Il en est de même ... soit dans le cas où le juge accorde à une partie un délai de trois semaines à partir du 9 décembre pour faire une déclaration : cette partie n'est pas recevable à la faire le 31 du même mois. — Lyon, 7 févr. 1834, J.G. *Délai*, 48.

38. ... Soit dans le cas où il s'agit d'un délai de faveur accordé par un arrêt à une partie pour faire, par exemple, un remboursement. — Req. 3 sept. 1810, J.G. *Délai*, 47.

39. — III. AUGMENTATION DES DÉLAIS A RAISON DES DISTANCES. — 1° *Dans quels cas doivent être augmentés les délais*. — La franchise et l'augmentation du délai ne sont pas en corrélation nécessaire : il n'y a point lieu à augmentation de tout délai franc, et inversement, l'augmentation peut avoir lieu alors qu'il ne s'agit pas d'un délai franc. — J.G. *Délai*, 73.

40. — 2° *Délais susceptibles d'augmentation à raison des distances*. — Toutes les fois qu'il s'agit des actes que le législateur a eus en vue dans l'art. 1033, c'est-à-dire lorsqu'une partie est obligée d'obtempérer à un ajournement ou à une citation dans un certain délai, on doit avoir égard à la distance qui sépare son domicile de celui où elle doit se rendre pour accomplir l'acte qu'elle est sommée d'exécuter, ou pour comparaître au lieu où elle est sommée de se rendre : il faudrait une exception dans la loi pour qu'il en fût autrement. — J.G. *Délai*, 73.

41. La règle générale de l'augmentation du délai en raison des distances est applicable ... au cas où un créancier a été sommé de produire.—Metz, 15 juin 1824, J.G. *Délai*, 87.

42. ... Au délai que le revendiquant, en matière de saisie-exécution, doit donner au saisi en assignant celui-ci : ce délai doit être proportionné à l'éloignement du domicile du saisi, et réglé non-seulement par l'art. 1033, mais encore par l'art. 72 c. pr. civ. — Besançon, 30 avr. 1814, J.G. *Délai*, 87-3°.

43. L'art. 1033 c. pr. civ., en vertu duquel les délais fixés pour les ajournements, citations, sommations et autres actes faits à personne ou domicile, sont augmentés à raison des distances, s'applique non-seulement aux personnes à qui les actes sont adressés, mais aussi à celles qui sont tenues de faire ou délivrer ces actes dans un délai déterminé. — Civ. r. 22 août 1864, D.P. 64. 1. 356.

44. Mais cette disposition de l'art. 1033 n'est pas applicable aux actes de la procédure sur saisie immobilière. — V. *suprà*, art. 674, n° 8.

45. L'augmentation du délai à raison des distances est applicable aux convocations des membres du conseil de famille. — V. *Code civil annoté*, art. 411 et 439.

46. En matière d'enquête, le délai fixé par l'art. 261 c. pr. civ. est-il susceptible d'augmentation à raison des distances?—V. *suprà*, art. 261, n°° 49 et s.

47. Le délai de dix jours accordé pour appeler d'un jugement en matière d'ordre, doit être augmenté à raison de la distance entre le siège du tribunal et le domicile réel de l'appelant. — V. *suprà*, art. 762.

48. Les délais à raison des distances doivent être observés dans les assignations données en vertu de jugement de défaut-joint. — Civ. c. 27 févr. 1838, J.G. *Délai*, 91.

49. Sur la computation du délai de l'opposition à un jugement par défaut, en matière civile, V. *suprà* art. 157, n°° 161 et s. et art. 162, n° 40.

50. Le délai de l'opposition aux jugements par défaut faute de plaider, en matière commerciale, n'est pas susceptible d'augmentation à raison des distances. — V. *suprà*, art. 437, n° 25.

51. L'augmentation du délai à raison des distances s'applique-t-elle aux délais de l'appel? — V. *suprà*, art. 443, n°° 434 et s.

52. L'acte d'assignation et l'acte d'appel doivent-ils indiquer l'augmentation des délais à raison des distances? — V. *suprà*, art. 61, n°° 412 et s., et art. 456, n°° 319 et s.

53. — 3° *Cas dans lesquels a lieu l'augmentation du délai*. — Il n'y a pas lieu à l'observation du délai de distance, lorsque la citation est donnée à la personne du défendeur, hors de son domicile, et dans le lieu où il est appelé à comparaître. — Paris, 7 mars 1846, D.P. 46. 4. 277. — Observ. conf., J.G. *Exploit*, 552.

54. Ainsi, lorsqu'un exploit a été signifié à une partie en personne, il n'est plus fondé à en demander la nullité, sous le prétexte que le délai à raison de la distance de son domicile n'a pas été observé. — Req. 30 juill. 1828, J.G. *Exploit*, 552-1°, et *Enquête*, 155-2°.

55. Jugé, en sens contraire, que l'assignation qui n'observe pas le délai de distance du domicile de l'assigné est nulle, quoiqu'elle lui soit remise à personne, dans le rayon de trois (aujourd'hui cinq) myriamètres du tribunal devant lequel il doit comparaître. — Poitiers, 3 juill. 1821, J.G. *Exploit*, 553.

56. Le délai doit être augmenté dans tous les cas où une partie qui a une obligation personnelle à remplir est assignée au domicile de son avoué ; par exemple, quand elle a un serment à prêter, lorsqu'elle est appelée à une descente sur lieux, ou qu'elle est ajournée en matière de requête civile. — J.G. *Délai*, 77.

57. Mais quand la partie n'a rien à faire personnellement et que son avoué la remplace et peut agir sans encourir le risque d'un désaveu, le délai n'est pas augmenté à raison des distances. C'est ce qui a lieu, par exemple si on le somme de déposer au greffe une pièce arguée de faux. — J.G. *Délai*, 77.

58. Au contraire, lorsque la partie est sommée de déclarer si elle entend se servir de cette pièce, il y a lieu à l'augmentation des délais. — Bordeaux, 9 août 1828, J.G. *Délai*, 77, et *Faux incid.*, 114.

59. Suivant une première opinion, l'élection de domicile est exclusive de l'augmentation des délais en raison de la distance entre le domicile élu et le domicile réel de l'assigné. — Req. 9 juin 1830, J.G. *Délai*, 79-3°, et *Domic. élu*, 99.

60. Ainsi, quand le lieu où, soit l'ajournement, soit la sommation, sont donnés est un domicile élu, celui qui a fait cette élection de domicile ne peut réclamer pour tout ce qui concerne l'objet de l'élection de domicile que le délai déterminé par la distance de ce lieu au tribunal dont il a en même temps accepté la juridiction. — J.G. *Délai*, 79.

61. Spécialement,... la demande d'un débiteur incarcéré, en nullité de son emprisonnement, peut être signifiée au domicile élu par le créancier dans le procès-verbal d'emprisonnement, sans augmentation de délai à raison de la distance entre le domicile réel où siége le créancier et le lieu où siége le tribunal qui doit connaître de la demande, même lorsque l'assignation est à bref délai. — Civ. r. 20 mars 1810, J.G. *Contr. par corps*, 1015.

62. ... Le domicile élu dans un effet de commerce, constitue relativement à cet effet, un véritable domicile commercial, auquel une assignation peut être donnée sans qu'il soit nécessaire d'observer l'augmentation du délai des distances entre le domicile élu et le domicile réel. — Req. 25 prair. an 10, J.G. *Domic. élu*, 19-2° et 43-1°. — Bruxelles, 30 mars 1807, *ibid.*, 19-1° et 91-2°. — Paris, 26 fév. 1808, *ibid.*, 19-2°. — Paris, 1er mars

1808, *ibid.* — Paris, 26 nov. 1808, *ibid.*, et *Effets de com.*, 971. — Req. 24 juin 1812, I.G. *Délai*, 79-2°, et *Appel civ.*, 1052. — Paris, 8 juill. 1836, J.G. *Domic. élu*, 19-1° et 44.

63. ... Et même celui qui a cautionné un commerçant pour ses opérations de commerce en disant que l'on pourrait traiter avec celui-ci comme avec lui-même, a pu être assigné au domicile élu dans les lettres de change tirées par ce commerçant sans qu'il fût nécessaire d'observer l'augmentation des distances entre le domicile élu et le domicile réel de la caution, alors d'ailleurs que l'obligé principal n'était que le mandataire de celle-ci et le directeur de l'établissement pour les opérations duquel ces traites avaient été créées; peu importe que les lettres de change n'aient été ni acceptées ni endossées par le fidéjusseur.—Paris, 2 juin 1812, J.G. *Domic. élu*, 19-3°.

64. ... La partie assignée pour l'exécution d'un marché commercial au domicile par elle élu dans le ressort du tribunal saisi, n'a pas droit à une augmentation de délai à raison de la distance existant entre le lieu du siège du tribunal et le lieu de son domicile réel.— Paris, 12 août 1861, D.P. 68. 5 145. — Req. 21 déc. 1875, D.P. 76. 1. 271.

65. ... Alors même que ce domicile est situé hors de la France continentale. — Même arrêt du 21 déc. 1875.

66. ... En cas d'élection de domicile pour tous actes de justice, il n'est pas nécessaire, pour assigner valablement celui qui a fait l'élection, d'augmenter le délai à raison de la distance entre le lieu où siège le tribunal et le domicile réel de ce défendeur. — Req. 11 déc. 1817, J.G. *Domic. élu*, 19-3° et 15.

67. ... Lorsqu'un mandataire général a été constitué dans les colonies par un Français résidant dans la métropole, à l'effet de répondre à toute demande qui pourrait être formée contre le mandant, ce dernier est valablement assigné dans la personne et au domicile de ce mandataire, sans qu'il soit nécessaire d'observer alors le délai prescrit pour l'ajournement devant les tribunaux de la colonie d'une personne habitant le territoire continental de la France. — Req. 9 juin 1830, J.G. *Domic. élu*, 19-1° et 99. — Req. 14 févr. 1842, *ibid.*, 19-1°.

68. Suivant une seconde opinion, la partie qui a consenti à faire élection de domicile dans un lieu désigné pour l'exécution d'une convention, n'est pas réputée, dans le silence de cette convention, avoir entendu renoncer au délai des distances entre son domicile réel et le lieu où elle doit comparaître. — Rennes, 15 mars 1821, J.G. *Domic. élu*, 19-5° et 59-2°. — Trib. de la Seine, 8 déc. 1857, D.P. 58. 5. 146. — V. aussi Civ. c. 21 prair. an 8, J.G. *Arbitr.*, 506.

69. Il y a lieu surtout de le décider ainsi lorsque cette interprétation d'intention est celle qui se concilie le mieux avec les clauses du contrat. — Trib. de la Seine, 25 janv. 1858, D.P. 58. 5. 146.

70. En cas d'ajournement à bref délai donné à un domicile élu pour le payement d'une lettre de change, on doit accorder, en outre, un délai d'autant de jours qu'il y a de fois cinq myriamètres de distance du domicile élu au domicile réel de l'ajourné, surtout si ce domicile est connu du porteur. — Civ. r. 4 juin 1806, J.G. *Domic. élu*, 19-2°. — Civ. r. 1er avr. 1807, J.G. *Délai*, 80. — Agen, 6 févr. 1810, J.G. *Domic. élu*, 89.

71. ... Alors même que le tireur en indiquant un domicile pour le payement de la traite, ajoute ces mots : « où je déclare faire aussi le mien par l'effet de la présente». — Bordeaux, 3 mars 1806, J.G. *Domic. élu*, 19.

72. En tout cas l'augmentation du délai doit être accordée pour la distance entre le domicile élu et le tribunal ; ainsi, dans une assignation à fin de radiation d'inscription, on doit observer les délais, non à raison du domicile réel, mais à raison du domicile élu.

— Colmar, 25 nov. 1809, J.G. *Domic. élu*, 10.

73. Lorsque plusieurs parties ont été assignées, le délai accordé à la partie la plus éloignée profite aux autres défendeurs. — J.G. *Délai*, 92.

74. — 4° *Comment se calculent l'augmentation et la distance.* — L'augmentation du délai, à raison des distances, est aujourd'hui, dans toutes les matières civiles et commerciales, d'un jour par cinq myriamètres de distance ; les fractions de moins de 4 myriamètres ne sont pas comptées ; les fractions de 4 myriamètres et au-dessus augmentent le délai d'un jour entier.

75. Mais, depuis la loi de 1862, il n'y a plus lieu de doubler l'augmentation de délai quand il y a voyage ou envoi et retour. — Exposé des motifs de la loi de 1862, D.P. 62. 4. 45, n° 26. — V. aussi J.G. *Délai*, 75 et s.

76. L'augmentation du délai ordinaire a lieu en raison de la distance de l'endroit d'où l'assigné doit partir à celui où il doit se rendre, ou du lieu où il doit envoyer un acte à celui où cet acte doit être signifié, ou bien à celui où la preuve de l'envoi et de la signification doit être faite. — J.G. *Délai*, 79.

77. La distance à considérer dans un ajournement est celle qui sépare le domicile réel ou élu de l'assigné du tribunal où il doit comparaître. Quand il s'agit d'une réception de caution, c'est au lieu où la caution doit être fournie en partant du domicile de celui qui en est tenu. Enfin, dans le cas où des meubles sont saisis hors du domicile du saisi, le délai pour lui signifier cette saisie se calcule d'après la distance qui sépare le lieu où la saisie a été faite et le domicile du saisi. — J.G. *Délai*, 88.

78. La distance qui donne lieu à une augmentation des délais en matière de procédure doit être calculée en prenant pour base la ligne la plus directe entre deux localités. — Nîmes, 4 juin 1866, D.P. 66. 5. 126.

79. Ainsi, les distances d'une commune à une autre se comptent de clocher à clocher, sans tenir compte du domicile réel. — Req. 14 févr. 1838, J.G. *Délai*, 95, et *Jugem.*, 180-3°.

80. — IV. JOURS FÉRIÉS. — On doit tenir compte des jours fériés dans la computation des délais ; ainsi, le délai n'est jamais augmenté, quel que soit le nombre des jours fériés qu'il renferme, et quoique le *dies à quo* soit également un jour férié. — J.G. *Jour férié*, 43.

81. Mais les jours fériés ne se comptent pas dans les délais qui se calculent par heure ; spécialement, ils ne se comptent pas dans le délai de vingt-quatre heures fixé par l'art. 435 c. com. — Req. 20 nov. 1871, D.P. 72. 1. 78.

82. Les jours fériés ne sont pas compris dans le délai de vingt-quatre heures fixé par la déclaration de command et sa notification. En conséquence, si la vente a eu lieu la veille d'un jour férié, la déclaration de command est valablement notifiée le surlendemain. — V. *Code de l'enregistrement annoté.*

83. La disposition du nouvel art. 1033 c. pr. civ., qui proroge au lendemain le délai de signification dont le dernier jour est un jour férié, est applicable à tous les délais édictés par les lois civiles et commerciales. — Rouen, 19 mars 1870, D.P. 71. 2. 190.

84. Il en est ainsi sans distinction entre les diverses espèces de délais, que l'on doive ou non compter le jour de la signification et celui de l'échéance, qu'ils soient ou non susceptibles d'augmentation à raison des distances. — Chambéry, 6 déc. 1865, D.P. 66. 5. 275.

85. Cette disposition est applicable non-seulement aux délais dans lesquels doivent avoir lieu les significations, mais aussi à tous les délais à l'observation desquels est subordonnée la validité des actes judiciaires. — Trib. du Havre, 16 mai 1872, D.P. 72. 3. 80.

86 .... Et spécialement au délai de quarante jours dans lequel doit être signifiée à l'acquéreur la surenchère du dixième sur aliénation volontaire. — Rouen, 19 mars 1870, D.P. 71. 2. 190.

87. ... Ou au délai de huit jours, dans lequel doit être déclarée la surenchère du sixième. — Trib. de Mirecourt, 12 avr. 1867 D.P. 67. 3. 80.—Trib. du Havre, 16 mai 1872. D.P. 72. 3. 80. — Besançon, 30 janv. 1873. D.P. 74. 5. 470.

88. Suivant un autre système, la disposition de l'art. 1033, relative au jour férié, n'est point une disposition générale s'appliquant à toute espèce de délai ; elle se restreint aux délais indiqués dans le paragraphe 1er dudit article, et ne peut être étendue, ... soit aux délais fixées par les art. 708, 965 et 973 c. pr. civ., pour l'exercice du droit de surenchère. — Lyon, 19 août 1865, D.P. 66. 2. 37. — Lyon, 2 août 1866, D.P. 67. 5. 127.

89. ... Soit à un délai prescrit par le juge pour faire un acte tel qu'une consignation.— Lyon, 2 août 1866, D.P. 67. 5. 127.

90. Jugé, avant la loi de 1862, que lorsqu'une cour accorde, pour justifier une demande, un mois pour tout délai, à partir de la prononciation de cet arrêt, ce délai est de rigueur, et la justification est tardive, si elle est postérieure d'un jour à l'expiration du terme fixé, quoique le dernier jour du délai soit un jour férié. — Rennes, 18 mars 1826, J.G. *Jour férié*, 53.

Table sommaire.

Art. 1034.

Les sommations pour être présent aux rapports d'experts, ainsi que les assignations données en vertu de jugement de jonction, indiqueront seulement le lieu, le jour et l'heure de la première vacation ou de la première audience; elles n'auront pas besoin d'être réitérées, quoique la vacation ou l'audience ait été continuée à un autre jour. — C. pr. civ. 153, 315.

1. En cas d'expertise contradictoire, l'indication de la remise qui est faite immédiatement emporte sommation pour les parties de se trouver au lieu, jour et heure indiqués. — Req. 1er juill. 1813, J.G. *Expert*, 212.

2. La règle d'après laquelle les sommations pour être présents aux rapports d'experts n'ont pas besoin d'être réitérées, quoique la vacation ait été remise à un autre jour, doit être restreinte au cas où les experts, en terminant la première séance, ont fixé les autres à jour et à heure fixes. Elle ne s'applique pas dans le cas où les experts ont renvoyé la continuation de leur travail à un jour indéterminé. — D.P. 72. 1. 59, note 5.

3. Quand un obstacle s'oppose à une indication immédiate, c'est à la partie la plus diligente à prendre jour et heure auprès des experts, et à faire sommation à son adversaire par un simple acte, et par exploit s'il n'y a pas avoué en cause : dans ce cas, à défaut de mise en demeure, l'opération serait nulle. — Paris, 30 flor. an 10, J.G. *Expert*, 212 et 210.

4. Mais un avertissement verbal de la part d'un des experts suffirait, pourvu que cet avertissement fût constaté par le rapport. — Rennes, 11 août 1824, J.G. *Expert*, 212 et 218-2°.

5. La sommation doit être réitérée lorsque la première séance n'a été qu'une séance préparatoire où les véritables opérations de l'expertise n'ont même pas été commencées. — D.P. 72. 1. 59. note 5.

6. Il ne suffit pas qu'une partie ait été présente à la première vacation consacrée à la visite générale des lieux ; elle doit encore être appelée aux vacations suivantes employées aux constatations de détail.—Trib. de Nantes, 9 janv. 1869, D.P. 71. 2. 13.

7. Toutefois, lorsque les parties ont assisté aux premières et plus importantes opérations d'une expertise, il n'est pas indispensable qu'elles soient convoquées de nouveau pour être présentes à des vérifications supplémentaires et à la rédaction du rapport.—Nîmes, 12 févr. 1868, D.P. 71. 1. 117.

8. Il en est ainsi, en tout cas, lorsqu'il résulte des circonstances de la cause que ces vérifications supplémentaires n'ont pu être faites qu'avec le concours des parties ou de leurs représentants.—Req. 7 juin 1869, D.P. 71. 1. 117.

9. Si l'expertise a été poursuivie par défaut, l'ajournement des opérations ne doit pas être nécessairement porté à la connaissance de la partie défaillante. — J.G. *Expert*, 214.

10. Ainsi, une expertise ne peut être annulée à défaut de notification à la partie défaillante, soit de la continuation de l'opération de l'expert au lendemain, soit de l'indication d'un lieu autre que le lieu contentieux dans lequel le tiers expert a rédigé son rapport, alors que cette partie avait été sommée d'être présente à l'opération du tiers expert, avec déclaration qu'il y serait procédé tant en sa présence qu'en son absence. — Civ. c. 19 juin 1838, Bourges, 22 déc. 1843, J.G. *Expert*, 214.

Art. 1035.

Quand il s'agira de recevoir un serment, une caution, de procéder à une enquête, à un interrogatoire sur faits et articles, de nommer des experts, et généralement de faire une opération quelconque en vertu d'un jugement, et que les parties, ou les lieux conten- tieux, seront trop éloignés, les juges pourront commettre un tribunal voisin, un juge, ou même un juge de paix, suivant l'exigence des cas ; ils pourront même autoriser un tribunal à nommer, soit un de ses membres, soit un juge de paix, pour procéder aux opérations ordonnées. — C. pr. civ. 121, 255, 266, 326, 412, 428, 517. — C. com. 16. — C. instr. cr. 90.

1. — I. Dans quels cas il y a lieu a commission rogatoire. — Par commission rogatoire on entend le mandat donné par le tribunal saisi d'un litige à un juge d'un autre siège, à l'effet de procéder à un acte d'instruction.—J.G. *Instruct. civ.*, 76.

2. Lorsque les jugements préparatoires ou interlocutoires doivent être exécutés hors du ressort même du tribunal qui les a rendus, si la mesure doit s'accomplir en présence d'un magistrat, le tribunal ne peut commettre un de ses membres ; il a recours alors à un juge du lieu de l'exécution, et décerne à cet effet une commission rogatoire. — J.G. *Instruct. civ.*, 75.

3. La commission rogatoire ne peut jamais porter que sur une ou plusieurs opérations isolées ; un juge ne peut être délégué pour connaître du fond de la contestation. — J.G. *Instruct. civ.*, 79.

4. L'art. 1035 est facultatif, à moins qu'il ne s'agisse de l'accomplissement d'une mesure devant être exécutée hors du ressort du tribunal ; rien n'oblige donc les juges, pas même la réquisition des parties, à décerner une commission rogatoire. — J.G. *Instruct. civ.*, 80.

5. Les juges peuvent d'office décerner une commission rogatoire.—J.G. *Instruct. civ.*, 80.

6. La commission rogatoire est décernée par le jugement même qui ordonne la mesure d'instruction, à moins que la nécessité ne s'en fasse sentir qu'après le jugement, par exemple, en cas d'interrogatoire sur faits et articles, si la partie vient à s'éloigner ou à tomber malade. — J.G. *Instruct. civ.*, 87.

7. Le jugement qui, dans une instance en interdiction, ordonne l'interrogatoire du défendeur par un juge commis rogatoirement, ne peut être attaqué devant la Cour de cassation comme n'ayant pas constaté l'impossibilité de l'interrogatoire par l'un des juges saisis de l'action, si le défendeur, après avoir comparu devant le juge commis et refusé de répondre, n'a exercé durant l'instance aucun recours contre ce jugement et l'a critiqué pour la première fois devant la Cour de cassation. — Req. 3 févr. 1868, D.P. 68. 1. 390.

8. Ce jugement constate d'ailleurs suffisamment la nécessité de la commission rogatoire, s'il est motivé sur ce que le défendeur à l'interdiction se trouvait alors retenu dans un établissement d'aliénés situé dans le ressort d'un tribunal autre que celui appelé à statuer sur la demande en interdiction. — Même arrêt.

9. Sur la commission rogatoire en matière d'enquête, V. *suprà*, art. 255, n°⁵ 40 et s.

Et, en cas d'enquête sommaire, V. *suprà*, art. 412.

10. ... En matière de vérification d'écritures, V. *suprà*, art. 202.

11. Sur la commission rogatoire en matière de descente sur les lieux, V. *suprà*. art. 296, n°⁵ 3 et s.

12. ... En matière d'expertise, V. *suprà*, art. 305, n° 35.

13. ... En matière d'interrogatoire sur faits et articles, V. *suprà*, art. 326.

14. Dans le cas où les livres d'un négociant dont la communication est offerte, requise ou ordonnée, sont dans des lieux éloignés du tribunal saisi de l'affaire, les juges peuvent adresser une commission rogatoire au tribunal de commerce du lieu, ou déléguer le juge de paix pour en prendre connaissance, dresser un procès-verbal du contenu, et l'envoyer au tribunal. — V. *Code de commerce annoté*, art. 16.

15. L'art. 1035 est également applicable en justice de paix. — J.G. *Instruct. civ.*, 78.

16. — II. A qui est donnée la commission rogatoire. — Il est des cas où c'est un tribunal tout entier qui doit être délégué, et non pas un de ses membres, par exemple, en matière de serment, de réception, de caution. — J.G. *Instruct. civ.*, 81.

17. Quand il n'y a lieu à nommer qu'un simple juge, son choix est abandonné à la prudence du tribunal. Tantôt ce sera l'un des magistrats du siège voisin, tantôt un juge de paix de l'arrondissement, selon le gré du tribunal. — J.G. *Instruct. civ.*, 82.

18. Le choix du magistrat ne doit même pas nécessairement être fait dans le jugement le tribunal de la situation peut être chargé d'une commission, soit à l'effet de nommer un commissaire, soit à l'effet de désigner des experts. Mais, en pareil cas, la commission doit être adressée au tribunal tout entier, et non pas au président de ce tribunal. — J.G. *Instruct. civ.*, 82.

19. Par exception, lorsqu'un témoin éloigné justifie au juge-commissaire qu'il est dans l'impossibilité de se présenter pour déposer, celui-ci est autorisé à en renvoyer l'audition devant le président du tribunal du lieu qui entend le témoin, ou commet un juge pour l'entendre. — V. *suprà*, art. 266.

20. Des arbitres ne peuvent être délégués. — J.G. *Instruct. civ.*, 83.

21. Au contraire, un consul français à l'étranger peut être délégué.—J.G. *Instruct. civ.*, 83.

22. On peut également déléguer un juge étranger. — J.G. *Instruct. civ.*, 83.

23. Le juge civil ne doit commettre qu'un juge civil ; un juge de commerce ne pourrait pas être désigné par un tribunal civil pour recevoir une enquête (Quest. controv.). — J.G. *Instruct. civ.*, 77, et *Enquête*, 107.

24. Un tribunal de première instance ne pourrait pas commettre une cour d'appel ou un conseiller. — J.G. *Instruct. civ.*, 84.

25. Au contraire, une cour d'appel peut déléguer à son choix, ou une autre cour, ou un conseiller, ou un tribunal de première instance, ou un juge, ou même un simple juge de paix. — J.G. *Instruct. civ.*, 84.

26. Il n'est pas nécessaire que le magistrat délégué pour un acte d'instruction, en vertu de l'art. 1035, soit compétent pour le jugement de l'affaire. Ainsi, un juge de paix peut être chargé, par délégation, de procéder à une enquête, quoiqu'il ne soit le juge des parties, ni à raison de leur domicile, ni à raison de l'objet litigieux. — Req. 8 mars 1852, D.P. 52. 1. 73.

27. Le tribunal, en infirmant une sentence de juge de paix qui rejetait, en matière d'action possessoire, l'offre faite par le demandeur de prouver sa possession, et déclarait, dès lors, l'action mal fondée, peut renvoyer les parties devant le premier suppléant du même juge de paix, pour qu'il soit procédé à cette preuve : il ne fait en cela qu'user de la faculté qui lui est réservée par l'art. 1035, et n'est réputé ni se dessaisir de l'affaire contrairement à l'effet dévolutif de l'appel, — ... ni en saisir un suppléant de juge de paix, en violation des principes qui président à l'organisation des justices de paix. — Civ. r. 13 mars 1866, D.P. 66. 1. 184.

28. Un suppléant a qualité pour remplacer le juge de paix délégué. — J.G. *Instruct. civ.*, 85. — V. *suprà*, art. 255, n°⁵ 59 et suiv.

29. Les tribunaux français sont souvent délégués par les juges étrangers : mais les magistrats ne doivent déférer aux commissions rogatoires, en matière civile, qui viennent de l'étranger, qu'autant qu'elles leur sont transmises par le ministère de la justice, qui les reçoit du ministère des affaires étrangères, avec la traduction, s'il y a lieu, après examen. — Instruct. garde des sceaux, J.G. *Instruct. civ.*, 83. — V. *suprà*, art. 255, n°s 50 et s.

30. — III. Effets et exécution de la commission rogatoire. — La commission rogatoire, une fois décernée, n'a rien de définitif. Les tribunaux peuvent révoquer les commissions qui ont été données tant qu'elles n'ont pas commencé à recevoir leur exécution. — Rennes, 2 avr. 1810, J.G. *Instruct. civ.*, 88.

31. Le tribunal ou le juge délégué ne pourrait-il pas se refuser à remplir la mission qui lui est déléguée sans déni de justice, sauf le cas où il serait incompétent à raison de la matière. — J.G. *Instruct. civ.*, 89.

32. Le président délégué ne peut se faire remplacer par un juge, et le juge par un de ses collègues, qu'autant que les motifs de remplacement sont légitimes et agréés par le tribunal qui a délégué (Quest. controv.). — J.G. *Instruct. civ.*, 90. — V. *suprà*, art. 255, n°s 57 et s.

33. La désignation d'un tribunal ou d'un juge ne modifie en rien le mode de procéder à l'opération. — J.G. *Instruct. civ.*, 91.

34. Le juge de paix délégué doit suivre les formes imposées par la loi au juge dont il tient ses pouvoirs et dont il remplit l'office. — J.G. *Instruct. civ.*, 85. — V. *suprà*, art. 255, n°s 62 et s.

35. La commission rogatoire donnée à un juge étranger doit être exécutée selon les formes du pays dans lequel il y est procédé. — Metz, 29 avr. 1861, D.P. 62 2. 75.

36. On ne peut relever devant les tribunaux français aucun défaut de formalité dans les actes, notamment une enquête, auxquels il a été procédé par un tribunal suisse en vertu d'une commission rogatoire délivrée conformément à la convention diplomatique du 15 juin 1869. — Chambéry, 4 déc. 1874, D.P. 75. 2. 96.

37. Mais on peut invoquer la nullité résultant de l'omission des formalités préliminaires qui doivent avoir lieu en France. — Même arrêt.

38. ... Et notamment du défaut de signification à avoué, avant toute audition de témoins, du jugement ordonnant l'enquête. — Même arrêt.

39. Une fois l'opération faite, c'est la minute que le greffier doit envoyer au tribunal qui a délégué, lorsqu'il s'agit d'une enquête, d'une expertise, d'un interrogatoire, d'une descente sur les lieux, enfin d'un acte d'instruction où la vue de la minute peut importer à la solution. — Conf. Bruxelles, 25 févr. 1813, J.G. *Instruct. civ.*, 92. — Conf. Bruxelles, 25 févr. 1813, J.G. *Enquête*, 408.

40. Mais une expédition serait suffisante, s'il ne s'agissait que d'une prestation de serment ou d'une réception de caution, ou d'une nomination d'experts (Quest. controv.). — J.G. *Instruct. civ.*, 92.

Table sommaire.

Acte d'instruction 1.	fice 5.	Ministre des affaires étrangères 29.
Action possessoire 27.	Enquête 9, 16, 36, 38.	Ministre de la justice 29.
Aliéné 3.	Enquête sommaire 9.	Minute 39.
Arbitre 20.	Etranger 29, 31 s.	Président (tribunal) 18.
Cassation (moyen nouveau) 7.	Expédition (commission rogatoire) 40.	Remplacement (juge) 32.
Caution (réception) 16.	Expert (nomination) 40.	Serment 16; (prestation) 40.
Commission 15.	Expertise 12, 39.	Signification à avoué 38.
Commission rogatoire (dans quels cas elle a lieu) 1 s.; (effets) 30 s.; (exécution) 30 s.; (à qui elle est donnée) 16 s.	Interdiction 7.	Suppléant (juge de paix) 27 s.
Consul français 21.	Interrogatoire sur faits et art. 6, 13.	Témoin éloigné 19.
Convention diplomatique 36.	Juge délégué 3.	Tribunal 16.
Cour d'appel 14 s.	Jugement interlocutoire 2.	Tribun. civil 23 s.
Déni de justice 31.	Jugement préparatoire 2.	Tribunal de commerce 23.
Descente de lieux 11.	Juge de paix 14 s., 25 s., 34.	Tribunal étranger 19.
Disposition d'af-	Livre de commerce (communication) 44.	Vérification d'écriture 19.

Art. 1036.

Les tribunaux, suivant la gravité des circonstances, pourront, dans les causes dont ils seront saisis, prononcer, même d'office, des injonctions, supprimer des écrits, les déclarer calomnieux, et ordonner l'impression et l'affiche de leurs jugements. — C. pr. civ. 88, 90, 512. — C. instr. cr. 504. — L. 17 mai 1819, art. 23.

1. — I. Devant quelles juridictions est applicable l'art. 1036. — Les dispositions de l'art. 1036 sont applicables non-seulement aux cours d'appel et aux tribunaux de première instance, mais encore aux tribunaux d'exception. — J.G. *Affiche*, 89.

2. Ainsi, l'art. 1036 est applicable aux tribunaux de commerce : un tribunal de commerce peut, sans excéder la limite de ses pouvoirs, ordonner l'impression et l'affiche de son jugement. — Civ. r. 1er frim. an 10, J.G. *Affiche*, 90. — Conf. J.G. *Compét. commerc.*, 369.

3. Mais il est loisible aux tribunaux de commerce, dans le cas où des dommages-intérêts sont demandés par l'une des parties contre l'autre, à raison d'injures ou calomnies articulées verbalement ou par écrit dans le cours d'une instance soumise à leur décision, de statuer eux-mêmes sur cette demande, ou d'en renvoyer le jugement à qui de droit. — Rennes, 20 juin 1810 et 18 nov. 1812, J.G. *Compét. commerc.*, 369.

4. L'art. 1036 s'applique... devant les conseils de préfecture. — J.G. *Organ. admin.*, 438.

5. ... Devant les arbitres. — V. *suprà*, art. 1019, n°s 24 et s.

6. — II. Injonctions et suppression d'écrits. — En rejetant de la cause un mémoire tardivement produit, les juges peuvent en ordonner la suppression, si les termes en sont irrévérencieux et injurieux pour le ministère public. — Rennes, 26 janv. 1835, J.G. *Défense*, 239.

7. Il n'y a pas violation du droit de défense lorsqu'un jugement ordonne la suppression d'un écrit diffamatoire ou calomnieux produit devant un tribunal. — Req. 9 déc. 1874, D.P. 75. 1. 225.

8. Si, après la discussion d'un moyen nouveau par le ministère public, il est distribué aux juges une note imprimée sous le titre de *Réponse aux conclusions du ministère public*, il n'en résulte pas que cette note doive être supprimée comme irrévérencieuse envers le magistrat qui en remplissait les fonctions, alors d'ailleurs qu'on s'y borne à une discussion modérée du moyen soulevé d'office par ce dernier. — Besançon, 20 août 1852, D.P. 53. 2. 79.

9. La partie qui se croit offensée par la plaidoirie d'un avocat, n'a pas le droit d'exiger que cette plaidoirie soit déposée au greffe du tribunal devant lequel elle a été prononcée, pour y recourir au besoin. — Bordeaux, 18 nov. 1828, J.G. *Défense*, 236.

10. De même, le tribunal ne commet pas d'excès de pouvoir, en refusant de donner acte des expressions dont l'avoué ou l'avocat s'est servi vis-à-vis de l'autre partie. — Bruxelles, 18 avr. 1831, J.G. *Défense*, 231.

11. — III. Impression et affiche du jugement. — En matière de contrefaçon industrielle, l'affiche du jugement peut être ordonnée d'office par le juge. — Civ. r. 31 déc. 1822, J.G. *Conclus.*, 77-1°, et *Brevet d'invent.*, 375.

12. Un tribunal de commerce peut ordonner l'impression et l'affiche de son jugement. — Civ. r. 1er frim. an 10, J.G. *Affiche*, 90.

13. Les tribunaux de justice de paix ont également la faculté d'ordonner l'impression et l'affiche de leurs jugements. — Req. 31 mai 1864, D.P. 64. 1. 361.

14. Si l'art. 1036 c. pr. autorise les juges à ordonner, suivant les circonstances, l'affiche de leurs décisions, il n'appartient pas aux parties, à peine de réparation du dommage causé par l'affiche, de suppléer à leur silence. — Paris, 23 févr. 1839, J.G. *Jugem.*, 176.

15. En principe, la partie qui a obtenu une décision dont le juge a prescrit l'insertion dans certains journaux, aux frais de la partie condamnée, peut la faire insérer en outre dans d'autres journaux à ses propres frais, sans se rendre par là passible de dommages-intérêts : il n'en est pas de l'insertion des jugements dans les journaux comme de leur affichage dans les lieux publics. — Aix, 6 févr. 1857, D.P. 57. 2. 133.

16. L'insertion dans des journaux autres que ceux désignés par le jugement, ne pourrait donner lieu à des dommages-intérêts que dans le cas où elle aurait été faite avec intention de nuire, et qu'elle aurait en effet porté préjudice à la partie condamnée. — Même arrêt.

17. La faculté d'ordonner d'office l'affiche des jugements n'est pas seulement subordonnée à la gravité des circonstances ; elle ne peut être exercée qu'autant que le tribunal prononce des injonctions, supprime des écrits ou les déclare calomnieux. — J.G. *Affiche*, 87.

18. Les dispositions de l'art. 1036 ont été reproduites et complétées par l'art. 23 de la loi du 17 mai 1819, dont l'explication se trouvera dans le *Code pénal annoté, Appendice relatif aux lois de la presse*.

Art. 1037.

Aucune signification ni exécution ne pourra être faite, depuis le 1er octobre jusqu'au 31 mars, avant six heures du matin et après six heures du soir ; et depuis le 1er avril jusqu'au 30 septembre, avant quatre heures du matin et après neuf heures du soir ; non plus que les jours de fête légale, et si ce n'est en vertu de permission du juge, dans le cas où il y aurait péril en la demeure. — C. pr. civ. 8, 63, 781, 808, 828. — C. com. 134, 162, 187. — C. pén. 25.

DIVISION

§ 1. — *Actes judiciaires faits aux heures prescrites ou avec la permission du juge* (n° 1).
§ 2. — *Actes judiciaires faits les jours fériés* (n° 5).
§ 3. — *Sanction des prescriptions de l'art. 1037* (n° 35).

§ 1er. — *Actes judiciaires faits aux heures prescrites ou avec la permission du juge.*

1. — I. Actes présumés faits aux heures prescrites. — Dans le cas où un exploit, en énonçant l'heure à laquelle il a été remis (six heures et demie), ne mentionne pas si c'est le *matin* ou le *soir*, il faut interpréter cette mention dans le sens qui rend l'acte valable, et décider, par exemple que ç'a été le matin, alors que, d'après l'époque de l'année où l'on se trouvait, la signification n'aurait pas été valablement faite le soir, alors surtout que l'exploit avait été enregistré le même jour. — Bruxelles, 2 févr. 1825, J.G. *Exploit*, 353.

2. — II. Actes faits avec la permission du juge en dehors des heures prescrites. — Le juge peut donner la permission de signifier des actes non-seulement les jours de fête légale, mais aussi en dehors des heures prescrites, c'est-à-dire pendant la nuit, s'il y a péril en la demeure. — J.G. *Exploit*, 357.

3. Mais cette permission doit se restreindre toujours à l'objet pour lequel elle a été accordée ; ainsi, la permission de faire une signification un jour férié ne comprend pas celle de la faire la nuit. — J.G. *Exploit*, 357.

4. Si la personne assignée à une heure illégale consent à recevoir l'exploit, elle n'est pas recevable à venir, plus tard, en demander la nullité pour cette cause, sans préjudice de l'amende, qui peut être prononcée contre l'officier ministériel. — J.G. *Exploit*, 357.

§ 2. — *Actes judiciaires faits les jours fériés.*

5. — I. Jours fériés. — Les fêtes légales ont été réduites à quatre par l'arrêté du 29 germinal an 10, ce sont : Noël, l'Ascension, l'Assomption, la Toussaint. Un avis du conseil d'Etat du 13 mars 1810 a ajouté à ces fêtes le premier jour de l'an. — J. G. *Jour férié*, 19.

6. Les fêtes nationales ne sont pas, à moins d'une loi expresse, des jours fériés légaux. — Civ. r. 6 juill. 1847, D.P. 47. 1. 197.

7. Parmi les fêtes reconnues par l'Etat, ne se trouve pas la fête de l'immaculée conception.—Cr. c. 31 janv. 1861, D.P. 61. 5. 277.

8. — II. Actes judiciaires interdits les jours fériés. — Les tribunaux civils ne doivent pas tenir séance les jours fériés. — J.G. *Jour férié*, 22.

9. Si un jugement était rendu un jour férié, en dehors des exceptions admises par la loi, il serait susceptible d'être annulé. — Civ. c. 9 brum. an 3, J.G. *Jour férié*, 23. — Mais V. observ., *ibid*.

10. Ce ne sont pas seulement les décisions judiciaires qui sont interdites les jours fériés ; la même prohibition frappe tous les actes de procédure, et par exemple une enquête. — J.G. *Jour férié*, 25.

11. Toutefois, une demande en prorogation d'enquête a été déclarée valablement faite un jour férié. — V. *suprà*, art. 279, n° 29.

12. La contrainte par corps ne peut être exercée les jours de fête légale. — V. *suprà*, art. 781.

13. Le payement des lettres de change et des billets à ordre, ainsi que les protêts, ne peuvent pas avoir lieu les jours de fête légale. — V. *Code de crim.* annoté, art. 134 et 162.

14. — III. Actes judiciaires permis les jours fériés. — Les juges de paix peuvent juger, même les jours de dimanches et fêtes. — V. *suprà*, art. 8.

15. Un rapport d'experts ne serait pas nul s'il avait été rédigé un jour férié.—V. *suprà*, art. 318, n° 63.

16. Il en serait de même de la transcription des actes translatifs de propriété immobilière.—Req. 18 févr. 1808, J.G. *Jour férié*, 27, et *Enreg.*, 5965.—V. *Code civil annoté*, tome 2, p. 1137, loi 23 mars 1855, art. 5, n° 11.

17. Une inscription hypothécaire prise un jour férié ne pourrait non plus être annulée. — J.G. *Jour férié*, 27.

18. Il est permis, les jours fériés, de vendre les objets mobiliers saisis à la requête d'un créancier, de même que les fruits saisis brandonnés. — V. *suprà*, art. 617 et 632.

19. On pourrait également procéder le dimanche à une vente publique de meubles. — J. G. *Jour férié*, 27.

20. La régie qui défend de rendre la justice les dimanches et jours de fête légale ne serait pas applicable à des actes de juridiction volontaire, à des ordonnances rendues sans publicité, à des arbitrages sur compromis. J. G. *Jour férié*, 24.

21. Aucune loi ne prononce la nullité des décisions des conseils de préfecture prises les jours fériés. — Cons. d'Et. 30 mai 1834, J.G. *Jour férié*, 23. — V. aussi Req. 13 juin 1815, J.G. *Degré de jurid.*, 586.

22. L'art. 1037 est-il applicable en matière de procédure criminelle et de condamnations pénales ? — V. *Code d'instruction criminelle annoté*, art. 353. — V. aussi *Code pénal annoté*, art. 25.

23. Le délai est prorogé au lendemain, lorsque le dernier jour du délai est un jour férié. — V. *suprà*, art. 1033, n°⁸ 83 et s.

24. — IV. Actes judiciaires autorisés par le juge les jours fériés. — Aucun exploit ne doit être donné un jour de fête légale, si ce n'est en vertu d'une permission du président du tribunal. — V. *suprà*, art. 63.

25. En cas d'urgence, le président peut permettre d'assigner en référé, même les jours de fête. — V. *suprà*, art. 808.

26. Le juge peut également permettre la saisie-revendication, même les jours de fête légale. — V. art. 828.

27. La permission de faire des exploits les jours de fête légale peut être donnée par le président du tribunal du lieu où l'assignation doit être signifiée ; il n'est pas nécessaire qu'il soit saisi de l'affaire pour avoir capacité de l'accorder. — Civ. r. 7 avr. 1819, J. G. *Exploit*, 354 1° et 359 6°.

28. Mais il n'est pas absolument nécessaire de s'adresser au président du tribunal auquel il appartient de connaître de la cause. La permission pourrait valablement être demandée au président du tribunal du lieu où l'exploit doit être posé, s'il est plus voisin (Quest. controv). — J. G. *Exploit*, 354.

29. La permission doit être donnée par le président du tribunal ou par le juge qui le remplace et [non pas un juge quelconque du tribunal (v. pr. 65.) — J. G. *Exploit*, 555.

30. Jugé toutefois que l'autorisation pour signifier un acte d'appel peut être donnée par le juge de paix. — Grenoble, 16 août 1826. J. C. *Appel civ.*, 880. — Mais V. observ. contre J. G. *Exploit*, 355.

31. En tout cas, un juge criminel n'aurait pas qualité dans une affaire civile pour accorder la permission dont il s'agit, et réciproquement. — J.G. *Exploit*, 355.

32. Le président du tribunal civil est compétent pour autoriser la signification d'un acte d'appel un jour férié. — Riom, 25 janv. 1844, J.G. *Exploit*, 354-2°.

33. Le magistrat auquel on s'adresse jouit d'un pouvoir discrétionnaire pour décider s'il y a péril en la demeure, et s'il y a lieu d'autoriser, par suite, une signification un jour de fête légale. — Riom, 25 janv. 1844, J.G. *Exploit*, 356 et 354.

34. Si la permission pour signifier un jour de fête légale était accordée ce jour même, l'huissier pourrait faire la signification avant d'avoir fait enregistrer l'ordonnance, malgré les dispositions de la loi du 22 frim. an 7. — J.G. *Exploit*, 357.

§ 3. — *Sanction des prescriptions de l'art. 1037.*

35. Suivant un premier système, la contravention à la défense de faire des exploits les jours de fête légale sans la permission du juge emporte nullité des actes. — J.G. *Exploit*, 358, et les arrêts qui suivent.

36. Ainsi, l'acte d'appel signifié le 21 janvier, à une époque où cet anniversaire était férié, est nul. — Bordeaux, 10 févr. 1827, Pau, 22 juin 1833, J.G. *Exploit*, 358-3°. — V. *suprà*, art. 456, n° 341.

37. Une surenchère est également nulle pour avoir été signifiée un pareil jour. — Limoges, 3 juin 1819, J.G. *Exploit*, 358-4°. — V. *suprà*, art. 709, n° 21.

38. Il en est ainsi, sans qu'on puisse objecter la disposition de l'art. 1030 c. pr. civ., qui défend de prononcer aucune nullité lorsque la loi ne la prononce pas elle-même, par le motif que cet article ne s'applique qu'aux nullités de procédure et non aux manières de procéder. — Colmar, 23 juill. 1825, J.G. *Exploit*, 358-5°.

39. De même, l'opposition à un arrêt de défaut est non recevable si la copie de la requête laissée à l'avoué adverse énonce qu'elle a été signifiée le dimanche, et alors même que l'original indiquerait que la signification a eu lieu le samedi. — Agen, 27 avr. 1814, J.G. *Exploit*, 358-6°, et *Avoué*, 146.

40. Suivant une autre opinion, un exploit, signifié un jour férié sans permission du juge, ne peut être annulé ; seulement l'huissier est passible de l'amende prononcée par l'art. 1030 c. pr. civ. — Grenoble, 17 mai 1817 ; Bruxelles, 14 févr. 1821 ; Grenoble, 16 août 1826 ; Bordeaux, 16 juill. 1827 ; Poitiers, 26 nov. 1830 ; Montpellier, 24 févr. 1834 ; Nancy, 24 déc. 1834 ; Liége, 8 juin 1842, J.G. *Exploit*, 359-1°.

41. Spécialement, la signification d'un jugement civil est valable, quoique faite un jour férié. — Bordeaux, 16 juill. 1827, J.G. *Exploit*, 359-2°.

42. L'opposition à un arrêt par défaut n'est pas nulle en ce qu'elle a été signifiée un jour férié sans autorisation du juge : seulement, l'huissier est passible d'amende. — Orléans, 22 janv. 1851, D.P. 51. 2. 147.

43. Un exploit d'appel, bien que fait un jour de fête légale, hors le cas d'urgence et sans permission du juge, n'est pas nul. — Toulouse, 8 mars 1834, J.G. *Exploit*, 359-4°. — Conf. Liége, 17 nov. 1808 ; Bruxelles, 14 févr. 1821, *ibid.*, 574.

44. Une déclaration de surenchère n'est point nulle, quoique faite un dimanche. — Rouen, 14 janv. 1823, Civ. r. 23 févr. 1825, J.G. *Exploit*, 359-5°. — V. *suprà*, art. 709, n° 20.

45. .... Et cela, bien que la notification de cette surenchère ait été faite par un huissier commis par le président d'un tribunal étranger à celui dans le ressort duquel l'exploit a été donné. — Civ. r. 7 avr. 1819 ; Douai, 3 juill. 1840, J.G. *Exploit*, 359-6°.

46. Un acte respectueux n'est pas nul pour avoir été signifié un jour de fête légale. — V *Code civil annoté*, art. 154, n° 83.

47. Une demande en péremption n'est pas nulle pour avoir été signifiée à six heures et demie du soir, le 23 octobre ; seulement, l'huissier est passible d'amende. — Bordeaux, 27 janv. 1837, J. G. *Exploit*, 359-7°.

48. L'art. 1037 c. pr. civ., n'étant pas obligatoire à peine de nullité, un tribunal peut refuser d'admettre l'une des parties à la preuve testimoniale du fait que la signification a eu lieu hors les heures déterminées par la loi. — Civ. r. 29 juin 1819, J. G. *Exploit*, 359-8°.

49. Dans tous les cas, cette nullité est de celles qui se couvrent, si elles n'ont été proposées *à limine litis*. Ainsi, en matière d'ordre, ou de collocation provisoire, la nullité résultant de ce ce qu'il aurait été procédé un dimanche, est couverte par la notification régulière qui en a été faite aux créanciers, ceux-ci n'ayant point opposé ce moyen dans les délais prescrits. — Req. 10 janv. 1815, J. G. *Exploit*. 359, 10°.

50. La nullité d'un acte, en ce qu'il a été signifié un jour férié, ne peut être proposée pour la première fois en appel. — Agen, 27 août 1829, J. C. *Exploit*, 359-3°.

51. Si le délai indiqué dans l'ajournement tombe un jour férié, l'assignation doit être considérée comme non avenue en tant que sommation de comparaître : elle doit être recommencée aux frais du demandeur. — J. G. *Jour férié*, 29.

52. Toutefois, il ne suit pas de là que l'acte doive être réputé nul. Cet acte doit, aussi bien que l'assignation donnée devant un juge incompétent, interrompre les prescriptions, empêcher une péremption, etc. — J. G. *Jour férié*, 20.

Table sommaire.

Art. 1038.

Les avoués qui ont occupé dans les causes où il est intervenu des jugements définitifs seront tenus d'occuper sur l'exécution de ces jugements, sans nouveaux pouvoirs, pourvu qu'elle ait lieu dans l'année de la prononciation des jugements. — C. pr. civ. 61, 75, 162, 342 s., 496.

1. Il n'est pas besoin d'un nouveau pouvoir à l'avoué pour occuper sur l'instance en opposition au commandement fait en vertu d'un jugement ou d'un arrêt lors duquel il a représenté une partie. — Nîmes, 23 févr. 1808, J.G. *Avoué*, 162-1°.

2. De même, l'instance en nullité d'une saisie exécution, faite dans l'année des dernières poursuites, n'étant que la suite de l'arrêt qui avait prononcé la condamnation d'où dérivait la saisie, la constitution d'un nouvel avoué, par le défendeur, n'est pas nécessaire. — Req. 14 déc. 1809, J.G. *Avoué*, 162-2°.

3. L'avoué qui a occupé dans une instance en partage d'une succession peut, sans nouveau pouvoir, occuper sur l'exécution du jugement intervenu, alors même qu'il aurait rendu les pièces à sa partie, et que l'exécution du jugement serait poursuivie non par les cohéritiers, mais par le cessionnaire de leurs droits. — Req. 16 août 1827, J.G. *Avoué* 162-3°.

4. Lorsque, par l'effet de l'entérinement d'une requête civile, la cause au fond est reproduite devant les mêmes juges qui ont rendu la décision rescindée, les mêmes avoués qui ont déjà occupé peuvent, sans une nouvelle constitution, occuper dans la nouvelle instance sur le fond. — Toulouse, 29 nov. 1808, J.G. *Avoué*, 162-4°.

5. L'avoué est constitué de droit sans nouveaux pouvoirs sur la liquidation des dommages-intérêts. — J.G. *Avoué*, 165.

6. Une demande en interprétation est une contestation sur l'exécution, dans le sens de l'art. 1038 c. pr. (Quest controv.). — D.P.52. 1.139, note 3.

7. Le mandat légal de l'avoué, chargé de poursuivre une séparation de biens, finit après l'obtention du jugement qui prononce cette séparation. — En conséquence, l'avoué ne peut, sans un mandat spécial de la femme, poursuivre l'exécution de ce jugement, alors même qu'il serait resté nanti des pièces de procédure. — Trib. d'Orange, 25 avr. 1849, D.P. 55. 5. 47. — V. toutefois *Code civil annoté*, art. 1444, n° 103.

8. Il en est surtout ainsi dans le cas où le jugement a été rendu par défaut contre le mari, cette circonstance devant faire présumer l'intention de la part des époux de régler amiablement, par acte authentique, l'exécution de la séparation de biens. — Même jugement.

9. L'avoué n'est pas chargé de plein droit de l'exécution du jugement par lui obtenu. En conséquence, il n'a pas droit aux frais d'une signification de jugement à partie qu'il a faite spontanément, lorsque cette signification n'a eu lieu qu'en vue de l'exécution. — Civ. r. 22 nov. 1854, D.P. 54. 1. 419.

10. L'année pendant laquelle l'avoué est tenu de prêter son ministère à la partie pour laquelle il a occupé commence à courir, non des jugements préparatoires ou interlocutoires, mais seulement des jugements définitifs. — J.G. *Avoué*, 164.

11. Si un même jugement est définitif sur un chef et d'avant faire droit sur un autre, le délai ne doit compter que du jugement qui met fin au litige. — J.G. *Avoué*, 164.

12. Ce délai commence à courir, en matière de partage, non du jugement qui l'ordonne, mais de celui qui le termine. — Besançon, 17 juin 1824, J.G. *Avoué*, 164 et 162-4°. — V. observ., *ibid.* 164.

13. Si l'avoué, qui a occupé dans une cause où il est intervenu un jugement définitif, est tenu d'occuper sans nouveaux pouvoirs sur l'exécution de ce jugement, il ne s'ensuit pas que cet avoué ait qualité pour toucher le montant d'une condamnation ratifiée par la partie adverse; il a besoin d'un pouvoir spécial pour recevoir une somme d'argent au nom de son client et en donner valable quittance. — Paris, 2 juill. 1872, D.P. 75. 2. 46.

14. L'avoué du débiteur, qui verse une somme d'argent dans les mains de l'avoué du créancier et en accepte quittance, sans demander la justification d'un pouvoir spécial, suit la foi de son confrère et ne libère pas son client vis-à-vis du créancier. — Même arrêt.

15. L'art. 1038 c. pr. ne dispense pas de la formalité de l'ajournement — V. D.P. 52. 1. 140, note 4.

16. Suivant un arrêt, l'art. 1038 c. pr. civ., en vertu duquel l'exécution des jugements définitifs peut, lorsqu'elle est demandée dans l'année, être poursuivie sur simple avenir, renferme une faculté à laquelle la partie qui a obtenu le jugement est libre de renoncer, si elle préfère demander cette exécution, si action principale. — Colmar, 6 juin 1840, J.G. *Jugem.*, 486 et 559-14°.

Art. 1039.

Toutes significations faites à des personnes publiques préposées pour les recevoir seront visées par elles sans frais sur l'original.

En cas de refus, l'original sera visé par le procureur de la République près le tribunal de première instance de leur domicile. Les refusants pourront être condamnés, sur les conclusions du ministère public, à une amende, qui ne pourra être moindre de cinq francs. —

— C. pr. civ. 4, 45, 68 s., 561, 601, 628, 673, 676, 677, 901, 926, 967, 1029. — Tar. 19.

1. Sur le visa des exploits d'assignation, V. *supra*, art. 68, n°s 198 et s., et art. 69, n°s 64 et s.

2. L'art. 1039 ne s'applique qu'autant que la signification s'adresse à la personne même de celui qui refuse le visa; ainsi, dans le cas de l'art. 422 c. pr. civ., le greffier n'est pas tenu de viser l'exploit qui est signifié au greffe, parce que l'exploit ne concerne pas la personne du greffier; hors les cas où la loi ordonne ou permet de lui faire des significations, le greffier doit refuser son visa à celles qui lui sont adressées.—J.G. *Greffe*, 89.

3. La nullité faute de visa, prononcée par les art. 69 et 70, ne s'applique qu'à l'exploit d'ajournement, et non à celui de signification, lequel est régi par l'art. 1039. — Colmar, 24 juill. 1812, J.G. *Exploit*, 190-1°.

4. Spécialement, le défaut du visa de l'exploit de signification d'un jugement, par le préposé de l'administration qui le reçoit, n'est pas une cause de nullité. — Civ. r. 20 août 1816, Bruxelles, 11 nov. 1829, J.G. *Exploit*, 490-2°. — Conf. Besançon, 31 mars 1825, sous Req 23 août 1827, *ibid.*, 653-4°.

5. De même, le défaut de visa d'un maire, sur l'original d'une signification qui lui est faite d'un arrêt de renvoi, n'en entraîne pas la nullité. — Nancy, 12 (ou 20) avr. 1826, J.G. *Exploit*, 490-3°.

6. La signification d'arrêts de cour d'appel rendus contre une commune, par exemple, n'est pas nulle faute de visa par le maire ou l'adjoint qui l'a reçue; par suite, cette signification fait courir les délais de la requête civile contre la commune. — Req. 28 avr. 1835, J.G. *Exploit*, 490-4°.

7. La nullité résultant de ce que le visa aurait été donné par un greffier dans un cas où il devait l'être par un procureur général, ne peut être proposée pour la première fois devant la Cour de cassation. — Req. 7 mars 1821, J.G. *Exploit*, 496 et 479-3°.

8. Le refus du visa par les fonctionnaires publics ne les rend passibles de l'amende que lorsqu'il s'agit de notifications à eux faites comme personnes publiques, et non dans le cas où on leur remet des copies pour d'autres. — J.G. *Exploit*, 491.

Art. 1040.

Tous actes et procès-verbaux du ministère du juge seront faits au lieu où siége le tribunal; le juge y sera toujours assisté du greffier, qui gardera les minutes et délivrera les expéditions : en cas d'urgence, le juge pourra répondre en sa demeure les requêtes qui lui seront présentées; le tout, sauf l'exécution des dispositions portées au titre *des Référés* — C. pr. civ. 8, 266, 328, 428, 806.

1. — I. DANS QUELS LIEUX SONT RENDUS LES JUGEMENTS ET ORDONNANCES. — Il doit être procédé aux jugements, sauf dans quelques cas exceptionnels, dans les lieux publics consacrés à cet usage, à moins que des obstacles majeurs n'obligent le tribunal à modifier momentanément le siége de ses fonctions. — J.G. *Jugem.*, 174.

2. C'est également au lieu où siége le tribunal que le juge doit rendre ses ordonnances. — J.G. *Jugem.*, 726.

3. Toutefois, l'ordonnance rendue par le juge dans sa demeure, hors les cas d'urgence, ne serait pas nulle. — J.G. *Jugem.*, 727.

4. On considère, dans la pratique, les ordonnances rendues en la chambre du conseil comme actes d'hôtel. En conséquence, ces ordonnances ne sont signées que du président, et elles sont remises en minute aux avoués. — J.G. *Jugem.*, 728.

5. — II. ASSISTANCE ET SIGNATURE DU GREFFIER. — Lorsque, en cas d'urgence, le juge rend une ordonnance en son hôtel, l'assistance du greffier n'est pas nécessaire. — Nîmes, 4 mai 1824, J.G. *Jugem.*, 729, et

Contr. par corps, 768. — Toulouse, 13 juill. 1827, J.G. *Jugem.*, 724.

6. Ainsi, il n'est pas d'usage que le greffier assiste le président ou le magistrat qui le remplace quand il rend des ordonnances sur requête, telles que celles abréviatives de délai, ou celles qui autorisent une saisie-arrêt, ou commettent un huissier. — J.G. *Greffe*, 41.

7. Il n'est pas nécessaire qu'une ordonnance sur requête soit signée par le greffier, alors que, pour cause d'urgence, elle a été délivrée en la demeure du magistrat. — Toulouse, 13 juill. 1827, J.G. *Jugem.*, 231 et 724-1°.

8. Dans ce cas, l'ordonnance s'exécute sur minute et sans expédition. — Décis. min. just. 12 juin 1812; Instr. gén. 12 juill. 1812, J.G. *Jugem.*, 729.

9. Lorsque le greffier assiste le juge, c'est lui qui doit écrire l'ordonnance. — Avis min. just. 27 sept. 1808; Décis. min. fin. 11 oct. 1808, J.G. *Jugem.*, 730.

10. Comme conséquence de son assistance aux jugements et autres actes du ministère du juge, le greffier tient la plume et signe avec le magistrat, et quelquefois avec les parties, les actes qui intéressent celles-ci. Cependant le greffier n'est pas tenu d'écrire la feuille d'audience; il suffit qu'il la signe. L'omission de la signature du greffier n'emporterait pas la nullité des jugements. Il y aurait lieu seulement à l'application des peines prononcées par les art. 1030 et 1031. — J.G. *Greffe*, 49. — Conf. Pau, 27 mai 1830, J.G. *Jugem.*, et *Contr. par corps*, 587. — V. *suprà*, art. 138, n°s 57 et s.

11. Suivant un autre arrêt, une ordonnance n'est pas un acte exécutoire, si elle n'a pas été revêtue, sur la minute, de la signature du greffier, à moins qu'en cas d'urgence il ait été donnée par le président dans sa demeure. — Toulouse, 1er sept. 1824, J.G. *Jugem.*, 731, et *Contr. par corps*, 767.

12. Pour les jugements, la signature du greffier peut intervenir dans les vingt-quatre heures; mais, pour les autres actes, elle doit être donnée immédiatement. — J.G. *Greffe*, 50. — V. *suprà*, art. 272.

13 Le contre-seing du greffier n'est pas nécessaire sur un procès-verbal de non-conciliation dressé en exécution de l'art. 878, sur une demande en séparation de corps. — J.G. *Greffe*, 42.

14. La signature du greffier n'est pas nécessaire comme celle du juge sur l'ordonnance de taxe d'un mémoire de frais. — Grenoble, 30 août 1838, J.G. *Greffe*, 43, et *Frais*, 278. — Quest. controv., J.G. *Greffer*, 43.

15. Mais la signature du greffier est exigée sur l'exécutoire délivré à un avoué ou à un expert, à peine de nullité. — J.G. *Greffe*, 43.

16. En matière d'ordre, la signature par le greffier de l'ordonnance de clôture dressée par le juge-commissaire, est-elle exigée à peine de nullité? — V. *suprà*, art. 759, n° 8.

17. Est-il exigé, à peine de nullité, que les jugements et autres actes du ministère du juge, contiennent la mention soit de l'assistance, soit de la signature du greffier? — V. *suprà*, art. 138, n°s 61 et s.

18. Il ne doit pas être gardé minute des ordonnances du juge, si ce n'est de l'ordonnance d'envoi en possession rédigée dans le cas de l'art. 1008 c. civ. — J.G. *Greffe*, 63.

19. La loi exige-t-elle l'assistance du greffier au règlement des qualités des jugements et arrêts? — V. *suprà*, art. 145, n°s 36 et s.

Art. 1041.

Le présent Code sera exécuté à dater du 1er janvier 1807 : en conséquence, tous procès qui seront intentés depuis cette époque, seront instruits conformément à ses dispositions. Toutes lois, coutumes, usages et règlements relatifs à la procédure civile, seront abrogés.

1. Nonobstant l'art. 1041, les formes de procédure établies par des lois spéciales doivent continuer d'être observées, quoique dérogeant aux règles générales. Telle est la forme de procéder en matière d'enregistrement ; telle est celle permise par la loi du 10 vendém. an 4, contre les communes, pour réparation de dommages commis sur leur territoire. — Ch. réun. c., 28 janv. 1826, J.G. *Lois*, 552, *Enregistr.*, 4807, et *Commune*, 1553. — Avis cons. d'Et. 12 mai 1807, J.G. *Lois*, 552. — V. aussi J.G. *Enregistr.*, 4807, et Ch. réun. c. 28 janv. 1826, J.G. *Commune*, 1553.

2. Mais les dispositions de la constitution de l'an 3 relatives à la forme des jugements ont été abrogées par l'art. 1041 du code de procédure. — Civ. c. 16 févr. 1830, J.G. *Lois*, 553, et *Jugem.*, 236.

3. Les règles du Code de procédure n'ont pas été modifiées par le tarif. — Civ. r. 4 avr. 1837, J.G. *Lois*, 553-2°, et *Mat. somm.*, 44-3°.

4. En matière commerciale, le code de procédure est le droit commun lorsque le code de commerce ne présente pas de dispositions complètes. — Aix, 31 mai 1833, J.G. *Lois*, 553-1°, et *Arbitr.*, 1327.

Art. 1042.

Avant cette époque, il sera fait, tant pour la taxe des frais que pour la police et discipline des tribunaux, des règlements d'administration publique.

Dans trois ans, au plus tard, les dispositions de ces règlements qui contiendraient des mesures législatives, seront présentées au Corps législatif en forme de loi.

1. Les textes relatifs à la taxe des frais et dépens sont réunis, *infrà*, *Appendice au Code de pr. civ.*

2. Les textes relatifs à la discipline des cours et tribunaux sont également rapportés dans le même *Appendice.*

FIN DU CODE DE PROCÉDURE CIVILE.

APPENDICE

AU CODE DE PROCÉDURE CIVILE

DIVISION

I. DISCIPLINE DES COURS ET TRIBUNAUX.

16 therm. an 10 (4 août 1802). — *Sénatus-consulte organique de la Constitution.* — J.G. *Droit constitut.*, p. 318.

TIT. IX. — *De la Justice et des Tribunaux.*

Art. 78. Il y a un grand juge ministre de la justice.

Le garde des sceaux, ministre de la justice, n'a plus le titre ni les attributions de grand juge. — V. D.P. 71. 1. 34, note.

Art. 81. Il a sur les tribunaux, les justices de paix et les membres qui les composent, le droit de les surveiller et de les reprendre.

1. Le pouvoir du ministre de la justice s'étend sur les juridictions de tous les degrés : sur la Cour de cassation, sur les cours d'appel, les tribunaux d'arrondissement, les justices de paix. — J.G. *Discipl. jud.*, 200.

2. ... Ainsi que sur les tribunaux de commerce. — J.G. *Discipl.*, 200 ; *Organ. jud.*, 525.

3. Mais les conseils de prud'hommes se trouvent placés sous la surveillance du ministre du commerce, ce qui exclut celle du ministre de la justice (L. 18 mars 1806, art. 33 ; Décr. 20 févr. et 3 août 1810 ; Ordon. 29 déc. 1844). — J.G. *Discipl. jud.*, 200.

4. Les magistrats qui ont un caractère permanent sont soumis au pouvoir disciplinaire du garde des sceaux pour toute faute qui compromet la dignité de leur caractère, sans distinction entre les juges titulaires et les juges suppléants. — J.G. *Discipl. jud.*, 201.

5. Quant aux *avocats* et aux *avoués* qui peuvent être appelés à siéger pour compléter le tribunal, ils sont soumis au pouvoir disciplinaire du garde des sceaux à raison des fautes qu'ils peuvent commettre pendant l'exercice momentané des fonctions judiciaires ; mais pour tous les autres actes qu'ils peuvent commettre en dehors de cet exercice, ils ne sont justiciables que des autorités auxquelles est soumise la corporation dont ils sont membres. — J.G. *Discipl. jud.*, 201. — V. *infrà*, L. 20 avr. 1810, art. 53, n° 2, p. 1260.

6. Les arbitres sont aussi compris dans la dénomination générale de membres des tribunaux, et, dès lors, ils sont soumis au pouvoir disciplinaire du garde des sceaux ; mais c'est seulement pour les fautes commises dans l'exercice de leurs fonctions qu'ils pourraient être avertis ou réprimandés. — J.G. *Discipl. jud.*, 202.

7. Le pouvoir disciplinaire du garde des sceaux existe non-seulement sur les juges pris individuellement, mais aussi sur les cours et tribunaux comme corps (Quest. controv.). — J.G. *Discipl. jud.*, 203.

8. Le ministre de la justice peut, suivant la gravité des faits, adresser des avertissements ou des réprimandes soit aux cours ou tribunaux en corps, soit individuellement aux magistrats qui les composent, lorsqu'ils s'écartent de la ligne de leurs devoirs. — J.G. *Discipl. jud.*, 204. — V., en outre, *infrà*, L. 20 avr. 1810, art. 57.

Art. 82. Le tribunal de cassation, présidé par lui, a droit de censure et de discipline sur les tribunaux d'appel et les tribunaux criminels : il peut, pour cause grave, suspendre les juges de leurs fonctions, les mander près du grand juge, pour y rendre compte de leur conduite.

1. — I. Pouvoir disciplinaire de la Cour de cassation sur les cours et tribunaux. — Le droit attribué à la Cour de cassation de mander les juges près du ministre de la justice pour y rendre compte de leur conduite est devenu sans objet depuis que la loi du 20 avr. 1810, art. 57, a donné au ministre lui-même le droit de mander directement les membres des cours et tribunaux, à l'effet de s'expliquer sur les faits qui pourraient leur être imputés. — J.G. *Discipl. jud.*, 189. — V. toutefois D.P. 71. 1. 37, note.

2. Bien que les dispositions qui attribuent en certains cas au grand juge le droit de présider la Cour de cassation n'aient point été formellement abrogées, ces dispositions doivent être considérées comme n'étant plus en vigueur, soit en matière disciplinaire, soit en toute autre matière (Quest. controv.). — J.G. *Discipl. jud.*, 188. — V. D.P. 71. 1. 34, note.

3. La Cour de cassation ne peut exercer d'office son pouvoir disciplinaire ; le magistrat sur la conduite duquel il y a lieu de statuer doit lui être déféré par le ministre de la justice. — D.P. 71. 1. 36, note.

4. Dès lors, la Cour de cassation ne peut légalement être saisie d'une action de cette nature par un décret du pouvoir exécutif, ni même par un décret d'un gouvernement exerçant la puissance législative, tel que le Gouvernement de la défense nationale. — Ch. réun. 21 juill. 1871, D.P. 71. 1. 33.

5. Et cette illégalité n'est pas couverte par le concours que le ministre de la justice a donné à cette mesure, le ministre de la justice ne pouvant exercer son droit de poursuite disciplinaire que par un acte personnel et d'un caractère judiciaire, et non par un acte collectif et de gouvernement. — Même arrêt.

6. ... Ni même par l'invitation que le ministre aurait adressée plus tard à la cour de statuer à l'égard du magistrat que le décret lui a déféré disciplinairement, si d'ailleurs le ministre ne s'est pas ainsi approprié la dénonciation résultant du décret, et si, en outre, cette invitation a été adressée au nom du Gouvernement. — (Sol. impl.) Même arrêt.

7. La seconde disposition de l'art. 82 du sénatus-consulte du 16 therm. an 10 n'est pas corrélative à la première : le mot *juges* qui y est contenu doit être pris dans un sens général et absolu ; en conséquence, les juges dont la suspension peut être prononcée par la Cour de cassation ne sont pas seulement les membres des cours d'appel et des cours d'assises, mais encore les juges des tribunaux de première instance. — J.G. *Discipl. jud.*, 190. — Conf. Ch. réun., 2 germ. an 13, *ibid.*, 145.

8. Ainsi, la Cour de cassation a, en vertu de ce même article, prononcé la suspension contre un juge de paix qui avait été condamné à l'emprisonnement et à l'amende, comme coupable d'escroquerie en matière de

recrutement. — Cr. c. 27 juill. 1810, J.G. Discipl. jud., 191.

9. La suspension que la Cour de cassation est autorisée à prononcer contre tous juges ne doit l'être que pour causes graves ; c'est à cette cour qu'il appartient d'apprécier souverainement la gravité des faits et de déterminer la durée de la suspension. — J.G. Discipl. jud., 192.

10. Dans le cas prévu par le présent article, la Cour de cassation peut prononcer la déchéance du magistrat traduit directement devant elle. — V. infrà, Décr. 1er mars 1852, art. 5.

11. — 1° *Causes de poursuites disciplinaires devant la Cour de cassation.* — Les infractions aux règles spéciales des fonctions de magistrat qui seraient commises après la nomination, mais avant l'installation, donneraient lieu à l'application de peines disciplinaires. — J.G. Discipl. jud., 24.

12. Peuvent donner lieu aux poursuites disciplinaires les marchés et transactions par lesquels un particulier qui sollicite une fonction dans la magistrature convient avec le titulaire de cette fonction de lui donner une somme d'argent s'il consent à donner sa démission. Si ce marché vient à être découvert, le magistrat qui a ainsi obtenu sa nomination peut être poursuivi disciplinairement, bien qu'à l'époque où le fait a eu lieu son auteur n'appartint point encore au corps judiciaire. — J.G. Discipl. jud., 22.

13. Les magistrats qui se rendraient cessionnaires des procès, droits et actions litigieuses qui sont de la compétence du tribunal dans le ressort duquel ils exercent leurs fonctions, seraient passibles de peines disciplinaires. — J.G. Discipl. jud., 142. — V. Code civil annoté, art. 1597.

14. Le président d'un tribunal qui a connu de poursuites en expropriation forcée où son gendre était intéressé, et qui, lorsque le ministre de la justice lui écrit à ce sujet pour le reprendre et l'inviter à mieux se pénétrer à l'avenir de ses devoirs, lui répond d'une façon irrespectueuse, encourt la censure de la Cour de cassation. — Ch. réun. 9 fév. 1822, J.G. Discipl. jud., 141.

15. Le magistrat qui, malgré l'ordre émis dans une lettre du ministre de la justice d'attendre, sous peine de désobéissance, une décision supérieure sur les libelles qu'il a publiés contre un autre magistrat, publie un nouvel imprimé où il énonce qu'il n'a pu s'empêcher d'écrire parce qu'il a appris qu'il avait été sursis quant à présent à comprendre sa dénonciation dans le travail à présenter au chef de l'Etat, peut être mandé et censuré par la Cour de cassation. — Req. 12 sept. 1808, J.G. Discipl. jud., 143.

16. L'arrêt d'une cour qui déclare un juge convaincu d'avoir donné un faux certificat, qui le condamne à une amende et à une année d'emprisonnement, et qui a été rendu public par l'impression et l'affiche, est une des causes graves pour lesquelles la suspension peut être prononcée par la Cour de cassation. — Ch. réun. 8 déc. 1809, J.G. Discipl. jud., 144, et Chose jug., 521.

17. Des juges qui acquittent un prévenu ne se laissant fléchir par de simples considérations, lorsque, d'ailleurs, le délit est constant, sont passibles de censure; mais les juges qui ont été d'un avis opposé à celui qui paraît à la Cour de cassation mériter la censure peuvent ne pas être censurés, alors même qu'ils ont demandé que leur cause ne fût pas séparée de celle de leurs collègues. — Ch. réun. 15 prair. an 11, J.G. Discipl. jud., 140. — Mais V. observ., ibid.

18. Un juge qui se permet de vivre publiquement, dans la ville même où siège son tribunal, avec une femme autre que sa légitime épouse, et qui, en outre, fait inscrire sur les registres de l'état civil, comme nés d'une union légale, des enfants réellement adultérins, se rend coupable d'une faute grave qui autorise sa suspension par mesure de discipline. — Ch. réun. 2 germ. an 13, J.G. Discipl. jud., 145.

19. Le magistrat qui, après avoir dénoncé, dans des pétitions adressées à la Chambre des députés et rendues publiques, l'existence de complots et machinations qui compromettraient la sûreté de l'Etat et dont il a affirmé connaître les auteurs, refuse ensuite de donner sur ces faits et sur leurs auteurs les renseignements propres à éclairer les recherches et à diriger l'action de la justice, encourt la censure de la Cour de cassation. — Ch. réun. 30 nov. 1820, J.G. Discipl. jud., 146.

20. Un juge qui publie dans un journal une lettre qu'il signe de sa qualité de juge au tribunal, ou qui, par lettre ainsi signée, adhère à un article de ce journal contenant des doctrines inconciliables avec les devoirs de son état, et spécialement le serment qu'il a prêté, encourt la censure avec réprimande de la Cour suprême, bien qu'il n'ait point fait cette publication à raison de l'exercice de ses fonctions, et lors même que, poursuivi devant la cour d'assises pour le même fait, il a été acquitté par le jury. — Ch. réun. 30 mai 1832, J.G. Discipl. jud., 147.

21. Le fait de la part d'un magistrat, d'un juge, par exemple, d'avoir signé un article de journal, en forme de protestation contre certains actes, d'instruction judiciaire et de poursuites criminelles, constitue un manquement aux devoirs et à la dignité du caractère de juge, passible des peines de la suspension temporaire. — Ch. réun. 5 août 1834, J.G. Discipl. jud., 148. —

22. De même le fait de la part d'un juge et d'un juge suppléant de s'être inscrits à la suite d'une liste de souscription pour le payement de l'amende prononcée par arrêt contre le gérant d'un journal, laquelle liste était précédée d'une protestation, rend les magistrats signataires passibles de la peine de la censure avec réprimande, alors même qu'ils auraient ignoré le contenu de la protestation. — Ch. réun. 25 avr. 1835, J.G. Discipl. jud., 149.

23. Le magistrat qui s'est affilié à des sociétés en opposition ouverte avec le Gouvernement et les institutions constitutionnelles, a compromis la dignité de son caractère, et encouru des peines disciplinaires. — Limoges, 19 avr. 1833, J.G. Discipl. jud., 150.

24. Un conseiller de cour d'appel qui appose sa signature au bas d'une adresse exprimant des vœux inconciliables avec les devoirs de magistrat, telle que serait, par exemple, une adresse à une princesse détenue pour avoir porté la guerre civile sur le sol dont elle a été expulsée, méconnaît les obligations que lui impose le serment qu'il a prêté, et peut encourir une suspension de ses fonctions. — Ch. réun. 14 janv. 1833, J.G. Discipl. jud., 151.

25. Le fait par un magistrat (un juge suppléant) de quitter son poste et de sortir du territoire sans congé ni permission pour aller porter ses hommages à un prétendant au trône, constitue une violation de son serment qui le rend passible d'une peine disciplinaire. — Ch. réun. 12 janv. 1844, J.G. Discipl. jud., 152.

26. Le juge suppléant qui, dans un écrit publié avec énonciation de sa qualité de juge, qualifie de dérisoire et d'antipathique à la majorité de ses concitoyens, un légitime hommage adressé au chef de l'Etat, et qui, sous prétexte de réformation, dirige contre les lois en vigueur des attaques violentes, manque à la dignité de son caractère, viole son serment et encourt une peine disciplinaise. — Ch. réun. 2 déc. 1847, D.P. 47. 1. 379.

27. — 2° *Formes des poursuites.* — La loi n'ayant rien prescrit relativement aux formes de l'action disciplinaire, la Cour a, sur ce point, un pouvoir entièrement discrétionnaire. — J.G. Discipl. jud., 193.

28. La Cour de cassation est saisie par un réquisitoire écrit du procureur général, donné sur l'ordre du ministre de la justice. Elle se réunit alors en assemblée générale et décide par un arrêt préalable si le juge inculpé doit ou non être cité devant elle. — J.G. Discipl., jud., 194.

29. Dans le cas où elle décide que les poursuites auront lieu, elle détermine par le même arrêt à quel jour la citation sera donnée, en se réglant à cet égard sur ses propres convenances et sur une appréciation raisonnable des distances. En conséquence de cet arrêt, la citation est donnée au magistrat, dans les formes ordinaires, à la requête du procureur général, pour le jour indiqué par la cour. Cette citation lui est remise par l'intermédiaire du greffier de la cour ou du tribunal où il siège. — J.G. Discipl. jud., 194.

30. Si le juge cité présente requête pour obtenir, soit une prolongation de délai, soit l'assistance d'un défenseur ou la publicité des débats, il y est statué sans que sa comparution personnelle soit nécessaire pour cela. Le jour de la comparution se trouve ainsi définitivement fixé. — J.G. Discipl. jud., 194.

31. La question de savoir si le magistrat inculpé sera assisté d'un conseil doit être entièrement subordonnée aux circonstances. La nature de l'affaire, la gravité de l'inculpation, la position personnelle du magistrat, qui peut être ou non en état de se défendre lui-même : tels sont les éléments de la décision. — J.G. Discipl. jud., 195.

32. La Cour de cassation a refusé, dans un cas, à l'inculpé la faculté de se faire assister d'un ou plusieurs conseils et décidé qu'il devait présenter lui-même sa défense, soit orale, soit écrite. — Ch. réun. 28 nov. 1820, J.G. Discipl., jud., 195 et 146.

33. Dans d'autres affaires, un avocat a été admis à présenter la défense du magistrat incriminé. — Ch. réun. 14 janv. 1833, J.G. Discipl. jud., 151. — Ch. réun. 12 janv. 1844, ibid., 152.

34. Quant à la question de publicité des débats, la cour use encore, soit dans l'intérêt du magistrat inculpé soit dans l'intérêt public, de son pouvoir discrétionnaire. Ainsi, il a été jugé à huis clos dans certaines affaires. — Ch. réun. 30 mai 1832, J.G. Discipl. jud., 196 et 147. — Ch. réun. 14 janv. 1833 et 12 janv. 1844, précités.

35. Mais il a été prononcé publiquement dans d'autres. — Arrêt précité du 28 nov. 1820.

36. Les décisions sont ordinairement rédigées en forme d'arrêt; cependant il est arrivé à la Cour de cassation de les prononcer en forme d'allocution adressée aux juges. — Ch. réun., 15 prair, an 11, J.G. Discipl. jud., 197 et 140.

37. Ces décisions peuvent contenir dans leur point de fait ou dans le procès-verbal qui précède la décision même, le texte entier du réquisitoire. Enfin l'expédition est revêtue de la formule exécutoire. — J.G. Discipl. jud., 197.

38. Ces décisions ne sont susceptibles d'aucune révision ; elles ne peuvent pas être réformées par le garde des sceaux. — J.G. Discipl. jud., 198.

39. — II. POUVOIR DISCIPLINAIRE DE LA COUR DE CASSATION SUR SES MEMBRES. — La Cour de cassation a le droit de se saisir d'office de l'action disciplinaire contre un de ses membres. — Délib. 18 déc. 1847, D.P. 71. 1. 38, note.

40. Mais, le ministre de la justice ou les membres du pouvoir exécutif n'ont pas le droit de déférer disciplinairement à la Cour de cassation un des ses membres, et notamment son premier président. — D.P. 71. 1. 37, note.

41. Bien que saisie d'une manière illégale d'une action disciplinaire à l'égard d'un de ses membres, la Cour de cassation peut et doit, usant de son pouvoir disciplinaire, vérifier et apprécier, même d'office, les faits reprochés à ce magistrat, alors surtout que, loin de la décliner, il invoque lui-même sa juridiction. — Ch. réun. 21 juill. 1871, D.P. 71. 1. 33.

42. La démarche faite par un premier président de la Cour de cassation auprès d'une femme ayant des relations illicites avec un haut personnage et pour des motifs se rattachant à ces relations, ne peut être incriminée disciplinairement, et doit au contraire être approuvée comme une bonne et honorable action, lorsque, entreprise à la demande même de l'épouse offensée dudit personnage, elle a été la conséquence et la condition nécessaires de l'acceptation d'une mission d'apaisement et de réconciliation entre les époux. — Ch. réun. 21 juill. 1871, D.P. 71. 1. 33 et suiv.

43. Lorsque la Cour de cassation exerce l'action disciplinaire sur un de ses membres, il doit être procédé par elle et devant elle, dans les formes indiquées au chap. 7 de la loi du 20 avr. 1810. — Délibérat. du 18 déc. 1847, V. D.P. 71. 1. 38, note.

44. Dans le cas où l'ordre d'exercer contre un magistrat des poursuites disciplinaires a reçu une publicité officielle, alors que les inculpations portées ainsi devant le public ont été reconnues dépourvues de fondement, il y a lieu d'autoriser la publication de l'arrêt qui justifie le magistrat inculpé. — Ch. réun. 21 juill. 1871, D.P. 71. 1. 38. — Observ. contr., ibid.

Table sommaire.

Art. 83. Les tribunaux d'appel ont droit de surveillance sur les tribunaux civils de leur ressort, et les tribunaux civils sur les juges de paix de leur arrondissement.

1. Le législateur a conféré aux cours d'appel sur les tribunaux inférieurs et aux tribunaux civils sur les juges de paix deux pouvoirs distincts : un pouvoir de surveillance et un pouvoir de répression. Le premier de ces deux pouvoirs dérive du sénatus-consulte du 16 therm. an 10, le second de la loi du 20 avr. 1810, art. 52. — J.G. Discipl. jud., 179. — V. infrà, L. 20 avr. 1810, art. 52, p. 1260.

2. Le droit de surveillance n'emporte point, pour les cours et tribunaux auxquels la loi l'a conféré, le pouvoir de mander les juges à l'effet de s'expliquer, ni le droit de les reprendre ou de les dénoncer à la Cour de cassation, mais seulement celui de leur adresser des avertissements. Si ces avertissements sont méprisés et deviennent impuissants, ceux-là qui les ont donnés doivent en référer au ministre de la justice, afin que celui-ci use, s'il le juge convenable, des pouvoirs plus étendus que lui accordent le sénatus-consulte de l'an 10 et la loi du 20 avr. 1810. — J.G. Discipl. jud., 180.

3. Ainsi c'est par avertissement consigné dans des lettres missives, et non point par injonctions insérées dans les jugements, que doit s'exercer le droit de surveillance attribué aux tribunaux supérieurs sur les tribunaux inférieurs. — Civ. c. 26 prair. an 11; J.G. *Discipl. jud.*, 180-1°.

4. Les juges de paix reçoivent les ordres et injonctions des procureurs de la République. Ils sont placés non-seulement sous la surveillance de ces magistrats, mais encore sous celle du tribunal de première instance, de la cour d'appel, du garde des sceaux, surveillant de tous les corps judiciaires, et exceptionnellement de la Cour de cassation (L. 20 avr. 1810, art. 49 et suiv). — J.G. *Org. jud.*, 487.

5. La surveillance conférée aux tribunaux de première instance sur les juges de paix n'autorise pas ces tribunaux, lorsqu'ils infirment les jugements des juges de paix, à faire biffer les motifs des jugements infirmés, et à ordonner que mention de leurs propres jugements sera faite en marge des registres de la justice de paix. — Civ. c. 19 prair. an 11; J.G. *Discipl. jud.*, 180-2°.

6. Le droit de reprendre le juge n'appartenant qu'au ministre de la justice, et les tribunaux civils n'ayant sur le juge de paix d'autre autorité que le droit de surveillance, les tribunaux ne peuvent, sans excès de pouvoir, enjoindre au juge de paix de se conformer à telles ou telles dispositions. — Civ. c. 10 brum. an 12, int. de la loi, J.G. *Discipl. jud.*, 180-3°, et *Huissier*, 160.

7. Examiner et blâmer la conduite du juge inférieur en réformant sa sentence, c'est, de la part d'un tribunal d'appel, exercer un droit illégal de censure hors des cas déterminés par la loi et au mépris des garanties qu'elle a établies relativement aux poursuites disciplinaires contre les magistrats; spécialement, un tribunal d'appel ne peut, sans excès de pouvoir, motiver la réformation d'un jugement portant condamnation à une amende pour manque de respect dû à la justice, sur ce que le juge qui l'a prononcé est sorti de sa modération et de sa dignité. — Req. 12 juill. 1836, J.G. *Discipl. jud.*, 180-4°.

8. Les précédentes décisions seraient également applicables au droit de surveillance des cours d'appel sur les tribunaux d'arrondissement. — J.G. *Discipl. jud.*, 181.

Art. 84. Le commissaire du Gouvernement près le tribunal de cassation surveille les commissaires près les tribunaux d'appel et les tribunaux criminels.

Les commissaires près les tribunaux d'appel surveillent les commissaires près les tribunaux civils.

Sur la discipline des officiers du ministère public, V. *infrà*, L. 20 avr. 1810, art. 60, 61.

20 avr. 1810. — *Loi sur l'organisation de l'ordre judiciaire et l'administration de la justice.* — J.G. *Organ. jud.*, p. 1496.

CHAP. VII. — *De la Discipline.*

Art. 48. Les juges et les officiers du ministère public qui s'absenteraient sans un congé délivré suivant les règles prescrites par la loi ou les règlements seront privés de leur traitement pendant le temps de leur absence; et, si leur absence dure plus de six mois, ils pourront être considérés comme démissionnaires, et remplacés.

Néanmoins, les juges et officiers du ministère public pourront, après un mois d'absence, être requis par le procureur général de se rendre à leur poste; et, faute par eux d'y revenir dans le mois, il en sera fait rapport au grand juge, qui pourra proposer à l'empereur de les remplacer comme démissionnaires.

....

Art. 49. Les présidents des cours impériales et des tribunaux de première instance avertiront d'office, ou sur la réquisition du ministère public, tout juge qui compromettra la dignité de son caractère.

1. L'avertissement n'est point une peine de discipline; c'est une mesure préventive de toute peine, un acte secret et paternel du magistrat supérieur envers un officier de justice qui suit une fausse direction. — J.G. *Discipl. jud.*, 160.

2. Le ministère public ne peut adresser directement aucun avertissement à un magistrat; il peut seulement requérir le président de donner cet avertissement. Mais le président n'est pas obligé d'obtempérer à cette réquisition. — J.G. *Discipl. jud.*, 156.

3. Le ministère public peut, si le président refuse de déférer à son réquisitoire, donner connaissance de ce qui s'est passé au garde des sceaux, qui agit alors, s'il y a lieu, en vertu du droit que lui confère le sénatus-consulte de l'an 10. — J.G. *Discipl. jud.*, 156.

4. Bien que la loi du 20 avr. 1810, qui détermine les attributions du ministère public en matière de discipline, ne parle que des tribunaux et des cours d'appel, ces dispositions sont applicables à la Cour de cassation (Quest. controv.). — J.G. *Min. publ.*, 230.

5. La réquisition du ministère public, de même que l'avertissement du président, ne doivent être faits que par lettres missives. — J.G. *Discipl. jud.*, 157.

6. Lorsque c'est le président lui-même qui compromet la dignité de son caractère, c'est par le président de la cour d'appel que l'avertissement doit être donné. — J.G. *Discipl. jud.*, 158.

7. Il y a excès de pouvoirs dans la réunion de quelques membres d'un tribunal ayant pour objet de formuler une plainte contre le président de ce tribunal, si l'acte contenant les griefs de la plainte est qualifié de délibération, et s'il est en outre transcrit sur les registres du tribunal. — Req. 5 mai 1835, J.G. *Discipl. jud.*, 158.

8. L'avertissement ne doit pas être inscrit sur le registre des délibérations du tribunal. — J.G. *Discipl. jud.*, 162.

9. Ainsi, le premier président d'une cour excède ses pouvoirs si, sur une plainte formée par les membres d'un tribunal contre leur président, il prend un arrêté portant avertissement disciplinaire contre les plaignants, et charge, en même temps, le président inculpé de leur faire connaître cet arrêté et d'en faire la transcription sur les registres du tribunal. L'avertissement, en pareil cas, ne peut être qu'individuel et ne peut donner lieu à l'inscription sur les registres. — Req. 5 mai 1835, J.G. *Discipl. jud.*, 162 et 158.

10. La transcription d'un semblable arrêté est encore plus illégale lorsqu'elle est faite par un magistrat sans caractère pour exercer les fonctions de greffier. — Même arrêt, J.G. *Discipl. jud.*, 187.

11. Quoique l'avertissement n'entraîne avec lui aucune disposition pénale, et que cet avertissement paraisse ne devoir être donné que par le premier président de la cour au magistrat qui aurait manqué à sa propre dignité, cependant la cour peut, si, avant toute citation devant elle, le magistrat n'a pas été averti, donner un avertissement et le prononcer dans un arrêt. — Orléans, 23 août 1823, J.G. *Discipl. jud.*, 165.

Art. 50. Si l'avertissement reste sans effet, le juge sera soumis, par forme de discipline, à l'une des peines suivantes, savoir :
La censure simple ;
La censure avec réprimande ;
La suspension provisoire.
La censure avec réprimande emportera de droit privation de traitement pendant un mois ; la suspension provisoire emportera privation de traitement pendant sa durée.

1. La suspension provisoire est, dans tous les cas, une peine supérieure à la censure avec réprimande, lors même qu'elle ne serait prononcée que pour quelques jours, et que, par suite, la privation du traitement ne devrait durer que quelques jours ; elle devrait être considérée comme une peine plus forte que la censure avec réprimande, bien que cette dernière emporte privation de traitement pendant un mois. — J.G. *Discipl. jud.*, 129.

2. L'avertissement préalable à donner au magistrat inculpé d'avoir compromis la dignité de son caractère est purement facultatif; par suite, son omission n'est pas un obstacle à ce que la cour prononce des peines disciplinaires. — Cr. c. 25 févr. 1826, J.G. *Discipl. jud.*, 164-1°. — Limoges, 19 avr. 1833, *ibid.*, 164-2° et 150.

3. Bien plus, les peines disciplinaires pourraient être appliquées lors même que l'avertissement qui aurait été donné au magistrat ne serait pas demeuré sans effet. — Arrêt précité du 25 févr. 1826. — V. observ., *ibid.*, 163.

4. Pour qu'une peine disciplinaire soit appliquée, il n'est pas nécessaire que la seconde faute soit de même nature que celle qui a motivé l'avertissement : il suffit qu'elle compromette la dignité des magistrats. De plus, il n'existe pas de délai légal après lequel le premier avertissement devient sans effet. — J.G. *Discipl. jud.*, 161.

5. L'application de l'art. 50 ne doit pas être restreinte aux faits qui ne font que compromettre la dignité du caractère du juge ; elle doit être étendue à tous les faits plus graves qui pourraient en outre motiver des poursuites criminelles ou correctionnelles. — Cr. c. 25 févr. 1826, J.G. *Discipl. jud.*, 139-1° et 164-1°.

6. Ainsi, lorsque les reproches allégués contre un magistrat paraissent à la cour ou au tribunal constituer un délit ou un crime, et qu'en conséquence ils ordon- nent qu'il soit procédé à son égard conformément au liv. 2, tit. 4, ch. 3, c. inst. crim., ils doivent aussi le suspendre de ses fonctions. — Même arrêt.

Art. 51. Les décisions prises par les tribunaux de première instance seront transmises, avant de recevoir leur exécution, aux procureurs généraux, par les procureurs impériaux, et soumises aux cours impériales.

1. Les décisions des cours et tribunaux qui frappent un magistrat de l'une des peines disciplinaires déterminées par la loi ne sont pas soumises à l'appel. Le seul recours qui puisse être formé doit l'être devant le ministre de la justice qui, seul, a le droit d'approuver, de modifier ou de réformer souverainement les décisions disciplinaires. — J.G. *Appel civ.*, 347. — V. *infrà*, art. 55, p. 1216.

2. Seulement la sentence, lorsqu'elle émane d'un tribunal de première instance, et qu'elle atteint soit un membre de ce tribunal, soit un juge de paix, doit, avant de recevoir son exécution, être transmise au procureur général par le procureur de la République et soumise à la cour. — J.G. *Appel civ.*, 347.

Art. 52. L'application des peines déterminées par l'art. 50 ci-dessus sera faite en chambre du conseil par les tribunaux de première instance, s'il s'agit d'un juge de ces tribunaux, ou d'un membre de justice de paix ou d'un juge de police de leur arrondissement.

Lorsqu'il s'agira d'un membre des cours impériales ou d'assises..., l'application sera faite par les cours impériales en la chambre du conseil.

1. Les cours et tribunaux exercent spontanément, de leur propre mouvement et sans avoir besoin d'être provoqués par les citations ou réquisitions du ministère public, le pouvoir disciplinaire que leur confère l'art. 52 de la loi du 20 avril 1810. — Cr. c. 23 mars 1826, J.G. *Discipl. jud.*, 168.

2. Pour que la cour ou le tribunal soit régulièrement composé, il faut que chacun de ses membres ait été appelé à concourir à la délibération et à la décision. Une décision serait irrégulière et nulle, si toutes les chambres n'y avaient point participé. — J.G. *Discipl. jud.*, 55.

3. Spécialement, une décision disciplinaire, rendue contre un juge, est nulle si tous les membres de la cour qui la prononce n'y ont pas concouru. Si donc, l'une des chambres de cette cour, occupée à juger comme cour d'assises, assiste aux conclusions du ministère public, et se retire sans prendre part, concurremment avec les autres chambres, à la délibération, l'arrêt qui prononce la peine de discipline n'émane pas de la généralité de la cour et doit être cassé. — Cr. c. 6 févr. 1822, J.G. *Discipl. jud.*, 55 et 174.

Art. 53. La disposition de l'article précédent est applicable à tous les membres des cours d'assises ... qui auront encouru l'une des peines portées en l'art. 50, même à ceux qui, n'ayant exercé qu'en qualité de suppléants, auront, dans l'exercice de cette suppléance, manqué aux devoirs de leur état.

1. Les juges suppléants, de même que les juges titulaires, peuvent être poursuivis disciplinairement, non-seulement pour les fautes qui leur sont imputées, ont été commises par eux dans l'exercice de leur fonction, mais encore pour les fautes résultant de leurs actions privées et par lesquelles ils compromettent la dignité de leur caractère (Quest. controv.). — *Discipl. jud.*, 166. — V. *suprà*, sén. cons., 16 therm. an 10, art. 82, n° 4, p. 1258.

2. Lorsqu'un avocat ou un avoué est été appelé pour suppléer un juge absent ou empêché, bien que l'exercice de la fonction soit purement accidentel et momentané, ils sont, tant que dure cet exercice, revêtus de la qualité de juge. Dès lors, si, durant l'exercice de cette suppléance, ils compromettaient la dignité de leur caractère, ils pourraient être poursuivis par voie disciplinaire et punis de l'une des peines portées en l'art. 50. — J.G. *Discipl. jud.*, 167.

3. Toutefois, la suspension provisoire serait sans application possible et la censure avec réprimande ne pourrait avoir qu'un effet moral ; mais, l'avocat serait, en outre, suivant les cas, passible de poursuites disciplinaires devant le conseil de l'ordre. — J.G. *Discipl. jud.*, 167.

4. Lorsque deux actions disciplinaires sont exercées

contre un avocat, à raison d'un acte de sa profession, tant en cette qualité qu'en celle de magistrat dont il se trouve également revêtu, elles peuvent être portées, par voie de connexité, devant la juridiction appelée à réprimer l'acte, en tant qu'il a été commis par un magistrat, et dès lors, directement devant la cour d'appel. — Req. 12 mai 1858, D.P. 58. 1. 175.

Art. 54. Les cours impériales exerceront les droits de discipline attribués aux tribunaux de première instance, lorsque ceux-ci auront négligé de les exercer.

Les cours impériales pourront, dans ce cas, donner à ces tribunaux un avertissement d'être plus exacts à l'avenir.

1. Pour qu'une cour d'appel puisse exercer le pouvoir dont elle est investie par l'art. 54 de la loi de 1810, il n'est pas nécessaire que cette négligence ait duré malgré les réquisitions du ministère public; elle s'induit de l'inaction où est resté le tribunal et du silence gardé par son président sur des faits assez publics et assez notoires pour être connus de la cour d'appel. — Cr. c. 23 mars 1826, J.G. *Discipl. jud.*, 183 et 168.

2. En pareil cas, la cour d'appel peut prononcer spontanément; il n'est pas nécessaire que son action soit provoquée par les réquisitions du ministère public. — Même arrêt.

3. Lorsque les cours d'appel ont négligé d'exercer, soit le pouvoir qu'elles ont sur leurs propres membres, soit celui qu'elles ont sur les juges du ressort à défaut des tribunaux dont ces juges font partie, c'est au ministre de la justice qu'il appartient de les reprendre en vertu du pouvoir que lui confère le sénatus-consulte du 16 therm. an 10. — J.G. *Discipl. jud.*, 186. — V. *supra*, sén. cons. 16 therm. an 10, art. 81, p. 1258.

Art. 55. Aucune décision ne pourra être prise que le juge inculpé n'ait été entendu ou dûment appelé, et que le procureur impérial ou le procureur général n'ait donné ses conclusions par écrit.

1. La citation donnée au juge inculpé n'est soumise à aucunes formes essentielles; elle peut être donnée soit par exploit, soit par simple lettre missive. — J.G. *Discipl. jud.*, 170 et 184.

2. Quant au délai de comparution, il suffit qu'il soit moralement suffisant pour que le magistrat doive être présumé avoir reçu la citation et puisse se présenter devant le tribunal ou la cour auxquels il doit compte de sa conduite. — J.G. *Discipl. jud.*, 170.

3. La cour d'appel, saisie de poursuites disciplinaires contre un magistrat, peut, après interrogatoire de ce magistrat, charger, pendant le délibéré, deux de ses membres de la vérification confidentielle des faits articulés, sans communication à l'inculpé du résultat de cette vérification, si les faits relevés par la prévention ont seuls servi de base à la condamnation disciplinaire ultérieurement prononcée, à l'exclusion de tous faits nouveaux ou de toute aggravation de faits anciens. — Civ. r. 18 mai 1863, D.P. 63, 1. 406.

4. Le magistrat poursuivi disciplinairement devant le tribunal ou la cour dont il fait partie peut se pourvoir, suivant les règles ordinaires, à l'effet d'obtenir le renvoi de l'affaire devant un autre tribunal ou une autre cour, pour cause de suspicion légitime. — J.G. *Discipl. jud.*, 60.

5. Mais, suivant un arrêt, la demande formée par un magistrat inculpé en renvoi devant une autre cour, pour cause de suspicion légitime, n'étant qu'un incident de la poursuite disciplinaire, ne peut être accueillie en cassation; cet incident doit être soumis à la cour appelée à prononcer. — Req. 17 juill. 1823, J.G. *Discipl. jud.*, 175-1°.

6. Lorsque les cours et tribunaux prononcent en assemblées générales, les règles générales relatives à la récusation et à l'abstention volontaire (art. 378 et s. c. pr. civ.) sont applicables. — J.G. *Discipl. jud.*, 56.

7. Une cour d'appel, siégeant toutes les chambres assemblées, est compétente pour appliquer simultanément à deux magistrats une peine de discipline quand les faits reprochés à l'un d'eux, et à raison desquels il est cité devant la cour, viennent implicitement se lier aux inculpations qu'il adresse à l'autre par voie de récrimination. Lorsque les juges réunis en tribunal de famille se croient suffisamment éclairés, ils ne sont pas tenus de surseoir à prononcer jusqu'à ce que le magistrat nouvellement inculpé ait été régulièrement cité en cette qualité à comparaître devant les chambres de la cour réunies. — Orléans, 23 août 1823, J.G. *Discipl. jud.*, 84.

8. Lorsque les magistrats sont cités disciplinairement, soit devant les tribunaux civils, soit devant les cours d'appel en chambre du conseil, c'est aux juges

qu'il appartient d'accorder ou de refuser à l'inculpé, suivant les circonstances, la faculté de se faire assister par un défenseur. — J.G. *Discipl. jud.*, 89.

9. Un juge, cité par voie de discipline devant une cour, ne peut être acquitté de la plainte sur l'unique motif qu'il a suffisamment atténué par sa défense les faits consignés dans la plainte du ministère public. — Cr. c. 15 avr. 1826, J.G. *Discipl. jud.*, 108.

Art. 56. Dans tous les cas, il sera rendu compte au grand juge ministre de la justice, par les procureurs généraux, de la décision prise par les cours impériales : quand elles auront prononcé ou confirmé la censure avec réprimande, ou la suspension provisoire, la décision ne sera mise à exécution qu'après avoir été approuvée par le grand juge. Néanmoins, en cas de suspension provisoire, le juge sera tenu de s'abstenir de ses fonctions jusqu'à ce que le grand juge ait prononcé; sans préjudice du droit que l'art. 82 du sénatus-consulte du 16 therm. an 10 donne au grand juge de déférer le juge inculpé à la cour de cassation, si la gravité des faits l'exige.

1. — I. Droit de révision du ministre de la justice. — Indépendamment du droit de surveiller et de reprendre et du droit de mander les juges près de sa personne, le ministre de la justice a un droit de révision sur les condamnations disciplinaires prononcées par les cours et tribunaux soit contre leurs propres membres, soit contre les juges inférieurs. — J.G. *Discipl. jud.*, 206.

2. Les décisions des cours d'appel doivent être transmises au garde des sceaux, même lorsqu'elles sont favorables au juge inculpé. — J.G. *Discipl. jud.*, 172.

3. La décision par laquelle le ministre de la justice donne son approbation à l'arrêt d'une cour d'appel qui a suspendu un juge de ses fonctions, ne peut être déférée au conseil d'État par la voie contentieuse. — Cons. d'Et. 27 nov. 1835, J.G. *Discipl. jud.*, 173.

4. — II. Recours devant la cour de cassation. — Les décisions par lesquelles les cours d'appel statuent disciplinairement, soit à l'égard de leurs propres membres, soit à l'égard des juges inférieurs, peuvent être déférées à la Cour de cassation par le procureur général en cette cour, sur l'ordre du ministre de la justice, en vertu de l'art. 80, L. 27 vent. an 8 (V. *supra*, p. 869). — J.G. *Discipl. jud.*, 174.

5. En outre, lorsque sur l'exhibition d'un ordre formel à lui donné par le ministère de la justice, le procureur général près la Cour de cassation dénonce à la section criminelle des actes judiciaires, arrêts ou jugements contraires à la loi, ces actes, arrêts ou jugements peuvent être annulés et les officiers de police ou les juges poursuivis, s'il y a lieu. — V. *Code d'instruction criminelle annoté*, art. 441.

6. Ainsi, une décision en matière de discipline, prononcée contre un juge et émanant des juges dans l'exercice de leurs fonctions, est un acte judiciaire, et, comme tel, susceptible d'être soumis à la censure de la Cour de cassation, sur l'ordre du ministre de la justice, par application de l'art. 441 c. instr. crim. — Cr. c. 6 févr. 1823, J.G. *Discipl. jud.*, 174.

7. Mais le ministère public n'est pas recevable à se pourvoir directement devant la cour de cassation contre la décision par laquelle une cour d'appel ordonne, en vertu de l'art. 49, L. 20 avr. 1810, un simple avertissement envers un juge qui a compromis la dignité de son caractère. — Cr. r. 10 oct. 1823, J.G. *Discipl. jud.*, 175-3°.

8. Les décisions des cours d'appel qui prononcent des peines de discipline contre un de leurs membres ou contre les juges de première instance, quoique participant en apparence des jugements et arrêts, en diffèrent essentiellement et ne sont pas sujettes au recours en cassation des parties. — Cr. r. 12 févr. 1813; Req. 17 juill. 1823, J.G. *Discipl. jud.*, 175-1°. — Req. 12 janv. 1832, *ibid.*, 175-2°.

9. Elles ne sont soumises qu'à la censure du ministre de la justice, auquel il appartient de les approuver ou de les annuler. — Req. 26 janv. 1830, J.G. *Discipl. jud.*, 175-4°.

10. ... À moins qu'elles ne soient attaquées pour incompétence ou excès de pouvoir. — (Motif) Req. 2 mai 1843, J G. *Avocat*, 474. — Observ. conf., J.G. *Discipl. jud.*, 177.

11. Décidé toutefois que le membre du tribunal qui a reçu, par lettre du président, et sur la provocation du ministère public, un avertissement d'être plus circonspect à l'avenir, ledit avertissement prescrivant en outre qu'il serait transcrit sur le registre des délibérations du tribunal, n'est recevable à se pourvoir en cassation, quel que soit l'excès de pouvoirs commis à son préjudice, ni contre cette lettre, ni contre le réquisitoire du ministère public qui l'a provoquée. L'annulation de l'acte disciplinaire ne peut être demandée que sur l'ordre du garde des sceaux. — Civ. r. 6 août 1838, J.G. *Discipl. jud.*, 178. — V. observ., J.G. *Cassat.*, 67.

12. Le magistrat qui se trouve inculpé dans le discours prononcé par le procureur général devant toutes les chambres d'une cour d'appel, assemblées à huis clos pour la mercuriale annuelle, et qui prend des conclusions tendant à ce que le discours ne soit pas transcrit sur les registres de la cour, n'est pas recevable à se pourvoir en cassation contre l'arrêt qui rejette ces conclusions. C'est un acte d'ordre intérieur, rentrant dans la juridiction disciplinaire des cours, qui n'est soumis qu'à l'approbation du ministre de la justice, et ne pourrait être déféré à la Cour de cassation, pour excès de pouvoir, que sur l'ordre de ce fonctionnaire. — Req. 25 juin 1855, J.G. *Discipl. jud.*, 176.

Art. 57. Le grand juge ministre de la justice pourra, quand il le jugera convenable, mander auprès de sa personne les membres des cours et tribunaux, à l'effet de s'expliquer sur les faits qui pourraient leur être imputés.

1. Le droit du ministre de la justice de mander auprès de sa personne les membres des cours et tribunaux à l'effet de s'expliquer sur les faits qui peuvent leur être imputés ne s'exerce pas sur les cours et tribunaux en corps, mais seulement sur leurs membres pris individuellement. — J.G. *Discipl. jud.*, 205.

2. Si les explications données ne suffisent pas à justifier le magistrat mandé, le ministre peut l'avertir ou le réprimander en vertu du droit que lui confère l'art. 81 sénat.-cons. 16 therm. an 10. Il peut même, soit déférer le juge à la Cour de cassation conformément aux art. 82 sénat.-cons. 16 therm. an 10, et 56 L. 20 avr. 1810, soit dénoncer les faits au ministère public près le tribunal dont ce juge fait partie, afin qu'il provoque contre lui une répression disciplinaire, ou que même il exerce des poursuites criminelles. — J.G. *Discipl. jud.*, 205.

Art. 58. Tout juge qui se trouvera sous les liens d'un mandat d'arrêt, de dépôt, d'une ordonnance de prise de corps ou d'une condamnation correctionnelle, même pendant l'appel, sera suspendu provisoirement de ses fonctions.

1. Si l'instance dans laquelle sont intervenus les actes auxquels l'art. 58 attache la suspension se termine par un acquittement, cet acquittement fait tomber de plein droit la suspension provisoire et rend au juge qui en était frappé le plein exercice de ses fonctions. — J.G. *Discipl. jud.*, 138.

2. S'il intervient une condamnation à une peine afflictive ou infamante, la suspension provisoire est remplacée par la destitution. — J.G. *Discipl. jud.*, 138.

3. En cas de condamnation correctionnelle ou de simple police, lorsque le ministre de la justice n'a pas dénoncé le juge à la Cour de cassation, ou que, l'ayant dénoncé la Cour ne croit pas devoir prononcer une peine disciplinaire (V. *infra*, art. 59), qu'adviendra-t-il de la suspension provisoire? — Il faut distinguer : si la condamnation définitive emporte peine de simple police, la suspension doit cesser; si la condamnation est correctionnelle, elle dure tant que le juge n'a pas entièrement exécuté cette condamnation. — J.G. *Discipl. jud.*, 138.

4. Si le ministre de la justice dénonce la condamnation et que la Cour de cassation prononce la destitution, cette nouvelle condamnation rend vacantes les fonctions du juge condamné. Si elle prononce la suspension, cette peine ne fait point cesser la suspension provisoire si elle dure encore, mais elle ne commence à courir que du jour où le juge a subi sa première condamnation. — J.G. *Discipl. jud.*, 138.

Art. 59. Tout jugement de condamnation rendu contre un juge, à une peine même de simple police, sera transmis au grand juge ministre de la justice, qui après en avoir fait l'examen, dénoncera à la Cour de cassation, s'il y a lieu, le magistrat condamné; et sous la présidence du ministre, ledit magistrat pourra être déchu ou suspendu de ses fonctions, suivant la gravité des faits.

1. L'art. 59 de la loi du 20 avr. 1810 n'a pas cessé d'être en vigueur : le principe de l'inamovibilité proclamé par les diverses constitutions qui se sont succédé depuis cette époque, n'a porté aucune atteinte aux dispositions de cette loi. — J.G. *Discipl. jud.*, 130.

2. La suspension, quels que soient les termes absolus de l'art. 59 ci-dessus, ne peut être prononcée par la Cour de cassation sur un temps limité; autrement elle équivaudrait à une destitution (Quest. contrav.). — J.G. *Discipl. jud.*, 181.

3. Aux termes des art. 28 et 34 c. pén., toute condamnation d'un juge à une peine afflictive ou infamante entraîne de plein droit sa destitution, et il en est de même de la condamnation à une peine correctionnelle dans le cas prévu par l'art. 175 c. pén. Dans ces divers cas, la suspension et la déchéance sont inapplicables, et l'examen de la Cour de cassation serait sans objet. C'est donc seulement dans le cas de condamnation correctionnelle (sauf l'exception de l'art. 175 c. pén.), et de condamnation à une peine de simple police, que la Cour de cassation peut être saisie comme juridiction disciplinaire. — J.G. *Discipl. jud.*, 135.

4. La loi ne disant pas que la suspension seule pourra être prononcée à raison des condamnations de simple police, et que la déchéance sera réservée pour les condamnations correctionnelles, en principe, la Cour de cassation est libre d'appliquer à son choix, l'une ou l'autre peine aux condamnations de l'une ou de l'autre espèce. — J.G. *Discipl. jud.*, 136.

5. Cependant la suspension temporaire est la seule peine que la Cour suprême doive infliger pour une condamnation de simple police, et encore faudrait-il qu'il s'agit d'une contravention que le caractère du juge rendrait plus grave, et qui fût de nature à affaiblir d'une manière sensible ses titres à la considération des citoyens. — J.G. *Discipl. jud.*, 136.

6. Un juge condamné à une peine correctionnelle peut être suspendu de ses fonctions, encore qu'il les ait reprises après avoir subi sa peine. — Ch. réun. 27 juill. 1810, J.G. *Discipl. jud.*, 137 et 191.

7. Lorsqu'un juge a été condamné à une peine correctionnelle, et le garde des sceaux n'use point de la faculté que lui confère l'art. 59 de la loi du 20 avr. 1810, de le dénoncer à la Cour de cassation, ce juge peut être cité disciplinairement, à raison de cette condamnation, devant le tribunal dont il fait partie. — Req. 15 mars 1842, J.G. *Discipl. jud.*, 207.

Art. 60. Les officiers du ministère public dont la conduite est répréhensible seront rappelés à leur devoir par le procureur général du ressort. Il en sera rendu compte au grand juge, qui, suivant la gravité des circonstances, leur fera faire par le procureur général les injonctions qu'il jugera nécessaires, ou les mandera près de lui.

1. La discipline du *ministère public* n'est point entourée de l'appareil des formes judiciaires : elle s'exerce administrativement, suivant les rapports que l'ordre hiérarchique établit, d'une part entre les divers officiers qui en exercent les fonctions, d'autre part entre eux et le pouvoir supérieur dont ils relèvent. — J.G. *Discipl. jud.*, 309.

2. Les officiers du ministère public, étant des fonctionnaires amovibles, peuvent être, soit révoqués, soit déplacés par le chef du pouvoir exécutif, sur la proposition du ministre. — Ainsi, le droit pour le procureur général de rappeler à leur devoir les officiers du ministère public de son ressort, le droit pour le ministre de la justice de leur faire faire des injonctions par le procureur général ou de les mander près de lui, enfin le droit pour le même ministre de proposer au chef du pouvoir exécutif soit leur révocation, soit leur changement de résidence : tels sont les divers pouvoirs dont l'exercice constitue la pénalité applicable aux officiers du ministère public en matière disciplinaire. — J.G. *Discipl. jud.*, 215.

3. Les infractions qui donnent lieu à l'application de ces peines ne sont pas déterminées par la loi. Non-seulement l'inobservation des règles que la loi a tracées aux officiers du ministère public dans l'accomplissement de leurs fonctions, mais tout ce qui, soit dans leurs fonctions, soit en dehors de ces fonctions, pourrait préjudicier au service public ou compromettre la dignité de leur caractère, devrait être considéré comme infraction disciplinaire, et attirer à son auteur soit une réprimande, soit un changement de résidence ou même une révocation. — J.G. *Discipl. jud.*, 216.

4. Au nombre des actes qui devraient attirer à l'officier du ministère public la censure de ses supérieurs, il faut placer l'acquisition de procès, droits et actions litigieux qui seraient de la compétence du tribunal dans le ressort duquel il exerce ses fonctions, acquisition proscrite par l'art. 1597 c. civ. — J.G. *Discipl. jud.*, 217.

Art. 61. Les cours impériales ou d'assises sont tenues d'instruire le grand juge ministre de la justice toutes les fois que les officiers du ministère public exerçant leurs fonctions près de ces cours s'écartent du devoir de leur état, et qu'ils en compromettent l'honneur, la délicatesse et la dignité.

Les tribunaux de première instance instruiront le premier président et le procureur général de la cour impériale des reproches qu'ils se croiront en droit de faire aux officiers du ministère public exerçant dans l'étendue de l'arrondissement, soit auprès de ces tribunaux, soit auprès des tribunaux de police.

1. Les dispositions législatives qui règlent la discipline des officiers du ministère public rendent ces officiers entièrement indépendants des compagnies, sans distinguer entre ceux qui exercent près les cours souveraines et ceux qui exercent dans les tribunaux inférieurs. — J.G. *Discipl. jud.*, 208.

2. Les cours et tribunaux n'ont sur les officiers du ministère public aucun pouvoir de répression disciplinaire ; la loi leur attribue seulement le droit, ou plutôt leur impose le devoir de dénoncer, soit au procureur général, soit au ministre de la justice, les fautes dont ils pourraient se rendre coupables. — J.G. *Discipl. jud.*, 211.

3. La faculté, réservée aux tribunaux par l'art. 61 de la loi du 20 avr. 1810, de dénoncer les officiers du ministère public qui se sont écartés de leur devoir, ne peut être exercée que confidentiellement ; il n'est pas permis à une cour d'appel d'exprimer publiquement, dans les motifs d'un arrêt, son intention de dénoncer la conduite d'un membre du parquet. — Cr. c. 31 janv. 1839, J.G. *Discipl. jud.*, 211.

4. Il n'appartient qu'au procureur général ou au ministre de la justice, suivant les circonstances, de rappeler à leur devoir les officiers du ministère public; et si les cours et tribunaux se croient en droit de leur faire des reproches, ils doivent en avertir le ministre de la justice ou le procureur général; mais ils ne sont nullement autorisés à insérer ces reproches dans leurs décisions. — Cr. c. 24 juin 1842, J.G. *Min. publ.*, 55. — Req. 15 déc. 1858, D.P. 59. 1. 15.

5. Ainsi, un tribunal de police excède ses pouvoirs lorsqu'il se permet de censurer la conduite du ministère public. — Cr. c. 8 déc. 1826, J.G. *Discipl. jud.*, 213-6°. — Cr. c. 1er juin 1839, J.G. *Discipl. jud.*, 213-3°. — Cr. c. 20 avr. 1841, J.G. *Min. publ.*, 55. — Cr. c. 14 févr. 1845, D.P. 45. 4. 349. — Cr. c. 27 mars 1845, D.P. 46. 4. 427. — Cr. c. 13 nov. 1847, D.P. 47. 4. 310. — Cr. c. 17 déc. 1847, D.P. 48. 5. 264. — Cr. c. 12 févr. 1848, D.P. 48. 5. 263. — Cr. c. 16 déc. 1859, D.P. 59. 5. 259. — (Motifs) Cr. c. 24 juin 1864, D.P. 66. 5. 307. — Cr. c. 17 févr. 1865, D.P. 65. 1. 320.

6. Les tribunaux n'ont pas le droit de censurer, même par simple insinuation, les actes des officiers du ministère public, lors même qu'ils offriraient quelque irrégularité ; par exemple, ils excèdent leurs pouvoirs en déclarant qu'un maire agissant comme partie publique s'est déclaré le défenseur du prévenu. — Cr. c. 30 déc. 1842, J.G. *Discipl. jud.*, 213-4°.

7. Le tribunal qui adresse à l'organe du ministère public, donnant ses conclusions, l'avertissement de respecter la chose jugée et de ne pas continuer de parler, commet un excès de pouvoir. — Civ. c. 7 août 1818, J.G. *Discipl. jud.*, 213-5°.

8. Le motif d'un jugement dans lequel il est dit que « faire assigner certains témoins c'est, de la part du ministère public, vouloir aggraver la position du prévenu ou blesser les intérêts de la justice », contient une censure des conclusions du ministère public et doit être cassé pour excès de pouvoir. — Cr. c. 8 mars 1821, J.G. *Discipl. jud.*, 213-7°, et *Témoins*, 144-3°.

9. L'arrêt dans lequel il est dit que le procureur du roi paraît avoir méconnu ses droits et obligations doit être annulé comme contenant un excès de pouvoir. — Cr. c. 8 déc. 1826, J.G. *Discipl. jud.*, 213-6°.

10. La délibération d'un tribunal de première instance, lue publiquement, et qui arrête que les termes employés par un substitut dans ses conclusions sont diffamatoires pour le tribunal, et que le président de la cour et le procureur général en seront instruits, est une véritable censure infligée à ce substitut, censure qui ne peut émaner des tribunaux, mais seulement du ministre de la justice et du procureur général. — Cr. c. 24 sept. 1824, J.G. *Discipl. jud.*, 213-8°. — V. encore Ch. réun. 6 oct. 1791 et 23 févr. 1792; Cr. r. 13 niv. an 5, *ibid*.

11. Il n'est pas au pouvoir des officiers du ministère public de renoncer à la protection qu'ils reçoivent de la loi dans l'intérêt de l'ordre public. Spécialement, il ne peut, même du consentement de l'un de ces officiers, être donné acte à un prévenu des passages de son réquisitoire qui seraient injurieux pour ce prévenu. — Cr. c. 20 oct. 1835, J.G. *Discipl. jud.*, 214 et 213-20.

12. Mais la nullité ne porte que sur la partie du jugement qui contient l'illégalité, c'est-à-dire sur la censure elle-même. — J.G. *Min. publ.*, 55. — Conf. Cr. c. 17 févr. 1865, D.P. 65. 1. 320.

Art. 62. Les greffiers seront avertis ou réprimandés par les présidents de leurs cours et tribunaux respectifs ; et ils seront dénoncés, s'il y a lieu, au grand juge ministre de la justice.

1. — I. GREFFIERS DES COURS ET TRIBUNAUX. — Les greffiers sont assujettis à des règles de discipline. L'avertissement, la réprimande et la destitution sont des peines qu'ils encourent, selon la gravité des cas. Mais ils ne peuvent pas être suspendus. — J.G. *Greffe*, 125.

2. L'art. 57 de la loi du 20 avr. 1810, portant que le ministre de la justice pourra, quand il le jugera convenable, mander auprès de sa personne les membres des cours et tribunaux à l'effet de s'expliquer sur les faits qui peuvent leur être imputés, est également applicable aux greffiers. — J.G. *Discipl. jud.*, 234.

3. Le ministre de la justice a, comme le président, le droit de surveiller et de reprendre les greffiers (Sén.-cons. 16 therm. an 10, art. 81). — J.G. *Greffe*, 127.

4. Les membres du parquet n'ont qu'un simple droit de surveillance sur les greffiers. En cas de mécontentement, ils ont la ressource de dénoncer le greffier soit au président du tribunal, soit au ministre de la justice. — J.G. *Greffe*, 127, et *Discipl. jud.*, 234.

5. Le ministre peut, lorsque la gravité des infractions qu'ils ont commises lui paraît l'exiger, proposer au chef du pouvoir exécutif la *révocation* des greffiers. La révocation diffère de la destitution en ce qu'elle est moins une peine que l'exercice d'un pouvoir souverain. Aussi n'entraîne-t-elle point anéantissement du droit des greffiers de présenter leur successeur. — J.G. *Discipl. jud.*, 235.

6. Les art. 102 et s. du décr. du 30 mars 1808, concernant la discipline des officiers ministériels, ne peuvent être appliqués aux greffiers. — J.G. *Discipl. jud.*, 238.

7. La destitution d'un greffier prononcée par mesure disciplinaire ne peut être déférée au conseil d'Etat, même pour violation des formes. — Cons. d'Et. 8 avr. 1858, D.P. 59. 3. 19.

8. — II. GREFFIERS DES JUSTICES DE PAIX. — L'action disciplinaire contre les greffiers de justice de paix est confiée au juge de paix. — J.G. *Greffe*, 126.

9. Un tribunal de première instance ne peut faire au greffier d'un juge de paix de son arrondissement l'injonction d'être plus circonspect à l'avenir et d'observer davantage les règles de la subordination à ses supérieurs, ce greffier n'étant point soumis à sa juridiction disciplinaire d'après l'art. 62 de la loi du 20 avr. 1810, le seul applicable aux greffiers des cours et tribunaux, et d'ailleurs une telle mesure de discipline n'étant point autorisée par ledit art. 62. — Req. 4 nov. 1823, J.G. *Discipl. jud.*, 238.

10. En admettant qu'une telle mesure eût pu être régulièrement prise par le tribunal, la cour d'appel était incompétente, aux termes des art. 103 du décr. du 30 mars 1808 et 51 de la loi du 20 avr. 1810, pour connaître de l'appel du jugement ; dans tous les cas, ladite cour aurait dû statuer en assemblée générale, et non point par une seule chambre réunie en chambre du conseil. — Même arrêt.

11. Le fait par un greffier de justice de paix d'avoir délivré des expéditions qui n'avaient pas le nombre de lignes et de syllabes voulu par la loi n'entraînant qu'une peine disciplinaire, le tribunal correctionnel est incompétent pour en connaître. — Metz, 6 juin 1831, J.G. *Discipl. jud.*, 239.

6 juill. 1810. — *Décret contenant règlement sur l'organisation et le service des cours d'appel.* — J.G. *Organ. jud.*, p. 1800.

Art. 58. Les commis assermentés seront avertis ou réprimandés, s'il y a lieu, par le premier président ou par le procureur général.

Après une seconde réprimande, la cour peut, sur la réquisition du ministère public, et après avoir entendu le commis greffier inculpé, ou lui dûment appelé, ordonner qu'il cessera ses fonctions sur-le-champ ; et le greffier en chef sera tenu de le faire remplacer dans le délai qui aura été fixé par la cour.

1. Au greffier en chef près une cour d'appel appartient le droit exclusif de révoquer ses commis greffiers. — Orléans, 4 janv. 1823, J.G. *Greffe*, 201. — Agen, 12 déc. 1848, D.P. 50. 2. 7.

2. La cour d'appel n'a point à apprécier, dans ce cas, les motifs de la révocation ; mais il lui est permis d'examiner si elle doit agréer le nouveau commis présenté par le greffier en chef. — Arrêt précité du 4 janv. 1823.

3. En sens contraire, les greffiers en chef près les cours et tribunaux ne peuvent, de leur propre autorité, sans l'assentiment du tribunal, révoquer leurs commis greffiers. — Trib. de Mont-de-Marsan, 17 déc. 1864, D.P. 65. 3. 62.

4. Le commis greffier révoqué par le greffier en chef seul peut donc saisir de sa demande en réintégration le tribunal en assemblée générale ; et il appartient au tribunal ainsi composé d'annuler, s'il y a lieu, la révocation prononcée sans son agrément. — Même jugement.

5. Le droit de révocation, de la part du greffier en chef, ne comporte pas celui de faire subir une retenue

sur le traitement de ses commis. — Circ. min just. 30 déc. 1819, J.G. Greffe, 202.

6. Le droit de révocation, attribué au greffier en chef, ne fait pas obstacle à l'action disciplinaire des tribunaux. Le commis greffier est passible d'avertissement, de réprimande et de destitution. — J.G. Greffe, 203.

Art. 59. Le greffier en chef est responsable solidairement de toutes amendes, restitutions, dépens et dommages-intérêts résultant des contraventions, délits ou crimes dont ses commis se seraient rendus coupables dans l'exercice de leurs fonctions, sauf son recours contre eux, ainsi que de droit.

1. L'art. 1031 s. pr. civ., qui met à la charge de ceux qui les ont faits les actes nuls et les actes qui auront donné lieu à une condamnation d'amende, avec dommages-intérêts au profit des parties et suspension contre l'auteur de l'acte, ne peut pas s'appliquer aux greffiers ; mais leur responsabilité serait ouverte en vertu du principe général inscrit dans les art. 1382 s. c. civ. — J.G. Greffe, 128. — V. Code civil annoté, art. 1383, nos 254 et s.
2. Ce ne sont pas seulement les particuliers qui ont droit à être indemnisés du dommage qu'ils éprouvent par suite des nullités ou des omissions d'un greffier : l'Etat lui-même a un recours contre ces fonctionnaires. — J.G. Greffe, 129.
3. Les greffiers sont passibles d'amende, dont le chiffre varie, dans des cas innombrables prévus par les lois : en matière civile, criminelle et correctionnelle ; en matière fiscale (timbre et enregistrement), par suite du défaut de consignation d'amende ; en cas d'appel, de requête civile ; pour contravention au système décimal. — J.G. Greffe, 131.

18 août 1810. — *Décret contenant règlement sur l'organisation des tribunaux de première instance.* — J.G. Organ. jud., p. 1501.

Art. 26. Le président du tribunal et le procureur impérial pourront, s'il y a lieu, avertir ou réprimander les commis assermentés.

Après une seconde réprimande, le tribunal pourra, sur la réquisition du ministère public, et après avoir entendu le commis greffier inculpé, ou lui dûment appelé, ordonner qu'il cessera ses fonctions sur-le-champ ; et le greffier sera tenu de le faire remplacer dans le délai qui aura été fixé par le tribunal.

Sur le point de savoir si le greffier du tribunal civil a le droit exclusif de révoquer ses commis greffiers, V. suprà, art. 58, Décr. 6 juill. 1810.

Art. 27. Le greffier est solidairement responsable des amendes, restitutions, dépens et dommages-intérêts résultant des contraventions, délits ou crimes dont ses commis se seraient rendus coupables dans l'exercice de leurs fonctions ; sauf son recours contre eux, ainsi que de droit.

Sur la responsabilité du greffier du tribunal, V. suprà, Décr. 6 juill. 1810, art. 59.

1er-5 mars 1852. — *Décret sur la mise à la retraite et la discipline des magistrats.* — D.P. 52. 4. 62.

TIT. II. — De la Discipline.

Art. 4. Lorsqu'un magistrat inamovible de cour d'appel ou de première instance aura été frappé, par mesure disciplinaire, de la suspension provisoire, la décision contre lui rendue sera transmise au garde des sceaux, ministre de la justice, qui dénoncera, s'il y a lieu, le magistrat à la Cour de cassation.

Cette cour pourra, selon la gravité des faits, et après avoir entendu le magistrat inculpé en la chambre du conseil, le déclarer déchu de ses fonctions.

Lorsque la décision contre le juge a été rendue en matière de simple police, il n'est pas exigé que cette condamnation soit transmise au garde des sceaux. — J.G. Organ. jud., 269.

Art. 5. Elle pourra aussi prononcer la peine de la déchéance contre le magistrat traduit directement devant elle dans le cas prévu par l'art. 82 du sénatus-consulte du 16 therm. an 10.

....

II. AVOCATS.

§ 1er. — Avocats aux Tribunaux et Cours d'appel.

22 vent. an 12 (13 mars 1804). — *Loi relative aux écoles de droit.* — J.G. Org. de l'instr. publ., p. 1489.

TIT. IV. — *Des Fonctions pour lesquelles l'étude du droit et l'obtention des grades seront nécessaires.*

Art. 24. A compter de la même époque (1er vendém. an 17), nul ne pourra exercer les fonctions d'avocat près les tribunaux, et d'avoué près le tribunal de cassation, sans avoir représenté au commissaire du Gouvernement, et fait enregistrer, sur ses conclusions, son diplôme de licencié, ou des lettres de licence obtenues dans les universités, comme il est dit en l'article précédent.

1. Il n'est pas nécessaire, pour pouvoir exercer la profession d'avocat, d'avoir la qualité de citoyen ; il suffit d'être Français. — Alger, 24 févr. 1862, D.P. 62. 2. 179.
2. L'*étranger* est incapable d'exercer la profession d'avocat, bien qu'il ait été autorisé à établir son domicile en France et à y jouir des droits civils, et que précédemment une cour française l'ait admis au serment d'avocat, ou qu'il ait été pendant plusieurs années inscrit au tableau de l'ordre des avocats près une cour de France. — J.G. Avocat, 175.
3. Mais l'étranger naturalisé peut être inscrit au tableau. — J.G. Avocat, 175.
4. Un *interdit* ne peut pas exercer la profession d'avocat. — Nancy, 22 janv. 1870, D.P. 70. 2. 31.
5. L'âge auquel la profession d'avocat peut être exercée se trouve virtuellement fixé à dix-neuf ans, les étudiants pouvant être admis aux écoles de droit avant l'âge de seize ans, la durée des études pour la licence étant de trois années. — J.G. Avocat, 72.
6. La licence en droit est une condition nécessaire pour être admis à la profession d'avocat. — J.G. Avocat, 74.
7. Toutefois, l'aspirant peut être dispensé de la représentation du diplôme par le Gouvernement. — J.G. Avocat, 75.
8. Le candidat dispensé de représenter le diplôme de licencié ne doit pas seulement être admis à la prestation du serment ; il doit encore être inscrit au stage, si d'ailleurs il réunit les autres qualités requises. — J.G. Avocat, 76.

TIT. V. — *Du Tableau des avocats près des Tribunaux.*

Art. 29. Il sera formé un tableau des avocats exerçant près les tribunaux.

L'inscription au tableau est l'acte qui donne à la profession d'avocat sa sanction dernière, le tableau est destiné à comprendre, par rang d'ancienneté, le nom de tous les membres de l'ordre. — J.G. Avocat, 121.

Art. 31. Les avocats et avoués seront tenus, à la publication de la présente loi, et, à l'avenir, avant d'entrer en fonctions, de prêter serment de ne rien dire ou publier, comme défenseurs ou conseils, de contraire aux lois, aux règlements, aux bonnes mœurs, à la sûreté de l'Etat et à la paix publique, et de ne jamais s'écarter du respect dû aux tribunaux et aux autorités publiques.

1. Nul, fût-il même docteur en droit, ne peut être admis à plaider devant les tribunaux, en qualité d'avocat, s'il n'a pas d'abord prêté le serment voulu par la loi. — Liége, 7 août 1834, J.G. Avocat, 87. — V. infrà, Ord. 20 nov. 1822, art. 38.
2. En principe, l'exhibition d'un diplôme en forme est la seule condition exigée pour être admissible à prêter serment ; quant à l'appréciation des causes d'indignité, elle appartient exclusivement au conseil de discipline de l'ordre, qui doit faire cette appréciation quand l'avocat demande à être admis au stage ou à être inscrit au tableau. — Civ. c. 3 mars 1840 ; Aix, 14 mai 1840, J.G. Avocat, 88.
3. Jugé toutefois que les cours d'appel peuvent, pour des causes graves, refuser d'admettre à la prestation du serment d'avocat un licencié, bien qu'il soit porteur d'un diplôme régulier. — Nîmes, 20 déc. 1837, J.G. Avocat, 88.
4. En tout cas, il y a lieu de faire exception à la règle posée n° 2 pour le cas où le licencié serait un étranger. La question de nationalité doit être tranchée par les tribunaux. — J.G. Avocat, 89. — V. suprà, L. 22 vent. an 12, tit. 4, art. 24, n° 7.
5. La présentation et la prestation du serment ont lieu devant la cour du domicile du récipiendaire ou devant celle dans le ressort de laquelle le récipiendaire veut exercer. — J.G. Avocat, 77.
6. Lorsque le récipiendaire a prêté serment, le greffier dresse du tout procès-verbal sommaire sur un registre tenu à cet effet ; et il certifie au dos du diplôme la réception ainsi que la prestation du serment (Décr. 14 déc. 1810, art. 14). — J.G. Avocat, 77.
7. Le licencié en droit acquiert le titre d'avocat par le seul effet de la prestation de serment ; en conséquence, il peut, à partir de cette prestation, et avant son inscription au tableau de l'ordre, prendre la qualité d'avocat et en porter le costume. — Trib. correct. de Charleville, 24 déc. 1855, D.P. 56. 5. 40.
8. Mais l'avocat non inscrit au tableau n'a pas le droit de se présenter en robe devant un tribunal et d'y plaider... sans toutefois que cette infraction à la loi tombe sous le coup d'aucune disposition pénale. — Même jugement.
9. Indépendamment du serment que les avocats doivent prêter le jour de leur réception, il est d'usage de recevoir tous les ans, à l'audience solennelle de la rentrée des tribunaux, un renouvellement, par les avocats, du serment qu'ils ont prêté. — J.G. Avocat, 91.
10. Mais le renouvellement du serment ne constitue plus une obligation pour tous les avocats inscrits au tableau, ou plutôt qui sont membres du conseil de discipline, mais seulement pour ceux qui sont présents à l'audience le jour de la rentrée solennelle des tribunaux. — J.G. Avocat, 91.
11. L'obligation de renouveler le serment n'existe pas non plus pour le licencié qui, ayant prêté serment près d'une cour, va s'établir dans un autre ressort. — J.G. Avocat, 92.

20-23 nov. 1822. — *Ordonnance contenant règlement sur l'exercice de la profession d'avocat et la discipline du barreau.* — J.G. Avocat, p. 467.

TIT. Ier. — *Du Tableau.*

Art. 5. Nul ne pourra être inscrit sur le tableau des avocats d'une cour ou d'un tribunal, s'il n'exerce réellement près de ce tribunal ou de cette cour.

1. — I. INSCRIPTION AU TABLEAU. — Les conditions auxquelles est soumis tout avocat qui demande son inscription au tableau se rapportent : 1° au stage ou à l'inscription au tableau d'une autre cour ; 2° au domicile ou à la résidence ; 3° enfin à la moralité. — J.G Avocat, 140.
2. — 1° *Stage ou inscription au tableau d'un autre tribunal.* — Sur les pouvoirs du conseil de discipline relativement à l'admission au stage, V. infrà, art. 13 de la présente ordonnance.
3. Sur les conditions du stage, V. infrà, art. 30 de la même ordonnance.
4. Tout avocat qui demande son inscription au tableau doit justifier d'un stage régulièrement et complètement fait, à moins qu'il ne soit déjà inscrit sur le

tableau d'un autre tribunal que celui dans le ressort duquel il forme sa demande. — J.G. *Avocat*, 141.

5. Le stage peut être fait devant une autre cour que celle dans le ressort de laquelle l'avocat désire être inscrit comme avocat. — J.G. *Avocat*, 142.

6. L'avocat déjà inscrit sur un tableau n'a pas besoin, lorsqu'il change de résidence, de justifier de son stage ; il lui suffit de justifier de son inscription dans la résidence par lui abandonnée. — J.G. *Avocat*, 143.

7. L'admission au tableau des avocats près une cour n'a pas force de chose jugée, et n'emporte pas de plein droit l'inscription au tableau des avocats près une autre cour. — Alger, 24 févr. 1862, D.P. 62. 2. 179.

8. Par suite, bien qu'un avocat ait été inscrit sur le tableau d'une cour d'appel, le conseil de l'ordre d'une autre cour n'en conserve pas moins le droit de refuser l'inscription au tableau, sauf le recours de la part du candidat refusé à une juridiction supérieure. — J.G. *Avocat*, 143. — V. *infrà*, tit. 2, art. 13, nos 27 et s., p. 1265.

9. — 2° *Domicile*. — La résidence au chef-lieu du ressort n'est pas nécessaire pour être inscrit ou maintenu au tableau, il suffit que l'avocat réside dans l'arrondissement du tribunal. — Rennes, 21 juill. 1826, J.G. *Avocat*, 144 et 399.

10. Mais, lorsqu'un avocat inscrit sur le tableau d'une cour a transféré son cabinet près d'un tribunal du ressort, et qu'il a fait de ce dernier lieu son principal établissement, si, par suite de cet éloignement et d'absence d'un cabinet convenable, son nom a été omis du tableau par décision du conseil de l'ordre des avocats de la cour, il n'est pas fondé à s'y faire maintenir, sous le motif qu'il aurait conservé l'esprit de retour, et que la loi n'imposerait pas à l'avocat la nécessité de la résidence dans la ville où siége la cour, ni l'obligation d'y avoir un cabinet convenable. — Aix, 2 avril 1822, J.G. *Avocat*, 145.

11. — 3° *Moralité*. — Les conseils de discipline ont mission de veiller à ce qu'il ne s'introduise pas dans l'ordre des avocats des membres qui, par leur inconduite ou même par des précédents fâcheux, ne seraient pas dignes d'inspirer la confiance personnelle qui est le caractère principal de la profession d'avocat. — J.G. *Avocat*, 147.

12. Mais il n'est pas nécessaire pour l'avocat aspirant au tableau, de produire un certificat de moralité. — J.G. *Avocat*, 148.

13. Les conseils de discipline doivent user dans leur appréciation d'une certaine indépendance ; mais ils ne doivent jamais reconnaître d'autres motifs de décider que ceux qui prennent leur source dans la nécessité de maintenir la considération et l'honneur de l'ordre ; les considérations politiques doivent toujours rester étrangères à leurs délibérations. — J.G. *Avocat*, 149. — V. *infrà*, art. 13 de la présente ordonnance.

14. — II. RANG AU TABLEAU. — Le rang de l'avocat, c'est la date de l'inscription sur le tableau, sans égard à l'âge. — J.G. *Avocat*, 151.

15. Toutefois, c'est à l'âge qu'il faut se référer pour déterminer la priorité du rang entre plusieurs candidats qui auraient été admis au stage le même jour : il importerait même peu qu'ils eussent prêté serment à des dates différentes. — J.G. *Avocat*, 153.

16. Le bénéfice de l'inscription remonte à la date de l'admission au stage. — J.G. *Avocat*, 153.

17. Jugé cependant que c'est seulement à partir de leur inscription au tableau, et non à dater du commencement de leur stage, que les avocats ont rang et date — Bourges, 30 mai 1822, J.G. *Avocat*, 151.

18. Les anciens magistrats qui demandent leur admission au tableau n'y sont admis qu'à la date de leur demande, encore qu'ils y eussent été portés avant leur entrée dans la magistrature (Quest. controv.). — J.G. *Avocat*, 156.

19. Les avocats qui viennent d'une cour pour se faire inscrire sur le tableau d'une autre cour, ne prennent rang au tableau qu'à dater de leur demande à fin d'admission. — J.G. *Avocat*, 157.

20. Mais les avocats près d'une cour qui s'établissent près des tribunaux de première instance y ont rang du jour de leur inscription au tableau de la cour. — Décr. du 14 déc. 1810, art. 11, J.G. *Avocat*, 158.

Art. 6. Le tableau sera réimprimé au commencement de chaque année judiciaire, et déposé au greffe de la cour ou au tribunal auquel les avocats inscrits seront attachés.

1. Le tableau est refait chaque année : on y inscrit les avocats qui ont été admis dans l'année et on élimine ceux qui sont décédés et ceux qui doivent cesser d'en faire partie par suite d'une radiation disciplinaire déjà prononcée ou par voie d'une simple omission à prononcer. — J.G. *Avocat*, 161.

2. Sauf le cas de déché, il doit être donné un avertissement officiel à l'avocat menacé d'omission. — J.G. *Avocat*, 161.

3. Qu'il s'agisse d'une radiation disciplinaire ou d'une simple omission, l'avocat radié ou omis a droit de se pourvoir par appel. — J.G. *Avocat*, 161.

TIT. II. — *Du Conseil de discipline.*

Art. 7. Le conseil de discipline sera composé, premièrement, des avocats qui auront déjà exercé les fonctions de bâtonnier ; secondement, des deux plus anciens de chaque colonne, suivant l'ordre du tableau ; troisièmement, d'un secrétaire choisi indistinctement parmi ceux qui seront âgés de trente ans accomplis, et qui auront moins de dix années d'exercice.

Sur l'élection des membres du conseil de l'ordre, V. *infrà*, Ordonn. 27 août 1830, art. 1, Décr. 22 mars 1852, art. 2.

Art. 8. Le bâtonnier et le secrétaire seront nommés par le conseil de discipline, à la majorité absolue des suffrages.

Ces nominations seront renouvelées au commencement de chaque année judiciaire, sur la convocation de nos procureurs près nos cours et nos tribunaux.

Sur l'élection du bâtonnier de l'ordre des avocats, V. *infrà*, Décr. 10 mars 1870.

Art. 9. Le bâtonnier est chef de l'ordre et préside le conseil de discipline.

Art. 10. Lorsque le nombre des avocats portés sur le tableau n'atteindra pas celui de vingt, les fonctions des conseils de discipline seront remplies, savoir : s'il s'agit d'avocats exerçant près d'une cour royale, par le tribunal de première instance de la ville où siége la cour ; dans les autres cas, par le tribunal auquel seront attachés les avocats inscrits au tableau.

1. L'art. 2 de l'ordonn. du 27 août 1830, disposant que les conseils de discipline seront composés de cinq membres dans tous les siéges où le nombre des avocats est inférieur à trente (V. *infrà*, p. 1284), il en résulte que l'art. 10 de l'ord. de 1822 ne peut plus s'appliquer, quel que soit le nombre des avocats inscrits au tableau, toutes les fois que ce nombre est tel qu'il permet de composer un conseil de discipline de cinq membres. — J.G. *Avocat*, 378.

2. Mais lorsque le nombre des avocats inscrits au tableau est inférieur ou même égal au nombre de cinq, minimum du nombre des membres dont les conseils de discipline doivent être composés d'après l'ordonnance du 27 août 1830, les tribunaux de première instance continuent à exercer les fonctions de conseil de discipline, conformément à l'ordonnance du 20 nov. 1822. — Req. 18 juin 1834, J.G. *Avocat*, 378. — Orléans, 4 mars 1837, *ibid.*, 137. — Observ. conf. *ibid.*, 378.

3. Jugé toutefois que l'art. 10, ordonnance de 1822, a été abrogé par l'ordonnance de 1830, même pour le cas où le nombre des avocats inscrits au tableau est inférieur ou égal à cinq, et, dès lors, le tribunal du siége ne peut plus y remplir les fonctions de conseil de discipline ; l'ordonnance de 1830 contient sans doute une omission relativement à la composition des conseils de discipline dans les barreaux où il n'existe pas plus de cinq avocats ; mais cette omission ne peut être réparée que par une ordonnance nouvelle. — Amiens, 5 janv. 1839, J.G. *Avocat*, 378 et 380.

4. En tout cas, un tribunal ne peut s'attribuer les fonctions de conseil de discipline de l'ordre des avocats et statuer notamment sur une demande d'inscription au tableau, alors que les avocats inscrits près ce tribunal sont en nombre suffisant pour élire un conseil, et encore que ce conseil, effectivement élu, serait dans l'impossibilité temporaire de délibérer, par suite de la démission de l'un de ses membres et de l'absence d'un autre membre : ici ne s'applique pas l'art. 10 de l'ordonnance du 20 nov. 1822. — Alger, 4 févr. 1864, D.P. 65. 1. 262.

Art. 11. Les tribunaux qui seront chargés, aux termes de l'art. précédent, des attributions du conseil de discipline, nommeront annuellement, le jour de la rentrée, un bâtonnier, qui sera choisi parmi les avocats compris dans les deux premiers tiers du tableau, suivant l'ordre de leur inscription.

....

Art. 12. Les attributions du conseil de discipline consistent : 1° à prononcer sur les difficultés relatives à l'inscription dans le tableau de l'ordre ; 2° à exercer la surveillance que l'honneur et les intérêts de cet ordre rendent nécessaire ; 3° à appliquer, lorsqu'il y a lieu, les mesures de discipline autorisées par les règlements.

V. les annotations des articles suivants.

Art. 13. Le conseil de discipline statue sur l'admission au stage des licenciés en droit qui ont prêté le serment d'avocat dans nos cours royales ; sur l'inscription au tableau des avocats stagiaires après l'expiration de leur stage, et sur le rang de ceux qui, ayant déjà été inscrits au tableau et ayant abandonné l'exercice de leur profession, se présenteraient de nouveau pour la reprendre.

1. — I. POUVOIR DU CONSEIL DE DISCIPLINE RELATIVEMENT A L'ADMISSION AU STAGE. — Le conseil de l'ordre qui refuse l'admission au stage n'est pas tenu de motiver sa décision. — J.G. *Avocat*, 110.

2. Il n'est pas délivré d'expédition de la décision par laquelle l'admission au stage est refusée. — J.G. *Avocat*, 111.

3. Toutefois, le conseil ordonne qu'il sera tenu note par le secrétaire des motifs du rejet, afin qu'il en reste trace dans le cas où le candidat reproduirait sa demande. — J.G. *Avocat*, 111.

4. Le pouvoir des conseils de discipline ne se renferme pas dans le droit d'admettre ou de refuser le candidat au stage ; les conseils de discipline ont encore un moyen intermédiaire, l'ajournement, dont ils usent toutes les fois que l'obstacle à l'admission est de nature à cesser dans un temps plus ou moins éloigné : il est ainsi, par exemple, ...quand le candidat n'a pas un logement convenable. — J.G. *Avocat*, 112.

5. ....Quand il est étranger et qu'il attend sa naturalisation. — J.G. *Avocat*, 112. — V. *suprà*, vent. an 12, tit. 4, art. 24, nos 2 et s., p. 1263.

6. ... Quand il travaille chez un avoué. — J.G. *Avocat*, 112. — V. *infrà*, art. 42, n° 29, p. 1271.

7. ... Lorsqu'il ne présente pas des renseignements suffisants, et qu'ainsi il n'est pas justifié de l'accomplissement des conditions voulues. — J.G. *Avocat*, 112.

8. Dans un premier système, le conseil de l'ordre des avocats a un droit souverain et absolu pour statuer sur les demandes d'admission au stage : ses décisions à cet égard ne sont pas susceptibles de recours, sauf toutefois dans le cas où un droit est acquis au réclamant par son inscription au tableau. — Lyon, 27 févr. 1846, D.P. 46. 2. 49. — Civ. r. 22 janv. 1850, D.P. 50. 1. 17, deux arrêts.—V. aussi anal. Aix, 2 avr. 1822 ; Grenoble, 17 juill. 1823 ; Amiens, 28 janv. 1824, Civ. c. 23 juin 1828 et 3 févr. 1829 ; Orléans, 4 mars 1837 ; Civ. c. 6 avr. 1840 ; Aix, 14 mai 1840, J.G. *Avocat*, 107.

9. Suivant une autre opinion, la décision par laquelle le conseil de l'ordre des avocats refuse d'admettre au stage un licencié qui a prêté serment, est susceptible d'appel devant la cour. — Caen, 11 janv. 1837, J.G. *Avocat*, 108. — Dijon, 2 janv. 1866, D.P. 67. 1. 93. — Douai, 25 juill. 1866, D.P. 67. 1. 94. — Civ. r. 8 janv. 1868, D.P. 68. 1. 54.

10. Et le conseil de l'ordre excède ses pouvoirs lorsqu'il refuse d'admettre le postulant comme avocat stagiaire, par l'unique motif qu'il aurait exercé antérieurement les fonctions d'huissier. — Civ. r. 8 janv. 1868, D.P. 68. 1. 54. — V. *infrà*, art. 42, n° 59, p. 1272.

11. D'ailleurs, la demande d'admission au stage qui a donné lieu à un refus ne constitue pas une fin de non-recevoir contre une nouvelle demande qui serait formée ultérieurement dans le même but ; il suffit que la nouvelle demande soit produite avec de nouveaux documents. — J.G. *Avocat*, 149, 150.

12. C'est au conseil de discipline qu'il appartient de prononcer sur la demande d'inscription au tableau. — J.G. *Avocat*, 135.

13. — II. POUVOIR DU CONSEIL DE DISCIPLINE RELATIVEMENT A L'INSCRIPTION AU TABLEAU. — Suivant un premier système, l'ordre est maître de son tableau ; il est juge souverain de l'aptitude du candidat ; il n'est pas obligé de motiver son refus ; sa décision est sans appel. — J.G. *Avocat*, 136.

14. Spécialement, la décision d'un conseil de discipline qui refuse d'inscrire un avocat au tableau n'est pas susceptible d'appel. — Lyon, 27 févr. 1846, D.P.

46. 2. 49, et sur pourvoi. Civ. r 22 janv. 1850, D. P. 50. 1. 17. — Civ. c. 22 janv. 1850, D. P. 50. 1. 17.

15. Par suite, lorsqu'une inscription a été autorisée par le conseil, il ne saurait être permis à la cour d'infirmer la décision sur l'appel formé par le procureur général. — J. G. Avocat, 137.

16. Le droit conféré au procureur général d'interjeter appel des décisions rendues par les conseils de discipline de l'ordre des avocats, est limité aux décisions qui répriment les infractions commises par les avocats inscrit au tableau : il ne peut être étendu aux décisions concernant la formation même du tableau. — Grenoble, 17 juill. 1823 ; Civ. r. 23 juin 1828. 3 févr. 1829, 6. avr. 1840, J.G. Avocat, 137. — Req. 3 juill. 1861, D.P. 61. 1. 248, 1er arrêt. — V. aussi Rennes, 31 juill. 1826, J.G. Avocat, 399.

17. En matière d'intérêts privés ou civils, le ministère public, ne pouvant agir d'office que dans les cas spécifiés par la loi, n'a pas qualité pour interjeter appel de la décision par laquelle un tribunal a commis un empiétement sur les attributions du conseil de discipline de l'ordre des avocats, en tant que cette décision ne statue que sur un intérêt privé, et, par exemple, sur une demande d'inscription au tableau. — Civ. c. 3 juill. 1863, D.P. 65. 1. 262.

18. Une telle décision ne peut être attaquée par le ministère public, devant la cour d'appel, qu'en tant qu'elle renferme une usurpation de fonctions et une infraction à l'ordre des juridictions en matière de discipline, sans que la disposition relative à l'inscription elle-même en doive recevoir aucune atteinte. — Même arrêt.

19. Le ministère public est également sans qualité pour se pourvoir en cassation contre les arrêts rendus en matière d'inscription au tableau de l'ordre des avocats. — Civ. r. 22 janv. 1850, D.P. 50. 1. 23.

20. En conséquence, le procureur général n'ayant pas, en ce cas, l'action directe, et ne pouvant conclure que comme partie jointe, est non recevable à se pourvoir en cassation contre l'arrêt qui a ordonné, notamment, l'inscription d'un avocat au tableau, sur l'appel formé par cet avocat contre la décision du conseil qui avait refusé l'inscription contrairement à des droits acquis. — Même jour, 2e arrêt.

21. Suivant une autre opinion, la décision par laquelle le conseil de l'ordre des avocats refuse d'inscrire au tableau le licencié en droit qui a prêté serment et qui a terminé son stage, est susceptible d'appel devant la cour. — Lyon 24 févr. 1848, D.P. 49. 2. 180. — Dijon, 2 janv. 1866, D.P. 67. 2. 93. — Douai, 25 juill. 1866, D.P. 67. 2. 94. — Civ. r. 29 juill. 1867, D.P. 67. 1. 321. — Req. 14 févr. 1872, D.P. 72. 1. 111. — Observ. conf., J.G. Avocat, 138.

22. Il en est ainsi alors surtout que le refus est fondé sur l'incompatibilité qui existerait entre l'admission dans l'ordre des avocats et l'exercice antérieur d'une certaine profession, par exemple, celle d'huissier. — Douai, 25 juill. 1866, D.P. 67. 2. 93-94.

23. Ainsi, le procureur général a le droit de demander la nullité d'une décision du conseil de discipline qui admet ou rejette une demande d'inscription au tableau, contrairement aux lois et règlements sur la profession d'avocat. — Bastia, 17 nov. 1855, D.P. 56. 2. 254-255.

24. De même, le procureur général a, dans tous les cas, le droit d'appeler des décisions disciplinaires prises par le conseil de l'ordre à l'égard d'un avocat stagiaire ou inscrit au tableau, à la différence de l'avocat condamné, qui ne peut appeler que dans le cas d'interdiction à temps ou de radiation. — Orléans, 28 janv. 1853, D.P. 53. 2. 149.

25. Mais des distinctions ont été faites : l'appel est recevable si l'admission au tableau a été refusée par le motif que l'avocat qui demande l'admission au stage ne remplit pas les conditions imposées par les lois ou règlements. — Bastia, 17 nov. 1855, D.P. 56. 2. 254-255. — Alger, 24 févr. 1862, D.P. 62. 2. 178-179. — Agen, 12 mai 1862, ibid.

26. La décision du conseil de l'ordre, au contraire, est souveraine et à l'abri de tout recours lorsqu'elle porte sur une appréciation de qualités personnelles, sur la moralité ou l'honorabilité du sujet qui se présente. — Bastia, 17 nov. 1855, D.P. 62. 2. 254-255. — Alger, 24 févr. 1862, D.P. 62. 2. 178-179.

27. En admettant que le conseil de discipline de l'ordre des avocats ait le pouvoir de statuer souverainement sur la demande d'un licencié à fin d'inscription au tableau, il n'en est plus de même lorsqu'il prononce sur la demande d'un avocat déjà inscrit qui, après acceptation de fonctions incompatibles avec la profession d'avocat, requiert, en justifiant de la cessation de ces fonctions, que son nom soit réinscrit sur le tableau, ou qu'il y soit maintenu s'il n'a point encore été omis. — Req. 6 mars 1860, D.P. 60. 1. 174. — Observ. conf., J.G. Avocat, 139.

28. En pareil cas, l'inscription, une fois opérée, constitue pour celui qui l'a obtenue un droit acquis dont il ne peut être privé que pour des raisons d'incompatibilité ou de discipline; dès lors le refus par le conseil de réinscrire au tableau le nom d'un avocat précédemment inscrit qui, ayant abandonné l'exercice de sa profession, en vue d'occupations étrangères, se présente de nouveau pour la reprendre, équivaut à une radiation et par suite est susceptible d'appel. — Dijon, 2 janv. 1866, D. P. 67. 2. 93. — Nancy, 22 janv. 1870, D.P. 70. 2. 31.

29. Et cet appel peut être interjeté sans mise en cause du bâtonnier, s'il est établi que le conseil de l'ordre, après communication de la requête d'appel, a été d'avis de s'abstenir. — Nancy, 22 janv. 1870, D.P. 70. 2. 31.

30. De même, la décision par laquelle un conseil de discipline de l'ordre refuse l'admission au tableau d'un avocat déjà inscrit au tableau d'une cour ou d'un tribunal, et qui change de résidence, est susceptible d'appel, ce refus d'inscription équivalant à une véritable radiation. — Civ. r. 16 déc. 1862, D.P. 62. 1. 497. — Civ. r. 15 févr. 1864, D.P. 64. 1. 67. — V. cependant Lyon, 27 févr. 1846, D.P. 46. 2. 49.

31. L'avocat admis à exercer sa profession devant un tribunal, en vertu d'une autorisation écrite qu'il a obtenue de ce tribunal, dans un pays annexé à la France où les lois et règlements concernant l'ordre des avocats n'étaient pas encore en vigueur, est réputé faire régulièrement partie du barreau établi près le même tribunal, et, par suite, si le conseil de discipline, formé plus tard en exécution de l'ordonnance du 20 nov. 1822, devenue applicable à ce pays, refuse de l'inscrire au tableau, ce refus d'inscription équivaut à une véritable radiation, dont la décision qui le renferme est, dès lors, susceptible d'appel. — Req. 3 juill. 1861, D.P. 61. 1. 248, 1er arrêt.

32. L'inscription d'un avocat sur le tableau de l'ordre d'une cour ou d'un tribunal n'est pas subordonnée à la condition de rapporter préalablement la preuve de la radiation du tableau de l'ordre auquel il appartient encore. — Pau, 4 mai 1875, D.P. 75. 2. 215.

33. La décision d'un conseil de discipline qui sursoit à statuer sur la demande d'inscription d'un avocat au tableau jusqu'à la production d'un certificat de radiation du barreau auquel appartient le requérant peut être déférée à la cour d'appel. — Même arrêt.

34. Le délai de l'appel contre une décision du conseil de discipline de l'ordre des avocats, refusant, par exemple, l'inscription d'un avocat au tableau, court à partir du jour où cette décision a été communiquée à l'avocat, et non à compter de l'avis qui lui en a été donné par simple lettre du bâtonnier. — Civ. r. 16 déc. 1862, D.P. 62. 1. 497.

35. Une décision rejetant la demande d'inscription d'un avocat peut, quelle que soit sa date, être frappée d'appel, si la date de la communication de cette décision par le bâtonnier à l'intéressé, date qui sert de point de départ au délai d'appel, n'est pas précisée. — Nancy, 22 janv. 1870, D.P. 70. 2. 31.

36. Un avocat frappé d'interdiction judiciaire peut, sans être représenté par son tuteur, interjeter appel de la décision qui refuse son inscription au tableau. — Même arrêt.

Table sommaire.

Ajournement 4 s.	Expédition (stage, admission, décision) 2.	mission, refus) 1.
Annexion 31.	Fin de non-recevoir 11.	Naturalisation 5.
Appel 9; (délai, point de départ) 34.	Fonctions usurpées 18.	Partie jointe 20.
Appréciation (qualités personnelles) 26.	Honorabilité 26.	Procureur général 15 s.
Avoué 6.	Huissier 10, 22.	Radiation (inscription, tableau) 28 s.; (inscription, tableau) 32 s.; (tableau, avocats) 31.
Bâtonnier 30, 34.	Inscription au tableau 8, 12 s.	Recours (décision, conseil de discipline) 8 s.
Cassation (pourvoi) 19.	Interdiction temporaire 24.	Serment 21; (prestation) 9.
Conseil de discipline (pouvoir, inscription au tableau) 13 s.; (pouvoir, stage, admission) 1 s.; (recours) 8 s.	Interdit 36.	Stage (admission, refus) 1 s.
Disposition d'office 17.	Intérêt privé 17.	Tableau (inscription) 8, 12 s. V. Radiation.
Droit acquis 8, 28.	Lettre (bâtonnier) 34.	
Étranger 5.	Licencié 9, 21, 27.	
	Ministère public. V. Procureur général.	
	Moralité 26.	
	Motifs (stage, ad-	

Art. 14. Les conseils de discipline sont chargés de maintenir les sentiments de fidélité à la monarchie et aux institutions constitutionnelles, et les principes de modération, de désintéressement et de probité sur lesquels repose l'honneur de l'ordre des avocats.

Ils surveillent les mœurs et la conduite des avocats stagiaires.

1. — I. Devoirs de l'avocat. — 1° *Véracité.* — Pour rester fidèles à leur serment, les avocats doivent soumettre aux tribunaux seulement les causes qui leur paraissent justes et bien fondées. — Civ. r. 6 juill. 1813, J.G. Avocat, 294 et 529.

2. L'avocat peut même abandonner une cause que d'abord il croyait juste, mais que, après nouvel examen, il a trouvée mal fondée. — Même arrêt.

3. L'avocat doit, dans l'exercice de son ministère, éviter avec soin toute altération de faits de nature à égarer la justice et à compromettre le droit d'autrui ;

ainsi l'avocat qui, assistant à une expertise, déclare faussement à l'expert qu'il ne possède pas un titre ancien produit au procès et dont le tribunal a ordonné l'application aux lieux contentieux, commet une faute grave à raison de laquelle il peut être frappé d'une peine disciplinaire. — Pau, 4 mai 1863, D.P. 63. 3. 102.

4. Le conseil donné par un avocat, et suivi par son client, d'exprimer dans un acte de vente des biens de celui-ci, un prix plus élevé que le prix véritable, afin d'éviter l'action en rescision pour lésion, constitue, de la part de cet avocat, un écart aux sentiments d'honneur et de probité qui doivent caractériser sa profession. — Bordeaux, 21 mars 1829, J.G. Avocat, 341 et 340.

5. — 2° *Discrétion.* — Une seconde obligation imposée à l'avocat est le secret. Les avocats sont de la classe des personnes qui, dépositaires, par état ou par profession, des secrets qu'on leur confie, ne peuvent les révéler hors les cas prévus par la loi. — Civ. r. 20 janv. 1826, J.G. Avocat, 300 et 303. — V. *Code d'instr. crim. annoté*, art. 80, 157, 355; *Code pénal annoté*, art. 378.

6. A cet égard, on ne doit pas distinguer entre les matières civiles et les matières criminelles. — J.G. Avocat, 300.

7. — 3° *Respect des autorités.* — Le fait, de la part du bâtonnier, d'avoir prononcé, en présence de l'ordre entier, un discours rendu public par la voie des journaux et dans lequel il est dit qu'on rencontre, dans certains membres d'une cour, au lieu du recueillement et de la gravité, l'irréflexion, l'impatience, les interruptions, les sarcasmes, les distractions insultantes, l'oubli des bienséances, l'abjuration inouïe des devoirs et presque de la pudeur du magistrat…, un tel fait constitue, au moins sous le rapport disciplinaire, une imputation offensante pour la cour, et cela bien que le bâtonnier ait en même temps protesté de son profond respect pour la magistrature, et sans qu'il y ait lieu d'examiner si, en effet, un ou plusieurs magistrats se seraient parfois permis des interruptions ou des sarcasmes envers les avocats.—Paris, 5 déc. 1833, J.G. Avocat, 355 et 457.—V. art. 16 de la présente ordonnance, n° 14, *infrà*, p. 1267.

8. Dire publiquement que le conseil de l'ordre, après une décision par laquelle il a été infligé un blâme sévère à un magistrat qui avait fait, à l'audience, une observation offensante pour un avocat plaidant, que ce blâme a été accepté, que c'est là la reconnaissance des droits de l'ordre, de son crédit, de son autorité, et exprimer la crainte que le conseil ne soit poussé à la nécessité de prendre d'autres et plus rigoureuses mesures, c'est de la part du bâtonnier s'écarter du respect dû à la cour et méconnaître les devoirs de l'avocat. — Même arrêt.

9. Bien que, dans la rédaction d'un acte d'accusation, le procureur général ait altéré ou tronqué, par erreur et sans mauvaise intention, un passage d'un écrit émané d'un accusé, le privilége attaché à la qualité de défenseur ne peut aller jusqu'à lui permettre de dire publiquement que c'est là l'œuvre d'un faussaire. — Civ. r. 25 janv. 1834, J.G. Avocat, 352.

10. On doit regarder comme blessant l'honneur et la dignité de l'ordre et, par suite, comme passible de peines disciplinaires un écrit dans lequel un avocat parle du prince royal en termes outrageants, professe des maximes antisociales, présente la propriété comme un odieux privilége, partage la société en deux classes, celle des propriétaires et celle des prolétaires, provoque une souscription en faveur de ceux-ci, et enfin excite leurs passions contre ceux-là. — Civ. r. 27 nov. 1838, J.G. Avocat, 353 et 408.—V. aussi Caen, 8 janv. 1830, *ibid*, 409.

11. Un avocat ne peut, sans manquer à la réserve qui lui est commandée, dire, dans une requête même manuscrite adressée au souverain en son conseil, pour justifier la restriction mise à un serment prêté par un membre d'un conseil municipal, « qu'il était permis à son client de s'appuyer sur le principe de la souveraineté du peuple, qui s'est manifesté à une certaine époque ; qu'il avait le droit de ne prêter son serment que dans le seul intérêt des habitants ; et que donner à son serment plus d'étendue, ce serait le soumettre à une sujétion ». — Cons. d'Et. 31 août 1832, J.G. Avocat, 354 et 557.

12. Sur les devoirs de l'avocat dont le manquement peut entraîner l'application de peines disciplinaires, V. encore J.G. Avocat, 406 à 414.

13. — II. Actes permis à l'avocat. — L'avocat peut accepter les fonctions d'arbitre rapporteur ou celles de tiers expert qui lui sont confiées par le tribunal de commerce ou par le tribunal civil. — J.G. Avocat, 324 et 325.

14. Les fonctions d'arbitre-juge ne sont pas davantage incompatibles avec la profession d'avocat. — J.G Avocat, 325. — V. *suprà*, C. pr. civ., art. 1006, n° 70.

15. Mais l'avocat doit refuser la mission d'arbitre lorsqu'il a émis un avis sur l'affaire soumise à l'arbitrage. — J. G. Avocat, 327.

16. Lorsque le tribunal arbitral est composé d'hommes étrangers au barreau et d'avocats, les priviléges résultant de l'ancienneté de l'avocat s'effacent complétement ; les arbitres sont entre eux dans un état d'égalité parfaite. Le siége du tribunal arbitral est toujours chez l'arbitre le plus âgé, quelles que soient la profession et la position sociale des autres arbitres ; et l'arbitre le plus jeune ne pourrait, sous le prétexte qu'il est avocat et que les membres du barreau ne doivent pas, d'après

leurs usages, se rendre chez les personnes étrangères au barreau, se refuser à se rendre chez le plus âgé. — Trin. com. de Paris, 27 mars 1834, J.G. *Avocat*, 329, et *Arbitr.*, 946. — V. *suprà*, C. pr. civ. art. 1011, n° 2.

17. L'avocat ne serait pas fondé à refuser sa signature sur la sentence arbitrale qui aurait été rendue contre son avis. — J.G. *Avocat*, 330.

18. Quant aux honoraires de l'arbitre-avocat, ils ne sont pas compris dans la liquidation des frais portés par la sentence arbitrale, soit que ces honoraires aient été offerts avant la sentence, soit qu'ils n'aient été offerts qu'après. — J.G. *Avocat*, 331. — V. sur les honoraires, *suprà*, C. pr. civ., art. 1019, nos 61 et s.

19. — III. ACTES DÉFENDUS A L'AVOCAT. — L'avocat ne doit pas se livrer à la postulation. — V. Décr. 19 juill. 1810, art. 1, *infrà*, p. 1281.

20. L'avocat ne doit s'ingérer dans l'exercice d'aucune industrie étrangère à sa profession ; il ne peut se livrer à celle d'agent d'affaires ni accepter des mandats salariés. — J.G. *Avocat*, 313.

21. L'avocat doit s'interdire également toute espèce de sollicitation dans l'intérêt d'autrui et moyennant un salaire. — J.G. *Avocat*, 323.

22. Différentes applications de ces règles ont été faites par le conseil de l'ordre des avocats de Paris. — V. à cet égard J.G. *Avocat*, 314 à 322.

23. Le fait, de la part d'un avocat, de souscrire un billet à ordre, constitue un manquement aux règles de sa profession. — Req. 8 mars 1847, D.P. 47. 1. 97-98.

24. Le fait, de la part d'un avocat, d'acheter lui-même, sous un nom supposé, des biens de son client, après lui avoir donné conseil de les vendre, est une infraction aux devoirs de sa profession. — Bordeaux, 21 mars 1829, J.G. *Avocat*, 340.

25. Bien que les tribunaux ne puissent procéder par voie réglementaire, cependant ils peuvent faire défense pour l'avenir à un licencié en droit d'acquérir des créances litigieuses contre celui dont il aura été le fondé de pouvoir à l'égard de ces créances. — Req. 19 mars 1816, J.G. *Avocat*, 339.

26. L'avocat qui, en matière criminelle notamment, abandonne la défense sous prétexte que la liberté en a été entravée, peut être déclaré passible de peines disciplinaires, si les limitations apportées à la défense n'ont été imposées au défenseur que dans un intérêt d'ordre public. — Dél. du cons. des av. de Paris, 19 déc. 1849, D.P. 50. 3. 13.

27. Lorsque les assises sont tenues en dehors du siège de la cour d'appel, les avocats du barreau établi au lieu où elles s'ouvrent sont-ils tenus de faire une visite au conseiller appelé à les présider, dans le cas où ils sont appelés à plaider devant lui, et l'omission de cette visite peut-elle être considérée comme un manquement passible d'une peine disciplinaire ? — Non résolu ; Cr. r. 8 mars 1860, D.P. 60. 1. 192. — V. observ., *ibid.*, note 1.

28. En tout cas, la condamnation disciplinaire prononcée contre un avocat à la suite d'une observation en réponse à une admonestation du président relative à une telle omission, ne peut être attaquée pour incompétence ou excès de pouvoirs, s'il résulte des termes de cette condamnation qu'elle est fondée sur le défaut de convenance de la réponse adressée au président et qu'elle s'applique ainsi exclusivement à un fait d'audience. — Même arrêt.

29. Les actes de la vie privée d'un avocat peuvent, aussi bien que ceux qui se rattachent à l'exercice de sa profession, faire l'objet de poursuites disciplinaires. Ainsi, la radiation du tableau a pu être prononcée contre un avocat qui a cherché, par des moyens frauduleux, à se soustraire aux poursuites de son créancier. — Req. 8 mars 1847, D.P. 47. 1. 97-98.

30. Sur les devoirs des avocats quant au dépôt de pièces ou de titres entre leurs mains, au récépissé qu'ils pourraient en donner et à la restitution de ces pièces, V. J.G. *Avocat*, 332 à 334.

31. Les avocats ne peuvent être tenus de prêter le serment décisoire qui leur est référé, pour attester qu'ils ont rendu les pièces à leurs clients ; la simple affirmation qu'ils les ont restituées suffit à leur décharge. — Aix, 12 mars 1834, J.G. *Avocat*, 335 et 247.

32. Néanmoins, l'avocat qui demande judiciairement le payement de ses honoraires se place par là même sous l'empire du droit commun, et, dès lors, le tribunal peut la soumettre au serment décisoire sur la restitution des pièces. — Même arrêt.

33. Au reste, l'avocat qui a reçu des pièces pour la défense d'un procès répond de la perte de ces pièces, et peut être condamné à des dommages-intérêts s'il n'établit pas qu'il n'y a point de faute à lui reprocher. — Rennes, 1er mars 1832, J.G. *Avocat*, 336.

34. Sur les droits et devoirs des avocats relativement au payement des honoraires, V. Ordon. 20 nov. 1822, art. 45, *infrà*, p. 1272.

35. — IV. RESPONSABILITÉ. — Un avocat ne doit pas avancer dans ses plaidoiries des faits diffamatoires étrangers à la cause, bien qu'il y ait été invité par son client. — Rouen, 7 mars 1835, J.G. *Avocat*, 357.

36. Néanmoins, l'avocat n'est pas responsable de ce qu'il a écrit et publié pour son client, autorisé de lui ; et conséquence, il ne peut, sous le prétexte que les faits placés ou publiés avec l'agrément du client seraient évidemment faux et calomnieux, être tenu d'une réparation personnelle envers la partie qui se dit calomniée. — Paris, 13 prair. an 13, J.G. *Avocat*, 358. — Mais V. observ., *ibid.*

37. L'avocat poursuivi pour injures proférées contre un tiers dans la défense, n'est pas recevable à exciper de l'autorisation de son client et à demander l'intervention de celui-ci. — Civ. r. 30 oct. 1806, J.G. *Avocat*, 359.

38. Toutefois, les juges ont un pouvoir d'appréciation ; il leur appartient de juger la bonne foi de l'avocat : ainsi, l'avocat qui, sur une contestation relative à la liquidation d'un compte entre associés, déclare que son adversaire a soustrait de ce compte trois billets signés par lui et payés par son client, ne peut être poursuivi pour cette déclaration, alors que ce dernier reconnaît qu'elle n'a été faite que par suite de ses instructions particulières. — Req. 28 nov. 1791, J.G. *Avocat*, 360.

39. Les faits énoncés par un avocat dans sa plaidoirie contre un tiers qui, intervenant au procès, les a considérés comme portant atteinte à son honneur, sont couverts par l'immunité du barreau, lorsque, d'une part, ces imputations sont le résultat d'une erreur involontaire, et que, d'autre part, l'avocat s'est empressé, dans une plaidoirie en réplique, de les rétracter. — Paris, 16 avr. 1870, D.P. 70. 2. 125.

40. Les avocats qui s'écartent de la modération dont ils doivent user envers leurs adversaires et les plaideurs, jusqu'au point de tomber dans l'injure ou la diffamation, ne sont pas à l'abri des poursuites. Mais le mode de la poursuite varie suivant que les faits diffamatoires sont étrangers ou non à la cause. — J.G. *Avocat*, 361.

41. Si un avocat énonçait dans ses écrits, ou dans ses plaidoiries, des faits injurieux pour la partie adverse, celle-ci, ou le ministère public, devrait s'adresser immédiatement aux juges saisis de la cause pour faire réprimer ces écarts, et elle serait non recevable à lui intenter une action séparée, soit devant le tribunal de simple police, soit devant le tribunal correctionnel, lesquels tribunaux seraient incompétents pour en connaître. — J.G. *Avocat*, 362.

42. Ainsi, les injures proférées à l'audience par un défenseur adverse doivent être réprimées par le tribunal saisi de la cause, et ne peuvent, plus tard, donner lieu à une plainte en injures devant le tribunal de police ; dans tous les cas, cette plainte n'autorise pas le tribunal de police à prononcer une amende contre le défenseur plaignant. — Cr. c. 18 mess. an 12, J.G. *Avocat*, 362.

43. Lorsque le président d'une cour d'assises n'a pas jugé à propos de rappeler à l'ordre le défenseur qui s'est livré à des imputations prétendues injurieuses contre un des témoins, à l'effet d'atténuer sa déposition, ce défenseur est censé n'avoir pas franchi les bornes d'une légitime défense ; et le tribunal de police qui se permet de prononcer contre lui, à raison de ce fait, quelque condamnation, commet une usurpation de pouvoir. — Cr. c. 18 flor. an 7, J.G. *Avocat*, 363.

44. Mais si les faits diffamatoires étaient étrangers à la cause, ils pourraient donner lieu, soit à l'action publique, soit à l'action civile lorsqu'elle aurait été réservée par le tribunal saisi de la cause, et, en tout cas, à l'action civile des tiers. — Rouen, 7 mars 1835, J.G. *Avocat*, 364 et 357.

45. Les témoins, injuriés et diffamés par un écrit imprimé, ne sont pas tenus de former leur réclamation devant la cour d'assises ; leur silence ne les rend pas non recevables à porter ensuite leur plainte en police correctionnelle. — Cr. r. 11 août 1820, J.G. *Avocat*, 365, et *Défense*, 125.

46. Le ministère de l'avocat est tout à fait indépendant du contrat de mandat ; l'avocat ne répond pas de ses conseils à moins de fraude ou d'erreur grossière équivalente à dol. — J.G. *Avocat*, 366. — V. *Code civil annoté*, art. 1383, n° 272.

47. Les tribunaux ne doivent pas donner acte d'une déclaration faite verbalement et à l'audience par l'avocat d'une partie. — Paris, 2 déc. 1836, J.G. *Ordre*, 706-3o. — V. aussi *suprà*, C. pr. civ., art. 352, nos 16 et s., et tit. 23, *Appendice*, nos 109 et s., p. 524.

48. Cette déclaration ne lie pas la partie et peut être immédiatement rétractée par l'avoué. — Req. 9 avr. 1838, J.G. *Avocat*, 368, et *Obligat.*, 5091-2o.

49. Mais il en est autrement dans le cas où l'avocat est assisté de l'avoué de la partie. — Req. 16 mars 1814, J.G. *Avocat*, 358, et *Désaveu*, 17. — V. aussi *suprà*, C. pr. civ. tit. 23, *Appendice*, n° 110, p. 524.

50. L'omission sur laquelle on se plaide de nullité n'emporte pas renonciation par la partie à opposer ce moyen de nullité. — V. *suprà*, C. pr. civ., art. 173, nos 87, 142.

Art. 15. Les conseils de discipline répriment d'office, ou sur les plaintes qui leur sont adressées, les infractions et les fautes commises par les avocats inscrits au tableau.

1. Les membres d'un barreau ne peuvent régulièrement prendre, en assemblée générale, des délibérations sur des objets concernant l'honneur, les intérêts et les prérogatives de l'ordre ; ce droit n'appartient qu'au conseil de discipline. — Bordeaux, 4 août 1853, D.P. 53. 2. 211-212.

2. Les questions d'incapacité pour privation ou suspension des droits civiques élevées à l'égard d'avocats inscrits au tableau sont de la compétence en premier ressort du conseil de l'ordre. — Bourges, 9 janv. 1851, D.P. 51. 2. 98.

3. Le conseil de l'ordre est notamment investi, surtout en matière criminelle, du pouvoir d'apprécier les motifs qui ont déterminé un avocat à abandonner la défense de l'accusé. — Dél. du cons. des avoc. 19 déc. 1849, D.P. 50. 3. 13.

4. Les conseils de discipline ont juridiction sur les avocats stagiaires, lesquels sont soumis à toutes les règles relatives à l'exercice de la profession d'avocat, et sont, en cas d'infraction, passibles des mêmes peines. — Orléans, 28 janv. 1852, D.P. 53. 2. 149. — Conf. J.G. *Avocat*, 403.

5. Il suffirait qu'un avocat exerçât sa profession au moment où il a commis une faute disciplinaire, pour qu'il fût justiciable des conseils de discipline ou des cours et tribunaux jugeant au même titre. Par suite, il n'y a pas lieu de surseoir au jugement de l'action disciplinaire contre un avocat, sous le prétexte que son inscription au tableau est en question depuis le fait à lui reproché. — Req. 8 janv. 1838, J.G. *Avocat*, 404.

6. Le bâtonnier, pas plus que les autres avocats, n'est affranchi des mesures disciplinaires. — J.G. *Avocat*, 405.

7. Le conseil de discipline doit être saisi par voie de dénonciation et non par voie de citation. Ainsi, le ministère public peut bien dénoncer, mais jamais citer un avocat devant un tribunal faisant fonctions de conseil de discipline : son action ne commence qu'après la décision du tribunal sur la plainte. — Trib. d'Auxerre, 24 déc 1827, J.G. *Avocat*, 415.

8. L'avocat qui, à raison d'un fait de nature à être jugé par le tribunal correctionnel, a été traduit devant le conseil de discipline, n'est pas recevable à se plaindre de ce qu'on a pris contre lui la voie plus douce, sous le prétexte que la juridiction correctionnelle lui aurait offert plus de garanties. — Req. 21 févr. 1838, J.G. *Avocat*, 416.

9. Spécialement, lorsque la plainte en faux contre un magistrat, signée par un avocat au nom de son client et jointe au dossier de ce dernier, pour valoir comme moyen de cassation, a été remplacée par une requête en faux, signée du client lui-même et seule soumise à l'examen de la Cour suprême, l'absence de toute réserve, dans ce cas, soit de la part de cette cour, soit de la part du ministère public, ne rend pas irrecevable l'action disciplinaire intentée plus tard contre l'avocat, à raison de sa dénonciation qualifiée calomnieuse. — Même arrêt.

Art. 16. Il n'est point dérogé, par les dispositions qui précèdent, au droit qu'ont les tribunaux de réprimer les fautes commises à leur audience par les avocats.

1. — I. POUVOIR DISCIPLINAIRE DES TRIBUNAUX SUR LES AVOCATS. — L'art. 103 du décret du 30 mars 1808, qui attribue aux cours et tribunaux le droit de connaître des fautes de discipline commises ou découvertes à leur audience, est applicable aux avocats comme aux officiers ministériels ; cette disposition n'a pas été abrogée, à l'égard des avocats, par l'ordonnance du 20 nov. 1822, qui s'occupe des fautes commises à l'audience, sans parler de celles qui y auraient été seulement découvertes. — Cr. r. 22 avr. 1820, J.G. *Avocat*, 484. — Orléans, 6 avr. 1837, J.G. *Org. jud.* 322-2o. — Req. 8 janv. 1838, J.G. *Avocat*, 404. — Limoges, 3 févr. 1847, D.P. 47. 2. 50. — Observ. conf. J.G. *Avocat*, 487.

2. L'art. 90 c. pr. civ., d'après lequel, lorsque l'audience a été troublée par une personne remplissant une

Table sommaire.

fonction près le tribunal, cette personne peut être suspendue de ses fonctions, est applicable aux avocats. — Cr. c. 24 avr. 1875, D.P. 75. 1. 441.

3. Il n'y a pas violation du droit de la défense dans la condamnation disciplinaire prononcée contre un avocat, non pas à raison du but et du dispositif de ses conclusions, mais à raison de leur libellé et des termes dans lesquels il les a développées, ainsi que de son attitude, de ses apostrophes et de ses gestes à l'audience; des écarts en cette matière peuvent constituer, non l'exercice, mais l'abus du droit de la défense; et l'appréciation de l'existence de cet abus appartient aux juges du fait. — Même arrêt.

4. Le pouvoir des tribunaux pour délits d'audience appartient régulièrement à tous les tribunaux constitués devant lesquels les avocats vont exercer leur ministère, et notamment aux cours d'appel, aux cours d'assises et aux tribunaux de première instance. — J.G. Avocat, 477.

5. Les tribunaux exceptionnels eux-mêmes sont investis de ce droit et autorisés à l'exercer vis-à-vis des avocats qui vont remplir leur ministère devant eux. Tels sont les conseils de guerre, les juges de paix ou de police et les tribunaux de commerce (Quest. controv.). — J.G. Avocat, 478; D.P. 60. 1. 98, note.

6. Le pouvoir de ces tribunaux exceptionnels a, pour les faits d'audience, la même étendue que celui des tribunaux ordinaires; par exemple, ils pourraient aller jusqu'à prononcer la suspension (Quest. controv.). — J.G. Avocat, 479.

7. L'avocat qui plaide devant un juge de paix, peut être condamné par ce juge, s'il l'a offensé, à une des peines disciplinaires prévues dans le décret du 20 nov. 1822. — Req. 23 avr. 1850, D.P. 50. 1. 315.

8. Cependant, les peines disciplinaires prononcées par un tribunal exceptionnel ne peuvent frapper l'avocat d'une manière absolue, mais seulement dans l'exercice de sa profession devant ce tribunal. Ainsi, l'interdiction temporaire ou indéfinie de la barre prononcée par un tribunal de commerce ou par un conseil de guerre ne saurait avoir pour effet de priver l'avocat du droit d'exercer sa profession devant les autres juridictions, sauf au conseil de discipline de son ordre à prendre contre lui telles mesures que la gravité des faits pourrait comporter. — J.G. Avocat, 479.

9. Jugé toutefois que l'effet de 'a suspension prononcée contre un avocat, pour faute à l'audience, par un jugement définitif d'un tribunal d'exception, tel qu'un conseil de guerre, loin d'être restreint au ministère de l'avocat devant ce tribunal, est général et absolu, et fait, par suite, obstacle à ce que l'avocat puisse exercer sa profession durant le temps de la peine, même devant la cour ou le tribunal civil. — Tr. d'Oran, 20 mars 1860, D.P. 60. 3. 23.

10. Tout avocat est soumis au pouvoir des tribunaux, à quelque tribunal qu'il appartienne, dès l'instant qu'il plaide devant eux en sa qualité d'avocat. Ainsi, lorsqu'il plaide sa propre cause, il n'en est pas moins tenu de se conformer aux devoirs de l'avocat. — Grenoble, 26 déc. 1828, J.G. Avocat, 446. — V. observ., ibid., 480.

11. Jugé au contraire que les avocats ou avoués plaidant leur propre cause doivent être considérés comme parties ; par suite les dispositions de loi relatives aux injonctions à faire aux avocats et officiers ministériels cessent de leur être applicables. — Metz, 20 mai 1820, J.G. Avocat, 480 et 491.

12. Le conseil de l'ordre des avocats est soumis à la discipline des cours, même dans l'exercice de ses attributions disciplinaires. Par suite, ses délibérations peuvent être déférées disciplinairement à ces cours, par exemple, pour manquement de respect à la magistrature. — Req. 15 déc. 1847, D.P. 48. 1. 7.

13. De même, la délibération du conseil de discipline qui renferme une censure contre l'admonition faite par le président d'une cour d'assises à un avocat, contient un excès de pouvoir et peut être annulée à titre d'avertissement. — Rouen, 24 mars 1847, D.P. 47. 2. 218.

14. La délibération du conseil de discipline de l'ordre des avocats, par laquelle le conseil a, d'une part, critiqué un acte de police d'audience du président d'une cour d'assises, dirigé contre un avocat chargé notamment d'une défense d'office, et a, d'autre part, décidé que jusqu'à satisfaction suffisante, les membres du conseil et leurs confrères s'abstiendraient de paraître comme défenseurs aux assises, renferme, tout à la fois, un excès de pouvoir qui doit en faire prononcer l'annulation, et une faute disciplinaire comportant l'application d'une peine de discipline contre les avocats signataires de cette délibération. — Req. 11 mai 1858, D.P. 58. 1. 175. — V. suprà, art. 14, n°s 7 et s., p. 1265.

15. La déclaration arrêtée par un barreau, dans laquelle est exprimé le blâme implicite, quoique modéré, de la conduite tenue par un tribunal à l'égard d'un membre de l'ordre, est entachée d'excès de pouvoir, alors surtout qu'elle a été délibérée pour être notifiée au président de ce tribunal. — Bordeaux, 4 août 1858, D.P. 58. 2. 211-212.

16. Et il appartient à la cour d'appel de prononcer l'annulation d'une telle déclaration, avec injonction de transcrire sur le registre de l'ordre la décision intervenue. — Même arrêt. — Req. 15 déc. 1847, D.P. 48. 1. 7.

17. A supposer que la cour d'appel commette un excès de pouvoir, lorsqu'en infirmant une décision disciplinaire rendue par le conseil de l'ordre des avocats, elle ordonne la transcription de son arrêt en marge de la décision annulée, le bâtonnier qui s'associe, dans le sein de la cour, à des actes de coalition tendant à résister à l'arrêt de la cour, encourt une peine disciplinaire; ... et la cour a pu ne point s'arrêter à la tierce-opposition formée par le bâtonnier lors de sa comparution devant elle contre l'arrêt contenant l'injonction de transcrire. — Req. 15 nov. 1847, D.P. 47. 1. 362.

18. — II. INSTRUCTION. — En général, toute l'instruction, dans le cas où un tribunal statue sur une faute commise ou découverte à l'audience, se borne à l'interrogatoire de l'avocat inculpé. — J.G. Avocat, 494.

19. Toutefois, il est des circonstances où une procédure écrite et même l'audition de témoins seraient nécessaires. — J.G. Avocat, 494.

20. En cas de poursuite, soit contre un journal, pour compte rendu infidèle d'une partie des débats d'une affaire encore pendante devant la cour, soit contre un avocat, comme auteur des propos offensants racontés par le journal, la cour peut ordonner la jonction des deux poursuites. — Civ. r. 24 déc. 1836, J.G. Avocat, 494 et 493.

21. Dans les poursuites pour compte rendu infidèle de leurs débats, les juges ne sont pas obligés d'entendre des témoins : ils peuvent n'entendre des témoins que sur certains faits ou propos à l'égard desquels leur conscience n'est pas éclairée. Spécialement, dans le cas où des observations de l'organe du ministère public ont donné lieu, de la part d'un avocat, à des propos offensants que la cour n'a connus que par la voie d'un journal, celle-ci peut limiter les dépositions des témoins, en ce sens qu'elle peut ordonner que ces dépositions ne porteront que sur les propos de l'avocat, et non sur les observations du ministère public. — Même arrêt. — Mais V. observ., J.G. Avocat, 495.

22. Le pouvoir de punir l'offense faite par un avocat dans l'exercice de ses fonctions appartient au tribunal tout entier, du moins dans le cas où la faute commise présente quelque gravité et doit amener l'application d'une peine disciplinaire proprement dite. — J.G. Avocat, 496.

23. Dans les cas où il statue tout entier, le tribunal peut se saisir lui-même d'office, malgré le silence du ministère public. — J.G. Avocat, 497.

24. Le tribunal peut, pour faute de discipline commise par un avocat à son audience, prononcer la suspension contre cet avocat, bien qu'une simple injonction ait été requise par le ministère public. — Civ. r. 28 avr. 1820, J.G. Avocat, 497 et 484.

25. L'action du procureur général poursuivant, en vertu de l'art. 79 du décr. du 30 mars 1808, la répression des excès de pouvoir commis par les conseils de discipline de l'ordre des avocats, n'est soumise à aucun délai fatal. — Bastia, 17 nov. 1855, D.P. 56. 2. 254-255.

26. — III. DÉCISION DISCIPLINAIRE. — Lorsque la faute est légère, il suffit d'un simple avertissement de la part du président. — J.G. Avocat, 485.

27. D'ailleurs, le simple avertissement donné par le président à un avocat, pendant sa plaidoirie, n'exclut pas l'application ultérieure de peines de discipline, s'il y a lieu. — Grenoble, 7 juill. 1827, J.G. Avocat, 486 et 462.

28. Le refus réitéré fait par un avocat de se tenir debout et découvert lors de la prononciation de l'arrêt, peut être réprimé par un avertissement. — Cr. r. 18 nov. 1852, D.P. 52. 5. 51.

29. L'avocat qui interrompt le président pendant son résumé pour faire observer à ce magistrat qu'au lieu de résumer il accuse, et qui, après le résumé, dépose des conclusions tendant à demander acte de ce que le résumé a en lieu dans le sens de son observation, peut, pour ces faits, être suspendu de ses fonctions. — Cr. r. 28 avr. 1820, J.G. Avocat, 484.

30. La suspension a pu être prononcée contre un avocat qui déclare à l'audience qu'il renonce à plaider devant un président désigné, auquel il impute de lui avoir manqué d'égards. — Bourges, 30 avr. 1845, D.P. 45. 4. 144.

31. L'art. 23 de la loi du 17 mai 1819, qui restreint à six mois la peine de la suspension, n'est relatif qu'aux discours prononcés et aux écrits diffamatoires à l'égard des parties en cause, et ne peut s'appliquer aux manquements que les avocats commettraient à l'audience. — Cr. r. 25 janv. 1834, J.G. Avocat, 481 et 352.

32. Les juges qui ont à prononcer des injonctions doivent le faire immédiatement et à l'instant même où l'offense est proférée, ou bien, s'ils diffèrent, ils doivent constater et faire retenir par procès-verbal la nature de l'offense, ou plutôt les expressions qui la constituent. — Metz, 20 mai 1820, J.G. Avocat, 491.

33. Le principe que l'abus de la défense constitue un fait nouveau qui rend celui qui s'en est rendu coupable passible d'une répression distincte, ne s'applique point à la juridiction disciplinaire, laquelle doit apprécier à la fois et réprimer immédiatement les torts des avocats inculpés, soit que ces torts résultent de leurs écarts comme défenseurs de leurs clients, soit qu'ils se rapportent à l'abus qu'ils ont fait de leurs droits de défense personnelle. — Cr. r. 25 janv. 1834, J.C. Avocat, 482 et 352.

34. Le droit de police d'audience du président ne pouvant s'exercer qu'instantanément, pendant sa durée, et en présence du public, il n'est pas possible de regarder ni comme avertissement de police d'audience de la juridiction du président (c. pr. civ. 88), ni comme acte de juridiction du tribunal (c. pr. civ. 1035), la décision qu'un tribunal offensé par un avocat, dans sa plaidoirie, rend contre lui après le jugement de l'affaire, après la clôture de l'audience, et même trois jours après : c'est là un jugement disciplinaire qui a dû, à peine de nullité, être précédé de la citation et de la défense de l'avocat inculpé, comme aussi de l'avis préalable du bâtonnier. — Grenoble, 7 juill. 1827, J.G. Avocat, 492 et 462.

35. Des propos offensants pour la justice ou les magistrats, tenus par un avocat à l'audience, durant les débats d'une affaire dont la cour est encore saisie, ne perdent pas leur caractère disciplinaire pour n'avoir pas été constatés par un procès-verbal et n'être pas parvenus à l'oreille des juges, qui ne les ont appris que le lendemain par le récit d'un journal, ... alors qu'au lieu d'être confidentiels, ils ont été tenus assez haut pour être entendus d'une partie du public; par suite, la cour, lorsqu'elle demeure saisie de l'affaire durant laquelle les propos ont été tenus, reste compétente pour connaître de ces propos, sans qu'il soit besoin qu'ils aient été découverts ni qu'ils soient réprimés à l'audience même où ils ont été tenus. Cette compétence ne cesserait qu'autant que la cour se trouverait dessaisie de l'affaire dans laquelle les propos ont été proférés. — Cr. r. 24 déc. 1836, J.G. Avocat, 493. — Mais V. observ., ibid.

36. Les tribunaux jouissent d'un pouvoir souverain d'appréciation à l'égard des faits déférés à leur autorité disciplinaire. — Req. 15 déc. 1847, D.P. 48. 1. 7.

37. Spécialement, la question de savoir si des expressions proférées à l'audience par un avocat ont assez de gravité pour motiver contre lui l'application de peines disciplinaires est appréciée souverainement par les juges devant lesquels elles sont proférées. — Même arrêt. — Cr. r. 25 janv. 1834, J.G. Avocat, 483 et 352.

38. En matière disciplinaire, et spécialement en matière de répression par les tribunaux des fautes commises à leur audience, il appartient exclusivement au juge saisi d'apprécier la nature et la gravité relative du fait; et son appréciation ne peut être revisée par la Cour de cassation, même lorsque la faute résulte de la prononciation de paroles reproduites dans le jugement de condamnation. — Cr. c. 7 avr. 1860, D.P. 60. 1. 146.

39. Ainsi, il n'entre pas dans les attributions de la Cour de cassation de rechercher si un reproche adressé par un avocat à l'organe du ministère public devant un tribunal correctionnel à l'occasion de la défense d'un prévenu, reproche dans lequel ce tribunal a vu un manque de respect envers la magistrature, a pu avec raison être qualifié d'infraction disciplinaire. — Même arrêt.

40. Les conseils de discipline ont également juridiction sur les faits commis par les avocats à l'audience. — Rouen, 24 mars 1847, D.P. 47. 2. 218.

41. Lorsque la faute découverte ne réclame pas une répression immédiate, les tribunaux sont dans l'usage d'en renvoyer la connaissance au conseil de discipline de l'ordre. — J.G. Avocat, 488. — V. Req. 21 févr. 1838, ibid., 416.

42. Ainsi, lorsqu'un avocat, après avoir accepté la défense d'un accusé, ne se présente pas à l'audience pour plaider, quoique les pièces lui aient été remises et qu'il soit articulé qu'il a déjà reçu ses honoraires, la cour d'assises peut le renvoyer devant le conseil de discipline pour qu'il ait à s'expliquer sur ce fait, et qu'il soit ultérieurement statué. — C. d'ass. de la Seine, 13 juill. 1835, J.G. Avocat, 488 et 232.

43. Pareillement il suffit que des inculpations contre un avocat, pour indélicatesse dans l'exercice de sa profession, soient produites à l'audience et publiquement, pour qu'à l'instant la cour doive renvoyer l'examen des faits d'inculpation au conseil de discipline de l'ordre des avocats. — Req. 20 avr. 1830, J.G. Avocat, 488 et 232.

44. Toutefois, le conseil de discipline des avocats, appelé, sur l'initiative de l'un de ses membres, à juger la conduite de ce membre, relative à des faits à l'occasion desquels le ministère public a fait des réserves, ne peut apprécier le mérite de ces réserves sans avoir, au préalable, invité le procureur de la République à en expliquer les causes. En conséquence, la délibération par laquelle le conseil de discipline a déclaré, dans ces circonstances, que les réserves du ministère public étaient sans objet, est nulle... Et la nullité de cette délibération peut être poursuivie devant la cour par voie d'appel, bien qu'elle n'ait pas été rendue contradictoirement avec le ministère public. — C. de la Guadeloupe, 22 déc. 1840, sous Req. 26 déc. 1842, J.G. Avocat, 489 et 501.

45. Les mesures disciplinaires exercées à l'audience, envers un avocat, par les cours et tribunaux, ne peuvent être l'objet de l'examen et de la censure du conseil de discipline : la délibération prise à cet égard par le conseil de l'ordre doit être annulée. — Grenoble, 24 mars 1836, J.G. Avocat, 490. — V. suprà, n° 40.

46. — IV. RECOURS CONTRE LES DÉCISIONS DISCIPLINAIRES. — Les décisions émanées d'un tribunal sur une faute commise à l'audience par un avocat, ou seulement découverte à l'audience, donnent ouverture à un

recours qui varie suivant la nature du jugement et suivant le degré de juridiction du tribunal de qui il est émané. — J.G. *Avocat*, 498.

47. Si le jugement est par défaut, la voie de l'opposition est ouverte à l'avocat condamné. — Cr. c. 20 févr. 1823, J.G. *Avocat*, 499, et *Défense*, 188.

48. La décision par laquelle un tribunal de commerce a interdit sa barre à un avocat, en son absence, sans l'avoir appelé ni entendu, doit être réputée rendue par défaut contre lui, et par suite peut, tant que les délais pour former opposition ne sont pas expirés, être attaquée par cette voie, et non par celle de l'appel. — Lyon, 18 août 1841, J.G. *Avocat*, 500.

49. Mais on ne saurait se faire un moyen de cassation, lorsqu'il y a ouverture à l'opposition, de ce que cette voie n'a pas été suivie, et de ce que la décision a été infirmée sur un appel, lorsque ce moyen n'a pas été proposé devant la cour d'appel. — Req. 26 déc. 1842, J.G. *Avocat*, 501.

50. Les jugements par lesquels les tribunaux répriment les fautes commises par les avocats à l'audience ne sont susceptibles d'appel que dans le cas où ils prononcent la peine de la suspension, et non lorsqu'ils prononcent, par exemple, une simple réprimande. — Orléans, 2 mai 1855, D.P. 56. 2. 42. — (Quest. controv., J.G. *Avocat*, 502.

51. Ainsi, lorsqu'un tribunal de première instance réprimande un avocat à l'audience, et lui fait simplement injonction d'être plus circonspect à l'avenir, il n'y a pas lieu à appel. — Cr. c. 17 mai 1823, J.G. *Avocat*, 502.

52. N'est pas susceptible d'appel la décision par laquelle un tribunal a refusé de laisser plaider un avocat, si le refus ne concerne que la cause dans laquelle elle est intervenue. — Bourges, 3 avr. 1851, D.P. 53. 2. 86.

53. Dans tous les cas où l'appel est autorisé, cet appel doit être interjeté dans les formes et dans les délais propres à la juridiction qui a prononcé et à celle où ressortit cette juridiction. Et l'appel doit être jugé par la chambre compétente du tribunal supérieur ou de la cour, selon que la décision émane du tribunal correctionnel ou du tribunal civil. La décision doit être rendue, par cette chambre, en audience publique. — J.G. *Avocat*, 503.

54 La décision par laquelle un tribunal correctionnel condamne un avocat à la suspension, pour faits commis à l'audience, constitue un véritable jugement. Par suite, l'appel de ce jugement a dû être porté, non devant les chambres assemblées, et à huis clos, de la cour, mais bien en audience publique, devant la chambre des appels de police correctionnelle. — Nimes, 26 mai 1836, J.G. *Avocat*, 503.

55. Les chambres assemblées de la cour d'appel ne connaissent de l'appel des décisions disciplinaires prononcées contre des avocats qu'autant qu'il s'agit de décisions émanant du conseil de discipline ou d'un tribunal ayant jugé comme conseil de discipline et en chambre du conseil. — Cr. r. 10 févr. 1860, D.P. 60. 1. 96.

56. Ainsi, au cas de condamnation disciplinaire prononcée publiquement par un tribunal contre un avocat plaidant à sa barre, à titre de répression immédiate d'une faute commise à son audience, l'appel ne peut être porté que devant le juge, soit civil, soit correctionnel, qui se trouve placé hiérarchiquement au-dessus de celui duquel émane la sentence attaquée, en suivant l'ordre des juridictions; spécialement, l'appel de la condamnation à la suspension prononcée contre un avocat pour délit d'audience, par un tribunal correctionnel, ne peut être porté que devant la chambre des appels de police correctionnelle de la cour, jugeant en séance publique. — Même arrêt.

57. A cet égard, l'ord. de 1822 n'a pas dérogé aux règles établies, pour la répression des fautes commises à l'audience, par l'art. 103 du décr. du 30 mars 1808,... lequel est applicable aux avocats comme aux officiers ministériels. — Même arrêt.

58. Dans le cas où un avocat interjette appel du jugement par lequel un tribunal correctionnel a prononcé contre lui, pour faute commise à l'audience, une peine disciplinaire, telle que la suspension, cet appel ne doit pas être formé par déclaration au greffe en la forme ordinaire, mais par acte signifié au procureur de la République (Quest. controv.). — D.P. 60. 1. 98, note.

59. Le juge saisi de l'appel interjeté par un avocat contre un jugement le condamnant pour faute commise à l'audience, peut refuser, lorsqu'il en reconnait l'inutilité, la preuve par témoins proposée par l'appelant pour établir les circonstances de l'incident qui a donné lieu à la répression disciplinaire; et cela, dans le cas même où il n'a pas été dressé de procès-verbal de l'incident par le juge de première instance. — Cr. r. 7 avr. 1860, D.P. 60. 1. 146.

60. A cet égard, on doit considérer comme implicitement fondé sur l'appréciation de l'inutilité de la preuve l'arrêt interlocutoire qui écarte l'offre de l'appelant par le motif que « les faits ont été régulièrement et judiciairement constatés », s'il ressort des termes mêmes de la décision sur le fond que le juge s'est référé nécessairement aux énonciations du jugement frappé d'appel et à celles des notes d'audience dans lesquelles le fait se trouvait relaté avec toutes ses circonstances. — Même arrêt.

61. Dans tous les cas et quelle que soit la décision rendue, le recours en cassation est ouvert, soit à l'avo-cat condamné, soit au ministère public lorsqu'il s'agit d'une décision rendue sur appel, ou lorsqu'il s'agit d'une décision rendue par un tribunal en dernier ressort; il en serait ainsi quand même le jugement de condamnation ne prononcerait ni l'interdiction temporaire ni la radiation du tableau, mais bien l'avertissement ou la réprimande. — J.G. *Avocat*, 504.

62. Mais la décision d'un tribunal qui censure des avocats pour s'être présentés à l'audience en moustaches, nonobstant la prohibition qui leur en avait été faite par le président, ne contient qu'une appréciation d'un fait de police d'audience, et ne peut encourir la cassation. — Req. 6 août 1844, J.G. *Avocat*, 504.

63. Le pourvoi doit être déclaré dans les formes et délais propres au tribunal qui a prononcé, et porté à la chambre de la Cour de cassation, correspondante à la juridiction de ce tribunal. Ce pourvoi est ou non suspensif, suivant que la décision attaquée émane de la juridiction criminelle ou de la juridiction civile. — J.G. *Avocat*, 505.

Table sommaire.

Appel 48 s., 56; (délai) 53; (formes) 53.	public, action) 25.	Partie en cause 11.
Audience publique 53 s.	Délit d'audience 4, 46.	Pouvoir disciplinaire (tribunaux, avocats) 1 s.
Avertissement 13, 26 s., 61.	Diffamation 31.	Pouvoir du juge 3, 36 s., 62.
Avocat 1 s.; (interdiction) 8; (suspension) 6, 8 s., 54.	Excès de pouvoir 13 s., 25.	Preuve testimoniale 59.
Avoué (propre cause) 11.	Honoraires (avocat) 42.	Procès-verbal 35.
Bâtonnier 17; (avis préalable) 34.	Huis-clos 54.	Procédure écrite 19.
Blâme (magistrat) 15.	Incident 59.	Procureur de la République. V. Ministère public.
Cassation (appréciation) 38 s., 62; (moyen) 49; (recours) 61, 63.	Instruction 18 s.	Recours (décision disciplinaire) 46 s.
Compte rendu infidèle 20 s.	Interdiction (avocat) 8.	Réprimande 50 s., 61.
Conclusions 3.	Interrogatoire 18.	Reproche (ministère public) 39.
Conseil de discipline 12 s., 25, 40 s.	Interruption (avocat) 29.	Respect (magistrature) 12, 39.
Conseil de guerre 5.	Jonction (instances) 20.	Résumé 29.
Cour d'appel 4, 16 s., 44.	Journal 20; (récit) 25.	Suspension (avocat) 6, 8 s., 54, 56.
Cour d'assises 4, 42.	Jugement par défaut 47 s.	Témoins (audition) 19, 21.
Décision disciplinaire. V. Peine disciplinaire.	Juge de paix 5, 7.	Tierce-opposition 17.
Défense (droit, abus) 3, 33.	Juge de police 5.	Transcription 16.
Délai (ministère	Ministère public 21, 23 s., 44; (délai, action) 25.	Tribunal de commerce 5, 48.
	Moustache 62.	Tribunal correctionnel 54, 56.
	Note d'audience 60.	Tribunal exceptionnel 5 s.
	Officier ministériel 1, 57.	
	Opposition (jugement par défaut) 47 s.	
	Peine disciplinaire 26 s.	
	Police d'audience 34.	

Art. 17. L'exercice du droit de discipline ne met point obstacle aux poursuites que le ministère public ou les parties civiles se croiraient fondés à intenter dans les tribunaux, pour la répression des actes qui constitueraient des délits ou des crimes.

1. Si l'application d'une peine disciplinaire contre un avocat ne met pas obstacle aux poursuites du ministère public ou de la partie civile, conformément aux règles du droit commun, à plus forte raison l'avocat qui a encouru une peine devant une juridiction ordinaire n'est pas affranchi des poursuites disciplinaires pour le même fait. — J.G. *Avocat*, 446. — Conf. Limoges, 4 juin 1844, *ibid.*, 472.

2. Ainsi, l'avocat signataire d'un écrit qui a donné lieu à une poursuite criminelle, pour délit de presse dont il a été acquitté par le jury, peut être poursuivi à raison du même fait, devant la juridiction disciplinaire de son ordre. — Req. 27 nov. 1838, J.G. *Avocat*, 446 et 409.

3. Jugé même qu'un tribuna exerçant les fonctions de conseil de discipline de l'ordre des avocats peut, sans violer la maxime *Non bis in idem*, après avoir prononcé une peine correctionnelle contre l'avocat qui l'a outragé, le traduire aussitôt et pour le même fait en conseil de discipline, et lui infliger les peines qu'il a encourues en sa qualité, soit qu'il eût plaidé dans sa propre cause, soit qu'il eût plaidé pour un étranger. — Grenoble, 26 déc. 1828, J.G. *Avocat*, 446.

4. Si la diffamation dont un avocat s'est rendu coupable contre un particulier en dehors de l'exercice de sa profession, par exemple, à l'occasion des élections, et qui a été l'objet d'une condamnation correctionnelle, peut motiver des poursuites disciplinaires de la part du conseil de l'ordre, la peine de la suspension infligée à cet avocat a pu être considérée comme trop rigoureuse et réduite par la cour à un simple avertisse-ment, lorsque cet avocat n'a point forfait à l'honneur, ni à la délicatesse, ni compromis sa profession. — Agen, 29 févr. 1844, J.G. *Avocat*, 447.

5. Le désistement de la plainte portée contre l'avocat n'éteint pas l'action disciplinaire. — J.G. *Avocat*, 448.

6. Les décisions du conseil de discipline ne peuvent être assimilées à de véritables jugements; en conséquence, ce conseil a le droit de modifier sa décision, et même de faire remise de la peine qu'il a prononcée, sans qu'il y ait à distinguer entre les avocats inscrits au tableau et les avocats stagiaires (Quest. controv.).— J.G. *Avocat*, 449.

7. Toutefois, dans le cas où la décision émanée soit du conseil de discipline, soit du tribunal appelé à en exercer les fonctions, serait, par suite d'un appel, sortie de cette juridiction domestique et secrète pour tomber dans le domaine de la juridiction ordinaire et de la publicité, il ne serait plus au pouvoir du conseil de discipline d'infirmer la décision d'une juridiction suprême et de s'élever au-dessus de la chose jugée.—J.G. *Avocat*, 449

Art. 18. Les peines de discipline sont:
L'avertissement,
La réprimande,
L'interdiction temporaire,
La radiation du tableau.
L'interdiction temporaire ne peut excéder le terme d'une année.

1. La *suspension* des fonctions pendant l'année judiciaire comprend les deux mois de vacances. — J.G. *Avocat*, 418.

2. La peine de la *réprimande*, qui figure parmi les peines disciplinaires, peut être appliquée sous la dénomination de *censure*, sans que la décision qui emploie cette expression puisse être réputée créer une peine non admise par l'ordonnance. — Req. 6 août 1844, J.G. *Avocat*, 420 et 504.

3. L'avertissement et la réprimande peuvent être prononcés suivant des modes divers, sans qu'il y ait cause de nullité; spécialement, lorsque le fait corporel est une délibération illégalement prise par l'ordre entier des avocats, la cour qui annule cette délibération et ordonne soit la signification de son arrêt au bâtonnier, soit l'annexe de cet arrêt par le bâtonnier à la délibération annulée, doit être réputée avoir employé un mode d'avertissement non prohibé par l'ordonnance de 1822. — Req. 5 avr. 1841, J.G. *Avocat*, 420 et 313.

4. Les peines qui viennent d'être énumérées sont les seules que la loi ait mises à la disposition des conseils de discipline. Toutefois, il s'est établi à Paris l'usage de l'avertissement confraternel, qui, sans être une peine proprement dite, en produit l'effet moral.—J.G. *Avocat*, 421.

5. Les peines de discipline et même la radiation ne font pas perdre à l'avocat le droit de donner des consultations (Quest. controv.). — J.G. *Avocat*, 423.

6. Il en serait autrement si la radiation avait eu lieu pour cause infamante, qui résulterait d'un jugement de condamnation : les écrits émanés d'un avocat qui a subi une peine infamante ne peuvent être produits en justice. Mais il doit conserver le droit de faire des mémoires et de donner des conseils. — J.G. *Avocat*, 424.

7. L'avocat, dont l'inscription au tableau aurait été seulement refusée par un conseil de discipline, ne conserverait pas moins le droit de délibérer des consultations. — J.G. *Avocat*, 425.

8. L'avocat frappé d'une peine disciplinaire peut être privé temporairement du droit de faire partie du conseil de l'ordre. — V. *infrà*, décr. 22 mars 1852, art. 18.

Art. 19. Aucune peine de discipline ne peut être prononcée sans que l'avocat inculpé ait été entendu, ou appelé avec délai de huitaine.

1. La citation est donnée à l'avocat inculpé par lettre du bâtonnier ou du secrétaire. — J.G. *Avocat*, 426.

2. Il suffit d'un seul avertissement, même lorsque la peine appliquée est celle de l'interdiction ou celle de la radiation. — J.G. *Avocat*, 427.

3. Lorsqu'un avocat cité à comparaître devant le conseil s'est contenté de présenter dans une lettre des exceptions qui ont été rejetées, il n'est pas nécessaire de lui donner une nouvelle citation pour proposer ses moyens de défense au fond. — Caen, 8 janv. 1830, J.G. *Avocat*, 427 et 409.

4. L'avocat inculpé n'a qu'un délai de huitaine pour préparer ses moyens de défense et paraître devant le conseil. Il n'a aucun droit à une prorogation de délai. — J.G. *Avocat*, 428.

5. En général, l'avocat appelé doit comparaître en personne, s'il n'en est empêché par une maladie ou par toute autre cause grave; il doit répondre aux questions qui lui sont adressées par le bâtonnier ou par les membres du conseil. Toutefois, le conseil de discipline doit permettre à l'avocat inculpé, s'il craint de n'être pas en état de développer lui-même sa défense, de la faire présenter par un confrère. — J.G. *Avocat*, 429 et 430.

6. Dans tous les cas, du silence gardé par un avocat cité au tribunal disciplinaire, sur la question de savoir s'il se reconnaît l'auteur du fait à lui imputé, il ne résulte pas qu'on doive induire nécessairement sa culpabilité : il y a, au contraire, lieu à renvoi si elle n'est pas établie. — Caen, 20 janv. 1830, J.G. *Avocat*, 429 et 431.

7. Les conseils de discipline des avocats jugeant disciplinairement, procèdent comme tribunaux de famille, et ne sont point, dès lors, assujettis à constater par la voie rigoureuse de l'enquête, les faits poursuivis. — Req. 22 août 1853, D.P. 54. 1. 345.

8. Ils n'entendent ordinairement ni plaignants ni témoins. — J.G. *Avocat*, 430.

9. A plus forte raison en devrait-il être ainsi dans le cas où les témoins appelés seraient eux-mêmes dans le cas d'être poursuivis judiciairement pour le fait à l'occasion duquel l'avocat inculpé est traduit devant le tribunal disciplinaire. Dans ce cas, la cour, statuant sur l'appel de la décision émanée du conseil de discipline, ne devrait pas non plus entendre ces témoins. — J.G. *Avocat*, 431.

10. Spécialement, les prétendus coauteurs d'un délit pour lequel un avocat est traduit devant le conseil disciplinaire ne peuvent être appelés, à la requête du ministère public, même comme témoins, pour donner au tribunal disciplinaire des explications sur ce délit, à raison duquel ils peuvent eux-mêmes être poursuivis devant l'autorité judiciaire, ou avoir entre eux des différends auxquels il n'est pas permis de préjudicier devant un pouvoir qui ne peut les juger. — Caen, 20 janv. 1830, J.G. *Avocat*, 431.

11. Si les faits d'outrage reprochés à un avocat ont été constatés par le tribunal, dans un procès-verbal dressé à l'instant même où ils ont eu lieu, l'avocat inculpé ne peut pas plus tard, lorsqu'il est traduit devant ce tribunal, statuant en qualité de conseil de discipline, être admis à modifier les faits d'outrage ou à en affaiblir la gravité au moyen de la preuve testimoniale. Il y a nécessité pour lui de recourir à la voie de l'inscription de faux. — Grenoble, 26 déc. 1828, J.G. *Avocat*, 432 et 447.

12. L'avocat cité devant le conseil de discipline a le droit de récusation. Ce conseil est juge de la récusation et il peut décider que le membre récusé ne s'abstiendra pas. — J.G. *Avocat*, 433.

13. Les membres du conseil récusés ne peuvent concourir au jugement ou à l'arrêt qui statue sur la récusation, alors même que le récusant serait simplement déclaré déchu du droit de récusation. — Civ. c. 22 déc. 1840, J.G. *Avocat*, 434.

14. La décision par laquelle le conseil a prononcé la radiation d'un avocat, est nulle, lorsque l'un des membres du conseil qui y a concouru n'avait pas été présent à la séance dans laquelle l'avocat a présenté sa défense. — Orléans, 19 avr. 1845, D.P. 47. 2. 8-9.

15. Quelles que soient les causes d'absence ou d'abstention, toute délibération est nulle si les deux tiers des membres du conseil n'y ont point assisté. — Caen, 8 janv. 1830, J.G. *Avocat*, 436 et 409. — Quest. controv., *ibid.*, 436.

16. En cas d'abstention de la part de plusieurs membres du conseil, il suffit que les délibérants soient restés en nombre suffisant pour prendre un arrêté valable, pour que cet arrêté ne puisse pas être attaqué. Il importerait peu que le conseil n'eût pas statué sur les motifs d'excuse des membres qui se sont abstenus, surtout lorsque la retraite de ceux qui se sont abstenus a été tacitement approuvée par le silence des autres membres. — Même arrêt. J.G. *Avocat*, 437.

17. Tout arrêté disciplinaire, rendu par défaut, est sujet à opposition de la part de l'avocat condamné, sans limitation de délai, alors même qu'en cas de radiation prononcée, la condamnation aurait été exécutée par la suppression, sur le tableau, du nom de l'avocat condamné. — J.G. *Avocat*, 440.

18. En général, il n'est pas tenu registre des arrêtés rendus par les conseils en matière disciplinaire; ces arrêtés sont simplement transcrits et signés par le bâtonnier et le secrétaire. — J.G. *Avocat*, 441.

Art. 20. Dans les siéges où les fonctions du conseil de discipline seront exercées par le tribunal, aucune peine de discipline ne pourra être prononcée qu'après avoir pris l'avis écrit du bâtonnier.

1. Les règles d'instruction indiquées *suprà* sous l'art. 19 sont applicables au cas où les fonctions du conseil de discipline sont remplies par le tribunal, c'est-à-dire lorsque le nombre des avocats inscrits est inférieur à six; mais, dans cette dernière hypothèse, le tribunal doit, en outre, pour appliquer une peine quelconque, prendre l'avis du bâtonnier. — J.G. *Avocat*, 438.

2. A part cette formalité particulière, le tribunal doit procéder comme le conseil de discipline lui-même. Le procureur de la République ne serait donc pas reçu à donner ses conclusions. — J.G. *Avocat*, 439.

3. Jugé toutefois que le ministère public est autorisé non-seulement à donner des conclusions écrites, mais encore à assister à la défense de l'avocat inculpé et à lui répondre s'il y a lieu. — Riom, 30 avr. 1829, J.G. *Avocat*, 439 et 454.

4. L'action du ministère public contre l'avocat qui s'est rendu passible d'une poursuite disciplinaire ne peut, devant le conseil de l'ordre, s'exercer que par la voie de la plainte; mais, devant le tribunal, au cas où celui-ci se trouve appelé à faire fonction de conseil de discipline elle s'exerce régulièrement par voie de citation. — Nîmes, 30 déc. 1869, D.P. 70. 2. 86.

Art. 21. Toute décision du conseil de discipline emportant interdiction temporaire ou radiation sera transmise, dans les trois jours, au procureur général, qui en assurera et en surveillera l'exécution.

Art. 22. Le procureur général pourra, quand il jugera nécessaire, requérir qu'il lui soit délivré une expédition des décisions comportant avertissement ou réprimande.

Le conseil n'est pas tenu de transmettre au procureur général les arrêtés qui prononcent seulement l'avertissement ou la réprimande, à moins que ce magistrat n'en fasse la demande. — J.G. *Avocat*, 442.

Art. 23. Pourra egalement le procureur général demander expédition de toute décision par laquelle le conseil de discipline aurait prononcé l'absolution de l'avocat inculpé.

1. L'avocat qu'une plainte injuste ou mal fondée a amené devant le conseil de discipline doit être admis à réclamer une expédition de l'arrêté qui le déclare absous (Quest. controv.). — J.G. *Avocat*, 444.

2. Il est même fondé à demander que communication de la minute de l'arrêté ou du procès-verbal des séances soit faite aux confrères qui désireraient connaître les termes de la décision (Quest. controv.). — J.G. *Avocat*, 444.

Art. 24. Dans les cas d'interdiction à temps ou de radiation, l'avocat condamné pourra interjeter appel devant la cour du ressort.

1. L'avocat n'a pas le droit d'appel contre la décision du conseil de l'ordre qui lui a infligé l'avertissement ou la réprimande. — J.G. *Avocat*, 453.

2. Mais l'appel est ouvert de plein droit contre toute décision disciplinaire non déclarée en dernier ressort par une disposition expresse de la loi. — Civ. c. 19 mars 1867, D.P. 67. 1. 111.

3. Ainsi, la décision du conseil de l'ordre des avocats prononçant une peine non comprise au nombre de celles à raison desquelles l'art. 24 de l'ordonnance du 20 nov. 1822 a accordé le droit d'appel, est néanmoins susceptible d'appel, s'il s'agit d'une peine que l'avocat condamné soutient n'avoir pas été légalement établie ou être également frappée d'abrogation, une telle peine ne rentrant pas davantage dans la classe des peines que, d'après la même ordonnance, le conseil est autorisé à appliquer en dernier ressort. — Même arrêt.

4. Le droit d'appel de l'avocat s'applique également... au cas où le conseil de discipline, sans prononcer une radiation du tableau, omet de porter sur le tableau des avocats un nom qui y figurait déjà. — J.G. *Appel civ.*, 351, et *Avocat*, 454.

5. ... Au cas où la composition du conseil de discipline a été attaquée par l'avocat traduit devant ce conseil, bien que la peine prononcée ait été seulement celle de l'avertissement ou celle de la réprimande; toutefois, l'appel ne peut, dans ce cas, porter sur le fond de la décision. — Riom, 30 avr. 1829, J.G. *Avocat*, 454-3o, et 263.

6. ... Au cas où le conseil de discipline a déclaré l'existence d'une incompatibilité entre la profession d'avocat et certaines fonctions, spécialement celles de conseiller de préfecture. — Toulouse, 21 déc. 1840, 2 janv. 1843, J.G. *Avocat*, 454-4o et 208.

7. Les décisions disciplinaires, prises par le conseil de l'ordre contre un avocat stagiaire, dans les cas prévus par les art. 24 et 25 de l'ord. du 20 nov. 1822, sont susceptibles d'appel. — Orléans, 28 janv. 1853, D.P. 53. 2. 149.

8. Mais un avocat n'est pas recevable à appeler de la décision du conseil de discipline qui réduit ses honoraires. — Nîmes, 30 juill. 1825, J.G. *Avocat*, 454 et 263.

Art. 25. Le droit d'appeler des décisions rendues par les conseils de discipline, dans les cas prévus par l'art. 15, appartient également à nos procureurs généraux.

1. Le droit d'appel du procureur général est plus étendu que celui de l'avocat. Le procureur général peut, en effet, interjeter appel dans les cas d'avertissement et de réprimande comme dans ceux d'interdiction temporaire et de radiation. — J.G. *Avocat*, 453.

2. Le droit d'appel attribué au ministère public ne lui appartient que lorsque le conseil de discipline a statué sur des infractions ou des fautes commises par un avocat. — Civ. r. 23 juin 1828, J.G. *Avocat*, 455 et 137.

3. Par suite, les procureurs généraux ne sont pas recevables à appeler des décisions des conseils de discipline qui prononcent sur des difficultés relatives au maintien ou à l'admission de quelques avocats au tableau. Toutefois, lorsqu'il est rendu un arrêt qui tend à reconnaître que le procureur général a le droit d'appeler des arrêts du conseil de discipline en cette matière, ce conseil n'est pas recevable à former tierce-opposition à cet arrêt, lors duquel il n'a été ni appelé ni entendu. — Amiens, 28 janv. 1824, J.G. *Avocat*, 455.

4. Mais, en ce qui concerne les décisions disciplinaires proprement dites, le droit d'appel est accordé au ministère public d'une manière absolue, sans distinguer entre le cas où la décision émanée du conseil de discipline porte acquittement, et celui où cette décision porte condamnation, ni entre le cas où l'avocat condamné attaque lui-même la décision et celui où cet avocat garde le silence. — J.G. *Avocat*, 456.

5. Ainsi, le procureur général a qualité pour interjeter appel d'une décision du conseil de discipline qui raye du tableau l'un des membres du barreau, alors même que l'avocat radié n'exerce aucun recours contre cette décision. — Limoges, 18 juin 1842, sous Req. 2 mai 1843, J.G. *Avocat*, 456 et 474. — C. cass. de Belgique, 16 août 1842, *ibid.*

6. Le procureur général peut porter directement devant la cour une affaire disciplinaire dont le conseil de discipline n'aurait pas ou ou n'aurait pas voulu connaître. Ainsi, l'avocat inculpé d'avoir manqué au respect qu'il doit à la cour même en dehors de l'audience, peut, sur les réquisitions du procureur général, être traduit devant cette cour. — Paris, 5 déc. 1823, J.G. *Avocat*, 457 et 412. — Quest. controv., *ibid.*, 457.

7. En tout cas, il suffit que le conseil de discipline de l'ordre des avocats omette de réprimer d'office un fait non susceptible de lui être déféré sur la plainte d'une partie et qui est imputé à un membre du barreau, spécialement au bâtonnier, pour que la cour ait pu regarder cette omission comme un refus d'exercer une juridiction disciplinaire et que, par suite, elle soit compétente pour statuer de plano sur la dénonciation qui lui est faite directement par le procureur général. — Civ. r. 22 juill. 1834, J.G. *Avocat*, 457.

8. Le droit de statuer, *omisso medio*, par les cours, a été reconnu ...dans le cas de refus du conseil de discipline de procéder disciplinairement contre plusieurs avocats à lui dénoncés. — Aix, 17 mars 1836, J.G. *Avocat*, 459.

9. ... Dans le cas de conflit entre le tribunal constitué en conseil de discipline et le conseil de discipline dont la légalité serait contestée. — Req. 8 janv. 1838, J.G. *Avocat*, 460 et 404.

10. ... Dans le cas de délibération illégalement prise par l'assemblée entière de l'ordre des avocats d'un barreau. — Paris, 13 avr. 1835; Nancy, 4 mai 1835; J.G. *Avocat*, 461. — Agen, 4 mai 1835, *ibid.*, 292. — Req. 5 avr. 1841, *ibid.*, 292.

11. L'action disciplinaire exercée contre des avocats pris, non pas individuellement, mais comme composant le conseil de l'ordre au nom duquel ils ont agi, peut, sans violation de la règle des deux degrés de juridiction, être portée directement devant la cour d'appel, chambres assemblées : ce n'est pas le juger *omisso medio*; le conseil de l'ordre, auquel eût appartenu la juridiction de premier degré, ne pouvant être juge et partie dans sa propre cause. — Req. 12 mai 1858, D.P. 58. 1. 175. — V. observ., J.G. *Avocat*, 458.

12. Le droit d'évocation du fond appartient aux cours d'appel, lorsqu'elles annulent une délibération du conseil de discipline pour violation ou omission des formes prescrites. — Caen, 8 janv. 1830, J.G. *Avocat*, 462 et 409.

13. Toutefois, si la décision d'un tribunal exerçant à l'égard d'un avocat les fonctions du conseil de discipline, est annulée en appel, comme irrégulière, en ce que, par exemple, elle n'a été précédée ni de l'avis du bâtonnier ni de la défense de l'avocat inculpé, la cour ne peut évoquer et statuer au fond. — Grenoble, 7 juill. 1827, J.G. *Avocat*, 462.

14. La nullité des délibérations du conseil de l'ordre des avocats, qui sont entachées d'excès de pouvoir, et la répression disciplinaire qu'elles peuvent amener, doivent être demandées à la cour par voie de citation directe, et non par appel de ces délibérations. — Rouen, 24 mars 1847, D.P. 47. 2. 218.

15. ... Et il suffit, dans ce cas, l'action soit dirigée contre le bâtonnier, comme représentant du conseil de l'ordre. — Req. 15 déc. 1847, D.P. 48. 1. 7.

Art. 26. L'appel, soit du procureur général, soit de l'avocat condamné, ne sera recevable qu'autant qu'il aura été formé dans les dix jours de la communication qui leur aura été donnée, par le bâtonnier, de la décision du conseil de discipline.

1. — **I. FORMES ET INSTRUCTIONS DE L'APPEL.** — La communication de la décision du conseil au procureur général et à l'avocat condamné, leur est donnée ordinairement sur papier non timbré, en copie ou expédition signée par le secrétaire. — J.G. *Avocat*, 463.

2. Les procureurs généraux n'ont que dix jours, à partir de la connaissance qui leur a été donnée de la décision d'un conseil de discipline, pour interjeter appel de cette décision, bien que l'expédition de la décision leur ait été transmise par le procureur de la République, et non par le bâtonnier de l'ordre des avocats. — Civ. r. 23 juin 1828, J.G. *Avocat*, 464 et 137.

3. L'avocat condamné peut se pourvoir par requête ou même par lettre au bâtonnier et au procureur général aussi bien que par exploit. — J.G. *Avocat*, 465.

4. Ainsi, l'appel d'une décision du conseil de discipline prononçant radiation du tableau peut être interjeté par lettre adressée au procureur général par l'avocat. — Orléans, 19 avr. 1845, D.P. 47. 2. 9.

5. ... Ou par lettre adressée au bâtonnier. — Rouen, 13 janv. 1840, J.G. *Avocat*, 467.

6. Surtout lorsque, par surabondance, l'avocat s'est adressé lui-même au procureur général pour qu'il fût statué sur son appel. — Agen, 29 févr. 1844, J.G. *Avocat*, 467.

7. Suivant un autre arrêt, lorsqu'un avocat, après avoir reçu de son bâtonnier avis d'une décision du conseil de discipline qui lui interdit pour un temps l'exercice de sa profession, écrit à ce bâtonnier qu'il déclare interjeter appel de cette décision, et le prie d'en informer le conseil, cette lettre ne constitue pas un acte d'appel valable ; et même le ministère public ne peut, par sa renonciation, couvrir une fin de non-recevoir résultant de l'irrégularité de l'appel ainsi interjeté. — Nîmes, 30 juill. 1825, J.G. *Avocat*, 466.

8. — **II. POURVOI EN CASSATION.** — Suivant un premier système, la décision d'une cour, portant annulation d'une délibération de l'ordre des avocats, en ce que cette délibération serait la censure d'un arrêt de la cour, n'est pas susceptible de pourvoi en cassation : ici s'applique l'art. 103, décr. 30 mars 1808. — Req. 20 avr. 1830, J.G. *Avocat*, 474.

9. Suivant une autre opinion, le recours en cassation est admissible contre les décisions disciplinaires du conseil, mais seulement pour incompétence ou excès de pouvoirs, et non quant à l'appréciation du fond. — Req. 22 juill. 1834, J.G. *Avocat*, 474 et 457. — Req. 8 janv. 1838, *ibid.*, 404. — Req. 5 avr. 1841, *ibid.*, 292. — Req. 4 janv. 1853, D.P. 53. 1. 14.

10. Dès lors, la décision du conseil qui prononce une peine disciplinaire contre un avocat par appréciation du mode d'action employé par cet avocat pour obtenir le payement de ses honoraires, et de la manière dont il a rempli ses devoirs professionnels échappe à la censure de la Cour de cassation. — Arrêt précité du 4 janv. 1853.

11. N'est entaché ni d'incompétence, ni d'excès de pouvoir, l'arrêt qui, sur l'appel dirigé d'office par le ministère public contre une délibération du conseil de l'ordre des avocats, par laquelle un de ses membres avait été radié du tableau, a annulé cette délibération sans entendre soit le conseil de l'ordre, soit même l'avocat radié ; par suite, est non recevable le pourvoi dirigé par le conseil de l'ordre contre l'arrêt infirmatif. — Req. 2 mai 1843, J.G. *Avocat*, 474.

12. Les irrégularités commises dans la composition du conseil de discipline saisi des poursuites disciplinaires, ne peuvent être invoquées par l'avocat comme moyen de cassation contre l'arrêt de condamnation prononcé par la cour d'appel. — Req. 22 août 1853, D.P. 54. 1. 345.

13. Le pourvoi en cassation formé contre une décision disciplinaire rendue par une cour d'assises, telle que celle qui a suspendu temporairement un avocat de l'exercice de sa profession, est non recevable à défaut de consignation d'amende. — Cr. r. 2 mars 1849, D.P. 49. 1. 135. — Conf. Req. 5 juill. 1836, J.G. *Cassat.*, 544-1° et 816.

Art. 27. Les cours statueront sur l'appel en assemblée générale et dans la chambre du conseil, ainsi qu'il est prescrit par l'art. 52 de la loi du 20 avr. 1810, pour les mesures de discipline qui sont prises à l'égard des membres des cours et des tribunaux.

1. C'est devant la cour en assemblée générale, et non à la chambre des appels de police correctionnelle, que doit être porté l'appel d'un jugement rendu par un tribunal de première instance, remplissant les fonctions de conseil de discipline de l'ordre des avocats. — Cr c. 18 sept. 1823, J.G. *Avocat*, 469.

2. Mais les assemblées générales de la cour ne sont compétentes qu'autant qu'il s'agit de décisions émanées du conseil de discipline ou d'un tribunal ayant jugé comme conseil de discipline, et en chambre du conseil. — V. art. 16, nos 53 et s., *suprà*, p. 1268.

3. Il faut que chaque chambre présente au moins le nombre de magistrats nécessaire pour la composer séparément. — J.G. *Avocat*, 470. — V. Ordonn. 18 janv. 1846, art. 1er, nos 1 et s., *suprà*, p. 694, 695.

4. Non-seulement le conseil n'est pas appelé devant la cour, mais il ne peut pas être reçu intervenant à l'effet de soutenir le bien fondé de sa délibération. — J.G. *Avocat*, 471. — V. *suprà*, p. 1269, art. 25, n° 3.

5. Spécialement, en cas d'appel par le ministère public d'une décision du conseil de l'ordre portant radiation d'un avocat, ce conseil n'est pas recevable à intervenir devant la cour. — Limoges, 17 juin 1842. J.G. *Avocat*, 471 et 474.

6. L'avocat injurié, dans l'exercice de sa profession, par un confrère, et qui, par ce motif, a formé une plainte contre ce dernier devant le conseil de discipline, ne peut être reçu intervenant, comme partie civile, devant la cour saisie de l'appel ; mais il peut poursuivre directement devant les tribunaux ordinaires la réparation du tort qu'il a éprouvé. — Limoges, 4 juin 1844, J.G. *Avocat*, 472; — V. *suprà*, p. 1268, art. 17, nos 1 et s.

Art. 28. Lorsque l'appel aura été interjeté par l'avocat condamné, les cours pourront, quand il y aura lieu, prononcer une peine plus forte, quoique le procureur général n'ait pas lui-même appelé.

• •

Art. 29. L'avocat qui aura encouru la peine de la réprimande ou de l'interdiction sera inscrit au dernier rang de la colonne dont il fera partie.

• •

TIT. III. — DU STAGE.

Art. 30. La durée du stage sera de trois années.

1. Le stage est le temps d'épreuve que les règlements exigent du jeune avocat pour prouver qu'il réunit les conditions d'aptitude, d'expérience et de moralité nécessaires à l'exercice de la profession. Pendant ce temps d'épreuve, l'avocat est simplement *avocat stagiaire*. — J.G. *Avocat*, 93.

2. La demande d'admission au stage se fait par écrit. — J.G. *Avocat*, 97.

3. Celui qui demande à être admis au stage doit d'abord justifier qu'il a prêté serment. La justification se fait par la production du diplôme de licencié ; la mention faite au dos de ce diplôme par le greffier établit par elle-même l'accomplissement de la formalité. Si cette mention avait été omise, on y pourrait suppléer par une expédition de l'arrêt qui a donné acte du serment. — J.G. *Avocat*, 96.

4. Les avocats stagiaires ne sont pas moins avocats que ceux qui sont inscrits au tableau : par suite, ils sont soumis aux mêmes règles : ils ont des devoirs à remplir et des droits à exercer. — J.G. *Avocat*, 122.

5. Comme avocats, les stagiaires sont soumis à la surveillance du conseil, qui peut s'exercer même sur la vie et la conduite privées. — J.G. *Avocat*, 123.

6. Le conseil de l'ordre a le droit de fixer les conditions du stage, ou du moins le mode suivant lequel il doit être fait. — J.G. *Avocat*, 93.

7. La durée du stage est fixée à trois ans. — J.G. *Avocat*, 113.

8. Les conseils de discipline ne peuvent pas affranchir les avocats de l'obligation du stage. — Bastia, 17 nov. 1855, D.P. 56. 2. 254-255.

9. ... Ni en abréger la durée. — V. *infrà*, [art. 32, n° 3

Art. 31. Le stage pourra être fait en diverses cours, sans qu'il doive néanmoins être interrompu pendant plus de trois mois.

1. Le stage peut être commencé devant une cour et continué devant une autre. Toutefois, en principe, le stage fait devant une cour étrangère ne compte pas. — *Avocat*, 114.

2. Pareillement, l'inscription au tableau d'un tribunal de première instance, même dans le ressort de la cour, ne dispense pas du stage près la cour de Paris. — J.G. *Avocat*, 114.

3. Le stage doit être continué sans interruption pendant les trois années de sa durée. — J.G. *Avocat*, 115

4. Dans le cas où le stage est fait en diverses cours, si le stage n'a pas été interrompu au delà de trois mois, le temps de l'interruption même compte au stagiaire. — J.G. *Avocat*, 116.

5. Mais l'avocat stagiaire qui a interrompu son stage pendant plus de trois mois ne doit pas être admis au tableau, ni même à la continuation du stage. — J.G. *Avocat*, 116.

6. Toutefois il y a exception à la règle pour le cas de force majeure. Ainsi, le stage a dû être considéré comme non interrompu par un service forcé que le stagiaire avait dû faire dans l'armée. — Arrêté du cons. de l'ordre, 29 avr. 1814, J.G. *Avocat*, 117.

7. Le temps passé dans la magistrature interrompt le stage, mais n'empêche pas de le continuer après que la magistrature a cessé ; par conséquent, on ne doit tenir compte que du temps de stage antérieur. — Arrêté 18 janv. et 8 févr. 1831, J.G. *Avocat*, 118.

Art. 32. Les conseils de discipline pourront, selon les cas, prolonger la durée du stage.

1. La prolongation de la durée du stage est abandonnée au libre arbitre et à la sagesse des conseils de discipline. — J.G. *Avocat*, 119.

2. Cependant le pouvoir du conseil n'est pas souverain ; le stagiaire dont le stage a été prorogé peut appeler de la décision devant la cour d'appel (Quest. controv.). — J.G. *Avocat*, 120.

3. Le pouvoir discrétionnaire des conseils de discipline ne va pas jusqu'à leur permettre réciproquement d'abréger la durée du stage. — Bastia, 17 nov. 1855, D.P. 56. 2. 254. — Quest. controv., J.G. *Avocat*, 121.

Art. 33. Les avocats stagiaires ne feront point partie du tableau. Ils seront néanmoins répartis et inscrits à la suite de chacune des colonnes, selon la date de leur admission.

• •

Art. 34. Les avocats stagiaires ne pourront plaider ou écrire dans aucune cause, qu'après avoir obtenu, des deux membres du conseil de discipline appartenant à leur colonne, un certificat constatant leur assiduité aux audiences pendant deux années. Ce certificat sera visé par le conseil de discipline.

1. Les stagiaires qui n'ont pas atteint l'âge de 22 ans ne peuvent plaider ni écrire dans aucune cause sans avoir obtenu le certificat dont parle l'art. 34 (Quest. controv.). — J.G. *Avocat* 128. — V. *infrà*, art. 36.

2. Mais l'avocat stagiaire, qui a le droit de plaider devant la cour du lieu de son stage, peut aussi plaider devant toute autre cour. — J.G. *Avocat*, 129.

Art. 35. Dans les sièges où le nombre des avocats inscrits au tableau sera inférieur à celui de vingt, le certificat d'assiduité sera délivré par le président et par notre procureur.

Art. 36. Sont dispensés de l'obligation imposée par l'art. 34 ceux des avocats stagiaires qui auront atteint leur vingt-deuxième année.

1. Comme avocats, les stagiaires ayant atteint leur vingt-deuxième année ont le droit de plaider, de donner des consultations, et de communiquer avec leurs confrères. — J.G. *Avocat*, 126.

2. Par suite, les stagiaires, quoique non inscrits au tableau, peuvent prendre la qualification d'avocats à la cour d'appel. — J.G. *Avocat*, 127, n° 22.

3. Du reste, quoiqu'ils aient le droit de plaider, les avocats stagiaires ne peuvent siéger comme juges, pas même en première instance. — J.G. *Avocat*, 130.

Art. 37. Les avoués licenciés en droit qui, après avoir donné leur démission, se présenteront pour être admis dans l'ordre des avocats, seront soumis au stage.

1. L'obligation du stage est imposée à tous ceux qui prétendent exercer la profession d'avocat. Un avoué, alors même qu'il a postulé pendant un grand nombre d'années, n'en est pas moins tenu de faire un stage. — J.G. *Avocat*, 98. — Conf. Req. 1er mars 1827, J.G. *Avocat*, 99.

2. Toutefois, l'ancien avoué qui fait son stage peut être dispensé, sur sa demande, de l'obligation d'assister aux conférences. — J.G. *Avocat*, 127.

3. L'avocat qui, après avoir exercé la profession d'avoué, veut reprendre celle d'avocat, doit être de nouveau soumis au stage. — Lyon, 24 févr. 1848, D.P. 49. 2. 180.

4. Mais, dans ce cas, il n'est pas tenu à une nouvelle prestation de serment. — Colmar, 12 juill. 1856, D.P. 56. 2. 201.

5. Par suite, celui qui, après avoir été avocat, a rempli les fonctions d'avoué, ne peut, s'il s'est démis de ses fonctions, être appelé en qualité d'avocat, pour compléter le tribunal, avant qu'il ait été admis par ce tribunal à exercer la profession d'avocat. — Paris, 27 mars 1828, J.G. *Avocat*, 100.

6. Un ancien *greffier* ne saurait être admis *de plano* à l'exercice de la profession d'avocat; il est soumis à l'obligation du stage. — J.G. *Avocat*, 102.

7. La même solution est applicable au *notaire* qui, après avoir cessé ses fonctions, voudrait exercer la profession d'avocat. — J.G. *Avocat*, 103.

TIT. IV. — Dispositions générales.

Art. 38. Les licenciés en droit sont reçus avocats par nos cours royales. Ils prêtent serment en ces termes :

« Je jure d'être fidèle au roi et d'obéir à la charte constitutionnelle, de ne rien dire ou publier, comme défenseur ou conseil, de contraire aux lois, aux règlements, aux bonnes mœurs, à la sûreté de l'Etat et à la paix publique, et de ne jamais m'écarter du respect dû aux tribunaux et aux autorités publiques. »

Art. 39. Les avocats inscrits aux tableaux de la cour royale pourront seuls plaider devant elle.

Ils ne pourront plaider hors du ressort de la cour près de laquelle ils exercent, qu'après avoir obtenu, sur l'avis du conseil de discipline, l'agrément du premier président de cette cour, et l'autorisation de notre garde des sceaux, ministre secrétaire d'Etat au département de la justice.

Sur la plaidoirie devant les cours d'appel, V. *infrà*, Ord. 27 août 1830, art. 4.

Art. 40. Les avocats attachés à un tribunal de première instance ne pourront plaider que dans la cour d'assises et dans les autres tribunaux du même département.

Sur les droits des avocats attachés à un tribunal de première instance, relativement à la plaidoirie, V. *infrà*, Ord. 27 août 1830, art. 4.

Art. 41. L'avocat nommé d'office pour la défense d'un accusé ne pourra refuser son ministère, sans faire approuver ses motifs d'excuse et d'empêchement par les cours d'assises, qui prononceront, en cas de résistance, l'une des peines déterminées par l'art. 18 ci-dessus.

1. En principe, le ministère de l'avocat est libre. Mais, lorsqu'un avocat, après s'être chargé des intérêts d'un client, ne se présente pas à l'audience pour plaider, quoique les pièces lui aient été remises, la cour peut le renvoyer devant le conseil de discipline pour qu'il ait à s'expliquer sur ces faits et qu'il soit ultérieurement statué, surtout s'il est articulé que l'avocat a déjà reçu ses honoraires. — C. d'ass. de la Seine, 13 juill. 1835, J.G. *Avocat*, 232.

2. L'avocat ne doit pas être tenu de prêter son ministère, lorsque le client le refuse obstinément; l'avocat nommé d'office a rempli le devoir moral de sa profession, en se présentant pour défendre le prévenu; mais il doit être admis à s'abstenir, si le prévenu déclare refuser le défenseur qui lui a été donné. — Orléans, 28 mars, 1838, J.G. *Avocat*, 234.

3. Dans toute affaire qui n'est pas soumise aux cours d'assises, c'est aux conseils de discipline que l'avocat doit s'adresser pour faire connaître les motifs de son refus. Ainsi, quoique la loi impose à l'avocat le devoir moral de défendre tout accusé, même devant les tribu-naux militaires, cependant aucune loi ne l'oblige, en informant de son refus le tribunal militaire, de lui en faire approuver les motifs, sauf à l'avocat à les soumettre au conseil de discipline de son ordre, s'il en est requis : ici ne s'applique pas l'art. 42. — J.G. *Avocat*, 235 et 236.

4. En conséquence, l'arrêt qui décide qu'un avocat nommé d'office, qui n'a point fait approuver par le conseil de guerre ses motifs d'excuse ou d'empêchement, lesquels, d'ailleurs, ont été jugés légitimes, n'a point encouru la peine de réprimande ni d'avertissement, ne viole point la loi. — Civ. r. 13 juill. 1825, J.G. *Avocat*, 235.

5. En matière civile, l'indépendance de l'avocat est absolue. Il n'est pas tenu de rendre compte, même devant les conseils de discipline, des causes qui le détermineraient à refuser son assistance à un plaideur. — J.G. *Avocat*, 237.

6. Ainsi, il est permis à l'avocat, en matière civile, de refuser les causes qui lui sont présentées, même après avoir conseillé le procès, et après avoir été commis par le bâtonnier, sans être tenu de déduire au conseil de son ordre les motifs de son refus. — Riom, 11 juill. 1828, J.G. *Avocat*, 237.

7. Cependant, même en matière civile, le conseil de discipline a le droit d'exiger que l'avocat déduise devant lui et fasse agréer le refus d'accepter une cause, sur la désignation faite d'office, même par un tribunal, en faveur d'une partie qui ne trouverait point de défenseur (Quest. controv.). — J.G. *Avocat*, 238.

8. De même, les avocats sont obligés de donner des avis et des consultations dans certaines matières concernant des mineurs (c. civ. 467), des communes ou établissements publics (L. 7 mess. an 9, art. 11, 12 et 13; 21 trim. an 12), des militaires en activité (L. 6 brum. an 5, art. 1); dans ces divers cas, l'avocat doit faire approuver son refus par le conseil de discipline. — J.G. *Avocat*, 239.

9. Il en est de même en matière de requête civile, d'après l'art. 495 c. pr. — J.G. *Avocat*, 240.

Art. 42. La profession d'avocat est incompatible avec toutes les fonctions de l'ordre judiciaire, à l'exception de celle de suppléant; avec les fonctions de préfet, de sous-préfet et de secrétaire général de préfecture; avec celles de greffier, de notaire et d'avoué; avec les emplois à gages et ceux d'agents comptables; avec toute espèce de négoce. En sont exclues toutes personnes exerçant la profession d'agent d'affaires.

1. — I. Fonctions incompatibles avec la profession d'avocat. — L'incompatibilité du barreau avec certaines positions ne peut jamais aboutir qu'à une radiation du tableau et à l'empêchement d'exercer la profession; mais elle ne saurait aller jusqu'à interdire la qualification honorifique d'avocat à ceux qui ont obtenu ce titre. — J.G. *Avocat*, 166.

2. Ainsi, l'avocat rayé, par une délibération du conseil de discipline, du tableau de l'ordre des avocats près une cour, est désormais déchu du droit de prendre la qualité d'avocat à cette cour ou de défenseur près le tribunal de commerce; mais rien ne s'oppose à ce qu'il prenne le titre d'avocat. — Lyon, 14 févr. 1834, J.G. *Avocat*, 166.

3. Mais si un licencié ou tout autre individu prenait la qualité d'avocat de tel ou tel barreau dans des annonces ou prospectus répandus dans le public, l'ordre, représenté par son bâtonnier, aurait qualité pour le faire condamner à cesser de prendre une semblable qualification. — J.G. *Avocat*, 166.

4. Les incompatibilités sont absolues ou relatives. — J.G. *Avocat*, 167.

5. Les premières sont à jamais exclusives de la profession d'avocat, tandis que les secondes sont purement temporaires et ne subsistent pas au delà des causes qui les produisent. — J.G. *Avocat*, 167. — Mais V. observ., *ibid.*

6. — 1° *Incompatibilités absolues.* — Suivant la jurisprudence du conseil de l'ordre des avocats de Paris, il y a incompatibilité absolue de la profession d'avocat ... avec le ministère ecclésiastique (Quest. controv.). — J.G. *Avocat*, 168.

7. ... Avec la qualité d'ancien *agent d'affaires* (Quest. controv.). — J.G. *Avocat*, 169.

8. ... Avec la qualité d'ancien employé chez un agent d'affaires (Quest. controv.). — J.G. *Avocat*, 170.

9. ... Avec la qualité d'ancien *agréé* au tribunal de commerce ou d'ancien associé d'un agréé (Quest. controv.). — J.G. *Avocat*, 171.

10. ... Avec la qualité d'ancien *commissaire de police.* — J.G. *Avocat*, 172.

11. Enfin il y a incompatibilité absolue dans tous les faits et actes qui, tendant à dégrader la profession, constitueraient l'indignité ou motiveraient la radiation, s'ils émanaient d'un avocat déjà admis au stage ou inscrit au tableau. — J.G. *Avocat*, 173.

A plus forte raison, la condamnation à laquelle se rattacherait un caractère infamant, et même celle qui impliquerait l'indélicatesse du condamné, rentre-raient dans la cause d'exclusion. Mais il en serait autrement d'une condamnation pour délit politique, si cette condamnation n'était pas infamante. — J.G. *Avocat*, 174.

13. — 2° *Incompatibilités relatives ou temporaires.* — Il y a incompatibilité relative ou temporaire, suivant les décisions du conseil de discipline du barreau de Paris, entre la profession d'avocat et la qualité d'étranger, et cette incompatibilité cesse par la naturalisation. — J.G. *Avoat*, 177. — V. *suprà*, p. 1264, Ord. 20 nov 1822, art. 13, n° 5.

14. Donnent lieu encore à cette incompatibilité, ... la qualité de juge de paix. — J.G. *Avocat*, 177.

15. ... Les fonctions ... de maître des requêtes au conseil d'Etat en service ordinaire, mais non celles de maître des requêtes en service extraordinaire. — J.G. *Avocat*, 178.

16. ... Les fonctions ... de ministre, de conseiller et président du conseil d'Etat. — J.G. *Avocat*, 178.

17. ... Celles d'auditeur de première classe, mais non celles d'auditeur de deuxième classe. — J.G. *Avocat*, 178.

18. ... Celles de conseiller maître, présidents, procureur général et référendaire à la cour des comptes. — J.G. *Avocat*, 178.

19. ... Les fonctions de chef de bureau au ministère de la justice. — J.G. *Avocat*, 179.

20. ... La qualité d'attaché au ministère de l'intérieur, bien que l'aspirant ne reçoive aucun traitement. — J.G. *Avocat*, 180. — Mais V. observ., *ibid.*

21. ... Les fonctions de chef de bureau au ministère de la guerre. — J.G. *Avocat*, 184.

22. ... L'emploi de chef de la division du commerce, des approvisionnements et de la navigation à la préfecture de police. — J.G. *Avocat*, 185.

23. ... Les fonctions d'employé au ministère des finances. — J.G. *Avocat*, 189.

24. ... Celles de référendaire au sceau. — J.G. *Avocat*, 181.

25 ... La qualité de professeur ou même de proviseur dans un collége ou lycée. — J.G. *Avocat*, 182.

26. ... Celle de professeur de langue française ou de langue ancienne et de mathématiques, soit que l'enseignement ait lieu au domicile même des élèves ou chez le professeur lui-même. — J.G. *Avocat*, 182.

27. ... La profession d'avocat à la cour de cassation. — J.G. *Avocat*, 183.

28. ... Les fonctions de secrétaire de la chambre des avoués. — J.G. *Avocat*, 186.

29. ... L'emploi de clerc d'avoué ou de notaire, que le clerc soit ou non gradué et appointé. — J.G. *Avocat*, 188.

30. ... L'état militaire; mais les militaires en retraite ou réformés ne doivent pas être placés dans l'incompatibilité. — J.G. *Avocat*, 190.

31. ... Les fonctions de directeur de la caisse d'épargne. — J.G. *Avocat*, 191.

32 ... Celles de secrétaire général du conseil d'administration du mont-de-piété, ou d'associé d'un commissionnaire au mont-de-piété. — J.G. *Avocat*, 193.

33. ... La qualité de secrétaire rétribué d'une chambre de commerce et toutes fonctions analogues, telles que celles de secrétaire de sous-préfecture, de mairie, d'hospices ou bureaux de bienfaisance. — Douai, 31 juill. 1843, J.G. *Avocat*, 194.

34. ... L'exploitation d'un brevet de maître de poste. — J.G. *Avocat*, 195.

35. ... Les fonctions d'administrateur d'une société anonyme. — J.G. *Avocat*, 196.

36. ... La qualité de mandataire dans le conseil d'administration d'un chemin de fer. — J.G. *Avocat*, 197.

37. ... La qualité de gérant dans une manufacture, ou de commis intéressé chez un négociant. — J.G. *Avocat*, 198.

38. ... La qualité de syndic salarié dans une faillite. — J.G. *Avocat*, 198.

39. ... La qualité de directeur-gérant d'école industrielle. — J.G. *Avocat*, 199.

40. L'incompatibilité établie à l'égard des greffiers, des notaires et des avoués est applicable, soit aux fonctionnaires de l'ordre administratif, chargés de la rédaction des minutes et de la garde des archives, soit à la classe entière des officiers ministériels, que la loi assujettit au cautionnement. — J.G. *Avocat*, 165.

41. Sous la dénomination *d'emplois à gages, d'agents comptables*, l'ordonnance embrasse toutes les situations qui exigent emploi du temps de la part de ceux qui les exercent et qui leur procurent, par le salaire, un moyen d'existence, créant des obligations et des devoirs incompatibles avec l'exercice réel et l'indépendance de la profession d'avocat. — J.G. *Avocat*, 165.

42. L'exercice de la profession d'avocat est incompatible avec les charges ou emplois qui réclament tous les soins de ceux qui les occupent, qui les placent dans un état de dépendance et de subordination vis-à-vis d'un supérieur, et auquel des gages sont attachés; il est incompatible notamment avec l'emploi de sous-chef dans les bureaux d'une préfecture. — Agen, 12 mai 1862, D.P. 62. 2. 179-180.

43. L'avocat qui accepte l'emploi de commis ou d'agent salarié dans une entreprise commerciale doit être considéré comme ne faisant plus partie de l'ordre, et ne peut, dès lors, quoique inscrit au tableau, concourir à l'élection du conseil de discipline. — Bastia, 1b mars 1856, D.P. 57. 2. 16.

44. Les expressions *toute espèce de négoce* sont caractéristiques d'une habitude de spéculer et de se procurer des bénéfices en dehors des fonctions du barreau : dans l'interprétation de ces mots, les actes rares et isolés ou déterminés par des circonstances accessoires et exclusives de toute intention de négoce ne doivent pas être pris en considération. — J.G. *Avocat*, 173.

45. Un avocat peut être rayé du tableau, lorsqu'il se place dans une position qui doit faire supposer qu'il se livre au négoce. — Orléans, 19 avr. 1845, D.P. 47. 2. 8-9. — V. aussi J.G. *Avocat*, 173.

46. ... Et par exemple, lorsque la femme de cet avocat exerçant un commerce de détail, il faut, pour arriver jusqu'à l'appartement du mari, traverser des lieux encombrés de marchandises. — Même arrêt.

47. Il en est de même de la qualité de mari d'une femme commune en biens et tenant un pensionnat. — J.G. *Avocat*, 200.

48. Il en est de même, lorsque, par suite de fonctions étrangères à sa profession, il se trouve dans l'impossibilité d'exercer réellement près la cour où il est inscrit. — Arrêt précité du 19 avr. 1845.

49. Cette impossibilité résulte notamment de ce qu'il serait investi des fonctions de sous-inspecteur des écoles primaires, lesquelles le tiennent éloigné du siége de la cour pendant cinq mois de l'année judiciaire. — Même arrêt.

50. L'avocat qui, sans nécessité, entreprend un voyage pour aller compulser dans une autre ville des actes qui intéressent son client, et fait pour celui-ci l'avance du coût de ces actes, s'assimile à un *agent d'affaires* et se livre à des démarches incompatibles avec sa profession. — Orléans, 28 janv. 1853, D.P. 53. 2. 149.

51. — II. FONCTIONS COMPATIBLES AVEC LA PROFESSION D'AVOCAT. — On a considéré comme compatibles avec la profession d'avocat : ... les fonctions de garde des sceaux et de secrétaire général au ministère de la justice. — J.G. *Avocat*, 202.

52. ... Les fonctions de directeur des affaires civiles au ministère de la justice. — J.G. *Avocat*, 203.

53. ... Les fonctions de juge suppléant près le tribunal civil. — J.G. *Avocat*, 204.

54. ... Les fonctions de suppléant près d'une justice de paix. — J.G. *Avocat*, 205.

55. ... L'emploi de surnuméraire au ministère de la justice. — J.G. *Avocat*, 206.

56. ... Les fonctions de conseiller de préfecture — Toulouse, 21 déc. 1840 et 2 janv. 1843, J.G. *Avocat*, 208. — Quest. controv., *ibid.*

57. ... Le titre d'avoué honoraire ou de magistrat honoraire. — J.G. *Avocat*, 209.

58. ... Le travail dans le cabinet d'un avocat à la Cour de cassation, avec honoraires fixes. — J.G. *Avocat*, 210

59. ... La qualité d'ancien huissier, alors que nul fait reprochable n'est articulé contre cet ancien officier ministériel et que son honorabilité personnelle est reconnue. — Douai, 13 août 1866, D.P. 67. 2. 94. Mais cela est contraire à la jurisprudence du conseil de discipline de Paris. — J.G. *Avocat*, 172.

60. ... Les fonctions de professeur à la faculté de droit. — J.G. *Avocat*, 211.

61. ... Et la règle a été étendue même à l'avocat qui fait un cours ou qui donne des répétitions de droit, encore que ses auditeurs lui donnent des honoraires. — J.G. *Avocat*, 211.

62. ... La qualité de rédacteur en chef ou subordonné d'un journal, politique ou judiciaire. Mais la qualité de gérant responsable d'un journal quotidien est une cause d'incompatibilité ; seulement un délai suffisant peut être accordé à l'avocat pour qu'il opte, et se démette des fonctions incompatibles. — J.G. *Avocat*, 212.

63. Aucune incompatibilité ne peut exister entre la profession d'avocat et la qualité d'auteur d'ouvrages, de revues ou de recueils mensuels et consacrés aux lettres, aux sciences et aux arts ; et cela, alors même que l'auteur conserverait la propriété de son ouvrage et le ferait vendre. — J.G. *Avocat*, 213.

Table sommaire.

Art. 43. Toute attaque qu'un avocat se permettrait de diriger, dans ses plaidoiries ou dans ses écrits, contre la religion, les principes de la monarchie, la charte, les lois du royaume ou les autorités établies, sera réprimée immédiatement, sur les conclusions du ministère public, par le tribunal saisi de l'affaire, lequel prononcera l'une des peines prescrites par l'art. 18 ; sans préjudice des poursuites extraordinaires, s'il y a lieu.

Sur le droit des tribunaux de réprimer les fautes commises à l'audience par les avocats, V. art. 16, *suprà*, p. 1266.

Art. 44. Enjoignons à nos cours de se conformer exactement à l'art. 9 de la loi du 20 avr. 1810, et, en conséquence, de faire connaître, chaque année, à notre garde des sceaux, ministre de la justice, ceux des avocats qui se seront fait remarquer par leurs lumières, leurs talents, et surtout par la délicatesse et le désintéressement qui doivent caractériser cette profession.

. . . .

Art. 45. Le décret du 14 déc. 1810 est abrogé. Les usages observés dans le barreau, relatifs aux droits et aux devoirs des avocats dans l'exercice de leur profession, seront maintenus.

1. Aucune loi n'interdit à l'avocat le droit de se pourvoir judiciairement en payement de ses honoraires. — Grenoble, 30 juill. 1821 ; Bourges 26 avr. 1830 ; Dijon, 24 janv. 1842, J.G. *Avocat*, 246. — V. aussi Bruxelles, 12 déc. 1807, *ibid.*, 257.

2. L'avocat a une action en justice pour le payement de ses honoraires ; et le juge saisi de cette action n'a pas à se préoccuper des règlements et usages qui, dans quelques barreaux, interdisent à l'avocat de se pourvoir pour cet objet auprès des tribunaux. — Trib. de paix de Paris, 1er juin 1870, D.P. 70. 3. 78.

3. L'avocat peut opposer, en compensation à l'action de ses créanciers, les honoraires dont ils lui sont redevables. — Limoges, 24 juin 1874, D.P. 76. 1. 161-162.

4. ... Et cela, sans être tenu au préalable d'en faire opérer le règlement par la chambre de discipline. — Dijon, 24 janv. 1842, J.G. *Honor.*, 4, et *Avocat*, 248.

5. En tout cas, le client qui a accepté la juridiction du tribunal civil pour le règlement des honoraires de son avocat ne peut plus exiger qu'on prenne l'avis du conseil de discipline. — Arrêt précité du 24 juin 1874.

6. Lorsque l'avocat réclame en justice le payement de ses honoraires, l'action qu'il forme est, comme toutes les autres demandes, de la compétence des tribunaux. — Aix, 12 mars 1834, J.G. *Avocat*, 247.

7. L'action par laquelle l'avocat réclame en justice le payement de ses honoraires est une action personnelle et mobilière, de la compétence du juge de paix, lorsqu'elle n'excède pas le taux de sa compétence, et non pas de la compétence du tribunal de première instance par application de l'art. 60 c. pr. — Req. 6 avr. 1830, J.G. *Avocat*, 249.

8. Les demandes des avocats en payement d'honoraires sont soumises au préliminaire de conciliation. — J.G. *Avocat*, 250.

9. L'action de l'avocat n'est pas soumise à la prescription de deux ans établie par l'art. 2273 c. civ., mais à celle de trente ans. — Pau, 7 juin 1828 ; Riom, 24 mai 1838, J.G. *Avocat*, 251. — Conf. Grenoble, 30 juill. 1821, *ibid.*, 246.

10. Dans le cas où l'avocat croirait devoir poursuivre judiciairement le payement de ses honoraires, il aurait, pour obtenir ce payement, une action solidaire contre les clients qui l'ont chargé de leur défense dans une même affaire où ils avaient le même intérêt. — J.G. *Avocat*, 252.

11. Les honoraires de l'avocat qui a plaidé dans une cause intéressant une société doivent être supportés proportionnellement par chaque associé ; mais si l'un des communistes a seul fait choix d'un avocat étranger au barreau du tribunal saisi du procès, il est personnellement tenu du surcroît d'honoraires. — Douai, 2 déc. 1839, J.G. *Avocat*, 253.

12. Dans le cas où les frais faits dans une instance en divorce où la femme a succombé ont été mis, par un arrêt, à la charge de la communauté, l'avocat qui a prêté à la femme son ministère ne peut, en vertu de cette disposition, se prétendre créancier direct du mari à raison de ses honoraires et avances, lesquels n'ont pas même été taxés. En conséquence, doit être déclarée nulle la saisie pratiquée par cet avocat, contre le mari comme chef de la communauté, pour le montant de ses avances et honoraires, même non soumis à la taxe. — Bruxelles, 8 juill. 1807, J.G. *Avocat*, 254.

13. L'avocat (ou ses héritiers) a une action en payement de ses honoraires contre l'avoué qui l'a chargé, sauf réduction pour la partie de ces honoraires qui sont irrecouvrables par cet avoué. — Dijon, 25 janv. 1842, D.P. 45. 4. 305. — V. *infrà*, tarif du 16 févr. 1807, art. 80, n°s 1 et s.

14. Décidé, d'autre part, que si, en principe, l'avocat n'a pas contre l'avoué d'action directe en payement de ses honoraires de plaidoiries, l'avoué peut cependant, lorsqu'il a été *negotiorum gestor*, être condamné à payer à l'avocat ses honoraires pour les affaires dans lesquelles il l'a chargé de plaider, avant même de les avoir reçus de ses clients, et sans être admis à en limiter le chiffre à celui porté dans l'état des frais réglés par le juge. — Req. 2 mai 1853, D.P. 53. 1. 162.

15. A supposer que l'avocat ait une action en justice pour le payement de ses honoraires, il n'en doit pas moins répondre devant le conseil de discipline du manque de désintéressement dans la manière dont il l'a exercée. — Orléans, 28 janv. 1853, D.P. 53. 2. 149.

16. Mais l'action judiciaire intentée par un avocat, pour honoraires, peut ne donner lieu contre lui qu'à un simple avertissement. — Cons. av. de Paris, 6 janv. 1852, D.P. 53. 1. 14 ; 3. 13.

17. Les honoraires sont fixés toujours d'après l'importance de l'affaire, les soins qu'elle a exigés de l'avocat, et aussi d'après la fortune du client : l'avocat en est cru sur la fixation de ses honoraires, tant que leur exagération n'est pas constatée. — Dijon, 24 janv. 1842, J.G. *Avocat*, 260 et 246.

18. D'ailleurs, les parties ne sont pas à la discrétion de l'avocat d'une manière absolue ; les conseils de discipline peuvent prononcer la réduction du chiffre des honoraires (Décr. 14 déc. 1810, art. 43). — J.G. *Avocat*, 261.

19. L'avocat n'est pas recevable à appeler de la décision du conseil de discipline qui réduit ses honoraires. — Nîmes, 30 juill. 1825, J.G. *Avocat*, 263.

20. Dans tous les cas, la disposition qui attribue au conseil de discipline la connaissance de la taxe qu'un avocat a faite de ses honoraires, ne s'applique pas au cas où il s'agit d'indemnité due à l'avocat pour l'exécution d'un mandat et réclamée par une action purement civile. — Req. 30 avr. 1839, J.G. *Avocat*, 264.

21. Il appartient aux magistrats d'apprécier souverainement le montant des honoraires dus à l'avocat suivant son mérite et l'importance des affaires plaidées. — Limoges, 24 juin 1874, D.P. 76. 1. 161. 162.

22. Lorsque le défenseur d'un prévenu ou accusé a recours aux juges qui ont prononcé la condamnation (à la cour d'assises, dans l'espèce), pour la fixation du chiffre de ses honoraires, en vue de faire valoir son privilège par préférence à celui de l'administration des domaines sur les biens du condamné, ces juges ont un pouvoir souverain pour ladite fixation. et, par exemple, peuvent réduire le chiffre des honoraires à la moitié de la somme demandée, même dans le cas où le payement est consenti en totalité par l'accusé. — Crim. 11 févr. 1867, D.P. 68. 5. 249.

23. Le juge de répression n'est compétent pour fixer le chiffre des honoraires dus par le condamné à son défenseur, que dans le cas où ce chiffre est contesté par l'administration des domaines, intéressée à faire réduire la créance pour honoraires en tant qu'elle doit être payée sur les biens du condamné par préférence aux frais de justice criminelle. — Même arrêt.

24. Le juge qui reconnaît le bien fondé d'une demande en payement d'honoraires peut, néanmoins, lorsque le débiteur se trouve dans une position embarrassée, lui accorder un délai et l'autoriser à se libérer par portions.

— Trib. de paix de Paris, 1er juin 1870, D.P. 70. 3. 78.

25. Les avocats sont dans l'usage de ne jamais donner quittance de leurs honoraires, hors les cas de remise par un mandataire ou personne comptable, et où il serait nécessaire, pour fonder une juste répétition, de constater ce qui leur a été remis. — J.G. *Avocat,* 265.

26. L'avocat qui, suspectant la reconnaissance de son client, refuserait de lui remettre son travail ou de plaider sa cause avant d'avoir reçu des honoraires, ne ferait rien que de légitime, pourvu que les choses fussent encore entières, c'est-à-dire pourvu que le client eût encore le temps de faire choix d'un autre défenseur. — J.G. *Avocat,* 266.

27. L'avocat chargé par un client d'aller le défendre devant un tribunal autre que celui près duquel il exerce, et qui, pour cela, est obligé d'abandonner son cabinet, d'aller séjourner, pour un temps, dans le lieu où l'affaire l'appelle, doit être traité comme un mandataire. En conséquence, si le client lui a souscrit d'avance une promesse pour l'indemniser de ses soins et sacrifices, il a le droit d'en exiger le payement, en justifiant de l'accomplissement du mandat, et alors que la somme n'est trouvée exagérée ni par les juges, ni par le conseil de l'ordre qui a donné son avis. — Req. 30 avr. 1839, J.G. *Avocat,* 266 et 264.

28. Est nul le pacte entre un avocat et son client, par lequel le premier est associé au gain du procès. — J.G. *Avocat,* 267.

29. Ainsi, le traité qualifié acte de société entre un avocat et son client, portant que ce dernier se rendra adjudicataire des biens de son créancier dont l'expropriation sera poursuivie par l'avocat, sous la clause qu'il sera accordé à l'avocat partie des biens acquis, pour le payer et de ses frais et honoraires résultant des poursuites d'expropriation, et d'une rente viagère qu'il consent à créer au profit de son client, un tel traité, encore qu'il ait été exécuté entre les parties, peut être annulé pour dol et fraude. Il importe peu aussi qu'un tel acte ait été suivi d'une transaction portant, non pas sur la nullité dont il est entaché, mais sur quelques accessoires. — Besançon, 15 therm. an 13, J.G. *Avocat,* 268.

30. De même, le pacte *de quotâ litis* est proscrit, bien que partie seulement d'une créance litigieuse soit cédée à un avocat et à un avoué, et que la cession ou abandon ne soit pas fait moyennant un prix, mais à charge d'en opérer le recouvrement par les soins et démarches de ceux-ci. — Nancy, 1er juin 1840, J.G. *Avocat,* 269.

31. La convention par laquelle un avocat stipule, par l'entremise d'un tiers, qu'il recevra comme honoraires, dans une affaire d'expropriation pour utilité publique, une fraction déterminée de l'indemnité qui serait accordée par le jury en sus des offres de l'administration, présente les caractères du pacte *de quotâ litis* prohibé par les usages du barreau et par le décret du 14 déc. 1810; en conséquence, cette stipulation rend l'avocat passible de peines disciplinaires. — Req. 22 août 1853, D.P. 54. 1. 345.

32. En tout cas, ces peines peuvent et doivent être déclarées encourues, par cela seul que l'avocat s'est ainsi associé aux chances du procès, alors même que la définition du pacte *de quotâ litis* ne s'appliquerait pas rigoureusement aux faits constatés. — Même arrêt.

33. V., en outre, sur les honoraires des avocats, premier décret du 16 févr. 1807, art. 80, *infrà,* sect. 4.

Table sommaire.

27 août-10 sept. 1830. — *Ordonnance qui reconnaît à l'ordre des avocats le droit de nommer ses officiers et le droit de plaider, sans autorisation, devant toutes les cours royales et tous les tribunaux du royaume.* — J.G. *Avocat,* 471.

Art. 1er. A compter de la publication de la présente ordonnance, les conseils de discipline seront élus directement par l'assemblée de l'ordre composée de tous les avocats inscrits au tableau. L'élection aura lieu par scrutin de liste et à la majorité relative des membres présents.

1. — I. ÉLECTION DU CONSEIL DE L'ORDRE. — Pour la formation du conseil de discipline, tous les avocats inscrits au tableau sont appelés à voter, quelle que soit la date de leur inscription. — J.G. *Avocat,* 381.

2. La convocation est faite par le bâtonnier, au moyen d'une simple lettre portant indication du jour de l'élection, lequel est fixé par le conseil de l'ordre. — J.G. *Avocat,* 385.

3. Le bâtonnier étant exclusivement compétent pour convoquer l'ordre des avocats, l'élection des membres du conseil faite sur une convocation émanée du secrétaire, et pour un jour différent de celui que le bâtonnier avait fixé, est nulle. — Req. 7 juin 1847, D.P. 47. 1. 235.

4. L'élection se fait ordinairement dans la première quinzaine du mois d'août. L'élection doit être annulée, si l'assemblée a eu lieu pendant les vacances, alors surtout que plusieurs avocats y ont manqué. — Agen, 20 févr. 1838, J.G. *Avocat,* 386.

5. Un délai moral suffisant doit être observé, à peine de nullité, entre l'avis donné aux avocats pour l'élection et le jour de la réunion. — Même arrêt.

6. Par suite, une convocation faite pour le 22, par lettres datées du 20, et qui n'ont été remises que le 21, doit être réputée faite à un délai insuffisant. — Grenoble, 10 déc. 1835, J.G. *Avocat,* 387. — Mais V. observ., *ibid.*

7. Le bâtonnier en fonctions ne peut pas se dispenser de convoquer l'ordre pour procéder à l'élection du conseil; il en serait autrement si le bâtonnier avait déjà donné sa démission au moment où il a été invité, par le procureur général, à faire la convocation. Mais il ne pourrait pas se dispenser de ce soin en donnant sa démission. — Grenoble, 7 janv. 1836, J.G. *Avocat,* 388.

8. La convocation ne peut être faite par le bâtonnier qu'autant qu'il a été lui-même régulièrement élu et mis en fonctions. — J.G. *Avocat,* 389.

9. Ainsi, pendant l'instance en nullité de l'élection du conseil de discipline, requise par le ministère public, le bâtonnier dont l'élection est critiquée n'a pas le droit de convoquer l'ordre à l'effet de recevoir sa démission et celle du conseil de discipline, et de faire une nouvelle élection; cette nouvelle élection, si elle a eu lieu, est nulle, surtout si la convocation a eu lieu sans indication de son objet, et si tous les membres d'abord élus n'ont pas donné leur démission. — Agen, 17 mai 1837, J.G. *Avocat,* 389 et 382.

10. L'élection a lieu au scrutin de liste. Chaque votant peut donc porter sur sa liste le nombre de membres nécessaires pour former le conseil, suivant les classifications faites par l'art. 2 de l'ordonnance de 1830. — J.G. *Avocat,* 390.

11. Ce n'est plus à la *majorité relative* des membres présents que l'élection doit avoir lieu, mais à la *majorité absolue.*—V. Décr. 22 mars 1852, art. 1er, p. 1274.

12. Lorsque plusieurs candidats ont obtenu un nombre égal de suffrages, il n'y a pas lieu de recourir à un scrutin de ballottage ; le plus ancien au tableau doit être déclaré membre du conseil. — Rouen, 18 janv. 1843, J.G. *Avocat,* 392.

13. Les avocats stagiaires n'ont pas le droit de participer à l'élection ; leur concours entraînerait, s'il y avait lieu, malgré la protestation du ministère public ou de quelques avocats inscrits au tableau, la nullité de l'élection. — Agen, 17 mai 1837, J.G. *Avocat,* 382. — Conf. (sol. impl.) Bastia, 17 nov. 1855, D.P. 56. 2. 254-255.

14. ... Et il en serait ainsi quand même l'usage du barreau serait d'admettre les stagiaires à l'élection. — Bourges, 13 mars 1834, J.G. *Avocat,* 383.

15. Il serait mieux, ce semble, par analogie de ce qui se pratique dans les élections politiques, départementales ou communales, de n'annuler que les votes des stagiaires, et de prononcer la nullité de l'élection dans le cas seulement où ces votes ont une influence sur la majorité. — J.G. *Avocat,* 384.

16. — II. RECOURS CONTRE L'ÉLECTION DU CONSEIL DE L'ORDRE. — Le procès-verbal de l'élection est envoyé au procureur général. Ce magistrat a même le droit de demander la communication officielle des procès-verbaux, bien que la communication officieuse lui en ait été faite. — J.G. *Avocat,* 394.

17. Le procureur général a le droit de former l'action en nullité de l'élection du bâtonnier et du conseil de discipline, et de poursuivre les infractions à la loi, commises lors de l'élection du conseil de discipline. — Bourges, 13 mars 1834, J.G. *Avocat,* 395 et 383. — Grenoble, 10 déc. 1835, *ibid..* 387. — Orléans, 4 mars 1837, *ibid.,* 137. — Agen, 17 mai 1837, *ibid.,* 382.

18. Spécialement, le procureur général qui requiert l'annulation de l'élection d'un conseil de discipline de l'ordre des avocats, à raison de ce que cet ordre serait composé d'un nombre d'avocats insuffisant, est recevable à exciper de la nullité de l'inscription de l'un des avocats. — (Sol. impl.) Bastia, 15 mars 1856, D.P. 57. 2. 16.

19. L'action du procureur général poursuivant l'annulation de l'élection du conseil de discipline et du bâtonnier de l'ordre des avocats, n'est soumise à aucun délai fatal. — Orléans, 4 mars 1837, J.G. *Avocat,* 137. Req. 8 févr. 1854, D.P. 54 1. 202.

20. La nullité de l'élection du conseil de discipline peut être demandée par le ministère public, pendant tout le cours de l'année judiciaire pour laquelle les élections ont été faites. — Req. 7 juin 1847, D.P. 47. 1. 235.

21. La demande en nullité est recevable de la part du procureur général, bien qu'elle ait été formée après l'installation du conseil, et même après plusieurs délibérations prises par ce dernier. — Grenoble, 10 déc. 1835, J.G. *Avocat,* 396 et 387.

22. De ce que les conseils de discipline ont seuls le droit de statuer sur la question de maintien ou de radiation des inscriptions au tableau, il suit que pour faire annuler des élections auxquelles a procédé un barreau composé uniquement de sept avocats inscrits (nombre de rigueur), le ministère public n'est pas recevable à exciper de la prétendue nullité de l'inscription d'un des avocats, nullité résultant de ce que cet avocat aurait cessé réellement d'exercer sa profession. — Civ. r. 6 avr. 1840, J.G. *Avocat,* 399 et 137. — V. aussi Rennes, 31 juill. 1826, *ibid.,* 399.

23. Lorsque l'annulation de l'élection d'un conseil de discipline est poursuivie devant une cour par le procureur général, dans un intérêt d'ordre public, et pour assurer l'exécution des lois et règlements confiés à sa surveillance, il n'est pas nécessaire d'appeler à la décision, soit les membres dont l'élection est attaquée, soit ceux du conseil de discipline précédent, alors qu'aucun d'entre eux n'a été inculpé personnellement. — Bourges, 30 mai 1822, J.G. *Avocat,* 397 et 151. — Bourges, 13 mars 1834, *ibid.,* 383. — Agen, 17 mai 1837, *ibid.,* 382.

24. Les membres du conseil de discipline dont l'élection est attaquée en nullité par le ministère public pour irrégularité dans la composition de l'assemblée électorale, ne devant pas être appelés à la décision lorsque aucun d'eux n'est personnellement inculpé, ne sont point recevables à former opposition à l'arrêt qui prononce cette annulation en arrière d'eux. — Bastia, 12 juill. 1856, D.P. 57. 2. 16.

25. ... Et il en est ainsi même à l'égard de l'avocat que l'arrêt déclarerait dans ses motifs avoir cessé de faire partie de l'ordre comme ayant accepté un emploi incompatible avec la profession d'avocat, si le dispositif est muet sur ce point et ne lui fait, dès lors, aucun grief. — Même arrêt.

26. Toutefois, le bâtonnier et les membres du conseil dont l'élection est annulée ont le droit d'*intervenir.* Le droit de *tierce-opposition* a été reconnu en faveur d'un membre du conseil dont l'élection avait été annulée sans qu'il ait été appelé et mis en cause. — Grenoble, 10 déc. 1835, J.G. *Avocat,* 398 et 387.

27. Le droit d'attaquer l'élection n'est pas exclusivement réservé au ministère public; les avocats eux-mêmes, ayant qualité pour concourir à l'élection, ont le droit d'en attaquer le résultat. — J.G. *Avocat,* 398.

28. C'est aux cours d'appel qu'il appartient de statuer sur la demande en nullité de l'élection du bâtonnier ou des membres du conseil de discipline, soit que cette demande ait été formée par le procureur général, soit qu'elle l'ait été par un avocat. — Grenoble, 10 déc. 1835, J.G. *Avocat,* 400 et 387.

29. Il appartient essentiellement aux cours d'appel d'assurer la régularité de la composition des conseils de discipline de l'ordre des avocats, et, par suite, d'annuler les élections de ces conseils, dans le cas où elles reconnaissent que le nombre des avocats qui y ont concouru était insuffisant pour la constitution de l'assemblée générale de l'ordre; leur appréciation à cet égard est souveraine. — Bastia, 15 mars 1856, D.P. 57. 2. 16.

30. Dans ce cas, l'audience où les cours statuent peut ne pas être publique : les cours, prononçant en matière disciplinaire doivent se réunir en assemblée générale en la chambre du conseil. — Bourges, 13 mars 1834, J.G. *Avocat,* 400 et 383.

31. Les décisions émanées des cours, en matière de discipline, peuvent être attaquées par la voie du recours en cassation. Mais en cette matière, le pourvoi n'est pas suspensif. — Grenoble, 7 janv. 1836, J.G. *Avocat,* 401 et 388.

32. — III. ASSEMBLÉE GÉNÉRALE DE L'ORDRE. — En principe, les avocats ont le droit de se réunir en assemblée générale pour tous les objets relatifs à l'exercice de leur profession. — Aix, 14 avr. 1836, J.G. *Avocat,* 291.

33. Jugé au contraire que les avocats ne peuvent, à l'exception du cas où ils procèdent à l'élection du bâtonnier et du conseil de discipline, se réunir en assemblée générale, même pour délibérer sur des objets relatifs à l'exercice de leur profession. — Nancy, 4 mai 1835, J.G. *Avocat,* 290.

34. Toutefois, quel que soit le droit des avocats à cet égard, il ne saurait leur être permis de prendre en nom collectif des délibérations tendant à protester contre la légalité et l'exécution d'une ordonnance, sous le prétexte qu'elle blesse les prérogatives de leur profession alors surtout qu'ils s'affilient à un autre barreau, en décidant qu'une copie de leur déclaration lui sera transmise. — Req. 5 avr. 1841; Agen, 4 mai 1835, J.G. *Avocat,* 292.

Table sommaire.

Assemblée géné-rale (avocat, ordre) 22 s.; (cour d'appel) 30. — Avocat stagiaire 13 s. — Ballottage 12. — Bâtonnier 2 s., 7 s. — Cassation (pour-voi, effet) 31. — Chambre du con-seil 30. — Communication (procès - verbal) 16. — Conseil de disci-pline (élection) 1 s.; (installa-tion) 21. — Convocation (avo-cat, élection) 2 s. — Cour d'appel 28 s. — Délai insuffisant 6. — Délai moral 5. — Election politique 15. — Inscription (ta-bleau) 1. — Inscription nulle (tableau, avocat) 18. — Intervention 26. — Majorité absolue (votants) 11. — Ministère public. V. Procureur gé-néral. — Opposition (arrêt) 24. — Ordre public 23. — Procès-verbal (é-lection) 16 s. — Procureur - géné-ral 7, 9, 13, 16 s. — Tierce - opposition 26. — Vacances 4.

Art. 2. Les conseils de discipline seront provisoirement composés de cinq membres dans les siéges où le nombre des avocats in-scrits sera inférieur à trente, y compris ceux où les fonctions desdits conseils ont été jus-qu'à ce jour exercées par les tribunaux ; de sept, si le nombre des avocats inscrits est de trente à cinquante ; de neuf, si ce nombre est de cinquante à cent ; de quinze, s'il est de cent ou au-dessus ; de vingt et un à Paris.

1. Le nombre des membres des conseils de discipline fixé par l'art. 2 ci-dessus à quatre, cinq, sept, neuf, quinze ou vingt et un, comprend le bâtonnier, de sorte que le bâtonnier devant être nommé avant l'élection du conseil (V. *infrà*, art. 3), la liste, lors de cette élection ne doit comprendre que six, huit, quatorze ou vingt candidats (Quest. controv.). — J.G. *Avocat*, 391.
2. Un barreau composé de moins de six membres ne peut, à peine de nullité de la délibération, élire un con-seil de discipline et un bâtonnier. — Req. 8 févr. 1854, D.P. 54. 1. 202. — Bastia, 15 mars 1855, D.P. 57. 2. 16. — Bastia, 12 juill. 1856, *ibid.*
3. Mais le nombre des avocats inscrits au tableau fût-il au-dessous de celui qui est nécessaire pour la for-mation d'un conseil de discipline, conformément à l'ord. de 1830, les avocats n'en auraient pas moins le droit de nommer leur bâtonnier dès l'instant qu'une majorité pourrait sortir de leurs votes. — J.G. *Avocat*, 379.
4. Ainsi, dans un chef-lieu d'arrondissement où il n'existe que quatre avocats inscrits au tableau, c'est à ces avocats et nullement au tribunal qu'appartient le droit d'élire le bâtonnier. — Amiens, 5 janv. 1839, J.G. *Avocat*, 380.

Art 3. Le bâtonnier de l'ordre sera élu par la même assemblée et par scrutin sé-paré, à la majorité absolue, avant l'élection du conseil de discipline.

Sur l'élection du bâtonnier, V. *infrà*, Décr. 10 mars 1870.

Art. 4. A compter de la même époque, tout avocat inscrit au tableau pourra plaider devant toutes les cours royales et tous les tribunaux du royaume, sans avoir besoin d'aucune autorisation, sauf les dispositions de l'art. 295 c. inst. crim.

1. Toutes les dispositions limitatives des art. 39 et 40, ord. 20 nov. 1822 n'ont pas été abrogées par l'art. 4, ord. 27 août 1830. Ainsi, l'art. 40, d'après lequel les avocats attachés à un tribunal de première instance ne peuvent plaider que devant la cour d'assises et devant les autres tribunaux du même ressort, n'a pas été rap-porté par la présente ordonnance (Quest. controv.). — J.G. *Avocat*, 222.
2. Mais l'avocat inscrit au tableau d'une cour d'appel a le droit de plaider sans autorisation devant toutes les juridictions. Ainsi, il lui appartient de plaider devant les conseils de prud'hommes, les conseils de guerre, les chambres de discipline des officiers ministériels, devant les tribunaux maritimes, devant les arbitres, etc. Il importe peu que le procès s'agite dans un autre ressort que celui de la cour où l'avocat est inscrit. — J.G. *Avocat*, 223.
3. Les avocats inscrits au tableau d'une cour d'appel ne peuvent pas plaider devant la *Cour de cassation* ni devant le *Conseil d'État*. Cependant, en matière de grand criminel, les avocats à la cour d'appel peuvent être admis à plaider devant la Cour de cassation. — J.G. *Avocat*, 224. — V. Ord. 10 sept. 1817, art. 13, v° 20, *infrà*, p. 1276.
4. Nul n'est admis à plaider devant la *cour des comptes*, le ministère de l'avocat n'y étant pas admis. — J.G. *Avocat*, 224.

22-27 mars 1852. — *Décret relatif aux élections du barreau.* — D.P. 52. 4. 87.

Art. 1er. Les conseils de discipline des avocats exerçant près les cours et tribunaux continueront d'être élus directement par l'assemblée générale des avocats inscrits au tableau. L'élection se fera par scrutin de liste, mais à la majorité absolue des suffrages des membres présents.

Art. 3. A l'avenir, l'avocat auquel sera ap-pliquée l'une des peines disciplinaires énon-cées dans l'article 18 de l'ordonnance du 20 novembre 1822 pourra, suivant les circon-stances, et par la même décision, être privé du droit de faire partie du conseil de disci-pline pendant un espace de temps qui n'ex-cédera pas dix ans.

Art. 4. Ne pourront être élus membres du conseil de discipline : à Paris, les avocats qui n'auront point été inscrits au tableau pendant dix ans ; et dans les autres villes, chefs-lieux de cour d'appel, ceux qui n'au-ront point été inscrits au tableau pendant cinq ans.

Art. 5. Les secretaires de la conférence des avocats, à Paris, seront désignés par le con-seil de l'ordre, sur la présentation du bâ-tonnier. Les avocats stagiaires frappés de peines disciplinaires sont exclus du con-cours.

10-25 mars 1870. — *Décret relatif à l'élection du bâtonnier de l'ordre des avocats.* — D.P. 70. 4. 30.

Art. 1er. Le bâtonnier de l'ordre des avo-cats près chaque cour et tribunal de l'Em-pire sera élu à la majorité des suffrages par l'assemblée générale de l'ordre, composée de tous les avocats inscrits au tableau.

Le bâtonnier est élu, comme le conseil de discipline, par la même assemblée, et par un scrutin séparé qui doit précéder l'élection du conseil. — J.G. *Avocat*, 393. — V. *suprà*, Ord. 27 août 1830, art. 3.

§ 2. — *Avocats à la Cour de cassation.*

28 juin 1738. — *Règlement concernant la procédure du conseil.* — J.G. *Cassat.*, p. 5.

SECONDE PARTIE. — TIT. XVII. — DE LA DISCIPLINE QUI DOIT ÊTRE OBSERVÉE PAR LES AVOCATS AU CONSEIL.

Art. 1er. Aucun ne pourra être pourvu d'un office d'avocat aux conseils du roi, s'il n'a été reçu avocat en parlement.

1. L'ordre des avocats au conseil d'Etat et à la Cour de cassation est composé de soixante membres qui tous ont le droit d'exercer près des deux juridictions supré-mes. Nul n'y peut être admis s'il ne remplit certaines conditions déterminées par les règlements ou consacrées par l'usage. — J.G. *Avocat*, 519.
2. En premier lieu, il faut avoir la qualité de Fran-çais et jouir des droits civils et civiques. — J.G. *Avocat*, 519.
3. Il faut en outre avoir atteint l'âge de vingt-cinq ans ; mais des dispenses d'âge peuvent être accordées. — J.G. *Avocat*, 520.
4. Le candidat doit justifier de son titre d'avocat exerçant au barreau depuis trois ans (arrêté du cons. de l'ordre, 15 févr. 1827), et d'un certificat de stage pen-dant ce temps. — J.G. *Avocat*, 521.

Art. 2. Les secrétaires, clercs ou commis de ceux qui ont entrée, séance et voix déli-bérative au conseil, ne pourront être pour-vus d'offices d'avocats au conseil tant qu'ils demeureront en cet état ; et à l'égard des clercs des avocats au conseil, ils ne pourront pareillement être pourvus desdits offices si, après avoir cessé d'être clercs, ils n'ont fré-quenté le barreau pendant deux ans au moins, en qualité d'avocats au parlement, dont ils seront tenus de rapporter des preu-ves en bonne forme.

Art. 3. Après que celui qui poursuivra sa réception en l'office de l'avocat au con-seil, aura été agréé par M. le chancelier, et en aura obtenu le soit montré aux doyen et syndics desdits avocats, il se présentera à l'assemblée desdits avocats, et s'ils trou-vent qu'il ait les qualités requises, ils en rendront compte à M. le chancelier, et en conséquence il sera fait information de ses vie et mœurs et religion, par un des sieurs maîtres des requêtes qui sera commis à cet effet.

1. Le candidat doit être reçu par le conseil de l'or-dre, après examen sur les matières dont la connais-sance est nécessaire, et obtenir l'avis favorable de la Cour de cassation (Déc. 27 vent. an 8, art. 93). La ré-ception par le conseil et l'avis de la cour ne sont exigés qu'à titre consultatif ; une nomination peut donc être faite malgré l'opposition du conseil de l'ordre. — J.G. *Avocat*, 522.
2. Le candidat aux fonctions d'avocat aux conseils et à la Cour de cassation doit se présenter libre de toute qualité ou profession incompatible avec ces fonctions. — J.G. *Avocat*, 523. — V. Ord. 20 nov. 1822, art. 42, *suprà*, p. 1271.
3. Le candidat doit être présenté par l'un des titu-laires et agréé par le Gouvernement (L. 28 avr. 1816, art. 91, L. 27 vent. an 8, art. 95, et Décr. 11 juin 1806, art. 34). — J.G. *Avocat*, 524.
4. Il doit verser un cautionnement de 7,000 fr. (L. 28 avr. 1816, art. 88, n° 8, et art. 95). — J.G. *Avocat*, 525.

Art. 4. Défenses sont faites aux clercs, solliciteurs, et à tous autres qu'aux avocats au conseil, de signer aucuns actes de procé-dure, soit d'instruction ou autres, ni même de les coter du nom desdits avocats, à peine de faux, et ne pourront lesdits avocats leur prêter leur ministère directement ou indi-rectement, ni signer pour eux aucunes écri-tures ou expéditions, à peine d'interdiction pour la première fois, et de privation de leur charge pour la seconde.

1. — I. DROITS ET PRÉROGATIVES. — La plupart des règles tracées pour les avocats près des cours d'appel sont applicables aux avocats à la Cour de cassation et au conseil d'Etat. Ainsi, ces avocats ont les mêmes pré-rogatives que les avocats à la cour d'appel, quant aux consultations, aux dépositions en justice, à l'inviolabi-lité du cabinet, à la responsabilité des discours et écrits. — J.G. *Avocat*, 527.
2. Les avocats à la Cour de cassation et au conseil d'Etat jouissent du droit de n'être jugés, à raison de leurs fonctions, que par les juridictions auxquelles ils sont attachés. — Req. 15 juill. 1812, J.G. *Avocat*, 530 et 529.
3. La demande en dommages-intérêts formée contre un avocat à la Cour de cassation à raison de ses fonc-tions, par exemple, parce qu'il aurait tardivement dé-claré un pourvoi dont il s'était chargé, n'est pas de la compétence du tribunal civil de première instance. — Trib. de la Seine, 10 juill. 1866, D.P. 66. 3. 77. — V. Ord. 10 sept. 1817, art. 13, n°s 12 et s., *infrà*, p. 1276.
4. Les avocats aux conseils et à la Cour de cassation sont déchargés des pièces envers les parties, après cinq ans, à compter du jour où ils les ont retirées du greffe. — J.G. *Avocat*, 534.
5. Enfin, ils peuvent, hors le cas où ils sont destitués, présenter des successeurs, pourvu que ceux-ci réunis-sent les conditions requises (L. 28 avril 1816, art. 91). Leurs héritiers ou ayants cause ont le même droit. — J.G. *Avocat*, 535.
6. — II. PRIVILÈGE DE LA POSTULATION ET DE LA PLAI-DOIRIE DEVANT LA COUR DE CASSATION. — Devant la Cour de cassation, les avocats ont seuls le droit de postuler et de conclure (L. 27 vent. an 8, art. 94) ; de signer et faire imprimer des requêtes ou mémoires dans les affai-res portées devant la cour. D'après deux arrêts du con-

seil des 25 févr. 1758 et 18 mars 1774, il ne peut être imprimé ni distribué de consultations non signées d'eux, dans les affaires qui sont exclusivement de leur ressort. — *J.G. Avocat*, 536.

7. Un mémoire imprimé, bien qu'intitulé *Consultation sur le mérite du pourvoi en cassation*, doit être rejeté du procès, s'il porte seulement la signature d'avocats a une cour d'appel, et s'il n'est pas revêtu de la signature de l'avocat à la Cour de cassation, qui représente la partie au nom de laquelle le mémoire est produit. — C. cass. de Belgique, 10 déc. 1838, *J.G. Avocat*, 536.

8. Mais rien ne s'oppose à ce que les avocats des barreaux étrangers délibèrent et signent des consultations conjointement avec l'avocat à la Cour de cassation qui est chargé de la cause. — *J.G. Avocat*, 536.

9. A eux seuls appartient aussi le droit de surveiller les affaires dans lesquelles le pourvoi a été introduit et dont l'instruction se poursuit devant la chambre des requêtes. Ce droit ne les autorise pas toutefois à présenter aux conseillers des mémoires signés d'eux, avant la signification au défendeur de l'arrêt de soit communiqué; ils peuvent seulement faire et signer des consultations que la partie fait imprimer et distribuer (Arr. du cons. 18 déc. 1775, 29 août et 4 nov. 1769; déc. 5 févr. 1810). — *J.G. Avocat*, 536.

10. Les avocats à la Cour de cassation ont le droit de plaider devant toutes les cours et tous les tribunaux. — *J.G. Avocat*, 537.

11. Comme avocats au conseil d'Etat, les membres de cet ordre ont le droit exclusif : 1° d'instruire et défendre toutes les affaires contentieuses intéressant des parties, qui sont portées au conseil d'Etat et à ses comités (décrets du 11 juin 1806, art. 33, 22 juill. 1806, art. 44); 2° de représenter les parties, par leur seule qualité, pour l'instruction et la défense des affaires contentieuses portées aux différents comités du conseil d'Etat ou aux juridictions qui y ressortissent, notamment au ministère de la justice, au ministère de l'intérieur, au ministère des finances, etc.; et 3° de présenter des observations orales au conseil d'Etat dans les affaires jugées en audience publique, telles que les affaires contentieuses proprement dites (Ordonn. du 2 févr. 1831; L. 22 juill. 1845, art. 10). — *J.G. Avocat*, 538 et 517.

Art. 5. Ne pourront pareillement lesdits avocats occuper pour leurs confrères, ou leur prêter leurs noms directement ou indirectement, en quelque affaire que ce puisse être, quand même ce serait pour des parties qui n'auraient pas des intérêts opposés; et ce, sous telle peine qu'il appartiendra, sauf aux parties qui auraient un même intérêt à constituer le même avocat.

1. Les devoirs des avocats au conseil d'Etat et à la Cour de cassation sont, en général, ceux des avocats à la cour d'appel pour tout ce qui tient aux traditions et aux règles de la profession. — *J.G. Avocat*, 531.

2. Les avocats au conseil d'Etat et à la Cour de cassation peuvent et même doivent refuser leur ministère pour les causes qu'ils jugent mauvaises, soit en droit, soit même en équité quand il ne s'agit pas d'une question de droit pur. — *J.G. Avocat*, 528. — Conf. Civ. r. 26 juill. 1813, *J.G. Avocat*, 294.

3. Mais le devoir imposé aux avocats à la Cour de cassation de ne prêter leur ministère qu'aux causes qu'ils croient justes, ne saurait les affranchir de toute responsabilité dans le cas où, par l'effet d'une négligence ou d'un refus tardif de former un pourvoi, leurs clients éprouveraient un préjudice, par l'impossibilité où ils auraient été mis de se pourvoir. — *J.G. Avocat*, 529.

4. Mais dans le cas où un avocat à la cour de cassation, qui a reçu, le mardi 22, une lettre par laquelle il est prié de former un pourvoi, dont le délai expire le 29 à minuit, a répondu au client seulement le samedi 26, qu'il ne formerait pas le pourvoi, attendu qu'il ne lui paraît pas fondé, cet avocat peut être déclaré à l'abri de toute responsabilité, le client ayant pu, dans ce cas, charger un autre avocat qui aurait eu la journée du 29 pour former le pourvoi. — Civ. r. 6 juill. 1813, *J.G. Avocat*, 529.

5. L'avocat à la Cour de cassation n'encourt aucune responsabilité à raison du rejet d'un pourvoi qu'il n'a formé que sur les sollicitations de son client, et en ne lui dissimulant pas que les chances de succès étaient douteuses. — Ch. réun., 4 août 1874, D.P. 75. 1. 478.

6. Les avocats à la cour de cassation ne sont pas soumis à un tarif particulier; l'appréciation de leurs honoraires est laissée à leur conscience. — *J.G. Avocat*, 532.

7. Ils ont cinq ans pour demander le payement de leurs frais, déboursés et honoraires, aux termes d'un arrêt du grand conseil, du 22 sept. 1770. Mais un règlement de discipline leur défend d'user du bénéfice de cet arrêt quant aux honoraires; il ne le permet, quant aux frais et déboursés, qu'après avoir épuisé tous les moyens de conciliation, et en cas de préjudice notable. —*J.G. Avocat*, 532.

8. Toutefois, si, contrairement à leurs usages, ces avocats croyaient devoir assigner leurs clients en remboursement de leurs avances et honoraires, ils devraient s'adresser aux juges naturels de ces derniers. — *J.G. Avocat*, 532.

9. Suivant un arrêt, la loi du 3 brum. an. 2 (art. 13), sur la compétence en matière de taxe des avoués, est applicable à la Cour de cassation; en conséquence, cette cour est compétente pour statuer sur la réclamation relative aux sommes perçues à titre de déboursés et honoraires par un avocat près d'elle; et l'avocat à la Cour de cassation est tenu de restituer à son client, qui le réclame, ce qu'il a perçu au delà de la taxe (Règl. 1758, tit. 16, art. 29, 31). Dans le cas où un des payements que le client déclare avoir faits à son avocat au tribunal de cassation, n'est pas reconnu par celui-ci, il y a lieu de s'en rapporter au serment de l'avocat et en cas de refus à celui du client. — Civ. r. 17 prair. an 2, *J.G. Cassat.*, 1117.

10. La partie qui, en Cour de cassation, après un arrêt contenant permission d'assigner à fin de distraction des dépens au profit de son avocat, a reconnu par écrit la légitimité de cette demande en taxe, n'est pas recevable à opposer plus tard une prétendue compensation. — Civ. r. 26 mess. an 13, *J.G. Avocat*, 533.

Art. 6. Aucun avocat au conseil ne pourra faire fonction de secrétaire, clerc ou commis de ceux qui ont entrée, séance et voix délibérative au conseil, ni pareillement d'intendant ou agent de quelque personne que ce puisse être; ce qui sera observé, à peine de destitution de son office : à l'effet de quoi, les doyen et syndics desdits avocats seront tenus de se retirer par-devers M. le chancelier, pour y être par lui pourvu.

Art. 7. Les avocats au conseil tiendront une fois la semaine une assemblée, composée des doyen, syndics, greffier, et de ceux d'entre eux qui seront députés par chacun mois; à laquelle assemblée les autres avocats pourront se trouver, si bon leur semble.

Art. 8. Les députés seront tenus, dans le mois de leur députation, et les avocats nouvellement reçus, dans les trois premières années de leur réception, de se trouver à toutes lesdites assemblées, à peine de trois livres d'aumône pour chaque contravention, s'ils n'en sont excusés par les syndics, pour causes justes et légitimes.

Art. 9. Dans lesdites assemblées seront examinées les plaintes touchant la discipline desdits avocats, l'irrégularité des procédures, et en général l'inobservation des règlements, notamment en ce qui concerne les termes injurieux dont aucuns desdits avocats se plaindront contre leurs confrères; sur quoi l'assemblée pourra mulcter les contrevenants de telle aumône qui sera jugée convenable, jusqu'à la somme de 100 liv., applicable à l'hôpital général.

Art. 10. Ne pourra néanmoins ladite assemblée prendre connaissance de la révocation qui aurait été faite d'un avocat par sa partie, et l'avocat que ladite partie aura constitué à la place du premier ne pourra se dispenser d'occuper pour elle, sous prétexte de vouloir y être autorisé par l'avis de ladite assemblée par-devant laquelle, ou par-devant lesdits syndics en charge, les parties ou leurs avocats ne pourront être obligés de se pourvoir au sujet de ladite révocation.

Art. 11. Les délibérations qui auront été prises dans lesdites assemblées ne pourront être attaquées par opposition ni par appel, sauf à ceux qui auront à s'en plaindre à se retirer par-devers M. le chancelier, pour y être pourvu ainsi qu'il appartiendra.

Art. 12. Les doyen et syndics desdits avocats seront tenus de remettre tous les mois à M. le chancelier un extrait des délibérations prises en ladite assemblée sur tous les points contenus en l'art. 9 ci-dessus, concernant la discipline desdits avocats aux conseils.

Art. 13. Le présent règlement sera ponctuellement observé dans toutes les affaires, sans exception, à commencer au quinzième juillet prochain, et ce, nonobstant tous règlements précédemment faits sur la procédure du conseil, qui demeureront entièrement abrogés, comme aussi nonobstant tous usages à ce contraires. Sera néanmoins permis aux avocats au conseil de continuer leurs procédures conformément aux règlements et usages ci-devant observés pour l'instruction des affaires réglées par appointement avant ledit jour, et pareillement pour celle des instances de requêtes respectives formées avant le même jour; à l'exception toutefois de ce qui concerne les nouveaux incidents, la communication des instances, et la forme de procéder à la liquidation et taxe des dépens, ou de se pourvoir contre ladite taxe; pour raison de quoi, lesdits avocats seront tenus, même dans lesdites affaires commencées, de se conformer exactement aux dispositions du présent règlement.

10-30 sept. 1817. — *Ordonnance relative aux avocats aux conseils et à la Cour de cassation.* — *J.G. Avocat*, 584.

Art. 1. L'ordre des avocats en nos conseils et le collège des avocats à la cour de cassation sont réunis sous la dénomination d'ordre des avocats aux conseils du roi et de la Cour de cassation.

Art. 2. Ces fonctions seront désormais indivisibles.

Art. 3. Le nombre des titulaires est irrévocablement maintenu à soixante, conformément à notre ordonnance du 10 juill. 1814.

Art. 5. Pour déterminer le rang que les titulaires ci-dessus nommés doivent conserver entre eux, il sera dressé, par le conseil de discipline de l'ordre, un tableau où ils seront inscrits à la date la plus ancienne de leur réception dans l'un des deux collèges réunis.

Art. 6. Ceux qui n'ont point encore fourni le cautionnement exigé par les lois pour exercer près la Cour de cassation seront tenus de le payer en quatre termes égaux de trois mois en trois mois, à partir de la date de la présente ordonnance.

Art. 7. Il y a, pour la discipline intérieure de l'ordre des avocats aux conseils et à la Cour de cassation, un conseil de discipline composé d'un président et de neuf membres. Deux de ces membres auront la qualité de syndics; un troisième, celle de secrétaire-trésorier.

Art. 8. Le président est nommé par notre garde des sceaux, sur la présentation de trois candidats élus, à la majorité absolue des voix, par l'assemblée générale de l'ordre.

Les neuf autres membres seront nommés directement par l'assemblée générale, à la majorité absolue des suffrages.

Le conseil choisit parmi ses membres les deux syndics et le secrétaire-trésorier.

En ce qui concerne la nomination du président du conseil de l'ordre, cet art. a été modifié par le décret du 28 oct. 1850, *infrà*, p. 1276.

Art. 9. Les fonctions du président et des membres du conseil durent trois ans: en conséquence, le tiers des membres du conseil est renouvelé chaque année. Les deux premiers renouvellements annuels des membres qui seront élus cette année auront lieu par la voie du sort. Aucun des membres sortants ne peut être réélu qu'après une année d'intervalle.

Cette dernière disposition n'est point applicable, pour les premières nominations à faire, aux membres du banc syndical des avocats en cassation et de la chambre de discipline des avocats aux conseils, actuellement en exercice.

Art. 10. Les nominations sont faites, chaque année, dans la dernière semaine du mois d'août. L'assemblée générale de l'ordre se réunit au palais de justice.

Art. 11. Le président du conseil de discipline est le chef de l'ordre; il préside l'assemblée générale: les syndics remplissent les fonctions de scrutateurs; et le trésorier, celles de secrétaire. Le président est remplacé, en cas d'empêchement, par le premier ou par le second syndic, et ceux-ci par les plus âgés des membres du conseil; les fonctions de secrétaire, en l'absence du titulaire, sont remplies par le plus jeune des membres du conseil.

Le président du conseil de discipline convoque l'assemblée générale chaque fois qu'il le juge nécessaire ou que la réunion est demandée par les syndics, pour délibérer sur un objet important, intéressant l'ordre entier. — J.G. *Avocat,* 548.

Art. 12. L'assemblée générale ne peut voter, si elle n'est pas composée au moins de la moitié plus un des membres de l'ordre.

Le conseil peut valablement délibérer quand les membres présents sont au nombre de six.

En cas de partage d'opinions dans le conseil, la voix du président est prépondérante.

Art. 13. Le conseil prononce définitivement lorsqu'il s'agit de police et de discipline intérieure; il émet seulement un avis dans tous les autres cas. Cet avis est soumis à l'homologation de notre garde des sceaux, quand les faits ont rapport aux fonctions d'avocat aux conseils; et à l'homologation de la cour, lorsqu'il s'agit de faits relatifs aux fonctions des avocats près la Cour de cassation. Ces décisions ne sont pas susceptibles d'appel.

1. — I. Attributions du conseil de l'ordre. — Les attributions principales du conseil consistent: ... 1° A faire tous les règlements de police et de discipline intérieure, défendre tous les droits de l'ordre, s'occuper de ses intérêts généraux, établir toutes cotisations pour la caisse de l'ordre, régler les dépenses nécessaires, arrêter les comptes annuels et fixer l'emploi du reliquat. — J.G. *Avocat,* 549.
2. ... 2° A examiner, sous le double rapport de la moralité et de la capacité, tout candidat qui se présente pour faire partie de l'ordre, en y remplaçant un titulaire lorsqu'il a donné sa démission. — J.G. *Avocat,* 549.
3. ... 3° A statuer sur toute demande tendant à obtenir une désignation d'office pour cause d'indigence ou de refus éprouvé dans des affaires de la compétence soit du conseil d'Etat, soit de la Cour de cassation; à désigner les avocats chargés de soutenir, chaque semaine, les pourvois des accusés qui ont été condamnés à la peine capitale, et à faire toutes autres désignations analogues. — J.G. *Avocat,* 548.
4. ... 4° A exercer la surveillance pour l'honneur et les intérêts de l'ordre; à examiner toutes les plaintes, réclamations ou dénonciations portées contre l'un de ses membres par un confrère ou par un étranger, par le garde des sceaux, par le procureur général ou par la cour elle-même; à maintenir la discipline intérieure. — J.G. *Avocat,* 549.
5. — II. Pouvoir disciplinaire. — Le conseil de l'ordre a le droit d'appliquer, s'il y a lieu, les peines de discipline autorisées par les règlements ou de donner des avis sur les infractions susceptibles d'entraîner une peine à prononcer par le pouvoir supérieur. — J.G. *Avocat,* 550.
6. Le conseil de l'ordre peut, comme ceux des autres barreaux, prononcer définitivement les peines de discipline qui consistent en un avertissement ou une réprimande. Il ne peut que donner un avis pour l'interdiction temporaire; et il doit s'abstenir de prononcer soit la radiation du tableau, soit la destitution. Cette dernière mesure ne peut être prise que par le chef du pouvoir exécutif, dans les cas prévus par la loi et après jugement. — J.G. *Avocat,* 551.
7. Aucune peine de discipline ne peut être prononcée ou proposée que l'avocat inculpé n'ait été entendu ou appelé conformément aux dispositions de l'ordonnance de 1822. — J.G. *Avocat,* 552.

8. La décision du conseil qui prononce une peine de discipline intérieure est constatée par procès-verbal et exécutée à la diligence du premier syndic, sans autre suite. — J.G. *Avocat,* 553.
9. A la Cour de cassation seule appartient le droit d'homologuer les décisions du conseil de discipline de l'ordre des avocats à la Cour de cassation, relatives aux réclamations élevées contre les avocats par leurs clients, à raison de l'exercice de leur profession devant cette cour. — J.G. *Avocat,* 530.
· 10. S'il s'agissait d'une réclamation qui fût relative à l'exercice de la profession d'avocat devant le conseil d'Etat, il faudrait suivre la même règle, avec cette différence, toutefois, que l'homologation appartiendrait au conseil d'Etat, qui prononcera dans la forme ordinaire de ses délibérations. — J.G. *Avocat,* 530, 558. — V. toutefois sur ce dernier point, Cons. d'Et. 31 août 1832, *ibid.,* 557.
11. La Cour de cassation a droit, en vertu de son pouvoir disciplinaire, d'homologuer l'avis émis par le conseil ou de refuser son homologation; elle peut même, sans rejeter ni homologuer d'une manière absolue l'avis du conseil, en restreindre ou en étendre les termes. — J.G. *Avocat,* 554.
12. Il appartient aux chambres réunies de la Cour de cassation d'homologuer l'avis du conseil de l'ordre des avocats près ladite cour, relatif à une plainte pour faits se rattachant aux fonctions d'un membre de l'ordre, et de statuer sur la responsabilité que cet avocat peut avoir encourue envers ses clients. — Ch. réun. 4 août 1874, D.P. 75. 1. 478.
13. ... Et même pour faits postérieurs à l'arrêt de la Cour de cassation obtenu par cet avocat pour ses clients, s'ils se réfèrent à l'exécution dudit arrêt, alors surtout qu'il est reproché à l'avocat à la Cour de cassation d'avoir eu l'intention de faire naître un second pourvoi. — Même arrêt.
14. La Cour de cassation et le conseil d'Etat ont le pouvoir, indépendamment de leur autorité disciplinaire, de punir immédiatement les fautes commises à leurs audiences par les avocats qui exercent auprès d'eux, ou les fautes découvertes à l'audience. — J.G. *Avocat,* 557.
15. La Cour de cassation appelée à délibérer sur l'homologation d'une délibération du conseil de l'ordre des avocats, portant suspension illimitée contre un des membres de l'ordre, peut limiter la durée de cette suspension. — Ch. réun. 22 févr. 1808, J.G. *Avocat,* 554.
16. La peine de la suspension est encourue par l'avocat à la Cour de cassation qui, dans une affaire où il existe un mémoire de frais exagéré, et même compromettant pour des fonctionnaires publics, a signé la quittance faisant suite à ce mémoire, alors même qu'il ne peut être réputé l'auteur de ce mémoire, ni inculpé d'avoir exigé des honoraires excessifs, les sommes payées ayant été librement offertes et n'étant point répétées. L'avocat ne peut s'excuser en prétextant qu'il aurait signé cette quittance sans l'avoir lue et dans un moment où il était pressé. — Même arrêt.
17. D'ailleurs, dans ce cas et dans ceux où la cour statue sur l'avis émis par le conseil de l'ordre, l'avocat inculpé doit être entendu, dans la chambre du conseil, par les sections réunies de la Cour de cassation. — Même arrêt.
18. La suspension prononcée soit par le conseil d'Etat, soit par la Cour de cassation, aurait pour effet d'interdire pour tout le temps fixé, l'exercice de la profession devant ces deux juridictions, alors même que cette suspension aurait été prononcée en termes généraux. — J.G. *Avocat,* 559.
19. L'art. 1031 c. pr. civ., qui déclare passible de dommages-intérêts et même de suspension l'officier ministériel qui a fait des actes nuls ou frustratoires, doit s'appliquer aux avocats à la Cour de cassation. — J.G. *Avocat,* 555.
20. L'avocat attaché à un autre barreau, mais admis, en matière de grand criminel, à plaider devant la Cour de cassation, devient justiciable de cette Cour pour les délits d'audience dont il peut se rendre coupable. — J.G. *Avocat,* 560.
21. En pareil cas, la suspension prononcée par la Cour de cassation affecterait d'une manière générale l'avocat qui l'aurait encourue, à moins que la Cour ait pris soin de restreindre l'effet de la suspension. — J.G. *Avocat,* 560.

Art. 14. Les règlements et ordonnances actuellement existants, et concernant l'ordre des avocats et les fonctions des conseils de discipline, seront observés par l'ordre des avocats en nos conseils et à la Cour de cassation, en tout ce qui n'est pas contraire à la présente ordonnance, jusqu'à la publication d'un nouveau règlement général.

Art. 15. Les avocats en nos conseils et à la Cour de cassation qui seront nommés par la suite nous prêteront serment entre les mains de notre garde des sceaux, ministre de la justice.

1. En pratique, le candidat prête serment, en audience publique, devant le conseil d'Etat et devant la Cour de cassation. — J.G. *Avocat,* 526.
2. Du reste, il ne peut être admis au serment ni par conséquent, à l'exercice de ses fonctions, qu'après avoir justifié de la quittance de son cautionnement. — J.G. *Avocat,* 526.

28-29 oct. 1850. — *Décret sur l'élection du président du conseil de discipline de l'ordre des avocats au conseil d'Etat et à la Cour de cassation.* — D.P. 50. 4. 202.

Art. 1er. Le président du conseil de discipline de l'ordre des avocats au conseil d'Etat et à la Cour de cassation sera désormais élu directement et à la majorité absolue des suffrages, par l'assemblée générale de l'ordre.

III. OFFICIERS MINISTÉRIELS.

§ 1er. — *Avoués.*

27 vent. an 8 (18 mars 1800). — *Loi sur l'organisation des tribunaux.* — J.G. *Organ. jud.,* p. 1485.

Art. 93. Il sera établi ... près chaque tribunal d'appel, près chaque tribunal criminel, près de chacun des tribunaux de première instance, un nombre fixe d'avoués, qui sera réglé par le Gouvernement, sur l'avis du tribunal auquel les avoués devront être attachés.

1. Les fonctions d'avoué sont incompatibles avec celles de juge de paix, de juge dans les tribunaux de première instance, de conseiller de cour et d'organe du ministère public (L. 6-27 mars 1791, art. 1 et 27). — J.G. *Avoué,* 47-1°.
2. ... Avec celles de notaire (L. 29 sept., 6 oct. 1791, sect. 2, art. 3; Décr. 7 mars 1793; Décr. 26 mai 1793; L. 25 vent. an 11, art. 7). — J.G. *Avoué,* 47-2°.
3. ... Avec celles d'huissier (L. 18 therm. an 11). — J.G. *Avoué,* 47-6°.
4. ... Avec la profession d'avocat. — Décr. 14 déc. 1810, art. 18; Ord. 20 nov. 1822, art. 42. — J.G. *Avoué,* 47-7°.
5. ... Avec les fonctions de greffier et de receveur des contributions ou de receveur des finances (Décr. 7 mars 1793). — Angers, 8 déc. 1830, J.G. *Avoué,* 47-4° et 186.
6. ... Avec celles de commissaire de police (Décr. 1er juin 1792, art. 2). — J.G. *Avoué,* 47-3°.
7. ... Avec celles de conseiller de préfecture. — Av. cons. d'Et. 5 août 1809, J.G. *Avoué,* 47-5°.
8. Les fonctions d'avoué ne sont pas incompatibles avec celles de sous-préfet, en ce sens que l'acceptation, par un avoué, de ces dernières fonctions, ne le prive pas de plein droit de sa qualité d'avoué, et l'empêchent seulement, tant qu'elles durent, d'exercer son ministère. En conséquence, l'avoué qui, tout en acceptant les fonctions de sous-préfet, a conservé son office et n'a pas été mis en demeure de le vendre, doit être considéré comme ayant conservé sa qualité d'avoué, et peut en reprendre les fonctions après sa révocation de celles de sous-préfet. — Trib. de Saint-Gaudens, 14 janv. 1850, D.P. 50. 3. 31.

Art. 94. Les avoués auront exclusivement le droit de postuler et de prendre des conclusions dans le tribunal pour lequel ils seront établis: néanmoins, les parties pourront toujours se défendre elles-mêmes, verbalement ou par écrit, ou faire proposer leur défense par qui elles jugeront à propos.

1. — I. Attributions et prérogatives des avoués. — Les avoués ont exclusivement le droit de postuler et

de prendre des conclusions devant la juridiction près de laquelle ils sont établis, c'est-à-dire de faire les actes d'instruction des procédures et de formuler les prétentions des parties sur lesquelles les magistrats doivent statuer. — J.G. *Avoué*, 54, et *Concl.*, 9.

2. Mais en matière de contributions indirectes, de timbre, d'enregistrement et de douanes, le ministère d'avoué n'étant pas exigé, les préposés de ces administrations et les particuliers peuvent conclure eux-mêmes. — J.G. *Concl.*, 11.

3. Dans les procédures d'expropriation pour utilité publique, le ministère des avoués est interdit, sauf le cas de prise de possession pour cause d'urgence; en conséquence, l'avoué qui occupe pour l'administration ou des particuliers devant le jury d'expropriation n'est qu'un simple mandataire, et, dès lors, s'il représente le préfet, il ne peut réclamer devant les tribunaux ses frais et honoraires qu'après les avoir fait régler administrativement. — Paris, 27 févr. 1854, D.P. 54. 5. 341, et sur pourvoi, Req. 15 janv. 1855, D.P. 55. 1. 163.

4. Hors ces exceptions, il ne peut dépendre des justiciables de se passer de l'assistance des avoués, même lorsque le tribunal les admet à se défendre eux-mêmes. Aussi y a-t-il nullité dans un jugement, lorsque toutes les parties qui y figurent n'ont pas été représentées par des avoués. — Agen, 22 août 1807, J.G. *Avoué*, 60.

5. L'avoué est le mandataire de sa partie. Celle-ci est liée par ses faits ou déclarations, au moins jusqu'à désaveu. — V. *suprà*, C. pr. civ., art. 352 et s.

6. C'est à l'avoué représentant la partie que se signifient la plupart des actes de l'instruction; il reçoit même des significations qui, sans être faites à son client, font courir un délai fatal. — J.G. *Avoué*, 56. — V. *suprà*, C. pr. civ., art. 663, 664, 669, 755, 756, 762.

7. Le ministère de l'avoué qui commence au moment où il est constitué ne se termine pas au jugement du procès. Après que le juge a prononcé, il reste à faire exécuter sa décision. L'avoué de la partie qui a gagné sa cause a le droit de lever et de signifier le jugement (Décr. 16 févr. 1807, art. 7); l'avoué adverse peut former opposition aux qualités et à la taxe (c. pr. civ. 144, Décr. 16 févr. 1807, art. 6). — J.G. *Avoué*, 58.

8. Les avoués peuvent occuper pour leurs plus proches parents; par exemple, un avoué peut faire une déclaration de command pour son père. — Poitiers, 31 août 1831, J.G. *Avoué*, 53.

9. Ils sont aussi capables d'occuper par eux-mêmes, quoique, dans le cas où ils sont chargés de la poursuite, ils ne puissent pas, par exemple, faire une déclaration de command dans leur intérêt (V. *suprà*, C. pr. civ., art. 711, nos 68 et s.). — J.G. *Avoué*, 53. — V. toutefois *suprà*, C. pr. civ., art. 361, no 27.

10. Sur la postulation illicite, V. Décr. 19 juill. 1810, *infrà*, p. 1281.

11. — 1° *Droit de conclure.* — Les conclusions prises par un avoué substituant un de ses confrères, sont nulles si l'avoué substitué était décédé. — Civ. c. 25 avr. 1864, D.P. 64. 1. 182.

12. Une partie ne peut pas se faire délivrer, par le greffier, une expédition des conclusions qu'elle a déposées sur la barre, signées de son avoué, s'il n'a pas été demandé et donné acte de ces conclusions. — Paris, 12 avr. 1813, J.G. *Concl.*, 10. — Mais V. observ., *ibid*.

13. Il n'est pas permis à l'avocat de changer les conclusions que l'avoué a prises, à moins qu'il ne le fasse avec l'agrément de ce dernier ou de la partie elle-même. — J.G. *Concl.*, 12. — V. *suprà*, C. pr. civ., art. 173, nos 87 et 142.

14. — 2° *Rédaction des actes.* — Les avoués sont dans l'usage de rédiger la plupart des actes nécessaires à l'instruction des procès, même ceux qui ne sont pas de leur ministère; ainsi, ils préparent et envoient aux huissiers leurs exploits prêts à être signifiés; ainsi, dans beaucoup de tribunaux ils rédigent des actes du greffe, surtout ceux où ils figurent pour représenter et assister leurs clients. Les juges-commissaires, dans les ordres et les distributions par contribution, ont souvent recours aux avoués pour dresser les états de collocation provisoire et les règlements définitifs. — J.G. *Avoué*, 55.

15. — 3° *Droit d'assister les parties.* — Les fonctions des avoués consistent également à assister au greffe les parties pour les acceptations bénéficiaires et renonciations à successions, ou à communauté (Tar., art. 91); ils ont seuls le droit de faire des enchères pour les immeubles vendus à la barre du tribunal où ils exercent (c. pr. civ. 705). — J.G. *Avoué*, 61.

16. Les avoués n'ont pas exclusivement le droit de faire la procédure qui a pour objet de purger les hypothèques légales. Cependant, dans l'usage, ils sont seuls chargés de cette procédure. — J.G. *Avoué*, 64.

17. Ils ont seuls le droit de composer l'extrait du titre à notifier aux créanciers inscrits pour la purge des hypothèques conventionnelles. — Orléans, 21 nov. 1844, D.P. 46. 2. 1.

18. Indépendamment du droit exclusif de composer cet extrait, les avoués ont celui d'en certifier les copies en tête de l'exploit de notification et de percevoir les émoluments des écritures. — Trib. de Versailles, 9 févr. 1844, J.G. *Avoué*, 66.

19. Le droit de plaidoirie n'est pas un attribut essentiel des fonctions des avoués; il ne leur appartient que par exception. — V. Ordon. 27 févr. 1822, art. 1

à 5, *suprà*, p. 182, en note, et art. 185 c. pr. civ., nos 45 et s.

20. Les avoués, bien que leur ministère ne soit pas reconnu devant les juges de paix, peuvent requérir l'apposition et la levée des scellés et y assister (c. pr. civ. 932; Tar. art. 94). En matière d'interdiction, ils peuvent assister à la délibération du conseil de famille qui suit la demande et précède l'interrogatoire (c. civ. 494; c. pr. civ. 892; Tar. art. 92). — J.G. *Avoué*, 68.

21. — 4° *Caractère des actes émanés des avoués.* — Les avoués ne jouissent pas du privilège de donner à leurs actes une véritable authenticité, c'est-à-dire de leur imprimer l'effet de faire preuve jusqu'à inscription de faux. — J.G. *Avoué*, 69.

22. A plus forte raison, les avoués n'ont pas qualité pour constater des faits en dehors de leur ministère, et, par exemple, pour attester un décès donnant lieu à reprise d'instance. — Civ. r. 25 juill. 1827, J.G. *Avoué*, 70, et *Reprise d'inst.*, 40.

23. — 5° *Droit de rétention.* — Sur le droit des avoués de retenir les actes de procédure faits par eux, les titres de leurs clients, V. *Code civil annoté*, art. 2094, nos 39 et s.

24. L'avoué qui a laissé périmer une procédure, s'est mis dans le cas de ne pouvoir exiger le payement de ses frais, et n'est pas fondé à retenir les titres de son client. — Rennes, 24 juill. 1810, D.P. 45. 4 et 236.

25. Les lettres adressées par un client à un avoué qui a occupé pour lui dans une instance sont la propriété de ce dernier; en conséquence, il ne peut être obligé de les rendre lorsqu'il remet les pièces. — Limoges, 19 avr. 1844, D.P. 45. 4. 53.

26. — II. DEVOIRS DES AVOUÉS. — Les avoués doivent signer tout acte de leur ministère afin qu'il porte avec lui la preuve de son origine lorsqu'on voudra s'en prévaloir. Cependant, il n'est pas nécessaire que la copie d'une requête d'avoué à avoué, signifiée à l'avoué requis, soit signée par l'avoué requérant, alors que cette signature se trouve sur l'original. — Montpellier, 3 déc. 1832, J.G. *Avoué*, 101.

27. Les huissiers peuvent refuser de signifier les actes du palais dont les originaux et les copies ne sont pas signés des avoués, et les parties adverses peuvent les arguer de nullité. — J.G. *Avoué*, 101.

28. Les avoués sont dispensés de déposer en justice des secrets qui leur ont été confiés dans l'exercice de leur profession, et ils encourraient même les peines portées par l'art. 378 c. pén., s'ils les révélaient hors des cas prévus par la loi. — J.G. *Avoué*, 106. — V. *Code pénal annoté*, art. 378.

29. Cependant, l'avoué chez lequel ont été déposés des accords ou conventions sous seing privé, du consentement des deux parties, ne peut, en sa qualité de dépositaire, refuser de s'expliquer sur l'existence de ces conventions, lorsqu'il en est sommé par une des parties. — Aix, 26 févr. 1832, J.G. *Avoué*, 106.

30. Les avoués ne peuvent devenir cessionnaires des procès, droits et actions litigieux qui sont de la compétence du tribunal dans le ressort duquel ils exercent leurs fonctions. Mais ils peuvent acquérir ceux qui sont de la compétence d'un autre tribunal, quoique situé dans le ressort de la même cour. — V. *Code civil annoté*, art. 1597, nos 9 et s., 28.

31. L'avoué qui poursuit une vente judiciaire ne peut se rendre personnellement adjudicataire ni surenchérisseur, à peine de nullité de l'adjudication ou de la surenchère et de dommages-intérêts envers toutes les parties. — V. *suprà*, C. pr. civ., art. 711, 838 et 964.

32. Les avoués doivent avoir leur domicile dans la ville où siége la cour ou le tribunal auquel ils sont attachés; ils ne peuvent postuler dans deux villes différentes (L. 29 mars 1791, art. 9). — J.G. *Avoué*, 108.

33. En ce qui concerne les registres des avoués, V. *infrà*, *Tarifs*, Décr. 16 févr. 1807, art. 151.

34. — III. COMPÉTENCE TERRITORIALE DES AVOUÉS. — Les avoués exerçant spécialement leur ministère près de la cour ou du tribunal auquel ils sont attachés, les questions d'attribution qui peuvent s'élever entre les avoués de différentes juridictions sont des accessoires des questions de compétence et doivent recevoir la même solution. — J.G. *Avoué*, 71.

35. Dans un premier système, lorsqu'il s'agit de remplir les formalités pour l'exécution d'une décision préparatoire ou interlocutoire dans un autre arrondissement que celui où siégent les magistrats de qui elle émane, par exemple, lorsqu'un arrêt a commis, soit un juge de première instance, soit un juge de paix du ressort de la cour pour recevoir une enquête, ou a ordonné une expertise qui doit se faire aussi dans son ressort, mais loin de l'arrondissement où elle siége, les avoués à la cour doivent exercer leur ministère dans ces opérations. — J.G. *Avoué*, 71.

36. Mais si l'enquête ou l'expertise se fait hors du ressort de la cour ou du tribunal de première instance qui l'a ordonnée, les avoués de l'arrondissement où elle a lieu ont seuls le droit d'exercer leur ministère. — J.G. *Avoué*, 71.

37. Suivant une autre opinion, les avoués près les tribunaux de première instance ont seuls, à l'exclusion des avoués d'appel, le droit de représenter les parties devant le tribunal près duquel ils exercent ou devant l'un des juges de ce tribunal, quand le tribunal ou le juge ont été commis par arrêt de leur cour à l'effet de procéder à quelque acte d'instruction; spécialement, ce droit leur appartient exclusivement s'il s'agit d'une enquête. —

Rennes, 26 déc. 1859, D.P. 60. 2. 113. — V. *suprà*, C. pr. civ., art. 262, nos 18 et s.

38. Les avoués n'ont d'attributions que dans les limites de la juridiction à laquelle ils ressortissent; en conséquence, lorsqu'une enquête est faite hors du ressort, l'avoué ne peut répéter, contre la partie condamnée aux dépens, ni frais de transports, ni droits de vacation. — Orléans, 8 janv. 1847, D.P. 47. 2. 20.

39. De ce que les avoués n'ont pas qualité pour procéder hors du ressort du siége auquel ils sont attachés, il suit que les émoluments accordés aux avoués qui ont fait les copies et garanti leur exactitude par leur signature, ne peuvent appartenir qu'à ceux qui ont droit et qualité pour occuper dans le ressort où se font ces actes. — Rennes, 3 janv. 1831, J.G. *Avoué*, 72.

40. Spécialement, si, après l'adjudication d'immeubles situés dans deux arrondissements différents, un avoué désigné par le cahier des charges pour faire aux créanciers les notifications prescrites par la loi, a rédigé et signé les actes destinés aux créanciers inscrits sur l'immeuble situé hors de son arrondissement et les a envoyés à un de ses confrères ayant qualité pour y agir, lequel les a signifiés après en avoir garanti l'exactitude par sa signature, celui-ci seul, lorsque, d'ailleurs, il n'est pas justifié de sa renonciation formelle à cet égard de la part de l'autre avoué, a le droit de réclamer les émoluments accordés par la loi. — Même arrêt.

41. Bien que les avoués n'aient qualité que dans le ressort de la juridiction près de laquelle ils exercent, ils peuvent certifier des écritures en tête d'exploit signifiés hors de ce ressort et se rattachant à des instances dans lesquelles ils occupent. Quel que soit le lieu où se signifie l'assignation ou le jugement, les écritures appartiennent à l'avoué du siége appelé à statuer qui les a certifiées. — *Avoué*, 74.

Table sommaire.

Art. 95. Les avoués seront nommés par le premier consul, sur la présentation du tribunal dans lequel ils devront exercer leur ministère.

1. Les avoués sont nommés par le chef de l'Etat, sur la présentation d'un titulaire, de sa veuve ou de ses héritiers (L. 28 avr. 1816, art. 91), et sur celle du tribunal, ou, en cas de vacance, sur la seule présentation du tribunal près lequel le candidat doit exercer, transmise au garde des sceaux par le procureur général, qui donne son avis. — J.G. *Avoué*, 32.

2. Les conditions requises pour être nommé sont : ... 1° de justifier, par un certificat du maire de son domicile, qu'on ne se trouve dans aucun des cas de suspension ou de privation totale des droits civils ou politiques qui empêcheraient d'exercer une fonction publique. — Décis. du garde des sceaux, 20 déc. 1827, J.G. *Avoué*, 33.

2. ... 2° D'avoir satisfait aux lois sur le recrutement. — Décr. 17 therm. an 12, J.G. Avoué, 34.

4. ... 3° D'être âgé de vingt-cinq ans accomplis. — V. infrà, Décr. 6 juill. 1810, art. 115.

5. ... 4° De produire un certificat de moralité et de capacité délivré soit par la chambre des avoués du tribunal près lequel on veut exercer, soit par tous les avoués près ce tribunal, s'il n'en existe que moins de quatre. — Arrêté 13 frim. an 9, art. 2-5°, J.G. Avoué, 35.

6. On exige, de plus, au ministère de la justice, un certificat de bonne vie et mœurs, délivré par le maire du domicile du candidat et par celui du domicile de ses père et mère. — J.G. Avoué, 36.

7. ... 5° Un certificat de capacité obtenu, après examen, dans une Faculté de droit et après un cours d'une année consacrée à l'étude de la procédure civile et à l'étude des lois criminelles. — V. L. 22 vent. an 12, art. 26, infrà, p. 1280.

8. ... 6° De justifier d'un certain nombre d'années de cléricature chez un avoué. — V. Décr. 6 juill. 1810, art. 115, infrà, p. 1281.

9. ... 7° De produire en original ou en expédition le traité passé entre le candidat et le titulaire démissionnaire. — J.G. Avoué, 39.

10. ... 8° La démission de l'avoué titulaire, lorsque c'est lui qui présente son successeur. En cas de décès, cette pièce est remplacée par l'acte de l'état civil. — J.G. Avoué, 40.

11. ... 9° Un état des produits de l'étude pendant les cinq dernières années de l'exercice du titulaire, certifié par le démissionnaire et l'impétrant, et vérifié par e procureur de la République, pour les avoués de première instance, et par le procureur général pour les avoués d'appel. — J.G. Avoué, 41.

12. ... 10° Une expédition de la délibération du tribunal, ayant pour objet l'admission du candidat. — J.G. Avoué, 42.

13. Toutes les pièces à produire doivent être timbrées et légalisées ; on y joint une lettre par laquelle le candidat demande au garde des sceaux de présenter sa nomination à l'agrément du chef de l'Etat. Elles sont transmises par le procureur de la République au procureur général du ressort et par ce dernier fonctionnaire au ministre. Toutefois, pour la nomination d'un avoué près une cour, le chef du parquet du ressort reçoit directement les pièces du candidat. — J.G. Avoué, 43.

14. Le décret qui intervient à la suite de la présentation est, à son tour, transmis par le garde des sceaux au procureur général, puis, pour les avoués de première instance, au procureur de la République qui en donne avis au nouveau titulaire. — J.G. Avoué, 44.

15. Celui-ci, avant d'être admis à l'exercice de ses fonctions, doit justifier au parquet du versement d'un cautionnement dont l'importance varie suivant les tarifs annexés à la loi du 26 avr. 1816. Il doit ensuite prêter le serment professionnel (L. 22 vent. an 12, art. 31). — J.G. Avoué, 45.

16. Un avoué est légalement réputé dans l'exercice de ses fonctions tant qu'il n'a pas été remplacé par le Gouvernement. — Riom, 25 mai 1866, D.P. 66. 2. 137.

13 frim. an 9 (4 déc. 1800). — *Arrêté qui établit une chambre des avoués auprès de chaque tribunal d'appel et de première instance.* — J.G. Avoué, p. 4.

Chambre des Avoués et ses attributions

Art. 1er .... Il est établi, auprès de chaque tribunal d'appel et de première instance, une chambre des avoués pour leur discipline intérieure ; elle est composée de membres pris dans leur sein et nommés par eux.

Cette chambre prononce par voie de décision lorsqu'il s'agit de police et de discipline intérieure, et par forme de simple avis dans les autres cas.

1. Les chambres des avoués ne sont pas des corps constitués en ce sens que les outrages et insultes adressés à ces chambres ne tombent pas sous l'application des lois sur la diffamation. — J.G. Avoué, 280.

2. Les chambres des avoués ne sont pas non plus des établissements publics dans le sens des lois sur l'enregistrement. — J.G. Avoué, 281.

Art. 2. Les attributions de ladite chambre seront,

1° De maintenir la discipline intérieure entre les avoués, et de prononcer l'application des censures de discipline ci-après établies ;

2° De prévenir ou concilier tous différends entre avoués, sur des communications, remises ou rétentions de pièces, sur des questions de préférence ou concurrence dans les poursuites ou dans l'assistance aux levées des scellés et inventaires, et, en cas de non-conciliation, émettre son opinion, par forme de simple avis, sur lesdites questions ou différends,

3° De prévenir toute plainte et réclamation de la part de tiers contre des avoués, à raison de leurs fonctions ; concilier celles qui pourraient avoir lieu, émettre son opinion, par forme de simple avis, sur les réparations civiles qui pourraient en résulter, et, réprimer, par voie de discipline et censure, les infractions qui en seraient l'objet, sans préjudice de l'action publique devant les tribunaux, s'il y a lieu ;

4° De donner son avis, comme tiers, sur les difficultés qui peuvent s'élever lors de la taxe de tous frais et dépens, et même sur tous les articles soumis à la taxe, lorsqu'elle se poursuit contre partie, ou lorsque l'avoué fait défaut : cet avis pourra être donné par un des membres commis par la chambre à cet effet ;

5° De former dans son sein un bureau de consultation gratuite pour les citoyens indigents, dont la chambre distribue les affaires aux divers avoués pour les suivre, quand il y a lieu ;

6° De délivrer, s'il y a lieu, tous certificats de moralité et de capacité aux candidats, lorsqu'elle en sera requise, soit par le tribunal, soit par les candidats que le tribunal présente à la nomination du premier consul, en remplacement des avoués morts ou démissionnaires,

7° Enfin, de représenter tous les avoués du tribunal collectivement, sous le rapport de leurs droits et intérêts communs.

1. — I. POUVOIR DISCIPLINAIRE. — Lorsque le nombre des avoués exerçant près d'un tribunal est inférieur à quatre, il y a impossibilité de composer la chambre : dans ce cas, le pouvoir disciplinaire appartient au tribunal. — J.G. Avoué, 275.

2. Mais les autres attributions de la chambre de discipline, celles qui consistent à concilier, donner des avis, délivrer des certificats de capacité, défendre les droits et les intérêts communs de la corporation, ne passent pas aux magistrats. — J.G. Avoué, 275.

3. — II. DIFFÉRENDS ENTRE AVOUÉS. — Bien que la chambre ne soit chargée que de *prévenir* ou de *concilier* les différends entre avoués, néanmoins, lorsque la contestation n'intéresse que les avoués, la chambre exerce une sorte de juridiction et rend des décisions auxquelles ceux qu'elles concernent sont dans l'usage de se soumettre. — J.G. Avoué, 258.

4. Il est d'usage aussi que, dans les différends entre un avoué et un tiers, sur des questions de taxe, l'opinion de la chambre, lorsqu'elle est défavorable à l'avoué, soit acceptée par lui. L'avis sur les questions de taxe peut être donné par un seul membre de la chambre commis par elle à cet effet. — J.G. Avoué, 258.

5. Il n'y a pas irrévérence de la part de la chambre lorsque les juges ayant renvoyé devant elle une demande en payement de frais pour concilier les parties et avoir son avis, elle déclare qu'il n'y a lieu à délibérer, s'il n'y a pas eu de plainte contre l'avoué demandeur, si le défendeur ne conteste aucun des articles de l'état des frais et se contente de prétendre qu'il n'a pas chargé son adversaire d'occuper pour lui. Il n'y a pas non plus offense de la part des membres de la chambre qui, sur l'assignation à eux donnée à la requête du ministère public pour rendre compte à l'audience de cette décision, constituent l'un deux à l'effet d'occuper en leur nom. Aucun de ces faits n'est surtout incriminable; si les avoués inculpés ont déposé au greffe des conclusions motivées portant qu'il n'a jamais été dans leur intention de manquer au respect dû au tribunal. — Paris, 1er juin 1811, J.G. Avoué, 277.

6. La chambre chargée de délivrer, lorsqu'elle en est requise, les certificats de moralité et de capacité aux candidats qui se présentent en remplacement des avoués morts ou démissionnaires, ne peut, en refusant de délibérer, ou en mettant des lenteurs telles qu'elles équivaudraient à un refus, s'arroger indirectement le droit de rejeter les demandes des candidats. — Circ. 6 vend. et 22 vent. an 13, 23 oct. et 15 juill. 1825, J.G. Avoué, 263.

7. Si la chambre mettait de l'obstination dans son refus, elle pourrait même être poursuivie disciplinairement. — Circ. 15 juill. 1829, J.G. Avoué, 263. — V. observ. ibid.

8. — III. REPRÉSENTATION DE LA CORPORATION. — Toutes les fois que l'intérêt des avoués se trouve directement ou indirectement engagé dans une contestation, la chambre est-elle recevable à y intervenir ? — V. suprà, C. pr. civ. art. 339, nos 103 et s.

9. Le droit de représenter collectivement tous les avoués et d'agir ou d'intervenir dans leur intérêt commun appartient à la chambre en matière de postulation illicite, ainsi que celui de réclamer l'application des lois e des règlements, si l'un des avoués du siège se trouvai dans un des cas d'incompatibilité légale. — J.G. Avoué, 265.

Art. 3. Tous avis de la chambre seront sujets à homologation, à l'exception des décisions sur le cas de police et de discipline intérieure, déterminées en l'art. 8.

Organisation de la Chambre

Art. 4. La chambre des avoués est composée :

De quinze membres dans les tribunaux où le nombre des avoués est de deux cents et au-dessus ;

De onze, lorsque les avoués sont au nombre de cent et plus, jusqu'à deux cents exclusivement ;

De neuf, lorsque les avoués sont au nombre de cinquante et plus, jusqu'à cent exclusivement ;

De sept, lorsque les avoués sont au nombre de trente et plus, jusqu'à cinquante exclusivement ;

De cinq, lorsque les avoués sont au nombre de vingt et plus, jusqu'à trente exclusivement ;

De quatre, lorsque le nombre des avoués est inférieur à vingt.

Et néanmoins la chambre peut délibérer valablement quand les membres présents et votants forment au moins les deux tiers de ceux dont elle est composée.

Art. 5. Parmi les membres dont la chambre se compose, il y a:

1° Un président, qui a voix prépondérante en cas de partage d'opinions : il convoque extraordinairement quand il le juge à propos, ou sur la réquisition motivée de deux autres membres ; il a la police d'ordre dans la chambre ;

2° Un syndic, lequel est partie poursuivante contre les avoués inculpés : il est entendu préalablement à toutes délibérations de la chambre, qui est tenue de délibérer sur tous ses réquisitoires ; il a, comme le président, le droit de la convoquer ; il poursuit l'exécution de ses délibérations, dans la forme ci-après déterminée, et agit pour la chambre, dans tous les cas, et conformément à ce qu'elle a délibéré ;

3° Un rapporteur, qui recueille les renseignements sur les affaires contre les inculpés, et en fait le rapport à la chambre ;

4° Un secrétaire, qui rédige les délibérations de la chambre : il est le gardien des archives, et délivre toutes expéditions ;

5° Un trésorier, qui tient la bourse commune ci-après établie, fait les recettes et dépenses autorisées par la chambre, et en rend compte, à la fin de chaque trimestre, à la chambre assemblée, qui lui arrête, ainsi que de droit, et lui donne sa décharge.

Indépendamment des attributions particulières données aux membres désignés dans le présent article, chacun d'eux a voix délibérative, ainsi que les autres membres, dans toutes les assemblées de la chambre, où, néanmoins, lorsqu'il s'agit d'affaires où le syndic est partie contre un avoué inculpé, le syndic n'a que voix consultative, et n'est point compté parmi les votants, à moins que son opinion ne soit à décharge.

1. En cas d'empêchement du rapporteur, les renseignements sont pris par un autre membre de la chambre délégué à cet effet. — J.G. Avoué, 270.

2. Le secrétaire certifie l'insertion dans le tableau de la chambre des extraits des demandes en séparation de

biens (a. pr. civ. 867) des jugements qui les prononcent (c. pr. civ. 872) et des contrats de mariage entre époux dont l'un est commerçant (c. com. 67). — J.G. *Avoué,* 254.

3. Le compte rendu par le trésorier n'est pas un compte judiciaire. — V. *suprà,* C. pr. civ. art. 527, n° 17. — V. aussi *ibid.,* n° 36.

Art. 6. Les fonctions spéciales attribuées à chacun des cinq membres désignés dans l'article précédent, peuvent être cumulées lorsque le nombre des membres composant la chambre est au-dessous de cinq, et néanmoins, les fonctions de président, de syndic et de rapporteur seront toujours exercées par trois personnes différentes.

Quel que soit le nombre des membres composant la chambre, la même cumulation peut avoir lieu momentanément, en cas d'absence ou d'empêchement d'aucun des membres désignés dans l'article précédent, lesquels, pour ce cas, se suppléent entre eux, ou peuvent même être suppléés par tel autre membre que ce soit de la chambre

Les suppléants momentanés sont nommés par le président de la chambre, ou, s'il est absent, par la majorité des membres présents en nombre suffisant pour délibérer.

1. Les suppléants momentanés peuvent être pris parmi les membres qui ne sont pas officiers de la chambre, mais non pas hors de son sein, à moins qu'il n'y ait pas un nombre suffisant de membres pour la compléter. — J.G. *Avoué,* 255.

2. Quand la chambre des avoués n'est composée que de quatre membres, les fonctions de secrétaire et de trésorier sont ordinairement réunies. — J.G. *Avoué,* 255.

Art. 7. Outre les fonctions spéciales ci-dessus attribuées à quelques membres, et celles communes à tous dans les délibérations, chacun des membres de la chambre est sous-délégué,

1° Pour faire les taxes des frais, qui lui sont réparties par le président de la chambre ;

2° Pour l'examen et consultations des affaires des indigents, qui lui sont aussi réparties par le président de la chambre, à laquelle il les renvoie avec son avis, pour, s'il y a lieu de les suivre, être par le président distribuées aux divers avoués ;

3° Enfin, pour se trouver à la chambre des avoués, chaque jour des audiences du tribunal, à l'effet de faciliter l'exercice des fonctions attribuées à ladite chambre.

Pouvoirs de la Chambre dans les moyens de discipline.

Art. 8. La chambre prononce contre les avoués, par forme de discipline et suivant la gravité des cas, celles des dispositions suivantes qu'elle croit devoir leur appliquer, savoir :

1° Le rappel à l'ordre ;

2° La censure simple, par la décision même ;

3° La censure, avec réprimande, par le président, à l'avoué en personne, dans la chambre assemblée ;

4° L'interdiction de l'entrée de la chambre.

1. Le blâme exprimé contre un avoué dans les motifs d'une décision disciplinaire prononçant pour des faits autres que celui auquel s'applique ce blâme, la censure avec réprimande personnelle contre l'inculpé, ne constitue pas une violation de la règle prohibitive du cumul des peines, un tel blâme, non reproduit dans le dispositif, n'ayant pas le caractère d'une pénalité. — Req. 4 avr. 1864, D.P. 65. 1. 86.

2. Le fait d'avoir reçu dans son étude le procès-verbal d'un ordre jusqu'à l'expiration du délai accordé pour former opposition au règlement définitif et à l'ordonnance de clôture de cet ordre, et d'y avoir mentionné, en le rétablissant au greffe, l'absence d'opposition, constitue de la part d'un avoué un manquement à ses devoirs professionnels, qui, joint au reproche de n'avoir pas suffisamment détourné son client du projet

formé par lui d'exercer des poursuites contre un de ses confrères, peut motiver la condamnation de cet avoué à une peine disciplinaire. — Ch. des avoués de Périgueux, 17 mai 1870, D.P. 72. 1. 444.

Art. 9. Si l'inculpation portée à la chambre contre un avoué paraît assez grave pour mériter la suspension de l'avoué inculpé, la chambre s'adjoint, par la voie du sort, d'autres avoués en nombre égal, plus un, à celui des membres dont elle est composée ; et, ainsi formée, la chambre émet son opinion sur la suspension et sa durée, par forme de simple avis.

Les voies sont recueillies, en ce cas, au scrutin secret, par *oui* ou par *non,* et l'avis ne peut être formé, si les deux tiers au moins des membres appelés à l'assemblée n'y sont présents.

Les dispositions de cet article ne sont point applicables aux avoués des tribunaux où leur nombre total n'est pas au moins triple de celui des membres de la chambre.

1. La chambre qui ne pourrait pas d'office se livrer à des investigations sur la conduite d'un avoué, antérieure à sa prestation de serment, devrait rechercher cette conduite et donner son avis si elle en était requise par les magistrats du siége près duquel elle est établie. — J.G. *Avoué,* 285.

2. Quand le nombre total des avoués n'est pas au moins triple de celui des membres de la chambre, elle ne peut pas d'office provoquer la suspension ; mais si la cour ou le tribunal lui demandait son avis à cet égard, elle devrait le donner. — J.G. *Avoué,* 284.

3. Un arrêt a pu, sans violer aucune loi, condamner un avoué, à raison d'une lettre injurieuse écrite à la chambre de discipline, à être cité par le syndic, afin de se trouver en personne à ladite chambre pour y être réprimandé avec censure, et faute par lui d'obéir à la citation, ordonner qu'il serait suspendu de ses fonctions d'avoué depuis le jour fixé par la citation pour se trouver à la chambre jusqu'à ce qu'il s'y fût présenté pour subir cette réprimande. — Req. 3 nov. 1806, J.G. *Avoué,* 276, et *Discipl.,* 274.

Art. 10. Quand l'avis émis par la chambre sera pour la suspension, il sera déposé au greffe du tribunal ; expédition en sera remise au commissaire du Gouvernement, qui en fera l'usage qui sera voulu par la loi.

Mode de procéder en la chambre.

Art. 11. Le syndic défère à la chambre les faits relatifs à la discipline ; et il est tenu de les lui dénoncer, soit d'office, quand il en a eu connaissance, soit sur la provocation des parties intéressées, soit sur celle de l'un des membres de la chambre.

Les avoués inculpés sont cités à la chambre avec délai suffisant, qui ne peut être au-dessous de cinq jours, à la diligence du syndic, par une simple lettre indicative de l'objet, signée de lui, et envoyée par le secrétaire, qui en tient note.

1. Il n'est pas nécessaire que la chambre soit saisie de la plainte d'un tiers contre un avoué pour qu'elle puisse instruire contre ce dernier. Le devoir du syndic est de poursuivre la répression de tous les faits de discipline qu'il découvre ou qui lui sont révélés, et le devoir de la chambre est d'appliquer les peines que la loi a mises à sa disposition. — J.G. *Avoué,* 266.

2. La citation donnée à un avoué, devant la chambre de discipline, indique suffisamment l'objet de la poursuite, lorsqu'elle énonce le caractère général de l'inculpation, sans qu'il soit besoin qu'elle renferme, en outre, un exposé complet et détaillé des faits relevés à l'appui de cette inculpation. — Req. 4 avr. 1864, D.P. 65. 1. 86.

3. Par suite, l'inculpé ne peut se plaindre de ce que quelques-uns des faits qui ont servi de base à la condamnation disciplinaire rendue contre lui ne se trouvaient pas énumérés dans la citation. — Même arrêt.

4. ... Surtout quand la citation s'est référée, après l'exposé des faits qu'elle précisait, à une délibération précédente, lors de laquelle les faits non précisés avaient été révélés à la chambre en présence de l'inculpé, à qui il avait été donné acte de ses réserves. — Même arrêt.

5. L'avoué qui, cité devant la chambre, s'est borné à répondre par lettre sur une exception préjudicielle ne

doit pas être cité de nouveau sur le fond. — J.G *Avoué,* 268.

6. L'arrêté du 13 frim. an 9, ne contient aucune disposition sur le mode d'information en matière disciplinaire : il laisse au pouvoir discrétionnaire de la chambre le choix des moyens pour arriver à la découverte de la vérité. — J.G. *Avoué,* 270.

7. Une chambre syndicale ne pourrait obliger les tiers à venir déposer devant elle, soit sans serment, soit, à plus forte raison, sous la foi du serment, sur les faits imputés à un membre de la corporation ; ceux qui peuvent fournir des renseignements sur ces faits peuvent seulement être invités à se présenter soit devant la chambre, soit devant le rapporteur chargé de recueillir les éléments de l'information. — Instr. min. 14 nov 1837, J.G. *Discipl. jud.,* 72.

8. Les formes de l'action civile sont applicables aux actions disciplinaires, de telle sorte que la liste des témoins produits contre un officier ministériel doit, à peine de nullité, lui être préalablement notifiée, conformément à l'art 261 c. pr. — V. rapport, sous Req. 18 févr. 1845, D.P. 45. 1. 137.

9. La décision d'une chambre des avoués, prononçant contre un avoué une peine disciplinaire, est nulle si elle a été rendue sans que le rapporteur et le syndic aient été entendus. — Civ. c. 13 nov. 1872, D.P. 72. 1. 444.

10. Les peines établies par l'arrêté du 13 frim. an 9 sont prononcées contre les avoués, sans préjudice de l'action publique devant les tribunaux, s'il y a lieu. — J.G. *Avoué,* 294. — Conf. Cr. r. 27 brum. an 11, *ibid.*

Art. 12. Quant aux différends entre avoués et aux difficultés sur lesquelles la chambre est chargée d'émettre son avis, les avoués peuvent se présenter contradictoirement et sans citation préalable aux séances de la chambre ; ils peuvent également y être cités soit par simples lettres indicatives des objets, signées des avoués provocants et renvoyées par le secrétaire, auquel ils en laissent des doubles, soit par des citations ordinaires, dont ils déposent les originaux au secrétariat. Ces citations officielles ou par lettres sont données avec les mêmes délais que celles du syndic, après avoir été préalablement soumises au visa du président de la chambre.

Art. 13. La chambre prend ses délibérations dans les affaires particulières, après avoir entendu ou dûment appelé, dans la forme ci-dessus prescrite, les avoués inculpés ou intéressés, ensemble les tierces parties qui voudront être entendues et qui, dans tous les cas, pourront se faire représenter ou assister par un avoué.

Les délibérations de la chambre sont motivées et signées, sur la minute, par la majorité des membres présents : les expéditions ne le sont que par le président et le secrétaire.

Ces délibérations n'étant que de simples actes d'administration, d'ordre et de discipline intérieure, ou de simples avis, ne sont, dans aucun cas sujettes au droit d'enregistrement, non plus que les pièces y relatives.

Les délibérations de la chambre sont notifiées, quand il y a lieu, dans la même forme que les citations ; et il en est fait mention par le secrétaire en marge desdites délibérations.

Les avoués inculpés ou intéressés ont le droit de se faire représenter ou assister par un conseil. — J.G. *Avoué,* 269.

Nomination des membres de la chambre et durée de leurs fonctions.

Art. 14. Les membres de la chambre sont nommés par l'assemblée générale des avoués, qui se réunissent à cet effet dans le lieu où siége le tribunal.

Lorsqu'il y a cent votants et au-dessus, l'assemblée se divise par bureaux, qui ne peuvent être composés de moins de trente, ni de plus de cinquante.

Chaque bureau est présidé par le doyen d'âge des avoués présents ; les deux plus âgés après lui font les fonctions de scrutateurs, et le plus jeune celles de secrétaire.

La nomination se fait au scrutin secret, par bulletin de liste contenant un nombre de noms qui ne peut excéder celui des membres à nommer.

La majorité absolue des voix de l'assemblée générale est nécessaire pour la nomination.

Les avoués élus membres de la chambre ne peuvent en refuser les fonctions. — J.G. *Avoué*, 250.

Art. 15. Les membres de la chambre sont renouvelés tous les ans, par tiers pour les nombres qui comportent cette division, et par portions les plus approximatives du tiers pour les autres nombres, en faisant alterner, chaque année, les portions inférieures et supérieures au tiers, à commencer par les inférieures ; de manière que, dans tous les cas, aucun membre ne puisse rester en fonctions plus de trois ans consécutifs.

Le sort indique ceux des membres qui doivent sortir la première et la seconde année ; et ensuite ils sortent par ancienneté de nomination.

Les membres sortants ne peuvent être réélus qu'après une année d'intervalle.

Il est fait exception aux dispositions du présent article, pour le cas où le nombre total des avoués n'est pas suffisant pour le renouvellement, qui alors n'a lieu que jusqu'à concurrence du nombre existant. Il n'y a de même pas lieu audit renouvellement ni à la nomination primitive, si le nombre des avoués n'excède pas celui nécessaire pour la composition de la chambre, dont, en ce cas, ils sont membres de droit.

Quand il n'y a que cinq avoués près d'un tribunal, la chambre étant composée nécessairement de quatre et le renouvellement ne pouvant se faire que jusqu'à concurrence du nombre existant, doit s'opérer par quart. Mais l'avoué qui n'était pas membre de la chambre ne doit pas être forcément élu ; le membre sortant est rééligible. — J.G. *Avoué* 251.

Art. 16. Les membres choisis pour composer la chambre ou qui en sont membres de droit, nomment entre eux au scrutin, à la majorité absolue, le président, le syndic, le rapporteur, le secrétaire et le trésorier.

Cette nomination se renouvelle tous les ans, et les mêmes peuvent être réélus.

En cas de partage des voix, le scrutin est recommencé ; et si le résultat est le même, le plus âgé des deux membres qui sont l'objet de ce partage, est nommé de droit, à moins qu'il n'ait rempli pendant les deux années précédentes la place à laquelle il s'agit de nommer, auquel cas la nomination de droit s'opère en faveur de son concurrent.

Lorsque les votants sont en nombre pair, qu'un seul membre a obtenu, au premier tour de scrutin, la moitié des suffrages pour être officier de la chambre, et que les autres voix se sont réparties entre plusieurs candidats, il y a lieu de procéder à un second tour de scrutin. S'il ne se produit pas encore de majorité, le plus âgé est préféré qu'à égalité de suffrages ; autrement, celui qui a obtenu la moitié des voix doit l'emporter sur celui qui en a eu moins. L'élection se fait par scrutin individuel, en commençant par le président et en finissant par le trésorier. — J.G. *Avoué*, 252.

Art. 17. La nomination des membres de la chambre a lieu de droit le 15 fruct. de chaque année. Ils entrent en fonctions le 1er vend. suivant ; et le même jour ils nomment le président et les autres officiers, qui entrent en suite en fonctions.

Les premières nominations pour la mise en activité du règlement se feront, savoir, à Paris, dans les deux décades de sa date ; et dans les autres départements, dans les deux décades qui suivront sa publication.

1. L'élection annuelle se fait le 1er septembre (Décr. 17 juill. 1806), à l'heure indiquée par le président de la chambre. S'il y a lieu de remplacer un ou plusieurs membres dans le courant de l'année, c'est aussi lui qui convoque l'assemblée générale. — J.G. *Avoué*, 249.

2. Les membres élus entrent en fonctions le 15 sept. (Décr. 17 juill. 1806, art. 1). — J.G. *Avoué*, 253.

Fonds pour les dépenses de la chambre.

Art. 18. Il y a une bourse commune pour les dépenses des bureaux de la chambre.

Chaque membre de la chambre verse dans cette bourse commune la moitié des droits de présence à la taxe des droits de tiers qui lui sont attribués par les ordonnances.

Pour le surplus des fonds à fournir à la bourse commune, chaque avoué, même chacun des membres de la chambre contribue de ses deniers, suivant ses facultés et ainsi qu'il est réglé par elle, sans qu'il puisse néanmoins être exigé d'aucun d'eux, pour chaque année, au delà d'une somme égale à l'intérêt annuel de son cautionnement.

Et les fonds qui se trouvent dans la bourse commune au delà des dépenses annuelles, sont réservés et employés par la chambre pour subvenir aux besoins des pauvres qu'elle croit avoir le plus de droits à la bienfaisance des avoués.

2 Therm. an 10 (21 juill. 1802). — *Arrêté portant que les décisions de la chambre de discipline des avoués portant seulement des peines de discipline ne sont pas susceptibles de recours aux tribunaux.*—J.G. *Avoué*, p. 5.

Art. 1er. Dans les cas prévus par l'art. 8 (arr. 13 frim. an 9), où la chambre a le droit de prononcer le rappel à l'ordre, la censure simple, la censure avec réprimande, l'interdiction de l'entrée de la chambre, les décisions sont exécutées sans appel ou recours aux tribunaux.

1 Les décisions disciplinaires prononcées par la chambre des avoués en vertu de l'art 8 de l'arrêté du 13 frim, an 9 ne sont pas susceptibles d'appel. — Grenoble. 3 janv. 1828, J.G. *Avoué*, 282. — Riom, 8 avril 1836, J.G. *Discipl jud.*, 283-1º. — Civ. c. 9 avr 1862, D.P. 62. 1. 223.

2. ... Bien qu'elles ne statuent que sur une exception d'incompétence. — Arrêt du 8 avr. 1836 précité.

3. Mais elles peuvent être déférées à la Cour de cassation pour incompétence ou excès de pouvoirs.—Même arrêt précité du 9 avr. 1862.

4. Toutefois, la voie du recours en cassation n'est pas ouverte contre les motifs d'une décision disciplinaire, et notamment contre la sentence d'une chambre de discipline des avoués qui, condamnant un avoué à la censure avec réprimande personnelle, blâme dans l'un de ses motifs certains actes de la pratique professionnelle de cet avoué, avec invitation de s'en abstenir à l'avenir, mais sans reproduire ce blâme, à titre de peine, dans le dispositif, à raison du peu de gravité du fait relevé. — Req. 4 avr. 1864, D.P. 65. 1. 86.

5. Suivant une autre opinion, lorsque la chambre statue en matière de discipline, soit qu'elle renvoie l'avoué inculpé, soit qu'elle prononce contre lui la peine du rappel à l'ordre, de la censure simple, de la censure avec réprimande, ou de l'interdiction de l'entrée de la chambre, ses décisions ne sont susceptibles ni d'appel, ni de recours en cassation. — J.G. *Avoué*, 272.

Art. 2. Dans les cas prévus par l'art. 9, où la chambre n'a le droit de prononcer que par forme d'avis, les avis n'ont d'effet qu'après qu'ils ont été homologués par le tribunal sur les conclusions du commissaire du gouvernement.

Les actes d'instruction qui précèdent l'avis de la chambre, les délibérations par lesquelles la chambre rejette, soit un déclinatoire, soit des récusations proposées par l'avoué inculpé, sont exécutoires par elles-mêmes et sans qu'il soit nécessaire de les faire confirmer par aucune autorité. — J.G. *Avoué*, 272.

Art. 3. Dans aucun cas, la chambre des avoués ne pourra ordonner l'impression des arrêtés de police et de discipline intérieure.

22 vent, an 12 (13 mars 1804). — *Loi relative aux écoles de droit. — J.G. Org. de l'instr. publ.*, p. 1335.

TIT. IV. — DES FONCTIONS POUR LESQUELLES L'ÉTUDE DU DROIT ET L'OBTENTION DES GRADES SERONT NÉCESSAIRES.

Art. 26. Nul ne pourra, après le 1er vendém. an 17, être reçu avoué près les tribunaux, s'il n'a suivi le cours de législation criminelle et de procédure civile et criminelle, subi un examen devant les professeurs, et s'il n'en rapporte attestation visée d'un inspecteur général...

Le certificat de capacité peut être remplacé, pour l'avoué, par le diplôme de licencié en droit ou même de bachelier. — J.G. *Avoué*, 37.

Art. 27. Les avoués, après dix ans d'exercice, pourront être nommés aux fonctions de juges, commissaires du Gouvernement ou leurs substituts.

1. Les avoués peuvent être appelés à suppléer les juges. — V. Décr. 30 mars 1808, art. 49, *suprà*, p. 205 et suiv.

2. Les avoués peuvent également être appelés à suppléer les membres du ministère public. — V. loi 22 vent. an 12, art. 30, *suprà*, p. 177.

Art. 32. Les avoués qui seront licenciés pourront, devant le tribunal auquel ils sont attachés, et dans les affaires où ils occuperont, plaider et écrire dans toute espèce d'affaires, concurremment et contradictoirement avec les avocats.

En cas d'absence ou refus des avocats de plaider, le tribunal pourra autoriser l'avoué, même non licencié, à plaider la cause.

Sur les cas dans lesquels les avoués ont le droit de plaider, V. Ord. 27 févr. 1822, sous l'art. 85 c. pr. civ., *suprà*, p. 182.

30 mars 1808. — *Décret contenant règlement pour la police et la discipline des cours et tribunaux. — J.G. Org. jud.* p. 1493.

TIT. Ier. — DES COURS D'APPEL.

Art. 27. Les homologations d'avis des chambres de discipline des officiers ministériels seront portées devant la cour entière, lorsqu'ils intéressent le corps de ces officiers.

TIT. II. — DES TRIBUNAUX DE PREMIÈRE INSTANCE.

Art. 64. Les homologations d'avis de la chambre de discipline des officiers ministériels seront portées devant le tribunal entier, lorsqu'ils intéresseront le corps de ces officiers.

1. L'art. 64, en ce qui touche le tribunal civil de la Seine, a été remplacé par l'art. 2 de la loi du 30 juill. 1870. — V. *infra*, p. 1292.

2. Pour que l'homologation puisse être accordée, il faut que la délibération soit prise dans les limites des pouvoirs de la chambre ; or, elle ne l'est pas lorsqu'elle contient des dispositions générales et réglementaires. — J.G. *Discipl. jud.*, 54.

3. Par suite, un tribunal commet un excès de pouvoir lorsqu'il homologue la délibération par laquelle une chambre de discipline des huissiers a établi des peines et même la suspension contre ceux des huissiers de l'arrondissement qui consentiraient à signifier des pièces qui seraient signées par des avoués, dans le cas où ceux-ci n'auraient pas le droit de les faire ni d'en percevoir les émoluments. — Req. 24 juill. 1832, J.G. *Discipl. jud.* 54-2º, et *Compét. admin.*, 74.

6 juill. 1810. — *Décret contenant règlement sur l'organisation et le service des cours*

Impériales et des cours d'assises. — J.G. *Org. jud.*, p. 1498.

TIT. IV. — DES OFFICIERS MINISTÉRIELS DES COURS IMPÉRIALES ET D'ASSISES.

§ 1er. — *Des Avoués.*

Art. 112. Les avoués immatriculés aux cours d'appel exerceront exclusivement leur ministère près les cours impériales.

Art. 113. Dans les lieux où il n'y a point de cour impériale, les avoués immatriculés au tribunal de première instance pourront exercer leur ministère près la cour d'assises qui tiendra ses séances au chef-lieu de ce tribunal.

Les avoués qui n'auront été reçus que dans une cour criminelle pourront exercer leur ministère près la cour d'assises; mais ils seront tenus de se faire immatriculer au tribunal de première instance du lieu, s'il y a un tribunal, et ils pourront postuler et faire tous actes de leur ministère, concurremment avec les avoués de ce tribunal.

Art. 114. Notre grand juge ministre de la justice, après avoir pris l'avis des cours impériales, nous proposera une nouvelle fixation du nombre d'avoués nécessaire pour le service de chaque cour impériale et de chaque tribunal de première instance.

Art. 115. A l'avenir, nul ne pourra être nommé avoué près la cour impériale, s'il n'est âgé de vingt-cinq ans accomplis, et si, indépendamment du cours d'étude prescrit par l'art. 25 de la loi du 22 vent. an 12, relative aux écoles de droit, il ne justifie de cinq années de cléricature chez un avoué.

1. Aucune loi n'exige cinq ans de cléricature des aspirants aux fonctions d'avoué près les tribunaux de 1re instance. Mais la circulaire du garde des sceaux, du 20 déc. 1827, a généralisé l'application de l'art. 115; toutefois elle n'exige que trois ans de cléricature de la part du candidat, licencié ou docteur. Nonobstant cette circulaire, les chambres des avoués près le tribunal de première instance et la cour de Paris exigent de tous les candidats cinq ans de cléricature. — J.G. *Avoué*, 38.
2. Il n'est point nécessaire que le stage ait été continué jusqu'à l'admission. Un ancien avoué pourrait donc, à plus forte raison, être nommé de nouveau, bien qu'il eût cessé ses fonctions depuis plusieurs années. — J.G. *Avoué*, 38,

19 juill. 1810. — *Décret contenant des dispositions pénales contre les individus qui seront convaincus de se livrer à la postulation, et contre leurs complices.* — J.G. *Avoué*, p. 6.

Art. 1er. Les individus qui seront convaincus de se livrer à la postulation seront condamnés par corps,

Pour la première fois, au payement d'une amende qui ne pourra être au-dessous de 200 fr., ni excéder 500 fr.;

Pour la deuxième fois, à une amende qui ne pourra être au-dessous de 500 fr. ni au-dessus de 1,000 fr.; et ils seront, de plus, déclarés incapables d'être nommés aux fonctions d'avoué.

Dans tous les cas, le produit de l'instruction faite en contravention sera confisqué au profit de la chambre des avoués, et applicable aux actes de bienfaisance exercés par cette chambre.

1. Il y a délit de postulation toutes les fois qu'une personne qui n'a pas reçu l'investiture pour remplir les fonctions d'avoué, se livre à des actes qui sont exclusivement du ministère de l'avoué. Ainsi, celui qui rédige des requêtes, dresse des conclusions, des qualités, s'il n'est pas l'avoué, commet le délit de postulation. — J.G. *Avoué*, 205.
2. L'agent d'affaires qui entre en communication directe avec les clients dont il est le mandataire, se réserve le choix des officiers ministériels et la direction complète de l'instruction, se rend coupable du délit de postulation. — Paris, 17 janv. 1845, D.P. 48. 2. 67.

3. Ce délit ne résulte pas d'un seul acte de postulation, mais bien d'un certain nombre de faits constituant une habitude. — J.G. *Avoué*, 206.
4. Par suite, la rédaction de quelques actes de procédure isolés et disséminés à de longs intervalles dans une période de plus de trois ans, a pu être considérée comme ne constituant pas le délit de postulation, alors surtout qu'il n'est pas prouvé que des émoluments ont été retirés; en conséquence, l'offre de prouver ces faits a pu être valablement rejetée. — Montpellier, 22 août 1833, J.G. *Avoué*, 206 et 207.
5. Pareillement, l'acte de société intervenu entre un agréé au tribunal de commerce et un avoué au tribunal civil, ayant pour but de poursuivre toutes sortes d'affaires qui seraient adresssées à chacun d'eux et de partager les émoluments qui en proviendraient, a pu être déclaré ne présenter rien d'illicite et ne pas constituer le délit de postulation. — Req. 13 janv. 1835, J.G. *Avoué*, 207. — Mais V. observ., *ibid.*
6. Si celui qui a acheté le titre et la clientèle d'un avoué, et qui n'a point réussi à se faire nommer par le Gouvernement, usurpe les fonctions d'avoué, la chambre des avoués de la cour près laquelle il exerce indûment peut le dénoncer à cette cour. — Metz, 30 janv. 1808, J.G. *Avoué*, 209.
7. Le caractère, la profession ou la situation particulière de celui qui postulerait, sans en avoir le droit, ne sauraient le mettre à l'abri d'une condamnation. Ainsi, un *juge* qui se livrerait à la postulation serait punissable. — J.G. *Avoué*, 208.
8. Il a été jugé d'abord que la postulation exercée par un *avocat* n'est pas un délit, mais simplement une faute grave commise contre les devoirs de sa profession; que l'avocat en doit compte au conseil de discipline, sauf l'appel devant la cour. — Civ. c. 28 déc. 1825, J.G. *Avocat*, 309.
9. Mais cette jurisprudence a été abandonnée; l'avocat prévenu du délit de postulation est justiciable du tribunal civil, et non du conseil de discipline. — Limoges, 23 août 1824, J.G. *Avoué*, 217, et *Avocat*, 309.
10. ... Alors surtout qu'il y a eu complicité de postulation frauduleuse entre un avocat et un avoué. — Bordeaux, 4 janv. 1830, J.G. *Avocat*, 310.
11. L'avocat poursuivi conjointement avec un avoué pour fait de postulation est justiciable des tribunaux ordinaires. — Civ. r. 5 déc. 1836, J.G. *Avocat*, 311.
12. La perception d'un émolument n'est pas une circonstance essentiellement constitutive du délit de postulation. — J.G. *Avoué*, 211.
13. Jugé cependant que la peine portée contre ceux qui postulent sans avoir caractère à cet effet n'est applicable qu'aux personnes qui s'approprient les produits des actes, au préjudice des avoués en titre. Elle ne concerne pas la rédaction qu'un avocat ferait des qualités d'un jugement, surtout s'il avait enjoint à l'huissier de ne signifier qu'après avoir fait signer les actes par l'avoué. — Bruxelles, 21 avr. 1813, J.G. *Avoué*, 211.

Art. 2. Les avoués qui seront convaincus de complicité seront, pour la première fois, punis d'une amende qui ne pourra être au-dessous de 500 fr. ni excéder 1,000 fr., applicable ainsi qu'il est dit au précédent article;

Pour la deuxième fois, d'une amende de 1,500 fr. et de destitution de leurs fonctions.

Art. 3. Les peines ci-dessus prononcées contre les postulants et leurs complices sont sans préjudice des dommages-intérêts et autres droits des parties qui seraient lésées par l'effet de ces contraventions.

Art. 4. Lorsque la chambre des avoués, informée de l'existence de la contravention et voulant la constater, croira devoir demander à être autorisée à faire les perquisitions convenables dans les domiciles qui seront indiqués, elle présentera à cet effet requête, soit aux premiers présidents de nos cours, soit aux présidents des tribunaux, selon que la postulation aura été ou sera exercée auprès des cours ou des tribunaux. L'autorisation ne pourra être accordée que sur les conclusions du ministère public, et après que la gravité des faits et circonstances allégués aura été examinée.

1. L'initiative des poursuites appartient aux chambres des avoués dont les intérêts se trouvent lésés par le délit et au ministère public. — J.G. *Avoué*, 212.
2. L'autorisation de faire les perquisitions doit être donnée par le tribunal entier. Mais le jugement qui l'accorde ne doit pas être rendu en audience publique. — J.G. *Avoué*, 213.
3. Du principe que les tribunaux ordinaires ont une action contre le délit de postulation commis par un avocat (V. *suprà*, art. 1er, no 9), il résulte qu'ils peuvent recourir aux mesures nécessaires pour l'exercice de cette action. Ainsi, l'avocat ne serait pas fondé à se prévaloir des privilèges de son ordre pour s'opposer à la perquisition dans son cabinet, et même à l'enlèvement de papiers que le ministère public jugerait à propos de faire, dans le but de parvenir à la constatation du délit de postulation. — J.G. *Avocat*, 312.

Art. 5. Lesdites contraventions pourront aussi être poursuivies d'office, et les perquisitions être demandées par nos procureurs généraux ou par leurs substituts.

Art. 6. Les perquisitions ordonnées ne pourront, dans tous les cas, être faites qu'en présence d'un juge de paix ou d'un commissaire de police, lequel saisira les dossiers et autres pièces qui lui seront indiqués comme devant prouver l'existence de la contravention. Les pièces de chaque dossier, ainsi que les pièces détachées, seront nombrées, cotées et parafées par le juge de paix ou le commissaire de police, qui du tout dressera procès-verbal.

1. Les perquisitions domiciliaires ne sont pas le seul moyen permis pour constater le délit. Les parties intéressées et le ministère public ont la faculté d'administrer toute autre espèce de preuves, et il n'est pas nécessaire de commencer les poursuites par un procès-verbal de perquisition. — J.G. *Avoué*, 213.
2. En conséquence, la fausse postulation peut être prouvée par la preuve testimoniale, bien que l'action n'ait pas été précédée d'un procès-verbal de perquisition. — Montpellier, 6 mars 1826, J.G. *Avoué*, 213.

Art. 7. Sur le procès-verbal ainsi dressé, parties ouïes ou dûment appelées, le ministère public entendu, il sera, par la cour ou par le tribunal qui aura autorisé la perquisition, statué tant sur l'application des peines et dommages-intérêts des parties, que sur les dommages-intérêts résultant des poursuites et saisies qui seraient mal fondées.

Les jugements rendus par les tribunaux de première instance seront susceptibles d'être attaqués par la voie d'appel.

1. Ce sont les tribunaux civils, et non les tribunaux correctionnels, qui doivent connaître du délit de postulation. — Cr. r. 20 juill. 1821, J.G. *Avoué*, 214.
2. Lorsqu'il s'agit d'un délit de postulation devant une cour d'appel, c'est directement devant cette cour que l'assignation doit être donnée. — J.G. *Avoué*, 216.

12-14 août 1833. — *Ordonnance qui fixe les conditions d'éligibilité aux chambres des avoués.* — J.G. *Avoué*, p. 9.

Art. 1er. Lorsque le nombre des avoués près les cours royales et les tribunaux de première instance sera de vingt et au-dessus, les membres des chambres de discipline ne pourront être élus que parmi les avoués les plus anciens en exercice formant la moitié du nombre total.

Lorsque le nombre sera au-dessous de vingt, tout avoué sera éligible à la chambre de discipline.

1. L'ancienneté dans l'ordre des avoués ne dépend pas de la nomination, mais de l'exercice, c'est-à-dire de la prestation de serment. On ne peut compter pour l'ancienneté les années où l'on aurait exercé les fonctions d'avoué près d'un autre siége. — J.G. *Avoué*, 249.
2. Si le nombre des avoués était impair, l'interprétation qui aurait pour effet de donner plus de latitude au choix devrait être préférée; par exemple, dans une compagnie de vingt et un avoués, les membres de la chambre doivent pouvoir être pris parmi les onze plus anciens; si, les avoués étant en nombre pair, il se trouvait au milieu du tableau deux avoués dont l'exercice daterait du même jour, si, par exemple, dans une compagnie de vingt, le dixième et le onzième ont été reçus en même temps, il devrait y avoir onze éligibles. — J.G. *Avoué*, 249.
3. Dans le cas où, parmi les plus anciens, il se trouverait un ou plusieurs avoués à qui l'entrée de la chambre fût interdite, il y aurait lieu de compléter, suivant

errpo,l du tableau, la catégorie de ceux qui peuvent être choisis membres de la chambre. — J.G. Avoué, 249.

§ 2 — Huissiers.

27 vent. an 8 (18 mars 1800). — *Loi sur l'organisation des tribunaux.* — J.G. *Organ. jud.*, p. 1485.

Art. 70. Il y aura auprès du tribunal de cassation, huit huissiers qu'il nommera et pourra révoquer.

Ils instrumenteront exclusivement pour les affaires de la compétence du tribunal de cassation, dans l'étendue seulement du lieu de sa résidence ; ils pourront instrumenter, concurremment avec les autres huissiers, dans tout le département de la résidence du tribunal de cassation.

1. Le droit des huissiers à la Cour de cassation consiste à signifier les arrêts d'admission : 1° aux parties résidant à Paris ; 2° au procureur général près la cour, dans les affaires intéressant des habitants des colonies, des étrangers ou des personnes dont le domicile est inconnu, et à faire les significations d'avocat à avocat. — J.G. *Huissier*, 147.)
2. Ces huissiers ont le droit exclusif d'instrumenter, pour les affaires de la compétence de cette cour, dans l'étendue de la ville de Paris où elle siége ; en conséquence, est nulle la signification d'un arrêt d'admission faite à Paris par un huissier près le tribunal de première instance. — Civ. r. 29 mess. an 7, 1er févr. 1808 et 8 nov. 1831, J.G. *Cassat.*, 1142. — Civ. r. 7 août 1849, D.P. 49. 1. 319. — Civ. c. 8 mai 1850, D.P. 54. 5. 417. — Civ. r. 7 mai 1862, D.P. 62. 1. 216. — Mais V. observ., J.G. *Huissier*, 147.
3. Au reste, pour tous les autres actes du ministère d'huissier, les huissiers audienciers près la Cour de cassation entrent en concurrence avec les huissiers ordinaires, jouissent des mêmes droits et sont soumis aux mêmes devoirs. — J.G. *Huissier*, 147.
4. Les huissiers à la Cour de cassation sont en outre huissiers au conseil d'Etat, avec les mêmes attributions que devant la cour. — J.G. *Huissier*, 148.

Art. 96. Il sera établi près de chaque tribunal de première instance, près de chaque tribunal d'appel, près de chaque tribunal criminel, un nombre fixe d'huissiers, qui sera réglé par le Gouvernement, sur l'avis du tribunal près duquel ils devront servir : ils seront nommés par le premier consul, sur la présentation de ce même tribunal.

V. *infrà*, Décr. 14 juin 1813, tit. 1er, § 1er, art. 1er.

30 mars 1808. — *Décret contenant règlement pour la police et la discipline des cours et tribunaux.* — J.G. *Organ. jud.*, p. 1493.

TIT. V. — Des Huissiers.

Art. 94. Nos tribunaux de première instance désigneront pour le service intérieur ceux de leurs huissiers qu'ils jugeront les plus dignes de leur confiance.

1. Le droit des tribunaux de nommer des huissiers audienciers ne peut être exercé qu'autant que leur choix tombe sur des individus pourvus d'un office d'huissier. — Civ. c. 6 oct. 1791, J.G. *Huissier*, 129-1°.
2. Le choix du tribunal ou de la cour ne peut porter parmi tous les huissiers qui se trouvent dans son ressort, mais seulement parmi ceux qui résident dans la ville où son siége est établi. — Req. 14 déc. 1836, J.G. *Huissier*, 135-2°.
3. Par suite, un tribunal de commerce ne peut choisir pour audiencier un huissier résidant dans un canton rural voisin, ni un huissier déjà désigné par un autre tribunal. — Même arrêt.
4. La délibération par laquelle un tribunal désigne ses huissiers audienciers n'est pas susceptible d'appel. — J.G. *Huissier*, 175.
5. Les tribunaux composés d'une seule chambre ont le droit de désigner, pour le service intérieur, plus de deux huissiers audienciers. — J.G. *Huissier*, 153.
6. Une cour d'appel n'a pas le droit d'ordonner le roulement annuel des huissiers audienciers près les tribunaux de sa résidence de manière que chacun d'eux soit successivement audiencier de ces tribunaux. — J.G. *Huissier*, et D.P. 46. 3. 20.
7. Sur le renouvellement du tableau des huissiers audienciers, V. Décr. 14 juin 1813, tit. 1er, § 1er, art 4, *infrà*, p. 1283.
8. Les huissiers ne peuvent, par leurs arrangements particuliers, porter aucune atteinte aux droits que les tribunaux tiennent, à cet égard, de la loi ; par suite, le traité par lequel les huissiers d'un chef-lieu d'arrondissement conviennent que l'un d'eux demeurera seul chargé du service intérieur du tribunal, est nul. — Montpellier, 28 août 1830 ; J.G. *Huissier*, 140 et 123.
9. Le titre d'huissier audiencier conféré par le tribunal à l'un des huissiers de son ressort n'est pas susceptible de cession. — Rouen, 7 juill. 1846, D.P. 46. 2. 205.
10. Sur la résidence des huissiers audienciers, V. Décr. 14 juin 1813, art. 15, *infrà*, p. 1283.

Art. 95. Les huissiers audienciers de nos cours et de nos tribunaux de première instance feront tour à tour le service intérieur, tant aux audiences qu'aux assemblées générales ou particulières, aux enquêtes et autres commissions.

1. Sur les attributions des huissiers audienciers, V. Décr. 14 juin 1813, art. 20 et 26, *infrà*, p. 1283 et 1284.
2. Aucun salaire n'est alloué aux huissiers audienciers pour le service intérieur des tribunaux. — J.G. *Frais et dép.*, 447.
3. Malgré le silence du tarif, on peut accorder aux huissiers une indemnité modérée pour leur assistance aux enquêtes. — Rouen, 29 nov. 1828, J.G. *Frais et dép.*, 417. — V. observ., *ibid.*, 423.
4. Et même, lorsque, dans les affaires civiles, le nombre des témoins est considérable, on peut allouer à l'huissier qui a fait la notification de leurs noms, qualités, etc., un droit plus fort que celui de simple exploit. — Même arrêt,
5. Les cours et tribunaux peuvent commettre accidentellement des huissiers ordinaires, à défaut ou en cas d'insuffisance des huissiers audienciers. — V. Décr. 14 juin 1813, art. 20, *infrà*, p. 1283.

Art. 96. Les huissiers qui seront de service se rendront au lieu des séances, une heure avant l'ouverture de l'audience ; ils prendront au greffe l'extrait des causes qu'ils doivent appeler.

Ils veilleront à ce que personne ne s'introduise à la chambre du conseil sans s'être fait annoncer, à l'exception des membres de la cour ou du tribunal.

Ils maintiendront, sous les ordres des présidents, la police des audiences.

Art. 97. Les huissiers audienciers auront, près la cour ou le tribunal, une chambre ou un banc où se déposeront les actes et pièces qui se notifieront d'avoué à avoué.

Art. 98. Les émoluments des appels des causes et des significations d'avoué à avoué se partageront également entre eux.

Art. 99. Les huissiers désignés par le premier président de la cour, ou par le président du tribunal de première instance, assisteront aux cérémonies publiques, et marcheront en avant des membres de la cour ou du tribunal.

6 juill. 1810. — *Décret contenant règlement sur l'organisation et le service des cours impériales et des cours d'assises.* — J.G. *Org. jud.*, p. 1498.

§ 1. — Des Huissiers.

Art. 116. Dans les lieux où il y a une cour d'appel et une cour de justice criminelle, les huissiers immatriculés dans l'une ou l'autre de ces cours seront exclusivement chargés :
1° Du service personnel près la cour impériale ;
2° Des significations d'avoué à avoué près la même cour ;
3° Des exploits en matière criminelle.

Ils pourront instrumenter, en matière civile, concurremment avec les huissiers du tribunal de première instance, et dans l'étendue du ressort de ce tribunal.

Cependant, ceux qui seront spécialement chargés du service criminel ne pourront instrumenter hors du canton de leur résidence, sans un mandement exprès de notre procureur général.

Art. 117. Dans les lieux où il n'y a point de cour d'appel, les huissiers attachés aux cours de justice criminelle seront exclusivement chargés du service personnel près la cour d'assises, ainsi que de tous exploits en matière criminelle. Ils seront tenus de se faire immatriculer au tribunal de première instance ; et ils pourront instrumenter, en matière civile, concurremment avec les huissiers de ce tribunal, mais dans l'étendue seulement du canton de leur résidence.

Art. 118. A l'avenir, les huissiers qui devront faire le service près les cours d'assises des départements autres que celui où siége la cour impériale, seront désignés par le procureur impérial criminel de concert avec le président, parmi les huissiers du tribunal de première instance. En cas de dissentiment, il en sera référé au procureur général : jusqu'à ce qu'il ait statué, les huissiers désignés par le procureur impérial criminel seront tenus de faire le service près la cour d'assises, ainsi que tous exploits en matière criminelle.

Art. 119. Seront, au surplus, exécutées les dispositions du titre V de notre décret du 30 mars 1808, concernant les huissiers audienciers de nos cours.

Art. 120. Notre grand juge, après avoir pris l'avis de nos cours impériales, nous proposera une nouvelle fixation du nombre des huissiers nécessaire pour le service de chaque cour impériale.

Art. 121. A l'avenir, nul ne pourra être nommé huissier s'il n'est âgé de vingt-cinq ans accomplis.

Art. 122. Ne pourront également être nommés huissiers, ceux qui n'auront pas travaillé au moins pendant une année dans l'étude d'un notaire ou d'un avoué, ou pendant deux ans chez un huissier.

Modifié par l'art. 10 du décret du 14 juin 1813, *infrà*, p. 1283.

14 juin 1813. — *Décret portant règlement sur l'organisation et le service des huissiers.* — J.G. *Huissier*, p. 157.

TIT. 1er. — De la Nomination, du Nombre et de la Résidence des Huissiers.

§ 1er. — De la Nomination et du Nombre des Huissiers.

Art. 1er. Les huissiers institués pour le service de nos cours impériales et pour tous nos tribunaux, seront nommés par nous.

Les huissiers sont nommés, sur la proposition du ministre de la justice, par le chef du pouvoir exécutif, dans les conditions réglementaires déterminées par la loi. — J.G. *Huissier*, 14.

Art. 2. Ils auront tous le même caractère, les mêmes attributions, et le droit d'exploiter concurremment dans l'étendue du ressort du tribunal civil d'arrondissement de leur résidence.

Néanmoins, nos cours et tribunaux choisiront parmi ces huissiers, conformément au tit. 5 de notre décret du 30 mars 1808, ceux qu'ils jugeront les plus dignes de leur confiance, pour le service intérieur de leurs audiences.

1. Un huissier établi au chef-lieu d'arrondissement peut faire des significations d'actes dans tout canton de cet arrondissement, même dans ceux où résident d'autres huissiers, et le droit de transport lui est dû en entier; il n'y a pas à distinguer suivant l'importance des actes. — Civ. c. 28 juin 1854, D.P. 54. 1. 507.
2. Le pouvoir des huissiers des cours d'appel se restreint au ressort du tribunal de première instance de la ville où siège cette cour. — Civ. c. 18 frim. an 12; Civ. r. 17 juill. 1811, J.G. Huissier, 22 et 150.
3. Néanmoins, l'huissier près la cour d'appel, qui réside hors de l'arrondissement du lieu où siége cette cour, peut instrumenter dans l'étendue du ressort du tribunal civil de sa résidence. — Bruxelles, 15 juin 1815, J.G. Huissier, 22.
4. Le traité portant que les actes du ministère d'huissier seront exclusivement signifiés, dans la ville, par un huissier désigné, et dans la campagne, par certains d'entre eux, est nul. — Montpellier, 28 août 1830, J.G. Huissier, 82 et 128.
5. A l'égard du choix des huissiers audienciers, V. Décr. 30 mars 1808, art. 94, suprà, p. 1282.

Art. 3. Les huissiers ainsi désignés par nos cours et tribunaux continueront de porter le titre d'*huissiers audienciers*; ils auront, pour ce service particulier, une indemnité qui sera réglée par les art. 93, 94, 95, 96 et 103 ci-après.

Art. 4. Le tableau des huissiers audienciers sera renouvelé au mois de novembre de chaque année. Tous les membres en exercice seront rééligibles; ceux qui n'auront pas été réélus rentreront dans la classe des huissiers ordinaires.

1. La cour d'appel, le tribunal civil et le tribunal de commerce ne peuvent procéder au choix de leurs huissiers audienciers qu'au mois de novembre de chaque année et en suivant les règles de hiérarchie auxquelles ces corps judiciaires sont soumis, de telle sorte que celui d'entre eux qui est appelé à faire ce choix le dernier, ne désigne que des huissiers non encore élus comme audienciers par les autres corps. Par suite, est entachée d'excès de pouvoir la délibération par laquelle le tribunal de commerce désigne ses audienciers dès le mois d'octobre, avant les choix du tribunal civil. — Req. 14 juill. 1873, D.P. 73. 1. 419.
2. Le choix des huissiers audienciers devant être fait par chaque tribunal au mois de novembre pour la durée de l'année judiciaire seulement, un tribunal ne peut décider, par voie de règlement, que les huissiers désignés par lui comme audienciers resteront attachés à son service d'une manière permanente et sans être soumis au renouvellement annuel. — Req. 14 juill. 1873, D.P. 73. 1. 419.

Art. 8. Notre grand juge ministre de la justice, après avoir pris l'avis de nos cours et les observations de nos procureurs généraux, nous proposera la fixation définitive du nombre des huissiers qu'il doit y avoir dans le ressort de chaque tribunal civil d'arrondissement.

Art. 10. A l'égard de ceux qui aspireront, à l'avenir, aux places d'huissiers ordinaires, les conditions requises seront,
1° D'être âgé de vingt-cinq ans accomplis;
2° D'avoir satisfait aux lois de la conscription militaire;
3° D'avoir travaillé, au moins pendant deux ans, soit dans l'étude d'un notaire ou d'un avoué, soit chez un huissier, ou pendant trois ans au greffe d'une cour impériale ou d'un tribunal de première instance;
4° D'avoir obtenu de la chambre de discipline, dont il sera parlé ci-après, un certificat de moralité, de bonne conduite et de capacité.
Si la chambre accorde trop légèrement ou refuse sans motif valable ce certificat, il y aura recours au tribunal de première instance, savoir : dans le premier cas, par le procureur impérial, et, dans le second, par la partie intéressée; en conséquence, le tribunal, après avoir pris connaissance des motifs d'admission ou de refus de la chambre, ainsi que des moyens de justification de l'aspirant, et après avoir entendu notre procureur impérial, pourra refuser ou accorder lui-même le certificat, par une délibération dont copie sera jointe à l'acte de présentation du candidat.

1. La première condition pour être nommé huissier est d'être Français ou naturalisé Français (Décr. 5-8 niv. an 2, art. 3; Const. 22 frim. an 8, art. 2 et 8). — J.G. Huissier, 14.
2. Il y a lieu de produire : 1° l'original ou l'expédition du traité passé entre le candidat et l'huissier démissionnaire; 2° la démission de l'huissier, lorsque c'est lui-même qui présente son successeur, ou son acte de décès, s'il est décédé : en cas de destitution du titulaire qu'il s'agit de remplacer, le candidat doit être présenté par le tribunal; 3° une expédition de la délibération du tribunal constatant l'admission du candidat. — J.G. Huissier, 14.

Art. 11. Ceux qui seront nommés huissiers se présenteront, dans le mois qui suivra la notification à eux faite du décret de leur nomination, à l'audience publique du tribunal de première instance, et y prêteront le serment prescrit par l'art. 7.

Art. 12. Ces huissiers ne pourront faire aucun acte de leur ministère avant d'avoir prêté ledit serment; et ils ne seront admis à le prêter que sur la représentation de la quittance du cautionnement fixé par la loi.

Le défaut de prestation de serment ou d'inscription de cette prestation sur les registres ne suffirait pas pour vicier un exploit de nullité, si, à l'époque de la signification, l'huissier qui l'avait signifié exerçait publiquement ses fonctions. — Besançon, 16 janv. 1811, J.G. Huissier, 15-1°.

Art. 13. Ceux qui n'auront point prêté le serment dans le délai ci-dessus fixé demeureront déchus de leur nomination, à moins qu'ils ne prouvent que le retard ne leur est point imputable; auquel cas, le tribunal pourra déclarer qu'ils sont relevés de la déchéance par eux encourue, et les admettra au serment.

§ 2. — De la Résidence des Huissiers.

Art. 15. Les huissiers audienciers seront tenus, à peine d'être remplacés, de résider dans les villes où siègent les cours et tribunaux près desquels ils devront faire respectivement leur service.

Une cour d'appel ne pourrait pas autoriser ses huissiers audienciers à établir leur résidence dans un autre lieu que celui où elle siége, pour y faire les actes de leur ministère, concurremment avec les huissiers de leur nouvelle résidence. — J.G. Huissier, 142.

Art. 16. Les huissiers ordinaires seront tenus, sous la même peine, de garder la résidence qui leur aura été assignée par le tribunal de première instance.

1. Les tribunaux de première instance ont seuls le droit de changer la résidence des huissiers de leur ressort, toutes les fois que les besoins du service et l'intérêt des justiciables l'exigent. — Metz, 4 juin 1833; Req. 4 févr. 1834, et 11 août 1840, J.G. Huissier, 95.
2. Leurs délibérations à cet égard constituent des actes souverains d'administration judiciaire, qui ne peuvent être attaqués par la voie d'appel. La cour qui se déclarerait compétente pour en connaître commettrait un excès de pouvoir. — Mêmes arrêts.
3. Elles ne pourraient non plus être différées à la connaissance de la Cour de cassation, si ce n'est pour incompétence ou excès de pouvoir comme en matière disciplinaire. — Arrêt précité du 11 août 1840.
4. Un changement de résidence entre deux huissiers peut être autorisé par le tribunal du ressort, sans qu'il y ait besoin de l'agrément du Gouvernement. — Trib. du Havre, 4 juill. 1844, D.P. 46. 2. 14.
5. Mais lorsque ce changement est accompagné de stipulations de soulte ou de prix, il constitue un échange ou une vente d'office, soumis à l'approbation du Gouvernement. — Même jugement, et sur appel, Rouen, 16 juin 1845, D.P. 46. 2. 14.
6. Les huissiers ordinaires ne peuvent avoir, dans un lieu autre que celui de la résidence qui leur est assignée, une succursale ou même une résidence quelconque. — Trib. de la Seine, 3 août 1849, D.P. 49. 3. 76.
7. Lorsqu'une résidence fixe a été assignée par un tribunal à un huissier, cet officier ministériel ne peut, sous prétexte que la localité qui lui a été assignée ne lui offre pas le moyen de se procurer une habitation convenable, s'établir, même par intervalle, dans une résidence voisine, et y instrumenter. — Limoges, 23 janv. 1844, J.G. Huissier, 96.
8. L'huissier qui enfreint la loi de résidence est passible de dommages-intérêts envers ceux de ses collègues auxquels cette infraction cause un préjudice. — Trib. civ. de la Seine, 3 août 1849, D.P. 49. 3. 76.

Art. 17. La résidence des huissiers ordinaires sera, autant que faire se pourra, fixée dans les chefs-lieux de canton.

Art. 18. Si des circonstances de localité ne permettent point l'établissement d'un huissier ordinaire au chef-lieu du canton, le tribunal de première instance le fixera dans l'une des communes les plus rapprochées du chef-lieu.

Art. 19. Dans les communes divisées en deux arrondissements de justice de paix ou plus, chaque huissier ordinaire sera tenu de fixer sa demeure dans le quartier que le tribunal de première instance jugera convenable de lui indiquer à cet effet.

TIT. II. — Des Attributions des Huissiers et de leurs Devoirs.

Chap. 1er. — Attributions des Huissiers.

§ 1er. — Service personnel près les cours impériales et près les divers tribunaux.

Art. 20. Les huissiers audienciers sont maintenus dans le droit que leur donne et l'obligation que leur impose notre décret du 30 mars 1808, de faire exclusivement, près leurs cours et tribunaux respectifs, le service personnel aux audiences, aux assemblées générales ou particulières, aux enquêtes, interrogatoires et autres commissions, ainsi qu'au parquet.
Pourront néanmoins nos cours et tribunaux commettre accidentellement des huissiers ordinaires, à défaut ou en cas d'insuffisance des huissiers audienciers.

Art. 21. Le service personnel d'huissiers près les cours d'assises sera fait, savoir : dans les villes où siègent nos cours impériales, par des huissiers audienciers de la cour impériale; et partout ailleurs, par des huissiers audienciers du tribunal de première instance du lieu ou se tiendront les séances de la cour d'assises ou de la cour spéciale.
L'art. 118 de notre décret du 6 juill. 1810, relatif au mode de désignation des huissiers qui doivent faire le service près les cours d'assises des départements autres que celui où siége la cour impériale, continuera de recevoir son exécution.

Art. 22. Les huissiers qui seront désignés pour faire le service personnel près les cours d'assises ne pourront, pendant la durée des sessions criminelles, sortir du canton de leur résidence sans un ordre exprès du procureur général ou du procureur impérial criminel.

Art. 23. Il sera fait, par nos cours et tribunaux, des règlements particuliers sur l'ordre du service de leurs huissiers audienciers, en se conformant aux dispositions du présent titre et à celles du tit. 5 de notre décret du 30 mars 1808.

Les règlements que feront sur cet objet les tribunaux de première instance ou de commerce, et les tribunaux ordinaires des douanes, seront soumis à l'approbation des cours auxquelles ces tribunaux ressortissent.

§ 2. — *Droit d'exploiter.*

Art. 24. Toutes citations, notifications et significations requises pour l'instruction des procès, ainsi que tous actes et exploits nécessaires pour l'exécution des ordonnances de justice, jugements et arrêts, seront faits concurremment par les huissiers audienciers et les huissiers ordinaires, chacun dans l'étendue du ressort du tribunal civil de première instance de sa résidence, sauf les restrictions portées par les articles suivants.

1. Les huissiers ont seuls qualité : 1° pour faire toutes les saisies, tant personnelles que réelles ; 2° pour dresser procès-verbal de la déclaration que doit faire à l'audience du tribunal de commerce ou à la maison commune le débiteur en déconfiture admis à la cession de biens (art. 901 c. pr. civ.); 3° pour notifier les décisions administratives en matière contentieuse. On doit même employer leur ministère pour faire courir les délais du recours au conseil d'État ou autres délais. — J.G. *Huissier,* 27.

2. Les agents de l'administration n'ont capacité d'exploiter qu'à la requête de l'administration ; mais les exploi tsfaits en ces matières, à la requête des particuliers doivent être signifiés par des huissiers. — J.G. *Huissiers,* 31.

3. Les huissiers ont aussi le droit de constater l'insolvabilité des débiteurs du Trésor public par des procès-verbaux de perquisition ou de carence. — Av. cons. d'Ét. 6 mess. an 10, J.G. *Huissier,* 28.

4. Ils peuvent encore être chargés par le ministère public d'exécuter les mandats d'amener, les mandats de dépôt ; d'arrêter le prévenu, accusé ou condamné, en vertu d'un mandat d'arrêt, d'ordonnance de prise de corps, d'arrêt ou jugement ; d'extraire les prisonniers, de les conduire devant le juge, et de les réintégrer en prison ; de dresser des procès-verbaux de perquisition dans le cas de l'art. 109 c. instr. cr.; de publier et d'afficher les ordonnances qui, aux termes des art. 465 et 466 c. instr. cr., doivent être publiées contre les contumax ; de lire les arrêts de condamnation à mort aux condamnés ; de dresser les procès-verbaux d'écrou et d'assister à l'inscription de l'écrou, lorsque le prévenu se trouve incarcéré (Décr. 18 juin 1811, art. 71); enfin, de requérir la force publique, qui doit leur prêter main-forte toutes les fois qu'ils demandent son assistance (même Décr. art. 77). — J.G. *Huissier,* 29.

5. Les huissiers peuvent, en matière criminelle, signifier à la requête du ministère public tous actes et jugements sur minute (Décr. 18 juin 1811, art. 70). Il en est de même en matière ordinaire urgente, lorsque le tribunal l'a ordonné ainsi. Mais, en général, ils ne peuvent faire leurs significations que sur des grosses ou expéditions régulières. — J.G. *Huissier,* 30.

6. La signification d'un acte de transport est nulle si, au lieu d'avoir été faite par un huissier, elle l'a été par un notaire. — Bruxelles, 23 mars 1811, J.G. *Huissier,* 25, et *Vente,* 1685.

7. Le droit exclusif des huissiers de signifier les actes est soumis à un grand nombre d'exceptions. — J.G. *Huissier,* 31.

8. Ainsi, les notaires n'ont pas moins que les huissiers qualité pour faire un acte d'offres réelles. — V. *Code civil annoté,* art. 1258, nos 94 et s.

9. Le notaire peut même faire la sommation d'assister à la consignation des offres. — V. *Code civil annoté,* art. 1256, nos 27 et s.

10. Les notaires peuvent faire les protêts concurremment avec les huissiers. — V. c. comm. art. 173.

11. Les gardes forestiers ont le droit de faire toutes citations et significations d'exploits en matière de délits forestiers (c. forest. art. 173). — J.G. *Forêts,* 493 et s.

12. Les employés des contributions indirectes ont capacité pour donner les assignations à fin de condamnation, dans les affaires de leur administration (Décr. 1er germ. an 13, ch. 7, art. 28). — J.G. *Huissier,* 32.

13. Les préposés des douanes ont qualité pour faire aux exploits, significations de jugement et actes d'appel dans les affaires de leur administration. — Req. 1er déc. 1830, 10 déc. 1830, J.G. *Huissier,* 32, et *Douane,* 933-10.

14. Mais les actes d'exécution, en ces divers cas, appartiennent exclusivement aux huissiers. — J.G. *Huissier,* 32.

15. En matière d'expropriation pour cause d'utilité publique, les agents de l'administration peuvent faire, à la requête du préfet, toutes les significations et notifications nécessaires. — J.G. *Huissier,* 32.

16. Les gendarmes peuvent aussi faire les citations, significations, à la requête du ministère public, en matière correctionnelle et criminelle (L. 5 pluv. an 13). — J.G. *Huissier,* 32.

17. La notification aux jurés des extraits constatant que leur nom est porté sur la liste du jury, formée en audience publique, et la sommation de comparaître au jour indiqué pour la session, peuvent encore être faites par les gendarmes (L. 28 germ. an 6, art. 133 ; c. instr. cr. art. 389). — J.G. *Huissier,* 32.

18. Les témoins appelés à la requête du ministère public devant les conseils de guerre, sont cités par une cédule portée par des plantons. Mais les citoyens qui veulent appeler des témoins doivent les faire citer par huissier. — J.G. *Huissier,* 32.

19. La première citation devant les conseils de prud'hommes est donnée par une cédule du secrétaire de ces conseils. A défaut par les parties de comparaître, elles sont citées par les huissiers attachés aux conseils (Décr. 20 févr. 1810, art. 29, 30 et 60). — J.G. *Huissier,* 32.

20. Les officiers ministériels sont cités devant la chambre de discipline par lettre du rapporteur adressée par le secrétaire ; et, en cas de non-comparution, par un acte d'huissier (Décr. 14 juin 1813, art. 81). — J.G. *Huissier,* 32.

21. Les huissiers impriment à leurs actes le caractère authentique. Ce n'est que dans les cas suivants qu'ils ont besoin d'être assistés de témoins : 1° en cas de saisie mobilière (c. pr. civ. 585); 2° de protêts (c. com. 173); 3° dans le cas où l'on veut avoir un certificat de vie d'une personne qui refuse de le donner : le notaire ne peut le délivrer que sur la production d'une sommation préalablement faite par un huissier assisté de deux témoins (Décis. min. fin. 13 août 1807); 4° dans le cas où ils procèdent à une vente publique d'objets mobiliers (L. 22 pluv. an 7, art. 5). — J.G. *Huissier,* 33.

22. Les huissiers ne peuvent, sous peine de désaveu, faire aucun acte au nom d'une partie, sans un pouvoir tacite ou exprès ; mais la remise de l'acte ou du jugement leur vaut pouvoir pour toutes exécutions autres que la saisie immobilière, pour laquelle ils ont besoin d'un pouvoir spécial. — V. *suprà,* art. 352 et 556 c. pr. civ.

Art. 25. Les huissiers audienciers de notre Cour de cassation continueront, dans l'étendue du lieu de la résidence de cette cour, d'instrumenter exclusivement à tous autres huissiers pour les affaires portées devant elle.

V. L. 27 vent. an 8, art. 70, *suprà,* p. 1282.

Art. 26. Les huissiers audienciers de nos cours impériales et ceux de nos tribunaux de première instance, feront exclusivement, près leurs cours et tribunaux respectifs, les significations d'avoué à avoué.

1. Les huissiers audienciers près les cours ont le droit d'y faire exclusivement les significations d'avoué à avoué, et de toucher les émoluments fixés pour les appels de cause (Décr. 16 févr. 1807, art. 157 et 158). — J.G. *Huissier,* 151. — V. *infrà,* p. 1308.

2. Les actes réservés aux huissiers audienciers des tribunaux de première instance, de commerce et des cours d'appel, les actes d'avoué à avoué, etc., ne sont pas nuls s'ils sont faits par des huissiers ordinaires. — J.G. *Huissier,* 145.

3. Spécialement, la notification d'une surenchère, qui doit être faite à avoué (art. 709 c. pr. civ.), n'est pas nulle pour avoir été faite par un huissier ordinaire, au lieu de l'être par un huissier audiencier. — Lyon, 30 nov. 1822, J.G. *Huissier,* 154.

4. Mais les huissiers ont le droit d'intenter une action en dommages-intérêts contre ceux de leurs confrères qui leur ont causé un préjudice — J.G. *Huissier,* 145.

5. Les huissiers audienciers ont un droit exclusif aux émoluments alloués pour l'appel des causes du rôle ; pour la publication du cahier des charges de toute espèce de vente; pour les publications lors de l'adjudication (Déc. 16 févr. 1807, art. 152, 153, 154, 155, 156). — J.G. *Huissier,* 155. — V. *infrà,* p. 1308.

6. Les tribunaux de première instance sont, en outre, dans l'usage de commettre leurs huissiers audienciers pour la signification des jugements par défaut, et pour un grand nombre d'autres actes, à titre de confiance particulière. Mais ces huissiers n'ont à cet égard aucun privilège. — J.G. *Huissier,* 156.

Art. 28. Tous exploits et actes du ministère d'huissier près les justices de paix et les tribunaux de police seront faits par les huissiers ordinaires employés aux services des audiences.

A défaut ou en cas d'insuffisance des huissiers ordinaires du ressort, lesdits exploits et actes seront faits par les huissiers ordinaires de l'un des cantons les plus voisins.

Art. 29. Défenses itératives sont faites à tous huissiers, sans distinction , d'instrumenter en matière criminelle ou correctionnelle hors du canton de leur résidence, sans un mandement exprès délivré conformément à l'art. 84 de notre décret du 18 juin 1811.

1. Dans le cas d'un exploit signifié contrairement à la prohibition de cet article, on ne saurait annuler une procédure, à raison de ce que le mandement du procureur général ne serait pas représenté. — Cr. r. 12 sept. 1807, J.G. *Huissier,* 23.

2. Mais dans le cas où un huissier ferait, même en matière criminelle, une signification hors de son ressort, c'est-à-dire hors de l'arrondissement du tribunal auquel il est immatriculé, il y aurait nullité. — Cr. c. 16 flor. an 9, J.G. *Huissier,* 23.

Art. 30. Nos procureurs près les tribunaux de première instance et les juges d'instruction ne pourront délivrer de pareils mandements que pour l'étendue du ressort du tribunal de première instance.

Art. 31. Nos procureurs impériaux criminels pourront ordonner le transport d'un huissier dans toute l'étendue du département.

Art. 32. La disposition du précédent article est applicable à nos procureurs près les tribunaux ordinaires des douanes, à moins qu'il n'y ait dans le même département deux ou plusieurs de ces tribunaux. Dans ce dernier cas, ils ne pourront ordonner le transport que pour la partie de ce département formant le ressort de leur tribunal.

Art. 33. Le transport des huissiers dans les divers départements du ressort de nos cours impériales, ne pourra être autorisé, dans les affaires criminelles, que par nos procureurs généraux près ces cours.

L'autorisation pour l'huissier de se transporter non-seulement hors de son canton, mais dans les divers départements du ressort de la cour, ne saurait émaner d'un préfet, quoique agissant au nom du Gouvernement. — Civ. r. 12 niv. an 10, J.G. *Huissier,* 24, et *Cassat.,* 1142.

Art. 34. En matière de simple police, aucun huissier ne pourra instrumenter hors du canton de sa résidence, si ce n'est dans le cas prévu par le second paragraphe de l'art. 28 du présent décret, en vertu d'une cédule délivrée pour cet effet par le juge de paix.

Art. 35. Dans tous les cas où les règlements accordent aux huissiers une indemnité pour frais de voyage, il ne sera alloué qu'un seul droit de transport pour la totalité des actes que l'huissier aura faits dans une même course et dans le même lieu.

Ce droit sera partagé en autant de portions égales entre elles qu'il y aura d'originaux d'actes, et, à chacun de ces actes, l'huissier appliquera l'une desdites portions; le tout à peine de rejet de la taxe, ou de restitution envers la partie, et d'une amende qui ne pourra excéder 100 fr. ni être moindre de 20 fr. — C. pr. civ. art. 62.

1. Une commune, quelque divisée qu'elle soit, est considérée comme une même localité (Décr. 18 juin 1811, art. 93) : la distance ne doit donc se calculer que du chef-lieu de la commune où réside l'huissier au chef-lieu de celle où il va exploiter; et c'est entre les clochers des deux communes où l'huissier et la partie demeurent que la distance doit être mesurée, et non de la maison de l'huissier à celle de la partie assignée. — Req. 14 févr. 1838, J.G. *Frais et dép.*, 334, et *Jugem.*, 180-3°.

2. L'art. 35 du décret du 14 juin 1813 n'est pas applicable au cas où l'huissier a signifié plusieurs exploits en une même course, mais dans des communes différentes : cet article prononçant une pénalité (une amende de 20 à 100 fr.), son application ne saurait être étendue d'un cas à un autre. — Besançon, 2 janv. 1850, D.P. 58. 2. 93. — Dijon, 28 août 1856, D.P. 56. 2. 266, et sur pourvoi, Civ. r. 29 juin 1857, D.P. 57. 1. 250.

3. Mais une même commune doit être considérée comme un seul lieu dans le sens de l'article précité. — (Sol. impl.) Arrêt précité du 28 août 1856.

4. Les huissiers qui résident dans une ville où siége un tribunal de première instance, et qui vont signifier des actes dans les divers cantons de l'arrondissement, sont fondés à réclamer un droit de transport. Ainsi, le juge chargé de taxer les frais ne peut, lorsqu'un huissier du chef-lieu a fait la saisie et la vente des meubles d'un débiteur domicilié dans un canton éloigné, mettre à la charge du saisissant les frais nécessités par le transport de cet huissier, en sus de ceux qui auraient été alloués à un huissier du canton : ces frais, comme les autres, doivent être prélevés par privilége sur le prix de la vente. — Civ. c. 17 févr. 1830, J.G. *Frais et dép.*, 338.

5. Le droit de transport payé à l'huissier chargé d'une signification doit passer en taxe, même dans le cas où la commune dans laquelle la signification a eu lieu se trouve pourvue d'huissier, si d'ailleurs les parties, en choisissant un huissier du dehors, ont agi de bonne foi, et non dans l'intention de porter préjudice.— Bordeaux, 3 mars 1858, D.P. 59. 2. 173.

6. Une cour fait un arrêté de règlement excédant ses pouvoirs lorsqu, sans qu'aucune contestation particulière lui soit soumise, elle prend une délibération par laquelle, en rappelant un ancien règlement, elle ordonne : 1° que les huissiers de son ressort, qui se transporteront hors de leur résidence, ne pourront exiger que le salaire qui serait alloué à l'huissier le plus prochain ; 2° que les huissiers seront tenus de numéroter chaque jour leurs exploits, et de répartir le voyage entre les différentes commissions pour lesquelles ils l'auront fait. — Req. 22 mars 1825, J.G. *Huissier*, 46, et *Compét. admin.*, 74.

7. En cas de difficulté sur la taxe des frais de transport, il y a lieu, par les tribunaux, de prendre pour base de leurs calculs le tableau des distances dressé par les préfets en exécution de l'art. 93 du décret du 18 juin 1811. — J.G. *Frais*, 337.

8. L'huissier qui contrevient à la disposition du présent article ne peut même s'excuser sur ce que la double perception qui lui est reprochée a été faite involontairement et par erreur. — Bordeaux, 3 juin 1836, J.G. *Huissier*, 44 et 62.

9. ... Et la contravention, en ce cas, est suffisamment établie par la production des deux originaux faisant mention des deux droits. — Même arrêt.

10. L'huissier, poursuivi en vertu de l'art. 35 du décret du 14 juin 1813, qui punit d'une amende de 25 à 100 fr. le fait d'employer en frais deux transports lorsqu'il n'a fait qu'un seul voyage pour deux actes, doit être jugé par le tribunal civil ; il ne peut être traduit devant le tribunal correctionnel. — Cr. c. 22 mai 1828, J.G. *Huissier*, 122.

11. La condamnation d'un huissier à l'amende pour faits relatifs à ses fonctions ne pourrait être prononcée par un juge de paix. — Req. 16 janv. 1844, J.G. *Huissier*, 122 et 164.

Art. 36. Tout huissier qui chargera un huissier d'une autre résidence d'instrumenter pour lui, à l'effet de se procurer un droit de transport qui ne lui aurait pas été alloué s'il eût instrumenté lui-même, sera puni d'une amende de 100 fr. L'huissier qui aura prêté sa signature sera puni de la même peine.

En cas de récidive, l'amende sera double, et l'huissier sera, de plus, destitué.

Dans tous les cas, le droit de transport indûment alloué ou perçu sera rejeté de taxe, ou restitué à la partie.

L'art. 10 de la loi du 16 juin 1824, qui réduit la plupart des amendes fixées par les lois antérieures, ne s'applique pas aux pénalités édictées par le décret de 1813. — J.G. *Huissier*, 45.

§ 2. — *Prisées et ventes publiques de meubles et effets mobiliers.*

Art. 37. Dans les lieux pour lesquels il n'est point établi de commissaires-priseurs exclusivement chargés de faire les prisées et ventes publiques de meubles et effets mobiliers, les huissiers, tant audienciers qu'ordinaires, continueront de procéder, concurremment avec les notaires et les greffiers, auxdites prisées et ventes publiques, en se conformant aux lois et règlements qui y sont relatifs.

Sur le droit des huissiers de procéder aux ventes publiques de meubles ou de récoltes, V. Appendice à l'art. 952 c. pr., n°s 31 et s., supra, p. 1187.

Art. 38. Les huissiers ne pourront, ni directement ni indirectement, se rendre adjudicataires des objets mobiliers qu'ils seront chargés de vendre.

Toute contravention à cette disposition sera punie de la suspension de l'huissier pendant trois mois et d'une amende de 100 fr. pour chaque article par lui acheté, sans préjudice de plus fortes peines dans les cas prévus par le code pénal.

La récidive, dans quelque cas que ce soit, entraînera toujours la destitution.

Chap. II. — *Devoirs des Huissiers.*

Art. 39. Les huissiers sont tenus de se renfermer dans les bornes de leur ministère, sous les peines portées par l'art. 132 c. pr. civ.

Les huissiers sont tenus de se renfermer dans les bornes de leur ministère, sous peine de condamnation personnelle aux dépens, même aux dommages-intérêts, s'il y a lieu, sans préjudice de l'interdiction et de la destitution, suivant la gravité des circonstances.— J.G. Huissier, 91.

Art. 40. L'exercice du ministère d'huissier est incompatible avec toute autre fonction publique salariée.

1. Les fonctions d'huissier sont incompatibles avec les fonctions ... de notaire (L. 25 vent. an 11). — J.G. *Huissier*, 18.

2. ... De greffier. — Req. 6 prair. an 10, J.G. *Huissier*, 18.

3. ... De commissaire de police. — J.G. *Huissier*, 18.

4. Un huissier ne peut être défenseur officieux soit devant les tribunaux ordinaires, soit devant les tribunaux de paix, soit enfin devant les tribunaux de commerce. — J.G. *Huissier*, 18.

5. L'huissier qui accepte le mandat d'affirmer une créance devant le juge-commissaire d'une faillite et de prendre part aux opérations de cette faillite est passible de l'application de l'art. 4 de la loi du 3 mars 1840, qui défend aux huissiers, sous peine d'amende, de représenter les parties devant les tribunaux de commerce. — Req. 10 mars 1847, D.P. 47. 1. 98. — V. toutefois Rouen, 25 août 1843. J.G. *Huissier*, 86, et observ. *ibid.*, 18.

6. Les huissiers n'ont pas le droit de postuler indirectement devant les tribunaux de commerce, en se faisant remplacer par leurs clercs ou par des prête-noms. — Trib. de com. de Paris, 30 janv. 1830, J.G. *Huissier*, 18.

7. Les huissiers ne peuvent intervenir dans le recouvrement, même officieux, des effets de commerce portant la mention de retour sans frais. — Délib. de la ch. des huissiers de Tours, 14 janv. 1847, D.P. 47. 3. 111.

8. Une communauté d'huissiers ne peut interdire à ses membres de rechercher et de fournir, en vue d'une affaire ou sans indication de but, des renseignements ayant trait à la solvabilité, la capacité ou la moralité d'une personne commerçante ou non commerçante. — Trib. de Limoges, 16 janv. 1861, D.P. 61. 3. 258.

Ar. 41. Il est défendu aux huissiers, sous peine d'être remplacés, de tenir auberge, cabaret, café, tabagie, ou billard, même sous le nom de leurs femmes, à moins qu'ils n'y soient spécialement autorisés.

1. C'est à l'autorité d'apprécier les cas où, soit en raison du faible produit de l'office, soit des usages, soit de la moralité et de la considération de l'huissier, l'autorisation peut être accordée. — J.G. *Huissier*, 92.

2. L'autorisation doit être accordée par l'administration et non par les tribunaux. — Civ. c. 26 sept. 1834, J.G. *Huissier*, 93.

Art. 42. Les huissiers sont tenus d'exercer leur ministère toutes les fois qu'ils en sont requis, et sans acception de personnes, sauf les prohibitions pour cause de parenté ou d'alliance portées par les art. 4 et 66 c. pr. civ.

L'art. 85 de notre décret du 18 juin 1811 sera exécuté à l'égard de tout huissier qui, sans cause valable, refuserait d'instrumenter à la requête d'un particulier.

1. Le ministère des huissiers est forcé à ce point, qu'un huissier ne peut refuser de faire un acte dont il est requis, sous le prétexte que cet acte serait irrégulier et nul ; comme si, par exemple, requis de notifier une opposition à un lieu indiqué, il s'y refuse sous le prétexte qu'il n'y a pas d'élection de domicile en ce lieu. Tout ce qu'il peut exiger, c'est une réquisition précise et spéciale qui mette à couvert sa responsabilité. — Montpellier, 24 juin 1826, J.G. *Huissier*, 81.

2. Toutefois, les huissiers ne peuvent être forcés d'accepter une commission de porteur de contraintes ; ils peuvent seulement être requis d'exercer contre les redevables les actes de leur ministère, et, dans ce cas, ils ont droit de demander que leurs émoluments soient fixés d'après le tarif judiciaire.— Avis cons. d'Et. 13 août 1841, J.G. *Huissier*, 83 et 13-4°.

3. Un huissier ne peut pas instrumenter pour lui-même, ni pour ses parents et alliés. — V. *suprà*, art. 4 et 66 c. pr. civ.

4. Les huissiers ne doivent signifier aucun acte contraire au respect dû aux lois ou aux bonnes mœurs — J.G. *Huissier*, 89.

5. L'huissier qui signifie l'acte d'appel d'un jugement rendu en dernier ressort peut être puni, par mesure de discipline, même de la suspension. — Colmar, 24 déc. 1807, J.G. *Huissier*, 89-1°.

6. L'huissier qui signifie un acte irrévérencieux pour un juge (le président du tribunal) peut être frappé de mesures disciplinaires. — Trib. de Draguignan, 13 août 1840, J.G. *Huissier*, 89-2°, et *Discipl.*, 261.

7. Sur la détermination des heures auxquelles un huissier ne peut faire aucun acte de son ministère, V. *suprà*, art. 1037 c. pr. civ.

Art. 43. Les copies à signifier par les huissiers seront correctes et lisibles, à peine de rejet de la taxe, ou de restitution des sommes reçues.

Les papiers employés à ces copies ne pourront contenir, savoir : plus de 40 lignes par page de moyen papier, et plus de 50 lignes par page de grand papier, à peine d'une amende de 25 fr., conformément à l'art. 26 de la loi sur le timbre, du 13 brum. an 7.

Si la copie d'un arrêt ou d'un jugement en dernier ressort n'est point conforme à ce qui est prescrit par le présent article, l'huissier qui l'aura signée sera de plus condamné à une amende de 25 fr., sur la seule provocation du ministère public, et par la cour ou le tribunal devant lequel cette copie aura été produite.

Nos procureurs généraux et impériaux sont chargés spécialement de veiller à l'exécution du présent article.

Cet article a été abrogé par le décret du 29 août 1813, rapporté suprà, p. 142.

Art. 44. Si l'huissier contrevenant à l'une des dispositions du précédent article est convaincu de récidive, le ministère public pourra provoquer sa suspension, ou même son remplacement, s'il y a lieu.

Art 45. Tout huissier qui ne remettra pas lui-même à personne ou domicile l'exploit et les copies de pièces qu'il aura été chargé de signifier sera condamné, par voie de police correctionnelle, à une suspension de trois mois, à une amende qui ne pourra être moindre de 200 fr. ni excéder 2000 fr., et aux dommages et intérêts des parties.

Si néanmoins il résulte de l'instruction qu'il a agi frauduleusement, il sera poursuivi criminellement, et puni d'après l'art. 146 c. pén.

1. — I. Rédaction des actes. — Il est conforme à l'intention du législateur que les huissiers rédigent eux-mêmes les actes de leur ministère ; toutefois, aucune disposition législative ne leur défend de confier la

rédaction de leurs actes à des tiers, ni de faire au rédacteur la remise d'une partie des émoluments qui leur sont individuellement réservés. — J.G. *Huissier*, 58.

2. Le traité par lequel un huissier consentirait à laisser rédiger les différents actes de son ministère par des agréés ou autres mandataires près des tribunaux, en leur faisant pour cette cause la remise d'une partie de ses émoluments, ne serait donc qu'un abus susceptible d'être réprimé par des peines ou des mesures de discipline, mais ne saurait servir de fondement à une demande en dommages-intérêts de la part de la communauté des huissiers. — Req. 5 juin 1822, J.G. *Huissier*, 58.

3. Suivant un premier système, les huissiers ont le droit de refuser la signification des exploits rédigés par les parties ou par les avoués leurs mandataires, alors même qu'on leur offrirait de leur en payer le coût total. — Trib. d'Alais, 25 nov. 1845, D.P. 46. 3. 37. — Trib. de Nevers, 10 mars 1847, D.P. 47. 4. 291.

4. Spécialement, un huissier peut se refuser à signifier un exploit de saisie-arrêt qui lui est remis tout préparé sur timbre par un avoué, alors même que cet exploit contiendrait assignation au débiteur saisi en validité de ladite saisie et au tiers saisi en déclaration affirmative, et qu'en outre il serait fait offre de lui payer le coût total de l'acte. — Montpellier, 29 nov. 1859, D.P. 61. 2. 237. — Nîmes, 17 juin 1861, D.P. 61. 2. 238.

5. Si l'huissier, chargé de la signification d'un acte, ne peut pas refuser de reproduire dans son exploit la rédaction arrêtée par la partie ou son conseil, sauf pour des motifs graves à apprécier par la justice, la partie n'a pas le droit de lui imposer un exploit rédigé à l'avance sur timbre, et que cet huissier n'aurait plus qu'à signifier; en conséquence, le refus de l'huissier de signifier cet exploit, avec offre de le faire lui-même, en se conformant à la rédaction proposée, est licite, et ne saurait, dès lors, le rendre passible de dommages-intérêts. — Civ. r. 20 janv. 1864, D.P. 64. 1. 79.

6. D'après une autre opinion, les huissiers ne peuvent pas se refuser à signifier les exploits qui leur sont remis, tout préparés et sur timbre, par les avoués, sauf le droit qu'ils conservent d'exiger la totalité de l'émolument qui leur est alloué par le tarif. — Trib. d'Amiens, 4 juill. 1822, J.G. *Huissier*, 59. — Rennes, 15 févr. 1847, D.P. 47. 2. 69. — Nîmes, 5 juill. 1847, D.P. 47. 4. 290. — Trib. de Nîmes, 8 avr. 1861, D.P. 62. 3. 12.

7. Le motif de refus tiré de la seule circonstance que l'acte n'est pas écrit par eux ou leur clerc, et qu'une délibération de la chambre leur enjoint de ne pas signifier des actes qui ne seraient pas écrits dans leurs études, ne serait pas suffisant; il importerait même que l'huissier offrît de l'écrire et de le signifier dans les mêmes termes où il était présenté. — Jugem. précité du 4 juill. 1822.

8. Toutefois, comme il peut résulter d'une telle signification un recours en garantie que le client pourrait être hors d'état de couvrir, l'huissier a le droit de proposer la régularisation de l'acte et la modification de ses termes, et, en cas de persistance de la partie, de refuser son ministère. — Même jugemet.

9. En tout cas, la signification d'un jugement par défaut, même contenant commandement ou sommation, et par exemple d'un jugement validant une saisie-arrêt, est, en ce qu'elle fait partie de la procédure dont la surveillance est confiée à l'avoué, un des actes dont la rédaction appartient à cet officier ministériel. — Trib. de Nîmes, 8 avr. 1861, D.P. 62. 3. 12.

10. D'autres décisions, distinguant entre les exploits d'ajournement introductifs d'instance et les autres exploits, ont jugé que les huissiers ne peuvent se refuser à signifier les premiers qui leur sont remis tout préparés et sur timbre par les parties. — Trib. de Carcassonne, 17 nov. 1847, D.P. 47. 4. 291. — Req. 8 mars 1848, D.P. 48. 1. 75. — Montpellier, 29 nov. 1859, D.P. 61. 2. 237. — Montpellier, 17 juin 1861, D.P. 61. 2. 238.

11. ... Sauf le droit qui leur appartient exclusivement de rédiger la portion des actes relative à leurs noms et immatricule, à leur transport et à la remise de l'exploit. — Req. 8 mars 1848, D.P. 48. 1. 75.

12. Il n'y a pas lieu de mettre hors de cause, comme étant sans qualité et sans intérêt, l'avoué qui, tant au nom de la partie que comme son mandataire, intente une action contre un huissier qui a refusé de signifier des actes tout préparés, alors que cette action n'a au fond pour objet que de faire décider, en principe, si les avoués peuvent forcer un huissier à recevoir et signifier les actes qu'ils lui remettent ainsi tout rédigés. — Nîmes, 17 juin 1861, D.P. 61. 2. 238.

13. Un acte de dénonciation d'une sentence, rédigé et signé par l'avoué qui l'a obtenue et en a signé les copies, ne fait preuve légale, ni de la signification de ce jugement à son contraire, ni du nombre des copies, cette preuve ne pouvant résulter que de l'attestation de l'huissier. — Orléans, 6 août 1845, D.P. 49. 2. 20.

14. Sur les droits respectifs des avoués et des huissiers relativement aux copies de pièces, V. tarif 16 févr. 1807, art. 28 et 72, *infrà*, p. 1293 et 1299.

15. Sur les diverses formalités des exploits, V. c. pr. civ. art. 61 et s.

16. — II. Signification des actes. — L'huissier doit remettre lui-même à personne ou à domicile l'exploit et les copies de pièces qu'il est chargé de signifier. — J.G. *Huissier*, 61.

17. Cette disposition est générale et s'applique à tous les actes qu'un huissier est tenu de signifier et qui doivent être son œuvre personnelle, notamment à la réquisition du visa des fonctionnaires publics qui est ordonnée pour certains cas, tels que celui prescrit par l'art. 673 c. pr. civ. — Cr. c. 7 oct. 1842; Ch. réun. c. 18 déc. 1843, J.G. *Huissier*, 61. — Cr. c. 2 août 1849, D.P. 49. 1. 323.

18. Spécialement, l'huissier doit être puni des peines prononcées par l'art. 45 du décr. de 1813, lorsque, chargé de l'apposition, dans une commune, de placards de saisie immobilière, il ne se présente pas personnellement devant le maire de cette commune pour requérir son visa. — Même arrêt du 2 août 1849.

19. Ces principes s'appliquent *a fortiori* à l'huissier qui, dans le cas prévu par l'art. 628 c. pr., ne remet pas lui-même au maire une copie de la saisie-brandon. — Cr. r. 19 févr. 1842, J.G. *Huissier*, 62.

20. Le fait seul, abstraction de toute intention frauduleuse, de la part d'un huissier, d'avoir chargé un tiers de remettre des copies d'exploit qu'il devait remettre lui-même, constitue la contravention passible des peines édictées par le décret. — Bordeaux, 3 juin 1836, J.G. *Huissier*, 63.

21. Ainsi, les peines seraient encourues dans le cas même où il serait reconnu que l'huissier n'aurait consenti à confier l'exploit à un tiers que parce qu'il se trouvait empêché de passer par un torrent débordé. — Cr. c. 25 mars 1836, J.G. *Huissier*, 64.

22. On ne peut, non plus, se prévaloir ni de ce que l'exploit serait parvenu à sa destination, ni même de la présence de l'huissier à la remise. — Cr. c. 7 août 1828, J.G. *Huissier*, 65.

23. ... Ni de ce que c'est sur la demande de l'assigné que l'huissier, chargé par le ministère public de l'assignation, a déclaré, tenir au l'original que sur la copie, avoir remis cette copie au domicile de ce dernier, et à sa mère, quoiqu'il l'ait remise à un tiers et au domicile de celui-ci. — Cr. c. 18 avr. 1828, J.G. *Huissier*, 65.

24. L'huissier poursuivi *correctionnellement*, en vertu de l'art. 45 du décret du 14 juin 1813, pour n'avoir pas remis lui-même à personne ou à domicile l'exploit qu'il était chargé de signifier, ne peut être excusé sous le prétexte de sa bonne foi. — Cr. c. 8 janv. 1853, D.P. 53. 1. 152. — Cr. c. 27 juin 1856, D.P. 56. 1. 383.

25. ... Ni sur le motif que la partie l'aurait dispensé d'apporter en personne la copie de l'exploit. — Cr. c. 8 janv. 1853, D.P. 53. 1. 152.

26. L'huissier encourt les peines de suspension et d'amende, établies par l'art. 45 du décret du 14 juin 1813, par cela seul qu'il a chargé un tiers de remettre la copie de l'exploit à signifier : peu importe que, sur le refus de la partie de recevoir cette copie, le tiers chargé par l'huissier d'en faire la remise ait repris on retiré cette copie. — Cr. c. 1er avr. 1852, D.P. 52. 1. 126. — Ch. réun. c. 5 avr. 1853, D.P. 53. 1. 150-151.

27. Au surplus, l'huissier poursuivi sur la plainte de la partie lésée pour n'avoir pas remis une copie, et acquitté pour ce fait, sur le seul motif qu'il y avait en absence de fraude, peut néanmoins être poursuivi disciplinairement pour le même fait. — Cr. c. 1er mai 1829, J.G. *Huissier*, 67, et *Chose jugée*, 525-3o.

28. Mais l'art. 45 n'est applicable que lorsque l'huissier ne remet pas les actes à personne ou à domicile contrairement à ce qui est énoncé dans ces actes, ou fait emploi d'un tiers pour ces remises : l'huissier qui remet la copie d'un acte à une autre personne que celle désignée et dans un autre lieu que celui où il était chargé de faire la signification, mais en ayant soin d'énoncer dans l'exploit lui-même la remise telle qu'il l'a faite, n'encourt pas la peine prononcée par l'art. 45, bien que l'acte puisse être annulé. — Cr. r. 6 mai 1842, J.G. *Huissier*, 68.

29. L'art. 463 c. pén., sur les circonstances atténuantes, ne peut pas être invoqué en faveur d'un huissier coupable d'infraction à l'art. 45 du décret de 1813, pour faire réduire la peine édictée par cette disposition. — Cr. c. 7 mars 1817, J.G. *Huissier*, 66.

30. Le fait par un huissier de faire signifier par ses clercs des actes de son ministère constitue, à l'égard des autres huissiers, une cause de préjudice pouvant servir de base à une action en *dommages-intérêts*. — Toulouse, 18 janv. 1866, D.P. 66. 2. 6.

31. Mais les demandeurs ne peuvent établir la preuve de ce fait que par la voie de l'inscription de faux. — Même arrêt.

32. Vainement, pour s'affranchir de cette nécessité, ils allégueraient qu'ils n'ont en leur possession aucun des actes incriminés : cette considération ne peut prévaloir contre la règle précise posée par l'art. 1319 c. civ. — Même arrêt.

33. Vainement encore prétendraient-ils qu'ils demandent à être admis à la preuve des notifications frauduleuses dans l'intérêt de leur demande en dommages-intérêts seulement et en respectant pour le surplus la validité des actes attaqués : la prohibition de l'art. 1319 est d'ordre public, et d'ailleurs on ne concevrait pas qu'un acte déclaré mensonger et frauduleux dans un intérêt indirect et privé conservât sa force et sa valeur pour les parties directement intéressées. — Même arrêt.

34. Vainement, enfin, les demandeurs objecteraient qu'ils ne se plaignent que d'un fait matériel qui leur cause un préjudice, et qu'on ne peut leur refuser la preuve de ce fait : la loi qui exige un mode de preuve spécial et rigoureux doit être obéie et ne peut être indirectement éludée. — Même arrêt.

35. — III. Obligations diverses des huissiers. — Les huissiers doivent faire tous leurs actes sur papier timbré, à peine d'amende. — V. *Code annoté de l'Enregistrement*.

36. Les huissiers doivent faire enregistrer leurs actes dans les quatre jours de leur date, à peine de nullité. (L. 22 frim. an 7, art. 20). — V. *Code annoté de l'Enregistrement*.

37. Les huissiers ne peuvent devenir cessionnaires des procès, droits et actions litigieux de la compétence du tribunal dans le ressort duquel ils exercent leurs fonctions. — V. *Code civil annoté*, art. 1597.

38. Les huissiers sont obligés de verser à la Caisse des dépôts et consignations :... 1o les deniers comptants saisis chez un débiteur contre lequel ils exercent une saisie-exécution, si le saisissant, le saisi et les opposants ne conviennent pas d'un séquestre volontaire dans les trois jours du procès-verbal de saisie, et 2o les sommes saisies-arrêtées entre les mains des dépositaires ou débiteurs, à quelque titre que ce soit. — J.G. *Huissier*, 79.

39. ... 3o Les sommes qui proviennent de ventes de biens meubles de toute espèce par suite de toute sorte de saisies ou même de ventes volontaires, lorsqu'il y aura des oppositions dans les cas prévus par les art. 656 et 657 c. pr. — Req. 12 déc. 1826, J.G. *Huissier*, 79, et *Obligat.*, 2164.

40. ... 4o Les sommes qu'ils sont chargés d'offrir réellement, extrajudiciairement ou judiciairement, lorsque les offres ne sont pas acceptées. Ils doivent, dans ce cas, effectuer le versement des sommes refusées dans les vingt-quatre heures qui suivent l'acte des offres, à moins qu'ils n'en aient été dispensés par ordre écrit de celui qui les a chargés de faire les offres (Ord. 3 juill. 1816, art. 5). — J.G. *Huissier*, 79.

41. Tout huissier qui conserve des sommes de nature à être versées à la Caisse des consignations doit être dénoncé au ministre de la justice par le procureur de la République, et sa révocation être proposée au chef de l'Etat, s'il y a lieu, sans préjudice des peines qui sont ou pourront être prononcées par les lois (Ord. 3 juill. 1816, art. 10). — J.G. *Huissier*, 79.

42. Il peut, en outre, être condamné à payer les intérêts qu'aurait payés la Caisse des consignations. — Req. 21 juin 1825, J.G. *Huissier*, 79, et *Success.*, 993.

43. Un huissier qui exécute une décision judiciaire ou une obligation doit, de plus, sous sa responsabilité personnelle, remplir toutes les formalités qui sont inhérentes à cette exécution; spécialement, un huissier qui saisit du vin sur un débiteur, doit, avant de faire conduire ce vin au marché pour être vendu, faire la déclaration préalable au bureau des contributions indirectes, et se munir du congé et passavant prescrits par la loi. — Cr. c. 3 févr. 1828, J.G. *Huissier*, 80, et *Impôts indir.*, 68.

Table sommaire.

Art. 46. Les répertoires que les huissiers sont obligés de tenir, conformément à la loi du 22 frim. an 7, relative à l'enregistrement, seront cotés et parafés, savoir :

Ceux des huissiers audienciers, par le président de la cour ou du tribunal, ou par le juge qu'il aura commis à cet effet;

Ceux des huissiers ordinaires résidant dans les villes où siègent les tribunaux de première instance, par le président du tribunal, ou par le juge qu'il aura commis à cet effet;

Ceux des autres huissiers, par le juge de paix du canton de leur résidence.

Art. 47. Outre les mentions qui, aux termes de l'art. 50 de la même loi, doivent être faites dans lesdits répertoires, les huissiers y marqueront, dans une colonne particulière, le coût de chaque acte ou exploit, déduction faite de leurs déboursés.

Art. 48. Pour faciliter la taxe des frais, les huissiers, outre la mention qu'ils doivent faire au bas de l'original et de la copie de chaque acte, du montant de leurs droits, seront tenus d'indiquer en marge de l'original le nombre de rôles des copies de pièces, et d'y marquer de même le détail de tous les articles de frais formant le coût de l'acte.

V. c. pr. civ. art. 67.

TIT. III. — De la réunion des Huissiers en communauté d'arrondissement.

Chap. Ier. — Formation de la communauté.

Art. 49. Il y aura communauté entre tous les huissiers sans exception résidant et exploitant dans l'étendue du ressort du tribunal civil d'arrondissement de leur résidence.

Art. 50. Le département de la Seine n'ayant qu'un seul tribunal civil, tous les huissiers exerçant dans ce département, y compris ceux de notre Cour de cassation, seront réunis en communauté.

Art. 52. Chaque communauté aura une chambre de discipline, qui sera présidée par un syndic.

Chap. II. — Organisation de la chambre de discipline.

Art. 53. Le nombre des membres de la chambre de discipline, y compris le syndic, est fixé, savoir :

A quinze, dans le département de la Seine ;

A neuf, dans les autres arrondissements où il y aura plus de cinquante huissiers ;

A sept, dans les arrondissements où le nombre des huissiers sera de trente à cinquante ;

A cinq, dans les arrondissements où il y aura moins de trente huissiers.

Art. 54. Dans chaque chambre, il y aura, outre le syndic, un rapporteur, un trésorier et un secrétaire.

Art. 55. Le syndic, et deux autres membres de la chambre, seront nécessairement pris parmi les huissiers en résidence au chef-lieu de l'arrondissement.

Dans les arrondissements où siègent les cours impériales, il y aura toujours à la chambre de discipline, indépendamment du syndic, au moins trois huissiers du chef-lieu.

Dans les départements de la Seine, les deux tiers au moins des membres de la chambre, y compris le syndic, seront pris parmi les huissiers de Paris.

Le § 1er de cet article et l'art. 56 ont été abrogés par le décret du 13 oct. 1870, et cette abrogation entraîne virtuellement celle de l'art. 57.

Art. 58. La première nomination des autres membres de la chambre de discipline sera faite de la même manière que celle du syndic.

V. Décr. 13 oct. 1870, infrà, p. 1288.

Art. 59. Après cette première nomination, les membres de la chambre de discipline, autres que le syndic, seront élus par l'assemblée générale des huissiers, qui se réuniront pour cet effet au chef-lieu de l'arrondissement, sur la convocation et sous la présidence du syndic.

Art. 60. L'élection des membres de la chambre de discipline se fera au scrutin secret.

Un scrutin particulier aura lieu pour la nomination du trésorier, qui sera toujours pris parmi les huissiers du chef-lieu.

Les autres membres de la chambre seront nommés, sans désignation de fonctions, par bulletin de liste contenant un nombre de noms qui ne pourra excéder celui des membres à nommer.

Toutes ces nominations seront faites à la majorité absolue.

Art. 61. Lorsqu'il y aura cent votants et au-dessus, l'assemblée se divisera par bureaux, qui ne pourront être composés de moins de trente ni de plus de cinquante votants.

Ces bureaux seront présidés, le premier par le syndic, et chacun des autres par le plus âgé des huissiers présents; les deux plus âgés après lui feront les fonctions de scrutateurs, et le plus jeune celles de secrétaire.

Art. 62. La chambre de discipline sera renouvelée tous les ans par tiers, ou, si le nombre n'est pas susceptible de cette division, par portions les plus approchantes du tiers, en faisant alterner chaque année, les portions inférieures et supérieures au tiers à commencer par les inférieures, de manière que, dans tous les cas, aucun membre ne puisse rester en fonctions plus de trois années consécutives.

Art. 63. Le sort indiquera ceux des membres qui devront sortir la première et la seconde année ; ensuite le renouvellement s'opérera par ordre d'ancienneté de nomination.

Les membres sortants ne seront rééligibles qu'après un an d'intervalle, à l'exception toutefois du trésorier, qui sera toujours rééligible.

Art. 64. Lorsque le nombre total des huissiers formant la communauté ne sera pas suffisant pour le renouvellement de la chambre tel qu'il est prescrit ci-dessus, ce renouvellement n'aura lieu que jusqu'à concurrence du nombre existant.

Art. 65. Les membres de la chambre de discipline nommeront entre eux au scrutin secret, à la majorité absolue, un rapporteur et un secrétaire.

Cette nomination sera renouvelée tous les ans, et les mêmes pourront être réélus.

Art. 66. En cas de partage des voix pour ladite nomination, le scrutin sera recommencé ; et si le résultat est le même, le plus âgé des deux membres qui seront l'objet de ce partage sera nommé de droit, à moins qu'il n'ait rempli, pendant les deux années précédentes, la fonction à laquelle il s'agira de nommer : auquel cas, la nomination de droit sera pour son concurrent.

Art. 67. La nomination des membres de la chambre de discipline aura lieu chaque année dans la première quinzaine d'octobre, et sera immédiatement suivie de la nomination du rapporteur et du secrétaire.

Art. 68. La chambre et les officiers entreront en exercice le 1er novembre.

Art. 69. La chambre tiendra ses séances au chef-lieu de l'arrondissement ; elle s'assemblera au moins une fois par mois.

Le syndic la convoquera extraordinairement quand il le jugera convenable, ou sur la demande motivée de deux autres membres.

Il sera tenu de la convoquer toutes les fois qu'il en recevra l'ordre du président du tribunal de première instance, ou de notre procureur près ce tribunal.

Chap. III. — Attributions de la chambre de discipline et de ses officiers.

Art. 70. La chambre de discipline est chargée,

1° De veiller au maintien de l'ordre et de la discipline parmi tous les huissiers de l'arrondissement, et à l'exécution des lois et règlements qui concernent les huissiers ;

2° De prévenir ou concilier tous différends qui peuvent s'élever entre les huissiers relativement à leurs droits, fonctions et devoirs, et, en cas de non-conciliation, de donner son avis comme tiers sur ces différends ;

3° De s'expliquer, également par forme d'avis, sur les plaintes ou réclamations de tiers contre les huissiers, à raison de leurs fonctions, et sur les réparations civiles qui pourraient résulter de ces plaintes ou réclamations ;

4° De donner son avis comme tiers sur les difficultés qui peuvent s'élever au sujet de la taxe de tous frais et dépens réclamés par des huissiers :

Lorsque la chambre ne sera point assemblée, cet avis pourra être donné par un de ses membres, à moins que l'objet de la contestation ne soit d'une importance majeure ; auquel cas, la chambre s'expliquera elle-même à la prochaine séance, ou, si le cas est urgent, dans une séance extraordinaire ;

5° D'appliquer elle-même les peines de discipline établies par l'article suivant, et de dénoncer au procureur impérial les faits qui donneraient lieu à des peines de discipline excédant la compétence de la chambre, ou à d'autres peines plus graves ;

6° De délivrer, s'il y a lieu, tous certificats de moralité, de bonne conduite et de capacité, à ceux qui se présenteront pour être nommés huissiers ;

7° De s'expliquer également sur la conduite et la moralité des huissiers en exercice, toutes les fois qu'elle en sera requise par les cours et tribunaux, ou par les officiers du ministère public ;

8° Enfin, de représenter tous les huissiers sous le rapport de leurs droits et intérêts communs, et, en conséquence, d'administrer la bourse commune dont il sera parlé au chap. 5 ci-après.

1. Il appartient à la chambre de discipline de déclarer qu'un huissier a manqué gravement à l'ordre et a encouru une peine disciplinaire, en prêtant son ministère à un notaire pour faire, de compte à demi, une vente exclusivement attribuée aux huissiers, et en enlevant, par ce procédé peu délicat, à un confrère, huissier habituel du client, la vente dont il s'agit. — Civ. r. 8 févr. 1869. D.P. 69. 1. 158.

2. La délibération qui porte qu'un huissier sera tenu de verser le montant de certains honoraires dans la bourse commune, à titre de dommages-intérêts envers la communauté, ne doit pas être interprétée comme prononçant une condamnation qui constituerait un excès de pouvoir, mais seulement comme affirmant une prétention à faire valoir, en cas de contestation, devant le tribunal civil. — Même arrêt.

Art. 71. Les peines de discipline que la chambre peut infliger elle-même, sont,

1° Le rappel à l'ordre ;

2° La censure simple par la décision même ;
3° La censure avec réprimande, par le syndic à l'huissier en personne dans la chambre assemblée ;
4° L'interdiction de l'entrée de la chambre pendant six mois au plus.

Art. 72. L'application, par la chambre des huissiers, des peines de discipline spécifiées dans l'article précédent ne préjudicie point à l'action des parties intéressées ni à celle du ministère public.

Art. 73. Toute condamnation des huissiers à l'amende, à la restitution et aux dommages-intérêts, pour des faits relatifs à leurs fonctions, sera prononcée par le tribunal de première instance du lieu de leur résidence, sauf le cas prévu par le troisième paragraphe de l'art. 43, à la poursuite des parties intéressées ou du syndic de la communauté, au nom de la chambre de discipline. Elle pourra l'être aussi à la requête du ministère public.

1. L'amende qui, en vertu de l'art. 73 du décret du 14 juin 1813, peut être, à raison de certaines infractions, infligée aux huissiers par le tribunal civil, est une peine véritable et non pas une simple mesure disciplinaire ; dès lors le jugement qui statue sur les poursuites du ministère public tendant à la faire prononcer, est susceptible d'appel. — Besançon, 2 janv. 1850, D.P. 58. 2. 93.

2. Sur la responsabilité ordinaire des huissiers envers les parties, V. *Code civil annoté*, art. 1383, nos 366 et s.

3. Sur la responsabilité spéciale des huissiers à raison de l'irrégularité et de la nullité de leurs actes, V. Décr. 14 juin 1813, art. 45, *suprà*, p. 1285 ; C. pr. civ., art. 71 et 1031.

4. Les tribunaux de première instance étant seuls compétents pour statuer sur la demande en dommages-intérêts formée contre un huissier à raison d'un fait relatif à ses fonctions, il y a lieu d'annuler le jugement qui reconnaît la compétence du juge de paix pour prononcer sur une telle demande, sous le prétexte qu'elle n'excède pas le taux de la compétence de ce magistrat. — Civ. c. 29 juin 1840, J.G. *Huissier*, 114-1°.

5. De même, il y a lieu d'annuler pour cause d'incompétence, le jugement d'un tribunal de commerce condamnant un huissier, qui a procédé en cette qualité à une vente d'objets mobiliers, à garantir l'acheteur des condamnations prononcées contre lui envers un second acheteur pour défaut de livraison des objets vendus. — Civ. c. 28 aout 1840, J.G. *Huissier*, 114-2° et *Comp. comm.* 343.

6. En pareil cas l'incompétence des tribunaux, autres que les tribunaux civils de première instance, est d'ordre public ; par suite, elle doit être déclarée d'office par les juges, et ne peut être couverte par l'acquiescement de l'huissier, sauf le cas où celui-ci laisserait acquérir l'autorité de la chose jugée à un jugement qui aurait rejeté l'exception. — Même arrêt.

Art. 74. La suspension des huissiers ne pourra être prononcée que par les cours et tribunaux auxquels ils seront respectivement attachés.

1. — I. SUSPENSION. — Un tribunal peut suspendre de ses fonctions un huissier qui a opéré une saisie vexatoire ; mais il ne pourrait ordonner l'affiche de cette partie de son jugement, si le saisi ne l'avait pas requise à titre de dommages-intérêts. — Bruxelles, 10 nov. 1819, J.G. *Huissier*, 118.

2. La suspension ne peut être prononcée que dans un intérêt d'ordre public. Les parties qui ont pu souffrir des prévarications d'un huissier, n'ont aucunes conclusions à prendre sur ce point. En conséquence, dans aucun cas, l'huissier ne peut être recevable à interjeter appel, de ce chef, contre la partie qui a figuré au jugement par lequel il a été suspendu de ses fonctions. — J.G. *Huissier*, 119. — Conf. Bruxelles, 10 nov. 1819, *ibid.*

3. L'exploit fait par un huissier dont la suspension est prononcée, est valable si le jugement ne lui a pas été signifié : ce jugement n'a d'effet que du jour de sa signification. — Req. 25 nov. 1813, J.G. *Huissier*, 120.

4. A plus forte raison, les exploits faits par un huissier interdit de ses fonctions, sont valables lorsque, dans l'ignorance de cette interdiction, l'opinion commune lui supposait la capacité d'instrumenter. — Cr. r. 8 niv. an 8, J.G. *Huissier*, 120.

5. L'action disciplinaire est indépendante de l'action criminelle ; par suite, le décret du 14 juin 1813 n'empêche pas l'application du code pénal aux faits de concussion commis par les huissiers. — Cr. r. 22 oct. 1813, J.G. *Huissier*, 121.

6. Lorsqu'un huissier est frappé de la peine de la suspension, la chambre peut déléguer un ou plusieurs membres de la corporation pour exploiter l'étude de l'huissier suspendu. Dans ce cas, les produits de l'office appartiennent aux membres délégués, et il leur est interdit d'en faire profiter leur confrère frappé de suspension. — Trib. de la Seine, 28 nov. 1845 ; Décis. du garde des sceaux, 10 juin 1846, D.P. 47. 3. 52.

7. Lorsque le trésorier d'une communauté d'huissiers a été suspendu disciplinairement, par exemple pour contravention à l'art. 45 du décret du 14 juin 1813, il ne doit pas être remplacé dans ses fonctions. Les fonctions de trésorier seraient donc remplies provisoirement par un des membres de la chambre désigné à cet effet, comme si le titulaire était empêché par la maladie ou une absence de quelque durée. — J.G. *Huissier*, 123.

8. — II. DESTITUTION. — En cas de fautes graves, les huissiers peuvent être destitués par ordonnance de propre mouvement, c'est-à-dire sans que leur destitution ait été provoquée par le tribunal. — Civ. r. 11 avr. 1835, J.G. *Huissier*, 19, et *Office*, 397.

9. Les ordonnances portant révocation ne peuvent être déférées au conseil d'Etat par la voie contentieuse. — Cons. d'Et. 20 déc 1833, 10 déc. 1846, J.G. *Huissier*, 19, et *Office*, 399.

Art. 75. Il n'est dérogé par le présent titre à aucune des dispositions des art. 102, 103 et 104 de notre décret du 30 mars 1808.

Art. 76. Le syndic aura la police d'ordre dans la chambre.
Il proposera les sujets de délibération, recueillera les voix, et prononcera le résultat des délibérations.
Il dirigera toutes actions et poursuites à exercer par la chambre, et agira pour elle et en son nom dans tous les cas, conformément à ce qu'elle aura délibéré.
Il aura seul le droit de correspondre, au nom de la chambre, avec le président et le ministère public ; sauf, en cas d'empêchement, la délégation au rapporteur.

Art. 77. Le rapporteur déférera à la chambre soit d'office, soit sur la provocation des parties intéressées ou de l'un des membres de la chambre, les faits qui pourront donner lieu à des mesures de discipline contre les membres de la communauté.
Il recueillera des renseignements sur ces faits, ainsi que sur toutes les affaires qui doivent être portées à la connaissance de la chambre, et lui en fera son rapport.

Le membre de la chambre de discipline des huissiers nommé rapporteur fait partie intégrante de cette chambre et doit prendre part à ses délibérations, même dans les affaires qu'il lui a déférées d'office. — Civ. r. 8 févr. 1869, D.P. 69. 1. 158.

Art. 78. Le trésorier tiendra la bourse commune, conformément aux dispositions du chap. 5 ci-après.

Art. 79. Le secrétaire rédigera les délibérations de la chambre.
Il sera le gardien des archives, et délivrera les expéditions.

CHAP. IV. — *Forme de procéder dans la Chambre de discipline.*

Art. 80. La chambre ne pourra faire l'application des peines de discipline spécifiées en l'art. 71 qu'après avoir entendu l'huissier inculpé, ou faute par lui d'avoir comparu dans le délai de la citation. Ce délai ne sera jamais moindre de cinq jours.

Art. 81. La citation sera donnée par une simple lettre indicative de l'objet, signée du rapporteur, et envoyée par le secrétaire qui en prendra note sur un registre tenu à cet effet, coté et parafé par le président du tribunal de première instance.

Art. 82. La même forme aura lieu pour appeler toutes personnes, huissiers ou autres, qui voudront être entendues sur des réclamations ou plaintes par elles adressées à la chambre de discipline.

Art. 83. Lorsqu'il s'agira de contestations entre huissiers, les citations pourront être respectivement données dans la forme ordinaire, en déposant les originaux au secrétariat de la chambre.

Art. 84. Dans tous les cas, les parties pourront se présenter aux séances de la chambre volontairement et sans citation préalable.

Art. 85. La chambre ne pourra prononcer ni émettre son avis sur aucune affaire qu'après avoir entendu le rapporteur.

Art. 86. Elle ne pourra délibérer valablement si les membres votants ne forment au moins les deux tiers de ceux qui la composent.

Art. 87. Les délibérations seront prises à la majorité absolue des voix : le syndic aura voix prépondérante en cas de partage.

Art. 88. Les délibérations seront inscrites sur un registre coté et parafé par le syndic : elles seront signées par tous les membres qui y auront concouru.
Les expéditions seront signées par le syndic et le secrétaire.

Art. 89. Tous les actes de la chambre, soit en minute, soit en expédition, à l'exception des certificats et autres pièces à délivrer aux candidats ou à des individus quelconques dans leur intérêt personnel, seront exempts du timbre et de l'enregistrement.

Art. 90. La chambre sera tenue de représenter à nos procureurs généraux et impériaux, toutes les fois qu'ils en feront la demande, les registres de ses délibérations, et tous autres papiers déposés dans ses archives.

....

6-24 oct. 1832. — *Ordonnance relative à la composition des chambres de discipline des huissiers.*

Art. 1er. Lorsque le nombre des huissiers exerçant dans le ressort d'un tribunal d'arrondissement, sera de vingt et au-dessus, les membres des chambres de discipline ne pourront être élus que parmi les huissiers les plus anciens en exercice formant la moitié du nombre total.
Lorsque le nombre sera au dessous de vingt, tout huissier sera éligible à la chambre de discipline.

13-26 oct. 1870. — *Décret conférant aux chambres des huissiers la nomination de leurs syndics.* — D.P. 70. 4. 120.

Art. 1er. Les art. 55, § 1er, et 56 du décret du 14 juin 1813, sont abrogés.

Art. 2. Les membres composant la chambre de discipline des compagnies d'huissiers nomment entre eux, au scrutin et à la majorité absolue, leur syndic, qui peut être réélu.
En cas de partage des voix, le scrutin est recommencé, et, si le résultat est le même, le plus âgé des deux membres qui sont l'objet de ce partage est nommé de droit.

§ 3. — *Pouvoir disciplinaire des cours et tribunaux sur les officiers ministériels.*

30 mars 1808. — *Décret contenant règlement pour la police et la discipline des cours et tribunaux.* — J.G. *Org. jud.*, p. 1493 et s.

Art. 102. Les officiers ministériels qui seraient en contravention aux lois et règlements pourront, suivant la gravité des circonstances, être punis par des injonctions d'être plus exacts ou circonspects, par des défenses de récidiver, par des condamnations de dépens en leur nom personnel, par des suspensions à temps : l'impression et même l'affiche des jugements à leurs frais pourront aussi être ordonnées, et leur destitution pourra être provoquée, s'il y a lieu.

Art. 103. Dans les cours et dans les tribunaux de première instance, chaque chambre connaîtra des fautes de discipline qui auraient été commises ou découvertes à son audience.

Les mesures de discipline à prendre sur les plaintes des particuliers ou sur les réquisitoires du ministère public, pour cause de faits qui ne se seraient point passés ou qui n'auraient pas été découverts à l'audience, seront arrêtées en assemblée générale, à la chambre du conseil, après avoir appelé l'individu inculpé. Ces mesures ne seront point sujettes à l'appel, ni au recours en cassation, sauf le cas où la suspension serait l'effet d'une condamnation prononcée en jugement.

Notre procureur général impérial rendra compte de tous les actes de discipline à notre grand juge, ministre de la justice, en lui transmettant les arrêtés, avec ses observations, afin qu'il puisse être statué sur les réclamations, ou que la destitution soit prononcée, s'il y a lieu.

DIVISION.

§ 1er. — *Exercice de l'action disciplinaire.*

1. Devant les tribunaux, c'est au ministère public qu'il appartient de mettre l'action disciplinaire en mouvement. — J.G. *Discipl. jud.*, 36.

2. Les tiers ne peuvent, dans aucun cas, exercer l'action disciplinaire ; leur droit se borne à dénoncer les faits dont ils auraient à se plaindre. — J.G. *Discipl. jud.*, 36.

3. L'injonction de poursuivre un fait disciplinairement, faite au ministère public, par une chambre d'accusation qui a déclaré n'y avoir lieu à mettre en accusation, contient un excès de pouvoir. — Cr. c. 8 oct. 1829, J.G. *Discipl. jud.*, 37 et 51.

4. L'action publique et l'action disciplinaire sont distinctes. L'action publique ne peut porter que sur les faits positivement caractérisés par la loi crime, délit ou contravention ; l'action disciplinaire s'étend à tous les faits non caractérisés qui peuvent affaiblir la considération du corps dont fait partie leur auteur. — V. (Motifs) Civ. c. 27 nov. 1838, J.G. *Discipl. jud.*, 27, et *Avocat*, 408. — Req. 6 mai 1844, J.G. *Discipl. jud.*, 27.

5. L'action disciplinaire est également distincte par sa nature et par son objet de l'action civile qui, en vertu des art. 1382 et s. c. civ., appartient à toute personne injustement lésée contre celui dont la faute lui a causé préjudice. — J G. *Discipl. jud.*, 28.

6. Alors même qu'un fait imputé à un officier ministériel est justiciable de la juridiction disciplinaire, ceux à qui ce fait cause un préjudice n'en ont pas moins le droit de saisir les tribunaux civils de leur action en dommages-intérêts. — Toulouse, 18 janv. 1866, D.P. 66. 2. 6.

7. Si le même fait constitue à la fois un crime ou délit qualifié par la loi pénale, une infraction aux devoirs professionnels, et enfin un fait préjudiciable à autrui, ce fait donne ouverture aux trois actions suivantes : à l'action publique, dans l'intérêt de la société ; à l'action disciplinaire, dans l'intérêt du corps auquel appartient l'auteur de ce fait ; à l'action civile, au profit du particulier lésé. — J.G. *Discipl. jud.*, 29.

8. En conséquence, chacune des trois actions subsiste indépendamment des autres ; l'extinction de l'une n'entraîne pas nécessairement l'extinction des autres ; le désistement de la partie civile n'arrête pas plus l'exercice de l'action disciplinaire que l'exercice de l'action publique. Enfin, la décision intervenue sur l'action publique ne met pas obstacle à l'exercice de l'action disciplinaire. — J.G. *Discipl. jud.*, 30.

9. La condamnation disciplinaire encourue pour un certain fait ne forme point obstacle à l'exercice de l'action civile ou publique en répression de ce fait. — Cr. c. 12 mai 1827, et Cr. r. 22 déc. 1827, J.G. *Discipl. jud.*, 30-5°, et *Dénonc. calomn.*, 40. — V. ord. 20 nov. 1822, art. 17, nos 1 et s., *supra*, p. 1268.

10. L'art. 3 c. instr. cr., d'après lequel, dans le cas où l'action civile est poursuivie séparément de l'action publique, « l'exercice en est suspendu tant qu'il n'a pas été prononcé définitivement sur l'action publique, intentée avant ou pendant la poursuite de l'action civile », est inapplicable à l'action disciplinaire. — J.G. *Discipl. jud.*, 31.

11. Les poursuites disciplinaires ne mettent nul obstacle à l'exercice et au jugement soit de l'action civile, soit de l'action publique. — J.G. *Discipl. jud.*, 34.

12. Ainsi, quoiqu'une chambre de discipline se trouve chargée par le garde des sceaux de vérifier les faits imputés dans un écrit à des officiers ministériels, à l'effet d'appliquer, s'il y a lieu, les peines disciplinaires, cette circonstance ne constitue point une litispendance devant cette chambre, qui empêche les officiers inculpés de poursuivre l'auteur de l'écrit devant les tribunaux. — Cr. r. 28 sept. 1815, J.G. *Discipl. jud.*, 34, et *Except.*, 83.

13. L'action disciplinaire peut être exercée indéfiniment : elle ne s'éteint pas par la *prescription*. — Req. 30 déc. 1824, J G. *Chose jugée*, 525-5°. — Limoges, 21 juin 1838, J.G. *Discipl. jud.*, 38. — Req. 23 avr. 1839, J.G. *Notaire*, 793. — V. toutefois Bourges, 20 avr. 1825, J.G. *Notaire*, 794.

14. L'action disciplinaire, une fois qu'elle a été mise en mouvement, ne peut pas être l'objet direct d'un *désistement* et s'éteindre par l'effet de ce désistement. — J.G. *Discipl. jud.*, 42.

15. La démission des fonctions, lorsqu'elle a été dûment acceptée par le pouvoir compétent, met obstacle à l'action du pouvoir disciplinaire, même à raison de faits commis alors que le démissionnaire était dans l'exercice de ces fonctions. — Trib. de Vassy, 23 nov. 1838. J.G. *Discipl. jud.*, 43.

16. Mais lorsque l'officier public qui a manqué à ses devoirs offre sa démission pour échapper à la peine disciplinaire, le Gouvernement, s'il jugeait que les circonstances rendissent un exemple nécessaire, pourrait suspendre son remplacement et le laisser ainsi sous le coup de poursuites qui pourraient amener sa destitution. — J.G. *Discipl. jud.*, 43.

17. Le décès du titulaire a pour effet d'éteindre l'action disciplinaire, soit qu'il ait précédé ou suivi l'exercice de cette action. — J.G. *Discipl. jud.*, 44.

§ 2. — *Faits donnant lieu à l'action disciplinaire.*

18. — I. Faits disciplinaires. — La réquisition disciplinaire n'atteint pas seulement les actes répréhensibles que l'officier public a pu commettre depuis qu'il est entré en fonctions : elle peut encore atteindre ceux qu'il a commis antérieurement. — J.G. *Discipl. jud.*, 19.

19. Si le fait antérieur à l'entrée en fonctions était, à l'époque où il a été accompli de la part de son auteur, un fait parfaitement licite, s'il n'est délictueux que parce qu'il est proscrit par les règlements du corps dans lequel la personne dont il émane a été postérieurement admise, il ne peut donner lieu à aucunes poursuites. — J.G. *Discipl. jud.*, 20.

20. Les faits antérieurs à la nomination ne devraient pas être poursuivis, lors même qu'à l'époque où ils se sont accomplis ils eussent pu attirer à leur auteur de justes censures, s'ils ne constituaient qu'une infraction aux devoirs réglementaires de la profession qu'exerçait alors leur auteur, et non point un acte immoral et honteux, une atteinte aux lois de la délicatesse et de l'honneur. — J.G. *Discipl. jud.*, 20.

21. Les faits anciens ne pourraient donner lieu aux poursuites disciplinaires qu'autant qu'ils auraient été ignorés lors de l'admission de leur auteur. S'ils avaient été connus, et que, nonobstant, l'admission eût été prononcée, l'action se trouverait purgée et il ne pourrait être ultérieurement exercé des poursuites pour cet objet. — J.G. *Discipl. jud.*, 21.

22. L'ancienneté du fait, objet d'une inculpation disciplinaire, peut, dans certains cas, être une circonstance atténuante, que les juges de ce fait sont maîtres d'apprécier souverainement. — Req. 23 avr. 1839, J.G. *Discipl. jud.*, 41, et *Notaire*, 793.

23. L'art. 196 c. pén. punit d'une amende de 16 fr. 150 fr. tout fonctionnaire public qui est entré dans l'exercice de ses fonctions sans avoir préalablement prêté le serment exigé par la loi. Les fonctionnaires de l'ordre judiciaire qui auraient commis ce délit pourraient, indépendamment de la peine édictée par le code pénal, être poursuivis par la voie disciplinaire (Quest. controv.). — J.G. *Discipl. jud.*, 25.

24. L'action disciplinaire n'est pas subordonnée à la constatation d'un préjudice causé aux parties. — Civ. c. 19 août 1844, J.G. *Discipl. jud.*, 26.

25. La compétence des tribunaux à l'égard des officiers ministériels n'est pas restreinte aux cas où la faute à punir consiste en une contravention à quelque disposition formelle de loi ou de règlement; ainsi, lorsque la faute est commise contre le tribunal lui-même, bien qu'il ne s'agisse pas d'une violation de loi ou de règlement, c'est au tribunal, et non point à la chambre syndicale, qu'il appartient d'en connaître. — J.G. *Discipl. jud.*, 261.

26. La compétence de la juridiction disciplinaire d'un tribunal sur l'un de ses officiers ministériels s'étend à tous les faits qui peuvent affecter la moralité de cet officier ministériel dans ses rapports avec ses clients pour la direction de leurs affaires, et le tribunal a, pour l'appréciation de ces faits, un pouvoir souverain. — Civ. r. 6 août 1867, D.P. 67. 1. 319.

27. Les officiers ministériels peuvent être poursuivis disciplinairement, même pour faits étrangers à leurs fonctions, et bien que ces faits, consistant en publications diffamatoires pour l'autorité, ne soient pas susceptibles d'entraîner des peines afflictives ou infamantes. — Trib. de Clermont-Ferrand, 17 mars 1835, J.G. *Discipl. jud.*, 17-4° et 283-1°.

28. L'avoué qui a fait sommer le président de signer et déposer dans les vingt-quatre heures la minute du jugement, tel qu'il a été prononcé à l'audience, avec déclaration qu'à défaut de ce faire, il se réserve d'en poursuivre l'annulation par toutes les voies de droit, notamment par l'inscription de faux, peut, à raison de ses bons antécédents, ne recevoir que l'injonction d'être plus circonspect à l'avenir. — Trib. de Draguignan, 13 août 1840, J.G. *Avoué*, 280-3°, et *Discipl. jud.*, 261.

29. L'avoué qui a distribué contre le président du tribunal un mémoire injurieux peut être condamné à des dommages-intérêts, à l'impression et à l'affiche du jugement, quoique ce mémoire ne soit signé que de la partie. — Req. 25 mai 1807, J.G. *Avoué*, 280-2°, et *Presse-outrage*, 1132.

30. Un juge-commissaire aux ordres et contributions n'a pas le droit de déterminer les jour, lieu et heure de de ses séances par voie de règlement, et d'établir pour sanction de ce prétendu règlement des peines disciplinaires contre les officiers ministériels du siège qui manqueraient d'y assister ou en cas d'absence non suffisamment justifiée. — Req. 15 juill. 1846, D.P. 46. 1. 272.

31. L'inexactitude de l'officier ministériel ne constituerait pas, d'ailleurs, une faute d'audience, les séances d'un juge-commissaire n'étant point des audiences. — Même arrêt.

32. Enfin, la peine de la suspension pour un mois, prononcée en vertu du règlement ci-dessus, par le juge-commissaire contre un officier ministériel pour manquement à l'une de ses séances, constitue un flagrant excès de pouvoir, qui s'accroît encore à raison de la circonstance que cette peine a été prononcée sans le concours du ministère public et sans que la partie inculpée ait été avertie ou entendue. — Même arrêt.

33. L'acceptation par un avoué des fonctions de syndic, d'arbitre, d'expert ou de liquidateur en matière commerciale, ne constitue pas une violation de ses devoirs professionnels, alors qu'on n'a pas à lui reprocher de les avoir sollicitées. — Nancy, 29 janv. 1870, D.P. 70. 2. 180.

34. L'huissier qui fait remise d'une partie de ses émoluments à des banquiers ou agents d'affaires encourt une peine disciplinaire. — Trib. de la Seine, 28 nov. 1845, Déc. réformée comme trop indulgente par décis. garde des sceaux, 10 juin 1846, D.P. 47. 3. 52.

35. La dissimulation du prix véritable d'un office dans le traité présenté à la chancellerie, et tout traité occulte ayant pour objet un supplément de prix, peuvent entraîner contre le candidat devenu titulaire l'application de peines de discipline. — Trib. de Roanne, 5 août 1845, D.P. 45. 4. 375. — Orléans, 7 févr. 1846, D.P. 46. 2. 45. — Req. 6 nov. 1850, D.P. 50. 1. 325. — Observ. conf., J.G. *Discipl. jud.*, 23.

Sur la cession des offices, V. *Code civil annoté*, art. 1598. *Appendice*, L. 28 avr. 1816, art. 91.

36. ... Et, par exemple, celle de la suspension. — Req. 6 nov. 1850, D.P. 50. 1. 325.

37. ... Ou même celle de la destitution. — Arrêt précité du 7 févr. 1846.

38. ... Alors surtout que ce titulaire a affirmé sur l'honneur, soit devant la chambre, soit devant le procureur de la République, qu'il n'a souscrit aucune obligation en dehors du traité officiel, et qu'il résulte de l'instruction qu'il a apporté de la mauvaise foi dans ses rapports avec la veuve de son prédécesseur, notamment en dissimulant une contre-lettre. — Orléans, 7 févr. 1846, D.P. 46. 2. 45.

39. Le fait par le cessionnaire de s'engager à payer au cédant, en dehors du traité ostensible, la moitié des produits de l'office pendant un certain nombre d'années, le rend passible d'une action disciplinaire. — Douai, 23 avr. 1850, D.P. 54. 3. 522.

40. ... Vainement objecterait-on que cette fraude, étant antérieure à la nomination, ne peut être poursuivie disciplinairement. — Rouen, 27 mai 1845, D.P. 45. 2. 153. — Req. 6 nov. 1850, D.P. 50 1. 325.

41. Le cessionnaire d'un office qui fait avec son cédant des conventions secrètes, se rend passible de peines disciplinaires, alors même que ces conventions auraient pour objet, non de dissimuler une partie du prix, mais au contraire de diminuer le prix ostensible. — Bordeaux, 23 avr. 1860, D.P. 60. 5. 250.

42. Le fait, par le titulaire d'un office d'insister auprès des aspirants qui veulent acquérir son office, pour qu'ils consentent à dissimuler une partie du prix dans le traité, constitue un manquement à la délicatesse et aux devoirs de sa profession qui le rend passible de peines disciplinaires. — Bordeaux, 27 avr. 1857, D.P. 57. 2. 144.

43. ... Et cela bien que ses propositions n'aient pas abouti : toutefois, dans ce cas, il doit être frappé d'une peine moins sévère (par exemple, de la simple censure avec réprimande). — Même arrêt.

44. Le titulaire qui, sur l'action en payement d'un supplément de prix de vente de son office, stipulé par contre-lettre, a employé des mensonges et des subterfuges tendant à déguiser l'existence de cette contre-lettre, est passible de peines disciplinaires, et peut, notamment, encourir la destitution. — Req. 19 août 1847, D.P. 48. 5. 104.

45. En admettant que le seul fait, par le titulaire d'un office, de poursuivre en justice la nullité d'un traité secret passé entre lui et son cédant et la restitution du supplément de prix qu'il a payé en exécution de ce traité, ne le rende point passible d'une peine disciplinaire, cette peine, et, par exemple, celle de la destitution, peut être prononcée à raison des circonstances dans lesquelles l'action a été exercée, si elles étaient de nature à jeter sur sa personne une déconsidération à laquelle venait s'ajouter celle résultant d'infractions aux mesures prescrites pour prévenir les suppositions de personnes qui avaient été également relevées à sa charge. — Civ. c. 28 août 1854, D.P. 54. 1. 321.

46. Le fait par le cessionnaire d'un office d'avoir, malgré l'offre d'intervention de la chambre, intenté contre son prédécesseur une action en réduction de prix à l'appui de laquelle il a dû révéler l'existence d'une dissimulation frauduleuse de ce prix, opérée avec son concours dans le traité de cession, peut motiver contre lui l'application d'une peine disciplinaire, autre que celle de la suspension. — Req. 6 nov. 1850, D.P. 50. 1. 325.

47. Mais le refus, par un avoué, de soumettre à l'arbitrage de la chambre les difficultés survenues entre lui et son prédécesseur sur la fixation du prix de l'office, bien qu'il ait consenti à cet arbitrage par clause compromissoire insérée dans le traité, n'est susceptible d'aucun blâme, ni par suite, dès lors, être frappé d'une peine disciplinaire. — Civ. c. 30 juill. 1850, D.P. 50. 1. 216.

48. Et la chambre de discipline qui, à raison de ce seul refus, prononce une peine disciplinaire, telle que l'interdiction de l'entrée de la chambre, commet un excès de pouvoir qui rend sa décision attaquable devant la cour de cassation, et doit en faire prononcer l'annulation sans renvoi. — Même arrêt.

49. Sur le droit des cours et tribunaux de prononcer la suspension d'un huissier, V. Décr. 14 juin 1813, art. 74, suprà, p. 1288.

50. — II. Délit d'audience. — Il y a délit d'audience dans le fait, de la part des avoués d'une cour, de s'être tous retirés de l'audience, par suite d'une mesure concertée entre eux dans un but offensant pour les magistrats (sous prétexte de la longueur des délibérations), en sorte qu'à l'appel des causes où ils étaient constitués, aucun avoué ne s'étant présenté, la cour a été dans l'impossibilité de se livrer à ses travaux habituels. — Req. 2 août 1843, J.G. Discipl. jud., 249-1° et 258. — V. aussi art. 90 c. pr. civ.

51. Lorsqu'un trouble d'audience, punissable d'emprisonnement, est commis par un officier ministériel, tel qu'un avoué remplissant des fonctions près le tribunal, les juges, qui peuvent prononcer cumulativement et l'emprisonnement et la suspension provisoire, ont aussi la faculté de ne prononcer que l'une ou l'autre de ces peines. — Orléans, 25 févr. 1829, J.G. Discipl. jud., 249-2°.

52. Les propos injurieux tenus par un avoué dans le prétoire du tribunal auprès duquel il exerce, et pendant une délibération en chambre du conseil, contre un membre de ce tribunal alors en dehors de ses fonctions et non revêtu de son costume, constituant un acte irrévérenciel commis dans l'auditoire du tribunal de la part d'un des officiers astreints par un serment spécial au respect envers le tribunal et chacun de ses magistrats, le tribunal peut procéder contre cet avoué par voie de discipline sur le réquisitoire du ministère public. — Req. 15 déc. 1846, J.G. Discipl. jud., 250, et Avoué, 250-1°.

53. L'avoué, revêtu des insignes de sa profession, qui plaide sa propre cause, n'est pas dispensé du respect qu'il doit au tribunal ; s'il s'en écarte, il encourt les peines disciplinaires pour les fautes commises à l'audience comme s'il plaidait pour une tierce personne. — (Motifs) Grenoble, 26 déc. 1828, J.G. Avoué, 297, et Avocat, 446.

54. Une cour d'appel est compétente pour connaître de plano des fautes commises par un avoué de première instance par un huissier, même dans la procédure de première instance, lorsqu'elles ont été découvertes devant la cour : la circonstance de la découverte à l'audience, des faits reprochés est seule attributive de compétence. — Caen, 27 déc. 1843, J.G. Discipl. jud., 251, et Avoué, 291.

55. Jugé, au contraire, que la juridiction disciplinaire d'une cour ou d'un tribunal ne peut s'exercer que sur les officiers ministériels attachés, par leur serment ou par leurs fonctions, près cette cour ou ce tribunal. Et il en est ainsi, dans le cas même où la poursuite disciplinaire aurait pour cause une faute découverte à l'audience. — Civ. c. 29 déc. 1843, D.P. 46. 1. 56.

56. Spécialement, une cour est incompétente pour prononcer une condamnation disciplinaire contre un avoué de première instance : cette cour fonderait à tort sa décision sur ce que la faute qui a motivé la condamnation a été découverte à l'audience, et que l'avoué remplissant ses fonctions hors de l'étendue de la circonscription de la cour, elle était investie à son égard de la plénitude de juridiction. — Même arrêt.

57. De même, le premier président d'une cour d'appel est incompétent pour statuer juridictionnellement sur des abus de ministère imputés à un avoué exerçant près l'un des tribunaux de première instance de son ressort. — Req. 18 juin 1843, D.P. 46. 1. 231.

58. La juridiction disciplinaire qui appartient aux tribunaux sur les individus qui exercent des fonctions près d'eux ne peut être étendue par un tribunal sur des personnes, quelle que soit leur qualité, qui ne leur sont attachées par l'exercice permanent ou accidentel d'aucune fonction ; ainsi, lorsqu'un avoué de première instance comparaît devant une cour d'assises comme accusé d'un crime, cette cour d'assises ne peut, sans incompétence, le suspendre de ses fonctions à raison des faits de l'accusation, sur lesquels il a été déclaré non coupable. — Cr. c. 2 nov. 1820, J.G. Discipl. jud., 252.

59. L'art. 103 du décret du 30 mars 1808, qui attribue aux tribunaux la connaissance des fautes de discipline, commises ou même seulement découvertes à leur audience, s'applique aux avocats. — V. Ord. 20 nov. 1822, art. 16, suprà, p. 1266.

§ 3. — Compétence en matière disciplinaire

60. Bien que l'action disciplinaire tende, comme l'action publique à la répression de faits jugés répréhensibles, en d'autres termes, à l'application d'une peine, c'est au tribunal disciplinaire seul qu'il appartient d'en connaître. — J.G. Discipl. jud., 50.

61. Les matières de discipline sont civiles et par conséquent non susceptibles de l'application des dispositions du code d'instruction criminelle. — Req. 6 janv. 1835, J.G. Discipl. jud., 50-1°.

62. C'est au tribunal assemblé en chambre du conseil, et non au tribunal correctionnel, qu'il appartient de prononcer des peines de discipline contre les officiers ministériels, et, par exemple, contre un huissier qui se serait écarté de ses devoirs en instrumentant pour ses parents au degré prohibé. — Grenoble, 16 mai 1827, J.G. Discipl. jud., 50-2°.

63. La première et la deuxième chambre du tribunal civil de la Seine connaissent des mesures de discipline à prendre sur les plaintes des particuliers ou sur les réquisitions du ministère public pour cause de faits qui ne se seraient point passés ou qui n'auraient pas été découverts à l'audience. — V. Décr. 30 juill. 1870, art. 2, infra, p. 1292.

64. Les juges de paix ne sont investis d'aucun pouvoir disciplinaire sur les huissiers attachés près d'eux. Spécialement, aucune peine ne peut être prononcée par un juge de paix contre un huissier pour contravention à la taxe. — Civ. c. 18 janv. 1841, J.G. Discipl. jud., 263.

65. La décision par laquelle un juge de paix, conformément à l'art. 1030 c. pr. civ., condamne en une amende de 5 fr. un huissier, dans une ville divisée en plusieurs cantons, pour avoir donné des citations devant le tribunal de police, bien qu'il ne fût pas huissier près le juge de paix qui doit tenir l'audience, est une décision disciplinaire dont la connaissance n'appartient qu'aux tribunaux civils ; dès lors, la chambre criminelle de la Cour de cassation est incompétente pour statuer sur le pourvoi dirigé contre une telle décision. — Cr. c. 10 févr. 1843, J.G. Discipl. jud., 50-3°.

66. De même, les chambres d'accusation n'ont aucun droit de prononcer en matière de discipline ; ainsi, dès qu'une chambre d'accusation a reconnu qu'un fait ne constitue ni crime, ni délit, son droit est épuisé, et elle n'est pas compétente pour examiner si ce fait constitue une infraction disciplinaire. — Crim. c. 8 oct. 1829, J.G. Discipl. jud., 51.

67. Une cour appelée à statuer sur des peines de discipline à infliger à un officier ministériel (avoué), doit, à peine de nullité, se faire en assemblée générale de tous ses membres, à l'exception de ceux qui en sont légiti-

mement empêchés. — Req. 24 nov. 1828, J.G. Discipl. jud., 55.

68. Ainsi, une cour convoquée en assemblée générale pour statuer sur le réquisitoire du procureur général, provoquant la suspension d'un officier ministériel, ne peut, d'après l'observation des conseillers composant la cour d'assises qu'ils ne peuvent prendre part à aucune affaire jusqu'après la décision d'une affaire criminelle commencée, déclarer que « l'assistance des membres de la cour d'assises, en ce cas, n'est pas nécessaire pour la validité de ses délibérations en assemblée générale ». — Même arrêt.

69. Toutefois, quand un tribunal divisé en plusieurs chambres est appelé à statuer en assemblée générale, il suffit pour sa constitution régulière, que chaque chambre se trouve composée du nombre de juges prescrits par la loi pour qu'elle puisse rendre jugement, sans qu'il soit nécessaire que les titulaires absents soient remplacés par des juges suppléants. — Rennes, 19 juill. 1833, J.G. Discipl. jud., 55 et 282.

70. Suivant un premier système, les cours et tribunaux, qui sont seuls compétents pour appliquer contre les officiers ministériels les peines qui excèdent les limites de la discipline intérieure, possèdent la plénitude de juridiction ; et, par conséquent, ils peuvent, concurremment avec les chambres syndicales, appliquer les peines de discipline intérieure. — Voir, par analogie, les arrêts rendus contre des notaires, J.G. Discipl. jud., 265.

71. Suivant une autre opinion, lorsque le fait imputé à un officier ministériel, ne semble passible que de peines de discipline intérieure, il ne doit pas être déféré aux tribunaux, mais la connaissance en doit être laissée à la chambre disciplinaire. Cependant, s'il arrivait qu'un tribunal saisi de la connaissance d'un fait que le ministère public aurait jugé assez grave pour le déférer à la juridiction supérieure, fût d'avis qu'il ne mérite qu'une peine de discipline intérieure, au lieu de se dessaisir et de renvoyer l'inculpé devant sa chambre, il devrait appliquer lui-même cette peine. — J.G. Discipl. jud., 265.

72. Les tribunaux civils, lorsqu'ils sont saisis, au principal, d'une action de leur compétence, peuvent être simultanément appelés à statuer accessoirement sur des faits disciplinaires ; mais lorsqu'ils ont été saisis principalement comme tribunaux disciplinaires et qu'ils se sont constitués en cette qualité, ils ne peuvent prononcer que sur la discipline ; les condamnations qui ne concerneraient pas de simples mesures disciplinaires seraient entachées d'excès de pouvoir. — J.G. Discipl. jud., 65.

73. Par suite, l'amende, la restitution et les dommages-intérêts auxquels les huissiers (ou autres officiers ministériels) peuvent être condamnés pour faits relatifs à leurs fonctions par les tribunaux, sortant de la classe des mesures de simple discipline, doivent être prononcés par ces tribunaux en audience publique ; et il y a excès de pouvoir s'ils prononcent de telles condamnations, réunis en chambre du conseil, comme en matière de discipline. — Req. 3 mars 1829, J.G. Discipl. jud., 66.

74. De même, le tribunal appelé à prononcer, en la chambre du conseil, sur la plainte dirigée par une partie contre un officier ministériel, est incompétent pour statuer sur la demande en dommages-intérêts formée par cette partie. — Paris, 21 avr. 1838, J.G. Discipl. jud., 67-1°.

75. L'avoué qui intervient en cause d'appel pour combattre des conclusions tendant à faire déclarer les frais d'une procédure inutiles et frustratoires, peut être condamné à une peine disciplinaire, en même temps que les frais sont déclarés frustratoires et mis à sa charge, sans qu'il puisse se plaindre d'avoir été privé d'un degré de juridiction. — Civ. c. 19 août 1835, J.G. Discipl. jud., 288, et Avoué, 244-4°.

76. L'action en restitutions ou en dommages-intérêts, intentée pour faits de charge contre un avoué à la cour d'appel, est de la compétence de la cour et non de celle du tribunal de première instance (Arr. 13 frim. an 9). Et cette action ne peut se produire, devant la cour, que sous la forme d'une demande d'homologation, affirmative ou négative, de l'avis qui doit préalablement être donné par la chambre des avoués sur le mérite de la plainte. — Trib. de la Seine, 22 mai 1867, D.P. 67. 3. 52.

77. En sens contraire, la partie qui se prétend lésée par les fautes commises par son avoué dans l'exercice de ses fonctions, peut porter directement devant le tribunal civil son action en dommages-intérêts ; la tentative de conciliation devant la chambre des avoués et l'avis préalable de cette chambre sont des formalités purement facultatives (Arr. 13 frim. an 9, art. 2 et 3). — Rennes, 7 févr. 1870, D.P. 72. 2. 197.

78. La peine de l'emprisonnement ne peut être prononcée contre un huissier qu'en séance publique par un tribunal constitué de la manière et suivant les formes exigées pour la prononciation des jugements, et non par les tribunaux en la chambre du conseil. — Req. 17 nov. 1830, J.G. Discipl. jud., 67-2°.

79. Les poursuites disciplinaires contre un officier ministériel, et spécialement contre un avoué, requièrent célérité, et ainsi elles rentrent, à raison de leur nature, dans la compétence des tribunaux siégeant en temps de vacations. D'ailleurs, les tribunaux qui ne sont composés que d'une seule chambre n'ont pas de vacances et peuvent, à toute époque de l'année, se réunir en assemblée générale pour statuer sur des poursuites disciplinaires. — Civ. r. 6 août 1847, D.P. 47. 1. 319.

4. — *Procédure*.

8.. — I. Citation et comparution. — Quelle que soit la juridiction appelée à statuer, il est nécessaire que l'inculpé soit cité devant son juge. Il n'y a qu'une exception à cette règle, c'est le cas où la faute ayant été commise ou découverte à l'audience et l'officier ministériel étant présent, il est procédé immédiatement au jugement. Mais si le jugement immédiat était impossible, et qu'en conséquence il y eût remise, si surtout l'officier ministériel ne se trouvait pas présent lors de cette remise, la citation serait nécessaire. — J.G. *Discipl. jud.*, 272.

81. Lorsqu'il est procédé en chambre du conseil, l'art. 103 décr. 30 mars 1808, ne trace aucune règle relativement à la forme, ou au délai de la citation. Elle peut être donnée soit par simple lettre, soit par acte d'huissier, avec un délai suffisant pour que l'inculpé puisse préparer sa défense. — J.G. *Discipl. jud.*, 273.

82. Enfin, lorsqu'il doit être procédé en audience publique, par exemple à l'égard des huissiers dans les cas déterminés par la loi, la citation doit être donnée suivant les formes et avec les délais ordinaires, conformément aux art. 61 et 72 c. pr. civ. — J.G. *Discipl. jud.*, 273.

83. Un tribunal peut, pour forcer un officier ministériel à se présenter devant la chambre de discipline, à la censure de laquelle sa conduite a été déférée, le suspendre de ses fonctions jusqu'à ce qu'il s'y soit présenté. — Req. 3 nov. 1806, J.G. *Discipl. jud.*, 274.

84. Qu'il s'agisse de fautes découvertes à l'audience ou de frais frustratoires, l'avoué ne peut être condamné à une peine de discipline sans avoir été entendu. En conséquence, l'arrêt qui, rejetant la demande d'un avoué comme ayant pour objet des frais frustratoires, le condamne à une peine de discipline sur réquisitions particulières du ministère public, sans que ces réquisitions lui aient été communiquées ou qu'il ait été entendu, contient une violation du droit de défense. — Civ. c. 23 nov. 1823, J.G. *Avoué*, 293.

85. Il en est de même de l'arrêt qui, statuant sur l'appel d'un jugement civil, prononce en même temps, pour faute découverte à l'audience, une peine de discipline contre un avoué étranger à la contestation, qui avait occupé pour l'une des parties en première instance. — Civ. c. 30 août 1824, J.G. *Avoué*, 293.

86. Peu importe que la réquisition du ministère public pour l'application d'une peine disciplinaire ait été faite après que les parties en instance sur une demande en payement de frais faits en matière civile avaient présenté leur défense : ici ne s'applique pas l'art. 87 du décret du 30 mars 1808, qui interdit la parole aux parties lorsque le ministère public a été entendu. — Civ. c. 7 août 1822, J.G. *Avoué*, 293.

87. En cas pareil, c'est par voie de cassation, et non par celle d'opposition ou tierce-opposition, que l'avoué a dû se pourvoir. — Civ. c. 30 août 1824, J.G. *Avoué*, 294 et 293.

88. Le ministère de l'avoué n'est point obligatoire; mais on ne saurait dénier à l'inculpé le droit d'y recourir s'il le juge convenable. La constitution d'un avoué, toutefois, ne dispenserait pas de la comparution personnelle, ou du moins le tribunal, s'il la jugeait nécessaire à l'éclaircissement des faits, aurait le droit de l'ordonner. — J.G. *Discipl. jud.*, 88.

89. Spécialement, un tribunal civil statuant en chambre du conseil sur les poursuites disciplinaires exercées contre un avoué et un huissier de son ressort, a accordé aux inculpés la faculté de se faire assister chacun par un avocat. — Trib. de Draguignan, 13 août 1840, J.G. *Discipl. jud.*, 90 et 261.

90. Jugé même que si, sur l'opposition à un jugement par défaut, un officier ministériel omet de se prévaloir de ce qu'il n'a été ni appelé ni entendu, la nullité se trouve couverte; par exemple, l'avoué contre lequel une enquête a été ordonnée, par un jugement par défaut rendu sur les réquisitions du ministère public, incidemment à une autre instance, n'est pas recevable à se prévaloir contre ce jugement de ce qu'il a été rendu sans qu'il ait été entendu ni appelé, si postérieurement il s'était défendu au fond. — Civ. r. 10 déc. 1830, J.G. *Discipl. jud.*, 91.

91. — II. Récusation. — Un juge peut être récusé en matière de discipline, ou, s'il reconnaît en sa personne une cause de récusation, être admis à s'abstenir volontairement, dans le cas où il est procédé par voie de véritable jugement, en audience publique, par exemple, lorsque des poursuites sont exercées contre des officiers ministériels, soit pour fautes d'audience, soit pour fautes découvertes à l'audience. — V. en ce sens Req 6 août 1844, J.G. *Discipl. jud.*, 56, et *Récusat.*, 175-1°.

92. Les formes prescrites par l'art. 384 c. pr. civ., pour l'exercice du droit de récusation, ne sont pas rigoureusement applicables en matière disciplinaire; dans ce cas, la récusation peut être proposée, surtout si l'inculpé est détenu, par simples conclusions. — Angers, 6 déc. 1837, rapporté avec Civ. c. 22 déc. 1840, J.G. *Discipl. jud.*, 57, et *Avocat*, 434.

93. L'inculpé en matière disciplinaire qui, à une audience, récuse quelques-uns des magistrats, épuise par là son droit de récusation. Il ne peut, à l'audience suivante, proposer d'autres moyens de récusation. — Angers, 6 déc. 1837, rapporté avec Civ. c. 22 déc. 1840, J.G. *Discipl. jud.*, 58, et *Avocat*, 434.

94. En matière de discipline, l'inculpé contre lequel des poursuites sont dirigées pourrait se pourvoir, soit devant la cour d'appel du ressort, soit devant la Cour de cassation, pour demander que l'affaire fût renvoyée, pour cause de suspicion légitime, devant un autre tribunal ou devant une autre cour d'appel, lorsqu'il est procédé en jugement à l'audience publique. — J.G. *Discipl. jud.*, 59.

95. Mais il n'a pas ce droit dans le cas où il est procédé en assemblée générale et en chambre du conseil. — V. en ce sens, Req. 17 juill. 1823, J.G. *Discipl. jud.*, 175-1°. — Mais V. observ., *ibid.*, 60 et 61. — V. aussi Req. 29 nov. 1837, *ibid.*, 62 et 292.

96. L'officier ministériel inculpé ne pourrait pas saisir la Cour de cassation et lui demander d'évoquer la cause. — J.G. *Discipl. jud.*, 63.

97. Spécialement, des officiers ministériels, poursuivis en matière de discipline, ne sont pas recevables à se pourvoir en cassation en règlement de juges; les décisions, dans ce cas, ne sont soumises qu'à la révision du ministre de la justice. — Req. 29 juill. 1823, J.G. *Discipl. jud.*, 64.

98. — III. Enquête. — Si, pour l'éclaircissement des faits sur lesquels porte le débat, une enquête est nécessaire, lorsqu'il est procédé devant les tribunaux civils en audience publique, on doit appliquer les formes déterminées au code de procédure pour les enquêtes en matière civile. Ainsi, les noms, professions et demeures des témoins doivent être préalablement signifiés à l'inculpé, conformément à l'art. 261 c. pr. civ. Si cette formalité avait été omise, il en résulterait la nullité de l'enquête et, par suite, du jugement ou de l'arrêt qui l'aurait suivie. — J.G. *Discipl. jud.*, et par suite le rapport de M. le conseiller Mestadier, Req. 18 janv. 1845, D.P. 45. 1. 137.

99. Les poursuites disciplinaires intéressent l'ordre public et requièrent célérité : elles doivent être considérées comme matières sommaires et instruites comme telles; par conséquent, s'il y a lieu d'entendre des témoins, il faut se conformer aux règles fixées par l'art. 407 c. proc. civ. — Nancy, 9 mai 1845, J.G. *Discipl. jud.*, 94.

100. Il n'est pas nécessaire que les témoins entendus en matière disciplinaire déposent sous la foi du serment. — D.P. 67. 1. 319, note.

101. Dans tous les cas, le défaut de constatation de la prestation de serment des témoins ne constituerait, en cette matière, qu'une irrégularité de forme qui ne donnerait point ouverture à cassation contre la décision intervenue, le recours n'étant ouvert contre les décisions disciplinaires que pour incompétence ou excès de pouvoir. — Civ. r. 6 août 1867, D.P. 67. 1. 319.

102. — IV. Jonction d'instances. — Si les poursuites sont exercées contre deux membres du même corps ressortissant au même tribunal, par exemple, contre deux huissiers résidant dans le même arrondissement, la jonction peut être requise et ordonnée. Mais s'ils résident dans deux arrondissements différents, chacun d'eux doit être jugé par le tribunal de son arrondissement. — J.G. *Discipl. jud.*, 98.

103. Lorsque les poursuites sont exercées contre des membres de corps différents, mais que le pouvoir compétent pour statuer est le même, et que, de plus, les mêmes formes de procéder doivent ou peuvent être suivies, il y a lieu de joindre les causes. — J.G. *Discipl. jud.*, 99.

104. La jonction ne doit pas être ordonnée lorsque les poursuites sont exercées contre des membres de corps différents, justiciables, en matière disciplinaire, de pouvoirs différents ou soumis à des formes de procédure différentes, par exemple, contre des avocats et des avoués. — J.G. *Discipl. jud.*, 100.

105. Toutefois, lorsque des poursuites disciplinaires sont exercées conjointement contre un magistrat de première instance et des officiers ministériels attachés au même tribunal, la cour saisie de celles exercées contre le magistrat est compétente, à raison de la connexité, pour connaître de celles qui concernent les officiers ministériels. — Req. 29 juill. 1823, J.G. *Discipl. jud.*, 101 et 64.

106. Dans le cas où le tribunal croit devoir ordonner la jonction, celle des deux juridictions qui doit être saisie est celle qui, sans priver le pouvoir disciplinaire de ses moyens nécessaires de preuve et de condamnation, présente le plus de garanties à la défense par le nombre des juges, et surtout par celui des degrés de juridiction. Par exemple, s'il s'agit de poursuivre un avoué de cour d'appel conjointement avec un huissier d'un arrondissement du même ressort, l'action disciplinaire doit s'exercer devant la cour en assemblée générale. — J.G. *Discipl. jud.*, 102.

107. Lorsqu'il y a connexité entre les poursuites disciplinaires exercées contre un avocat ou un officier ministériel à raison d'un délit d'audience, et les poursuites exercées devant le même tribunal ou la même cour, contre un simple particulier, à raison d'un délit distinct, la jonction peut être requise et ordonnée. — Ch. cr. 24 déc. 1836, J.G. *Discipl. jud.*, 103, et *Avocat* 493.

108. — V. Jugement. — Le barreau n'a pas le droit d'assister aux audiences tenues en chambre du conseil pour le jugement des matières disciplinaires — Trib. de Draguignan, 13 août 1840, J.G. *Discipl. jud.*, 81 et 261.

109. L'application des peines disciplinaires par les tribunaux et cours aux officiers ministériels pour des faits qui n'ont pas eu lieu ou n'ont pas été découverts à l'audience, doit avoir lieu en la chambre du conseil, au moyen d'un simple arrêté, et non d'un jugement prononcé publiquement. — Req. 13 mars 1827, J.G. *Discipl. jud.*, 271. — Conf. Req. 3 nov. 1806, *ibid.* 274.

110. Un tribunal qui déclare nulle une saisie vexatoire, et suspend de ses fonctions l'huissier qui l'a pratiquée, ne doit pas ordonner l'affiche de cette dernière partie de son jugement, si le saisi ne l'a pas requise à titre de dommages-intérêts. — Bruxelles, 10 nov. 1819, J.G. *Discipl. jud.*, 264.

111. Les décisions disciplinaires doivent être notifiées aux parties. — J.G. *Discipl. jud.*, 121.

112. La publicité que le décret autorise à donner aux décisions disciplinaires prononcées par les magistrats est une aggravation de peine, mais ce peut être aussi un moyen de réparer le préjudice qu'une condamnation imméritée aurait causé à un officier ministériel. Spécialement, lorsque le jugement qui a suspendu à tort un avoué a été exécuté et est réformé sur l'appel, la cour, pour le réhabiliter dans l'opinion, peut ordonner l'impression et l'affiche de son arrêt. — Bourges, 15 févr. 1815, J.G. *Avoué*, 289.

113. L'amende n'entre pas dans la classe des peines disciplinaires à infliger aux officiers ministériels, et notamment aux huissiers. — Req. 16 janv. 1844, J.G. *Discipl. jud.*, 243, et *Huissier*, 164.

§ 5. — *Recours contre les décisions disciplinaires*.

114. — I. Décisions par défaut. — Les décisions disciplinaires rendues par défaut par les cours et tribunaux à l'égard des officiers ministériels sont susceptibles d'opposition. — J.G. *Discipl. jud.*, 123 et 278.

115. Mais si l'inculpé, étant présent au moment où la partie poursuivante requiert contre lui l'application des peines de discipline, garde le silence et ne demande point à s'expliquer sur les faits qui lui sont imputés, la décision qui intervient est contradictoire. — J.G. *Discipl. jud.*, 124.

116. Il suffit même que l'inculpé ait été sommé de comparaître afin de se défendre au fond, pour que la décision rendue contre lui, hors sa présence et malgré son refus de comparaître, soit réputée contradictoire et non susceptible d'opposition; alors surtout qu'il a comparu aux audiences précédentes pour développer en personne ses exceptions préjudicielles, et notamment à l'audience où, après l'audition des conclusions du ministère public, la cour, en ordonnant (sur la demande de cet inculpé) la communication des pièces, a remis au lendemain la continuation de l'affaire. — Angers, 5 janv. 1888, J.G. *Discipl. jud.*, 124.

117. — II. Décisions prises en la chambre du conseil. — Les mesures de discipline prises contre les officiers ministériels ne sont point sujettes à l'appel ni au recours en cassation; la réclamation de l'officier ministériel condamné ne peut être adressée qu'au ministre de la justice. — J.G. *Appel civ.*, 361.

118. Ainsi, l'arrêté du tribunal, pris en chambre du conseil, qui, sur la plainte du ministère public contre un officier ministériel, pour cause de faits qui ne se sont point passés et n'ont point été découverts à l'audience, applique des mesures de discipline à cet officier, n'est sujet ni à l'appel ni au recours en cassation. — Grenoble, 3 janv. 1828, J.G. *Discipl jud.*, 281-1°, et *Avoué*, 290.

119. Spécialement, un huissier ne peut appeler d'une décision prise par un tribunal de première instance réuni en assemblée générale en chambre du conseil, et qui le suspend de ses fonctions, par mesure de discipline, à raison de faits qui ne se sont point passés et n'ont point été découverts à l'audience; l'huissier peut seulement s'adresser au ministre de la justice. — Nîmes, 31 janv. 1831, J.G. *Discipl. jud.*, 281-2°.

120. De même, une décision disciplinaire rendue par le tribunal civil réuni en assemblée générale, conformément à l'art. 103 du décret du 30 mars 1808, n'est pas susceptible de pourvoi en cassation, même pour excès de pouvoir. — Civ. r. 18 nov. 1873, D.P. 73. 1. 451.

121. Bien que les décisions disciplinaires rendues par les tribunaux en chambre du conseil contre les officiers ministériels ne puissent être attaquées en tant qu'elles statuent au fond, elles peuvent l'être cependant par la voie de l'appel pour incompétence ou excès de pouvoir. — Rennes, 19 juill. 1833, J.G. *Discipl. jud.*, 282. — Paris, 21 avr. 1836, J.G. *Appel civ.*, 365.

122. Jugé, au contraire,... que la règle qui veut que les décisions disciplinaires rendues par les tribunaux en chambre du conseil contre les officiers ministériels, ne soient sujettes ni à l'appel, ni au recours en cassation, mais soient déférées au ministre de la justice, s'applique aussi bien aux décisions qui statuent sur des exceptions d'incompétence qu'à celles qui prononcent au fond. — Riom, 8 avr. 1836, J.G. *Discipl. jud.*, 283-1°. — Rennes, 25 mars 1844, *Discipl. jud.*, 283-2°.

123. ... Que les délibérations disciplinaires prises par les tribunaux en chambre du conseil et prononçant une peine disciplinaire contre un officier ministériel ne peuvent, même au cas d'incompétence, être déférées qu'au ministre de la justice. — Bordeaux, 3 juin 1850 D.P. 51. 2. 141.

124. ... Que les délibérations disciplinaires prises par les tribunaux en chambre du conseil, à huis clos et sans citation préalable, en vertu de l'art. 102, sont, alors qu'elles ne prononcent ni suspension, ni destitution, mais seulement une peine purement disciplinaire, telle que l'injonction d'être plus circonspect à l'avenir, non susceptibles d'appel ou de recours en cassation, même pour cause d'incompétence. — Req. 20 avr. 1842, J.G. *Discipl. jud.*, 283-3°; mais V. observ., *ibid.*

125. — III. — Décisions rendues en audience publique. — Le droit de révision accordé au ministre de la justice n'est applicable qu'aux arrêts disciplinaires rendus en chambre du conseil; il ne l'est pas aux condamnations prononcées en audience publique par jugement ou arrêt. — Décis. min. 12 avr. 1839, J.G. *Discipl. jud.*, 278.

126. Dans le cas où la peine de la suspension a été prononcée en jugement pour une faute disciplinaire commise ou découverte à l'audience, le droit d'appel est ouvert à l'officier ministériel condamné. — J.G. *Appel civ.*, 364.

127. Ainsi, le jugement qui prononce la suspension d'un avoué pour fautes de discipline commises ou découvertes à l'audience, peut être frappé d'appel. — (Sol. impl.) Paris, 1er juin 1811, J.G. *Avoué*, 290 et 277. — Bourges, 15 févr. 1815, *ibid.*, 288.

128. Mais les condamnations disciplinaires prononcées *incidemment* contre un huissier sur les conclusions du ministère public ne sont pas susceptibles d'appel, même à l'encontre du ministère public, si le jugement au fond est en dernier ressort (Quest. controv.) — J.G. *Degré de jurid.*, 421.

129. Si la décision disciplinaire a été rendue en audience publique dans la forme d'un jugement, elle peut, même lorsqu'elle applique une peine moindre que la suspension, être déférée à la Cour de cassation, pour incompétence ou excès de pouvoir. — Civ. c. 29 déc. 1845, D.P. 46. 1. 56.

130. La voie de cassation est ouverte contre l'arrêt qui prononce des peines de discipline contre un avoué, incidemment à un procès lors duquel il n'a été ni appelé, ni entendu : le pourvoi ne peut être repoussé par une fin de non-recevoir tirée de ce que le demandeur n'a pas usé de la voie d'opposition ou de tierce-opposition. — Civ. c. 30 août 1824, J.G. *Discipl. jud.*, 254, et *Avoué*, 293.

131. L'appréciation des faits qui ont motivé contre un officier ministériel l'application, par un tribunal, de la peine disciplinaire de la suspension, ne peut être soumise à la Cour de cassation. — Civ. r. 20 déc. 1830, J.G. *Discipl. jud.*, 289 et 91.

132. Mais si les cours d'appel ont un pouvoir discrétionnaire pour constater et apprécier la gravité des faits à raison desquels des poursuites disciplinaires sont exercées contre un officier ministériel, leurs arrêts n'échappent pas à la censure de la Cour de cassation quand elles se déterminent uniquement par des raisons de droit. — Civ. c. 19 août 1844, J.G. *Discipl. jud.*, 289, et *Notaire*, 772-2°.

133. — IV. — Condamnations pécuniaires. — Des condamnations pécuniaires prononcées contre un officier ministériel, au profit de ses clients, ne peuvent être considérées ni comme des mesures de discipline, ni comme des condamnations de dépens en nom personnel. En conséquence, l'appel est permis à l'officier ministériel condamné. — Req. 11 déc. 1821, J.G. *Discipl. jud.*, 285.

134. Ainsi, l'arrêté d'un tribunal, pris en chambre du conseil, qui, sur la plainte dirigée par une partie contre un officier ministériel, condamne ce dernier à des peines disciplinaires et à des dommages-intérêts, peut, quant au chef des dommages-intérêts, être frappé d'appel. — Paris, 21 avr. 1836, J.G. *Discipl. jud.*, 265 et 67.

135. De même, le jugement qui, par mesure disciplinaire, condamne un officier ministériel aux dépens en son nom personnel, en vertu de l'art. 102 est susceptible d'appel, quel que soit le montant de cette condamnation. — Metz, 27 août 1822, J.G. *Discipl. jud.*, 285.

136. — V. Formes du recours. — Les formes et délais du recours admis en matière criminelle ne sont pas applicables aux décisions des tribunaux rendues en matière disciplinaire. — Ch. réun. 6 mai 1844, J.G. *Discipl. jud.*, 33.

137. L'acte d'appel d'un jugement rendu en matière disciplinaire est nul, s'il désigne le jugement attaqué par une fausse date. — Bruxelles, 24 déc. 1829, J.G. *Discipl. jud.*, 287, et *Appel civ.*, 710.

138. Le pourvoi contre un arrêt rendu en matière disciplinaire, doit être fait dans la forme prescrite pour les affaires civiles, c'est-à-dire présenté par un avocat à la Cour de cassation, déposé au greffe civil de cette cour, et la requête accompagnée d'une quittance de consignation d'amende. — Req. 1er déc. 1829, 5 juill. 1836, J.G. *Discipl. jud.*, 290 et *Cassat.*, 816.

139. Le pourvoi en cassation n'est pas suspensif de l'exécution des condamnations disciplinaires, et notamment de celle qui prononce la destitution, en ce sens du moins que, nonobstant le pourvoi de l'officier ministériel destitué, on peut se livrer légalement aux informations préalables à son remplacement, et, par exemple, à l'évaluation de l'office. — Décis. du garde des sceaux, 16 août 1847, D.P., 47. 3. 14.

140. Il est d'usage que le ministre de la justice ordonne la transcription sur les registres de délibérations des tribunaux, les arrêtés qu'il prend dans les affaires disciplinaires sur lesquelles ils ont statué; et ces tribunaux n'ont le droit ni de refuser cette inscription ni de la critiquer. — Req. 29 nov. 1837, J.G. *Discipl. jud.*, 292.

Table sommaire.

Absence (officier ministériel) 30.
Abstention volontaire (juge) 91.
Accessoire 72.
Acte d'appel 137.
Acte d'huissier 81.
Action civile 5, 7 s.
Action disciplinaire (exercice) 1 s.; (objet) 60.
Action publique 4, 7, 60
Affaires civiles 138.
Affaires criminelles 136.
Affiche (jugement) 29.
Agent d'affaires 34.
Amende 73, 113.
Appel 118 s., 126 s., 133.
Arbitre 33.
Assemblée générale (cour d'appel) 67 s., 95; (tribunal civil) 119 s.
Audience publique 73, 78, 82, 98, 125 s.
Avocat 59.
Avocat à la cour de cassation 138.
Avoué 28 s., 51 s., 75 s.; (constitution) 88; (cour d'appel) 50, 76 s.
Banquier 34.
Cassation 94; (appréciation) 131 s.; (chambre criminelle) 65; (pourvoi) 138; (recours) 87, 117 s., 130.
Censure 43; (officier ministériel) 83.
Chambre d'accusation 3, 66.
Chambre du conseil 62, 73, 78, 81, 95, 118 s.
Circonstance atténuante 22.
Clause compromissoire. V. Compromis.
Comparution personnelle 88.
Compétence 121 s.; (juridiction disciplinaire) 26; (tribunaux, officier ministériel) 25.
Compromis 46.
Conclusions 92; (ministère public) 116.
Condamnation pécuniaire 133 s.
Connexité 105 s.
Contravention 4.
Contre-lettre 38, 44.
Cour d'appel 94; (assemblée générale) 67 s.
Cour d'assises 58.
Cour de cassation. V. Cassation.
Crime 4, 7, 58.
Date fausse 137.
Décès 17.
Degré de juridiction 75.
Délit 4, 7.
Délit d'audience 31, 50 s., 126.
Démission (fonctions) 15 s.
Désistement 14.
Destitution 16, 37, 45, 139.
Diffamation 27.
Discipline intérieure 70 s.
Distribution par contribution 30.
Dommages-intérêts 6, 29, 73 s., 134.
Droit de défense 84 s.
Emoluments (remise) 34.
Emprisonnement 51, 78.
Enquête 90, 98 s.
Excès de pouvoir 3, 32, 48, 101, 120 s., 129.
Exception préjudicielle 116.
Expert 33.
Evocation 96.
Fait antérieur (nomination) 18 s.
Fait de charge 76.
Fait disciplinaire 18 s.
Faute d'audience. V. Délit d'audience.
Frais et dépens 133 s.
Frais frustratoires 84.
Garde des sceaux 12.
Huis clos 124.
Huissier 34, 49, 62, 64, 119.
Incident 128, 130.
Inexactitude (officier ministériel) 31.
Inscription de faux 28.
Intervention (avoué) 75.
Jonction d'instances 101 s.
Juge-commissaire 30.
Juge de paix 64 s.
Juge suppléant 69.
Jugement par défaut (opposition) 87, 90.
Jugement disciplinaire 108 s.; (défaut) 114 s.
Lettre missive 81.
Liquidateur 33.
Litispendance 12.
Mémoire injurieux 29.
Ministère public 1, 3, 32, 52, 63, 86, 90, 116 s.
Ministre de la justice 97, 117, 119, 122 s.
Notaire 70.
Nullité couverte 90.
Office (cession) 35; (prix, dissimulation) 35, 41; (prix, évaluation) 139; (prix, réduction) 46.
Opposition 87, 90, 114 s., 130.
Ordre entre créanciers 30.
Ordre public 99.
Parent (degré prohibé) 62.
Peine disciplinaire 46 s., 53, 62 s., 117 s.
Pouvoir du juge 22, 131 s.
Préjudice constaté 24.
Premier président (cour d'appel) 57.
Prescription 13.
Prix. V. Office.
Procédure 80 s.
Procureur général 68.
Propos injurieux 59.
Publicité (décision disciplin.) 112.
Quittance (amende, consignation) 138.
Recours (formes) 136 s.
Récusation 91 s.
Règlement 30 s.
Règlement de juge 97.
Restitution 73, 76.
Révision (mesure disciplinaire) 125 s.
Saisie vexatoire 110.
Serment 23, 55, 100.
Sommation (président) 28.
Suspension 36, 46, 49, 51, 112, 129.
Suspicion légitime 94.
Syndic 33.
Taxe (contravention) 84.
Témoins (audition) 99 s.; (noms, profession, demeure) 98; (serment) 100 s.
Tierce-opposition 87, 130.
Tiers 2.
Transcription 140.
Tribunal civil 60 s., 89.
Trib. de police 85.

Art. 104. Notre procureur impérial en chaque tribunal de première instance sera tenu de rendre, sans délai, un pareil compte à notre procureur général en la cour du ressort, afin que ce dernier l'adresse à notre grand juge ministre de la justice, avec ses observations.

Art. 106. Les réglements de discipline particuliers à aucune de nos cours ou tribunaux continueront d'être exécutés en ce qu'ils n'auraient rien de contraire au présent.

20 avril 1810. — *Loi sur l'organisation de l'ordre judiciaire et l'administration de la justice.* — J.G. *Organ. jud.*, p. 1498.

Art. 45. Les procureurs généraux... auront la surveillance de tous les officiers ministériels du ressort.

30 juill.-9 août 1870. — *Loi portant augmentation du personnel du tribunal civil de la Seine.* — D.P. 70.4. 66.

Art. 2. Les art. 64 et 108 du décret du 30 mars 1808, en ce qui touche le tribunal civil de la Seine, remplacés par les dispositions suivantes :
La première et la deuxième chambre du tribunal civil de la Seine connaîtront à l'avenir :
1° des homologations d'avis des chambres de discipline des officiers ministériels, lorsqu'ils intéressent le corps de ces officiers;
2° Des mesures de discipline à prendre sur les plaintes des particuliers ou sur les réquisitions du ministère public pour cause de faits qui ne se seraient point passés ou qui n'auraient pas été découverts à l'audience.

IV. TARIFS DES FRAIS
ET DÉPENS EN MATIÈRE CIVILE.

16 févr. 1807. — *Décret contenant le tarif des frais et dépens pour le ressort de la cour d'appel de Paris.*

LIV. Ier. — Des Justices de Paix.

Chap. Ier. — *Taxe des actes et vacations des juges de paix.*

Les art. 1 à 8, composant le chap. 1er du tit. 1er, ont été abrogés par la loi du 21 juin 1845. — V. *infra*, p. 317.

Chap. II. — *Taxe des greffiers des juges de paix.*

Art. 9. (C. pr. 8.) Il sera taxé aux greffiers des justices de paix, par chaque rôle d'expédition qu'ils délivreront, et qui contiendra vingt lignes à la page et dix syllabes à la ligne,
A Paris, 50 c.,
Dans les villes où il y a tribunal de première instance, 40 c.;
Dans les autres villes et cantons ruraux. 40 c.

Art. 10. (C. pr. 54.) Pour l'expédition du procès-verbal qui constatera que les parties n'ont pu être conciliées, et qui ne doit contenir qu'une mention sommaire qu'elles n'ont pu s'accorder, il sera alloué,
A Paris, 1 fr.;
Dans les villes et cantons ruraux, 80 c.

Un greffier ne peut réclamer, pour l'expédition d'un procès-verbal de non-conciliation, que le droit fixé déterminé par l'art. 10 du tarif, et non le droit proportionnel établi par l'art. 9. — Orléans, 7 avril 1858, J.G. *Greffe*, 175 et *Conciliat.*, 381.

Art. 11. (C. pr. 7). La déclaration des parties qui demandent à être jugées par le juge de paix, sera insérée dans le jugement; et il ne sera rien taxé au greffier pour l'avoir reçue, non plus que pour tout autre acte du greffe.

Art. 12. (C. pr. 30.) Pour transport sur les lieux contentieux, quand il sera ordonné, il sera alloué au greffier les deux tiers de la taxe du juge de paix.

Art. 13. (C. pr. 58.) Il n'est rien alloué pour la mention sur le registre du greffe et sur l'original, ou la copie de la citation en conciliation, quand l'une des parties ne comparaît pas.

Art. 14. (C. pr. 45, 47.) Pour la transmission au procureur impérial de la récusation et de la réponse du juge, tous frais de port compris,
A Paris, 5 fr.;
Dans les villes où il y a tribunal de première instance, 5 fr.;
Dans les autres villes ou cantons ruraux, 5 fr.

Art. 15. (C. pr. 317.) Il sera taxé au greffier du juge de paix qui aura assisté aux opérations des experts, et qui aura écrit la minute de leur rapport, dans le cas où tous, ou l'un d'eux, ne sauraient écrire, les deux tiers des vacations allouées à un expert.

Art. 16. Il lui est alloué les deux tiers des vacations du juge de paix pour assistance,
(C. civ. 406.) Aux conseils de famille;
(C. pr. 909.) Aux appositions de scellés;
(C. pr. 932.) Aux reconnaissances et levées de scellés;
(C. pr. 921, 935.) Aux référés;
(C. civ. 70, 71.) Aux actes de notoriété.
Il est encore alloué au greffier les deux tiers des frais de transport dans les mêmes cas où ils sont alloués aux juges de paix.
Les greffiers des juges de paix ne pourront délivrer d'expéditions entières des procès-verbaux d'apposition, reconnaissances et levées de scellés, qu'autant qu'ils en seront expressément requis par écrit.
Il seront tenus de délivrer les extraits qui leur seront demandés, quoique l'expédition entière n'ait été ni demandée, ni délivrée.

Art. 17. (C. pr. 923.) Il sera taxé au greffier du juge de paix,
Pour sa vacation, à l'effet de faire la déclaration de l'apposition des scellés sur le registre du greffe du tribunal de première instance, dans les villes où elle est prescrite, les deux tiers d'une vacation du juge de paix.

Art. 18. (C. pr. 926.) Il lui sera alloué pour chaque opposition aux scellés qui sera formée par déclaration sur le procès-verbal de scellés,
A Paris, 50 c.;
Dans les villes où il y a tribunal de première instance, 40 c.;
Dans les autres villes et cantons ruraux, 40 c.

Art. 19. (C. pr. 1039.) Il ne lui sera rien alloué pour les oppositions formées par le ministère des huissiers, et visées par lui.

Art. 20. (C. pr. 928.) Il est alloué pour chaque extrait des oppositions aux scellés, à raison, par chaque opposition, de :
A Paris, 50 c.;
Dans les villes où il y a tribunal de première instance, 40 c.;
Dans les autres villes et cantons ruraux, 40 c.

Chap. III. — Taxe des huissiers des juges de paix.

Art. 21. Pour l'original,
De chaque citation contenant demande,
A Paris, 1 franc 50 c.;

Dans les villes où il y a tribunal de première instance 1 fr. 25 c.;
Dans les autres villes et cantons ruraux, 1 fr. 25 c.;
(C. pr., art. 16, 19.) De signification de jugement, 1 fr. 25 c.;
(C. pr. 17.) De sommation de fournir caution ou d'être présent à la réception et soumission de la caution ordonnée, 1 fr. 25 c.;
(C. pr. 20.) D'opposition au jugement par défaut, contenant assignation à la prochaine audience, 1 fr. 50 c.;
(C. pr. 32.) De demande en garantie, 1 fr. 50 c.;
(C. pr. 34.) De citation aux témoins, 1 fr. 50 c.;
(C. pr. 42.) De citation aux gens de l'art et experts, 1 fr. 50 c.;
(C. pr. 52.) De citation en conciliation, 1 fr. 50 c.;
(C. civ. 406.) De citation aux membres qui doivent composer le conseil de famille, 1 fr. 50 c.,
De notification de l'avis du conseil de famille, 1 fr. 50 c.;
(C. pr. 926.) D'opposition aux scellés, 1 fr. 50 c.;
De sommation à la levée de scellés, 1 fr. 50 c.;
Et pour chaque copie des actes ci-dessus énoncés, le quart de l'original.

Art. 22. Pour la copie des pièces qui pourra être donnée avec les actes, par chaque rôle d'expédition de vingt lignes à la page et de dix syllabes à la ligne,
A Paris, 25 c.;
Dans les villes où il y a tribunal de première instance, 20 c.;
Dans les autres villes et cantons ruraux, 20 c.

Art. 23. Pour transport qui ne pourra être alloué qu'autant qu'il y aura plus d'un demi-myriamètre (une lieue ancienne) de distance entre la demeure de l'huissier et le lieu où l'exploit devra être posé, aller et retour, par myriamètre, 2 fr.
Il ne sera rien alloué aux huissiers des juges de paix pour visa par le greffier de la justice de paix ou par les maire et adjoints des communes du canton, dans les différents cas prévus par le code de procédure.

L'indemnité de transport pour les huissiers de justice de paix, à 2 fr. par myriamètre, aller et retour, est, non pas de 2 fr. pour l'aller et de 2 fr. pour le retour, mais de 2 fr. seulement par chaque myriamètre de distance entre la résidence de l'huissier et le lieu de la remise de l'exploit, sans qu'il doive être tenu compte du retour. — Req. 5 juin 1864, D.P. 65. 1. 68.

Chap. IV. — Taxe des témoins, experts et gardiens des scellés.

Art. 24. (C. pr. 29, 34.) Il sera taxé au témoin entendu par le juge de paix, une somme équivalente à une journée de travail, même à une double journée, si le témoin a été obligé de se faire remplacer dans sa profession, ce qui est laissé à la prudence du juge.
Il sera taxé au témoin qui n'a pas de profession, 2 fr.
Il ne sera point passé de frais de voyage, si le témoin est domicilié dans le canton où il est entendu.
S'il est domicilié hors du canton et à une distance de plus de deux myriamètres et demi du lieu où il fera sa déposition, il lui sera alloué autant de fois une somme double de journée de travail, ou une somme de 4 fr., qu'il y aura de fois cinq myriamètres de distance entre son domicile et le lieu où il aura déposé.

Art. 25. (C. pr. 29, 42.) La taxe des experts en justice de paix sera la même que celle des témoins, et il ne leur sera alloué de frais de voyage que dans les mêmes cas.

Art. 26. Les frais de garde seront taxés par chaque jour, pendant les douze premiers jours :
A Paris, 2 fr. 50 c.;
Dans les villes où il y a tribunal de première instance, 2 fr.;
Dans les autres villes et cantons ruraux, 1 fr. 50 c.;
Ensuite seulement à raison de :
A Paris, 1 fr.;
Dans les villes où il y a tribunal de première instance, 80 c.;
Dans les autres villes et cantons ruraux, 60 c.

LIV. II. — De la Taxe des frais dans les tribunaux inférieurs et dans les cours.

TIT. Ier. — De la Taxe des actes des huissiers ordinaires.

§ 1er. — *Actes de première classe.*

Art. 27. (C. pr. 16, 59, 61 et 69, n° 8.) Pour l'original d'un exploit d'appel du jugement de la justice de paix,
D'un exploit d'ajournement, même en cas de domicile inconnu en France, et d'affiche à la porte de l'auditoire :
A Paris, 2 fr.;
Partout ailleurs, 1 fr. 50 c.

Art. 28. (C. pr. 65.) Pour les copies de pièces qui doivent être données avec l'exploit d'ajournement et autres actes, par rôle contenant vingt lignes à la page, et dix syllabes à la ligne, ou évalué sur ce pied :
A Paris, 25 c.;
Partout ailleurs, 20 c.
Le droit de copie de toute espèce de pièces et de jugements appartiendra à l'avoué, quand les copies de pièces seront faites par lui; l'avoué sera tenu de signer les copies de pièces et de jugements, et sera garant de leur exactitude.
Les copies seront correctes et lisibles, à peine de rejet de la taxe.

1. L'attribution faite aux avoués du droit de dresser les copies de tous actes ou jugements qui seront signifiés avec les exploits des huissiers, découle, même à l'égard des jugements définitifs et contradictoires, des fonctions mêmes de ces officiers ministériels, lesquels, dès lors, ne peuvent être considérés comme simplement substitués aux huissiers, au point de vue, notamment, de la taxe des frais. — (Motifs) Civ. c. 23 avr. 1856, D.P. 56. 1. 214.

2. Les avoués ont, concurremment avec les huissiers, le droit de faire la copie des jugements définitifs à signifier aux parties, et, dès lors, l'émolument leur en appartient, encore que la signification contienne le commandement tendant à l'exécution du jugement signifié. — Req. 19 janv. 1863, D.P. 63. 1. 317. — V. aussi Orléans, 12 mai 1846, D.P. 47. 2. 99.

3. L'art. 28, qui fixe à 25 c. à Paris, et ailleurs à 20 c., par chaque rôle d'expédition, le droit dû pour copie de tous actes signifiés avec les exploits des huissiers, s'applique au cas où ces copies sont faites par les huissiers, et non à celui où, en vertu de la faculté résultant du même article, elles sont faites par des avoués. Dans ce dernier cas, le droit est établi pour les avoués de première instance par l'art. 89 du décret, qui le fixe à 30 c. à Paris, et à 25 c. dans le ressort, et, pour les avoués d'appel, par l'art. 147, qui augmente ce droit de moitié, et l'élève ainsi à 45 c. à Paris, et à 37 c. 5/10es dans le ressort. — Civ. c. 25 avr. 1856, D.P. 56. 1. 214.

4. On objecterait vainement que l'art. 89, où sont visés les art. 156 et 157 c. pr. civ., doit, par l'effet de cette relation, être limité aux jugements ou arrêts par défaut, et que la signification des jugements ou arrêts contradictoires reste taxée pour les avoués, comme elle l'est pour les huissiers, à qui ils se trouvent alors simplement substitués quand ils usent de leur droit de concours. — Même arrêt.

5. Le droit de certifier les copies de pièces à signifier et de percevoir les émoluments dus pour ces copies est général en faveur des huissiers, et leur appartient exclusivement, lorsqu'il s'agit de copies à signifier en dehors de l'instance, bien qu'elles aient été faites dans l'étude d'un avoué; ce droit n'appartient aux avoués que par exception et dans les cas mixtes, c'est-à-dire dans les cas où il s'agit d'actes qui doivent leur naissance à

la postulation ; quant à ces derniers actes, les avoués qui les ont certifiés en perçoivent les émoluments et sont garants des nullités provenant de leur fait. — Req. 22 mai 1832, J.G. *Avoué*, 244-2°. — Req. 24 août 1831 ; Civ. r. 5 déc. 1832 ; Civ. c. 19 janv. 1836 ; Amiens, 24 nov. 1836 ; Civ. c. 28 nov. 1837 ; Civ. c. 22 mai 1838, J.G. *Copie de pièces*, 47.

6. Ainsi, les copies de pièces qui se rattachent au droit de postulation des avoués peuvent être dressées concurremment par ces avoués, ou par les huissiers chargés de les notifier. Et le droit de faire ces copies appartient, en cas pareil, à celui des deux officiers ministériels dont la partie a fait choix, avant que les copies à notifier aient été préparées. — Req. 8 juin 1852, D.P. 52. 1. 133. — V. aussi J.G. *Copie de pièces*, 57.

7. Les huissiers ayant seuls le privilége absolu d'authentiquer par leur signature les copies de pièces signifiées en tête de leurs exploits et étant d'ailleurs responsables de ces copies tant au point de vue du fond qu'en celui de la forme, sont fondés à refuser d'authentiquer et de signifier les copies d'actes et de jugements qui leur sont remises, toutes préparées, par les parties ou leurs mandataires. — Trib. de Nîmes, 13 mai 1861, D.P. 62. 3. 12. — V. Décr. 14 juin 1813, art. 45, nos 3 et s., *suprà*, p. 1286.

8. ... Alors surtout que, faute d'avoir reçu en même temps les grosses ou expéditions, ils n'ont pu collationner ces copies et s'assurer de leur exactitude. — Même jugem.

9. Ils ont ce droit même à l'égard des avoués, en dehors des cas où les copies de pièces se rattachent à une instance civile, dans laquelle le ministère de ces officiers ministériels est forcé; notamment, ils peuvent refuser de signifier les copies faites à l'occasion d'actes extrajudiciaires, ou se rattachant à une procédure commerciale dans laquelle un avoué figurerait comme mandataire de la partie qui requiert la notification. — Même jugem.

10. Toutefois, le droit, pour l'huissier, de faire certaines copies, n'est pas un obstacle à ce qu'il accepte de signifier celles qui lui sont remises toutes faites par des avoués, sans qu'on puisse voir dans ce fait, alors qu'il n'est accompagné d'aucune circonstance de fraude et qu'il est conforme à l'usage local, une convention illicite susceptible d'une répression disciplinaire. — Même jugem.

11. La Cour de cassation admet deux sortes d'actes mixtes dans lesquels l'avoué peut intervenir pour faire et certifier les copies de pièces; à savoir : 1° les exploits relatifs à une instance dans laquelle l'avoué est constitué; 2° les actes qui se rattachent à son ministère, bien qu'ils soient étrangers à toute instance. — J.G. *Copie de pièces*, 49.

12. On doit ranger dans la première catégorie : ... les exploits d'ajournement devant les tribunaux civils. — Req. 22 mai 1834, J.G. *Copie de pièces*, 50. — Amiens, 24 nov. 1836, et Civ. c. 22 mai 1838, *ibid.*, 45.

13. ... Les assignations aux témoins et aux parties dans les enquêtes ordonnées par les tribunaux civils (c. pr. 260, 261); les exploits de notification des jugements contradictoires ou par défaut, rendus par les tribunaux civils. — Req. 22 mai 1834, J.G. *Copie de pièces*, 50. — Civ. c. 22 mai 1838, *ibid.*, 47.

14. ... Lors même que les jugements sont rendus depuis plus d'un an. — (Arg.) Rouen, 20 janv. 1820 ; Req. 22 mai 1834, J.G. *Copie de pièces*, 50. — Limoges, 9 avr. 1845, D.P. 46. 2. 12.

15. ... L'exploit de notification du procès-verbal de saisie immobilière. — Civ. c. 22 mai 1838, J.G. *Copie de pièces*, 50 et 47.

16. ... L'exploit de notification de l'ordonnance d'ouverture d'ordre. — Même arrêt.

17. La seconde catégorie comprend : ... les exploits de signification des ordonnances rendues par les présidents ou les juges des tribunaux civils, sur les requêtes des avoués. — Amiens, 24 nov. 1836, J.G. *Copie de pièces*, 51 et 47.

18. ... Par exemple, la sommation faite à un époux à la requête de son conjoint de comparaître devant le président pour l'essai de conciliation qui doit précéder l'instance en séparation de corps. — Civ. c. 22 mai 1838, J.G. *Copie de pièces*, 51.

19. ... Les notifications de tous les actes pour lesquels le ministère des avoués est simplement facultatif et non obligatoire pour les parties ; il en est ainsi, par exemple, de l'assignation en référé contenant constitution d'avoué, et de la signification de l'ordonnance de référé. — Amiens, 24 nov. 1836, J.G. *Copie de pièces*, 51-2° et 47.

20. Bien qu'en matière correctionnelle le ministère des avoués ne soit pas obligatoire, ils ont néanmoins le droit de certifier, concurremment avec les huissiers, les copies de pièces des actes de procédure relatifs à une instance correctionnelle dans laquelle ils ont postulé. — Civ. c. 22 mai 1838, J.G. *Copie de pièces*, 47. — Limoges, 9 avr. 1845, D.P. 46. 2. 12.

21. Un avoué conserve, même après l'expiration de l'année à compter de l'obtention d'un jugement et tant que la partie ne lui a point retiré ses pouvoirs, le droit de certifier les copies de pièces relatives à l'exécution de ce jugement. — Arrêt précité du 9 avr. 1845.

22. Les huissiers ont exclusivement droit à l'émolument des copies de pièces signifiées à l'appui ... d'une citation en conciliation. — Req. 22 mai 1832, J.G. *Copie de pièces*, 52, et *Avoué*, 244-2°.

23. ... Des actes de procédure devant les tribunaux de commerce. — Paris, 19 janv. 1837, J.G. *Copie de pièces*, 52-2°, et *Frais et dép.*, 265.

24. ... De l'exploit de notification des jugements rendus par ces tribunaux. — Paris, 29 mai 1837, J.G. *Copie de pièces*, 52-3°. — Civ. c. 22 mai 1838, *ibid.*, 47.

25. ... Des commandements à fin d'exécution, quelle que soit leur nature. — Amiens, 24 nov. 1836, J.G. *Copie de pièces*, 52-4° et 47. — Conf. Req. 5 déc. 1832, *ibid.*, 47.

26. ... D'un exploit de signification de transport. — Civ. c. 22 mai 1838, J.G. *Copie de pièces*, 52-5° et 47.

27. ... D'une saisie-arrêt formée en vertu d'un titre et non d'une ordonnance du président. — Amiens, 24 nov. 1836, J.G. *Copie de pièces*, 52-6° et 47.

28. Les avoués ont le droit exclusif de dresser l'original de l'extrait du contrat et le tableau des notifications à faire aux créanciers inscrits, pour la purge des hypothèques. — Trib. Versailles, 9 févr. 1844, D.P. 45. 3. 174. — Orléans, 21 nov. 1844, D.P. 45. 2. 1. — Req. 20 août 1845, D.P. 45. 1. 393. — V. observ. J.G. *Copie de pièces*, 54 et 55.

29. Et, nonobstant le droit qui appartient aux huissiers de certifier, concurremment avec les avoués, les copies de pièces des actes liés à la postulation, l'avoué rédacteur de l'original de l'extrait peut retenir, au préjudice de l'huissier et contre le gré de la partie qui avait fait le choix de ce dernier officier ministériel, le droit de certifier les copies de cet extrait et d'en percevoir les émoluments. — Trib. de Versailles, 9 févr. 1844, D.P. 45. 3. 174.

30. Suivant un autre arrêt, l'émolument attaché à ces copies appartient aux avoués, sinon exclusivement, du moins concurremment avec les huissiers. — Nancy, 3 juill. 1834, J.G. *Copie de pièces*, 56.

31. Jugé cependant que le ministère des avoués n'étant pas requis pour la purge des hypothèques légales, le droit de copie de pièces des significations à faire appartient exclusivement aux huissiers. — Amiens, 24 nov. 1836 et Civ. c. 12 mai 1838, J.G. *Copie de pièces*, 52-6° et 7° et 47. — Limoges, 9 avr. 1845, D.P. 46. 2. 12.

32. Les émoluments accordés aux avoués qui ont fait les copies et en ont garanti l'exactitude par leurs signatures, ne peuvent appartenir qu'à ceux qui ont droit et qualité pour occuper dans le ressort où les actes se font. — Rennes, 3 janv. 1831, J.G. *Copie de pièces*, 59, et *Avoué*, 72.

33. Plusieurs délibérations d'huissiers ont été prises relativement au droit de copie de pièces, et des règlements intérieurs ont été rendus par différentes communautés d'huissiers sur les mesures à prendre, afin de prévenir les abus résultant de l'abandon du droit de copies de pièces et les remises d'émoluments et tout pacte illicite entre les huissiers et les avoués. — V. notamment, Délib. des huissiers de Pontoise, 14 oct. 1845, D.P. 46. 3. 79 ; Délib. des huissiers de Saint-Malo, 8 mai 1846, D.P. 46. 2. 30.

Table sommaire.

Art. 29. (C. pr. 121.) Pour l'original d'une sommation d'être présent à la prestation d'un serment ordonné ;

(C. pr. 147.) D'une signification de jugement à domicile ;

(C. pr. 153.) De signification d'un jugement de jonction par un huissier commis ;

(C. pr. 156.) De signification d'un jugement par défaut contre partie, par un huissier commis ;

(C. pr. 162.) D'opposition au jugement par défaut rendu contre partie ;

(C. pr. 204.) De sommation aux experts et aux dépositaires des pièces de comparaison, en vérification d'écritures ;

(C. pr. 223.) De signification aux dépositaires, de l'ordonnance ou du jugement qui porte que la minute de la pièce sera apportée au greffe ;

(C. pr. 260, 261.) D'assignation aux témoins dans les enquêtes ;

D'assignation à la partie contre laquelle se fait l'enquête ;

(C. pr. 307.) De signification de l'ordonnance du juge-commissaire pour faire prêter serment aux experts ;

(C. pr. 329.) De la signification de la requête et des ordonnances, pour faire subir interrogatoire sur faits et articles ;

(C. pr. 350.) De la signification du jugement rendu par défaut contre partie, sur demande de reprise d'instance, ou en constitution de nouvel avoué, par un huissier commis ;

(C. pr. 355.) De signification du désaveu ;

(C. pr. 365.) De signification du jugement portant permission d'assigner en règlement de juges, contenant assignation.

(C. pr. 415.) Pour l'original d'une demande formée au tribunal de commerce ;

(C. pr. 429.) D'une sommation de comparaître devant les arbitres ou experts nommés par le tribunal de commerce ;

(C. pr. 435.) De signification de jugement par défaut du tribunal de commerce, par un huissier commis.

(C. pr. 436, 437.) Pour l'original d'opposition au jugement par défaut rendu par le tribunal de commerce, contenant les moyens d'opposition et assignation ;

(C. pr. 439.) De signification des jugements contradictoires ;

(C. pr. 440, 441.) De l'acte de présentation de caution avec sommation à jour et heure fixes de se présenter au greffe pour prendre communication des titres de la caution, et assignation à l'audience, en cas de contestation, pour y être statué.

(C. pr. 456.) Original d'un acte d'appel de jugements des tribunaux de première instance et de commerce, contenant assignation et constitution d'avoué ;

(C. pr. 447.) De signification de jugement à des héritiers collectivement, au domicile du défunt ;

(C. pr. 507.) D'une réquisition aux tribunaux de juger en la personne du greffier ;

(C. pr. 514.) De signification de la requête et du jugement qui admet une prise à partie ;

(C. pr. 518.) De signification de la présentation de caution, avec copie de l'acte de dépôt au greffe des titres de solvabilité de la caution ;

(C. pr. 534.) De signification de l'ordonnance du juge-commis, pour entendre un compte, et sommation de se trouver devant lui, aux jour et heure indiqués, pour être présent à la présentation et affirmation ;

(C. pr. 557, 558, 559.) D'un exploit de saisie-arrêt ou opposition contenant énonciation de la somme pour laquelle elle est faite, et des titres, ou de l'ordonnance du juge ;

(C. pr. 563.) De la dénonciation au saisi de la saisie-arrêt ou opposition, avec assignation en validité ;

(C. pr. 564.) De la dénonciation au tiers saisi de la demande en validité formée contre le débiteur saisi ;

(C. pr. 570.) De l'assignation au tiers saisi pour faire sa déclaration ;

(C. pr. 583, 584.) D'un commandement, pour parvenir à une saisie-exécution ;

(C. pr. 602.) De la notification de la saisie-exécution faite hors du domicile du saisi, et en son absence ;

— (C. pr. 606.) D'une assignation en référé à requête du gardien, qui demande sa décharge ;

D'une sommation à la partie saisie, pour être présente au récolement des effets saisis quand le gardien a obtenu sa décharge ;

(C. pr. 608.) D'une opposition à vente, à la requête de celui qui se prétendra propriétaire des objets saisis entre les mains du gardien ;

De dénonciation de cette opposition au saisissant et au saisi, avec assignation libellée et l'énonciation des preuves de propriété, Le gardien ne pourra être assigné.

(C. pr. 609.) D'une opposition sur le prix de la vente, qui en contiendra les causes ;

(C. pr. 612.) D'une sommation au premier saisissant de faire vendre ;

(C. pr. 614.) D'une sommation à la partie saisie, pour être présente à la vente qui ne serait faite au jour indiqué par le procès-verbal de saisie-exécution ;

(C. pr. 626.) Pour l'original du commandement qui doit précéder la saisie-brandon ;

(C. pr. 628.) De dénonciation de la saisie-brandon au garde champêtre, gardien de droit à ladite saisie, et qui ne sera pas présent au procès-verbal ;

(C. pr. 636.) Du commandement qui doit précéder la saisie de rentes constituées sur particuliers ;

(C. pr. 641.) De dénonciation à la partie saisie de l'exploit de saisie de rentes constituées sur particuliers ;

(C. pr. 659, 660.) D'une sommation aux créanciers de produire dans les contributions, et à la partie saisie de prendre communication des pièces produites, et de contredire, s'il y échet ;

(C. pr. 661.) D'une sommation à la partie saisie, qui n'a point d'avoué constitué, à la requête du propriétaire, de comparaître en référé devant le juge-commissaire, pour faire statuer préliminairement sur son privilége pour raison des loyers à lui dus ;

(C. pr. 663.) De dénonciation à la partie saisie qui n'a point d'avoué constitué, de la clôture du procès-verbal du juge-commissaire, en contribution, avec sommation d'en prendre communication, et de contredire sur le procès-verbal dans la quinzaine ;

(C. pr. 673, 687, 693, 695.) *Les paragraphes 44, 45, 46, 47, 48 et 49 ont été abrogés par l'art. 20 de l'ord. du 10 oct. 1841* (V. *infrà*, p. 1316).

(C. pr. 753.) Des sommations aux créanciers inscrits de produire dans les ordres ;

(C. pr. 807.) D'assignation en référé, dans le cas d'urgence, ou lorsqu'il s'agit de statuer sur les difficultés relatives à l'exécution d'un titre exécutoire ou d'un jugement ;

(C. pr. 809.) De signification d'une ordonnance sur référé ;

(C. civ. 1259.) D'une sommation d'être présent à la consignation de la somme offerte ;

De dénonciation du procès-verbal de dépôt de la chose ou de la somme consignée, au créancier qui n'était pas présent à la consignation ;

(C. civ. 1264.) De sommation aux créanciers d'enlever le corps certain, qui doit être livré au lieu où il se trouve ;

(C. pr. 819.) D'un commandement à la requête des propriétaires et principaux locataires de maisons ou biens ruraux, à leurs locataires, sous-locataires et fermiers, pour payement de loyers ou fermages échus ;

(C. civ. 2183.) De la notification aux créanciers inscrits de l'extrait du titre du nouveau propriétaire, de la transcription et du tableau prescrit par l'art. 2183 du Code civil ;

(C. pr. 839.) D'une assignation et sommation à un notaire, et aux parties intéressées, s'il y a lieu, pour avoir expédition d'un acte parfait ;

(C. pr. 841.) Pour avoir expédition d'un acte non enregistré, ou resté imparfait ;

(C. pr. 844.) Ou une seconde grosse ;

(C. pr. 860.) D'une sommation à la requête de la femme à son mari, de l'autoriser ;

(C. pr. 856.) D'une demande à domicile, à fin de rectification d'un acte de l'état civil ;

(C. pr. 876.) D'une demande en séparation de corps ;

(C. civ. 241.) *Abrogé par la loi du 8 mai 1816 portant abolition du divorce ;*

(C. pr. 883.) D'ajournement, pour demander la réformation d'un avis du conseil de famille qui n'a pas été unanime ,

(C. pr. 888.) De l'opposition formée, à la requête des membres d'un conseil de famille, a l'homologation de la délibération ;

(C. pr. 947.) De sommation aux parties qui doivent être appelées à la vente des meubles dépendants d'une succession ;

(C. pr. 976.) De sommation aux copartageants de comparaître devant le juge-commissaire ;

(C. pr. 980.) De sommation aux parties pour assister à la clôture du procès-verbal de partage chez le notaire ;

(C. pr. 992.) De sommation à la requête d'un créancier, à l'héritier bénéficiaire de donner caution ;

(C. pr. 1018.) De sommation aux arbitres de se réunir au tiers-arbitre pour vider le partage ;

De tout exploit contenant sommation de faire une chose, ou opposition à ce qu'une chose soit faite, protestation de nullité, et généralement de tous actes simples du ministère des huissiers non compris dans la seconde partie du présent tarif,

A Paris, 2 fr. ;

Partout ailleurs, 1 fr. 50 c. ;

Pour chaque copie, le quart de l'original.

Indépendamment des copies des pièces qui n'auront pas été faites par les avoués, et qui seront taxées comme il a été dit ci-dessus.

Lorsqu'un jugement ordonne une expertise, il n'y a pas lieu de le signifier aux experts. Par suite, les frais d'une telle signification ne doivent pas être passés en taxe. — Douai, 8 mars 1844, D.P. 45. 4. 288. — V. aussi J.G. *Frais et dép.*, 436.

§ 2. — *Actes de seconde classe et procès-verbaux.*

Art. 30. (C. pr. 45.) Pour l'original de la récusation du juge de paix, qui en contiendra les motifs, et qui sera signé par la partie ou son fondé de pouvoir spécial, ainsi que la copie,

A Paris, 3 fr. ;

Dans les villes où il y a tribunal de première instance, 2 fr. 25 c. ;

Dans les autres villes et cantons ruraux, 2 fr. 25 c. ;

Et pour la copie, le quart.

Art. 31. (C. pr. 585, 586, 587, 588, 589, 590 et 601.) Pour un procès-verbal de saisie-exécution, qui durera trois heures, y compris le temps nécessaire pour requérir, soit le juge de paix, soit le commissaire de police ou les maire et adjoints, en cas de refus d'ouverture de porte,

A Paris, y compris 1 fr. 50 c. pour chaque témoin, 8 fr. ;

Dans les villes où il y a tribunal de première instance,

Et dans les autres villes et cantons ruraux, y compris 1 fr. par chaque témoin, 6 fr.

Si la saisie dure plus de trois heures, par chacune des vacations subséquentes aussi de trois heures,

A Paris, y compris 80 c. pour chaque témoin, 5 fr. ;

Dans les villes où il y a tribunal de première instance,

Et dans les autres villes et cantons ruraux, y compris 60 c. pour chaque témoin, 3 fr. 75 c.

Dans les taxes ci-dessus se trouvent comprises les copies pour la partie saisie et pour le gardien.

Art. 32. (C. pr. 587.) Vacation du commissaire de police qui aura été requis pour être présent à l'ouverture des portes et des meubles fermant à clef, ou aux maires et adjoints, si ces derniers le requièrent,

A Paris, 5 fr. ;

Dans les villes où il y a tribunal de première instance, 3 fr. 75 c. ;

Dans les autres villes et cantons ruraux, 2 fr. 50 c.

Art. 33. (C. pr. 590.) Vacation de l'huissier pour déposer au lieu établi pour les consignations, ou entre les mains du dépositaire qui sera convenu, les deniers comptants qui pourraient avoir été trouvés,

A Paris, 2 fr. ;

Dans les villes où il y a tribunal de première instance, 1 fr. 50 c. ;

Dans les autres villes et cantons ruraux 1 fr. 50 c.

Art. 34. (C. pr. 596.) Les frais de garde seront taxés par chaque jour, pendant les douze premiers jours,

A Paris, 2 fr. 50 c. ;

Dans les villes où il y a tribunal de première instance, 2 fr. ;

Dans les autres villes et cantons ruraux 1 fr. 50 c.

Ensuite seulement à raison de,

A Paris, 1 fr. ;

Dans les villes où il y a tribunal de première instance, 80 c. ;

Dans les autres villes et cantons ruraux, 60 c.

1. Le tarif qui a fixé les frais de garde à raison de tant par jour, n'ayant pas désigné le temps pendant lequel ils seront dus, ces frais ou salaires doivent être alloués au gardien, à tant par jour, jusqu'à sa décharge, et sans qu'il soit permis au juge de les modérer, sous le prétexte qu'il n'y a pas eu garde effective jusque-là ; il n'y a pas lieu non plus d'adopter la disposition de l'ord. de 1667, qui n'allouait ces frais que pendant une année ; en conséquence on a ordonné le payement de treize années de frais de garde. — Bourges, 19 août 1825, J. G. *Frais et dép.*, 624. — Mais V. observ. contr., *ibid.*

2. Le gardien des objets saisis n'ayant droit au salaire que lui alloue l'art. 34 du tarif qu'autant qu'il a veillé effectivement à la conservation de la chose, le juge taxateur a attribution pour réduire ce salaire, même d'office, lorsque des détériorations se sont produites par suite de la négligence de ce gardien. — Req. 7 déc. 1869. D.P. 71. 1. 308.

Art. 35. (C. pr. 606.) Pour un procès-verbal de récolement des effets saisis, quand le gardien aura obtenu sa décharge,

A Paris, 3 fr. ;

Dans les villes où il y a tribunal de première instance, 2 fr. 25 c. ;

Dans les autres villes et cantons ruraux, 2 fr. 25 c.

Ce procès-verbal ne contiendra aucun détail, si ce n'est pour constater les effets qui pourraient se trouver en déficit ; et l'huissier ne sera point assisté de témoins.

Il sera laissé copie du procès-verbal de récolement au gardien qui aura obtenu sa décharge : il remettra la copie de la saisie qu'il avait entre les mains au nouveau gardien, qui se chargera du contenu sur le procès-verbal de récolement.

Pour chacune des copies à donner du procès-verbal de récolement, le quart de l'original.

Art. 36. (C. pr. 611.) Dans le cas de saisie antérieure et d'établissement de gardien, pour le procès-verbal de récolement sur le premier procès-verbal que le gardien sera tenu de représenter, et qui, sans entrer dans aucun détail, et contenant seulement la saisie des effets omis, et sommation au premier saisissant de vendre, témoins compris et deux copies sera taxé,

A Paris, 6 fr. ;

Dans les villes où il y a tribunal de première instance, 4 fr. 50 c. ;

Dans les autres villes et cantons ruraux, 4 fr. 50 c.;
Et pour une troisième copie, s'il y a lieu, le quart de l'original.

Art. 37. (C. pr. 616.) Pour le procès-verbal de récolement qui précédera la vente, et qui ne contiendra aucune énonciation des effets saisis, mais seulement de ceux en déficit, s'il y en a, y compris les témoins,
A Paris, 6 fr.,
Dans les villes où il y a tribunal de première instance, 4 fr. 50 c.;
Dans les autres villes et cantons ruraux, 4 fr. 50 c.
Il n'en sera point donné de copie.

Art. 38. (C. pr. 617.) S'il y a lieu au transport des effets saisis, l'huissier sera remboursé de ses frais sur les quittances qu'il en représentera, ou sur sa simple déclaration, si les voituriers et gens de peine ne savent écrire, ce qu'il constatera par son procès-verbal de vente.
Il sera alloué à l'huissier ou autre officier qui procédera à la vente, pour la rédaction de l'original du placard qui doit être affiché,
A Paris, 1 fr.;
Dans les villes où il y a tribunal de première instance, 1 fr.;
Dans les autres villes et cantons ruraux, 1 fr.;
Pour chacun des placards, s'ils sont manuscrits :
A Paris, 50 c.,
Dans les villes où il y a tribunal de première instance, 50 c.,
Dans les autres villes et cantons ruraux, 50 c.;
Et s'ils sont imprimés, l'officier qui procédera à la vente en sera remboursé sur les quittances de l'imprimeur et de l'afficheur.

Art. 39. Pour l'original et l'exploit, qui constatera l'apposition des placards, dont il ne sera point donné de copie,
A Paris, 3 fr.;
Dans les villes où il y a tribunal de première instance, 2 fr. 25 c.;
Dans les autres villes et cantons ruraux, 2 fr. 25 c.
Il sera passé en outre la somme qui aura été payée pour l'insertion de l'annonce de la vente dans un journal, si la vente est faite dans une ville où il s'en imprime.
Pour chaque vacation de trois heures à la vente, le procès-verbal compris, il sera taxé à l'huissier dans les lieux où ils sont autorisés à la faire,
A Paris, 8 fr.,
Dans les villes où il y a tribunal de première instance, 5 fr.;
Dans les autres villes et cantons ruraux, 4 fr.;
Et à Paris, où les ventes sont faites par les commissaires-priseurs, il sera alloué à l'huissier, pour requérir le commissaire-priseur, une vacation de 2 fr.

1. Dans les villes où il n'existe pas de courtiers, l'art. 39 est seul applicable aux ventes faites par un huissier des effets mobiliers d'un failli, en vertu de l'art. 486 c. com. (L. 3 juill. 1861, art. 2). — Req. 25 juill. 1871, D.P. 71. 1. 155.
2. La vente aux enchères publiques de biens meubles dépendant d'une succession est assimilée par la loi à la vente mobilière qui a lieu par suite de saisie-exécution; dès lors, l'huissier qui a procédé à cette vente a droit simplement à des émoluments basés sur le nombre des vacations qui ont été employées à la vente, conformément à l'art. 39, et non au droit de 6 p. 100 que la loi du 18 juin 1843 accorde aux commissaires-priseurs. — Req. 30 mai 1854, D.P. 67. 5. 224.

Art. 40. (C. pr. 623.) En cas d'absence de la partie saisie, son absence sera constatée, et il ne sera nommé aucun officier pour la représenter.

Art. 41. (C. pr. 620, 621.) Dans le cas de publication sur les lieux où se trouvent les barques, chaloupes et autres bâtiments, prescrite par l'article 620 du code, et dans le cas d'exposition de la vaisselle d'argent, bagues et joyaux, ordonnée par l'art. 621, il sera alloué à l'huissier, pour chacune des deux premières publications ou expositions,
A Paris, 6 fr.;
Dans les villes où il y a tribunal de première instance, 4 fr.;
Dans les autres villes et cantons ruraux, 3 fr.
La troisième publication ou exposition est comprise dans la vacation de vente.
A Paris, et dans les villes où il s'imprime des journaux, les vacations pour publications et expositions ne pourront être allouées aux huissiers, attendu qu'il doit y être suppléé par l'insertion dans un journal.
Si l'expédition du procès-verbal de vente est requise par l'une des parties, il sera alloué à l'huissier ou autre officier, qui aura procédé à la vente, par chaque rôle d'expédition, contenant vingt-cinq lignes à la page, et dix à douze syllabes à la ligne,
A Paris, 1 fr.;
Dans les villes où il y a tribunal de première instance, 50 c.;
Dans les autres villes et cantons ruraux, 40 c.

L'art. 1er du tarif des commissaires-priseurs (L. 18 juin 1843) a abrogé l'art. 41 quant aux commissaires-priseurs. Le § 4 de l'art. 41 ne concerne plus que les notaires, greffiers et huissiers. — J.G. *Frais et dép.*, 633.

Art. 42. (C. pr. 657.) Pour la vacation de l'huissier ou autre officier qui aura procédé à la vente, pour faire taxer ses frais par le juge, sur la minute de son procès-verbal,
A Paris, 3 fr.;
Dans les villes où il y a tribunal de première instance, 2 fr.;
Dans les autres villes et cantons ruraux, 1 fr. 50 c.
Et pour consigner les deniers provenant de la vente :
A Paris, 3 fr.;
Dans les villes où il y a tribunal de première instance, 2 fr.;
Dans les autres villes et cantons ruraux, 1 fr. 50 c.

Art. 43. (C. pr. 627.) Pour un procès-verbal de saisie-brandon, contenant l'indication de chaque pièce, sa contenance et sa situation, deux au moins de ses tenants et aboutissants, et la nature des fruits, quand il n'y sera pas employé plus de trois heures,
A Paris, 6 fr.;
Dans les villes où il y a tribunal de première instance, 5 fr.;
Dans les autres villes et cantons ruraux, 4 fr.
Et quand il y sera employé plus de trois heures, pour chacune des autres vacations aussi de trois heures,
A Paris, 5 fr.;
Dans les villes où il y a tribunal de première instance, 4 fr.;
Dans les autres villes et cantons ruraux, 3 fr.
L'huissier ne sera point assisté de témoins.

Art. 44. (C. pr. 628.) Pour les copies à délivrer à la partie saisie, au maire de la commune et au garde champêtre, ou autre gardien, par chacune, le quart de l'original.

Nota. Le surplus des actes sera taxé comme en saisie-exécution.

Art. 45. Il sera alloué pour frais de garde, soit au garde champêtre, soit à tout autre gardien qui pourrait être établi, aux termes de l'art. 628, par chaque jour, savoir,
Au garde-champêtre :
A Paris, 75 c.;
Dans les villes où il y a tribunal de première instance, 75 c.;
Dans les autres villes et cantons ruraux, 75 c.
Et à tout autre que le garde champêtre,
A Paris, 1 fr. 25 c.;
Dans les villes où il y a tribunal de première instance, 1 fr. 25 c.;
Dans les autres villes et cantons ruraux, 1 fr. 25 c.

Art. 46. (C. pr. 637.) Pour un exploit de saisie du fonds d'une rente constituée sur particulier, contenant assignation au tiers saisi en déclaration affirmative devant le tribunal,
A Paris, 4 fr.;
Dans les villes où il y a tribunal de première instance, 3 fr.;
Dans les autres villes et cantons ruraux, 3 fr.;
Pour la copie, le quart.

Nota. La dénonciation des placards et tous les autres actes seront taxés comme en saisie immobilière.

Art. 47, 48, 49, 50.

Ces articles ont été abrogés par l'ordonnance du 10 oct. 1841, art. 20. — V. *infra*, p. 1316.

Art. 51, 52, 53, 54, 55, 56, 57, 58.

Ces articles, relatifs à l'exécution de la contrainte par corps, ont été abrogés par l'arrêté du 24 mars 1849 (D.P. 49. 4. 72).

Art. 59. (C. pr. 813.) Pour l'original d'un procès-verbal d'offres, contenant le refus ou l'acceptation du créancier,
A Paris, 3 fr.;
Dans les villes où il y a tribunal de première instance, 2 fr. 25 c.;
Dans les autres villes et cantons ruraux, 2 fr. 25 c.;
Pour la copie, le quart.

Art. 60. (C. civ. 1259.) D'un procès-verbal de consignation de la somme ou de la chose offerte,
A Paris, 5 fr.;
Dans les villes où il y a tribunal de première instance, 4 fr.;
Dans les autres villes et cantons ruraux, 4 fr.,
Pour chaque copie à laisser au créancier, s'il est présent, et au dépositaire, le quart.

Art. 61. (C. pr. 819, 822, 825.) Les procès-verbaux de saisie-gagerie sur les locataires et fermiers,
Et ceux de saisie des effets du débiteur forain,
Seront taxés comme ceux de saisie-exécution, ainsi que tout le reste de la poursuite.

Art. 62 (c. pr. 829). Pour un procès-verbal tendant à saisie-revendication, s'il y a refus de portes, ou opposition à la saisie, contenant assignation en référé devant le juge, y compris les témoins,
A Paris, 5 fr.;
Dans les villes où il y a tribunal de première instance, 4 fr.;
Dans les autres villes et cantons ruraux, 4 fr.;
Pour la copie, le quart.
Le procès-verbal de saisie-revendication sera taxé comme celui de saisie-exécution.

Art. 63.

Abrogé par l'art. 20 de l'ordonnance du 14 f. et 10 o. — V. *infra*, p. 1316.

Art. 64.

Abrogé par l'art. 541 nouveau du code de commerce.

Art. 65.

Le § 1er a été abrogé par l'art. 541 nouveau du code de commerce.

Le § 2 a été abrogé par l'ordonnance du 10 oct. 1841. — V. infrà, p. 1316.

Le § 3 a été abrogé par le décret du 23 mars 1848 (D.P. 48. 4. 57).

§ 3. — *Dispositions générales relatives aux huissiers.*

Art. 66. (C. pr. 62.) Il ne sera rien alloué aux huissiers pour transport jusqu'à un demi-myriamètre.

Il leur sera alloué au delà d'un demi-myriamètre, pour frais de voyage qui ne pourra excéder une journée de cinq myriamètres (dix lieues anciennes); savoir, au delà d'un demi-myriamètre et jusqu'à un myriamètre pour aller et retour,

A Paris, 4 fr.;

Dans les villes et cantons ruraux, 4 fr.

Au delà d'un myriamètre, il sera alloué par chaque demi-myriamètre, sans distinction, 2 fr.

Il sera taxé pour *visa* de chacun des actes qui y sont assujettis,

A Paris, 1 fr.;

Dans les villes où il y a tribunal de première instance, 75 cent.;

Dans les autres villes et cantons ruraux, 75 cent.

En cas de refus de la part du fonctionnaire public qui doit donner le *visa*, et dans le cas où l'huissier sera obligé, à raison de ce refus, de requérir le *visa* du procureur impérial, le droit sera double.

Les huissiers qui seront commis pour donner des ajournements, faire des significations de jugements, et tous autres actes, ou procéder à des opérations, ne pourront prendre de plus forts droits que ceux énoncés au présent tarif, à peine de restitution et d'interdiction, quels que soient la cour et le tribunal auxquels ils sont attachés.

Les huissiers qui auront omis de mettre au bas de l'original et de chaque copie des actes de leur ministère la mention du coût d'icelui, pourront, indépendamment de l'amende portée par l'art. 67 du code de procédure, être interdits de leurs fonctions sur la réquisition d'office des procureurs généraux et impériaux.

1. Le tableau des distances dressé par le préfet pour faciliter la taxe des indemnités de transport en matière criminelle, n'est point obligatoire en matière civile. — Civ. r. 18 avr. 1854, D.P. 54. 1. 177.

2. L'indemnité de transport de l'huissier doit être calculée d'après la distance séparant le lieu de la résidence de cet huissier de celui de la résidence de la partie à laquelle l'exploit est remis: le retour de l'huissier ne doit pas être pris en considération. — Req. 7 août 1854, D.P. 54. 1. 295.

3. La distance d'un demi-myriamètre au delà de laquelle des frais de voyage pour transport sont accordés aux huissiers, doit-être calculée à partir de la résidence légalement assignée par le tribunal à ces officiers ministériels; dans le cas où un huissier a été autorisé par le tribunal à quitter la résidence qu'il avait dans un canton, pour la fixer au chef-lieu d'arrondissement, c'est à partir du chef-lieu que, pour tous les actes qui ne se rattachent pas au service de ce canton, doit être calculée la distance. — Civ. r. 6 févr. 1855, D.P. 55. 1. 106.

4. L'indemnité de transport allouée à l'huissier par l'art. 66, ne lui est due que lorsque la distance parcourue est de plus d'un demi-myriamètre, d'après le tableau officiel dressé par le préfet en vertu de l'art. 93 du tarif criminel du 18 juin 1811. En conséquence, s'il résulte de ce tableau que le transport n'a eu lieu qu'à un demi-myriamètre, l'huissier ne peut réclamer d'émoluments pour frais de voyage, quoiqu'il soit reconnu, en fait, que la distance parcourue excède le chiffre fixé par le préfet, une telle constatation ne devant point être prise en considération en l'absence d'une rectification du tableau. — Req. 16 nov. 1859, D.P. 60. 1. 319.

5. Et il en est ainsi, encore que la vérification ait été faite par le préfet lui-même, qui a toutefois refusé de rectifier son tableau, parce que l'excédant était inférieur à un kilomètre, et que ce tableau ne porterait pas de fraction de kilomètre. — (Sol. impl.) Même arrêt.

6. L'indemnité de 4 fr. allouée aux huissiers, pour frais de transport, au delà d'un demi-myriam., et jusqu'à 1 myriam., est due par cela seul que le parcours de l'huissier a dépassé le premier demi-myriam. — Civ. r. 27 avr. 1858, D.P. 58. 1. 165.

7. ... Et l'indemnité est due, même pour des fractions du second demi-myriam., inférieures à 3 kilom. (tar. 16 févr. 1807, art. 66). — Même arrêt.

8. Les fractions du demi-myriam. cessent au contraire d'être prises en considération lorsqu'il s'agit de l'indemnité de 2 fr. due au delà d'un myriam., pour chaque demi-myriam. — Civ. c. 27 avr. 1858, D.P. 58. 1. 165. — Req. 10 août 1863, D.P. 63. 1. 475.

TIT. II. — Des Avoués de première instance.

Chap. Ier. — *Matières sommaires.*

Art. 67. Les depens, dans ces matières, seront liquidés, tant en demandant qu'en défendant; savoir:

Pour l'obtention d'un jugement par défaut contre partie ou avoués, y compris les qualités et la signification à avoué, s'il y a lieu, quand la demande n'excédera pas 1,000 fr.,

A Paris, 7 fr. 50 c.;

Dans le ressort, les trois quarts;

Et quand elle excédera 1,000 fr. jusqu'à 5,000 fr., 10 fr.;

Et quand elle excédera 5,000 fr., 15 fr.;

Et pour l'obtention d'un jugement contradictoire ou définitif, quand la demande n'excédera pas 1,000 fr., 15 fr.;

Et quand elle excédera 1,000 fr., jusqu'à 5,000 fr., 20 fr.;

Quand elle excédera 5,000 fr., 30 fr.

Nota. Si la valeur de l'objet de la contestation est indéterminée, le juge allouera l'une des sommes ci-dessus indiquées.

S'il y a lieu à requête ou à visite et estimation d'experts, ordonnée contradictoirement, et s'il est intervenu aussi jugement contradictoire sur l'enquête ou le rapport d'experts, il sera alloué un demi-droit;

Et, en outre, pour copie des procès-verbaux d'enquête et d'expertise, par chaque rôle,

A Paris, 15 c.;

Dans le ressort, les trois quarts;

S'il y a plus de deux parties en cause, et si elles ont des intérêts contraires, il sera alloué un quart en sus des droits ci-dessus à l'avoué qui aura suivi contre chacune des autres parties.

S'il y a lieu à un interrogatoire sur faits et articles, il sera passé à l'avoué de la partie à la requête de laquelle il aura été subi, un demi-droit; et, en outre, pour copie du procès-verbal d'interrogatoire, par chaque rôle d'expédition,

A Paris, 15 c.;

Dans le ressort, les trois quarts.

Il sera passé à l'avoué qui lèvera le jugement rendu contradictoirement, pour dressé de qualités et de signification du jugement à avoué, le quart du droit accordé pour l'obtention du jugement contradictoire.

Il ne sera alloué aucun honoraire aux avocats dans ces sortes de causes.

Si l'avoué est révoqué, ou si les pièces lui sont retirées, il lui sera alloué; savoir:

S'il y a eu constitution d'avoué avant l'obtention d'un jugement par défaut, moitié du droit accordé pour faire rendre un jugement par défaut;

Et s'il a été obtenu un premier jugement par défaut ou un jugement interlocutoire, indépendamment de l'émolument pour ces jugements, moitié du droit accordé pour obtenir un jugement contradictoire.

Mais ces droits ne seront acquis, et ils ne pourront être exigés que lorsqu'il y aura eu constitution d'avoué dans le premier cas, ou qu'il aura été formé opposition au premier jugement par défaut, et que l'avoué qui aura obtenu le premier jugement, aura suivi l'audience sur le débouté d'opposition.

Au moyen de la fixation ci-dessus, il ne sera passé aucun autre honoraire pour aucun acte et sous aucun prétexte. Il ne sera alloué en outre que les simples déboursés.

1. — I. QUELLES AFFAIRES DOIVENT ÊTRE RÉPUTÉES SOMMAIRES AU POINT DE VUE DES DÉPENS. — Les règles de la taxe en matière sommaire s'appliquent même aux affaires, qui, sommaires de leur nature, ont été instruites, plaidées et jugées comme matières ordinaires: il y a là un principe d'ordre public. — Civ. c. 12 avr. 1831 et 2 août 1831, J.G. *Matière somm.*, 12-1o, et *Frais et dép.*, 163-2o.

2. A l'inverse, les frais faits à l'occasion d'une affaire ordinaire de sa nature (et, par exemple, une demande en payement de 3,713 fr. formée par un assuré contre une compagnie d'assurance) doivent être taxés comme en matière ordinaire, nonobstant la convention insérée dans la police d'assurance que les affaires portées devant les tribunaux civils et d'appel seront instruites et jugées comme en matière sommaire. — Amiens, 12 juin 1841, J.G. *Frais et dép.*, 163-3o.

3. La nature sommaire ou ordinaire d'une contestation se détermine par son objet et par la demande originaire et introductive de l'instance; en conséquence, les frais faits sur une demande en nullité de jugement et en renvoi, incidente à une contestation ordinaire, ne doivent pas être taxés comme dépens en matière sommaire. — Paris, 25 mai 1808, J.G. *Frais et dép.*, 163-1o.

4. Quelle que soit la nature du jugement attaqué, la procédure de requête civile doit être taxée comme en matière ordinaire. — Paris, 6 avr. 1867, D.P. 68. 5. 241.

5. Il n'est pas au pouvoir des tribunaux de classer arbitrairement au nombre des matières ordinaires, quant à la taxation des frais et dépens, des causes réputées sommaires par la loi, sous le prétexte que ces causes auraient changé de nature par l'instruction. Tels sont les appels des décisions des juges de paix. — Civ. c. 27 déc. 1837, J.G. *Matière somm.*, 12-2o, et *Brevet d'invent.*, 48.

6. Toutefois, il suffit qu'un tribunal, jugeant en matière sommaire, ait liquidé lui-même les dépens, pour qu'on doive, dans le doute, admettre qu'ils ont été liquidés comme en matière sommaire, et non comme en matière ordinaire. — Req. 13 août 1833, J.G. *Frais et dép.*, 163-4o.

7. Les dépens d'une affaire instruite suivant le mode établi pour les affaires ordinaires doivent être taxés comme en matière ordinaire, bien que, par l'arrêt intervenu, l'affaire, d'ordinaire qu'elle était en première instance (où il s'agissait d'une demande en payement de 2,213 f. accordés par les premiers juges), se trouve réduite aux proportions d'une affaire sommaire, l'arrêt n'ayant accordé qu'une somme inférieure à 1,500 fr. — Amiens, 12 juin 1841, J.G. *Frais et dép.*, 164.

8. Une cour peut décider qu'une affaire doit être taxée comme ordinaire, quoique son arrêt porte qu'elle a jugé en matière sommaire, lorsque, sur l'opposition à l'ordonnance de taxe, elle reconnaît que l'affaire est en réalité une cause ordinaire. — Lyon, 17 août 1821 et 16 mars 1824, J.G. *Matière somm.*, 78.

9. Si un tribunal déclare, sans qu'il ait été plaidé ni conclu à cet égard, qu'il juge en matière sommaire, cette disposition de son jugement, en tant qu'elle a rapport à la taxe des frais, est censée rendue par défaut quant à ce, et susceptible d'opposition, lors même que le jugement est contradictoire sur le fond. — Lyon, 8 mars 1830, J.G. *Matière somm.*, 79.

10. Les dépens d'appel d'une sentence d'arbitres-juges doivent être taxés comme en matière sommaire. — Bordeaux, 23 août 1827, J.G. *Frais et dép.*, 529-1o.

11. Les frais et dépens dans les instances sur appel de jugements des tribunaux de commerce doivent être taxés comme matière sommaire. — Grenoble, 20 mai 1817, J.G. *Frais et dép.*, 529-2o et 179.

12. Quoique les frais antérieurs au jugement rendu en matière sommaire soient taxés par le jugement lui-même, ceux de levée et de signification du jugement doivent être l'objet d'une taxe nouvelle. — Douai, 8 mars 1842, D.P. 54. 5. 404.

13. L'insertion de la liquidation des dépens dans le dispositif des jugements ou arrêts en matière d'ordre n'est pas prescrite à peine de nullité. — Civ. c. 4 juin 1850, D.P. 50. 1. 214.

14. L'art. 67, § 19, portant qu'en matière sommaire il ne sera passé aux avoués aucune autre honoraire pour aucun acte et sous aucun prétexte, est absolu, tellement qu'il y aurait lieu d'annuler un arrêt qui, sur le fondement qu'un acte serait nécessaire, aurait accordé un droit à l'avoué. — Civ. c. 7 janv. 1834, J.G. *Frais et dép.*, 169.

15. — II. DROITS QUI PEUVENT ÊTRE RÉCLAMÉS EN MATIÈRE SOMMAIRE. — 1o *Droit d'appel de cause.* — Le droit d'appel de cause est aussi bien applicable en matière sommaire qu'en matière ordinaire. — Douai, 3 mars 1844, D.P. 45. 4. 289.

16. — 2o *Droit pour conclusions motivées.* — En matière sommaire, des conclusions motivées ne peuvent être passées en taxe, sous aucun prétexte. — Civ. c. 9 janv. 1855, D.P. 55. 1. 119. — V. observ., J.G. *Frais et dép.*, 178, et *Ordre entre créanc.*, 998.

17. Jugé, au contraire, qu'en matière sommaire, l'art. 67, qui interdit toute allocation d'honoraires pour les actes, quels qu'ils soient, autres que ceux spécifiés dans cet article, n'autorise pas le juge à rejeter de la taxe le dépôt et la signification de conclusions motivées, le décret du 30 mars 1808, qui exige que des conclusions motivées soient déposées et signifiées même en matière sommaire, renfermant, à l'égard de ces actes, une innovation dont la conséquence est de les faire admettre en taxe, malgré le silence du tarif. — Civ. c. 13 nov. 1851, D.P. 51. 1. 491. — Paris, 7 juin 1867, D.P. 71. 1. 321. — Civ. c. 13 janv. 1874, D.P. 74. 1. 438.

18. Et ces conclusions doivent, par analogie, être taxées à un droit fixe, conformément à l'art. 71 du tarif du 16 févr. 1807. — Arrêt précité du 13 janv. 1874. — V. infrà, no 24.

19. Mais il n'y a pas lieu d'allouer de droit à l'avoué pour la copie de la réponse faite par l'une des parties à une sommation de la partie adverse, le dépôt et la signification des conclusions motivées épuisant les droits qui dérivent du décret de 1808. — Arrêt précité du 13 nov. 1851.

20. Dans les instances d'ordre, l'avoué a droit :... à un honoraire pour les conclusions signifiées dans le cas prévu par l'art. 70 du décret du 30 mars 1808, honoraire qu'il convient, en l'absence d'une fixation légale, de porter au même chiffre que celui alloué pour des conclusions incidentes par l'art. 71, § 12, du tarif de 1807. — Orléans, 15 déc. 1858, D.P. 59. 2. 11.

21. ... A un émolument pour les conclusions déposées, émolument dont le chiffre est laissé à l'arbitrage du juge et que l'usage a fait fixer à 1 fr. 50 c. — Même arrêt.

22. L'émolument des conclusions motivées que l'intimé est autorisé à signifier, en réponse aux griefs d'appel d'un jugement d'ordre, doit être passé en taxe. — Orléans, 12 mai 1846, D.P. 47. 2. 99. — Observ. conf., J.G. Ordre, 998.

23. Il y a lieu également de passer en taxe l'émolument des conclusions motivées signifiées par l'appelant principal d'un jugement d'ordre, en réponse aux griefs d'un appel incident. — Même arrêt.

24. Jugé également qu'en matière d'ordre, le dépôt de conclusions motivées, même non signifiées, fait en exécution des art. 83 et 71 du décret du 30 mars 1808, donne ouverture, au profit de l'avoué, à l'émolument fixé par l'art. 71 du tarif de 1807. — Bordeaux, 25 août 1854, J.G. Ordre, 1000.

25. Jugé même que ces conclusions peuvent être grossoyées et qu'il est dû à l'avoué, pour leur rédaction, un émolument proportionné à l'importance des contestations et des intérêts en litige. — Paris, 1er juill. 1859, J.G. Ordre, 999-2o. — Conf. Nîmes, 28 juin 1852; Bordeaux, 25 août 1854; Limoges, 27 mars 1858, ibid.

26. Jugé, au contraire, que les contestations sur un ordre étant classées dans les affaires sommaires, les conclusions motivées, admises par l'art. 761 c. pr. civ., rentrent dans la catégorie des actes prescrits par l'art. 70 du décret du 30 mars 1808, et ne doivent pas être transformées en requêtes grossoyées : de pareilles requêtes ne sont admises qu'en matière ordinaire. — Civ. c. 13 janv. 1874, D.P. 74. 1. 438-439.

27. — 3o *Droit pour obtention d'un jugement.* — Le droit accordé à l'avoué par l'art. 67, § 5, pour l'obtention d'un jugement contradictoire ou définitif, ne s'applique pas à tout jugement contradictoire; il s'applique aux seuls jugements contradictoires qui sont définitifs, et non à ceux qui ne sont que préparatoires ou interlocutoires : l'obtention de ces derniers jugements et les devoirs y relatifs ne donnent lieu qu'au demi-droit accordé par les paragraphes 11 et 12 du même article. — Douai, 8 mars 1844, D.P. 45. 4. 290.

28. L'art. 67, quand il accorde un demi-droit pour l'obtention d'un jugement interlocutoire, ne s'applique pas aux simples préparatoires. — Civ. c. 7 janv. 1834, J.G. Frais et Dép., 188 et 169.

29. Par suite, il y a contravention aux paragraphes 5 et 9 de l'art. 67 du tarif, si l'on accorde deux quarts de droit pour deux jugements de simple instruction, tels que ceux qui, dans le cours d'une expertise, substituent un juge pour recevoir une prestation de serment ou nommer un expert en remplacement d'un autre : il n'est dû pour ces jugements à l'avoué absolument que ses déboursés. — Même arrêt, J.G. Frais et dép., 189.

30. Le droit d'obtention d'un jugement définitif d'ordre se calcule d'après la valeur des créances contestées. — Orléans, 12 mai 1846, D.P. 47. 2. 99.

31. Un droit peut être alloué pour chaque jugement définitif statuant sur un intérêt distinct, notamment dans le cas de procès en partage, quel que soit d'ailleurs le nombre de ceux intervenus dans l'affaire. — Orléans, 15 déc. 1838, D.P. 59. 2. 11.

32. La disposition de l'art. 67, d'après laquelle, s'il y a plus de deux parties en cause, et si elles ont des intérêts contraires, l'avoué qui occupe contre plusieurs parties a droit, pour obtention de jugement, à un quart en sus de l'émolument entier, ne s'applique qu'au cas où il y a contrariété entre les intérêts respectifs de ces parties elles-mêmes : il ne s'agit pas ici de la contrariété existant entre les intérêts des parties contre lesquelles l'avoué a suivi et ceux de son client; et il doit y avoir entre ces parties une véritable opposition d'intérêts pour qu'il y ait lieu à l'allocation du droit supplémentaire; il ne suffit pas que les intérêts soient distincts et différents. — Metz, 7 avril 1869, D.P. 70. 2. 74.

33. L'avoué qui a occupé dans une instance d'ordre instruite et jugée comme sommaire, pour plusieurs parties ayant le même intérêt, quant au point contesté, ne peut réclamer qu'un seul droit d'obtention de jugement, bien que ces parties aient des titres de créance distincts. — Nîmes, 25 juill. 1853, D.P. 53. 2. 73.

34. La partie saisie et les syndics de sa faillite qui demandent conjointement la nullité de la saisie immobilière pratiquée sur le failli, n'ayant qu'un seul et même intérêt, l'avoué qui a suivi contre eux n'a pas suivi contre des parties ayant des intérêts contraires; dès lors, il ne peut, pour l'obtention d'un jugement définitif, ajouter au droit principal le supplément du quart. — Orléans, 2 août 1839, J.G. Frais et Dép., 190 et 176.

35. Le droit du quart en sus n'est pas dû seulement à l'avoué du poursuivant, il est dû aussi bien en défendant qu'en demandant, pourvu que l'avoué soutienne la discussion contre plusieurs parties ayant des intérêts opposés. — J.G. Frais et Dép., 190 et 176.

36. Le quart du droit d'obtention d'un jugement, accordé en matière sommaire pour le dressé des qualités et la signification du jugement à avoué, est applicable aux jugements préparatoires. — Douai, 8 mars 1844, D.P. 45. 4. 291, J.G. Frais et dép., 192.

37. Suivant un autre arrêt, en matière sommaire, il n'est point dû de droit de copie pour la signification de l'arrêt à avoué, cet émolument se trouvant compris dans le quart du droit d'obtention de l'arrêt (tarif, art. 67, § 19). — Douai, 17 août 1839, J.G. Matière somm., 63.

38. L'avoué n'a pas droit aux frais d'une signification qui n'a eu lieu qu'en vue de l'exécution du jugement. — Civ. r. 22 nov. 1854, D.P. 54. 1. 419.

39. La disposition qui alloue à l'avoué, en cas de révocation ou de retrait des pièces, un quart du droit dû pour l'obtention d'un jugement définitif, doit être appliquée au cas où le procès a été terminé, même après conclusions respectivement prises, par un désistement signifié et accepté. — Civ. r. 1er juin 1863, D.P. 63. 1. 237.

40. — 4o *Droit pour les copies des qualités.* — Le droit alloué à l'avoué, en matière sommaire, par l'art. 67, § 12, du tarif du 16 févr. 1807, pour dressé des qualités et de la signification du jugement, ne concerne que le dressé de l'original de ces qualités et de cette signification, et ne comprend pas le droit dû pour les copies à signifier des mêmes qualités ou jugement; par suite, l'avoué est fondé à réclamer, à raison de ces copies, le droit de copie fixé par les art. 88 et 89 du tarif. — Req. 6 juin 1837; Civ. c. 1er mars 1841, J.G. Frais et dép., 193. — Civ. c. 19 janv. 1842, J.G Matière somm., 63. — Douai, 8 mars 1844, D.P. 45. 4. 292. — Civ. c. 1er mars 1854, D.P. 54. 1. 107. — Civ. c. 16 déc. 1857, D.P. 58. 1. 58. — Orléans, 15 déc. 1858, D.P. 59. 2. 11. — Paris, 7 juin 1867, D.P. 71. 1. 321.

Contrà : — Trib. de Caen, 26 nov. 1831, J.G. Frais, 193.

41. Jugé qu'en matière d'ordre, il est dû à l'avoué un émolument, comme en matière ordinaire, pour chaque copie des qualités du jugement qui a statué sur les contredits élevés contre le règlement provisoire et de ce jugement lui-même, signifiée aux parties en cause. — Mêmes arrêts du 1er mars 1841 et du 19 janv. 1842. — Conf. Req. 9 juin 1837, J.G. Ordre, 881-1o.

42. ... Qu'il en est de même pour la rédaction des qualités de l'arrêt rendu sur contredits. — Paris, 1er juill. 1859, J.G. Ordre, 881-2o.

43. Suivant d'autres arrêts, le droit accordé à l'avoué pour les copies des qualités des jugements et arrêts constituant, non le remboursement d'un déboursé, mais un véritable émolument, ne peut être alloué en matière sommaire. — Orléans, 12 mai 1846, D.P. 47. 2. 99. — Bourges, 20 janv. 1855, D.P. 36. 2. 81. — Orléans, 22 juill. 1856, D.P. 56. 2. 263.

44. Mais il y a lieu d'allouer à l'avoué le droit de copie de pièces, s'il a dressé lui-même les copies du jugement à signifier, en vertu du droit de concurrence existant, pour ces copies, entre les avoués et les huissiers. — Arrêt précité du 12 mai 1846.

45. — 5o *Droit de correspondance et de port de pièces.* — Suivant un premier système, les avoués peuvent réclamer, en matière sommaire, les droits de correspondance et de port de pièces. — Bourges, 30 août 1827; Douai, 16 juill. 1828, J.G. Frais et Dép., 181. — Douai, 26 janv. 1843, ibid., 179. — Nancy, 1er juill. 1856, D.P. 57. 2. 8. — Paris, 7 juin 1867, D.P. 71. 1. 321.

46. Spécialement, ces droits sont dus en matière d'ordre. — Bordeaux, 25 août 1854; J.G. Ordre, 1000-2o.

47. Suivant une autre opinion, en matière sommaire, les avoués ne peuvent réclamer le droit accordé par l'art. 145 du tarif pour correspondance et port de pièces; ils ne peuvent demander, à cet égard, que leurs déboursés effectifs. — Grenoble, 20 mai 1817, J.G. Frais, 180. — Civ. c. 7 janv. 1834, ibid., 169. — Civ. c. 19 janv. 1842, J.G. Matière somm., 63. — Poitiers, 6 janv. 1852, D.P. 52. 2. 272. — Nîmes, 25 juill. 1853, D.P. 55. 2. 73. — Req. 4 mai 1857, D.P. 57. 1. 302. — Civ. c. 13 janv. 1874, D.P. 74. 1. 438-439.

48. Le tarif, n'autorisant en faveur des avoués d'appel le doublement en matière sommaire que pour les émoluments, et restant muet pour les frais de correspondance, il y a lieu de n'allouer en appel que le droit simple, tel qu'il est fixé pour Paris, diminué d'un dixième, c'est-à-dire 9 fr. — Bourges, 30 août 1827, J.G. Frais et dép., 181.

49. Jugé, au contraire, que le doublement des frais de correspondance et de port de pièces, en appel, s'applique aux matières sommaires comme aux matières ordinaires. — Douai, 16 juill. 1828, J.G. Frais, 181. — Paris, 7 juin 1867, D.P. 71. 1. 321.

50. — 6o *Frais de voyage.* — En matière sommaire, il y a lieu, comme en matière ordinaire, d'admettre en taxe le droit alloué à la partie par l'art. 146 pour frais de voyage. — Bourges, 30 août 1827; Bourges, 24 août 1829; Orléans, 2 août 1839, J.G. Frais et dép., 175. — Nancy, 1er juill. 1856, D.P. 57. 2. 8. — Paris, 17 août 1866, D.P. 68. 2. 163.

51. En admettant qu'on puisse allouer les frais de voyage en matière sommaire, l'avoué n'a pas droit, dans ce cas, à une vacation pour avoir assisté la partie au greffe. — Bourges, 30 août 1827, J.G. Frais et dép., 181. — Orléans, 2 août 1839, ibid., 176.

52. Suivant d'autres décisions, les frais de voyage ne peuvent être alloués en matière sommaire, et il n'y a pas lieu, non plus, d'accorder au greffier les frais et honoraires dus exclusivement pour le cas prévu par l'art. 146, décr. 16 févr. 1807. — Trib. de Bordeaux, 15 mai 1867, D.P. 67. 2. 46. — Civ. c. 28 janv. 1868, D.P. 68. 1. 62. — V. aussi Civ. c. 7 janv. 1834, J.G. Frais et dép., 176 et 169. — Montpellier, 19 avr. 1844, D.P. 45. 4. 292.

53. Toutefois, l'art. 67, § 16, du tarif autorisant l'allocation des déboursés en sus des frais qu'il indique, le juge peut taxer les frais de voyage comme déboursés, en en fixant le chiffre *ex æquo et bono*, d'après les renseignements qui lui sont fournis. — Décisions précitées des 15 mai 1867 et 28 janv. 1868.

Table sommaire.

CHAP. II. — Matières ordinaires.

§ 1er. — Droit de consultation.

Art. 68. (C. pr. 59, 61, 75, etc.) Pour la consultation sur toute demande principale, intervention, tierce-opposition et requête civile, tant en demandant qu'en défendant, sans qu'il puisse être passé plus d'un droit par chaque avoué et par cause, et sans que l'intervention d'un appelé en garantie puisse y donner lieu, le droit ne pourra être exigé qu'autant qu'il aura été obtenu un jugement par défaut contre partie, ou qu'il y aura eu constitution d'avoué, et y compris la procuration sous signature privée ou par devant notaire, indépendamment des déboursés,

A Paris, 10 fr.

Dans le ressort, 7 fr. 50 c.

1. Le droit de consultation ne doit être accordé que sur les demandes principales; par conséquent, il ne peut pas être passé en taxe sur les demandes incidentes. — Bourges, 4 janv. 1840, J.G. Frais et dép., 201.

2. Une demande en péremption constituant une instance principale et non un incident, il est dû à l'avoué dans une instance d'appel où il y a eu demande en péremption, deux droits de consultation, l'un pour l'introduction d'instance, l'autre pour la demande en pé

emption. — Lyon, 7 févr. 1829, J.G. *Frais et dép.*, 496.

3. Il est dû autant de droits de consultation en appel qu'il y a d'appelants d'un même jugement, lorsqu'ils ont des intérêts distincts. Ainsi, il y a lieu d'accorder un droit de conseil par chaque cause, lorsque les intérêts sont différents. — Amiens, 13 févr. 1825, J.G. *Frais et dép.*, 544. — Mais V. observ., *ibid.*, et 202.

4. En matière de saisie immobilière, le droit de consultation ne doit pas être compris dans les émoluments de l'avoué du poursuivant. — Caen, 7 mai 1822, J.G. *Frais et dép.*, 201.

Art. 69. Il ne sera alloué aucun émolument à l'avoué dans le cas où il comparaîtrait au bureau de conciliation pour sa partie.

§ 1. — Actes de première classe.

Art. 70. (C. p. 75.) Pour l'original d'une constitution d'avoué;

(C. pr. 79, 82, et *passim*.) Pour un acte d'avoué à avoué pour suivre l'audience, sans qu'il puisse en être passé plus d'un seul pour chaque jugement par défaut interlocutoire ou contradictoire.

(C. pr. 452.) Les avoués seront tenus de se présenter au jour indiqué par les jugements préparatoires ou de remise, sans qu'il soit besoin d'aucune sommation.

(C. pr. 96, 404.) Pour l'original d'un acte de déclaration de production par le demandeur en instruction par écrit, contenant le nombre de rôles dont la requête est composée;

(C. pr. 97.) *Idem*, de la part du défendeur;

(C. pr. 440.) De la signification de l'ordonnance du président, portant nomination d'un autre rapporteur, en cas de décès, démission ou impossibilité de faire le rapport en délibéré ou instruction par écrit,

(C. pr. 415, résultat de l'article.) D'une sommation d'être présent au retrait des pièces, après les jugements sur délibéré ou en instruction par écrit;

(C. pr. 121.) D'une sommation d'avoué à avoué, pour être présent à la prestation d'un serment ordonné;

(C. pr. 145.) D'une sommation d'avoué à avoué, pour être réglé sur une opposition aux qualités;

(C. pr. 179.) De la déclaration au demandeur originaire de la part du défendeur, qu'il a formé une demande en garantie;

(C. pr. 179.) De la dénonciation au demandeur originaire de la demande en garantie;

(C. pr. 188.) De la sommation de communiquer les pièces signifiées ou employées dans la cause;

(C. pr. 191.) De la signification de la requête et de l'ordonnance portant que l'avoué qui retient des pièces sera tenu de les remettre;

De la signification de l'acte de dépôt au greffe de la pièce dont l'écriture est déniée;

(C. pr. 204.) De la sommation de comparaître devant le juge commis en vérification d'écritures, pour être présent au serment des experts et à la représentation des pièces de comparaison;

(C. pr. 206.) De la sommation pour être présent à la confection d'un corps d'écritures;

(C. pr. 249.) De la signification de l'acte de dépôt au greffe d'une pièce arguée de faux;

(C. pr. 221.) De la sommation pour être présent à la réquisition d'apport au greffe de la minute de la pièce arguée de faux;

(C. pr. 224.) De la signification de l'ordonnance portant que la minute de la pièce arguée de faux sera apportée au greffe;

(C. pr. 225.) De la signification de l'acte de dépôt au greffe de la pièce arguée de faux, avec sommation d'être présent au procès-verbal qui sera dressé de son état;

(C. pr. 236.) De la signification des procès-verbaux d'enquête;

(C. pr. 297.) De la signification de l'ordonnance du juge commis pour faire une descente sur les lieux, contenant la désignation des jour, lieu et heure, et sommation d'y être présent;

(C. pr. 299.) De la signification du procès-verbal du juge-commissaire qui a fait une descente sur les lieux;

(C. pr. 315.) De la sommation contenant indication des jour et heure choisis par les experts, si la partie n'était pas présente à la prestation de leur serment;

(C. pr. 321.) De la signification du rapport des experts;

(C. pr. 335.) De la signification de l'interrogatoire sur faits et articles;

(C. pr. 344.) De la notification du décès d'une partie;

(C. pr. 354, 355.) De la signification d'un désaveu;

(C. pr. 372.) De la signification de l'acte à fin de renvoi, d'un tribunal à un autre, des pièces y annexées et du jugement intervenu;

(C. pr. 396.) De la signification de l'arrêt intervenu sur l'appel d'un jugement qui aura rejeté une récusation, ou du certificat du greffier de la cour impériale, contenant que l'appel n'est pas jugé, et indication du jour où il doit l'être;

(C. pr. 403.) De la sommation de se trouver devant le président, et voir déclarer la taxe des frais exécutoires, en cas de désistement de la demande;

(C. pr. 534.) De la sommation d'être présent à la présentation et affirmation d'un compte;

(C. pr. 574.) De la signification de la déclaration affirmative, et du dépôt des pièces contenant constitution d'avoué;

(C. pr. 575.) D'un acte contenant dénonciation d'opposition formée sur le débiteur entre les mains d'un tiers saisi;

(C. pr. 578.) De la signification de l'état détaillé des effets mobiliers saisis et arrêtés entre les mains d'un tiers saisi;

(C. pr. 871.) De la sommation à la requête des créanciers du mari, à l'avoué de la femme poursuivant sa séparation de biens, de leur communiquer la demande et les pièces justificatives;

(C. pr. 972.) *Ce paragraphe a été abrogé par l'ordonnance du 10 oct. 1841, art. 20.* — V. *infrà*, p. 1316.

(Titre des partages.) De l'acte de sommation aux avoués des copartageants de se trouver, soit devant le juge-commissaire, soit devant le notaire, pour procéder aux opérations du partage,

A Paris, 1 fr;

Dans le ressort, 75 c.;

Pour les copies de chacun des actes ci-dessus énoncés, indépendamment des copies de pièces, le quart.

1. La requête afin de plaider à jour fixe et antérieur à celui déterminé par le rôle, si elle a été répondue par le juge, doit être admise en taxe, bien qu'elle ait été sans résultat, si ce n'est pas par la faute de l'avoué qui l'a présentée. — Douai, 14 mars 1838, J.G. *Frais et Dép.*, 196.

2. Le code de procédure distingue les significations faites d'avoué à avoué et celles faites par acte d'avoué; aucun article de ce code n'exige que les significations de qualités et de jugements soient faites par acte d'avoué, mais simplement d'avoué à avoué; mais ce dernier mode de signification ne rentre ni dans la catégorie des actes précisés par le § 2 de l'art. 70 du tarif, ni dans la disposition de l'art. 87; en conséquence, ces significations ne doivent pas être admises en taxe. — Douai, 14 mars 1838, J.G. *Frais et dép.*, 194 et 196.

3. Les allocations énoncées dans les art. 70, 72, 75 et 92 du tarif du 16 févr. 1807, pour les instances en reddition de compte jugées comme affaires ordinaires, s'appliquent aux comptes demandés contre tous comptables, et non pas seulement à ceux à rendre par les comptables commis en justice, ou institués par la loi (c. pr. civ. 527, 528, 536 et 537). — Civ., a. 5 mars 1860, D.P. 60. 1. 129.

§ 2. — Actes de deuxième classe.

Art. 71. (C. pr. 402.) Acte de production nouvelle en instruction par écrit contenant l'état des pièces;

(C. pr. 215.) Sommation à la partie adverse de déclarer si elle veut ou non se servir d'une pièce produite, avec déclaration que, dans le cas où elle s'en servirait, le demandeur s'inscrira en faux;

(C. pr. 216.) Déclaration de la partie sommée, signée d'elle ou du fondé de sa procuration spéciale et authentique, dont il sera donné copie, qu'elle entend ou non se servir de la pièce arguée de faux;

(C. pr. 252.) Acte contenant articulation succincte des faits dont une partie demandera à faire preuve;

Acte contenant réponse au précédent et dénégation ou reconnaissance des faits;

(C. pr. 282.) Acte contenant la justification des reproches par écrit;

Acte en réponse;

(C. pr. 289.) Acte contenant offre de prouver les reproches contres les témoins non justifiés par écrit, et désignation des témoins à entendre sur les reproches;

Acte en réponse;

(C. pr. 309.) Acte contenant les moyens de récusation contre les experts;

(C. pr. 311.) Acte contenant réponse aux moyens de récusation;

(C. pr. 337.) Acte contenant les moyens et conclusions des demandes incidentes;

Acte servant de réponse aux demandes incidentes;

(C. pr. 347.) Acte de reprise d'instance;

(C. pr. 402.) Acte de désistement et d'acceptation de désistement;

(C. pr. 518.) Acte de présentation de caution;

(C. pr. 519.) Acte de déclaration d'acceptation de caution;

(C. pr. 520.) Acte de contestation de la caution offerte;

(C. pr. 524.) Actes d'offres sur la déclaration des dommages et intérêts;

(C. pr. 856.) Acte contenant demande en rectification d'un acte de l'état civil;

Acte servant de réponse.

Tous ces actes seront taxés pour l'original,

A Paris, 5 fr.;

Dans le ressort, 3 fr. 75 c.;

Et pour chaque copie, indépendamment des copies de pièces, le quart.

§ 4. — Des requêtes et défenses qui peuvent être grossoyées, et des copies de pièces.

Art. 72. (C. pr. 77.) Pour l'original ou grosse des requêtes servant de défenses aux demandes, contenant vingt-cinq lignes à la page et douze syllabes à la ligne,

A Paris, 2 fr.;

Dans le ressort, 1 fr. 50 c.

Les copies de pièces qui seront données avec les défenses, ou qui pourront être signifiées dans les causes, seront taxées, à raison du rôle, de vingt-cinq lignes à la page, et de douze syllabes à la ligne, ou évaluées sur ce pied,

A Paris, 30 c.;

Dans le ressort, 25 c.

Les copies de tous actes ou jugements, qui seront signifiées avec les exploits des huissiers, appartiendront à l'avoué, si elles ont été faites par lui, à la charge de les certifier véritables, et de les signer.

1. Les conclusions signifiées moins de trois jours avant l'audience sont régulièrement passées en taxe contre la partie qui a accepté le débat à l'audience sans exciper de la tardiveté de ces conclusions, alors d'ailleurs que les conclusions dont il s'agit ont été signifiées avant l'audition du ministère public. — Req. 6 mai 1867, D.P. 68. 1. 173. — V. *suprà*, p. 170, Décr. 30 mars 1807, art. 70.

2. En matière ordinaire, il doit être alloué un émolument aux avoués d'appel pour les conclusions motivées dont le dépôt est prescrit par l'art. 13 du décret du 30 mars 1808, et, en l'absence d'une fixation par le tarif de 1807, cet émolument doit être arbitré par le juge. — Nîmes, 3 janv. 1855, D.P. 55. 2. 32. — Nancy, 19 mai 1859, D.P. 61. 5. 247.

3. Sont admissibles en taxe, comme requête et non

comme simple acte d'avoué à avoué, les conclusions motivées signifiées par l'appelant en réplique aux réponses de l'intimé, si elles renferment soit des demandes nouvelles, soit un appel incident. — Bordeaux, 3 mars 1858, D.P. 59. 2. 174.

4. Mais dans le cas où les griefs d'appel n'ont point été signifiés, il n'y a pas lieu de signifier d'écrit en réponse. — Rennes, 18 nov. 1851, D.P. 54. 5. 397.

Art. 73. Pour l'original ou grosse des requêtes, contenant réponse aux défenses dans la forme ci-dessus, pour chaque rôle,

A Paris, 2 fr.;

Dans le ressort, 1 fr. 50 c.

(C. pr. 96.) Des requêtes en instruction par écrit, terminées par l'état des pièces, 1 fr. 50 c.;

(C. pr. 97.) *Idem* servant de réponse à celles en instruction par écrit, avec état des pièces au soutien, 4 fr. 50 c.;

(C. pr. 103.) *Idem* en réponse aux productions de nouvelles pièces qui ne pourront excéder six rôles.

Art. 74. (C. pr. 104.) Dans les instructions par écrit, les grosses et les copies de toutes les requêtes porteront la déclaration du nombre de rôles dont elles sont composées, à peine de rejet de la taxe.

Art. 75. (C. pr. 161.) Pour la grosse de la requête d'opposition au jugement par défaut contenant les moyens, par chaque rôle,

A Paris, 2 fr.;

Dans le ressort, 1 fr. 50 c.

Si les moyens ont été fournis avant le jugement par défaut, la requête d'opposition, sans les moyens, ne sera passée que pour un rôle. — *Idem.*

(C. pr. 166.) *Idem* pour la grosse de la requête, qui ne pourra excéder deux rôles, tendant à ce que l'étranger demandeur soit tenu de fournir caution;

Idem de celle en réponse qui ne pourra non plus excéder deux rôles;

(C. pr. 168.) *Idem* de la requête pour proposer un déclinatoire, qui ne pourra excéder six rôles;

Idem de la réponse;

(C. pr. 173.) *Idem* de la requête en nullité de la demande ou du jugement, qui ne pourra non plus excéder six rôles;

Idem de la réponse;

(C. pr. 174.) *Idem* de la requête pour demander délai pour délibérer et faire inventaire, qui ne pourra aussi excéder six rôles;

Idem de la réponse;

(C. pr. 180.) *Idem* de la requête pour soutenir qu'il n'y a lieu d'appeler garant, qui ne pourra excéder six rôles;

Idem de la réponse;

(C. pr. 192.) *Idem* de la requête d'opposition à l'ordonnance portant contrainte de remettre des pièces, qui ne pourra excéder deux rôles;

Idem de la réponse;

(C. pr. 229.) *Idem* de la requête contenant les moyens de faux;

(C. pr. 230.) *Idem* de la requête contenant réponse aux moyens de faux;

(C. pr. 339.) *Idem* de la requête d'intervention;

Idem de la requête en réponse à l'intervention;

(C. pr. 348.) *Idem* de la requête contenant contestation sur la demande en reprise d'instance, qui ne pourra excéder six rôles;

Idem de la réponse;

(C. pr. 354.) *Idem* de la requête servant de moyens contre un désaveu;

Et réponse;

(C. pr. 373.) *Idem* de la requête contre la demande à fin de renvoi d'un tribunal à un autre, pour cause de parenté ou alliance;

Et pour la réponse;

(C. pr. 400.) *Idem* de la requête en péremption d'instance, qui ne pourra excéder six rôles;

Idem de la réponse.

(C. pr. 475.) *Idem* de la requête de tierce-opposition;

Et réponse;

(C. pr. 493.) *Idem* de la requête civile incidente;

Et réponse;

(C. pr. 514.) *Idem* de la requête contenant défense du juge pris à partie;

Et réponse;

(C. pr. 531.) *Idem* pour la grosse d'un compte dont le préambule ne pourra excéder six rôles;

Il ne sera fait qu'une seule grosse;

(C. pr. 570.) *Idem* pour la grosse de la requête du tiers saisi qui demandera son renvoi devant son juge, en cas que sa déclaration affirmative soit contestée: cette requête ne pourra excéder deux rôles;

Et réponse;

(C. pr. 815.) *Idem* de la requête pour demander incidemment la validité ou la nullité d'offres réelles;

Et réponse;

(C. pr. 847.) *Idem* de la requête afin de se faire autoriser à compulser un acte, qui ne pourra excéder six rôles;

Et réponse;

(C. pr. 871.) *Idem* de la requête d'intervention des créanciers du mari dans les demandes en séparation de biens;

Et réponse;

(C. pr. 972.) *Abrogé par l'ordonnance du 10 oct. 1841, art. 20.* — V. *infrà*, p. 1316.

Il sera taxé pour chacun des rôles des requêtes ci-dessus énoncées,

A Paris, 2 fr.;

Dans le ressort, 1 fr. 50 c.;

Et pour chaque copie, par rôle, le quart.

Le nombre des rôles de requête en réponse ne pourra jamais excéder celui fixé pour la requête en demande.

NOTA. Il ne sera passé aucuns frais d'impression des requêtes et défenses, même autorisées.

1. Le défaillant doit toujours, en définitive, supporter les frais occasionnés par son défaut, quand même il gagne son procès sur l'opposition. — Rennes, 26 avr. 1814; Grenoble, 2 févr. 1818, J.G. *Frais et dép.*, 375. — Limoges, 4 juill. 1821, J.G. *Contr. de mar.*, 3567.— Caen, 4 juill. 1820, J.G. *Contr. de mar.*, 375

2. Suivant une autre opinion, les tribunaux doivent apprécier les circonstances, et ils peuvent, selon les cas, condamner le défaillant à tout ou partie des dépens. — J.G. *Frais et dép.*, 375.

3. La partie qui, ayant fait défaut en première instance, ne produit qu'en appel les titres à l'appui de son opposition, doit être condamnée aux frais des causes principale, d'appel et de demande qui ont été faits jusqu'au jour de la production des titres, le surplus des dépens compensé. — Paris, 9 flor. an 11, J.G. *Frais et dép.*, 375.

4. En matière sommaire, si le déclinatoire est admis, la cause se trouve terminée, au moins en ce qui concerne le premier tribunal; les frais sont alors taxés comme sur un incident et non comme pour un jugement définitif (Quest. controv.). — J.G. *Frais et dép.*, 385. — V. aussi arrêté des consuls, 13 brum. an 11, *ibid.*

5. La requête pour la tierce-opposition doit contenir le développement des moyens; par suite, le tiers opposant n'a pas le droit de répondre par une requête au défendeur à la tierce-opposition. — Bordeaux, 18 mai 1830, J.G. *Frais et dép.*, 562 et 710. — Quest. controv., *ibid.*, 562.

6. Dans les instances où il y a plus d'un appelant et plus d'un intimé, les réponses à griefs ne doivent être signifiées qu'aux parties qui ont un intérêt opposé à celui de la partie au nom de qui est faite la requête; les significations aux parties qui ont un même intérêt ne passent pas en taxe. — Orléans, 16 juin 1821; Limoges, 7 déc. 1843, J.G. *Frais et dép.*, 232.

7. Du reste, pour réprimer et la longueur des requêtes et les significations inutiles, le magistrat a un pouvoir illimité. La loi s'en rapporte à sa prudence et à son équité. — Amiens, 5 févr. 1825, J.G. *Frais et dép.*, 233.

8. Ainsi, il y a lieu de ne pas passer en taxe les significations de requêtes faites en plusieurs copies à l'avoué qui occupe pour plusieurs parties, ayant toutes le même intérêt. — Poitiers, 27 juill. 1842, J.G. *Frais et dép.*, 234-1o et 221-2o.

9. La signification, en cause d'appel, des plaidoyers imprimés, soit en entier, soit par extrait, ne peut être passée en taxe. — Rouen, 29 nov. 1828, J.G. *Frais et dép.*, 234-2o et 417. — V. *suprà*, c. pr. civ., art. 134; no 184.

10. Mais on doit allouer à l'avoué qui requiert tant contre son client les frais de lithographie de conclusions qu'il a distribuées dans son intérêt. — Lyon, 20 mars 1833, J.G. *Frais et dép.*, 234.

11. Les actes de défense notifiés postérieurement aux conclusions du ministère public doivent être rejetés de la taxe comme frustratoires. — Rennes, 6 janv. 1844, J.G. *Frais et dép.*, 251. — Mais V. observ. *ibid.*, 235. — V. Décr. 30 mars, 1808, art. 72, no 33, *suprà*, p. 171.

§ 5. — *Requêtes qui ne peuvent être grossoyées, et copies d'actes.*

Art. 76. (C. pr. 110.) Requête pour faire nommer un autre rapporteur en instruction par écrit ou sur délibéré;

(C. pr. 156.) Pour faire commettre un huissier à l'effet de signifier un jugement par défaut contre partie;

(C. pr. 191.) Pour faire contraindre un avoué à remettre les pièces qu'il a prises en communication;

(C. pr. 199.) Pour obtenir l'ordonnance du juge-commissaire en vérification d'écritures, à l'effet de sommer la partie adverse de comparaître à jour et heure certains, pour convenir de pièces de comparaison;

(C. pr. 204.) Afin d'obtenir l'ordonnance du commissaire en vérification d'écritures, pour sommer les experts de prêter serment, et les dépositaires de représenter les pièces de comparaison;

(C. pr. 221.) Au juge-commissaire, en inscription de faux incident, pour faire ordonner l'apport de la minute de la pièce arguée, par le dépositaire;

(C. pr. 259.) Au juge commis pour procéder à une enquête, à l'effet d'obtenir son ordonnance, indiquant le jour et l'heure pour lesquels les témoins seront assignés;

(C. pr. 297.) Au juge commis pour faire une descente sur les lieux, à l'effet d'obtenir son ordonnance, portant l'indication des jour, lieu et heure;

(C. pr. 307.) Au juge-commissaire pour demander son ordonnance, à l'effet de faire prêter serment aux experts convenus ou nommés d'office;

(C. pr. 403.) En cas de désistement de la demande, pour obtenir l'ordonnance du président, afin de rendre la taxe de frais exécutoire;

(C. pr. 534.) Au juge commis pour entendre un compte, à l'effet d'obtenir l'ordonnance fixant le jour et l'heure de la présentation;

(C. pr. 617.) Afin de permission de vendre les meubles saisis-exécutés, dans un lieu plus avantageux que celui indiqué par la loi,

(C. pr. 780.) Pour faire commettre un huissier à l'effet de signifier le jugement portant contrainte par corps;

(C. pr. 808.) Afin d'assigner extraordinairement en référé, si le cas requiert célérité;

(C. pr. 819.) Afin de saisir-gager à l'instant les meubles et effets garnissant les maisons et fermes;

(C. pr. 822.) Afin de permission de saisir les effets de son débiteur forain, trouvés en la commune qu'habite le créancier;

(C. pr. 832.) Afin de faire commettre un huissier pour notifier le titre du nouveau propriétaire aux créanciers inscrits;

Afin de faire commettre un huissier pour notifier la réquisition de surenchère (*abrogé par l'ordonnance du 10 oct. 1841, art. 20, V. infrà, p. 316*);

(C. pr. 976.) Au juge-commissaire, en partage et licitation, à l'effet d'obtenir son ordonnance pour citer les autres parties à comparaître par-devant lui;

(C. civ. 467.) Au procureur du roi pour faire désigner trois jurisconsultes, sans l'avis desquels le tuteur du mineur ne pourra transiger.

Les requêtes ci-dessus énoncées ne seront point grossoyées, et seront taxées,

A Paris, 2 fr.;

Dans le ressort, 1 fr. 50 c.

La vacation pour demander l'ordonnance

du président ou du juge-commissaire et se la faire délivrer, est comprise dans la taxe.

Art. 77. (C. pr. 72.) Requête contenant demande pour abréger les délais dans les cas qui requièrent célérité;

(C. pr. 558.) Pour obtenir permission de saisir et arrêter, entre les mains d'un tiers, ce qu'il doit au débiteur quand il n'y a pas de titre;

(C. pr. 582.) Pour avoir permission de saisir et arrêter la portion que le juge déterminera dans des sommes ou pensions données ou léguées pour aliments, et ce, pour créances postérieures aux dons et legs;

(C. civ. 783.) A l'effet d'obtenir, pour le témoin assigné, un sauf-conduit qui ne pourra être accordé que sur les conclusions du ministère public, et qui réglera sa durée;

(C. pr. 795.) A l'effet de demander la nullité de l'emprisonnement d'un débiteur détenu pour dettes;

(C. pr. 800.) Pour demander la liberté d'un débiteur détenu pour dettes, dans tous les cas prévus par l'art. 800;

(C. pr. 802.) Pour assigner le geôlier qui refuse de recevoir la consignation de la dette;

(C. pr. 803.) Pour demander la liberté faute de consignation d'aliments;

(C. pr. 826, 827.) Pour demander la permission de saisir-revendiquer, contenant la désignation des effets;

(C. civ. 113; c. pr. 928, 931.) *Idem* pour faire commettre un notaire à l'effet de représenter les absents présumés, dans les inventaires, comptes, partages et liquidations dans lesquels ils sont intéressés;

(C. pr. 946.) Pour faire autoriser la vente du mobilier d'une succession;

(C. pr. 986.) Afin d'être autorisé sans attribution de qualité, à faire procéder à la vente d'effets mobiliers dépendants d'une succession;

(C. pr. 996.) Pour faire nommer un curateur au bénéfice d'inventaire;

(C. pr. 998.) Pour faire nommer un curateur à une succession vacante;

(C. pr. 1017.) *Idem* à l'effet de faire nommer un tiers-arbitre.

Elles seront taxées,
A Paris, 3 fr.;
Dans le ressort, 2 fr. 25 c.
Les requêtes ci-dessus ne seront point grossoyées.
Et la vacation pour prendre l'ordonnance est comprise dans la taxe.

Art. 78. (C. pr. 364.) Requête à fin d'obtenir permission d'assigner en règlement de juges;

(C. pr. 483, 492.) Requête civile principale;

(C. pr. 839, 841, 844, 854.) A fin de permission de se faire délivrer expédition ou copie d'un acte parfait, non enregistré, ou même resté imparfait, ou pour se faire délivrer une seconde grosse;

(C. pr. 855.) A fin de réformation d'un acte de l'état civil;

(C. pr. 859.) A l'effet de faire pourvoir à l'administration des biens d'une personne présumée absente;

(C. civ. 113.) Pour avoir permission de faire enquête pour constater l'absence;

(C. pr. 860.) A fin d'envoi en possession provisoire des biens d'un absent;

(C. pr. 861.) Requête de la femme, à l'effet de citer son mari à la chambre du conseil pour déduire les causes de son refus de l'autoriser;

(C. pr. 863, 864.) De la femme, en cas d'absence présumée ou déclarée du mari, ou en cas d'interdiction, pour se faire autoriser;

(C. pr. 865.) De la femme qui se pourvoit en séparation de biens;

(C. pr. 885; c. civ. 467.) Requête à fin d'homologation de l'avis d'un conseil de famille;

(C. civ. 1008.) Pour demander l'envoi en possession du legs universel·

(C. pr. 909.) Requête du créancier pour obtenir la permission de faire apposer un scellé;

(C. pr. 955, 964.) *Les paragraphes 14 à 17 ont été abrogés par l'ordonnance du 10 oct. 1841, art. 20. V. infrà, p. 1316.*

(C. civ. 70, 71.) Requête pour demander l'homologation d'un acte de notoriété délivré par le juge de paix sur la déposition de sept témoins, pour suppléer à un acte de naissance.

Ces requêtes ne peuvent être grossoyées; et l'émolument pour prendre les ordonnances et communiquer au ministère public est compris dans la taxe, qui sera de,
A Paris, 7 fr. 50 c.;
Dans le ressort, 5 fr. 50 c.

Art. 79. (C. pr. 325.) Requête pour avoir permission de faire interroger sur faits et articles, contenant les faits;

Cette requête ne sera point signifiée ni la partie appelée avant le jugement qui admettra ou rejettera la demande à fin de faire interroger : elle ne sera notifiée qu'avec le jugement et l'ordonnance du juge commis pour faire subir l'interrogatoire;

(C. pr. 875.) Requête de l'époux qui se pourvoit en séparation de corps, contenant sommairement les faits;

(C. civ. 236.) *Abrogé par la loi du 8 mai 1816 qui a aboli le divorce.*

(C. pr. 890.) Requête contenant demande à fin d'interdiction, le détail des faits et l'indication des témoins;

Ces requêtes ne peuvent être grossoyées; et l'émolument pour prendre les ordonnances et communiquer au ministère public est compris dans la taxe,
A Paris, 15 fr.;
Dans le ressort, 12 fr.

§ 6. — *Plaidoiries et assistance aux jugements.*

Art. 80. (C. pr. 76 et s.) Pour honoraires de l'avocat qui aura plaidé la cause contradictoirement,
A Paris, 15 fr.;
Dans le ressort, 10 fr.

1. — I. HONORAIRES DE L'AVOCAT. — L'allocation attribuée à l'avocat par le tarif du 16 févr. 1807 s'applique uniquement aux répétitions que la partie qui gagne son procès peut exercer contre celle qui le perd, mais non à la fixation des honoraires de plaidoirie dus par le client à son avocat. — Grenoble, 30 juill. 1821, J.G. *Avocat*, 246. — Limoges, 10 août 1829, *ibid.*, 259. — Bourges, 26 avr. 1830, *ibid.*, 246. — Montpellier, 12 mars 1832, *ibid.*, 259. — Limoges, 24 juin 1874, D.P. 76. 1. 161-162.

2. V. en outre, sur les honoraires des avocats, Ord. du 20 nov. 1822, art. 45, *suprà*, p. 1272.

3. Il ne doit être passé en taxe qu'un seul droit de plaidoirie pour l'avocat, quel que soit le nombre des audiences employées à la cause. — Rouen, 11 févr. 1839, J.G. *Frais et dép.*, 259. — Bourges, 14 juill. 1840, *ibid.*, 887.

4. Jugé toutefois qu'il doit être passé en taxe autant de droits de plaidoirie qu'il y a eu, avant le jugement, d'audiences dans lesquelles la cause a été plaidée. — Bourges, 24 août 1829, J.G. *Frais et dép.*, 887.

5. Il n'est point dû d'honoraire à l'avocat pour plaidoirie au jugement préparatoire qui ordonne l'instruction par écrit. — J.G. *Frais et dép.*, 888.

6. D'après une autre opinion, il faudrait distinguer entre le cas où l'instruction écrite a été demandée par les parties et celui où elle a été ordonnée d'office par le tribunal, après plaidoiries; dans ce dernier cas, seulement, les honoraires seraient dus. — J.G. *Frais et dép.*, 888.

7. Lorsque l'affaire, en cas de partage, donne lieu à une nouvelle plaidoirie, il est dû à l'avocat un nouveau droit de plaidoirie. — J.G. *Frais et dép.*, 888.

8. Il n'est point dû de droit de plaidoirie à l'avocat qui a plaidé dans sa propre cause. — Grenoble, 30 août 1838, J.G. *Frais et dép.*, 888.

9. On ne peut admettre en taxe les honoraires des consultations d'avocat que dans le cas (celui de la requête civile) où la loi prescrit la production de ces consultations (c. pr. 495; Décr. 16 févr. 1807, art. 140; L. 18 juill. 1837, art 52); par suite, comme aucune loi n'impose aux communes l'obligation de prendre des consultations d'avocats soit qu'elles agissent en demandant ou en défen-

dant, la commune qui gagne son procès ne peut réclamer contre son adversaire les honoraires d'une consultation par elle produite, alors même qu'elle serait défenderesse. — Req. 17 févr. 1840, J.G. *Frais et dép.*, 890-2o. — V. *suprà*, art. 130 c. pr., no 183.

10. Mais une commune peut répéter contre la partie adverse, condamnée aux dépens, les frais de la consultation d'avocat, dont le conseil de préfecture, requis de donner l'autorisation de plaider, a exigé la production préalable (Arrêté 7 mess. an 9). — Grenoble, 29 janv. 1841, J.G. *Frais et dép.*, 891.

11. Et les frais de cette consultation doivent être taxés à 72 fr., par analogie avec la disposition de l'art. 140 du tarif, relative à la consultation en matière de requête civile. — Même arrêt.

12. Les tribunaux de commerce ne peuvent passer en taxe, à ceux qui représentent les parties devant eux, des droits qui, tels que ceux de rédaction d'exploit, de consultation et de plaidoirie, supposent l'existence officielle de défenseurs en titre devant les juges consulaires. — Req. 17 janv. 1842, J.G. *Frais et dép.*, 521 et 289.

13. Ainsi, la décision d'un tribunal de commerce qui accorde des honoraires, en énonçant que « tel est l'usage constant suivi par le tribunal », doit être cassée pour excès de pouvoir. — Req. 12 juill. 1847, D.P. 47. 1. 255. — Conf. J.G. *Frais et dép.*, 521.

14. Parmi les sommes qui peuvent être dues par l'Etat au propriétaire d'un navire de commerce pour dommage causé à ce navire par un abordage imputable au commandant d'un bâtiment de la marine de l'Etat, il y a lieu de faire figurer les frais de l'instance judiciaire engagée devant le tribunal de commerce par l'affréteur contre le propriétaire du navire endommagé, pour faire prononcer la résiliation de la charte partie passée entre eux; mais il n'y a pas lieu de comprendre parmi ces frais les honoraires de l'avocat. — Cons. d'Et. 15 avr. 1868, D.P. 69. 3. 25.

15. Au reste, devant le tribunal de commerce, la partie qui succombe est tenue de payer, avec les autres frais, l'enregistrement du pouvoir donné à l'agréé de son adversaire. — Req. 5 nov. 1835, J.G. *Frais et dép.*, 522, et *Effet de comm.*, 290.

16. — II. PAYEMENT DES HONORAIRES DE L'AVOCAT PAR L'AVOUÉ. — L'avoué est réputé mandataire de son client à l'effet de payer les honoraires de l'avocat. — Colmar, 22 janv. 1846, D.P. 46. 2. 95. — Paris, 25 août 1849, D.P. 49. 2 196.

17. Il peut, par suite, répéter ces honoraires comme déboursés, sauf à la partie à les faire régler par le conseil de discipline de l'ordre. — Rouen, 5 déc. 1844, D.P. 45. 4. 30o.

18. ... Alors même que ces honoraires excéderaient le tarif, si d'ailleurs ils ont été fixés à un chiffre modéré. — Toulouse, 11 mai 1831 ; Lyon, 17 févr. 1832 ; Toulouse, 20 mars 1833, J.G. *Avoué*, 118. — Paris, 22 nov. 1838, *ibid*, 133. — Douai, 26 mars 1840; Nancy, 8 févr. 1845, *ibid*, 118 — Montpellier, 7 juin 1850, D.P. 52. 2. 141.

19. L'avoué à qui les pièces d'un procès ont été adressées par le client avec mission de lui procurer un avocat est implicitement autorisé par un tel mandat à régler et à solder les honoraires de cet avocat; par suite, il est fondé à en exiger le remboursement, alors d'ailleurs que ces honoraires n'ont rien d'exagéré. — Besançon, 19 févr. 1858, D.P. 58. 2. 172.

20. L'avoué a même une action en payement des honoraires qu'ils n'a pas déboursés, si, ayant lui-même conduit son client dans le cabinet de l'avocat, il se trouve engagé vis-à-vis de ce dernier pour le payement de ses honoraires. — Paris, 16 août 1850, D.P. 54. 5. 70.

21. L'avoué est également en droit de répéter contre son client les honoraires d'une consultation. — Rouen, 17 mai 1828, J.G. *Avoué*, 119.

22. En conséquence, si ces honoraires ont été payés par un avoué d'appel, la demande en payement ne peut être formée *de plano* devant la cour. — Orléans, 16 févr. 1843, J.G. *Avoué*, 119.

23. Suivant un autre arrêt, on doit considérer comme accessoire à la demande que l'avoué d'appel a formée en payement de ses frais et salaires, celle qu'il a en même temps introduite en remboursement des honoraires par lui payés à l'avocat qui a plaidé en appel; en conséquence, ces deux demandes peuvent être conjointement portées *de plano* devant la cour d'appel qui a jugé l'action principale. — Pau, 7 juin 1828, J.G. *Frais et dép.*, 947, et *Avocat*, 251.

24. L'avoué qui a payé pour son client les honoraires à l'avocat n'a aucune action en répétition, s'il ne produit des pièces sur lesquelles l'avocat aura établi ses honoraires, ou un mandat exprès de la part de son client d'en faire les avances : vainement rapporterait-il un registre de dépense duquel il résulterait qu'il a fait le payement allégué. — Bordeaux, 8 mars 1826, J.G. *Avoué*, 122.

25. Ainsi, l'avoué qui a payé à l'avocat des honoraires au delà du tarif, ne peut les répéter contre son client, s'il ne justifie pas d'un mandat spécial de celui-ci à l'effet de payer à l'avocat la somme qui lui a été remise. — Amiens, 17 nov. 1821, J.G. *Avoué*, 120. — Bordeaux, 8 mars 1826, *ibid.*, 122. — Orléans, 16 févr. 1843, *ibid.*, 119.

26. Mais la preuve du payement par l'avoué des honoraires de l'avocat résulte suffisamment d'une lettre de ce dernier, qui en accuse réception à l'avoué. — Paris, 25 août 1849, D.P. 49. 2. 196.

Art. 81. Pour assistance de l'avoué à l'audience, à l'effet de demander acte de sa constitution, en cas d'abréviation des délais,

A Paris, 1 fr. 50 c. ;
Dans le ressort, 1 fr.

Art. 82. (C. pr. 149.) Assistance et plaidoirie aux jugements par défaut,

A Paris, 3 fr. ;
Dans le ressort, 2 fr. 45 c.
Pour l'honoraire de l'avocat qui aura pris le jugement par défaut,
A Paris, 5 fr. ;
Dans le ressort, 4 fr.
Quand le jugement par défaut aura été pris par un avocat, le droit d'assistance de l'avoué ne sera,
A Paris, que de 1 fr. ;
Dans le ressort, 75 c.

1. L'obtention d'un jugement de défaut-joint donne droit, au profit de l'avoué, à l'émolument accordé par le tarif pour l'obtention des jugements par défaut. — Civ. c. 23 juin 1847, D.P. 47. 1. 198. — Conf. J.G. Frais et dép., 195.
2. Jugé toutefois qu'il n'est dû aucun droit d'assistance aux avoués pour leur comparution à l'obtention d'un jugement de défaut-profit-joint. — Orléans, 2 août 1839, J.G. Frais et dép., 178. — Rouen, 2 déc. 1844. D.P. 46. 4. 313.

Art. 83. (C. pr. 87.) Pour assistance de chaque avoué à tout jugement portant remise de cause ou indication de jour, sans que les jugements puissent être levés, ni qu'il soit signifié de qualités, ou donné d'avenir,

A Paris, 3 fr. ;
Dans le ressort, 2 fr. 25 c.

1. Lorsque la cour a réduit à quatre le nombre des suites d'audience que les avoués ont droit de réclamer pour chaque appel de cause, il suffit que le temps moral, permettant de supposer que la cause a dû être appelée quatre fois, se soit écoulé, pour que l'avoué les puisse exiger. — Grenoble, 30 août 1838, sous Req. 23 juill. 1839, J.G. Frais et dép., 225 et 278.
2. Il est dû à l'avoué un droit d'assistance au jugement ou arrêt qui a reçu les conclusions et donné acte de la pose des qualités, même dans le cas où ces formalités, ayant été répétées plus tard, se trouvent constatées par une autre décision pour laquelle un droit distinct d'assistance a été alloué, pourvu cependant qu'on ne puisse imputer ni à l'avoué ni aux parties ce renouvellement de procédure. — Bordeaux, 3 mars 1855, D.P. 59. 2. 173.

Art. 84. (C. pr. 93 et 95.) Pour assistance et observations des avoués aux jugements qui ordonneront une instruction par écrit,

A Paris, 5 fr. ;
Dans le ressort, 4 fr.

Art. 85. (C. pr. 113.) Pour assistance aux jugements sur délibéré ou instruction par écrit, y compris les notes qu'ils pourront fournir,

A Paris, 5 fr. ;
Dans le ressort, 4 fr.

Art. 86. (C. pr. 116.) Pour assistance des avoués à chaque journée de plaidoirie qui précède les jugements interlocutoires et définitifs contradictoires, quand les causes sont plaidées par les parties elles-mêmes ou par des avocats,

A Paris, 3 fr. ;
Dans le ressort, 2 fr. 25 c. ;
Et quand les avoués plaideront eux-mêmes,
A Paris, 10 fr. ;
Dans le ressort, 8 fr.

1. Il est dû à l'avoué autant d'émoluments pour assistance aux plaidoiries qu'il y a eu d'audiences consacrées à l'audition des plaidoiries. — Bordeaux, 8 mars 1855, D.P. 59. 2. 173.
2. Lorsque l'avoué de l'appelant refuse de plaider, et que les avoués des intimés prennent des conclusions tendant toutes également au maintien du jugement, il ne doit être passé en taxe pour les plaidoiries et la dresse des qualités, que les droits fixés pour les arrêts par défaut. — Nîmes, 8 janv. 1855, D.P. 55. 2. 32.
3. Il peut être donné autant d'avenirs à poser qu'il

y a eu de constitutions d'avoués successives. — Paris, 21 avr. 1843, J.G. Frais et dép., 250. — V. observ. ibid.
4. Dans le cas où le jugement n'a pas été prononcé à l'audience où les plaidoiries ont été entendues, mais à une autre audience fixée à cet effet, il est dû à l'avoué un droit d'assistance au prononcé du jugement. — Rennes, 4 janv. 1844, J.G. Frais et dép., 251 et 252. — Bordeaux, 8 mars 1855, D.P. 59. 2. 173.
5. En sens contraire, il n'est dû, aux avoués aucun droit d'assistance, soit pour le cas où, les plaidoiries ayant été closes et le ministère public entendu à une audience précédente, l'affaire ne revient à l'audience que pour le prononcé du jugement ou de l'arrêt, soit même pour le cas où l'affaire revient pour les conclusions du ministère public. — Caen, 15 août 1828, J.G. Frais et dép., 251.

§ 7. — Qualités et signification des jugements.

Art. 87. (C. pr. 142.) Pour l'original des qualités contenant les noms, profession et demeure des parties, leurs conclusions et les points de fait et de droit, sans que les motifs des conclusions puissent y être insérés, ni qu'on puisse rappeler, dans les points de fait et de droit, les moyens des parties, savoir, pour celle d'un jugement par défaut,

A Paris, 3 fr. 75 c. ;
Dans le ressort, 2 fr. 80 c. ;
Pour celle d'un jugement contradictoire sur plaidoirie ou délibéré,
A Paris, 7 fr. 50 c. ;
Dans le ressort, 5 fr. 50 c.
Et celle d'un jugement en instruction par écrit,
A Paris, 10 fr. ;
Dans le ressort, 7 fr. 50 c.

1. Les qualités du jugement ne doivent pas contenir les motifs des conclusions déposées par les parties contestantes ; les frais résultant de cette insertion sont frustratoires et doivent rester à la charge de l'avoué qui a dressé les qualités et levé le jugement. — Nancy, 25 juill. 1833, J.G. Frais et dép., 254.
2. Les qualités des jugements et arrêts sont soumises au contrôle du juge taxateur, qui peut les réduire, quoique la partie adverse ne se soit pas plainte de leur longueur. Il en serait autrement à l'égard des points qui, sur opposition aux qualités devant le président, auraient été réglés par lui. — Orléans, 7 mai 1850, D.P. 50. 2. 152.
3. Le droit de rédaction des frais appartient au juge taxateur, quand même l'avoué adverse n'aurait pas formé opposition aux qualités. — Orléans, 14 mars 1838, J.G. Frais et dép., 256, et Avoué, 242-3e.
4. Des qualités de jugements, devenus irrévocables, entre les parties plaidantes, quant aux points de fait et de droit, après le règlement qui en a été fait, ou l'expiration des délais de l'opposition, ne conservent pas le même caractère vis-à-vis de l'avoué rédacteur qui réclame les frais de ces qualités ; les juges peuvent toujours les réduire, si elles leur paraissent trop étendues ou contenir des détails oiseux. — Req. 26 déc. 1837, J.G. Frais et dép., 248, et Avoué, 242-3e.
5. Des répétitions de noms et des répétitions inutiles dans les qualités peuvent faire considérer cette rédaction comme constituant un acte frustratoire. — Même arrêt.
6. La demande en retranchement des longueurs, répétitions et détails inutiles insérés dans les qualités d'un jugement, ne peut être portée devant le tribunal sur l'opposition à l'exécutoire de dépens, alors qu'elle a déjà fait l'objet d'une opposition aux qualités à laquelle il a été fait droit par le président, qui a ordonné certaines suppressions. — Paris, 7 juin 1867, D.P. 71. 1. 324.

Art. 88. (C. pr. 142.) Pour chaque copie qui ne pourra être signifiée que dans le cas où le jugement serait contradictoire, le quart.

Art. 89. (C. pr. 147 et 156.) Pour signification de tout jugement à avoué ou à domicile, par chaque rôle d'expédition,

A Paris, 30 c. ;
Dans le ressort, 25 c.

§ 8. — Des vacations.

Art. 90. Vacation pour mettre la cause au rôle.

(C. pr. 83.) Pour communiquer les pièces

de la cause au ministère public, et les retirer, le tout ensemble ;
(C. pr. 94.) Pour produire et retirer les pièces dans les causes où il a été ordonné un délibéré ;
(C. pr. 102.) Pour produire au greffe des pièces nouvelles en instruction par écrit ;
(C. pr. 103.) Pour prendre en communication les pièces nouvelles produites en instruction par écrit ;
(C. pr. 107.) Pour prendre le certificat du greffier, constatant que la partie adverse n'a pas produit en instruction par écrit dans les délais fixés ;
(C. pr. 109.) Pour requérir le greffier, après que toutes les parties ont produit en instruction par écrit ou après l'expiration des délais, de remettre les pièces au rapporteur ;
(C. pr. 144.) Pour former opposition à des qualités, le droit ne sera passé qu'autant que le président aura ordonné une réformation ;
(C. pr. 145.) Pour faire régler les qualités des jugements en cas d'opposition ;
(C. pr. 163, 164 et 549.) Pour faire la mention, sur le registre tenu au greffe, de l'opposition au jugement par défaut, ou de l'appel de tout jugement, quand il y aura dans les jugements des dispositions qui doivent être exécutées par des tiers ;
(C. pr. 471, 494.) Pour consigner l'amende en requête civile, ou sur appel dans toutes les causes, à l'exception des matières sommaires ;
(C. pr. 501.) Pour la retirer ;
(C. pr. 548.) Pour donner certificat contenant la date de la signification, au domicile de la partie condamnée, du jugement qui prononce une mainlevée, la radiation d'inscription hypothécaire, un payement ou autre chose à faire par un tiers ou contre lui ;
Pour requérir du greffier le certificat qu'il n'existe contre le jugement énoncé ci-dessus, ni opposition ni appel portés sur le registre tenu au greffe ;
(C. pr. 967.) Pour faire viser par le greffier la demande en partage et licitation,
A Paris, 1 fr. 50 c. ;
Dans le ressort, 1 fr. 15 c.

1. Il ne serait pas dû de vacation pour opposition aux qualités, si, sur cette opposition était intervenu un règlement amiable. — Rouen, 11 févr. 1839, J.G. Frais et dép., 259.
2. La communication au ministère public est prouvée par la mention qui en est faite aux qualités de l'arrêt, sans opposition, ou sans que l'opposition formée contre ces qualités ait été soutenue, et, par suite, la vacation à laquelle elle donne lieu est due. — Req. 6 mai 1867, D.P. 68. 1. 173.

Art. 91. (C. pr. 77, 189.) Vacation pour donner et prendre communication des pièces de la cause à l'amiable, sur récépissé ou par la voie du greffe, et le rétablissement entre les mains de l'avoué, ou le retrait du greffe, le tout ensemble ;
(C. pr. 96.) Pour produire au greffe dans les causes où il a été ordonné une instruction par écrit ;
(C. pr. 97.) Pour prendre communication au greffe de la production du demandeur en instruction par écrit, et le rétablissement de cette production, le tout ensemble ;
(C. pr. 115.) Pour retirer les pièces du greffe dans les instructions par écrit ;
(C. pr. 219, 220.) Pour déposer au greffe les pièces arguées de faux ;
(C. pr. 259.) Pour requérir l'ordonnance du juge commis à l'effet de procéder à une enquête et signer le procès-verbal d'ouverture ;
(C. pr. 306.) Pour faire la déclaration au greffe des experts convenus ;
(C. pr. 307, 315.) Pour être présent à la prestation de serment des experts devant le juge-commissaire ;
(C. pr. 361.) Pour faire faire la mention en marge de l'acte de désaveu, du jugement qui l'aura rejeté ;

(C. pr. 518.) Pour déposer au greffe les titres de solvabilité de la caution présentée;

(C. pr. 519.) Pour prendre communication au greffe des titres de solvabilité de la caution;

(C. pr. 519, 522.) Pour faire faire au greffe la soumission d'une caution;

(C. pr. 523.) Pour déposer au greffe, ou donner en communication sur récépissé à l'amiable les pièces justificatives de la déclaration des dommages et intérêts, et les retirer, le tout ensemble;

Pour prendre communication à l'amiable sur récépissé, ou au greffe, des pièces justificatives de la déclaration de dommages et intérêts, et les rétablir, le tout ensemble;

(C. pr. 569.) Pour requérir des fonctionnaires publics, tiers saisis, le certificat du montant de ce qu'ils doivent à la partie saisie;

(C. pr. 874.) Pour assister au greffe la femme qui fait sa renonciation à la communauté, en cas de séparation de biens;

(C. civ. 248.) *Abrogé par la loi du 8 mai 1816, abolitive du divorce;*

(C. pr. 997, c. civ. 793, 794.) Pour assister au greffe la femme qui renonce à la communauté après décès, ou l'héritier qui renonce à la succession, ou qui ne l'accepte que sous bénéfice d'inventaire;

(C. pr. 1020.) Pour demander l'ordonnance d'*exequatur* d'une décision arbitrale,

A Paris, 3 fr.;
Dans le ressort, 2 fr. 25 c.

1. Il ne suffit pas de dire qu'il y a eu communication pour que le droit soit alloué, il faut en justifier. Ainsi, les vacations qu'un avoué a portées en taxe pour communications de pièces d'avoué à avoué ont pu être supprimées, s'il n'a pas été prouvé que ces communications aient été faites, bien qu'on ait prétendu que les preuves n'ont pas pu être conservées, et qu'il était impossible que ces communications n'aient pas eu lieu. — Req. 25 févr. 1834, J.G. *Frais et dép.*, 398 et 358.

2. En cour d'appel, on peut demander communication de pièces déjà communiquées en première instance, mais aux frais de la partie requérante. — Rouen, 9 déc. 1807; J.G. *Frais et dép.*, 399-1o, et *Except.*, 490.

3. Suivant un autre arrêt, la communication doit avoir lieu, mais aux frais de la partie qui succombe en définitive. — Req. 25 févr. 1834, J.G. *Frais et dép.*, 358. — *Observ. conf., ibid.*, 399-2o.

4. Les dépens occasionnés par le défaut de communication de titres doivent être supportés par la partie qui était tenue de faire la communication. — Aix, 27 mai 1808, J.G. *Frais et dép.*, 400, et *Conciliat.*, 105-4o.

5. La partie qui n'a pas répondu à la sommation extrajudiciaire qui lui a été faite, sur le mode de prestation de serment, est passible des dépens auxquels l'incident a donné lieu, quoiqu'elle ait déclaré à l'audience s'en rapporter à la prudence de la cour. — Req. 12 (et non 2) juill. 1810, J.G. *Frais et dép.*, 350.

6. L'avoué qui, dans le cas où le tribunal a commis un juge de paix, en vertu de l'art. 305 c. pr., pour recevoir le serment d'experts, assiste à cette prestation de serment, n'a droit ni à la vacation, que le tarif de 1807 lui accorde que lorsque le serment est prêté devant un juge-commissaire, ni à des frais de voyage.—Nancy, 2 janv. 1870, D.P. 70. 2. 129.

Art. 92. (C. pr. 196.) Vacation pour déposer au greffe une pièce dont l'écriture est déniée, et assistance au procès-verbal dressé par le greffier de l'état de ladite pièce;

(C. pr. 198.) *Idem* pour prendre communication de ladite pièce, et assistance au procès-verbal dressé par le greffier;

(C. pr. 199.) *Idem* devant le juge-commissaire, pour convenir de pièces de comparaison;

(C. pr. 204, 207.) Pour être présent au serment des experts à la représentation des pièces de comparaison, et faire les réquisitions et observations par chaque vacation;

(C. pr. 206.) A la confection du corps d'écriture fait par le défendeur, s'il est ainsi ordonné;

(C. pr. 218.) Pour former une inscription de faux incident au greffe;

(C. pr. 221.) Pour requérir du juge-commissaire son ordonnance à l'effet de faire apporter au greffe la pièce arguée de faux, dont il y a minute,

(C. pr. 226.) Au procès-verbal de l'état des pièces arguées de faux;

(C. pr. 228.) De l'avoué du demandeur, pour prendre, en tout état de cause, communication de la pièce arguée de faux;

(C. pr. 270.) A l'audition des témoins, par trois heures;

(C. pr. 297.) En cas de descente sur les lieux, par trois heures;

(C. pr. 317.) Des avoués aux rapports d'experts s'ils en sont expressément requis par leurs parties, pour ne les répéter que contre elles, et sans qu'elles puissent entrer en taxe;

(C. pr. 353.) Pour former un désaveu au greffe, contenant les moyens, conclusions et constitution d'avoués;

(C. pr. 370.) Pour former par acte au greffe la demande à fin de renvoi d'un tribunal à un autre pour parenté et alliance;

(C. pr. 384.) Pour faire au greffe l'acte contenant les moyens de récusation contre un juge,

Pour interjeter appel au greffe du jugement qui aura rejeté la récusation, avec énonciation des moyens et dépôt des pièces au soutien;

(C. pr. 532, 536.) Pour mettre en ordre les pièces d'un compte à rendre, les coter et les parafer;

Il sera passé une vacation pour cinquante pièces; deux pour cent, et ainsi de suite;

(C. pr. 534.) A la présentation et affirmation du compte;

(C. pr. 535.) Pour requérir du juge-commissaire exécutoire de l'excédant de la recette sur la dépense dans les comptes présentés;

(C. pr. 536.) Pour prendre en communication les pièces justificatives du compte et les rétablir, le tout ensemble;

(C. pr. 538.) Pour fournir des débats sur le procès-verbal du juge-commissaire;

Par chaque vacation de trois heures, dont le nombre sera fixé et arbitré par le juge-commissaire;

(C. pr. 538.) Pour fournir soutènements et réponses;

Par chaque vacation de trois heures, dont le nombre sera fixé et arbitré par le juge-commissaire;

(C. pr. 573, 574.) Pour faire au greffe une déclaration affirmative sur saisie-arrêt, contenant les causes et le montant de la dette, les payements à-compte si aucuns ont été faits, l'acte ou les causes de libération, et les saisies-arrêts formées entre les mains du tiers saisi, et le dépôt au greffe des pièces justificatives, le tout ensemble;

(C. pr. 850.) Pour assistance au compulsoire, et dires au procès-verbal par chaque vacation;

(C. pr. 866, 867, 868.) Pour faire et remettre l'extrait de la demande en séparation de biens qui doit être inséré dans les tableaux de l'auditoire du tribunal où se poursuit la séparation et du tribunal de commerce, des chambres des avoués de première instance et des notaires, et le faire insérer dans un journal, le tout ensemble;

(C. pr. 872.) Pour faire insérer l'extrait du jugement qui aura prononcé la séparation de biens, dans les mêmes tableaux et dans un journal, le tout ensemble;

(C. pr. 880.) Pour faire insérer l'extrait du jugement qui prononcera la séparation de corps dans les mêmes tableaux et dans un journal, le tout ensemble;

(C. civ. 242, 243.) *Abrogé par la loi du 8 mai 1816, abolitive du divorce;*

(C. pr. 892.) Pour assister à la délibération du conseil de famille qui suit la demande en interdiction et avant l'interrogatoire;

(C. civ. 501.) Pour faire l'extrait du jugement qui prononcera une interdiction ou une nomination de conseil, le faire insérer dans le tableau de l'auditoire et des études des notaires de l'arrondissement et dans un journal, le tout ensemble;

Le jugement d'interdiction ou de nomination de conseil ne sera point signifié aux notaires de l'arrondissement; l'extrait en sera remis au secrétaire de leur chambre, qui en donnera récépissé, et qui le communiquera à ses collègues, qui seront tenus d'en prendre note, et de l'afficher dans leurs études;

(C. pr. 898.) Pour déposer au greffe le bilan, les livres et les titres actifs, s'il y en a, du débiteur qui demande à être admis au bénéfice de cession;

(C. pr. 903.) Pour faire l'extrait du jugement qui admet à la cession de biens, et le faire insérer au tableau du tribunal de commerce, ou du tribunal de première instance qui en fait les fonctions, dans le lieu des séances de la maison commune et dans un journal, le tout ensemble;

(C. pr. 976, 977, 982.) Vacation au partage, soit devant le juge-commissaire, soit devant le notaire commis par lui, par trois heures (V. Ordonn. du 10 oct. 1841, art. 10);

(C. pr. 977.) Les vacations devant le notaire n'entreront point en frais de partage; elles ne pourront être répétées que contre la partie qui aura requis l'assistance de l'avoué,

A Paris, 6 fr.;
Dans le ressort, 4 fr. 50 c.

Art. 93. (C. pr. 806.) Vacation en référé contradictoire,
A Paris, 5 fr.;
Dans le ressort, 3 fr. 75 c.;
Et par défaut,
A Paris, 3 fr.;
Dans le ressort, 2 fr. 25 c.

Art. 94. (C. pr. 909.) Vacation pour requérir une apposition de scellés;

(C. pr. 911.) *Idem* à l'apposition de scellés, par trois heures;

(C. pr. 916, 918, 920, 921, 922.) En référé lors de l'apposition, ou dans le cours de la levée;

(C. pr. 931.) Pour en requérir la levée;

(C. pr. 932, 933, etc.) A chaque vacation de trois heures, à la reconnaissance et levée;

(C. pr. 940.) Pour requérir la levée des scellés sans description.

A la reconnaissance et levée sans description,
A Paris, 6 fr.;
Dans le ressort, 4 fr. 50 c.

§ 9. — *Poursuite de contribution.*

Art. 95. (C. pr. 658.) Vacation pour requérir sur le registre tenu au greffe, la nomination d'un juge-commissaire devant lequel il sera procédé à une contribution;
A Paris, 5 fr.;
Dans le ressort, 3 fr. 75 c.

S'il se présente deux ou plusieurs requérants en même temps au greffe, ils se retireront devant le président du tribunal, qui décidera sur-le-champ celui dont la réquisition sera reçue; il n'y aura ni appel, ni opposition contre la décision; il n'en sera point dressé procès-verbal, et il ne sera alloué aucune vacation aux avoués pour s'être transportés devant le président.

Les frais des procédures faites à l'occasion des contestations élevées contre un procès-verbal de distribution par contribution doivent être taxés suivant la nature du litige, ou comme en matière ordinaire, ou comme en matière sommaire. — Orléans, 18 juill. 1860, D.P. 60. 2. 192.

Art. 96. (C. pr. 659.) Pour la requête au juge-commissaire à l'effet d'obtenir son ordonnance pour sommer les opposants de produire, et la partie saisie de prendre communication des pièces produites et de contredire s'il y échet, et la vacation pour obtenir l'ordonnance du commissaire, le tout ensemble;
A Paris, 3 fr.;
Dans le ressort, 2 fr. 25 c.

Art. 97. (C. pr. 660, 661.) Pour l'acte de production des titres contenant demande en collocation, et même à fin de privilége et constitution d'avoué, y compris la vacation pour produire,
A Paris, 10 fr. ;
Dans le ressort, 7 fr. 50 c.
Il ne sera point signifié.

Art. 98. (C. pr. 661.) Pour la sommation, à la requête du propriétaire, à l'avoué de la partie saisie, si elle en a constitué un, et au plus ancien de ceux des opposants, pour comparaître en référé par-devant le juge-commissaire à l'effet de faire statuer préliminairement sur son privilége pour raison des loyers à lui dus,
A Paris, 1 fr. ;
Dans le ressort, 75 c. ;
Et pour chaque copie, le quart.
Vacation en référé devant le juge-commissaire, qui statuera sur le privilége réclamé pour loyers dus, par défaut,
A Paris, 3 fr.;
Dans le ressort, 2 fr. 25 c. ;
Et contradictoirement,
A Paris, 5 fr.;
Dans le ressort, 3 fr. 75 c.

Art. 99. (C. pr. 663.) Pour l'acte de dénonciation de la clôture du procès-verbal de contribution du juge-commissaire aux avoués des créanciers produisants et de la partie saisie, si elle en a un, avec sommation d'en prendre communication et de contredire sur le procès-verbal dans la quinzaine,
A Paris, 1 fr.;
Dans le ressort, 75 c. ;
Et pour chaque copie, le quart.
Le procès-verbal du juge-commissaire ne sera ni levé ni signifié, et il ne sera enregistré que lors de la délivrance des mandements aux créanciers.

Art. 100. (C. pr. 663.) Vacation pour prendre communication de l'état de contribution et contredire sur le procès-verbal du juge-commissaire, sans qu'il puisse en être passé plus d'une, sous quelque prétexte que ce soit,
A Paris, 5 fr.;
Dans le ressort, 3 fr. 75 c.
Il ne sera fait aucun dire, s'il n'y a lieu à contredire.
Il sera alloué à l'avoué du poursuivant autant de demi-droits de vacation pour prendre communication de l'état de contribution et contredire, qu'il y aura eu de créanciers produisants,
A Paris, 2 fr. 50 c.;
Dans le ressort, 1 fr. 88 c.

Art. 101. (C. pr. 665, 671.) Vacation pour requérir la délivrance du mandement au créancier utilement colloqué, et être présent à l'affirmation de la créance devant le greffier ; l'avoué signera le procès-verbal,
A Paris, 2 fr.;
Dans le ressort, 1 fr. 50 c.

Nota. Les mandements collectivement contiendront la totalité du procès-verbal du juge-commissaire. Si on délivrait, indépendamment des mandements, une expédition entière, ce serait un double emploi.
En cas de contestation, les dépens de ces contestations seront taxés comme dans les autres matières, suivant leur nature sommaire ou ordinaire.

§ 10. — _Poursuite de saisie immobilière_ (1).

Art. 102. (C. pr. 677 et 680.) Vacation pour faire transcrire le procès-verbal de saisie immobilière au bureau de la conservation des hypothèques et au greffe du tribunal où doit se faire la vente, par chacune,
A Paris, 6 fr.;
Dans le ressort, 4 fr. 50 c.

Art. 103 (c. pr. 681). Pour faire enregistrer au bureau de la conservation des hypothèques la dénonciation, faite à la partie saisie, de la saisie immobilière,
A Paris, 6 fr.;
Dans le ressort, 4 fr. 50 c.

Art. 104. (C. pr. 682.) Pour l'extrait de la saisie immobilière, qui doit être inséré dans un tableau placé à cet effet dans l'auditoire,
A Paris, 6 fr.;
Dans le ressort, 4 fr. 50 c.

Art. 105. (C. pr. 683.) Pour l'extrait pareil à celui prescrit par l'art. 682, qui doit être inséré dans un journal.
Il sera passé autant de droits à l'avoué qu'il y aura eu d'inscriptions prescrites par le Code,
A Paris, 2 fr.;
Dans le ressort, 1 fr. 50 c.
Pour faire légaliser la signature de l'imprimeur par le maire, s'il y a lieu,
A Paris, 2 fr.;
Dans le ressort, 1 fr. 50 c.

L'art. 155 du tarif de 1807, qui réglait la vacation des huissiers à l'adjudication, ayant été abrogé par l'art. 20 du tarif de 1841 et remplacé par l'art. 6, § 1er de ce dernier tarif, c'est le droit fixé par le § 1er de cet article qui, seul, doit être alloué; et les art. 105, 106, 109, 111 et 113 du tarif de 1807 doivent continuer à recevoir leur application aux saisies de rentes constituées, attendu qu'ils n'ont été abrogés par l'art. 20 du tarif de 1841 qu'en ce qui concerne les saisies immobilières et les autres ventes judiciaires. — J.G. _Frais et dép._, 639.

Art. 106. (C. pr. 684, 686.) Pour l'extrait de la saisie immobilière, qui doit être imprimé et placarde, et qui servira d'original, et ne pourra être grossoyé,
A Paris, 6 fr.;
Dans le ressort, 4 fr. 50 c.
Il ne sera passé qu'un droit à l'avoué, attendu qu'aux termes de l'art. 703, il ne doit entrer en taxe qu'une seule impression de placards, et que les additions, lors des appositions subséquentes, doivent être manuscrites.

Art. 107. (C. pr. 695.) Vacation pour se faire délivrer l'extrait des inscriptions,
A Paris, 6 fr.;
Dans le ressort, 4 fr. 50 c.

Art. 108. (C. pr. 696.) Vacation pour faire enregistrer, à la conservation des hypothèques, la notification du placard faite aux créanciers inscrits,
A Paris, 6 fr. ;
Dans le ressort, 4 fr. 50 c.

Art. 109. (C. pr. 697.) Pour la grosse du cahier des charges, contenant vingt-cinq lignes à la page, et douze syllabes à la ligne,
A Paris, 2 fr. ,
Dans le ressort, 1 fr. 50 c.
Il ne sera signifié de copie ni à la partie saisie, ni aux créanciers inscrits, attendu que cette grosse doit être déposée au greffe, quinzaine avant la première publication, et que toute partie intéressée a la faculté d'en prendre communication.

Art. 110. Il ne sera fait qu'une seule grosse, et il n'en sera point remis à l'huissier audiencier pour les publications : l'huissier publiera sur la note qui lui sera remise par le greffier, et le greffier constatera les publications qui seront d'ailleurs signées par le juge ;
Vacation pour déposer au greffe le cahier des charges,
A Paris, 3 fr. ;
Dans le ressort, 2 fr. 45 c.

Art. 111. (C. pr. 699 et 700.) A chaque publication des charges, avec les dires qui pourront avoir lieu,
A Paris, 3 fr. ;
Dans le ressort, 2 fr. 45 c.
Il ne sera point signifié d'acte de remise de la publication du cahier des charges, attendu que les parties intéressées peuvent se présenter à la première publication et connaître les jours auxquels les publications subséquentes auront lieu ; que d'ailleurs l'apposition des placards et l'insertion dans un journal, annonçant les adjudications préparatoires et définitives, les instruiront suffisamment.

Art. 112. Vacation à l'adjudication préparatoire,
A Paris, 6 fr. ;
Dans le ressort, 4 fr. 50 c.

Il n'existe plus d'adjudication préparatoire depuis la loi du 2 juin 1841, qui a modifié le titre de la _saisie immobilière_.

Art. 113. (C. pr. 706.) Vacation à l'adjudication définitive,
A Paris, 15 fr. ;
Dans le ressort, 12 fr.
Indépendamment des émoluments ci-dessus fixés, il sera alloué à l'avoué poursuivant, sur le prix des biens dont l'adjudication sera faite au-dessus de 2,000 fr., savoir, depuis 2,000 fr. jusqu'à 10,000 fr., 1 p. 100; sur la somme excédant 10 000 fr. jusqu'à 50.000 fr., 1/2 p. 100 ; sur la somme excédant 50.000 fr. jusqu'à 100.000 fr., 1/4 p. 100; et sur l'excédant de 100,000 fr. indéfiniment, 1/8ᵉ d'un pour 100. En cas d'adjudication par lots de biens compris dans la même poursuite, en l'état où elle se trouvera lors des adjudications, la totalité des prix des lots sera réunie pour fixer le montant de la remise.
Il ne sera passé que trois quarts de la remise aux avoués des tribunaux de département.

Art. 114. (C. pr. 707.) Vacation pour enchérir,
A Paris, 7 fr. 50 c.;
Dans le ressort, 5 fr. 63 c.
Pour enchérir et se rendre adjudicataire,
A Paris, 15 fr.;
Dans le ressort, 11 fr. 25 c.
Pour faire la déclaration de command,
A Paris, 6 fr.;
Dans le ressort, 4 fr. 50 c.

Nota. Les vacations pour enchérir et pour faire la déclaration de command sont à la charge de l'enchérisseur ou de l'adjudicataire.

Art. 115. (C. pr. 710.) Vacation pour faire au greffe la surenchère du quart au moins du prix principal de l'adjudication en saisie immobilière,
A Paris, 15 fr.;
Dans le ressort, 11 fr. 25 c.

Art. 116. (C. pr. 711.) Pour l'acte de dénonciation de la surenchère aux avoués de l'adjudicataire, du poursuivant et de la partie saisie, si elle en a constitué, contenant avenir à la prochaine audience,
A Paris, 1 fr.;

---

(1) Les art. 102 à 129 du tarif ont été abrogés par l'art. 20 de l'ordonnance du 10 oct. 1841, en tant qu'ils concernent les saisies immobilières, les surenchères sur aliénation volontaire, les ventes d'immeubles de mineurs et de biens dotaux dans le régime dotal, les ventes sur licitation, les ventes d'immeubles dépendant d'une succession bénéficiaire ou vacante, ou provenant d'un débiteur failli ou qui a fait cession : ces articles ne seraient donc restés en vigueur que lorsqu'il s'agit de saisie de rentes constituées sur particuliers, et encore, cette dernière procédure a été notablement changée par la loi du 24 mai 1842. — V. _infrà_, p. 1314.

Dans le ressort, 75 c.;
Pour chaque copie, le quart.

Art. 117. (C. pr. 719.) Pour la requête d'avoué à avoué, contenant demande à fin de réunion de poursuites de saisies immobilières de biens différents, portées devant le même tribunal, par chaque rôle,
A Paris, 2 fr.;
Dans le ressort, 1 fr. 50 c.,
Pour la copie, le quart.
Pour la requête en défense à cette même mande,
A Paris, 2 fr.;
Dans le ressort, 1 fr. 50 c.;
Pour la copie, le quart.

Art. 118. (C. pr. 720.) Pour l'acte de dénonciation de la plus ample saisie au premier saisissant, à la requête du plus ample saisissant, avec sommation de se mettre en état,
A Paris, 3 fr.;
Dans le ressort, 2 fr. 25 c.;
Pour la copie, le quart.

Art. 119. (C. pr. 721 et 722.) Pour l'acte contenant demande en subrogation à la poursuite, soit faute par le premier saisissant de s'être mis en état sur la plus ample saisie, soit en cas de collusion, faute ou négligence de la part du poursuivant,
A Paris, 5 fr.;
Dans le ressort, 3 fr. 75 c.;
Pour la copie, le quart.
Pour l'acte en réponse,
A Paris, 5 fr.;
Dans le ressort, 3 fr. 75 c.;
Pour la copie, le quart.

Art. 120. (C. pr. 726.) Vacation pour faire viser par le greffier l'exploit d'intimation sur l'appel du jugement, en vertu duquel il a été procédé à la saisie immobilière,
A Paris, 2 fr:
Dans le ressort, 1 fr. 50 c.

Art. 121. (C. pr. 728.) *Idem* pour déposer au greffe les titres justificatifs d'une demande en distraction d'objets immobiliers saisis,
A Paris, 3 fr.;
Dans le ressort, 2 fr. 45 c.

Art. 122 (c. pr. 727). Pour la requête d'avoué à avoué contenant demande en distraction, par chaque rôle,
A Paris, 2 fr.:
Dans le ressort, 1 fr. 50 c.,
Pour la copie, le quart.
Requête en réponse, par chaque rôle,
A Paris, 2 fr.,
Dans le ressort, 1 fr. 50 c..
Pour la copie, le quart.

Art. 123. (C. pr. 729.) Pour la requête, d'avoué à avoué, contenant demande en décharge de l'adjudication préparatoire de la part de l'adjudicataire, en cas de demande en distraction de tout ou partie de l'objet saisi immobilièrement, par chaque rôle, sans cependant qu'elle puisse excéder le nombre de trois rôles,
A Paris, 2 fr.;
Dans le ressort, 1 fr. 50 c.;
Pour la copie, le quart.
Pour la réponse,
A Paris, 2 fr.;
Dans le ressort, 1 fr. 50 c;
Pour la copie, le quart.

Art. 124. (C. pr. 733.) Requête d'avoué à avoué de la part de la partie saisie, contenant moyen de nullité contre la procédure antérieure à l'adjudication préparatoire, par chaque rôle,
A Paris, 2 fr.,
Dans le ressort, 1 fr. 50 c.;
Pour la copie, le quart.
Pour la réponse,

A Paris, 2 fr.;
Dans le ressort, 1 fr. 50 c.;
Pour la copie, le quart.

Art. 125. (C. pr. 735.) Requête d'avoué à avoué de la part de la partie saisie, contenant ses moyens contre les procédures postérieures à l'adjudication préparatoire,
A Paris, 2 fr.;
Dans le ressort, 1 fr. 50 c.;
Pour la copie, le quart.
Pour la requête en réponse,
A Paris, 2 fr.;
Dans le ressort, 1 fr. 50 c.;
Pour la copie, le quart.

Art. 126. (C. pr. 738.) Vacation pour requérir le certificat du greffier, constatant que l'adjudicataire n'a point justifié de l'acquit des conditions exigibles de l'adjudication,
A Paris, 3 fr.;
Dans le ressort, 2 fr. 25 c.

Art. 127. (C. pr. 747.) Requête non grossoyée et non signifiée, sur le consentement de toutes les parties intéressées, pour demander, après saisie immobilière, que l'immeuble saisi soit vendu aux enchères pardevant notaires ou en justice,
A Paris, 6 fr.;
Dans le ressort, 4 fr. 50 c.

Art. 128. Les émoluments des avoués pour dresser le cahier des charges, en faire le dépôt au greffe, et pour les publications, les extraits à placarder, et à insérer dans les journaux, les adjudications préparatoires et définitives, seront réglés et taxés comme en saisie immobilière, lorsqu'il s'agira,
(C. pr. 636.) 1° De saisie de rentes constituées sur particuliers;
(C. pr. 832.) 2° De surenchère sur aliénation volontaire;
(C. pr. 954.) 3° De ventes d'immeubles de mineurs, et des biens dotaux dans le régime dotal;
(C. pr. 972.) 4° De vente sur licitation;
(C. pr. 988 et 1000.) 5° Et de vente d'immeubles dépendant d'une succession bénéficiaire ou vacante, ou provenant d'un débiteur failli ou qui a fait cession.

Art. 129. La remise proportionnelle sur le prix de l'adjudication sera divisée, en licitation, ainsi qu'il suit:
Moitié appartiendra à l'avoué poursuivant.
La seconde moitié sera partagée par égales portions entre tous les avoués qui ont occupé dans la licitation, y compris l'avoué poursuivant, qui aura sa part comme les autres dans cette seconde moitié.
L'art. 972 prescrivant en licitation la signification du cahier des charges par un simple acte aux avoués des colicitants, cet acte sera taxé comme un acte simple; et la copie du cahier des charges, comme celle de requête d'avoué à avoué.
Dans tous les cahiers des charges, il est expressément défendu d'y stipuler d'autres et plus grands droits au profit des avoués, que ceux énoncés au présent tarif; et s'il y est inséré quelque clause pour les exhausser, elle sera réputée non écrite.

§ 11. — *Poursuite d'ordre.*

Art. 130. (C. pr. 750.) Vacation pour requérir sur le registre tenu au greffe, la nomination. par le président du tribunal, d'un juge-commissaire devant lequel il sera procédé à l'ordre,
A Paris, 6 fr.;
Dans le ressort, 4 fr. 50 c.
Si deux ou plusieurs avoués se présentent en même temps au greffe pour faire la même

réquisition, ils se retireront sur-le-champ, sans sommation, devant le président du tribunal, qui décidera quelle est la réquisition qui doit être admise sans dresser aucun procès verbal; il ne sera reçu ni appel, ni opposition contre la décision du président, et il ne sera alloué aucune vacation aux avoués.

Art. 131. (C. pr. 752.) Requête au juge-commissaire à l'effet d'obtenir son ordonnance portant que les créanciers inscrits seront tenus de produire, et vacation pour se faire délivrer l'ordonnance, le tout ensemble,
A Paris, 3 fr.;
Dans le ressort, 2 fr. 25 c.
Vacation pour se faire délivrer, par le conservateur des hypothèques, l'extrait des inscriptions,
A Paris, 6 fr.,
Dans le ressort, 4 fr. 50 c.

Art. 132. (C. pr. 753.) Sommation d'avoué à avoué, aux créanciers inscrits qui en ont constitué, de produire dans le mois,
A Paris, 1 fr.;
Dans le ressort, 75 c.;
Et pour chaque copie, le quart.

Art. 133. (C. pr. 754.) Acte de production des titres contenant demande en collocation et constitution d'avoué, y compris la vacation pour produire,
A Paris, 20 fr.;
Dans le ressort, 15 fr.;
Il ne sera point signifié.

Art. 134. (C. pr. 755.) Dénonciation, par acte d'avoué à avoué, aux créanciers produisants et à la partie saisie, de la confection de l'état de collocation, avec sommation d'en prendre communication, et de contredire, s'il échet, sur le procès-verbal du commissaire dans le délai d'un mois : le procès-verbal ne sera ni levé, ni signifié, et il ne sera enregistré que lors de la délivrance des mandements,
A Paris, 3 fr.,
Dans le ressort, 2 fr. 25 c.;
Et pour chaque copie, le quart.

Art. 135. Vacation pour prendre communication des productions et contredire sur le procès-verbal du commissaire, sans qu'il puisse être passé plus d'une vacation dans le même ordre, sous quelque prétexte que ce soit,
A Paris, 10 fr.;
Dans le ressort, 7 fr. 50 c.
Il sera passé à l'avoué poursuivant une demi-vacation par chaque production, pour en prendre communication, et contredire s'il y a lieu,
A Paris, 5 fr.,
Dans le ressort, 3 fr. 75 c.

1. Les dires successifs des avoués sur le procès-verbal, auxquels on donne le nom de dupliques et tripliques, ne sont pas permis, et les frais qui en résultent ne doivent point passer en taxe. Il résulte des art. 758 et 761 c. pr. une prohibition formelle de toute procédure écrite, et par conséquent défense de faire des dupliques et tripliques sur le procès-verbal d'ordre, aussi bien qu'une procédure à l'audience. — Colmar, 16 janv. 1825, J.G. *Frais et dép.*. 696. — Mais V. observ., *ibid*

2. On doit également rejeter de la taxe une requête signifiée par le tiers opposant à un jugement d'ordre, en réponse aux défenses fournies contre la tierce-opposition, lors même que cette tierce-opposition a été formée par action principale. — Bordeaux, 18 mai 1830, J.G. *Frais et dép.*, 710-2°.

3. De même, lorsque la cause est portée en appel, on doit rejeter de la taxe toutes écritures autres que des conclusions motivées de la part de l'intimé. — Même arrêt.

Art. 136. (C. pr. 757.) Pour la dénonciation aux créanciers inscrits et à la partie saisie, des productions faites après les délais dans les ordres, et sommation d'en pren-

dre communication et de contredire s'il y a lieu,
A Paris, 3 fr.;
Dans le ressort, 2 fr. 25 c.;
Pour chaque copie, le quart.

Art. 137. (C. pr. 759.) Vacation pour faire rayer une ou plusieurs inscriptions en vertu du même jugement,
A Paris, 5 fr.;
Dans le ressort, 4 fr. 50 c.
Vacation pour requérir et se faire délivrer le mandement ou bordereau de collocation,
A Paris, 5 fr.;
Dans le ressort, 3 fr. 75 c.

NOTA. Les bordereaux de collocation et l'ordonnance de mainlevée des inscriptions non utilement colloquées contenant nécessairement la totalité du procès-verbal du juge-commissaire, l'expédition entière serait un double emploi : elle ne sera ni levée, ni signifiée.

Art. 138. (C. pr. 779.) Requête pour demander la subrogation à la poursuite d'ordre, elle ne sera point grossoyée,
A Paris, 3 fr.;
Dans le ressort, 2 fr. 25 c.

Art. 139. Vacation pour la faire insérer au procès-verbal du juge-commissaire,
A Paris, 1 fr. 50 c.;
Dans le ressort, 1 fr. 15 c.
Signification de la requête en poursuivant par acte d'avoué à avoué,
A Paris, 1 fr.;
Dans le ressort, 75 c.;
Pour la copie, le quart.
Acte servant de réponse,
A Paris, 1 fr.;
Dans le ressort, 75 c.;
Pour la copie, le quart.

§ 12. — *Actes particuliers.*

Art. 140. (C. pr. 495.) Pour la consultation de trois avocats exerçant depuis dix ans, qui doit précéder la requête civile principale ou incidente,
A Paris, 72 fr.;
Dans le ressort, 72 fr.

Art. 141. (C. pr. 523.) Pour la déclaration de dommages-intérêts, par article,
A Paris, 60 c.;
Dans le ressort, 45 c.
Pour la copie signifiée, par chaque article,
A Paris, 15 c.;
Dans le ressort, 12 c.

Art. 142. (Arg. C. pr. art. 524.) Pour chaque apostille de l'avoué défendeur sur la déclaration de dommages-intérêts,
A Paris, 60 c.;
Dans le ressort, 45 c.

Art. 143. (C. civ. 2183.) Composition de l'extrait de l'acte de vente ou donation, qui doit être dénoncé aux créanciers inscrits par l'acquéreur ou donataire,
A Paris, 15 fr.;
Dans le ressort, 11 fr. 75 c.
Et en outre par chaque inscription extraite,
A Paris, 1 fr.;
Dans le ressort, 75 c.
Les copies de cet extrait et des inscriptions seront taxées comme les copies de pièces.

Art. 144. Il sera taxé aux avoués par chaque journée de campagne, à raison de cinq myriamètres pour un jour, lorsque leur présence sera autorisée par la loi ou requise par leurs parties, y compris leurs frais de transport et de nourriture,
A Paris, 30 fr.;
Dans le ressort, 22 fr. 50 c.

Art. 145. Quand les parties seront domiciliées hors de l'arrondissement du tribunal, il sera passé à leurs avoués, pour frais de port de pièces et de correspondances, par chaque jugement définitif,
A Paris, 10 fr.;
Dans le ressort, 7 fr. 50 c.
Et par chaque interlocutoire,
A Paris, 5 fr.;
Dans le ressort, 3 fr. 75 c.

1. Le droit de correspondance, consacré par l'art. 145, n'est pas accordé à titre d'émoluments; c'est un forfait par lequel l'officier public est réputé également rentrer dans ses frais de correspondance et port de pièces. — Bourges, 24 août 1829, sous Civ. c. 7 janv. 1834, J.G. *Frais et dép.*, 220 et 169.

2. Bien que, dans les causes qui concernent des individus domiciliés dans l'arrondissement, le tarif n'accorde point aux avoués le droit de correspondance, la loi leur permet toujours de rentrer dans les avances qu'ils justifient avoir faites pour le port des pièces de procédure qui leur ont été adressées. — Grenoble, 30 août 1838, sous Req. 23 juill. 1839, J.G. *Frais et dép.*, 220 et 278.

3. Ce droit n'est dû que sur les jugements définitifs ou interlocutoires. Il n'est pas dû sur les jugements par défaut, quoiqu'ils soient devenus définitifs à défaut d'opposition. — Grenoble, 30 mai 1817, J.G. *Frais et dép.*, 221-1° et 170.

4. Il n'est pas dû à l'avoué de frais de port de pièces pour le jugement sur défaut-profit-joint qu'il a obtenu. — Poitiers, 27 juill. 1842, J.G. *Frais et dép.*, 377 et 221-2°.

5. En sens contraire, pour qu'il y ait lieu d'allouer à l'avoué le droit de port de pièces et de correspondance, il suffit que le jugement (ou l'arrêt) rendu par défaut n'ait pas été attaqué par la voie de l'opposition dans le délai légal. — Nîmes, 3 janv. 1855, D.P. 55. 2. 84.

6. Le droit de correspondance n'est pas dû sur les jugements qui statuent sur des incidents. — Bourges, 4 janv. 1846, J.G. *Frais et dép.*, 221-3°.

7. Ce droit est-il dû en *matière sommaire ?* — V. art. 67 du tarif, nos 44 et s., *suprà*, p. 1298.

Art. 146. Lorsque les parties feront un voyage et qu'elles se seront présentées au greffe, assistées de leur avoué, pour y affirmer que le voyage a été fait dans la seule vue du procès, il leur sera alloué, quels que soient leur état et leur profession, pour frais de voyage, séjour et retour, 3 fr. par chaque myriamètre de distance entre leur domicile et le tribunal où le procès sera pendant, et à l'avoué pour vacation au greffe,
A Paris, 1 fr. 50 c.;
Dans le ressort, 1 fr. 15 c.
Il ne sera passé en taxe qu'un seul voyage en première instance, et un seul en cause d'appel. La taxe pour la partie sera la même en l'un et l'autre cas.
Cependant, si la comparution d'une partie avait été ordonnée par jugement, et qu'en définitive les dépens lui fussent adjugés, il lui sera alloué pour cet objet une taxe égale à celle d'un témoin.

1. L'indemnité pour frais de voyage n'est due qu'à la partie qui voyage elle-même, et non à celle qui voyage par mandataire. — Bordeaux, 18 mai 1844, D.P. 45. 295. — Bordeaux, 26 août 1856, D.P. 56. 5. 232. Observ. conf., J.G. *Frais*, 242.

2. Cette indemnité ne peut non plus être réclamée par l'héritier de la partie, décédée au cours de l'instance, alors que cette instance n'a pas été reprise au nom de cet héritier ; et cela, alors même que celui-ci aurait, depuis le décès de son auteur, suivi le procès et assisté aux plaidoiries. — Amiens, 19 nov. 1855, D.P. 56. 2. 246.

3. L'indemnité attribuée à la partie qui s'est présentée devant le juge, en exécution d'un jugement ordonnant sa comparution personnelle, et qui a affirmé avoir fait le voyage pour obéir à justice, ne peut lui être refusée, sous le prétexte que ce voyage aurait été déterminé par d'autres motifs ou utilisé pour d'autres intérêts. — Civ. c. 26 juill. 1852, D.P. 52. 1. 208.

4. Les frais de voyage doivent-ils être alloués en *matière sommaire ?* — V. art. 67 du tarif, nos 50 et s., *suprà*, p. 1298.

5. La disposition de l'art. 146 qui alloue des frais de voyage n'est pas applicable en *matière commerciale*; mais les juges peuvent allouer, à titre de dommages-intérêts, une somme suffisante pour indemniser de son déplacement une partie injustement attirée devant eux par un plaideur de mauvaise foi. — Amiens, 30 avr. 1864, D.P. 64. 5. 199.

6. Il peut être alloué une indemnité de voyage à l'étranger domicilié hors de France qui a fait un voyage dans la seule vue d'un procès pendant devant un tribunal français. — Orléans, 22 janv. 1850, D.P. 51. 2. 73.

7. Mais cette indemnité ne doit être calculée qu'en raison de la distance parcourue entre la frontière de France et le lieu où siège le tribunal. — Même arrêt. Bordeaux, 26 août 1856, D.P. 57. 2. 8. — Paris, 17 août 1866, D.P. 68. 2. 163. — Trib. de Bordeaux, 15 mai 1867, D.P. 67. 2. 44.

8. Et, en pareil cas, la distance doit être mesurée sur la voie de communication la plus directe et la plus courte, sans égard au mode de transport et à la direction adoptés par la partie. — Arrêt précité du 26 août 1856.

9. En sens contraire, un étranger appelé en France par un procès avec un Français a droit à l'indemnité de voyage à partir du lieu de son domicile situé en pays étranger. — Lyon, 12 août 1824, J.G. *Frais et dép.*, 246.

10. En tout cas, si la distance parcourue sur le sol étranger au territoire continental ne doit pas être comptée pour l'établissement des frais de voyage, il n'en est pas de même lorsque cette distance a été parcourue d'un point du sol colonial français au territoire de la France. — Agen, 22 janv. 1867, D.P. 68. 5.

11. Il ne peut y avoir lieu, sous aucun prétexte, à accorder des frais de résidence. L'indemnité, calculée d'après les distances, n'a pour but que de dédommager du déplacement, et non des frais que ferait la partie en prolongeant sa résidence aux lieux où siègent les cours et tribunaux. — Rennes, 18 août 1810, J.G. *Frais et dép.*, 241.

12. Cependant, il semble résulter d'une décision judiciaire que les frais de voyage comprennent les dépens du séjour dans le lieu où se juge le procès. — Trib. de Bordeaux, 15 mai 1867, D.P. 67. 2. 44.

CHAP. III. — *Avoués de la cour d'appel de Paris.*

Art. 147. Les émoluments des avoués de la cour d'appel seront taxés au même prix et dans la même forme que ceux des avoués du tribunal de première instance de Paris, avec une augmentation sur chaque espèce de droits, savoir : dans les matières sommaires, du double, et dans les matières ordinaires, du double pour le droit de consultation, ainsi que pour le port de pièces, lorsque les parties seront domiciliées hors de l'arrondissement du tribunal de première instance de Paris ; et pour les autres droits, d'une moitié seulement de ceux attribués aux avoués de première instance.
Néanmoins, dans les demandes de condamnation de frais d'un avoué contre sa partie, il ne sera alloué que moitié du droit ci-dessus fixé pour les matières sommaires.

1. L'art. 147 du tarif, qui élève au double les émoluments des avoués d'appel en matière sommaire, s'applique aux frais directement faits devant la cour, et non aux frais en matière sommaire faits en première instance, et taxés par un jugement dont la cour a été saisie par voie d'appel. — Douai, 29 juin 1844, J.G. *Frais et dép.*, 182.

2. Sur la question de savoir si on doit doubler en appel les frais de correspondance en matière sommaire, V. art. 67 du tarif, no 48, *suprà*, p. 1298.

3. Si l'appelant ne signifie aucune écriture, l'intimé se trouve privé du droit de signifier ses moyens contre l'appel. Les écritures, même les conclusions motivées, signifiées par l'intimé avant aucune communication de griefs, de la part de l'appelant, ne doivent point être passées en taxe, sauf le cas où l'intimé se rend immédiatement appelant. — Grenoble, 10 mai 1817, J.G. *Frais et dép.*, 546 et 180. — Mais V. observ., ibid. 546.

4. Dans les causes ordinaires, il ne doit point être alloué d'écritures lorsque l'appel est repoussé par une fin de non-recevoir ou une nullité. — Même arrêt. Mais V. observ., J.G. *Frais et dép.*, 546.

5. ... Ou lorsque le Code dispose que la cause sera portée à l'audience sur un simple acte ou sur de simples conclusions motivées, comme dans les cas prévus par les art. 524, 761, 765. — Même arrêt.

6. L'art. 147 ne s'applique pas aux droits établis par l'art. 9 du deuxième décret du 16 févr. 1807, et notamment au droit d'assistance et de plaidoirie à la chambre du conseil, au cas d'opposition à la taxe des dépens; ces derniers droits ne sont pas susceptibles d'augmentation en faveur des avoués d'appel. — Nancy, 19 mai 1859, D.P. 61. 5. 248.

7. Le chiffre des honoraires des avoués pour les plaidoiries en appel doit, comme celui des avoués, être fixé à moitié en sus de celui alloué pour les plaidoiries en première instance. — Bordeaux, 3 mars 1858, D.P. 59. 2. 173.

Art. 148. (C. pr. 457, 458, 159.) Les frais les demandes à fin de défenses contre les jugements mal à propos qualifiés en dernier ressort, ou dont l'exécution provisoire a été mal à propos ordonnée, hors les cas prévus par la loi, ainsi que ceux des demandes à fin d'exécution provisoire des jugements non qualifiés ou mal à propos qualifiés en premier ressort, et de ceux qui n'auraient pas prononcé l'exécution provisoire dans les cas où elle devait l'être, seront liquidés comme en matière sommaire.

Art. 149. (C. pr. 809.) Il en sera de même des frais faits sur les appels d'ordonnances de référés.

Art. 150. (C. pr. 858.) Les requêtes en prise à partie, et celles de pourvoi contre un jugement qui a statué sur une demande en rectification d'un acte de l'état civil, quand il n'y a d'autre partie que le demandeur en rectification, seront taxées 15 fr.

CHAP. IV. — *Dispositions communes aux Avoués des Cours et des Tribunaux.*

Art. 151. Tous les avoués seront tenus d'avoir un registre, qui sera coté et parafé par le président du tribunal auquel ils seront attachés, ou par un des juges du siége, qui sera par lui commis, sur lequel registre ils inscriront eux-mêmes, par ordre de date et sans aucun blanc, toutes les sommes qu'ils recevront de leurs parties.

Ils représenteront ce registre toutes les fois qu'ils en seront requis, et qu'ils formeront des demandes en condamnations de frais; et faute de représentation ou de tenue régulière, ils seront déclarés non recevables dans leurs demandes.

Le tarif ne comprend que l'émolument net des avoués et autres officiers; les déboursés seront payés en outre.

Les officiers ne pourront exiger de plus forts droits que ceux énoncés au présent tarif, à peine de restitution, dommages et intérêts, et d'interdiction, s'il y a lieu.

Il ne sera passé aux juges de paix, aux experts, aux avoués, aux notaires, et à tous officiers ministériels, que trois vacations par jour quand ils opéreront dans le lieu de leur résidence; deux par matinée, et une seule l'après-dîner.

1. — I. REGISTRE DES AVOUÉS. — L'art. 151, qui déclare non recevable dans sa demande en payement de frais l'avoué qui ne représente pas le registre où il est tenu d'inscrire toutes les sommes qu'il reçoit de son client, n'a pas été abrogé et est toujours en vigueur. — Orléans, 30 mai 1862, D.P. 62. 2. 127.

2. Toutefois il cesse d'être applicable lorsque le client et l'avoué sont d'accord sur les versements que le registre aurait dû constater et lorsque la contestation porte uniquement sur le chiffre des honoraires réclamés par l'avoué. — Même arrêt.

3. Il est suffisamment satisfait par un avoué aux prescriptions de l'art. 151 par la production, à première réquisition, du registre réglementaire de ses recettes, appuyé des énonciations conformes d'un livre de caisse, alors même que le registre par ordre de date et sans blanc n'a pas été tenu jour par jour. — Bordeaux, 22 août 1871, D.P. 72. 2. 214.

4. Le défaut de représentation par un avoué du registre tenu dans la forme prescrite par l'art. 151, n'emporte fin de non-recevoir contre son action en payement des frais, qu'autant que, pour faire le compte de ce qui peut lui être dû, on n'aurait pas d'autres éléments et d'autres preuves que les mentions du registre. — Riom, 28 janv. 1842, J.G. Frais et dép., 943.

5. De même, le défaut de représentation du registre coté et parafé ne rend pas recevable d'une manière absolue la réclamation de frais et avances formée par l'avoué contre son client; il l'oblige seulement à fournir une preuve de sa créance autre que celle tirée des mentions des registres facultatifs tenus en son étude. — Colmar, 9 juin 1870, D.P. 71. 2. 63.

6. Doivent être réputées demandes en condamnation de frais, des poursuites dirigées par un avoué qui a obtenu distraction des dépens contre la partie condamnée. Ainsi, l'avoué qui, en vertu d'un jugement prononçant la distraction à son profit, a pratiqué une saisie-arrêt,

doit produire son registre sur la réquisition de la partie saisie, qui a intérêt à savoir, pour opposer la compensation, si, depuis la condamnation, l'avoué a reçu des à-compte de son client. — Civ. c. 8 juin 1842, J.G. Avoué 90, et Frais et dép., 138.

7. La fin de non-recevoir établie par le décret de 1807 ne peut être opposée à l'avoué qui a omis sur son registre quelques sommes reçues par lui, lorsque d'ailleurs sa bonne foi est reconnue. — Grenoble, 13 vent. an 9, J.G. Avoué, 88.

8. Le registre des avoués doit être tenu sur du papier timbré de dimension. — Délib. cons. d'adm. de l'enregistr. 13 déc. 1833, approuvée le 27 déc. 1833 par le min. des fin., J.G. Avoué, 85.

9. Le registre qui n'est pas timbré, coté et parafé conformément à l'art. 151, quoiqu'il paraisse exactement tenu, doit être considéré comme un registre irrégulier auquel on ne peut attribuer la même valeur et le même effet qu'à un registre qui réunirait toutes les conditions exigées par la loi. — Civ. c. 8 juin 1842, J.G. Avoué, 89, et Frais et dép., 138.

10. Jugé cependant que les registres d'un avoué peuvent être opposés en justice, quoiqu'ils ne soient pas sur papier timbré, surtout lorsqu'ils sont reliés, écrits de suite et visés par un juge du tribunal. — Pau, 19 nov. 1821, J.G. Avoué, 89, et Prescript. civ., 1020.

11. Lorsque la partie actionnée en payement des frais soutient qu'il a été donné des à-compte, l'avoué, s'il ne peut ou ne veut représenter le registre de ses recettes pour contredire à cette allégation, doit être déclaré non fondé dans sa demande, en ce qui concerne la partie de sa créance éteinte par ces prétendus payements. — Riom, 6 juill. 1859, D.P. 59. 2. 207.

12. Le registre d'un avoué, dans lequel il a mentionné un payement de frais fait par l'adversaire de son client, ne peut faire foi contre cet adversaire, ni en général contre les tiers, surtout dans le cas où la mention deviendrait un titre en faveur de sa partie contre ces tiers. — Paris, 22 juill. 1815, J.G. Avoué, 93.

13. La fin de non-recevoir tirée du défaut de registre peut être opposée en tout état de cause, et même pour la première fois en appel, à l'effet de repousser la demande de l'avoué en payement de frais. — Riom, 9 juin 1840, J.G. Avoué, 91 et 86.

14. Mais celui qui, sur la demande en payement de frais et honoraires, formée par un avoué, s'est soumis, en première instance, à payer sur la taxe, n'est pas admis à proposer en appel une fin de non-recevoir, tirée de ce que le registre de l'avoué n'est pas coté et parafé, conformément à l'art. 151 du tarif. — Amiens, 14 févr. 1839, J.G. Frais et dép., 894-1°.

15. Le ministère public n'a pas le droit d'exiger des avoués la représentation du registre des recettes, tenu en vertu de l'art. 151 du tarif; par suite, le refus de le produire ne peut faire encourir à l'avoué de peine disciplinaire. — Aix, 2 juin 1843, J.G. Avoué, 92.

16. Ce n'est qu'autant qu'ils réclament des frais en qualité d'avoués que ces officiers ministériels sont tenus de produire le registre que l'art. 151 du tarif de 1807 les oblige de tenir. Mais pour les affaires dont ils sont chargés en dehors de leur ministère, celles qui les suivent, par exemple, devant les tribunaux de commerce, et pour lesquelles des salaires leur sont dus, ils peuvent en faire l'objet d'une demande en justice, sans que leurs clients puissent exiger la représentation de ce registre. — Req. 13 janv. 1819, J.G. Avoué, 134, et Frais et dép., 517.

17. De même, l'obligation de représenter le registre obligatoire ne s'appliquant qu'aux frais judiciaires, laisse sous l'empire du droit commun les réclamations d'autre nature, telles que celles relatives à des déboursés et avances faites en exécution d'un mandat — Colmar, 9 juin 1870, D.P. 71. 2. 63.

18. — II. ACTIONS QUI APPARTIENNENT AUX AVOUÉS. — Quelle que soit la partie au nom de laquelle il a agi, l'avoué a toujours une action en répétition contre celui qui, seul, avait en réalité intérêt dans l'affaire. Aussi, lorsque l'action judiciaire soit poursuivie au nom du cédant, si c'est dans le seul intérêt des cessionnaires qui ont fourni garantie au cédant que cette poursuite a eu lieu, l'avoué peut agir directement contre ceux-ci en payement de ses frais et honoraires. — Toulouse, 15 nov. 1831, J.G. Avoué, 124 et 116.

19. L'avoué d'un adjudicataire qui a versé, au nom de son client et pour satisfaire à une clause du cahier des charges, entre les mains de l'avoué du créancier saisissant, une somme destinée à acquitter les frais de procédure faits ou à faire, a qualité pour intenter personnellement contre ce dernier avoué une action en reddition de compte de l'emploi de cette somme, sans violation de la maxime : « Nul en France ne plaide par procureur ». — Req. 14 févr. 1838, J.G. Avoué, 112.

20. L'avoué a, pour le recouvrement de ses frais, une action directe contre le subrogé tuteur qui l'a constitué. — Bordeaux, 25 août 1847, D.P. 48. 2. 48.

21. L'avoué chargé par le directeur d'une société anonyme d'occuper pour celle-ci, n'a aucun recours contre le directeur de cette société pour le payement de ses frais et honoraires; il ne peut diriger son action que contre la société elle-même. — Req. 6 mai 1835, J.G. Avoué, 114-1°, et Société, 1534.

22. Mais il a une action personnelle pour le payement de ses frais contre les liquidateurs d'une société commerciale qui l'ont chargé d'occuper dans une affaire intéressant la liquidation, sauf le recours de ces deniers

contre qui de droit. — Bordeaux, 15 déc. 1840, J.G. Avoué, 115-2°. — Observ. contr., Ibid.

23. Un maire qui a constitué un avoué dans l'intérêt d'une commune, ne peut être personnellement tenu des frais qui sont dus à ce dernier. — Civ. c. 17 juill. 1838, J.G. Avoué, 114-2°, et Commune, 2894.

24. L'avoué qui, en cette qualité, a représenté, dans une instance, les syndics d'une faillite, n'est pas fondé à réclamer contre eux le payement de ses frais. — Paris, 25 août 1838, J.G. Avoué, 114-3°.

25. Il ne peut même les réclamer contre les créanciers de la masse que jusqu'à concurrence de leurs droits dans l'actif. — Paris, 24 déc. 1841, J.G. Avoué, 114-4°.

26. En sens contraire, l'avoué a une action directe et personnelle contre les syndics d'une faillite par lesquels il a été chargé d'occuper pour celle-ci. — Paris, 25 sept. 1823, J.G. Avoué, 115-1°. — Paris, 17 août 1830, J.G. Faillite, 504. — Bordeaux, 24 avr. 1838 J.G. Avoué, 115-1°.

27. Quoique l'avoué ait obtenu un exécutoire contre la partie condamnée, il ne cesse pas d'avoir son client pour obligé, mais en ce sens qu'il ne peut réclamer contre ce dernier que ce qui fait le montant de l'exécutoire. — Rennes, 28 mars 1851, D.P. 51. 2. 253.

28. L'avoué qui a occupé pour une femme demanderesse en séparation de corps peut-il poursuivre contre le mari ou contre la communauté le remboursement de ses frais ? — V. Code civil annoté, art. 1426, nos 15 et s.

29. L'avoué qui a cessé d'occuper pour une partie peut réclamer ses droits pour production à un ordre bien que l'instance d'ordre ne soit pas terminée. — Rouen, 31 août 1850, D.P. 51. 2. 51.

30. Les frais pour droits d'assistance peuvent être demandés par un avoué contre son client, sans qu'il soit tenu de produire le jugement qui a terminé l'instance. — Même arrêt.

31. L'avoué a une action solidaire en payement de ses frais contre tous ceux qui l'ont constitué pour une même affaire. — Rennes, 25 août 1812; Rennes, 20 mars 1817; Paris, 28 déc. 1826; Orléans, 26 juill. 1827, J.G. Avoué, 116. — Toulouse, 11 mai 1831, ibid., 118. — Toulouse, 15 nov. 1831; Paris, 9 févr. 1833; Bordeaux, 22 nov. 1840, ibid., 116. — Bordeaux, 15 déc. 1840, ibid., 115. — Paris, 9 nov. 1843, J.G. Frais et dép., 894.

32. Lorsqu'un avoué actionne solidairement plusieurs parties en payement de frais dont la prescription est acquise, et que néanmoins quelques-unes de ces parties reconnaissent devoir pour leur portion la dette dont il réclame le payement, cette reconnaissance ne relève pas l'avoué de la prescription à l'égard des autres. — Paris, 9 févr. 1833, J.G. Avoué, 117 et 118.

33. L'avoué chargé, en vertu de mandats séparés, de produire dans un ordre, pour deux créanciers distincts, n'a pas contre eux d'action solidaire en remboursement des frais de significations faites en leur nom, alors même qu'il s'agirait de significations collectives, — Civ. r. 22 nov. 1854, D.P. 54. 1. 418.

34. Les sommes dues à un avoué, *procurator ad lites*, pour avances des frais de procédure et pour ses émoluments, comme avoué, ne produisent pas intérêt de plein droit, comme les sommes qu'il aurait avancées pour son client en qualité de *negotiorum gestor*, mais seulement du jour de la demande. — Civ. c. 23 mars 1819, J.G. Avoué, 125. — Liége, 21 juin 1843, J.G. Frais et dép., 948. — C. cass. de Belgique, 25 avr. 1845, D.P. 46. 2. 209. — Req. 14 janv. 1848, D.P. 48. 1. 130.

35. Et l'avoué doit être réputé avoir fait l'avance en sa qualité d'avoué, lorsqu'elle s'applique au coût d'une sommation même antérieure à sa constitution, mais dans laquelle il a été fait élection de domicile en son étude, et qui formait le premier acte de la procédure engagée par cet avoué. — Arrêt précité du 14 janv. 1848.

36. Mais les intérêts des avances qu'il a faites en qualité de *procurator ad negotia* courent à partir du jour où elles ont eu lieu. — Arrêt précité du 25 avr. 1845.

37. L'avoué qui paye bénévolement des honoraires d'experts a également droit aux intérêts de cette avance à compter du jour où elle a été faite, et non pas seulement de celui de la demande en justice. — Trib. de Sedan, 11 juin 1835, J.G. Avoué, 126, et Mandat, 357.

38. Il en est de même des sommes payées par l'avoué à des tiers sur l'acquit de son client, même sans mandat spécial. — Riom, 29 août 1842, J.G. Avoué, 127.

39. ... Et des droits d'enregistrement et de transmission d'un jugement de résolution de vente d'un immeuble. — C. cass. de Belgique, 25 août 1845, D.P. 46. 2. 209.

40. En ce qui concerne les honoraires de l'avocat payés par l'avoué, V. art. 80 du tarif, nos 16 et s., suprà, p. 1301.

41. — III. VACATIONS. — Il ne peut être passé en taxe plus de trois vacations par jour à un avoué dans une enquête, alors même que le procès-verbal du juge-commissaire constaterait le nombre d'heures qu'il a employées pour l'audition des témoins en présence de l'avoué. — Rouen, 29 nov. 1828, J.G. Frais et dép., 416 et 417.

42. — IV. HONORAIRES EXTRAORDINAIRES DES AVOUÉS. — L'avoué qui, en dehors de son ministère, a donné des soins extraordinaires aux affaires de son client, a droit à des honoraires proportionnés au temps qu'il a consacré aux intérêts de celui-ci. — Civ. r. 14 déc. 1841, J.G.

Avoué, 132. — Paris, 16 août 1850, D.P. 54. 3. 70. — Req. 1er févr. 1870, D.P. 70. 1. 307.

Contrà : — Civ. c. 25 janv. 1813, J.G. *Avoué,* 132.

43. Par exemple, si chargé d'enchérir et de se rendre adjudicataire, l'avoué a reçu mission de surveiller les justifications de propriété et d'assister à la quittance du prix, il est fondé à réclamer des émoluments en sus de ceux alloués par l'art. 114 du tarif. — Paris, 25 août 1849, D.P. 49. 2. 196.

44. Il en est de même dans le cas où un avoué a assisté à la lecture d'un jugement de séparation de biens obtenu par une cliente, et a fait les démarches nécessaires pour obtenir en sa faveur l'autorisation de contracter un emprunt. — Req. 22 juin 1870, D.P. 74. 5. 285.

45. L'avoué a droit, en dehors des frais réglés par le tarif, à une rémunération pour les démarches, les recherches et les travaux qui dépassent les devoirs de son ministère et qui ont été nécessités par l'état de détention de son client. — Bordeaux, 18 janv. 1872, D.P. 73. 2. 98.

46. Dans le cas où l'instance pour laquelle il a ouvert une procédure s'est terminée par une transaction, l'avoué ne peut obtenir des honoraires en outre des émoluments alloués par le tarif qu'autant qu'il établit qu'en dehors de la réception de son client et des conférences nécessitées par l'instruction de l'affaire, il a pris une part active et sérieuse à la transaction, ou fait des travaux utiles et exceptionnels ne rentrant pas dans la procédure engagée. — Paris, 13 mars 1869, D.P. 70. 5. 36-37.

47. L'avoué qui, dans une affaire importante, et sur promesses d'honoraires à lui faites par son client, s'est livré à des travaux extraordinaires qui ont amené le succès de l'affaire, a droit d'exiger, en sus des frais alloués par le tarif, ces honoraires, lesquels, en cas de contestation, sont fixés par le tribunal. — Paris, 9 juin 1831, J.G. *Frais et dép.,* 946-2°. — Civ. r. 13 juin 1837, J.G. *Honor.,* 5.

48. De même, l'avoué qui, dans une affaire importante, a reçu de son client la promesse par écrit de tous dédommagements pour soins extraordinaires, a pu exiger, en sus des frais alloués par le tarif, ces honoraires ou dédommagements.—Paris, 3 mars 1830; Req. 10 août 1831, J.G. *Frais et dép.,* 946-1°, et *Compét. civ. des trib. d'arr.,* 158.

49. Et le client qui a payé une certaine somme à compte des honoraires qu'il a promis, n'est pas fondé à exiger que celui-ci soit réduit aux limites du tarif. — Arrêt précité du 10 août 1831.

50. Mais, pour que l'avoué ait droit à une indemnité à raison de soins extraordinaires qu'il donne à une affaire, il faut qu'il ait reçu mandat spécial à cet effet. — C. cass. de Belgique, 28 avr 1845, D.P. 46. 2. 209).

51. Toutefois, l'avoué n'est point admis à tirer une traite sur son client pour la valeur de cette récompense; et, par suite, les frais du protêt et de compte de retour occasionnés par cette traite ne sont pas sujets à répétition. — Bordeaux, 25 janv. 1842, précité, J.G. *Honor.,* 5.

52. L'avoué qui a plaidé dans le cas où la loi l'y autorise est en droit d'exiger de sa partie des honoraires de plaidoirie, indépendamment des droits qui lui sont alloués pour l'instruction de la procédure.—Bruxelles, 2 juill. 1829, J.G. *Avoué,* 112.

53. L'avoué chargé d'affaires en dehors de son ministère officiel doit être réputé exercer plutôt sa profession, que faire acte d'ami envers son client; par suite, un salaire proportionné à son travail peut lui être accordé par le juge, en vertu des principes sur le louage d'industrie, et sans violation de la règle que le mandat est gratuit, s'il n'y a convention contraire. — Req. 5 janv. 1869, D.P. 69. 1. 127. — V. aussi Paris, 25 août 1849, D.P. 49. 2. 196.

54. Ainsi, l'avoué qui, non pas en cette qualité, mais comme mandataire non gratuit, a été chargé de la direction d'une affaire longue, grave, nécessitant des démarches, des recherches, des correspondances, des travaux de cabinet, doit recevoir une juste indemnité. — Paris, 22 nov. 1838; Bordeaux, 23 janv. 1842, J.G. *Avoué,* 133.

55. Pareillement, l'avoué qui a représenté une partie devant le tribunal de commerce a droit d'obtenir une rétribution comme mandataire salarié.—Req. 13 janv. 1819, J.G. *Avoué,* 134.

56. Lorsqu'il n'y a pas de conventions relatives aux honoraires, le juge peut réduire ceux que le mandataire réclame. — Req. 16 mai 1816, J.G. *Honor.,* 5.

57. Ce droit de réduction peut s'exercer, alors même qu'il est intervenu une convention relative à la fixation de l'indemnité. — Bourges, 30 juill. 1859, D.P. 60. 5. 194.

58. Les avoués n'ont pas qualité pour attaquer le règlement ou arrêté par un tribunal de première instance a tracé, en matière d'ordre et de distribution, un mode de procédure contraire à celui déterminé par la loi, si, d'ailleurs, ils n'étaient pas partie dans cet acte, dont l'exécution n'a pas été nuisible à leurs intérêts. Il en serait autrement dans le cas où un jugement aurait prononcé une condamnation contre eux, en vertu de ce même règlement. — Req. 30 avr. 1834, J.G. *Avoué,* 126.

59. Au reste, le droit d'attaquer de tels arrêtés ou règlements est accordé, dans l'intérêt de la loi, au ministère public, qui peut faire annuler une délibération par laquelle un tribunal a interdit aux avoués d'assister désormais aux interrogatoires en matière d'interdiction, et a ordonné qu'une ampliation de cette décision serait transmise au président de la chambre des avoués. — Req. 26 janv. 1841, J.G. *Avoué,* 136.

60. L'avoué ou l'officier ministériel qui accepte des offres au prix de l'abandon des émoluments légitimes que la loi accorde, commet un acte répréhensible. — Aix, 26 juill. 1838, J.G. *Honor.,* 6, et *Office,* 123-1°.

61. — V. Droit de rétention. — La partie qui acquitte les frais d'une instance, au payement desquels elle a été condamnée, n'a pas le droit d'exiger la remise des pièces de la procédure suivie contre elle. — Req. 5 nov. 1843, D.P. 45. 1. 427.

Contra : — Paris, 25 août 1849, D.P. 49. 2. 196. — Rouen, 12 déc. 1851. D.P. 54. 5. 71.

62. L'avoué est un mandataire en possession de tous les droits qui se rattachent au mandat, pourvu toutefois que ces droits puissent se concilier avec les exigences du mandat public dont il est investi comme officier ministériel. En conséquence, l'avoué peut retenir les pièces qui lui ont été remises pour l'accomplissement de son mandat jusqu'à l'entier remboursement de ses avances. — Civ. r. 10 août 1870, D.P. 71. 1. 40. — V. *Code civil annoté,* art. 2095, n° 59.

63. ... Et même jusqu'au payement de ses honoraires. — Montpellier, 10 janv. 1857, D.P. 71. 1. 40.

64. Mais l'avoué de première instance, non encore payé de ses honoraires, ne peut refuser à son client les pièces qui lui sont nécessaires pour défendre en appel le jugement prononcé à son profit, si celui-ci offre de les faire prendre par son avoué d'appel, qui les rétablira entre les mains de son collègue. — Agen, 21 mai 1851, D.P. 52. 2. 232.

65. Le droit de l'avoué de retenir le dossier de son client jusqu'au payement de ses honoraires et déboursés ne lui confère pas la faculté d'en exiger la restitution lorsqu'il s'en est volontairement dessaisi sous prétexte d'un compte à faire; l'avoué conserve seulement le droit d'actionner son débiteur en règlement de compte et de demander incidemment la communication des pièces. — Metz, 27 avr. 1869, D.P. 71. 2. 186.

66. L'administration de l'Enregistrement, condamnée aux dépens envers un redevable, ne peut exiger de sa partie adverse d'autre remise de pièces que celle de l'exécutoire des dépens, si d'ailleurs les autres pièces sont déjà en sa possession.—Agen, 20 janv. 1845, D.P. 45. 2. 68.

67. Les avoués ne peuvent, pour sûreté du payement de leurs frais et honoraires, retenir les titres qui leur ont été remis par leur client, à moins qu'ils n'aient fait des déboursés pour obtenir ces titres, et jusqu'à concurrence de ces déboursés. — Rouen, 12 déc. 1851. D.P. 54. 5. 71. — V. *Code civil annoté,* art. 2095, n°° 60 et s.

68. Les frais dus pour une instance en partage peuvent être réclamés par un avoué, sans qu'il soit tenu de remettre à son client l'expédition d'une acceptation bénéficiaire faite dans l'intérêt de ce dernier. — Rouen, 31 août 1850, D.P. 51. 2. 51.

69. A supposer que la remise des pièces par l'avoué soit une preuve du payement de ses frais, le débiteur n'est pas recevable à se prétendre libéré s'il a reconnu que la remise lui a été faite sans qu'il eût acquitté les frais, et s'il s'en est rapporté sur la taxe à la prudence du tribunal. — Req. 6 juin 1815, J.G. *Frais et dép.,* 944-3°.

Table sommaire.

CHAP. V. — *Des Huissiers audienciers.*

§ 1er. — *Des tribunaux de première instance.*

Art. 152. Pour chaque appel de cause sur le rôle, et lors des jugements par défaut, interlocutoires et définitifs, sans qu'il soit alloué aucun droit pour les jugements préparatoires et de simples remises,

A Paris, 30 c.;

Dans les tribunaux du ressort, 25 c.

1. Il n'est dû aux huissiers près les tribunaux de commerce qu'un droit de 20 centimes pour chaque placement de cause (L. 21 vent. an 7, art. 3; Arr. 8 avr. 1848). — Angers, 7 mars 1862, D.P. 62. 2. 172.

2. Il ne leur est alloué aucun droit, à titre d'appel de cause, pour les jugements préparatoires et de simple remise (L. 21 vent. an 7). — Même arrêt.

Art. 153, 154, 155.

Abrogés par l'ordonnance du 10 oct. 1841, art. 29.— V. *infrà,* p. 1316.

Art. 156. Pour significations de toute espèce, d'avoué à avoué, sans aucune distinction, à l'ordinaire,

A Paris, 30 c.;

Dans les tribunaux du ressort, 25 c.

Pour significations extraordinaires, c'est-à-dire à une autre heure que celle où se font les significations ordinaires, suivant l'usage du tribunal,

A Paris, 1 fr.

Nota. Ces significations doivent être faites à heure datée; et, à défaut de date, elles ne seront taxées que comme significations ordinaires : elles ne sont passées en taxe, comme extraordinaires, qu'à Paris seulement.

Les huissiers audienciers, quoiqu'ils soient commis pour faire des significations ou autres opérations, ne pourront exiger autres ni plus forts droits que les huissiers ordinaires; et ils seront obligés de se conformer à toutes les dispositions du Code, comme tous les autres huissiers, mais les frais de transport des huissiers de la cour royale, commis par elle, seront, dans ce cas, alloués suivant la taxe, quelle que soit la distance.

§ 2. — *Des huissiers audienciers de la cour impériale de Paris.*

Art. 157. Pour l'appel des causes sur le rôle, ou lors des arrêts par défaut, interlocutoires et définitifs, à la charge d'envoyer des bulletins aux avoués pour toutes les remises de cause qui seront ordonnées, 1 fr. 25 c.

Il ne sera passé aucun droit d'appel pour les simples remises de causes et les jugements préparatoires.

Art. 158. Pour significations de toute espèce, d'avoué à avoué, sans aucune distinction,

A l'ordinaire, 75 c.;

A l'extraordinaire ou à heure datée, 1 fr 50 c.

CHAP. VI. — *Des Experts, des Dépositaires de pièces et des Témoins.*

Art. 159. (C. pr. 320.) Il sera taxé aux experts, par chaque vacation de trois heures, quand ils opéreront dans les lieux où ils sont domiciliés ou dans la distance de deux my-

..iamètres, savoir, dans le département de la Seine,

Pour les artisans et laboureurs, 4 fr.;
Pour les architectes et autres artistes, 8 fr.
Dans les autres départements,
Aux artisans et laboureurs, 3 fr.;
Aux architectes et autres artistes, 6 fr.

1. L'expert commis en justice est le mandataire commun des parties intéressées à l'objet de sa mission; en conséquence, chacune est tenue solidairement envers lui de tous les effets du mandat. — Trib. Seine, 21 déc. 1872, D.P. 74. 5. 243. — V. *suprà, Code de procédure civile*, art. 319, nos 29 et s.

2. L'expert nommé par une première ordonnance à la requête d'une partie, dont la mission a été étendue par des ordonnances postérieures rendues à la requête de la partie adverse, est fondé à réclamer le montant intégral de l'exécutoire de dépens de la partie qui a requis l'expertise. — Même jugem.

3. Le conseiller taxateur a droit de reviser les frais de vacations alloués aux experts en première instance, alors que le jugement sur ce chef a mis les frais à la charge des intimés. — Bastia, 27 nov. 1844, D.P. 45. 4. 294.

4. Les tarifs sont uniquement applicables aux artistes appelés comme experts dans les contestations soumises aux tribunaux; mais ils ne peuvent en aucune façon servir à déterminer les honoraires dus à un architecte ou à un ingénieur pour études de lieux, compositions de plans artistiques et devis estimatifs; à cet égard, l'arrêté officiel du 12 pluv. an 8 peut équitablement être pris pour base.—Douai, 18 mars 1841, J.G. *Expert*, 255.

5. Les experts chargés de la vérification d'une comptabilité commerciale doivent être rangés parmi les artistes, et non point parmi les artisans, dans le sens que l'art. 159 du décret du 16 févr. 1807 a donné à ces expressions; en conséquence, ils ont droit à 6 fr. par vacation, et non pas seulement à 3 fr.— Pau, 2 janv. 1864, D.P. 64. 2. 55.

6. L'art. 159, relatif aux frais des rapports d'experts, ne peut être appliqué aux clercs de notaire, qui, à cause de leur profession et des connaissances que cette profession exige, doivent être ré ribués comme les architectes et les autres artistes, et non comme de simples artisans. — Trib. de Saint-Dié, 30 juin 1832; Sol. de la Régie, 19 oct. 1832, J.G. *Frais et dép.*, 445.

Art. 160. Au delà de deux myriamètres, il sera alloué par chaque myriamètre, pour frais de voyage et nourriture, aux architectes et autres artistes, soit pour aller, soit pour revenir,

A ceux de Paris, 6 fr.;
A ceux des départements, 4 fr. 50 c.

Art. 161. Il leur sera alloué pendant leur séjour, à la charge de faire quatre vacations par jour, savoir,

A ceux de Paris, 32 fr.;
A ceux des départements, 24 fr.

NOTA. La taxe sera réduite, dans le cas où le nombre de quatre vacations n'aurait pas été employé.

S'il y a lieu à transport d'un laboureur au delà de deux myriamètre, il sera alloué trois francs par myriamètre, pour aller, et autant pour le retour, sans néanmoins qu'il puisse rien être alloué au delà de cinq myriamètres.

Art. 162. Il sera encore alloué aux experts deux vacations, l'une pour leur prestation de serment, l'autre pour le dépôt de leur rapport, indépendamment de leurs frais de transport s'ils sont domiciliés à plus de deux myriamètres de distance du lieu où siége le tribunal; il leur sera accordé par myriamètre, en ce cas, le cinquième de leur journée de campagne.

Au moyen de cette taxe, les experts ne pourront rien réclamer ni pour frais de voyage et de nourriture, ni pour s'être fait aider par des écrivains ou par des toiseurs et porte-chaînes, ni sous quelque autre prétexte que ce soit; ces frais, s'ils ont eu lieu, restant à leur charge.

Le président, en procédant à la taxe de leurs vacations, en réduira le nombre, s'il lui paraît excessif.

L'indemnité allouée par myriamètre aux experts qui se transportent, pour le dépôt de leur rapport au greffe, à plus de deux myriamètres de leur domicile, ne leur est due que par chaque myriamètre entièrement parcouru, et il n'y a pas lieu, dès lors, de tenir compte, dans l'évaluation de cette indemnité, des fractions de myriamètre. — Nancy, 29 janv. 1870, D.P. 70. 2. 129.

Art. 163. Il sera taxé aux experts en vérification d'écritures, et en cas d'inscription de faux incident, par chaque vacation de trois heures, indépendamment de leurs frais de voyage, s'il y a lieu,

A Paris, 8 fr.;
Dans les tribunaux du ressort, 6 fr.

Art. 164. (C. pr. 208, 232.) Il ne leur sera rien alloué pour prestation de serment ni pour dépôt de leur procès-verbal, attendu qu'ils doivent opérer en présence du juge ou du greffier, et que le tout est compris dans leurs vacations.

Art. 165. Il leur sera alloué pour frais de voyage, s'ils sont domiciliés à plus de deux myriamètres du lieu où se fait la vérification,

A Paris, 32 fr.;
Dans les tribunaux du ressort, 24 fr.

A raison de cinq myriamètres par journée, et au moyen de cette taxe, ils ne pourront rien réclamer pour frais de transport et de nourriture.

Art. 166. (C. pr. 201, 204, 205, 221, 225.) Il sera taxé aux dépositaires qui devront représenter les pièces de comparaison en vérification d'écritures, ou arguées de faux, en inscription de faux incident, indépendamment de leurs frais de voyage, par chaque vacation de trois heures devant le juge-commissaire ou le greffier, savoir,

1° Aux greffiers des cours impériales et des cours d'assises, 12 fr.;
Des tribunaux de première instance, 10 fr.;
2° Aux notaires de Paris, 9 fr.;
Des départements, 6 fr. 75 c.;
3° Aux avoués des cours impériales, 8 fr.;
Des tribunaux de première instance, 6 fr.;
4° Aux huissiers de Paris, 5 fr.;
Des départements, 4 fr.;
5° Aux autres fonctionnaires publics ou autres particuliers, s'ils le requièrent, 6 fr.

Art. 167. Il sera taxé au témoin, à raison de son état et de sa profession, une journée pour sa déposition; et s'il n'a pas été entendu le premier jour pour lequel il aura été cité, dans le cas prévu par l'article 267, il lui sera passé deux journées, indépendamment des frais de voyage, si le témoin est domicilié à plus de deux myriamètres du lieu où se fait l'enquête.

Le maximum de la taxe du témoin sera de 10 francs, et le minimum de 2 fr.;

Les frais de voyage sont fixés à 3 fr. par myriamètre pour l'aller et le retour.

L'art. 167 doit être entendu dans ce sens qu'il est accordé au témoin 3 fr. par myriamètre pour l'aller et autant pour le retour. — Montpellier, 13 avr. 1825, J.G. *Frais et dép.*, 419. — Mais V. observ. contr., *ibid.*

CHAP. VII. — *Des Notaires.*

Art. 168. Il sera taxé aux notaires, pour tous les actes indiqués par le code civil et par le code judiciaire.

Pour chaque vacation de trois heures,

(C. pr. 849.) 1° Aux compulsoires faits en leur étude;

(C. pr. 852.) 2° Devant le juge, en cas que leur transport devant lui ait été requis;

(C. civ. 151, 152, 153, 154.) 3° A tout acte respectueux et formel pour demander le conseil du père et de la mère, ou celui des aïeuls ou aïeules, à l'effet de contracter mariage;

4° et 5° *Abrogé par la loi du 8 mai 1816, abolitive du divorce;*

(C. pr. 941 et s.) 6° Aux inventaires après décès;

(C. pr. 944.) 7° En référé devant le président du tribunal, s'il s'élève des difficultés ou s'il est formé des réquisitions pour l'administration de la communauté ou de la succession, ou pour tous autres objets;

(C. pr. 977, 978, etc.) 8° A tous les procès-verbaux qu'ils dresseront en tous autres cas et dans lesquels ils seront tenus de constater le temps qu'ils y auront employé;

(C. pr. 977.) 9° Au greffe, pour y déposer la minute du procès-verbal des difficultés élevées dans les partages contenant les dires des parties,

A Paris, 9 fr.;
Dans les villes où il y a tribunal de première instance, 6 fr.;
Partout ailleurs, 4 fr.;

1. Sur les droits et honoraires dus aux notaires, V. J.G. *Notaire*, nos 440 à 540, et *Table des vingt-deux années*, v° *Honoraires*, n° 3 à 87.
2. Sur le droit de rétention des notaires, V. *Code civil annoté*, art. 2095, nos 63 et s.

Art. 169. Dans tous les cas où il est alloué des vacations aux notaires, il ne leur sera rien passé pour les minutes de leurs procès-verbaux.

Art. 170. Quand les notaires seront obligés de se transporter à plus d'un myriamètre de leur résidence, indépendamment de leur journée, il leur sera alloué pour tous frais de voyage et nourriture, par chaque myriamètre, un cinquième de leurs vacations et autant pour le retour:

Et par journée, qui sera compté à raison de cinq myriamètres, aussi pour l'aller et le retour, quatre vacations.

Art. 171. Il sera passé aux notaires, pour la formation des comptes que les copartageants peuvent se devoir de la masse générale de la succession, des lots et des fournissements à faire à chacun des copartageants, une somme correspondante au nombre des vacations que le juge arbitrera avoir été employées à la confection de l'opération.

Art. 172.

Abrogé par l'ordonnance du 10 oct. 1841, art. 20. — V. *infra*, p. 1316.

Art. 173. Tous les autres actes du ministère des notaires, notamment les partages et ventes volontaires qui auront lieu par-devant eux, seront taxés par le président du tribunal de première instance de leur arrondissement, suivant leur nature et les difficultés que leur rédaction aura présentées, et sur les renseignements qui lui seront fournis par les notaires et les parties.

Art. 174. Les expéditions de tous les actes reçus par les notaires, y compris celles des inventaires et de tous procès-verbaux, contiendront vingt-cinq lignes à la page et quinze syllabes à la ligne, et seront payées, par chaque rôle,

A Paris, 3 fr.;
Dans les villes où il y a tribunal de première instance, 2 fr.;
Partout ailleurs, 1 fr. 50 c.

Art. 175. (C. civ. 501.) Les notaires seront tenus de prendre à leur chambre de discipline, et de faire afficher dans leurs études, l'extrait des jugements qui auront prononcé des interdictions contre des particuliers, ou qui leur auront nommé des conseils, sans qu'il soit besoin de leur signifier les jugements.

16 févr. 1807. — *Décret relatif à la liquidation des dépens, en matière sommaire.*

Art. 1er. La liquidation des dépens en matière sommaire sera faite par les arrêts et jugements qui les auront adjugés; à cet effet, l'avoué qui aura obtenu la condamnation, remettra dans le jour, au greffier tenant la plume à l'audience, l'état des dépens adjugés; et la liquidation en sera insérée dans le dispositif de l'arrêt ou jugement.

1. Le deuxième décret du 16 févr. 1807, quoique intitulé *De la liquidation des dépens en matière sommaire*, est également applicable aux matières ordinaires. — Bruxelles, 16 mai 1832, J.G. *Frais et dép.*, 282. — V. *infrà*, art. 3 et s.

2. — I. TAXE. — La condamnation de la partie, envers son avoué, au payement des frais, est toujours présumée renfermer la condition tacite, « sauf la taxe des frais si elle est demandée et n'a pas été faite »; la partie condamnée peut toujours requérir la taxe, nonobstant le transport de la créance qui en aurait été fait par l'avoué à un tiers. — Paris, 23 mai 1808, J.G. *Frais et dép.*, 941.

3. L'assignation donnée par un avoué à son client en payement des frais à lui dus est nulle si elle ne contient pas la copie du mémoire de ces frais, et dès lors les frais de la procédure qui a suivi ladite assignation doivent rester à la charge de l'avoué. Il doit en être ainsi alors surtout que, depuis, le client a fait à l'avoué des offres jugées bonnes et valables qui ont été refusées. — Bourges, 22 août 1856, D.P. 59. 5. 196.

4. Jugé au contraire que l'assignation donnée par un officier ministériel en payement des frais qui lui sont dus, n'est pas nulle par cela seul qu'il n'a pas été donné copie, en tête de cette assignation, du mémoire des frais réclamés; la communication de ce mémoire peut être utilement donnée dans le cours de l'instance. — Amiens, 11 mars 1826 et 30 juin 1826, J.G. *Frais et dép.*, 940. — Lyon, 17 juill. 1826; Bordeaux, 28 nov. 1840 et 15 déc. 1840, J.G. *Avoué*, 115. — Caen, 21 août 1863, D.P. 64. 5. 198.

5. Elle ne peut être annulée alors surtout que c'est par le fait du débiteur que le mémoire des frais n'a pu être fourni. — Arrêt précité du 11 mars 1826.

6. Lorsqu'un avoué, sur la représentation de l'ordonnance de taxe, n'obtient pas de son client, qui s'est désisté de l'instance, le payement de ses frais, il peut introduire contre lui une demande en payement. — Paris, 10 janv. 1828, J.G. *Frais et dép.*, 944-4°.

7. Le droit de recourir à la taxe des honoraires réclamés par un officier ministériel est d'ordre public et ne peut être empêché par aucune renonciation. — Req. 25 juill. 1871, D.P. 71. 1. 113.

8. Ainsi, lorsque les honoraires d'un officier ministériel ont été taxés par le président du tribunal en l'absence du client, celui-ci ne peut être réputé avoir acquiescé à la taxe, par le seul fait du payement des honoraires réclamés, s'il n'est pas établi qu'il ait eu connaissance de la taxe. — Même arrêt. — Conf. Civ. c. 9 janv. 1872, D.P. 72. 1. 5, et la note.

9. La taxe de frais exposés dans une instance et réclamés par un avoué à son propre client n'a aucune force légale, lorsqu'elle a été faite par un juge en dehors d'une demande formée devant le tribunal, en vertu de l'art. 9 du décret complémentaire du 16 févr. 1807; en conséquence, il ne peut résulter du payement des frais ainsi taxés un acquiescement mettant obstacle à une demande en restitution de partie de ces frais. — Arrêt précité du 9 janv. 1872.

10. L'acquiescement du client au compte de frais présenté par l'avoué ne lui interdit pas le droit de soumettre ensuite ce compte à l'appréciation des magistrats chargés de la taxe; en pareil cas, le client est fondé à exiger la représentation par l'avoué du registre dont l'art. 151 du premier décret du 16 févr. 1807 prescrit la tenue, sous peine de non-recevabilité de la demande de frais (V. *supra*, L. 1807, nos 1 et s.). — Chambéry, 30 mars 1870, D.P. 71. 2. 72.

11. Dans un cas où les frais avaient été payés, non par le débiteur, mais par un tiers, il a été jugé que, bien qu'il fût énoncé dans la quittance que le payement avait été effectué sans garantie ni restitution, et après remise de toutes les pièces, la partie intéressée n'en était pas moins fondée à exiger la taxe. — Paris, 9 mai 1810, J.G. *Avoué*, 129.

12. L'engagement de payer les dépens d'une instance ne constitue pas une renonciation au droit de faire taxer ces mêmes dépens; spécialement, le mari qui s'est engagé à payer tous les frais d'une instance en séparation de corps intentée par sa femme, est recevable à réclamer la taxe. — Req. 23 mars 1822, J.G. *Frais et dép.*, 161.

13. Les conventions privées, même insérées dans une police d'assurance, ne peuvent modifier les dispositions des tarifs. — Amiens, 12 juin 1841, J.G. *Frais et dép.*, 162 et 165-5°.

14. Les avoués ne peuvent exiger, ni les juges allouer d'autres droits que ceux énoncés au tarif; en conséquence, le droit de copie dit à l'avoué, pour jugement signifié, ne s'étend pas aux jugements imprimés et affichés. — Civ. c. 12 mai 1812, J.G. *Frais et dép.*, 165.

15. De même, une communauté d'huissiers ne peut tarifer les démarches de ses membres; il en doit être autrement dans certains cas, notamment en matière de transaction amiable et de recouvrement de créance en dehors de toutes poursuites. — Trib. de Limoges, 16 févr. 1864, D.P. 64. 5. 258.

16. Les huissiers sont non recevables à demander un droit de vacation pour l'enregistrement de leurs actes sur leur répertoire. — Colmar, 24 déc. 1807, J.G. *Huissier*, 43 et 89-1°.

17. — II. PAR QUI DOIT ÊTRE FAITE LA TAXE. — Est nul le commandement signifié en vertu d'un jugement de juge de paix à fin de payement des frais mis à la charge de la partie condamnée, si ces frais, au lieu d'être liquidés par le juge de paix, l'ont été incompétemment par le président du tribunal; peu importe, d'ailleurs, que la partie condamnée n'ait pas réclamé contre la taxe et même ait fait offres réelles du montant de cette taxe, si en même temps elle a protesté contre le commandement et s'est réservé d'en demander la nullité. — Angers, 12 avr. 1866, D.P. 66. 2. 111.

18. En matière sommaire, la liquidation des dépens doit être faite par le jugement ou l'arrêt qui les a adjugés; il y aurait donc excès de pouvoir de la part du magistrat qui, seul, en pareille matière, liquiderait un état de frais et ordonnerait la délivrance d'un exécutoire. — Nîmes, 11 mars 1867, D.P. 67. 2. 231.

19. Ainsi, en matière sommaire et spécialement en matière commerciale, la taxe des dépens ne peut être faite et rendue exécutoire par le président seul, lorsque ces dépens n'ont pas été liquidés par le jugement. — Req. 17 janv. 1842, J.G. *Frais et dép.*, 289.

20. Sur le point de savoir par qui doit être faite la taxe des dépens en matière ordinaire. V. *infrà*, art. 4.

21. — III. OMISSION DE LA TAXE DES DÉPENS EN MATIÈRE SOMMAIRE. — Un jugement rendu en matière sommaire n'est pas nul, s'il a été expédié sans contenir la liquidation des dépens adjugés; il suffit que la taxe soit ultérieurement insérée dans la minute du jugement. — Req. 2 mai 1810, J.G. *Frais et dép.*, 274.

22. Ainsi, on ne peut faire annuler un jugement de référé, sur le motif qu'il ne contient pas liquidation des dépens. — Req. 27 avr. 1825, J.G. *Frais et dép.*, 274-2°, et *Référé*, 121-2°.

23. Le défaut d'insertion, aux jugements et arrêts en matière sommaire, de la liquidation des dépens, ne peut influer sur les dispositions du jugement ou de l'arrêt qui ont statué sur le fond, même à leur égard, une ouverture à cassation; cette omission peut seulement donner lieu au payement de l'exécutoire des dépens par la partie ou l'avoué qui ont rendu nécessaire la levée de cet exécutoire. — Req. 28 juin 1826, J.G. *Commissionn.*, 456. — Req. 7 janv. 1829, J.G. *Frais et dép.*, 274-3°. — Conf. Civ. c. 9 févr. 1813, *ibid.*, 905. — Req. 24 mai 1830, *ibid.*, 274-4°.

24. L'art. 1er du décret du 16 févr. 1807, exigeant qu'en matière sommaire la liquidation des dépens soit faite dans le jugement, et qu'à cet effet l'avoué qui a obtenu la condamnation remette dans le jour au greffier l'état des dépens adjugés, l'avoué qui ne s'est pas conformé à cette disposition doit supporter personnellement le coût des exécutoires et de leur signification que cette inobservation a rendus nécessaires. — Civ. r. 5 avr. 1870, D.P. 71. 1. 321. — V. toutefois Grenoble, 28 mai 1823, J.G. *Frais et dép.*, 276 et 283-2°.

Art. 2. Les dépens dans les matières ordinaires seront liquidés par un des juges qui aura assisté au jugement; mais le jugement pourra être expédié et délivré avant que la liquidation soit faite.

Art. 3. L'avoué qui requerra la taxe, remettra au greffier l'état des dépens adjugés, avec les pièces justificatives.

Art. 4. Le juge chargé de liquider, taxera chaque article en marge de l'état, sommera le total au bas, le signera, mettra le *taxé* sur chaque pièce justificative, et parafera; l'état demeurera annexé aux qualités.

1. — I. PAR QUI DOIT ÊTRE FAITE LA TAXE. — Si, outre des frais en matière civile, la demande de l'avoué comprend des honoraires extraordinaires et des frais dans des affaires commerciales, ces honoraires et frais peuvent être taxés par le juge aussi bien que les frais en matière civile; aucune loi n'exige que la taxe en soit faite par le tribunal lui-même. — Amiens, 14 févr. 1839, J.G. *Frais et dép.*, 165-2° et 391.

Sur les honoraires extraordinaires, V. *infrà*, L. Décr. 16 févr. 1807, art. 151; nos 42 et s.; *supra*, p. 1307.

2. En cas de désistement, les frais sont payés sur une simple ordonnance du président. — V. *supra*, art. 403 c. pr. civ.

3. — II. CE QUI DOIT COMPRENDRE LA TAXE. — Le juge taxateur ne peut autoriser la partie qui a gagné à employer les frais de taxe et mise à exécution de ses créances des dépens qui lui ont été adjugés, si l'arrêt qui condamne aux dépens ne renferme point cette faculté. — Paris, 11 fruct. an 13, J.G. *Frais et dép.*, 289.

4. La signification d'un exploit faite à une personne décédée et que l'erreur est rejetée sur la taxe, lorsqu'il est dû à cet exploit n'a pas été détruit par une preuve légale et contradictoire avec l'huissier instrumentaire, alors que la partie à la requête de laquelle la signification a été faite, ainsi que son avoué et l'huissier, étaient dans l'ignorance invincible du décès, et par suite, dans l'impossibilité d'éviter l'erreur commise (c. pr. civ. 68). — Req. 19 juin 1855, D.P. 56. 2. 122.

5. Le refus de communication des actes d'une procédure passée en taxe ne peut autoriser le rejet de la taxe alors que la partie a en main la copie de ces actes, et se trouve ainsi à même d'en vérifier l'exactitude. — Req. 6 mai 1857, D.P. 58. 1. 173.

6. Les droits d'enregistrement payés par l'avoué ne peuvent en aucun cas être réduits par le juge taxateur. Seulement, si le receveur a fait une perception excessive, la partie à laquelle l'avoué réclame le remboursement de ces droits est fondée à exiger de cet officier ministériel, à titre de réparation, qu'il fasse les démarches nécessaires pour obtenir la restitution de ce qui a été payé en trop. — Orléans, 19 juin 1855, D.P. 56. 2. 420.

7. — III. COMMENT SE FAIT LA TAXE. — Le juge taxateur doit se borner à la seule expression *taxé*, sans donner aucun motif d'admission ou de rejet. — Douai, 14 mars 1838, J.G. *Frais et dép.*, 277 et 196.

Art. 5. Le montant de la taxe sera porté au bas de l'état des dépenses adjugées; il sera signé du juge qui y aura procédé et du greffier. Lorsque ce montant n'aura pas été compris dans l'expédition de l'arrêt ou jugement, il en sera délivré exécutoire par le greffier.

1. Le greffier a capacité pour délivrer seul un exécutoire de dépens. — Rome, 1er mars 1811, J.G. *Frais et dép.*, 909. — Bourges, 9 janv. 1832, J.G. *Frais et dép.*, 936, et *Expert*, 263.

Contrà : — Rome, 11 juin 1811, J.G. *Frais et dép.*, 909.

2. L'omission de la signature du greffier, sur l'état des dépens, n'est pas une cause de nullité; il suffit que le greffier signe l'exécutoire par lui délivré. — Req. 13 juill. 1839, J.G. *Frais et dép.*, 278.

3. L'exécutoire doit être daté, mais le défaut de date sur la copie signifiée ne pourrait être opposé par le débiteur, s'il a défendu au fond, ou fait des offres réelles des dépens. — Besançon, 23 nov. 1816, J.G. *Frais et dép.*, 210.

4. L'exécution d'un jugement, par rapport aux frais et dépens, n'est alors une procédure nouvelle régie par la loi du temps où elle a lieu, et non par celle sous l'empire de laquelle a été rendu le jugement qui les prononce, l'exécutoire des dépens doit, à peine de nullité, être signifié à l'avoué, quoique le jugement qui les a occasionnés ait été obtenu sous une législation qui ne prescrivait pas cette formalité. — Bruxelles, 13 août 1811, J.G. *Frais et dép.*, 912.

5. L'exécutoire des dépens est, par lui-même, un titre exécutoire; il suffit donc pas seulement de donner copie, en tête du commandement à fin de saisie immobilière, du jugement qui a servi de base à l'exécutoire. — Civ. c. 27 déc. 1830, J.G. *Frais et dép.*, 913.

6. D'un autre côté, le commandement sur lequel repose un exécutoire ne peut être attaqué, si l'on n'attaque pas en même temps l'exécutoire. — Paris, 21 sept. 1809, J.G. *Frais et dép.*, 913.

7. Toutefois, si l'exécutoire est contesté, il ne peut servir de fondement à une saisie-exécution contre le débiteur. — Besançon, 7 janv. 1815, J.G. *Frais et dép.*, 914.

8. La partie contre laquelle un exécutoire de dépens a été délivré peut, en payant les dépens, exiger la remise de l'exécutoire, sans que l'avoué au profit duquel il a été délivré puisse prétendre le conserver en donnant une quittance de frais à la partie condamnée. — Nancy, 24 nov. 1825, J.G. *Frais et dép.*, 915.

9. Mais la partie ne peut, en offrant d'en payer le montant, exiger, outre la remise de l'exécutoire, celle de toutes les pièces de la procédure sur lesquelles il a été décerné exécutoire. — Paris, 12 déc. 1826 et 26 janv. 1825; Limoges, 3 févr. 1831, J.G. *Frais et dép.*, 915. L'avoué n'est tenu que de remettre la grosse de l'exécutoire, le commandement et les autres actes de la procédure postérieurs; mais toutes les procédures peuvent rester dans ses mains ou dans celles de sa partie, pour le cas où l'arrêt serait attaqué par la requête civile ou par toute autre voie légale. — Arrêt précité du 12 déc. 1820.

Art. 6. L'exécutoire ou le jugement au chef de la liquidation seront susceptibles d'opposition. L'opposition sera formée dans les trois jours de la signification à avoué avec citation; il y sera statué sommairement, et il ne pourra être interjeté appel de ce jugement que lorsqu'il y aura appel de quelques dispositions sur le fond.

1. — I. OPPOSITION. — Le droit de former opposition à un exécutoire de dépens appartient aussi bien à la partie à laquelle les dépens qu'à la partie condamnée.

née. — Ajaccio, 12 sept. 1811, J.G. *Frais et dép.*, 918.

2. L'avoué de la partie gagnante a qualité pour former opposition, vis-à-vis de la partie condamnée, à la taxe des frais qui lui sont dus, ... soit que la distraction en ait été prononcée à son profit. — Orléans, 19 juin 1855, D.P. 56. 2. 120.

3. ... Soit qu'il n'ait pas obtenu cette distraction. Mais, dans ce dernier cas, l'avoué ne peut agir qu'au nom de son client, et sauf à celui-ci le droit de le désavouer, à raison du préjudice que pourrait lui causer l'opposition. — (Motifs) Même arrêt.

4. L'avoué qui a présenté à la taxe l'état des frais qu'il réclame à son propre client ne peut former opposition à cette taxe purement facultative et officieuse devant la chambre du conseil. Le client doit être assigné en payement, avec copie, en tête de l'assignation, de l'état des frais réclamés, et l'affaire portée à l'audience sans autre formalité préalable. — Chambéry, 27 août 1867, D.P. 69. 2. 87.

5. — 2° *Contre qui l'opposition doit être formée.* — L'opposition doit être dirigée toujours contre la partie; ainsi, l'opposition à la taxe, bien que la distraction de ces dépens ait été ordonnée en faveur de l'avoué, doit néanmoins être dirigée contre la partie : la distraction ne produit son effet qu'après que la taxe a été réglée. — Bordeaux, 29 août 1828, J.G. *Frais et dép.*, 926.

6. — 3° *Contre quelle décision peut être formée l'opposition.* — Dans le cas où les honoraires dus à un expert, après avoir été fixés par ordonnance du président, ont été compris dans les dépens mis à la charge d'une partie par l'arrêt ultérieurement rendu, c'est contre l'ordonnance du président et non contre l'exécutoire des dépens que doit être dirigée l'opposition qui tend à faire réduire le montant desdits honoraires. — Paris, 15 nov. 1856, D.P. 59. 5. 198.

7. L'ordonnance de taxe rendue contradictoirement entre les parties ou leurs avoués, par le président de la cour, après désistement de l'appel interjeté par l'une d'elles (c. pr. 403), n'est pas susceptible d'opposition. — Aix, 11 avr. 1832, J.G. *Frais et dép.*, 289.

8. — 4° *Délai de l'opposition.* — Le délai de l'opposition à la liquidation des dépens en matière sommaire est le même qu'en matière ordinaire. — Req. 28 mars 1810, J.G. *Frais.* — Caen, 20 juill. 1840, *ibid.*, 921.

9. L'opposition à un exécutoire de dépens est nulle si elle a été formée dans les trois jours de la signification à avoué dudit exécutoire, avec citation à la partie. — Riom, 18 juill. 1822, J.G. *Frais*, 921. — Civ. c. 16 déc. 1822, *ibid.*, 925. — Grenoble, 28 mai 1823, *ibid.*, 283. Amiens, 13 janv. 1826; Caen, 20 juill. 1840, *ibid.*, 921. — Orléans, 3 janv. 1864, D.P. 64. 5. 497. — Voir aussi Req. 31 août 1864, D.P. 65. 1. 171. — Besançon, 23 août 1871, D.P. 72. 2. 12.

10. ... Bien que le troisième jour fût férié. — Arrêt précité du 20 juill. 1840.

11. Il en est ainsi alors même que l'opposition ne porte pas sur la taxe elle-même, mais sur la validité de l'exécutoire et sur la question de savoir si l'avoué adversaire, en obtenant cet exécutoire au nom de son client, n'a pas renoncé au bénéfice de la distraction des dépens. — Besançon, 28 août 1871, D.P. 72. 2. 123.

12. Le délai de trois jours, pour former opposition à la liquidation des dépens doit être observé, à peine de déchéance, sans distinguer si elle a pour objet une réduction ou une augmentation de la taxe. — Grenoble, 25 mai 1812, J.G. *Frais et dép.*, 923. — Bruxelles, 16 mai 1812, *ibid.*, 382.

13. Le délai de l'opposition ne court que du jour de la signification à avoué, la signification à personne ou domicile ne ferait pas courir le délai. — Grenoble, 5 juill. 1823, J.G. *Frais et dép.*, 922.

14. L'opposition formée le 3 mars à une ordonnance relative aux dépens qui a été notifiée le 13 février précédent est non recevable, que l'on considère l'ordonnance soit comme un arrêt de dépens, soit comme un arrêt ordinaire, l'opposition n'ayant été formée ni dans le délai prescrit par l'art. 6 du deuxième décret de 1807, ni même dans le délai fixé par l'art. 157 c. pr. — Lyon, 1er avr. 1830, J.G. *Frais et dép.*, 923.

15. En matière commerciale et dans les causes commerciales, c'est dans le jugement que doit se trouver la liquidation des dépens; c'est donc la signification de ce jugement qui fait courir le délai, et non l'exécutoire mal à propos délivré. — Grenoble, 1er mars 1816, J.G. *Frais et dép.*, 927.

16. Le délai d'opposition à un exécutoire signifié pendant les vacances ne court pas durant ces vacances, si, par contravention à la loi, le jugement de condamnation en matière sommaire ne contient pas la liquidation des dépens. — Même arrêt. — V. observ., J.G. *Frais et dép.*, 928.

17. Une partie qui aurait connaissance de l'exécutoire avant la signification légale, pourrait y former opposition sans attendre la signification. — Besançon, 7 janv. 1815, J.G. *Frais et dép.*, 929.

18. Une fois la signification faite, et le délai fixé par le décret expiré, l'opposition ne peut plus être reçue sous aucun prétexte tiré des circonstances de la cause. — Civ. c. 16 déc. 1822, J.G. *Frais et dép.*, 925.

19. Le délai de trois jours n'est applicable qu'en ce qui concerne la taxe des dépens, et non à toute autre réclamation qui pourrait s'élever contre l'exécutoire, par exemple, en ce qu'il instruit la totalité des dépens à la charge d'un seul individu qui prétendrait n'y avoir été...

condamné que pour partie. — Req. 21 nov. 1833, J.G. *Frais et dép.*, 924.

20. Le délai de trois jours accordé pour former opposition, à la partie qui reçoit signification d'une ordonnance de taxe, édicté dans l'intérêt de celui qui a pris taxe, ne peut être invoqué contre lui; en conséquence, est recevable à former opposition à taxe, même après l'échéance de ces trois jours, l'expert qui prétend que ses honoraires n'ont point été convenablement fixés par le magistrat taxateur. — Douai, 29 avr. 1868, D.P. 69. 2. 88.

21. — 5° *Formes de l'opposition.* — L'opposition à l'exécutoire peut être faite par acte signifié à partie aussi bien que par acte d'avoué à avoué. — Metz, 11 août 1815, J.G. *Frais et dép.*, 920. — V. observ. *ibid.*

22. Il ne suffit pas qu'on forme un acte d'opposition contre une taxe. L'opposition à un exécutoire est nulle comme irrégulière, lorsqu'elle n'est pas suivie d'une citation dans les trois jours. — Bourges, 19 juill. 1821, J.G. *Frais et dép.*, 926.

23. Il n'est pas nécessaire que l'opposition à la taxe des dépens contienne les moyens sur lesquels on l'appuie; il suffit de les exposer verbalement en la chambre du conseil. — Bruxelles, 8 déc. 1833, J.G. *Frais et dép.*, 287.

24. Dans le cas où il a été ordonné qu'il serait fait une masse de dépens pour être supportés par chacune des parties dans certaines proportions, l'avoué qui forme personnellement opposition à la taxe de ses propres frais doit mettre en cause les avoués des autres parties pour faire statuer sur son opposition contradictoirement avec eux. — Orléans, 19 juin 1855, D.P. 56. 2. 120.

25. — 6° *Par qui doit être jugée l'opposition.* — L'opposition à un exécutoire de dépens constitue un litige qui ne peut être vidé par le président seul. — Req. 17 janv. 1842, J.G. *Frais et dép.*, 289.

26. L'opposition à l'ordonnance du président, qui taxe les salaires d'un gardien, est compétemment portée devant le tribunal auquel le juge taxateur est attaché : on dirait en vain que la connaissance de cette opposition n'est dévolue qu'au président, sauf l'appel devant le juge supérieur. — Req. 23 août 1830, J.G. *Frais et dép.*, 292-1°, et *Enregistrem.*, 5749.

27. Le juge qui a taxé a le droit de connaître, comme juge du tribunal, de l'opposition formée contre la taxe. — Req. 25 mars 1823, J.G. *Frais et dép.*, 166 et 163-1°.

28. En matière de taxe de dépens d'une instance dans laquelle la Régie a succombé, la voie de l'opposition par-devant le juge taxateur, et non celle de la cassation, est ouverte, si l'erreur tombe uniquement sur la fixation des sommes de différents chefs de la taxe d'ailleurs régulièrement ordonnées, et non sur la nature et le titre de la taxe elle-même. — Req. 14 août 1833, J.G. *Frais et dép.*, 286.

29. Lorsqu'il s'agit de frais faits devant le juge de paix, c'est devant ce magistrat que l'opposition à la taxe doit être formée : on objecterait vainement que les magistrats taxateurs ne peuvent pas être juges du mérite de l'opposition formée à leur propre taxe. — Req. 8 juin 1864, D.P. 65. 1. 68.

30. La mission confiée au président du tribunal de commerce, par une clause du cahier des charges relatif à l'entreprise des services d'une maison centrale de détention, de désigner un tiers expert pour procéder à l'estimation du mobilier laissé par l'adjudicataire sortant, et devant être repris par le nouvel adjudicataire, ne donne pas à ce magistrat le pouvoir de taxer le salaire du tiers expert, et moins encore de revêtir cette taxe de la forme exécutoire; il s'agit, en pareil cas, de l'exécution d'un acte administratif au sujet duquel le président du tribunal de commerce ne peut exercer aucune juridiction. — Caen, 13 mars 1871, D.P. 73. 2. 49.

31. L'ordonnance de taxe et l'exécutoire, délivrés en de telles circonstances, peuvent être attaqués par la voie de l'opposition devant le tribunal de commerce. — Même arrêt.

32. — 7° *Comment est jugée l'opposition.* — En cas d'opposition à la taxe, c'est devant la chambre du conseil, et non à l'audience publique, que cette opposition doit être portée. — Req. 8 mars 1848, D.P. 48. 1. 78. — Paris, 12 juill. 1860, D.P. 60. 1. 158.

33. C'est également devant la chambre du conseil que doit être formée l'opposition à l'ordonnance du président portant taxe des frais d'expertise. — Paris, 9 juill. 1859, D.P. 59. 2. 177.

34. La décision du tribunal peut être prononcée en audience publique, après l'audition des parties en la chambre du conseil. — Civ. r. 3 mars 1865, D.P. 63. 1. 375-376. — Req. 10 août 1863, D.P. 63. 1. 475.

35. Décidé même qu'en matière d'opposition à une taxe de dépens, le jugement rendu en audience publique est valable, la procédure en chambre du conseil autorisée par le décret du 16 févr. 1807 n'étant pas prescrite à peine de nullité (L. 20 avr. 1810, art. 7). — Req. 8 juin 1864, D.P. 65. 1. 68.

36. En sens contraire, l'attribution à la chambre du conseil des recours contre la taxe est d'ordre public; et le tribunal, saisi par assignation en audience ordinaire d'une opposition formée par des experts à une ordonnance de taxe, doit d'office se déclarer incompétent. — Douai, 29 avr. 1868, D.P. 69. 2. 88.

37. Le recours contre la taxe des dépens ne peut être exercé que par la voie d'opposition et devant la chambre du conseil, même au cas où ce recours soulève une ques-

tion, non de quotité, mais d'admissibilité de l'un des articles taxés. Ainsi, la partie condamnée aux dépens, dans une instance correctionnelle, n'a que la voie de l'opposition pour faire rejeter de la taxe les honoraires de plaidoirie alloués au défenseur (en Algérie) de la partie civile : ces honoraires ne peuvent, à défaut d'opposition en temps utile, être contestés sous forme de demande en validité d'offres réelles faites en réponse au commandement qui a suivi la liquidation des dépens. — Req. 31 août 1864, D.P. 65. 1. 171.

38. La chambre du conseil est compétente pour connaître de l'opposition formée à un exécutoire de dépens, alors même que cette opposition serait fondée sur ce que l'exécutoire a mis à la charge de l'opposant des droits d'enregistrement qui ne seraient pas compris dans la condamnation : on objecterait vainement qu'il s'agit là non d'une question de taxe, mais d'une question d'interprétation de jugement. — Civ. r. 3 mars 1863, D.P. 63. 1. 375-376.

39. ... Ou alors même que cette opposition soulèverait, non pas seulement une question de taxe, mais une question de droit se rattachant à la nature des frais qui ont donné lieu à l'opposition, telle que celle de savoir si ces frais doivent être taxés comme en matière sommaire ou comme en matière ordinaire. — Req. 26 juill. 1865, D.P. 65. 1. 495. — V. aussi Req. 28 déc. 1840, J.G. *Frais et dép.*, 292-2° et 117.

40. Mais la chambre du conseil est incompétente pour statuer sur l'opposition formée à un exécutoire de dépens, lorsque cette opposition est fondée sur ce que le jugement qui a servi de base à l'exécutoire ne prononce pas de condamnation aux dépens contre le défaillant en son nom personnel. — Douai, 25 janv. 1864, D.P. 64. 5. 197.

41. ... Ou lorsqu'elle est fondée sur ce que l'exécutoire n'a pas été régulièrement signifié. — Même arrêt. — V. aussi Civ. r. 6 févr. 1855, D.P. 55. 1. 108.

42. L'opposition faite à un exécutoire, par une partie qui prétend qu'il ne devait pas être décerné contre elle, doit être jugée à l'audience; ici ne s'applique pas la disposition du décret du 16 févr. 1807, portant qu'il sera statué sur l'opposition à la taxe des dépens en la chambre du conseil. — Bourges, 9 janv. 1832, J.G. *Frais et dép.*, 930-2° et *Expert*, 263.

43. La question de savoir si un acquiescement met obstacle à la levée et à la signification de la décision qui en est l'objet, n'est pas une question de taxe, et, par suite, elle doit être jugée en audience publique et non en chambre du conseil. — Paris, 21 janv. 1870, D.P. 70. 2. 45.

44. Il en est de même de la demande tendant à faire contraindre une partie à signifier à l'autre l'expédition d'un arrêt pour en permettre à celle-ci la contre-signification, sans qu'elle ait à requérir la délivrance d'une seconde grosse dans la forme de l'art. 854 c. pr.; cette demande ne soulève pas une question de taxe, et, par suite, doit être jugée en audience publique et non en chambre du conseil. — Même arrêt.

45. — 8° *Pouvoirs du juge.* — Le juge appelé à statuer sur l'opposition formée à un exécutoire de dépens a le droit d'apprécier si les offres faites par l'opposant étaient de nature à légitimer son opposition en rendant frustratoires certains frais compris dans l'exécutoire. — Civ. r. 5 avr. 1870, D.P. 71. 1. 321.

46. — II. *Arrêt.* — L'exécutoire n'est pas susceptible d'appel, mais seulement d'opposition. — Bordeaux, 5 août 1829, J.G. *Frais et dép.*, 917. — V. L. 11 avril 1838, art. 1er, nos 468 et s., *suprd.*, p. 638.

47. Les jugements rendus en chambre du conseil, sur opposition à l'exécutoire, ne sont pas susceptibles d'appel, même en ce qui concerne les dispositions relatives au chiffre de la taxe, par exemple celles qui font la répartition des frais entre les parties condamnées, alors qu'il n'y a pas appel du jugement qui a été rendu sur le fond. — Paris, 26 août 1833, J.G. *Frais et dép.*, 917. — V. L. 11 avril 1838, art. 1er, nos 470 et s., *suprd.*, p. 638.

48. Jugé cependant qu'on peut appeler du jugement rendu sur les difficultés auxquelles donne lieu une taxe de vacation d'experts, quoique ce jugement n'ait statué que sur les frais. — Nancy, 1er déc. 1829, J.G. *Appel civ.* 339 et J.G. *Expert*, 263.

49. Le jugement sur l'opposition à un exécutoire de dépens incompétemment rendu par le président du tribunal de commerce est susceptible d'appel, alors même que la valeur du litige serait inférieure au taux du dernier ressort. — Pau, 13 mars 1871, D.P. 73. 2. 49. — V. observ., *ibid.*, note.

50. Le jugement de débouté d'opposition à l'exécutoire des dépens ne peut plus être frappé d'appel, si le juge du second degré, précédemment saisi par le recours des parties, se trouve avoir déjà rendu son arrêt sur le fond. — Agen, 9 mai 1870, D.P. 70. 2. 180. — Conf. Rouen, 20 mai 1822, J.G. *Appel civ.*, 343.

51. Des parties qui, au lieu de se pourvoir par appel contre un jugement qui les condamne aux frais, se sont bornées à former opposition à l'exécutoire de dépens, lequel n'est que la suite et l'exécution du jugement qui les a prononcés, ne sont ni recevables, ni fondées à attaquer le jugement qui rejette leur opposition à l'exécutoire. — Req. 28 janv. 1834, J.G. *Frais et dép.*, 933, et *Acquiesc.*, 479.

52. Celui qui, pour faire statuer sur l'opposition par lui formée à la taxe des dépens, a cité son adversaire à la chambre du conseil, ne peut abandonner cette voie de

réformation pour recourir à l'appel du chef du jugement qui statue sur les dépens. — Limoges, 21 déc. 1822, J.G. *Frais et dép.*, 934.

53. Si l'opposition à un exécutoire de dépens d'un arrêt de cour d'appel, repose sur ce qu'il a été perçu des droits d'enregistrement non dus, la difficulté ne peut être jugée par la cour; la loi du 22 frim. an 7 attribuant aux tribunaux civils le droit de juger sans appel les contestations relatives à la perception du droit d'enregistrement. C'est à la partie condamnée aux dépens à former la demande en restitution; elle ne peut demander un sursis. — Metz, 26 avril 1816, J.G. *Frais et dép.*, 935 et *Enreg.*, 5685.

54. Une cour qui ordonne (en interprétant la disposition d'un premier arrêt) la formation d'une nouvelle taxe devant l'un de ses membres, se conforme à l'art. 472 c. pr., puisque le jugement est infirmé quant aux dépens, et que dès lors, l'exécution appartient à la cour qui a prononcé et non au tribunal; spécialement, en cas de condamnation à tous les dépens de l'instance en homologation rendue contre des créanciers qui se sont opposés au concordat, une cour peut, sans contrevenir à l'autorité de la chose jugée, interpréter cette décision, et juger qu'elle ne s'applique qu'aux frais occasionnés par la résistance des créanciers, et non à tous ceux faits dans l'instance en homologation. — Civ. r. 10 juill. 1817, J.G. *Frais et dép.*, 919.

55. Jugé même que si l'arrêt était confirmatif, la cour qui l'a rendu, ou le taxateur pouvait modifier la liquidation faite en première instance. — Paris, 18 janv. 1816, J.G. *Frais et dép.*, 919. — V. observ., *ibid.*, 281.

56. — III. POURVOI EN CASSATION. — C'est par la voie de l'opposition, et non par le recours en cassation, qu'il faut se pourvoir contre un arrêt sur affaire sommaire, dans lequel la taxe des dépens a été insérée, mais qu'on prétend contenir une liquidation excessive. — Req. 25 avril 1827, J.G. *Frais et dép.*, 284. — Req. 13 août 1833, *ibid.*, 163-4°.

57. Ainsi, le chef de jugement ou d'arrêt qui détermine la nature des dépens adjugés, et spécialement qui porte que la taxe sera lieu comme en matière ordinaire, ne peut être réformé que sur appel en matière ordinaire, et non par la voie de l'opposition. — Nîmes, 6 juill. 1840; Nîmes, 16 mars 1841; Riom, 18 janv. 1844, J.G. *Frais et dép.*, 235. — V. aussi Liège, 28 nov. 1829, *ibid.*, 931.

58. Lorsque, dans une affaire commerciale, une cour d'appel a prononcé la condamnation aux dépens, en laissant la somme en blanc, si la partie qui a eu gain de cause obtient contre son adversaire un exécutoire dans lequel les dépens sont illégalement taxés comme en matière ordinaire, ce dernier peut se rendre opposant à cette taxe, et, au cas où il n'obtiendrait pas justice, se pourvoir contre l'arrêt qui la lui refuserait; mais il ne peut faire valoir comme moyen de cassation, contre l'arrêt qui l'a condamné aux dépens, l'exécutoire délivré depuis cet arrêt. — Req. 21 août 1838, J.G. *Frais et dép.*, 938.

59. Une erreur de calcul dans la taxe, que le tribunal pouvait redresser, ne donne pas ouverture à cassation cont e le jugement qui a maintenu cette taxe. — Req. 7 déc. 1859, D.P. 71. 1. 303.

60. Et il ne suffit pas, d'ailleurs, s'il n'est pas établi que l'erreur de calcul commise dans la taxe ait été signalée à l'attention du tribunal, le moyen tiré du maintien de cette erreur serait nouveau et non recevable. — Même arrêt.

Table sommaire.

Art. 7. Si la partie qui a obtenu l'arrêt ou le jugement néglige de le lever, l'autre partie fera une sommation de le lever dans les trois jours.

Art. 8. Faute de satisfaire à cette sommation, la partie qui aura succombé pourra lever une expédition du jugement, sans que les frais soient taxés; sauf à l'autre partie à les faire taxer dans la forme ci-dessus prescrite.

Art. 9. Les demandes des avoués et autres officiers ministériels en payement de frais contre les parties pour lesquelles ils auront occupé ou instrumenté seront portées à l'audience, sans qu'il soit besoin de citer en conciliation: il sera donné, en tête des assignations, copie du mémoire des frais réclamés.

1. L'action des huissiers pour le salaire des actes qu'ils signifient et des commissions qu'ils exécutent se prescrit par un an. — V. *Code civil annoté*, art. 2272.

2. L'action des avoués pour le payement de leurs frais et salaires ne se prescrit que par deux ans, à compter du jugement des procès, ou de la conciliation des parties, ou depuis la révocation desdits avoués. Mais, à l'égard des affaires non terminées, ils ne peuvent former de demande pour leurs frais et salaires qui remonteraient à plus de cinq ans. — V. *Code civil annoté*, art. 2273.

3. Quant aux pièces qui sont restées entre leurs mains, ils en sont déchargés cinq ans après le jugement des procès. — V. *Code civil annoté*, art. 2276.

4. La taxe des frais perçus par un officier ministériel ne se prescrit que par trente années. — V. *Code civil annoté*, art. 2273, n° 9.

Tarif des frais de taxe (*Suite du décret*).

Il ne sera rien alloué aux avoués pour l'état des dépens adjugés en matière sommaire qu'ils doivent remettre aux greffiers, à l'effet d'en faire insérer la liquidation dans l'arrêt ou le jugement.

Pour chaque article entrant en taxe des dépens adjugés en matière ordinaire, il sera alloué 10 cent.

Au moyen de cette taxe, il ne sera alloué à l'avoué aucune vacation à l'effet de remettre et retirer les pièces justificatives.

NOTA. Il ne pourra être fait qu'un article pour chaque pièce de la procédure, tant pour l'avoir dressé que pour l'original, copie et signification et tous les droits qui en résultent.

Chaque article sera divisé en deux parties: la première comprendra les déboursés, y compris les salaires des huissiers; et la seconde, l'émolument net de l'avoué; en conséquence, les états seront formés sur deux colonnes, l'une des déboursés, l'autre de l'émolument de l'avoué.

Pour la sommation, à l'avoué de la partie qui a obtenu la condamnation de dépens, de lever le jugement,
A Paris, 1 fr.;
Dans le ressort, 75 cent.;
Et pour la copie, le quart.
Pour l'original de l'acte contenant opposition, soit à un exécutoire de dépens, soit au chef du jugement qui les a liquidés, avec sommation de comparaître à la chambre du conseil pour être statué sur ladite opposition,
A Paris, 1 fr.;
Dans le ressort, 75 cent.;
Et pour chaque copie, le quart.
Pour assistance et plaidoirie à la chambre du conseil,
A Paris, 7 fr. 50 c.;
Dans le ressort, les trois quarts.
Pour les qualités et signification à avoué du jugement qui interviendra, s'il n'y a qu'une partie, le tout ensemble
A Paris, 5 fr.,
Dans le ressort, 4 fr.
S'il y a plusieurs avoués, pour chacune des autres copies tant des qualités que du jugement,
A Paris, 1 fr.;
Dans le ressort, 75 cent.

Il ne sera passé aucun autre droit pour la taxe des frais.

16 févr. 1807. — Décret qui rend commun à plusieurs cours impériales le tarif des frais et dépens de celle de Paris, et en fixe la réduction pour les autres.

Art. 1er. Le tarif des frais et dépens en la cour d'appel de Paris, décrété cejourd'hui, est rendu commun aux cours impériales de Lyon, Bordeaux et Rouen.

Toutes les sommes portées en ce tarif seront réduites d'un *dixième* pour la taxe des frais et dépens dans les autres cours impériales.

Art. 2. Le tarif des frais et dépens, décrété pour le tribunal de première instance et pour les justices de paix établis à Paris est rendu commun aux tribunaux de première instance et aux justices de paix établis à Lyon, Bordeaux et Rouen.

Toutes les sommes portées en ce tarif seront réduites d'un *dixième* dans la taxe des frais et dépens pour les tribunaux de première instance et pour les justices de paix établis dans les villes où siège une cour impériale, ou dans les villes dont la population excède trente mille âmes.

L'art. 2 du troisième décret du 16 févr. 1807, qui élève au taux fixé pour le tribunal de première instance de la Seine, sauf réduction d'un dixième, le tarif des frais et dépens faits devant les tribunaux des villes dont la population excède 30,000 âmes, doit être compris en ce sens: 1° que par population on doit entendre la population totale de la ville, c'est-à-dire la population sédentaire ajoutée à la population flottante; 2° que par ville le législateur a voulu désigner, non pas seulement l'agglomération *intrà muros*, mais la commune dans son intégralité. — Trib. de Tours, 18 août 1845, D.P. 46. 3. 162.

Art. 3. Dans tous les autres tribunaux de première instance et justices de paix de l'empire, le tarif des frais et dépens sera le même que celui décrété pour les tribunaux de première instance et les justices de paix du ressort de la cour impériale de Paris, autres que ceux établis dans cette capitale.

Art. 4. Le tarif des frais de taxe, décrété également cejourd'hui pour le ressort de la cour d'appel de Paris, est aussi déclaré commun à tout l'empire: en conséquence, dans tous les chefs-lieux de cours impériales, les droits de taxe seront perçus comme à Paris, et partout ailleurs, ils seront perçus comme dans le ressort de la cour d'appel de Paris.

4-6 août 1824. — Ordonnance concernant les indemnités auxquelles ont droit les juges, officiers du ministère public et greffiers qui, dans le cas prévu par l'art. 496 du Code civil, se transportent à plus de cinq kilomètres de leur résidence.

Art. 1er. Les juges, officiers du ministère public et greffiers qui, dans le cas prévu par l'art. 496 du Code civil, se transporteront à plus de cinq kilomètres de leur résidence, auront droit aux indemnités déterminées par les art. 88 et 89 du règlement du 18 juin 1811, suivant les distinctions établies dans ces articles, en ce qui concerne les distances.

17-25 juill. 1825. — Ordonnance portant règlement sur les frais et émoluments à percevoir par les greffiers de justice de paix.

Art. 1er. Aucuns frais ni émoluments ne pourront être perçus par les greffiers de justices de paix que sur des états dressés par eux, qui seront vérifiés et visés par le juge de paix.

Ces états seront écrits au bas de l'expédition délivrée par le greffier.

A défaut d'expédition, il sera fait un état séparé.

Art. 2. Les greffiers de justice de paix tiendront un registre sur lequel ils inscriront, par ordre de date et sans aucun blanc, toutes les sommes qu'ils recevront pour les actes de leur ministère.

Les déboursés et les émoluments seront inscrits dans des colonnes séparées.

Art. 3. Le registre mentionné en l'article précédent sera coté et parafé par le juge de paix.

Il sera tenu sous la surveillance de ce magistrat qui, à chaque trimestre, et plus souvent, s'il le juge convenable, le vérifiera, l'arrêtera, et en dressera un procès-verbal dans lequel il consignera ses observations.

Ce procès-verbal sera envoyé à notre procureur près le tribunal de première instance, qui en rendra compte au procureur général près la cour royale.

Art. 4. Pourront nos procureurs, quand ils l'auront reconnu nécessaire, procéder, par eux-mêmes ou leurs substituts, à la vérification prescrite par l'art. 3.

Art. 5. En cas d'infraction aux règles prescrites par la présente ordonnance, il en sera fait rapport à notre garde des sceaux pour être pris à l'égard des contrevenants telle mesure qu'il appartiendra.

Art. 6. Si les greffiers ou leurs commis reçoivent, sous quelque prétexte que ce soit, d'autres ou plus forts droits que ceux qui leur sont attribués par les lois et les règlements, il est enjoint aux juges de paix d'en informer nos procureurs. Il en sera pareillement fait rapport à notre garde des sceaux.

Les contrevenants seront, selon la gravité des circonstances, destitués de leur emploi, traduits devant la police correctionnelle pour être condamnés aux amendes déterminées par les lois, ou poursuivis extraordinairement en vertu de l'art. 174 du Code pénal, sans préjudice, dans tous les cas, de la restitution des sommes indûment perçues, et des dommages et intérêts, quand il y aura lieu.

10-25 oct. 1841. — *Ordonnance contenant le tarif des frais et dépens relatifs aux ventes judiciaires de biens immeubles.*

TIT. Ier. — DISPOSITIONS COMMUNES À TOUT LE ROYAUME.

CHAP. Ier. — *Greffiers des tribunaux de première instance.*

Art. 1er. Il est alloué aux greffiers des tribunaux de première instance,

Pour la communication sans déplacement, tant du cahier des charges que du procès-verbal d'expertise, 15 fr.

Ce droit sera dû, soit qu'il y ait, soit qu'il n'y ait pas d'expertise. Toutefois, si l'expertise a été ordonnée en matière de licitation, le droit sera réduit à 12 fr.

Il sera perçu lors du premier dépôt au greffe, soit du procès-verbal d'expertise, soit du cahier des charges.

Le droit accordé aux greffiers pour la communication du cahier des charges et du procès-verbal d'expertise, n'est pas dû en cas de surenchère sur saisie-immobilière ni de vente sur folle enchère. — Circ. min. just. 20 août 1842, J.G. *Frais et dép.*, 684.

CHAP. II. — *Conservateurs des hypothèques.*

Art. 2. Il est alloué aux conservateurs des hypothèques, pour:

La transcription de chaque procès-verbal de saisie immobilière et de chaque exploit de dénonciation de ce procès-verbal au saisi (c. pr. 677 et 678), par rôle d'écriture du conservateur, contenant vingt-cinq lignes à la page et dix-huit syllabes à la ligne, 1 fr.

L'acte du conservateur contenant son refus de transcription, en cas de la précédente saisie (c. pr. 680.), 1 fr.

Chaque extrait d'inscription ou certificat qu'il n'en existe aucune (Arg. c. pr. 692), 1 fr.

La mention des deux notifications prescrites par les art. 691 et 692 (c. pr. art. 693), 1 fr.

La radiation de la saisie immobilière (c. pr. art. 693), 1 fr.

La mention du jugement d'adjudication (c. pr. art. 716), 1 fr.

La mention du jugement de conversion (c. pr. (art. 748), 1 fr.

Le § 1er de cet article qui modifiait le n° 11 du tableau annexé au décret du 21 sept. 1810, a été modifié à son tour d'abord par le décret du 24 nov. 1855, puis par celui du 9 juin 1866. — V. *Code annoté de l'Enregistrement.*

TIT. II. — DISPOSITIONS POUR LE RESSORT DE LA COUR ROYALE DE PARIS.

CHAP. Ier. — *Huissiers.*

§ 1er. — *Huissiers ordinaires.*

Art. 3. — *Actes de première classe.* — Il est alloué aux huissiers ordinaires,

(C. pr. 673.) Pour l'original du commandement tendant à saisie immobilière :
A Paris, 2 fr.;
Dans le ressort, 1 fr. 50 c.;
Pour chaque copie, le quart de l'original.

Pour droit de copie du titre, par rôle contenant vingt lignes à la page et dix syllabes à la ligne, ou évalué sur ce pied :
A Paris, 25 c.;
Dans le ressort, 20 c.

(C. pr. 681.) Pour l'original de l'action en référé;

(C. pr. 684.) De la demande en nullité de bail;

(C. pr. 685.) De l'acte d'opposition entre les mains des fermiers ou locataires, ou de la simple sommation aux mêmes;

(C. pr. 687.) De la signification aux créanciers inscrits de l'acte de la consignation faite par l'acquéreur en cas d'aliénation, qui peut avoir lieu après saisie immobilière sous la condition de consigner;

(C. pr. 691, 692.) De la sommation à la partie saisie et aux créanciers inscrits de prendre communication du cahier des charges;

(C. pr. 716.) De la signification du jugement d'adjudication;

(C. pr. 717.) De la demande en résolution qui doit être formée avant l'adjudication et notifiée au greffe;

(C. pr. 718.) De l'exploit d'ajournement;

(C. pr. 725.) De la demande en distraction de tout ou partie des objets saisis immobilièrement contre la partie qui n'a pas avoué en cause;

(C. pr. 732.) De l'acte d'appel qui doit être en même temps notifié au greffier du tribunal et visé par lui;

(C. pr. 735.) De la signification du bordereau de collocation avec commandement;

(C. pr. 736.) De la signification des jour et heure de l'adjudication sur folle enchère.

(C. pr. 837.) De la sommation à faire à l'ancien et au nouveau propriétaire, et, s'il y a lieu, au créancier surenchérisseur;

(C. pr. 962.) De l'avertissement qui doit être donné au subrogé tuteur;

(C. pr. 969.) De la demande en partage;

Et généralement de tous les actes simples non compris dans l'article suivant :
A Paris, 2 fr.;
Dans le ressort, 1 fr. 50 c.;
Pour chaque copie, le quart de l'original.

Art. 4. — *Procès-verbaux et actes de seconde classe.*

(C. pr. 675.) Pour un procès-verbal de saisie immobilière auquel il n'aura été employé que trois heures :
A Paris, 6 fr.;
Dans le ressort, 5 fr.

Et cette somme sera augmentée, par chacune des vacations subséquentes qui auront pu être employées, de :
A Paris, 5 fr.;
Dans le ressort, 4 fr.;
L'huissier ne se fera pas assister de témoins.

(C. pr. 677.) Pour la dénonciation de la saisie immobilière à la partie saisie :
A Paris, 2 fr. 50 c.;
Dans le ressort, 2 fr.;
Pour la copie de ladite dénonciation, le quart.

(C. pr. 832; C. civ. 2185.) Pour l'original de l'acte contenant réquisition d'un créancier inscrit, à fin de mise aux enchères et adjudication publique de l'immeuble aliéné par son débiteur :
A Paris, 5 fr.;
Dans le ressort, 4 fr.;
Et pour la copie, le quart.

L'original et la copie de cette réquisition seront signés par le requérant ou par son fondé de procuration spéciale.

(C. pr. 693, 701, 700, 733, 741, 743, 836, 959, 972, 958, 957.) Pour le procès verbal d'apposition de placards dans toutes les ventes judiciaires, y compris le salaire de l'afficheur :
A Paris, 8 fr.;
Dans le ressort, 6 fr.

Lors d'une licitation il ne doit entrer en taxe qu'une seule impression de placard; et les frais d'une seconde impression doivent être rejetés, surtout lorsqu'ils contiennent des énonciations étrangères à la licitation. — Civ. r. 25 févr. 1834, J.G. *Frais et dép.*, 863 et 358.

Art. 5. Il ne sera rien alloué aux huissiers pour transport jusqu'à un demi-myriamètre.

Il leur sera alloué au delà d'un demi-myriamètre, pour frais de voyage qui ne pourra excéder une journée de cinq myriamètres (dix lieues anciennes), savoir, au delà d'un demi-myriamètre et jusqu'à un myriamètre, pour aller et retour :
A Paris, 4 fr.;
Dans le ressort, 4 fr.

Au delà d'un myriamètre, il sera alloué par chaque demi-myriamètre, sans distinction, 2 fr.

Il sera taxé pour visa de chacun des actes qui y sont assujettis :
A Paris, 1 fr.;
Dans le ressort, 75 c.

§ 2. — *Huissiers audienciers des tribunaux de première instance.*

Art. 6. Il est alloué aux huissiers audienciers des tribunaux de première instance,

(C. pr. 659.) Pour la publication du cahier des charges :
A Paris, 1 fr.;
Dans le ressort, 75 c.

(C. pr. 705, 706.) Lors de l'adjudication, y compris les frais de bougies, que les huissiers disposeront et allumeront eux-mêmes :
A Paris, 5 fr.;
Dans le ressort, 3 fr. 75 c.

Ce droit sera alloué à raison de chaque lot adjugé, quelle qu'en soit la composition, sans qu'il puisse être exigé sur un nombre de 'ots supérieur à six.

Lorsque après l'ouverture des enchères l'adjudication n'aura pas lieu, il sera alloué aux huissiers, y compris les frais de bougies et quel que soit le nombre des lots :
A Paris, 5 fr.;
Dans le ressort, 3 fr. 75 c.

1. Le droit de vacation dû aux avoués, et aux huissiers audienciers, en matière de vente publique d'im...

meubles, doit leur être alloué à raison de chaque lot adjugé, jusqu'au nombre de six, conformément à l'art. 6, § 2, de l'ordonnance du 10 oct. 1841, alors même que les adjudications par lots auxquelles il aurait d'abord été procédé se seraient ensuite trouvées couvertes par une seule adjudication faite in globo. — Civ. c. 4 nov. 1857, D.P. 58. 1. 35.

2. Le droit de vacation à l'adjudication alloué à l'avoué poursuivant, est dû au cas de revente sur folle enchère, et ce droit doit être répété autant de fois qu'il y a de lots adjugés, jusqu'au nombre de six. — Civ. c. 17 déc. 1851, D.P. 52. 1. 15.

CHAP. II. — *Avoués de première instance.*

§ 1er. — *Émoluments spéciaux à chaque nature de vente.*

Art. 7. *Saisie immobilière.*
Il est alloué aux avoués de première instance, pour chacune des vacations suivantes:
(C. pr. 678.) Vacation à faire transcrire la saisie immobilière et l'exploit de dénonciation;
(C. pr. 692.) Vacation pour se faire délivrer l'extrait des inscriptions;
(C. pr. 692.) Vacation à l'examen de l'état d'inscriptions et pour préparer la sommation au vendeur de l'immeuble saisi;
(C. pr. 693.) Vacation à la mention, aux hypothèques, de la notification prescrite par les art. 691 et 692 c. pr.;
(C. pr. 716.) Vacation à la mention sommaire du jugement d'adjudication en marge de la transcription de la saisie;
(C. pr. 748.) Vacation à la mention sommaire du jugement de conversion en marge de la transcription de la saisie:
A Paris, 6 fr.;
Dans le ressort, 4 fr. 50 c.
(C. pr. 695.) Pour la vacation à la publication, y compris les dires qui pourront avoir lieu:
A Paris, 3 fr.;
Dans le ressort, 2 fr. 45 c.
(C. pr. 720.) Pour l'acte de la dénonciation de la plus ample saisie au premier saisissant, à la requête du plus ample saisissant, avec sommation de se mettre en état:
A Paris, 3 fr.;
Dans le ressort, 2 fr. 25 c.
Pour la copie, le quart.
(C. pr. 726.) Vacation pour déposer au greffe les titres justificatifs d'une demande en distraction d'objets immobiliers saisis:
A Paris, 3 fr.;
Dans le ressort, 2 fr. 45 c.
(C. pr. 745.) Requête non grossoyée et non signifiée, sur le consentement de toutes les parties intéressées, pour demander, après saisie immobilière, que l'immeuble saisi soit vendu aux enchères par-devant notaire ou en justice:
A chaque avoué signataire de la requête:
A Paris, 6 fr.;
Dans le ressort, 4 fr. 50 c.

Art. 8. — *Surenchère sur aliénation volontaire.*
(C. pr. 832.) Requête pour faire commettre un huissier:
A Paris, 2 fr.;
Dans le ressort, 1 fr. 50 c.
Vacation pour faire au greffe la soumission de la caution et déposer les titres justificatifs de sa solvabilité:
A Paris, 3 fr.;
Dans le ressort, 2 fr. 25 c.
Vacation pour prendre communication des pièces justificatives de la solvabilité de la caution:
A Paris, 3 fr.;
Dans le ressort, 2 fr. 25 c.

Art. 9. — *Vente de biens de mineurs.*
(C. pr. 954.) Requête à fin d'homologation de l'avis du conseil de famille pour aliéner les immeubles des mineurs:
A Paris, 7 fr. 50 c.;
Dans le ressort, 5 fr. 50 c.
(C. pr. 956.) Vacation à prendre communication de la minute du rapport des experts:
A Paris, 6 fr.;
Dans le ressort, 4 fr. 50 c.
Requête pour demander l'entérinement du rapport:
A Paris, 7 fr. 50 c.;
Dans le ressort, 5 fr. 50 c.
Il sera alloué aux avoués, sans distinction de résidence, dans le cas où l'expertise n'aura pas lieu, à raison des soins et démarches nécessaires pour la fixation de la mise à prix, 25 fr.;
Sans préjudice du supplément de remise proportionnelle accordé par l'art. 11 de la présente ordonnance.
(C. pr. 954.) Vacation à prendre communication du cahier des charges, au cas de renvoi devant notaire:
A Paris, 6 fr.;
Dans le ressort, 4 fr. 50 c.
(C. pr. 963.) Requête pour obtenir l'autorisation de vendre au-dessous de la mise à prix:
A Paris, 7 fr. 50 c.;
Dans le ressort, 5 fr. 50 c.
Ces émoluments seront les mêmes lorsqu'il s'agira de ventes d'immeubles dépendant d'une succession bénéficiaire, d'immeubles dotaux, ou provenant, soit d'une succession vacante, soit d'un débiteur failli, ou qui a fait cession.

L'avoué poursuivant a droit à une vacation pour prendre communication du cahier des charges, soit au greffe, soit dans l'étude du notaire devant lequel la vente a été renvoyée, et, par suite, à une indemnité de transport, s'il y a lieu, sans qu'il soit nécessaire qu'il justifie par la production d'un acte spécial, de la réalité de ce transport. — Civ. c. 24 avr. 1854, D.P. 54. 1. 158-159.

Art. 10. — *Partages et licitations.*
(C. pr. 969.) Requête à fin de remplacement du juge ou du notaire commis:
A Paris, 3 fr.;
Dans le ressort, 2 fr. 25 c.
(C. pr. 971.) Vacation à prendre communication du procès-verbal d'expertise:
A Paris, 6 fr.;
Dans le ressort, 4 fr. 50 c.
Acte de conclusions d'avoué à avoué pour demander l'entérinement du rapport:
A Paris, 7 fr. 50 c.;
Dans le ressort, 5 fr. 50 c.;
Pour chaque copie, le quart.
Il sera alloué aux avoués, sans distinction de résidence, dans le cas où l'expertise n'aura pas lieu, à raison des soins et démarches nécessaires pour la fixation de la mise à prix en cas de vente, ou pour l'estimation et la composition des lots, en cas de partage en nature, 25 fr.;
Sans préjudice du supplément de remise proportionnelle accordé par l'art. 11 de la présente ordonnance. Aucune remise proportionnelle ne sera due toutefois dans les cas de partage en nature.
(C. pr. 973.) Sommation de prendre communication du cahier des charges:
A Paris, 1 fr.;
Dans le ressort, 75 c.;
Pour chaque copie, le quart.
Vacation à prendre communication du cahier des charges, au greffe, pour chaque avoué colicitant;
En l'étude du notaire, pour l'avoué poursuivant et pour chaque avoué colicitant:
A Paris, 6 fr.;
Dans le ressort, 4 fr. 50 c.
Acte de conclusions d'avoué à avoué pour obtenir l'autorisation de vendre au-dessous de la mise à prix:
A Paris, 7 fr. 50 c.,
Dans le ressort, 5 fr. 50 c.,
Pour chaque copie, le quart.

1. L'indemnité de 25 fr. allouée aux avoués, en matière de partages et de licitations, par l'art. 10 de l'ordonnance du 10 oct. 1841, lorsqu'il n'y a pas lieu à expertise, à raison de leurs soins et démarches pour arriver soit à la fixation de la mise à prix, en cas de vente, soit à l'estimation et à la composition des lots, en cas de partage, n'est accordée qu'à l'avoué poursuivant; elle ne peut être réclamée par les avoués colicitants. — Req. 2 déc. 1857, D.P. 58 1. 40. — Civ. c. 25 mai 1859, D.P. 59. 1. 197.
2. Cette indemnité doit être allouée à l'avoué, lorsqu'il n'y a pas eu d'expertise, sans qu'il soit tenu de justifier que c'est à ses soins que cet avantage est dû. — Civ. c. 7 mai 1855, D.P. 55. 1. 166.

§ 2. — *Émoluments communs aux différentes ventes.*

Art. 11. (C. pr. 690.) Pour la grosse du cahier des charges, qui ne sera signifiée dans aucun cas, par rôle contenant vingt-cinq lignes à la page et douze syllabes à la ligne:
A Paris, 2 fr.;
Dans le ressort, 1 fr. 50 c.
Vacation pour déposer au greffe le cahier des charges:
A Paris, 3 fr.;
Dans le ressort, 2 fr. 45 c.
(C. pr. 696.) Pour l'extrait qui doit être inséré dans le journal désigné par les cours royales:
A Paris, 2 fr.;
Dans le ressort, 1 fr. 50 c.;
Il sera passé autant de droits à l'avoué qu'il y aura eu d'insertions prescrites par le Code.
(C. pr. 697.) Pour obtenir l'ordonnance tendant à faire l'insertion extraordinaire:
A Paris, 2 fr.;
Dans le ressort, 1 fr. 50 c.
Cette vacation ne sera allouée qu'autant que l'autorisation aura été obtenue.
Pour faire faire l'insertion extraordinaire:
A Paris, 2 fr.;
Dans le ressort, 1 fr. 50 c.
(C. pr. 698.) Pour faire légaliser la signature de l'imprimeur par le maire:
A Paris, 2 fr.;
Dans le ressort, 1 fr. 50 c.
(C. pr. 399.) Pour l'extrait qui doit être imprimé et placardé, et qui servira d'original et ne pourra être grossoyé:
A Paris, 6 fr.;
Dans le ressort, 4 fr. 50 c.;
L'avoué poursuivant aura droit à cette allocation toutes les fois que de nouvelles appositions de placards auront été nécessaires.
(C. pr. 702.) Vacation à l'adjudication:
A Paris, 15 fr.;
Dans le ressort, 12 fr.
Ce droit sera alloué à raison de chaque lot adjugé, quelle qu'en soit la composition, sans que ce droit puisse être exigé sur un nombre de lots supérieur à six.
Néanmoins, la somme provenant de la réunion de tous les droits alloués sera répartie également entre tous les adjudicataires, quel qu'en soit le nombre.
Indépendamment des émoluments ci-dessus fixés, il sera alloué à l'avoué poursuivant, sur le prix des biens dont l'adjudication sera faite au-dessus de 2,000 fr., savoir:
Depuis 2,000 fr. jusqu'à 10,000 fr., 1 p. 100;
Sur la somme excédant 10,000 fr. jusqu'à 50,000 fr., 1/2 p. 100;
Sur la somme excédant 50,000 fr. jusqu'à 100,000 fr., 1/4 p. 100;
Et sur l'excédant de 100,000 fr., indéfiniment, 1/8 de 1 p. 100.
En cas d'adjudication par lots de biens compris dans la même poursuite, en l'état où elle se trouvera lors de l'adjudication, la totalité du prix des lots sera réunie pour en fixer le montant de la remise.
Le montant de la remise sera calculé sur le prix de chaque lot, séparément, lorsque

les lots seront composés d'immeubles distincts.

Cette remise, lorsque le tribunal n'aura pas ordonné l'expertise dans les cas où elle est facultative, sera :

Depuis 2,000 fr. jusqu'à 10,000 fr., de 1 1/2 p. 100 ;

Sur la somme excédant 10,000 fr. jusqu'à 100,000 fr., de 1 p. 100 ;

Sur l'excédant de 100,000 fr. jusqu'à 300,000 francs, de 1/2 p. 100 ;

Et sur l'excédant de 300,000 fr., indéfiniment, de 1/4 p. 100.

La remise proportionnelle sur le prix de l'adjudication sera divisée, en licitation, ainsi qu'il suit :

Moitié appartiendra à l'avoué poursuivant ;

La seconde moitié sera partagée par égales portions entre tous les avoués qui ont occupé dans la licitation, y compris l'avoué poursuivant, qui aura sa part comme les autres dans cette seconde moitié.

(C. pr. 703.) Vacation au jugement de remise :
A Paris, 6 fr. ;
Dans le ressort, 4 fr. 90 c.
(C. pr. 706.) Vacation pour enchérir :
A Paris, 7 fr. 50 c. ;
Dans le ressort, 5 fr. 63 c.
(C. pr. 707.) Vacation pour enchérir et se rendre adjudicataire :
A Paris, 15 fr. ;
Dans le ressort, 11 fr. 25 c.
(C. pr. 707.) Vacation pour faire la déclaration de command :
A Paris, 6 fr. ;
Dans le ressort, 4 fr. 50 c.
Les vacations pour enchérir, ou pour les déclarations de command, sont à la charge de l'enchérisseur ou de l'adjudicataire.

1. En cas de renvoi d'une vente d'immeuble devant notaire, l'avoué présent à l'adjudication a droit, conformément à l'art. 11 de l'ordonn. du 10 oct. 1841, à l'émolument alloué par vacation à l'adjudication. — Civ. c. 14 janv. 1845, D.P. 45. 1. 90. — Civ. c. 11 févr. 1850, D.P. 50. 1. 16. — Req. 19 juill. 1853, D.P. 54. 1. 176. — Civ. c. 30 août 1853, D.P. 53. 1. 229.

2. Il a droit aussi aux frais de transport. — Mêmes arrêts des 14 janv. 1845, 11 févr. 1850 et 30 août 1853.

3. Mais ces droits ne sont dus qu'à l'avoué poursuivant : les avoués colicitants présents à la vente n'ont point droit à l'émolument pour la vacation à l'adjudication, alloué par l'art. 11 de l'ordonn. du 10 oct. 1841. — Circ. min. just. 20 août 1842, J.G. Frais et dép., 72. — Trib. de Vitré, 1er févr. 1843, J.G. Frais, 867. — Trib. de Semur, 20 juill. 1843, ibid., 860. — Trib. d'Amiens, 12 juin 1842, et sur pourvoi, Civ. r. 11 mars 1846, D.P. 46. 1. 85.

4. Jugé au contraire que, dans le cas où il n'y a pas lieu à une expertise, l'avoué colicitant a droit, aussi bien que l'avoué poursuivant, à l'allocation de 25 fr. pour soins et démarches, accordée par l'art. 10 de l'ordonn. du 10 oct. 1841. — Trib. de Caen, 5 déc. 1842 ; Trib. de Nevers, 7 déc. 1842 ; Trib. de Toulouse, 5 déc. 1842 ; Trib. de Fontainebleau, 17 janv. 1843, J.G. Frais et dép., 860. — Trib. de Louviers, 22 mai 1846, D.P. 46. 3. 127. — Trib. de Marseille, 25 août 1846, D.P. 46. 4. 510.

5. Suivant la chambre des requêtes, dans le cas où le droit de vacation doit être alloué à l'avoué, une seule vacation de présence doit être passée en taxe, quel que soit le nombre des lots adjugés. — Req. 19 juill. 1853, D.P. 54. 1. 176.

6. Jugé au contraire, par la chambre civile, que le droit d'assistance accordé à l'avoué, en matière d'adjudication d'immeubles, pour chaque lot adjugé, jusqu'au maximum de six lots, s'applique aussi bien aux adjudications renvoyées devant notaires, conformément, par exemple, aux art. 954 et 970 c. pr., qu'aux adjudications faites en justice. — Civ. c. 30 août 1853, D.P. 53. 1. 229. — Civ. c. 23 avr. 1856, D.P. 56. 1. 213. — Civ. c. 5 avr. 1859, D.P. 59. 1. 160.

7. L'avoué a également droit, en cas pareil, à l'indemnité de campagne et de transport, allouée par l'art. 144 du tarif de 1807. — Arrêts précités des 23 avr. 1856 et 5 avr. 1859.

8. La remise proportionnelle accordée aux avoués qui ont occupé sur une poursuite de vente par l'art. 11 de l'ordonnance du 10 oct. 1841, ne leur est due que dans le cas où l'adjudication a eu lieu. — Civ. c. 23 nov. 1869, D.P. 70. 1. 29.

9. Mais lorsque l'adjudication n'a pas eu lieu et surtout lorsqu'elle n'a été empêchée que par la volonté des parties qui ont conclu une vente amiable, l'avoué peut, comme tout autre mandataire salarié, réclamer, en dehors des actes tarifés de la procédure, le prix de ses soins, de ses démarches et des travaux accomplis par lui en vue de la vente qu'il était chargé de mettre à fin, particulièrement lorsque, par les soins et démarches des avoués, la mise à prix a pu être fixée sans qu'on ait eu besoin de recourir à une expertise. — Même arrêt.

10. L'avoué qui, par suite de circonstances indépendantes de sa volonté, a été remplacé dans le cours d'une instance en vente judiciaire d'immeubles, a droit néanmoins, proportionnellement à la part qu'il a prise à cette instance, à la remise allouée sur le prix d'adjudication aux avoués qui ont occupé dans la licitation. — Trib. de Marseille, 3 août 1867, D.D. 69. 3. 21.

11. Les droits dus à l'avoué du poursuivant pour vacation à l'adjudication et transport doivent lui être alloués par le juge taxateur avant l'ouverture des enchères, sauf au juge à n'allouer ces droits que pour le cas où l'avoué assistera à l'adjudication. — Civ. c. 24 avr. 1854, D.P. 54. 1. 158.

12. L'art. 11 de l'ordonnance du 10 oct. 1841, qui, dans les ventes publiques d'immeubles faites en plusieurs lots composés d'immeubles distincts, accorde à l'avoué poursuivant par les soins duquel l'expertise a été évitée, une remise proportionnelle calculée sur le prix de chaque lot séparément, ne s'applique qu'aux ventes faites devant le tribunal : lorsque la vente a été renvoyée devant le notaire, cette remise, diminuée alors de celle allouée au notaire par l'art. 14 de la même ordonnance, doit être calculée sur le prix total de l'adjudication. — Civ. c. 20 févr. 1854, D.P. 54. 1. 62. — Ch. réun. c. 30 avr. 1853, D.P. 53. 1. 169.

13. En cas de mise en vente d'un corps d'immeubles, soumis d'abord à une adjudication sur lots séparés, puis, d'après une clause du cahier des charges, adjugé définitivement en bloc, la remise proportionnelle due à l'avoué doit être calculée sur le prix de la vente in globo. — Trib. de Castelsarrasin, 4 mai 1844, D.P. 45. 3. 33.

14. La remise proportionnelle allouée en matière de ventes publiques d'immeubles, à l'avoué poursuivant, sur le prix d'adjudication, lorsque ce prix dépasse 2,000 fr., doit être calculée sur ce prix total, sans distraction des premiers 2,000 fr. — Civ. c. 4 nov. 1857, D.P. 58. 1. 35. — V. aussi J.G. Frais et dép., 841.

Art. 12. (C. pr. 708.) Vacation pour faire au greffe la surenchère du sixième au moins du prix principal de l'adjudication :
A Paris, 15 fr. ;
Dans le ressort, 11 fr. 25 c.
Pour acte de la dénonciation de la surenchère contenant avenir :
A Paris, 1 fr. ;
Dans le ressort, 75 c. ;
Pour chaque copie, le quart.
(C. pr. 734, 964.) Vacation pour requérir le certificat du greffier ou du notaire constatant que l'adjudicataire n'a pas justifié de l'acquit des conditions exigibles de l'adjudication :
A Paris, 3 fr. ;
Dans le ressort, 2 fr. 25 c.
Les émoluments des avoués pour le dépôt de l'acte tenant lieu du cahier des charges, pour les extraits à placarder ou à insérer dans les journaux, pour enchérir, se rendre adjudicataire et faire la déclaration de command, par suite de la surenchère autorisée par l'art. 708, ou de la folle enchère, seront taxés comme il est dit dans l'art. 11 : le droit de remise proportionnelle sur l'excédant produit par la surenchère ou la folle enchère sera alloué à l'avoué qui les aura poursuivies.
Les autres incidents des ventes judiciaires ne pourront donner lieu à d'autres et plus forts droits que ceux établis pour les matières sommaires.

1. Le droit établi pour vacation à l'adjudication, en matière de surenchère, n'est dû qu'à l'avoué poursuivant, et ne peut être alloué à l'avoué de l'adjudicataire surenchéri. — Req. 16 nov. 1857, D.P. 58. 1. 54.

2. La remise proportionnelle allouée à l'avoué qui a poursuivi une surenchère par suite d'aliénation volontaire, doit être calculée seulement sur l'excédant de prix qui en est résulté et non sur le prix total de l'adjudication : il s'applique l'art. 12, bien qu'il ne soit parlé dans cet article que de surenchère après expropriation forcée. — Req. 21 avr. 1856, D.P. 56. 1. 244.

Art. 13. Les copies de pièces, qui appartiendront à l'avoué, seront taxées, à raison du rôle de vingt-cinq lignes à la page et de douze syllabes à la ligne :
A Paris, 30 c.,
Dans le ressort, 25 c.

Chap. III. — *Des Notaires.*

Art. 14. Dans les cas où les tribunaux enverront des ventes d'immeubles par-devant les notaires, ceux-ci auront droit, pour la grosse du cahier des charges, par rôle contenant vingt-cinq lignes à la page et douze syllabes à la ligne :
A Paris, 2 fr. ;
Dans le ressort, 1 fr. 50 c. ;
Ils auront droit en outre, sur le prix des biens vendus :
Jusqu'à 10,000 fr., à 1 p. 100 ;
Sur la somme excédant 10,000 fr. jusqu'à 50,000 fr., à 1/2 p. 100 ;
Sur la somme excédant 50,000 fr. jusqu'à 100,000 fr., à 1/4 p. 100 ;
Et sur l'excédant de 100,000 fr. indéfiniment, à 1/8 de 1 p. 100.

Moyennant les allocations ci-dessus, les notaires sont chargés de la rédaction du cahier des charges, de la réception des enchères et de l'adjudication ; ils ne pourront rien exiger pour les minutes de leurs procès-verbaux d'adjudication.

Les avoués restent chargés de l'accomplissement des autres actes de la procédure ; ils auront droit aux émoluments fixés pour ces actes, et, lorsque l'expertise est facultative et n'aura pas été ordonnée, les avoués auront droit en outre à la différence entre la remise allouée pour ce cas par l'art. 11 de la présente ordonnance, et la remise fixée par le paragraphe 2 du présent article.

1. La remise proportionnelle allouée aux notaires pour les ventes d'immeubles qui leur sont renvoyées, doit, lorsque ces biens sont adjugés par lots, être calculée d'après le prix total des lots réunis, soit que ces lots se composent de fractions d'un même immeuble, soit qu'ils se forment d'immeubles distincts. — Req. 4 juin 1851, D.P. 51. 1. 190. — Req. 10 mai 1858, D.P. 58. 1. 402. — V. aussi J.G. Frais et dép., 843 et s.

2. L'art. 11, qui, dans ce cas, veut que la remise soit calculée sur le prix séparé de chaque lot, ne concerne que la remise due aux avoués dans les ventes faites en justice. — Arrêt précité du 10 mai 1858.

3. L'art. 14, qui n'accorde au notaire délégué pour recevoir les enchères relatives à une vente de biens de mineurs, aucun droit pour la minute du procès-verbal d'adjudication, s'applique également au procès-verbal destiné à constater l'absence d'enchérisseur et l'ajournement de l'adjudication. — Civ. c. 5 juill. 1853, D.P. 53. 1. 213.

4. Mais les déboursés du procès-verbal constatant que le subrogé tuteur non averti en temps utile du jour de la vente d'immeubles du pupille, se tient pour suffisamment appelé à assister à cette vente, doivent être remboursés au notaire qui a dressé ce procès-verbal. — Civ. c. 5 juill. 1853, D.P. 53. 1. 213. — Trib. de Lille, 28 avr. 1854, D.P. 54. 3. 68.

5. La déclaration de command reçue par le notaire devant lequel il a été procédé à une adjudication de biens de mineurs, ne donne lieu à aucune rémunération en faveur de ce notaire, lorsqu'elle a été faite immédiatement après l'adjudication. — Civ. c. 5 juill. 1853, D.P. 53. 1. 213.

Chap. IV. — *Des Experts.*

Art. 15. (C. pr. 955, 956.) Il sera taxé aux experts, par chaque vacation de trois heures, quand ils opéreront dans les lieux où ils sont domiciliés ou dans la distance de deux myriamètres, savoir : dans le département de la Seine,
Pour les artisans ou laboureurs, 4 fr. ;
Pour les architectes et autres artistes, 8 fr. ;
Dans les autres départements,
Aux artisans et laboureurs, 3 fr. ;
Aux architectes et autres artistes, 6 fr.
Au delà de deux myriamètres, il sera alloué par chaque myriamètre, pour frais de voyage et nourriture, aux architectes et autres artistes, soit pour aller, soit pour revenir :
A ceux de Paris, 6 fr. ;
A ceux des départements, 4 fr. 50 c.
Il leur sera alloué pendant leur séjour, à la charge de faire quatre vacations par jour, savoir :
A ceux de Paris, 32 fr. ;

A ceux des départements, 24 fr.

La taxe sera réduite dans le cas où le nombre des quatre vacations n'aurait pas été employé.

S'il y a lieu à transport d'un laboureur au delà de deux myriamètres, il sera alloué 3 fr. par myriamètre pour aller et autant pour le retour, sans néanmoins qu'il puisse être rien alloué au delà de cinq myriamètres.

Il sera encore alloué aux experts deux vacations, l'une pour leur prestation de serment, l'autre pour le dépôt de leur rapport, indépendamment de leurs frais de transport s'ils sont domiciliés à plus de deux myriamètres de distance du lieu où siège le tribunal; il leur sera accordé par myriamètre, en ce cas, le cinquième de leur journée de campagne.

Au moyen de cette taxe, les experts ne pourront rien réclamer, ni pour frais de voyage et de nourriture, ni pour s'être fait aider par des écrivains ou par des toiseurs et porte-chaînes, ni sous quelque autre prétexte que ce soit; ces frais, s'ils ont eu lieu, restant à leur charge.

Le président, en procédant à la taxe de leurs vacations, en réduira le nombre, s'il lui paraît excessif.

TIT. III. — Dispositions pour les ressorts des autres cours royales.

Art. 16. Le tarif réglé par le titre précédent pour le tribunal de première instance établi à Paris sera commun aux tribunaux de première instance établis à Marseille, Lyon, Bordeaux et Rouen.

Toutes les sommes portées en ce tarif seront réduites d'un dixième dans la taxe des frais et dépens pour les tribunaux de première instance établis dans les villes où siège une cour royale, ou dans les villes dont la population excède 30,000 âmes.

Dans tous les autres tribunaux de première instance, le tarif sera le même que celui qui est fixé pour les tribunaux du ressort de la cour royale de Paris autres que celui qui est établi dans cette capitale.

Néanmoins le droit fixe de 25 fr. établi par les art. 9 et 10 de la présente ordonnance, et les remises proportionnelles fixées par les art. 11 et 14, seront perçus dans tout le royaume, sans distinction de résidence.

Les dispositions du chap. IV du titre précédent seront appliquées sans autre distinction, à raison de la résidence, que celle qui se trouve indiquée dans ce chapitre.

TIT. IV. — Dispositions générales.

Art. 17. Tous actes et procédures relatifs aux incidents des ventes immobilières, et qui ne sont pas l'objet de dispositions spéciales dans la présente ordonnance, seront taxés comme actes et procédures en matière sommaire, conformément à l'art. 718 du code de procédure civile, et suivant les règles établies par le dernier paragraphe de l'art. 12 qui précède.

Si, à l'occasion d'une procédure de vente judiciaire d'immeubles, il s'élève une contestation qui n'ait pas le caractère d'incident, et qui doive être considérée comme matière ordinaire, les actes relatifs à cette contestation seront taxés suivant les règles établies pour les procédures en matière ordinaire.

Art. 18. Dans tous les cahiers des charges, il est expressément défendu de stipuler au profit des officiers ministériels d'autres et plus grands droits que ceux énoncés au présent tarif. Toute stipulation, quelle qu'en soit la forme, sera nulle de droit.

1. La défense de stipuler dans les cahiers des charges, au profit des officiers ministériels, d'autres droits que ceux qui leur sont alloués par le tarif, est applica-

ble aux notaires comme aux avoués, en ce qui touche les remises accordées par l'art. 172 du tarif de 1807 sur le prix des ventes d'immeubles. — Nancy, 28 mars 1844, J.G. *Vente publ. d'imm.*, 778.

2. Mais lorsqu'un cahier des charges substitue à la remise allouée par le tarif un droit proportionnel différent (par exemple, 7 p. 100 du prix de la vente), et que, plus tard, ce droit est réduit par la taxe du juge, les acquéreurs qui ont accepté la fixation première ne peuvent réclamer le bénéfice de la réduction opérée par la taxe, et le profit de cette réduction appartient exclusivement aux vendeurs. — Même arrêt. — V. observ. J.G. *Vente publ. d'imm.*, 778.

3. En matière de vente judiciaire d'immeubles, la clause du cahier des charges rédigé par le notaire commis, qui stipule que les acquéreurs payeront, par une sorte d'abonnement ou de forfait, 10 p. 100 au-dessus du prix, et que la différence entre ces 10 p. 100 et la taxe tournera au profit ou à la perte des vendeurs seuls, est nulle, comme ajoutant un élément éventuel à la mise à prix qui doit être déterminée par le jugement ordonnant la vente. — Nancy, 28 mars 1874, D.P. 76. 2. 112.

4. Est également nulle, comme contraire aux prohibitions formelles de l'art. 18 de l'ordonnance du 10 oct. 1841, la clause qui attribue au notaire un droit de recette de tant pour cent sur le montant du prix d'adjudication. — Même arrêt.

5. Cette nullité est d'ordre public; en conséquence, elle peut être invoquée par toutes les parties, même par l'adjudicataire, qui a le droit de demander la restitution des sommes par lui payées à tort en vertu desdites clauses. — Même arrêt.

6. L'art. 18 est une disposition d'ordre public, dont toute partie intéressée peut se prévaloir. — Civ. c. 7 déc. 1847, D.P. 47. 1. 360.

Art. 19. Outre les fixations ci-dessus, seront alloués les simples déboursés justifiés par pièces régulières.

Le paragraphe 2 de cet article a été remplacé par le décret du 15 janv. 1853, rapporté *infra*, p. 1317.

Art. 20. Sont et demeurent abrogés les numéros 11, 12, 13, 14 et 15 du tableau annexé au décret du 21 sept. 1810; les paragraphes 44, 45, 46, 47, 48, 49 de l'art. 29; les art. 47, 48, 49, 50 et 63; les paragraphes 14, 15, 16, 17 de l'art. 78; les art. 153, 154, 155, 172 du premier décret du 16 févr. 1807; la disposition de l'art. 65 du même décret relative à l'apposition des placards; le paragraphe de l'art. 70 applicable à l'acte de signification du cahier des charges; le paragraphe de l'art. 75 applicable aux requêtes contenant demande ou réponse en entérinement du rapport des experts; le paragraphe de l'art. 76 applicable à la commission d'un huissier, à l'effet de notifier la réquisition de mise aux enchères.

Sont également abrogées les dispositions des art. 102, 103, 104, 105, 106, 107, 108, 109, 110, 111, 112, 113, 114, 115, 116, 117, 118, 119, 120, 121, 122, 123, 124, 125, 126, 127, 128, 129, en tant qu'elles concernent les saisies immobilières, les surenchères sur aliénation volontaire, les ventes d'immeubles de mineurs, et de biens dotaux, dans le régime dotal; les ventes sur licitations, les ventes d'immeubles dépendant d'une succession bénéficiaire ou vacante, ou provenant d'un débiteur failli ou qui a fait cession.

18-20 juin 1843. — *Loi sur le tarif des commissaires-priseurs.* — J.G. *Commiss.-pris.*, p. 562.

Art. 1er. Il sera alloué aux commissaires-priseurs,

1° Pour droits de prisée, pour chaque vacation de trois heures, à Paris, Lyon, Bordeaux, Rouen, Toulouse et Marseille, 6 fr.;

Partout ailleurs, 5 fr.

2° Pour assistance aux référés et pour chaque vacation, à Paris, Lyon, Bordeaux, Rouen, Toulouse et Marseille, 5 fr.;

Partout ailleurs, 4 fr.

3° Pour tous droits de vente, non compris les déboursés pour y parvenir et en acquitter les droits, non plus que la rédaction des

placards, 6 p. 100 sur le produit des ventes sans distinction de résidence.

Il pourra, en outre, être alloué une ou plusieurs vacations sur la réquisition des parties, constatée par le procès-verbal du commissaire-priseur, à l'effet de préparer les objets mis en vente.

Ces vacations extraordinaires ne seront passées en taxe qu'autant que le produit de la vente s'élèvera à 3,000 fr.

Chacune de ces vacations de trois heures donnera droit aux émoluments fixés par le numéro 1er du présent article.

4° Pour expédition ou extrait de procès-verbaux de vente, s'ils sont requis, outre le timbre, et pour chaque rôle de vingt-cinq lignes à la page et de quinze syllabes à la ligne, 1 fr. 50 c.;

Pour consignation à la caisse, s'il y a lieu, à Paris, Lyon, Bordeaux, Rouen, Toulouse et Marseille, 6 fr.;

Partout ailleurs, 5 fr.;

Pour assistance à l'essai ou au poinçonnage des matières d'or et d'argent, à Paris, Lyon, Bordeaux, Rouen, Toulouse et Marseille, 6 fr.;

Partout ailleurs, 5 fr.;

Pour payement des contributions, conformément aux dispositions des lois des 5-18 août 1791 et 12 nov. 1808, à Paris, Lyon, Bordeaux, Rouen, Toulouse et Marseille, 4 fr.;

Partout ailleurs, 3 fr.

1. Les droits et honoraires fixés par cette loi sont établis exclusivement en faveur des commissaires-priseurs, et ne peuvent s'appliquer aux huissiers, greffiers et notaires. — Trib. civ. de Tours, 1er juill. 1852, D.P. 52. 3. 44. — V. aussi J.G. *Vente publ. de meubles*, 108.

2. Les greffiers, notaires ou huissiers qui, dans les localités où il n'existe pas de commissaires-priseurs, procèdent à des prisées et à des ventes de meubles dépendant notamment d'une succession, ne peuvent exiger que les droits réglés par l'art. 39 du tarif du 16 févr. 1807, relatif aux ventes de meubles faites par suite de saisie-exécution. — Même jugem. — V. aussi J.G. *Vente publ. de meubles*, 109.

Art. 2. L'état des vacations, droits et remises alloués aux commissaires-priseurs sera délivré sans frais aux parties. Si la taxe est requise, elle sera faite par le président du tribunal de première instance ou par un juge délégué.

Art. 3. Toutes perceptions directes ou indirectes, autres que celles autorisées par la présente loi, à quelque titre et sous quelque dénomination qu'elles aient lieu, sont formellement interdites.

En cas de contravention, l'officier public pourra être suspendu ou destitué, sans préjudice de l'action en répétition de la partie lésée et des peines prononcées par la loi contre la concussion.

Art. 4. Il est également interdit aux commissaires-priseurs de faire aucun abonnement ou modification à raison des droits ci-dessus fixés, si ce n'est avec l'Etat et les établissements publics.

Toute contravention sera punie d'une suspension de quinze jours à six mois. En cas de récidive, la destitution pourra être prononcée.

Art. 5. Il y aura, entre les commissaires-priseurs d'une même résidence, une bourse commune dans laquelle entrera la moitié des droits proportionnels qui leur seront alloués sur chaque vente.

Néanmoins, les commissaires-priseurs attachés aux monts-de-piétés et les commissaires-priseurs du Domaine feront leurs versements à la Bourse conformément aux traités passés entre eux et les autres commissaires. Ces traités seront soumis à l'homologation du tribunal de première instance, sur les conclusions du procureur du roi.

Art. 6. Toute convention entre les commissaires-priseurs, qui aurait pour objet de modifier directement ou indirectement le taux fixé par l'article précédent, est nulle de plein droit, et les officiers qui auraient concouru à cette convention encourront les peines prononcées par l'art. 4 ci-dessus.

Art. 7. Les fonds de la bourse commune sont affectés comme garantie principale au payement des deniers produits par les ventes : ils seront saisissables.

Art. 8. La répartition des émoluments de la bourse commune sera faite, tous les deux mois, par portions égales, entre les commissaires-priseurs.

Art. 9. Les commissaires-priseurs de Paris continueront à être régis par les dispositions de l'arrêté du 29 germ. an 9, relativement à leur chambre de discipline.
Les dispositions de cet arrêté pourront être étendues, par ordonnance royale rendue dans la forme des règlements d'administration publique, aux chambres de discipline qui seraient instituées dans d'autres localités.

21-24 juin 1845. — *Loi portant suppression des droits et vacations accordés aux juges de paix.* — D.P. 45. 3. 135.

Art. 1er. Les droits et vacations accordés aux juges de paix sont supprimés.
Il ne leur sera alloué d'indemnité de transport que quand ils se rendront à plus de cinq kilomètres du chef-lieu de canton.

6 déc. 1845. — *Ordonnance déterminant le montant de l'indemnité de transport établie au profit des juges de paix par la loi du 21 juin 1845.*

Art. 1er. L'indemnité établie au profit des juges de paix par l'art. 1er de la loi du 21 juin 1845 est fixée :
En cas de transport à plus de cinq kilomètres du chef-lieu du canton, à 5 fr.;
En cas de transport à plus d'un myriamètre, à 6 fr.
Si les opérations durent plus d'un jour, l'indemnité est fixée, suivant la distance, à 5 ou à 6 fr. par jour.

5-8 nov. 1851. — *Décret contenant le tarif des droits alloués aux officiers publics chargés de procéder à des ventes volontaires et aux enchères de fruits et récoltes pendants par racines ou de coupes de bois taillis.* — D.P. 51. 4. 221.

Art. 1er. Il est alloué, pour tous droits d'honoraires, non compris les déboursés, à l'officier public chargé de procéder à une vente volontaire et aux enchères de fruits et récoltes pendants par racines ou de coupes de bois taillis, une remise sur le produit de la vente, qui est fixée à 2 p. 100 jusqu'à 10,000 fr., et à 1/4 p. 100 sur l'excédant, sans distinction entre les ventes faites au comptant et celles faites à terme.
En cas d'adjudication par lots, consentie au nom du même vendeur, la remise proportionnelle établie au présent article est calculée sur le prix total des lots réunis.
La remise ne peut, en aucun cas, être inférieure à 6 fr.

Art. 2. Lorsque l'officier public qui a procédé à une vente à terme est chargé d'opérer le recouvrement du prix, il a droit à une remise de 1 p. 100 sur le montant des sommes par lui recouvrées.

Art. 3. S'il est requis expédition ou extrait de procès-verbaux de vente, il est alloué, outre le timbre, 1 fr. pour chaque rôle de vingt-cinq lignes à la page et de quinze syllabes à la ligne.

Art. 4. Pour versement à la Caisse des consignations, payement des contributions ou assistance aux référés, s'il y a lieu, il est alloué :
À Paris, Lyon, Bordeaux, Rouen, Toulouse et Marseille, 4 fr.;
Partout ailleurs, 3 fr.

Art. 5. Toutes perceptions directes ou indirectes, autres que celles autorisées par le présent règlement, à quelque titre et sous quelque dénomination qu'elles aient lieu, sont formellement interdites.
En cas de contravention, l'officier public pourra être suspendu ou destitué, sans préjudice de l'action en répétition de la partie lésée et des peines prononcées par la loi contre la concussion.

Aucune loi ne défend d'insérer au cahier des charges dressé pour parvenir à une vente publique de récoltes sur pied, une clause qui oblige l'adjudicataire à payer en sus de son enchère, et entre les mains d'un tiers qui prend à ses risques et périls le recouvrement du prix d'adjudication, un droit proportionnel de tant pour cent sur le montant de ce prix. En conséquence, l'officier ministériel qui dresse le cahier des charges ne peut, alors qu'il en est requis par le vendeur, se refuser d'y insérer cette stipulation. Elle ne serait illicite que dans le cas où elle devrait profiter à l'officier public chargé de procéder à la vente. — Rouen, 9 juill. 1853, D.P. 55. 2. 48. — Observ. conf., J.G. *Vente publ. de récoltes*, 23.

Art. 6. Il est également interdit aux officiers publics de faire aucun abonnement ou modification à raison des droits ci-dessus fixés, si ce n'est avec l'Etat et les établissements publics.
Toute contravention sera punie d'une suspension de quinze jours à six mois. En cas de récidive, la destitution pourra être prononcée.

15-19 janv. 1853. — *Décret qui modifie l'art. 19 de l'ordonnance du 10 oct. 1841, contenant le tarif des frais et dépens relatif aux ventes judiciaires de biens immeubles.*

Art. 1er. Le timbre des placards autorisé par les art. 699 et 700 c. pr. ne passera en taxe que sur un certificat délivré sans frais par le receveur du timbre ou de l'enregistrement du bureau dans l'arrondissement duquel la vente a eu lieu, constatant que le nombre des exemplaires a été vérifié par lui, et indiquant le montant total des droits de timbre.
La seconde disposition de l'art. 19 de l'ordonnance du 10 oct. 1841 est abrogée.

Le décret du 15 janv. 1853 s'applique non-seulement aux affiches ou placards en matière de vente sur saisie immobilière, mais encore aux placards relatifs à toutes ventes judiciaires de biens immeubles, ainsi qu'aux adjudications par suite de surenchère et de folle enchère. — Instr. de la Régie, 16 juin 1853, D.P. 54. 3. 21.

24 mai-1er juin 1854. — *Décret portant fixation des émoluments attribués, en matière civile et commerciale, aux greffiers des tribunaux civils de première instance et aux greffiers des cours impériales.*

§ 1er. — *Des émoluments des greffiers des tribunaux civils de première instance.*

Art. 1er. Les greffiers des tribunaux civils de première instance ont droit aux émoluments suivants :
1° Pour dépôt de copies collationnées des contrats translatifs de propriété, 3 fr.;
2° Pour extrait à afficher, 1 fr.;
Plus, par chaque acquéreur en sus, lorsqu'il y a des lots distincts, 50 cent.;
3° Pour soumission de caution avec dépôt de pièces, déclarations affirmatives, déclaration de surenchère ou de command, certificat relatif aux saisies-arrêts sur cautionnement et aux condamnations pour faits de charge, acceptation bénéficiaire, renonciation à communauté ou succession, 2 fr.;
4° Pour bordereau ou mandement de collocation, certificat de propriété, 2 fr.
Si le montant du bordereau ou du mandement s'élève à 3,000 fr., ou si le certificat de propriété s'applique à un capital de pareille somme, l'émolument est de 3 fr.;
5° Pour opérer le dépôt d'un testament olographe ou mystique, non compris le transport s'il y a lieu, 6 fr.;
6° Pour communication des pièces ou des procès-verbaux ou état de collocation dans les procédures d'ordre et de distribution par contribution, quel que soit le nombre des parties, si la somme principale à distribuer n'excède pas 10,000 fr., 5 fr.;
Si elle dépasse ce chiffre, 10 fr.;
L'allocation accordée par l'art. 4 de la loi du 22 prair. an 7 est supprimée;
7° Pour tout acte, déclaration, ou certificat fait ou transcrit, au greffe, et qui ne donne pas lieu à un émolument particulier, quel que soit le nombre des parties, 1 fr. 50.
8° Pour communication, sans déplacement, de pièces dont le dépôt est constaté par un acte du greffe, 1 fr.
Dans les affaires où il y a constitution d'avoué, ce droit ne peut être perçu qu'une fois pour chaque avoué à qui la communication est faite, quel que soit le nombre des parties, et à la charge de justifier d'une réquisition écrite en marge de l'acte de dépôt.
9° Pour recherche des actes, jugements et ordonnances faits et rendus depuis plus d'une année et dont il n'est pas demandé expédition :
Pour la première année indiquée, 50 cent.;
Pour chacune des années suivantes, 25 cent.
(Loi du 21 vent., art. 4);
10° Pour légalisation, 25 cent.
(Même loi et article précités);
11° Pour l'insertion au tableau placé dans l'auditoire de chaque extrait d'acte ou de jugement soumis à cette formalité, 50 cent.;
12° Pour visa d'exploits, 25 cent.;
13° Pour chaque bulletin de distribution et de remise de cause, 10 cent.;
14° Pour la mention de chaque acte sur le répertoire prescrit par l'art. 49 de la loi du 22 frim. an 7, 10 cent.

---

1. Les greffiers, pour la préparation des lettres de convocation adressées aux créanciers en matière d'ordre amiable, ont droit à un émolument de 20 cent. par lettre (Ord. 9 oct. 1825, art. 1. n° 17). — Circ. min. just., n° 44, 2 mai 1859, D.P. 59. 3. 25.
2. Le greffier auquel les actes de ventes séparées d'immeubles divers consenties par la même personne au profit d'acquéreurs distincts, ont été déposés à la fois par ces acquéreurs qui se sont réunis pour purger simultanément les hypothèques légales grevant ces immeubles, n'a droit, pour l'acte unique de dépôt qu'il est tenu de dresser en pareil cas, qu'à un émolument de 3 fr. — Trib. de Saint-Yrieix, 13 févr. 1856, D.P. 56. 3. 17. — Nîmes, 9 mai 1857, D.P. 57. 2. 149. — Riom, 23 juill. 1860, D.P. 60. 2. 149.
3. Décidé au contraire que, dans ce cas, il doit être présenté autant d'actes de dépôt qu'il est présenté de copies collationnées et que le greffier a droit pour chacun d'eux à un émolument distinct. — Agen, 1er juin 1859, D.P. 59. 2. 219.
4. Mais en admettant qu'un acte unique de dépôt soit suffisant et que le greffier n'ait droit à raison de cet acte qu'à un émolument de 3 fr., cependant, il lui revient un droit de 1 fr. pour chacun des extraits qu'il est tenu de rédiger des actes ainsi déposés et en outre un droit de 50 cent. par chaque acquéreur. — Trib. de Saint-Yrieix, 13 févr. 1856, D.P. 56. 3. 17.
5. Les greffiers n'ont droit à l'émolument de 1 fr. 50 que l'art. 1, § 7, du décret du 24 mai 1854, leur alloue pour les actes, déclarations et certificats faits ou transcrits au greffe, qui ne sont pas l'objet d'une rétribution spéciale, qu'autant qu'il s'agit d'actes supposant, de leur

part, un travail à rémunérer. — Civ. r. 24 févr. 1862, D.P. 62. 1. 57-44.

6. Ainsi, ils n'ont pas droit à cet émolument pour la réquisition à fin de nomination du juge-commissaire d'un ordre, ni pour les contredits élevés dans l'ordre, ni pour les dires sur le cahier des charges d'une adjudication, de tels actes; quelques transcrits au greffe, étant du ministère exclusif des avoués qui, seuls, en font la transcription et les signent, sans autre participation du greffier que celle résultant de la communication du procès-verbal d'ordre et du cahier des charges, communication spécialement rétribuée par d'autres dispositions du tarif (Ord. 16 oct. 1841, art. 1, a. pr. 750 et 755). — Même arrêt.

7. Jugé, au contraire, sur renvoi, que l'émolument de 1 fr. 50, alloué aux greffiers par l'art. 1, § 7, du décret du 24 mai 1854, pour tout acte, déclaration ou certificat fait ou transcrit au greffe, n'est pas seulement le prix du travail matériel, mais aussi de l'emploi du temps et plus encore de la responsabilité qui pèse sur le greffier, quelle que soit la main dont émane l'écriture; le greffier a donc droit à cet émolument dès l'instant que l'acte, le certificat ou la déclaration sont faits au greffe, ou qu'étant faits ailleurs ils y sont transcrits. — Bordeaux, 26 août 1853, D.P. 53. 2. 154.

8. En conséquence, le greffier est autorisé à percevoir cet émolument: 1° pour la réquisition à fin d'ouverture d'ordre et de nomination de juge-commissaire, quand il y a lieu: cet acte n'est point rémunéré par le droit alloué pour assister le juge; 2° pour les contredits sur ordres ou contributions; 3° pour les dires faits sur le cahier des charges en matière de vente judiciaire d'immeubles. — Même arrêt.

9. Vainement on invoquerait, pour écarter cette allocation, le principe de la gratuité de la justice: ce principe ne fait obstacle à la rémunération des officiers publics ou ministériels qu'autant qu'il s'agit d'actes où ils ne font qu'assister le juge, et où leur coopération se confond intimement et disparaît en quelque sorte dans l'œuvre personnelle de celui-ci. — Même arrêt.

10. Mais, sur un nouveau pourvoi, cet arrêt a été cassé par les chambres réunies qui ont consacré la solution admise précédemment par la chambre civile. — Ch. réun. c. 4 janv. 1867, D.P. 67. 1. 14.

11. Les greffiers n'ont droit à aucun émolument pour les mentions sommaires par eux faites sur les pièces qui leur sont remises. — Civ. r. 16 févr. 1863, D.P. 63. 1. 57, et sur renvoi, Bordeaux, 26 août 1863, D.P. 63. 1. 154.

12. Ainsi, la mention sur le certificat de radiation d'inscriptions rapporté au greffier, en matière d'ordre, par l'avoué poursuivant, conformément à l'art. 770 c. pr., et dont le certificat et de son annexe au procès-verbal d'ordre, ne donne pas lieu à l'émolument de 1 fr. 50, fixé par l'art. 1, § 7, du décret du 24 mai 1854, cette mention n'étant pas assujettie à la rédaction d'un acte de dépôt ou d'un acte en due forme. — Mêmes arrêts.

13. Il en est de même de la constatation sur la quittance des frais de poursuite payés, en vertu de l'art. 713 c. pr., par l'adjudicataire, de la remise de cette quittance et de son annexe à la minute du jugement d'adjudication. — Mêmes arrêts.

14. La mention que les greffiers sont tenus de faire de chaque acte du greffe sur le répertoire prescrit par l'art. 49 de la loi du 22 frim. an 7, donne lieu, indépendamment de l'émolument de 10 cent. alloué pour cette mention par l'art. 1, § 14, du décret du 24 mai 1854, à celui de 15 cent. accordé par l'art. 8, § 2, du même décret pour chaque mention portée sur un registre timbré, le premier émolument formant la rémunération d'un travail, le second n'étant que le remboursement d'une dépense, celle du papier timbré. — Civ. r. 24 févr. 1862, D.P. 62. 1. 57-44.

Art. 2. Lorsque, dans l'exercice de leurs fonctions, les greffiers des tribunaux civils de première instance se transportent à plus de cinq kilomètres de leur résidence, ils reçoivent, pour frais de voyage, nourriture et séjour, une indemnité, par jour, de 8 fr.;

S'ils se transportent à plus de deux myriamètres, l'indemnité par jour est de 10 fr.

Art. 3.

Remplacé par l'art. 1er du décret du 8 déc. 1862, infrd.

§ 2. — Des greffiers des tribunaux civils qui exercent la juridiction commerciale.

Art. 4. Les allocations établies par l'ordonnance des 9-12 oct. 1825 et l'arrêté modificatif du 8 avr. 1858, au profit des greffiers des tribunaux de commerce, sont accordées aux greffiers des tribunaux civils de première instance qui exercent la juridiction commerciale; néanmoins, ils n'ont droit à aucun émolument dans les cas prévus par l'art. 8 du présent tarif.

Art. 5. Les dispositions des art. 2, 3 et 4 du présent décret sont applicables aux greffiers des tribunaux civils qui exercent la juridiction commerciale; mais l'allocation, à titre de remboursement, du timbre employé aux feuilles d'audience, est fixée, pour chaque jugement, à 50 c.

Modifié par l'art. 2 du décret du 8 déc. 1862, infrd.

§ 3. — Des greffiers des cours impériales.

Art. 6. Les greffiers des cours impériales ont droit aux émoluments suivants :

1° Pour tout acte fait ou transcrit au greffe, quel que soit le nombre des parties, 3 fr.;

2° Pour chaque bulletin de distribution et de remise de cause, 20 cent.

3° Il leur est alloué une somme double de celle due aux greffiers des tribunaux civils de première instance pour les formalités prévues aux nos 8, 9, 10, 11, 12 et 14 de l'art. 1er du présent décret.

Art. 7. Les greffiers des cours impériales ont droit aux allocations établies par l'art. 2 et l'art. 3 du présent décret. Leur remise, par chaque rôle d'expédition, est fixée à 40 cent., sans diminution des droits de l'Etat.

Modifié par l'art. 2 du décret du 8 déc. 1862, infrd.

§ 4. — Dispositions générales.

Art. 8. Les greffiers n'ont droit à aucun émolument, 1° pour les minutes des arrêts, jugements et ordonnances, ou pour celles des actes et procès-verbaux reçus ou dressés par les magistrats avec leur assistance; 2° pour les simples formalités qui n'exigent aucune écriture, ou dont il est seulement fait mention sommaire, soit sur les pièces produites, soit sur les registres du greffe, à l'exception du répertoire prescrit par la loi du 22 frim. an 7; 3° pour l'accomplissement des obligations qui leur sont imposées, soit à l'effet de régulariser le service des greffes, soit dans un intérêt d'ordre public ou d'administration judiciaire.

Art. 9. Les greffiers doivent inscrire, au bas des expéditions qui leur sont demandées, le détail des déboursés et des droits auxquels chaque arrêt, jugement ou acte donne lieu.

A défaut d'expédition, ils doivent faire cette mention sur des états signés d'eux, et qu'ils remettent aux parties ou aux avoués.

Il leur est alloué, pour chaque état, un émolument de 10 centimes.

Ils portent sur les registres dont la tenue est prescrite par la loi toutes les sommes qu'ils perçoivent.

Les déboursés et les émoluments sont inscrits sur des colonnes séparées.

1. L'inscription des causes au rôle constitue un acte du greffe soumis à des droits divers dont les greffiers sont tenus de faire connaître le détail à la partie ou à l'avoué par un état spécial, et, par conséquent, ils ont droit pour cet état à l'émolument de 10 centimes fixé par l'art. 9 du décret du 24 mai 1854. — Civ. r. 24 févr. 1862, D.P. 63. 1. 57.

2. L'émolument de 10 centimes alloué aux greffiers pour l'état spécial, délivré par eux, des déboursés et des droits auxquels donne lieu chaque arrêt, jugement ou acte, lorsque cet état est nécessaire, à défaut d'expédition, ne s'applique pas au cas de remise aux parties d'un acte en brevet, et, par exemple, d'un certificat de folle enchère : ces actes, valant expédition, doivent porter en marge, comme les expéditions, le détail des frais et déboursés relatifs à chacun d'eux, sans qu'il soit besoin d'un état spécial, et sans que l'émolument dû pour cet état puisse dès lors être réclamé. — Civ. c. 16 févr. 1863, D.P. 63. 1. 57, et sur renvoi, Bordeaux, 26 août 1863, D.P. 63. 2. 154.

Art. 10.

Remplacé par l'art. 4 du décret du 8 déc. 1862, infrd.

Art. 11. Les émoluments déterminés par le présent tarif sont indépendants des droits et remises fixés par les lois des 21 vent. et 22 prair. an 7, le décret du 12 juill. 1808 et tous décrets, lois, ordonnances et règlements d'administration publique postérieurement publiés.

L'ordonnance du 18 sept. 1833, concernant les expropriations pour cause d'utilité publique, et celle du 10 oct. 1841, sur les ventes judiciaires, continuent à être exécutées dans toutes leurs dispositions.

Art. 12. Il est interdit aux greffiers des cours impériales et des tribunaux civils de première instance, ainsi qu'à leurs commis, de recevoir, sous quelque prétexte que ce soit, d'autres ou plus forts droits que ceux qui leur sont alloués par le présent décret; ils ne peuvent exiger ni recevoir aucun droit de prompte expédition.

Le contrevenant est, suivant la gravité des circonstances, destitué de son emploi et poursuivi, pour l'application des peines prononcées, soit par l'art. 23 de la loi du 21 vent. an 7, soit par l'art. 174 c. pén., sans préjudice de la restitution des sommes perçues et de tous dommages-intérêts, s'il y a lieu.

Sur les droits de greffe proprement dits, V. Code de l'Enregistrement annoté.

12-21 juin 1856. — *Décret portant :*

Art. 1er. Le tarif des frais et dépens décrété le 16 févr. 1807, pour le tribunal de première instance et pour les justices de paix établis à Paris, est rendu commun au tribunal de première instance et aux justices de paix de Marseille.

30 avril-7 mai 1862. — *Décret portant :*

Art. 1er. Le tarif des frais et dépens décrété le 16 févr. 1807 pour la cour impériale de Paris, pour le tribunal de première instance de la Seine, et pour les justices de paix établis à Paris, est rendu commun à la cour impériale, au tribunal de première instance et aux justices de paix établis à Toulouse.

Le tarif réglé pour le tribunal de première instance de la Seine, touchant les frais et dépens relatifs aux ventes judiciaires de biens immeubles, par le titre 2 de l'ordonnance du 10 oct. 1841, est également rendu commun au tribunal de première instance de Toulouse. — D.P. 62. 4. 40.

8-10 déc. 1862. — *Décret concernant les allocations aux greffiers des cours impériales, des tribunaux de première instance, des tribunaux de commerce et des justices de paix, à titre de remboursement du papier timbré.* — D.P. 62. 4. 128.

Art. 1er, 2, 3.

Remplacés par le décret du 24 nov. 1871, infrd., p. 1319.

Art. 4. Les greffiers mentionnés au présent décret ne peuvent écrire, sur les minutes ou feuilles d'audience et sur les registres timbrés, plus de trente lignes à la page et de vingt syllabes à la ligne, sur une feuille au timbre de 1 fr.; de quarante lignes à la page et de vingt-cinq syllabes à la ligne, lorsque la feuille est au timbre de 1 fr. 50 c., et plus de cinquante lignes à la page et de trente syllabes à la ligne, lorsque la feuille est au timbre de 2 fr.

Toute contravention est constatée conformément à la loi du 13 brum. an 7 et punie de l'amende prononcée par l'art. 12 de la loi du 16 juin 1824, sans préjudice des droits de timbre à la charge des contrevenants.

15-16 déc. 1862. — *Décret portant*

Art. 1er. Le tarif des frais et dépens décrété, le 16 févr. 1807, pour le tribunal de première instance de la Seine, et pour les justices de paix établies à Paris, est rendu commun aux tribunaux de première instance et aux justices de paix établis à Lille et à Nantes.

Le tarif réglé pour le tribunal de première instance de la Seine, touchant les frais et dépens relatifs aux ventes judiciaires de biens immeubles, par le titre 2 de l'ordonnance du 10 oct. 1841, est également rendu commun aux tribunaux de première instance de Lille et de Nantes. — D.P. 62. 4. 128.

24 nov.-16 déc. 1871. — *Décret portant augmentation du tarif des greffiers et des huissiers.* — D.P. 71. 4. 166.

Art. 1er. Il est alloué aux greffiers des cours d'appel et aux greffiers des tribunaux civils de première instance, comme remboursement de papier timbré :

1° Pour chaque arrêt ou jugement rendu à la requête des parties, ceux de simple remise exceptés, 1 fr. 20 c.;

2° Pour chaque acte porté sur un registre timbré, 60 cent.;

3° Pour chaque mention portée sur un registre timbré, 25 cent.

Art. 2. Les dispositions de l'article précédent sont applicables aux greffiers des tribunaux spéciaux de commerce et aux greffiers des tribunaux civils qui exercent la juridiction commerciale; mais l'allocation à titre de remboursement du timbre employé aux feuilles d'audience est fixée, pour chaque jugement, ceux de simple remise exceptés, à 80 cent.

Art. 3. Il est alloué aux greffiers de justice de paix, à titre de remboursement du papier timbré :

1° Pour chaque jugement porté sur la feuille d'audience, ceux de simple remise exceptés, 80 cent.;

2° Pour chaque jugement de remise, 25 cent.;

3° Pour procès-verbal de conciliation inscrit sur un registre timbré, 60 cent.;

4° Pour le procès-verbal sommaire constatant que les parties n'ont pu être conciliées, 30 cent.;

5° Pour chaque mention sur un registre timbré, 25 cent.

Art. 4. Il est alloué aux huissiers comme remboursement du papier timbré du registre tenu en exécution de l'art 176 du code de commerce :

1° Pour protêt simple et intervention, 40 cent.;

2° Pour protêt ou perquisition, 60 c.

Art. 5. La rétribution due aux greffiers de la justice de paix, en vertu de l'art. 2 de la loi du 2 mai 1855, pour tout droit, par chaque billet d'avertissement avant citation, est fixée à 30 cent., y compris l'affranchissement, qui sera, dans tous les cas, de 15 cent. et sans préjudice du remboursement du coût de la feuille de papier timbré exigée par l'art. 21 de la loi du 25 août dernier.

16-24 nov. 1875. — *Loi concernant le traitement des greffiers de justice de paix.* — D.D. 76. 4. 47.

Art. 1er. Le traitement des greffiers de justice de paix est élevé de 200 fr. à partir du 1er janv. 1876.

Art. 2. A partir du 1er janv. 1876, il sera perçu dans les greffes des justices de paix, un droit de 1 fr. en principal pour l'inscription au rôle de chaque cause portée à l'audience afin d'y recevoir jugement.

Il ne sera accordé aux greffiers de justice de paix aucune remise pour la perception de ce droit, qui sera effectué conformément aux dispositions des art. 3, 4, 10 et 24 de la loi du 21 vent. an 7.

Le droit de 1 fr. par chaque affaire mise au rôle ne s'applique pas aux conciliations. — D.P. 76. 4. 48, note 1.

V. — ASSISTANCE JUDICIAIRE.

22-30 janv. 1851. — *Loi sur l'assistance judiciaire.* — D.P. 51. 4. 25.

Art. 1er. L'assistance judiciaire est accordée aux indigents dans les cas prévus par la présente loi.

Rapport, D.P. 51. 4. 28 et s., nos 12, 13, 67, 69.

1. L'assistance peut être accordée pour toutes les affaires civiles sans distinction, et le bureau est juge de l'opportunité de l'assistance. — J.G. *Organ. jud.*, 731.

2. L'assistance judiciaire peut être accordée à une partie pour parvenir à l'exécution d'un jugement obtenu par elle à l'aide de ses propres ressources, ... alors surtout que ce jugement ne peut devenir définitif qu'au moyen d'une signification faisant courir le délai de l'appel. — Trib. de Bellac, 30 août 1860, D.P. 61. 3. 8.

3. Alors même que la loi donne une action d'office au ministère public, et que, par suite, l'indigent se trouve protégé par la sollicitude des membres du parquet, il a néanmoins le droit de réclamer l'assistance judiciaire.— J.G. *Organ. jud.*, 732.

4. Ainsi, les indigents peuvent obtenir l'assistance judiciaire pour poursuivre la rectification des actes de l'état civil qui les intéressent, bien que cette rectification puisse également avoir lieu gratuitement sur l'action d'office du ministère public. — Bureau d'assistance judiciaire près la cour de Paris, 8 août 1854, D.P. 54. 3. 81; et 25 mai 1869, D.P. 70. 3. 16.

5. L'*indigence* ne doit pas être entendue, en cette matière, dans le sens d'une indigence absolue. L'indigence judiciaire n'est autre chose que l'impossibilité de faire valoir son droit devant les tribunaux, et, par conséquent, elle est relative. — J.G. *Organ. jud.*, 733.

6. La question d'indigence doit être pour le bureau une question d'appréciation. C'est en comparant les moyens pécuniaires de la personne qui réclame l'assistance, avec les frais présumés du litige, qu'il résoudra cette question. — J.G. *Organ. jud.*, 733.

7. Enfin, il doit considérer, non point l'indigence relative à la situation de la personne, mais l'indigence relative à la nature et à l'importance du procès. Celui qui ne serait indigent que relativement aux habitudes de vivre qu'il avait antérieurement, n'aurait aucun droit à l'assistance judiciaire.— J.G. *Organ. jud.*, 733.

TIT. Ier. — DE L'ASSISTANCE JUDICIAIRE EN MATIÈRE CIVILE.

CHAP. Ier. — *Des formes dans lesquelles l'assistance judiciaire est accordée.*

Art. 2. L'admission à l'assistance judiciaire devant les tribunaux civils, les tribunaux de commerce et les juges de paix, est prononcée par un bureau spécial établi au chef-lieu judiciaire de chaque arrondissement, et composé,

1° Du directeur de l'Enregistrement et des domaines, ou d'un agent de cette administration délégué par lui;

2° D'un délégué du préfet;

3° De trois membres pris parmi les anciens magistrats, les avocats ou anciens avocats, les avoués ou anciens avoués, les notaires ou anciens notaires. Ces trois membres seront nommés par le tribunal civil.

Néanmoins, dans les arrondissements où il y aura au moins quinze avocats inscrits au tableau, un des trois membres mentionnés dans le paragraphe précédent sera nommé par le conseil de discipline de l'ordre des avocats, et un autre par la chambre des avoués près le tribunal civil; le troisième sera choisi par le tribunal, conformément au paragraphe précédent.

Rapport, D.P. 51. 4. 28 et s., nos 9, 10, 19 et 20.

1. L'agent des domaines et celui de l'administration appelés à faire partie des bureaux de l'assistance judiciaire sont désignés, le premier par l'administration des finances, le second par le préfet du département. — J.G. *Organ. jud.*, 736.

2. Les magistrats du ministère public font partie intégrante du tribunal civil auquel a été déléguée la nomination de trois des membres du bureau de l'assistance judiciaire, ... et ils ont, en cette qualité, le droit de prendre part au scrutin comme les juges, et non pas seulement d'agir par voie de réquisition, conformément à leurs attributions ordinaires, la nature de l'opération étant exclusive de toutes réquisitions. — Req. 29 juill. 1851, D.P. 51. 1. 204. — Req. 27 mars 1854, D.P. 54. 1. 102.

3. Le même droit n'appartient pas aux juges suppléants. — Trib. de Rambouillet, 28 déc. 1853, D.P. 54. 1. 102. — Observ. conf., J.G. *Organ. jud.*, 737.

4. Les avocats, avoués ou notaires qui sont en même temps juges suppléants ou suppléants de juges de paix, ne doivent pas faire partie des bureaux d'assistance. — J.G. *Organ. jud.*, 738.

5. Le bureau d'assistance judiciaire établi au chef-lieu d'arrondissement reçoit les demandes d'assistance, soit qu'il s'agisse de plaider devant le tribunal civil, soit qu'il s'agisse de plaider devant un tribunal de commerce situé dans l'arrondissement, ou devant une des justices de paix de l'arrondissement. — J.G. *Organ. jud.*, 739.

6. L'assistance judiciaire n'est accordée que devant les juridictions où la procédure entraine des frais, c'est-à-dire devant les tribunaux civils, les tribunaux de commerce, les juges de paix, les cours d'appel, la Cour de cassation, et en matière administrative devant le conseil d'État seulement. Elle ne l'est pas devant les conseils de prud'hommes, les conseils de préfecture et les tribunaux criminels. — J.G. *Organ. jud.*, 738 et 739.

Art. 3. Le bureau d'assistance établi près d'une cour d'appel se compose de sept membres, savoir :

De deux délégués, nommés comme il est dit dans les nos 1 et 2 de l'article précédent;

Et de cinq autres membres choisis de la manière suivante :

Deux par la cour, en assemblée générale, parmi les citoyens des qualités énoncées dans le paragraphe 4 de l'article précédent;

Deux par le conseil de discipline de l'ordre des avocats,

Et un par la chambre de discipline des avoués à la cour.

Rapport, D.P. 51. 4. 29, nos 21 et s.

Art. 4. Lorsque le nombre des affaires l'exige, le bureau peut, en vertu d'une décision du ministre de la justice, prise sur l'avis du tribunal ou de la cour, être divisé en plusieurs sections.

Dans ce cas, les règles prescrites par les deux articles précédents, relativement au nombre des membres du bureau et à leur nomination, s'appliquent à chaque section.

Rapport, D.P. 51. 4. 29, no 25.

Lorsqu'il y a lieu de faire usage de la faculté laissée par l'art. 4, chaque section doit être composée comme un bureau unique, et alors le bureau, dans son ensemble, comprend un nombre de membres double ou triple des bureaux ordinaires. — J.G. *Organ. jud.*, 741.

Art. 5. Près de la Cour de cassation et près du conseil d'État, le bureau est composé de sept membres, parmi lesquels deux délégués du ministre des finances.

Trois autres membres sont choisis, savoir:

Pour le bureau établi près de la Cour de cassation, par cette Cour, en assemblée générale, parmi les anciens membres de la Cour, les avocats et les anciens avocats au conseil d'Etat et à la Cour de cassation, les professeurs et les anciens professeurs en droit;

Et, pour le bureau établi près du conseil d'Etat, par ce conseil, en assemblée générale, parmi les anciens conseillers d'Etat, les anciens maîtres des requêtes, les anciens préfets, les avocats et les anciens avocats au conseil d'Etat et à la Cour de cassation.

Près de l'une et de l'autre de ces juridictions, les deux derniers membres sont nommés par le conseil de discipline de l'ordre des avocats au conseil d'Etat et à la Cour de cassation.

Rapport, D.P. 51. 4. 29, n° 23.

1. Devant la Cour de cassation, des lois antérieures avaient dispensé de la consignation de l'amende ceux qui payent moins de 6 fr. de contributions directes (Décr. 8 juill. 1793, art. 1er; L. 14 brum. an 5, art. 2 et art. 420-c. instr. crim.; V. suprà, p. 304, n° 527 et s.). Ces dispositions n'ont pas été abrogées par la loi du 22 janv. 1851. L'assistance judiciaire est un secours plus large que celui de l'art. 420 c. instr. crim., en ce qu'elle dispense de tous frais, tandis que l'art. 420 ne dispense que de la consignation et de l'amende. En outre, elle serait accordée à une personne imposée à plus de 6 fr. de contributions directes. — J.G. Organ. jud., 743.

2. Si un indigent voulait user du bénéfice de l'art. 420 c. instr. crim. de préférence à celui de la loi du 22 janv. 1851, dans la crainte que le bureau n'appréciât mal les chances de son pourvoi, il en aurait le droit, si ce n'est dans le cas où l'assistance ayant été demandée au bureau, cette demande aurait été rejetée. — J.G. Organ. jud., 743.

Art. 6. Chaque bureau d'assistance ou chaque section nomme son président.

Les fonctions de secrétaire sont remplies par le greffier de la cour ou du tribunal près duquel le bureau est établi, ou par un de ses commis assermentés; et, pour le bureau établi près du conseil d'Etat, par le secrétaire général de ce conseil, ou par un secrétaire de comité ou de section délégué par lui.

Le bureau ne peut délibérer qu'autant que la moitié plus un de ses membres sont présents, non compris le secrétaire, qui n'a pas voix délibérative.

Les décisions sont prises à la majorité; en cas de partage, la voix du président est prépondérante.

Rapport, D.P. 51. 4. 29, n°° 26, 27.

Art. 7. Les membres du bureau, autres que les délégués de l'administration, sont soumis au renouvellement, au commencement de chaque année judiciaire et dans le mois qui suit la rentrée; les membres sortants peuvent être réélus.

Rapport, D.P. 51. 4. 29, n° 28.

1. Les tribunaux et les corporations chargés de choisir les membres du bureau peuvent, lors du renouvellement annuel, avoir égard aux convenances personnelles en même temps qu'à l'intérêt public. — J.G. Organ. jud., 745.

2. C'est aux officiers du ministère public qu'il appartient de faire procéder à la nomination des membres des bureaux d'assistance judiciaire, provoquer leur réunion, pourvoir à leur remplacement en cas de nécessité. — J.G. Organ. jud., 746.

Art. 8. Toute personne qui réclame l'assistance judiciaire adresse sa demande sur papier libre au procureur de la République près le tribunal de son domicile. Ce magistrat en fait la remise au bureau établi près de ce tribunal. Si le tribunal n'est pas compétent pour statuer sur le litige, le bureau se borne à recueillir des renseignements, tant sur l'indigence que sur le fond de l'affaire. Il peut entendre les parties. Si elles ne sont pas accordées, il transmet, par l'intermédiaire du procureur de la République, la demande, le résultat de ses informations et les pièces, au bureau établi près de la juridiction compétente.

Rapport, D.P. 51. 4. 28 et s., n° 11, 29 et s.

1. Si l'indigent ne peut pas ou ne veut pas se transporter au chef-lieu, il confiera sa demande et ses pièces au maire de sa commune, qui l'enverra au procureur de la République, avec lequel il jouit de la franchise du port des lettres. — J.G. Organ. jud., 747.

2. Si le bureau était saisi directement d'une demande, il pourrait statuer légalement, sauf à en donner avis au procureur de la République. Mais il est mieux que le bureau ne statue qu'après avoir transmis la demande au parquet. — J.G. Organ. jud., 748.

3. Dans le cas où évidemment le tribunal ne serait pas compétent, le bureau doit recueillir des renseignements tant sur l'indigence du réclamant que sur le fond de l'affaire; l'incompétence du tribunal à saisir ne l'autoriserait pas à repousser la demande sans examen. — J.G. Organ. jud., 749.

4. Les bureaux d'assistance judiciaire peuvent donc avoir à se livrer soit à un examen définitif pour admettre ou rejeter une demande d'assistance, dans le cas où le tribunal est compétent, soit à un examen préparatoire si le réclamant est domicilié dans le ressort et que le tribunal soit incompétent. — J.G. Organ. jud., 749.

5. La demande à fin d'assistance est dispensée du timbre ainsi que les pièces qui sont nécessaires pour l'appuyer, et qui sont réclamées par le bureau. — J.G. Organ. jud., 750.

6. En matière d'assistance judiciaire, la franchise de correspondance a lieu comme pour les affaires du parquet. — J.G. Organ. jud., 750.

Art. 9. Si la juridiction devant laquelle l'assistance judiciaire a été admise se déclare incompétente, et que, par suite de cette décision, l'affaire soit portée devant une autre juridiction de même nature et de même ordre, le bénéfice de l'assistance subsiste devant cette dernière juridiction.

Celui qui a été admis à l'assistance judiciaire devant une première juridiction continue à en jouir sur l'appel interjeté contre lui dans le cas même où il se rendrait incidemment appelant. Il continue pareillement à en jouir sur le pourvoi en cassation formé contre lui.

Lorsque c'est l'assisté qui émet un appel principal ou qui forme un pourvoi en cassation, il ne peut, sur cet appel ou sur ce pourvoi, jouir de l'assistance qu'autant qu'il y est admis par une décision nouvelle. Pour y parvenir, il doit adresser sa demande, savoir:

S'il s'agit d'un appel à porter devant le tribunal civil, au procureur de la République près ce tribunal;

S'il s'agit d'un appel à porter devant la cour d'appel, au procureur général près cette cour;

S'il s'agit d'un pourvoi en cassation, au procureur général près la Cour de cassation;

Le magistrat auquel la demande est adressée en fait la remise au bureau compétent.

Rapport, D.P. 51. 4. 28 et s., n° 11, 32, 33, 35.

1. Dans le cas où le tribunal s'est déclaré incompétent, si la nouvelle juridiction devant laquelle l'affaire est portée n'est pas de la même nature ni du même ordre que celle originairement saisie, le demandeur devra se pourvoir auprès du bureau de cette juridiction d'une nouvelle autorisation. — J.G. Organ. jud., 766.

2. L'indigent qui a obtenu l'assistance judiciaire peut défendre à un pourvoi en cassation devant la chambre civile, et à une demande en règlement de juges devant la chambre des requêtes, sans une nouvelle autorisation. — J.G. Organ. jud., 767.

Art. 10. Quiconque demande à être admis à l'assistance judiciaire doit fournir,

1° Un extrait du rôle de ses contributions, ou un certificat du percepteur de son domicile, constatant qu'il n'est pas imposé;

2° Une déclaration attestant qu'il est à raison de son indigence, dans l'impossibilité d'exercer ses droits en justice, et contenant l'énumération détaillée de ses moyens d'existence, quels qu'ils soient.

Le réclamant affirme la sincérité de sa déclaration devant le maire de la commune de son domicile; le maire lui en donne acte au bas de la déclaration.

Rapport, D.P. 51. 4. 30, n° 36.

1. La somme des impositions du réclamant, le fait qu'il paye des contributions, ne rendent pas la réclamation non recevable. Dans le cas de faillite ou de déconfiture, par exemple, le réclamant, bien qu'imposé aux contributions, peut être dans l'impossibilité de subvenir aux frais d'un procès. — J.G. Organ. jud., 752.

2. La déclaration d'indigence faite par le réclamant ne résulte pas de l'appréciation du maire de la commune, elle doit émaner de celui-là même qui réclame l'assistance judiciaire. Le maire n'a qu'à donner acte au réclamant de la déclaration. — J.G. Organ. jud., 753.

3. L'état de faillite ne serait par lui-même ni une cause ni un obstacle à l'admission à l'assistance. — J.G. Organ. jud., 754.

4. Du reste, le Trésor, en cas d'insuffisance des deniers trouvés chez le failli, est chargé d'avancer les premiers frais du jugement de déclaration de faillite et des actes qui suivent jusqu'à l'incarcération du failli. — V. Code de commerce annoté. art. 461.

5. L'assistance ne peut être réclamée que par les particuliers, et non par les établissements publics, les communes et les établissements de bienfaisance. — J.G. Organ. jud., 755.

6. L'assistance judiciaire peut être réclamée aussi bien par le défendeur que par le demandeur. — J.G. Organ. jud., 751.

7. La faculté de réclamer l'assistance judiciaire ne peut être reconnue à l'étranger indigent qui ne justifie pas d'une autorisation d'établir son domicile en France, alors qu'il n'existe à cet égard aucune réciprocité entre le pays de cet étranger et la France. — Bur. d'assist. jud. près la cour de Nancy, 20 mai 1865, D.P. 66. 3. 80. — Conf. Bur. d'assist. jud. près le trib. de la Seine, 26 juill. 1853, J.G. Organ. jud., 756.

8. Suivant une autre opinion, l'étranger peut obtenir en France le bénéfice de l'assistance judiciaire. — Bur. d'assist. jud., près la cour de Paris, 18 déc. 1855, J.G. Organ. jud., 758.

9. Du reste, l'étranger admis au bénéfice de l'assistance judiciaire à raison de son indigence, n'en demeure pas moins, lorsqu'il est demandeur ou intervenant, soumis à l'obligation de fournir la caution judicatum solvi. — Trib. de Soissons, 23 août 1861, D.P. 66. 3. 104. — Trib. de la Seine, ibid., note 1. — Trib. de Sartène, 2 mai 1859, ibid.

10. Les Français en Suisse et les Suisses en France jouissent du bénéfice de l'assistance judiciaire en se conformant aux lois du pays dans lequel l'assistance judiciaire est réclamée. Néanmoins l'état d'indigence doit, en outre des formalités prescrites par ces lois, être établi, par la production de pièces délivrées par les autorités compétentes du pays d'origine de la partie et légalisées par l'agent diplomatique de l'autre pays, qui les transmet à son gouvernement. — Convent. du 15 juin 1869, art. 14, D.P. 70. 4. 7.

Art. 11. Le bureau prend toutes les informations nécessaires pour s'éclairer sur l'indigence du demandeur, et l'instruction déjà faite par le bureau du domicile du demandeur, dans le cas prévu par l'art. 8, ne lui fournit pas, à cet égard, des documents suffisants.

Il donne avis à la partie adverse qu'elle peut se présenter devant lui, soit pour contester l'indigence, soit pour fournir des explications sur le fond.

Si elle comparaît, le bureau emploie ses bons offices pour opérer un arrangement amiable.

Rapport, D.P. 51. 4. 30, n°° 37 à 41.

1. Les efforts que doivent faire les bureaux d'assistance pour arranger les parties n'ont cependant pas pour effet d'enlever au juge de paix son caractère légal de juge conciliateur. — J.G. Organ. jud., 759.

2. Il n'y a ni procès-verbal de conciliation à dresser, ni mention de non-conciliation à faire dans la décision. Si les parties s'accordent, le bureau peut se charger de la rédaction d'une transaction, si elles le désirent, ou les inviter à se retirer devant un notaire. — J.G. Organ. jud., 759.

Art. 12. Les décisions du bureau ne contiennent que l'exposé sommaire des faits et des moyens, et la déclaration que l'assistance est accordée ou qu'elle est refusée, sans expression de motifs dans l'un ni dans l'autre cas. Les décisions du bureau ne sont susceptibles d'aucun recours.

Néanmoins, le procureur général, après avoir pris communication de la décision d'un bureau établi près d'un tribunal civil et des pièces à l'appui, peut, sans retard de l'instruction ni du jugement, déférer cette décision au bureau établi près la cour d'appel, pour être réformé s'il y a lieu.

Le procureur général à la Cour de cassation et le procureur général près la cour d'appel peuvent aussi se faire envoyer les décisions des bureaux d'assistance qui ont été rendues dans une affaire sur laquelle le bureau d'assistance établi près de l'une ou de l'autre de ces cours est appelé à statuer, si ce dernier bureau en fait la demande.

Hors les cas prévus par les deux paragraphes précédents, les décisions du bureau ne peuvent être communiquées qu'au procureur de la République, à la personne qui a demandé l'assistance, et à ses conseils; le tout sans déplacement.

Elles ne peuvent être produites ni discutées en justice, si ce n'est devant la police correctionnelle dans le cas prévu par l'art. 26 de la présente loi.

Rapport, D.P. 51. 4. 30 et s., n°s 42 à 46.

1. En principe, les décisions du bureau d'assistance ne sont pas motivées; mais, elles ne doivent pas consister en ces simples mots : *l'assistance est accordée* ou *l'assistance est refusée*. L'avis du bureau doit présenter un exposé sommaire de la cause, exposé analogue à celui que ferait un rapporteur. — J.G. *O·gan. jud.*, 760.

2. Un recours devant le bureau établi près la cour d'appel peut être exercé par le procureur général, mais par le procureur général seul, aussi bien contre l'avis qui a refusé l'assistance que contre l'avis qui l'a accordée. — J.G. *Organ. jud.*, 762.

3. Cet appel exige l'apport de la décision du premier bureau; mais le bureau d'appel ne donne toujours qu'un avis. — J.G. *O·gan. jud.*, 761.

4. L'adversaire de l'assisté n'est pas recevable à contester le bien fondé de la décision qui a accordé l'assistance judiciaire — Trib. de Bellac, 30 août 1860, D.P. 61. 3. 8.

5. Un bureau d'assistance judiciaire aurait le droit de rétracter une décision rendue. A l'inverse, il pourrait, après avoir rejeté une demande d'assistance, revenir sur cette décision, et accorder l'assistance sur une nouvelle demande. — J.G. *Organ. jud.*, 765.

6. Le tribunal ne pourrait même pas se faire représenter cette décision en la chambre du conseil. Si la décision contient des observations de fait et de droit qui peuvent être utiles à la cause de l'assisté, l'avocat de ce dernier en profite; mais il doit les présenter comme si elles émanaient de lui-même. — J.G. *Organ. jud.*, 761.

7. Les séances des bureaux d'assistance ne sont pas publiques. — J.G. *Organ jud.*, 764.

<h3>Chap. II. — Des effets de l'assistance judiciaire.</h3>

Art. 13. Dans les trois jours de l'admission à l'assistance judiciaire, le président du bureau envoie par l'intermédiaire du procureur de la République, au président de la cour ou du tribunal, ou au juge de paix, un extrait de la décision portant seulement que l'assistance est accordée; il y joint les pièces de l'affaire.

Si la cause est portée devant une cour ou un tribunal civil, le président invite le bâtonnier de l'ordre des avocats, le président de la chambre des avoués et le syndic des huissiers, à désigner l'avocat, l'avoué et l'huissier qui prêteront leur ministère à l'assisté.

S'il n'existe pas de bâtonnier, ou s'il n'y a pas de chambre de discipline des avoués, la désignation est faite par le président du tribunal.

Si la cause est portée devant un tribunal de commerce ou devant un juge de paix, le président du tribunal ou le juge de paix se

borne à inviter le syndic des huissiers à désigner un huissier.

Dans le même délai de trois jours, le secrétaire du bureau envoie un extrait de la décision au receveur de l'enregistrement.

Rapport, D.P. 51. 4. 31, n° 46.

« **Art. 14.** L'assisté est dispensé provisoirement du payement des sommes dues au Trésor pour droits de timbre, d'enregistrement et de greffe, ainsi que de toute consignation d'amende.

Il est aussi dispensé provisoirement du payement des sommes dues aux greffiers, aux officiers ministériels et aux avocats, pour droits, émoluments et honoraires.

Les actes de la procédure faite à la requête de l'assisté sont visés pour timbre et enregistrés en débet.

Le visa pour timbre est donné sur l'original au moment de son enregistrement.

Les actes et titres produits par l'assisté, pour justifier de ses droits et qualités, sont pareillement visés pour timbre et enregistrés en débet.

Si ces actes et titres sont du nombre de ceux dont les lois ordonnent l'enregistrement dans un délai déterminé, les droits d'enregistrement deviennent exigibles immédiatement après le jugement définitif; il en est de même des sommes dues pour contravention aux lois sur le timbre.

Si ces actes et titres ne sont pas du nombre de ceux dont les lois ordonnent l'enregistrement dans un délai déterminé, les droits d'enregistrement de ces actes et titres sont assimilés à ceux des actes de la procédure.

Le visa pour timbre et l'enregistrement en débet doivent mentionner la date de la décision qui admet au bénéfice de l'assistance; ils n'ont d'effet, quant aux actes et titres produits par l'assisté, que pour le procès dans lequel la production a eu lieu.

Les frais de transport des juges, des officiers ministériels et des experts, les honoraires de ces derniers et les taxes des témoins dont l'audition a été autorisée par le tribunal ou le juge-commissaire, sont avancés par le Trésor, conformément à l'art. 118 du décret du 18 juin 1811. Le § 5 (§ 6) du présent article s'applique au recouvrement de ces avances.

Rapport, D.P. 51. 4. 28 et s., n°s 13, 14, 47.

1. L'avance par le Trésor de la taxe des témoins ne s'applique qu'aux témoins dont l'audition a été autorisée par le tribunal ou par le juge-commissaire. — J.G. *Organ. jud.*, 769.

2. L'assistance judiciaire qui dispense provisoirement l'assisté du payement des sommes dues au Trésor pour droits de timbre, d'enregistrement et de greffe, ainsi que de toute consignation d'amende, ne le dispense pas des consignations exigées en certains cas par la loi, dans l'intérêt privé de la partie adverse. — Req. 6 août 1863, D.P. 63. 1. 462.

3. Ainsi, le demandeur en requête civile qui a été admis au bénéfice de l'assistance judiciaire, est dispensé de la consignation d'amende exigée par l'art. 494 c. pr., mais non de la consignation de la somme déterminée par le même article pour les dommages-intérêts de la partie au profit de laquelle a été rendue la décision frappée de la requête civile. — Même arrêt.

4. Le pouvoir donné par l'assisté pour se faire représenter en justice est au nombre des actes qui doivent recevoir en débet la double formalité du timbre et de l'enregistrement, quelle que soit, d'ailleurs, la juridiction civile, ou commerciale, devant laquelle ils sont produits. — Instr. de la Régie, 18 juill. 1853, D.P. 54. 3. 13.

5. Le bénéfice de la loi du 22 janv. 1851 s'applique aussi aux actes de signification des jugements et arrêts par défaut, et aux divers actes de poursuite tendant à provoquer l'opposition, ou en cas de non-opposition, à faire courir le délai de l'appel ou du pourvoi en cassation; mais il n'est plus applicable aux actes de poursuite faits après que les jugements ou arrêts ont acquis l'autorité de la chose jugée. — Décis. min. fin. et just. 29 avr. 1853, § 6, D.P. 54. 3. 13.

6. Si l'assisté a obtenu un jugement par défaut, sans que son adversaire ait constitué avoué, le receveur doit, après la signification de ce jugement, faire les diligences nécessaires pour obtenir le payement des droits en débet et des frais avancés par l'administration; mais si un commandement ne déterminait pas le condamné à payer

le montant des dépens, ou à former opposition, il appartiendrait à l'assisté de pourvoir lui-même à l'exécution du jugement, de l'une des autres manières indiquées dans l'art. 159 c. civ., sans préjudice des poursuites qui pourraient être exercées dans l'intérêt du Trésor, afin d'éviter la péremption, si l'assisté négligeait d'en exercer lui-même. — Même décis., § 7.

7. Si l'exécution d'un jugement par défaut, avant que ce jugement ait acquis l'autorité de la chose jugée, est poursuivie par voie de saisie immobilière, l'administration de l'enregistrement fait l'avance des salaires accordés aux témoins, serruriers et gardiens, ainsi que des frais de transport des meubles sur le lieu de la vente; si les meubles sont vendus, le procès-verbal peut être visé pour timbre et enregistré en débet; mais, dans ce cas, le montant de tous les droits en débet et des frais avancés par le Trésor, ainsi que les honoraires et indemnités dus aux officiers ministériels, est prélevé sur le prix de la vente et remis au receveur, pour être distribué aux ayants droit, conformément à l'art. 18, alin. 3, de la loi du 22 janv. 1851, après que le jugement a acquis l'autorité de la chose jugée. — Même décis., § 8.

8. Une personne admise à l'assistance judiciaire ne peut, sans avancer les droits et les frais de cette formalité, requérir inscription au bureau des hypothèques, en vertu d'un jugement obtenu contre un débiteur, si ce jugement a déjà acquis l'autorité de la chose jugée. — Même décis., § 9.

9. La dispense provisoire accordée à l'assisté est étendue aux droits et frais de l'inscription, lorsqu'elle a été acquise dans l'un des cas prévus par l'art. 2123 c. civ., et avant qu'il y ait un jugement ayant acquis l'autorité de la chose jugée. — Même décis., § 10.

10. Les droits de timbre des feuilles des registres des formalités hypothécaires relatives aux inscriptions prises dans le dernier cas, sont remboursés chaque année aux conservateurs par l'administration, sur un état fait en double et revêtu des arrêtés, vérifications, certificats et mentions indiqués au bas de l'état dont le cadre est tracé par l'instruction n° 1916. L'un de ces doubles doit être produit à l'appui du mandat de remboursement, l'autre est renvoyé et conservé au bureau des hypothèques. — Même décis., § 11.

11. Le montant de tous les droits et frais d'hypothèque dont l'assisté n'a pas fait l'avance, est porté sur le sommier des droits d'hypothèques en suspens. Le conservateur fait mention sur ce sommier du remboursement des droits de timbre qui lui a été fait par l'administration, et les mêmes droits sont portés en recette sur le registre du visa pour timbre, lorsque, postérieurement, le payement en aura été obtenu des parties. — Même décis., § 12.

12. Le § 6 de l'art. 14 rend exigible après le jugement définitif l'enregistrement des actes qui, d'après les lois de la matière, doivent être enregistrés dans un délai préfixe sous peine du double droit. Il en est de même des sommes dues pour contravention aux lois du timbre. — J.G. *Organ. jud.*, 775.

Art. 15. Le ministère public est entendu dans toutes les affaires dans lesquelles l'une des parties a été admise au bénéfice de l'assistance.

Rapport, D.P. 51. 4. 28 et s., n°s 10 et 48.

Art. 16. Les notaires, greffiers et tous autres dépositaires publics ne sont tenus à la délivrance gratuite des actes et expéditions réclamés par l'assisté que sur une ordonnance du juge de paix ou du président.

Rapport, D.P. 51. 4. 31, n° 48.

Art. 17. En cas de condamnation aux dépens prononcée contre l'adversaire de l'assisté, la taxe comprend tous les droits, frais de toute nature, honoraires et émoluments auxquels l'assisté aurait été tenu, s'il n'y avait pas eu assistance judiciaire.

Rapport, D.P. 51. 4. 31, n° 49.

Art. 18. Dans le cas prévu par l'article précédent, la condamnation est prononcée et l'exécutoire est délivré au nom de l'administration de l'Enregistrement et des domaines, qui en poursuit le recouvrement comme en matière d'enregistrement.

Il est délivré un exécutoire séparé au nom de l'administration de l'Enregistrement et des domaines pour les droits qui, n'étant pas compris dans l'exécutoire délivré contre la partie adverse, restent dus par l'assisté au Trésor, conformément au cinquième (sixième) paragraphe de l'art. 14.

L'administration de l'Enregistrement et des domaines fait immédiatement aux divers ayants droit la distribution des sommes recouvrées.

La créance du Trésor, pour les avances qu'il a faites, ainsi que pour tous droits de greffe, d'enregistrement ou de timbre, a la préférence sur celle des autres ayants droit.

Rapport, D.P. 51, 4. 24 et s., nos 15, 16, 50.

2. Les droits d'enregistrement autres que les peines fiscales et les droits de timbre et de greffe deviennent exigibles après le jugement définitif, et le recouvrement en est poursuivi par voie de contrainte. — *J.G. Organ. jud., 778.*

... La faculté de l'administration de se faire délivrer un exécutoire des dépens, des condamnations prononcées en faveur de l'assisté, n'est pas limité au cas où l'assistance judiciaire a été accordée avant le jugement ; il s'applique aussi, par cela seul que l'administration est obligé d'avancer les frais, au cas où l'assistance a été accordée pour parvenir à l'exécution d'un jugement obtenu par l'assisté avant sa demande de secours. — *Trib. de Melle, 30 août 1860, D.P. 61. 3. 3.*

3. Lorsque la partie à laquelle l'assistance judiciaire a été accordée a obtenu gain de cause, et que, par suite, son adversaire a été condamné aux dépens, la taxe des droits, frais de toute nature, honoraires et émoluments, doit être faite conformément au tarif civil de 1807, et non conformément au tarif criminel annexé au décret du 18 juin 1811. — *Orléans, 4 mars 1860, D.P. 61. 5. 247.*

4. Lorsque l'adversaire d'un individu auquel a été accordée l'assistance judiciaire a été condamné par défaut, les receveurs devront, tout en faisant les diligences nécessaires pour parvenir au recouvrement des frais dans les délais de l'art. 156 c. pr. civ., éviter que leurs poursuites aient lieu au même moment que celles de l'assisté. — *Instr. de la Régie, 18 juill. 1853, D.P. 54. 3. 13.*

5. En cas de transaction ou de désistement, tous les frais déjà faits et avancés par le Trésor ne deviennent pas immédiatement exigibles contre l'indigent. — *Décis. min. fin. et just. 29 avr. 1858, D.P. 58. 2. 13.*

6. Toutefois, si les actes produits par l'assisté ou enregistrés en débet étaient sujets à l'enregistrement dans un délai déterminé, ou s'ils contenaient des contraventions aux lois sur le timbre, le payement des droits et amendes pourrait être poursuivi par voie de contrainte contre le débiteur, nonobstant la transaction ou le désistement. — *Même décis.*

7. Si la transaction ou le désistement ont eu lieu après l'appel du jugement de première instance, les droits en débet et frais de première instance avancés par le Trésor doivent être recouvrés dans la forme déterminée par les art. 17, 18 et 19 de la loi du 22 janv. 1851. — *Même décis.*

8. L'individu qui a succombé dans un procès soutenu contre une partie plaidant avec le secours de l'assistance judiciaire, ne peut, pour échapper à l'action de l'administration de l'Enregistrement en payement de la totalité des frais faits pour cette partie, se prévaloir d'un arrangement postérieurement conclu avec celle-ci, par lequel il aurait été convenu que chacun supporterait ses frais. — *Trib. de la Seine, 8 déc. 1866.*

9. Dans le cas où la partie adverse de l'indigent assisté aurait succombé en première instance, mais aurait interjeté appel du jugement, l'administration au profit de laquelle un exécutoire aurait été délivré ne pourrait continuer ses poursuites à l'effet d'en opérer le recouvrement. Même au cas où l'exécution provisoire aurait été ordonnée, on devrait attendre la fin du procès avant de poursuivre le payement des frais. — *J.G. Organ. jud., 781.*

10. On doit n'accorder pas au Trésor un privilège de créance sur la nature du procès que la loi du 5 sept. 1807 a établi en matière de frais de justice criminelle. Seulement, il n'y a, dans l'Administration de l'Enregistrement, agissant par l'intérêt commun du Trésor et des officiers publics, n'était pour recouvrer une partie du montant de ... le Trésor aurait la préférence sur celle des autres ayants droit, sans préjudice du privilège établi par l'art. 76 de la loi du 28 avr. 1816 pour les droits de timbre et d'enregistrement. — *J.G. Organ. jud., 780.*

Art. 19. En cas de condamnation aux dépens prononcée contre l'assisté, il est procédé, conformément aux règles tracées par l'art. précédent, au recouvrement des sommes dues au Trésor, en vertu des paragraphes 5 et 8 (6 et 9) de l'art. 14.

Rapport, D.P. 51, 4. 31, no 51.

1. Le bénéfice de l'assistance judiciaire n'est pas pour l'indigent un simple crédit, mais un privilège dont il conserve les effets aussi longtemps que dure son état d'indigence ; conséquemment, s'il perd son procès, le Trésor ne peut répéter contre lui les droits dont il a fait l'avance. — *J.G. Organ. jud., 777.*

2. Néanmoins, dans les cas où l'indigence cesserait, les droits du Trésor deviendraient exigibles ; mais l'indigence n'a cessé légalement que quand le bénéfice de l'assistance judiciaire a été retiré dans les cas et dans les formes prévus par les art. 21 et s. — *J.G. Organ. jud., 777.*

3. Ces réserves ne sont pas applicables aux peines fiscales encourues avant le procès, qui peuvent être exigées contre l'indigent, mais seulement après jugement définitif. — *J.G. Organ. jud., 777.*

4. La partie qui, ayant obtenu l'assistance judiciaire, succombe et est condamnée aux dépens, n'est pas dispensée de l'obligation de payer ceux de la partie adverse, à l'égard desquels elle reste soumise aux règles du droit commun. — *Grenoble, 30 mars 1868, D.P. 68. 2. 24.*

Art. 20. Les greffiers sont tenus de transmettre, dans le mois, au receveur de l'Enregistrement, l'extrait du jugement de condamnation ou l'exécutoire, sous peine de 10 fr. d'amende pour chaque extrait de jugement ou chaque exécutoire non transmis dans le dit délai.

Rapport, D.P. 51. 4. 28 et s., nos 13, 14 et 52.

L'art. 20 doit être entendu en ce sens que le délai fixé court à partir du jugement, lorsque la liquidation des dépens s'y trouve comprise, comme en matière sommaire, et à partir de la signature de la taxe par le juge et le greffier, lorsque, comme en matière ordinaire, les dépens sont liquidés après le jugement et qu'il en est délivré un exécutoire séparé. — *Cr. r. 12 nov. 1861, D.P. 62. 1. 474.*

CHAP. III. — *Du retrait de l'assistance judiciaire.*

Art. 21. Devant toutes les juridictions, le bénéfice de l'assistance peut être retiré en tout état de cause, soit avant, soit même après le jugement,

1° S'il survient à l'assisté des ressources reconnues suffisantes ;

2° S'il a surpris la décision du bureau par une déclaration frauduleuse.

Rapport, D.P. 51. 4. 31 et s., nos 53 à 63.

1. S'il survient à l'assisté des ressources suffisantes pour motiver le retrait de l'assistance, l'appréciation de ces ressources rentre dans le pouvoir du bureau d'assistance judiciaire. — *J.G. Organ. jud., 785.*

2. L'assisté ne doit encourir le retrait de l'assistance que lorsque l'exposé qu'il a présenté au bureau, soit de sa situation pécuniaire, soit des faits de la cause, a été non-seulement inexact, mais encore frauduleux. — *J.G. Organ. jud., 785.*

3. Il n'y a pas lieu au retrait de l'assistance dans le cas où l'on acquiert la conviction que l'instance n'est pas fondée. — *J.G. Organ. jud., 785.*

Art. 22. Le retrait de l'assistance peut être demandé, soit par le ministère public, soit par la partie adverse.

Il peut aussi être prononcé d'office par le bureau.

Dans tous les cas, il est motivé.

Rapport, D.P. 51. 4. 31, no 57.

Le droit de prononcer le retrait n'appartient qu'aux ...

bureaux d'assistance. Les tribunaux commettraient un excès de pouvoir s'ils prenaient une décision à cet égard. — *J.G. Organ. jud., 785.*

Art. 23. L'assistance judiciaire ne peut être retirée qu'après que l'assisté a été entendu ou mis en demeure de s'expliquer.

Rapport, D.P. 51. 4. 31, nos 58 et s.

Art. 24. Le retrait de l'assistance judiciaire a pour effet de rendre immédiatement exigibles les droits, honoraires, émoluments et avances de toute nature, dont l'assisté avait été dispensé.

Dans tous les cas où l'assistance judiciaire est retirée, le secrétaire du bureau est tenu d'en informer immédiatement le receveur de l'Enregistrement, qui procédera au recouvrement et à la répartition, suivant les règles tracées en l'art. 18 ci-dessus.

Rapport, D.P. 51. 4. 31, nos 52 et s.

Art. 25. L'action tendant au recouvrement de l'exécutoire délivré à la Régie de l'Enregistrement et des domaines, soit contre l'assisté, soit contre la partie adverse, se prescrit par dix ans.

La prescription de l'action de l'adversaire de l'assisté contre celui-ci, pour les dépens auxquels il a été condamné envers lui, reste soumise au droit commun.

Rapport, D.P. 51. 4. 32, nos 59-60.

La disposition suivant laquelle l'action tendant au recouvrement de l'exécutoire délivré à la Régie de l'Enregistrement pour les frais de l'instance se prescrit par dix ans, ne s'applique pas au cas où le jugement a été rendu par défaut et n'a pas été exécuté dans les six mois de son obtention. Dans ce cas spécial, la Régie n'a plus d'action pour le recouvrement des frais, après l'expiration de ce délai de six mois. — *Trib. de la Seine, 24 déc. 1872, D.P. 73. 2. 34.*

Art. 26. Si le retrait de l'assistance a pour cause une déclaration frauduleuse de l'assisté, relativement à son indigence, celui-ci peut, sur l'avis du bureau, être traduit devant le tribunal de police correctionnelle et condamné, indépendamment du payement des droits et frais de toute nature dont il avait été dispensé, à une amende égale au montant total de ces droits et frais, sans que cette amende puisse être au-dessous de 100 fr. ; et à un emprisonnement de huit jours au moins et six mois au plus.

L'art. 463 du code pénal est applicable.

Rapport, D.P. 51. 4. 32, nos 34, 61, 62.

1. Dans le cas où le bureau ne donne pas d'avis ou même donne un avis contraire à la poursuite, le ministère public peut agir. Seulement, le ministère public ne pourrait exercer ses poursuites sans mettre le bureau en demeure de donner son avis. — *J.G. Organ. jud., 786.*

2. L'art. 463 c. pén., relatif aux circonstances atténuantes, est applicable non-seulement à l'égard de l'emprisonnement, mais encore à l'égard de la peine pécuniaire. — *J.G. Organ. jud., 786.*

TIT. II. — DE L'ASSISTANCE JUDICIAIRE EN MATIÈRE CRIMINELLE ET CORRECTIONNELLE.

Les dispositions de ce titre seront appliquées ...

FIN DE L'APPENDICE AU CODE DE PROCÉDURE CIVILE.

TABLE CHRONOLOGIQUE

DES

LOIS, ORDONNANCES ET DÉCRETS ACCESSOIRES ET COMPLÉMENTAIRES

DU CODE DE PROCÉDURE CIVILE

TABLE DES MATIÈRES
DU
CODE DE PROCÉDURE CIVILE

SECONDE PARTIE

PROCÉDURES DIVERSES

APPENDICE

AU CODE DE PROCÉDURE CIVILE

FIN DE LA TABLE DU CODE DE PROCÉDURE CIVILE

9 782019 305703